Taichang Wu und Li Wu

HISTORISCHE ANALYSE DES CHINESISCHEN STAATSKAPITALS

Übersetzt von Jan Philipp Klein, Belinda Schäpe und Robin Schindowski

Chinesische Perspektiven

Ökonomie

Band 2

Taichang Wu und Li Wu

HISTORISCHE ANALYSE DES CHINESISCHEN STAATSKAPITALS

Übersetzt von Jan Philipp Klein, Belinda Schäpe und Robin Schindowski

ibidem
Verlag

Bibliografische Information der Deutschen Nationalbibliothek
Die Deutsche Nationalbibliothek verzeichnet diese Publikation in der Deutschen Nationalbibliografie; detaillierte bibliografische Daten sind im Internet über http://dnb.d-nb.de abrufbar.

Bibliographic information published by the Deutsche Nationalbibliothek
Die Deutsche Nationalbibliothek lists this publication in the Deutsche Nationalbibliografie; detailed bibliographic data are available in the Internet at http://dnb.d-nb.de.

Übersetzung: Jan Philipp Klein, Belinda Schäpe und Robin Schindowski

中国国家资本的历史分析 Originally published in Chinese by China Social Sciences Press.

Published with financial support of the Innovation Program of the Chinese Academy of Social Sciences.

ISBN-13: 978-3-8382-0835-0

Printed in the EU

Inhaltsverzeichnis

Vorwort

Dieses Buch hat zum Ziel, die Entwicklung des chinesischen Staatskapitals von der Antike bis in die heutige Zeit darzustellen und zu untersuchen. Angefangen bei den Eingriffen in die Wirtschaft und der direkten Regie des Gewerbes durch den chinesischen Feudalstaat (dieser Teil kann als Vorläufer des Staatskapitals betrachtet werden) über die ganze Neuzeit bis hin zu den Staatsbetrieben des neuen China werden die Entwicklungen und Besonderheiten von über 2000 Jahren chinesischem Staatskapital grob anhand der chronologischen Reihenfolge untersucht. Unter anderem werden die nationalen Besonderheiten Chinas sowie die Stellung, Wirkung und Entwicklungsrichtungen des Staatskapitals erörtert. Lenin zeigte in seinem Kommentar zu den Untersuchungen der Narodniki zur Frage der Entwicklung des russischen Kapitalismus auf: „Häufig wird bei uns das Wesen der Frage nach den ‚Schicksalen des Kapitalismus in Rußland' so dargestellt, als käme die größte Bedeutung der Frage zu: Wie schnell? (d. h., wie schnell entwickelt sich der Kapitalismus?). In Wirklichkeit aber ist von unvergleichlich größerer Bedeutung die Frage: Wie eigentlich? und die Frage: Woraus? (d. h., wie war die vorkapitalistische Wirtschaftsordnung in Rußland beschaffen?). Die Hauptfehler der volkstümlerischen Ökonomie [gemeint sind die Narodniki] bestehen in der falschen Beantwortung eben dieser beiden Fragen [...]."[1] Die Gründe für die Schwerfälligkeit und die Windungen in der Entwicklung des chinesischen Kapitalismus und das lange Bestehen der chinesischen Feudalwirtschaft sind miteinander verwoben. Die Entstehung und die Entwicklung des chinesischen Sozialismus sind gleichermaßen mit diesen Faktoren eng verbunden. Der chinesische Sozialismus ist auf dem Fundament eines halbfeudalen-halbkolonialen überholten Systems, in dem der Kapitalismus noch nicht vollständig entwickelt war und die Produktivkräfte vergleichsweise rückständig waren, entstanden. Um sich gänzlich von einem solchen überholten System befreien zu können, ein neues System zu bestimmen und zu perfektionieren, braucht es einen langwierigen Prozess. Genau dies ist die nationale Besonderheit Chinas in der ersten Entwicklungsphase des Sozialismus. Nationale Besonderheiten sind eine Widerspiegelung der Traditionen. Traditionen können kritisiert werden, verändert werden, aber sie können nicht einfach abgeschnitten werden, denn die aktuelle Entwicklung lässt sich nicht ohne ihre historischen Wurzeln verstehen. Das Alte spiegeln, um das Neue zu erkennen: Die prägenden Merkmale Chinas liegen in den nationalen Besonderheiten und den Traditionen des Landes.

1. Die Wirtschaftsstruktur der chinesischen Feudalgesellschaft und die ökonomische Funktion des Staates

Marx führte einst an: „Die spezifische ökonomische Form, in der unbezahlte Mehrarbeit aus den unmittelbaren Produzenten ausgepumpt wird, bestimmt das Herrschafts- und Knechtschaftsverhältnis, wie es unmittelbar aus der Produktion selbst

[1] Lenin, W.I.: Werke, Band 3, Die Entwicklung des Kapitalismus in Rußland, S. 387, Dietz Verlag Berlin, 1956.

hervorwächst und seinerseits bestimmend auf sie zurückwirkt. Hierauf aber gründet sich die ganze Gestaltung des ökonomischen, aus den Produktionsverhältnissen selbst hervorwachsende Gemeinwesen und damit zugleich seine spezifische politische Gestalt. Es ist jedes Mal das unmittelbare Verhältnis der Eigentümer der Produktionsbedingungen zu den unmittelbaren Produzenten – ein Verhältnis, dessen jedesmalige Form stets naturgemäß einer bestimmten Entwicklungsstufe der Art und Weise der Arbeit und daher ihrer gesellschaftlichen Produktivkraft entspricht, worin wir das innerste Geheimnis, die verborgene Grundlage der ganzen gesellschaftlichen Konstruktion und daher auch der politischen Form des Souveränitäts- und Abhängigkeitsverhältnisses, kurz, der jedesmaligen spezifischen Staatsform finden."[2]

Zweifellos verfügt die Entwicklung der Feudalgesellschaft Chinas über einzigartige Besonderheiten. Diese aber werden nur verständlich, wenn die Gesamtheit der allgemeinen Gesetze des Marxismus in Bezug auf die gesellschaftliche und die menschliche Entwicklung als Leitfaden der Untersuchung herangezogen werden. Eine Analyse der Feudalwirtschaft Chinas muss weiterhin von ihren realen Gegebenheiten ausgehen und diese den feudalen Systemen anderer Länder und Regionen vergleichend gegenüberstellen. Dabei sollten weder einzelne Grundsätze isoliert zur Untersuchung angewandt werden, noch sollte die vergleichende Betrachtung einzelner Erscheinungen eine Analyse des Wesens der Feudalwirtschaft Chinas ersetzen. Noch weniger kann man durch willkürliches Nebeneinanderstellen einzelner Phänomene echte Vergleiche substituieren und die chinesische Feudalgesellschaft in irgendein Korsett zwängen. In manchen Thesen zur chinesischen Wirtschaftsgeschichte heißt es, China hätte seinen Übergang in den Feudalismus nie vollendet, die chinesische Feudalgesellschaft wäre auf lange Frist in Stagnation geraten, in ihr würden „besonders starre Strukturen" existieren oder die chinesische Feudalgesellschaft hätte in ihrer Endphase unmöglich in den Kapitalismus übergehen können. Manche verstehen den chinesischen Kapitalismus gar als eine von außen auferlegte Entwicklung. Eben solche Thesen stützen sich auf vereinfachte, fehlerhafte Forschungsmethoden. Sie weichen von der Realität der chinesischen Feudalgesellschaft und den allgemeinen Grundprinzipien des Marxismus ab.

Die Entwicklung des feudalen Wirtschaftssystems Chinas lässt sich im Wesentlichen in zwei Phasen gliedern: Bei der ersten Phase handelt es sich um die Wirtschaftsperiode des Feudalherrensystems. Sie beginnt mit der westlichen Zhou-Dynastie (11. Jahrhundert - 770 v. Chr.) und dauert bis zum Ende der Frühlings- und Herbstperiode (722 - 481 v. Chr.) an. Die zweite Phase erstreckt sich von der Zeit der streitenden Reiche (453 - 221 v. Chr.) bis zur Qing-Dynastie (1644 - 1911) und ist charakterisiert durch ein Privateigentumssystem. Zur Mitte der Tang-Dynastie (618 - 907) lässt sie sich wiederum in zwei Teilphasen untergliedern. In der ersten Teilphase nahmen adelige Grundherren die Vorherrschaft ein. Zu jener Zeit waren an vielen Stellen noch die Spuren der vorangegangenen Leibeigenschaft erkennbar. Während der zweiten Teilphase hingegen bildete sich die typische Form einer

2 Marx, Engels: Werke, Band 25, Das Kapital: Kritik der politischen Ökonomie, Band 3, S. 799f., Dietz Verlag Berlin, 1964.

Grundeigentumswirtschaft heraus. China unterscheidet sich von Europa und anderen feudalen Staaten vor allem durch diese zweite Phase. Für gewöhnlich haben Feudalstaaten entweder keine solche Entwicklungsphase erlebt (wie Deutschland oder Russland) oder diese Phase brachte mit dem Aufkommen des Kapitalismus früher oder später das Wirtschaftssystem der Feudalherren zu Fall. Daher wurde diese Phase, ohne bereits vollständig entwickelt zu sein, bereits von der kapitalistischen Produktionsweise zunehmend verdrängt und abgelöst (England und Frankreich können zu diesen Ländern gezählt werden). Dementsprechend dauerte diese Phase im Höchstfall circa 300 Jahre an. Nur in China hielt diese Phase über zweitausend Jahre an, da es keine Herausforderungen durch neue Produktionsweisen gab und so eine vollständige Ausreifung dieses Systems erreicht werden konnte. Auf diese Weise konnte ein eigenständig existierender Idealzustand erreicht werden. Im Folgenden sollen die grundsätzlichen Charakteristika der sozioökonomischen Struktur dieser Phase analysiert werden.

In einem feudalen Wirtschaftssystem ist die Landwirtschaft der gesellschaftlich wichtigste Produktionszweig. Auf diese Weise wird das Grundeigentum zum Kernelement der sozioökonomischen Struktur. Das Grundeigentum der Feudalgesellschaft Chinas in der zweiten Teilphase war komplex und verfügte über folgende Charakteristika:

1. Wenn Privateigentum und Staatseigentum an Ackerland koexistieren, nahm das Privateigentum die dominierende Stellung ein. Wenn ein Eigentumssystem der Grundbesitzer und ein Eigentumssystem von Kleinbauern koexistierten, nahm das Eigentumssystem der Grundbesitzer die beherrschende Position ein. Vor der zweiten Teilphase existierte zeitgleich Grundeigentum durch adelige Grundherren, nichtadelige Grundherren, den Staat und Kleinbauern. Das Grundeigentum des Adels nahm eine vergleichsweise vorteilhafte Stellung ein. Als Ergänzung bestanden in größerem Umfang ein System mit Staatseigentum und eines mit Grundeigentum von Kleinbauern. In der späteren Teilphase existierte zwar immer noch Grundeigentum durch Grundbesitzer, den Staat und Kleinbauern, der Staatsbesitz jedoch nahm verhältnismäßig ab und der Besitz von Kleinbauern wandelte sich immer mehr in von Grundherren verpachtetes Land. So erreichte das System der Grundherren eine überwältigende Dominanz.
2. Die Diversität der Eigentumsverhältnisse bot für die Streuung und Bewegung der Bodenrechte eine notwendige Voraussetzung. So konnte mit Boden in einem gewissen Rahmen Handel getrieben werden. Allerdings fehlte es dem feudalen Grundeigentum in China an einer hierarchischen Organisation. Dieses Problem verschlimmerte sich im Laufe der Zeit. Der wirtschaftliche Rang und Status der gesellschaftlichen Klassen, das heißt Hierarchien konnten sich verschieben, Land jedoch war das wichtigste Symbol gesellschaftlichen Reichtums und der Klassenzugehörigkeit. All dies sorgte dafür, dass die Aspekte Pacht, Profit und Zinsen miteinander verschmolzen und so ein Wirtschaftsband zwischen Landbesitzern, Kaufleuten und Geldverleihern entstand. Dies verschärfte das Problem der Landkonzentration

und führte zu einem wachsenden Eigentum von Großgrundbesitzern bei gleichzeitigem Niedergang der Kleinbauern.

3. Der Staat und die Grundbesitzer betrieben gewöhnlich nicht unmittelbar Landwirtschaft, sondern verpachteten ihr Land verstreut an Kleinbauern, die es jeweils einzeln bewirtschafteten. Verglichen mit den Leibeigenen des Feudalherrensystems, besaßen die von den Grundherren pachtenden Kleinbauern mehr Freiheiten. Zwar behielten sie in unterschiedlichem Grad noch das persönliche Abhängigkeitsverhältnis bei, dieses lockerte sich jedoch immer mehr. Allerdings war die Bindung der Kleinbauern an ihr Land schwach. Es fehlte in der Wirtschaft an Sicherheit und es gab einen starken Wettbewerb. Dies führte einerseits zu einem Anstieg der gesellschaftlichen Arbeitsproduktivität, andererseits jedoch verstärkte es die Brutalität der Ausbeutung durch die Grundbesitzer. Die Verwandlung der Mehrprodukte in Pacht und Steuern stärkte die Herrschaft der Grundherren und ihres Staates. Dies führte dazu, dass sich die wirtschaftliche Lage der Kleinbauern immer weiter verschlechterte und die dezentral funktionierende Landwirtschaft im Wesentlichen zu einer einfachen Struktur der Reproduktion wurde.

Die Diversifizierung des Grundeigentums sowie die Dezentralisierung der Landwirtschaft brachten einige unausweichliche Folgen mit sich. Sie sorgten dafür, dass das feudale Eigentumssystem in China unmöglich zu einem jener ausgereiften feudalen Wirtschaftssysteme mit Feudalherren als herrschender Schicht werden konnte. Stattdessen entstand ein System, in dem die selbstversorgenden Bauern nicht nur die von ihnen benötigten landwirtschaftlichen Produkte selbst produzierten, sondern auch die Handwerksprodukte, die sie für die Bewältigung ihres Alltags brauchten. Diese Produktionsstruktur, in der subsistenzwirtschaftlicher Ackerbau und Familienhandwerk miteinander vereint wurden, war die Grundstruktur der feudalen Wirtschaft Chinas und deren besondere Ausdrucksform der Naturalwirtschaft in der späteren Teilphase. Außerdem liegt eine grundlegende Besonderheit dieser Symbiose in der Verknüpfung von Ackerbau und Textilarbeit. Der Rahmen der Selbstversorgung beschränkte sich hauptsächlich auf Nahrung und Kleidung. Das bedeutete, dass das Angebot eines Teils der Produktionsmittel (zum Beispiel Arbeitswerkzeuge) und Konsumgüter von Austausch und Markt abhing. Die Mehrarbeit, die sich der Grundherr aneignete, war aber vor allem Rendite in Form von Naturalien, weniger handwerkliche Produkte und fertige Agrarprodukte, deren Konsum noch stärker vom Markt abhing. Wenn man dann noch die Ausgangsmaterialien der Textilprodukte sowie die Begrenzungen durch geographische Gegebenheiten bei der Herstellung regionaler Produkte in Betracht zieht, dann wird die Unvollkommenheit dieser Naturalwirtschaft umso deutlicher.

Die Herstellung kleiner Waren in Stadt und Land entstand und erfuhr eine starke Entwicklung, da sie im Wirtschaftssystem der Grundherren eine notwendige Ergänzung der Produktion darstellte. Der Handel, welcher auf der zwar verstreuten, für sich genommen winzigen, aber zahlenmäßig großen kleinbäuerlichen Wirtschaft und der Produktion kleiner Waren basierte, konstituierte ein besonderes Phänomen des zweiten Zeitabschnitts der chinesischen Feudalgesellschaft nach dem Verlust ihrer klassischen Form. Insbesondere auch der Umschlagshandel erfuhr große Prosperität und Entwicklung.

Diese Warenwirtschaft, ein Nebenprodukt der Entstehung eines auf Grundeigentum basierenden Wirtschaftssystems, war nicht unabhängig. Zu einem gewissen Maße war sie von der traditionellen, feudalen Naturalwirtschaft abhängig und dieser untergeordnet. Allerdings war die Entwicklung der Warenwirtschaft letztlich das Ergebnis der Wirkung der gesellschaftlichen Produktivkräfte und das Produkt der Ausweitung der gesellschaftlichen Arbeitsteilung und des gesellschaftlichen Austauschs. Die auf dem System der Grundherren basierende Wirtschaft erreichte im Vergleich zur Wirtschaft des Feudalherren-Systems eine höhere Produktivkraft. Dies führte zu einer starken Veränderung der klassischen Naturalwirtschaft. Sie benötigte eine Entwicklung der Produktion kleiner Waren und Handel als ihre Ergänzung. Die Naturalwirtschaft und die Warenwirtschaft waren gegenseitig existenziell voneinander abhängig, beide waren sowohl einander entgegengesetzt als auch komplementär zueinander und verbreiterten die Wirtschaftsgrundlage der zweiten Teilphase. Der Zentralismus der chinesischen Feudalgesellschaft ist genau auf einer solchen Grundlage begründet und weiterentwickelt worden.

Marx hält fest: „Die absolute Monarchie, die in Spanien ein Material vorfand, das seiner ganzen Natur nach der Zentralisation widerstrebte, tat denn auch alles, was in ihrer Macht stand, das Wachstum gemeinsamer Interessen - wie sie die nationale Arbeitsteilung und die Vielfältigkeit des Inlandsverkehrs mit sich bringen - zu verhindern, und zerstörte so die Basis, auf der allein ein einheitliches Verwaltungssystem und eine allgemeine Gesetzgebung geschaffen werden kann."[3] Bisher wurde in den Diskussionen über den chinesischen Zentralismus zur Feudalzeit entweder vertreten, dass die Wirtschaft der Grundherren oder dass die kleinbäuerliche Wirtschaft seine Grundlage gewesen wäre, wobei letztere Ansicht grundfalsch ist. Es wurden auch aus der Verknüpfung beider Sichtweisen Beweise geführt. Kurz gesagt, stimmten alle darin überein, dass die natürliche Wirtschaft die Grundlage des zentralistischen Staates gewesen wäre. Sie ignorierten die Wirkung der Entwicklung der Warenwirtschaft auf seine Formung. Manche zwängten die Warenwirtschaft ohne Betrachtung der Wirklichkeit sogar in ihre Vorstellungen herein und bestritten den Unterschied zwischen Warenwirtschaft und Naturalwirtschaft. Sie setzten sie gleich. Bestimmte politische Systeme und Staatsformen sind immer das Ergebnis einer wirtschaftlichen Entwicklung. Der Lauf der Weltgeschichte hat dies bewiesen. Unter einer vergleichsweise reinen Form der Naturalwirtschaft mit einem auf den Feudalherren basierenden Wirtschaftssystem als charakteristischem Merkmal kann sich kein Staatssystem zentralistischer Form herausbilden. Beispielsweise florierte einst das zentralistische Staatssystem in der Epoche der europäischen Sklavenhaltergesellschaft, in der feudalen Naturalwirtschaft des Mittelalters kam es jedoch nicht mehr vor. Karl der Große beabsichtigte im Frankenreich, in dem eine auf Feudalherren beruhende Wirtschaft die beherrschende Stellung innehatte, ein monarchisch-zentralistisches System zu errichten, aber er scheiterte. Nachdem im Byzantinischen

3 Marx, Engels: Werke, Band 10, Das revolutionäre Spanien, S. 440, Dietz Verlag Berlin, 1977.

Reich das System der Feudalherren gefestigt war, ging auch sein zentralistisches System nach und nach unter. Das asiatische Japan versuchte mit allen Mitteln das System der chinesischen Han-Dynastie (202 v.Chr. – 220 n.Chr.) nachzuahmen, aber in mehr als 1000 Jahren war es nicht in der Lage, einen zentralistischen Staat zu errichten. Und auch in der Periode der chinesischen Feudalgesellschaft unter der Wei- (220-265), Jin- (265-420) und den Südlichen und Nördlichen Dynastien (420-589) kam es aufgrund der Wandlung von adeligen Grundherren zu Feudalherren dazu, dass das zentralistische Staatssystem mehrmals zerfiel. Die frühere und spätere Teilphase des zweiten Zeitabschnittes zeigten einen Unterschied im Entwicklungsniveau des zentralisierten Staatssystems und dem Grad seiner Stabilität. Dieser begründete sich durch den unterschiedlichen Reifegrad des auf den Grundherren basierenden Wirtschaftssystems und den Entwicklungsgrad der Warenwirtschaft.

Dieses Buch hat nicht die Absicht, den gesamten Prozess der Entstehung und Entwicklung des zentralistischen Staatssystems im chinesischen Feudalismus zu erläutern und nimmt auch keinen Bezug auf andere Aspekte dieses Systems. Es konzentriert sich lediglich darauf, die wirtschaftliche Funktion des zentralisierten Feudalstaates und seinen tiefgreifenden Einfluss auf die Struktur von Gesellschaft und Wirtschaft zu erklären. Gemäß Marx' Darlegungen zur Staatsfunktion im antiken Ostasien können antike Staaten unter gewissen Voraussetzungen über eine Art wirtschaftliche Funktion verfügen.[4] Selbstverständlich unterschieden sich China, Indien und andere Länder. Es ist keineswegs so, dass aufgrund des Einflusses der geographischen Umgebung ein zentralistischer Feudalstaat entstand. Wir haben diese Fragestellung im Obenstehenden bereits behandelt. Das zentralistische Staatssystem Chinas stand auf der Grundlage einer entwickelten Wirtschaft der Grundherren und einer damit verbundenen, vergleichsweise weit entwickelten Warenwirtschaft. Es war eben das Produkt einer hoch entwickelten feudalgesellschaftlichen Zivilisation. Die vergleichsweise entwickelten Produktivkräfte der zweiten Teilphase und die umfänglichen Beziehungen zwischen Gesellschaft und Wirtschaft sorgten für eine vervollkommnetere und höher entwickelte wirtschaftliche Funktion zentralistischer Feudalstaaten im Vergleich zu anderen Staaten. Diese wirtschaftliche Funktion glich keineswegs dem staatlichen Wasserbau Indiens oder anderer Staaten, der einzig und allein aus der Notwendigkeit zur gemeinsamen Bewässerung heraus verfolgt wurde, obgleich auch der chinesische Feudalstaat in großem Umfang Wasserbau betrieb. Außerdem beschäftigte der Zentralstaat sich auch noch mit Verkehr und Landesverteidigung sowie anderen Projekten. Diese Aspekte bildeten jedoch nicht den Hauptteil seiner wirtschaftlichen Funktion. Die wirtschaftliche Funktion des zentralistischen Feudalstaates in China zeigt sich in diesen drei Aspekten: Erstens im Aufbau und der Verwaltung des Wasserbaus, von Verkehrsinfrastruktur und der Landesverteidigung, zweitens in den Eingriffen in die gesellschaftliche Reproduktion durch die Erhebung von Steuern sowie die Durchführung aller Art von wirtschaftspolitischen Leitlinien und drittens in der direkten Regie des Handwerks, des Handels und der Landwirtschaft.

4 vgl. Marx, Engels: Werke, Band 9, Die britische Herrschaft in Indien, S. 127, Dietz Verlag Berlin, 1960.

Was den ersten Punkt angeht, so war dieser selbstverständlich ein Teil des Handelns des zentralistischen Staates und bedarf keiner näheren Erläuterung. Es soll lediglich betont werden, dass der Aufbau und die Verwaltung solcher staatlichen Projekte einen großen Einsatz an menschlicher Arbeitskraft sowie an materiellen und finanziellen Ressourcen erforderten. Sie nahmen einen beträchtlichen Anteil der gesamten Staatsausgaben ein und übten eine außerordentlich wichtige Wirkung auf die Entwicklung von Gesellschaft und Wirtschaft aus. Der zweite und dritte Aspekt waren miteinander verknüpft. Marx erläuterte einmal: „Andrerseits, auf der Basis jeder Produktionsweise, befördert der Handel die Erzeugung von überschüssigem Produkt, bestimmt, in den Austausch einzugehen, um die Genüsse oder die Schätze der Produzenten (worunter hier die Eigner der Produkte zu verstehen sind) zu vermehren; gibt also der Produktion einen mehr und mehr auf den Tauschwert gerichteten Charakter." „Der Handel wirkt deshalb überall mehr oder minder auflösend auf die vorgefundenen Organisationen der Produktion, die in allen ihren verschiedenen Formen hauptsächlich auf den Gebrauchswert gerichtet sind."[5] Die stärker ausgeprägte gesellschaftliche Arbeitsteilung und die Entwicklung der Warenwirtschaft in der zweiten Teilphase wirkten sich kontinuierlich positiv auf die Prosperität der auf Grundeigentum basierenden Wirtschaft aus. Aber die der auf feudalem Grundeigentum basierenden Wirtschaft als Ergänzung dienende Herstellung kleiner Waren und der Handel stellten wiederum objektiv eine Negierung der Naturalwirtschaft dar. Eine übermäßige Entwicklung dieser Zweige hätte notwendigerweise die Grundlage der auf Grundeigentum basierenden Wirtschaft gefährdet und die Grundpfeiler des zentralistischen Staates zum Wanken gebracht. Dies konnte die Grundherrenklasse nicht riskieren. Daher griff die feudale Staatsmacht durch die Eintreibung von Steuern und alle Arten von wirtschaftspolitischen Leitlinien in die gesellschaftliche Reproduktion ein. Sie versuchte mit Nachdruck, die Entwicklung der Warenwirtschaft zu dämpfen, um so die Grundpfeiler der Herrschaft der Grundherrenklasse zu festigen. Alle Dynastien vertraten folgende Grundsätze als Kerninhalte ihrer Wirtschaftspolitik: „Die Bauern achten, die Händler unterdrücken." „Das Fundament stärken, das Unwesentliche unterdrücken". Sie ermunterten zu landwirtschaftlicher Produktion und erhoben hohe Steuern auf Handel, schränkten Händler in ihren Geschäftsaktivitäten ein und setzten den gesellschaftlichen Rang der Händler herab. All dies taten sie mit dem Ziel, die Entwicklung des Handelskapitals und seinen auflösenden Effekt auf die kleinbäuerliche Wirtschaft zu dämpfen. Aber die Entwicklung von Warenwirtschaft war ein Ausdruck gesellschaftlicher Produktivkraft. Als solche konnte sie nicht mithilfe irgendeiner wirtschaftspolitischen Leitlinie nach Belieben in ihrer Entwicklung unterdrückt werden. Eine korrekte Darstellung der geschichtlichen Entwicklung ließe sich so wiedergeben: „Das heutige Gesetz verachtet die Händler, die Händler aber besitzen schon Reichtum und Ruhm; die Bauern sind zwar respektiert, doch ihnen bleibt nur Armut und Entwürdigung!"[6] Genau in der Bewegung dieses

5 Marx, Engels: Werke, Band 25, Das Kapital: Kritik der politischen Ökonomie, Band 3, S. 338 und S. 344, Dietz Verlag Berlin, 1964.

6 *Han Shu* 汉书 („Buch der Han"), Kapitel 24 (erster Teil): *Shi Huo Zhi* 食货志 („Abhandlung über Nahrung und Handel", beim Han Shu handelt es sich um ein frühes chinesisches Geschichtswerk zur westlichen Han-Dynastie (202 v.Chr. – 9 n.Chr.) [*Anmerkung des Übersetzers*].

Widerspruches zwischen Naturalwirtschaft und Warenwirtschaft erreichte der dritte Aspekt der wirtschaftlichen Funktion des zentralistischen Feudalstaates eine besonders hohe Entwicklung.

Staatliches Handwerk existierte bereits im Feudalherrensystem der Zhou-Dynastie in Form eines mit dem System der Bauernleibeigenschaft korrespondierenden Systems von leibeigenen Handwerkern. Sie produzierten hauptsächlich Gebrauchsartikel des Feudaladels und Militärprodukte. Hierbei handelte es sich um eine typische Form der Naturalwirtschaft. Erst zur Zeit der Han-Dynastie (202 v.Chr. – 220 n.Chr.) kam es zu einer wesentlichen Veränderung. Zu jener Zeit war die Produktion nicht mehr nur auf nicht profitorientierte Handwerksprodukte für den Eigengebrauch und Militärprodukte beschränkt, sie weitete sich immer mehr auf die profitorientierte Produktion wichtiger Produkte aus, die sich auf die Finanzen des Staates und den Lebensunterhalt des Volkes auswirkten. Diese Produktion beinhaltete zum Beispiel die Herstellung von Salz, die Verhüttung von Eisen sowie anderes Bergbaugewerbe, die Prägung von Münzen und Schiffsbau. Der Umfang dieser Wirtschaftsaktivitäten vergrößerte sich mehr und mehr und die Organisation der Produktion wurde immer rigoroser. Die Ziele der Monopolisierung der Produktion wichtiger Handwerksprodukte durch den zentralistischen Feudalstaat beinhaltete drei Aspekte: die Steigerung der Einkünfte des Staatshaushaltes und der Wirtschaftskraft des Feudalstaates sowie zweitens die Unterdrückung der Entwicklung der Warenproduktion und drittens die Festigung der auf Grundeigentum basierenden Wirtschaft. Die letzten beiden Aspekte sind dabei von besonders wichtiger Bedeutung, wie auch in den „Diskursen über Salz und Eisen" festgehalten:

„Das Ziel des momentanen Plans zur Vereinigung des Salz- und des Eisenmonopols ist nicht nur die Profite beim Staat anzuhäufen, sondern die Errichtung des Fundamentalen (der Landwirtschaft *Anmerkung des Übersetzers*) und die Unterdrückung des Unwesentlichen, das Auseinandertreiben von Cliquen, das Verbot von Extravaganz sowie der Uneinheitlichkeit der Verwaltung ein Ende zu setzen. [...] Einst hatten die einflussreichen großen Familien Kontrolle über den Profit von Bergen und Meer erlangt, sie bauten Eisen ab und schmolzen es und stellten Salz her. Eine Familie versammelte über tausend Menschen, zum Großteil solche Menschen, die fern von ihrer Heimat waren und die Gräber ihrer Vorfahren verlassen hatten. Sie schlossen sich einer großen Familie an und versammelten sich in den Tiefen der Berge und den öden Marschländern und machten Schlechtigkeit und Falschheit zu ihrer Sache und halfen den Cliquen, ihre Macht zu stärken. Ihre Bereitschaft, Böses zu tun, war ebenfalls groß."[7]

Gleichzeitig erweiterte der Feudalstaat seine Wirtschaftsaktivitäten auch auf den Handelsbereich. So richtete der Staat verschiedene Ämter ein, die unter anderem den Warenfluss, Preise und Lagerung (vor allem von Grundnahrungsmitteln) kontrollierten. Dabei stützte er sich auf seine gewaltige Wirtschaftskraft und seine über

7 Verfasst von Huan Kuan 桓宽, kommentiert von Wang Liqi 王利器: *Yantielun* 盐铁论 („Diskurse über Salz und Eisen"), Kapitel 1: *Fugu Diliu* 复古第六 „Zurück zu den antiken Wahrheiten", abrufbar in Chinesisch und Englisch unter: http://www2.iath.virginia.edu/saxon/servlet/SaxonServlet?source=xwomen/texts/yantie.xml&style=xwomen/xsl/dynaxml.xsl&doc.view=tocc&chunk.id=tpage&toc.depth=1&toc.id=d2.24&doc.lang=bilingual (Stand: März 2018).

die Wirtschaft hinausgehende politische Macht, um ein landesweites Handelsnetz mit der Hauptstadt als Zentrum zu errichten. Für einige wichtige Waren, wie etwa auch für Alkohol, richtete er ein Handelsmonopol ein. Der Staat behielt in hohem Maße die Kontrolle über Warenfluss und Markt und erhielt einen enormen Gewinn daraus. Daraus wird ersichtlich, dass der Staat in der praktischen Durchführung der Politik der Achtung der Bauern und der Unterdrückung der Händler Unterschiede machte. Er unterdrückte nur Handwerk und Handel des Volkes, jedoch war die Entwicklung von staatlich betriebenem Handwerk und Handel voll und ganz im Einklang mit den Interessen der Grundherrenklasse. Dies geschah frei nach dem Prinzip: sich selbst stärken, den anderen unterdrücken. Immer handelten sie im Sinne der Festigung ihrer herrschenden Position. Dies war das Ergebnis einer Systemwahl. Gleichzeitig zum Eingreifen und zur Regulierung der gesellschaftlichen Reproduktion mithilfe von wirtschaftspolitischen Leitlinien nutzte der Feudalstaat bestimmte Methoden in der Wirtschaft, um in Form direkter staatlicher Beteiligung an Wirtschaftsaktivitäten das bereits bestehende Wirtschafts- und Gesellschaftssystem abzusichern. Dies kann als Systeminnovation verstanden werden.

Die unmittelbare Beteiligung des Staates an Handwerk und Handel wurde in der Tang-Dynastie (618 – 907) und der Song-Dynastie (960 – 1279) und in jeder der auf diese folgenden Dynastien weiterentwickelt. Der Umfang dieser staatlichen Handwerks- und Handelsaktivitäten vergrößerte sich zunehmend und sowohl die innere Arbeitsteilung als auch die Produktionstechniken erreichten ein hohes Niveau. Dies konstituierte einen wichtigen Faktor für die Prosperität der chinesischen Feudalwirtschaft. Das staatliche Gewerbe unterschied sich seinem Wesen nach von gewöhnlicher Warenwirtschaft, dennoch verfügte es über die äußerlichen Merkmale einer Warenwirtschaft. Es war ein Ergebnis der Veränderungen in der Wirtschaftsstruktur während der zweiten Teilphase. Bei ihm handelte es sich um eine besondere Form von Mischwirtschaft nach grundlegenden Veränderungen in der Naturalwirtschaft. Die Entwicklung des staatlichen Gewerbes schränkte das nichtstaatliche Handwerk ein, insbesondere den Markt für dieses Handwerk in den Städten. So verhinderte es, dass Handelskapital in Kapital für das produzierende Gewerbe verwandelt werden konnte. Damit einhergehend stärkte die Entwicklung des staatlichen Handels auch weitergehend die Kontrolle der auf der Herrschaft der Grundherren basierenden Wirtschaft über das Handwerk der Städte und auf dem Land und unterdrückte damit die Entwicklung von Handelskapital. Dies schwächte den auflösenden Effekt des Handelskapitals auf die kleinbäuerliche Wirtschaft und sorgte dafür, dass das Handelskapital sich der Grundherrenwirtschaft unterordnen musste. Die staatlich betriebene Landwirtschaft basierte hauptsächlich auf einem Siedlungstruppensystem[8], dessen militärische und politische Auswirkungen selbstverständlich groß waren. In verschiedenen Dynastien jedoch waren Ausmaß und Einfluss dieses Systems unterschiedlich. Sein Anteil war insgesamt gesehen eher gering, weshalb in diesem Abschnitt nicht mehr weiter darauf eingegangen wird. Als Teil der Wirtschaftsstruktur der chinesischen Feudalgesellschaft, als Pufferstruktur zwischen Natural-

8 System, in dem Bauern, Händler oder Soldaten vom Staat zur Bewirtschaftung von Feldern herangezogen wurden (*Anmerkung des Übersetzers*).

und Warenwirtschaft und als Wirtschaftskraft hat das staatliche Gewerbe sowohl die wirtschaftliche Grundlage des Systems der Grundherrenwirtschaft weiter gestärkt als auch den Zentralismus gefestigt. Daher bedarf die Rolle des staatlichen Gewerbes in der Wirtschaftsstruktur der chinesischen Feudalgesellschaft einer näheren Analyse. Bei einer historischen Gesamtbetrachtung aller Dynastien fallen bestimmte Entwicklungsmuster immer wieder auf. In der Frühphase einer Dynastie entsprachen die politischen Maßnahmen den Notwendigkeiten. Außerdem war die Fähigkeit des Staates, an der Wirtschaft teilzunehmen, in sie einzugreifen und sie zu regulieren, vergleichsweise stark. Insgesamt gesehen befand sich die Gesellschaft in solchen Zeiten in einer Phase des Aufschwungs und der Entwicklung. In den mittleren und späten Phasen neigten die herrschenden Cliquen jedoch immer mehr zu Korruption. Außerdem nahm die Fähigkeit des Staates, an der Wirtschaft teilzunehmen, in sie einzugreifen und sie zu regulieren, stetig ab. Es kam sogar zu rückwärtsgerichteten Regulierungen. Die Regierung verwandelte sich dann immer mehr in eine plündernde Institution und verschärfte die wirtschaftliche Not der Kleinbauern und anderer arbeitender Schichten. Dabei leistete sie Despotie und willkürlicher Aneignung von Eigentum Vorschub. Die Wirtschaft kam zum Stillstand und entwickelte sich sogar zurück. Naturkatastrophen und vom Menschen verursachte Katastrophen brachen gleichzeitig herein und die gesellschaftlichen Widersprüche verschärften sich immer weiter. Es zeigte sich, dass es bald mit dieser Dynastie zu Ende gehen würde. In solchen Phasen musste jederzeit mit Bauernaufständen und Dynastiewechseln gerechnet werden. Genau in diesen immer wiederkehrenden, ganze Epochen in Frage stellenden Zeiten wurden der Aufschwung und die Entwicklung der chinesischen Feudalgesellschaft immer wieder ausgebremst. Diese von Dynastiewechseln begleitete Instabilität wirkte sich unzweifelhaft negativ auf die Entwicklung von Gesellschaft und Wirtschaft aus.

2. Die chinesische Feudalgesellschaft und die Entwicklung des Kapitalismus

„Seine Existenz [des Kaufmannskapitals *Anmerkung des Übersetzers*] und Entwicklung zu einer gewissen Höhe ist selbst historische Voraussetzung für die Entwicklung der kapitalistischen Produktionsweise [...]."[9] Es lässt sich feststellen, dass in den Wirtschaftsstrukturen der chinesischen Feudalgesellschaft seit der Tang- und Song-Dynastie die materiellen Bedingungen vorhanden waren, die diese historische Voraussetzung hätten schaffen können. Bereits vor der Ming-Dynastie finden sich einige Aufzeichnungen über zufällige Begebenheiten und Erscheinungen, die sich mit dem Kapitalismus in Verbindung bringen lassen. Die meisten Forscher vertreten die Meinung, dass die chinesische Feudalgesellschaft seit der mittleren Periode der Ming-Dynastie (ab ca. 1460) bereits deutlich erkennbare Keime kapitalistischer Verhältnisse gezeigt habe. Genau genommen bedeutet „Keime kapitalistischer Verhältnisse" lediglich, dass eine Produktionsweise vereinzelt in den alten Gesellschafts- und Wirtschaftsstrukturen auftritt, streng genommen bildet dies keine eigenstän-

9 Marx, Engels: Werke, Band 25, Das Kapital: Kritik der politischen Ökonomie, Band 3, S. 339, Dietz Verlag Berlin, 1964.

dige Entwicklungsetappe der neuen Produktionsweise. Marx erörterte: „Die ökonomische Struktur der kapitalistischen Gesellschaft ist hervorgegangen aus der ökonomischen Struktur der feudalen Gesellschaft. Die Auflösung dieser hat die Elemente jener freigesetzt."[10] Die Keime des chinesischen Kapitalismus zeigten sich zwar früh, jedoch ging die Auflösung der feudalen Wirtschaftsstruktur außerordentlich langsam vonstatten. Welche Ursache war dafür verantwortlich? Jedwede Produktionsweise ist historisch nur zeitweilig, der Sichtweise einer sogenannten „übermäßig stabilen Struktur" mangelt es historisch und logisch an Belegen. Neue Produktionsverhältnisse und ihre Macht, die unter der Einwirkung der Entwicklung der Produktivkräfte entstanden sind, können nicht mehr aufgehalten werden, sobald sie einmal hervorgebracht wurden. Wie lange sich die alte Produktionsweise noch erhalten kann, hängt einerseits von der Stabilität ihrer inneren Strukturen ab und andererseits von ihrer vorübergehenden Toleranzfähigkeit gegenüber der neuen Produktionsweise. Die Wirtschaftsstruktur der chinesischen Feudalgesellschaft erwies sich in beiden oben genannten Aspekten als besonders. Gleiches gilt auch für ihre einzigartige Gesamtstruktur. Daher konnte die Auflösung des Feudalismus nur langsam voranschreiten, womit wiederum die Entwicklung der kapitalistischen Produktionsweise behindert wurde.

Die Auflösung feudaler Wirtschaftsstrukturen wird normalerweise durch die Einwirkung des Handelskapitals angetrieben. Der Handel im chinesischen Feudalzeitalter florierte zwar und wies eine hohe Entwicklung auf, doch die Stärke seiner auflösenden Wirkung auf die alte Produktionsweise stand nicht im Verhältnis zu seinem Entwicklungsgrad. Ein solches Phänomen zeigt sich auch im von Marx analysierten Beispiel: „Doch ist seine Entwicklung, für sich genommen, wie wir gleich unten noch weiter sehn werden, unzureichend, um den Übergang einer Produktionsweise in die andre zu vermitteln und zu erklären." „Wieweit er aber die Auflösung der alten Produktionsweise bewirkt, hängt zunächst ab von ihrer Festigkeit und inneren Gliederung. Und wohin dieser Prozess der Auflösung ausläuft, d.h. welche neue Produktionsweise an Stelle der alten tritt, hängt nicht vom Handel ab, sondern vom Charakter der alten Produktionsweise selbst."[11] Das Handelskapital im chinesischen Feudalismus verfügte über zwei markante Besonderheiten: Diese beinhalten erstens seinen Parasitismus gegenüber der kleinbäuerlichen Wirtschaft und der Produktion kleiner Gebrauchsgüter sowie zweitens seine Unterordnung unter die Grundherrenwirtschaft. In der feudalen Grundherrenwirtschaft Chinas gab es die folgenden Arten von gesellschaftlichen Produkten, die als Waren in die Zirkulationssphäre eingingen:

1. Aus der Produktion notwendig hervorgehende Produkte eigenständiger Bauern, die Landwirtschaft und Handwerk miteinander verbanden (Bauern, die ihr eigenes Land bewirtschafteten, erwirtschafteten also ein eigenes Mehrprodukt)
2. Produkte einzelner selbstständiger Handwerker

[10] Marx, Engels: Werke, Band 23, Das Kapital: Kritik der politischen Ökonomie, Band 1, S. 743, Dietz Verlag Berlin, 1962.

[11] Marx, Engels: Werke, Band 25, Das Kapital: Kritik der politischen Ökonomie, Band 3, S. 339 und S. 344, Dietz Verlag Berlin, 1964.

3. Feudale Grundrente
4. Produkte nichtstaatlicher Handwerksbetriebe in späteren Perioden
5. Produkte staatlicher Handwerksbetriebe
6. Vom Staat erhobene Steuern (inklusive Grundrente auf staatlichen Landbesitz und einem Teil der auf diesen Ländereien erwirtschafteten Produkte).

Private Handwerksbetriebe waren Teil der kapitalistischen Wirtschaft. Die in den Punkten fünf und sechs aufgezählten Formen standen in keinem Zusammenhang mit dem nichtstaatlichen Handel. Diese Erkenntnisse merken wir uns und diskutieren sie zunächst nicht weiter. Aus den ersten drei Formen lässt sich erkennen, dass die Hauptanbieter von gesellschaftlichen Produkten definitiv die eigenständigen Bauern und einzelne selbstständige Handwerker waren. Die Bauern waren keine direkten Warenproduzenten, sie verkauften und tausuchten einen Teil ihrer notwendigen Produkte, um andere Gebrauchswerte zu erlangen: Für sie „[...] ist es also nicht, wie in der normalen kapitalistischen Produktionsweise, nötig, daß der Marktpreis des Bodenprodukts hoch genug steige, um ihm den Durchschnittsprofit abzuwerfen, und noch weniger einen in der Form der Rente fixierten Überschuß über diesen Durchschnittsprofit. Es ist also nicht nötig, daß der Marktpreis steige, sei es zum Wert, sei es zum Produktionspreis seines Produkts."[12] Des Weiteren unterschied sich der einzelne selbstständige Handwerker als Produzent kleiner Gebrauchsgegenstände zwar vom Bauern, jedoch lag der Antrieb seiner Produktion ebenfalls nicht in der Erwirtschaftung von Mehrwert. Seine Produkte gingen hauptsächlich zum Austausch mit anderen, von ihnen benötigten Gütern in die Zirkulationssphäre ein. Diese Produktionsstruktur glich jener der kleinbäuerlichen Wirtschaft und war dementsprechend ebenfalls auf die einfache Reproduktion ausgerichtet.

Das Handelskapital durchlief mit diesen beiden Gesellschaftsgruppen als weitläufiger Grundlage eine eigenständige Entwicklung im Produktenaustausch einer noch wenig entwickelten Gesamtgesellschaft und erlangte eine herrschende Position gegenüber der produzierenden Wirtschaft. Es bemächtigte sich durch Prellerei, das heißt billigen Ankauf und teuren Verkauf, des allergrößten Teils oder sogar des gesamten Mehrprodukts der Bauern und einzelnen selbstständigen Handwerker (an dieser Stelle bezieht sich dies auf den übrigen, nicht vom feudalen Grundherrn und seiner Staatsmacht geplünderten überschüssigen Teil). Für die Bauern bedeutete dies also die direkte Aneignung dieser aus ihrer Produktion notwendig hervorgegangenen Produkte durch das Handelskapital. Die Entwicklung des Handels und des Handelskapitals sorgte für eine stetige Entwicklung in Richtung einer auf Austausch von Werten gerichteten Produktion. Gleichzeitig stiegen die Produktionsmengen ebenfalls stetig an. Trotz alledem waren die allermeisten Produzenten nicht in der Lage, ihren wirtschaftlichen Rang zu verbessern. Die Situation mancher verschlechterte sich sogar zusehends und brachte sie unter noch stärkere Kontrolle der Grundherren und des Handelskapitals. Unter den von Marx angesprochenen zwei Wegen,

---

12 Marx, Engels: Werke, Band 25, Das Kapital: Kritik der politischen Ökonomie, Band 3, S. 814, Dietz Verlag Berlin, 1964.

die zum Übergang vom Feudalismus in den Kapitalismus führen, erscheint „[d]er Produzent wird Kaufmann und Kapitalist [...]", den Marx als „de[n] wirklich revolutionierende[n] Weg" bezeichnet, kaum vorstellbar für die selbstständigen Produzenten kleiner Gebrauchsgegenstände in der chinesischen Feudalgesellschaft, geschweige denn für die Landwirtschaft und Handwerk verbindenden eigenständigen Bauern. Das häusliche Handwerk in der Naturalwirtschaft ist die stabliste Bastion im Widerstand gegen die kapitalistische Produktionsweise. Die direkte Übernahme der Produktion durch die Händler als alternativer Weg hätte aufgrund der Unterordnung des Handelskapitals unter die Grundherrenklasse ebenfalls einen außerordentlich schwierigen und langsamen Übergang nach sich gezogen. In der zweiten Teilphase der chinesischen Feudalgesellschaft ergab sich aus den Besonderheiten des Grundbesitzsystems eine Allianz aus Grundherren, Händlern und Geldverleihern mit Wucherzinsen. Es gab eine Form der gegenseitigen Vereinbarkeit von Handelskapital und Grundherrenwirtschaft, eine große Summe des Handelsprofits wurde vom Grundbesitz aufgesogen. Das Ergebnis dessen war sicherlich nicht eine weitere Entwicklung der Warenwirtschaft, sondern die Förderung der Anhäufung von Landbesitz und damit des Großgrundbesitzes. Zusammenfassend lässt sich festhalten, dass der auflösende Effekt des Handelskapitals gegenüber der feudalen Wirtschaftsstruktur durch seine Unterordnung unter die Grundherrenwirtschaft und seine Vereinbarkeit mit dieser enorm geschwächt wurde. Engels sagte: „Der Kaufmann war das revolutionäre Element in dieser Gesellschaft, wo alles sonst stabil war, stabil sozusagen durch Erblichkeit [...]. In diese Welt trat nun der Kaufmann, von dem ihre Umwälzung ausgehen sollte. Aber nicht als bewußter Revolutionär; im Gegenteil, als Fleisch von ihrem Fleisch, Bein von ihrem Bein. Der Kaufmann des Mittelalters war durchaus kein Individualist, er war wesentlich Genossenschafter, wie alle seine Zeitgenossen."[13] Es scheint, als könnte man den auflösenden Effekt des Handelskapitals als revolutionärem Element gegenüber der feudalen Wirtschaftsstruktur nicht hoch genug einschätzen. Als Teil des feudalen Ganzen, der sich den Regeln anpasste, erfüllte es jedoch genau das Gegenteil seiner eigentlichen Aufgabe. Beim Vergleich der Besonderheiten im Übergang der chinesischen und der westlichen Feudalgesellschaft zum Kapitalismus sollten wir dieser Tatsache ausreichende Beachtung schenken.

Oben haben wir die Stabilität des feudalen Wirtschaftssystems erläutert, darüber hinaus stellen die Auswirkungen der ökonomischen Funktionen des Feudalstaates auf die Wirtschaft einen weiteren wichtigen Aspekt unserer Untersuchungen dar. Im Entwicklungsprozess der feudalen Wirtschaft waren das städtische Handwerk und das selbstständige Handwerk der Dörfer besonders vielversprechend für die Herausbildung einer industriellen Produktionsweise. Sie vergrößerten stetig den Umfang ihrer Produktion und entwickelten Arbeitsteilung und Kooperation weiter. All dies kennzeichnete ein erstes Aufblitzen des Kapitalismus. Wie oben bereits erwähnt, gestaltete sich der Übergang des selbstständigen Handwerks in den Städten

13 Marx, Engels: Werke, Band 25, Das Kapital: Kritik der politischen Ökonomie, Band 3, S. 910, Dietz Verlag Berlin, 1964.

und auf dem Land schwierig aufgrund des Parasitismus und des auspressenden Charakters des Handelskapitals. An dieser Stelle soll noch einmal weitergehend die Behinderung der Entwicklung des privaten Handwerks durch staatliches Handwerk und staatlichen Handel betont werden.

Das staatlich betriebene Handwerk begrenzte das private Handwerk vor allem durch seine alleinige Kontrolle über die Arbeitskräfte im Land und die Einschränkung des Marktes in den Städten und auf dem Land, der letzterem zur Verfügung stand. Vor der mittleren Periode der Tang-Dynastie waren, außer Beamten, Sklaven und Sträflingen, viele Arbeitskräfte des staatlich betriebenen Handwerks Soldaten auf Zeit, Handwerker sowie andere körperliche Arbeit verrichtende Personen, die Zwangsarbeit für die feudale Staatsmacht verrichteten. Sie bekamen im Prinzip keine Entschädigung für ihre Arbeitskraft. Zu dieser Zeit bezog das staatliche Handwerk seine Arbeitskräfte in erster Linie aus einer Art Zwangsarbeitssystem. Von der mittleren Periode der Tang-Dynastie bis zur Ming-Dynastie wandelte sich dieses Zwangsarbeitssystem zunehmend zu einem Arbeitspflichtsystem. Das Unterordnungsverhältnis der Handwerker unter die feudale Staatsmacht lockerte sich. Dennoch gelang es dem Staat, durch die Schaffung eines Einwohnermeldesystems bei Bedarf ständig auf diese Arbeitskräfte zurückgreifen zu können. So wurden die selbstständigen Handwerker in den Städten und auf dem Land quasi zur Reservearmee für die staatlichen Handwerksbetriebe. Dieses staatliche Arbeitskräftemeldesystem hemmte die Entwicklung der selbstständigen Handwerker. Der Arbeitsort, an dem die Handwerker ihren Dienst ableisteten, war normalerweise weit von ihrer Heimat entfernt. Daher kostete allein schon die Anreise viel Zeit und man benötigte für einen Monat Arbeitseinsatz in Wirklichkeit zwei bis drei Monate. Außerdem bekamen die Handwerker der staatlichen Betriebe kaum etwas für ihre Arbeit am Einsatzort, wozu noch der Missbrauch und die Ausbeutung durch die Beamten am Einsatzort kamen. Damit wurde dieses System seiner Bezeichnung als „Arbeitsrekrutierung" voll und ganz gerecht. Die Handwerker arbeiteten in diesen Betrieben beinahe umsonst. Die feudalen Fesseln, welche das staatlich betriebene Handwerk den Arbeitskräften des privaten Handwerks anlegte, waren ein schwerwiegendes Hindernis für die Entwicklung des selbstständigen Handwerks.

Die Behinderung des nichtstaatlichen Handwerks durch das staatliche Handwerk auf dem Markt war ebenfalls offensichtlich. Schon in der Qin- (221 – 206 v.Chr.) und der Han-Dynastie wurde ein vereinigter, zentralisierter Feudalstaat geschaffen. Da aber die Naturalwirtschaft die beherrschende Stellung einnahm, waren die wesentlichen Märkte noch immer kleine lokale und regionale Märkte. Landesweite Märkte boten für die Entwicklung des Handwerks große Möglichkeiten, da dort wichtige Produkte gehandelt wurden. Sie existierten zwar schon früh, jedoch wurden sie nahezu ausschließlich vom staatlichen Gewerbe vereinnahmt. Selbst der Markt für handwerkliche Konsumgüter (insbesondere Luxusgüter), die die feudale herrschende Klasse benötigte, wurde durch die Eigenproduktion der staatlichen Handwerksbetriebe weitestgehend gesättigt. Daher konnte das selbstständige Handwerk sich nur mit den auf Naturalwirtschaft fokussierten Bauernhaushalten und dem von ihnen betriebenen Handwerk um die winzigen lokalen Märkte streiten. Eine

Erweiterung des Marktes ist eine Vorbedingung für die Entwicklung der Warenproduktion. Das Ergebnis dieses nur beschränkten Marktzuganges zeigte sich in der nur geringen Betriebsgröße im selbstständigen Handwerk. Der Fortschritt der Produktionstechniken und die Steigerung der Produktivkräfte verliefen entsprechend ebenfalls nur schleppend. Damit einhergehend wurde auch die Investition von Handelskapital in die Produktion unattraktiv. An dieser Stelle soll zusätzlich noch auf die Rolle des staatlichen Handels hingewiesen werden. Der staatliche Handel hat durch sein monopolistisches Vorgehen bei wichtigen Waren nicht nur die Entwicklung des privaten Handelskapitals unterdrückt und dessen auflösende Wirkung auf die Naturalwirtschaft geschwächt, sondern auch den Angriff des nichtstaatlichen Handwerks auf den landesweiten Markt verhindert. So hat er die Kontrolle des Feudalstaates über das private Handwerk noch weiter gestärkt und die Schlüsselrolle des staatlichen Handwerks abgesichert.

Außerdem kontrollierte und monopolisierte der staatliche Handel den internationalen Handel. Damit unterdrückte er eine Erweiterung des Absatzmarktes nach außen. Man darf den negativen Effekt dessen auf die Entwicklung des privaten Handels und Handwerks nicht unterschätzen. Die frühesten kapitalistischen Produktionsverhältnisse in Europa traten in der Schifffahrt, der Textilindustrie und im Bergbau hervor, nicht zuletzt, da diese Wirtschaftszweige in der gesellschaftlichen und ökonomischen Entwicklung einen globalen Einfluss besaßen. Sie öffneten leicht Märkte und gleichzeitig konnten diese Zweige am ehesten einen Durchbruch in den Produktivkräften erzielen. Außer diesen drei Bereichen waren in China auch die Porzellanproduktion und der Schiffsbau von nationaler Bedeutung, ihre Produktivkräfte waren vergleichsweise hoch entwickelt. Aber da vor der Mitte der Ming-Dynastie das staatlich betriebene Handwerk in der handwerklichen Produktion die beherrschende Stellung einnahm, fand die hohe Produktivkraftentwicklung der oben genannten Produktionszweige hauptsächlich nicht in den selbstständigen Handwerkern ihren Ausdruck, sondern im staatlich betriebenen Handwerk. Dies ist der wesentliche Grund, aus dem enorm selten Handwerkstätten in größerem Umfang aus den Reihen der selbstständigen Handwerker hervorgingen.

Im Entwicklungsprozess der Gesamtgesellschaft und Gesamtwirtschaft beeinflussen sich alle wirtschaftlichen Akteure gegenseitig und wirken wechselseitig aufeinander. Bisher wurde lediglich die negative Seite des staatlichen Handwerks beleuchtet. Allerdings war das staatliche Handwerk selbst ebenfalls eine Produktivkraft. Als Wirtschaftskraft spielte es für die Entwicklung der gesamten Gesellschaft und Wirtschaft auch eine positive Rolle. Es griff auf eine vom Feudalstaat konzentrierte riesige Menge von Arbeitskräften sowie dessen materielle und finanzielle Ressourcen zurück. Damit konnte es öffentliche Projekte und handwerkliche Produktion in großem Rahmen verfolgen. Die Erweiterung des Produktionsumfangs führte zu einer Entwicklung der Arbeitsteilung und der Kooperation. Gleichzeitig wurden so ein stetiger Fortschritt der Produktionstechniken und Steigerungen des Produktivkräfteniveaus abgesichert. Die Verbreitung fortschrittlicher Produktionstechniken und Produktionsmittel der staatlichen Werkstätten förderte zugleich auch die Entwicklung des privaten Handwerks. Daraus wird ersichtlich, dass die Entwicklung der Produktion und die Prosperität der Wirtschaft der chinesischen Feudalgesellschaft aufs Engste mit dem ökonomischen Handeln des Feudalstaates verknüpft waren. Mit der Entwicklung der Produktivkräfte vervielfältigten sich seit der Mitte der Ming-Dynastie die gesellschaftlichen und wirtschaftlichen Beziehungen stetig und auch der Markt vergrößerte sich weiter. Damit bekamen die selbstständigen Handwerker gewisse Entwicklungsmöglichkeiten. Es gab immer mehr Handwerkstätten mit verhältnismäßig vielen (bezahlten) Arbeitern und recht großem Produktionsumfang. Langsam begannen sich mehr kapitalistische Produktionsmerkmale herauszubilden. Allerdings vertieften sich die Widersprüche zwischen Handwerkern und feudaler Staatsmacht mit der zunehmenden Entwicklung des privat betriebenen Handwerks und seiner Beschäftigung großer Mengen von Arbeitskräften. Die Handwerker wollten mit aller Macht die feudalen Fesseln abwerfen und führten den Klassenkampf immer entschlossener. Sie flohen aus den staatlichen Werkstätten, verzögerten mit Absicht den Arbeitsablauf und drückten absichtlich die Produktqualität. Das Fliehen vor der Schicht (bei der staatlichen Arbeitspflicht *Anmerkung des Übersetzers*), das Verweigern der Steuerzahlungen, die Niederlegung aller Geschäftsaktivitäten, das Stehlen aus den Mienen oder sogar Aufstände der Handwerker machten deutlich, dass die Ausbeutungsweise des Arbeitspflichtsystems im staatlichen Handwerk bereits immer mehr zu Fesseln für die Produktivkraftentwicklung geworden war. Die Entwicklung und die Konkurrenz der privaten Handwerkstätten ließen den Vorsprung des staatlichen Handwerks in Bezug auf das Produktivkraftniveau zunehmend dahinschmelzen. Aufgrund des Kampfes der Handwerker und chronischen Problemen in der Verwaltung explodierten die Kosten der staatlichen Werkstätten bei gleichzeitiger Abnahme der Produktqualität. Dies zwang die feudale Kaiserdynastie, das Arbeitssystem im staatlich betriebenen Handwerk weiter anzupassen und den Arbeitsbereich des staatlich betriebenen Handwerks sukzessive zu verkleinern. Seit der „Chenghua"-Ära 成化 (1465 – 1487) wandelte sich das Arbeitspflichtsystem der staatlichen Handwerksbetriebe nach und nach in ein Geldablösesystem (das heißt, in ein System, in der die Arbeitspflicht durch Geld ersetzt werden konnte *Anmerkung des Übersetzers*). Die örtlichen Verwaltungen nutzten das aus dem Ablösesystem erwirtschaftete Geld, um bezahlte Handwerker zur Produktion einzustellen oder Produkte unmittelbar auf dem Markt einzukaufen. Das Handwerkermelderegister ging trotz seiner formellen Fortexistenz faktisch unter. Mit dem während vieler Dynastien florierenden staatlichen Handwerk begann es nun, bergab zu gehen. Zu Beginn der Qing-Dynastie wurde das Handwerkermelderegister per offizieller Anordnung abgeschafft. 1724, im zweiten Jahr der „Yongzheng"-Ära 雍正, wurde auch die Zwangsarbeit für Handwerker aufgehoben. Darauffolgend wendete das ohnehin in seinem Betriebsradius bereits erheblich eingeschränkte staatliche Handwerk weitläufig ein freies Beschäftigungssystem an. Das Unterordnungsverhältnis der Handwerker zur feudalen Staatsmacht wurde wesentlich gelockert. Dies ist ein wichtiges Zeichen für die weitere Entwicklung der Handwerksmanufakturen und der kapitalistischen Produktionsverhältnisse. Darin wird ebenfalls deutlich, dass die Entwicklung der gesellschaftlichen Produktivkräfte Behinderungen durch die alten Produktionsverhältnisse notwendigerweise durchbrechen wird.

In diesem Abschnitt soll weitergehend die Toleranzfähigkeit des feudalen Wirtschaftssystems Chinas gegenüber der kapitalistischen Produktionsweise erörtert werden. Dies kann hier von der Perspektive der wirtschaftlichen Funktion des Feudalstaates geschehen. Mit dem Zeitalter der Handwerksmanufakturen begann die Epoche des Kapitalismus. Ihre Entwicklung trieb den Prozess der Trennung von Handwerk und Landwirtschaft voran und beschleunigte die Enteignung der kleinen Bauern und Handwerker und ihre Entfremdung von den eigenen Produktionsmitteln. So wurde der nationale Markt für den Kapitalismus geöffnet und die Voraussetzungen für eine weitere Entwicklung geschaffen. Marx jedoch betont: „Zugleich konnte die Manufaktur die gesellschaftliche Produktion weder in ihrem ganzen Umfang ergreifen noch in ihrer Tiefe umwälzen. Sie gipfelte als ökonomisches Kunstwerk auf der breiten Grundlage des städtischen Handwerks und der ländlich häuslichen Industrie. Ihre eigne enge technische Basis trat auf einem gewissen Entwicklungsgrad mit den von ihr selbst geschaffenen Produktionsbedürfnissen in Widerspruch."[14] „Jedoch bringt es die eigentliche Manufakturperiode zu keiner radikalen Umgestaltung. [...] Erst die große Industrie liefert mit den Maschinen die konstante Grundlage der kapitalistischen Agrikultur, expropriiert radikal die ungeheure Mehrzahl des Landvolks und vollendet die Scheidung zwischen Ackerbau und häuslich-ländlichem Gewerbe, dessen Wurzeln sie ausreißt - Spinnerei und Weberei. Sie erobert daher auch erst dem industriellen Kapital den ganzen inneren Markt."[15]

Daher muss gleichzeitig zur Anerkennung des auflösenden Effektes, den Handwerksmanufakturen auf die feudale Produktionsweise hatten, ebenfalls die begrenzte Unabhängigkeit dieser Handwerksmanufakturen zur Kenntnis genommen werden. Ihre Entwicklung führte nicht zwangsläufig sofort zu einem Zusammenbruch des alten Systems. Die alte Produktionsweise konnte die Entwicklung der Manufakturen unter bestimmten Voraussetzungen tolerieren. Das Maß dieser Toleranz wich in unterschiedlichen Ländern aufgrund unterschiedlicher Merkmale der feudalen Wirtschaftsstrukturen voneinander ab. Von der Geschichte der Entwicklung des weltweiten Kapitalismus her betrachtet, stellten Manufakturen eine Übergangsperiode dar, die unter der Staatsmacht der Kapitalisten oder auch unter der feudalen Staatsmacht vollendet werden konnte. In England und in Frankreich entwickelte sich das Manufakturwesen im Wesentlichen zeitgleich. Die Revolution der Kapitalistenklasse ereignete sich in Frankreich allerdings nahezu 150 Jahre später als in England, zumal sie unter dem Einfluss der industriellen Revolution in England überhaupt erst geschah. Die Toleranz der feudalen Wirtschaftsstruktur Chinas gegenüber der kapitalistischen Produktionsweise in Form von Handwerksmanufakturen zeigt sich noch deutlicher durch die wirtschaftlichen Funktionen des Feudalstaates.

Die chinesische Feudalgesellschaft besaß einen hohen Grad materieller Zivilisationsentwicklung. Die Wirtschaftsstruktur dieses Entwicklungsgrades verfügte nicht nur über Stabilität, sondern auch über eine große Flexibilität und war in der

---

14 Marx, Engels: Werke, Band 23, Das Kapital: Kritik der politischen Ökonomie, Band 1, S. 390, Dietz Verlag Berlin, 1962.

15 Marx, Engels: Werke, Band 23, Das Kapital: Kritik der politischen Ökonomie, Band 1, S. 776f., Dietz Verlag Berlin, 1962.

Lage, ein hohes Niveau an Produktivkräften in sich aufzunehmen. Das staatlich betriebene Handwerk war ein Teil der Feudalwirtschaft, als eine Wirtschaftskraft repräsentierte es eine hohe Produktivkraft. Sein Einfluss auf die gesamte Gesellschaft und Wirtschaft war ein objektives Faktum. In Bezug auf die Produktivkräfte gab es keinerlei Unterschied zwischen dem staatlich betriebenen Handwerk und den privaten Manufakturen, ihr Unterschied liegt lediglich in der Form der Aneignung der Mehrarbeit. Jede Wandlung der Produktionsverhältnisse ist ein Ergebnis der Produktivkraftentwicklung auf ein bestimmtes Niveau. Daher mussten die privaten Manufakturen ihre Produktivkraft auf ein höheres Niveau wie das staatliche Handwerk heben, falls sie die alten Wirtschaftsverhältnisse grundlegend aufbrechen wollten. Von der Mitte der Ming-Dynastie bis zum Beginn der Qing-Dynastie lassen sich noch keine Anzeichen in diese Richtung erkennen. Allerdings durchliefen die privaten Manufakturen von der Mitte der Qing-Dynastie bis zu den Opiumkriegen (1839 - 1842 und 1856 - 1860) dann eine relativ schnelle Entwicklung. In manchen Produktionszweigen verfügten sie im Vergleich mit dem staatlich betriebenen Handwerk bereits über eine starke Position. Dennoch reichte das von ihnen repräsentierte Niveau an Produktivkräften noch nicht aus, um die existierende Produktionsweise zu durchbrechen. Die feudale Wirtschaftsstruktur konnte die Produktivkräfte der Manufakturen in gewissem Maße noch immer tolerieren.

Schon vor den Opiumkriegen hatte die feudale Wirtschaftsstruktur Chinas langsam begonnen, sich aufzulösen. Der Kapitalismus hatte ein gewisses Entwicklungsniveau erreicht, wenngleich auch die Entwicklung des privaten Handwerks noch lange nicht das Niveau erreicht hatte, um in eine Manufakturperiode einzutreten. Selbst wenn wir annehmen, dass es kein Eindringen von ausländischem Kapital gegeben hätte, ist es mit sehr großen Zweifeln zu versehen, ob das private Handwerk Chinas in der Lage gewesen wäre, sich eigenständig bis in eine Manufakturperiode hinein zu entwickeln und, ob es den Übergang zum freien Kapitalismus geschafft hätte. Trotzdem das staatliche Handwerk seit der Mitte der Qing-Dynastie allmählich seine dominierende Stellung in einigen Handwerkszweigen verlor, war es doch als materielle Grundlage der Feudalwirtschaft in vielen Zweigen noch immer unersetzlich. Gleichzeitig verstärkte der Feudalstaat seine finanzpolitischen Maßnahmen sowie seine politischen Interventionen. Auch durch staatliche Handelsaktivitäten sowie durch Ausstattung bestimmter Händler mit besonderen Befugnissen und weitere Maßnahmen erhielt er weiterhin seine Kontrolle über Gesellschaft und Wirtschaft aufrecht. Das private Handwerk konnte sich nur schwer den Einflüssen durch die wirtschaftlichen Funktionen des Feudalstaates entziehen und sich eigenständig entwickeln. Außerdem gab es keine unüberwindbaren Widersprüche zwischen dem staatlichen Handwerk und Manufakturen kapitalistischen Charakters. Ersteres hatte in den Bereichen des Arbeitssystems und der Warenproduktion sowie weiteren Bereichen entscheidende Veränderungen erfahren. Insbesondere seit der Yongzheng-Ära griff das staatliche Handwerk weitläufig auf ein Arbeitssystem mit freien Beschäftigungsverhältnissen zurück und zahlte Lohn nach der geleisteten Arbeit. Zwar kann man nicht von einem grundlegenden Wandel sprechen, dennoch kann dies mindestens als Vorzeichen eines Übergangs des staatlichen Handwerks zu staatlichen Manufakturen mit kapitalistischem Charakter gedeutet werden. Der Übergang vom

Feudalismus zum Kapitalismus unterscheidet sich grundlegend vom Übergang der kapitalistischen Gesellschaft zum Sozialismus. Ersterer benötigt keinen klaren Bruch mit der Staatsmacht als Zeichen der Transformation der Produktionsverhältnisse. Deshalb fehlte dem Feudalismus die Begründung für eine grundlegende Negierung der Transformation des staatlichen Handwerks in kapitalistische staatseigene Manufakturen. Zur Bemessung der Veränderung der Produktionsverhältnisse im staatlichen Handwerk sollte die Aneignung der Mehrarbeit der unmittelbaren Produzenten durch die Eigentümer der Produktionsmittel als Indikator herangezogen werden. Wie bereits oben erläutert, üben alle Formen von Wirtschaftskraft gegenseitig aufeinander Einfluss aus und wirken sich wechselseitig im Entwicklungsprozess von Gesellschaft und Wirtschaft aufeinander aus. Seit Mitte der Qing-Dynastie tendierte das staatlich betriebene Handwerk unter der Einwirkung des privaten Manufakturwesens und anderer gesellschaftlicher und wirtschaftlicher Kräfte sowohl zum Niedergang als auch hin zu einem Wandel zu einer kapitalistischen Produktionsweise. Nach den bisher vorliegenden Quellen wandte das staatliche Handwerk respektive die staatliche Industrie im Bergbau- und Hüttenwesen, der Münzprägung, der Textilherstellung und weiteren Zweigen in großem Umfang ein kapitalistisches Arbeits- sowie Produktionssystem an. Dies kann im Folgenden als Urform des chinesischen Staatskapitalismus angenommen werden. Es handelte sich um eine systemische Entscheidung der feudalen Staatsmacht zur Anpassung an die Produktivkräfteentwicklung.

Insgesamt gesehen, unterschied sich nach dem normalen Entwicklungsmodus der chinesischen Gesellschaft und Wirtschaft der Entwicklungsweg des chinesischen Kapitalismus von jenem Englands, Frankreichs und anderer westlicher Länder. Der chinesische Kapitalismus ist von Beginn an eine gemeinsame Entwicklung des Staatskapitalismus und des Privatkapitalismus und sie vollenden zusammen den Übergang in die Manufakturperiode sowie den Wandel der feudalen Wirtschaftsstruktur zur kapitalistischen Wirtschaftsstruktur. Er hat nicht die normal übliche Periode des freien Kapitalismus durchlaufen, die dann, gefolgt von der Herausbildung der Großindustrie, in ein monopolistisches Stadium einmündet. Dies wurde durch die inhärenten Besonderheiten der Wirtschaftsstruktur des chinesischen Feudalismus bestimmt. Allerdings kann Geschichte nicht hypothetisch betrachtet werden. Mit dem Eintritt der chinesischen Feudalgesellschaft in die Spätphase der Qing-Dynastie nahm die Korruption der feudalen Staatsmacht ständig zu, während die Fähigkeit zur Verwaltung abnahm und es an der Fähigkeit zu systemischen und politischen Innovationen mangelte. So verließ China den Hauptstrang der weltweiten Entwicklung. Damit ergaben sich ernsthafte Hindernisse für die wirtschaftliche und gesellschaftliche Entwicklung. Selbst die Fähigkeit zur Sicherstellung der Landesverteidigung war nicht mehr gegeben. Rückständigkeit, Schikanierung von außen sowie der Verlust von Territorium und Souveränität sind unumstrittene geschichtliche Tatsachen. In diesem Zustand war ein grundlegender gesellschaftlicher Wandel bereits unumgänglich geworden.

3. Entwicklung, Aufblähung und Niedergang des neuzeitlichen chinesischen Staatskapitals

Nach den Opiumkriegen wurde die Entwicklung der chinesischen Gesellschaft und Wirtschaft durch das Eindringen von ausländischem Kapital aus der Bahn geworfen und mündete in eine Periode mit enormen Veränderungen ein. Gesellschafts- und Wirtschaftsstruktur des Feudalismus lösten sich mit erhöhter Geschwindigkeit auf und wurden allmählich in eine halbkoloniale und halbfeudale Form verwandelt. Unter dem Einwirken der fortgeschrittenen ausländischen Produktivkräfte trat die traditionelle feudale Wirtschaftsstruktur Chinas, ohne ihren Übergang zur Manufakturperiode abgeschlossen zu haben, in die Gründerzeit der neuzeitlichen maschinenbasierten Industrie ein. Als die drei grundlegenden Formen der neuzeitlichen kapitalistischen Verhältnisse Chinas traten nacheinander das ausländische Kapital, das Staatskapital sowie privates nationales Kapital in Erscheinung und entwickelten sich.

Unter den drei Formen der neuzeitlichen kapitalistischen Verhältnisse Chinas nahm zweifellos das ausländische Kapital die bestimmende Rolle ein. Sowohl vor als auch nach den Opiumkriegen besaßen ausländische Produkte noch keine ausreichende Konkurrenzfähigkeit auf dem chinesischen Markt. Das Eindringen des ausländischen Kapitals nach China hatte den Opiumschmuggel, den Handel mit Kulis (chinesische Tagelöhner *Anmerkung des Übersetzers*), den Handel mit Kriegsgerät, Immobilien- und Landspekulationen sowie kriegerische Plünderung zum Hauptziel. Der Export von Waren nahm keine entscheidende Rolle ein, ganz zu schweigen von Kapitalexport. Im Wesentlichen handelte es sich um koloniale Ausplünderung im Stil der ursprünglichen Akkumulation. Erst seit den 1860er-Jahren sanken mit der Vollendung der industriellen Revolution in den wichtigsten kapitalistischen Ländern des Westens und dem verbreiteten Einsatz von Maschinen die Herstellungskosten für Produkte stetig und die Konkurrenzfähigkeit nahm zu. Gleichzeitig veränderte sich auch der nationale chinesische Markt aufgrund des Einflusses der ungleichen Verträge. Damit nahm der Export ausländischer Waren nach China rasant zu. Das ausländische Kapital schuf in China zahlreiche Arten von Unternehmen und monopolisierte mithilfe eines aus Kompradoren (Chef des chinesischen Personals ausländischer Unternehmen zu jener Zeit *Anmerkung des Übersetzers*) bestehenden Handelsnetzes Im- und Export. In gewissem Maße kontrollierte es ebenfalls den innerchinesischen Markt. Am Ende des 19. Jahrhunderts trat der weltweite Kapitalismus in sein imperialistisches Stadium ein. Der Erste Japanisch-Chinesische-Krieg (1894/1895) kennzeichnete den Übergang des ausländischen Kapitals in die Periode des Kapitalexports. Darauffolgend begannen ausländisches Industrietrust- und Holdingkapital, in China in großem Maßstab in den produzierenden Sektor zu investieren. Dieses Kapital nahm allmählich eine Monopolstellung in Verkehr und Transport, in der Erschließung von Ressourcen und Energiequellen und anderen grundlegenden Wirtschaftszweigen sowie in der Textilindustrie und weiteren wesentlichen Industriezweigen ein. Gleichzeitig erweiterten die imperialistischen Großmächte in Form von Staatsanleihen stetig den Umfang des Kapitalexports und kontrollierten den Staatshaushalt, das Finanzwesen sowie weitere entscheidende wirtschaftliche Lebensadern. Im Entwicklungsprozess des chinesischen Kapitalismus war das ausländische

Kapital das am schnellsten wachsende, wohingegen die Entwicklung des chinesischen Kapitals nur verhältnismäßig langsam voranschritt. Als von außen kommende Wirtschaftskraft beförderte das ausländische Kapital in gewissem Maße die Auflösung der feudalen Wirtschaftsstruktur Chinas und die Entwicklung kapitalistischer Verhältnisse. Der Hauptanteil des ausländischen Kapitals wurde jedoch im Angriff auf die chinesische Wirtschaft akkumuliert. Seine Aufblähung behinderte die Entwicklung des chinesischen Kapitalismus schwerwiegend. Selbstverständlich waren der Entwicklungsweg des chinesischen Kapitalismus und seine Perspektive durch innerchinesische Ursachen bestimmt. Das Problem lag noch immer bei den notwendigen Veränderungen im Innern der chinesischen Gesellschafts- und Wirtschaftsstruktur.

Das neuzeitliche chinesische Staatskapital und private nationale Kapital standen eindeutig in untrennbarem Zusammenhang mit den Ursprüngen des Kapitalismus vor den Opiumkriegen. Beispielsweise speiste sich das private nationale Kapital Chinas hauptsächlich aus der Fortführung der Entwicklung der kapitalistischen Privatmanufakturen. Seit den Opiumkriegen hat die Überschwemmung mit billigen ausländischen Produkten die Entwicklung des traditionellen Handwerks zu einem gewissen Teil zerstört. Dies manifestierte sich jedoch vor allem im Baumwollhandwerk bäuerlicher Haushalte. Laut den Untersuchungen in „Geschichte der Entwicklung des chinesischen Kapitalismus“[16] entwickelten sich die 32 traditionellen Handwerke Chinas nach den Opiumkriegen folgendermaßen: Sieben gingen nieder, zehn existierten weiter fort und 15 erfuhren eine hohe Entwicklung und gingen zur Maschinenproduktion über. Zu Beginn der Qing-Dynastie wiesen etwas mehr als zehn Gewerbe bereits Keime des Kapitalismus auf. Von ihnen wurden nur zwei, die Weberei und die Tabakverarbeitung, durch ausländische Produkte ersetzt, alle anderen existierten fort und neun von ihnen gingen zur Maschinenproduktion über. Sie bildeten die Hauptlinie in der Entwicklung des privatkapitalistischen Sektors. In Bezug auf den Entwicklungsprozess des ausländischen und des privaten nationalen Kapitals als auch ihren Einfluss sowie ihre Stellung herrscht Uneinigkeit in der Forschungswelt. Über diese Diskussionen sollen an dieser Stelle keine weiteren Worte verloren werden. Im Folgenden wird schwerpunktmäßig die Herausbildung und der Entwicklungsprozess des neuzeitlichen Staatskapitalismus als Teil der Entwicklungsgeschichte des chinesischen Kapitalismus thematisiert. Er unterschied sich grundlegend von den oben genannten Formen des Kapitals. Dabei soll auch seine Stellung und Wirkung in der halbkolonialen-halbfeudalen Wirtschaftsstruktur erörtert werden.

Der staatsmonopolistische Kapitalismus, von dem häufig die Rede ist, ist ein aus der Entwicklung des modernen Kapitalismus abgeleitetes Konzept. Nach dem Eintritt des Kapitalismus in sein monopolistisches, also imperialistisches Stadium, verschwanden die ihm inhärenten Widersprüche nicht etwa oder wurden aufgehoben, sondern sie erreichten eine noch nie dagewesene Verschärfung. Unter diesen Umständen war es für die Monopole schwierig geworden, sich zur Aufrechterhaltung

16 Xu Dixin 许涤新 Wu Chengming 吴承明 (Hg.): *Zhongguo Zibenzhuyi Fazhanshi* 中国资本主义发展史 („Geschichte der Entwicklung des chinesischen Kapitalismus“), Renmin Chubanshe, 1985.

der eigenen Herrschaftsposition nur auf die eigene Wirtschaftskraft zu stützen. Die private Kapitalaneignung konnte immer weniger die Entwicklung der Produktivkräfte bewältigen. Das monopolitische Kapital bedurfte einer direkten Nutzung des Staatsapparates, um seine Herrschaft aufrechterhalten zu können und die Ausbeutung der in- und ausländischen Arbeiter zu verstärken. Daher galt: „[...] [D]er offizielle Repräsentant der kapitalistischen Gesellschaft, der Staat, muß ihre Leitung [der Produktion *Anmerkung des Übersetzers*] übernehmen."[17] Normalerweise entwickelt sich der Monopolkapitalismus allmählich zu einem staatsmonopolistischen Kapitalismus. Durch die Schaffung einer staatlichen Wirtschaft und die Einmischung in sämtliche Gesellschafts- und Wirtschaftsaktivitäten sorgt der Staat als ideeller Gesamtkapitalist für eine Einkommensumverteilung zu Gunsten des Monopolkapitals. Damit wird die Herrschaft der Monopolkapitalistenklasse weiter gestärkt und der Niedergang des kapitalistischen Systems verlangsamt. Insgesamt betrachtet, ist die Entstehung des staatsmonopolistischen Kapitalismus ein notwendiges Ergebnis der weiteren Verschärfung der dem Kapitalismus im imperialistischen Stadium inhärenten Widersprüche und der stetigen Vertiefung der gesellschaftlichen Widersprüche. Er ist das Produkt eines hohen Entwicklungsgrades der Vergesellschaftung der Produktion. In gewissem Maße dämmt er die gesellschaftlichen Widersprüche ein und eröffnet dem Kapitalismus neue Entwicklungsspielräume. Die Fähigkeit des Staates, seine Eingriffe und Regulierungsmaßnahmen stetig zu verstärken, sind Kennzeichen einer hohen Systemreife. Dieser Aspekt erinnert sehr stark an Kennzeichen der Grundherrenwirtschaft in China.

Es ist offensichtlich, dass der chinesische Staatskapitalismus nicht unter solchen Voraussetzungen entstand und sich weiterentwickelte. Er verfügt über einen einzigartigen Entstehungshintergrund und Entwicklungsprozess. Daher sollte er im weitesten Sinne des Begriffes des staatsmonopolistischen Kapitals verstanden und analysiert werden. Der Staatskapitalismus Chinas ist nicht auf der Grundlage einer Konzentration der Produktion hervorgetreten. Damit war er eben nicht das Produkt eines hohen Entwicklungsgrades der Vergesellschaftung der Produktion, sondern das Produkt einer verstreuten Produktion und eines völlig unterentwickelten Kapitalismus. Ursprünglich entstand er bereits vor den Opiumkriegen und war ein notwendiges Produkt im Transformationsprozess der feudalen Wirtschaftsstruktur Chinas hin zum Kapitalismus. Daher können die Besonderheiten des chinesischen Staatskapitals in seinem Frühstadium nicht einfach mit dem Begriff Monopol zusammengefasst werden. Das neuzeitliche Staatskapital bildete sich mit dem Eindringen des ausländischen Kapitals und dem damit einhergehenden beschleunigten Zerfall der Gesellschafts- und Wirtschaftsstruktur. Damit wurde die Grundlage der feudalen Herrschaft ins Wanken gebracht. Die Qing-Regierung musste sich nun die fortgeschrittene Technik der westlichen „Barbaren" aneignen. Ab den 1860er-Jahren begann sie fortschrittliche Produktionstechniken aus dem Westen einzuführen sowie energisch in die Schaffung moderner Unternehmen zu investieren, um Militär und Wirtschaft zu stärken. Damit wollte sie ihre wacklige Herrschaftsposition absichern.

[17] Marx, Engels: Werke, Band 20, Herrn Eugen Dührings Umwälzung der Wissenschaft (Anti-Dühring), S. 259, Dietz Verlag Berlin, 1975.

Historisch sind diese Maßnahmen unter dem Begriff der „Selbststärkungsbewegung" bekannt geworden. Es handelte sich um eine alternativlose Entscheidung. Die modernen Unternehmen gingen aus einer Transformation der Urform der bereits staatskapitalistisch organisierten staatlichen Industrie hervor. Zwar lag die eigentliche Absicht in der Erhaltung der alten Wirtschaftsstruktur, die Entwicklung der Produktivkräfte hatte aber bereits die feudalen Produktionsverhältnisse durchbrochen. Daher führte die Entwicklung dieser modernen Unternehmen nach westlichem Vorbild zu einem vollständigen Übergang der feudalen staatlichen Industrie zum Staatskapitalismus. Die staatliche Zivil- und Militärindustrie nutzten beide die gleichen Formen der Aneignung unbezahlter Arbeit. Die Art und Weise der Aneignung lässt sich bei beiden als kapitalistisch charakterisieren. Somit bildeten diese Unternehmen die Urform des chinesischen Staatskapitalismus.

Die modernen Unternehmen der Selbststärkungsbewegung stellten keine Konzentration der Produktion dar. Lediglich in der unendlichen Ansammlung kleiner Produzenten betrieben sie eine vergleichsweise konzentrierte Produktion. Ihr feudaler Charakter versteht sich dabei von selbst. Zudem hingen sie in großem Maße von ausländischem Kapital ab. Dennoch maß sich diese unvollkommene Urform des Staatskapitalismus mehr oder minder mit dem ausländischen Kapital und verfügte über einen verteidigenden Charakter gegenüber der Aggression des ausländischen Kapitals. Historisch gesehen war es gewissermaßen unvermeidlich, dass im Transformationsprozess der traditionellen Wirtschaftsstruktur Chinas zuerst der Staatskapitalismus entstand. Die moderne Industrie des chinesischen Kapitalismus ging nicht originär aus dem Übergang in eine Manufakturperiode hervor. Ihre Entstehung war nicht das Resultat eines Durchbruchs der Produktivkräfte in bestimmten Hauptwirtschaftszweigen, sondern das Ergebnis des Imports und der Verpflanzung fortschrittlicher Produktivkräfte aus dem Westen. Da dieser Vorgang in erster Linie der Selbststärkung dienen sollte, musste er zwangsläufig bei der für die Rüstungsindustrie zentralen Schwerindustrie ansetzen. Sowohl vor als auch nach den Opiumkriegen gestaltete sich der Prozess der ursprünglichen Akkumulation des chinesischen Kapitals äußerst zäh. Ein Großteil des Mehrproduktes wurde eignete sich der Staat über Steuern an und das Privatkapital hatte daher nicht die Kraft dazu, eigenständig moderne Unternehmen mit Schwerindustrie als Kern aufzubauen. Dementsprechend konnte die Aufgabe der Landesverteidigung mit dem Aufbau moderner Unternehmen, angefangen bei der Schwerindustrie, freilich nur von der Qing-Regierung übernommen werden. Dabei war es eine andere Frage, ob sie dazu in der Lage war, diese Verantwortung zu übernehmen. De facto konnte kein Kapital größeren Umfangs akkumuliert werden, da die Qing-Regierung die These „Chinesische Lehre als Grundlage, westliche Lehre zum Nutzen" verfocht und mit aller Kraft versuchte, die kapitalistische Produktionsweise in das alte Feudalsystem hineinzupressen. Dazu kamen noch die Korruption und die Unfähigkeit der hauptverantwortlichen Beamten. Die meisten der am Westen orientierten modernen Unternehmen arbeiteten nicht wirtschaftlich. Auf diese Weise konnte kein nennenswertes Kapital akkumuliert werden und erst recht keine spürbare Entwicklung des Kapitalismus erreicht werden.

In der Entstehung des Kapitalismus verfügen Japan und China über viele Gemeinsamkeiten, obgleich das Entwicklungsergebnis beider einen enormen Unterschied aufweist. Selbstverständlich unterschieden sich die Wirtschaftsstrukturen beider Länder historisch und China hatte bereits früh eine Tradition staatlichen Handwerks und damit den historischen Ursprung seines Staatskapitalismus. Der neuzeitliche Staatskapitalismus Chinas kam zweifelsohne schon früh auf, allerdings entwickelte er sich sehr langsam. Japan befand sich vor der Meiji-Restauration in einer ähnlichen Situation wie China vor und nach den Opiumkriegen. In den 1870er-Jahren wurden auch in Japan vom Staat mit dem Ziel der Selbststärkung die ersten modernen Unternehmen geschaffen. Seit den 1880er-Jahren überließ die Regierung einige staatseigene Unternehmen außerhalb der Rüstungsindustrie Privatpersonen, um die Entwicklung des Privatkapitalismus zu fördern. Gleichzeitig konnten auch die staatseigenen Unternehmen ein konstantes, deutliches Wachstum vorweisen. Seit dem Ersten Japanisch-Chinesischen-Krieg behielt die staatseigene Wirtschaft Japans kontinuierlich ein schnelles Wachstum bei, um gewachsenen Bedürfnissen der Aggression nach Außen zu entsprechen. In den 1930er- und 1940er-Jahren wiederum etablierte sich in Japan die allseitige Herrschaft eines militaristischen, staatsmonopolistischen Kapitalismus. Es lässt sich also festhalten, dass sich der japanische Kapitalismus unter dem Antrieb des Staatskapitals und in der Aggression nach Außen entwickelt hat.

Es scheint kein Zufall, dass sich in Ländern wie China und Japan unter dem Einfluss ausländischer fortgeschrittener Produktivkräfte zuerst der Staatskapitalismus herausbildete. In beiden Staaten hatte sich der Kapitalismus bereits in gewissem Maße entwickelt. Bei der Entstehung des chinesischen und japanischen Staatskapitalismus handelte es sich jeweils um eine notwendige Weichenstellung im Transformationsprozess der ursprünglichen Wirtschaftssysteme. Ihre Herausbildung erfolgte dementsprechend nicht nur früher als die Entwicklung des westlichen staatsmonopolistischen Kapitalismus, sondern gar noch früher als die des westlichen Monopolkapitalismus. Es gibt Theorien, die den chinesischen Staatskapitalismus als Urform des Staatskapitalismus eines nichtentwickelten Landes sehen und die Position vertreten, dass dieser sich unter dem Einfluss des weltweiten Monopolkapitalismus entwickelte. Solcherlei Modelle können als voreingenommen betrachtet werden.

Nach dem Ersten Japanisch-Chinesischen-Krieg wurde die angeschlagene und korrupte feudale Staatsmacht endgültig zum Spielball imperialistischer Aggressionen. Sie konnte ihrer Verantwortung zur Führung der gesellschaftlichen und wirtschaftlichen Entwicklung in keinster Weise mehr gerecht werden.

Die von der Kapitalistenklasse angeführte Xinhai-Revolution (1911/1912)[18] war eine unvollständige Revolution. Zwar stürzte sie die Regierung der mandschurischen Qing-Dynastie und bewies, dass der Imperialismus letzten Endes nicht willkürlich über das Schicksal Chinas bestimmen konnte, jedoch konnte sie ihre antiimperialistische und antifeudale Aufgabe nicht vollständig erfüllen. Die Staatsmacht ging über in die Hände der vom Imperialismus unterstützten Großgrundbesitzer und

18 Bürgerliche Revolution in China, die mit der Abschaffung der Qing-Dynastie und der Schaffung der ersten chinesischen Republik endete (*Anmerkung des Übersetzers*).

der Kompradorenbourgeoisie, die sich gemeinsam zur despotischen Beiyang-Clique verbündeten. Infolgedessen verstärkte sich zunehmend der Kompradorencharakter des Staatskapitals. So wurde es immer mehr zum bloßen Anhängsel des ausländischen Kapitals. Auch während der Regierung der Beiyang-Clique entwickelte sich das Staatskapital weiter. Seine hauptsächlichen Formen waren zusammen vom Staat und privaten Geschäftsleuten betriebene Unternehmen und staatliche Hilfe für von privaten Geschäftsleuten betriebene Unternehmen. Damit begann das gemeinsam von Staat und privaten Geschäftsleuten getragene bürokratische Kapital, grundlegend Form anzunehmen.

Engels zeigte auf: „Es ist eine Eigentümlichkeit gerade der Bourgeoisie gegenüber allen früheren herrschenden Klassen: in ihrer Entwicklung gibt es einen Wendepunkt, von dem an jede weitere Steigerung ihrer Machtmittel, vorab also ihrer Kapitalien, nur dazu beiträgt, sie zur politischen Herrschaft mehr und mehr unfähig zu machen. „Hinter den großen Bourgeois stehen die Proletarier."[19] Die Bewegung des 4. Mai 1919 kennzeichnete diesen grundlegenden Wendepunkt. Die Verbreitung des Marxismus und der Sieg der Oktoberrevolution in Russland zeigten dem chinesischen Volk den Weg des Sozialismus auf. Die Entstehung der revolutionären Bewegung des chinesischen Proletariats und seine schwungvolle Entwicklung sorgten dafür, dass der Imperialismus, die Großkapitalistenklasse und die Klasse der Großgrundbesitzer miteinander kollaborierten. Diese enge Kooperation erfolgte in der Absicht, mittels gemeinsamer Herrschaft die revolutionäre Bewegung des Volkes zu unterdrücken. Gleichzeitig beabsichtigten sie, durch eine vollständige Monopolisierung von Gesellschaft und Wirtschaft das alte System vor dem Untergang zu retten. Die Bildung und Aufblähung des staatlichen Monopolkapitals der Kuomintang stellten eine enorme gemeinsame Anstrengung zur Erhaltung des halbkolonialen-halbfeudalen Wirtschaftssystems dar. Das Monopolkapital der Kuomintang richtete sich nicht hauptsächlich gegen den Imperialismus (in gewissem Maße verfügte es über antijapanische Züge), sondern richtete sich mit der Unterstützung des Imperialismus gegen die von der Kommunistischen Partei Chinas (KPCh) geführte neue demokratische Revolution. Es ist das Gegenstück zur Wirtschaft der neuen Demokratie. Die Staatsmacht der Kuomintang hatte sich von den politischen und wirtschaftlichen Positionen ihres einstigen Führers Sun Yat-sen abgewandt, nicht zuletzt von seiner Vorstellung eines idealen Entwicklungsweges. Ihre Vorstellung eines entwickelten Staatskapitals entsprach nicht mehr jener Sun Yat-sens. Das staatsmonopolistische Kapital der Kuomintang war ein Ergebnis der nichtentwickelten Produktion Chinas, seine Aufblähung erstickte den wirtschaftlichen Fortschritt. Es war sowohl das Resultat dessen, dass die halbkoloniale-halbfeudale Wirtschaft keinerlei Entwicklung erfuhr, als auch die gleichzeitig die Ursache für den ausbleibenden Fortschritt von Gesellschaft und Wirtschaft. Die Bildung und Aufblähung dieses staatsmonopolistischen Kapitals waren in der Entwicklungsgeschichte des chinesischen Kapitalismus der wirklich großangelegte Prozess zur ursprünglichen Akkumulation. Jedoch bür-

19 Marx, Engels: Werke, Band 16, Vorbemerkung zum 2. Abdruck des „Deutschen Bauernkriegs", S. 397, Dietz Verlag Berlin, 1962.

dete die mit diesem Prozess verbundene Anhäufung und Plünderung dem chinesischen Volk enorme Leiden auf. Alle Klassen und Schichten inklusive der mittleren Kapitalistenklasse wurden geschädigt. Insbesondere nach dem Sieg im antijapanischen Widerstandskrieg (chinesische Bezeichnung für den Zweiten Japanisch-Chinesischen-Krieg 1937 – 1945 als Teil des Zweiten Weltkrieges *Anmerkung des Übersetzers*) gingen Korruption und Spekulation drunter und drüber. Die Währungsmenge schwoll enorm an und es kam zu einer schwerwiegenden Vernichtung gesellschaftlicher Produktivkräfte, unter der vor allem die Landwirtschaft sowie die kleine und mittlere Industrie zu leiden hatten. Damit sah die Wirtschaft allmählich ihrem Kollaps entgegen.

Früher nannte man das staatsmonopolistische Kapital der Kuomintang auch bürokratisches Kapital. Die historischen Fakten legen jedoch nahe, die beiden Begriffe zu unterscheiden. Objektiv gesehen, hat das Staatskapital der Kuomintang zur Entwicklung der Wirtschaft und zur Unterstützung im antijapanischen Krieg wichtige Beiträge geleistet. Diese Leistungen der zahlreichen Mitarbeiter in den entsprechenden Institutionen der Kuomintang sollten auch anerkannt werden. Das Scheitern ihrer Regierung kann nicht einfach auf die Existenz des Staatskapitals zurückgeführt werden. Es war der echte bürokratische Kapitalismus, der dem Staat, der Gesellschaft und dem einfachen Volk ernsthaft schadete. Er war ein Produkt der Verschmelzung von Macht und Kapital und damit ein Produkt der Korruption innerhalb der Staatsmacht. Das Kapital reicher und mächtiger Familien wie der Soongs und der Kungs[20] zum Beispiel sowie anderer mehr oder weniger mächtiger und tyrannisch agierender Familien wurde zu einer bösartigen Geschwulst innerhalb der Staatsmacht der Kuomintang. Es handelte sich hierbei um die schlimmste Form des Kapitals, die sich auch noch bis zu ihrem Extrem entwickelt hatte. Nichtsdestotrotz kann die Verantwortung für ihr Scheitern letztlich nur der Kuomintang-Staatsmacht selbst und ihrem staatsmonopolistischen Kapital aufgebürdet werden. Auf eine gewisse Art kann man auch davon sprechen, dass die Kuomintang-Staatsmacht an ihrer Korruption zugrunde gegangen ist.

Zuvor wurde bereits die Transformation der traditionellen Wirtschaftsstruktur Chinas hin zum Kapitalismus erörtert, wobei besonderer Wert auf den Prozess der Aufblähung des staatsmonopolistischen Kapitals gelegt wurde. Jedoch war der chinesische Kapitalismus nur schwach entwickelt und machte in der gesamten Gesellschafts- und Produktionsstruktur einen nur geringen Anteil aus. Das feudale Wirtschafssystem Chinas erwies sich als besonders widerstandsfähig. Die Grundursache dafür lag noch immer in den Besonderheiten der halbfeudalen-halbkolonialen Gesellschafts- und Wirtschaftsstruktur. Nach den Opiumkriegen löste sich die Naturalwirtschaft der chinesischen Dörfer, deren Kennzeichen eine Verbindung von kleiner Landwirtschaft mit häuslichem Handwerk war, weiter auf. Der inländische Markt vergrößerte sich und schuf gewisse Voraussetzungen für die Entwicklung des modernen Kapitalismus. Jedoch drückte sich die Auflösung der Naturalwirtschaft der Dörfer hauptsächlich im Niedergang des Handwerks der Bauernhaushalte und der Entwicklung einer auf Warenproduktion ausgerichteten Landwirtschaft aus. Das

---

20 Vertreten zum Beispiel durch Soong Tse-ven und Kung Hsiang-hsi (*Anmerkung des Übersetzers*).

System des Landbesitzes, welches ein grundlegendes Element in der feudalen Wirtschaftsstruktur bildete, hatte keinerlei grundlegende Veränderung erfahren. Die Grundherrenklasse erhielt noch immer ihre Herrschaft über die Dörfer aufrecht. Für die beschleunigte Auflösung der Naturalwirtschaft in den chinesischen Dörfern war hauptsächlich das großflächige Eindringen ausländischer Waren in die Märkte verantwortlich. Bedingt durch die Stabilität der feudalen Wirtschaftsstruktur Chinas und ihre Fähigkeit, ein vergleichsweise hoch entwickeltes Produktivkräfteniveau in sich aufnehmen zu können, war es für das ausländische Kapital objektiv mit großen Schwierigkeiten verbunden, in diese Wirtschaftsstruktur einzudringen und sie zu zersetzen. Allerdings erwies sich die Nutzung der traditionellen Wirtschaftsstruktur Chinas für das ausländische Kapital als überaus praktisch zur parasitären Ausbeutung. Daher entwickelte es den Kapitalismus in China nicht mit dem Ziel der Zerstörung der feudalen Wirtschaftsstruktur, sondern um gemeinsame Sache mit dem chinesischen Beamtentum und dem Feudalismus zu machen. Es förderte Kompradoren, um das bereits vorhandene kommerzielle Geldverleihwesen mit seinem Wucherzins zu nutzen und so die chinesischen Bauern und Handwerker auszubeuten. Dies stellte eine wesentliche Maßnahme zur Erreichung seiner Dominanz auf dem chinesischen Markt dar. Gleichzeitig diente sie der weiteren Ausdehnung der wirtschaftlichen Aggression. Selbst in der Periode des Kapitalexports mit den Angriffen durch das ausländische Kapital nahm diese Strategie noch immer eine wichtige Stellung ein.

Das starke feudale Züge in sich bergende Staatskapital und die Wirtschaft der Großgrundbesitzer hingen gegenseitig voneinander ab. Demnach war es nur folgerichtig, dass es nach Kräften das dekadente Feudalsystem aufrechtzuerhalten suchte. Genau wie Lenin festgestellt hat, entscheidet sich der Charakter des Staatskapitalismus über den Charakter der Staatsmacht. Von der Qing-Regierung bis zur Kuomintang-Regierung, von den Unternehmen der Selbststärkungsbewegung bis zum staatmonopolistischen Kapital der Kuomintang wurde der Kern der feudalen Wirtschaft niemals angetastet. Stattdessen wurde der Antagonismus zwischen Kapital- und Feudalwirtschaft durch den halbfeudalen Charakter des Staatskapitals aufgelöst. Der Erhalt und die Weiterführung der feudalen Wirtschaftsstruktur Chinas sind hauptsächlich auf den Schutz durch die Staatsmacht und eine enge Verbindung mit dem Staatskapital zurückzuführen. Das private nationale Kapital war unter den modernen kapitalistischen Verhältnissen Chinas die Kapitalform, die am positivsten herausstach. Allerdings wurde das Privatkapital Chinas nie zu einer eigenständigen Wirtschaftskraft. Es war einerseits dem ausländischen Kapital und dem Staatskapital untergeordnet, und andererseits waren seine Verbindungen zur feudalen Wirtschaft noch immer vergleichsweise eng. Privat- und Feudalkapital verfügten auf der einen Seite über einen antagonistischen Aspekt, auf der anderen Seite verfügten sie aber wiederum auch über gemeinsame Interessen. Dabei war letzterer Aspekt wesentlich: Das nationale Privatkapital nutzte für seine Geschäftsaktivitäten in hohem Maße die Feudalmacht und das feudale Ausbeutungsnetz aus. Großgrundbesitzer und Kapitalist waren häufig sogar ein und dieselbe Person. Die gemeinsame Erörterung von nationalem Privatkapital und Staatskapital an dieser Stelle soll mitnichten die Unterschiede zwischen beiden verwischen und auch nicht den Doppelcharakter des nationalen Privatkapitals und der nationalen Bourgeoisie leugnen. In Bezug auf die

Wahrscheinlichkeit ihrer Beteiligung an einer Revolution muss jedoch festgehalten werden, dass ihre Gegnerschaft zum Feudalismus wesentlich schwächer ausgeprägt war als jene zum Imperialismus. Die gemeinsame Erörterung von Privat- und Staatskapital erfolgt an dieser Stelle lediglich, um die untergeordnete Stellung der nationalen Bourgeoisie in der halbkolonialen-halbfeudalen Wirtschaftsstruktur zu betonen. Sie spielte zwar im Entwicklungsprozess der chinesischen Gesellschaft und Wirtschaft eine positive Rolle, jedoch konnte sie nicht die Richtung der modernen Gesellschaftsentwicklung Chinas bestimmen. Dies gilt genauso für das Staatskapital. Genau deswegen konnte die nationale Bourgeoisie auch nicht die demokratische Revolution in China anführen, sondern nur ein Verbündeter sein, der von revolutionären Kräften gewonnen werden konnte.

Kurz gesagt, bildeten das ausländische Kapital, das private nationale Kapital und die feudale Wirtschaft eine Einheit. Dies war die grundlegende Besonderheit der halbkolonialen-halbfeudalen Wirtschaftsstruktur Chinas. Sie zeigt, dass die Entwicklung des chinesischen Kapitalismus auf einer tönernen Grundlage gebaut war. Die imperialistische Aggression und die Ausweitung kapitalistischer Produktionsverhältnisse förderten zwar die Auflösung der Naturalwirtschaft, jedoch waren die Bauern aufgrund der Fortexistenz des Feudalsystems in den Dörfern gezwungen, sich unter größter Anstrengung selbst zu versorgen. Dieser Auflösungsprozess verlief ausgesprochen langsam. Bis zur Gründung der Volksrepublik China 1949 erfuhr die Wirtschafts- und Produktionsstruktur der chinesischen Dörfer keine grundsätzliche Veränderung. Es bestand eine Art feudale „Halbnaturalwirtschaft" fort. Auch die Märkte vergrößerten sich nicht wesentlich. In einem recht langen Zeitraum in den 1930er- und 1940er-Jahren zeigten die Märkte sogar eine schrumpfende Tendenz. Bedingt durch das Fortbestehen des feudalen Wirtschaftssystems konnte die Auflösung der Naturalwirtschaft keineswegs einen Weg für die Entwicklung des Kapitalismus in den Dörfern eröffnen. Stattdessen führte ihr Verschwinden zur Entstehung eines Landeigentumssystems, in dem Großgrundbesitzer dominant waren, und so zum Ruin der dörflichen Wirtschaft. Außerdem führte es zu einem Rückgang der dörflichen Finanzreserven und zu einem stetigen Kaufkraftverlust der Bauern. Dementsprechend konnte in einem Land wie China, dessen Bevölkerung hauptsächlich aus Bauern bestand, der inländische Markt kaum erweitert werden. Dies führte im noch kaum entwickelten Kapitalismus zu häufigen Krisen. Gleichzeitig bereiteten die sich kontinuierlich verschlechternde wirtschaftliche Stellung der Bauern und extreme Armut die hinreichenden Voraussetzungen für die neue demokratische Revolution vor. Die in den Ruin getriebenen Bauern konnten nicht von der kapitalistischen Großproduktion für sich eingenommen werden, sondern wurden als zuverlässigste Verbündete des Proletariats zur Hauptkraft der chinesischen Revolution.

Die Entwicklungsgeschichte des chinesischen Kapitalismus nach den Opiumkriegen zeigt deutlich auf, dass die Einheit von ausländischem Kapital, nationalem Privatkapital und der Feudalwirtschaft nützlich für die Expansion der imperialistischen Wirtschaft und die politische Kontrolle über China durch den Imperialismus war. Jedoch war diese Allianz schädlich für die Entwicklung des chinesischen Kapitalismus, insbesondere für das nationale Privatkapital. Seine Entwicklung wurde durch den Imperialismus und seine Unterdrückung behindert. Das im Innern vorhandene Staatskapital und die Feudalwirtschaft machten seine Entwicklung noch schwieriger. Der vollständige Zusammenbruch der halbkolonialen-halbfeudalen Wirtschaft zeigt deutlich, dass der halbfeudale Kapitalismus unbedingt scheitern musste.

In der Geschichte des chinesischen Kapitalismus stellt der Erste Japanisch-Chinesische Krieg eine Grenzlinie dar. Er machte deutlich, dass China im imperialistischen Zeitalter mit der stetigen Vertiefung des Grades der Kolonialisierung die äußeren Voraussetzungen für die Entwicklung des Kapitalismus verloren hatte und schon keine Möglichkeit mehr besaß, sich auf normalem und unabhängigen Wege zum Kapitalismus weiterzuentwickeln. Des Weiteren verstetigte sich nach dem Ersten Japanisch-Chinesischen Krieg die aus ausländischem Kapital, nationalem Privatkapital und feudaler Wirtschaft bestehende halbfeudale-halbkoloniale Wirtschaftsstruktur immer mehr. China verlor die Fähigkeit zur Anpassung aus eigener Kraft. Gleich welche Art von Kapital, keines verfügte über die Kraft zur Durchbrechung der feudalen Wirtschaftsstruktur. Dies gilt ebenso für die Befreiung von imperialistischer Kontrolle und Unterdrückung. Das halbkoloniale-halbfeudale China konnte so unmöglich den kapitalistischen Weg beschreiten.

Die Entstehung und Expansion des staatsmonopolistischen Kapitalismus der Kuomintang haben nur die Widersprüche der halbkolonialen-halbfeudalen Gesellschaft des alten China weiter vertieft. Der Zusammenbruch dieser Produktionsweise war notwendig. Die von ihr konzentrierten riesigen Produktivkräfte bereiteten genau die notwendigen materiellen Voraussetzungen für den Übergang zur neuen demokratischen Revolution vor. Sie war der unumgängliche Weg für den Übergang des alten, halbkolonialen-halbfeudalen China zum neuen, sozialistischen China. Wollte man die chinesische Gesellschaft und Wirtschaft auf einen normalen Entwicklungsweg bringen und die gesellschaftlichen Produktivkräfte befreien, musste man von außen die halbkoloniale-halbfeudale Wirtschaftsstruktur zerstören. Diese Aufgabe konnte nur vom Proletariat erfüllt werden. Nur die vom Proletariat geführte neue demokratische Revolution und sozialistische Revolution waren in der Lage, China zu retten. Dies ist eine Schlussfolgerung aus der Geschichte. Es handelte sich um eine grundlegende Systemwahl. Die Entwicklung des chinesischen Staatskapitals trat von dort an in ein neues Zeitalter ein.

4. Lehren aus der Entwicklung und Funktion des Staatskapitals in der Planwirtschaft

Mit der Gründung des Volksrepublik China 1949 beschritt die Wirtschaft und Gesellschaft Chinas einen komplett neuen Entwicklungsweg. Die neue Staatsmacht trug während der Periode der Wiederherstellung der Volkswirtschaft schnell wieder ein gewisses Staatskapital und staatliche Wirtschaft von gewissem Umfang zusammen. 1953 trat sie in den großangelegten Wirtschaftsaufbau ein. Unter den „Leitlinien der Übergangszeit“ wurde das Staatskapital durch sozialistische Umwandlung der Landwirtschaft, des Handwerks, der kapitalistischen Industrie und des kapitalistischen

Handels sowie durch die stetige Verschiebung von Überschüssen aus der Landwirtschaft weiter vergrößert. Gleichzeitig wurde so seine Steuerungskraft gestärkt und das sozialistische Wirtschaftssystem gefestigt. In relativ kurzer Zeit konnte mithilfe des Staatskapitals ein vergleichsweise unabhängiges und vollständiges Industriewesen aufgebaut werden, das in gewissem Maße die Sicherheit des Staates gewährleisten konnte. Jedoch unterlag die Wirtschaft auch häufig großen Schwankungen. Auch kam es zu schwerwiegenden Ungleichgewichten in der Wirtschaftsstruktur selbst und zu Problemen in der Ressourcenallokation, die zu Verschwendung führten. Solche Probleme konnten entstehen, da das Wert- und Marktgesetz ignoriert wurde und die Verwaltung nicht professionell genug erfolgte. Dies wurde zu einem entscheidenden historischen Hintergrund für die Einführung der Reform- und Öffnungspolitik Chinas.

4.1. Die Entstehung des Staatskapitals des neuen China

Die schnelle Entwicklung der staatseigenen Wirtschaft war eine notwendige Entscheidung der Kommunistischen Partei Chinas (KPCh) und der Staatsmacht zur Wiederherstellung der Volkswirtschaft und für die Realisierung des Übergangs von der neuen Demokratie zum Sozialismus. Die von der Kuomintang zurückgelassenen Staatsunternehmen wurden innerhalb von vier Jahren konfisziert. Sie und ursprünglich aus bürokratischem Kapital gebildete Unternehmen bildeten anfangs den industriellen Grundstock des neuen China und den grundlegenden Rahmen der zentral und lokal verwalteten Industrie. Auf dieser Grundlage wurde eine staatliche Wirtschaft aufgebaut, die in der Lage war, die Finanzen des Staates und den Lebensunterhalt der Bevölkerung zu sichern. Die auf der öffentlichen Wirtschaft der befreiten Gebiete als Grundlage aufgebaute Staatswirtschaft war hauptsächlich im Finanz- und Handelssektor konzentriert. Außerdem bildete sich die staatliche Wirtschaft zum Teil auch aus Überlassungen der Sowjetunion und anderer ausländischer Staaten sowie weiteren Quellen. Alle diese Quellen waren Teil des anfänglichen Staatskapitals des neuen China.

Nach der Gründung der Volksrepublik China wurde eine Politik der „Nutzung, Begrenzung und Umwandlung" gegenüber der privatkapitalistischen Wirtschaft angewandt. In der Periode der Wiederherstellung der Volkswirtschaft erfuhr der Staatskapitalismus in Form der Kooperation von Staatskapital und privatem Kapital erste Entwicklung. 1953 legte die KPCh die „Leitlinien der Partei in der Übergangsperiode" vor und vollendete die sozialistische Umwandlung der kapitalistischen Industrie und des kapitalistischen Handels mittels Staatskapitalismus. In Form gemeinsamen Betriebs von staatlicher und privater Seite wurden privatkapitalistische Industrie und Handel in Staatsbetriebe umgewandelt und privates Kapital in staatliches Kapital umgewandelt. Dieser ganze Prozess dauerte bis Ende 1956 an.

Die KPCh wendete die marxistisch-leninistische Theorie schöpferisch auf die Realität Chinas an. Durch eine „Ankaufpolitik" löste sie erfolgreich auf friedliche Art und Weise das Problem der Widersprüche zwischen Proletariat und Kapitalisten. Nach der Umwandlung der kapitalistischen Unternehmen in sozialistische Betriebe wurden auch die ehemaligen Fabrikanten und Händler zu sozialistischen Arbeitern. Die gesellschaftlichen Produktivkräfte wurden aufgrund des Systemwechsels nicht geschädigt, sondern wiesen sogar eine beträchtliche Steigerung auf. Der Hauptteil des Kapitals der staatseigenen Unternehmen speiste sich natürlich noch immer aus staatlichen Investitionen. Im gemeinsamen staatlichen und privaten Betrieb von Unternehmen entsprachen die privaten Anteile ungefähr 2,4 Milliarden Yuan, die vom Staat geplanten Investitionen im ersten Fünfjahresplan erreichten dagegen einen Wert von 53,12 Milliarden Yuan. Wenn man die vom Staat außerhalb der Vorausplanung getätigten Investitionen auch noch miteinrechnet, erreichten die staatlichen Investitionen in den grundlegenden Aufbau des Landes einen Wert von 58,85 Milliarden Yuan. Dies entspricht dem 24½fachen des privaten Anteils im gemeinsamen staatlichen und privaten Wirtschaftsbetrieb. Hier wird deutlich: Der berüchtigte tiefgreifende Wandel, der mit der Aufhebung des kapitalistischen Privateigentums an Produktionsmitteln einherging, bildete nicht die Hauptquelle, aus der sich die staatseigenen Betriebe und ihr Kapital speisten, sondern die systemische Grundlage für die spätere Konzentration von Überschüssen und die Ressourcenverteilung des Staates. Es lässt sich festhalten, dass der Staatskapitalismus die grundlegende Methode zur Umsetzung der sozialistischen Umwandlung des neuen China darstellte und als solche wirkte er sich vermutlich auch langfristig auf die weitere Entwicklung aus. Die Kenntnis dieses Punktes ist für das Verständnis der nationalen Besonderheiten Chinas in der Anfangsphase des Sozialismus von entscheidender Bedeutung. Nach der grundlegenden Vollendung der sozialistischen Umwandlung war man auf allen Ebenen bestrebt, möglichst schnell Erfolge zu erzielen. Viele der unrealistischen Entscheidungen standen oft im Zusammenhang mit einer mangelnden Kenntnis der oben ausgeführten Probleme. Die Reinheit des sozialistischen Systems sowie Regierungsplanung und Verwaltung wurden einseitig betont. Es ist in jedem Fall zu bedauern, dass der Markteffekt des Staatskapitalismus an zu früher Stelle aufgegeben wurde.

4.2. Die Expansion des Staatskapitals

Das Hauptziel der Wirtschaftsentwicklung Chinas bestand während der Planwirtschaft in der möglichst schnellen Umsetzung der Industrialisierung und der Festigung des sozialistischen Systems. Im März 1949 wurde die vorrangige Entwicklung der Schwerchemie und der staatlichen Wirtschaft als grundlegende Politik von der 2. Plenarsitzung des 7. Zentralkomitees der KPCh bestätigt, im September 1949 folgte die Bestätigung durch die 1. Politische Konsultativkonferenz des chinesischen Volkes. Nach dem grundlegenden Abschluss der sozialistischen Umwandlung setzte sich das Eigentumssystem Chinas im Wesentlichen aus zwei Bestandteilen zusammen: der staatlich betriebenen Wirtschaft und der Kollektivwirtschaft. Die Entwicklung der staatlichen Industrie wurde hauptsächlich mit Regierungsinvestitionen vorangetrieben, womit ein Mechanismus zur weiteren Expansion des Staatskapitals geschaffen wurde.

Im März 1950 führte China ein System der „einheitlichen Finanzen" ein. Investitionen der Zentralregierung wurden immer mehr zur grundlegenden Investitionsform. Bis Ende 1952 hatte China bereits weitestgehend die Wiederherstellung der Volkswirtschaft vollendet und ab 1953 begann es mit der Umsetzung des ersten Fünfjahresplanes. Laut dem ersten Fünfjahresplan lassen sich die Investitionen der

Regierung in den grundlegenden Aufbau während seiner Laufzeit mit 58,85 Milliarden Yuan beziffern, unmittelbar von der Zentralregierung verantwortete Projekte machten 82% der Summe aus, die von lokalen Regierungen 18%. Dem Leitfaden einer bevorzugten und schnellen Entwicklung der Schwerindustrie entsprechend konzentrierten sich die Investitionsbereiche der Regierung in dieser Periode schwerpunktmäßig auf die Industrie. In der Schwerindustrie wiederum stand der Maschinenbau, insbesondere die Rüstungsindustrie im Fokus. Betrachtet man die einzelnen Projekte, so standen jedoch die 156 mithilfe der Sowjetunion realisierten Schwerpunktprojekte im Zentrum der Anstrengungen. Im Zeitraum des „Großen Sprungs nach vorn" von 1958 bis 1960 erreichten die Investitionen des Staates in den grundlegenden Aufbau 100,7 Milliarden Yuan, darunter befanden sich allerdings viele Investitionen, die nicht zu einer wirklichen Schaffung von Produktivkräften führten. Dies löste eine schwerwiegende Misere der Volkswirtschaft zu Anfang der 1960er-Jahre aus. Nach den von 1961 bis 1965 vorgenommenen Anpassungen begann sie sich gerade wieder zu erholen, als dann 1966 die zehn Jahre andauernden Wirren der Kulturrevolution begannen. In diesem Zeitraum lag der Fokus der staatlichen Investitionen zwecks „Kriegsvorbereitung" auf der Beschleunigung der Entwicklung der Schwerindustrie und der Industrie im Landesinneren. Im Oktober 1976 wurde die „Viererbande" zerschlagen und damit die Wirren der Kulturrevolution beendet. Daraufhin kam wiederum eine neue Welle von Investitionen in Gang. Unter dem Leitgedanken des „Neuen Sprung nach vorn" sollte auf unrealistische Weise die Fertigstellung bestimmter Projekte und der Import ausländischer Anlagentechnologie beschleunigt werden. So wurden ein weiteres Mal beträchtliche Schwankungen in der Volkswirtschaft ausgelöst. Im Jahr 1952 betrug das feste Kapital der staatseigenen Betriebe ursprünglich lediglich 24,06 Milliarden Yuan, bis 1978 wuchs es bereits bis auf 448,42 Milliarden Yuan an, letztere Summe ist das 18,7-fache Ersterer, was einem durchschnittlichen jährlichen Wachstum von 12,4% entspricht.

In der Zeit der Planwirtschaft wurde ein recht großer Teil des Staatskapitals durch eine „Art Tribut" von landwirtschaftlichen Produkten (das heißt niedrigere Preise für landwirtschaftliche Produkte und höhere Preise für Industrieprodukte, auch „Schere" genannt *Anmerkung des Übersetzers*) von den Bauern gewonnen. Vor der Reform- und Öffnungspolitik eignete der Staat sich durch den Unterschied von Verkaufs- und Marktpreis im staatlichen Ankaufs- und Verkaufssystem eine Summe von 280 Milliarden Yuan an. Den Unterschied zwischen Steuereinnahmen aus der Landwirtschaft und den Mitteln zur Bauernunterstützung von 19,428 Milliarden Yuan eingerechnet, hat die Regierung in dieser Periode wahrscheinlich ungefähr 300 Milliarden Yuan an Geldmitteln aus den Händen der Bauern in Einkommen des Staatshaushaltes und somit in Staatskapital umgewandelt.

4.3. Verwaltungssystem und Betrieb der staatseigenen Wirtschaft

Von 1949 bis 1978 bestand die staatlich betriebene Wirtschaft Chinas, ihrem Namen gerecht werdend, aus staatseigenen, von der Regierung betriebenen Unternehmen. Diese Staatsunternehmen lassen sich wiederum in zwei Unterkategorien aufteilen: in Unternehmen, die unmittelbar von den verschiedenen Ministerien der Zentralregierung und einer zentralen Muttergesellschaft betrieben und verwaltet wurden und dementsprechend direkt der Zentralregierung unterstanden und in Unternehmen, die von lokalen Regierungen auf Provinz-, Stadt und Kreisebene betrieben und verwaltet wurden. Doch völlig gleich, ob es sich um direkt der Zentralregierung unterstehende oder lokale Unternehmen handelte, ihnen allen fehlte es an Eigenständigkeit in Betrieb und Verwaltung in Jahren stetiger Instabilität des Planwirtschaftssystems. Sie wurden im Wesentlichen zu Anhängseln der Regierung.

Die Grundlage der chinesischen Industrie war schwach, ihre Entwicklung sehr unausgewogen und die Produktivkräfte rückständig. Es gab zwar eine enorm große Menge an staatlich betriebenen Unternehmen, die Unterschiede in technologischer Ausstattung und Verwaltung waren jedoch enorm. Die Schwäche eines Betriebs- und Verwaltungssystems mit einem hohen Grad an Zentralisation liegt offensichtlich in seiner Unfähigkeit zur Anpassung an die Entwicklung der Produktivkräfte. Die Autoren dieses Buches haben die Veränderungen im Verwaltungssystem der staatseigenen Unternehmen unter dem System der Planwirtschaft untersucht, zum Beispiel die Reform für eine demokratische Verwaltung, die Verwaltung in von Staat und Privat gemeinsam betriebenen Unternehmen, den Beschluss und die Umsetzung des „Grundgesetzes der Stahlindustrie von Anshan“[21], die versuchsweise Anwendung des Verwaltungssystems von Trusts und die Reorganisationen von zentralen und lokalen Verwaltungsverantwortungen und Rechten. Zwar brachten die Reformen gewisse Erfolge, sie folgten jedoch in zu kurzem Abstand aufeinander. Außerdem kreisten die Reformen immerzu um die Abgrenzung zentraler und lokaler Machtbefugnisse. Sie alle erfolgten unter der Vorbedingung, dass der ausschließliche Staatsbesitz und das administrative Planwirtschaftssystem nicht berührt werden. Hinter ihnen stand zwar die Absicht, die Kräfte beider voll zu entfalten und dem von der Zentralregierung ausgehenden politischen Stillstand etwas entgegenzusetzen, jedoch wurden diese Ansprüche letztendlich nicht erfüllt. Es kam häufig zu Schwankungen und Chaos im Wirtschaftsbetrieb, da große Machtbefugnisse an die Lokalregierungen ohne Ausübung der notwendigen Kontrolle übergeben wurden. Hinzu kam noch die durch die „Anti-Rechtsabweichler-Kampagne“ und die „Anti-Anti-Großer-Sprung-Kampagne“ geschaffene euphorische Stimmung zur Erzielung schneller Erfolge im Wirtschaftsaufbau. Wie auch immer man das Ganze nun genau analysiert, eines ist sicher: Die Reformen im Verwaltungssystem der staatlichen Unternehmen betrachteten nicht die Unternehmen selbst als Subjekt der Problemlösung. Außerdem ignorierten sie das Wertgesetz und die Regeln des Marktes. Im Ergebnis bewegten sich die Reformen so in einem stetigen Teufelskreis.

Zwischen 1949 und 1978 gab es große Schwankungen in der Effizienz der staatlichen Unternehmen. In manchen Perioden übertraf ihre Wachstumsrate 80%, in anderen Perioden gab es jedoch wiederum Rückgänge. Insgesamt gesehen, aber lässt sich eine negative Entwicklungsrichtung erkennen. Die Produktivität der staatseigenen Industriebetriebe befand sich in einem ständigen Auf und Ab. In der Phase der Wiederherstellung der Volkswirtschaft und des ersten Fünfjahresplanes wuchs die Arbeitsproduktivität aller staatlichen Unternehmen und ihrer Mitarbeiter beständig.

---

21 Anfang der 1960er-Jahre in China eingeführte Reform, die eine Teilnahme führender Parteikader an der Arbeit und der Arbeiter sowie Techniker an der Verwaltung vorsah, inklusive der Abschaffung unvernünftiger Bestimmungen (*Anmerkung des Übersetzers*).

Zur Zeit des „Großen Sprungs nach vorn" wiederum zeigte sich ein deutlicher Rückgang in der Arbeitsproduktivität. Während der dreijährigen Anpassungsphase pendelte sie sich wieder ein. In der „Kulturrevolution" ergab sich erneut ein Rückgang. Ab Ende der „Kulturrevolution" bis 1980 stieg die Arbeitsproduktivität wieder an. Allerdings waren die Unterschiede in der Arbeitsproduktivität zwischen verschiedenen Unternehmen sehr groß. Durch falsche Entscheidungen entstanden während der „Kulturrevolution" große Defizite der staatlichen Unternehmen. Diese Defizitsituation setzte sich noch bis 1978 fort.

4.4. *Der historische Beitrag des Staatskapitals zur Wirtschaftsentwicklung des neuen China*

Der historische Beitrag des Staatskapitals und der staatlichen Wirtschaft zur ökonomischen Entwicklung der Volksrepublik China zeigt sich vor allem in folgenden Aspekten:

1. Die staatlichen Unternehmen waren die treibende Kraft für die Entwicklung der chinesischen Industrie und festigten die wirtschaftliche Grundlage des sozialistischen Systems: Zwischen 1949 und 1978 wies die chinesische Industrie ein beachtliches Entwicklungstempo auf. Dieses hing eng mit den fortgesetzt vom Staat getätigten Großinvestitionen zusammen. Die Wachstumsrate der staatlichen Industrie konnte nicht nur mit jener der restlichen Industrie Schritt halten, sondern übersteig sogar noch das Entwicklungstempo der gesamten Volkswirtschaft.
2. Mithilfe von Staatskapital und staatlichen Unternehmen wurde eine Reihe von Großprojekten realisiert: Der größte Vorteil der Planwirtschaft lag in ihrer Möglichkeit zur Konzentration enormer Mittel in kurzer Zeit für die Umsetzung von Schlüsselprojekten und somit in der schnellen Schaffung großer Produktionskapazitäten. Zwischen 1953 und 1980 wurden mit Staatsinvestitionen insgesamt 3531 mittlere und große Projekte fertiggestellt, davon 2324 Industrieprojekte, was einem Anteil von 65,8% entspricht. Unter den Industrieprojekten wiederum machten Maschinenbau und Strominfrastruktur den wesentlichen Teil aus. Transport, Post und Telekommunikation nahmen in diesem Zeitraum mit 493 Projekten und einem Gesamtanteil von 14% den zweiten Platz ein. Diese Schlüsselprojekte haben in großem Maße die Produktionskapazitäten und die technologischen Fähigkeiten Chinas gesteigert. Außerdem waren sie die entscheidende materielle Voraussetzung für die spätere Reform- und Öffnungspolitik.
3. Die Entwicklung der staatlichen Wirtschaft hat für einen Ausgleich in der regionalen Wirtschaftsentwicklung gesorgt: Die rasante Entwicklung der staatlichen Industrieunternehmen hat nicht nur den Anteil der Industrie in den drei Wirtschaftssektoren gesteigert, sondern auch noch für eine ausgeglichenere regionale Verteilung der Industrie in China gesorgt. Insbesondere die industriellen Produktionskapazitäten der westlichen Landesteile

erfuhren eine überdurchschnittliche Entwicklung. Das Verhältnis des Produktionswertes der Regionen entlang der Küste zum Landesinneren betrug 1952 69,4%:30,6%, bis zum Jahr 1978 veränderte sich dieses bereits zu 60,9%:39,1%. Damit stieg der Anteil des Produktionswertes der Industrie im Landesinneren um fast neun Prozentpunkte an. In der Leichtindustrie betrug das Verhältnis des Produktionswertes der Regionen an der Küste zu den Regionen im Landesinneren 1952 71,5%:28,5% und 1978 bereits 64,5%:35,5%. Der Anteil der Leichtindustrie im Landesinneren stieg um sieben Prozentpunkte. In Bezug auf die Produktionsstruktur lässt sich in der Planwirtschaftsperiode ein Verschiebungsprozess einiger grundlegender Produktionssektoren von den Küstenregionen ins Landesinnere beobachten. Dieser betraf vor allem die rohstoffproduzierenden Branchen. Bis 1980 wurde bereits ein recht großer Teil grundlegender Rohstoffe im Landesinneren produziert. Dies kann als eine Errungenschaft des Staatskapitals betrachtet werden.

4.5. *Innere Widersprüche in der Funktion des Staatskapitals*
Die übermäßige Expansion des Staatskapitals und die verknöcherten Verwaltungsmodi der staatseigenen Wirtschaft während der Planwirtschaftsperiode sorgten für eine geringe Betriebseffizienz des Staatskapitals und zeigten klar erkennbar die Widersprüche im Innern des Systems:

1. **Übermäßige Expansion des Staatskapitals und sein „Auspresseffekt":**
Um in einem Land mit einer rückständigen Wirtschaft und hoher Einwohnerzahl die Wirtschaft zu entwickeln, ist die Existenz eines Staatskapitals unabdingbar. Seine Entwicklung kann unzweifelhaft eine effektive Maßnahme zur Lösung der Kapitalknappheit sein und in Form der staatseigenen Wirtschaft die Entwicklung der Volkswirtschaft voranbringen. Dennoch eignen sich längst nicht Unternehmen aller Entwicklungsstadien zu Verwaltung und Betrieb durch den Staat. Im Entwicklungsprozess des chinesischen Staatskapitals, insbesondere während der Umwandlung der kapitalistischen Industrie und des kapitalistischen Handels wurde das bereits vorhandene private Kapital verstaatlicht. Real bedeutete dies eine Art Ausschluss und „Auspressung" anderen Kapitals. Dies trifft in besonderem Maße auf jene sich zum privaten Betrieb eignenden mittelständischen Unternehmen mit ihrer besonderen Rolle zu. Die Autoren erkennen die „anarchische" Entwicklungstendenz und die Skrupellosigkeit des Privatkapitals an, dennoch kann man nicht grundsätzlich die Betriebseffizienz des Privatkapitals leugnen. Des Weiteren, wenn es im Bereich des Kapitalmarktes eines Landes lediglich eine Form von Kapital gibt, dann wird dieses durch fehlende Konkurrenz seinen Antrieb und seine Begrenzung verlieren. So kann nicht garantiert werden, dass der Kapitalbesitzer richtige Entscheidungen trifft, die dann wiederum zu Steigerungen in der Effizienz des Kapitalbetriebs führen. Von dieser Warte aus gesprochen, resultierte die Auflösung der Planwirtschaft

daher eben genau aus der Unfähigkeit dieses Kapitals zur Erwirtschaftung angemessener Gewinne.

2. **Verknöchertes Verwaltungssystem der staatlichen Betriebe und hohe Kosten im Geschäftsverkehr:**
   Während der Planwirtschaftsperiode durchlief das Verwaltungssystem der staatseigenen Wirtschaft wiederholt Anpassungen. Bei diesen handelte es sich jedoch im Wesentlichen um Reorganisationen der Befugnisse von Zentralregierung und lokalen Regierungen. Den Unternehmen fehlte es allerdings durchgängig an einem Selbstbestimmungsrecht. Die Verwaltung der staatseigenen Wirtschaft erfolgte mittels Planvorgaben. Diese wurden der unteren Verwaltungsebene von oben vorgegeben. In diesem in einzelnen „Strängen" organisierten Verwaltungssystem, das in der Hauptsache von oben nach unten funktionierte, wurden die staatlichen Unternehmen von diversen weisungsbefugten Abteilungen der Zentralregierung jeweils innerhalb eines bestimmten „Systems" verwaltet. Wenn ein Unternehmen mit einem Unternehmen eines anderen Systems wirtschaftliche Beziehungen aufnehmen wollte, konnte dies nur über die weisungsbefugte Abteilung des Systems erfolgen, das heißt, die Unternehmen konnten nicht direkt untereinander in Kontakt treten. Daneben existierte ein in verschiedene „Stücke" aufgeteiltes System, in dem die Verwaltung im Wesentlichen auf gleicher Ebene stattfand. Die staatlichen Unternehmen wurden innerhalb dieser Struktur jeweils von den lokalen Regierungen verwaltet. Angenommen, Unternehmen aus verschiedenen Orten hätten miteinander in Geschäftsbeziehungen treten wollen, so hätte dies nur über die lokalen Regierungen erfolgen können. Die Unternehmen verschiedener Regionen konnten untereinander nicht direkt in Kontakt treten. Es wird also offensichtlich, dass beide Systeme über verknöcherte Strukturen verfügten und im Geschäftsverkehr dementsprechend hohe Kosten verursachten. Damit ging nicht zuletzt eine Verschwendung gesellschaftlicher Ressourcen einher.

3. **Widerspruch zwischen einer hochgradig zentralisierten Verwaltung und dem Wertgesetz:**
   Die Preisbestimmung durch Regierungsbeamte war einer der Kerninhalte der vom Staatskapital getragenen Planwirtschaft. Diese Vorgehensweise stand offenkundig im Widerspruch zu dem Wertgesetz inhärenten Gesetzmäßigkeiten. Des Weiteren ist es theoretisch zwar möglich für die gesamte Gesellschaft eine einheitliche Kalkulation durchführen und einen einheitlichen Preis festzulegen, in der Realität jedoch gibt es tausenderlei Unterschiede bei Produkten und Dienstleistungen und es ist nahezu unmöglich, für die gesamte Gesellschaft eine einheitliche Kalkulation durchzuführen. Selbst wenn man mit hohem Kostenaufwand zu einem ungefähren Ergebnis kommt, ist es häufig, wenn es nicht schon veraltet ist, kaum umsetzbar und dementsprechend nur mit hohen Abstrichen durchführbar.

4. **Expansion des Staatskapitals und der damit einhergehende Gleichgewichtsverlust der Wirtschaftsstruktur:**
Zugegebenermaßen war die Expansion des Staatskapitals während der Planwirtschaftsperiode von einer bestimmten Seite her betrachtet logisch, allerdings barg seine übermäßige Expansion die latente Gefahr eines Gleichgewichtsverlusts innerhalb der Wirtschaftsstruktur. Mit dem Ziel, die Entwicklungsgeschwindigkeit der Wirtschaft rasch zu steigern, schwoll das Staatskapital während des „Großen Sprungs nach vorn" rasch an. Allerdings wurde dabei die innere Verbundenheit der verschiedenen Wirtschaftsbereiche und der einzelnen Regionen außer Acht gelassen. Durch im Rahmen der „Dritten-Front-Strategie" während der Kulturrevolution getätigte einseitige Investitionen in militärische Infrastruktur im Landesinneren geriet die Wirtschaftsstruktur ein weiteres Mal ernsthaft aus dem Gleichgewicht. Die übermäßige Expansion des Staatskapitals sorgte für eine hohe Akkumulationsrate, wohingegen die Konsumrate jedoch auf ein sehr geringes Niveau gedrückt wurde. Akkumulation und Konsum befanden sich in einem steten Ungleichgewicht. Das langfristige Ungleichgewicht der Wirtschaftsstruktur zog eine enorme Verschwendung von Arbeitskraft, materiellen Ressourcen und Finanzkraft des Staates nach sich. Die Wirtschaft erlitt auf makroökonomischer Ebene und in Bezug auf ihre Effizienz schwerwiegende Schäden.

5. **Unangemessene Betriebsstruktur sowie Unternehmens-/Amtsführung in der staatseigenen Wirtschaft:**
In der Planwirtschaft wurden der staatseigenen Wirtschaft viele wichtige Ziele auferlegt. Sie übernahm nicht nur die Verantwortung für die Wirtschaftsentwicklung und die Erwirtschaftung von Gewinnen für den Staat, sondern noch viele weitere Funktionen wie die Bereitstellung von Arbeitsplätzen und die soziale Absicherung der Arbeiter. Sogar die Garantie der nationalen Sicherheit und Stadtentwicklung gehörten zu ihren Aufgaben. Durch die Vielzahl an Unternehmenszielen war es schwierig, ihre Erfüllung zu überprüfen und Erfolge zu messen. Die Betriebsverwaltung konnte ihre Unfähigkeit in der eigentlichen Organisation des Wirtschaftsbetriebes mit der Erfüllung anderer Ziele überdecken. Im Anreizmechanismus für die staatseigenen Unternehmen gab es zwar keine grundlegenden Interessenskonflikte mit dem Staat, allerdings existierte eine Diskrepanz in einigen konkreten Interessen beider. Dies brachte gewisse Schwierigkeiten für die Planwirtschaft mit sich. Auf den eigenen Vorteil bedacht, beanspruchten Unternehmen möglichst viele Ressourcen für sich selbst und versuchten, die staatlichen Vorgaben herunterzuhandeln. Gleichzeitig strebten sie nach einer Verbesserung von Einkommen und Wohlfahrtsleistungen der Arbeiter. Zwar gab es auch Sanktionsmechanismen, aufgrund der unmittelbaren Eigentümerschaft der Regierung an den staatseigenen Unternehmen kamen praktisch jedoch nur schwache Sanktionierungsmaßnahmen zum Einsatz. Obwohl die Regierung in Form verschiedener Planungsvorgaben die staats-

eigenen Unternehmen verwaltete, blieb eine Nichterfüllung faktisch dennoch folgenlos. Die Unternehmen bedienten sich mit Vorliebe am „großen Reistopf" des Staates und die Arbeiter bedienten sich wiederum aus dem „großen Reistopf" der Unternehmen. In einem solchen System gleicher Verteilung kam es nicht auf die konkrete Leistung eines Arbeiters an. Dementsprechend konnte man sie kaum zu mehr Fleiß animieren. In einem solchen Verwaltungssystem besaßen auch die Unternehmen keinen Antrieb zu effektiver Betriebsverwaltung oder zur Durchführung wirtschaftlicher Kalkulationen. Im Ergebnis konnte so keine angemessene Nutzung der bereits vorhandenen Produktionskapazität und damit höchstmögliche wirtschaftliche Effektivität garantiert werden. Es konnte ebenfalls nicht abgesichert werden, dass mittels der Verausgabung möglichst wenig lebendiger und vergegenständlichter Arbeit eine möglichst große Produktionskapazität geschaffen wurde. Eben diese Aspekte waren wichtige Ursachen dafür, dass die Arbeitsproduktivität der staatseigenen Unternehmen kaum gesteigert werden konnte.

6. **Widerspruch zwischen der Dominanz des Staatskapitals und der Diversifizierung von Eigentumsformen:**
   Das System des Volkseigentums in der Planwirtschaftsperiode beinhaltete in einem gewissen Umfang auf eine bestimmte Art und Weise Eigentum des „großen ganzen Volkes" und eines „kleinen Teil des ganzen Volkes". Um für eine effektive Verwaltung der Produktion zu sorgen, hätte man die mit diesen Eigentumsformen verbundenen materiellen Interessen ausnutzen müssen. In einem System, in dem das Staatskapital die Hauptkraft der Volkswirtschaft darstellte, wurde jede Dezentralisation jedoch als Schwächung der Wirtschaftsgrundlage des Sozialismus wahrgenommen. So existierten erst gar nicht die notwendigen Voraussetzungen für die Entstehung wirtschaftlich geschickter Unternehmensformen.

Oben genannte Gründe sorgten für eine niedrige Effektivität in der Volkswirtschaft. Dieser Zustand war so nicht weiter tragbar. So reiften schließlich die Gegebenheiten für eine tiefgreifende Reformierung des alten Systems, das nicht den Bedürfnissen der Produktivkraftentwicklung gewachsen war. Dieses Buch wird sich schwerpunktmäßig mit der der staatlichen Wirtschaft auseinandersetzen und weniger auf Dörfer, Bauern und Landwirtschaft eingehen. An dieser Stelle muss Folgendes betont werden: Die Wirtschaftsentwicklung in der Planwirtschafsperiode stützte sich im Wesentlichen auf eine hohe Akkumulation und schädigte dabei in gewissem Maße die Interessen der Bauern. Unterschiede zwischen Arbeitern und Bauern und Stadt und Land ließen sich so nicht verringern. Die traditionelle zweiteilige Wirtschaftsstruktur, die sich in einen modernen industriellen Sektor und einen Sektor zur Produktion überlebenswichtiger Güter teilte, verfestigte sich. Gleichzeitig wurden die Probleme der Dörfer und Bauern sowie der Landwirtschaft zu Schwachstellen des sozialistischen Wirtschaftssystems und seiner Struktur. Dies wirkte sich negativ auf die Entwicklung der Wirtschaft und die Systemstabilität aus. Reformen mussten genau hier ansetzen.

5. Umgestaltung und Entwicklung des Staatskapitals seit der Reform- und Öffnungspolitik

Die 3. Plenarsitzung des 11. Zentralkomitees der KPCh blies das Signal zur Reform- und Öffnungspolitik Chinas. Nach der mit höchster Priorität durchgeführten und von Erfolg gekrönten Reform der Dörfer befasste man sich Anfang der 1980er-Jahre nun mit den staatseigenen Unternehmen. Es ging darum, wie diese als einer der wirtschaftlichen Hauptakteure gut geführt und belebt werden könnten. Mit dem Ziel einer Effizienzsteigerung des Staatskapitals und einer Stärkung der Wettbewerbsfähigkeit der staatseigenen Unternehmen wurde eine Reihe von Reformen und Experimenten angegangen. Diese Absichten sollten vor allem durch Anpassungen in der Betriebsführung verwirklicht werden. Seit Anfang der 1990er-Jahre passte sich die staatseigene Wirtschaft an die immer mehr Form annehmende sozialistische Marktwirtschaft an. Unter dem Leitfaden einer angemessenen Teilnahme des Staates an der Wirtschaft wurde an der Anpassung und Neuorganisierung der Wirtschaft weiter festgehalten. Die Verwaltung des Staatskapitals wurde umfassend reformiert, um so die Steuerungs- und Einflusskraft der staatseigenen Wirtschaft zu steigern. Nach 30 Jahren großer Anstrengungen hat das in Betrieben fixierte Staatskapital in seiner Betriebsform, Effizienz sowie seinen grundlegenden Funktionen entscheidende Veränderungen erfahren. Diese zeigen sich besonders deutlich in der Annäherung der Staatsbetriebe an die Marktgesetze sowie dem geschickteren und eigenständigeren Betrieb. Damit ist das Staatskapital besser in der Lage, seine grundlegenden Funktionen zu erfüllen, wie zum Beispiel Einfluss und Kontrolle gegenüber der Volkswirtschaft auszuüben, Marktversagen auszugleichen und neue Märkte entstehen zu lassen.

5.1 Steigerung der mikroökonomischen Effizienz des Staatskapitals durch Reformen im System der staatseigenen Unternehmen

Die Vergrößerung der Eigenständigkeit staatlicher Betriebe war der gedankliche Ausgangspunkt für die Reformen zur Steigerung ihrer Betriebseffizienz und zu ihrer Anpassung an die Marktwirtschaft. Im Oktober 1978 räumte die Provinz Sichuan als erste einigen staatseigenen Industrie- und Transportunternehmen innerhalb der Provinz gewisse Autonomierechte ein. Damit begann die Reform der staatseigenen Unternehmen. Sie übertrug den Unternehmen gewisse Entscheidungsrechte und ließ auch Gewinn zu. Rasch weitete sie sich auf nahezu alle staatseigenen Unternehmen aus. Kurz nach Umsetzung dieser Reform wurden in den staatseigenen Unternehmen wiederum ein System zur Übernahme wirtschaftlicher Verantwortung und eine „Profitkorrektursteuer“ (Steuer auf den Profit des Unternehmens *Anmerkung des Übersetzers*) eingeführt. Schon bald schlossen sich daran die nächsten Reformen an. 1984 wurde auf der 3. Plenarsitzung des 12. Zentralkomitees der KPCh die „Entscheidung des Zentralkomitees der Kommunistischen Partei Chinas zur Reform des Wirtschaftssystems“ verabschiedet, die die Möglichkeit der Teilung von Eigentums- und

Betriebsrechten von Unternehmen vorsah. Einige Unternehmen führten mit dieser Neuerung ein System zur Übernahme von Geschäftsverantwortung ein. Es handelte sich um ein besonderes chinesisches Reformmodell, das damals rasch Verbreitung in den staatlichen Unternehmen fand. Dieses funktionierte nach dem Prinzip der Teilung von Eigentums- und Betriebsrechten. Die Unternehmen schlossen mit dem Staat einen Vertrag, in dem die Aufteilung von Verantwortung, Befugnissen und Gewinn zwischen Staat und Unternehmen festgelegt wurde. Dieser erlaubte den Unternehmen auf Basis unveränderter Eigentumsverhältnisse einen eigenverantwortlichen Betrieb, inklusive Gewinn und Verlust auf eigenes Risiko. Mit den Regelungen zu Beginn der Reform verglichen, warf das System zur Übernahme von Geschäftsverantwortung bereits grundlegende systemische Fragestellungen auf. Diese beinhalteten eine Reihe tiefgreifender Fragestellung wie die der rechtlichen Anerkennung der Trennung von Regierung und Unternehmen und des Selbstbestimmungsrechtes von Unternehmen. Jedoch konnte auch das System zur Übernahme von Geschäftsverantwortung kaum die durch die unklaren Eigentumsverhältnisse der staatseigenen Unternehmen hervorgerufenen Missstände lösen. Also musste die Reform der grundlegenden Eigentumsrechte an den staatseigenen Unternehmen auf die Agenda gesetzt werden.

Der im Oktober 1992 einberufene 14. Parteitag der KPCh hat die Schaffung eines sozialistischen Marktwirtschaftssystems unmissverständlich als Ziel der Wirtschaftsreformen Chinas benannt. Weiterhin wurde festgehalten, dass Unternehmen die wirtschaftliche Grundeinheit auf dem Markt darstellen und die Hauptakteure des dort stattfindenden Wettbewerbs seien. Daher, so hieß es, müsse ihre Stellung als Hauptakteure auf dem Markt im Rahmen der sozialistischen Marktwirtschaft neu bestimmt werden. Vor diesem Hintergrund begannen einige Unternehmen mit dem Ziel der Schaffung eines modernen Unternehmenssystems, Reformen zur Diversifizierung der Eigentumsrechte anzustoßen. In der Form strebten sie die Möglichkeit von Unternehmensbeteiligungen an.

5.2. Strategische Restrukturierung der staatseigenen Wirtschaft sowie Steigerung der sozialen Erträge des Staatskapitals

Zwar erzielten die staatseigenen Unternehmen bei der Schaffung eines modernen Unternehmenssystems große Fortschritte, das Problem der Passivität der staatseigenen Unternehmen im Gesamten konnte jedoch bis zum damaligen Zeitpunkt noch nicht grundlegend gelöst werden. Die Zahl der eigenverantwortlich betriebenen staatlichen Industrieunternehmen mit Verlust nahm noch immer zu und die Verlustsumme stieg kontinuierlich weiter an. Gleichzeitig zeigte sich in der nichtstaatlichen Wirtschaft jedoch eine rasche Entwicklung. Mit Blick auf diese Situation fällte das Zentralkomitee der KPCh in den 1990er-Jahren die Entscheidung zur Umsetzung einer strategischen Restrukturierung der staatlichen Wirtschaft. Diese war gleichbedeutend mit einer strategischen politischen Entscheidung für die Beibehaltung großer Unternehmen und die Aufgabe kleinerer Unternehmen durch den Staat. Durch die „Drei Reformen und eine Stärkung"-Politik[22] sollte ein guter Umgang mit den großen staatseigenen Unternehmen und Unternehmensgruppen erreicht werden. Zur Belebung der staatseigenen kleinen und mittelgroßen Unternehmen wurden verschiedenste Formen ihrer Öffnung angewandt. In wichtigen Bereichen und Schlüsselsektoren sollten Steuerungs- und Einflusskraft der staatseigenen Wirtschaft gesteigert werden, wohingegen in anderen Bereichen nur eine angemessene Beteiligung des Staates erfolgen sollte. Der Fokus lag auf der Steigerung der sozialen Erträge des Staatskapitals.

Bei der absoluten Mehrzahl der staatlichen Unternehmen handelte es sich um kleine Unternehmen. Mittlere und große Unternehmen machten einen nur geringen Anteil aus, ihre Stellung in der Volkswirtschaft war jedoch von zentraler Bedeutung. Diese wenigen Schlüsselunternehmen sollten nicht nur fest, sondern auch gut vom Staat in der Hand gehalten werden. Nicht nur sollten ihre Qualität und Effizienz gesteigert werden, sondern auch ihre Rolle als wirtschaftliches Rückgrat sollte voll zur Geltung kommen. Die Schlüsselstellung des öffentlichen Eigentums sollte gefestigt werden, damit es seine Leitfunktion im Gesamtsystem wahrnehmen konnte und so effektiv in die Lage versetzt wurde, die Entwicklung einer Reihe kleiner und mittelgroßer Unternehmen voranzubringen. Diesem Ziel angegliedert, sollte es ebenfalls die Anpassungsfähigkeit einiger kriselnder Unternehmen stärken. Erreichen sollten die staatlichen Unternehmen diese Ziele durch die Schaffung eines modernen Unternehmenssystems, die Verbesserung ihrer Kapitalstruktur, die Beschleunigung ihrer technischen Erneuerung und die Stärkung ihrer inneren Verwaltung. Für die große Zahl der geographisch weit verstreuten kleinen und mittelgroßen Unternehmen mit ihrem weit verstreuten Kapital wurden weiter öffnende und flexibilisierende Reformmaßnahmen ergriffen. Dazu gehörten zum Beispiel Fusionen verschiedener Unternehmen oder Verpachtung, manche wurden auch in Genossenschaften ähnelnde Formen umgewandelt oder direkt verkauft.

Zur Förderung der Entwicklung großer staatseigener Unternehmen wurde diesen gestattet, nach und nach an den Kapitalmarkt zu gehen. So wandelten sie sich zu vom Staat kontrollierten, börsennotierten Unternehmen. Dies sorgte dafür, dass das Staatskapital sich von seiner vorherigen gegenständlichen Form in die stärker zirkulierende Form von Wertpapieren verwandelte. Diese Hebung des Staatskapitals auf ein neues Niveau spiegelte seine neue Entwicklungsrichtung wider. Außerdem war sie ein wichtiges Zeichen für die kontinuierliche Reifung der sozialistischen Marktwirtschaft Chinas.

Mit dem immer weiteren Fortschreiten der Reform- und Öffnungspolitik und dem ihr zugrundeliegenden Gedankengang wurde die strategische Restrukturierung des Kapitals der staatlichen Wirtschaft zu einer alternativlosen Entscheidung. Zu Beginn des Jahres 2001 kündigte die chinesische Zentralregierung offiziell die Restrukturierung des Kapitals der staatseigenen Wirtschaft in 196 Industriebereichen an: 15

22 Gemeint sind mit den drei Reformen die Umwandlung der Unternehmensformen der staatseigenen Unternehmen, die organisatorische Restrukturierung der Gesamtunternehmen und die Veränderung und Erneuerung des Betriebsmechanismus sowie der Betriebstechnik. Eine Stärkung bezieht sich auf die Stärkung der Verwaltung der staatseigenen Unternehmen (*Anmerkung des Übersetzers*).

Industriebereiche sollten zwingend ein Monopol staatseigener Industrien bleiben oder zumindest staatlich dominiert werden. In 35 Bereichen wurde zwar keine Notwendigkeit für ein Staatsmonopol gesehen, dennoch sollte eine gewisse Führungsrolle des Staates erhalten werden. Aus weiteren 146 normalen konkurrenzorientierten Industriesektoren sollten sich staatliche Unternehmen schrittweise zurückziehen. 2004 teilte die Kommission des Staatsrats zur Kontrolle und Verwaltung von Staatsvermögen (SASAC) mit Blick auf die damalige Situation und die Entwicklungsrichtung der Reformen der der Zentralregierung direkt unterstehenden Unternehmen diese weitergehend in drei Arten und sieben Bereiche ein. Die betroffenen Betriebe wurden anhand dieses Plans umstrukturiert. Am 18. Dezember 2006 verbreitete die Staatskanzlei des Staatsrates der Volksrepublik China die „Leitgedanken zur Förderung der Anpassungen des Staatskapitals und zur Umstrukturierung der Staatsunternehmen" der SASAC und kündigte in einem weiteren Schritt entschlossen die Kontrolle von sieben großen Bereichen[23] durch die Staatswirtschaft an. Für der Zentralregierung unterstehende Unternehmen der Rüstungsindustrie, der Erschließung von Öl und Gas sowie weiterer wichtiger Ressourcen und für das Stromnetz, die Telekommunikation sowie weitere Infrastrukturbereiche sollte das Staatskapital weiterhin alleiniger Kapitalgeber sein oder die Unternehmensanteile vollständig kontrollieren. Das Staatskapital sollte die Anteile an den der Zentralregierung unterstehenden Unternehmen der Zivilluftfahrt und des Schiffstransports sowie deren wichtigen Tochterfirmen aus diesen Bereichen weiterhin vollständig kontrollieren. Für das Geschäft mit Folgeprodukten der petrochemischen Betriebe, weiterführende Serviceangebote in der Telekommunikation und weitere der Zentralregierung unterstehende Bereiche sollte die Intensität der Umstrukturierungsreformen verstärkt werden und nichtöffentliches Kapital sowie ausländisches Kapital in sie einfließen, um eine Diversifizierung der Hauptinvestoren und der Eigentumsrechte voranzutreiben. Gleichzeitig behielt die staatseigene Wirtschaft eine starke Kontrolle über Unternehmen aus grundlegenden Industriezweigen und wirtschaftlich wichtige Hilfsindustrien, darin enthalten waren der Anlagenbau, die Automobilindustrie, die IT-Branche, die Bauwirtschaft, die Stahlindustrie, die Buntmetallindustrie, die Chemieindustrie, das Ingenieurwesen, Wissenschaft und Technik sowie weitere Bereiche. In diesen Sektoren sollte der Anteil des Staatskapitals sinken und die ökonomische Einfluss- und Antriebskraft der staatseigenen Wirtschaft gesteigert werden. Der Zentralregierung unterstehende Unternehmen des Maschinenbaus, der Automobilindustrie, des IT-Sektors, der Bauwirtschaft, der Stahlindustrie und der Buntmetallindustrie sollten zu wichtigen Schlüsselunternehmen und Vorreiterunternehmen ihrer Branche werden. In diesen Unternehmen sollte das Staatskapital dann die vollständige Kontrolle über die Anteile oder unter Vorbehalt eine relative Kontrolle der Anteile beibehalten. In der Zentralregierung unterstehenden Unternehmen aus dem Bereich Wissenschaft und Forschung sowie des Ingenieurwesens, die wichtige Aufgaben wie die Umsetzung von wichtigen Forschungsergebnissen und Technologien

23 Es handelte sich hier um die nationale Sicherheit und wichtige Infrastrukturen betreffende Bereiche, grundlegende Alltagsprodukte sowie bestimmte Dienstleistungen, strategische Grundindustrien als auch den Hightech-Sektor (*Anmerkung des Übersetzers*).

in den praktischen Betrieb übernehmen, behielt das Staatskapital die Kontrolle über die Anteile.

Seit der bei der 3. Plenarsitzung des 18. Zentralkomitees der KPCh bekanntgewordenen „Entscheidung über die allseitige Vertiefung der Reformen einiger wichtiger Problemfelder" hat China die Intensität der Reform staatseigener Unternehmen verstärkt und eine Reihe politischer Leitlinien und Maßnahmen beschlossen. Dazu gehören zum Beispiel die im August 2015 veröffentlichten „Leitgedanken zur Vertiefung der Reform der Staatsunternehmen", die im August des gleichen Jahres veröffentlichten „Gedanken des Staatsrates zur Entwicklung eines gemischten Eigentumssystems in den Staatsunternehmen" und die im gleichen Jahr im Oktober von der Staatlichen Kommission für Entwicklung und Reform, dem Finanzministerium und dem Ministerium für Arbeitskräfte und soziale Sicherheit verbreiteten „Leitgedanken zur Ermutigung und zu den Richtlinien des Eingangs nichtstaatlichen Kapitals in Investitionsprogramme von Staatsunternehmen".

Einhergehend mit den Fortschritten einer Reihe von Reformmaßnahmen, insbesondere des allmählichen Aufbaus eines modernen Unternehmenssystems wurde das Staatskapital neu belebt und erfuhr eine neue Entwicklung. In der Marktwirtschaft verbesserte sich seine Verwaltung kontinuierlich und auch die Fähigkeit zu Systeminnovationen und technischen Innovationen wuchs beständig. Zwar reduzierte sich die Zahl der Staatsunternehmen nach der Umstrukturierung enorm, jedoch hat ihre Einfluss- und Leitkraft in der Volkswirtschaft nicht abgenommen, sondern hat einen vorläufigen neuen Höhepunkt erreicht.

5.3. Reform des Kontrollsystems für Staatskapital

Seit 1978 hat das Kontrollsystem für Staatskapital in etwa folgende drei Phasen durchlaufen:

In der ersten Phase (1978 – 1988) wurde erstmals ein Kontrollsystem für Staatskapital geschaffen. Während dieser Periode begannen sich mit der Überlassung bestimmter Entscheidungsrechte an die Unternehmen und dem Zulassen von Gewinnen sowie der groß angelegten Reform zur Übernahme von Geschäftsverantwortung auch die Beziehungen zwischen Regierung und Wirtschaft zu verändern. Ebenfalls zu dieser Zeit überließ die chinesische Zentralregierung eine große Menge ursprünglich zu verschiedenen Ministerien und ihren Komitees gehörenden und von diesen verwalteten Unternehmen der lokalen Regierungsebene, insbesondere den wirtschaftlich starken Kernstädten. Damit wurde der vorhergehende Modus übermäßig stark zentralisierter Verwaltung des Staatskapitals abgelöst und einige wirtschaftlich starke Kernstädte verfügten nun über mehr Kontroll- und Verwendungsrechte für das staatliche Kapital.

Bei der zweiten Phase handelte es sich um eine experimentierfreudige Periode (1988 – 2002) in der Entwicklung des Kontrollsystems. Ihre Kennzeichen waren 1987 die Schaffung des landesweit ersten Verwaltungsorgans eigens für staatliches Vermögen in Shenzhen und die 1988 erfolgte Schaffung eines Amtes zur Verwaltung staatlichen Vermögens durch den Staatsrat, das teilweise auch eine Kontrollfunktion ausübte. Daraufhin führten auch Peking und Shanghai jeweils Reformversuche durch und bildeten jeder ihre ganz eigene Art und Weise der Kapitalverwaltung aus. Diese fruchtbaren Experimente schufen die Voraussetzungen für die spätere Herausbildung eines landesweit einheitlichen Systems zur Kontrolle staatlichen Kapitals. Diese Periode der Reformpraxis sorgte dafür, dass das Bewusstsein der Menschen für die Eigentumsform des staatlichen Kapitals sich zu festigen begann und, dass das Ziel seiner Wertsicherung und Steigerung ausgesprochen wurde. Jedoch wiesen die in jener Periode herausgebildeten Kontrollsysteme für staatliches Kapital noch immer zahlreiche deutlich sichtbare Probleme auf.

Die dritte Phase entspricht der Schaffung der Kommission des Staatsrats zur Kontrolle und Verwaltung von Staatsvermögen und der grundlegenden Herausbildung des Kontrollsystems staatlichen Vermögens neuen Typs (2003 – heute). Nach der Auflösung des ursprünglichen Amtes zur Verwaltung staatlichen Vermögens und der Hauptaufsicht für normale konkurrenzorientierte Branchen in der zweiten Jahreshälfte 1998 wurden die personellen Angelegenheiten der Betriebe und die Verantwortung zur Überwachung der Betriebe in einer Dienststelle vereint. Die Gewinnaufteilung und die Veränderungen im Eigentumsrecht staatlicher Unternehmen sowie weitere Kompetenzen wurden noch immer von verschiedenen Behörden verantwortet. Dieses System der Zerstückelung von Kompetenzen hatte direkt die Zerstückelung des staatlichen Eigentumsrechtes und das Absinken der Betriebseffizienz staatlichen Kapitals zur Folge. 2001 wuchs das im Betrieb eingesetzte staatliche Kapital nur um 6,6%. Die Ertragshoheit des Staatskapitals wurde ignoriert oder sogar verletzt und hatte jedes Jahr den Verlust von mehreren Milliarden Yuan zur Folge. Die Unklarheit in den Kompetenzen zwischen Staat und Unternehmen und die zerstückelte Verwaltung führten zu einer Trennung von Kapitalverwaltung und dem eigentlichem Unternehmensbetrieb. Dadurch wurde es nahezu unmöglich, die Sachhaftung zu bestimmen. Vor diesem Hintergrund wurde im November 2002 der 16. Parteitag der KPCh einberufen und der Vorschlag zur Einrichtung einer speziellen Dienststelle zur Überwachung staatlichen Vermögens eingebracht. Im März 2003 wurden auf zentraler und lokaler Ebene jeweils Kommissionen zur Kontrolle und Verwaltung von Staatsvermögen eingerichtet, die die Kompetenzen zur Personalverwaltung, zur Verwaltung des eigentlichen Unternehmensbetriebes und zur Kapitalverwaltung in sich vereinten. Die Zentralregierung übernahm mit der Einrichtung von Apparaten zur staatlichen Kontrolle und Verwaltung von Staatsvermögen umfassende Verantwortung für diesen Bereich. Die Funktionen der ursprünglich drei Teilkommissionen des Staatsrates wurden vereint und in der Kommission zur Kontrolle und Verwaltung von Staatsvermögen zusammengeführt. Zur gleichen Zeit wurde auch auf den beiden lokalen Regierungsebenen der Provinzen und der Städte jeweils die Arbeit zur Einrichtung von Kommissionen zur Kontrolle und Verwaltung von Staatsvermögen in Angriff genommen. Im Juni 2003 erließ der Staatsrat die „Vorübergehenden Bestimmungen zur Kontrolle und Verwaltung von staatlichem Vermögen in Unternehmen" und präzisierte weitergehend den grundlegenden Rahmen zur Kontrolle und Verwaltung des chinesischen Staatsvermögens. Die im August 2015 vom Zentralkomitee der KPCh und dem Staatsrat gemeinsam herausgegebenen „Leitgedanken zur Vertiefung der Reform der Staatsunternehmen" stellen die Funktionen der Dienststellen zur Kontrolle und Verwaltung staatlichen Vermögens dar.

Ihr Schwerpunkt wandelte sich von der Unternehmensverwaltung hin zur Kapitalverwaltung. Im Oktober 2015 gab der Staatsrat „Einige Gedanken des Staatsrates zur Reform und Perfektionierung des Verwaltungssystems staatlichen Vermögens" heraus, darauffolgend gab er wiederum „Gedanken des Staatsrates zur Stärkung und Verbesserung der Kontrolle staatlichen Vermögens in Unternehmen zur Prävention des Abflusses staatlichen Vermögens" heraus.

Insgesamt gesehen, hat die Reform der staatseigenen Unternehmen tatsächlich zu deutlichen Fortschritten geführt. Die Grenzen der Eigentumsrechte des staatlichen Kapitals wurden präzise definiert und auch die Funktionen und die Formen der staatlichen Wirtschaft haben enorme Veränderungen erfahren. Aber noch immer existieren einige tiefwurzelnde Widersprüche, die noch nicht gelöst wurden. Die Beziehungen zwischen Staatskapital und sozialistischer Marktwirtschaft wurden noch nicht vollständig in Einklang gebracht. Eine noch weitreichendere Reform der staatseigenen Unternehmen und eine weitere Anpassung der Funktionen des Staatskapitals werden zurzeit in Angriff genommen.

Die Aufstellung der staatseigenen Wirtschaft in den verschiedenen Sektoren und nicht rational begründete Strukturen lassen noch immer einen enormen Spielraum für Anpassungen. Gegenwärtig verteilt sich das Staatskapital noch immer auf zahlreiche Branchen und Sektoren, davon machen einfache weiterverarbeitende Industrie, Handel und der Dienstleistungssektor ungefähr die Hälfte aus. In diesen Bereichen lässt sich jedoch der Rückzug des Staates noch weiter fortführen. Außerdem ist auch ein Rückzug des Staatskapitals aus den Segmenten und Dienstleistungen in monopolistisch organisierten Branchen notwendig, in denen Konkurrenz zugelassen werden kann. Im Bereich der gesellschaftlichen Wohlfahrt, die eine schwerpunktmäßige Stärkung des Staatskapitals benötigt, ist die Versorgung mit Staatskapital bisher noch deutlich unzureichend. Daher handelt es sich bei der strategischen Restrukturierung der staatlichen Wirtschaft nach wie vor um eine enorm schwierige und große Aufgabe.

Zum Aufbau eines modernen Eigentumsrechts für Unternehmen im eigentlichen Sinne des Wortes ist es noch immer ein langer und beschwerlicher Weg. Reformen zur klaren Absteckung der Eigentumsrechte an den staatseigenen Unternehmen, zur sinnvollen Strukturierung der Eigentumsrechte, zur normalen Zirkulation von Eigentumsrechten, zum wirksamen Schutz von Erlösen aus Eigentumsrechten sowie zu vier weiteren großen Feldern des Eigentumsrechts wurden noch nicht vollständig abgeschlossen. Ein wesentlicher Teil der großen Staatsunternehmen, insbesondere der staatseigenen Unternehmensgruppen, die direkt zur Zentralregierung gehören, arbeiten noch immer mit dem Muster des Staats als alleinigem Kapitalgeber. In der inneren Organisationsstruktur dieser Unternehmen und in der Aufstellung ihrer Verwaltungsstruktur findet sich noch große Uneinheitlichkeit. Die Widersprüche zwischen den vom alten System übriggebliebenen „alten drei Komitees"[24] und den vom

[24] Gemeint sind die Parteikommissionen, die Arbeiter-/Angestelltenvertretung und die Gewerkschaften (*Anmerkung des Übersetzers*).

modernen Unternehmenssystem eingeforderten „neuen drei Komitees"[25] haben ein unaufhörliches „Kräftezehren" innerhalb der Unternehmen zur Folge und machen es ihnen nahezu unmöglich, ihre Verwaltungseffizienz zu steigern.

Einige Staatsunternehmen konnten im Prozess der Systemreform noch nicht die Beziehungen zwischen allen Interessengruppen zufriedenstellend lösen. Einige Reformmaßnahmen schadeten sowohl den Interessen von Investoren sowie Kreditgebern als auch den Interessen der großen Masse der Arbeiter und Angestellten. In den Unternehmen wiederum erschleichen sich manche nach wie vor ohne Bedenken Staatsvermögen, Staatsvermögen und Staatskapital sind daher noch immer der stetigen Gefahr illegalen Abflusses ausgesetzt.

Im Kontroll- und Verwaltungssystem des Staatsvermögens besteht eine erneute Vereinigung von Regierung und Unternehmen sowie Regierung und Vermögen. Zwar hat China bereits einen speziellen Apparat zur Kontrolle und Verwaltung von Staatsvermögen aufgebaut, dennoch ist der Widerspruch, dass die Dienststellen zur Kontrolle und Verwaltung von Staatsvermögen gleichzeitig als Schiedsrichter und als Sportler agieren, noch keinesfalls grundlegend gelöst. Wie man für eine grundsätzliche Trennung von Regierung und Unternehmen sorgt, wird das im nächsten Schritt in der Kontrolle und Verwaltung von Staatsvermögen zu lösende Problem sein.

6. Die aktuelle strategische Stellung und Funktion des Staatskapitals

Nach einer von der Antike über die Neuzeit bis in die Gegenwart reichenden, mehrere Jahrtausende umfassenden wechselvollen Geschichte ist die Wirtschaftsentwicklung Chinas seit 1978 in eine vorher noch nie gekannte Glanzzeit eingetreten. Bis 2015 vollendete China nicht nur beinahe seine Industrialisierung und ist zur zweitgrößten Wirtschaft der Welt aufgestiegen, sondern auch das Pro-Kopf-Einkommen erreichte 8.100 US-Dollar. Damit ist China in die Riege der mittel bis hoch entwickelten Länder aufgerückt. Im Prozess dieser sprunghaften Industrialisierung, Umstellung auf Marktwirtschaft, Urbanisierung und Internationalisierung haben das Staatskapital als auch die Staatsunternehmen beständig Reformen erfahren und haben sich allmählich in die Marktwirtschaft integriert. Sie wurden zu wichtigen Akteuren, die an der Konkurrenz des Marktes teilnehmen. Die Staatsunternehmen konzentrieren sich durch die strategische Restrukturierung nun mehr auf einige für die Volkswirtschaft elementare Grundindustrien sowie die Ressourcenförderung. Das Staatskapital vollzieht im Moment einen Wandel auf ein höheres Niveau durch seine Umwandlung in Wertpapierform. Die Praxis zeigt deutlich, dass das chinesische Modell mit seinem über ausgeprägte steuernde Funktionen verfügenden Staatskapital wahrlich Erfolge errungen hat, die die Blicke der Welt auf es ziehen. Aktuell nehmen verschiedene Länder sich gegenseitig zum Vorbild und vertiefen ihr eigenes Entwicklungsmodell. Vor diesem Hintergrund besitzt eine Analyse und ein Überblick über das Staatskapital anhand der historischen Erfahrungen Chinas sowie eine Analyse und ein Überblick über die funktionale Stellung der staatseigenen Wirtschaft im

[25] Gemeint sind die Aktionärsversammlung, der Vorstand und der Aufsichtsrat (*Anmerkung des Übersetzers*).

marktwirtschaftlichen System, insbesondere in einer Transformationsökonomie selbstverständlich eine wichtige theoretische und praktische Bedeutung.

Am 24. August 2015 veröffentlichten das Zentralkomitee der KPCh und der Staatsrat gemeinsam die „Leitgedanken zur Vertiefung der Reform der Staatsunternehmen" und brachten Folgendes ein: „Die Staatsunternehmen sind das Eigentum des ganzen Volkes. Sie treiben die Modernisierung des Landes voran, sie sind eine wichtige Kraft, die die gemeinsamen Interessen des Volkes garantiert. Außerdem sind sie die entscheidende materielle und wirtschaftliche Grundlage der Entwicklung der Sache unserer Partei und unseres Landes." Dies ist wahrscheinlich die momentan neueste Erkenntnis Chinas zu Charakter und Funktion der Staatsunternehmen. Im Dezember des gleichen Jahres veröffentlichte die Kommission des Staatsrates zur Kontrolle und Verwaltung von Staatsvermögen, das Finanzministerium und die staatliche Kommission für Entwicklung und Reform auf der Grundlage der Bestätigung der strategischen Positionierung und des Entwicklungsziels der Staatsunternehmen durch das Zentralkomitee der KPCh und den Staatsrat seit dem 18. Parteitag der KPCh die „Leitgedanken zur Bestimmung der Funktion und der Einteilung von Staatsunternehmen". Darin werden Staatsunternehmen in die zwei Kategorien „kommerziell und öffentliche Wohlfahrt" unterschieden. Dieses Dokument hält fest: „Kommerzielle Staatsunternehmen und der öffentlichen Wohlfahrt dienende Staatsunternehmen müssen als eigenständige Marktakteure ihre Betriebsweise an die Anforderungen der Marktwirtschaft anpassen. Als Staatsunternehmen unter den Bedingungen einer sozialistischen Marktwirtschaft müssen sie aus eigenem Antrieb der Staatsstrategie dienen und eigeninitiativ ihre gesellschaftliche Verantwortung erfüllen." Die Anforderungen an die kommerziellen Staatsunternehmen sind: „Mit der Stärkung der Vitalität der staatseigenen Wirtschaft, der Erweiterung der Funktionen des Staatskapitals, der Verwirklichung von Werterhalt und Wertsteigerung staatlichen Vermögens als Hauptzielstellungen soll nach den Anforderungen der Marktwirtschaft ein kommerzieller Betrieb in die Praxis umgesetzt werden. Die Unternehmen sollen gesetzestreu eigenständige, verselbstständigte Produktions- und Betriebsaktivitäten entfalten, natürliche Selektion und ein geordnetes Ein- und Austreten aus dem Markt praktizieren. Unternehmen, deren Hauptgeschäft von wichtiger Bedeutung für die nationale Sicherheit ist, wichtige Branchen und Schlüsselsektoren, die Lebensadern der Volkswirtschaft bilden sowie hauptsächlich spezielle Aufgaben von großer Wichtigkeit übernehmende kommerzielle Staatsunternehmen sollen die Garantie der nationalen Sicherheit und für das Funktionieren der Volkswirtschaft zum Ziel haben. Sie sollten schwerpunktmäßig für die Zukunft wichtige, strategische Industrien entwickeln und eine organische Vereinigung von wirtschaftlichem, gesellschaftlichem und sicherheitstechnischem Nutzen realisieren." Die Anforderungen an der öffentlichen Wohlfahrt dienende Staatsunternehmen lauten jedoch wie folgt: „Die Garantie des Lebensunterhaltes des Volkes, der Dienst an der Gesellschaft und das Angebot an öffentlichen Gütern sowie Dienstleistungen sind das Hauptziel. Der Preis elementarer Produkte und Dienstleistungen kann von der Regierung angepasst und kontrolliert werden. Sie sollen sich aktiv in den Marktmechanismus einfügen und stetig die Effizienz und die Leistungsfähigkeit der öffentlichen Dienstleistungen steigern."

6.1. Verwandlung zum grundlegenden Instrument der Umsetzung der staatlichen Wirtschaftsstrategie

Gemäß der historischen Erfahrungen in der Wirtschaftsentwicklung einiger Länder der Welt, insbesondere der sich erst spät entwickelnden Länder erfüllen Staatskapital und staatseigene Wirtschaft in der Entwicklung der Wirtschaft und der Schaffung privater nationaler Industrie eine unersetzliche Funktion. Es kann davon ausgegangen werden, dass die staatseigene Wirtschaft und das Staatskapital in der Strategie der staatlichen Wirtschaftsentwicklung auch nach dem Eintritt in die Marktwirtschaft noch immer über unersetzliche Funktionen verfügen. Die Existenz staatlichen Kapitals bot eine starke Unterstützung für die Verwirklichung der strategischen Ziele des chinesischen Staates.

Die Entwicklung und Verbreitung strategisch wichtigen Hightechs: Mit dem Eintritt der menschlichen Gesellschaft in das Zeitalter einer neuen Wirtschaft zeigt sich die Wichtigkeit von Wissenschaft und Technik immer deutlicher. Die Höhe des Entwicklungsniveaus von Wissenschaft und Technik nimmt direkten Einfluss auf die Gesamtstärke eines Landes oder einer Region und seine Konkurrenzfähigkeit. Die Erfolge im Bereich von Informationstechnologie, alternativen Energiequellen, Raumfahrttechnik, Atomtechnologie, neuen Materialien, Marinetechnik und Biotechnologie und weiteren Wissenschafts-, Technik- und Forschungsfeldern werden in Zukunft grundlegenden Einfluss auf die Konkurrenzfähigkeit eines Landes ausüben. Jedoch können in diesen Bereichen der große Umfang der notwendigen Kapitalinvestitionen, die Höhe des Risikos, die Dauer bis zur Amortisierung der Kosten, die Notwendigkeit der Geheimhaltung und die Interdisziplinarität bestimmter Forschungsaktivitäten vom allergrößten Teil der nichtstaatlichen Unternehmen und vom allergrößten Teil des nationalen Privatkapitals nicht geleistet werden. Dort muss auf die Stärke des Staatskapitals zurückgegriffen werden. Einige entwickelte Länder entwickeln die Hightech-Branche ebenfalls mehr in Form von staatseigenen Unternehmen. Zum Beispiel sind die NASA, die Europäische Weltraumorganisation (ESA) und Airbus etc. alle in der Hand von Staatskapital. Raumfahrt und Kerntechnik Chinas wurden gleichermaßen mit Förderung durch Staatskapital in hohem Tempo aufgebaut.

Die Kontrolle strategischer Sektoren: Von wirtschaftswissenschaftlicher Perspektive aus gesehen, verfügen die sogenannten strategischen Sektoren alle über folgende Merkmale: Sie spiegeln das Industrialisierungsniveau des entsprechenden Landes wider, verfügen über eine starke Innerkonnektivität mit verschiedenen anderen Sektoren und steigern die Wachstumsrate der Gesamtwirtschaft. Jedoch sind die strategischen Sektoren eines Landes nicht gleichbleibend, sondern verändern sich mit dem Niveau der Wirtschaftsentwicklung. Unter bestimmten Voraussetzungen muss das Staatskapital in einem gewissen Grade Kontrolle über diese strategischen Sektoren ausüben. Dies kann hilfreich für die Verwirklichung der staatlichen Strategie sein. Das Staatskapital sollte sich jedoch aus eigenem Antrieb aus Sektoren zurückziehen, die bereits ihre strategische Bedeutung verloren haben, um negative Auswirkungen auf den Wettbewerb in diesen Sektoren zu vermeiden.

Die Erschließung und Aneignung von strategischen Ressourcen: Strategische Ressourcen wie Land, Erdöl, Kohle, Eisenerz, seltene Erden und Wälder sind die Lebensadern der Volkswirtschaft. Ihre Erschließung ist von entscheidender Bedeutung für die Entwicklung der Volkswirtschaft. Außerdem ist der Besitz strategischer Ressourcen mit der Wahrung der Sicherheit eines Staates verbunden. Wenn das Staatskapital unmittelbar die strategischen Ressourcen kontrolliert, kann es in der Erschließung und Nutzung der Ressourcen sowie weiteren betreffenden Aspekten effektiver und direkter den Willen des Staates repräsentieren. Aus den Erfahrungen verschiedener Länder zeigt sich, dass Staatsunternehmen im Sektor der strategischen Ressourcen typischerweise einen hohen Anteil ausmachen.

6.2. *Wandlung in ein Instrument politischer Entscheidungen für die makroökonomische Lenkung durch die Regierung*

Länder mit einer entwickelten Marktwirtschaft wenden vor allem Finanz- und Währungspolitik zur makroökonomischen Lenkung an. Die staatseigene Wirtschaft allein ist nicht ausreichend, um diese Aufgabe zu erfüllen. Da die staatliche Wirtschaft in China nach wie vor eine wichtige ökonomische Kraft darstellt, kann ihre Steuerungs- und Einflusskraft als ein in jeder Hinsicht der Finanz- und Währungspolitik ebenbürtiges Instrument politischer Entscheidungen in der Wirtschaftslenkung dienen. Der Grund dafür, dass China ein sich von westlichen Staaten unterscheidendes Modell der Marktwirtschaft anwendet, also das Modell der sozialistischen Marktwirtschaft, liegt in der politischen Bedeutung, über die Staatskapital und staatliche Wirtschaft verfügen. Die Eigenheiten dieses chinesischen Modells lassen sich folgendermaßen zusammenfassen: Die Regierung lenkt den Markt mithilfe politischer Leitlinien unter anderem für Finanz- und Währungspolitik sowie die staatseigene Wirtschaft. Der Markt wiederum leitet andere Unternehmen an, um die von der Regierung verfolgten Wirtschaftsziele umzusetzen. Allerdings muss betont werden, dass die chinesischen Staatsunternehmen nahezu neutrale Wirtschaftsorganisationen sind. Zwar sind Staatsunternehmen Wirtschaftsorganisationen, sie sind jedoch wiederum nicht ausschließlich auf Profit orientiert. Ansonsten könnten die Staatsunternehmen die Stärke der Regierung ausnutzen und Marktmonopole bilden und damit das Modell letztendlich zum Scheitern bringen. Kurz gesagt, müssen die Staatsunternehmen sich weiterhin an der Vereinigung von wirtschaftlichem Ertrag und gesellschaftlicher Verantwortung orientieren. Sie müssen an einer nachhaltigen Entwicklung festhalten und in zahlreichen Aspekten wie der Mitwirkung am Aufbau eines rechtlichen Rahmens, dem gesetzestreuen Betrieb, guten Umgang mit ihren Mitarbeitern, einer sinnvollen Unternehmensstruktur, regelkonformer Verwaltung, Ressourceneinsprung, Umweltschutz und Dienst an der Gesellschaft zum Vorbild und Maßstab der gesamten Gesellschaft werden.

6.3. *Wandlung in einen Schutzschild zur Verteidigung der wirtschaftlichen Sicherheit Chinas*

Kapital kann im Wesentlichen in zwei Arten aufgeteilt werden: materiell vorhandenes und virtuelles Kapital. Im Zustand der Marktwirtschaft bilden sie jeweils den Markt materiell vorhandenen Kapitals und den virtuellen Kapitalmarkt. Im Markt existieren immer Risiken und die wirtschaftliche Entwicklungsgeschichte verschiedener Länder beweist zur Genüge, dass diese Marktrisiken sich auch gelegentlich in der Form von Krisen konzentriert Luft verschaffen. Dabei versetzen sie einem Land oder sogar der gesamten Welt einen enormen Schlag, mehr noch, sie können auch die Wirtschaft eines Landes in kurzer Zeit zum Kollaps bringen und ihren Bankrott verursachen. Insbesondere die Vernichtungskraft, über die Krisen des virtuellen Kapitalmarktes verfügen, übersteigt häufig die Vorstellungen der Menschen. Die Eigenschaft des Staatskapitals, den Willen des Staates und des Gesamtvolkes zu repräsentieren, kann einen wirksamen Ausgleicheffekt gegen spekulatives Kapital schaffen. Es kann die Stabilität und die Liquidität des Marktes aufrechterhalten, wenn spekulatives Kapital Unruhe stiftet. Damit können in gewissem Maße die Schäden einer Krise abgewendet oder zumindest abgemildert werden. Dies stellte sich in der Reaktion Chinas auf die 1997 ausgebrochene Asienkrise und die 2008 in den USA ausgebrochene Finanzkrise bereits mehrfach heraus. Außerdem folgte auch die US-amerikanische Regierung dem Beispiel einiger entwickelter europäischer Länder, die in Reaktion auf die Finanzkrise von 2008 Banken verstaatlichten. Sie stieg ebenfalls in Bankaktien ein, um mithilfe der Kraft des Staates die heftigen Schwankungen des Finanzmarktes zu beruhigen. Die sogenannte freie Wirtschaft, also die Nichteinmischung und Nichtbeteiligung der Regierung an der Wirtschaft, existiert in der Realität grundsätzlich nicht. Es lässt sich lediglich ein unterschiedliches Niveau von Einmischung und Beteiligung unterscheiden.

Auch im materiell vorhandenen Kapital in Form von Produktionskapital besteht die Gefahr einer Krise aufgrund struktureller Ungleichgewichte oder einem nicht reibungslos verlaufenden Upgrade der Produktion. Vor dem Hintergrund der täglich voranschreitenden Globalisierung der Wirtschaft nutzen die multinationalen Konzerne der wirtschaftlich entwickelten Länder die Vorteile ihrer Größe und ihrer Technik sowie systemische Vorteile aus, um andere Unternehmen in ihren Ursprungsländern niederzukonkurrieren. Wenn es keinen Ausgleichmechanismus gibt, mit dem darauf reagiert wird und eine Begrenzung ermöglicht, können das private nationale Kapital der sich später entwickelnden Länder oder sogar die strategischen Sektoren eines Landes und weitere auf materiell vorhandenem Kapital basierende Sektoren kaum überleben. Den Kern eines solchen Mechanismus können nur das Staatskapital und staatseigene Unternehmen bilden. Sobald das Produktionskapital und sein Markt ungewöhnliche Veränderungen wie zum Beispiel eine extreme Knappheit oder einen extremen Überschuss an irgendwelchen wichtigen Elementen aufweisen, können diese monopolistisch gehandhabt werden. Dann können die Vorteile der Größe des Staatskapitals ausgenutzt werden, um den Markt zu beruhigen, Spekulation zu bekämpfen und den plötzlichen Angriff von außen kommenden Kapitals abzuwehren. Auf diese Weise kann dann die Sicherheit der Wirtschaft des Landes und des privaten nationalen Kapitals gewährleistet werden.

6.4. Upgrade der staatseigenen Wirtschaft und der Wirtschaftsstruktur

Die Produktion besitzt ihre eigenen Entwicklungsrhythmen. Sie arbeitet kontinuierlich an ihrer weiteren Kapitalakkumulation und Perfektionierung. Außerdem strebt sie stetig danach, sich auf ein höheres Niveau zu entwickeln. Die historischen Tatsachen beweisen genügend, dass Regierungen in der Produktionsentwicklung eine gewisse Wirkung entfalten können. Die Ausnutzung der einzigartigen Funktionen der Staatsunternehmen und des Staatskapitals kann eine der Maßnahmen sein, die die

Regierung im Prozess des Upgrades der Produktionsstruktur anwendet. Die Grundprinzipien der Entwicklungsökonomie besagen, dass das Staatskapital als eine Art anleitendes Kapital in der Anfangsperiode wirtschaftlicher Entwicklung über eine enorm wichtige Funktion verfügt. Üblicherweise ist das Entwicklungsniveau einer Wirtschaft in dieser Phase vergleichsweise rückständig, die Fähigkeit zur Akkumulation privaten Kapitals begrenzt und auch die Funktion des virtuellen Kapitalmarktes eingeschränkt. Ein effektiver Weg ist dann, sich auf die Stärke der Regierung zu verlassen, um mithilfe des Staatskapitals einen Markt zu schaffen, rudimentär ein Produktionssystem zu formen und auf dieser Grundlage eine Verbesserung der Produktionsstruktur des gesamten Landes und seiner Regionen zu erreichen. Die Funktion des Staatskapitals oder der staatseigenen Wirtschaft in der Anpassung der Produktionsstruktur liegt hauptsächlich in ihrer Hilfe bei der Entwicklung eines Marktes. Sobald der Markt eine gewisse Größe erreicht hat, sollten sich staatseigene Wirtschaft und das Staatskapital eigenständig zurückziehen und weiter in andere Bereiche eintreten, die der Anleitung bedürfen. Wenn sich der Staat durch die Staatsunternehmen zu sehr in die Ressourcenallokation einmischt, verzerrt dies die Preise auf dem Faktormarkt und dem Produktenmarkt und führt zu einer Verschwendung von Ressourcen sowie einem Rückgang der Konkurrenzfähigkeit. Dies sollte vermieden werden.

6.5. Koordinierte Entwicklung der staatseigenen Wirtschaft und der regionalen Wirtschaft

Bei der Förderung der regionalen Wirtschaftsentwicklung spielen Staatskapital und staatseigene Wirtschaft eine positive Rolle. Da sich die Entscheidung für eine Region bei privaten Investitionen nach der Rendite richtet, können rückständige Regionen oft nur schwer Privatkapital anlocken. Investitionen des Staatskaptals in den öffentlichen Bereich dieser Regionen jedoch sorgen durch die Verbesserung der notwendigen infrastrukturellen Gegebenheiten für die Voraussetzungen zum Anzug von mehr Privatkapital. Darin enthalten sind zum Beispiel Gelder für Häfen, Flughäfen, städtische Wasserversorgung, Stadtgas, Stromversorgung, öffentlichen Nahverkehr in den Städten, Infrastruktur für Umweltschutz und den öffentlichen Kulturbereich. Der Staat hat bereits in der Zeit der Planwirtschaft, insbesondere in den 1960er- und 1970er-Jahren im Rahmen der „Dritten-Front-Strategie" Aufbau in vergleichsweise rückständigen Regionen Chinas betrieben und dort in den Aufbau einer großen Menge Unternehmen investiert und so die industrielle Produktionsleistung dieser Regionen enorm gesteigert. Seit der Reform- und Öffnungspolitik, vor allem seit der von der Zentralregierung Chinas 1998 ausgegebenen Strategie zur „Erschließung Westchinas" hat der Staat durch direkte Investitionen in öffentliche Projekte und die Erweiterung der Investitionen in staatseigene Unternehmen der westlichen Landesteile die Wirtschaft dort stark verändert.

6.6. Die staatseigene Wirtschaft und die Stabilität von Politik und Gesellschaft

Staatskapital und Staatsunternehmen sind wichtige Mittel der Regierung zur Umsetzung verschiedenster politischen Leitlinien zur gesellschaftlichen Entwicklung. Als Träger gesellschaftlichen Kapitals sollten Staatskapital und staatseigene Wirtschaft nicht das Streben nach Profit zum ausschließlichen Ziel haben, sondern auch gewisse nichtkommerzielle Zielstellungen verfolgen und gesellschaftliche Verantwortung in ihren Fokus stellen. Die Staatsunternehmen sind ein notwendiges Werkzeug der Regierung, um grundlegende Güter des täglichen Lebens unmittelbar zu kontrollieren, Notsituationen bewältigen zu können und Krisenmanagement durchzuführen. Die Erfahrungen aus China und dem Rest der Welt zeigen deutlich, dass eine gewisse Menge staatlicher Wirtschaft in Branchen benötigt wird, die das Alltagsleben der Bevölkerung betreffen. Alltägliche Gebrauchsgüter wie Grundnahrungsmittel, Benzin/Diesel, Leitungswasser, Erdgas und elektrischer Strom verfügen über eine geringe Preiselastizität. Angenommen diese Branchen würden vollständig von der nichtstaatlichen Wirtschaft betrieben, dann würden die entsprechenden Unternehmen sich aufgrund ihres Strebens nach hohen Gewinnen in einer gesellschaftlichen Notsituation höchstwahrscheinlich nicht um die Gesamtinteressen von Staates und Volk und damit verbundene Gesetze und Vorschriften kümmern. So würden sie den gesellschaftlichen Interessen enormen Schaden zufügen. Daher ist es notwendig, dass der Staat direkt einen Teil der entscheidenden Ressourcen und grundlegenden Güter des täglichen Lebens in der Hand hält, um jede Art von Notsituation bewältigen zu können. Insbesondere für solche in der Entwicklung begriffenen Großmächte wie China, die sich gerade in einem Prozess vollständiger Transformation befinden, ist es absolut notwendig, ein Staatskapital und eine staatliche Wirtschaft von gewissem Ausmaß beizubehalten.

Außer der Übernahme von wirtschaftlichen und gesellschaftlichen Funktionen besitzen Staatskapital und staatseigene Wirtschaft noch eine politische Funktion. Sie entfalten im Bereich der Souveränitätssicherung des Staates eine wichtige Wirkung. Vor dem Hintergrund der täglich voranschreitenden Globalisierung und Vereinheitlichung existiert eine umfassende Konkurrenz zwischen den Staaten, mit darin enthalten sind Politik, Wirtschaft, Kultur und verschiedene weitere Ebenen und Schichten. Allerdings bleibt die wirtschaftliche Konkurrenz grundlegend. Ohne ökonomische Souveränität und Stärke besteht die Wahrscheinlichkeit, auch in der Politik zum Anhängsel wirtschaftlich entwickelter Länder degradiert zu werden. Dies ist auch der elementare Beweggrund, aus dem viele Entwicklungsländer mit Eile nach der Entwicklung der Privatwirtschaft streben. Zur Stabilität der Regierungsgewalt und zur Wahrung der nationalen Sicherheit kontrolliert der Staat üblicherweise auf verschiedene Weisen, inklusive dem Aufbau von Staatsunternehmen, die wirtschaftlichen Lebensadern des gesamten Landes. Dementsprechend hält er einige wichtige strategische Sektoren, die die staatliche Politik und die wirtschaftlichen Lebensadern betreffen, unmittelbar in seinen Händen.

Staatskapital und staatseigene Wirtschaft verfügen über besondere hochverantwortliche Funktionen wie die praktische Garantie für die nationale Sicherheit. In einigen wichtigen Produktionsbereichen wirken sie sich entscheidend auf die Wirtschaftsentwicklung des entsprechenden Landes aus und beeinflussen damit einhergehend in der Regel wesentlich die Stellung, Autorität und die Durchsetzung der Interessen des jeweiligen Staates auf internationaler Ebene. Einige Sektoren hängen eng mit der nationalen Sicherheit zusammen und stellen ein strategisches Instrument zur Wahrung dieser und der nationalen Interessen dar. Der staatliche Sektor verbreitet außerdem die dominierende kulturelle Ideologie. Gegenwärtig wird der Kultur- und Mediensektor, inklusive dem einiger entwickelter Länder, direkt von der Regierung kontrolliert. Dazu gehört beispielsweise die von der US-amerikanischen Regierung betriebene „National Broadcasting Company" (NBC). Da der Nachrichten- und Mediensektor über die Besonderheit verfügt, ein gesellschaftliches, öffentliches Gut zu sein, muss er von der Regierung streng beaufsichtigt werden und, wenn notwendig, von der Regierung direkt kontrolliert werden. Kurz gesagt, sind Staatskapital und staatseigene Wirtschaft stets das wichtigste Fundament des sozialistischen Gebäudes. Dies ist systeminhärent.

7. Lehren aus der Geschichte

Die heutige Welt befindet sich in einer Periode stürmischer Umwälzungen und Veränderungen und die Beziehungen zwischen den verschiedenen Interessen gestalten sich komplex. Der Großteil der Beziehungen zwischen diesen Interessen spiegelt sich letzten Endes allerdings konzentriert in den Interessen der Staaten und ihrer Völker wider. Im Verhältnis besitzen sie dauerhaften Charakter. Vor dem Hintergrund der Globalisierung ist die Einflusskraft eines einzelnen Unternehmens begrenzt. Die Konkurrenzfähigkeit auf dem Markt entscheidet sich immer mehr in der integrierten Wirtschaftskraft von vielen Unternehmen gemeinsam. Sie hängt zunehmend von der Gesamtstärke eines Landes, der Unterstützung und Einmischung durch den Staat sowie der Entwicklung und Beteiligung des Staatskapitals ab. Die Tendenz zur staatlichen Einmischung und Beteiligung an der Wirtschaft nimmt stetig zu, auch China bildet hier keine Ausnahme. Genau wie zuvor analysiert, lässt sich festhalten, dass dieser Punkt genau die am meisten herausstechende und grundlegendste Besonderheit des chinesischen Entwicklungsweges darstellt. In China besteht die Tradition staatlicher Einmischung und Beteiligung in der Wirtschaft bereits seit über 2000 Jahren. Bei der Bewertung ist man sich uneinig: Es finden sich sowohl negative als auch positive Bewertungen. Genau genommen, behandeln die historischen Bewertungen immer verschiedene Aspekte aus verschiedenen Entwicklungsphasen. Völlig gleich, wie man die staatliche Beteiligung bewertet oder, ob man sie befürwortet oder auch nicht, diese Tradition wird noch weiter fortbestehen. Der Charakter, das Verhalten und die Entwicklungsperspektive des Staatskapitals entscheiden sich an Charakter, Verhalten und Zukunftserwartungen der jeweiligen Regierung. Entwicklung und Stillstand, Aufblühen und Niedergang wechseln sich oft durch Anomien und Irrtümer in wichtigen politischen Entscheidungen ab. Solcherlei Lehren finden sich in der Geschichte mehr als genug. Gegenwärtig rücken in China mit der immer weiteren Intensivierung der Reformen verschiedene gesellschaftliche Widersprüche, politische Entscheidungen der Regierung, das Verhalten der Staatsunternehmen und das Bild der Beamten immer mehr in den Fokus der öffentlichen Aufmerksamkeit. Vor dem Hintergrund der aktuellen Weltlage sollte das Land die Lehren aus seinen historischen Erfahrungen ziehen und in seinem Gedächtnis behalten. Darüber hinaus muss es anhand der grundlegenden nationalen Besonderheiten der Anfangsperiode des Sozialismus, mit dem Volk als Basis sowie mit der Entwicklung der Wissenschaft an der Reform- und Öffnungspolitik im Rahmen der sozialistischen Marktwirtschaft festhalten. Dabei ist es für China unabdinglich, nach Kräften die Verwaltung von Wirtschaft und Gesellschaft zu verbessern sowie die Rechtmäßigkeit von Einmischung und Beteiligung des Staatskapitals in der Wirtschaft zu garantieren und ihre Effektivität zu steigern. Insgesamt sollte mit Hochdruck an allem Notwendigen und Machbaren gearbeitet werden und alles dafür getan werden, die Staatsunternehmen mit Blick auf die reale Situation gut zu verwalten und zu betreiben. Erfüllt China alle diese Voraussetzungen, kann es mit einer noch besseren Entwicklungsperspektive seines Staatskapitals und seiner Staatswirtschaft rechnen.

Teil 1: Lenkung und unmittelbarer Betrieb der Wirtschaft durch den chinesischen Feudalstaat (vor 1840)

Um die Wirtschaft des chinesischen Feudalismus und ihre Funktionsweise diskutieren zu können, muss man zuerst die Entstehung des Feudalismus in China zeitlich klar bestimmen. In der Fachwelt existieren zu diesem Punkt verschiedene Annahmen, nach Kenntnis der Autoren gibt es mindestens folgende: Entstehung in der westlichen Zhou-Dynastie (11. Jahrhundert - 771 v. Chr.), der Zeit der streitenden Reiche (453 v.Chr. - 221 v. Chr.), in der Wei- (220 - 265 n. Chr.) und Jin-Dynastie (265 - 420 n. Chr.), in den Südlichen und Nördlichen Dynastien oder in der Sui- (581 - 618 n. Chr.) und Tang-Dynastie (618 - 907). Es existieren sogar Thesen, die seine Entstehung in der Song-Dynastie (960 - 1279) vermuten.

Aus wissenschaftlicher Perspektive haben alle diese obengenannten Annahmen eine gewisse Berechtigung. Wenn man aber gestützt auf die Analyse historischer Quellen und die Ergebnisse archäologischer Untersuchungen eine Langzeitbeobachtung durchführt, ergibt sich ein eindeutiger Eindruck. Dieser lässt sich anhand des folgenden Abschnittes aus der „Bei-Shan-Periode" im Buch der Lieder[26] im Teil der kleineren Festlieder und Oden treffend beschreiben: „Unter der Weite des Himmels gibt es keinen Ort, der nicht des Königs ist. Im von den Meeren begrenzten Land sind alle Diener des Königs." Der in diesen beiden Sätzen beschriebene Zustand aus ältester Zeit lässt sich nahezu auf die gesamte Periode des chinesischen Feudalismus übertragen und lässt dementsprechend einen frühen Beginn des Feudalismus in China vermuten.

Das vom Staat geführte Wirtschaftssystem und die von der Regierung direkt betriebenen zahlreichen Wirtschaftsaktivitäten nahmen im Gesellschafts- und Wirtschaftsleben des Feudalismus immer eine besonders wichtige Stellung ein, obwohl das Gewicht dieses entscheidenden Faktors sich in verschiedenen Perioden unterschiedlich äußerte. Die Regierung der agrarisch geprägten Feudalgesellschaft befasste sich am meisten mit Fragestellungen die Größe der Fläche des zu bewirtschaftenden Landes, die Einwohnerzahl oder die Menge der Arbeitskräfte betreffend. Dies bedeutete, dass Boden und Arbeitskraft die Schlüsselfaktoren in der damaligen Produktion darstellten. Mit Blick auf diese beiden entscheidenden Aspekte verteilte die Regierung Ressourcen zur Produktion und übte eine starke Kontrolle über die Wirtschaft aus. Daher kann bei Untersuchung der Wirtschaftsstruktur und der Funktionsweise des chinesischen Feudalismus vom Blickwinkel der Langfristigkeit und des Großzusammenhangs her der Theorie von der Entstehung des Feudalismus in der westlichen Zhou-Dynastie eine gewisse Berechtigung zuerkannt werden. Mithilfe dieser Theorie können die Entstehung der Feudalgesellschaft Chinas, ihre Einzigar-

---

26 Beim Buch der Lieder handelt es sich um eine frühe Sammlung von Gedichten und Liedern aus der Zhou-Dynastie (*Anmerkung des Übersetzers*).

tigkeit in der Menschheitsgeschichte und die Unersetzlichkeit der feudalen Staatsmacht Chinas im Wirtschaftsleben sowie eine Reihe weiterer Fragen beantwortet werden.

Der Fokus dieses Teils liegt zwar auf der Zeit der streitenden Reiche, der Qin-Dynastie, der Han-Dynastie und den darauffolgenden Dynastien, deren Wirtschaftsstruktur ausnahmslos auf einem Grundherrensystem basierte, dennoch wird anerkannt, dass das Feudalherrensystem von der westlichen Zhou-Dynastie bis zur Frühlings- und Herbstperiode (722 – 481 v. Chr.) den Zeitraum der Entstehung des Feudalsystems darstellt und, dass zwischen beiden eine untrennbare natürliche Verbindung besteht.

Kapitel 1: Entstehung und Funktionsweise der auf den Grundherren basierenden Wirtschaft

Die Feudalgesellschaft Chinas lässt sich in zwei Perioden unterteilen: In der ersten Periode dominierte eine auf Feudalherren basierende Wirtschaft, in der zweiten eine auf Grundherren basierende Wirtschaft. Dabei wurde Letztere auf der Grundlage eines Systems privaten Landeigentums errichtet. In ihr wurde hauptsächlich ein Landpachtsystem mit Naturalien als Pachtzins praktiziert. Sie war im Wesentlichen eine von verstreuten individuellen Landwirten gekennzeichnete Produktionsweise. Allerdings kann man mittels dieser Betrachtung noch nicht feststellen, dass selbstständige Landbewirtschaftung die führende Stellung in der Feudalgesellschaft Chinas einnahm. Die Entwicklung der auf den Grundherren basierenden Wirtschaft Chinas war in der Menschheitsgeschichte die ausgereifteste ihrer Art und ihre idealtypische Form. Dies ist in der Fachwelt unumstritten.

Abschnitt 1: Das auf den Feudalherren basierende Wirtschaftssystem

Zu Beginn praktizierte der chinesische Feudalismus ein auf der Herrschaft der Feudalherren basierendes System, das heißt, dass sich der Adel streng nach Rang Grund und Boden sowie die unmittelbaren Produzenten aneignete. Die Ausbeutung des unmittelbaren Produzenten erfolgte im Wesentlichen durch Frondienst. Im Muster dieses Systems trat das Besitzrecht an Grund und Boden, die Exekutivgewalt und selbst die Justizhoheit als eine Einheit auf. Das Feudalherrensystem nimmt in der Geschichte Chinas ungefähr den Zeitraum der westlichen Zhou-Dynastie bis zur Frühlings- und Herbstperiode ein, mit anderen Worten dauerte es circa vom 11. Jahrhundert v. Chr. bis zum Anfang des 5. Jahrhunderts v. Chr. an.

Während der in China langandauernden Phase der Sklavenhaltergesellschaft wurde eine gewisse Organisierung aus der Zeit der Dorfkommunen beibehalten. Die Herrscher der Xia-Dynastie (ca. 21. Jahrhundert v. Chr. – ca. 16. Jahrhundert v. Chr.) trieben eine gewisse Summe als Tribute von den Kommunen ein. Laut den Aufzeichnungen im Zuozhuan[27] forderte Kaiser Yu der Große[28] Tribute von den Fürsten ein:

---

27 Frühes chinesisches Geschichtswerk aus der Zeit der Frühlings- und Herbstperiode (*Anmerkung des Übersetzers*).

28 Mythischer Urkaiser der Xia-Dynastie (*Anmerkung des Übersetzers*).

„Als Yu die Fürsten der Staaten auf dem Berg Tu versammelte, waren dort 10000 Staaten, deren Prinzen Jade und Seide darboten.“ Darüber hinaus war selbst das Kupfer, mit dem zu Zeiten Kaiser Yus in der Xia-Dynastie die Ritualgefäße gegossen wurden, aus verschiedenen Staaten als Tribut entrichtet worden: „Die Menschen aus der Ferne bildeten verschiedenste Sachen in Bildern ab, die hohen Beamten spendeten das Kupfer, um es in neun Ritualgefäße zu gießen. Sie gossen Götter und Geister verschiedenster Formen auf die Ritualgefäße.“ Auf diese Weise war von Anfang an für eine klare Festlegung und direkte Erfüllung der wirtschaftlichen Pflichten der verschiedenen Fürstenstaaten gegenüber der Xia-Dynastie gesorgt. Damit wuchs die wirtschaftliche Macht der Xia-Dynastie und ihre politische Macht beziehungsweise ihr innerer Zusammenhalt beständig an. Allerdings überstieg die symbolische Bedeutung dieser Art von Tribut auf politischer Ebene bei weitem den realen Gebrauchswert. In der Shang-Dynastie (ca. 17. Jahrhundert v. Chr. – 11. Jahrhundert v. Chr.) wiederum hatten die Mitglieder der Dorfkommune die Pflicht, den Herrschenden ihre Hilfe für die Bewirtschaftung staatlicher Felder zur Verfügung zu stellen.

Real glichen die oben genannten Aspekte einer Ausbeutung in Form feudalen Frondienstes in einer Sklavenhaltergesellschaft. Diese neuen Phänomene waren hilfreich für den Übergang der Sklavenhaltergesellschaft Chinas zum Feudalismus. Das Feudalherrensystem der westlichen Zhou-Dynastie entstand genau vor einem solchen Hintergrund.

In der westlichen Zhou-Dynastie und der Frühlings- und Herbstperiode gehörten Grund und Boden sowie die Einwohner des Landes nominell dem Herrscher, also dem Kaiser. Die Verteilung der politischen Macht und des mit ihr verbundenen Eigentums an Ländereien, Bevölkerung und Arbeitskräften erfolgte gemäß den Regeln der Lehensverteilung. Das heißt, dass die Zhou-Kaiser außer den von ihnen selbst unmittelbar genutzten Ländereien und Bewohnern diese weiter an die Fürsten verteilten. Diese verteilten dann wiederum alle außer den ihnen unmittelbar unterstehenden Ländereien und Bewohnern weiter an den nächstniedrigeren Adelsrang, dieser nächstniedrigere Adelsrang wiederum verteilte diese nach dem gleichen Muster an den ihm unterstehenden Adelsrang. Zu jener Zeit erfolgte die Lehensverteilung nach dem Ahnengesetz oder dem Prinzip der Nähe der Blutsverwandtschaft im Adel. Dem Prinzip des Ahnengesetzes folgend waren die Zhou-Kaiser im ganzen Land Ahnenoberhaupt und die Fürsten ihre untergebenen Ahnen. Im Lehensstaat der Fürsten waren sie die Ahnenoberhäupter und die nächstniedrigere Adelsstufe ihre untergebenen Ahnen, im Lehensbereich dieser niedrigeren Adelsstufe bildete diese das Ahnenoberhaupt und die nächstniedrigere Adelsstufe wiederum für die ihr untergebenen Ahnen. Dies wird im Zuozhuan so beschrieben: „Der Sohn des Himmels [Kaiser, *Anmerkung des Übersetzers*] errichtet Staaten, die Fürsten der Staaten schaffen Familiensippen, die Chefs dieser Familiensippen legen Seitenzweige an. Hohe Adelsbeamte haben ihre zweitrangigen Zweige, die niederen Adelsbeamten haben ihre

Söhne und jüngeren Brüder als Diener und die gewöhnlichen Menschen, Handwerker und Händler haben ihre verschiedenen Verwandten von diversen Graden."[29] Damit wird klar, dass zu jener Zeit vom niedrigsten Adelsrang bis zum Kaiser alle Ränge von Herrschenden gleichermaßen mit dem Ahnengesetz oder der Blutsverwandtschaft als Verbindung zusammengehalten wurden und so streng nach Rang geordnete Unterordnungsbeziehungen sowie Aneignungs- und Aufteilungsbeziehungen für den gesellschaftlichen Reichtum geschaffen wurden.[30] Diese politische Struktur und Verteilung von gesellschaftlichem Reichtum wiesen eine pyramidenförmige Struktur auf.

In den Bronzeinschriften der westlichen Zhou sind viele Zahlen zu Ländereien festgehalten, der Kaiser beschenkt den Adel und seine Diener häufig mit „Feld" als Zähleinheit. Ländereien waren unverkennbar der grundlegendste und der wichtigste gesellschaftliche Reichtum zu jener Zeit. Dieses System der Lehensvergabe entspricht genau dem von der antiken Gesellschaft Chinas schriftlich festgehaltenen Feudalismus, das heißt der sogenannten „Errichtung eines Staates auf Lehensstaaten". Es unterscheidet sich jedoch von dem Feudalismus, von dem wir heute sprechen. Heute meinen wir mit diesem Begriff eine Gesellschaft, die eine auf Grundherren basierende Wirtschaft zur Voraussetzung hatte und von kleinbäuerlicher Wirtschaft geprägt war. Diese Unterscheidung bedarf einer weiteren Erläuterung.

Die westliche Zhou-Dynastie wendete ein Brunnenfeldsystem[31] für ihre Ländereien an. In diesem System nahm bereits nicht mehr die Dorfkommune die Aufteilung von Ländereien an die unmittelbaren Produzenten, also die Bauern vor und passte diese gegebenenfalls an, sondern es bildete sich allmählich eine Verteilung nach Adelsrängen heraus. Für eine simplere Verwaltung und die realen Bedürfnisse der Produktion, insbesondere um Steuern und Fronarbeit von den Bauern einzufordern, teilten die Herrschenden eine gewisse Menge der Ländereien oder einige landwirtschaftliche Produzenten in eine Einheit *jǐng* 井 auf und verbanden einige *jǐng* zu einem Lehen, einige Lehen zu einem *qiū* 丘 sowie einige *qiū* zu einem *shèng* 甸. Die unmittelbaren Produzenten des Brunnenfeldsystems, die Bauern, das heißt die sogenannten „gewöhnlichen Menschen", wohnten normalerweise außerhalb des „Staates", der sich innerhalb der Stadtmauern befand. Daher wurden sie „wilde Menschen" genannt, um sie von den „Bewohnern des Staates" innerhalb der Stadtmauern zu unterscheiden. Warum nun nannte man diese Bewirtschaftungsform „Brunnenfeldsystem"? Dies hatte direkt mit der Bewässerung und dem Ablassen von Wasser bei der Feldbewirtschaftung sowie mit dem Transport auf den Feldern zu tun. Die dazu notwendigen Bauprojekte wurden mit der Kraft der vollständig mobilisierten

29 *Zuozhuan* 左传 („Kommentar von Zuo Qiuming"): *Huan Gong·Er Nian* 桓公・二年 („Fürst Huan, zweites Jahr").

30 vgl. *Zhongguo Nongye Baike Quanshu – Nongye Lishijuan* 中国农业百科全书 – 农业历史卷 („Chinesische Landwirtschaftsenzyklopädie – Band zur Geschichte der Landwirtschaft"), S. 415f., Nongye Chubanshe, 1995.

31 Der Begriff des „Brunnenfeldsystems" beschreibt ein System, bei dem ein Feld in neun Teile aufgeteilt wird und acht Teile von den Bauern für sich selbst bewirtschaftet wurden und ein Teil für den Feudalherrn/den Staat. Der Name hängt mit der Form des chinesischen Zeichens *jǐng* 井(=Brunnen) zusammen (*Anmerkung des Übersetzers*).

Arbeitskraft innerhalb des gesamten Lehens mit hohem Zeitaufwand gemeinsam fertiggestellt. Sie konnten nicht von einzelnen Produzenten bewältigt werden. Das Kaiserhaus und der ihm zugehörige Adel leiteten diese Wasserbauprojekte an. So profitierten die Zhou-Kaiser und der Adel aller Ränge von einer Aufteilung der Befugnisse in der Wirtschaft der einzelnen Lehen. Nach schriftlichen Aufzeichnungen verfügten die „gewöhnlichen Menschen", die außerhalb der Stadtmauern wohnten, nicht nur über Land, welches sie für sich selbst nutzen konnten, sondern sie besaßen unter anderem auch Produktionsmittel, Häuser und eine eigene Familie. Sie betrieben eine vergleichsweise eigenständige häusliche Wirtschaft. Die „gewöhnlichen Menschen" verrichteten auf dem Land des Feudalherren unbezahlte Arbeit in Form von Fronarbeit. Nur in solchen Situationen entstanden Aufzeichnungen wie „erst wenn sie die Arbeit für den Staat abgeschlossen haben, sollen sie sich es wagen, sich um ihre privaten Angelegenheiten zu kümmern."[32] Dies entspricht den Aufzeichnungen im Buch der Lieder und zeigt, dass die damaligen Bauern als unmittelbare Produzenten nicht nur die Pflicht hatten, für den Feudalherren auf dem Feld Fronarbeit zu verrichten, sondern, dass sie diese zeitlich auch zuerst ableisten mussten. Dann erst durften die Bauern Zeit für die Produktion auf ihrem eigenen Land aufwenden. Da damals in der Hauptsache ein System der Fronarbeit praktiziert wurde und die Bauern gleichzeitig über eine gewisse Zahl von Ländereien verfügten, die sie eigenständig bewirtschafteten, war das folgende Gebet gen Himmel das des unmittelbaren Produzenten: „Lass es zuerst auf die öffentlichen Felder regnen und dann komme auch auf mein Eigenes."[33] In der zeitlichen Planung der Produktion der Bauern stand zweifellos das staatliche Feld an erster Stelle. Theoretisch nahm die von den Bauern zu leistende Fronarbeit unter dem Brunnenfeldsystem der westlichen Zhou-Dynastie ungefähr 1/9 der gesamten Grundnahrungsmittelproduktion ein. Dazu findet sich folgende historische Beschreibung: „Der Gründer der Zhou-Dynastie erließ die 100-Mu-Parzellierung und das Teilungssystem. Real war es ein Zehnt, der in all diesen Systemen bezahlt wurde."[34] Der restliche Teil der Produktion diente der Aufrechterhaltung der Bedürfnisse zur einfachen Reproduktion sowie zur Reproduktion der Familiengröße des unmittelbaren Produzenten durch einfache Landwirtschaft (inklusive eines gewissen sekundär betriebenen häuslichen Handwerks). Dies spiegelt die damals relativ sinkende Arbeitsproduktivität wider. Die Bauern unter dem Brunnenfeldsystem hatten außer der Übernahme des Frondienstes auf den staatlichen Feldern noch die Pflicht, weitere Frondienste und Tribute für Adel und Staat zu schultern. Um die Kontrolle über die unmittelbaren Produzenten und den Erhalt von Steuern und Frondienst sicherzustellen, schrieben die Gesetze beispielsweise Folgendes vor: „Felder und Wohnstätten dürfen nicht verkauft werden."[35] „Außer bei Gelegenheiten von Tod oder gesetzlicher Entfernung aus dem Brunnenfeld ist das Verlassen des Bezirks nicht gestattet."[36] Die Vorschrift

32 Mengzi 孟子: *Teng Wen Gong Shang* 滕文公上 („Erster Teil über den Fürsten Wen von Teng").
33 *Shijing·Xiao Ya·Da Tian* 诗经 • 小雅 • 大田(„Buch der Lieder: Bei-Shan-Periode, Da Tian").
34 Mengzi 孟子: *Teng Wen Gong Shang* 滕文公上 („Erster Teil über den Fürsten Wen von Teng").
35 *Liji·Wangzhi* 礼记 • 王制 („Riten der Zhou: Königliche Regulationen").
36 Mengzi 孟子: *Teng Wen Gong Shang* 滕文公上 („Erster Teil über den Fürsten Wen von Teng").

zur Bindung an Ländereien ergab sich hauptsächlich aus dem damaligen Mangel an Ressourcen zur Urbarmachung von brachliegenden Ländereien und dem Mangel an Arbeitskräften unter den Bedingungen einer sinkenden Produktivkraft. Im Modell eines solchen Gesellschaftssystems zeigte sich das persönliche Abhängigkeitsverhältnis der unmittelbaren Produzenten besonders deutlich. Trotzdem war das System der Ländereien in der damaligen Gesellschaftsrealität keinesfalls genauso unveränderlich wie vorgeschrieben, sondern unter gewissen Voraussetzungen konnten Ländereien abgetreten oder veräußert werden. Bespiele für Verschiebungen von Feldlehen innerhalb des Adels zu Beginn der mittleren Periode der westlichen Zhou-Dynastie sind verhältnismäßig häufig zu finden und haben unter anderem in den Bronzeinschriften und anderen Schriften ihren Nachweis.

Selbst im Herrschaftsbereich der Feudalherren existierte nicht nur Naturalwirtschaft, sondern es gab von Beginn an ebenfalls hauptberufliche Handwerker und auch Händler, die dem Transport und Verkauf von Waren nachgingen. In der westlichen Zhou-Dynastie und der Frühlings- und Herbstperiode kontrollierte die Regierung eine große Zahl ihr unterstehender Handwerker, die verschiedenste Produkte herstellten. Gleichzeitig beschäftigte der Staat eine gewisse Menge spezialisierter Händler. Die „Handwerker und Händler, die vom Staat ernährt wurden" stellten eine wesentliche Besonderheit dieser Periode dar. Die Produktion der staatlichen Handwerker erfüllte außer der Versorgung des Adels mit Bedarfsartikeln des täglichen Lebens und Luxusgütern noch weitere Zwecke. Diese beinhalteten unter anderem die Herstellung von Kriegsgerät, die Münzprägung, Städtebau und die Errichtung von Grabmonumenten. Damit waren die staatlichen Handwerker eine der entscheidenden Quellen für die Akkumulation gesellschaftlichen Reichtums durch die Regierung. Unter der Voraussetzung, dass „Handwerker und Händler vom Staat ernährt wurden", konnte das staatliche Handwerk einen vergleichsweise großen Umfang erreichen. Es war der Hauptakteur des gesamten damaligen Handwerks und dementsprechend auch führend in der Handwerkstechnik.

Die Bauern des Feudalherrensystems gingen neben ihrer hauptsächlichen Beschäftigung im Landbau noch einer sekundären häuslichen Tätigkeit nach, die für sie eine notwendige Form der Ergänzung der landwirtschaftlichen Produktion darstellte. Ein Teil der Produkte aus diesen sekundären Tätigkeiten ging außer in den unmittelbaren Verbrauch durch die eigenen Haushaltsmitglieder oft noch in den Austausch ein. Die selbst hergestellten Güter wurden gegen fehlende Produkte eingetauscht, um so zusätzliche Bedürfnisse in Leben und Produktion zu befriedigen. Ein idealtypisches Beispiel für den damaligen Tauschhandel von Handwerksprodukten zwischen Haushalten ist das im Buch der Lieder erwähnte „Mitbringen von Stoff, um ihn gegen Seide einzutauschen"[37]. Die Palette der sekundären Produktion war vielfältig, außer der Arbeitsteilung zwischen Mann und

---

37 *Shijing Wei Feng·Mang* 诗经・卫风・氓 („Bucher der Lieder: Die Oden von Wei, Mang"). Anmerkung: Die Fachwelt ist uneins über das Verständnis dieser Stelle. Zum Beispiel gibt es Forscher, die der Meinung sind, dass das Wort „bù 布" sich hier nicht auf Textilien, sondern auf Geld bezieht.

Frau, die jeweils Ackerbau beziehungsweise Textilherstellung betrieben und saisonaler Arbeitsteilung, das heißt Ackerbau bei gutem Wetter und Textilherstellung bei Regen, existierten noch viele weitere Tätigkeiten. Dazu gehörten Gemüseanbau, Sammeln, Fischen und Jagd, deren Produkte die Bauern über die Selbstversorgung hinaus auch zum Tausch und einen weiteren Teil als Tributzahlung verwendeten.

Zwar war die staatseigene Wirtschaft in der der westlichen Zhou-Dynastie relativ entwickelt, dennoch wurden die wirtschaftlichen Lebensadern keinesfalls allein vom Kaiserhaus kontrolliert. Der hohe Beamte Rui Liangfu 芮良夫 zu Zeiten des Zhou-Königs Li 厉王 stellte fest: „Der Nutzen wird aus allen Dingen der Welt erzeugt, sie werden von Himmel und Erde herangezogen. Wenn man sie sich aber allein aneignen will, so wird dies großen Schaden nach sich ziehen. Alle Menschen möchten sich die Dinge der Welt aneignen und sie nutzen, wie kann man sie dann monopolisieren? (...) Der über die Menschen der Welt regiert sollte den Weg zur Aneignung des Nutzens öffnen und ihn an die Menschen aus allen Schichten verteilen. Wenn die himmlischen Wesen und das Volk nicht den ihren Anteil an allen Dingen der Welt bekommen, so muss man sich jeden Tag um das Ausbrechen von Unmut sorgen."[38] Rui Liangfu zielte auf die Vorliebe des Fürsten Yi 夷公 von Rong 荣国[39] ab, sich alleine Profit und Nutzen anzueignen, und veröffentliche seine Erörterungen mit Unterstützung des Zhou-Kaisers. Es lässt sich also erkennen, dass trotz der geltenden Devise „Unter der Weite des Himmels gibt es keinen Ort, der nicht des Königs ist" während der westlichen Zhou-Dynastie unter normalen Umständen keinesfalls eine Monopolisierung von Profit und Nutzen durch die Zhou-Kaiser und ihre Feudalstaaten stattfand, sondern es auch dem Volk erlaubt war, Handwerk und Handel zu betreiben. Der Gelehrte Qiu Jun 丘濬 aus der Ming-Dynastie war der Ansicht, dass sich in der Geschichte Chinas seit der Auflösung des Brunnenfeldsystems der westlichen Zhou-Dynastie folgendes Bild ergeben hatte: „Die Felder werden nicht mehr zusammengelegt vergeben und die Menschen sind nicht mehr alle Bauern. Es gibt weniger Ackerbautreibende, jedoch mehr Essende. Von ihrer eigenen Arbeitskraft können dreißig bis vierzig Prozent der Menschen leben. Es müssen aber nunmehr siebzig bis achtzig Prozent der Menschen mit Geld ihren Reis kaufen."[40] Der Behauptung, dass dies die realen Verhältnisse nach der westlichen Zhou-Dynastie widerspiegelte, ist wahrscheinlich Übertreibung zu unterstellen. Allerdings spiegeln diese Beschreibungen jedoch zweifellos folgende Tatsachen wider: Erstens nahm in der Ming-Dynastie die Zahl der landwirtschaftlichen Produzenten ab. Zweitens zeigt sich, dass selbst in der westlichen Zhou-Dynastie der chinesische Feudalismus keine reine Naturalwirtschaft darstellte, sondern ebenfalls Austausch und Warenproduktion in gewissem Umfang kannte. Dies resultierte aus der vergleichsweise klaren

38 *Guoyu* 国语 („Gespräche über Staaten"): *Zhou Yu Shang* 周语上 („ Erster Teil der Gespräch über Zhou").

39 Feudalstaat in der westlichen Zhou-Dynastie (*Anmerkung des Übersetzers*).

40 Daxue Yanyi Bu 大学衍义补 („Ergänzende Erklärung zum Großen Lernen"), Kapitel 25: *Zhi Guoyong – Shidi zhi Ling* 制国用 • 市籴之令 („Festlegung der Staatsausgaben – Anweisung zum Kauf von Reis auf dem Markt").

gesellschaftlichen Arbeitsteilung. Damit gemeint ist, dass es zu jener Zeit in den Lehen sowohl ausschließlich Handwerk oder Handel nachgehende Bevölkerungsteile als auch sekundär betriebenes häusliches Handwerk innerhalb des Brunnenfeldsystems gab. Da die gesellschaftliche Arbeitsteilung damals bereits recht weit fortgeschritten war, kam der Begriff der „100 Handwerke" verschiedener Kunstfertigkeiten auf.[41] Die stetige Weiterentwicklung dieser gesellschaftlichen Gegebenheiten führte zum Übergang der Wirtschaft des Feudalherrensystems zu einer auf Grundherren beruhenden Wirtschaft.

In der Frühlings- und Herbstperiode und in der Periode der streitenden Reiche entwickelten die ursprünglich unter dem Brunnenfeldsystem arbeitenden Bauern sich mit der Ablösung des Feudalherrensystems durch das Grundherrensystem allmählich zu selbstständigen Bauern. Die westliche Zhou-Dynastie sowie die Frühlings- und Herbstperiode waren das Zeitalter der Feudalherren Chinas. Seit der Frühlings- und Herbstperiode und den streitenden Reichen konnte die Fähigkeit zur Kultivierung neuen Landes deutlich verbessert werden. Dies wurde möglich durch den Fortschritt der Produktionsmittel und die relative Entwicklung der gesellschaftlichen Produktivkraft, insbesondere durch den verbreiteten Einsatz von eisernen Ackerbaugeräten und von Zugtieren gezogenen Pflügen sowie das weitverbreitete Aufkommen von Wasserbau. Damit wurde die eigenständige landwirtschaftliche Produktion einzelner Haushalte zu einer vergleichsweise vorteilhaften Produktionsform. Die Pacht in Naturalien löste allmählich die Pacht in Form von Fronarbeit ab. Die auf den Grundherren basierende Wirtschaft begann immer mehr, sich zu etablieren und erhielt sich über einen mehr als 2000 Jahre andauernden Zeitraum.

Die im weiteren Verlauf schwerpunktmäßig diskutierten Besonderheiten der Grundherrenwirtschaft des chinesischen Feudalismus beziehen sich im Wesentlichen auf einige grundlegende Besonderheiten dieser Wirtschaftsform von der Zeit der streitenden Reiche, der Qin- und Han-Dynastie bis hin zum Ende der Qing-Dynastie.

Abschnitt 2: Funktionsweise und Struktur der Grundherrenwirtschaft

Wie oben beschrieben, bestand die Feudalgesellschaft Chinas zwar bereits seit dem Feudalherrensystem der westlichen Zhou-Dynastie, jedoch liegt der Schwerpunkt dieses Teils auf der Grundherrenwirtschaft von den streitenden Reichen über die Qin- und Han-Dynastie bis hin zu den Opiumkriegen. Daher sollen hier die Besonderheiten der Grundherrenwirtschaft Chinas erörtert werden und dementsprechend die Zeit von den streitenden Reichen über die Qin- und Han-Dynastie bis hin zur Qing-Dynastie in den Fokus genommen werden, also die im Vorwort genannte zweite Phase des chinesischen Feudalismus. An dieser Stelle folgt zunächst eine grobe Erörterung der grundlegenden Besonderheiten der

41 *Zhouli·Dongguan·Kaogong Ji* 周礼・冬官・考工记 („Die Riten von Zhou: Winterbeamte. Aufzeichnungen zu Handwerksprüfungen"): „Im Lande gibt es sechs verschiedene Ränge, die einhundert Handwerke sind alle in ihnen enthalten." Bei der Zahl einhundert handelte es sich keinesfalls um eine Zählung konkreter Handwerksbereiche, sondern um eine Schätzzahl.

Grundherrenwirtschaft Chinas auf der Basis früherer Forschungen. Eine detailliertere Diskussion einzelner Inhalte erfolgt an späterer Stelle.

Bei der Beschreibung der feudalen Wirtschaftsstruktur Chinas muss außer einer gewissenhaften Untersuchung des allmählichen Fortschritts der Produktivkräfte notwendigerweise auch den damaligen Produktionsverhältnissen ausreichende Aufmerksamkeit geschenkt werden. Der Marxismus postuliert folgende Annahme: „Die spezifische ökonomische Form, in der unbezahlte Mehrarbeit aus den unmittelbaren Produzenten ausgepumpt wird, bestimmt das Herrschafts- und Knechtschaftsverhältnis, wie es unmittelbar aus der Produktion selbst hervorwächst und seinerseits bestimmend auf sie zurückwirkt. Hierauf aber gründet sich die ganze Gestaltung des ökonomischen, aus den Produktionsverhältnissen selbst hervorwachsenden Gemeinwesens und damit zugleich seine spezifische politische Gestalt. Es ist jedesmal das unmittelbare Verhältnis der Eigentümer der Produktionsbedingungen zu den unmittelbaren Produzenten - ein Verhältnis, dessen jedesmalige Form stets naturgemäß einer bestimmten Entwicklungsstufe der Art und Weise der Arbeit und daher ihrer gesellschaftlichen Produktivkraft entspricht -, worin wir das innerste Geheimnis, die verborgene Grundlage der ganzen gesellschaftlichen Konstruktion und daher auch der politischen Form des Souveränitäts- und Abhängigkeitsverhältnisses, kurz, der jedesmaligen spezifischen Staatsform finden.“ [42] Zwar erfuhr das persönliche Abhängigkeitsverhältnis der unmittelbaren Produzenten in den verschiedenen Perioden und Dynastien Veränderungen in seiner Intensität, dennoch zog es sich als roter Faden durchgängig durch die gesamte Feudalgesellschaft. Wenn man das persönliche Abhängigkeitsverhältnis der unmittelbaren Produzenten außen vor lässt und einfach nur die feudalen Produktionsverhältnisse Chinas erörtert, muss dies unvermeidlich den Verdacht eines unrealistischen Forschungsansatzes hervorrufen. In Feudalgesellschaften wie der Chinas war „die herrschende Form der Klassenunterdrückung (...), d.h. nicht sowohl die Enteignung der Massen von Grund und Boden, als vielmehr die Aneignung ihrer Personen durch Dritte.“[43] Nach den gesetzlichen Bestimmungen der Feudalgesellschaft seit der Frühlings- und Herbstperiode und der Periode der streitenden Reiche hatten die Grundherren kein Recht zur direkten Herrschaft über die Bauern, daher brauchte es einen zentralisierten Bürokratieapparat, der für die Grundherrenklasse das Herrschaftsrecht durchführte. Insbesondere seit der Schaffung eines Zentralstaates durch die Qin-Dynastie wurden ein Bürokratiesystem und ein Verwaltungssystem, das Provinzen und Kreise kannte, zu wichtigen Säulen der zentralisierten Macht.

„Die spezifische ökonomische Form, in der unbezahlte Mehrarbeit aus den unmittelbaren Produzenten ausgepumpt wird, bestimmt das Herrschafts- und Knechtschaftsverhältnis.“ Landpacht war die verbreitete und gewöhnliche Erscheinungsweise der feudalen Mehrarbeit. Die Veränderungen in der Form der Landpacht entsprachen dem Entwicklungsprozess des persönlichen Abhängigkeitsverhältnisses von seiner Entstehung über seine Intensivierung bis zu

---

42 Marx, Engels: Werke, Band 25, Das Kapital: Kritik der politischen Ökonomie, Band 3, S. 799f., Dietz Verlag Berlin 1964.

43 Marx, Engels: Werke, Band 21, Die Arbeiterbewegung in Amerika, S. 338f., Dietz Verlag Berlin 1962.

seiner späteren Lockerung. Dementsprechend drückte es sich immer durch die jeweilige Form der Landpacht konkret aus. Der Wandlungsprozess der Pacht durchlief verschiedene Phasen: eine Pacht mit Fronarbeit als wesentlichem Bestandteil und mit Naturalien als Zusatzpacht, dann eine mit Naturalien als wesentlicher Pacht und Fronarbeit als Zusatzpacht und daraufhin wiederum eine mit Naturalien als wesentlicher Pacht und Geld als Zusatz (wie in Grafik 1.1 abgebildet). Dieser Entwicklungsprozess entspricht ebenfalls der Einteilung des chinesischen Feudalismus in seine Anfangs- und Spätphase. Aus der Entwicklung der Pachtform lässt sich außerdem noch ein verhältnismäßig frühes Auftreten von Waren- und Geldbeziehungen erkennen. Diese Beziehungen wurden mit der Gesellschafts- und Wirtschaftsentwicklung und der Abschwächung des persönlichen Abhängigkeitsverhältnisses der unmittelbaren Produzenten immer dynamischer.

Grafik 1.1 Schaubild zur Entwicklung der Pachtformen des chinesischen Feudalismus

Fronarbeit als Kernpacht und Naturalien als Zusatzpacht
↓
Naturalien als Kernpacht und Fronarbeit als Zusatzpacht
↓
Naturalien als Kernpacht und Geld als Zusatzpacht
↓
Geld als Kernpacht und Naturalien als Zusatzpacht

Genau genommen, wurden die Pachtformen sowie ihr Entwicklungsprozess an dieser Stelle lediglich grob dargestellt. Naturalienpacht, Geldpacht und Pacht in Form von Fronarbeit existierten sowohl in der mittleren als auch in der späten Periode des chinesischen Feudalismus häufig ineinander verwoben. Es ist nahezu unmöglich, eine Pachtform in Reinform zu finden. Dies gilt insbesondere für die mittlere und späte Periode des Feudalismus. Selbst in der frühen Phase ist es schwierig, eine Pachtform in Reinform zu finden.

Bei den vom feudalen Staat in China eingeforderten Steuern und Frondiensten handelte es sich um eine Umwandlung eines Teils der Landpacht. Sie lassen sich grob in vier Arten unterscheiden:

1. Kopfsteuer: Ihre Referenz war die Bevölkerungszahl und der Familienstand. Die Sachlage gestaltet sich hier recht komplex mit der Vielzahl an Varianten: *kǒufù* 口赋 (Steuer für Kinder unter 15 *Anmerkung des Übersetzers*) und *suànfù* 算赋 (Steuer für Erwachsene *Anmerkung des Übersetzers*) der westlichen Han-Dynastie, *hùdiào* 户调 (eine Steuer, die pro Haushalt berechnet wurde *Anmerkung des Übersetzers*) der Wei- und Jin-Dynastie sowie der Südlichen und Nördlichen Dynastien, *Zu Yong Diao* 租庸调 (eine Steuer, die pro Person gezahlt wurde) und die Haushaltssteuer der Sui- und Tang-Dynastie, die Kopfsteuer (*shēndīngqián* 身丁钱) der Nördlichen (960 – 1126) und Südlichen (1127 – 1279) Song-Dynastie und die Kopfsteuer sowie die Steuer zum Ersatz von Fronarbeit (*kēchāi* 科差) der Yuan-Dynastie (1271 – 1368). Seit der Ming-Dynastie allerdings ergaben sich große Veränderungen dieser Steuer.

Dabei ging es hauptsächlich um die Erweiterung der Kopfsteuer zu einer Steuer, deren Höhe sich nach Personenzahl und Landbesitz richtete.

2. Grundsteuern, auch Landertragssteuer genannt: Die westliche Han-Dynastie legte beispielsweise gesetzlich einen Landpachtzins von 1/30 fest, die Wei- und Jin-Dynastie sowie die Südlichen und Nördlichen Dynastien berechneten die eingetriebene Landpacht pro Mu Land, in der Tang-Dynastie galt ein Pachtzins von 2 Sheng pro Mu. Die Landpacht wurde damals in der Regel in Naturalien eingetrieben. Das „Zwei-Steuern-Gesetz" (*liǎng shuì fǎ* 两税法) der Tang-Dynastie legte jedoch fest, dass ein Teil in Geld abgegeben werden musste. Trotzdem Naturalien wie Seidenstoffe eingetrieben wurden, diente Geld als Abrechnungseinheit. Erst in der Ming- und Qing-Dynastie ging man wirklich zur Einziehung in Geld über. Diese Steuern wiesen dann einen eindeutigen Geldpachtcharakter auf.

3. Frondienste: Die westliche Han-Dynastie trennte Wehrpflicht und Fronarbeit ursprünglich nicht und benannte sie einheitlich als *gēng* 更. Später wurden Wehrpflicht und Frondienste getrennt. In der Sui- und Tang-Dynastie gab es „normale" Fronarbeit und „vermischte" Fronarbeit, später wurde der Frondienst in die Bezahlung von Seide und anderem Stoff angepasst, genannt *yōng* 庸. Die Song-Dynastie nannte die Fronarbeit *chāiyì* 差役. Seit der Song-Dynastie haben Namensgebung und Inhalt der Fronarbeit beide vergleichsweise große Veränderungen erfahren. Unzweifelhaft ist jedoch, dass der Frondienst niemals abgeschafft wurde.

4. Vermögenssteuer: Da in der Feudalgesellschaft eine gewisse Menge an Grundsteuer zu zahlen war, enthielt die Vermögenssteuer in der Regel keine Ländereien, so zum Beispiel die entsprechende Steuer der westlichen Han-Dynastie (*zīsuàn* 赀算) und die Haushaltssteuer der Tang-Dynastie. Außer den oben genannten normalen Frondiensten und Steuern nach Landbesitz und Bevölkerungszahl gab es noch verschiedene vermischte Steuern und Frondienste, die vorübergehend angewandt wurden, sowie zusätzliche Abgaben unter zahlreichen Namen. Sie unterschieden sich erheblich in unterschiedlichen historischen Phasen, Regionen und je nach zuständigem Steuerbeamten. Selbst verschiedenartige Steuern und Frondienste, deren Belastung die normalen Frondienste und Steuern überstieg, konnten vorkommen. Sie entstanden vor dem Hintergrund des Auflebens der Warenwirtschaft, der Steigerung der Produktivkraft, der finanzpolitischen Bedürfnisse von Staat und Regionen und hingen ebenso mit der Aufrichtigkeit oder Korruption der Beamten und dem Bewusstsein derjenigen, die politische Entscheidungen trafen, zusammen.

Mit der Entwicklung der Warenwirtschaft und der stetigen Lockerung der persönlichen Abhängigkeitsverhältnisse der unmittelbaren Produzenten erfuhren auch die staatlichen Steuern und Frondienste allmählich Veränderungen. Ihre wesentlichen Veränderungen beinhalteten:

1. Der stetige Niedergang der Stellung der Kopfsteuer bis zu ihrer Abschaffung: Der Anteil der Vermögenssteuer stieg jedoch schrittweise an. In diesem Prozess nahm sie immer mehr den Charakter einer Grundsteuer an. Die Einheit zur Eintreibung der Kopfsteuer bezog Haushalte und

Bevölkerungszahl ein, daher war die Meldung der Einwohner besonders wichtig und die Erstellung und Überprüfung von Melderegistern ebenfalls entsprechend streng. Diese wurden zu einer der wesentlichen Grundlagen für das Eintreiben von Steuern und zur Heranziehung für Fronarbeiten. Zu Beginn waren die Bevölkerungszahl und die Haushalte der entscheidende Teil der Melderegister. *Suànfù* und *kǒufù* der Han-Dynastie, *hùdiào* der Wei- und Jin-Dynastie sowie der Südlichen Dynastien und die *zūdiào* 租调 der nördlichen Dynastien hatten alle die Meldung der Haushalte, ihrer Größe und die Bevölkerungszahl als Voraussetzung und Grundlage zu ihrer Eintreibung. In den Südlichen und Nördlichen Dynastien, der Sui-Dynastie und zu Beginn der Tang-Dynastie wurde über Jahrhunderte ein System der gleichmäßigen Feldverteilung praktiziert. Mit der Einführung des Systems der gleichen Feldverteilung galt: „Wenn man Land hat, so hat man auch Pacht zu zahlen." Gegenstand der Steuereintreibung waren nun die Ländereien. In der Praxis jedoch blieb durch die häufige Neuaufteilung von Ländereien das vielen Haushalten zugeteilte Land unzureichend. Somit blieben faktisch der Haushalt und damit die Bevölkerungszahl nach wie vor die wesentliche Einheit zur Eintreibung der Landpacht. Gleich wie viel Land man besaß, solange man nur in das Haushaltsregister eingetragen war, musste man die festgelegte Pacht zahlen, als verfügte man über das theoretisch jedem zustehende, gleich große Stück Land.[44] Daher erscheint es logisch, was die Forschungen mancher Fachleute zeigen: Im seit dem neunten Jahr der „Taihe"-Ära 太和 (485 n. Chr.) der nördlichen Wei-Dynastie (386 – 534 n. Chr.) bis zur frühen Periode der Tang-Dynastie mehrere hundert Jahre betriebenen System der gleichen Feldverteilung existierte nur dem Namen nach eine gleiche Feldverteilung. Es erfolgte jedoch keine praktische Umsetzung der gleichen Feldverteilung.[45] Die Frondienste wurden nur von den registrierten erwachsenen Männern und Frauen für eine gewisse Zeit übernommen. Sie wurden später zu *yōng* 庸 angepasst, was aber nichts anderes als eine Bezahlung von (Seiden-)Stoffen beinhaltete, um den Frondienst zu vermindern. Daraus entwickelte sich später ein Grundsatz: „Wenn man nur ein Mensch ist, so hat man auch Fronarbeit zu leisten". Bei der Abgabe von Seidenstoffen, Stoffen und Ähnlichem wurde der Haushalt erst recht zur Einheit der Steuereintreibung. Erst später bei der Einführung der „Ein-Peitschen-Methode" (*yī tiáo biān fǎ* 一条鞭法)in der Ming-Dynastie ging die Kopfsteuer

44 *Wei Shu* 魏书 („Buch der Wei"), Kapitel 110: *Shi Huo Zhi* 食货志 („Abhandlung über Nahrung und Handel"); *Sui Shu* 随书 („Buch der Sui"), Kapitel 24: *Shi Huo Zhi* 食货志 („Abhandlung über Nahrung und Handel"); *Jiu Tang Shu* 旧唐书 („Altes Buch der Tang"), Kapitel 48: *Shi Huo Zhi* („Abhandlung über Nahrung und Handel"), Teil 1; *Xin Tangshu* 新唐书 („Neues Buch der Tang"), Kapitel 51: *Shi Huo Zhi* 食货志 („Abhandlung über Nahrung und Handel"), erster Teil.

45 Jin Baoxiang 金宝祥: *Bei Wei Sui Tang Juntianzhi Yanjiu* 北魏隋唐均田制研究 („Forschungen zum System der gleichen Feldverteilung in der Nördlichen Wei-Dynastie, der Sui- und Tang-Dynastie"), in *Tang Shi Lunwen Ji* 唐史论文集 („Sammlung von Aufsätzen zur Geschichte der Tang-Dynastie"), Lanzhou: Gansu Renmin Chubanshe, 1982.

in die Pacht ein.[46] In der Qing-Dynastie wurden Bevölkerungszahl und Haushalt als Einheit zur Steuereintreibung dann mit der Zusammenführung von Kopf- und Grundsteuer (*tān dīng rù mǔ* 摊丁入亩) vollständig in der Grundsteuer aufgelöst.

2. Veränderungen in den Frondiensten: Die Frondienste wurden im Wesentlichen von erwachsenen Männern geleistet, das heißt, sie waren auf menschliche, insbesondere männliche Arbeit ausgerichtet. In der Praxis handelte es sich bei Frondiensten um eine abgewandelte Form der zuvor auf staatlichen Feldern angewandten Pacht in Form von Fronarbeit. Zu Beginn des Feudalismus wurde der Frondienst unmittelbar in Form von Arbeit eingefordert, später bildete sich allmählich ein System des Ersatzes von Fronarbeit durch Geldzahlungen heraus (in der westlichen Han-Dynastie wurde dies *gēng* 更 und in der Sui- und Tang-Dynastie *yōng* 庸 genannt). Der Staat nutzte einen Teil des aus den Befreiungen von der Fronarbeit eingenommenen Geldes, um diese durch bezahlte Arbeitskräfte zu ersetzen. Mit den Reformen von Wang Anshi 王安石 in der Song-Dynastie wurde die Zahlung von Geld als Ersatz für Fronarbeit offiziell in das Steuersystem aufgenommen. Dies war sowohl für den Staat als auch für den unmittelbaren Erbringer der Frondienstleistungen wirtschaftlich vorteilhaft. Somit profitierten beide Seiten von dieser Maßnahme.
3. Von der Zahlung in Naturalien zum Geldstandard: In der Han-Dynastie wurde die gemeinsame Abgabe von Geld und Naturalien festgesetzt. Zur Zeit der Drei Staaten (220 – 280 n. Chr.), der westlichen (265 – 317 n. Chr.) und östlichen Jin-Dynastie (317 – 420 n. Chr.), der Südlichen und Nördlichen Dynastien, der Sui-Dynastie und zu Beginn der Tang-Dynastie wurden Abgaben hauptsächlich als Naturalien geleistet. Mit der Einführung der „Zwei-Raten-Steuer" zur Mitte der Tang-Dynastie wurde einheitlich von einer Zahlung in Naturalien zur Zahlung in Geld übergegangen. Allerdings konnte die Geldsumme durch die Zahlung von Naturalien ersetzt werden. Während dieser Periode konnten sowohl Geld als auch Seidenstoffe zur Steuerabgabe verwendet werden. In der Praxis musste je nach den aktuellen Bedürfnissen der Regierung entweder Geld bezahlt werden oder die Summe der zu zahlenden Naturalien in die entsprechende Summe Geld eingewechselt werden, um zu bezahlen. Dieser Betrag stimmte mit dem vom Steuerzahler durch Verkauf auf dem Markt erzielten Erlös seiner Waren überein. Es kam bei der Abgabe häufig zu Betrug und dementsprechend mussten die Steuerzahler so Manches erdulden. Im „Zwei-Steuern-System" der nördlichen Song-Dynastie herrschte ein ständiger Wechsel zwischen Geld und Naturalien. Dies erhöhte notwendigerweise die reale Belastung der Steuerzahler. In der Durchführung der „Ein-Peitschen-Methode" der Ming-Dynastie wurden

[46] *Xu Wenchang Ji San Ji* 徐文长三集 („Gesammelte Werke Xu Wenchangs"), Kapitel 17: *Kuaiji Xian Zhi Zhu Lun·Yaofu Lun* 会稽县志诸论・徭赋论 („Aufzeichnungen über den Kreis Kuaiji: Über Fronarbeit und Steuern").

alle Steuern einheitlich nach Geldstandard gezahlt. Da nun daran festgehalten wurde, konnte Geld nun tatsächlich zu einer möglichen Art der Pachtzahlung an den Staat werden. Damit konnte man von einer Umwandlung der Landpacht in Geld sprechen. Der bekannte Gelehrte der Qing-Zeit Gu Yanwu 顾炎武 bewertete die „Ein-Peitschen-Methode" in *Tianxia Junguo Libing Shu·Su Song* 天下郡国利病书・苏松 („Zu Vorteilen und Schwächen der Verwaltung des Reiches auf lokaler Ebene – Abschnitt zur Region Suzhou und Songjiang") folgendermaßen:

„Früher gab es die unterschiedlichsten Steuern mit uneinheitlicher Benennung: die ‚sommerliche' Landsteuer, die ‚herbstliche' Landsteuer in Form von Grundnahrungsmitteln und die Kopfsteuer, die Soldatensteuer, die Fronsteuer und die Steuer zum Ersatz von Fronarbeit. Sie wurden entweder zeitlich versetzt eingetrieben oder anteilig eingetrieben. Erstere kamen nicht im Geringsten ihrem Leitgedanken nach, Letztere wurden nicht Herr über das Chaos. Seit dem 40. Regierungsjahr des Kaisers Jiajing 嘉靖 (1561) inspizierte Pang Shangpeng 庞公尚鹏 als örtlicher Zensor die Region Zhejiang und reformierte sie im Sinne der ‚Ein-Peitschen-Methode'. Es war die am besten geeignete und praktischste Lösung für die Steuereintreibung. Was die Grundsteuer anging, so wurde sie in zwei Arten aufgeteilt: die Zahlung in Naturalien und die Zahlung in Geld. Die Dorfvorsteher trieben die Steuern bei den Haushalten ein und die Kreisbeamten teilten sie in verschiedene Arten auf und bestimmten über eine Reihe von Fragen: Welche werden an den Zentralstaat weitergeleitet, welche verbleiben vor Ort? Wie hoch sind die Steuern? Welche Steuern sind rechtens? Welche Reihenfolge eignet sich bei der Steuereintreibung? Welche und bei wem werden die Steuern erhöht oder gesenkt? Welche Steuern sind vom Kaiserhof abgeschafft worden, werden aber nach wie vor eingetrieben? Welche Abgaben an Tributnaturalien wurden von der Provinzverwaltung eigentlich gesenkt, aber steigen dennoch weiterhin an? All diese Berechnungen und Überlegungen wurden von der Kreisverwaltung angestellt. Die vorübergehende Verwaltung und Verwendung dieser Gelder lagen ebenfalls in der Hand der Kreisverwaltung und damit in der Hand der weisen Großen Meister der Kreise. Diese Methode wurde für siebzig bis achtzig Jahre angewandt. Sie war der Beginn der ‚Ein-Peitschen-Methode'."

Es lässt sich unschwer erkennen, dass die „Ein-Peitschen-Methode" tatsächlich die Organisation der Steuereintreibung für die Regierung vereinfachte. Auch die Arbeits- und Verwaltungskosten in diesem Bereich konnten deutlich gesenkt werden und außerdem war es für den Steuerzahler transparenter geworden, welche Steuern zu zahlen waren. Dies verhinderte in gewissem Maße ein eigenmächtiges, rechtswidriges Vorgehen der Beamten, wodurch die realen Lasten der arbeitenden Bevölkerung gesenkt werden konnten.

4. Die Vereinfachung der Steuereintreibung: Zwar waren die vom unmittelbaren Produzenten zu leistenden Steuern und der Frondienst

innerhalb eines bestimmten Zeitraums mindestens laut Gesetz fest geregelt, in der Realität jedoch führte die Regierung aufgrund sich stetig ändernder Bedürfnisse häufig verschiedene neue Steuern ein. Sie führte unter zahlreichen Vorwänden reihenweise neue, exorbitant hohe Abgaben ein. In der Praxis der Steuereintreibung kam es häufig vor, dass sich viele Beamte aller Ränge selbst bereicherten. Gleichzeitig löste die Regierung zwar ständig Probleme und vereinfachte Kompliziertes, dennoch wurde Vieles kurz später wiederum kompliziert verändert und Überkommenes wieder neu belebt. Damit nahmen die realen Lasten des Steuerzahlers hingegen wieder zu. Dieses Phänomen entspricht dem heutzutage von Fachleuten so bezeichneten „Gesetz von Huang Zongxi“[47]. Insgesamt gesehen, zeigte der chinesische Feudalismus bei den landwirtschaftlichen Steuern eine zunehmende Tendenz weg von der Kopfsteuer hin zur Betonung der Vermögenssteuer. Die Vermögenssteuer wiederum entwickelte sich schwerpunktmäßig zu einer Grundsteuer (das heißt Landsteuer).

Insgesamt gab es während des chinesischen Feudalismus vier größere Reformen zur Bereinigung bestehender Probleme, die Vereinfachungen für Steuern und Frondienste bringen sollten. Diese Reformen übten einen nachhaltigen Einfluss auf die damalige oder sogar spätere Gesellschaft und Wirtschaft aus. Die erste Bereinigungsreform fand während der Zeit der drei Reiche (220 n. Chr. - 280 n. Chr.) und der Wei- und Jin-Dynastie statt. Es handelte sich vor allem um eine Vereinfachung der sieben verschiedenen landwirtschaftlichen Steuern und Frondienste der westlichen Han-Dynastie in eine Landpacht und eine Haushaltssteuer. Die zweite dieser Reformen war die Änderung des *Zu Yong Diao*-Systems in ein Zwei-Raten-System mit einer Haushaltssteuer als Kern in der Tang-Dynastie. Alle restlichen Pachten und die verschiedenen Fronarbeiten wurden bewusst nicht einzeln in das Steuersystem miteinbezogen, sondern in die Eintreibung einer Haushalts- und Grundsteuer abgeändert. Außer diesen beiden Steuern durften keine weiteren Frondienste oder Gelder einfach nach Belieben eingefordert werden. Dennoch wurden besondere Arten des Frondienstes und andere spezielle Steuern beibehalten. Die dritte Reform war die „Ein-Peitschen-Methode“ zur Mitte der Ming-Dynastie, das alle Steuern in einer zusammenfasste. Allerdings wurde die Bevölkerungszahl weiterhin in die Grundsteuer eingerechnet. Die vierte Reform mit der Zusammenführung von Kopf- und Grundsteuer in der Qing-Dynastie legte fest, dass später die Kopfsteuer, auch bei Vermehrung der Bevölkerungszahl, niemals erhöht werden sollte und einzig nach der Größe des Landes Steuern bezahlt werden sollten. Die Bevölkerungszählung wurde grundlegend abgeschafft. Diese Bereinigungen waren zwar wirksam, mit der Zeit jedoch bildete sich aber wieder Missbrauch heraus und es kam wiederum zu verschiedenen vorübergehenden Aufschlägen. Beispiele dafür finden sich unter anderem im Zwei-Raten-System der Tang-Dynastie, mit den drei Steuererhöhungen

[47] Mit dem *Huang Zongxi Dinglü* 黄宗羲定律 („Gesetz von Huang Zongxi“) ist die Tatsache gemeint, dass in der chinesischen Geschichte nach zeitweisen Steuersenkungen für die Bauern ihnen immer noch stärkere Lasten auferlegt wurden (*Anmerkung des Übersetzers*).

zur Finanzierung der Truppen zum Ende der Ming-Dynastie, den Schmelzgebühren bei der Herstellung von Münzen in der Ming- und Qing-Dynastie und der „lijin"-Steuer (*líjīn* 厘金), einer Handelssteuer. Die Steuerressourcen konnten zwar mithilfe dieser Maßnahmen erweitert und die extreme finanzpolitische Not der Regierung für eine Zeit lang abgemildert werden, letztlich aber wurden sie zu einer schwerwiegenden Last der arbeitenden Bevölkerung. Diese Aufschläge waren unzweifelhaft Teil einer zusätzlichen Steuereintreibung und wurden sogar zum Ursprung des Umsturzes einiger Dynastien.[48]

Die Entstehung der drei großen Wirtschaftssektoren Landwirtschaft, Handwerk und Handel spiegelte die Entwicklung der Produktivkraft der Menschheit auf ein gewisses Niveau beziehungsweise in ein bestimmtes Zeitalter der gesellschaftlichen Arbeitsteilung wider. Spätestens seit der Qin- und Han-Dynastie waren die Menschen bereits mit der wichtigen Lehre aus dem folgenden Abschnitt des *Shiji* vertraut: „Wenn die Bauern keine Grundnahrungsmittel produzieren, so wird es an Grundnahrungsmitteln mangeln. Stellen die Handwerker keine Utensilien her, so wird es an ihrem Produkt in Leben und Arbeit fehlen. Wenn die Händler sie nicht zirkulieren, so wird die Zufuhr von Grundnahrungsmitteln, Utensilien und Wohlstand unterbrochen werden. Wenn die Verwalter von Berg-, Wald- und Marschlandressourcen diese nicht erschließen, wird es an Ressourcen mangeln."[49] Das heißt, man war sich schon damals über die Arbeitsteilung und das wechselseitige dialektische Verhältnis zwischen den vier Bereichen Landwirtschaft, Handwerk, Handel und Staatsfinanzen klar. Im chinesischen Feudalismus wurden Landwirtschaft, Handwerk und Handel gemeinsam von Volk und Regierungsbeamten vorangetrieben. Ihr jeweiliger Anteil an der Entwicklung dieser vier Bereiche war sehr unterschiedlich in verschiedenen Perioden. Die Staatsfinanzen jedoch wurden durchgängig von der Regierung monopolisiert und zum Kerninstrument ihrer Kontrolle über die wirtschaftlichen Lebensadern. Durch das Eintreiben der Steuern und ihre Verteilung auf verschiedene Bereiche erhielt die Regierung die normale Funktion des Staatsapparates und die Ordnung in Gesellschaft und Wirtschaft aufrecht. Insbesondere entfaltete sie in der Produktion des staatlichen Handwerks, mit der die Staatsfinanzen und der Lebensunterhalt des Volkes eng verbunden waren, in der Nothilfe bei Naturkatastrophen und bei der Wiederherstellung der Produktion, auch nach Kriegen, eine unersetzliche Funktion. Trotzdem waren Landwirtschaft, Handwerk und Handel die grundlegende Quelle gesellschaftlichen Reichtums und bildeten die Grundlage für die Aufrechterhaltung der normalen Funktion der Gesellschaft.

Die grundlegende Funktion der Landwirtschaft unter den vier anderen Wirtschaftssektoren bedarf keiner weiteren Erläuterung, insbesondere in einer auf Landwirtschaft basierenden Gesellschaft. Die Handwerksproduktion folgte in ihrer Wichtigkeit direkt auf die Landwirtschaft. Sie war historisch eine der frühesten Formen von Produktion. Damit einhergehend war das Handwerk auch noch die erste

---

48 Ning Ke 宁可: *Guanyu Zhongguo Fengjian Jingji Jiegou* 关于中国封建经济结构 („Über die feudale Wirtschaftsstruktur Chinas"), in Academic Monthly, Nr. 11 2006.

49 *Shiji* 史记 („Aufzeichnungen des Chronisten"), Kapitel 129: *Huozhi Liezhuan* 货殖列传 („Biographien von Wucherern").

warenproduzierende Branche in der Menschheitsgeschichte. Fortschritte in Landwirtschaft, Handel, Transportwesen, Militär, Technik und Alltagsleben der normalen Bevölkerung spiegelten alle den Fortschritt der damaligen Handwerkstechnik wider. Jede Verbesserung in der landwirtschaftlichen Produktion Chinas sollte weniger eine Entwicklung der landwirtschaftlichen Technik genannt werden als eine Widerspiegelung des Fortschritts handwerklicher Techniken. Die verbreitete Verwendung von Eisenwaren, der Antrieb von Mühlsteinen mit Wasserkraft (das heißt die Entstehung eines Handwerks zur Weiterverarbeitung von Grundnahrungsmitteln mit Wasserkraft) und die Erfindung sowie Verbreitung eines Pfluges mit gekrümmter Deichsel gingen alle auf Entwicklungen des Handwerks zurück.

Der Fortschritt handwerklicher Techniken stellte nicht nur einen Beitrag zum Handwerk dar, wichtiger noch war seine unmittelbare Wirkung auf andere Bereiche wie die Senkung von Transportkosten und die Erhöhung der wirtschaftlichen Effizienz insgesamt. In dieser Rolle bildete er die Erhöhung der gesamtgesellschaftlichen Produktivkräfte ab. Außerdem hat die Regierung in der Verbreitung neuer landwirtschaftlicher Produktionsmittel häufig eine unersetzliche Rolle gespielt. Dabei sollte die vorbildliche Funktion, die von den Beamten mancher Orte in diesem Prozess eingenommen wurde, keinesfalls außer Acht gelassen werden. Im *Shiji* wurde festgehalten: „Das Sprichwort besagt: ‚Man geht nicht 100 Li, um Brennholz zu handeln, man geht nicht 1000 Li, um Grundnahrungsmittel zu handeln.'"[50] Damals erschien dies als ein unveränderlicher Zustand, später jedoch kam es mit der Verbreitung von Brücken, den stetigen Steigerungen der Ladungskapazitäten von Fahrzeugen und Schiffen und ihrer größeren Praxistauglichkeit, die die Steigerung der handwerklichen Fertigkeiten mit sich brachte, zu einem Wandel. Aufzeichnungen von „großen Schiffen, deren Kapazität nicht 8000-9000 Dan[51] überschritten" wurden bereits in der mittleren und späten Tang-Dynastie korrigiert, zum Beispiel mit dem bekannten *Yu Daniang*-Schiff (俞大娘), dessen Beförderungslast bereits 10000 Dan überschritt.[52] Da sich diese Entwicklung weiter fortsetzte, erweiterte sich der Austauschradius der Menschen immer mehr und die räumliche Begrenzung im Austausch von Waren wurde immer mehr verringert. Zur Verdeutlichung reicht es, sich nur die historischen Spuren Zheng Hes 郑和 aus der Ming-Dynastie anzuschauen, der vor der Entdeckung Amerikas bis in den Atlantischen Ozean segelte. Das Entwicklungsniveau des Handwerks und die stetigen Veränderungen in seiner Untergliederung und den Betriebsschwerpunkten waren ein Kennzeichen des Entwicklungsstandes von Gesellschaft und Wirtschaft. Wenn das Handwerk eine bestimmte Produktionsstruktur und Gesellschaftsform annahm und auf dieser Grundlage seine Techniken substanziell erneuerte, entwickelte sich die Grundlage der gesamtgesellschaftlichen Produktionsweise notwendigerweise auch jedes Mal

---

50 *Shiji* 史记 („Aufzeichnungen des Chronisten"), Kapitel 129: *Huozhi Liezhuan* 货殖列传 („Biographien von Wucherern").

51 Bei „dàn 石" handelt es sich hier um eine alte chinesische Maßeinheit, die in der Tang-Dynastie ungefähr 79,32 kg entsprach (*Anmerkung des Übersetzers*).

52 *Tang Guo Shi Bu* 唐国史补 („Ergänzung zur Geschichte der Tang-Dynastie"), 2. Band.

weiter weg von der Naturalwirtschaft und immer mehr hin zu einer Warenwirtschaft beziehungsweise entwickelte sich eine Produktionsweise, in der beide das gleiche Gewicht einnahmen.

Kurz gesagt, waren Landwirtschaft, Handwerk und Handel die drei großen Wirtschafszweige des vormodernen China. Über einen recht langen Zeitraum waren sie das Kennzeichen des Fortschrittes der menschlichen Gesellschaft und der wirtschaftlichen Entwicklung, von ihnen hingen das gesellschaftliche Leben und die Produktion grundlegend ab. Will man die Funktionsweise der feudalen Wirtschaft Chinas und ihre wesentlichen Besonderheiten erörtern, muss man von der Funktionsweise und den wechselseitigen Beziehungen der damaligen grundlegenden Produktionszweige Landwirtschaft, Handwerk und Handel her ansetzen.

Abschnitt 3: Die grundlegenden Besonderheiten der feudalen Wirtschaft Chinas

Im Grundherrensystem Chinas bestanden zeitweise ein Landsystem mit Koexistenz von Privat- und Staatseigentum an Grund und Boden und in anderen Zeiten ein reines System von Privatbesitz, also ein im Wesentlichen auf Grundherren basierendes System. Daran besteht kein Zweifel. Bereits in der späten Frühlings- und Herbstperiode führten verschiedene Staaten jeweils eine Reihe gesellschaftlicher Reformen durch. Diese drückten sich in der Wirtschaft vor allem folgendermaßen aus: Ein System zur Besteuerung nach Land, welches den Charakter einer Naturalienpacht hatte, ersetzte das System der öffentlichen Felder, dessen Pacht deutliche Züge von Fronarbeit trug, und zerschlug damit das alte Steuer- und Fronarbeitssystem. Die Reformen der verschiedenen Staaten griffen die Macht der alten Feudalherren auf verschiedenen Ebenen an, unter anderem schafften sie allmählich das System der Lehensverteilung nach dem Rang der Ahnen und das System der Vererbung politischer Ämter des hohen Adels ab. Gleichzeitig verbreiteten sie das System der Landaufteilung nach Mu und beendeten das bis dahin existierende Brunnenfeldsystem. Die ursprünglich den Feudalherren unterstehenden Bauern wurden allmählich zu eigenständig Land bewirtschaftenden Bauern unter einem Grundherrensystem. Auch ihr sozialer und wirtschaftlicher Status erfuhr eine gewisse Verbesserung. Zu jener Zeit praktizierten verschiedene Staatsmächte in unterschiedlichem Maße eine Politik der Belohnung von guter Landwirtschaft und gutem Soldatendienst. Sie sorgte für eine große und schnelle Entwicklung der landwirtschaftlichen Produktion. Außerdem trieb sie die Entwicklung des Handwerks, insbesondere die der sekundär betriebenen häuslichen Handwerkswirtschaft voran. Seit den streitenden Reichen, der Qin- und Han-Dynastie festigte China seine Gesetze und Regelungen für Privateigentum an Grund und Boden. Damit wurde die Privatisierung des Eigentums an Grund und Boden zu einem verbreiteten gesellschaftlichen Phänomen. Die Regierung nahm zwar in begrenztem Maße Anpassungen in der Landverteilung vor, dennoch stellten selbst im System der gleichmäßigen Feldverteilung unverteilte, brachliegende Ländereien einen Dauerzustand dar. Dies lässt sich zum Beispiel in den „Aufzeichnungen zu

Bevölkerung und Land aus dem neunten Monat des vierzehnten Regierungsjahres der ‚Zhenguan'-Ära 贞观 des Tang-Kaisers Taizong 太宗 (640) für den Kreis Gaochang 高昌 in Xizhou 西州"[53] erkennen. Diese lauten nach dem *Tulufan Chutu Wenshu* 吐鲁番出土文物 („Archäologische Dokumentenfundstücke aus Turpan") so: „[Es gab] insgesamt 80 Mu Land zu vergeben, [davon] waren 6½Mu bereits vergeben und 73½ Mu noch nicht vergeben".[54] Dabei handelte es sich um keinen Einzelfall.

Es lassen sich folgende grundlegende Besonderheiten der feudalen Wirtschaft Chinas feststellen:

1. Koexistenz von Privat- und Staatseigentum an Grund und Boden
2. Die Regierung beschränkte den Kauf und Verkauf von Grund und Boden, allerdings existierte Handel mit Grund und Boden durchgängig.
3. Das Landpachtsystem war vergleichsweise entwickelt, insbesondere in der mittleren und späten Phase des Feudalismus.
4. Das staatlich betriebene Handwerk verfügte über einen großen Produktionsumfang und arbeitete in vielfältigen Bereichen. Gleichzeitig war auch das sekundär betriebene häusliche Handwerk verhältnismäßig dynamisch. Die Produktion des privaten Handwerks nahm ebenfalls einen gewissen Teil ein.
5. Es entwickelte sich eine recht rege Warenwirtschaft unter der Subsistenz-/Naturalwirtschaft.
6. Die Regierung behielt durchgängig die Macht über die Lebensadern von Gesellschaft und Wirtschaft in der Hand. Sie tat dies mittels unmittelbarer Kontrolle, eigenem Betrieb oder Monopolisierung einiger volkswirtschaftlich wichtiger Branchen.

Nach der Auflösung der patrilinearen Gesellschaft und dem Eintreten in die Klassengesellschaft hat China im mehrere Jahrtausende dauernden Prozess der Evolution der Klassengesellschaft erst die Sklavenhaltergesellschaft und dann die Feudalgesellschaft durchlaufen.[55] Seit den streitenden Reichen hat sich mit der

53 Heute Teil von Xinjiang (*Anmerkung des Übersetzers*).

54 Forschungseinrichtung der State Administration of Cultural Heritage zu antiken Klassikern, Museum des Uigurischen Autonomen Gebietes Xinjiang, School of History of Wuhan University (Hrsg.): *Tulufan Chutu Wenwu* 吐鲁番出土文物 („Archäologische Dokumentenfundstücke aus Turpan"), 4. Band: *Zhenguan Shisi Nian (Gongyuan Liusiling Nian) Xizhou Gaochang Xian Li Shizhu Deng Hu Shoushi* 贞观十四年（公元六四〇年）西州高昌县李石住等户手实 („Aufzeichnungen zu Bevölkerung und Land aus dem neunten Monat des vierzehnten Regierungsjahres der Regierungsdevise Zhenguan des Kaisers Tang Taizong (640) für den Kreis Gaochang in Xizhou") (2), S. 72f., Wenwu Chubanshe, 1983.

55 In der heutigen Fachwelt existieren verschiedene Vorstellungen vom Konzept der Feudalgesellschaft. Unter diesen gibt es eine Sichtweise, die vertritt, dass die *fēngjiàn shèhuì* 封建社会 (Feudalismus) eine besondere Gesellschaftsform der westeuropäischen mittelalterlichen Gesellschaft darstellte. Diese habe sich von der traditionellen Gesellschaft Chinas wie dem Feudalismus der „Errichtung eines Staates auf Feudalstaaten" (*fēng bāng jiàn guó* 封邦建国) der westlichen Zhou-Dynastie und der „Vergabe von Lehen an den Adel ohne seine Regierung über das Volk" der Qin- und Han-Dynastie unterschieden. Dementsprechend kann es leicht zu Missverständnissen kommen, wenn

Entstehung der Grundherrenwirtschaft eine große Menge an eigenständig Land bewirtschaftenden Bauern herausgebildet. Ein Teil von ihnen unterstand später Grundherren, da sie ihr Land verloren hatten, und war nun Knechtschaft und Ausbeutung durch den Grundherren ausgesetzt. Wiederum ein anderer Teil wurde zu im staatlichen Haushaltsregister eingetragenen, eigenständigen Bauern, die ein kleines Stück Land besaßen. Sie waren der Kontrolle durch den Staat unterworfen. Gleichzeitig hielt auch der Staat direkt eine beträchtliche Zahl an Ländereien. Die Organisation der Produktion auf diesen staatlichen Ländereien wurde entweder unmittelbar von der Regierung verantwortet oder an den Adel und die Beamtenschaft übertragen. Auch wurden diese Ländereien als Belohnung an Generäle und Soldaten mit militärischen Erfolgen verschenkt. Darüber hinaus gab es noch eine Vielzahl anderer Fälle und Methoden. Mit der mittelalterlichen Feudalherrenwirtschaft Europas verglichen, drücken sich die wesentlichen Besonderheiten der Grundherrenwirtschaft Chinas in drei Aspekten aus: Erstens existierte eine gewisse Freiheit des Kaufs und Verkaufs von Land und dementsprechend gab es einen ständigen Wandel in Konzentration und Zersplitterung von Land. Zweitens bestanden eine individuelle, kleinteilig produzierende Landwirtschaft und ein durchgängig verhältnismäßig dynamischer Sektor sekundär betriebenen Handwerks. Drittens stellen die Formen der Pacht eine Besonderheit dar. In unterschiedlichen Perioden existierte eine Pacht in Form von Frondienst, Naturalien und Geld. Unter diesen Pachtformen nahm die Naturalienpacht allerdings eine führende Stellung ein. Zur gleichen Zeit gab es allerdings auch private Handwerker, deren Haushaltseintragung von der Regierung kontrolliert wurde. Ihre rechtliche Stellung ähnelte häufig jener von Händlern und war normalerweise niedriger als die von Bauern. Jedoch verfügten sie über eine bessere wirtschaftliche Stellung wie normale Bauern. „Wenn jemand seinen Weg vom Armen zum Reichen versuchen will, so ist Landwirtschaft nicht so gut geeignet wie das Handwerk, und das Handwerk nicht so gut geeignet wie der Handel. Zuhause schöne Muster zu sticken ist nicht so wie gut wie am Tor zum Markt zu lehnen.“[56] Dies ging spätestens in der Qin- und Han-Dynastie in das allgemeine Bewusstsein der Menschen über. Das Einkommen in der Gesellschaft stellte sich in der Reihenfolge von unten nach oben folgendermaßen dar (Grafik 1.2):

---

in China die Rede von Feudalismus ist. In der Praxis ist das heutige Konzept von Feudalismus bereits zu einem durch Konvention festgelegten Konzept geworden. Bei jedem, der über ein wenig Allgemeinwissen zur chinesischen Geschichte verfügt, werden sich keine Missverständnisse ergeben. Genau wie das in der jüngeren Geschichte aus Japan entlehnte Wort *ganbu* 干部 (Kader/Funktionär) zwar kein entsprechendes Verhältnis in der Wordbedeutung zu den traditionellen chinesischen Begriffen wie *guanli* 官吏 (Beamter) oder *lingdao* 领导 (Führer/Leiter) aufweist, aber dennoch verbreitet Anwendung findet. Dort existiert ebenfalls überhaupt keine Notwendigkeit, nochmal ein neues Wort zu schaffen, um es zu ersetzen. Gleichermaßen ist das heute allgemeingültig gebrauchte Wort *jingji* 经济 (Wirtschaft) ebenfalls aus Japan eingeführt worden. Es unterscheidet sich völlig vom Bedeutungsgehalt des *jingbang jiguo* 经邦济国 (in etwa „Gute Regierung des Reiches“) in den antiken Schriften Chinas. Jedoch führt dies ebenfalls nicht zu Mehrdeutigkeiten oder Vermischungen.

56 *Shiji* 史记 („Aufzeichnungen des Chronisten“), Kapitel 129: *Huozhi Liezhuan* 货殖列传 („Biographien von Wucherern“).

Grafik 1.2 Schaubild zur Einkommenshöhe verschiedener Wirtschaftssektoren im Feudalismus

Landwirtschaft	→	Handwerk	→	Handel	→	Dienstleistungen

Faktisch können wir den Unterschied in Tätigkeit und gesellschaftlichem Rang privater Handwerker und eigenständig produzierender Landwirte heute kaum noch erfassen. Selbst im System der gleichmäßigen Feldverteilung des 5. – 8. Jahrhunderts[57] forderte die Regierung von den Bauern unter anderem den Anbau von Maulbeerbäumen und Hanf in einem gewissen Umfang. Aus ihm gingen wiederum unverzichtbare Rohstoffe für die Produktion des häuslichen sekundär betriebenen Handwerks hervor. Aber auch Handwerker und Händler konnten eine gewisse Menge Land erhalten. Sie standen in einer engen und komplexen Verbindung mit der Landwirtschaft und das Einkommen aus dieser stellte häufig einen Teil ihres normalen Einkommens oder einen notwendigen Zusatzverdienst dar.[58] Forschungen zeigen, dass die von Landwirtschaft und Handwerk gemeinsam formierte Produktivkraft große Wirkung in der Wirtschaftsentwicklung entfalten konnte. Möglich wurde dies durch die Tendenz des Warenaustauschs zu einer verbesserten Ressourcenallokation. Die Weiterentwicklung der Warenwirtschaft regte also ebenfalls Fortschritte der feudalen Produktivkraft an. [59] Besagte Ressourcenallokation brachte einen begrenzten Austausch zwischen den landwirtschaftlichen Produzenten in Gang. Dieser begründete sich vor allem aus der Verschiedenartigkeit der von Letzteren produzierten Güter. Da auch die von Handwerkern hergestellten Waren sich jeweils voneinander unterschieden, war ein Warenaustausch zwischen ihnen in gewissem Umfang ebenfalls unvermeidlich. Der Austausch zwischen Landwirtschaft und Handwerk versteht sich ohnehin von selbst. Er stellte die Grundlage der damaligen Warenwirtschaft und auch die grundlegende Voraussetzung für ihre weitere Entwicklung als auch der gesamten Wirtschafts- und Gesellschaftsentwicklung dar.

Die Bauern und Handwerker waren die grundlegenden Schöpfer und Anbieter des feudalen Wohlstands und erbrachten den Großteil der vom Staat eingeforderten Steuern und Frondienste. Gleichzeitig bildeten sie das wesentliche Reservoir an Arbeitskräften für die Produktion des staatlichen Handwerks. Unendlich viele kleinteilig produzierende eigenständige Landwirte und private Handwerker wurden zu den Hauptakteuren der gesellschaftlichen Produktion im Feudalismus. Die

---

57 Das System der gleichmäßigen Feldverteilung existierte über mehr als 300 Jahre hinweg von seiner Einführung im Jahre 485 im neunten Jahr der „Taihe"-Ära 太和 der Nördlichen Wei-Dynastie über die Nördliche Qi-Dynastie (550 – 577), die Nördliche Zhou-Dynastie (557 – 581), die Sui-Dynastie und den Beginn der Tang-Dynastie bis zur Kaiyuan-Ära 开元 (713 – 741) des Tang-Kaisers Xuanzong 玄宗.

58 *Wei Shu* 魏书 („Buch der Wei"), Kapitel 110: *Shi Huo Zhi* 食货志 („Abhandlung über Nahrung und Handel"); *Sui Shu* 隋书 („Buch der Sui"), Kapitel 24: *Shi Huo Zhi* 食货志 („Abhandlung über Nahrung und Handel"); *Jiu Tang Shu* 旧唐书 („Altes Buch der Tang"), Kapitel 48: *Shi Huo Zhi* („Abhandlung über Nahrung und Handel"), erster Teil; *Xin Tangshu* 新唐书 („Neues Buch der Tang"), Kapitel 51: *Shi Huo Zhi* 食货志 („Abhandlung über Nahrung und Handel"), erster Teil.

59 Ning Ke 宁可: *Guanyu Zhongguo Fengjian Jingji Jiegou* 关于中国封建经济结构 („Über die feudale Wirtschaftsstruktur Chinas"), in Academic Monthly, Nr. 11 2006.

Existenz einer starken Regierungsgewalt als auch der enorme Umfang und die Fortschrittlichkeit der Produktionstechniken, die das staatliche Handwerk beständig auszeichneten, wurden unter diesen Voraussetzungen erst möglich. Diese Struktur bildete eines der prägenden Merkmal der feudalen Gesellschaft und Wirtschaft Chinas. Ebenfalls stellte sie den Ausgangspunkt der wirtschaftlichen Entwicklung Chinas nach seinem Eintritt in die neuzeitliche Gesellschaft dar, obgleich auch sie den starken Einflüssen der Veränderungen in den damaligen gesellschaftlichen Verhältnissen auf nationaler und internationaler Ebene ausgesetzt war.

Kapitel 2: Die Verwaltung der Wirtschaft durch den feudalen Staat

Wenn man die ökonomischen Aktivitäten im Feudalismus insgesamt betrachtet, wird die entscheidende Rolle der Regierung, insbesondere der Zentralregierung als Regulator und Teilnehmer in der Wirtschaft deutlich. Diese beinhaltete unter anderem folgende Aspekte: Festlegung und Durchführung der Wirtschaftspolitik, makroökonomische Lenkung, unmittelbare Kontrolle über wirtschaftliche Schlüsselbereiche oder sogar deren unmittelbaren Betrieb, eigene Teilnahme am Markt und die Entscheidung über den Ausschluss oder Teilnahmebedingungen bestimmter Marktakteure. Dies beeinflusste notwendigerweise die Entwicklungsrichtung der Feudalwirtschaft Chinas übte darüber hinaus sogar einen deutlich sichtbaren Einfluss auf die Funktionsweise der neuzeitlichen Wirtschaft und Gesellschaft aus. Im Folgenden wird zunächst eine grobe Erläuterung zur Regulierung der Wirtschaft durch die Regierung vorgenommen.

Abschnitt 1: Makroökonomische Lenkung durch die Feudalregierung Chinas

Der feudale Verwaltungsapparat für das Handwerk war in China recht ausgereift. Zwar erfuhr er viele Veränderungen im Laufe der Zeit, allerdings bildete sich bereits in der Sui- und Tang-Dynastie mit Behörden wie unter anderem dem Direktorat für die kaiserlichen Manufakturen (*shàofǔjiàn* 少府监), dem Direktorat für Palastbauten (*jiāngzuòjiān* 将作监) und dem Direktorat für Rüstung (*jūnqìjiàn* 军器监) ein verhältnismäßig fortschrittliches Muster heraus. Dies ermöglichte der Regierung eine einheitliche Verwaltung, Kontrolle und Einteilung der über die verschiedensten Orte verteilten Handwerker. So konnte sie die Handwerker jederzeit für Arbeiten zur Erfüllung verschiedener Bedürfnisse des Hofes oder der lokalen Behörden heranziehen. Außerdem war sie dadurch in der Lage, Produktion und Absatz volkswirtschaftlich relevanter Güter wie Salz oder Eisen selbst durchzuführen. Die Effizienz der Regierung in Verwaltung und Wirtschaft sollte also nicht unterschätzt werden. Das oben beschriebene Verwaltungssystem hielt sich in vergleichbarer Form über einen Zeitraum von mehr als 1000 Jahren.

Die politische Funktion des Staates zeigte sich grundlegend bei seiner Erlangung von Steuern und Frondienst. Sie bildeten die wirtschaftliche Basis für das Funktionieren und die Festigung der Staatsgewalt. Gleichzeitig stellte die Fähigkeit,

Steuern und Frondienste einfordern zu können, grundsätzlich eine der fundamentalen Voraussetzungen für die Aufrechterhaltung der jeweiligen Gesellschafts- und Wirtschaftsordnung dar. Die Regierung nahm durch Haushaltsplanungen die notwendige Verteilung und Umverteilung der erhaltenen Steuern und des erhaltenen Frondienstes vor. Diese waren nicht nur ein Ausdruck der Interessen der herrschenden Klasse, sondern ebenfalls der Verantwortung der Regierung für die makroökonomische Kontrolle und ihrer Fähigkeit dazu. Die makroökonomische Kontrolle der Regierung, insbesondere der Zentralregierung manifestierte sich vor allem in der Umverteilung bereits erlangter Steuern und Frondienste. Diese Umverteilung wiederum drückte sich in Bezug auf den Eingriff des Staates in Wirtschaft und Gesellschaft unter anderem in folgenden Aspekten konkret aus: dem Angebot an öffentlichen Gütern, der Versorgung mit notwendigen Gütern zur Katastrophenhilfe (inklusive Grundnahrungsmitteln und Textilien), der zeitweise Überlassung von Feldern und der Befreiung von Frondiensten in solchen Fällen, der Ernährung von Katastrophenopfern an anderen Orten außerhalb des Katastrophengebietes sowie großangelegten Umsiedlungen aus ärmeren Regionen an wohlhabendere Orte. Vom „Ausgleichskaufgesetz für Grundnahrungsmittel" von Li Kui 李悝 bis zu den Lagerhäusern für Grundnahrungsmittel von Geng Shouchang 耿寿昌 in der Han-Zeit war die Wirtschaftslenkung im Bereich der Grundnahrungsmittel bereits zu einer Grundfunktion der Regierung geworden, die auch in späteren Zeiten weiter fortgeführt wurde. Laut Aufzeichnungen aus der Zeit des Kaisers Wu von Han 汉武帝 stellte sich die Situation folgendermaßen dar:

> „Das Land östlich der Berge wurde von Fluten heimgesucht und viele Menschen litten Hunger. Daraufhin sandete der Kaiser Boten aus, um die Getreidespeicher zu leeren und so die Not der Armen zu lindern. Aber es gab nicht genügend Nahrung. Dann bat er wohlhabende Familien, Anleihen zu gewähren, aber auch dies schaffte noch keine Abhilfe. Schließlich befahl er die Umsiedlung der Armen etwa 700000 Menschen zu den Ländereien westlich des Passes und in die Regionen Shuofang und Neu-Qin. Kleidung und Nahrung sollten ihnen für die ersten Jahre von den lokalen Beamten zur Verfügung gestellt werden, diese sollten ihnen auch alles leihen, was zum Beginn eines Lebensunterhaltes nötig war. Boten zur Überwachung der Emigranten strömten in solcher Menge aus der Hauptstadt, dass die Bedeckungen ihrer Wagen und Karren ständig in gegenseitiger Sichtweite waren. Die Kosten dafür wurden auf Milliarden geschätzt und erreichten unermessliche Summen."[60]

Die Organisation der Katastrophenhilfe durch die Regierung in dieser von schwerwiegenden Überschwemmungen heimgesuchten Region während der Periode des Kaisers Wu von Han stellt ein idealtypisches Beispiel dar. Die von der Regierung getroffenen Maßnahmen schlossen unter anderem die Bereitstellung von Grundnahrungsmitteln aus den öffentlichen Getreidespeichern, die von der Regierung selbst aufgenommenen Anleihen von Wohlhabenden, die Umsiedlung von Katastrophenopfern und die Anstellung von Katastrophenopfern für staatliche Arbeiten gegen Entlohnung als Ersatz für andere Katastrophenhilfe ein. Mehr als 700000 Katastrophenopfer hingen hauptsächlich von der Hilfe der Regierung ab. Mit dieser Unterstützung konnte die Gesellschaft nach langjährigen Anstrengungen

60 *Shiji* 史记 („Aufzeichnungen des Chronisten"), Kapitel 30: *Pingzhun Shu* 平准书 („Abhandlung über den ausgewogenen Durchschnitt").

schließlich wieder stabilisiert und die Katastrophe ohne größere Schwierigkeiten bewältigt werden. Allein mit den Kräften des Volkes hätte man diese Krise kaum so gut überstehen können. Die Regierung verfügte über gewaltige Kräfte zur Mobilisierung von Ressourcen. Nur unter voller Ausnutzung ihrer Stärke und mit der Koordination der Kräfte im Volk konnte ein solch zufriedenstellendes Ergebnis erzielt werden. Die wirtschaftliche Funktion der Feudalregierung wird am Beispiel dieser Katastrophe besonders deutlich erkennbar. In der Praxis gab es viele solcher Fälle im chinesischen Feudalismus. Trotz der schwierigen Umstände äußerer und innerer Unruhen und der desaströsen Finanzlage der Regierung zum Ende der Qing-Dynastie waren seit 1883 (Neuntes Regierungsjahr des Kaisers Guangxu 光绪) in den alljährlich an alle Provinzen und Zollämter verteilten Mitteln für spezielle Zwecke 120000 Tael für die Vorbereitung auf Jahre mit schlechter Ernte vorgesehen.[61] Hieraus wird ersichtlich, dass Aufwendungen für Katastrophenhilfe durchgängig einen wichtigen Posten im Haushalt einer jeden Feudalregierung Chinas darstellten und es selbst in Krisensituationen hiervon keine Ausnahme gab.

Preisstabilisierende Getreidespeicher waren eines der weitverbreitet praktizierten „Sozialversicherungssysteme" des chinesischen Feudalismus, mit dem die Regierung landesweit je nach Erntemenge Anpassungen in der Landwirtschaft vornahm. Einkauf und Verkauf von Grundnahrungsmitteln für diese Lager waren wie folgt geregelt: „Immer in Jahren mit reicher Ernte, wenn Getreide billig ist und die Menschen etwas übrig haben, dann werden Grundnahrungsmittel eingekauft. In Jahren von Hunger und Ernteausfall, wenn Getreide teuer ist und die Menschen nicht genug haben, dann werden Grundnahrungsmittel verkauft." Später nahm die Regierung die preisstabilisierenden Getreidespeicher zusammen mit den regulären Getreidespeichern (*zhèngcāng* 正仓) und den gemeinnützigen Getreidespeichern (*yìcāng* 义仓) unter ihre strenge Kontrolle.[62] Da die gemeinnützigen Getreidespeicher eine besonders wichtige Rolle im Wirtschaftsleben des chinesischen Feudalismus spielten, soll an dieser Stelle zuerst eine kurze Erläuterung zur Entstehung dieser auch Gemeinschaftsspeicher (*shècāng* 社仓) genannten Einrichtung erfolgen.

Die Sui-Dynastie einigte das gesamte Reich und beendete damit die mehrere hundert Jahre andauernde Zersplitterung während der Südlichen und Nördlichen Dynastien. Aufgrund dem vorausgegangenen, lange Zeit andauernden Kriegszustand maß der Sui-Kaiser Wen 隋文帝 (Regierungszeit 581 – 604) bei der Gründung der Sui-Dynastie der Normalisierung von Produktion und Gesellschaft einen hohen Stellenwert zu. Die drängendste Angelegenheit, mit der sich der Sui-Dynastie nach ihrer Gründung beschäftigen musste, war die Befriedung des Gebietes der Chen-Dynastie (557 – 589) südlich des Jangtse. Die Regierung konzentrierte ihre

61 vgl. Shi Zhihong 史志宏: *Qing Dai Hubu Yinku Shouzhi he Kucun Tongji* 清代户部银库收支和库存统计 („Statistik zu den Einnahmen und Ausgaben sowie den Reserven des Staatsschatzes des Finanzministeriums in der Qing-Dynastie"), S. 29f., Fujian Renmin Chubanshe, 2008. Für konkrete Daten zu diesem Aspekt vgl.: Reprint in der Zhengzhi Guanbao 政治官报 („Politischer Regierungsanzeiger") (Taiwan), Wenhai Chubanshe, 1965.

62 *Tang Liu Dian* 唐六典 („Die sechs Gesetzesstatuten der Tang-Dynastie"), Kapitel 20: *Chang Ping Shu* 常平署 („Dienststelle für preisstabilisierende Getreidespeicher").

materiellen und finanziellen Kräfte zur Vorbereitung einer militärischen Operation zur Überquerung des Jangtse. Allerdings war sie damals noch nicht in der Lage, der Bevölkerung in großem Umfang Katastrophenhilfe zu leisten. Dementsprechend waren die Menschen bei Naturkatastrophen im Wesentlichen auf sich selbst gestellt. Vor einem solch speziellen Hintergrund entstanden vom Volk eigenständig verwaltete Formen der Katastrophenhilfe wie zum Beispiel die gemeinnützigen Getreidespeicher. Im fünften Monat des fünften Jahres der „Kaihuang"-Ära 开皇 (585) findet sich in der Throneingabe des damaligen Arbeitsministers und Fürsten von Xiangyang 襄阳 Zhangsun Ping 长孙平 an den Kaiser Folgendes:

> „In den Präfekturen soll ein Dekret an die Bevölkerung und das Militär ergehen, womit diese dazu aufgefordert werden, einen Beitrag zu ihrer lokalen Gemeinschaft in Form der gemeinschaftlichen Errichtung von gemeinnützigen Getreidespeichern zu leisten. Zur Erntezeit sollen sie dazu ermutigt werden, je nach dem, was sie geerntet haben, Hirse oder Getreide zur Einlagerung in den zu errichtenden Lagern der lokalen Gemeinschaft beizutragen. Die Verwalter der Getreidespeicher sind verantwortlich für die Buchhaltung und die Inspektion, jedes Jahr Getreide anzusammeln und dafür, dass es nicht verrottet. Wenn es eine schlechte Ernte oder Hungersnot in der lokalen Gemeinschaft gibt, kann dieses Getreide genutzt werden, um Linderung zu schaffen. Von nun an sollen die Präfekturen damit beginnen, Getreide anzusammeln."[63]

Zhangsun Ping bezog sich in seiner Throneingabe auf die Tatsache, dass „viele Präfekturen und Kreise Chinas häufig unter Hochwasser und Dürre litten, das Volk aber nichts gab. [Mit Blick darauf sollte] angeordnet werden, dass das Volk jeden Herbst Hirse und Getreide in einer Menge von unter einem Dan abgeben musste. [Bei der Abgabemenge] sollte zwischen arm und reich unterschieden werden. Hirse und Getreide waren für das Volk einzulagern, um für Jahre mit schlechter Ernte gewappnet zu sein. Man nannte diese Lager gemeinnützige Getreidespeicher."[64] Mit diesen Speichern, als deren Organisationseinheit bereits vorhandene Gemeinschaftsorganisationen im Volk dienten, sollten die jeweiligen lokalen Mitglieder Letzterer zur Spende von Grundnahrungsmitteln ermuntert werden. Ihr Ziel war die Vorbereitung der Selbsthilfe des Volkes im Fall von Hochwasser und Dürren. Die gemeinnützigen Getreidespeicher wurden von den Vorstehern der jeweiligen Gemeinschaft verantwortet und verwaltet. Da sie hauptsächlich von der Gemeinschaft betrieben wurden, bezeichnete man sie ebenfalls als Gemeinschaftsspeicher. Außerdem übernahmen sie in der Selbsthilfe des Volkes während der Sui-Dynastie von Beginn an eine besonders wichtige Funktion. Der Zweck ihrer Einrichtung lässt sich im kaiserlichen Dekret aus dem zweiten Monat des fünfzehnten Jahres der „Kaihuang"-Ära des Sui-Kaisers Wen (595) besonders deutlich erkennen: „Der Grund für die Errichtung von gemeinnützigen Getreidespeichern liegt in der Vorbereitung auf Hochwasser und Dürren."[65] Damit war ihr Verwendungszweck eindeutig definiert.

---

63 *Sui Shu* 随书 („Buch der Sui"), Kapitel 24: *Shi Huo Zhi* 食货志 („Abhandlung über Nahrung und Handel").

64 *Sui Shu* 随书 („Buch der Sui"), Kapitel 46: Zhangsun Ping Zhuan 长孙平传 („Biographie des Zhangsun Ping").

65 *Sui Shu* 随书 („Buch der Sui"), Kapitel 24: *Shi Huo Zhi* 食货志 („Abhandlung über Nahrung und Handel").

Obenstehendes zusammengefasst, lässt sich der Charakter der gemeinnützigen Getreidespeicher in den folgenden drei Aspekten erfassen: Erstens handelte es sich um eine vom Volk selbst entwickelte Form der Selbsthilfe. Zweitens wurden die gemeinnützigen Getreidespeicher vom Volk selbstverwaltet. Drittens durften die in ihnen gelagerten Grundnahrungsmittel nur für Naturkatastrophen wie Hochwasser und Dürren verwendet werden und für keine anderen Zwecke missbraucht werden. Zu Beginn der Sui-Dynastie entfalteten die gemeinnützigen Getreidespeicher in Zeiten von Hochwassern und Dürren einen deutlich sichtbaren wirtschaftlichen und gesellschaftlichen Nutzen. Das vorgesehene Ziel der Selbsthilfe des Volkes konnte also weitestgehend erreicht werden. In der Geschichte der Sui-Dynastie wird erwähnt, dass es seit der Verbreitung der gemeinnützigen Getreidespeicher „keinen Mangel mehr in den Präfekturen gab und das Volk dazu wesentlich von ihnen abhing."[66] Es lässt sich also festhalten, dass die Politik während der „Kaihuang"-Ära des Sui-Kaisers Wen in einem gewissen Zusammenhang mit ihrer schnellen Verbreitung stand.

Mit der endgültigen Befriedung der Region südlich des Jangtse und damit unter dem Zustand eines vereinigten Gesamtreiches bezog die Zentralregierung die gemeinnützigen Getreidespeicher beziehungsweise Gemeinschaftsspeicher allmählich in das einheitliche Verwaltungssystem der Regierung ein. Im vierzehnten Regierungsjahr der „Kaihuang"-Ära (594) ereignete sich nordwestlich der Hauptstadt Chang'an eine schwerwiegende Dürre. Unter dem Einfluss dieser Katastrophe „gab es [im ganzen Land] viele, die hungerten."[67]. Deswegen begab sich der Sui-Kaiser Wen in die östliche Hauptstadt Luoyang und erlaubte es der Bevölkerung, sich gemeinsam mit ihm nach Luoyang zu begeben, um Nahrung zu bekommen und so die Hungersnot zu überstehen. Zu jener Zeit waren die gemeinnützigen Getreidespeicher noch immer in der Hand des Volkes. Ihre grundlegende Funktion war nach wie vor die Selbsthilfe des Volkes in Katastrophensituationen. Seit dem fünfzehnten Jahr der „Kaihuang"-Ära (595) veränderte sich jedoch der Charakter der gemeinnützigen Getreidespeicher der Sui-Dynastie enorm. Sui-Kaiser Wen befahl, die vom Volk verwalteten gemeinnützigen Getreidespeicher der nordwestlichen Gebiete in eine Verwaltung durch die Präfekturen oder Kreise zu reformieren. Die Abgabe von Grundnahrungsmitteln in sie wandelte sich ebenfalls von der Form der Ermutigung zur Abgabe in eine nach Haushalt und Vermögen berechnete Summe einzutreibender Steuern. Im zweiten Monat des fünfzehnten Regierungsjahres der „Kaihuang"-Ära (595) erging folgender Befehl:

> „Der Zweck für die Errichtung der gemeinnützigen Getreidespeicher lag in der Vorbereitung auf Hochwasser und Dürren. Die Menschen in der Bevölkerung bedenken keine langfristigen Pläne und es kommt leicht zu Vergeudung, die später zu Mangel an Nahrungsmitteln führt. Die Präfekturen an der nördlichen Grenze wiederum unterscheiden sich von den restlichen

66 *Sui Shu* 随书 („Buch der Sui"), Kapitel 46: Zhangsun Ping Zhuan 长孙平传 („Biographie des Zhangsun Ping").

67 *Zhenguan Zhengyao* 贞观政要 („Die Grundlagen der Staatskunst aus der Regierungszeit Zhenguan"), Kapitel 8: *Bian Xing Wang* 辩兴亡 („Diskussion über Aufstieg und Niedergang"), S. 256, Shanghai Guji Chubanshe, 1978.

Orten, in Präfekturen wie Yunzhou, Xiazhou, Zhangzhou, Lingzhou, Yanzhou, Lanzhou, Fengzhou, Shanzhou, Liangzhou, Ganzhou und Guazhou wurden neben Reis und Getreide in allen gemeinnützigen Getreidespeichern weitere Grundnahrungsmittel eingelagert. Diese Speicher wurden in die Präfekturverwaltung eingegliedert. Wenn es eine Dürre gibt, so sollen zuerst nicht Reis und Getreide, sondern andere Grundnahrungsmittel und bereits viele Jahre eingelagerte Hirse ausgegeben werden."[68]

In dieser Quelle zeigt sich, dass der Charakter der gemeinnützigen Getreidespeicher jener Zeit sich bereits verändert hatte. Es handelte sich um keine Selbsthilfe des Volkes während Hochwasserkatastrophen und Dürren mehr, sondern um eine von der jeweiligen Lokalregierung kontrollierte Wirtschaftsorganisation. Bei Katastrophen mit einer schlechten Jahresernte wie Dürren wurden nicht mehr Reis und Getreide, sondern andere Grundnahrungsmittel und bereits viele Jahre Eingelagertes ausgegeben. Dies bedeutete einen recht großen Wandel in der Funktion der gemeinnützigen Getreidespeicher. Sie waren bereits von einer eigenständigen Selbsthilfeeinrichtung des Volkes zu einer unmittelbar von der Lokalregierung verwalteten Struktur für die Prävention von und Hilfe bei Katastrophen geworden. Im ersten Monat des sechzehnten Jahres der „Kaihuang"-Ära (596) wiederum bestätigte die Zentralregierung in Form eines Erlasses weitergehend die einheitliche Benennung der gemeinnützigen Getreidespeicher als Gemeinschaftsspeicher und errichtete diese einheitlich auf Kreisebene:

„(...) Hiermit ergeht das Edikt, dass unter anderem die Präfekturen Qinzhou, Diezhou, Chengzhou, Kangzhou, Wuzhou, Wenzhou, Fangzhou, Dangzhou, Xuzhou, Taozhou, Minzhou, Weizhou, Jizhou, Hezhou, Kuozhou, Binzhou, Longzhou, Jingzhou, Ningzhou, Yuanzhou, Fūzhou, Danzhou, Yanzhou, Suizhou, Yinzhou und Fúzhou Gemeinschaftsspeicher auf Ebene der Kreise einrichten sollen."[69]

Die damaligen Anpassungen der Zentralregierung in Bezug auf die gemeinnützigen Getreidespeicher erfolgten aufgrund von Überlegungen, die auf dem besonderen wirtschaftlichen Kontext der weitläufigen nordwestlichen Regionen, inklusive der Regionen westlich des Longshan 陇山 und östlich des Gelben Flusses beruhten. Später wurde die Reform zur Verwaltung der gemeinnützigen Getreidespeicher durch die Lokalregierungen auf das gesamte Reich ausgeweitet. Die Abgaben an die Speicher erfolgten nach einem System von Steuerklassen. Im zweiten Monat des sechzehnten Jahres der „Kaihuang"-Ära (596) legte die Zentralregierung in einem weiteren Schritt die konkrete Menge der abzugebenden Grundnahrungsmittel jeder dieser Steuerklassen fest:

„(...) [Es] wird wiederum ein Edikt zu den Gemeinschaftsspeichern erlassen, in dem die drei Steuerklassen ‚Hoch', ‚Mittel' und ‚Niedrig' unterschieden werden. Die Abgaben der hoch

68 *Sui Shu* 随书 („Buch der Sui"), Kapitel 24: *Shi Huo Zhi* 食货志 („Abhandlung über Nahrung und Handel").

69 *Sui Shu* 随书 („Buch der Sui"), Kapitel 24: *Shi Huo Zhi* 食货志 („Abhandlung über Nahrung und Handel").

> eingestuften Haushalte überschreiten nicht einen Dan, die der mittleren Haushalte nicht sieben Dou[70] und die der niedrig eingestuften Haushalte nicht vier Dou."[71]

Seitdem die gemeinnützigen Getreidespeicher der Sui-Dynastie in die Verwaltung der Lokalregierung eingebunden worden waren, war mit der Eintreibung von Grundnahrungsmitteln nach Haushalt und Vermögen die Quelle für ihre Einlagerungen gesichert. Allerdings wurde das Eingespeicherte nicht vollständig für Katastrophenhilfe aufgewendet, sie stellte lediglich einen der Zwecke dar. Dies sorgte für reichhaltige Vorräte an Grundnahrungsmitteln in den staatlichen Speichern. Zwar bestanden viele Probleme in der Verfahrensweise mit den gemeinnützigen Getreidespeichern, dennoch blieb der fundamentale Zweck unverändert: „Der Zweck für die Errichtung von gemeinnützigen Getreidespeichern liegt in der Vorbereitung auf Hochwasser und Dürren".

Li Shimin 李世民 (Prinz von Qin 秦王) kam am vierten Tag des sechsten Monats des neunten Jahres der „Wude"-Ära 武德 des Tang-Kaisers Gaozu 高祖 (626) nach der Ermordung seines älteren Bruders und eines jüngeren Bruders seinem Ziel einen Schritt näher, seinen Vater (Gaozu 高祖, *Anmerkung des Übersetzers*) zur Abdankung als Kaiser zu zwingen und dann schließlich selbst den Kaiserthron zu besteigen. „Er erließ" im dritten Monat des zweiten Jahres seiner Ära „Zhenguan" 贞观 (628) „ein Edikt, dass in allen Präfekturen und Kreisen des Reiches gemeinnützige Getreidespeicher eingerichtet werden sollten."[72] Aus diesem Edikt geht ihr wichtiger Stellenwert für die Stabilisierung des gesellschaftlichen und wirtschaftlichen Lebens deutlich hervor. Im Edikt aus dem ersten Monat des zweiten Jahres während der Regierungsperiode „Yonghui" 永徽 des Tang-Kaisers Gaozong 高宗 (651) wurde Folgendes festgehalten:

> „Im vergangenen Jahr erlitt die Region von Guanzhong und Sanfu einen ernstlichen Schaden durch Wanderheuschrecken und Wachswürmer und viele Präfekturen des Reiches litten unter Hochwassern und Dürren. Dies führte zum vollständigen Aufbrauchen der Grundnahrungsmittel und einem Mangel unter der Bevölkerung. (...) Denjenigen, die wegen der Insektenplagen und Hochwasser in einer ärmlichen Mangelsituation steckten, erhielten aus den regulären und gemeinnützigen Getreidespeichern Katastrophenhilfe."[73]

Im sechsten Jahr der „Yuanhe"-Ära 元和 des Tang-Kaisers Xianzong 宪宗 wurden „zur Hilfe für die notleidende Bevölkerung der Hauptstadt und der sie umgebenden Region 24.0000 Dan an Hirse aus den preisstabilisierenden Getreidespeichern und den gemeinnützigen Getreidespeichern ausgegeben. Die Provinzen und Präfekturen leisteten auf gleiche Weise Katastrophenhilfe."[74] Zu jener Zeit existierten zwar weiterhin die Unterscheidung zwischen regulären

---

70 1 Dan=10 Dou (Anmerkung des Übersetzers).

71 *Sui Shu* 随书 („Buch der Sui"), Kapitel 24: *Shi Huo Zhi* 食货志 („Abhandlung über Nahrung und Handel").

72 *Jiu Tang Shu* 旧唐书 („Altes Buch der Tang"), Kapitel 2: *Taizong Ji* 太宗纪 („Aufzeichnungen über Taizong"), erster Teil.

73 *Jiu Tang Shu* 旧唐书 („Altes Buch der Tang"), Kapitel 4: *Gaozong Ji* 高宗纪 („Aufzeichnungen über Gaozong"), erster Teil.

74 *Jiu Tang Shu* 旧唐书 („Altes Buch der Tang"), Kapitel 14: *Xianzong Ji* 宪宗纪 („Aufzeichnungen über Xianzong"), erster Teil.

(preisstabilisierenden) Getreidespeichern und gemeinnützigen Getreidespeichern, es besteht jedoch kein Zweifel daran, dass die Regierung beiden Arten von Getreidespeichern kontrollierte. Diese übte damit in der Praxis eine unersetzliche Funktion in der Katastrophenhilfe aus.

Dieser Zustand setzte sich auch später weiter so fort. Zu Beginn der Song-Dynastie wurden die gemeinnützigen Getreidespeicher zwar in Abständen immer wieder eingerichtet und wieder abgeschafft, später kam es jedoch zu einer weitgehenden Systematisierung. Es finden sich zahlreiche Aufzeichnungen wie die folgende: „Die Grafschaften und Kreise, die von Hochwasser heimgesucht wurden, wurden per Edikt angewiesen für die von der Katastrophe betroffene Bevölkerung das Gelagerte der gemeinnützigen Getreidespeicher auszugeben, um dieser zu helfen.“[75] Es gab in dieser Hinsicht jedoch einen Unterschied zwischen der Song-Dynastie und der Sui- und Tang-Dynastie. Letztere hatten festgelegt, dass sich von der herrschenden Klasse bis zur einfachen Bevölkerung alle mit der Abgabe einer gewissen Menge an Grundnahrungsmitteln an die gemeinnützigen Speicher an der Katastrophenprävention beteiligen mussten. In der Song-Dynastie hingegen trug das Volk mit einer Höhe von 5% aus der regulären Steuer die Gemeinschaftsspeicher respektive die gemeinnützigen Getreidespeicher[76]. Damit war für eine noch weitergehende Garantie ihrer Grundnahrungsmittelquellen gesorgt. Allerdings wurden sie damit auch zu einer der Hauptlasten der damaligen Steuerzahler. Aus der Yuan-Dynastie ist Folgendes überliefert: „Im Verwaltungsbereich von Hejian und Baoding herrscht eine Hungersnot. Gebt die Grundnahrungsmittel aus den gemeinnützigen Speichern aus, um diesen Orten Katastrophenhilfe zu leisten, und erlasst ihnen auch die diesjährige Pacht.“[77] „Die Yuan-Dynastie errichtete gemeinnützige Speicher auf Ebene der kommunalen Gemeinschaften und errichtete wiederum preisstabilisierende Getreidespeicher auf zweithöchster Verwaltungsebene. So sollte der Getreidepreis stabil gehalten werden, bei Hungersnöten Schaden von der Bevölkerung abgewandt werden und bei reichen Ernten garantiert werden, dass die Bauern nicht von Händlern geschädigt wurden. Und die Menschen konnten ohne hungernden Gesichtsausdruck sagen, dass dies eine geschickte Strategie aus der Tradition der Han- und Tang-Dynastie war“, da es sich um eine „gute Methode zur Bekämpfung von Hungersnöten“ handelte. Daher standen die preisstabilisierenden Getreidespeicher und gemeinnützigen Getreidespeicher der Yuan-Dynastie sozusagen in einer Reihe mit der Han- und Tang-Dynastie. Laut der „Abhandlung über Nahrung und Geld“ aus der „Geschichte der Yuan-

75 *Song Shi* 宋史 („Geschichte der Song-Dynastie“), Kapitel 35: *Xiaozong Ji* 孝宗纪 („Aufzeichnungen über Xiaozong“), Teil 3; *Song Shi* 宋史 („Geschichte der Song-Dynastie“), Kapitel 43: *Lizong Ji* 理宗纪 („Aufzeichnungen über Lizong“), Teil 3.

76 *Ming Shi* 明史 („Geschichte der Ming-Dynastie“), Kapitel 214: *Jin Xueyan Zhuan* 靳学颜传 („Biographie des Jin Xueyan“): „In die Schaffung der gemeinnützigen Getreidespeicher der Tang-Dynastie zahlten alle vom König und Fürsten bis zur unteren Gesellschaftsschicht jedes Jahr ein; die Song-Dynastie legte fest, dass aus der Summe der regulären Steuer des Volkes 1/20 herausgenommen werden sollte für die Gemeinschaftsspeicher.“

77 *Yuan Shi* 元史 („Geschichte der Yuan-Dynastie“), Kapitel 15: *Shizu Ji* 世祖纪 („Aufzeichnungen über Kublai Khan“).

Dynastie" stellte sich die Funktionsweise der staatlichen Getreidespeicher konkret folgendermaßen dar:

> „Wenn man sich heute mit dem System der Getreidespeicher befasst, so lässt sich die Entstehung der preisstabilisierenden Getreidespeicher auf das sechste Jahr der ‚Zhiyuan'-Ära des Kublai Khan (1269) datieren. Ihre Funktionsweise war so: In Jahren mit reicher Ernte war Reis billig und der Staat kaufte für einen erhöhten Preis diesen Reis ein. In Jahren mit schlechter Ernte war Reis teuer und der Staat verkaufte den zuvor eingelagerten Reis zu einem vergünstigten Preis. Im achten Jahr wurden dann die eingekauften Grundnahrungsmittel in einige Schiffslager entlang von Flüssen verbracht und auf diese verteilt und eingelagert. Im dreiundzwanzigsten Jahr wurde das Gesetz zur Monopolisierung von Eisenhandel durch den Staat erlassen und mit Einnahmen aus diesem wurden wiederum Reis und andere Grundnahrungsmittel angekauft, um die Speicher zu füllen. Auch mit dem Aufbau der gemeinnützigen Getreidespeicher wurde im sechsten Jahr der ‚Zhiyuan'-Ära begonnen. Ihre Funktionsweise war so: Eine Gemeinschaft richtete einen Speicher ein, der von ihrem Vorsteher verwaltet wurde. In Jahren reicher Ernte musste jeder Verwandte fünf Dou Hirse zahlen, die Diener zwei Dou und die, die keine Hirse hatten, mussten allerlei Anderes zahlen. Während schlechter Jahre wurden die Menschen der Gemeinschaft aus den Speichern versorgt. So wurde allen während des Hochwasser im Kreis Xincheng im einundzwanzigsten Jahr und der Hungersnot von Dongping und anderen Orten im neunundzwanzigsten Jahr mit dem Getreide aus den gemeinnützigen Getreidespeichern über die Katastrophe geholfen. Im zweiten Jahr der ‚Huangqing'-Ära (1313) wurde das Edikt nochmals bestätigt."[78]

Zur Zeit der Ming-Dynastie waren die Menschen noch immer der Überzeugung, dass „die Bildung von Vorräten in gemeinnützigen Getreidespeichern ihren Zweck in der Hilfe für notleidende Menschen hatte."[79] Dieses Bewusstsein fasste ihren Charakter seit der Sui- und Tang-Dynastie zusammen. In der Qing-Dynastie erfuhren neben den weiterhin existierenden staatlichen gemeinnützigen Getreidespeichern und Gemeinschaftsspeichern ebenfalls vom Volk selbst initiierte gemeinnützige Getreidespeicher eine gewisse Entwicklung. Allerdings entwickelte sich ein zunehmender Unterschied zwischen den gemeinnützigen Getreidespeichern und den Gemeinschaftsspeichern. Fang Guancheng 方观承, der zu Zeiten der „Qianlong"-Ära 乾隆 (1736 – 1795) lebte, hielt diesen folgendermaßen in einer Throneingabe fest:

> „Sowohl die gemeinnützigen Getreidespeicher als auch die Gemeinschaftsspeicher dienen der Sammlung und Einlagerung. Die Gemeinschaftsspeicher jedoch sollen nur Saatgut verleihen, die gemeinnützigen Speicher aber gleichzeitig den Verleih von Saatgut und Hilfeleistungen durchführen, dabei aber insbesondere den Schwerpunkt auf Hilfeleistungen legen. Die Einrichtung von Lagern eignet sich in den Kommunen auf dem Land und nicht in den Städten und die Sammlung von Getreide beim Volk und nicht unter den Beamten. Wenn im Herbst eine reiche Ernte gemeldet wird, dann sollen die Menschen dazu angehalten werden, von dieser Abgaben in die Speicher zu leisten. Am Ende des Jahres wird die Menge an Getreide dann ordentlich aufgezeichnet. Es ist nicht notwendig, die einzelnen Einkünfte und Ausgänge nacheinander aufzuzeichnen. Damit liegt die Buchführung auch nicht in den

78 *Yuan Shi* 元史 („Geschichte der Yuan-Dynastie"), Kapitel 98: *Shi Huo Zhi* 食货志 („Abhandlung über Nahrung und Handel"): *Changping Yicang* 常平义仓(„Preisstabilisierende und gemeinnützige Getreidespeicher").

79 *Ming Shi* 明史 („Geschichte der Ming-Dynastie"), Kapitel 164: *Zhang Zhao Zhuan* 张昭传 („Biographie des Zhang Zhao").

> Händen der Beamten der Zentralregierung und das Muster kann langfristig Anwendung finden."[80]

Aus dieser Throneingabe kann geschlussfolgert werden, dass gemeinnützige Getreidespeicher im Wesentlichen in kleineren Orten eingerichtet wurden und die Kontrolle über sie bei den lokalen Behörden und Beamten lag. Der Zweck dieser Gemeinschaftsspeicher lag vor allem in der Gabe von Saatgut für Grundnahrungsmittel an Personen, denen es an diesem mangelte. Dadurch sollte eine reiche Ernte im Sommer und im Herbst garantiert werden. Die wichtigste Aufgabe der gemeinnützigen Getreidespeicher jedoch bestand neben der Ausgabe von Saatgut vor allem in der Katastrophenhilfe. Zwischen Gemeinschaftsspeichern und gemeinnützigen Getreidespeichern bestand es eine klare Arbeitsteilung. Dennoch schien es zu manchen Zeiten keinen Unterschied zwischen beiden zu geben. Dies sollte besonders berücksichtigt werden.

In der Praxis verfügte die feudale Regierung bereits vor der Einführung von gemeinnützigen Speichern in der Sui- und Tang-Dynastie über ähnliche Maßnahmen zur Durchführung gesellschaftlicher Nothilfe und Ressourcenallokation. Auch in diesen spiegelte sich die Funktion des Staates im Wirtschaftsleben wider. Bereits während der südlichen Qi-Dynastie (479 – 502) im neunten Monat des fünften Jahres der „Yongming"-Ära 永明 (487) erging folgendes Edikt:

> „In der Hauptstadt und allen Regionen sollen beträchtliche Summen Geld ausgegeben werden, um Reis, Getreide, Seide, Seidenwatte und ähnliche Dinge anzukaufen. Sie sollen zu von der Regierung festgelegten Einheitspreise verkauft werden, um die Bevölkerung zu bevorteilen."[81]

Das *Cefu Yuangui* 册府元龟 („Vorbilder aus den Archiven") hielt die Umsetzung des Ediktes folgendermaßen fest:

> „Während der ‚Yongming'-Ära der südlichen Qi-Dynastie (483 – 493) waren Reis, Getreide, Stoff und Seidenstoffe im ganzen Reich günstig. Kaiser Wu wünschte, preisstabilisierende Lager einzurichten, um diese Dinge einzukaufen und dann dort anzusammeln und einzulagern. Im sechsten Jahr erging ein Edikt, dass unter der Mitwirkung des Beamten Li Guizhi in der Abteilung für Staatsangelegenheiten und anderen entstand und vorsah, aus den finanziellen Reserven 50 Millionen herauszunehmen, um für die Hauptstadt Reis, Seide, Seidenwatte, Körperbindungen, dünne und feste Seidenstoffe sowie andere Stoffe einzukaufen. In Yangzhou sollten 19,1 Millionen an Geld ausgegeben werden, in Nan Xuzhou drei Millionen, um in den jeweiligen Grafschaften Reis einzukaufen. In Nan Yuzhou sollten zwei Millionen ausgegeben werden, um Seide, Seidenwatte, Körperbindungen, Seidenstoffe, Stoffe, Reis, Sojabohnen und Getreide einzukaufen. In Jiangzhou sollten fünf Millionen ausgegeben werden, um Reis und Sesam einzukaufen. In Jingzhou sollten fünf Millionen und in Yingzhou drei Millionen ausgegeben werden, um an beiden Orten damit jeweils Seidenstoffe, Seidenwatte, Stoffe, Reis, Soja- und Adzukibohnen, Gerste und Sesam einzukaufen und in Jingzhou Reis und Hirse. In Huzhou sollten zwei Millionen ausgegeben werden, um Reis, Stoffe und Wachs zu kaufen und in Sizhou, Xi Yuzhou und in Nan Yanzhou jeweils 2,5 Millionen und in Yongzhou fünf Millionen für den Ankauf von Seidenstoffen,

80 *Qing Shi Gao* 清史稿 („Manuskripte zur Geschichte der Qing-Dynastie"), Kapitel 324: *Fang Guancheng Zhuan* 方观承传 („Biographie des Fang Guancheng").

81 *Nan Qi Shu* 南齐书 („Buch der südlichen Qi-Dynastie"), Kapitel 3: *Wudi Ji* 武帝纪 („Aufzeichnungen über Kaiser Wu").

> Seidenwatte, Stoffen und Reis. Nan Yanzhou sollte gleichzeitig noch Gerste und Sojabohnen einkaufen. Damit sollte die Kontrolle der Regierung über den Markt sichergestellt werden."[82]

Diese historische Quelle legt die Einrichtung von preisstabilisierenden Lagern durch die Regierung der südlichen Qi-Dynastie im fünften und sechsten Jahr der „Yongming"-Ära und den Ankauf großer Mengen an Reis und Getreide sowie Stoffen und Seidenstoffen zu diesem Zwecke dar.

Kurz gesagt, wurde den gemeinnützigen Getreidespeicher von ihrem Entstehen in der Sui-Dynastie bis zur Qing-Dynastie durchgängig eine hohe Bedeutung auf verschiedenen Regierungsebenen beigemessen. Sie entwickelten sich von ihrer anfänglichen Form einer Selbsthilfeorganisation des Volkes allmählich zu einer von den Behörden kontrollierten und betriebenen Wirtschaftsorganisation. Zwar offenbarten sich in ihrem praktischen Betrieb viele Missstände wie die Selbstbereicherung vieler Beamter, eine niedrige Betriebseffizienz und Veruntreuungen des Eingelagerten, dennoch spielten die gemeinnützigen Speicher beziehungsweise die Gemeinschaftsspeicher in der Selbsthilfe der Menschen bei Katastrophen zweifellos einen entscheidende Rolle. In ihnen kommt eine wichtige wirtschaftliche Funktion des Feudalstaates zum Ausdruck. „Im zweiten Monat verkauften die Bauern die neu gewobene Seide, im fünften verkauften sie ihr gerade geerntetes Getreide. Die alten Wunden noch nicht verheilt, so mussten sie doch noch einen Teil ihres Herzens herausschneiden."[83] Ausbeutung durch Wucherkapital in den Dörfern war im chinesischen Feudalismus keine Seltenheit. Die gemeinnützigen Getreidespeicher respektive Gemeinschaftsspeicher konnten diese allerdings verringern. Dieser Aspekt sollte historisch auch der wesentliche Anhaltspunkt für ihre positive Bewertung sein. Er war ebenfalls für die Regierung der entscheidende Grund, ihnen so viel Aufmerksamkeit zu schenken und sie häufig sogar selbst zu betreiben.

Abschnitt 2: Wahrung der Marktordnung und Schutz der Interessen von unmittelbaren Produzenten und Verbrauchern

Die feudale Regierung schenkte den landesweiten Preisen eine besondere Aufmerksamkeit und sah sie für sich als entscheidendes Handlungsfeld zur Stabilisierung der Lebensverhältnisse der Bevölkerung und der Produktionsordnung. Außerdem stellte ihre Überwachung für die Regierung eine Informationsquelle zu Handelsgewinnen und einen Anhaltspunkt zur Fällung politischer Entscheidungen dar. Und die Regierung verfügte im Bereich der Preisstabilisierung über die notwendigen Voraussetzungen zu einer verhältnismäßig präzisen und umfassenden Informationssammlung als auch über die Macht, in der Realwirtschaft Preisanpassungen durchzusetzen. Sie war ebenfalls in gewissem Maße in der Lage, lokale Mächte, die Preise in die Höhe trieben, zu Preiskorrekturen zu zwingen.

---

82 *Cefu Yuangui* 册府元龟 („Vorbilder aus den Archiven"), Kapitel 502: *Bangji·Pingdi* 邦计・平粜 („Lokalverwaltung: Ankauf von Grundnahrungsmitteln").

83 Nie Yizhong 聂夷中: *Shang Tianjia* 伤田家 („Lied auf die Bauern").

Die vom Finanzexperten Liu Yan 刘晏 aus der Tang-Dynastie durchgeführte Erfassung der Preise aller Orte im Reich stellt ein mustergültiges Beispiel für das Vorgehen des Staates dar. Das „Alte Buch der Tang" erwähnt Folgendes:

> „Aus den Provinzen kamen die Beamten der Lokalregierungen in die Hauptstadt. Zu einem teuren Preis wurden die mit einem schnellen Schritt angeworben. Sie sollten an Poststationen warten und ihm Berichte über die Preise der Märkte aller Orte zukommen lassen. Trotz der enorm weiten Entfernung konnte die Höhe der Preise selbst der abgelegensten Orte des Reiches innerhalb von vier bis fünf Tagen in Erfahrung gebracht werden. So konnte Liu Yan die Preise aller Nahrungsmittel und anderen Güter im ganzen Reich kontrollieren. Daraus zog die Dynastie großen Nutzen und die Menschen mussten sich nicht um überhöhte oder zu wohlfeile Preise im Reich sorgen. Dies war die ganze Kunst."[84]

Im *Tongjian* 通鉴 („Umfassender Zeitspiegel zur Hilfe bei der Regierung") gibt es folgende Aufzeichnungen dazu:

> „Liu Yan war tatkräftig, mit scharfen Sinnen ausgestattet, anpassungsfähig und verfügte über eine meisterhafte Ausdrucksweise. Er warb häufig Menschen mit einem guten Schritt zu einem hohen Preis an. Sie sollten an Poststationen warten und ihm Berichte über die Preise der Märkte aller Orte zukommen lassen. Selbst Berichte aus entlegenen Orten erreichten ihn in wenigen Tagen. So konnte Liu Yan die Preise aller Nahrungsmittel und anderen Güter im ganzen Reich kontrollieren. Daraus zog die Dynastie großen Nutzen und die Menschen mussten sich nicht um überhöhte oder zu wohlfeile Preise im Reich sorgen."[85]

Die Art und Weise, auf die Liu Yan die Preisinformationen erlangte, stellte einen Sonderfall im Feudalismus dar. Trotzdem solche Methoden selten vorkamen, auch in anderen Perioden der Tang-Dynastie, ist eines jedoch klar: Die Regierungen aller Dynastien schenkten als zentraler Wirtschaftsregulator den Warenpreisen eine besondere Aufmerksamkeit. Die Steuerung der Warenpreise war eine ihrer grundlegendsten Funktionen. Insbesondere anerkennenswert ist, dass die Zentralregierung bereits ein vergleichsweise dichtes Informationsnetz für den Handel aufgestellt hatte, um sich immer frühzeitig einen vollständigen Überblick über seinen aktuellen Zustand zu verschaffen. Diese Informationen wurden dann von den entsprechenden Regierungsabteilungen ausgewertet, um mit Anpassungen in der Wirtschaftspolitik rechtzeitig reagieren zu können.

Im chinesischen Feudalismus existierte eine Vielzahl an Gesetzen und Regelungen zur Regulierung der Landwirtschaft, des Handwerks und des Handels, von denen ein großer Teil in Form kaiserlicher Edikte erlassen wurde. Aus ihnen lässt sich erkennen, dass der Schutz individueller, kleinteilig produzierender Landwirtschaft damals eine grundlegende Staatsräson darstellte. Trotz häufiger Kriege wie während der Periode der Fünf Dynastien und Zehn Reiche (907 – 960) kamen immer wieder politische Leitlinien folgender Art zur Anwendung: „Jedem Erwachsenen, dessen bewirtschaftetes Land 80 Mu erreicht, werden 20000 Geldstücke geschenkt. Außerdem sollen sie alle fünf Jahre von der Pachtsteuer

84 *Jiu Tang Shu* 旧唐书 („Altes Buch der Tang"), Kapitel 123: *Liu Yan Zhuan* 刘晏传 („Biographie des Liu Yan").

85 *Tongjian* 通鉴 („Umfassender Zeitspiegel zur Hilfe bei der Regierung"), Kapitel 226: *Tang Dezong Jianzhong Yuannian (780 Nian) Qi Yue Tiao* 唐德宗建中元年（780 年）七月条 („Erstes Jahr der ‚Jianzhong'-Ära des Kaiser Dezong der Tang (780), Abschnitt zum siebten Monat").

ausgenommen werden.“ [86] Den Aufzeichnungen zufolge war der „Ansporn der Bauern zur Landbewirtschaftung und zur Zucht von Seidenspinnern“ eine weit verbreitete politische Orientierung.[87] In Friedenszeiten war die Regierung noch mehr als in Kriegszeiten schon darum bemüht, Maßnahmen zur Entwicklung und zum Erhalt einer normalen Gesellschaft und Wirtschaft zu ergreifen. Nachdem Tee seit der mittleren und späten Periode der Tang-Dynastie zu einem Getränk der Massen geworden war und sich rasant im ganzen Land, im Süden und im Norden, selbst bis in die Regionen der nationalen Minderheiten zu verbreiten begann, wurde er zu einem unverzichtbaren Produkt für alle gesellschaftlichen Schichten. Damit stand er in einer Reihe mit alltäglichen Gebrauchsgütern wie Brennholz, Reis, Öl, Salz, Sojasoße und Essig. Damit wurde die Teesteuer zu einer wichtigen Einnahmequelle der Zentralregierung. Sie schenkte dem gesamten Prozess vom Einkauf des Tees über seine Weiterverarbeitung bis hin zu seiner Zirkulation gleichermaßen Aufmerksamkeit und betrieb außerdem einige Schritte in dieser Kette unmittelbar selbst. Während der Ming-Dynastie wurde in den nördlichen Regionen der dortige Teehandel in den Pferdehandel mit den Nomadenvölkern eingebunden. Diese Struktur wurde zu einer wichtigen Verbindung der Regierung mit den ethnischen Minderheiten. Die Ernährung dieser Nomadenvölker basierte hauptsächlich auf Fleisch und Käse: „Die Barbaren waren dem Käse verfallen. Wenn sie aber keinen Tee hatten, ermatteten sie und wurden krank.“ Deswegen wurde „seit der Tang- und Song-Dynastie die Methode des Tauschs von Tee gegen Pferde angewandt. Dieses System wurde auf die Völker der Qiang und der Rong angewandt.“ Der gegenseitige Handel mit Tee und Pferden verfügte in Politik und Wirtschaftsleben der Tang- und Song-Dynastie über eine unersetzliche Funktion. Auf der Grundlage der Tang- und Song-Dynastie wurde die Methode des gegenseitigen Handels mit Tee und Pferden in der „Ming-Dynastie besonders genau festgelegt: Es gab staatlichen Tee und den Tee der Händler. All dieser Tee wurde an der Grenze gelagert und gegen Pferde eingetauscht.“ Damals wurde „der staatliche Tee als Steuer eingetrieben und die Händler mussten Steuern auf den Tee zahlen, ähnlich wie beim Salzmonopol.“[88] Der Teehandel in der Ming-Dynastie glich der Erlaubnis für den Salzhandel. Die Erlaubnis wurde nach Überprüfung durch die Regierung ausgestellt. In der Ming-Dynastie gab es spezielle Verwaltungsapparate, Genehmigungs- und Kontrollämter nur für die Erlaubnis zum Handel mit Tee und Salz. Diese richteten jeweils den Posten eines leitenden und stellvertretenden Beauftragten ein, welche die „Kontrolle über die

86 *Xu Tang Shu* 续唐书 („Fortgesetze Geschichte der Tang-Dyanstie“), Kapitel 20: *Shi Huo Zhi* 食货志 („Abhandlung über Nahrung und Handel“).

87 *Shi Guo Chunqiu* 十国春秋 („Die Frühlungs- und Herbstannalen der Zehn Reiche“), Kapitel 90: *Min Sikong Shijia* 闽司空世家 („Biographien der Minister für öffentliche Arbeiten des Min-Reiches“); ebenda, Kapitel 49: *Hou Shu Houzhu Benji* 后蜀后主本记 („Annalen des letzten Herrschers Meng Chang des Späteren Shu-Reiches“).

88 *Ming Shi* 明史 („Geschichte der Ming-Dynastie“), Kapitel 80: *Shi Huo Zhi* 食货志 („Abhandlung über Nahrung und Handel“).

Genehmigungen zum Handel mit Tee und Salz"[89] übernahmen. So wurden mit der Ausstellung von Handelserlaubnissen für Tee und Salz Alltagsgüter der Bevölkerung zu unmittelbar von der Regierung kontrollierten Waren. Dies steigerte die Steuereinnahmen der Regierung und strukturierte weiterhin auch den Prozess der Produktion, Zirkulation und des Absatzes von Tee und Kochsalz vor. So wurde dafür gesorgt, dass Waren, inklusive Tee und Kochsalz, zirkulieren konnten. Damit konnte im gleichen Zuge auch in gewissem Maße individuelles Horten zur Erzielung von Wuchergewinnen verhindert werden. Ebenso beachtenswert ist, dass auf diese Weise der wirtschaftliche Austausch zwischen der Ackerbauwirtschaft betreibenden Bevölkerung der zentralchinesischen Ebene und den umliegenden Nomadenvölkern sichergestellt werden konnte. Mit anderen Worten konnte so die effektive Kontrolle der zentralen Kaiserdynastie über die Nomadenvölker weitergehend gestärkt werden. Diese Maßnahmen der Regierung waren nützlich für die Aufrechterhaltung der Gesellschaftsordnung und Produktion und steigerten zugleich die finanziellen Einkünfte der Regierung.

In der makroökonomischen Kontrolle legte die Staatsmacht ebenfalls ein ganz besonderes Augenmerk auf die Preise. Dabei standen die Preise für Grundnahrungsmittel durchgängig im Fokus. Die Regierung war bestrebt, sowohl die Interessen der unmittelbaren Produzenten, das heißt der Bauern zu wahren als auch die finanzielle Belastbarkeit der Verbraucher zu berücksichtigen und einen Ausgleich zwischen beiden zu finden. Parallel musste sie noch für die Händler Anreize schaffen, damit diese für die Zirkulation der Waren sorgten. Produktion, Lagerung und Zirkulation von Grundnahrungsmitteln sind in einer Gesellschaft mit Bauern als Grundlage einer der wesentlichen Anhaltspunkte zur Messung des Wohlstandes eines Haushaltes, einer Region und sogar eines ganzen Staates. Nach den Aufzeichnungen aus dem *Yuejue Shu Jina Neijing* 越绝书 • 计倪内经 („Buch des jungen Meisters der Rechnungsführung") ging die Regierung beim Aufkauf von Grundnahrungsmitteln vom Volk folgendermaßen vor: „Kostet das Korn zwanzig Geldstücke pro Dan, dann schädigt dies die Bauern. Kostet es neunzig, schädigt dies die Händler." Unabhängig davon, ob die Bauern oder die Händler geschädigt wurden, beides hätte negative gesellschaftliche Folgen gehabt: „Wenn die Bauern geschädigt werden, dann werden Gräser und Bäume nicht beschnitten. Wenn die Händler geschädigt werden, dann kommen die Waren nicht auf den Markt." Die in der „Politik des jungen Meisters der Rechnungsführung" für die Regierung entworfene Preisspanne für den Einkaufspreis von Grundnahrungsmitteln stellte sich wie folgt dar: „Der Preis zum Einkauf von Korn darf weder achtzig übersteigen noch dreißig unterschreiten." Nur so konnte sichergestellt werden, dass „Bauern und Händler beide profitieren." Das „Ausgleichskaufgesetz" des bekannten Li Kui aus dem Staate Wei 魏 fußte eben genau auf dieser Grundlage. Li Kui meinte:

89 *Song Shi* 宋史 („Geschichte der Song-Dynastie"), Kapitel 386: *Jin Anjie Zhuan* 金安节传 („Biographie des Jin Anjie"); *Yuan Shi* 元史 („Geschichte der Yuan-Dynastie"), Kapitel 22: *Wuzong Ji* 武宗纪 („Biographie von Külüq Khan"); *Ming Shi* 明史 („Geschichte der Ming-Dynastie"): *Zhiguan Zhi* 职官志 („Abhandlung über Staatsbeamte"), vierter Teil; *Qing Shi Gao* 清史稿 („Manuskripte zur Geschichte der Qing-Dynastie"), Kapitel 285: *Yuan Zhouzuo Zhuan* 袁州佐传 („Biographie des Yuan Zhouzuo").

> „Diejenigen, die gut darin sind, den Kornpreis zu stabilisieren, müssen genau beobachten, dass es in verschiedenen Jahren gute, mittlere und schlechte Ernten gibt. [...] Bei guten Ernten kauft man drei Viertel und überlässt den Bauern ein Viertel, bei mittleren Ernten kauft man dann die Hälfte und bei schlechten Ernten kauft man dann ein Viertel, um der Bevölkerung eine ausreichende Menge zum Leben zu lassen und den Kornpreis stabil zu halten. Bei einer kleinen Hungersnot wird dann das bei schlechten Ernten Eingetriebene ausgeteilt, bei mittleren Hungersnöten wird dann das bei mittleren Ernten Eingetriebene ausgeteilt, bei großen Hungersnöten dann das bei guten Ernten Eingetriebene ausgeteilt."

In der Praxis sorgte diese Verfahrensweise für folgendes Ergebnis: „Trotz Hungersnöten wegen Hochwasser und Dürren war es nicht teuer, Korn einzukaufen und die Menschen blieben. Es wurde das Überschüssige genommen, um das Unzureichende auszugleichen."

Daher wurde in Jahren mit reicher Ernte, in denen das Wetter günstig für die Landwirtschaft war, von der Regierung Kapital bereitgestellt, um Grundnahrungsmittel einzukaufen und anzusammeln, die dann in Jahren mit schlechter Ernte wiederum unter ihrem Marktpreis verkauft wurden. Das „Ausgleichskaufgesetz" war also der Vorläufer der „preisstabilisierenden Getreidespeicher". Die preisstabilisierenden Getreidespeicher wurden zuerst offiziell von Geng Shouchang, einem Mitarbeiter des höchsten Beamten für die Landwirtschaft zur Zeit des Kaisers Xuan von Han 汉宣帝, vorgeschlagen: Geng Shouchang „schlug vor, in allen an der Grenze liegenden Grafschaften Getreidespeicher einzurichten. Wenn Korn günstig war, sollte es zum Nutzen der Bauern zu einem höheren Preis eingekauft werden. Wenn das Korn teuer war, sollte es zu einem niedrigeren Preis verkauft werden. Dies nannte man einen preisstabilisierenden Getreidespeicher." [90] In diesem Kontext zielten die preisstabilisierenden Getreidespeicher auf eine weitergehende Verbreitung der damaligen Politik des ausgeglichenen Preises in Richtung der Grenzregionen ab. Die preisstabilisierenden Getreidespeicher waren in der Praxis ein von den Behörden direkt verfolgter Hamsterkauf von Grundnahrungsmitteln. Der wesentliche Zweck lag jedoch nicht im Gewinn, sondern in der Anpassung des Preises für Grundnahrungsmittel in Jahren mit reicher Ernte und in Jahren mit schlechter Ernte. Dies war nützlich für die landwirtschaftliche Produktion[91] und schützte gleichzeitig die normale Produktionsordnung und den geregelten Alltag in den Grenzregionen. Preisstabilisierende Getreidespeicher wurden seit der Han-Dynastie über einen langen Zeitraum hinweg als eine wichtige Maßnahme zur Begünstigung der Bauern von der Zentralregierung immer wieder eingeführt. Obgleich sich in der Praxis gelegentlich Beamten selbst bereicherten, brachten die Speicher insgesamt gesehen nichtsdestotrotz einen hohen wirtschaftlichen und gesellschaftlichen Nutzen.

Die Funktion der feudalen Regierung Chinas im Bereich der Produktionsorganisation und Wirtschaftsentwicklung war bereits recht weit entwickelt. Diesem Aspekt wurde in den zuvor angestellten Untersuchungen noch

---

90 *Han Shu* 汉书 („Buch der Han"), Kapitel 24 (erster Teil): *Shi Huo Zhi* 食货志 („Abhandlung über Nahrung und Handel").

91 Leng Pengfei 冷鹏飞: *Zhongguo Gudai Shehui Shangpin Jingji Xingtai Yanjiu* 中国古代社会商品经济形态研究 („Untersuchung zur Form der Warenwirtschaft in der vormodernen Gesellschaft Chinas"), S. 229, Beijing: Zhonghua Shuju, 2002.

bei Weitem nicht die notwendige Aufmerksamkeit geschenkt. Es versteht sich von selbst, dass die Regierung in Friedenszeiten entsprechende Maßnahmen in diesen Bereichen ergriff. Selbst in Perioden gewaltsamer Teilung führten lokale Regime ebenfalls eine Reihe von Maßnahmen zur Erhöhung der Regierungseinkünfte und zur Entwicklung der Wirtschaft ein. Die Zeit von den letzten Jahren der westlichen Jin-Dynastie (265 – 317) bis zur Vereinigung des Nordens durch die nördliche Wei-Dynastie stellte eine wichtige Periode intensiver Sinisierung verschiedener Minderheiten im Norden Chinas dar, nachdem diese Teile dieser Region erobert hatten. Man könnte diesen Prozess ebenfalls als „Feudalisierung" bezeichnen. Die damaligen Staatsmächte der ethnischen Minderheiten begannen ebenfalls, der landwirtschaftlichen Produktion eine gewisse Bedeutung beizumessen, um so Gesellschaft und Wirtschaft wiederzubeleben und zu entwickeln. Beispielsweise legte Liu Yao 刘曜 von den Xiongnu nach der Gründung des Staates der früheren Zhao (304 – 329) folgendes fest: „Außer für Opfer im kaiserlichen Ahnentempel und an den Altären des Ackergottes und des Gottes der Feldfrüchte darf kein Rindvieh getötet werden. Diejenigen, die dagegen verstoßen, sollen alle zum Tode verurteilt werden."[92] Es handelte sich hierbei um einen Schutz der in der Landwirtschaft wichtigen Pflugochsen. Damals kam eine solche Maßnahme dem Schutz von Produktivkräften gleich. Die nahezu zur gleichen Zeit wie die früheren Zhao gegründeten späteren Zhao (319 – 351/352) legten in der Regierungszeit von Shi Le 石勒 vom Volk der Jie fest: „Den Leuten der Jie ist es streng untersagt, Leute mit Kleidung und Hut der Chinesen anzugreifen und zu schikanieren."[93] „Es sollen Boten ausgesendet werden, die in den Präfekturen und Grafschaften herumgehen und die Bauern zur Landbewirtschaftung und zur Zucht von Seidenspinnern anhalten."[94] Die „Leute mit Kleidung und Hut der Chinesen" waren damals die Vertreter der feudalen Produktionsverhältnisse. Der Respekt für diese „Chinesen, die Kleidung und Hut tragen" zeigt eindeutig die große Bedeutung, die diese Staatsmacht den feudalen Produktionsverhältnissen beimaß. Die Familie Murong 慕容 vom Volk der Xianbei gründete auf die späteren Zhao folgend die Dynastie der früheren Yan (337 – 370). Der Adel der Xianbei ahmte seit Murong Wei 慕容暐 zahlreich die hochrangigen Familien der Han-Chinesen nach und praktizierte eine feudalisierte Produktionsweise im Innern: „[Der Adel] eignete sich viele Menschen aus der Bevölkerung als Pächter an", was dazu führte, dass „es mehr Haushalte gab, die zum Staat gehörten als private Haushalte."[95] Es entwickelte sich in gewissem Maße eine Grundherrenwirtschaft. Die frühere Qin-Dynastie (351 – 395), die von der Familie Fu 苻 vom Volk der Dī 氐 in der Zentral-Shaanxi-Ebene gegründet wurde, hatte bis

92 *Jin Shu* 晋书 („Buch der Jin"), Kapitel 103: *Liu Yao Zaiji* 刘曜載记 („Aufzeichnungen zu Liu Yao").

93 *Tongjian* 通鉴 („Umfassender Zeitspiegel zur Hilfe bei der Regierung"), Kapitel 91: *Dong Jin Yuandi Daxing Er Nian (319 Nian) Shiyi Yue Tiao* 东晋元帝大兴二年（319 年）十一月条 („Zweites Jahr der ‚Daxing'-Ära des Kaisers Yuan der Östlichen Jin, Abschnitt zum elften Monat").

94 *Tongjian* 通鉴 („Umfassender Zeitspiegel zur Hilfe bei der Regierung"), Kapitel 91: *Dong Jin Yuandi Daxing Er Nian (319 Nian) Shiyi Yue Tiao* 东晋元帝大兴二年（319 年）十一月条 („Zweites Jahr der ‚Daxing'-Ära des Kaisers Yuan der Östlichen Jin, Abschnitt zum elften Monat").

95 *Tongjian* 通鉴 („Umfassender Zeitspiegel zur Hilfe bei der Regierung"), Kapitel 101: *Jin Haixi Gong Taihe San Nian (368) Jiu Yue Tiao* 东晋海西公太和三年（368）九月条 („Drittes Jahr der ‚Taihe'-Ära des Herzogs von Haixi der Östlichen Jin, Abschnitt zum neunten Monat").

zur Zeit Fu Jians 苻坚 bereits die „Felder wieder urbar gemacht und die Staatskasse gut gefüllt."[96] „Von Chang'an bis in die Präfekturen (...) verkauften die Handwerker und Händler Waren auf den Straßen."[97] Nach der Schlacht am Fei-Fluss (383) prallten die spätere Yan-Dynastie (384 – 409), die von Murong Chui 慕容垂 vom Volk der Xianbei gegründet worden war, und die spätere Qin-Dynastie (384 – 417), die von Yao Chang 姚苌 vom Volk der Qiang gegründet worden war, aufeinander. Zur Zeit der Regierung von Murong Chui „wurde eine Rechtsordnung aufgestellt. Angelegenheiten wurden nachsichtig und ohne überhöhte Ansprüche verfolgt. Das System der Bestrafungen wurde reformiert, Steuern und Frondienst verringert und die Bauern dazu angespornt, Landbewirtschaftung und Zucht von Seidenspinnern zu betreiben. Die Menschen waren wohlhabend."[98] In der Regierungszeit von Yao Xing 姚兴 von den späteren Qin wurde „der Zoll für Land- und Wasserwege erhöht. In Salz, Bambus, Bergen und Flüssen stecken überall Steuern."[99] Dies stellt hinreichende Beweise dafür dar, dass sich der Warenaustausch in der Zentral-Shaanxi-Ebene seit den frühen Qin nicht, wie von einigen Experten beschrieben, in einer Krise befand oder sogar inexistent war, sondern seine Existenz damals eine Entwicklung der gesellschaftlichen Produktion kennzeichnete.[100]

Im chinesischen Feudalismus nutzte die Regierung nicht nur ihren Ressourcenvorteil aus, sie nutzte ebenso ihren Informationsvorteil aus. Außer für eine optimale Regulierung der Preise sollte letztere Stärke ebenfalls für einen bestmöglichen Schutz der Interessen von unmittelbaren Produzenten und Konsumenten genutzt werden. Davon profitierte auch die Regierung selbst. Es gibt im feudalen China unzählige Beispiele für die Erlangung und Nutzung dieses Vorteils durch den Staat. Die Vorgehensweise des Finanzexperten Liu Yan aus der Tang-Dynastie kann als idealtypisch gelten. Das „Alte Buch der Tang" zeichnete dies im Kapitel 123 „Biografie des Liu Yan" folgendermaßen auf:

> „Aus den Provinzen kamen die Beamten der Lokalregierungen in die Hauptstadt. Zu einem teuren Preis wurden die mit einem schnellen Schritt angeworben. Sie sollten an Poststationen warten und ihm Berichte über die Preise der Märkte aller Orte zukommen lassen. Trotz der enorm weiten Entfernung konnte die Höhe der Preise selbst der abgelegensten Orte des Reiches innerhalb von vier bis fünf Tagen in Erfahrung gebracht werden. So konnte Liu Yan die Preise aller Nahrungsmittel und anderen Güter im ganzen Reich kontrollieren. Daraus zog die Dynastie großen Nutzen und die Menschen mussten sich nicht um überhöhte oder zu wohlfeile Preise im Reich sorgen. Dies war die ganze Kunst.

---

96 *Jin Shu* 晋书 („Buch der Jin"), Kapitel 113: *Fu Jian Zaiji* 苻坚载记 („Aufzeichnungen zu Fu Jian"), erster Teil.

97 *Jin Shu* 晋书 („Buch der Jin"), Kapitel 113: *Fu Jian Zaiji* 苻坚载记 („Aufzeichnungen zu Fu Jian"), erster Teil.

98 *Tongjian* 通鉴 („Umfassender Zeitspiegel zur Hilfe bei der Regierung"), Kapitel 106: *Dong Jin Xiaowu Di Taiyuan Shi Nian (385 nian) Shiyi Yue Tiao* 东晋孝武帝太元十年（385 年）十一月条 („Zehntes Jahr der ‚Taiyuan'-Ära des Kaisers Xiaowu der Östlichen Jin (385), Abschnitt zum elften Monat").

99 *Jin Shu* 晋书 („Buch der Jin"), Kapitel 118: *Yao Xing Zaiji* 姚兴载记 („Aufzeichnungen zu Yao Xing"), zweiter Teil.

100 Jin Baoxiang 金宝祥: *Bei Chao Sui Tang Juntianzhi Yanjiu* 北朝隋唐均田制研究 („Forschungen zum System der gleichen Feldverteilung in der Nördlichen Wei-Dynastie, der Sui- und Tang-Dynastie"), in *Tang Shi Lunwen Ji* 唐史论文集 („Sammlung von Aufsätzen zur Geschichte der Tang-Dynastie"), Lanzhou: Gansu Renmin Chubanshe, 1982.

> Nachdem genug Personen angeworben worden waren, wurden diejenigen unter den Ausgesandten, die sich als fähig erwiesen, befördert. Aus den Gesandten wurden zuallererst diejenigen entfernt, die auf ihren eigenen Vorteil aus waren. Dadurch bildete sich eine gute Arbeitsweise heraus. Damals gab es einige einflussreiche Persönlichkeiten, die Liu Yan ihre Verwandten und Freunde weiterempfahlen. Liu Yan stellte sie auch ein, die Höhe ihres Beamteneinkommens und die Geschwindigkeit ihres Aufstieges in der Rangordnung entsprach ihren Wünschen. Liu Yan ließ sie jedoch niemals bedeutsame Aufgaben übernehmen. Personen in wichtigen Verantwortungen mussten immer die besten Leute sein. In den mehr als zwanzig Jahren, die auf den Rücktritt Liu Yans folgten, übernahmen Han Hui 韩洄, Yuan Xiu 元琇, Pei Tian 裴腆, Bao Ji 包佶, Lu Zheng 卢徵 und Li Heng 李衡 die Verwaltung für Finanzpolitik und Steuereintreibung. Sie alle waren Beamte, die vorher unter Liu Yan gedient hatten. Selbst wenn die Liu Yan unterstellten Beamten tausende Kilometer entfernt waren, handelten sie noch immer nach seinen Vorschriften, so als wenn sie direkt vor ihm gestanden hätten. In Gesprächen und bei der Erledigung ihrer Amtsgeschäfte wagten sie es nicht, zu betrügen oder zu lügen. Die Situation in ihrer Umgebung hatten sie stets gut im Blick und waren rechtzeitig informiert. Wenn etwas geschah, das es zu feiern lohnte, wurde unbedingt zeitnah eine Throneingabe getätigt. Der Tee und die Mandarinen aus dem Gebiet des Jangtse und des Huai-Flusses wurden von Liu Yan und seinen Lokalbeamten jedes Jahr dem Kaiser als Tribut gezollt und konnten früher als von anderen an ihn abgegeben werden. Manche der Beamten, die über eigenes Land verfügten, blockierten Pässe und schnitten Wege ab, um Leuten den Weg zu versperren, die früher als sie dem Kaiser Tribut leisteten. Liu Yan nahm viel Geld in die Hand, um den Weg frei zu kaufen. Da er oft früher wie andere Beamte seinen Tribut leistete, sorgte er für Unmut bei den Militärbefestigungen an der Grenze."

Bei der vollständigen Zusammentragung und Nutzung unter anderem der Preisinformationen hat Liu Yan die Intelligenz eines großen Staatsmannes bewiesen. Er leistete einen tatkräftigen Beitrag zur Regulierung der landesweiten Preise. Darüber hinaus zog sich Liu Yan während seiner Tätigkeit eine Reihe von Wirtschaftsreformern heran, die später gleichermaßen eine wichtige Rolle spielten. Seine Reformen waren also von nachhaltiger Wirkung.

Zwar erfolgte der Bau von Straßen im ganzen Reich seit Qin Shihuangdi hauptsächlich zur Festigung und Stärkung des despotischen Zentralismus sowie aus militärischen Überlegungen, dennoch waren sie objektiv gesehen nützlich für die Warenzirkulation. Sie verfügten über eine weitreichende Bedeutung für die Entwicklung von Gesellschaft und Wirtschaft und den Aufbau eines Handelsnetzes zu Wasser und an Land, in dem wichtige Städte und kleinere Gemeinden als Knotenpunkte fungierten. Zur Zeit des Sui-Kaisers Yang 隋炀帝 wurden die Kräfte des gesamten Reiches zur Errichtung des den Süden mit dem Norden verbindenden Kaiserkanals aufgeboten. Zwar nannte Sui-Kaiser Yang als Motiv für diesen Kraftakt seinen Feldzug gegen die Kitan, faktisch gab es jedoch objektive Notwendigkeiten in Gesellschaft und Wirtschaft, insbesondere der Warenwirtschaft, die zum Kanalbau führten. Mit dem Bau des Kaiserkanals in der Sui-Dynastie wurde ein Verkehrsnetz zu Wasser und an Land aufgebaut, dessen Kern das damalige politische Zentrum Chang'an bildete. Er übte eine enorme Wirkung auf die damalige und spätere Gesellschaft und Wirtschaft aus. Die Beschleunigung der Verschiebung des wirtschaftlichen Schwerpunkts Chinas nach Süden stand in engem Zusammenhang mit dem Bau des Kaiserkanals. Auf der Grundlage der Sui-Dynastie wurde der weltbekannte Kaiserkanal später in seiner heutigen Ausdehnung zwischen Peking und Hangzhou vollendet. Es handelt sich bei ihm um die weltweit früheste und längste künstliche Wasserstraße. Der Kaiserkanal zwischen Peking und Hangzhou beginnt im Norden in Peking und endet im Süden in Hangzhou und durchfließt dabei das heutige Peking, Hebei, Tianjin, Shandong, Jiangsu, Zhejiang sowie sechs weitere heutige Provinzen und regierungsunmittelbare Städte. Er verbindet den Hai He 海河, den Gelben Fluss, den Huai He 淮河, den Jangtse, den Qiantang-Fluss 钱塘江 sowie fünf weitere große Flusssysteme miteinander und weist insgesamt eine Länge von 1794 Kilometern auf. Der Kaiserkanal zwischen Peking und Hangzhou hat einen großen Anteil an der Entwicklung des Verkehrs zwischen Süd- und Nordchina, an der Verbindung von Gesellschaft, Wirtschaft und Kultur beider Landesteile sowie an vielen weiteren Aspekten. Ein solches Großprojekt konnte nur mit der Planung und konkreten Arbeitsorganisation durch die Zentralregierung erfolgreich verwirklicht werden.

Im 51. Jahr der „Kangxi"-Ära 康熙 der Qing-Dynastie (1712) wurde festgelegt, „dass die Kopfsteuer auch bei Vermehrung der Kopfzahl niemals gesteigert"[101] würde. Dies war eine der wichtigsten makroökonomischen Leitlinien, die der chinesische Staat in der Spätphase des Feudalismus verfolgte. Ihre Anwendung zeigte, dass der Arbeitskräftemangel in der Wirtschaft sich bereits gebessert hatte. Allerdings stach der Mangel an Ackerlandressourcen mit dem stetigen Anwachsen der Bevölkerung immer deutlicher hervor. Um diesem grundlegenden gesellschaftlichen Wandel Rechnung zu tragen, fror der Kaiser die Gesamtsumme der Kopfsteuer des ganzen Landes ein. Daher stieg sie nicht an, auch wenn die Bevölkerungszahl wuchs. Im von Landwirtschaft geprägten Feudalismus Chinas erwies sich die Reproduktionsfähigkeit der Menschen als besonders stark. Dementsprechend war das Bevölkerungswachstum auch nicht wieder umkehrbar.[102] Die Zusammenführung von Kopf- und Grundsteuer in der Qing-Dynastie[103] jedoch stellte eine Veränderung mit revolutionärem Charakter in der traditionellen Gesellschaft dar. Sie machte endgültig deutlich, dass Arbeitskräftemangel in China der Vergangenheit angehörte und stattdessen der Mangel an Ackerlandressourcen zur unabänderlichen Realität der damaligen und späteren Gesellschaft geworden war. Dies bildete einen starken Kontrast zu folgender vorher geltender Annahme: „Wenn die Bevölkerungszahl wächst, dann steigen die Steuereinnahmen von selbst. Daher steht die Liebe zum Volk in der Finanzpolitik an höchster Stelle."[104] Vor der Anwendung der „Ein-Peitschen-Methode" und insbesondere vor der Zusammenführung von Kopf- und Grundsteuer bedeutete ein

---

101 *Qing Shi Gao* 清史稿 („Manuskripte zur Geschichte der Qing-Dynastie"), Kapitel 120: *Shi Huo Zhi* 食货志 („Abhandlung zu Nahrung und Handel"), erster Teil.

102 In der Geschichte Chinas gibt es ebenfalls Aufzeichnungen über Rückgänge der Bevölkerungszahl. Diese begründeten sich im Wesentlichen durch Kriegswirren und Naturkatastrophen. In manchen Perioden kam es aufgrund von hohen Steuer- und Fronlasten ebenfalls zu Betrügereien bei der Haushaltsregistrierung. Allerdings stellen obengenannte Situationen Sonderfälle in der Geschichte Chinas dar.

103 *Zhupi Yuzhi* 硃批諭旨 („Palasteingaben"), Kapitel 73, Nummer 4: Shizongxian Huangdi Zhupi Yuzhi 世宗宪皇帝硃批谕旨 („Palasteingaben des Kaisers Yongzheng"): „In allen Provinzen soll die Kopfsteuer, basierend auf der Bevölkerungszahl der Kreise, einheitlich in die Grundsteuer aufgelöst werden."

104 *Tongjian* 通鉴 („Umfassender Zeitspiegel zur Hilfe bei der Regierung"), Kapitel 226: *Tang Dezong Jianzhong Yuannian (780) Qi Yue Tiao* 唐德宗建中元年（780 年）七月条 („Erstes Jahr der ‚Jianzhong'-Ära des Kaiser Dezong der Tang (780), Abschnitt zum siebten Monat").

Bevölkerungswachstum einen Zuwachs an Steuern und Frondienst für den Staat. Die auf dieser Regel basierende „Liebe zum Volk" begründete sich aus der Finanzpolitik heraus und war gleichbedeutend mit der Ergreifung von Maßnahmen zur Kontrolle von mehr Haushalten. Nach der Zusammenführung von Kopf- und Grundsteuer wiesen die Einnahmen der Regierung keine direkte Beziehung zur Bevölkerungszahl mehr auf, sondern waren unmittelbar an den Besitz mangelnder Ressourcen wie Ackerland, das heißt Besitztümer des Steuerzahlers gekoppelt. Das in der Neuzeit [von Sun Yat-sen vorgeschlagene *Anmerkung des Übersetzers*] „gleiche Recht auf Land" und die später von der KPCh geführte Landreformbewegung stellten notwendige Konsequenzen aus diesem historischen Hintergrund dar.

Die Feudalregierung Chinas ging bei der Regulierung mancher Teile der Wirtschaft vergleichsweise direkt vor. Die Verwaltung der Märkte zählte zu diesen Bereichen. Zwar lag das Hauptaugenmerk der feudalen Wirtschaft auf der Produktion von Gebrauchswerten, da aber ihr Austausch nötig war, erwies sich allein ein simpler Produktentausch als unzureichend. Es brauchte noch einen Warenaustausch. Ohne Warenwirtschaft hätte die gesamte feudale Wirtschaft kaum funktionieren können, geschweige denn sich entwickeln können. [105] Der Warenaustausch kam in China verhältnismäßig früh auf und wies im Wesentlichen eine sich entwickelnde Tendenz auf. Zwar erfuhr er im Laufe der Geschichte auch immer wieder Krisen und manchmal kam es sogar zur Ablösung des Warenaustauschs durch unmittelbaren Produktentausch, diese Zustände sollten aber alle lediglich als Sonderfälle betrachtet werden. Sie traten nur in Kontexten wie Kriegen auf und bildeten keinesfalls den Normalzustand. Warenwirtschaft stellte demnach ein notwendiges Dauerphänomen im chinesischen Feudalismus dar.

Damit wurde auch die Verwaltung der Märkte für die Regierung zum Thema. Der Warenaustausch existierte in China bereits in der Stammesgesellschaft. Dies wurde zum Beispiel im Yijing 易经 folgendermaßen dokumentiert: „Shennong machte, (...) dass mittags, wenn die Sonne hoch stand, Markt war, die Menschen der Erde kamen und ihre Güter versammelten, handelten und sich zurückzogen. Jeder erhielt das Seine." Selbstverständlich handelte sich beim damaligen Austausch um einen simplen Produktenaustausch zwischen den verschiedenen Stämmen. Außerdem waren Umfang und Häufigkeit in der Regel begrenzt. Nach den Aufzeichnungen der „Konsultationen des Gao Yao" im „Buch der Urkunden" (*Shangshu·Gao Yao Mo* 尚书・皋陶谟) enthielt der von Kaiser Shun 舜 [mythischer Urkaiser *Anmerkung des Übersetzers*] festgelegte Leitfaden zur Regierungsausübung unter anderem folgende Aufforderung: „Sie sollen, was sie haben, gegen das tauschen, was sie nicht haben und damit über die Anhäufungen ihrer Speicher verfügen." Dies zeigt, dass der Handel bereits zu Zeiten Kaiser Shuns einer der unverzichtbaren, grundlegenden Teile des Gesellschafts- und Wirtschaftslebens war. In der Klassengesellschaft erfuhr der Handel nicht nur das besondere Augenmerk und die Kontrolle der Regierung, sondern die Regierung betrieb in gewissem Ausmaß selbst Handel, um die unmittelbaren Bedürfnisse des

105 vgl. Ning Ke 宁可: *Guanyu Zhongguo Fengjian Jingji Jiegou* 关于中国封建经济结构 („Über die feudale Wirtschaftsstruktur Chinas"), in Academic Monthly, Nr. 11 2006.

Kaiserhauses und der verschiedenen Regierungsebenen zu befriedigen. Bereits in der westlichen Zhou-Dynastie gab es dem Minister für Beamtenangelegenheiten unterstellte Händler aus dem engsten Kreis der Dynastie, die unmittelbar dem Kaiserhaus dienten. Die der Ländereienverwaltung zugehörigen Händler bekleideten ihre Tätigkeit jedoch nur als Ämter bei Hofe. Diese Aufteilung glich der in der Feudalgesellschaft lange existierenden Trennung der Finanzen des Kaiserhauses von denen der Regierung. Im Wesentlichen schätzten die aus dem engsten Kreis der Dynastie stammenden Händler für das Kaiserhaus Qualität und Preis lokaler Tributleistungen. Sie kauften im Auftrag ebenfalls Tiere und Nutztiere, Schmuckstücke aus Silber und Gold, Textilien sowie weitere alltägliche Gebrauchsgüter und Luxusgüter. Es handelte sich bei beiden Arten um staatliche Händler, die dem Kaiserhaus beziehungsweise der Regierung dienten. Daher gab es schon früh „vom Staat ernährte Handwerker und Händler". Ihr Einfluss auf die chinesische Gesellschaft war von weitreichender Bedeutung.

Die sogenannte „Marktaufsicht" (*shìlìng* 市令) durchlief in der Geschichte des feudalen Chinas einen Veränderungsprozess, in dem sie von ihrer anfänglichen Form als bloßer Gesetzestext zur Personifikation Letzterer durch Beamte zur Verwaltung der Märkte überging. In den „Riten der Zhou" findet sich folgende Aufzeichnung: „Mit einer Strafe in Stoff werden diejenigen belegt werden die gegen die Gesetze der Marktaufsicht verstoßen haben."[106] Hier bezog sich Marktaufsicht selbstverständlich auf entsprechende Gesetzte für Märkte, die die Regierung eingerichtet hatte. In der Regierungszeit des Königs Zhuang von Chu 楚庄王 (613 – 593 v. Chr.) in der Frühlings- und Herbstperiode änderte sich dies grundlegend, da die Marktaufsicht nun hauptsächlich in Form von Verwaltungsbeamten für Märkte auftrat.[107] Während der Xin-Dynastie (9 – 23 n. Chr.) von Wang Mang 王莽 wurde in der Hauptstadt Chang'an „eine Marktaufsicht für den Osten und den Westen" eingerichtet. In Chengdu und weiteren großen Städten gab es „Marktvorsteher" (*shìzhǎng* 市长), später wurden diese wiederum mit Begriffen wie „Marktkommandeurs" (*sīshì* 司市) bezeichnet.[108] In der Wei- und Jin-Dynastie sowie in den Südlichen und Nördlichen Dynastien gab es ebenfalls viele Formen der Marktaufsicht, bis diese in der Sui-Dynastie schließlich dem Finanzminister unterstellt wurde.[109] Zwar unterschieden sich die Namen der Marktbeamten in verschiedenen Perioden, dennoch übten sie im Wesentlichen alle das Amt eines „Marktkommandeurs" aus. Diese Position entsprach einem hochrangigen, leitenden Beamten für die Verwaltung von Märkten aus der Zeit vor der Qin-Dynastie. Die Tang-Dynastie übernahm das System der Sui-Dynastie und nutzte die Marktaufsicht noch immer als Verwalter der Märkte, allerdings hatten bis

---

106 *Zhouli Zhushu* 周礼注疏 („Riten der Zhou – Notizen und Kommentare"), Kapitel 15: *Chanren* 廛人 („Marktaufseher").

107 *Shiji* 史记 („Aufzeichnungen des Chronisten"), Kapitel 119: *Xunli·Sunshu Ao Zhuan* 循吏・孙书敖传 („Biographien der vernünftigen Beamten").

108 *Han Shu* 汉书 („Buch der Han"), Kapitel 24 (zweiter Teil): *Shi Huo Zhi* 食货志 („Abhandlung über Nahrung und Handel"), zweiter Abschnitt.

109 *Sui Shu* 随书 („Buch der Sui"), Kapitel 26: *Bai Guan Zhi Shang·Taifu Qing* 百官志上・太府卿 („Abhandlung über die Beamten, erster Teil; Finanzminister").

dahin bereits größere Veränderungen ergeben. Eingangs genannter Veränderungsprozess sollte nun deutlich geworden sein.

Bei den Märkten (*shì* 市) vor der mittleren Periode der Tang-Dynastie handelte es sich normalerweise um staatliche Märkte, die auch von Regierungsbeamten unmittelbar verwaltet wurden. Üblicherweise bezog sich der Begriff *shì* auf einen Markt an einem bestimmten Ort während eines festgelegten Zeitfensters. Außerdem wurden Märkte bis einschließlich zur Tang-Dynastie hauptsächlich in der Hauptstadt und landesweit in den Gebieten eingerichtet, in denen die Präfektur- und Kreisregierungen saßen. Der leitende Beamte zur Verwaltung der Märkte war die Marktaufsicht. Sie wurde entweder von der Zentralregierung und der entsprechenden Lokalregierung gemeinsam ernannt oder von lokalen Beamten als Zusatzaufgabe übernommen. In den Gebieten der ethnischen Minderheiten um das Reich wurde stattdessen eine „Aufsicht für gegenseitigen Handel" (*hùshìjiàn* 互市监) eingerichtet, sie diente der Überwachung des Handels mit diesen Völkern. Die staatliche Verwaltung der Märkte wurde in einem System von oben nach unten von der jeweiligen Verwaltungsebene zugehörigen entsprechenden Institutionen wahrgenommen. Dabei handelte es sich der Reihenfolge nach um den Hof für die kaiserlichen Finanzen (*tàifǔsì* 太府寺), die Marktbehörden der beiden Hauptstädte (*liǎngjīng dūshì shǔ* 两京都市署) [in der Tang-Dynastie Chang'an und Luoyang *Anmerkung des Übersetzers*], das Amt für Preisausgleich (*píngzhǔn shǔ* 平准署) und die Märkte oberhalb der Präfektur- und Kreisebene selbst. Der jeweils konkret verantwortliche Beamte entsprach der „Marktaufischt". Damit wird Folgendes deutlich: Mit der zunehmenden Beachtung der Märkte seitens der feudalen Regierung sowie der Reifung und Regularisierung ihrer Verwaltung durch Letztere wurden diese zu einem Teil des normalen staatlichen Verwaltungsablaufes.

Es ist belegt, dass die „Marktkommandeure" in der Zeit vor der Qin-Dynastie die leitenden Marktbeamten waren. Sie führten unter anderem Verwaltungsaufgaben aus, hielten die Marktteilnehmer zur Einhaltung der Regeln ein, sprachen Strafen bei Verstößen gegen Letztere aus, kontrollierten die verwendeten Maße und sprachen Verbote und Anordnungen für den Markt aus. Die ihnen unterstellten Marktbeamten nahmen ihren Dienst gleichermaßen sehr ernst. Unter ihnen bestand eine klar umrissene Arbeitsteilung, diese stellte sich wie folgt dar: „Preiskontrolleure" (*zhìrén* 质人), die für die Kontrolle der Preise zuständig waren, sogenannte *chánrén* 廛人, die speziell für die Eintreibung von Gebühren für die Marktstände zuständig waren und *xūshī* 胥师, Vorgesetzte für die große Menge der Beamten niederen Ranges. Weiterhin gab es „Händlermeister" (*jiǎshī* 贾师), die für die Schätzung der Preise der Waren zuständig waren, eine „Marktpolizei" (*sībào* 司虣), die für Sicherheit und Ordnung auf dem Markt verantwortlich war, eine „Patrouille" (*sījī* 司稽), die speziell diejenigen kontrollierte, die nicht pünktlich zum Markt kamen oder/und ihn nicht pünktlich verließen und speziell für die Märkte bereitgestellte Steuerbeamte (*quánfǔ* 泉府).[110] Hieraus lässt sich erkennen, dass die

---

[110] vgl. *Zhouli Zhushu* 周礼注疏 („Riten der Zhou – Notizen und Kommentare"), Kapitel 9: unter anderen die Abschnitte *Sishi* 司市 („Marktkommandeure"), *Zhiren* 质人 („Preiskontrolleure"), *Chanren*

Verwaltung der Märkte Chinas bereits in der Zeit vor der Qin-Dynastie verhältnismäßig ausgereift gewesen muss. Die Tang-Dynastie setzte von Beginn an diesen historisch überlieferten, traditionellen Verwaltungsmodus fort. Sie präzisierte lediglich weiter die Aufgaben in der Marktverwaltung und legte fest, dass die Marktaufsicht der Hauptstadt „den Handel des Volkes verwalten" sollte. Der konkrete Verantwortungsbereich ihrer Beamtengehilfen (*shìchéng* 市丞) wurde historisch wie folgt beschrieben: „Alle Märkte sollten mit Bannern markiert werden und Beamte eingesetzt werden. Sie sollten die Marktstände einteilen und die Güter untersuchen, die Form und das Gewicht untersuchen und mit drei Preiskategorien belegen (es gab exzellente, mittlere und niedrige Qualität zur Preisbestimmung)".[111] Die Regierung hatte strenge Qualitätsvorgaben für Produkte, insbesondere Handwerksprodukte, die auf dem Markt gehandelt werden sollten. Aus den grundlegenden Verantwortungsbereichen der Marktaufsicht und ihrer Gehilfen lassen sich ihre Hauptaufgaben erkennen: die Verwaltung des Handels unter der Bevölkerung, die Regulierung der Preise, die Normierung der Märkte, die Beurteilung der Warengüte, die Eintreibung der Steuern und die Aufrechterhaltung der Sicherheit. Dabei gab es weiterhin einen klar geregelten, strengen Mechanismus für den Zutritt zu den Märkten und auch für ihr Verlassen. Man kann also festhalten, dass sich zu jener Zeit bereits die Form und der grundlegende Verwaltungsmodus der traditionellen Märkte herausgebildet hatten. Letztere kann bis zum Marktbeamten der Zeit vor der Qin-Dynastie zurückverfolgt werden, dem „Marktkommandeur". Das System der Marktbeamten mit dem „Marktkommandeur" als leitendem Beamten spricht dafür, dass die Verwaltung der Märkte bereits recht ausgereift war. Diese Form der „direkten Verwaltung" kam auch später noch häufig zur Anwendung.

Im Feudalismus fungierten Textilien als eine der wesentlichen Quellen für die Staatsfinanzen. Zugleich stellten sie ein ständig benötigtes und damit unverzichtbares Gebrauchsgut im Alltagsleben der Bevölkerung und der Beamten dar. Unter gewissen Umständen konnten sie sogar als Wertmaßstab dienen. Es galten strenge Regelungen in Bezug auf Qualität und Maßeinheiten. Diese waren unabdingbar zur Garantie der Interessen der unmittelbaren Produzenten und Konsumenten sowie zur Aufrechterhaltung der normalen Gesellschafts- und Wirtschaftsordnung. Sie konnten im Feudalismus nur mit Unterstützung der entsprechenden Regierungsstellen festgelegt und durchgesetzt werden. Während der Regierungszeit des Kaisers Xiaowen 孝文 der nördlichen Wei-Dynastie wurde für

---

廛人 („Gebühreneintreiber") aus *Diguan·Situ Di Er* 地官・司徒第二 („Der irdische Beamte – Verwalter der Massen, zweiter Teil").

111 Das *Tongdian* 通典 („Umfassende Gesetzesbücher"), Kapitel 40: *„Zhiguan Ershi'er·Zhipin Wu·Da Tang Guanpin* 职官二十二・秩品五・大唐官品 („Beamte, Kapitel 22: Beamtenränge – Beamtenränge der Tang-Dynastie") hält für das fünfundzwanzigste Jahr der „Kaiyuan"-Ära (737) Folgendes fest: „Die Marktaufseher der beiden Hauptstädte entsprachen Beamten des Ranges 6A, die Gehilfen entsprachen Beamten des Ranges 8A. Die Schreiberlinge und Marktaufseher der Bereichskommandaturen und wichtigen Präfekturen sowie weitere Beamte entsprechen Beamten des Ranges 9B [neunstufiges Beamtensystem des feudalen China mit 1 als höchstem und 9 als niedrigstem Rang, unterteilt in A und B für die jeweils höhere bzw. niedrigere Stufe des gleichen Ranges, *Anmerkung des Übersetzers*]."

diesen Bereich folgende gesetzliche Zwangsverordnung erlassen: „Im alten System hatten alle vom Volk gewobenen Seidenstoffe und anderen Stoffe eine Stoffbreite von zwei Chi und zwei Cun, eine Länge von 40 Chi ergab eine Rolle und eine Länge von 60 Chi ein Duān."[112] In Produktion und Handels wurde kam es aus Antrieb für die eigenen Interessen und die Anwendung unlauterer Mittel häufig zu Betrügereien. „Später nahm die Qualität zunehmend ab und es wurde sich nicht an die Maße gehalten." Im dritten Jahr der „Yanxing"-Ära 延兴 des Kaisers Xiaowen der nördlichen Wei-Dynastie (473) „setzte [die Zentralregierung] wiederum ein neues strenges System in Kraft und ordnete die Präzisierung des alten Systems an." Mit diesem wurde festgelegt, dass die Breite der Textilien einheitlich bei 2,2 Chi liegen musste, die Länge für eine Rolle bei 40 Chi und die Länge von einem Duān bei 60 Chi. Wenn in die Zirkulationssphäre eingehende Textilien nicht den obengenannten Vorschriften entsprachen, musste der Produzent je nach konkreter Situation mit verschiedenen Strafen rechnen. Doch damit nicht genug: Gleichzeitig musste auch die entsprechende staatliche Stelle und ihr Verantwortlicher die rechtlichen Konsequenzen für die Vernachlässigung der Aufsicht in gleicher Härte wie der zu bestrafende Produzent auf sich nehmen.[113] Die Wiederherstellung des sogenannten „alten Systems" war hier gleichbedeutend mit der Wiederherstellung der feudalen Produktionsweise und der Aufrechterhaltung der historischen Marktordnung. Sie war von besonders entscheidender Bedeutung in der Beschleunigung des Prozesses der Feudalisierung der nördlichen Wei-Dynastie.

Nach den Aufzeichnungen des *Tang Huiyao* 唐会要 („Institutionelle Geschichte der Tang-Dynastie") wurde etwa im zweiten Monat des dritten Jahres der „Chuigong"-Ära 垂拱 Wu Zetians 武则天 (687) festgelegt, dass „die größten Präfekturen eine Marktaufsicht einrichten sollten."[114] Im zwölften Monat des gleichen Jahres erlaubte die Dynastie wiederum Schlüsselregionen wie der Hauptstadtregion, den vier Bereichskommandanturen (*dūdufǔ* 都督府) sowie Präfekturen mit einer Bevölkerungszahl über 40000 Haushalten sowie weiteren Regionen Anpassungen oder Ergänzungen in der Beamtenschaft, inklusive der Marktaufsicht, vorzunehmen.[115] Mit der Wiederherstellung und Entwicklung von Gesellschaft und Wirtschaft verfügten nicht mehr nur die größten Präfekturen über eine Marktaufsichten, sondern selbst auf den Märkten in den mittelgroßen und kleinen Präfekturen sowie Kreisstädten gab es Marktaufsichten. Dementsprechend kam es notwendigerweise auch zu einer Aufstockung der lokalen Beamtenschaft sowie der finanziellen Aufwendungen der Regierung. Deshalb tätigte Li Jifu 李吉甫, Premierminister während der „Yuanhe"-Ära 元和 des Tang-Kaisers Xianzong (806 – 820), eine Throneingabe, in der er eine Verringerung der Zahl der Beamten vorschlägt. Bis zum neunten Monat des sechsten Jahres der „Yuanhe"-Ära (811) hatte

---

112 1 Chi entsprach 29,6 cm und 1 Cun 2,96 cm (*Anmerkung des Übersetzers*).

113 *Wei Shu* 魏书 („Buch der Wei"), Kapitel 110: *Shi Huo Zhi* 食货志 („Abhandlung über Nahrung und Handel").

114 *Tang Huiyao* 唐会要 („Institutionelle Geschichte der Tang-Dynastie"), Kapitel 69: *Cishi Xia* 刺史下 („Regionale Inspektoren, zweiter Teil").

115 *Tang Huiyao* 唐会要 („Institutionelle Geschichte der Tang-Dynastie"), Kapitel 67: Jishuguan 伎术官 („Beamte für Technik und für die Künste").

das Ministerium für Personalangelegenheiten insgesamt 808 lokale Beamte entlassen. Es wurde beschlossen, „in mittelgroßen und kleinen Kreisstädten einheitlich die Marktaufsichten und ihre Gehilfen nicht weiterzuführen und sie zu entlassen."[116] Die Geschichte dieser Beamtenentlassungen beweist umgekehrt wiederum, dass es mindestens bis zur „Yuanhe"-Ära bereits Marktaufsichten auf den Märkten mittelgroßer und kleinerer Kreisstädte und weiterer kleiner Orte gab. Besondere Beachtung verdient folgende Begebenheit: Zwar wurden bereits 811 die Marktaufsichten in mittleren und kleinen Kreisstädten aufgelöst, 40 Jahre später allerdings, das heißt im achten Monat des fünften Jahres der „Dazhong"-Ära 大中 des Tang-Kaisers Xuanzong 宣宗 (851) wurde die Marktaufsicht der mittelgroßen Kreise wiederhergestellt. Diesmal wurde eindeutig festgelegt: „Eine mittelgroße Kreisstadt muss über 3000 Haushalte haben. An solchen Orten soll eine Marktaufsicht und zwei weitere Beamten eingesetzt werden." „Die Kreisstädte unter 3000 Haushalten [jedoch] dürfen keine Marktbeamten einsetzen. Orte an wichtigen Straßen und an denen schon immer Viele zum Handel zusammenkamen, wo es nötig erscheint, dieses Amt einzurichten, müssen gleichermaßen nach den Regelungen für die Einrichtung dieses Amtes für einen Ort mit 3000 Haushalten verfahren. Weiterhin müssen sie bei der Provinzregierung ein Gesuch einreichen. Diese Kreisstädte bekommen unterhalb der Präfektur- und Städteebene zusätzlich Marktbeamte zur Verfügung gestellt."[117] Mit anderen Worten bedeutete dies, dass zu Beginn des 9. Jahrhunderts die Einrichtung einer Marktaufsicht auf Orte mit über 3000 Haushalten begrenzt war. Der Erlass von neuen Vorschriften für lokale Märkte spiegelte nicht nur den Entwicklungsstand der Märkte in der Tang-Dynastie wider, sondern darüber hinaus auch die Entwicklung von Gesellschaft und Wirtschaft insgesamt, insbesondere der Warenwirtschaft und die Anerkennung und Anleitung dieses Fortschritts durch die Regierung. Das zeigte sich daran, dass Kreisstädte unter 3000 Haushalten gemäß den Vorschriften für Kreisstädte mit 3000 Haushalten nun ebenfalls eine Marktaufsicht einrichten durften, wenn es sich um Orte handelte, die an einem bedeutenden Verkehrsweg lagen oder Handel von nennenswertem Ausmaß betrieben. Dies bedeutete letztendlich eine Anerkennung der Einrichtung des entsprechenden Marktes durch die Regierung. Nach den Aufzeichnungen des „Alten Buch der Tang" verfügten alle großen, mittelgroßen und kleinen Bereichskommandanturen sowie großen, mittelgroßen und kleinen Präfekturen der Tang-Dynastie über eine Marktaufsicht. Die besondere Stellung der großen, mittelgroßen und kleinen Bereichskommandanturen versteht sich aufgrund ihrer strategischen Bedeutung von selbst, für die Einteilung in große, mittelgroße und kleine Präfekturen aber war die Einwohnerzahl ein wichtiger Maßstab. Nach dem System der Tang-Dynastie galt Folgendes: „40000 Haushalte übersteigende Präfekturen entsprechen einer großen Präfektur, 20000 Haushalte übersteigende Präfekturen entsprechen mittelgroßen Präfekturen und Präfekturen unter 20000 Haushalten entsprechen kleinen Präfekturen."[118] Im Feudalismus war die Größe der

116 *Tang Huiyao* 唐会要 („Institutionelle Geschichte der Tang-Dynastie"), Kapitel 69: *Cishi Xia* 刺史下 („Regionale Inspektoren, zweiter Teil").

117 *Tang Huiyao* 唐会要 („Institutionelle Geschichte der Tang-Dynastie"), Kapitel 86: *Shi* 市 („Märkte").

118 *Jiu Tang Shu* 旧唐书 („Altes Buch der Tang"), Kapitel 44: *Zhiguan San* 职官三 („Beamte, dritter Teil").

Einwohnerzahl ebenfalls ein wichtiger Anhaltspunkt zur Messung der Gesamtgröße von Gesellschaft und Wirtschaft einer Region und ihres Entwicklungsstandes. Daher zeigte die Einrichtung einer Marktaufsicht auf staatlichen Märkten eindeutig ihr hohes Entwicklungsniveau auf. Außerdem spiegelte die Einrichtung einer Marktaufsicht an einem Ort auch die Stärke der staatlichen Regulierung wider.

Außer der Einrichtung von Märkten in Kerngebieten ordnete die Regierung der Tang-Dynastie ebenfalls an, in an das Reich angrenzenden Regionen staatliche Aufsichten für gegenseitigen Handel zur Verwaltung der dortigen Märkte aufzubauen. Für jeden Markt sollte ein „Aufseher" vom Beamtenrang der sechsten Stufe zweiten Grades und ein „Gehilfe" vom Beamtenrang der achten Stufe ersten Grades eingestellt werden. Ersterer „kontrollierte [im Wesentlichen] die Handelsangelegenheiten mit den nicht-hanchinesischen Völkern, der Gehilfe war sein Assistent." Die höchste Priorität der Regierung im gegenseitigen Handel lag auf Pferden, Eseln, Maultieren und Rindern. Dies geht aus der besonderen Aufmerksamkeit hervor, die sie diesen Waren schenkte. Außerdem erging folgende Anordnung in Zusammenhang mit diesen Tieren: „Alle auf den gegenseitigen Märkten erlangten Pferde, Kamele, Esel und Rinder sollen jeweils nach ihrer äußeren Erscheinung, ihrem Alter und der Abnutzung ihrer Haut beurteilt werden, um diese Informationen dann der zugehörigen Präfektur und Kommandantur mitzuteilen. Diese sollen sie weiter an die oberen Behördenebenen geben. Der Minister für Pferde und Wagen des Kaisers sendet dann Beamten aus, um gemeinsam [mit den lokalen Beamten] [die Ware] entgegenzunehmen und offiziell mit Siegel zu bestätigen."[119] Diese Vorschriften waren bereits verhältnismäßig konkret und spiegelten sowohl die Ausgereiftheit der Verwaltung des Handels mit den umliegenden Regionen als auch die hohe Aufmerksamkeit, die dieser damals beigemessen wurde, wider. Ebenso zeigt sich in ihnen die hohe Bedeutung, welche die Regierung dem Warenaustausch mit den Völkern in den angrenzenden Regionen beimaß.

Die Tang-Dynastie betrieb auch einen Außenhandel in gewissem Maßstab. Laut den Aufzeichnungen gab es seit der „Kaiyuan"-Ära 开元 des Tang-Kaisers Xuanzong 玄宗 (713 – 741) einen „Kommissar für Schiffshandel" (*shìbóshǐ* 市舶使). Es scheint, dass dieses Amt zu Anfang von Militärbeamten zusätzlich ausgeübt wurde, wofür zum Beispiel Folgendes aus dem „Neuen Buch der Tang" als Indiz herangezogen werden kann: „Der Kommissar für Schiffshandel war der Kommandant der Garde zur Rechten Zhou Qingli."[120] In der späten Tang-Dynastie jedoch „klügelte ein alter Militärkommandant Methoden aus, um sich Vorteile zu verschaffen und sich aus den Umschlagsgewinnen der ausländischen Schiffe im Südchinesischen Meer und der enormen Ansammlung von wertvollen Gütern auf einem Fleck zu bereichern. Unter den Militärs, die im Südchinesischen Meer Dienst taten, gab es keinen, der sich nicht viele Waren von den Schiffen mitnahm und sie mit zurück in die Hauptstadt nahm." Daraufhin „heuerte [Lu Jun 卢钧] Militärinspektoren an, die als Kommissare

119 *Tang Liu Dian* 唐六典 („Die sechs Gesetzesstatuten der Tang-Dynastie"), Kapitel 22: *Zhu Hushijian* 诸互市監 („Die Aufseher der gegenseitigen Märkte").

120 *Xin Tangshu* 新唐书 („Neues Buch der Tang"), Kapitel 112: Liu Ze Zhuan 柳泽传 („Biographie des Liu Ze").

für Schiffshandel dienten und mischte sich selber nicht im Geringsten ein."[121] Selbstverständlich war der Kommissar für Schiffshandel zu jener Zeit kein dauerhaft existentes Amt und verfügte auch noch über keinen eigenen Verwaltungsapparat. Dennoch zeigt die Schaffung eines solchen Amtes unzweifelhaft, dass der Außenhandel über das Meer[122] schon damals unmittelbar von der Zentralregierung verwaltet wurde. Außerdem zeugt es vom besonderen Augenmerk, welches die Zentralregierung auf den Außenhandel legte. Die Tang-Dynastie ließ diese Angelegenheiten durch der Verwaltungseinrichtung für das Handwerk, dem Direktorat für die kaiserlichen Manufakturen, zugeordnete gegenseitige Märkte gezielt verwalten. Gemäß der damaligen Regelungen bestand die konkrete Funktion der gegenseitigen Märkte in „der Überwachung und Kontrolle des Handels mit den fremden Völkern."[123] Das heißt, der Handel mit ausländischen Händlern und ethnischen Minderheiten wurde von den gegenseitigen Märkten verwaltet und getragen. Genau, weil das Direktorat für die kaiserlichen Manufakturen über eine solch besondere Funktion in seiner Stellung für die gegenseitigen Märkte verfügte, legte die Regierung fest, dass wenn ausländische Schiffe ankamen, zuerst von der lokalen Regierung alle Waren aufgekauft werden mussten: „Ihre Beamten kauften die Güter und lieferten sie an das Direktorat für die kaiserlichen Manufakturen, damit dieses eine Auswahl der Güter traf."[124] Das Entstehen der gegenseitigen Märkte illustrierte die Verstärkung der gesellschaftlichen Funktion des Feudalismus zur Beschränkung der Warenwirtschaft. Diese Verstärkung hatte die Beschränkung des privaten Handels (oder den Schutz der Existenz von staatlichen Händlern) zur Vorbedingung. Das Entstehen dieser gegenseitigen Märkte stellte andererseits auch eine objektive Notwendigkeit für die Öffnung der Tang-Dynastie nach außen dar. Mit ihnen bot die Tang-Dynastie gute Bedingungen für das ausländische Handwerk und den Handel mit dem Ausland und ließ wirtschaftliche Aktivtäten ausländischer Handwerker und Händler auf dem Gebiet der Tang-Dynastie zu einem vergleichsweise sicheren und gewinnversprechenden Geschäft werden.[125] Oben Beschriebenes trifft nicht nur auf die Tang-Dynastie zu, sondern lässt sich im Wesentlichen auch auf andere Dynastien anwenden. Die von den Händlern aus Shanxi, die in der Ming- und Qing-Dynastie über Jahrhunderte eine dominierende Rolle im chinesischen Handel innehatten, in ihrer Heimat aufwendig errichteten Anwesen und Landhäuser sind Zeugen dieses florierenden Systems.

---

121 *Jiu Tang Shu* 旧唐书 („Altes Buch der Tang"), Kapitel 177: Lu Jun Zhuan 卢钧传 („Biographie des Lu Jun").

122 Der Außenhandel der chinesischen Feudalgesellschaft reicht weit zurück und beginnt und endet mit der Feudalgesellschaft. Dies kann allein am Beispiel der spätestens in der Periode des Kaisers Wu von Han entstandenen Seidenstraße sowie der später sich entwickelnden Seidenstraße auf See ausreichend illustriert werden.

123 *Jiu Tang Shu* 旧唐书 („Altes Buch der Tang"), Kapitel 44: *Zhiguan Zhi* 职官职 („Abhandlung über Beamte"), dritter Teil.

124 *Tang Huiyao* 唐会要 („Institutionelle Geschichte der Tang-Dynastie"), Kapitel 66: *Shaofujian* („Direktorat für die kaiserlichen Manufakturen").

125 Wei Mingkong 魏明孔: *Tang Dai Duiwai Zhengce de Kaifangxing yu Fengbixing ji qi Pingjia* 唐代对外政策的开放性与封闭性及其评价 („Die Offenheit und Geschlossenheit der Außenpolitik der Tang-Dynastie und ihre Bewertung"), in Journal of Social Sciences, Nr. 2 1989.

Aus Obigem geht das System der Tang-Dynastie in Bezug auf Verwaltungsbeamte für Märkte von der Zentralregierung bis auf die lokale Ebene und von den Großstädten bis hin zu den Grenzregionen hervor. Zwar erfolgte die Einrichtung von Marktaufsichten an manchen Orten früher oder später und es existierten verschiedene hierarchische Abstufungen unterschiedlicher Orte, Eines ist dennoch kann jedoch als unstrittig gelten: In der Tang-Dynastie spielten die Marktaufsichten auf der Führungsebene der Marktverwaltung eines jeden Ortes eine wichtige Rolle.

Kurz gesagt, setzte die Tang-Dynastie auf den Märkten im Wesentlichen auf eine Spezialverwaltung durch die Marktaufsichten oder kontrollierte und regelte den Handel auf den Märkten aller Ebenen mithilfe anderer Beamten, die diese Aufgabe zusätzlich übernahmen. Dies wird mit von den Forschern berechtigterweise als „direkter Verwaltungsmodus" bezeichnet. Die entscheidende Besonderheit dieses direkten Verwaltungsmodus war die unmittelbare Verwaltung jedes Teilvorgangs des Handels durch Marktbeamte. Zum Beispiel legte der Staat fest, ob ein Markt eingerichtet werden konnte, und auch die Größe sowie der Rang des Marktes wurden von der Regierung bestimmt. Auf dem Markt musste bei der Festlegung der Preise, der Qualität der Waren, dem konkreten Ort des Tausches und der Zeit des Tausches immer staatlichen Anordnungen Folge geleistet werden. In diesem Modus wurde der Markt zum Ort des wirtschaftlichen Austauschs von allen, inklusive einzelner Händler und dem Staat. Alle Marktteilnehmer strebten nach einer Maximierung des eigenen Gewinns mittels stetiger Erweiterung des Handelsvolumens. Zwar war die Existenz von Märkten ein Produkt der Entwicklung des Austauschs, die objektive Entwicklung von Gesellschaft und Wirtschaft sowie die Kenntnis respektive das Konzept von Märkten des Staates hatten allerdings über lange Zeit hinweg noch kein ausreichendes Niveau erreicht, das ein tieferes Verständnis von der Beschaffenheit von Märkten erlaubt hätte. Daher arbeiteten die Marktverwaltungen der Tang-Dynastie und der ihr vorausgehenden Dynastien intensiv daran, die Form des Austauschs auf den Märkten zu normieren. Für sie war wichtig, wie die Staatsmacht und gesetzliche Normen in diesem System repräsentiert werden. Der damalige Verwaltungsmodus zeigt, dass die Märkte noch begrenzt in ihren Entwicklungsmöglichkeiten waren. Seit der mittleren und späten Periode der Tang-Dynastie nahm die Entwicklungsgeschwindigkeit zu und das Niveau der Märkte steigerte sich deutlich, es entstanden sogar Nachtmärkte und außerhalb der Hauptstadt und der Regierungssitze von Präfekturen und Kreisen gab es ein Aufblühen von dörflichen Märkten (unter anderem von *caoshi* 草市 und *xushi* 墟市) sowie anderen Märkten auf verschiedenen Ebenen. In der Tang-Dynastie beschränkte sich die Aufgabe der Marktaufsicht unter dem Zusammenwirken der ihr zugehörigen Beamten dennoch durchgängig auf die Organisierung und Kontrolle der wesentlichen Marktbeamten jedes einzelnen Schrittes im Handelsprozess auf den

Märkten. Die Einrichtung einer Marktaufsicht kann als Kennzeichen zur Messung der Marktentwicklung sowie des Niveaus der Marktverwaltung dienen.[126]

Seit der Tang-Dynastie lockerte die Regierung merklich verschiedene Beschränkungen in Bezug auf den Ort der Einrichtung und die Öffnungszeiten von Märkten sowie das System der strengen Trennung zwischen Wohn- und Geschäftsvierteln (*fangshizhi* 坊市制) oder hob sie sogar auf. Dafür verstärkte sie die Intensität von Diensten der Regierung für die Märkte und ihre Anstrengungen zur Normierung der Märkte als auch den Nachdruck bei der Steuereintreibung auf Märkten. Dies deckte sich mit der Entwicklung der gesellschaftlichen Produktivkraft und der Warenwirtschaft.

Abschnitt 3: Vereinheitlichung der Steuereintreibung

Die Qin- und Han-Dynastie waren wichtige Perioden für die Entstehung eines einheitlichen, zentralisierten chinesischen Vielvölkerfeudalstaates. In dieser Zeit bildete sich ebenfalls der grundlegende Rahmen des Steuer- und Finanzsystems des Feudalstaates der folgenden mehr als 2000 Jahre heraus.

Bei der Fällung wirtschaftspolitischer Entscheidungen legte die Feudalregierung folgendes Prinzip zu Grunde: „Nur so viel ausgeben, wie eingenommen wird."[127] Es kann für die Feudalgesellschaft als eine durchgängig angewandte politische Leitlinie angenommen werden. Oft existiert allerdings kein umfassendes Verständnis dieses Prinzips. Zum Beispiel wird den Veränderungen in der Entwicklung dieses Konzepts nicht genügend Beachtung geschenkt, obwohl es sich hierbei um einen sehr wichtigen Aspekt handelt. „Nur so viel ausgeben, wie eingenommen wird" stellt ein grundlegendes Prinzip für Einnahmen und Ausgaben dar, das die Regierung bis zur Entwicklung der Produktivkraft auf eine gewisse Stufe anwandte. Man kann sagen, es handelte sich um eine wirtschaftspolitische Staatsräson. Während der Anwendung der Zwei-Raten-Steuer in der späten Tang-Dynastie wurde es allerdings grundlegend angepasst. Von da an galt bei der Steuerfestsetzung folgendes Prinzip: „Was ausgegeben wird, muss als Einkünfte festgesetzt werden."[128] Diese Veränderung hat einen genauso unmittelbaren wie

[126] vgl. Wu Xiaoliang 吴晓亮: Tang Song Guojia Shichang Guanli Moshi Bianhua Fenxi – Yi Tang Dai ‚Shi' he Song Dai ‚Shuiwu' Wei Duixiang de Lishi Kaocha 唐宋国家市场管理模式变化分析——以唐代“市”和宋代“税务”为对象的历史考察 („Analyse zur Veränderung des staatlichen Marktverwaltungsmodus der Tang- und Song-Dynastie – Eine geschichtliche Untersuchung mit dem ‚Markt' (*Shi*) der Tang-Dynastie und den „Steuern" (*Shuiwu*) der Song-Dynastie als Untersuchungsgegenständen"), in Researches in Chinese Economic History, Nr. 4 2007.

[127] In China gab es bereits im *Yijing* 易经 („Buch der Wandlungen") Aufzeichnungen von „nur so viel ausgeben, wie auch eingenommen wird." Im Kommentar zu den Riten der Zhou *Zhouguan Yishu* 周官义疏 hieß es zu Anfang: „Die Art und Weise, wie mit Nahrung und Kleidung umzugehen ist, kann mit dieser Regel festgelegt werden: Das, was eingenommen wird ist gleich dem, was verausgabt wird." Dazu gibt es gleichermaßen Aufzeichnungen unter anderem im *San Guo Zhi* 三国志 („Chroniken der drei Reiche"), Kapitel 21: *Wei Shu* 魏书 („Buch der Wei") – *Wei Ji Zhuan* 卫觊传 („Biographie des Wei Ji"), im *Song Shu* 宋书 („Buch der Liu-Song"), Kapitel 6: *Xiaowu Di Ji* 孝武帝纪 („Aufzeichnungen zu Kaiser Xiaowu"), in der *Song Shi* 宋史 („Geschichte der Song-Dynastie"), Kapitel 163: *Zhiguan Zhi* 职官志 („Abhandlung über Staatsbeamte").

[128] *Tang Huiyao* 唐会要 („Institutionelle Geschichte der Tang-Dynastie"), Kapitel 83: *Zushui* 租税 („Pachtsteuer"), erster Teil.

weitreichenden Einfluss auf die späte Periode der Tang-Dynastie und die auf sie folgenden Dynastien. Dieses Prinzip zur Steuerfestsetzung, welches in der mittleren und späten Periode der chinesischen Feudalgesellschaft eingeführt wurde, war seiner Zeit voraus. Es spiegelte die Reife der wirtschaftspolitischen Führungsebene insbesondere im Bereich der Steuereintreibung wider.

Das „Neue Buch der Tang", Kapitel 52 „Abhandlung über Nahrung und Geld" hielt dies so fest:

> „Seit der Zeit des Kaisers Daizong wurde damit begonnen, die Steuer nach der Landgröße festzusetzen, und die Steuer wurde im Sommer und Herbst eingetrieben. Seit der Zeit des Premierministers Yang Yan des Kaisers Dezong wurde dann die Zwei-Raten-Steuer praktiziert. Die Sommersteuer war spätestens im sechsten Monat zu zahlen, die Herbststeuer spätestens im elften Monat. Die Zwei-Raten-Steuer wurde eingeführt, um beide zusammenzufassen und das, was ausgegeben wird, als Einkünfte festzulegen. In den Haushalten wurde nicht nach Landbesitzern und Abhängigen unterschieden, die Bewohnenden waren die Grundlage für die Steuerregistrierung und es wurde auch nicht nach dem Alter oder nach arm und reich unterschieden. Die Steuer für Händler betrug 1/30, der zu leistende Frondienst war einheitlich mit dem der restlichen Bevölkerung. Die Landsteuer wurde gemäß der Größe des bewirtschafteten Landes im vierzehnten Jahr der ‚Dali'-Ära 大历 (779) bestimmt. Es wurden Kommissare zur Zählung ausgesandt, um die Haushalte festzustellen sowie die Bevölkerungszahl und die Produktionsmenge der Felder der Provinzen nach Klassen einzuteilen, davon waren Personen ohne Arbeitskraft und Verwandte, die versorgt wurden und nicht zur Wirtschaft beitrugen, ausgenommen. Wer es wagte, zusätzliche Steuern einzutreiben, verstieß gegen das Gesetz. Die Kritiker meinten, dass das System des ‚Zu Yong Diao' bereits seit dem Kaiser Gaozu und Taizong durchgeführt würde und nicht einfach geändert werden könnte. Kaiser Dezong aber vertraute Yang Yan und zweifelte nicht. Die alte Haushaltszählung zählte 385000 Haushalte, die Kommissare zählten bei der Feststellung und Bestimmung der Haushalte 380000 mit Landbesitz und 30000 abhängige Haushalte. Die Menschen des Reiches zahlten nicht mehr nach ihrem Abstammungsort Steuern, sondern nach dem bewohnten Land, das Haushaltsregister wurde nicht aktualisiert und dennoch konnte die Bevölkerung genau gezählt werden. Die eingetriebenen Steuern in einem Jahr betrugen mehr als 20,5 Millionen Kupfermünzenseile und 4 Millionen Dou Reis für die Orte außerhalb der Hauptstadt; die eingetriebenen Steuern betrugen mehr als 9,5 Millionen Kupfermünzenseile und mehr als 16 Millionen Dou Reis für die Hauptstadt."

Im *Tang Huiyao* 唐会要 („Institutionelle Geschichte der Tang-Dynastie"), Kapitel 83, *Zushui* 租税 („Pachtsteuer") wird erwähnt, dass der Hauptgestalter und die tragende Persönlichkeit in der Umsetzung der Zwei-Raten-Steuer, Premierminister Yang Yan 杨炎 in seiner Throneingabe dem Tang-Kaiser Dezong diese ihm so vorgeschlagen hat:

> „Die notwendige Menge der Fronarbeitsaufwendungen und der einzutreibenden Geldstücke sollen zuerst gemessen werden und dann als Steuer den Menschen auferlegt werden. Das Ausgegebene dient zur Festsetzung dessen, was eingenommen werden soll."

Die seit dem ersten Jahr der „Jianzhong"-Ära 建中 des Kaisers Dezong 德宗 von Tang (780) in der Tang-Dynastie praktizierte Zwei-Raten-Steuer besaß eine besonders wichtige Bedeutung und übte einen sehr großen Einfluss auf die chinesische Feudalgesellschaft aus. In der Geschichte der Steuerfestsetzung des Staates läutete sie von ihrem Stellenwert her eine neue Ära ein. Im unten Folgenden sollen Analysen zu einigen Veränderungen erfolgen, die sich mit der Zwei-Raten-Steuer ergaben:

1. Es war das erste Mal, dass die Haushaltssteuer einen wichtigeren Stellenwert einnahm als die Kopfsteuer. Man weiß, dass vor der Anwendung der Zwei-Raten-Steuer die Kopfzahl der entscheidende Anhaltspunkt für die Festsetzung von Steuern und Fronarbeit war. Die nach Haushalten eingetriebene Haushaltssteuer bildete sich erst spät heraus. Zwar existierte die Haushaltssteuer bereits vor der Zwei-Raten-Steuer [129], jedoch wurde sie zu diesem Zeitpunkt erstmals zur wichtigsten Steuereinnahmequelle. Was den Vergleich mit dem früheren Prinzip „nur so viel ausgeben, wie eingenommen wird" angeht, zeigte sich das Prinzip der Steuerfestsetzung „was ausgegeben wird, muss als Einkünfte festgesetzt werden" als praktikabler, da es der gesellschaftlichen Realität einer Konzentration von Land oder häufig zirkulierendem Land sowie Veränderungen in der Vermögensverteilung im Volke eher entsprach. Die Eintreibung von Steuern nach der Größe des Vermögens verfügte über Elemente eins modernen Steuerprinzips. Gleichzeitig betonte es noch weitergehend die Führungsrolle der Regierung in Gesellschaft und Wirtschaft und hob die wichtige Stellung der Planung in der Feudalgesellschaft hervor.

2. Zum ersten Mal wurde ein System der Steuerteilung zwischen der Zentralregierung und den lokalen Regierungen festgelegt. Seit der Praktizierung der Zwei-Raten-Steuer wurde unter der besonderen Situation der gewaltsamen Abtrennung und Errichtung lokaler Autonomien von militärischen Verteidigungskommandos (*fanzhen* 藩镇) ein Prinzip der Dreiteilung der Steuereinnahmen eingeführt: Ein Teil der Steuern wurde direkt an die Zentralregierung weitergeleitet, ein weiterer an die Bereichskommandanturen, den restlichen Teil behielten die Präfekturen. Das bedeutete, dass die drei Parteien Zentralregierung, Militärgouverneure und lokale Regierungen jeweils gemäß eines bestimmten Satzes eine Teilung der Steuereinnahmen vornahmen.[130] Als die Zwei-Raten-Steuer im ersten Jahr der „Jianzhong"-Ära des Tang-Kaisers Dezong (780) eingeführt wurde, galt folgende Regelung:

129 Nach den Aufzeichnungen im *Sui Shu* 随书 („Buch der Sui"), Kapitel 24: *Shi Huo Zhi* 食货志 („Abhandlung über Nahrung und Handel") wurde bereits zur Zeit der Nördlichen Qi-Dynastie „damit begonnen, ein System zur Einteilung der Haushalte in neun Klassen zu errichten. Die Reichen zahlten ihre Steuern mit Geld, die Armen dienten mit ihrer Arbeitskraft". Diese Zeit entsprach der Anfangsperiode der Haushaltssteuer. Im achtzehnten Jahr des Sui-Kaisers Wen (589) wurden „in den entsprechenden Verwaltungsbezirken nach der Zählung der Haushalte die Steuern eingetrieben." Dies war die Fortführung und die Entwicklung der Haushaltssteuer der Nördlichen Qi-Dynastie. Während der Regierung Wu Zetians in der Tang-Dynastie verhielt es sich laut den Aufzeichnungen aus dem *Tongdian* 通典 („Umfassende Gesetzesbücher"), Kapitel 6: *Shihuo Dian Fushui* 食货典 • 赋税 („Gesetzesbuch zu Nahrung und Handel – Steuern") folgendermaßen: „In den Präfekturen des Reiches ist es angebracht, unterhalb des Königs und der Fürsten nach den vorherigen Gegebenheiten die Haushalte zu besteuern." Damals war die Haushaltssteuer schon recht weit verbreitet. In der „Tianbao"-Ära 天宝 des Tang-Kaisers Xuanzong 玄宗 verhielt es sich so: „Die Haushalte achter Klasse wurden mit 452 besteuert und die Haushalte neunter Klasse jedoch mit 222, heutzutage gilt 250 als allgemein angewandter Steuersatz."

130 *Tang Huiyao* 唐会要 („Institutionelle Geschichte der Tang-Dynastie"), Kapitel 83: *Zushui* 租税 („Pachtsteuer"), erster Teil; *Xin Tangshu* 新唐书 („Neues Buch der Tang"), Kapitel 169: Pei Ji Zhuan 裴垍传(„Biographie des Pei Ji").

> „In diesem Jahr sollen für die Regionen außerhalb der Hauptstadt mehr als 20,5 Millionen Kupfermünzenseile an Geld und 4 Millionen Dou an Reis eingetrieben werden und für die Hauptstadt mehr als 9,5 Millionen Kupfermünzenseile an Geld und mehr als 16 Millionen Dou an Reis."[131]

Nach der damaligen Richtlinie gab es feste Verteilungssätze zwischen den drei Parteien. Da die Akteure ihre Anteile jeweils für unterschiedliche Zwecke aufwendeten, erfolgten Vorausberechnungen der Regierung nach Projekten. Allerdings handelte es sich beim System der Dreiteilung der Steuereinnahmen um ein besonderes Beispiel unter den Umständen der gewaltsamen Abtrennung und Errichtung lokaler Autonomien von militärischen Verteidigungskommandos. Diese Umstände änderten sich mit der Entstehung einer neuen zentralen Regierungsgewalt, der Nördlichen Song-Dynastie. In der Praxis kann das damalige finanzpolitische Prinzip der Dreiteilung der Steuereinnahmen in der Tang-Dynastie weitergehend zu einem Prinzip der Zweiteilung der Steuereinnahmen zwischen Zentralregierung und den lokalen Regierungen vereinfacht werden. Dies ist möglich, da die Teile zur Weitergabe an die Bereichskommandanturen und zum Selbstbehalt der Präfekturen gleichermaßen zu den lokalen Ausgaben gehörten und damit zur selben Verbrauchsart gehörten. Wenn die Macht der damaligen separatistischen lokalen Militärgouverneure groß genug war, verteilten sie häufig nach eigenen Entscheidungen den Selbstbehalt ihrer Präfektur. Sofern sie mit keiner Situation eigener Schwäche konfrontiert waren, konnten sie ihre Kosten trotz ihres Separatismus komplett aus Mitteln der Zentralregierung decken. Als Zhu Wen 朱温, der die spätere Tang-Dynastie (923 – 936) begründete, zu Ende der Tang-Dynastie als Militärgouverneur von Xuanwu 宣武, Xuanyi 宣义, Tianping 天平 und Huguo 护国 amtierte, stellte er Pei Di 裴迪 als seinen Berater ein: „Seitdem kontrollierte er [Zhu Wen] dreißig Jahre lang die Grundsteuern, das Militär, die Geldreserven, die Getreide- und Reisspeicher, die Beamten, die Rechtssachen, Belohnung und Bestrafung, andere Betriebskosten sowie den Transport von Grundnahrungsmitteln zu Wasser. Gleich ob es sich um große oder kleine Angelegenheiten handelte, er kontrollierte sie alle allein." [132] Solche Militärgouverneure hatten zu diesem Zeitpunkt bereits deutlich erkennbar die lokalen Finanzen übernommen. In der späten Periode der Tang-Dynastie waren Militärgouverneure wie Zhu Wen keine Ausnahmeerscheinung. Dennoch stellte das bei der Einführung der Zwei-Raten-Steuer in der Tang-Dynastie praktizierte Prinzip der Steuerverteilung zwischen Zentralregierung und lokalen Regierungen ein Novum in der Geschichte Chinas dar, das auch heute noch der Betrachtung lohnt.

3. Bei der Haushaltssteuer beziehungsweise der Zwei-Raten-Steuer wurde Geld zur Maßeinheit. Mit der Einführung dieses Systems wurde jeder abgabepflichtige Haushalt bei der Zahlung der Haushaltssteuer an die Regierung „im Sommer und Herbst nach der alten Steuersumme sowie seinem Status als dauerhaftem oder vorübergehendem Haushalt, der Steuerklasse und der Größe des Geldvermögens

---

131 *Xin Tangshu* 新唐书 („Neues Buch der Tang"), Kapitel 52: *Shi Huo Zhi* 食货志 („Abhandlung über Nahrung und Handel"), zweiter Teil.

132 *Jiu Wu Dai Shi* 旧五代史 („Alte Geschichte der Fünf-Dynastien"), Kapitel 4: *Hou Liang·Taizu Ji* 后梁 • 太祖纪 („Spätere Liang – Aufzeichnungen zu Taizu").

bemessen."[133] Hieraus wird ersichtlich, dass ab diesem Zeitpunkt verschieden aufgeseilte Münzen zur Abrechnungseinheit wurden. Ein Großteil der Steuersumme wurde auch direkt in Geld abgegeben, der restliche Teil jedoch konnte in Naturalien oder Textilien beglichen werden. Aber selbst der als Naturalien abgegebene Teil wurde keinesfalls in den Recheneinheiten von Textilien wie *Pi* 匹, *Zhang* 丈, *Chi* 尺, *Cun* 寸 abgerechnet, sondern auch sie wurden zuerst in Geld umgerechnet. Damit blieb Geld die Abrechnungseinheit. „Bei der Festsetzung der Steuerhöhe wurde alles in Kupfermünzenseilen berechnet. Bei der Bezahlung der Steuern wurde allerdings viel mit Körperbindung und Seidenstoffen vermischt bezahlt." Genau deswegen hieß es schon damals: „Was die Zwei-Raten-Steuer eintreibt entspricht nicht ihrem Zweck und das tatsächlich Eingetriebene stimmt nicht mit dem Einzutreibenden überein."[134] Wie bereits erwähnt, gab es zahlreiche Sorten von Textilien und trotz einer Einteilung der gleichen Art von Textilien in gute, mittlere und niedere Qualität durch den Staat, wiesen die Textilprodukte verschiedener Regionen in Qualität und Art enorme Unterschiede auf. Dies führte dazu, dass es für die Regierung bei der Eintreibung der Zwei-Raten-Steuer völlig unmöglich war, einen einheitlichen Berechnungsstandard für die Abgabe von Textilien umzusetzen. Die Umwandlung der Zahlungsform in Geld oder Umrechnung von Textilien in Geld sorgten dafür, dass die betroffenen Abteilungen der Regierung einen einheitlichen, durchführbaren Standard zur Eintreibung der Steuern erhielten. Dies ermöglichte die genauere Planung des staatlichen Finanzhaushaltes inklusive Einnahmen und Ausgaben. Außerdem sorgte die Zwei-Raten-Steuer mit Geld als Gegenstand der Steuereintreibung oder mit einer Umrechnung von Naturalien in Geld dafür, dass die Verbindung zwischen den unmittelbaren Produzenten und dem Markt sich verstärkte. Um beide Steuern zu zahlen, mussten sie einen Teil ihrer Produkte in den Markt geben. So wurde im „Neuen Buch der Tang" in der „Abhandlung über Nahrung und Geld" Folgendes festgehalten: „Vor der ‚Dali'-Ära (766 – 779) wurden allgemein verschiedene Metalle zur Zahlung der Steuern in Ziqing, Taiyuan und Weibo verwandt und in Lingnan Gold, Silber, Zinnober und Stoßzähne von Elefanten. Heutzutage wird einheitlich Geld zur Eintreibung verwandt." Nach der Einführung der Zwei-Raten-Steuer gab es unzählige Beispiele von steuerzahlenden Haushalten, die Geld statt Gütern abgaben, allerdings war dies oftmals keine freiwillige Entscheidung. Dennoch sollte man die belebende Wirkung, die die Zwei-Raten-Steuer auf die Entwicklung der Warenwirtschaft entfaltete, unterstreichen. Dies führte auch dazu, dass mit der Einführung der Zwei-Raten-Steuer die damalige Form der Pacht als Teil des feudalen Wirtschaftssystems große Veränderungen erfuhr. Sie drückte sich in der Verknüpfung von Naturalien- und Geldpacht aus, wobei der Anteil Letzterer deutlich anstieg. Dies brachte verbreitet eine „besonders hohen Wert von Geld und einen geringen Wert von Sachgütern" mit sich. Der unmittelbare Grund für

133 *Tang Huiyao* 唐会要 („Institutionelle Geschichte der Tang-Dynastie"), Kapitel 83: *Zushui* 租税 („Pachtsteuer"), erster Teil.

134 *Lu Xuangong Ji* 陆宣公集 („Gesammelte Schriften Lu Xuangongs"), Kapitel 22: *Junjie Fushui Xu Baixing* 均节赋税恤百姓 („Regulierung der Steuern zur Hilfe der Bevölkerung"), zweiter Abschnitt sowie *Qing Liangshui Yi Bu Bo Wei E Bu Ji Qianshu* 请两税以布帛为额不计钱数 („Ersuchung darum, die Zwei-Raten-Steuer in Stoffen und Seide zu berechnen und nicht in Geld zu berechnen").

das Entstehen eines solchen Phänomens lag in der Unfähigkeit der Regierung, die Umlaufmenge des Geldes an die Bedürfnisse des Marktes anzupassen. Dies erzeugte einen deutlich erkennbaren Einfluss auf die finanziellen Einkünfte der Regierung sowie die Belastungen der unmittelbaren Produzenten. Seit der Einführung der Zwei-Raten-Steuer zahlten abgabepflichtige Haushalte entweder direkt mit Geld oder rechneten Naturalien in Geld um. Damit steigerte sich der Geldbedarf in der Zirkulationssphäre enorm. Aus diesen Zusammenhängen werden der hohe Wert des Geldes und der geringe Wert von Gütern zu jener Zeit nachvollziehbar. Die Auswirkungen dieses Phänomens waren immens: Zwar hatte die Steuersumme, die die Regierung eintrieb, keine Veränderung erfahren, die finanziellen Einkünfte der Regierung jedoch nahmen im Verhältnis um ein Vielfaches zu und damit nahm auch die Steuerlast der unmittelbaren Produzenten ebenfalls stetig zu. Mit der Lösung dieses komplexen Problems, das sich mit der Einführung der Zwei-Raten-Steuer ergab, beschäftigten sich nicht nur die Finanzexperten der verschiedenen Dynastien intensiv und unermüdlich, auch die Bevölkerung maß der Lösung dieses Problems höchste Wichtigkeit bei. Dementsprechend wurde es sogar zu einem wichtigen Thema in den Beamtenprüfungen. Die Prüflinge sollten Lösungsvorschläge erarbeiten. Mit dem stetigen Anstieg des Geldwertes und dem sich verhältnismäßig verringernden Wert von Sachgütern ergab sich folgende Situation: „Als die Zwei-Raten-Steuer gerade eingeführt wurde, waren Güter von hohem und Geld von niedrigem Wert, daraufhin wurde die Abgabe der Textilien in Geld berechnet. Mit dem immer stärkeren Absinken der Preise wenig später steigerte sich die Menge der zu zahlenden Textilien immer mehr. Ein Pi dünnen Seidenstoffes entsprach 3200 Geld, später entsprach ein Pi 1600 Geld, die abzugebende Menge stieg um das Doppelte an. Zwar wurde die Steuer im Vergleich zu früher nicht angehoben, das Volk aber geriet in immer größere Schwierigkeiten." Die reale Belastung der Haushalte steigerte sich mit der Zwei-Raten-Steuer um das Doppelte. Darüber hinaus trieben die Beamten aller Ebenen im praktischen Prozess der Steuereintreibung zusätzlich zu den Steuern noch mehr ein: „Das Finanzministerium verteilte die Steuern an alle Ministerien. Bei dieser Verteilung rechnete es immer mit fiktiven Summen und nicht mit realen Summen ab. Gleichzeitig betrog es auch bei der Qualität der geleisteten Steuern und forderte von den Präfekturen und Kreisen mehr Steuern einzutreiben. Dabei handelte es sich um den Ersatz von Textilien durch Geld. Später wurden noch verschiedene weitere Steuern erhoben und Fronarbeit in Zwangsarbeit für zu zahlende Steuern umgewandelt. Steuern, die nach Prozentsatz gezahlt wurden, wurden in einen zwangsweisen Ankauf von Waren durch den Staat umgewandelt. Dabei trat der Sinn des Gesetzes in den Hintergrund und so stiegen die Steuereinnahmen mit der ‚Dali'-Ära (766 – 779) verglichen um das Doppelte."[135].

---

135 *Xin Tangshu* 新唐书 („Neues Buch der Tang"), Kapitel 52: *Shi Huo Zhi* 食货志 („Abhandlung über Nahrung und Handel"); *Lu Xuangong Ji* 陆宣公集 („Gesammelte Schriften Lu Xuangongs"), Kapitel 22: *Junjie Fushui Xu Baixing* 均节赋税恤百姓 („Regulierung der Steuern zur Hilfe der Bevölkerung"), zweiter Abschnitt sowie *Qing Liangshui Yi Bu Bo Wei E Bu Ji Qianshu* 请两税以布帛为额不计钱数 („Ersuchung darum, die Zwei-Raten-Steuer in Stoffen und Seide zu berechnen und nicht in Geld zu berechnen"); *Tang Huiyao* 唐会要 („Institutionelle Geschichte der Tang-Dynastie"), Kapitel 83: *Zushui* 租税 („Pachtsteuer"), erster Teil.

Dies sorgte dafür, dass die reale Belastung der unmittelbaren Produzenten um ein Vielfaches zunahm. Ursprünglich war geregelt, dass jedes Geldstück und jedes Gut, das außerhalb der Zwei-Raten-Steuer eingetrieben wurde, gleichermaßen „einen Verstoß gegen die gesetzlichen Vorschriften darstellte."[136] In der Praxis wurde diese Regelung jedoch nicht umgesetzt, zusätzliche Eintreibung von Steuern wurde seit der späten Periode der Tang-Dynastie zu einer der wichtigen Quellen, mit der die Regierung ihre Einkünfte erlangte. Diese Erhebung zusätzlicher Steuern kann als ein wichtiges Merkmal der damaligen Gesellschaft und Wirtschaft verstanden werden.

Das Prinzip der Steuerfestsetzung wurde angepasst. Das traditionelle Prinzip, nach dem die Einkünfte die Ausgaben bestimmen wurde umgedreht. Es wurde von der Festsetzung der Steuern nach den benötigten Einnahmen abgelöst. Dies stellt einen entscheidenden Wendepunkt in der feudalen Finanzpolitik Chinas dar. Da beim traditionellen Prinzip den Ausgaben das reale Steuereinkommen der Regierung zugrunde gelegt wurde, blieben Einnahmen und Ausgaben im Gleichgewicht. Seit der Einführung der Zwei-Raten-Steuer jedoch „wurde die ganze ausgegebene Summe als Einkommen festgelegt und diese Summe dementsprechend als zur Verfügung zu stellendes Kapital."[137] Bei der praktischen Umsetzung der Zwei-Raten-Steuer nahm die zentrale Staatsmacht die führende Stellung bei der Zuteilung der finanziellen Mittel ein. Sie prüfte und genehmigte Einnahmen und Ausgaben der Zentralregierung und der lokalen Regierungen als auch die Verteilung zwischen beiden Parteien. Dies wurden die Ausgaben als die einzutreibende Steuersumme definiert. Damit wurde die Haushaltsgrundlage für das folgende Jahr gelegt. Die praktische Bedeutung dieses Prinzips seit der Einführung der Zwei-Raten-Steuer findet sich in den folgenden Worten von Lu Zhi 陆贽 wieder: „Die von jeder Provinz jeweils in einem Jahr der ‚Dali'-Ära (766 – 779) eingetriebene höchste Summe von Geld und Getreide wurde als Summe für die Zwei-Raten-Steuer festgelegt."[138] Die im ersten Jahr der „Jianzhong"-Ära (780) festgelegte Gesamtsumme der zu leistenden Zwei-Raten-Steuer entsprach der Summe des Jahres mit den höchsten Regierungsausgaben in der „Dali"-Ära des Tang-Kaisers Daizong 代宗 (766 – 779). Gemeint ist hier das vierzehnte Jahr der „Dali"-Ära (779), das heißt das Jahr vor der Einführung der Zwei-Raten-Steuer. Damit wurden die finanziellen Aufwendungen der Regierung im vierzehnten Jahr der „Dali"-Ära (779) zum Anhaltspunkt für die Gesamtsumme der einzutreibenden Steuern bei Einführung der Zwei-Raten-Steuer im ersten Jahr der „Jianzhong"-Ära (780). Die Anpassung des Prinzips zur Steuerfestsetzung kann keinesfalls nur als willkürliche Umdrehung der Reihenfolge von Einkommen und Ausgaben gesehen werden, sondern hatte tieferliegende historische Ursachen. Sie spiegelt die verhältnismäßige hohe Entwicklung des

---

136 *Tang Huiyao* 唐会要 („Institutionelle Geschichte der Tang-Dynastie"), Kapitel 83: *Zushui* 租税 („Pachtsteuer"), erster Teil.

137 *Yuan Zhen Ji* 元稹集 („Gesammelte Schriften Yuan Zhens"), Kapitel 35: *Qian Huo Yi Zhuang* 钱货议状(„Positionen zu Geld und Waren").

138 *Lu Xuangong Ji* 陆宣公集 („Gesammelte Schriften Lu Xuangongs"), Kapitel 22: *Junjie Fushui Xu Baixing* 均节赋税恤百姓 („Regulierung der Steuern zur Hilfe der Bevölkerung"), erster Abschnitt: *Lun Liang Shui zhi Bi Xu You Lige* 论两税之弊须有厘革 („Über die Nachteile der Zwei-Raten-Steuer, die einer Reform bedürfen").

Steuerhaushalts der chinesischen Feudalgesellschaft wider. Mit diesem Prinzip erhöhten sich das Volumen des Haushalts und damit die Summe der eingenommenen und ausgegebenen Steuern der Regierung deutlich. Dabei sorgte die Erhöhung des Haushaltsvolumens allerdings unzweifelhaft für eine Steigerung der Ausbeutungsrate und gleichzeitig für eine weitere Stärkung der wirtschaftlichen Macht der Regierung. Bei der Berechnung der Einnahmen und Ausgaben eines Jahres wurden jedoch immer die Ausgaben des vorherigen Jahres als Anhaltspunkt für die Neuberechnung angenommen, das heißt, die Regierung begrenzte mit diesem System wiederum den Haushalt, also die Einnahmen und Ausgaben innerhalb eines gewissen Rahmens. Dieses Berechnungsprinzip findet in der folgenden zuvor bereits zitierten Aussage seinen zeitgemäßen Ausdruck: „Die notwendige Menge der Fronarbeitsaufwendungen und der einzutreibenden Geldstücke sollen zuerst gemessen werden und dann als Steuer den Menschen auferlegt werden. Das Ausgegebene dient zur Festsetzung dessen, was eingenommen werden soll.“ Auf diese Weise wurde die Willkür bei der Haushalsberechnung begrenzt. So wurde dafür gesorgt, dass die Gesamtsumme der Zwei-Raten-Steuer theoretisch zu einer stabilen Zahl wurde, genauso wie auch die finanziellen Einkünfte und Ausgaben des Staates. Außerdem war dieses System gut umsetzbar. Insbesondere erreichte die Regierung bei der Steuereintreibung Stabilität und Kontinuität. Dieser Aspekt sollte als Kennzeichen einer vergleichsweisen Reife der Politik zur Steuereintreibung in der Spätphase der Tang-Dynastie gewertet werden. Er ist in der Geschichte der Steuereintreibung und sogar in der Wirtschaftsgeschichte von besonders wichtiger Bedeutung.

Da die Zwei-Raten-Steuer von besonderer Bedeutung in der chinesischen Geschichte war, nannte Ma Duanlin 马端临 im Vorwort zum *Wenxian Tongkao* 文献通考 („Umfassende Untersuchungen auf Grundlage von literarischen und dokumentarischen Quellen“) den Architekten der Zwei-Raten-Steuer der Tang-Dynastie Yang Yan in einem Atemzug mit dem großen Reformer Shang Yang 商鞅 aus dem historischen Staate Qin:

> „Die Besteuerung nach der Zahl der Menschen auf einem Stück Land ohne Berücksichtigung seiner Größe begann mit Shang Yang. Die Besteuerung des Volkes nach der Menge des Landes ohne Berücksichtigung der ansässigen Menschen begann mit Yang Yan.“

Ma Duanlin führte die Auflösung des Brunnenfeldsystems und seiner Fronarbeitspacht auf die Reformen von Shang Yang zurück, genauso wie er die Auflösung des Systems der gleichmäßigen Feldverteilung sowie des auf ihm aufbauenden Zu-Yong-Diao-Systems auf die die Konzipierung und Umsetzung der Zwei-Raten-Steuer durch Yang Yan zurückführte. Damit zeigte er ein gutes Verständnis der Zusammenhänge und spiegelte die Entwicklungsrichtung der feudalen Gesellschaft und Wirtschaft Chinas wider. Bei Yang Yan und Shang Yang handelte es sich um zwei wichtige Persönlichkeiten, die für entscheidende Meilensteine in der Reform von Wirtschaft und Gesellschaft gesorgt haben. Des Weiteren legten die Einsichten Ma Duanlins an dieser Stelle eine besonders wichtige, wohlbekannte, jedoch häufig nicht wahrgenommene historische Tatsache offen: Die Vermögenssteuer mit der Bodensteuer als hauptsächlichem Gegenstand löste die

Kopfsteuer mit der Kopfzahl als Berechnungseinheit ab. Die feudale Regierung legte bei der Berechnung der Steuer den Fokus auf Vermögen und nicht mehr auf die Bevölkerungszahl. Unter den Umständen einer florierenden Warenwirtschaft kann diese Veränderung als Tendenz zu einer Lockerung des persönlichen Abhängigkeitsverhältnisses der unmittelbaren Produzenten verstanden werden. Seit der Einführung der Zwei-Raten-Steuer setzten sich zwar die Rohstoffe des staatlichen Handwerks noch immer zu einem Teil aus staatlichen Eintreibungen und Tributen zusammen, allerdings stieg der Anteil auf dem Markt erworbener Ressourcen immer weiter an. Diese Entwicklung ging einher mit der Veränderung des Gegenstandes der Steuereintreibung, der verhältnismäßigen Lockerung des persönlichen Abhängigkeitsverhältnisses der unmittelbaren Produzenten, dem Florieren der Warenwirtschaft innerhalb der feudalen Wirtschaft, der verbreiteten Anstellung von Handwerkern durch den Staat und der Zahlung von Geld zum Ersatz von Fronarbeit. Die Umsetzung der von Lu Zhi 陆贽 in der Tang-Dynastie formulierten Losung zum „Wechsel der Steuerbelastung im Namen des Marktausgleiches“[139] wirkt aus heutiger Sicht unumgänglich. Gleichzeitig spiegelte sie eine Veränderung der Bezugsquellen für die Produktion des staatlichen Handwerks seit der Mitte der Tang-Dynastie wider. Dies war eng mit den Veränderungen in der damaligen Gesellschaft als Ganzes verbunden. Die Einführung der Zwei-Raten-Steuer steht unter anderem in einer sich fortsetzenden Linie mit der späteren „Ein-Peitschen-Methode“ sowie der „Bemessung der Kopfsteuer je nach Grundbesitz“. Sie spiegelte einen entscheidenden Sinneswandel der Regierung bei der Steuereintreibung wider.[140] Eine sich fortsetzende Linie von Steuerreformen von der Einführung der Zwei-Raten-Steuer der Tang-Dynastie bis zu später eingeführten Regelungen wie der „Ein-Peitschen-Methode“ und der „Bemessung der Kopfsteuer je nach Grundbesitz“ zeigen die Tendenz der Regierung zu einer immer ausgereifteren Steuerpolitik. Da diese Steuerpolitik vergleichsweise rational war, sorgte sie gleichzeitig ebenfalls für eine größere Garantie der Steuerquellen und bewirkte, dass einige Produkte des staatlich betriebenen Handwerks nicht mehr zwingend von Werkstätten des staatlich betriebenen Handwerks angeboten werden mussten, sondern vom Markt erworben werden konnten. Aus den gleichen Gründen konnte das staatlich betriebene Handwerk die von ihm benötigten Rohstoffe ebenfalls durch Ankauf auf dem Markt erwerben.

Die Vorstellung von einer zentralisierten Wirtschaftsmacht des chinesischen Feudalismus war ein wichtiger Aspekt der ideengeschichtlichen Entwicklung in Wirtschaft, Verwaltung und Politik jener Zeit. Sie hängt in gewisser Weise mit charakteristischen Merkmalen der Epoche wie der Verstärkung des zentralistischen

---

139 *Lu Xuangong Ji* 陆宣公集 („Gesammelte Schriften Lu Xuangongs“), Kapitel 22: *Junjie Fushui Xu Baixing* 均节赋税恤百姓 („Regulierung der Steuern zur Hilfe der Bevölkerung“), erster Abschnitt: *Lun Liang Shui zhi Bi Xu You Lige* 论两税之弊须有厘革 („Über die Nachteile der Zwei-Raten-Steuer, die einer Reform bedürfen“).

140 Yu Shenxing 于慎行 aus der Ming-Dynastie zeigte in *Bizhu* 笔麈 („Gemischte Werke“), Kapitel 12 *Fu Bi* 赋币 („Steuereintreibung“) Folgendes auf: „Die Zwei-Raten-Steuer Yang Yans ist genau der Rahmen von heute.“ Außerdem traf Huang Jingfang 黄景昉 in *Guo Shi Wei Yi* 国是唯疑 („Richtigstellungen von Zweifeln an den offiziellen Dynastiegeschichten“), Kapitel 9 eine ähnliche Aussage.

Systems durch den Herrscher und den großen Anstrengungen zur Lösung von Finanzkrisen zusammen. Da die Song-Dynastie den Zustand der Tang-Dynastie ererbte und fortführte, selbst viele finanzpolitische Reformen durchführte und beide Dynastien in dieser Hinsicht von der Nachwelt als vorbildlich angesehen wurden, haben Historiker die Reformen der Tang- und Song-Dynastie besonders umfassend überliefert. Daher soll an dieser Stelle eine Erörterung der auf der Tang-Dynastie gründenden Vorstellungen von zentralisierter Finanzpolitik der Song-Dynastie durchgeführt werden. So wird die Funktion der Zentralregierung in diesem Bereich in der späten Phase der Feudalgesellschaft ersichtlich.

Bei der Gründung der Song-Dynastie und in ihrer Anfangsphase löste sie die den Zustand der gewaltsamen Abtrennung und Errichtung lokaler Autonomien von militärischen Verteidigungskommandos, der während der Tang-Dynastie und den Fünf Dynastien und Zehn Reichen existiert hatte, auf. Außerdem nahm sie eine Reihe von Maßnahmen zur Stärkung des zentralistischen Systems vor. Diese beinhalteten „die Rückeroberung ihrer Macht [der regionalen Befehlshaber, *Anmerkung des Übersetzers*], die Begrenzung ihrer Reserven an Geld und Grundnahrungsmitteln und der Einzug ihrer stärksten Soldaten.“[141] Unter anderem gingen die Regierungsgewalt, die Gewalt über die Finanzen, die Rechtsprechung und die Macht über das Militär ausnahmslos an die Zentralregierung über. Im zweiten Jahr der „Qiande“-Ära 乾德 des Song-Kaisers Taizu (964) 太祖 „wurde begonnen, die Provinzen anzuweisen, von nun an jedes Jahr die Pacht von der Bevölkerung sowie die Steuer auf die Monopole des Staates einzutreiben. Außer den für lokale Ausgaben verwandten Steuern mussten alle Kupfermünzenseile, Seidenstoffe und Ähnliches komplett in die Hauptstadt geliefert werden.“[142] Im darauffolgenden Jahr „wurden die Provinzen abermals angewiesen, außer den Ausgaben für die Arbeitskosten der Steuerverwaltung sämtliches Gold und sämtliche Seidenstoffe zu den Militärausgaben beizusteuern und sie alle in die Hauptstadt zu liefern. Es durften sich keine überschüssigen Reste angeeignet werden. Zu jener Zeit fehlte es in den *fangzhen* [Verteidigungskommandos, *Anmerkung des Übersetzers*] an hochrangigen Offizieren. Die Minister und Beamten wurden angewiesen, die fehlenden Posten zu übernehmen. Die lokalen Beamten wurden von vom Hof in der Hauptstadt ausgesandten Ministern überwacht und kontrolliert. Es wurden außerdem Transportkommissare und Kontrollgeneräle eingesetzt, um Gesetze durchzusetzen und auch die Verwaltungsformulare wurden immer präziser. All das geschah, damit Profite an die Dynastie gingen und zur Schwächung der untergebenen lokalen Mächte.“[143] Insbesondere „von den unterworfenen Regionen erhielt die Dynastie reichhaltige finanzielle Ressourcen. Sie versammelte die Armee in der Hauptstadt, in den äußeren Präfekturen verblieben keinerlei finanzielle Ressourcen, alle Ausgaben des Reiches gingen von den drei Abteilungen der staatlichen Finanzkommission[144]

141 Chang Bian 长编 („Erweiterte Aufzeichnungen“), Kapitel 2.

142 Chang Bian 长编 („Erweiterte Aufzeichnungen“), Kapitel 5.

143 Chang Bian 长编 („Erweiterte Aufzeichnungen“), Kapitel 6.

144 Die drei Abteilungen der staatlichen Finanzkommission bestanden aus der Zensusabteilung, der Steuerabteilung und der Abteilung für das Salz- und Eisenmonopol (*Anmerkung des Übersetzers*).

aus. Daher stiegen die Kosten zunehmend."[145] Zu Beginn der Song-Dynastie wurden die Finanz- und Steuerangelegenheiten von der staatlichen Finanzkommission allein geführt. Der Premierminister als der hochrangigste Minister jedoch hatte kein Recht, in diesem Bereich Einfluss zu nehmen. Die Nördliche Song-Dynastie wandte die Strategie der „Einlösung der militärischen Macht durch Schnaps"[146] (*Bei Jiu Shi Bing Quan* 杯酒释兵权) an. Mit dieser Taktik wird das Ziel der Zentralregierung, die Wirtschaftsmacht zu zentralisieren, in besonderer Weise deutlich. Die von ihr ergriffenen Maßnahmen zur Erreichung dieses Ziels waren konkret und ausgereift. Dementsprechend waren die lokalen wirtschaftlichen Befugnisse äußerst begrenzt. Es wird also deutlich, dass die Song-Dynastie eine weitere wichtige Periode in der Fortentwicklung von Gesellschaft und Wirtschaft Chinas darstellt. Die Entwicklung der Wirtschaft schuf günstige Voraussetzungen für den Staat, um Finanzen und Steuern einzutreiben. Wegen der häufigen Kriege in Grenzgebieten verfügte die Song-Dynastie über eine sehr große Armee und kontrollierte auch die Beamten aller Ebenen übermäßig scharf. Dadurch lastete ein enormer finanzieller Druck auf der Regierung. Um auf diese Situation zu reagieren, unternahm die Regierung eine Reihe von Maßnahmen zur Erweiterung ihrer Steuerquellen, man könnte sogar davon sprechen, dass sie in der Finanzpolitik Goldesel schlachtete.[147]

Aus den Edikten und konkreten Maßnahmen zur Zentralisierung der Wirtschaftsmacht des Song-Kaisers Taizu zu Beginn der Song-Dynastie lassen sich die wesentlichen Aspekte seines Gedankengangs zur Verwirklichung dieses Ziels erkennen: Gold, Silber, Edelmetalle und Geld sowie Stoffe, Seidenstoffe und andere Wertgegenstände mussten, außer für unumgängliche Ausgaben, vollständig und ohne Ausnahme zentral in die Hauptstadt gebracht werden. Die Zentralregierung sandte Beamte zur Kontrolle der lokalen Finanzen aus und richtete Ämter, wie das des Transportkommissars und des Kontrollgenerals ein, um die lokale Wirtschaft zu verwalten und zu überwachen. Lokale Einnahmen und Ausgaben sowie Bilanzen mussten den drei Abteilungen der staatlichen Finanzkommission bei der Zentralregierung gemeldet werden, damit diese zentral überprüft und genehmigt wurden. Die Zentralisation der Wirtschaftsmacht in der Anfangsphase der Song-Dynastie umfasste zahlreiche Aspekte. Ihr Kernanliegen war jedoch immer die Stärkung der Wirtschaftsmacht der Zentralregierung und die Schwächung der Wirtschaftsmacht der lokalen Regierungen sowie die Intensivierung von Überwachung und Kontrolle der Zentralregierung über die lokalen Finanzen.

Gleichzeitig zur Zentralisierung der Finanzen führte Song-Kaiser Taizu eine Teilung in drei Mächte für die Regierungsgewalt, das Militär und die Finanzen durch, um zu verhindern, dass große Macht in andere Hände fällt. Das Ergebnis davon war, dass der kaiserliche Kanzler zwar Premierminister war und die Regierungsangelegenheiten insgesamt führte, jedoch im Wesentlichen gar nicht an der Verwaltung der Finanzangelegenheiten beteiligt war. „Die Dynastie ererbte das

---

145 Chang Bian 长编 („Erweiterte Aufzeichnungen"), Kapitel 34.

146 Dies bezieht sich auf die Tatsache, dass Kaiser Taizu die Generäle zu einem Bankett geladen haben soll, bei dem diese ihre Militärmacht aufgaben (*Anmerkung des Übersetzers*).

147 Guo Xiaodong 郭小东: *Jianming Zhongguo Caishui Shi* 简明中国财税史 („Kurze Geschichte der Finanzen und Steuern Chinas"), S. 128, Guangdong Jingji Chubanshe, 1997.

Alte der Fünf Dynastien. Sie richtete die drei Abteilungen der staatlichen Finanzkommission ein, um die wirtschaftlichen Interessen des ganzen Reiches zu beherrschen und der Premierminister mischte sich nicht ein."[148] Die Trennung der Regierungsgewalt und der Wirtschaftsmacht führte wie gewünscht zur Stärkung der Wirtschaftsmacht der Zentralregierung und beugte einer größeren Stärke lokaler Mächte vor. Dies war zwar eine aus der Spätphase der Tang-Dynastie und der Periode der Fünf Dynastien und Zehn Reiche gezogene Lehre, diese Politik kann allerdings als übermäßige Korrektur früherer Fehler betrachtet werden. In der Praxis offenbarten sich ebenfalls einige nicht zu bewältigende Probleme, genau wie von Fan Zhen 范镇 aus dem kaiserlichen Beschwerdeamt im zweiten Jahr der „Zhihe"-Ära 至和 des Song-Kaisers Renzong 仁宗 (1055) aufgezeigt wurde:

> „Ich betrachte das System der Zhou-Dynastie mit Respekt. Der oberste kaiserliche Berater wurde zur Verwaltung des Staates verwandt. Der Premierminister der Tang-Dynastie übte gleichzeitig die Ämter zur Kontrolle des Salz- und Eisenmonopols aus und leitete entweder das Haushaltsministerium [*hubu*] oder das Finanzministerium [*duzhi*]. So waren es die Premierminister, die zur Verwaltung des Staates verwandt wurden, dies hat seinen Ursprung in der Antike. Heutzutage verwaltet der Kanzler das Volk, die oberste Militärbehörde das Heer und die drei Abteilungen der staatlichen Finanzkommission verwalten die Finanzen. Sie allen wissen nicht voneinander, was der jeweils andere tut, daher mangelt es bereits an Vermögen, aber die oberste Militärbehörde vergrößert das Herr unaufhörlich. Das Volk leidet bereits Not, die drei Abteilungen der staatlichen Finanzkommission nehmen jedoch unaufhörlich von seinem Vermögen. Der Kanzler sieht die Not des Volkes, aber er weiß nicht, die oberste Militärbehörde dazu zu bringen, das Heer zu verkleinern und die drei Abteilungen der staatlichen Finanzkommission die Finanzpolitik zu lockern, um den Notleidenden unter der Bevölkerung zu helfen. Die Funktion der Verwaltung des Staates liegt nicht beim Kanzler (...) Ich will darum bitten, dass der Kanzler und die oberste Militärbehörde ihre Pläne für Finanzen und Ressourcen für Heer und Volk der staatlichen Finanzkommission mitteilen mögen, und gemeinsam mit dieser ihre jeweiligen Einnahmen und Ausgaben berechnen. Dies dient dem Staat und wird die Kräfte des Volkes im Reich möglicherweise etwas stärken und dem mit Besorgnis und Mühseligkeit geplagten Herzen Seiner Majestät Abhilfe schaffen. Dieser Vorschlag ist kein Vergleich, der den Kanzler, den Minister der obersten Militärbehörde und die Vielzahl der von ihnen selbst erledigten Aufgaben der staatlichen Finanzkommission gleichsetzen will, sondern zielt nur darauf, einen Jahresplan aufzustellen, um den Staat zu verwalten."[149]

Die Unzulänglichkeiten des Systems der Regierungsverwaltung durch den Kanzler, der Kontrolle des Militärs durch die oberste Militärbehörde und der Finanzverwaltung durch die drei Abteilungen der staatlichen Finanzkommission der Song-Dynastie traten bei der Konfrontation Kaiser Renzongs mit einer enormen Verausgabung staatlicher Kräfte in langwierigen Kriegen mit der Westlichen Xia-Dynastie (1038 – 1227) und damit verbundenen finanziellen Schwierigkeiten vollständig zu Tage. Das heißt, es wurde deutlich, dass die drei einzelnen Gewalten in der Verwaltung nicht in der Lage waren, gut miteinander zu kooperieren in der Eintreibung der Steuern und der Bereitstellung entsprechender Ressourcen für Kriege. Im Gegenteil, sie behinderten sich gegenseitig und verringerten die

148 *Jianyan Yilai Chaoye Zaji* 建炎以来朝野杂记 („Vermischte Aufzeichnungen zu den Geschehnissen der Dynastie und im Volk seit der ‚Jianyan'-Ära"), erster Band, Kapitel 19.

149 Chang Bian 长编 („Erweiterte Aufzeichnungen"), Kapitel 179.

Verwaltungseffektivität. Dies wirkte sich negativ auf die Gesamtsituation der Song-Dynastie aus. Im Ergebnis führte dies dazu, dass sich die Nördliche Song-Dynastie in einer passiven Stellung im Krieg mit der Westlichen Xia-Dynastie wiederfand. Die von Fan Zhen vorgebrachte Forderung nach der Pflicht der „Mitteilung über die Pläne für Finanzen und Ressourcen für das Heer und das Volk" an die drei Abteilungen der staatlichen Finanzkommission durch den Kanzler und die oberste Militärbehörde besaß einen tiefgehenden epochenspezifischen Hintergrund. Er suchte durch eine Anpassung des Funktionsmechanismus der seit dem Song-Kaiser Taizu existierenden Dreiteilung der Verwaltung in Regierung, Militär und Finanzen die finanziellen Schwierigkeiten des Staates zu lösen.

Das chronische Problem eines Überflusses an Beamten und Soldaten und dauerhaft überhöhter Ausgaben der Song-Dynastie zeigte sich bereits während der Regierung Kaiser Zhenzongs 真宗. Seit Kaiser Renzong jedoch hatte diese Probleme schon ein solches Ausmaß erreicht, dass sie kaum noch lösbar waren. Dieser Zustand kann dem *Chang Bian* 长编 („Erweiterte Aufzeichnungen") entnommen werden:

> „Zur Zeit des Kaisers Zhenzong gab es insgesamt 912000 Soldaten, die Kaiserfamilie und die unter den kleinen Beamten, die vom Staat bezahlt wurden, umfassten 9785 Personen. Seit der ‚Baoyuan'-Ära (1038 – 1040) wurden Soldaten angeworben und deren Zahl umfassend erweitert, die Kaiserfamilie vergrößerte sich und die Zahl der kleinen Beamten nahm in jedem Jahr zu. Bis dahin gab es 2159000 Soldaten, die Kaiserfamilie und die kleinen Beamten, die vom Staat bezahlt wurden, umfassten 15443 Personen, infolgedessen stiegen die vom Staat ausgegebenen Grundnahrungsmittel, Löhne und Belohnungszahlungen enorm an. In der ‚Jingde'-Ära (1004 – 1007) wiederum betrugen die Opferungen im Lehen südlich der Hauptstadt und die vom Kaiser insgesamt gewährten Belohnungszahlungen von Geld in Kupfermünzenseilen, Gold und Seide 6,1 Millionen, die Bankette in der Glänzenden Halle [*mingtang*] eingerechnet stiegen sie bis auf mehr als 12 Millionen, daher musste es an staatlichen Ressourcen mangeln. Seit der ‚Tiansheng'-Ära (1023 – 1032) ordnete der Kaiser jedes Mal aus Sorge um die Kosten die Begrenzung der Zahl der Beamten an. Ihren Aussagen nach bestätigten die Beamten diesen Befehl wiederholt, die verantwortlichen Beamten führten ihn aber nicht aus und hielten an den Gewohnheiten fest. Es entstand keine Besserung. Die Kritiker waren darüber erregt."

In den mehr als 20 Jahren von Kaiser Zhenzong bis zur „Baoyuan"-Ära 宝元 Kaiser Renzongs stieg die Zahl der von der Regierung unterhaltenen Soldaten um etwa 137% und die Zahl der mit Nahrung und Einkommen versorgten Beamten stieg ebenfalls um circa 58%. Die Größe des Umfangs der Steigerungen und die Wachstumsgeschwindigkeit gab es in der Feudalgesellschaft selten in dieser Form. Zusätzliche Belohnungszahlungen der Zentralregierung waren noch weiter verbreitet. In einer Situation der täglichen Steigerung von staatlichen Ausgaben, in der die Staatsmacht immer weniger ihre Lasten tragen konnte und es häufig zu einer unübersehbaren Menge von Problemen kam, erwies sich eine einheitliche Berechnung und Verteilung der finanziellen Ressourcen als besonders notwendig. Die übermäßige Fehlerkorrektur der Song-Dynastie sorgte allerdings dafür, dass die lokalen Regierungen über wenig Anreize zur Entwicklung der Wirtschaft und zur Eintreibung der staatlichen Finanzen verfügten. Damit entstand ein Teufelskreis.

Aufgrund der weiteren Steigerung der Militärausgaben in der Südlichen Song-Dynastie war eine einheitliche Berechnung und Verteilung der finanziellen

Ressourcen in dieser Zeit gleichermaßen von entscheidender Bedeutung. Die Zentralisierung der Finanzmacht war als Ideologie fest verwurzelt, sie beinhaltete wie in der Nördlichen Song-Dynastie noch immer das Problem, dass die Finanzen der Dynastie keiner einheitlichen Verwaltung und Überwachung durch den Kanzler unterstellt waren. Zum Beispiel gab es bereits zu Beginn der „Qiandao"-Ära 乾道 (1165 – 1173) des Kaisers Xiaozong 孝宗 Beamte, die sehr treffend bemerkten: „Dass der Kanzler in jüngerer Vergangenheit gleichzeitig das Amt des obersten Beamten der Militärbehörde ausübte, geschah deshalb, weil man den Kanzler über das Militär Bescheid wissen lassen wollte. Jetzt weiß der Kanzler zwar über die Armee Bescheid, aber über den Ursprung von Einnahmen von Ausgaben finanzieller Ressourcen und die Grundnahrungsmittel weiß der Kanzler noch immer nicht Bescheid. Wenn man das System in der Tang-Dynastie betrachtet, so übernahm der Kanzler dort gleichzeitig auch die Funktion der Leitung der staatlichen Finanzkommission. Die Planung über die Zu- und Abgänge finanzieller Ressourcen und bei den Vorräten an Grundnahrungsmitteln wurde vom Kanzler in den wichtigen Angelegenheiten und vom Finanzministerium in gewöhnlichen Angelegenheiten verwaltet." [150] Der Kerngedanke hier bestand in der Wiederherstellung des Systems der Kontrolle über die Finanzen durch den Kanzler respektive Premierministers wie vor der Song-Dynastie. Im vierten Jahr der „Jiatai"-Ära 嘉泰 des Kaisers Ningzong 宁宗 (1204) wiederum gab es Minister, die Folgendes betonten: „Der Plan für die Finanzen und Steuern des Staates, ob in der Summe der Ausgaben und Einnahmen ein Überschuss oder Mangel besteht, sollte allen, die ein Ministeramt ausüben, bekannt sein. So können die Finanzen in ihrem Umfang kontrolliert werden und auch dem Betrug kann auf diese Weise vorgebeugt werden."[151] Weitergehend führte Wei Liaoweng 魏了翁, der in der mittleren Periode der Song-Dynastie lebte, aus: „Mir ist vor kurzem zu Ohren gekommen, dass die staatlichen Finanzbeamten bereits verbreitet die Berechnung der Steuereinnahmen und der vorhandenen Geld- und Güterreserven der Provinzen vornehmen. Vermeidung von Betrug beginnt damit, die zusätzlichen Ausgaben eines Jahres aus den finanziellen Reserven der Dynastie strenger auf jede kleine Ausgabe zu prüfen. Die staatlichen Finanzbeamten dürfen nicht selbst entscheiden, sondern müssen Überprüferbeamte zur Verifizierung zu Rate ziehen und es nicht so wie normalerweise machen mit den bedeutungsleeren Gesetzestexten, die zum Teil befolgt und nicht befolgt werden. Dann sollte es keinen Betrug geben bei den staatlichen Reserven an Gold und Naturalien."[152] Aus all diesem wird ersichtlich, dass die Südliche Song-Dynastie das System der Nördlichen Song-Dynastie fortführte. Es war in dieser Periode ein grundlegendes Faktum, dass der Kanzler als höchster Regierungsbeamter keine Macht zur Kontrolle über die Finanzen besaß und über die Situation der Einnahmen und Ausgaben des Staates sogar in völliger Unkenntnis war. Die Minister der Südlichen Song-Dynastie

---

150 *Song Shi* 宋史 („Geschichte der Song-Dynastie"), Kapitel 163: *Zhiguan Zhi* 职官志 („Abhandlung über Staatsbeamte"), zweiter Teil.

151 *Song Shi* 宋史 („Geschichte der Song-Dynastie"), Kapitel 163: *Zhiguan Zhi* 职官志 („Abhandlung über Staatsbeamte"), zweiter Teil.

152 *Heshan Ji* 鹤山集 („Gesammelte Werke Wei Liaowengs"), Kapitel 21: *Da Guanzhi Ce Yi Dao* 答馆职策一道 („Antwort zum Wege einer politischen Leitlinie für Schreibbeamte").

forderten vielfach, die Finanzen einheitlich vom Kanzler landesweit verwalten zu lassen. Das Hauptziel davon bestand einzig und allein darin, das Gleichgewicht von Einnahmen und Ausgaben zu kontrollieren und gesetzeswidriges Verhalten wie Betrug und Verdunkelung in den Einnahmen und Ausgaben zu überwachen. Dadurch sollten Steuerquellen erschlossen und unnötige Ausgaben eingespart werden sowie eine einheitliche Berechnung und Verteilung der Regierungsfinanzen erreicht werden, um damit die finanziellen Schwierigkeiten zu überwinden. Die Konzentration eines großen Teils der finanzpolitischen Macht beim Kaiser als einzelner Person schwächte die Fähigkeit der Zentralregierung zur einheitlichen Planung von Wirtschaft und Gesellschaft schwerwiegend und beeinträchtigte das Funktionieren des gesamten Systems. Daher appellierten einige Minister der Song-Dynastie wiederholt daran, die staatlichen Finanzen, inklusive Einnahmen und Ausgaben vom Kanzler kontrollieren zu lassen. Praktisch forderten sie eine gewisse Begrenzung der Macht des Kaisers. Darin manifestiert sich ebenfalls der Widerspruch zwischen Kaiser und zentralisierter Regierung in der Verteilung der Macht.

Seit der Systemreform in der „Yuanfeng"-Ära 元丰 des Song-Kaisers Shenzong 神宗 (1078 - 1085) kann man wahrlich von einer großen Veränderung im landesweiten Finanzverwaltungsapparat sprechen. Vor der Systemreform verwalteten die drei Abteilungen der staatlichen Finanzkommission die Finanzen des ganzen Landes und das Finanzministerium hatte ausschließlich die Aufgabe, lokale Tribute anzunehmen. Nach der Systemreform der „Yuanfeng"-Ära wurde die dreigeteilte staatliche Finanzkommission abgeschafft und die Überwachung der Finanzen begann, wieder an das Finanzministerium zurückzugehen. Unterhalb des Finanzministeriums wurde eine linke und rechte Abteilung eingerichtet. Die wesentlichen Leitungsfunktionen der ursprünglichen drei Abteilungen der staatlichen Finanzkommission gingen an die linke Abteilung und die wesentlichen Leitungsfunktionen der ursprünglichen Aufsicht über die Getreidespeicher gingen an die rechte Abteilung. Mit den ursprünglichen drei Abteilungen der staatlichen Finanzkommission verglichen, verkleinerte sich die Finanzmacht des Finanzministeriums nach der Systemreform enorm. Die Ebene unterhalb des Finanzministeriums teilte sich in eine linke und rechte Abteilung, aber nur die linke Abteilung unterstand dem Finanzminister, während die rechte Abteilung diesem nicht zugeordnet war. Dies führte dazu, dass der Finanzminister als höchster Beamter und der Vizefinanzminister, der die Angelegenheiten der rechten Abteilung verantwortete, völlig voneinander losgelöst waren. Daher war der Finanzminister nicht in der Lage, den Vermögensteil, der von der rechten Abteilung verwaltet wurde, einheitlich zu planen und aufzuteilen. Mit anderen Worten teilte die Systemreform der „Yuanfeng"-Ära die ursprünglich zentralisierte Finanzmacht auf. Unter den Angelegenheiten, die die fünf Ministerien, 20 Ämter sowie die neun „Höfe" [*si* 寺] und vier Direktorate außer dem Finanzministerium und dem Ministerium für Staatsangelegenheiten [oberste Regierungsbehörde, *Anmerkung des Übersetzers*] verwalteten, gab es viele, die einen unmittelbaren Bezug zu den Finanzen hatten. Viele dieser Angelegenheiten zählten ursprünglich zum Verantwortungsbereich der drei Abteilungen der staatlichen Finanzkommission. Da es nun keine

Zugehörigkeitsbeziehung zum Finanzministerium mehr gab, hatte das Finanzministerium auch kein Recht mehr, dort einzugreifen. Insbesondere unter denen vom Arbeitsministerium, dem Direktorat für Wasserwege, dem Direktorat für Rüstung und dem Direktorat für Palastbauten übernommenen Angelegenheiten gab es aber viele kostenintensive Projekte. Da das Finanzministerium kein Mitspracherecht hatte, verlor es in der Praxis die notwendige Möglichkeit, die Ausgaben dieser Institutionen zu verwalten und zu kontrollieren. Im Ergebnis „durften die fünf Abteilungen und Höfe sowie die Direktorate alle eigenständig über die auszugebenden Mittel entscheiden."[153] „Andere Ämter haben die Erledigung ihrer Angelegenheiten als Funktion, sie sorgen sich jedoch nicht um das Vorhandensein der Finanzen. Das Finanzministerium hat die Bereitstellung der Finanzen zur Aufgabe und fragt nicht nach der Angemessenheit der konkreten Entscheidungen in der Sache. Jeder übernimmt seine Aufgabe. Die konkrete Lage der jeweils anderen Institution wird dabei nicht weitergegeben."[154] Kurz gesagt, das Finanzministerium nach der Systemreform der „Yuanfeng"-Ära verfügte nicht mehr wie die drei Abteilungen der Finanzkommission über einen höchsten Apparat zur Finanzverwaltung, der alle Bereiche der Finanzplanung beherrschte. Es gab damit also keine übergeordnete, alles zusammenfassende Institution mehr und auch keinen leitenden Beamten mehr, dessen Funktion dem früheren Berater der staatlichen Finanzkommission gleichkam. Zwar war das Finanzministerium nach der Systemreform dem Namen nach das höchste Organ zur Finanzverwaltung landesweit, aber sein Kompetenzbereich in der Finanzverwaltung war stark verkleinert worden. Dies war unvorteilhaft für die Planung, Verteilung und Überwachung der äußerst begrenzten staatlichen Finanzen. Daher machte Sima Guang 司马光 im ersten Jahr der „Yuanyou"-Ära 元佑 des Song-Kaisers Zhezong 哲宗 (1086) folgende Throneingabe:

> „Im System der Vorväter wurde das Geld und das Getreide des Reiches bis auf die zur Aufsicht für die Getreidespeicher gehörenden preisstabilisierenden Getreidespeicher vollständig von den drei Abteilungen der staatlichen Finanzkommission zusammengeführt. Alles über einem Wen und einem Shao wurde in die Bilanzen aufgenommen. Was nicht den Gesetzen entsprechend zahlenmäßig bestimmt wurde, konnte nicht ausgegeben werden. Dementsprechend waren die Zahlen bekannt, das Eingenommene entsprach dem Ausgegebenen und das Verhältnis zwischen beidem wurde detailliert dokumentiert. Es war ein Gesetzessystem, das je nach Situation angepasst und angewandt werden konnte. Die Reserven konnten aufgeteilt werden und auf verschiedene Art und Weise genutzt werden. Es konnte ein Überschuss erreicht werden oder Mangel ausgeglichen werden. Die Befehligung der Ämter, der Transportkommissare und der Provinzen lief reibungslos. (...) Daher strotzten die Getreidespeicher und die Geldreserven vor Fülle und es ergab sich ein Überschuss. Dem Volk mangelte es nicht und der Staat war stabil und friedlich. Seit der Reform des Beamtensystems wurden das Ministerium für Staatsangelegenheiten, sechs weitere Ministerien, die 24 Ämter sowie neun Höfe und drei Direktorate eingerichtet, die

153 *Qunshu Kaosuo* 群书考索 („Erforschendes Handbuch für die zahlreichen Bücher"): *Xuji* 续集 („Folgende Sammlung"), Kapitel 33 *Song Hubu Caiyi Guiyi* 宋户部财宜归一 („Vereinigung der Finanzen im Finanzministerium der Song-Dynastie").

154 *Luancheng Ji* 栾城集 („Luancheng-Sammlung"), Kapitel 41: *Qing Hubu Fu Sansi Zhu An Zhazi* 请户部复三司诸案札子 („Schreiben an den Thron zum Vorschlag der Wiederherstellung der drei Abteilungen der staatlichen Finanzkommission").

jeweils separate Funktionen haben. Die früher von den drei Abteilungen der staatlichen Finanzkommission kontrollierten Angelegenheiten verstreuen sich auf die sechs Ministerien sowie die Höfe und Direktorate. Das Finanzministerium ist nicht in der Lage, die Reserven und Steuern des Reiches zu bündeln, das heißt, es kann sie nicht einheitlich verwalten. Die Bilanzen werden dem Finanzministerium nicht vollständig mitgeteilt, weshalb das Finanzministerium die Menge von Geld und Getreide des Reiches nicht vollständig in Erfahrung bringen kann. Die fünf anderen Ministerien dürfen jeweils Geld- und Güterreserven aufwenden. Wenn die Ämter Befehle erhalten, müssen sie diese durchführen. Das Finanzministerium konnte keinen Einfluss darauf nehmen. Das heißt, dass das Finanzministerium nicht die aktuellen Zahlen der Einnahmen und Aufwendungen von Geld und Getreide in Erfahrung bringen kann und keine Möglichkeit hat, dafür zu sorgen, dass die Einnahmen dem Ausgegebenen entsprechen. Die fünf anderen Ministerien und die Ämter schufen jeweils eine Regelung ihrer Finanzen, die für sie günstig war. Dies tun sie mithilfe von Throneingaben und das Finanzministerium darf sich nicht in die Details dieser Angelegenheiten einmischen und hat keine Möglichkeit, die Nutzung der Finanzen zu optimieren. Der heutige Finanzminister entspricht dem früheren obersten Beamten der drei Abteilungen der staatlichen Finanzkommission. Die linke Abteilung des Finanzministeriums ist dem Finanzminister unterstellt, die rechte Abteilung ist nicht dem Finanzminister unterstellt. Die Finanzen des Reiches sind in zwei geteilt. Wenn auf jener Seite ein Überschuss festgestellt wird und auf dieser Seite ein Mangel, so ist es nicht gestattet, dass Finanzen verschoben werden. Das ganze Reich ist das Vermögen des Staates. Wenn man es aber auf diese Weise teilt und es niemandem zu einer zentralisierten Verwaltung anvertraut, wer kümmert sich dann für den Staat darum, Maßnahmen zur Anpassung an die Umstände vorzunehmen? Zum Beispiel wenn ein Haushalt Vermögen besitzt, muss eine Person in die Lage versetzt werden, die Verwendung zentral zu verwalten. Wenn man es viele Menschen verwalten lässt und jeder für seine Angelegenheiten selbst Geld abteilt, dann werden die Eigentümer sich häufig gegenseitig berauben. Und gibt es, wenn sich jeder davon nimmt und es verwendet, etwas oder jemanden, der davon profitiert? Dementsprechend sorgt die Teilung des Nutzungsrechtes dafür, dass es zwar Vermögen im Überfluss im Reich gibt, aber auch dafür, dass dieser Überfluss gelegentlich zum Versiegen kommt. Darüber hinaus ist das Vermögen, das die Kräfte des Volkes und des Landes hervorbringen, begrenzt. Dies ist der Grund, warum ich Tag und Nacht tief besorgt um unseren Staat bin. Bis jetzt hat es noch keine große Reform geben können. Ich wünsche, darum zu bitten, einen Befehl zu erlassen, mit dem der Finanzminister die Kontrolle über die linke und die rechte Abteilung erhält und die Vizeminister verschiedene konkrete Funktionen zugeschrieben bekommen. Die Gelder und Güter der rechten Abteilung dürfen nicht ausgegeben werden ohne Antrag des Finanzministers an den Kaiser und dessen Zustimmung. Die Gelder, das Getreide, das Gold und die Seidenstoffe der Provinzen sollen alle zur Verwaltung der Befehlshaber über die preisstabilisierenden Getreidespeicher zählen, auch sie sollen jeden Monat eine Bilanz verfassen und dem Finanzministerium und den anderen fünf Ministerien sowie den Höfen und Direktoraten zukommen lassen. Wenn man Gelder oder Güter aufwenden will, so sollen alle Anfragen zuerst an das Finanzministerium gehen und erst, wenn sie genehmigt sind, aufgewendet werden. Es soll nicht einseitig von den Ministerien und Ämtern um Geld gebeten werden. Dementsprechend sollten ihnen in diesem Fall auch nicht die nötigen Gelder und Güter direkt zur Verfügung gestellt werden. Wenn die Ämter keinen Befehl vom Finanzministerium erhalten, sollen sie kein Geld ausgeben. Früher verwaltete jene staatliche Finanzkommission das staatliche Vermögen in Form von Geldern und Getreide. Dieses Vermögen ist nun in den fünf Ministerien und in den Höfen und Direktoraten verstreut. Ich bitte darum, dieses dem Finanzministerium zu übergeben. Wenn auf diese Weise die Angelegenheiten des Finanzministeriums zunehmen und es nur eine unzureichende Zahl an Beamten gibt und daher nicht gut gearbeitet werden kann, dann bitte ich darum, die überflüssigen Angelegenheiten des Finanzministeriums zu verringern und überflüssige Beamtenaufgaben abzugeben, manche Ämter zusammenzufassen und sie alle dem Finanzministerium zu unterstellen. Auf diese Weise gehen die Nutzungsrechte an eine

> einheitliche Stelle. Wenn man neue geeignete Beamte einstellt, dann kann man das Vermögen des Reiches hoffentlich gut verwalten."[155]

Sima Guang betont an dieser Stelle, dass die Stellung des Finanzministeriums mit der Systemreform deutlich geschwächt worden war im Vergleich zu den drei Abteilungen der staatlichen Finanzkommission vor der Systemreform. Bei der Verwaltung und Überwachung der staatlichen Finanzen traten im neuen Finanzministerium einige kaum behebbare Missstände auf. Es handelte sich im Wesentlichen um die Folgenden: Erstens führten die drei Abteilungen der staatlichen Finanzkommission vor der Systemreform die Finanzpolitik, weitere finanzielle Angelegenheiten sowie die Einnahmen und Ausgaben. Alle Bilanzen gingen ihnen ausnahmslos zu und wurden von ihnen überprüft. Daher konnten sie das Gleichgewicht von Einnahmen und Ausgaben als Ganzes überwachen. Nach der Systemreform wurden die Kompetenzen des Finanzministeriums zur Führung der Finanzen und Steuern des Reiches deutlich beschnitten und viele Bilanzen wurden nicht mehr von ihm überprüft. Daher konnte es das Gleichgewicht zwischen Einnahmen und Ausgaben auch nicht mehr in seiner Gesamtheit kontrollieren. Zweitens wurden vor der Systemreform einheitlich alle Überschüsse oder Mangel von Geldern und Gütern bei den Einnahmen und Ausgaben der zentralen Behörden von den drei Abteilungen der staatlichen Finanzkommission koordiniert und angepasst. Nur die der Aufsicht für die Getreidespeicher unterstehenden preisstabilisierenden Getreidespeicher waren davon ausgenommen. Nach der Systemreform nahm der Finanzminister nicht mehr an den Angelegenheiten der rechten Abteilung teil und die Kompetenzen wurden in zwei geteilt. Auf Überschüsse oder Mangel bei den Einnahmen und Ausgaben der linken und der rechten Abteilung konnten gleichermaßen nicht gemeinsam reagiert werden. Drittens hatten die drei Abteilungen der staatlichen Finanzkommission vor der Systemreform ein Prüf- und Genehmigungsrecht über die Geld- und Grundnahrungsmittelausgaben der Ministerien. Sie kontrollierten wirksam Ausgaben außerhalb der Vorschriften. Nach der Systemreform verlor das Finanzministerium das Prüf- und Genehmigungsrecht über die Geld- und Grundnahrungsmittelausgaben einiger Ministerien. Dies führte dazu, dass diese willkürlich Gelder und Güter verwendeten und es Niemanden gab, der diese Aufwendungen überwachte und prüfte. Kurz gesagt, wurden die Kompetenzen des Finanzministeriums in vielen Bereichen deutlich geschwächt. Dies betraf beispielsweise die Kontrolle des Gleichgewichts der Finanzpolitik, das heißt der Einnahmen und Ausgaben des Staates, den einheitlichen Finanzausgleich zum Beispiel zwischen verschiedenen Ministerien oder Ämtern und die Überprüfung und Überwachung der Aufwendung von Geldern und Gütern allgemein. Den Mangel in der Funktionsweise eines solchen Finanzministeriums hat Sima Guang mit „Teilung des Nutzungsrechtes" zusammengefasst. Er meint damit eine verstreute Staatsmacht mit schwacher Zentralregierung. Dieser Zustand führte dazu, dass keine sinnvolle Verteilung der Staatsfinanzen erfolgen konnte und es zu einem schwerwiegenden

155 *Sima Gong Wenji* 司马公文集 („Gesammelte Schriften von Fürst Sima"), Kapitel 51: *Lun Qian Gu Yi Guiyi Zhazi* 论钱谷宜归一札子 („Schreiben an den Thron über die Eignung der Reserven zur Vereinheitlichung").

Abfluss von Vermögen, einer niedrigen Effizienz und einer Verstärkung der finanziellen Schwierigkeiten des Staates kam.

Angesichts dieser sehr konkreten Problematiken in der Finanzpolitik der Song-Dynastie schlug Sima Guang selbst entworfene sachbezogene Reformmaßnahmen vor. Er vertrat hauptsächlich, dass zunächst der Kompetenzbereich des Finanzministers erweitert werden sollte, indem ihm ermöglicht wird, gleichzeitig die linke und die rechte Abteilung zu führen. Die Verteilung des von der rechten Abteilung kontrollierten Vermögens sollte ebenfalls an einen Antrag des Finanzministers an den Kaiser und die Zustimmung des Kaisers zu Selbigem gekoppelt werden. Auf diese Weise sollte der Finanzminister in die Lage versetzt werden, das Vermögen der linken und der rechten Abteilung in einem Gesamtplan zu verteilen und auf der makroökonomischen Ebene wirksam ein Gleichgewicht zwischen Einnahmen und Ausgaben herzustellen. Des Weiteren sollten die Bilanzen von Geld, Getreide, Gold und Seidenstoffen jeden Monat dem Finanzministerium zur Prüfung vorgelegt werden. Wenn man diese Mittel verwenden wollte, so sollte man zuerst beim Finanzministerium um Genehmigung bitten müssen. Durch die Überwachung der Vermögensaufwendungen sollte das Finanzministerium dann vergleichsweise wirksam das Ausgaberecht von Vermögen kontrollieren können sowie infolgedessen die Einsparung staatlicher Ausgaben, die Senkung der Verwaltungskosten und eine Erhöhung der Auslastungsrate der staatlichen Finanzen erreichen. Die von Sima Guang vorgebrachten Missstände, die mit der Umwandlung der staatlichen Finanzkommission zum Finanzministerium entstanden, waren objektiv vorhanden und trafen genau die entscheidenden Aspekte. Seine Maßnahmen waren konkret und gut durchführbar. Er zielte mit ihnen immer auf die Lösung der praktischen Probleme der Regierung in der Finanzpolitik ab, gleich ob es nun um die Kontrolle des Gleichgewichts von Einnahmen und Ausgaben, um den einheitlichen Finanzausgleich oder um die Überprüfung von Aufwendungen ging.

Kurz nachdem Sima Guang seine Vorschläge einbrachte, wendete die Zentralregierung sie bereits an und legte fest, dass der Finanzminister die Angelegenheiten der linken und der rechten Abteilung gleichzeitig führen sollte. Die Zentralregierung nahm seine Throneingabe offensichtlich sehr ernst. Im siebten Monat des ersten Jahres der „Yuanyou"-Ära des Kaisers Zhezong (1086) „tätigte das Finanzministerium diese Aussage: ‚Die Aufstellungen der Gelder und des Getreides des Heers der Hauptstadtprovinz, der Provinzen und der Präfekturen, die früher der staatlichen Finanzkommission gemeldet wurden, wurden zuvor an die Transportkommissionen der Provinzen zur Verwaltung übergeben. Die Aufstellungen unter anderem ihrer preisstabilisierenden Getreidespeicher, die früher der Aufsicht für die Getreidespeicher zur Überwachung gemeldet wurden, wurden Ämtern zur Verwaltung übergeben. Und die Aufstellungen des Schatzamtes in der Hauptstadt sind unterschiedlich zugehörig zum Riten-, der Heeres- und Arbeitsministerium. Die Verwaltung aller diese Angelegenheiten wurde mit dem Finanzministerium zusammengeführt.‘ Diese Veränderungen bedeuten die Anwendung des von Sima Guang dem Kaiser vorgeschlagenen und nun eingeführten

Gesetzes."[156] Doch damit nicht genug, die Zentralregierung legte darüber hinaus noch Folgendes fest: „Das Direktorat für Rüstung, das Direktorat für Palastbauten, das Direktorat für die kaiserlichen Manufakturen und das Direktorat für Wasserwege, der Hof für die kaiserlichen Schätze und der Hof für die kaiserliche Unterhaltung und alle weiteren Behörden sollten die benötigten Mittel und Materialien für vorgebrachte Anträge, die Herstellung bestimmter Güter, die Aufstockung bestimmter Güter, Maßnahmenplanungen und Ankauf von Ressourcen prüfen. Dies galt genauso für die Kosten und Materialien für das Umgießen von Metall und Münzen als auch für die Einrichtung neuer Mienen oder Brennöfen und die Aufgabe solcher Produktionsstätten. Und diese von ihnen vorgenommenen Prüfungen sollten sie mit höchster Priorität zu einer erneuten genauen Prüfung an das Finanzministerium weiterreichen. Danach mussten sie die Genehmigung für die Menge der herzustellenden Güter abwarten. Das Ministerium kontrollierte die ihm untergeordneten Behörden. Es überwachte, dass die Höfe und Direktrorate je nach zu leistender Arbeit eine angemessene Zahl von Handwerkern zur Ausführung beauftragte. Sollten sich ernstliche Notlagen im Hochwasserschutz der Binnenflüsse ereignen und es nicht möglich sein, die Angaben rechtzeitig an das Finanzministerium zu melden, sollte die Notlage nach der Ergreifung der Lage entsprechender Gegenmaßnahmen ebenfalls an das Finanzministerium zur Untersuchung und Überprüfung weitergeleitet werden."[157] Auf diese Weise „waren die Direktorate für Wasserwege, für Rüstung und für Palastbauten alle dem Finanzministerium untergeordnet. Dies führte dazu, dass das Finanzministerium über die Erlaubnis bestimmter Angelegenheiten dieser Direktorate bestimmte und über die Menge ihrer Mittel entschied. Und das Arbeitsministerium verantwortete die Intensität des Arbeitsaufwandes und die Geschwindigkeit der Projekte. Wenn die Entscheidung über die Genehmigung eines Projektes und, welche Mittel es bekommt, beim Finanzministerium liegt, dann kann es sich nicht mehr seiner Verantwortung für den angerichteten Schaden an Staatsfinanzen und Volk entziehen. Wenn die Entscheidung über die Intensität und die Geschwindigkeit der Arbeit beim Arbeitsministerium liegt, dann kann es sich beim Scheitern eines Projektes nicht mehr aus seiner Verantwortung zurückziehen."[158] Hinter diesem System steckte klar erkennbar die Absicht der Zentralisierung der staatlichen Finanzmacht. Seit der „Shaosheng"-Ära 绍圣 des Song-Kaisers Zhezong 哲宗 (1094 – 1098) hatte ein hoher Beamter des rechten Teils des Finanzministeriums (Vizeminister) zwar zeitweise auch größere Rechte und Befehlsgewalt und er konnte direkt Throneingaben und Anträge stellen, seit der Südlichen Song-Dynastie wurden jedoch im Wesentlichen die Leitlinien Sima Guangs zur Zentralisierung der Finanzmacht befolgt. Zwar wurde nicht dauerhaft ein Chefminister für das Finanzministerium eingesetzt, allerdings verwalteten und kontrollierten zwei Beamte im Rang eines Vizeministers die Angelegenheiten des linken und des rechten Teiles des Finanzministeriums. Die Genrealzensoren mussten sich alle gleichermaßen mit einer Eingabe an „das

156 *Chang Bian* 长编 („Erweiterte Aufzeichnungen"), Kapitel 383.
157 *Chang Bian* 长编 („Erweiterte Aufzeichnungen"), Kapitel 422.
158 *Chang Bian* 长编 („Erweiterte Aufzeichnungen"), Kapitel 422.

Finanzministerium und an den Hof für die kaiserlichen Schätze wenden, um die Staatsschätze zu überprüfen". Nach den Aufzeichnungen von Li Dao 李焘 musste den Zensoren nicht Folge geleistet werden, daher ist es unklar, ob der kaiserliche Hof überhaupt seine Vorschläge anwandte.

Aus den obigen Beschreibungen lässt sich deutlich erkennen, dass die Vorstellung von einer Zentralisierung der Finanzmacht in der Song-Dynastie im Wesentlichen die folgenden drei Aspekte beinhaltete: erstens den Ausgleich zwischen Zentralisierung und Teilung von Macht mit den lokalen Regierungen in der Finanzverwaltung. Zweitens die Gesamtverwaltung der Finanzpolitik des ganzen Landes durch den Premierminister, auch der kaiserliche Staatsschatz wurde in die einheitliche Verwaltung und Überwachung der Finanzverwaltung mit einbezogen. Drittens entsprach das Finanzministerium nach der Systemreform den drei Abteilungen der staatlichen Finanzkommission vor der Systemreform und verfügte über einen breiten Kompetenzbereich in der Finanzverwaltung. Es ist offensichtlich, dass diese drei Schwerpunkte in der Reform aus miteinander korrespondierenden Grundüberlegungen hervorgingen: Von der Funktionsweise der Behörden angefangen, sollte durch die Zentralisation der Finanzmacht eine effektive Verteilung der Gelder und Güter des ganzen Landes in einem Gesamtplan erreicht werden. Außerdem wollte man das Gleichgewicht bei Einnahmen und Ausgaben sichern und gesetzeswidrigem Verhalten bei den Finanzen vorbeugen. Gleichzeitig ging es um die Erschließung von Einnahmequellen und die Einsparung von Mitteln. Mit der Erreichung dieser Ziele sollten dann die finanzpolitischen Schwierigkeiten gelöst werden. Eine solche Zentralisation der Finanzmacht kann vor dem Hintergrund der übergroßen Zahl an Beamten und Soldaten, enormen finanziellen Belastungen durch Kriege und weiteren hohen Kosten bei begrenzten finanziellen Möglichkeiten positiv bewertet werden. Die Vorstellungen aus den ersten beiden Aspekten waren allerdings nur begrenzt umsetzbar, nur der dritte Punkt war in der Praxis gut realisierbar. Betrachtet man die Finanzpolitik der Song-Dynastie als Ganzes, lassen sich einige wesentliche Merkmale erkennen: 1. Die lokalen Finanzkompetenzen waren weitgehend bei der Zentralregierung konzentriert. 2. Der Premierminister, respektive der Kanzler, nahm zwar gelegentlich an der Finanzverwaltung und Überwachung teil, allerdings tat er dies immer nur auf bestimmte Aspekte und Zeit begrenzt. Dementsprechend schwach war auch seine Einflusskraft in der Finanzpolitik. Die einzige Ausnahme bildet ein kurzer Zeitraum, in dem die Zentralregierung das Buchhaltungsamt und des Amt für Staatsausgaben, also die Finanzen des Reiches vom Premierminister führen ließ, um sie zentral kontrollieren zu lassen und Betrug vorzubeugen. Im Wesentlichen lässt sich das Finanzsystem der Song-Dynastie so beschreiben: „Unter den Einnahmen für das Vermögen des Reiches gab es das dem Kaiser zugehörige Vermögen, das Vermögen des Kaiserhofes und jenes des Finanzministeriums. Die Strategie der jeweils zugehörigen Personen bestand in der Anhäufung von Reichtum mit hohen Steuern. Ihre Einnahmen und Ausgaben waren ihnen untereinander nicht bekannt."[159] Es gab

---

159 *Song Shi* 宋史 („Geschichte der Song-Dynastie"), Kapitel 179: *Shi Huo Zhi Xia* 食货志下 („Abhandlung über Nahrung und Handel, zweiter Teil"), erster Abschnitt.

durchgängig keinen einheitlichen Apparat, der die Einnahmen und Ausgaben aus den verschiedenen Bereichen zentral verwaltete und überwachte. Der Schatz am Kaiserhof der Song-Dynastie lagerte einen großen Teil des Staatsvermögens und wurde direkt vom Kaiser kontrolliert. Der Kaiser hielt persönlich eine große Menge des Staatsvermögens in der Hand um eine Abhängigkeit der Finanzbeamten von ihm zu erzwingen. Damit wurde der Kaiser in die Lage versetzt, die Finanzpolitik sowie die Einnahmen und Ausgaben des Staates unmittelbar zu kontrollieren und zu überwachen. Wenn Militärausgaben, überzählige Beamte, übermäßige Kosten oder vorübergehende größere Summen an Ausgaben die staatlichen Finanzen in die roten Zahlen brachten, öffnete der Kaiser das Schatzvermögen, um diese auszugleichen. Durch die persönliche Kontrolle eines reichen Schatzvermögens entfaltete der Kaiser eine bedeutende Funktion in der Finanzpolitik, insbesondere beim Ausgleich außerordentlicher Kosten. Da der Schatz am Hof eine Schlüsselrolle in der Finanzpolitik spielte und für den Unterhalt des Heeres bestimmt war, „sorgte sich [der Kaiser der Song-Dynastie] darum, dass die Finanzbeamten nicht einsparen könnten und wenn es zu einer anderen Zeit einen Mangel gäbe, sie diesen durch Erhöhung der Steuerrate dem Volk auferlegen würden."[160] Daher wurde die Höhe des gelagerten Vermögens im Schatz am Kaiserhof streng unter Verschluss gehalten und konnte von Personen außerhalb des Hofes nicht in Erfahrung gebracht werden. Hohe Finanzbeamte durften sich bei der Diskussion um die Einnahmen und Ausgaben der staatlichen Finanzpolitik ebenfalls nicht einmischen wie zum Beispiel in diesem im *Yuanyou Kuaiji Luxu* 元祐会计录叙 („Aufzeichnungen zur Buchhaltung in der ‚Yuanyou'-Ära") von Su Zhe 苏辙 geschilderten Fall: „Der Schatz am Kaiserhof, die Ersparnisse der rechten Abteilung des Finanzministeriums und das Vermögen der Lager wurden nicht von den drei Abteilungen der staatlichen Finanzkommission verwaltet und dementsprechend nicht in Bilanzen mit aufgenommen."[161] Im zweiunddreißigsten Jahr der „Shaoxing"-Ära 绍兴 des Kaisers Gaozong 高宗 der Südlichen Song-Dynastie (1162) beschrieb der Vizeminister für Riten Huang Zhong 黄中: „Momentan geht die Hälfte der eingenommenen Steuern in den Schatz am Kaiserhof. Die Beamten sind nicht in der Lage, die Fülle dieses Schatzes zu berechnen."[162] Offensichtlich gab es in der Song-Dynastie häufig Minister, die betonten, dass der Schatz am Kaiserhof dem Finanzverwaltungsapparat zur einheitlichen Verwaltung und Überwachung zugeführt werden sollte und das Nutzungsrecht einheitlich einer Stelle eingeräumt werden sollte. Diese Forderung berührte jedoch unzweifelhaft die Macht des Kaisers in Form seiner unmittelbaren Kontrolle und Überwachung der gesamten Einnahmen und Ausgaben der staatlichen Finanzen. Daher war dies unter der Vorbedingung einer stetigen Stärkung der Macht des Kaisers kaum umsetzbar.

---

[160] *Song Shi* 宋史 („Geschichte der Song-Dynastie"), Kapitel 179: *Shi Huo Zhi Xia* 食货志下 („Abhandlung über Nahrung und Handel, zweiter Teil"), erster Abschnitt.

[161] *Luancheng Houji* 栾城后集 („Spätere Luancheng-Sammlung"), Kapitel 15.

[162] *Zhu Wengong Wenji* 朱文公文集 („Gesammelte Schriften Zhu Xis"), Kapitel 91: *Duanmingdian Xueshi Huang Zhong Muzhiming* 端明殿学士黄公墓志铭 („Epitaph des Gelehrten der Duanming-Akademie Huang Zhong").

Kurz gesagt, mit der enormen Stärkung des feudal-autoritären zentralistischen Systems der Song-Dynastie lag das höchste Recht zur Verwaltung und Überwachung der Finanzen in den Händen des Kaisers. Dieser studierte selbst die Bilanzen, kümmerte sich um wichtige Angelegenheiten der Finanzpolitik. Gleichzeitig hielt er die Kontrolle über das große Vermögen im Schatz am Kaiserhof fest in seiner Hand. Er reagierte mit immer dem gleichen System auf die verschiedensten Entwicklungen und Veränderungen und regulierte mit diesem selbst das Gleichgewicht von Einnahmen und Ausgaben der staatlichen Finanzen. Wenn Militärausgaben, überzählige Beamte und übermäßige Kosten für rote Zahlen sorgten und die Finanzbeamten in unlösbare Schwierigkeiten brachten, dann öffnete der Kaiser den Schatz am Kaiserhof. Die Monopolisierung der Macht durch den Kaiser musste zwingend zu einer weitergehenden Verschärfung der finanziellen Schwierigkeiten führen, denn selbst wenn es sich um einen weisen und geschickten Kaiser handelte, so konnte er doch nicht bei jeder Angelegenheit selbst Hand anlegen, geschweige denn ein wenig geschickter und unkluger Herrscher. Dem System entsprechend gab es in der gesamten Song-Dynastie nicht Einen unter den hohen und niederen Beamten sowie den Ministern, der vollständig über die gesamten Einnahmen und Ausgaben in den staatlichen Finanzen des ganzen Landes in Kenntnis war. Selbst die Finanzbeamten „konnten die Menge von Geld und Getreide des Reiches nicht vollständig in Erfahrung bringen."[163] Dies führte dazu, dass „eine Anhäufung von Reichtum mit hohen Steuern betrieben und die Einnahmen und Ausgaben einzelner Behörden anderen unbekannt waren"[164] und sich die Finanzpolitik und die Wirtschaft des Staates dementsprechend häufig in einem chaotischen Zustand befand. Gelehrte appellierten regelmäßig daran, dem Premierminister die Staatsfinanzen komplett anzuvertrauen und den Schatz am Kaiserhof einheitlich mit den restlichen Finanzen verwalten zu lassen. Aber die Wirkung dieser Appelle blieb äußerst gering. Allerdings gab es für den Kaiser keine Notwendigkeit und er war auch nicht in der Lage, sich persönlich um die Verwaltung der Vielzahl alltäglicher Kleinigkeiten der Buchprüfung sowie um jeden einzelnen Posten in den Einnahmen und Ausgaben zu kümmern. Dementsprechend gab er solche Angelegenheiten an die entsprechenden Behörden der Zentralregierung und der lokalen Regierungen ab. Grob gesagt, teilte sich die Finanzpolitik der Zentralregierung der Song-Dynastie in drei Systeme von Finanzbehörden auf: die drei Abteilungen der staatlichen Finanzkommission oder das Finanzministerium, den Schatz am Kaiserhof und die Finanzen des Hofes. Ihre Verwaltung führten die zugehörigen Behörden und Personen jeweils eigenständig und kümmerten sich nicht umeinander. Auch die lokalen Transportkommissionen, Rechtskommissionen und Kommissionen für die preisstabilisierenden Getreidespeicher verwalteten jeweils getrennt verschiedene Einnahmen und Ausgaben und waren jeweils verschiedenen Behörden der Zentralregierung unterstellt. Diese Teilung von Kompetenzen sorgte dafür, dass sich

163 *Sima Gong Wenji* 司马公文集 („Gesammelte Schriften von Fürst Sima"), Kapitel 51: *Lun Qian Gu Yi Guiyi Zhazi* 论钱谷宜归一札子 („Schreiben an den Thron über die Eignung der Reserven zur Vereinheitlichung").

164 *Song Shi* 宋史 („Geschichte der Song-Dynastie"), Kapitel 179: *Shi Huo Zhi Xia* 食货志下 („Abhandlung über Nahrung und Handel, zweiter Teil"), erster Abschnitt.

die Behörden gegenseitig behinderten und verhinderte gleichzeitig, dass große Macht an andere als den Kaiser fiel. Sie war Ausdruck des Prinzips der Nichtzulassung eines allumfassenden Gesamtmonopols in der Verwaltung und Überwachung der Finanzen, der Begrenzung von Verantwortungsbereichen und der gegenseitigen Behinderung in der Verwaltung.

Die Verwaltung der Finanzen wurde in der Song-Dynastie vom Kaiser und seiner politischen Macht monopolisiert. Es gab nichts, das nicht von ihm kontrolliert worden wäre. Die Beamten der betroffenen Behörden jedoch teilten die Kompetenzen für jede Angelegenheit untereinander auf und die Kompetenz, über die sie verfügten, war nicht bei ihnen allein konzentriert, sondern stand wiederum im Widerspruch zu den Kompetenzen jeweils anderer Beamter. Dieser Funktionsmechanismus zeigt, dass Verwaltung und Überwachung sich in einer Einheit der Gegensätze von zentralisierter und lokaler Macht befanden. Solche Prinzipien fanden sich auch in anderen Politikbereichen und im Militär des vormodernen China wieder. Vor dem besonderen historischen Hintergrund der Song-Dynastie hatte dieser Mechanismus allerdings auch eine gewisse Begründung. Unter dem Umstand zahlreicher Kriege waren viele Ausgaben kaum vorauszuberechnen und kaum planbar. Zusätzliche Ausgaben mithilfe des Schatzes am Kaiserhof zu decken, war in vielen Fällen eine einfache und effektive Maßnahme zur Lösung komplexer Problematiken.[165]

Auf der Grundlage der Tang-Dynastie entwickelte und vervollkommnete die Song-Dynastie das Buchhaltungssystem. Nicht zuletzt darauf lässt sich die Fähigkeit der Zentralregierung der Song-Dynastie und insbesondere des Kaisers zur festen Kontrolle über die Finanzpolitik zurückführen. Das System zur landesweiten Steuereintreibung des Song-Reiches zeichnet sich vor allem durch seine Buchhaltungsberichte aus. Für nahezu jede Periode der Song-Dynastie finden sich lückenlose Buchhaltungsaufzeichnungen, in denen die Lage der Einnahmen und Ausgaben des ganzen Landes zentral aufgezeichnet und sorgfältig geprüft wurde. Dabei wurden unter anderem die Verwaltung von Finanzen und Steuern und die Einnahmen und Ausgaben analysiert und verglichen, um die Erreichung der Ziele der Finanzverwaltung sicherzustellen. Konkret gesprochen, umfassten diese Analysen hauptsächlich drei Aspekte: erstens die Einkommensanalyse, das heißt im Wesentlichen die Analyse des Zusammenhanges zwischen der damaligen Zahl an Haushalten und den Steuereinkommen. Zweitens eine vergleichende Analyse der Einnahmen und Ausgaben, das heißt die Durchführung einer Analyse der Ausgaben für das jeweilige Jahr gemäß dem Prinzip der Steuerfestsetzung je nach Ausgaben. Drittens die Analyse der Ausgaben, das heißt die Durchführung einer Analyse der Ausgaben für das Militär, die Beamtengehälter und öffentlich geplante Bauvorhaben im jeweiligen Jahr. Außer diesen routinemäßigen Buchhaltungsanalysen fertigten die betroffenen Behörden jederzeit nach den Anforderungen des Kaisers spezielle Analysen zu den staatlichen Einnahmen und Ausgaben an. Es existierten damals

---

165 Fang Baozhang 方宝璋: *Lun Song Dai Jizhong Caiquan de Sixiang* 论宋代集中财权的思想 („Über die Ideologie der zentralisierten Finanzmacht der Song-Dynastie"), in Researches in Chinese Economic History, Nr. 4 2008.

spezielle Bezeichnungen für die Buchhaltungsberichte, normalerweise wurden sie *zhuang* 状 („Lagebericht") oder *zhang* 账 („Bilanzbuch") genannt. Sie mussten von allen Regierungsebenen jeweils zusammengefasst und an die nächsthöhere Ebene weitergereicht werden, bis hin zu den entsprechenden Behörden der Zentralregierung. Die damaligen Buchhaltungsberichte waren Teil einer gründlichen Überprüfung der Leistungen der verschiedenen Regierungsebenen. Falls entdeckt wurde, dass die Buchhaltungsberichte nicht mit der realen Lage übereinstimmten, wurde eine entsprechende Bestrafung gegen den/die Verantwortlichen ausgesprochen.[166]

Nach den Buchhaltungsaufzeichnungen der Song-Dynastie gab es solche Berichte spätestens seit der Tang-Dynastie. Im zweiten Jahr der „Yuanhe"-Ära des Tang-Kaisers Xianzong (807) verfasste Premierminister Li Jifu 李吉甫 die „Staatsbilanz der ‚Yuanhe'-Ära" und legte diese Kaiser Xianzong vor. In der „Staatsbilanz der ‚Yuanhe'-Ära" dokumentierte er aus dem ganzen Reich unter anderem die Zahl der Haushalte, Präfekturen und Kreise, die jährlichen Einnahmen und Ausgaben sowie die Menge der Beamten und Soldaten und verglich diese Daten mit den Jahren der „Tianbao"-Ära 天宝 des Tang-Kaisers Xuanzong 玄宗. Sicher ist, dass die Buchhaltungsaufzeichnungen der Song-Dynastie nach der „Staatsbilanz" Li Jifus aufgestellt wurden. Wie den Aufzeichnungen des *Yuhai* 玉海 („Jadeozean") im Kapitel 185 zu entnehmen ist, entstanden in der Song-Dynastie unter anderen die folgenden Buchhaltungsaufzeichnungen: „Buchhaltungsaufzeichnung der ‚Jingde'-Ära" 景德, „Buchhaltungsaufzeichnung der ‚Qingli'-Ära" 庆历, „Buchhaltungsaufzeichnung der ‚Huangyou'-Ära" 皇祐, „Buchhaltungsaufzeichnung der ‚Zhiping'-Ära" 治平, „Buchhaltungsaufzeichnung der ‚Xining'-Ära" 熙宁, „Buchhaltungsaufzeichnung der ‚Yuanyou'-Ära" 元佑, „Buchhaltungsaufzeichnung der ‚Xiangfu'-Ära" 祥符, „Buchhaltungsaufzeichnung der ‚Xuanhe'-Ära" 宣和, „Buchhaltungsaufzeichnung der ‚Shaoxing'-Ära" 绍兴, „Buchhaltungsaufzeichnung der ‚Qiandao'-Ära" 乾道, „Buchhaltungsaufzeichnung der ‚Shaoxi'-Ära" 绍熙, „Buchhaltungsaufzeichnung der ‚Qingyuan'-Ära" 庆元. Daraus wird ersichtlich, dass Buchhaltungsaufzeichnungen bereits zu einem unverzichtbaren Instrument für die damalige Zentralregierung und die lokalen Regierungen in ihren Wirtschaftsaktivitäten geworden waren.

Diese Verfahrensweisen der Song-Dynastie erfuhren später weitergehende Ergänzungen und Verbesserungen, so zum Beispiel für den Staatsschatz der Qing-Dynastie in Form des *Tianxia Caifu Zonghui* 天下财赋总汇 („Übersicht über die Finanzen und Steuern des Reiches"): „Alle Grundsteuer, Einnahmen aus dem Salzmonopol, Zolleinnahmen und vermischten Steuern eines Jahres aus jeder Provinz gingen außer dem Selbstbehalt der jeweiligen Provinz für ihre Ausgaben in die Hauptstadt."[167] Als von der Zentralregierung kontrolliertes Einkommen

166 Guo Xiaodong 郭小东: *Jianming Zhongguo Caishui Shi* 简明中国财税史 („Kurze Geschichte der Finanzen und Steuern Chinas"), S. 128, Guangzhou: Guangdong Jingji Chubanshe, 1997.

167 *Guangxu Da-Qing Huidian Shili* 光绪大清会典事例 („Kanon von Präzedenzfällen für die Verwaltung der Qing-Dynastie zur Zeit Kaiser Guangxus"), Kapitel 182: *Hubu·Kuzang·Yinku* 户部 • 库藏 • 银库 („Finanzministerium – Speicher – Staatsschatz").

beinhaltete der Verwendungszweck des eingenommenen Staatsschatzes auch die zuvor bereits angesprochene Katastrophenhilfe. Außerdem erreichten die jedes Jahr für die Eisenbahn aufgewandten Betriebskosten 2 Millionen Tael (davon wurden 1,2 Millionen Tael vom Staatsschatz aufgebracht und 800.000 Tael von den Provinzen übernommen).[168]

Abschnitt 4: Gesetze und Vorschriften der Feudalregierung Chinas in Bezug auf Gesellschaft und Wirtschaft

Die Gesetze und Vorschriften der feudalen Zentralregierung Chinas in Bezug auf Gesellschaft und Wirtschaft berührten verschiedenste Aspekte: „Die Einteilung der Bevölkerung in vier Tätigkeiten", das heißt in „Gelehrte, Bauern, Handwerker und Händler"[169]. Die Reihenfolge ihrer Nennung entspricht dabei ihrer jeweiligen Stellung in der Gesamthierarchie. Dementsprechend gestand die Regierung den Händlern gesetzlich auch eine nur niedrige gesellschaftliche Stellung zu. Weiterhin führte sie Maßnahmen durch, die eine Wirtschaft mit eigenständiger Landbewirtschaftung als zentraler Säule fördern sollten und erlaubte den Handel mit Land, begünstigte ihn jedoch nicht. Oben genanntes ist ein deutlicher Ausdruck der gesellschaftlichen Funktionen des Feudalstaates. Er bediente sich Steuern und verschiedener wirtschaftspolitischer Leitlinien, um in Verteilungsfragen einzugreifen. Auch die gesetzlichen Beschränkungen der Regierung in Bezug auf das Eintreten von Händlern in eine Beamtenkarriere, ihre Kleidung, ihren Schmuck und auf ihre Freizügigkeit sowie weitere Aspekte hingen untrennbar mit der feudalen Gesellschaftsstruktur zusammen.[170] Die Politik der Achtung der Bauern und der Unterdrückung der Händler war eine grundlegende Staatsräson der feudalen Regierung Chinas zur Regulierung von Gesellschaft und Wirtschaft. Dementsprechend wurde die Landwirtschaft von der Regierung als gesellschaftliche Grundlage angesehen, während das Gewerbe, insbesondere der Handel ihr als der unterste und unwichtigste Teil der Gesellschaft galten.

Schutz und Förderung der selbstständigen Bauern zählten zu den grundlegenden politischen Leitlinien des chinesischen Feudalismus. Dies ist

---

168 Shi Zhihong 史志宏: *Qing Dai Hubu Yinku Shouzhi he Kucun Tongji* 清代户部银库收支和库存统计 („Statistik zu den Einnahmen und Ausgaben sowie den Reserven des Staatsschatzes des Finanzministeriums in der Qing-Dynastie"), S. 29f., Fuzhou: Fujian Renmin Chubanshe, 2008.

169 *Han Shu* 汉书 („Buch der Han"), Kapitel 24 (erster Teil): *Shi Huo Zhi* 食货志 „Abhandlung über Nahrung und Handel". Anmerkung: Dies unterscheidet sich nur gering von den im *Kaogong Ji* 考工记 („Aufzeichnungen zu Handwerksprüfungen") des Qi-Reiches aus der Spätphase der Frühlings- und Herbstperiode, in dem die damalige Gesellschaft in die „sechs Berufe" Könige und Fürsten, Gelehrte, die hundert Handwerke, die Händler, die Bauern und die Frauenarbeit eingeteilt wurde.

170 Bereits bei der Errichtung der Westlichen Han-Dynastie wurde laut *Shiji* 史记 („Aufzeichnungen des Chronisten"), Kapitel 30: *Pingzhun Shu* 平准书 („Abhandlung über den ausgewogenen Durchschnitt") folgendes aufgezeichnet: „Nachdem der Frieden im Reich wiederhergestellt war, gab Gaozu den Befehl aus, dass Händler keine Seide tragen durften, keine Wagen verwenden durften und erhöhte die Steuern, die sie zahlen mussten, um sie zu behindern und zu erniedrigen." Dies wurde in die Praxis allerdings keinesfalls in dieser Härte angewandt. Zu bestimmten Zeiten und unter bestimmten Umständen finden sich immer wieder Gewerbetreibende, die an der Regierungspolitik einer Dynastie beteiligt waren. Jedoch lässt sich oben Zitiertes als politische Haltung mindestens in den Edikten und Gesetzen der Feudalgesellschaft durchgängig wiederfinden.

insbesondere in den Anfangsperioden neuer Dynastien und in der Zeit gesellschaftlicher Reformen gut zu beobachten. Die Anwendung dieser Politik führte immer wieder zu goldenen Zeitaltern. In der Regierungszeit des Kaisers Wu von Han ergab sich dank einer Reihe von Maßnahmen zum Schutz der individuellen kleinen (landwirtschaftlichen) Produzenten unter der Leitlinie der sogenannten *wu wei er zhi* 无为而治 („Herrschaft durch Nichteingreifen") ebenfalls ein solches goldenes Zeitalter. Bei seiner Inthronisation stellte sich dieses folgendermaßen dar:

> „Es verging eine Periode von mehr als 70 Jahren seit der Errichtung der Han-Dynastie, in der das Land keinerlei größere Unruhe erfuhr, sodass, außer bei Flut- und Dürrekatastrophen, das ganze Volk und jede Familie zu ihrem Auskommen versorgt waren. Die Getreidespeicher in den Städten und auf dem Land waren alle gefüllt und der Staatsschatz lief geradezu über vor Reichtum. In der Hauptstadt wurden die Münzseile zu hunderten Millionen übereinandergestapelt, bis die Seile, die sie zusammenbanden, verrottet waren und nicht mehr gezählt werden konnten."[171]

Es waren eben oben genannte Maßnahmen zum Schutz individueller kleiner Produzenten, die dazu führten, dass die Ansammlung von gesellschaftlichem Reichtum der Han-Dynastie ein historisches Ausmaß erreichte. Dies gründete eine gewisse materielle Grundlage für die Befriedung der Xiongnu, die Erschließung der westlichen Gebiete, die Realisierung großangelegter öffentlicher Projekte, wie unter anderem im Wasser- und Städtebau, die Errichtung und störungsfreie Nutzung der Seidenstraße, die das Reich mit der Politik, Wirtschaft und Kultur außerhalb seines eigenen Herrschaftsbereiches verband, und die Schaffung erster Strukturen eines zentralistischen Einheitsstaates.

Seit dem neunten Jahr der „Taihe"-Ära 太和 der nördlichen Wei-Dynastie (485) und in der nördlichen Qi-Dynastie, der nördlichen Zhou-Dynastie, der Sui-Dynastie und in der Anfangsperiode der Tang-Dynastie fand das System der gleichmäßigen Feldverteilung verbreitet Anwendung. Es handelte sich um ein vom Staat in Form von politischen Leitlinien und Gesetzen durchgeführtes Feldsystem, das dem Schutz und der Förderung der auf selbstständigen Bauern beruhenden Wirtschaft der jeweiligen Reiche dienen sollte. Das goldene Zeitalter in der „Kaiyuan"-Ära 开元 des Tang-Kaisers Xuanzong war ein sichtbarer Ausdruck der vollständigen Entfaltung der Potentiale der auf selbstständigen Bauern beruhenden Wirtschaft unter dem System der gleichmäßigen Feldverteilung. Ein dem Realismus zuzurechnender Dichter der Tang-Dynastie beschrieb dies folgendermaßen:

> „Ich erinnere mich an die Tage großer Blüte in der Kaiyuan-Ära (713 – 742 n. Chr.).
> Selbst in kleinen Städten standen zahllose Häuser.
> Herrlicher saftiger Reis, weisse glänzende Hirse
> Füllten öffentliche und private Magazine und Scheunen.
> Auf den Strassen der neun Provinzen gab es keine Panther und Tiger (d.h. keine Räuber).
> Wenn man eine ferne Reise unternahm, war es nicht notwendig, einen glückbringenden Tag für den Aufbruch zu wählen.
> Die Wagen, welche Seidenstoffe aus den Ländern Qi und Lu nach der Hauptstadt brachten, folgten ununterbrochen auf einander.

[171] *Shiji* 史记 („Aufzeichnungen des Chronisten"), Kapitel 30: *Pingzhun Shu* 平准书 („Abhandlung über den ausgewogenen Durchschnitt").

> Die Männer bestellten das Feld, die Frauen beschäftigten sich mit Seidenwurmzucht; niemand vernachlässigte die ihm zukommenden Aufgaben."[172]

Der wichtigste Grund für das Auftreten eines goldenen Zeitalters in der Tang-Dynastie waren von der Regierung ergriffene Maßnahmen zur Umsetzung des Systems der gleichmäßigen Feldverteilung. Diese sorgten dafür, dass die auf selbstständigen Bauern beruhende Wirtschaft eine rasante Entwicklung erfuhr. Mit der Zersetzung des Systems der gleichmäßigen Feldverteilung in der mittleren und späten Periode der Tang-Dynastie wurden große Mengen selbstständiger Bauern entweder in den Ruin getrieben oder flohen. Damit kündigte sich das Ende des goldenen Zeitalters an. Die An-Lushan-Rebellion zur Zeit des Tang-Kaisers Xuanzong und die darauffolgende gewaltsame Abtrennung einzelner Landesteile mit der Errichtung lokaler Autonomien von militärischen Verteidigungskommandos waren ein Zeichen dessen. Der Gründungskaiser der Ming-Dynastie Zhu Yuanzhang 朱元璋 stammte aus der gesellschaftlichen Unterschicht und legte besonderes Gewicht auf die landwirtschaftliche Produktion. Im fünfundzwanzigsten Jahr der „Hongwu"-Ära (1392) 洪武 befahl Zhu Yuanzhang „dem Arbeitsministerium eine Anordnung zu veröffentlichen, die das Volk des Reiches dazu verpflichtete, zahlreich Maulbeerbäume und Datteln anzupflanzen. Auf jedem Li sollten zwei Mu Sprösslinge angepflanzt werden. Es sollten jeweils 100 Haushalte gemeinsam ihre Arbeitskraft aufwenden und das Stroh transportieren, um die Felder abzubrennen. Einmal gepflügt, sollten die Felder noch einmal abgebrannt werden. Nachdem dieser Prozess von Pflügen und Abbrennen dreimal durchgeführt wurde, sollte dann ausgesät werden. Wenn die Sprösslinge eine Höhe von drei Chi erreicht hatten, sollten sie mit Abstand untereinander gepflanzt werden, dieser Abstand betrug jeweils eine Breite von fünf Chi. Im ersten Jahr sollte die Zahl der Bäume 200 erreichen, im darauffolgenden Jahr 400 und im dritten Jahr 600. Diejenigen, die die geforderte Zahl erreichten, sollten dem Kaiser mit einer Liste gemeldet werden. Diejenigen, die gegen die Vorgaben verstießen, sollten mit ihrer ganzen Familie an die Grenze verbannt werden, um als Soldaten zu dienen. Damit sollten Menschen, die Schuld auf sich geladen hatten, auf menschliche Art und Weise bestraft werden. Diese waren dann nicht wütend, auch wenn sie starben."[173] In der Frühperiode der Ming-Dynastie war der gesellschaftliche Nutzeffekt einer solchen Verfahrensweise nicht unbedingt greifbar. Dennoch zeigt diese Politik, welch großen Schutz die Zentralregierung den selbstständigen Kleinbauern und dem von ihnen sekundär betriebenen Handwerk gewährte und, welch hohen Stellenwert sie beiden zumaß.

Die Wirtschaft der selbstständigen Bauern beruhte auf einer Form der Arbeitsorganisation, in der Männer die Feldarbeit und Frauen die Textilproduktion übernahmen oder auf einer solchen, in der bei gutem Wetter Feldarbeit und bei Regen Textilarbeit getätigt wurde. Ihr Florieren sorgte dafür, dass die von der Regierung eingeforderten Steuern und Frondienste eine ausreichende wirtschaftliche Grundlage erhielten. Dementsprechend war sie ebenfalls die

---

172 Du Fu 杜甫 *Yi Xi* 忆昔 („Ich erinnere mich früherer Zeiten"), zitiert nach: *Tu Fu's Gedichte*. Zach, Erwin von (Übers.). Cambridge: Harvard University Press, 1952.

173 *Yudong Xulu* 余冬序录 („Ordentlich sortierte Schriften He Mengchuns"), Kapitel 10.

Grundlage für eine im Ganzen prosperierende Gesellschaft. In einigen Schriften wird allerdings vertreten, dass die Produktionsform der selbstständigen Bauern die Entwicklung von Gesellschaft und Wirtschaft und insbesondere der Warenwirtschaft behindert hat. Dabei handelt es sich um eine unausgewogene Beurteilung der Sachlage. Ihre Produktionsweise gab sich keinesfalls mit der Selbstversorgung zufrieden, sondern trug ebenfalls einen gewissen Ansatz zum Produktaustausch in sich. Folglich verfügten die individuellen Kleinproduzenten in gewissem Maße über einen Antrieb, Warenaustausch zu betreiben. Die von individuellen Bauernhaushalten im chinesischen Feudalismus hergestellten und gehandelten Handwerksprodukte sowie ihre landwirtschaftliche Produkte, die sie teilweise verkauften, waren, den einzelnen Austauschvorgang betrachtet, von geringem Umfang. Zusammengerechnet allerdings ergab sich aus den einzelnen Vorgängen ein hohes Austauschvolumen. Diese Art des Handels bildete damit zumeist eine der wesentlichen Quellen des Warenaustauschs im chinesischen Feudalismus. Der Beitrag der kleinbäuerlichen Wirtschaft zur Belebung der damaligen Gesellschaft und Wirtschaft ist dementsprechend nicht zu leugnen. Unter dem Einfluss der politischen Leitlinie „Achtung der Bauern und Unterdrückung der Händler" bildete sich folgendes von der Regierung propagiertes Gesellschaftskonzept heraus: „Der auf der Landwirtschaft basierende Reichtum ist der beste Reichtum, darauf erst folgt der Reichtum durch Handel. Mit Handel wird Reichtum erwirtschaftet, mit der Landwirtschaft wird er gesichert.[174] Den Vorstellungen dieses Konzeptes entsprechend neigten auch private Gewerbetreibende häufig zu Investitionen in Ländereien.[175] Es wurde zu einem von Dynastie und Volk über mehrere tausend Jahre gemeinsam getragenen Grundkonzept, das sogar auf die heutige Gesellschaft noch einen gewissen Einfluss ausübt. Solche Vorstellungen waren nicht förderlich für die Konzentration gesellschaftlichen Reichtums und führten seit der Qin- und Han-Dynastie gleichzeitig zur Aufhebung von immer mehr Beschränkungen beim Handel mit Ländereien. Die chinesische Redensart „ein tausendjähriges Feld kann leicht 800 Besitzer haben" bezieht sich genau darauf.

Die feudale Zentralregierung Chinas verfolgte zu vielen Zeiten ebenfalls die sogenannte „Speicherung" von Reichtum im Volk als grundlegendes Regierungskonzept, insbesondere in den Anfangsphasen neuer Dynastien oder in Perioden guter Regierung. Diese Politik gleicht dem von Mengzi im ersten Teil von *Teng Wen Gong* 滕文公 („Über den Fürsten Wen von Teng") entworfenen Bild: Die männlichen Bauern haben überschüssige Hirse, die Frauen überschüssigen Stoff, also „tauschen sie diese Dinge in großer Zahl mit den hundert Handwerken aus." Die hier angesprochene überschüssige Hirse und der angesprochene überschüssige Stoff waren Produkte aus der individuellen aus Kleinproduzenten bestehenden Landwirtschaft und ihrer häuslichen Nebenproduktion. Neben dem Notwendigen zur Aufrechterhaltung der bloßen Reproduktion und zur Erbringung der vom Staat

174 *Shiji* 史记 („Aufzeichnungen des Chronisten"), Kapitel 129: *Huozhi Liezhuan* 货殖列传 („Biographien von Wucherern").

175 vgl. Wei Mingkong 魏明孔: *Zhongguo Qianjindai Shehui Guojia de Jingji Zhineng* 中国前近代社会国家的经济职能 („Die wirtschaftliche Funktion des Staates in der antiken und neuzeitlichen Gesellschaft Chinas"), in Academic Monthly, Nr. 8 2006.

festgelegten Steuern und Frondienste verfügten die Kleinproduzenten noch über einen gewissen Überschuss, der in die Zirkulationssphäre einging. Dies war von wichtiger Bedeutung für die Stabilisierung von Produktion und Leben der unmittelbaren Produzenten. Darüber hinaus war dies eine der grundlegenden Voraussetzungen für die wirtschaftliche Vitalität der Feudalgesellschaft. In China dauerte das autokratische und zentralistische feudale System über einen sehr langen Zeitraum hinweg an. Die Stärke und Prosperität der staatlichen Macht in dieser Zeit zeigten sich hauptsächlich im Schutz, den die Regierung der Wirtschaft der selbstständigen Bauern gewährte, sowie in der Qualität der äußerlichen Bedingungen, die sie den Bauern zum Überleben bereitstellen konnte und keinesfalls ausschließlich in der Summe direkt vom Staat verteilter Ressourcen. Eigentlich opferte der Staat sogar breite Teile der selbstständigen Bauern, wenn er einen enormen Reichtum an staatlichen Ressourcen erlangen wollte. Zum Beispiel erlangten die Qin-Dynastie und die Sui-Dynastie zwar eine zuvor noch nie dagewesene Macht des Staates und Konzentration gesellschaftlichen Reichtums, da sie aber über keine ausreichende wirtschaftliche Grundlage und Klassengrundlage verfügten, konnten sie kaum länger bestehen. Schließlich waren sie lediglich kurzlebige Dynastien, die für die Nachwelt tiefgreifende Lehren anzubieten hatten.[176]

Die Anfangsperioden der Han- und der Tang-Dynastie, in denen die Regierung an der Oberfläche das Prinzip der „Herrschaft durch Nichteingreifen" anwandte, waren historisch wichtige Phasen, in denen Gesellschaft und Wirtschaft eine rasche Entwicklung erfuhren. Zu Beginn der „Kaiyuan"-Ära (627 – 649) sagte Tang-Kaiser Taizong 太宗 zu seinem Minister am Hofe: „Für den Weg des Herrschers muss zuerst das einfache Volk abgesichert werden. Verliert man das Volk, indem man sich selbst ins Zentrum nimmt, gleicht dies dem, sich den Oberschenkel abzutrennen, um damit den Unterleib zu nähren. Der Unterleib wird satt sein und der Körper sterben."[177] Diese Aussage kann als typisches Beispiel für die politischen Vorstellungen dieser Zeit gesehen werden. „Wenn es dem einfachen Volk an Nichts mangelt, wie könnte es Euch dann mangeln?"[178] Genau dies war der grundlegende Gedankengang der

176 Der den Ruf eines weisen und kultivierten Kaisers genießende Tang-Kaiser Taizong fasste die tiefgreifenden Lehren aus der Kurzlebigkeit der Qin- und Sui-Dynastie so zusammen: „Er [Sui-Kaiser Yang] stützte sich auf den Reichtum und die Stärke des Reiches, um sich zu erfüllen, was er begehrte. Er riss alle Dinge und Schätze des Reiches zu seinem eigenen Wohlergehen an sich, suchte sich die Töchter aus allen Teilen des Reiches zu seiner alleinigen Vergnügung heraus und forderte Schätze aus der Ferne nur für seine Bespaßung. Sein Palast war prächtig und luxuriös, seine Pavillons waren von außergewöhnlicher Schönheit. Es wurde zu jeder Zeit Fronarbeit durchgeführt und die Kriegsutensilien waren ständig in Gebrauch. Von außen wurde der Kaiser begehrlich beobachtet. Bei Hofe wurden viele schlechte und betrügerische Absichten gehegt. Auf diese Weise mussten, die die Böses im Sinne hatten, ihr Glück gekommen sehen. Loyale konnten nur schwer ihr Leben schützen. Am gesamten Hof wurde sich gegenseitig betrogen, der Kaiser und die Minister entfremdeten sich und betrogen einander. Dem Volk fehlte es an den überlebenswichtigen Dingen und so musste das Reich niedergehen, zerteilt werden und untergehen." (*Zhenguan Zhengyao* 贞观政要 („Die Grundlagen der Staatskunst aus der Regierungszeit Zhenguan"), Kapitel 1: *Jundao* 君道 („Der Weg des Edelmannes")).

177 *Zhenguan Zhengyao* 贞观政要 („Die Grundlagen der Staatskunst aus der Regierungszeit Zhenguan"), Kapitel 1: *Jundao* 君道 („Der Weg des Edelmannes").

178 *Lunyu·Yan Yuan* 论语 • 颜渊 („Gespräche des Konfuzius – Yan Yuan").

damaligen politischen Führung für eine friedliche und prosperierende Gesellschaft. Er entsprach dem Konzept der „Speicherung" von Reichtum im Volk. Diese Vorstellung wurde zum grundlegenden theoretischen Anhaltspunkt des Widerstandes einiger feudaler Denker und Politiker gegen willkürliche und überhöhte Besteuerung. Mit dem oben genannten grundlegenden Gedankengang als Leitlinie erkannte die politische Führung die „Herrschaft durch Nichteingreifen", die Erleichterung der Lasten des einfachen Volkes und die Streichung von der Regierung nicht zwingend benötigter Projekte häufig von der Perspektive der Sicherung der normalen Produktions- und Wirtschaftsordnung her als Garantie für eine langfristig erfolgreiche Regierung. „Alle Dinge müssen von ihrer Grundlage her angepackt werden. Der Staat hat das Volk zur Grundlage, das Volk hat Kleidung und Nahrung zu seiner Grundlage und die Produktion von Kleidung und Nahrung setzt voraus, nicht den richtigen Zeitpunkt zu verpassen. Will man den Zeitpunkt nicht verpassen, so geht dies nur, indem der Herrscher keine Unruhe stiftet. Wenn man ununterbrochen Kriege führt, Projekte umsetzt und gleichzeitig den Bauern nicht ihre Zeit rauben will, geht das überhaupt?"[179] Die Politik zur Erleichterung von Fron- und Steuerlasten und zur „Speicherung" von Reichtum im Volke unter Tang-Kaiser Taizong 太宗 wurde auch später noch über lange Zeit von Nachfolgern fortgeführt. So wurde in den Geschichtsbüchern beispielsweise erwähnt, dass „in der Regierung der ‚Yonghui'-Ära (650 – 655)" des Tang-Kaisers Gaozong 高宗 „das einfache Volk in Wohlstand und Frieden lebte und sich [in der Politik] Spuren der ‚Zhenguan'-Ära (627 – 649) fanden."[180] Zu Beginn der Regierung des Tang-Kaisers Xuanzong betonte dieser immer wieder: „Die weise Regierung der Vergangenheit zeigte sich durch das Vorhandensein ausreichender Nahrung. Wenn man in Zukunft ein reiches Land wünscht, so muss zuerst dem Volk Nutzen gebracht werden."[181] In der späteren Praxis der Regierung, insbesondere als Kaiser Xuanzong dieses Konzept in der „Kaiyuan"-Ära (713 – 741) in der Lage war, selbst umzusetzen, erkannte er Folgendes auf tiefgreifende Art und Weise: „Für den Weg des Staates darf es nicht eine Familie geben, die nicht reichlich versorgt ist."[182] Die von der politischen Führung der Feudalgesellschaft genutzte Leitlinie der „Herrschaft durch Nichteingreifen" zum Schutz der auf kleiner Produktion beruhenden individuellen Landwirtschaft und ihrer häuslichen sekundär betriebenen Handwerkswirtschaft erzielte häufig verschiedenste gesellschaftliche und ökonomische Nutzeffekte. Dies erfuhr die große Bewunderung nachfolgender Politiker in der Geschichte Chinas.

Mit ihrer grundlegenden Staatsräson, also der Achtung der Bauern und der Unterdrückung der Händler, verfolgte die feudale Regierung gegenüber dem Handel einen Kurs, der Ermutigung und Begrenzung miteinander verband. Damit

179 *Zhenguan Zhengyao* 贞观政要 („Die Grundlagen der Staatskunst aus der Regierungszeit Zhenguan"), Kapitel 8: *Wu Nong* 务农 („Die Pflichten der Bauern").

180 *Tongjian* 通鉴 („Umfassender Zeitspiegel zur Hilfe bei der Regierung"), Kapitel 199.

181 *Cefu Yuangui* 册府元龟 („Vorbilder aus den Archiven"), Kapitel 497: *Bangjibu* 邦计部 („Lokalverwaltung").

182 *Tang Dazhaoling Ji* 唐大诏令集 („Sammlung der Edikte der Tang-Dynastie"), Kapitel 74: *Kaiyuan Ershisan Nian Jitian Chi* 开元二十三年籍田敕 („Kaiserlicher Befehl für den kaiserlichen Bezirk im dreiundzwanzigsten Jahr der ‚Kaiyuan'-Ära").

beabsichtigte sie, den Handel zu entwickeln, jedoch nicht bis zu einem solchen Grad, an dem er die landwirtschaftliche Produktion hätte beeinflussen können. Insgesamt gesehen, handelte es sich bei diesem politischen Kurs nur um eine Maßnahme zur Regulierung des Wirtschaftsbetriebes durch die Regierung und keinesfalls wirklich um einen Angriff auf den Handel beziehungsweise die Händler oder eine Beschränkung der Aktivitäten Letzterer. Es war keine Seltenheit in der Feudalgesellschaft Chinas, dass, wie während der Qin- und Han-Dynastie, Maßnahmen ergriffen wurden, um Gewerbetreibende die Teilnahme an bestimmten staatlichen Wirtschaftsaktivitäten zu ermöglichen oder sogar einen Teil von ihnen in die herrschende Klasse zu absorbieren.[183] Man kann hier von einer gängigen Praxis im Feudalismus sprechen. Die von der Han-Dynastie durchgeführte „Konfiszierung versteckten Reichtums" war ein schwerer Angriff der Regierung auf das private Gewerbe. Das Ergebnis dieses Angriffs war der Bankrott eines Großteils des mittelgroßen und großen Gewerbes.[184] Es handelte es sich um eine Maßnahme, die eine extreme Beschränkung des privaten Gewerbes bedeutete und somit einen extremen Angriff auf das private Gewerbe darstellte. Sie spiegelt die Tendenz der feudalen Regierung bei der Schaffung politischer Leitlinien und von Gesetzesvorschriften wider. Wie stark und effektiv die Regierung in der Bekämpfung des Schmuggels von Monopolprodukten des Staates war, hing in der Regel mit den Fähigkeiten der Verwaltung und der Entschlossenheit der politischen Führung direkt zusammen. Der gegenseitige Handel mit Tee und Pferden wurde in der Ming- und Qing-Dynastie von entsprechenden Abteilungen der Regierung speziell kontrolliert. Während der Regierung des Kaisers Hongwu betrieb dessen Schwiegersohn Ouyang Lun 欧阳伦 Schmuggel von Teeblättern, dessen Ausmaß 50 aneinandergebundene Wagen umfasste. Als er im heutigen Lanzhou den Gelben Fluss überqueren wollte, wurde er von einem nicht fügsamen mächtigen Patrouillenkommandeur angezeigt, woraufhin Ouyang Lun zum Tode verurteilt wurde.[185] Dies reicht aus, um zu explizieren, dass die Schlagkraft der Zentralregierung in der Anfangsperiode der Ming-Dynastie gegenüber Schmuggelaktivitäten sowie die Durchsetzung politischer Leitlinien der Zentralregierung vergleichsweise stark war.

Weiterhin hatten die feudalen Regierungen der jeweiligen Dynastien gleichermaßen alle klar umrissene Gesetze und Vorschriften zur Vergabe und Rückzahlung von mit Wucherzinsen belegten privaten Krediten.[186] Im Shiji, in den

---

183 *Shiji* 史记 („Aufzeichnungen des Chronisten"), Kapitel 129: *Huozhi Liezhuan* 货殖列传 („Biographien von Wucherern").

184 *Han Shu* 汉书 („Buch der Han"), Kapitel 24 (erster Teil): *Shi Huo Zhi* 食货志 („Abhandlung über Nahrung und Handel").

185 *Ming Taizu Hongwu Shilu* 明太祖洪武实录 („Wahrhafte Aufzeichnungen über den Ming-Kaiser Hongwu"), Kapitel 253.

186 *Tang Huiyao* 唐会要 („Institutionelle Geschichte der Tang-Dynastie"), Kapitel 88: *Za Lu* 杂录 („Vermischte Aufzeichnungen"): Im zweiten Monat des sechsundzwanzigsten Jahres der „Kaiyuan"-Ära des Tang-Kaisers Xuanzong (728) wurde Folgendes angeordnet: „In letzter Zeit wurde von Staat und Privat Geldverleih betrieben. Dabei entstand ein enormer Profit. So wurden die Interessen des armen Volkes verletzt. Dieser Zustand muss reformiert werden. Von heute an darf der private Geldverleih nur noch Zinsen in Höhe von vier Prozent erwirtschaften und der staatliche Geldverleih nur noch Zinsen in Höhe von fünf Prozent erwirtschaften."

Aufzeichnungen im *Gaozu Gongchen Hou Nianbiao* 高祖功臣侯年表 („Jährliche Tabelle der Beamten, die zu Markgrafen in der Zeit des Kaisers Gaozu wurden"), finden sich bereits für die Han-Dynastie viele Fälle von Entziehung von Adelstiteln und Auflösung von Lehensstaaten aufgrund von gesetzeswidriger Zinseintreibung von Geldverleih mit Wucherzinsen. Die Tang-Dynastie regelte mehrfach die Zinshöhe im staatlichen und privaten Geldverleih. Außerdem legte sie fest, dass es Adel sowie Beamten nicht gestattet war, privaten Geldverleihgeschäften mit Wucherzinsen nachzugehen. Allerdings handelt es bei diesen Vorschriften nur um die eine Seite der Medaille, angesichts des hohen Profites tätigte die Regierung in der Praxis durchaus häufig Geldverleihgeschäfte mit Wucherzinsen. Zum Beispiel erlaubte die Sui-Dynastie den Regierungen aller Ebenen, die Mittel der Yamen für die Ausgabe und die Eintreibung von Krediten und auch anderweitige gewerbliche Aktivitäten zu verwenden. Die Erlöse daraus durften unter anderem für die Gehälter, die Ernährung, Kerzen und für Renovierungs- sowie Reparaturkosten der Beamten verwendet werden.[187] In der Anfangsperiode der Tang-Dynastie wurden, dem Zustand in der Sui-Dynastie folgend, reiche Familien damit beauftragt, als Beamte für die Regierungen aller Ebenen Geldverleih zu betreiben.[188] Eigentlich hatte die Regierung der Tang-Dynastie einmal festgelegt, dass die jährlichen Zinsen des staatlichen Geldverleihs nicht 40% übersteigen sollten, die Regulierungskraft des Staates war in diesem Bereich in der Praxis jedoch schwach. Die Zinsrate der aus den Mitteln der Yamen vergebenen Kredite erreichte manchmal eine Höhe von 500%. Damit artete der Geldverleih häufig zu einer vom einfachen Volk nicht zu stemmenden, grausamen Wucherpolitik aus und entfaltete einen deutlich erkennbaren negativen Einfluss auf die normale Gesellschafts- und Lebensordnung sowie die normale Wirtschaftsordnung. Dennoch zeigt die Existenz solcher Gelder des Yamens aus dem Geldverleih, dass sie letztlich doch zur Erfüllung eines bestimmten Nutzens gut sein mussten. Wenn das Volk Katastrophen und Krankheiten gegenüberstand, die es nicht zu bewältigen vermochte und hilflos war, konnten solche Kapitale, wie das Wucherkapital der Yamen zum Beispiel, in gewissem Maße die Not lindern. So fanden sie trotz der Art ihrer Herkunft doch eine sinnvolle Verwendung.

Gleichermaßen legten die Regierungen der verschiedenen Dynastien enorm großen Wert auf die Verwaltung der lokalen Märkte. In der Qin- und Han-Dynastie erfuhr die Aufrechterhaltung der Marktordnung und die die Ernennung und Aussendung von Marktbeamten eine sehr hohe Aufmerksamkeit seitens der Zentralregierung. Und so auch in der Tang-Dynastie: „Befehl an die Beamten der Präfekturen und Kreise: Entsendung eines Marktaufsehers für jede Bereichskommandantur, der den Handel auf dem Markt kontrolliert und diesen auf Vergehen kontrolliert. Er führt die Aufsicht über die Marktangelegenheiten. Entsendung eines Assistenten zur Unterstützung der Aufsicht über die Marktangelegenheiten. Entsendung eines Gehilfen, eines Schreiberlings und dreier Experten, die jeweils ihrem Aufgabengebiet gemäß in der Verwaltung mitwirken."[189]

---

187 *Sui Shu* 随书 („Buch der Sui"), Kapitel 24: *Shi Huo Zhi* 食货志 („Abhandlung über Nahrung und Handel").

188 *Tang Huiyao* 唐会要 („Institutionelle Geschichte der Tang-Dynastie"), Kapitel 91 – 93.

189 *Tang Huiyao* 唐会要 („Institutionelle Geschichte der Tang-Dynastie"), Kapitel 86: *Shi* 市 („Märkte").

Außerdem musste jede Präfektur und jeder Kreis noch einen „Assistenten für den Marktaufseher" einstellen, der „den Handel in den Läden kontrollierte und gesetzeswidrige Vorgänge unterband und verurteilte." [190] Das Personal der damaligen Marktaufsicht wandte ein System der Nichtbefangenheit an. Das bedeutete, dass die Marktaufsichten der Präfekturen und Kreise nicht von örtlichen Personen bekleidet werden durften, um zu verhindern, dass die Marktaufsicht ihre Befugnisse nutzte, um Verwandten sowie alten Freunden Vorteile durch Gesetzesvergehen und Fälschungen zu verschaffen. Oben beschriebenes Verwaltungssystem war ohne Zweifel in gewissem Maße an die realen Gegebenheiten angepasst. Damals galt außerdem, dass bei jeglichem Diener-/Sklavenhandel sowie Viehhandel in großer Menge Quittungen ausgestellt werden mussten. Diese Quittungen waren recht ausgereift. Aus den Dunhuang-Manuskripten sowie aus den Archäologischen Dokumentenfundstücken aus Turpan kann heute entnommen werden, dass in den Marktquittungen unter anderem der vollständige Name beider Handelsteilnehmer, die Zeit, der Ort, der Rang der in den Handel involvierten Personen, die Zeugenaussage des Bürgenden und der grundlegende Zustand der gehandelten Diener/Sklaven oder des gehandelten Viehs schriftlich festgehalten werden musste und dann wiederum von der die Marktquittungen ausstellenden Verwaltungsbehörde überprüft werden musste. Nachdem der Marktbeamte unterschrieben und die Quittung mit Stempel versehen hatte, wurde die Ware dem Käufer übergeben. Die Tang- und Song-Dynastie sowie die darauffolgende Ming- und Qing-Dynastie hatten alle schriftliche Gesetze und Regelungen unter anderem zu Qualität, Preis und Spezifikationen der in Verkehr gebrachten Waren und zur Eintreibung entsprechender Handelssteuern. Hieraus wird ersichtlich, dass der damalige Markt gesetzlich bereits stark reguliert war.

Mit der Entwicklung der Warenwirtschaft erfuhren auch die Märkte große Veränderungen. Die Innovation, die es am meisten lohnt anzusprechen, bezieht sich auf den geschlossenen Verwaltungsmodus der frühen städtischen Märkte. Der geschlossene Verwaltungsmodus, der unter anderem festgelegte Zeiten und Orten der städtischen Märkte beinhaltete, wurde seit der mittleren und späten Periode der Tang-Dynastie zunehmend durchbrochen. Es bildete sich ein innovativer Marktmodus heraus, der Märkte an immer mehr Orten möglich machte und auch ihre zeitlichen Begrenzungen immer weiter auflöste. Spätestens seit der Tang-Dynastie gab es Nachtmärkte, die die strenge Regelung der „Märkte zur Mittagszeit" der frühen Tang-Dynastie durchbrachen. „Die tausend Lichter des Nachtmarktes strahlten in den Himmel, in und vor den großen Gebäuden waren überall stark geschminkte Frauen zu sehen und es wimmelte vor Händlern." „Die Lichter und Feuer des Nachtmarktes verlängern das Leuchten der Sterne, die Masten der Segelboote im Fluss außerhalb der Stadtmauern näherten sich der Sternkonstellation des Färbers und des Ochsen an." Solche Verse wurden zu einem dichterischen Motiv für die sich in Lobpreisungen gegenseitig überbietenden Dichter der Tang-Dynastie. In den großen Städten und selbst in der Hauptstadt der mittleren

190 *Tang Liu Dian* 唐六典 („Die sechs Gesetzesstatuten der Tang-Dynastie"), Kapitel 30: *Zhou Xian Guanli* 州县官吏 („Beamten der Präfekturen und Kreise").

und späten Periode der Tang-Dynastie waren die Regelungen zur „Eröffnung des Marktes am Mittag" und der „Auflösung des Marktes am fortgeschrittenen Tage" bereits von den Nachtmärkten, die jene am Tag fortsetzten, außer Kraft gesetzt worden. Der Markt erfuhr in Bezug auf Zeit und Ort seiner Abhaltung große Veränderungen. In den Geschäftsvierteln der damaligen Großstädte durften bereits Läden eingerichtet werden und sogar die gesamte Struktur der Großstädte veränderte sich damit wesentlich. Zum Beispiel entwickelten sich außerhalb der Kernstadt und der unmittelbar angrenzenden Stadtviertel weitere nahegelegene Orte zu Geschäftsvierteln. Die Funktion der Großstädte war im Begriff, sich zu wandeln, das heißt, ihre wirtschaftliche Funktion manifestierte sich immer deutlicher. Insbesondere ist hervorzuheben, dass an Orten außerhalb der Städte mit verhältnismäßig hoher Einwohnerdichte sich eine neue Form des Marktes entwickelte, und zwar die Dorfmärkte (*caoshi* 草市). Liu Yuxi 刘禹锡 beschreibt in *Guan Shi* 观市 („Beobachtungen am Markt") die Situation folgendermaßen: „Die Menschen stehen mit dem Krähen der Hühner auf und machen sich schnellstens auf den Weg. Sie versammeln sich am Mittag alle mit demselben Gedanken und fürchteten, dass ihnen jemand zuvorkommen könnte. Wenn die Sonne im Westen untergeht, trennen sie sich wieder." Auf solchen Dorfmärkten gab es „in jeder Reihe und in jedem Bereich Schilder, die den Preis zeigten." Durch die Dorfmärkte entstanden stetig neue Ortschaften, deren wirtschaftliche Funktion bedeutender als ihre politische oder militärische Funktion war.[191] Seit der Song-Dynastie wurden die Nachtmärkte zu einem wichtigen Bestandteil der städtischen Märkte.[192] Laut Berechnungen von Experten nach entsprechendem Quellenmaterial gab es in der Spätphase der Song-Dynastie über 3000 kleine und große Städte. Zwar verkleinerte sich das effektive Herrschaftsgebiet der südlichen Song-Dynastie, dennoch kann auch unter diesen Umständen von nicht weniger als 1300 Städten und Gemeinden in ihrem Herrschaftsbereich ausgegangen werden. Wenn man ihre Verteilungsdichte mit der Tang-Dynastie und davor vergleicht, so bildeten die Städte in der Song-Dynastie und danach immer mehr ein dichtes Netz.[193] In der „Qingming"-Rolle 清明上河图 Zhang Zeduans 张择端 aus der Song-Dynastie können klar und deutlich die Umrisse der innerhalb und außerhalb der Stadt Kaifeng befindlichen, miteinander verbundenen, florierenden Märkte und Läden erkannt werden. Auch die Prosperität des Gewerbes im Peking der Ming- und Qing-Dynastie ist gut belegt. Das Gewerbe in Nanjing, Suzhou, Hangzhou und Guangzhou florierte ebenfalls und auch andere wirtschaftlich wichtige Ortschaften erfuhren eine rasante Entwicklung. Dabei

191 Wei Mingkong 魏明孔: *Zhongguo Fengjian Shehui Zhuanxing Shiqi de Xiaonong Jingji yu Shichang* 中国封建社会转型时期的小农经济与市场 („Die kleinbäuerliche Wirtschaft und der Markt in der Periode des strukturellen Wandels der chinesischen Feudalgesellschaft"), in Researches in Chinese Economic History, Nr. 2 1996.

192 *Dongjing Menghua Lu* 东京梦华录 („Der Traum von Hua in der östlichen Hauptstadt"), Kapitel 3: „Der Nachtmarkt geht bis zur dritten Nachtwache und endet erst dann. Schon zur fünften Nachtwache nimmt der Markt wieder seinen Betrieb auf. Wenn man sich vergnügen will, so kann man dies die ganze Nacht ohne Unterbrechung tun."

193 vgl. Li Chuntang 李春棠: *Song Dai Chengshi Waibu Kongjian de Xin Geju* 宋代城市外部空间的新格局 („Die neue Struktur der städtischen Randgebiete in der Song-Dynastie"), Journal of Hunan Normal University, Nr. 4 1990.

ergänzten sich die Handelsaktivitäten der dörflichen Märkte und der Märkte größerer Ortschaften und der Städte. Wenn man nach konservativen Schätzungen von 700 dörflichen Märkten für jede Provinz in der Qing-Dynastie ausgeht, dann ergibt sich eine Zahl von nicht weniger als 20000 dörflichen Märkten für das gesamte Herrschaftsgebiet. Dieses bildete ein Netz, das den gesamten Herrschaftsbereich des Qing-Reiches abdeckte.

Kurz gesagt, lässt sich die Entwicklungstendenz der dörflichen Märkte während der Song-, Yuan-, Ming- und Qing-Dynastie so beschreiben: Verdichtung des Marktnetzes, Vervielfältigung der Marktformen, häufigerer Austausch. Als Verbindungspunkt für den Warenhandel zwischen Stadt und Land formten sie ein grundlegendes Netz der größer gewordenen regionalen Märkte.[194] So war das Netzwerk für den Handel zwischen Stadt und Land der Spätphase des chinesischen Feudalismus bereits geformt und der Radius, in dem Austausch betrieben wurde, erweiterte sich stetig bei gleichzeitiger Zunahme der einzelnen Austauschvorgänge. Die Entwicklung dieser Warenwirtschaft ist zu einem Bereich geworden, der heutzutage sowohl in der chinesischen als auch in der internationalen Fachwelt besondere Aufmerksamkeit erregt hat. Allerdings funktionierte die Entwicklung der damaligen Warenwirtschaft noch immer innerhalb der feudalgesellschaftlichen Strukturen und sie entwickelte keinesfalls eine grundlegend zersetzende Wirkung auf die feudale Wirtschaft. Wenn man in diesem Zusammenhang von der Entwicklung neuer Produktionsverhältnisse sprechen will, so waren dies allenfalls die Keime des Kapitalismus. Das ist die grundlegende Einschätzung der Autoren dieses Buches in Bezug auf die chinesische Feudalgesellschaft der Spätphase. Der Außenhandel des chinesischen Feudalismus wies häufig außerordentlich starke politische, außenpolitische und sogar militärische Färbungen auf. Jede Dynastie hielt sich selbst für die „Himmelsdynastie" und das größte Reich überhaupt. Die bevorzugte Behandlung, die die Dynastien ausländischen Händlern zuteilwerden ließen, die zum Zwecke von „Tributleistungen" oder von Gesandten begleitet kamen, war besonders offensichtlich. Damit stellte der Tributhandel für die ausländischen Händler einen Handel mit einem potentiell hohen Gewinn dar.

Während der „Zhenguan"-Ära (627 – 649) 贞观 des Tang-Kaisers Taizong sandten die verschiedenen Staaten westlich des Tang-Reiches, immer in Furcht, ihnen könnte jemand zuvorkommen, Gesandte aus, um der Tang-Dynastie Tribut zu leisten. Der Regierungschef Wei Zheng 魏征 entgegnete Taizong jedoch: „Wenn man ihre Händler verkehren lässt, dann werden die Menschen an der Grenze davon profitieren. Kommen sie jedoch als Gesandte, so werden sie dem Inneren des Reiches schaden."[195] Wei Zheng verband die ausländischen Gesandten gedanklich direkt mit dem Kommen ausländischer Händler und hatte damit sozusagen den Nagel auf den Kopf getroffen. Da die Erlaubnis für die ausländischen Händler, in den Grenzregionen privaten freien Handel zu betreiben, in der Praxis eine wichtige Rolle zur

194 Leng Pengfei 冷鹏飞: *Zhongguo Gudai Shehui Shangpin Jingji Xingtai Yanjiu* 中国古代社会商品经济形态研究 („Untersuchung zur Form der Warenwirtschaft in der vormodernen Gesellschaft Chinas"), S. 229, Beijing: Zhonghua Shuju, 2002.

195 *Jiu Tang Shu* 旧唐书 („Altes Buch der Tang"), Kapitel 71: Wei Zheng Zhuan 魏征传 („Biographie des Wei Zheng").

Ankurbelung der Wirtschaftsentwicklung und Warenzirkulation spielte, zog die lokale Bevölkerung aus diesem großen praktischen Nutzen. Allerdings sorgte die Regierung der Tang-Dynastie sich, wenn ausländische Gesandte mit Händlern unter ihnen zur Leistung von „Tributen" kamen, vor allem um die Aufrechterhaltung des äußeren Erscheinungsbildes des Kaiserreichs, die Art und Weise des Empfangs der Gesandten, die Garantie ihrer Sicherheit und die Reichhaltigkeit des geleisteten Tributes. Die Regierung der Tang-Dynastie bedachte in solchen Fällen zuvorderst den politischen und nicht den wirtschaftlichen Nutzen oder Schaden. Eine solche Strategie musste für das Volk aus wirtschaftlicher Hinsicht schädlich sein. Selbst der als einer der bedeutendsten Kaiser gepriesene Taizong handelte in dieser Frage so. Im Gegensatz zu den ausländischen Händlern erlegte die Regierung der Freizügigkeit der chinesischen Händler strenge Beschränkungen auf. Nimmt man die Tang-Dynastie als Beispiel, so wird man zu dem Schluss kommen, dass im langwährenden Feudalismus in China die Regierung eine grundlegende Staatspolitik der Verschlossenheit nach Innen und der Öffnung nach außen verfolgte.[196] Der Handel zwischen China und dem Ausland stand lange Zeit in einem sich nicht entsprechenden Verhältnis zueinander. Da die Außenpolitik der Tang-Dynastie deren politischen Auswirkungen zur Entscheidungsgrundlage erhob, wurde die strenge Kontrolle der eigenen Bevölkerung zur staatspolitischen Räson. Die Regierung der Tang-Dynastie verbat es ihrer eigenen Bevölkerung ausnahmslos, das Reich zu verlassen, das heißt, sie praktizierte eine Abgeschlossenheit nach Innen im strengen Sinne. Die Abgeschlossenheit nach Innen der Tang-Dynastie beeinträchtigte die normalen privaten Handelsaktivitäten schwerwiegend, während sie gleichzeitig dem Anwachsen einer Mentalität der Selbstzufriedenheit als Himmelsdynastie und großartigstes Reich weitergehend Vorschub leistete. Dementsprechend widmeten die Herrscher der Tang-Dynastie ihrem Rang als „Himmelskahn" und der Verteidigung der damit verbundenen Macht den meisten Eifer. Dies machte eine Übernahme der Stärken anderer Kulturen unmöglich. In seinem Ursprung steht dieses Denken in einer Linie mit dem Konzept des „Kaiserkhans" der Sui-Dynastie. Eigentlich bestand die sogenannte „aufgeklärte" Außenpolitik der Tang-Dynastie lediglich in ihrer politischen Unentschlossenheit in Bezug auf die Öffnung des Reichs für Ausländer. Ohne die Öffnung der Grenzen für Ausländer könnte wohl auch kaum der entscheidende Schritt gegangen werden, der eigenen Bevölkerung zu erlauben, das Reich zu verlassen. Wenn schon die Tang-Dynastie eine solche Politik betrieb, konnte jede auf sie folgende Dynastie sie nur noch im Grad der Abschottung übertreffen. Die Ausarbeitung und Umsetzung der von der Ming- und Qing-Dynastie praktizierten Politik des Ausschlusses alles Fremden, die ihre Reiche abschottete und verschloss, hatte einen langen historischen Ursprung. Er lässt sich eindeutig in der strengen Abschottung der Tang-Dynastie nach außen suchen. Daher ist eine Betrachtung erst ab der Ming- und Qing-Dynastie bei der Untersuchung der historischen

196 vgl. Wei Mingkong 魏明孔: *Tang Dai Duiwai Zhengce de Kaifangxing yu Fengbixing ji qi Pingjia* 唐代对外政策的开放性与封闭性及其评价 („Die Offenheit und Geschlossenheit der Außenpolitik der Tang-Dynastie und ihre Bewertung"), in Journal of Social Sciences, Nr. 2 1989.

Verschlossenheit und Abschottung Chinas selbstverständlich unzureichend. Es ist notwendig, eine längere Zeitspanne anzusetzen. Nur wenn man ihren Ursprung mindestens von der Tang-Dynastie aus verfolgt, kann man eine klare Erkenntnis über die historische Verschlossenheit und Abschottung Chinas erlangen. Vor den 1730er-Jahren wies der Außenhandel Chinas durchgängig einen deutlichen Exportüberschuss auf und dennoch verfolgte die Zentralregierung keine Politik der Öffnung nach außen. Dafür können tiefgehende historische Gründe angenommen werden.

An dieser Stelle ist es notwendig, zu den gegenseitigen Märkten, die im Feudalismus, insbesondere in der staatlichen Wirtschaft über einen enorm großen Einfluss verfügten, einige Erläuterungen vorzunehmen. Die gegenseitigen Märkte waren eine besondere Form des wirtschaftlichen Austauschs und der Kommunikation in der Geschichte Chinas zwischen verschiedenen Völkern oder auch anderen von der Zentralregierung unabhängigen Mächten. Ihre praktische Bedeutung überstieg bei Weitem den Bereich des Handels, außer Handel spielten auch Politik, Kultur, Militär und sogar Außenpolitik eine Rolle. Dementsprechend hoch war auch ihre Bedeutung. Die gegenseitigen Märkte hatten in der Geschichte Chinas in verschiedenen Perioden und in verschiedenen Regionen unterschiedliche Namen wie zum Beispiel: „Gegenseitiger Grenzmarkt“, „Gemeinsamer Markt“, „Vereinter Markt“, „Austauschmarkt“, „Monopolmarkt“, „Monopolmarkthandel“. Die historischen gegenseitigen Märkte beinhalteten unter anderem den Handel von Seidenstoffen gegen Pferde und von Tee gegen Pferde, es handelte sich um einen Austausch Gegenstand gegen Gegenstand zwischen der Ackerbau betreibenden Bevölkerung der Zentralchinesischen Ebene und den nomadischen Völker. Das Entstehen der gegenseitigen Märkte wurde praktisch durch den Unterschied in der Produktionsstruktur der Ackerbauwirtschaft im Kernland und der Weidewirtschaft der Minderheitennationalitäten an den Grenzen ermöglicht. Diese Märkte waren vor allem Ausdruck einer Arbeitsteilung zwischen Ackerbau- und Weidewirtschaft und ermöglichten eine gegenseitige Ergänzung beider. Gleich ob im anfänglich mit Seidenstoffen gegen Pferde als Hauptgegenstand betriebenen Handel oder im Handel der späteren gegenseitigen Märkte mit Tee gegen Pferden als wesentlichem Austauschmodus, die Produktion von Textilien, Teeblättern, Pferden und ähnlichen Produkten, die zum Handel verwendet wurden, war regional begrenzt. Nimmt man einzelne Wirtschaftsregionen in den Fokus, so stellt man fest, dass der Handel mit regionalen Produkten verhältnismäßig häufig und ihre Austauschmenge vergleichsweise groß war. Dabei befeuerte dieser Handel immer wieder die gesellschaftliche Produktion als Ganzes.[197] Es lässt sich historisch sicher sagen, dass solcher Handel in der Regel einen großen wirtschaftlichen Nutzen mit sich brachte.

In der Praxis waren die gegenseitigen Märkte für Tee und Pferde eine der wichtigsten Formen der gegenseitigen Märkte. Sie entstanden in der Tang- und Song-Dynastie, entwickelten sich in der Ming-Dynastie weiter und gingen in der Qing-

197 vgl. Kong Jingwei 孔经纬: *Shougongye yu Zhongguo Jingji Bianqian Yinlun* 手工业与中国经济变迁 • 引论 („Das Handwerk und der wirtschaftliche Wandel Chinas – Einführung“), in Peng Zeyi 彭泽益 (Hrsg.): *Zhongguo Shehui Jingji Bianqian* 中国社会经济变迁 („Der Wandel der chinesischen Gesellschaft und Wirtschaft“), S. 4, Beijing: Zhongguo Caizheng Jingji Chubanshe, 1990.

Dynastie nieder. Es handelte sich um eine besondere Austauschform zwischen den Völkern, die über eine Zeit von mehr als eintausend Jahren beibehalten wurde. Mit gegenseitigen Märkten für Tee und Pferde wurden im Wesentlichen konzentrierte Handelsaktivitäten größeren Ausmaßes mit Marktcharakter bezeichnet. Auf ihnen tauschten die der Weidewirtschaft nachgehenden Minderheitennationalitäten des chinesischen Nordwestens Pferde und weiteres Vieh und Tierprodukte gegen Dinge wie Teeblätter, Textilien und Eisenwaren, die von der Ackerwirtschaft betreibenden Bevölkerung der Kerngebiete des Reiches produziert wurden. Bei den gegenseitigen Märkten für Tee und Pferde handelte es sich eine besondere Handelsform, bei der zwischen den Nomadenvölkern und der Ackerbaubevölkerung Gegenstand gegen Gegenstand getauscht wurde. Sie schufen einen Handelsaustusch in Form gegenseitiger Ergänzung und nahmen eine besonders wichtige Stellung in der Handels- und Völkergeschichte Chinas ein. Die gegenseitigen Märkte für Tee und Pferde spielten eine wesentliche Rolle für das Gedeihen der Ackerbau- und Weidewirtschaft der nordwestlichen und südwestlichen Regionen als auch für die Verbesserung der Produktions- und Lebens- respektive Ernährungsstruktur der Ackerbau- und Weidewirtschaftsregionen und die Förderung der friedlichen Koexistenz der verschiedenen Völker. Gleichzeitig wohnte ihnen in gewissem Maße ein staatlicher Monopolcharakter inne. Das Staatsmonopolsystem hatte gewaltsam den Handel mit Waren wie zum Beispiel Salz, Eisen, alkoholischen Getränken und Tee aus privaten Händen gerissen. Ihr Handel wurde von der Regierung in einem einheitlichen An- und Verkaufssystem betrieben und vollständig monopolisiert. In der Praxis bedeutete dies eine Umwandlung des privat betriebenen Handels in staatlich betriebenen Handel, wodurch privaten Händlern die Möglichkeit zur Erwirtschaftung hoher Profite verlorenging. Anders gesagt, selbst wenn der Handel von privaten Händlern betrieben wurde, musste er doch auch unter der strengen Kontrolle der Behörden stattfinden. Die Kontrolle der Regierung über die Teeblätter auf den gegenseitigen Märkten für Tee und Pferde erfolgte nicht allein aus Überlegungen zur Monopolisierung von Ressourcen oder ihrer Verteilung, sondern geschah auch aus solchen zur Herrschaftssicherung, der Staatsfunktion, der Interessen der Völker und der ausgeglichenen Wirtschaftsentwicklung. Den gegenseitigen Märkten für Tee und Pferde der Ming-Dynastie lagen außer den bekannten wirtschaftlichen Gründen in allerererster Linie Überlegungen zugrunde, die sich aus der „Politik der losen Zügel“[198] ergaben und auch militärische Erwägungen miteinbezogen. Daher tat jede Regierungsebene ihr Möglichstes, die gegenseitigen Märkte für Tee und Pferde zu kontrollieren. Dementsprechend war es in der Regel nicht gestattet, dass sich Einzelpersonen einen Anteil aus den Märkten selbst aneigneten.

Aber für die privaten Händler jedoch waren die für den Handel aufzubringenden Mittel vergleichsweise gering und die Profitrate hoch, wenn sie privat direkt mit den Minderheitennationalitäten Tee handelten. Daher scheuten sie keinen Aufwand, um solchem Handel mit Aussicht auf lukrative Einnahmen

[198] Bei der sogenannten „Politik der losen Zügel“ handelte es sich um eine indirekte Verwaltungsmethode für die Minderheitennationalitäten in den Grenzgebieten (*Anmerkung des Übersetzers*), vgl. http://www.chinaknowledge.de/History/Terms/jimi.html, abgerufen am 26.06.2018.

nachzugehen und kümmerten sich häufig nicht weiter um die strengen Gesetze und rigorosen Bestrafungen. Nicht nur gewöhnliche Händler taten dies, selbst reiche und einflussreiche Familien hatten ebenfalls häufig ihre Hände mit im Spiel, insbesondere einige hohe Beamte und Adelige und hohe Militärs von Garnisonen beabsichtigten, ihre besonderen Befugnisse auszunutzen und wandten korrupte Methoden an, um am Teeschmuggel zu verdienen. Dies hatte einen exzessiven Teeschmuggel zur Folge und es kam sogar dazu, dass offen mit Bewaffnung geschmuggelt wurde. Der Teeschmuggel in der Ming-Dynastie gestaltete sich komplex in den vielen verschiedenen Varianten seiner Durchführung.

Infolge des ständig weiter zunehmenden Teeschmuggels in der Ming-Dynastie wurden die normalen gegenseitigen Märkte für Tee und Pferde der Regierung ernsthaft geschädigt, so gab es zum Beispiel keine Pferde oder/und Teeblätter um den gegenseitigen Markt abzuhalten oder der staatliche Tee verkaufte sich schlecht. Politische Leitlinien sowie Gesetze und Verordnungen die gegenseitigen Märkte betreffend existierten nur noch der Form halber, ohne jedoch irgendeine Wirkung zu entfalten. Der staatliche Tee war kaum mit dem privat gehandelten Tee konkurrenzfähig. Dafür gab es mehrere Gründe: Der privat gehandelte Tee war preislich günstiger und außerdem konnte man ihn direkt in die Gebiete der Minderheitennationalitäten liefern. Weiterhin gab es weniger Zwischenhändler und die Handelskosten waren insgesamt niedrig. Die Händler richteten sich nach ihren Kunden aus und der Kauf oder der Austausch Ware gegen Ware war für die Minderheitennationalitäten vergleichsweise praktisch. Auch genossen die Händler ein hohes Vertrauen bei diesen.

Insgesamt gesehen kann man zwar nicht sagen, dass die Maßnahmen zur Kontrolle des Teeschmuggelverbots in der Epoche der Ming-Dynastie nicht ausgereift oder die Bestrafung für Schmuggel nicht streng genug gewesen wären, der Teeschmuggel wurden aber durchweg nicht an seiner Wurzel angegangen. Vom Kaiser bis zu den lokalen Beamten zerbrachen sich alle den Kopf darüber, wie man dem Schmuggel von Teeblättern ein Ende bereiten könnte. Was sie vor allem zum Verzweifeln brachte, war, dass „je strenger kontrolliert wurde, die Gewinne aus den Teeblättern umso größer wurden." Genau deshalb hieß es: „Unter dem Antrieb von Profiten verliert derjenige, der sie verfolgt, jedweden Skrupel."[199] So wurden in der Ming-Dynastie immer strengere Kontrollen für das Verbot des Teeschmuggels entwickelt, die Profitrate aus dem Schmuggel stieg aber weiter an, damit entstand ein sich immer weiter verstärkender Teufelskreis von Schmuggelaktivitäten.

Eine Reihe von politischen Leitlinien und Gesetzen, die die feudale Regierung Chinas durchführte, sicherte den Erhalt der normalen Ordnung von Gesellschaft und Wirtschaft, sie wurden zur gesetzlichen Garantie dafür, dass sich Landwirtschaft, Handwerk und Handel aufeinander abgestimmt entwickelten. Und diese politischen

---

[199] *Guanzhong Zouyi* 关中奏议 („Denkschriften an den Thron von zwischen den zwei Pässen"): *Chama Lei Wei Xiufu Chama Jiuzhi Yi Fuyu Fan Yi Anjing Difang Shi* 茶马类・为修复茶马旧制以抚驭番夷安靖地方事 („Tee und Pferde – Angelegenheiten zur Wiederherstellung des alten Tee- und Pferdsystems, um die westlich angrenzenden Völker zu befrieden und zu regieren und die Orte zu beruhigen"), erster Punkt. In *Yang Yiqing Ji (Shang Ce)* 杨一清集（上册） („Gesammeltes von Yang Yiqing (erster Teil)"), Kapitel 3, S. 77, Beijing: Zhonghua Shuju, 2001.

Leitlinien und Gesetze waren gleichermaßen auf der Erkenntnis begründet, dass „die Wurzel eines wohlhabenden Reiches in der Landwirtschaft und in der Seidenraupenzucht liegt."[200]

Die Wirtschaftsfunktion des Staates im chinesischen Feudalismus zeigt, dass der direkte Wirtschaftsbetrieb durch die Regierung in sämtliche Aspekte der Finanzen des Staates und des Lebensunterhaltes des Volkes eingriff. Dies sorgte dafür, dass das staatlich betriebene Handwerk zu jedem Zeitpunkt vergleichsweise entwickelt war und übte darüber hinaus einen wichtigen Einfluss auf die gesellschaftliche und wirtschaftliche Entwicklung des Volkes aus. Gleichzeitig ergaben sich in den Wirtschaftsfunktionen des Feudalstaates häufig Diskrepanzen zwischen den gesetzlichen Bestimmungen und den real existierenden Zuständen. Ein typisches Beispiel dafür ist die Vielzahl an gesetzlichen Beschränkungen, welche die Regierung den Händlern theoretisch auferlegte und die historische Tatsache, dass die Händler in der Wirtschaft und sogar in der Politik zu einer mächtigen sozialen Schicht wurden. Zwar diente die Achtung der Bauern und die Unterdrückung der Händler als eine grundlegende Staatsräson des chinesischen Feudalismus, die gesellschaftliche Realität stellte sich jedoch anders dar: „Wenn jemand seinen Weg vom Armen zum Reichen versuchen will, so ist Landwirtschaft nicht so gut geeignet wie das Handwerk und das Handwerk nicht so gut geeignet wie der Handel; zuhause schöne Muster zu sticken ist nicht so wie gut wie am Tor zum Markt zu lehnen."[201] Das Paradox des folgenden Zitats trat bereits in der westlichen Han-Dynastie hervor: „Das heutige Gesetz verachtet die Händler, die Händler aber besitzen schon Reichtum und Ruhm; die Bauern sind zwar respektiert, doch ihnen bleibt nur Armut und Entwürdigung!"[202] Die wirtschaftliche Stellung der Händler im Gesellschaftsleben und die von der Regierung immer wieder festgesetzten politischen Hierarchien von Gelehrten, Bauern, Handwerkern und Händlern von oben nach unten absteigend entsprachen sich in der Realität keinesfalls. Im Feudalismus war „lernen, und wenn man noch Kraft hat, dann Beamter werden, um das Gelernte zu vertiefen" eine weit verbreitete Idealvorstellung. In einigen Regionen, wie zum Beispiel in der Provinz Shanxi, wo die Shanxi-Händler lebten, illustrierte die Entstehung eines anderen Konzepts, dass sich die Stellung der Händler in der Praxis bereits verbessert hatte: „Lernen, und wenn man noch Kraft hat, dann Händler werden."

Die Funktionen der Regierung im chinesischen Feudalismus waren keinesfalls auf die an anderer Stelle immer wieder betonten politischen und militärischen Funktionen des Staatsapparats beschränkt, ihre Rolle in der Organisation und Koordination der Wirtschaft sowie im Transport und in der Verteilung von Ressourcen sollte auf keinen Fall unterschätzt werden. In der Qin- und Han-Dynastie war den Menschen schon die Lehre des folgenden Abschnitts aus dem Shiji in der Tiefe ihrer Bedeutung bewusst: „Wenn die Bauern keine Grundnahrungsmittel

---

200 *Ming Shi* 明史 („Geschichte der Ming-Dynastie"), Kapitel 77: *Shi Huo Zhi* 食货志 („Abhandlung über Nahrung und Handel"), erster Teil.

201 *Shiji* 史记 („Aufzeichnungen des Chronisten"), Kapitel 129: *Huozhi Liezhuan* 货殖列传 („Biographien von Wucherern").

202 *Han Shu* 汉书 („Buch der Han"), Kapitel 24 (erster Teil): *Shi Huo Zhi* 食货志 („Abhandlung über Nahrung und Handel").

produzieren, so wird es an Grundnahrungsmitteln mangeln. Stellen die Handwerker keine Utensilien her, so wird es an ihrem Produkt in Leben und Arbeit fehlen. Wenn die Händler keine Produkte zirkulieren lassen, so wird die die Zufuhr von Grundnahrungsmitteln, Utensilien und Wohlstand unterbrochen werden. Wenn die Verwalter von Berg-, Wald- und Marschlandressourcen diese nicht erschließen, wird es an Ressourcen mangeln."[203] Dies zeigt, dass man sich über das dialektische Verhältnis zwischen den vier Bereichen Landwirtschaft, Handwerk, Handel und Staatsfinanzen bereits klar war. Wirtschaftlich gesehen zählte die chinesische Feudalgesellschaft über lange Zeit hinweg zu den fortschrittlichsten Systemen der Welt. In der Sui- und Tang-Dynastie trat China mit dem Selbstbild als „himmlischer Khan"[204] auf die Weltbühne. Es ist zudem bereits von zahlreichen chinesischen und ausländischen Forschern anerkannt, dass der Gesamtwert der Produktion in der Ming- und Qing-Dynastie ungefähr ein Drittel der damaligen weltweiten Produktion ausmachte. All dies hing untrennbar mit der Entfaltung der wirtschaftlichen Funktionen des chinesischen Feudalstaates zusammen.

Weiterhin ist folgender Aspekt besonders beachtenswert: Trotz dem Florieren der Warenwirtschaft sowie der gesamten gesellschaftlichen und wirtschaftlichen Entwicklung und dem damit verbundenen stetigen Rückgang von der Regierung unmittelbar betriebenen Handwerks und zugehöriger Handelsaktivitäten ließ die Regierung in ihrer Beachtung, die sie dem Wirtschaftsrecht schenkte, nicht nach, im Gegenteil, sie arbeitete an diesem dann mit noch höherer Intensität. Zum Beispiel lässt sich nach einem Vergleich des *„Da- Qing Lü* 大清律 („Gesetzescode der großen Qing-Dynastie") und dem bis heute erhaltenen *Tanglü Shuyi* 唐律疏议 („Strafgesetzbuch der Tang-Dynastie") direkt erkennen, dass Ersterem im Vergleich mit Letzterem acht Überschriften hinzugefügt worden sind, darunter die Bereiche Formeln, Haus- und Grundstücksbesitz, Steuerfestsetzung, Geld und Schulden und Wasserschutz. Diese rechtlichen Regelungen wurden entweder speziell für das damalige Gesellschafts- und Wirtschaftsleben entworfen oder ihr wesentlicher Inhalt berührte im Allgemeinen Gesellschaft und Wirtschaft. Dieser Aspekt spiegelt wider, dass die Regierung Gesellschaft und Wirtschaft stetig mehr Beachtung beimaß. Besonders wichtig ist, dass die Regierung in der Spätphase des chinesischen Feudalismus das Funktionieren und die Organisation des Wirtschaftslebens in gewissem Maße in gesetzliche Prozedere einfügte.

Kapitel 3: Der unmittelbare Betrieb der Wirtschaft durch die feudale Regierung Chinas

Im chinesischen Feudalismus war die staatlich betriebene Handwerkswirtschaft zu jedem Zeitpunkt verhältnismäßig entwickelt. Ein Aspekt des staatlichen Handwerks betraf die Herstellung einiger besonderer Güter, die der Kaiserhof, die Behörden und der Adel sowie die verschiedenen Beamten benötigten. Gleichzeitig verantwortete es

203 *Shiji* 史记 („Aufzeichnungen des Chronisten"), Kapitel 129: *Huozhi Liezhuan* 货殖列传 („Biographien von Wucherern").

204 *Xin Tangshu* 新唐书 („Neues Buch der Tang"), Kapitel 2: *Taizong Ji* 太宗纪 („Aufzeichnungen über Kaiser Taizong").

ebenfalls Spezialbereiche wie unter anderem den Bau von Palästen und Gräbern, die Instandhaltung der Yamen, die Rüstungsproduktion, die Münzprägung und auch öffentliche Bauvorhaben wie Brücken. Einen weiteren besonders wichtigen Aspekt in diesem System stellte die Anwendung eines Monopolsystems beispielsweise für Salz und Eisen durch die Regierung und damit die unmittelbare Monopolisierung der Produktion und Zirkulation von Salz, Eisen sowie alkoholischen Getränken und Teeblättern dar. Die Regierung nahm damit Einfluss auf die Produktion und Zirkulation von Gütern und Ressourcen, die für den Staat und die Lebenshaltung des Volkes von besonderer Wichtigkeit waren und erlaubte es Privatpersonen nicht, sich in diesen Bereichen zu engagieren. Darüber hinaus betrieb sie unmittelbar Wasserbau und den Transport zu Wasser über Kanäle und Flüsse. Zudem bewirtschaftete oder kontrollierte sie noch unmittelbar eine gewisse Menge an Grund und Boden, selbst unter normalen Umständen verfügte sie über eine gewisse Regulierungskraft bezüglich der Landressourcen. Von dieser Warte aus gesehen, kann man sagen, sie kontrollierte oder betrieb in der Praxis die wirtschaftlichen Schlüsselbereiche des Reiches, inklusive der entscheidenden Segmente. Mit anderen Worten: Die Regierung steuerte ununterbrochen die Funktionsweise der Wirtschaft. Der unmittelbare Betrieb der Wirtschaft durch die feudale Regierung Chinas zeigte sich hauptsächlich im unmittelbar von ihr betriebenen staatlichen Handwerk, in der unmittelbaren Kontrolle oder im unmittelbaren Betrieb des Abbaus von Bodenschätzen, in der Münzprägung, im Salz- und Eisenmonopol, im Monopol für den Alkoholhandel und im Wasserbau, dem Verkehr, dem Städtebau und weiteren öffentlichen Projekten sowie der Landesverteidigung. Bei der finanzpolitischen Umverteilung stellten Armen- und Katastrophenhilfe ebenfalls einen von der Regierung bedachten wesentlichen Inhalt dar, der für den Staat und den Lebensunterhalt des Volkes von hoher Wichtigkeit war.

Abschnitt 1: Die staatlich betriebene Handwerkswirtschaft

1. Grundlegender Zustand der staatlich betriebenen Handwerkswirtschaft

Das feudale staatlich betriebene Handwerk Chinas war immer verhältnismäßig entwickelt. Die Gründe dafür waren sehr komplex. Einer der wichtigsten Gründe darunter war, dass sich die frühesten Zentren der Herrschaft in China in Städten befanden. Der Bau und die Aufrechterhaltung der normalen Lebensordnung in den Städten, bedurfte der Unterstützung verschiedener Handwerke, insbesondere für die Versorgung der herrschenden Klasse und der Armee war die handwerkliche Produktion unverzichtbar. In der Feudalgesellschaft waren die Bedürfnisse der herrschenden Klasse effektive Nachfragen, die mit hoher Wahrscheinlichkeit auch verwirklicht wurden. Sie beinhalteten unter anderem einigen Luxuskonsum. All dies schuf die notwendigen Voraussetzungen für die Entstehung und Entwicklung der städtischen Handwerkswirtschaft, insbesondere der staatlich betriebenen Handwerkswirtschaft.

Bereits in der Zeit vor der Qin-Dynastie war die Arbeitsteilung des chinesischen Handwerks recht kleinteilig, es gab bereits mindestens Metallhandwerk, Holzhandwerk, Jadehandwerk, Steinhandwerk, Porzellanhandwerk, Textilhandwerk,

Lederhandwerk und Waffenbau. Damals war bereits die Rede von den „Einhundert Handwerken“.[205] Die sogenannten „Einhundert Handwerke“ waren in der Praxis eine Schätzzahl, die lediglich die Kleinteiligkeit der damaligen Arbeitsteilung und die Vielzahl der damaligen Handwerker illustrierte und bezeichneten keinesfalls eine bestimmte Menge von Handwerksarten. Laut der Aufzeichnungen aus dem *Kaogong Ji* 考工记 („Aufzeichnungen zu Handwerksprüfungen“) des Qi-Reiches aus der Spätphase der Frühlings- und Herbstperiode teilte sich die Arbeit in der damaligen Gesellschaft in folgende sechs Tätigkeitsbereiche: Könige und Fürsten, Gelehrte, die hundert Handwerke, Händler, Bauern und Frauenarbeit. Diese Einteilung macht deutlich, dass die handwerklichen Produzenten unabhängige Produzenten waren und in der Gesellschaft eine vergleichsweise wichtige Stellung einnahmen. Damals gab es allein im Bereich des staatlich betriebenen Handwerks gemäß dessen Arbeitsteilung bereits 30 speziell benannte Produktionsabteilungen respektive Handwerke: „[Es gab] sieben Holzhandwerke, sechs Metallhandwerke, fünf Lederhandwerke, fünf Färberhandwerke, fünf Schleiferhandwerke und zwei Töpferhandwerke.“ Die Tätigkeitsfelder dieser Handwerke umfassten unter anderem die Produktion von Transport- und Produktionswerkzeugen, Rüstungsgütern, Gefäßen, Jadeprodukten, Leder und Färbereiprodukten und den Bau von Gebäuden. Jede Branche wiederum hatte eine noch feinere Arbeitsteilung, so zum Beispiel die Wagnerei: Dort gab es den sogenannten „Fahrzeugmann“, außerdem gab es den speziell Wagenräder herstellenden „Rädermann“ und noch den speziell Fuhrwerke herstellenden „Fuhrwerksmann“, den speziell Stellachsen herstellenden „Stellachsenmann“ und so weiter. Die Herausbildung der „Einhundert Handwerke“ selbst war ein Ausdruck davon, dass das damalige staatlich betriebene Handwerk vergleichsweise entwickelt war. Der Ausdruck von den sogenannten „vom Staat ernährten Handwerkern und Händlern“ illustrierte, dass die Regierung sich eine große Menge von handwerklichen Produzenten mit speziellen Fertigkeiten und Berufshändler hielt, um das Funktionieren der Wirtschaft des politischen und damit Herrschaftszentrums zu garantieren. Dies bedeutete auch, dass das politische Zentrum des Staates gleichzeitig auch das wirtschaftliche und kulturelle Zentrum war und, dass die Regierung bereits zu Beginn des Feudalismus über eine entsprechend starke Anleitungs- und Kontrollfähigkeit gegenüber Gesellschaft und Wirtschaft verfügte und in der Lage war, die Ressourcenallokation zu bestimmen. In der Praxis bildete ein entwickeltes privates Handwerk historisch die Voraussetzung für die Entwicklung des staatlich betriebenen Handwerks. Da die Arbeitsteilung des privaten Handwerks entwickelt war, bot es unzweifelhaft für das Florieren des staatlich betriebenen Handwerks ausreichende Arbeitskräfte und insbesondere fähige und geschickte Handwerker. Außerdem war es Bezugsquelle des staatlich betriebenen Handwerks für Ausgangsmaterialien und Zwischenprodukte. Des Weiteren gab es zwar eine Tradition der Technikgeheimhaltung unter den privaten Handwerkern, um sich an die Bedürfnisse der Konkurrenz auf dem Markt anzupassen, ihre Technik aber war aus Sicht des Staates jedoch etwas, das auf keinen Fall geheim gehalten werden durfte. Die vom privaten Handwerk entwickelten

[205] *Shangshu Zhushu* 尚书注疏 („Buch der Dokumente“), Kapitel 1.

Techniken stellten für die Handwerksstätten des Staates unzweifelhaft eine enorme technische Unterstützung dar. Allerdings stellten sich die Probleme des privaten Handwerks tatsächlich so dar, wie Sang Hongyang 桑弘羊 aus der Han-Dynastie in Bezug auf die Eisenwarenherstellung sagte: Geringer Produktionsumfang, unzureichendes Kapital, rückständige Technik und Werkzeuge und häufige Probleme in der Produktion: „Das Eisen wird nicht gut geschmolzen und ist nicht eben.“[206] Dieses Urteil ergab sich aus dem Vorteil des größeren Umfangs des staatlichen Handwerks im Vergleich zum privaten Handwerk. Zudem war der Vorteil an Informationen, über den das damalige staatliche Handwerk verfügte, ebenfalls kaum vom privaten Handwerk vergleichbar zu erreichen.

Im chinesischen Feudalismus existierte durchgehend eine Warenzirkulation. Handwerksprodukte und ihre Ausgangsmaterialien waren die grundlegenden Waren auf dem damaligen Markt. Die Behörden konnten entweder durch den Markt oder durch die Einsammlung vom Volk und gegebenenfalls mittels weiterer Formen der Ressourcenbeschaffung garantieren, dass die Ausgangsmaterialien der Produktion des staatlichen Handwerks exzellent in ihrer Beschaffenheit und ausreichend in ihrer Menge waren. Einige große Erfindungen wurden häufig vom Staat getätigt und nach und nach an die Privatwirtschaft weiterverbreitet, eben weil das staatlich betriebene Handwerk sich keine Gedanken um die Kosten machte, über ausreichende Arbeitskraft verfügte, die Technik der Handwerker allseitig orientiert war und der Informationsfluss vergleichsweise ungehemmt war. In gewissem Sinne war es eine notwendige Folge, dass die Papierherstellung mit Pflanzen in der westlichen Han-Dynastie aufkam und vom staatlichen Handwerk des Kaiserhofs der östlichen Han-Dynastie vervollkommnet wurde.[207] Dies war einer der wichtigen Beiträge, die das staatlich betriebene Handwerk zu Technik und Kultur geleistet hat.

Die Produktion des staatlich betriebenen Handwerks spaltete sich im Wesentlichen in zwei große Teile auf: Ein Teil diente unmittelbar der Befriedigung der besonderen Bedürfnisse des Kaisers als höchstem Herrscher, der Mitglieder des Kaiserhauses, des Adels sowie der feudalen Regierung. Dieser betraf unter anderem die Münzprägung und die Geldherstellung, die Textil- und Porzellanherstellung, das Bauhandwerk, Schiffsbau, Militärgerät und Munition. Der andere Teil beinhaltete wichtige Ressourcen. Aufgrund des hohen Bedarfs an ihnen, ihres hohen wirtschaftlichen Nutzens und Profits praktizierten die Behörden einen staatlichen Betrieb dieser Ressourcen, um sich die entsprechenden Vorteile anzueignen. Außer Dingen des täglichen Bedarfs wie Salz, Alkohol und Tee befanden sich auch Ausgangsmaterialien für die Produktion wie unter anderen Eisen, Gold, Silber, Kupfer, Blei und Zinn unter diesen Ressourcen. Erstgenannter Teil wurde unmittelbar zur Befriedigung der besonderen Bedürfnisse des Kaisers, des Adels, der Regierung und der Armee betrieben und berührte unter anderem Textilien, Porzellan, Gegenstände aus Gold und Silber, Gebäudebau und

206 *Yantielun* 盐铁论 („Diskurse über Salz und Eisen“), Kapitel 6: *Shuihan Di Sanshiliu* 水旱第三十六 („36. Flut und Dürre“).

207 *Hou Han Shu* 后汉书 („Buch der späteren Han“), Kapitel 78: *Cai Lun Zhuan* 蔡伦传 („Biographie des Cai Lun“).

Rüstungsgegenstände.[208] Dieser Aspekt entsprach hauptsächlich der Nachfrage an Alltags- und Luxusgütern der entsprechenden Gesellschaftsgruppen, der von diesem Teil geleistete unmittelbare Beitrag zu Gesellschaft und Wirtschaft war also nicht sehr groß. Oder anders gesagt, sein Beitrag zur Gesellschaft war indirekt, aber seine Funktion zur Konzentration gesellschaftlichen Reichtums, insbesondere zur Schaffung von Kultur und Kunst zur Steigerung der internationalen Einflusskraft der Chinesen war dennoch unübersehbar. Der andere Teil jedoch waren Produkte, die die Finanzen des Staates und den Lebensunterhalt des Volkes betrafen. Da das gesellschaftliche Bedürfnis nach ihnen groß war, ihr Profit hoch und außerdem einige von ihnen die Stabilität des Staates beeinflussten, wurden sie häufig unmittelbar von der Regierung vertrieben. Die üblichste Verfahrensweise dazu war die Anwendung eines Monopolsystems durch die Regierung. Der Anteil, den die Monopolverkäufe in den gesamten finanziellen Einnahmen der Regierung ausmachten, war verhältnismäßig hoch, zum Beispiel machte in der Tang-Dynastie zeitweise schon allein das Einkommen aus der Salzsteuer ungefähr 50% der Regierungseinnahmen aus. [209] Wenn man noch andere Gegenstände des Monopolverkaufs einrechnet, war der Anteil, den sie im Einkommen der Regierung einnahmen, noch höher. Auch der Zustand in den anderen Dynastien glich diesem im Wesentlichen dem der Tang-Dynastie in dieser Frage. Die wirtschaftlichen Aktivitäten der Regierung in diesem Bereich waren von nachhaltigem und unmittelbarem Einfluss auf die Finanzen des Staates und den Lebensunterhalt des Volkes, sie stellten einen unverzichtbaren Teil der damaligen Volkswirtschaft dar.

Zwar verfügte das staatlichen Handwerk über gute Technik und Ausrüstung, ausreichende Ausgangsmaterialien, eine Garantie von Arbeitskräften und großzügige Arbeitsstätten und war handwerklich allseitig ausgerichtet, allerdings war seine Produktivität niedrig. Dies lag eben daran, dass es in erster Linie der herrschenden Klasse und ihrer Armee diente. Seine Verwaltung war der jeweiligen Yamen-Ebene zugeordnet und seine Produkte wurden im Wesentlichen für den Konsum und öffentliche Einrichtungen verwendet. Sie wurden nicht hauptsächlich für den Markt hergestellt. Häufig wurden große Erfindungen vom Staat getätigt und

---

208 In den *Ming Xuanzong Xuande Shilu* 明宣宗宣德实录 („Wahrhafte Aufzeichnungen über den Ming-Kaiser Xuande"), Kapitel 21 wurde festgehalten, dass im ersten Jahr der „Xuande"-Ära 宣德 (1426) das Arbeitsministerium zu Folgendem angewiesen wurde: „In allen Handwerkerhaushalten mit zwei oder drei Männern, muss ein Mann, in Handwerkerhaushalten mit vier oder fünf Männern zwei Männer und in Handwerkerhaushalten ab sechs Männern drei Männer freigestellt werden", um Arbeitt in staatlich betriebenen Handwerksstätten nachzugehen. Solche Maßnahmen stellten die grundlegende Garantie für ausreichende Arbeitskraftressourcen im staatlich betriebenen Handwerk dar. Es handelt sich hier also um ein typisches Fallbeispiel aus dem Feudalismus. Vor der Abschaffung des Systems einer Handwerkerregistrierung wurden Handwerker, die für die Behörden Dienst leisteten, die flohen, in der Regel entweder „geahndet" oder „per Befehl mit Waffengewalt in die Hauptstadt beordert" und gezwungen für den Staat Produktionstätigkeiten nachzugehen. (*Ming Yingzong Zhengtong Shilu* 明英宗正统实录 („Wahrhafte Aufzeichnungen über den Ming-Kaiser Zhengtong"), Kapitel 43 und Kapitel 47.

209 Im *Tongjian* 通鉴 („Umfassender Zeitspiegel zur Hilfe bei der Regierung"), Kapitel 225 wurde im Abschnitt für den fünften Monat des vierzehnten Jahres der „Dali"-Ära 大历 (779) des Tang-Kaisers Daizong Folgendes festgehalten: „In einem Jahr wurde ein Einkommen von insgesamt 12 Millionen Kupfermünzenseilen berechnet, und die Profite aus dem Salz machten die Hälfte dieser Einnahmen aus."

verbreiteten sich nach und nach in der Privatwirtschaft. Dies war der Fall, weil die staatliche Produktion sich keine Gedanken um die Kosten machte, über ausreichende Arbeitskraft verfügte, die Technik der Handwerker allseitig orientiert und der Informationsfluss vergleichsweise ungehemmt war. Die Regierung ergriff eine Reihe Maßnahmen, um in jedem Fall zu garantierten, dass das staatlich betriebene Handwerk über ausreichende Arbeitskräfte und Ausgangsmaterialien verfügte. Dies war die Voraussetzung für die Existenz und die Entwicklung des staatlich betriebenen Handwerks. So wurden im ersten Monat des ersten Jahres der „Tianxing"-Ära 天兴 der nördlichen Wei-Dynastie (398) einst „360000 Menschen und Beamte aus den sechs Präfekturen Shandongs und den verschiedenen Völkern Koreas sowie mehr als 100000 Geschickte aus den einhundert Handwerken rekrutiert, um die Arbeitskräfte der Hauptstadt aufzustocken."[210] Seit der Gründung der Sui-Dynastie galt: „Sämtliche Gesetze gehen von der Umsiedlung der Handwerker des Reiches aus, ihre Geschicklichkeit im Detail soll vollständig in der Hauptstadt versammelt werden".[211] Solche und ähnliche Fälle stellen typische Beispiele aus dem staatlichen Handwerk dieser Zeit dar. In der mittleren und späten Periode der Tang-Dynastie, während der die Anstellung gegen Bezahlung von Handwerkern durch die Behörden vergleichsweise verbreitet war, galt noch immer, dass „besonders geschickte Hände, die für den Bedarf des staatlich betriebenen Handwerks aufgeboten wurden" nicht in den Bereich von Lohnzahlungen fielen, um das ausreichende Vorhandensein technischer Arbeitskräfte im staatlichen Handwerk zu garantieren. Konkret gesprochen, wurden Maßnahmen wie die folgende ergriffen: „[Es ist verboten,] seine Geschicklichkeit zu verstecken und mit seiner Ungeschicklichkeit aufzuwiegen und so die schwierigen, wichtigen Aufgaben zu umgehen durch die Übernahme leichter Tätigkeiten." Damit sollte erreicht werden, dass die Handwerker der staatlich betriebenen Handwerksstätten solche mit „einem großen Talent sowie einer geschickten Technik" waren.[212] Bei solchem Vorgehen handelte es sich um keine Einzelfälle, sondern um die gängige Praxis der Feudalgesellschaft. Selbst in der Spätphase des Feudalismus, in der das System der Handwerkerregistrierung abgeschafft worden war, war es aufgrund der Anforderungen an Qualität und Geheimhaltung von Techniken nicht erlaubt, einige besondere Handwerksprodukte aus der staatlichen Produktion privat herzustellen. Die staatlich beschäftigten Handwerker erhielten zwar eine gewisse Entlohnung, jedoch konnten sie nicht nach Belieben die staatliche Werkstätte verlassen, ihre Produktionstätigkeit trug dementsprechend einen gewissen Zwang in sich.

Um das normale Funktionieren des staatlich betriebenen Handwerks zu organisieren sowie die handwerkliche Produktion in ganz China zu verwalten, war der Verwaltungsapparat des staatlichen Handwerks im chinesischen Feudalismus von Anfang an bereits vergleichsweise ausgereift und bildete in der Sui- und Tang-Dynastie zunehmend einen Modus der Arbeitsteilung und Kooperation zwischen dem Direktorat für die kaiserlichen Manufakturen, dem Direktorat für Palastbauten

---

210 *Wei Shu* 魏书 („Buch der Wei"), Kapitel 2: *Taizu Ji* 太祖纪 („Aufzeichnungen zu Taizu").

211 *Sui Shu* 随书 („Buch der Sui"), Kapitel 46: *Su Xiaoci Zhuan* 苏孝慈传 („Biographie des Su Xiaoci").

212 *Tang Liu Dian* 唐六典 („Die sechs Gesetzesstatuten der Tang-Dynastie"), Kapitel 7: *Zhuwen* 注文 („Kommentare").

und dem Direktorat für Rüstung. Die Kompetenzen wurden dreigeteilt und durch die Kooperation der verschiedenen Direktorate in eins vereint, was praktisch für ihre Verwendung und Verwaltung durch die Regierung sowie die innere Arbeitsteilung und Kooperation der Direktorate als auch die Überwachung ihrer Arbeit war. Dieser Modus der Handwerksverwaltung entwickelte sich später weitergehend. In der Qing-Dynastie wurde der Verwaltungsapparat des staatlichen Handwerks immer weiter vervollkommnet. Zu Beginn der Qing-Dynastie wurde ein Arbeitsministerium als zentrale Verwaltungseinheit für die Durchführung verschiedenster staatlicher Projekte und das herstellende staatliche Handwerk eingerichtet. Dem Arbeitsministerium untergeordnet wurden folgende Abteilungen eingerichtet: Amt für Bauhandwerk, Forstamt, Amt für Wasserwege, Amt zur Verwaltung landwirtschaftlicher Militärstützpunkte, Produktionsamt, Schatzamt, Erzamt, Munitionsfabriken sowie ein Büro für Bauhandwerk, ein Amt für Metallverarbeitung, Amt für geistliche Angelegenheiten, Amt für Brennholz und das Amt für Handelsbesteuerung in Tongzhou. Sie verantworteten jeweils die Durchführung von Projekten im Wasserbau und Bauhandwerk sowie die Herstellung und Verwaltung der notwendigen Produktionsmittel. Von den genannten Abteilungen hingen hauptsächlich das Amt für Bauhandwerk, das Forstamt, das Produktionsamt, die Munitionsfabriken sowie das Amt für Metallverarbeitung mit dem Handwerk zusammen.[213] Hierbei handelt es sich nur um eine ungefähre Darstellung, die Veränderungen der verschiedenen Zugehörigkeiten und Kompetenzen der verschiedenen Behörden der Qing-Dynastie lassen sich aufgrund ihrer Vielzahl kaum vollständig aufzählen. Die Behörden im staatlich betriebenen Handwerk des Feudalismus überlappten sich allerdings in ihren Kompetenzen. Sie behinderten sich gegenseitig in ihrer Arbeit, ihre Effizienz war niedrig und die Produktionskosten im Handwerk hoch. Hierbei handelte es sich um erhebliche Probleme dieses Verwaltungsmodus.

Betrachtet man das staatliche Handwerk von einer Gesamtperspektive her, lässt sich feststellen, dass das staatlich betriebene Handwerk nicht hauptsächlich für den Warenhandel produzierte, wenngleich es dennoch keinesfalls von der Warenwirtschaft völlig entkoppelt war. In der Praxis hatte es in bestimmten Zeiträumen und in bestimmten Branchen eine positive Funktion für die feudale Warenwirtschaft, daher sollte man nicht zu unzulässigen Verallgemeinerungen greifen. Die Güter, welche der staatlich betriebene Handwerksapparat herstellte, waren hauptsächlich für die Befriedigung der Bedürfnisse des Kaiserhauses, des Adels und der Beamten aller Ränge gedacht. Allerdings erfuhr die Verbindung zwischen staatlich betriebenem Handwerk und dem Markt mit dem stetigen Florieren der Warenwirtschaft innerhalb der Feudalwirtschaft eine zunehmende Stärkung. Dies war bereits in der mittleren und späten Phase der Tang-Dynastie deutlich erkennbar, in der Ming- und Qing-Dynastie jedoch lässt sich eine noch engere Verbindung feststellen.

213 *Guangxu Da-Qing Huidian Shili* 光绪大清会典事例 („Kanon von Präzedenzfällen für die Verwaltung der Qing-Dynastie zur Zeit Kaiser Guangxus"), Kapitel 20.

Bereits in einem Edikt des zweiten Jahres der „Tianfu"-Ära 天福 der späteren Jin-Dynastie (937) am Ende der Tang-Dynastie wurde schriftlich festgelegt: „Die Münzprägung liegt ab heute in den Händen des Staates. In der östlichen Hauptstadt wird ein Markt eingerichtet zum Verkauf von Waren, den Menschen ist es erlaubt zu kaufen und an vielen Orten den Verkauf anzustoßen."[214] Gleichzeitig wurden das von den staatlich betriebenen Handwerksstätten hergestellte Papier und die von ihnen hergestellten Blockdruckprodukte (unter anderem Kalender) ebenfalls zu einer vergleichsweise häufigen Ware auf privaten Märkten des Volkes. Die von den staatlichen Werkstätten hergestellten Produkte erfreuten sich als auf dem Markt zirkulierende Waren dank ihrer erstklassigen Qualität und ihrer ausreichenden Stückzahl einer großen Beliebtheit bei den Käufern. Vergleichbare Berichte finden sich für die Zeit der Tang-Dynastie und der ihr vorausgehenden Dynastien kaum. Engels hielt fest: „Produktion und Austausch sind zwei verschiedene Funktionen. [...] Aber andrerseits bedingen sie einander in jedem Moment und wirken in solchem Maß aufeinander ein, daß man sie als die Abszisse und die Ordinate der ökonomischen Kurve bezeichnen könnte."[215] Es ist eine unzweifelhafte historische Tatsache, dass die Warenwirtschaft im chinesischen Feudalismus durchgängig existierte und eine stetig aufsteigende Tendenz aufwies. Selbstverständlich kam es aber in einigen Perioden in einem gewissen Rahmen immer wieder auch zu entgegengesetzten Entwicklungen. Daher kann diese aufsteigende Tendenz nicht verabsolutiert werden. Allerdings konstituierte die Warenwirtschaft einen der unverzichtbaren Bestandteile der damaligen Gesellschaft und Wirtschaft.

Die Gründe für die hohe Entwicklung des staatlich betriebenen Handwerks in der Geschichte Chinas sind zahlreich, darunter dürfen unten stehende Gründe auf keinen Fall außer Acht gelassen werden: Private individuelle Handwerker stellten die grundlegende und garantierte Quelle für Arbeitskräfte in der Produktion des staatlich betriebenen Handwerks dar. Weiterhin bildete das private Handwerk eine unversiegliche Quelle für die Technik des staatlich betriebenen Handwerks. Außerdem war der Apparat des staatlich betriebenen Handwerks in der Lage, durch die Fähigkeit des Staates zur Ressourcenallokation die vom Handwerk benötigten Ausgangsmaterialien zur Verfügung zu stellen. Gleichzeitig verfügte das staatlich betriebene Handwerk über günstige Voraussetzungen zur stetigen Absorption von außen kommender Technik und auch der Luxuskonsum der herrschenden Klasse bot dem staatlich betriebenen Handwerk objektiv die Möglichkeit zur stetigen Verbesserung einiger Techniken. Verschiedene Verkaufsmonopole und das Alkoholmonopol der Regierung und ähnliche Systeme innerhalb der Produktion des staatlich betriebenen Handwerks gründeten sich nicht hauptsächlich auf dem Wertgesetz des Marktes, sondern es wurden nach Möglichkeit administrative Maßnahmen zu ihrer Aufrechterhaltung genutzt. Zwar war die Kontrolle über die Handwerker und ihre Ausbeutung brutal und die Verwaltungskosten ebenfalls recht hoch, aber der Staat verfügte im Vergleich über einen Größenvorteil in der Nutzung

[214] *Jiu Wu Dai Shi* 旧五代史 („Alte Geschichte der Fünf-Dynastien"), Kapitel 146: *Shihuo Zhi* 食货志 („Abhandlung über Nahrung und Handel").

[215] Marx, Engels: Werke, Band 20, Herrn Eugen Dührings Umwälzung der Wissenschaft (Anti-Dühring), S. 136, Dietz Verlag Berlin 1975.

von gesellschaftlichen Ressourcen zum Betrieb von Produktion in großem Umfang. Dies galt unter anderem im Bergbau und der Produktion von Speisesalz. Private individuelle Handwerker und private Gewerbetreibende konnten einen solchen Umfang kaum erreichen. Gleichzeitig hatte die Monopolisierung von unter anderem Salz und Eisen durch den Staat eine wichtige Funktion zur Begrenzung der Kontrolle, die reiche und große Händler über die Zirkulationssphäre ausübten. Eine zu starke Kontrolle dieser Händler über die Zirkulationssphäre hätte zu einer unbegrenzten Erhöhung und Monopolisierung der Preise durch diese geführt. Außerdem garantierte die Bewirtschaftung von unter anderem Salz und Eisen durch den Staat ebenfalls ein gewisses Warenquantum bei entsprechender Qualität. In gewissem Maße förderte dies die Entwicklung der Warenwirtschaft. Darüber hinaus gilt es noch ein weiteres historisches Faktum zu berücksichtigen: Die Regierung kontrollierte Rohmaterialien wie Salz und Eisen, betrieb handwerkliche Produktion enorm großen Ausmaßes und hielt die Steuereinnahmen des ganzen Reiches in ihren Händen. All dies sorgte dafür, dass die Regulierungsfähigkeit aller Ebenen der Regierung und insbesondere der Zentralregierung im gesamten Funktionsprozess der feudalen Wirtschaft verhältnismäßig stark entwickelt war und die Regierung somit oft in der Lage war, zum Hauptsubjekt in Gesellschaft und Wirtschaft zu werden. Hierbei handelt es sich um einen entscheidenden Aspekt, der hier an dieser Stelle vor der Analyse des feudalen Monopolsystems Chinas erst einmal so festgehalten werden soll. Er stellt einen der wichtigsten Aspekte der feudalen Handwerkswirtschaft dar. Da das Salz- und Eisenmonopol damals über eine besondere Stellung verfügten und die Produktion von Salz und Eisen sowie die zugehörige Betriebsform sich teilweise vom gewöhnlichen staatlich betriebenen Handwerk unterschieden, wird weiter unten noch eine spezielle Erörterung zum Monopolsystem von Salz und Eisen notwendig sein.

2. Das staatlich betriebene Handwerk als Stütze für den Lebensunterhalt des Volkes

Außer den Konsum des Kaiserhauses und der Beamten sowie anderen öffentlichen Konsum zu befriedigen ging das staatlich betriebene Handwerk in bestimmten Perioden und in bestimmtem Rahmen im Auftrag der Regierung noch der Produktion von notwendigen Produktionsmitteln, inklusive landwirtschaftlichen Gerätschaften und Wasserbauanlagen nach. Dies wirkte sich positiv auf die Wiederherstellung und Entwicklung landwirtschaftlicher Produktion aus. Auch die bedeutende Rolle des staatlich betriebenen Handwerks bei der Verbreitung von Produktionstechniken sollte benannt werden.

Der Staat verfügte über den Vorteil überlegener, reichhaltiger materieller und personeller Ressourcen. Wenn er dem Guss von landwirtschaftlichen Geräten nachging, entfaltete er in der Verbreitung von Eisengerätschaften in der Landwirtschaft eine Funktion, die kaum von irgendeiner anderen gesellschaftlichen Kraft auch nur annähernd hätte erreicht werden können. So wurde zum Beispiel zur Zeit des Kaisers Wu von Han Kong Jin 孔仅 „ausgesandt, das Regierungsmonopol für den Guss von Eisengefäßen zu errichten."[216] Dabei handelt es sich um ein typisches Beispiel. Laut den Aufzeichnungen aus dem *Du Shi Zhuan* 杜诗传 („Biographie des Du Shi") aus dem Buch der späteren Han ließ Du Shi 杜诗, der Gouverneur von Nanyang 南阳 in der Zeit der östlichen Han-Dynastie, „ein Wasserrad bauen, welches beim Gießen des Eisens für landwirtschaftliche Werkzeuge half. Der Kraftaufwand war gering und der Nutzen groß. Es war praktisch für das einfache Volk."[217] Ein weiteres Beispiel findet sich in den Aufzeichnungen aus dem *Ren Yan Zhuan* 任延传 („Biographie des Ren Yan") aus dem Buch der späteren Han: Ren Yan 任延, Gouverneur von Jiuzhen 九真 „befahl Werkzeuge zur Feldbearbeitung zu gießen und zu lehren, damit die Felder urbar zu machen." Diese Verfahrensweisen verfügten über eine antreibende Funktion für die Wiederherstellung und Verbesserung der damaligen landwirtschaftlichen Produktion im ganzen Reich oder einer bestimmten Region. Insbesondere die Rolle der Regierung bei der Verbreitung von Ackerbaugeräten und ihre Vorbildfunktion in diesem Bereich waren kaum durch irgendeine andere gesellschaftliche Kraft zu ersetzen. Die in der Geschichte Chinas über lange Zeit verwendete und weitergegebene Ackerbaumethode des „Pflügens mit zwei Ochsen" erscheint heutzutage als eine enorm rückständige Verfahrensweise. Während der Qin-, Han- und Jin-Dynastie und den südlichen und nördlichen Dynastien jedoch stellte sie eine vergleichsweise fortschrittliche Ackerbaumethode dar. Die Verbreitung einer solchen, vergleichsweise fortschrittlichen Ackerbaumethode im gesamten Herrschaftsbereich war nicht von der tatkräftigen Mitwirkung aller Regierungsebenen zu trennen. Daher war das Pflügen mit zwei Ochsen die seit dem Aufkommen des Ochsenpflügens zeitlich am längsten Bestand habende und über den höchsten Verbreitungsradius verfügende Landbaumethode. Sie war geeignet für die damaligen Anforderungen der individuellen Landwirtschaft mit geringer Produktionsmenge und einer Familie bestehend aus fünf Personen und 100 Mu Land.

In der landwirtschaftlichen Produktion war die Feldbewässerung für die nordchinesischen Regionen eine der wichtigen Maßnahmen zur Sicherstellung der Grundnahrungsmittelproduktion. Auch in diesem Aspekt spielte die Regierung eine gewisse Rolle. Folgendes wurde im dritten Monat des zweiten Jahres der „Dali"-Ära des Tang-Kaisers Daizong 代宗 (767) festgehalten:

---

216 *Shiji* 史记 („Aufzeichnungen des Chronisten"), Kapitel 30: *Pingzhun Shu* 平准书 („Abhandlung über den ausgewogenen Durchschnitt").

217 *Hou Han Shu* 后汉书 („Buch der späteren Han"), Kapitel 31: *Du Shi Zhuan* 杜诗传 („Biographie des Du Shi"): „Er [Du Shi] wurde zum Gouverneur von Nanyang ernannt. Vom Charakter her war er sparsam und bescheiden und seine Regierung war gerecht und friedlich. Er verschaffte sich Respekt, indem er das Böse auslöschte und war geschickt in der Planung. Er sparte und wertschätzte die vom Volk geleistete Fronarbeit. Er ließ ein Wasserrad bauen, welches beim Gießen des Eisens für landwirtschaftliche Werkzeuge half. Der Kraftaufwand war gering und der Nutzen groß. Es war praktisch für das einfache Volk. Außerdem erbaute und unterhielt er Teiche, erschloss Felder. Innerhalb der Grafschaft waren alle Haushalte wohlhabend. Die damaligen Menschen verglichen ihn mit Zhao Xinchen, daher sagte man in Nanyang dazu: ‚Zuerst gab es Vater Zhao, dann gab es Mutter Du.'"

> „Das staatliche Handwerk entwarf Wasserräder. Der Provinz Jingzhao wurde befohlen, diese Wasserräder herzustellen und sie an die Bevölkerung entlang des Baiqu-Kanals zu verteilen, um die Felder zu bewässern."[218]

Am Kaiserhof wurde dieses Modell von Wasserrädern entworfen und die Provinz Jingzhao 京兆 übernahm deren Produktion. Mit ihnen wurden die Ländereien der Bevölkerung in der Zentralen-Shaanxi-Ebene unentgeltlich bewässert. Diese Wasserräder müssen verhältnismäßig fortschrittlich gewesen sein. Sie hatten einen positiven Effekt für die Erhöhung der landwirtschaftlichen Produktion. Gleichzeitig halfen sie bei der Verbreitung von Wasserrädern in anderen Regionen und hatten für diese Vorbildcharakter. Im neunten Monat des ersten Jahres der „Yongle"-Ära 永乐 (1403) wurde „befehligt, dass das Amt für Metallverarbeitung Ackerbaugeräte gießen soll".[219] Da das Amt für Metallverarbeitung in der Periode der Ming- und Qing-Dynastie eine dem Arbeitsministerium angegliederte Behörde war, verwaltete es auch die Geldprägung. Die Zentralregierung nutzte die staatlichen Ressourcen aus und die Tatsache, dass zahlreiche, beispielsweise speziell für die Prägung von Geld verantwortliche Behörden unmittelbar von der Zentralregierung kontrolliert wurden, um diese vorübergehend der Produktion von Ackerbaugeräten nachgehen zu lassen. Darin drückte sich die Wertschätzung und Förderung des Staates für die landwirtschaftliche Produktion, insbesondere für die Wirtschaft der selbstständigen Bauern aus. Gleichzeitig illustriert dies ebenfalls die besonders bevorteilte Stellung, über die die Staatsmacht durch die Möglichkeit der Mobilisierung staatlicher Ressourcen verfügte. In bestimmten Zeiten und in bestimmtem Rahmen waren landwirtschaftliche Produktionsmittel, die die Regierung der Bevölkerung zur Verfügung stellte, für diese entgeltfrei. Aufzeichnungen zur Verbreitung von fortschrittlichen Produktionsmitteln durch die Regierung finden sich in großer Anzahl in den Büchern. Die Achtung gegenüber den Bauern bildete eine grundlegende Staatsräson. Im Prozess der Umsetzung dieser Staatsräson kam ein Teil der Wirtschaftsfunktion des Staates zum Ausdruck, wenngleich die Verbreitung dieser Produktionsmittel keinesfalls einem speziell zugehörigen stabilen System entwuchs.

Verbesserung und Verbreitung von Produktionsmitteln waren für die Steigerung der gesellschaftlichen Produktivkraft besonders entscheidend. Die Rolle, die das staatlich betriebene Handwerk im Anstoß für Verbesserungen und ihrer Verbreitung spielte, sollte nicht unterschätzt werden. Traditionell nahmen einzelne, selbstständige Wirtschaftssubjekte eine dominierende Stellung ein. Sie vertraten folgende Ansicht: Wenn „die Funktion sich nicht um ein zehnfaches verbessert, tauscht man nicht die Produktionsmittel aus."[220] Dementsprechend war die Haltung selbstständiger Kleinbauern zur Verbesserung von landwirtschaftlichen Geräten, insbesondere zum Austausch ihrer Arbeitsgeräte in der Regel sehr zurückhaltend.

---

218 *Tang Huiyao* 唐会要 („Institutionelle Geschichte der Tang-Dynastie"), Kapitel 89: *Shuzao Liren* 疏凿利人(„Grabung von Kanälen zum Nutzen des Volkes").

219 *Ming Shi* 明史 („Geschichte der Ming-Dynastie"), Kapitel 6: *Chengzu Ji* 成祖纪 („Aufzeichnungen über Chengzu", zweiter Teil.

220 *Xinxu* 新序 („Neue Regelungen"), Kapitel 9; *Chunqiu Zhanguo Yici* 春秋战国异辞 („Kommentierende Schriften zur Frühlungs- und Herbstperiode sowie zur Periode der streitenden Reiche"), Kapitel 23.

Erstens mangelte es den Eigentümern der landwirtschaftlichen Produktionsmittel gravierend an der notwendigen Motivation und zweitens hätten sie aufgrund der Kosten selbst in einer alternativlosen Situation nicht ihre alten landwirtschaftlichen Produktionsmittel aufgegeben. Anders gesagt, wenn sich ihnen kein besonders offensichtlicher Vorteil zeigte, nahmen die selbstständigen Kleinbauern keinen Austausch und keine Erneuerung ihrer landwirtschaftlichen Produktionsmittel vor. Die Regierung jedoch fungierte deutlich erkennbar als beispielgebender und fördernder Akteur in Bezug auf die Verbesserung und Verbreitung von landwirtschaftlichen Produktionsmitteln. Außerdem konnte sie zum Beispiel auf Mittel aus dem Staatsschatz zurückgreifen, um solche Tätigkeiten zu verfolgen. Die Regierung übernahm also eine Funktion, die kein Einzelproduzent hätte übernehmen können. Aber es kam auch immer wieder zu Fällen, in denen die zuständigen Behörden in der Produktion landwirtschaftlicher Produktionsmittel nicht gemäß der Qualitätsstandards arbeiteten und am Material sparten. Es handelte sich dabei vor allem um einzelne Beamte, die sich selbst bereicherten. Beispielsweise findet sich in den *Yantielun* 盐铁论 („Diskurse über Salz und Eisen") im Kapitel *Shuihan* 水旱 („Flut und Dürre") in der Aussage von Xianliang 贤良 Folgendes: „Die vom Staat gegossenen Eisenwaren sind meist große Geräte. Es wird sich nur darum gekümmert, eine bestimmte Stückzahl zu erfüllen. Die hergestellten landwirtschaftlichen Produktionsmittel erfüllen nicht die Bedürfnisse der Bevölkerung. Sie nutzt nur stumpfe und beschädigte Geräte und kann trotz Anstrengung kaum mähen." Dies wird in den *Yantielun* von beiden Seiten in der Debatte benannt und es handelt sich keinesfalls um übertriebene Beschreibungen. Trotzdem sollten die Leistungen der Behörden bei der Verbreitung landwirtschaftlichen Produktionsmitteln positiv bewertet werden.

Die Verhüttung von Eisen und die Weiterverarbeitung zu Eisenprodukten der staatlich betriebenen Handwerksstätten zielten hauptsächlich auf die Befriedigung der Bedürfnisse der Behörden, des Adels, der Beamten und der Armee ab. Bei der Bereitstellung notwendiger Produktionsmittel für die Bauern als unmittelbaren Produzenten hingegen handelte es sich um keine Kernfunktion des staatlichen Handwerks. Außerdem erlegte die Regierung dem Volk eine Vielzahl an Beschränkungen für die Produktion und Verwendung von Eisenprodukten auf. So konnte die Ausstattung mit und die Erneuerung der grundlegendsten bäuerlichen Produktionsmittel aus Eisen nicht sichergestellt werden. Weiterhin monopolisierte die Regierung nach der Einführung des Salz- und Eisenmonopols den Marktpreis für diese Produkte, was in der Tendenz zu hohen Preisen bei Salz und Eisen führte: „Salz und Eisen werden teuer verkauft. Dies ist schädlich für die einfache Bevölkerung, denn das arme Volk kann nur mit Holzwerkzeugen pflügen und das Gras mit den Händen ausreißen. Die Menschen nutzen armselige landwirtschaftliche Werkzeuge und nehmen fades Essen zu sich." Wenn die Preise des Regierungsmonopols für Güter wie Salz und Eisen nach oben tendierten, war der Erwerb und die Erneuerung von Produktionsmitteln für die Bauern in der Regel kein einfaches Unterfangen. Dies beeinträchtigte die grundlegenden Produktions- und Alltagsbedürfnisse der normalen Bevölkerung schwerwiegend. Darüber hinaus unternahm die Regierung noch eine Plünderungspolitik des Zwangskaufs gegenüber der Bevölkerung. So

„funktionierte das Regierungssystem des Salz- und Eisenmonopols häufig zum großem Nachteil [der Bevölkerung] in den Provinzen, die Qualität der Eisenprodukte war schlecht und ihr Preis teuer. Manchmal wurde das Volk von den Beamten [auch] gezwungen, sie zu kaufen."[221] Das Qualitätsproblem der vom Staat hergestellten Güter war eine diffizile Problematik in der langandauernden Feudalperiode, die der Staat kaum lösen konnte. In einer solchen Situation war das illegale Prägen von Münzen für das Volk oft ein lukratives Gewerbe. Selbst mit strengen Strafen und strikten Gesetzen waren das illegale Prägen von Münzen und die weite Verbreitung dieses Phänomens kaum grundsätzlich zu unterbinden. Unter diesen Umständen lockerte die Regierung dann zunehmend die Beschränkungen bezüglich der privaten Herstellung von landwirtschaftlichen Produktionsmitteln, nur beim Verkauf der Ausgangsmaterialien und im Handel mit diesen Produktionsmitteln wandte sie eine verhältnismäßig strenge politische Linie an. Einerseits wollte sie bestmöglich die Bedürfnisse der Bauern an landwirtschaftlichen Produktionsmitteln befriedigen, andererseits wollte sie wiederum reiche und große Händler darin bekämpfen, diese Produkte anzuhäufen und zu hohen Preisen an die Bauern zu verkaufen. Ein weiterer wichtiger Grund, aus dem die Regierung die Herstellung und den Absatz von Eisenwaren zu kontrollieren suchte, war die Begrenzung und Kontrolle ihrer Einführung in Gebieten anderer Völker und außerhalb des Reiches. Dies beinhaltete unzweifelhaft Überlegungen zur Herrschaftssicherung.

Von der Gesamtperspektive her gesehen, verhielt es sich aber genauso, wie Sang Hongyang aus der Han-Dynastie sagte: Das Kapital des staatlich betriebenen Handwerks war ausreichend genauso wie seine Ausstattung mit Werkzeugen vollständig. Die verwaltenden Beamten verfügten über einen vergleichsweise reichen Erfahrungsschatz und die handwerklichen Fähigkeiten der Arbeiter waren umfassend ausgebildet. „Der Beamte erklärt die Methode zur Herstellung klar und deutlich und die Handwerker arbeiten fleißig", daher war die Produktqualität gut. „Die Produkte waren genau richtig geschmolzen und die Geräte praktisch für den Gebrauch."[222] Die wichtige Funktion, die das staatlich betriebene Handwerk in der Verbreitung von Handwerkstechniken unter der Bevölkerung entfaltete, ist eindeutig erkennbar. Durch diese vorteilhafte Eigenschaft unterschied es sich von anderen handwerklichen Produzenten.

Das staatlich betriebene Handwerk in der Feudalgesellschaft fungierte als Stütze für den Lebensunterhalt des Volkes. Diese Funktion stellt eines seiner wesentlichen Merkmale dar. Wenn man die wirtschaftliche Funktion der feudalen Regierung diskutiert, darf dieser Punkt unter keinen Umständen ausgelassen werden.

221 *Shiji* 史记 („Aufzeichnungen des Chronisten"), Kapitel 30: *Pingzhun Shu* 平准书 („Abhandlung über den ausgewogenen Durchschnitt").

222 *Yantielun* 盐铁论 („Diskurse über Salz und Eisen"), Kapitel 6: *Shuihan Di Sanshiliu* 水旱第三十六 („36. Flut und Dürre").

Abschnitt 2: Staatliche Verkaufsmonopole und der Transport auf dem Wasser

1. Das Salz- und Eisenmonopol

Monopole waren eine im Feudalismus durchgängig angewandte, grundlegende Form der Staatspolitik. Bei Betrachtung von Wirtschaft und Gesellschaft der westlichen Han-Dynastie sollte unbedingt dem von der Regierung eingeführten Verkaufsmonopol für Salz und Eisen größere Aufmerksamkeit geschenkt werden. Es betraf die Staatsfinanzen und den Lebensunterhalt des Volkes und stärkte die Steuerungskraft der Zentralregierung über Gesellschaft und Wirtschaft, insbesondere über Schlüsselbereiche. Diese Monopole übten auf alle der Han-Dynastie folgenden Zeitperioden großen Einfluss aus. Man kann sagen, dass dieser Systementwurf über eine Voraussicht verfügte, die zu den nationalen Besonderheiten Chinas passte. Das Salz- und Eisenmonopol, das heißt die Bewirtschaftung von Salz und Eisen durch den Staat, bezog sich auf die Monopolisierung des Bewirtschaftungsrechts für Salz und Eisen durch die Staatsmacht. Darin enthalten waren sowohl die unmittelbare Bewirtschaftung durch die Regierung oder die Beauftragung von unter anderem Händlern durch die Regierung zur Bewirtschaftung.

Das Monopol für Salz und Eisen bedeutete hauptsächlich, dass Salz und Eisen als unverzichtbare Güter des täglichen Bedarfs und als Ausgangsmaterialien, die in der Produktion einzigartig und kaum ersetzbar waren, von der Verkaufsseite her monopolisiert wurden. Sie verfügten über ein großes Potential auf dem Markt und als Anbieter verfügte der Staat über die Fähigkeit, Preise und Produktionsmenge allein zu bestimmen. Darüber hinaus schuf er damit ein enormes Hindernis für andere Mächte, die in die Produktion oder die Bewirtschaftung der entsprechenden Bereiche einsteigen wollten. Damit konnte die Regierung die grundlegende Stabilität der Produktion und der Zirkulationssphäre von Salz und Eisen sicherstellen.

Bei der Einführung des Verkaufsmonopols für Salz und Eisen verlief in der Praxis keinesfalls von Beginn an alles problemfrei, sondern der Prozess durchlief sehr intensive Auseinandersetzungen und sogar Kämpfe. Die Auseinandersetzungen über das Salz- und Eisenmonopol in der Han-Dynastie spiegeln sich in den bis heute erhaltenen *Yantielun* 盐铁论 („Diskurse über Salz und Eisen") konzentriert wider. Eine Reihe von finanzpolitischen Maßnahmen, die der Finanzexperte der westlichen Han-Dynastie Sang Hongyang zur Zeit des Kaisers Wu von Han vorschlug, übte in Bezug auf die Praktizierung und theoretischen Diskussionen um das Monopolsystem mit Salz und Eisen als wesentlichen Gegenständen einen weitreichenden Einfluss aus. Dabei handelte es sich vor allem um die folgenden auf Initiative von Sang Hongyang durch die Regierung umgesetzten Maßnahmen und politischen Leitlinien: staatliche Bewirtschaftung von Salz und Eisen (ihr Verkaufsmonopol), ausgleichende Lieferungen, die Politik des „ausgewogenen Durchschnitts" und das Monopol auf Alkohol. Der Staat richtete an allen Orten des Reiches Beamte für ausgleichende Lieferungen ein. Ihre Aufgabe bestand darin, die Güter, welche die verschiedenen Orte jedes Jahr an den Hof als Tribute/Steuern abgaben, nach lokalen Marktpreisen in eine bestimmte Zahl einiger besonderer Ackerbauprodukte umzurechnen, die ausreichend vorhanden und im Preis vergleichsweise niedrig waren. Diese sollten dann nach ihrer Eintreibung weiter an Regionen mit vergleichsweise hohen Preisen dieser Waren zum Verkauf geliefert werden, um so Preisdifferenzen auszugleichen. Dabei handelte es sich um die sogenannten ausgleichenden Lieferungen. Die ausgleichenden Lieferungen konnten die enormen Transportkosten der lokalen Regierungen zum Transport der Tributgüter in die Hauptstadt einsparen und erleichterten in gewissem Maße ebenfalls die Frondienstlasten der Bevölkerung. Die Politik des ausgewogenen Durchschnitts meinte die Einrichtung einer Behörde für den ausgewogenen Durchschnitt in der Hauptstadt. Mit den vom Staat unmittelbar kontrollierten materiellen Ressourcen und dem vom Staat unmittelbar kontrollierten Kapital als Grundstock verkaufte sie Vorräte in Zeiten, in denen der Preis auf dem Markt anstieg, in großem Umfang zu günstigen Preisen. Wenn der Preis auf dem Markt jedoch fiel, dann kaufte sie große Mengen ein. Die Funktion dieser Behörde lag in der Stabilisierung der Güterpreise in der Hauptstadt und im Ausgleich der Preisdifferenzen. Auf diese Weise erreichte der Staat mithilfe der ausgleichenden Lieferungen und der Politik des ausgewogenen Durchschnitts das Ziel der „vollständigen Kontrolle über alle Güter im Reich." [223] Der Staat konnte die Zirkulation und den Absatz der wesentlichen Waren beziehungsweise solcher, die die Finanzen des Staates und den Lebensunterhalt des Volkes betrafen, im ganzen Reich kontrollieren. Diese Maßnahmen respektive politischen Leitlinien waren zwar damals der Kritik vieler Gelehrter ausgesetzt, jedoch erfuhren sie die Anerkennung des Kaisers und wurden zum theoretischen Anhaltspunkt für die Praxis aller der östlichen Han-Dynastie nachfolgenden Dynastien, quasi zu einer Schablone.[224] Auch der berühmte Gelehrte Su Shi 苏轼 aus der nördlichen Song-Dynastie meinte:

> „Seit der Han-Dynastie machten sich die Gelehrten über Shang Yang und Sang Hongyang lustig, nur der Kaiser allein war willens, ihre Ratschläge anzunehmen. Sie alle vermieden die Namen der beiden an der Oberfläche, aber im Hintergrund nutzten sie ihre Wahrheit, in schwerwiegenden Situationen griffen sie alle mit ihren Namen auf diese Persönlichkeiten zurück, nur mit ihnen waren sie in der Lage, erfolgreich zu sein."[225]

Es handelt sich hier um einen sehr treffenden Kommentar. Das Verkaufsmonopol für Salz und Eisen, das Alkoholmonopol und ähnliche wirtschaftspolitische Maßnahmen gingen keinesfalls aus dem eigenen Gutdünken des Kaisers hervor. Es ging hier um Maßnahmen, welche die Regierung zur Sicherung ihrer finanziellen Einnahmen und zur Aufrechterhaltung der Kontrolle über die wirtschaftlichen Lebensadern treffen musste. Auch Wei Xiang 韦骧 aus der nördlichen Song-Dynastie sagte:

> „Aufrichtigkeit zum Staat allein reicht nicht aus, dabei kommt kein Nutzen heraus, ohne diesen geht es aber nicht. Daher geht der Reichtum aus dem Handel mit Alkohol, der Nutzen

[223] *Shiji* 史记 („Aufzeichnungen des Chronisten"), Kapitel 30: *Pingzhun Shu* 平准书 („Abhandlung über den ausgewogenen Durchschnitt").

[224] vgl. Jin Wen 晋文: *Sang Hongyang Pingzhuan* 桑弘羊评传 („Kritische Biographie von Sang Hongyang"), Nanjing: Nanjing Daxue Chubanshe, 2005.

[225] *Dongpo Zhilin* 东坡志林 („Ein Wald von Aufzeichnungen von Su Dongpo"), Kapitel 5: *Sima Qian Er Da Zui* 司马迁二大罪 („Die zwei großen Sünden des Sima Qian").

> aus Salz, Eisen und den Bergen und Sümpfen alles an eine öffentliche Familie, und die einfache Bevölkerung muss sich keine Gedanken um die Gewinne aus diesen Dingen machen. Seit der Jin-, Wei-, Sui- und Tang-Dynastie haben alle entlang dieser weitergegebenen Richtlinien die Gesetze gemacht. Nun kann die Nachwelt nicht einen Tag ohne diese Monopole sein, wenn sie reichhaltige Finanzmittel haben will."[226]

Dies war nicht nur die Sichtweise der Menschen aus der Song-Dynastie, in der Yuan-Dynastie war man ebenfalls der Meinung: „Die Gründe für das Monopol über Salz, Eisen und Alkohol sind seit der Han-Dynastie nicht obsolet geworden."[227]

Daraus wird ersichtlich, dass die Praktizierung eines Monopolsystems oder eines Handelssteuer- und Monopolsystems für Waren wie Salz und Eisen grundlegend für die Politik seit der Qin- und Han-Dynastie war. Und die Kritiken so mancher Gelehrter daran waren nichts weiter als ein Wiederholen überkommener Weisheiten, die nicht die Besonderheiten des Landes einbezogen. Im „Buch der Han", Kapitel 24, in der „Abhandlung über Nahrung und Geld" wurde festgehalten: Zur Zeit der Qin-Dynastie „wurde der Nutzen der Gewässer monopolisiert und der Reichtum der Berge und Wälder [staatlich] verwaltet. [...] Der Nutzen aus Salz und Eisen war zwanzigmal höher als früher." Daraus lassen sich die enormen wirtschaftlichen Interessen der Regierung erkennen, die hinter ihrer Kontrolle über Salz und Eisen standen. Dabei sind Preiskontrolle und die Monopolisierung natürlicher Ressourcen entscheidende Aspekte. Außerdem stellte die Effizienz durch Größe einen weiteren entscheidenden Faktor dar, der an dieser Stelle berücksichtigt werden sollte. In dieser Hinsicht waren die Betreiber privat betriebenen Handwerks im Feudalismus unterlegen. Seit der Einführung des Monopolsystems für Salz und Eisen in der westlichen Han-Dynastie kamen tendenziell immer mehr staatliche Verkaufsmonopole hinzu, obgleich es häufig zu Wiederholungen von Bestehendem kam. Im dritten Jahr der „Tianhan"-Ära 天汉 des Kaisers Wu von Han (98 v.Chr.) entschied die Zentralregierung, dass das Recht zum Herstellen alkoholischer Getränke und das Bewirtschaftungsrecht für Alkohol ebenfalls in die Hand des Staates fallen sollte, durchgesetzt wurde dieses Monopol von den Beamten der lokalen Regierungen. Es war Privatleuten strengstens untersagt, selbst alkoholische Getränke herzustellen oder/und alkoholische Getränke zu verkaufen. Die Kontrolle über die Herstellung von alkoholischen Getränken und das dazugehörige Bewirtschaftungsrecht zeichneten das Alkoholmonopol aus. Das Verkaufsmonopol für Salz und Eisen und das Alkoholmonopol steigerten eindeutig das Einkommen der Regierung, erhöhten die wirtschaftliche Macht des Staates und stärkten ebenfalls die Steuerungskraft der Regierung über Gesellschaft und Wirtschaft. Nachdem die westliche Han-Dynastie die Regierung der Kaiser Wen 文 und Jing 景 durchlaufen hatte, gab es eine bis dahin noch nie dagewesene Stärkung der gesellschaftlichen und wirtschaftlichen Stärke, viele Erfolge in Politik und Militär während der Regierungszeit des Kaisers Wu von Han waren ein historisches Ergebnis dieses

---

226 *Wei Xiansheng Ji* 韦先生集 („Gesammelte Werke von Herrn Wei"), Kapitel 18: *Yi Que Huo* 议榷货 („Diskussion über das Monopol über Güter").

227 *Yuan Wen Lei* 元文类 („Kategorisierte Literatur aus der Yuan-Dynastie"), Kapitel 60, Yao Sui 姚燧: *Zhongshu Zuocheng Yao Wenxian Gong Shendaobei* 中書左丞姚文獻公神道碑 („Grabinschriften-werke, gesammelt vom kaiserlichen Sekretär Yao").

Zustandes. Eben deswegen gab es in der westlichen Han-Dynastie ebenfalls Maßnahmen zur Abschaffung des Monopolverkaufs von Salz und Eisen und zur Aufhebung des Alkoholmonopols, die aber alle gleichermaßen schnell wieder rückgängig gemacht wurden. Im chinesischen Feudalismus wurde durchgängig keine gute politische Leitlinie gefunden werden, die in der Lage war, das System des Verkaufsmonopols für Salz und Eisen abzulösen.

Außer dem gerade erläuterten Verkaufsmonopol für Salz und Eisen sowie dem Alkoholmonopol, Waren, die wichtig für die Finanzen des Staates und die Lebenshaltung des Volkes waren, führte die westliche Han-Dynastie noch eine Reihe weiterer Wirtschaftsmaßnahmen durch. Maßnahmen zur Anpassung und Stabilisierung der Güterpreise gehörten ebenfalls dazu. Damit sind die ausgleichenden Lieferungen und die Politik des ausgewogenen Durchschnitts gemeint. Im ersten Jahr der „Yuanfeng"-Ära des Kaisers Wu von Han (110 n.Chr.) reformierte die Regierung unter der Anleitung des Landwirtschaftsministers Sang Hongyang das ursprüngliche Tributsystem. In diesem zahlten die Provinzen und untergeordneten Verwaltungseinheiten Geld an die Zentralregierung und die Zentralregierung kaufte wiederum Waren von den Händlern ein. Dieses System wurde umgewandelt in ein solches, in dem die untergeordneten Verwaltungseinheiten unmittelbar Waren als Tribut an die Zentralregierung abgaben. Dabei handelte es sich um den „Befehl, die verschiedenen Güter aus der Ferne dem gleichen zu lassen, was früher über die Händler durch deren Zwischenan- und Verkäufe als Tribut gezahlt wurde, und sich diese Güter gegenseitig zu liefern."[228] Die Tribute wurden direkt in die Hauptstadt geliefert und die Transportmittel wurden vom Staat hergestellt. Wenn es sich um nicht von der Zentralregierung benötigte Tributgüter handelte, dann wurden sie von den lokalen Regierungen eigenständig ausverkauft und das eingenommene Geld an die Zentralregierung gezahlt. Diese flexible Verfahrensweise konnte sowohl die Transportkosten der lokalen Regierungen senken als auch gleichzeitig wirksam größere Profite einzelner Händler verhindern. Es handelte sich um eine Maßnahme von der Staat und Volk gleichermaßen in vielerlei Hinsicht profitierten.

Bei einigen besonderen Produkten griff die Regierung in die drei Bereiche Produktion, Zirkulation und Konsum ein. Damit stellten die verschiedenen Regierungsebenen, insbesondere aber die Zentralregierung, ihre Kontrolle über die wirtschaftlichen Lebensadern sicher und konnte zum Hauptakteur in Gesellschaft und Wirtschaft werden. Die Regierungszeit des Kaisers Wu von Han stellt eine der wichtigen Perioden in der traditionellen politischen Leitlinie Chinas zur Unterdrückung der Händler dar. Die Staatsmacht traf eine Reihe von Maßnahmen zur unmittelbaren Bewirtschaftung und Kontrolle einiger Schlüsselbereiche in Gesellschaft und Wirtschaft, um die Anforderungen an den autoritären zentralisierten Staat in Bezug auf die Warenwirtschaft zu erfüllen und grundlegend die wirtschaftliche Macht der reichen und großen Händler zu bekämpfen und zu begrenzen. Die Monopolisierung der Salz- und Eisenwirtschaft sowie weiterer

---

228 *Han Shu* 汉书 („Buch der Han"), Band 24 (zweiter Teil): *Shi Huo Zhi* 食货志 („Abhandlung über Nahrung und Handel"), erster Abschnitt.

wichtiger Wirtschaftsteile kann als Beispiel für das Vorgehen zur Erreichung dieses Ziels gelten. Es ist bekannt, dass die selbstständige kleinbäuerliche Wirtschaft und ihr sekundär betriebenes häusliches Handwerk sich als kleinste Produktionseinheit der traditionellen Gesellschaft Chinas eigneten, da die Verwaltungskosten enorm niedrig, ihr wirtschaftlicher Nutzeffekt jedoch vergleichsweise groß war. Die reichen, großen Händler und ihre Verbündeten eigneten sich eine beträchtliche Zahl von Produzenten sowie Berge und Gewässer an und monopolisierten in gewissem Maße gesellschaftliche und wirtschaftliche Ressourcen. Damit schmälerten sie die finanziellen Einnahmen des Staates und verringerten die Zahl der dem Staat zur Verfügung stehenden Arbeitskräfte. Sie beeinträchtigten sogar die Stabilität und Stärkung der autoritären zentralen Regierungsmacht. Daher monopolisierte Kaiser Wu von Han, der auf die Stärkung des autoritären Zentralismus setzte, zuerst Ressourcen wie Salz und Eisen und verleibte sie dem Staat ein, um damit die wirtschaftliche Grundlage der Regierungsmacht zu stärken. Im vierten Jahr der „Yuanshou"-Ära 元狩 (119 v.Chr.) bewies Kaiser Wu von Han großen Mut, indem er die großen Salz- und Eisenhändler Dongguo Xianyang 东郭咸阳 und Kong Jin als Landwirtschaftsminister einsetzte und auch das Händlerkind Sang Hongyang aus Luoyang 洛阳 zu wichtigen Ämtern berief. Diese drei Personen planten die Angelegenheiten bezüglich Salz und Eisen im ganzen Reich vor. Sang Hongyang und die anderen, die ihre Befehle von Kaiser Wu von Han empfingen, arbeiteten eine Reihe von konkreten Entwürfen für die staatliche Bewirtschaftung von Salz und Eisen aus und setzten sie gewissenhaft um. Sie beinhalteten im Wesentlichen folgende Maßnahmen: In allen salzproduzierenden Regionen sollten Salzbeamte und Salzbauern zum Auskochen des Salzes eingestellt werden. Die Regierung stellte die notwendigen Produktionsmittel zum Auskochen des Salzes bereit und kontrollierte so den Produktionsprozess des Speisesalzes. In dieser Regelung kam der Salzbauer selbst für seinen Lebensunterhalt auf und der Staat bezahlte den Salzbauern mit einem Entgelt nach „Salzpötten", das nicht der hergestellten Menge Salz entsprach. Die Produktion des Salzbauern erfolgte unter der strengen Kontrolle des Salzbeamten und der Salzbauer hatte keinerlei Rechte, das Speisesalz selbst zu verwenden. Das Speisesalz wurde von den Salzbeamten einheitlich verteilt und nach den einheitlichen Plänen der Regierung an verschiedene Orte zum Verkauf geliefert. Die Produktion von Salz musste also vom Staat genehmigt werden. Außerdem musste er die Produktionsmittel zur Verfügung stellen. Wenn von Privatleuten in die Produktion investiert wurde, wurde das Salz nach einem einheitlichen Ankauf vom Staat an die Konsumenten abgesetzt. Das heißt, dass der Staat mittels der Vergabe besonderer Erlaubnisse in den einzelnen Produktionsschritten die Produktion kontrollierte, in der Zirkulationssphäre jedoch führte er ein staatliches Monopol ein, womit der Staat zum Großmonopolisten für Kauf und Verkauf von Salz auf dem Markt wurde. Er monopolisierte so faktisch sowohl die Produktion von Salz als auch den Handel mit diesem. So stellte er seine vollständige Kontrolle über den Salzpreis sicher.

Insgesamt gesehen, wies die Warenwirtschaft im chinesischen Feudalismus eine stetig aufsteigende Tendenz auf: Die geographische Reichweite des Handels weitete sich ständig aus und der Radius der Warenzirkulation vergrößerte sich unaufhörlich. Die Tendenz zur Verfeinerung der Waren wurde immer deutlicher erkennbar. Allerdings erfuhr die Form der Monopolisierung respektive des Monopolverkaufs durch die Regierung in Bezug auf Ressourcen wie Salz und Eisen keinen grundlegenden Wandel. Stattdessen wurden immer mehr Waren zum Gegenstand von staatlichen Verkaufsmonopolen, so wurden beispielsweise Alkohol und Teeblätter immer wieder zu Gegenständen von Verkaufsmonopolen.[229] Die staatlichen Monopole berührten in erster Linie die Beschaffung der Ausgangsmaterialien für die Herstellung der betroffenen Waren und ihre Weiterverarbeitung. Dies war der wesentliche Grund für das Bestehen und die hohe Entwicklung des staatlich betriebenen Handwerks. Seit der Mitte der Tang-Dynastie griffen verständige Finanzexperten zahlreich auf die Verfahrensweisen von Sang Hongyang zurück, um Schwierigkeiten im Bereich der Finanzpolitik zu lösen. Darunter waren die Erkenntnisse von Liu Tong 刘彤 aus der Regierungszeit des Kaisers Xuanzong besonders beispielhaft:

> „Wenn man aus dem Meerwasser das Salz herauskocht, aus den Bergen das Erz holt, um es zu Münzen zu schmelzen, Bäume fällt, um Häuser zu bauen, dann ist dies ein reiches Leben. Wenn einem kalt ist und man keine Kleidung hat, man Hunger hat, aber nichts zum Essen und einer ist, der sich selbst unterhält, indem er von Anderen angestellt wird, dann ist dies ein armer und anstrengender Lebensweg. Wenn man den großen Nutzen der Berge und Meere zu nehmen in der Lage ist und von denen nimmt, die Überschüssiges haben, dann kann man Steuern und schwere Frondienste abschaffen und den Nachfahren ein armes und bitteres Leben ersparen. Das, was man Nehmen vom Überschüssigen, um das Mangelnde aufzufüllen, nennt, ist der Weg der Kaiser und Könige. Verhält es sich nicht so?“[230]

Die Salzsteuer war eine der wichtigen Einnahmequellen der Regierung in der Tang-Dynastie. Im Laufe der Tang-Dynastie wurde die Eintreibung der Salzsteuer immer weiter perfektioniert. Dadurch bildete sich schließlich ein neues System für das Verkaufsmonopol für Salz heraus, das einen nachhaltigen Einfluss ausübte. Vom Anfang der Tang-Dynastie bis zum Tang-Kaiser Xuanzong wurde beim Salz immer ein gemeinsamer Abbau von Staat und Privat praktiziert. Privates Salz war keinesfalls verboten und es wurden auch keine Steuern auf Salz erhoben. Im ersten Jahr der „Kaiyuan“-Ära des Tang-Kaisers Xuanzong (713) führte die Regierung eine Steuer auf Salz ein. Jedoch war die damals erhobene Salzsteuer noch vergleichsweise niedrig. Im Folgenden durchlief die Salzsteuer einen Prozess stetiger Erhöhung. Während der „Tianbao“-Ära des Tang-Kaisers Xuanzong (742 – 756) und der „Zhide“-Ära 至德 des Tang-Kaisers Suzong 肃宗 (756 – 758) wurden auf jeden Pfund Salz Steuern in Höhe von zehn Geldstücken erhoben.

Die Zeit, in der Finanzexperte Diwu Qi 第五琦 die politischen Geschäfte leitete, war eine wichtige Reformperiode, in der das Salzgesetz der Tang-Dynastie

229 Teeblätter dienten als offizielle Steuereinnahme des Staates. Laut den Aufzeichnungen aus dem *Xin Tangshu* 新唐书 („Neues Buch der Tang“), Kapitel 54: *Shi Huo Zhi* 食货志 („Abhandlung über Nahrung und Handel“), vierter Teil, war dies seit der Regierungszeit des Tang-Kaisers Dezong der Fall. Damals war das Trinken von Tee sehr verbreitet. Das Verkaufsmonopol für alkoholische Getränke und die Kontrolle über diese unterschieden sich in verschiedenen Perioden und können daher nicht allgemein zusammengefasst werden.

230 *Tang Huiyao* 唐会要 („Institutionelle Geschichte der Tang-Dynastie“), Kapitel 88: *Yantie* 盐铁 („Salz und Eisen“).

verhältnismäßig große Veränderungen erfuhr. Im ersten Jahr der „Qianyuan"-Ära 乾元 des Tang-Kaisers Suzong (758) übte Diwu Qi die wichtige Funktion des Kommissars für Salz, Eisen und Münzprägung aus. Er nahm sorgfältig die Besonderheiten der Zeit unter die Lupe und begann, eine Reihe von Neuausrichtungen in die Tat umzusetzen, davon war auch das Salzgesetz betroffen. Die Reformen von Diwu Qi bezüglich des Salzgesetzes beinhalteten im Wesentlichen folgende Aspekte: Es sollte eine spezielle Überwachungsbehörde an Produktionsorten von Salz eingerichtet werden. Weiterhin wurde angestrebt, einen bestimmten Teil der Bevölkerung als Salzproduzenten festzulegen. Diese Salzproduzenten sollten sich aus den ursprünglichen Salzbauern und herumreisendem Volk ohne Land speisen. In diesem Zuge wurde eine spezielle Bevölkerungsgruppe in der Haushaltsregistrierung eingeführt: *Tinghu* 亭户. Die *Tinghu* gingen einzig der Salzproduktion nach und die Regierung erließ ihnen den Frondienst. Das von ihnen hergestellte Speisesalz wurde vollständig von der Regierung aufgekauft. Nachdem die Regierung das Salz aufgekauft hatte, verkaufte sie jeden Dou Salz nach Aufschlag von 100 Geldstücken auf den Marktpreis, so lag der Verkaufspreis von jedem Dou Speisesalz bei 110 Geldstücken. Im System des Verkaufsmonopols von Speisesalz erzielte die Regierung riesige Profite, ihre Profite erreichten eine Höhe von bis zu 1000%, oder anders gesagt, damals erreichte die Ausbeutungsrate der *Tinghu* durch den Staat bis zu ungefähr 90%. Unter dem Monopolsystem schraubten die Lokalregierungen damals die Salzpreise immer wieder hoch, um daraus große Profite zu erzielen. Damit nahmen auch die Lasten der Verbraucher weiter zu.

In der Zeit nach Diwu Qi waren die Beiträge zum Salzgesetz von Liu Yan besonders zahlreich. Im ersten Jahr der „Baoying"-Ära 宝应 des Tang-Kaisers Daizong (762) führte Liu Yan als von der Zentralregierung ernannter Finanzminister und Kommissar für Salz und Eisen einschneidende Reformen des Salzgesetzes durch. In den Reformen zum Salzgesetz hielt Liu Yan am Ziel einer sowohl für die Verbraucher als auch für die Regierung gewinnbringenden Politik in diesem Bereich fest: Die finanziellen Einkommen der Regierung sollten vermehrt werden, die Lasten der Verbraucher aber gleichzeitig nicht weiter erhöht werden. Es handelte sich um ein Salzgesetz, das eine Verbindung von Verkaufsmonopol und Steuererhebung praktizierte. In Gegenden, in denen die Salzproduktion vergleichsweise konzentriert war, setzte Liu Yan Salzbeamte ein. Sie verantworteten den Aufkauf des von den Salzbauern hergestellten Salzes und verkauften es dann weiter an vertrauenswürdige und fähige Händler. Diese Salzhändler setzten dann das Salz frei ab. In Regionen ohne eigene Salzproduktion wurden normalerweise keine Salzbeamten eingerichtet, um so die Verwaltungskosten der Regierung zu senken. Allerdings wurde in von salzproduzierenden Regionen weit entfernten Gegenden die Lieferung von Salz dorthin und dessen Einlagerung von Salzbeamten verantwortet. Wenn keine Salzhändler kamen und der Salzpreis enorm anstieg, verkaufte die Regierung das eingelagerte Salz unter dem lokalen Salzpreis. So konnte sie nicht nur den Preis von Salz als einem notwendigen Gut alltäglichen Gebrauchs, das immer und zu jeder Zeit benötigt wurde, stabilisieren, sondern auch gleichzeitig ihre Einkünfte steigern. Die Speicher, in denen dieses Salz eingelagert wurde, nannte man

„preisstabilisierende Salzlager". So stellte die Regierung in allen effektiven Herrschaftsbereichen die grundlegende Stabilität des Salzpreises sicher. Allgemein lässt sich die grundlegende Form des Salzgesetzes von Liu Yan folgendermaßen darstellen: Das Volk produzierte das Salz – der Staat kaufte es auf – die Händler transportierten es – die Händler verkauften es.[231] In der Periode der Anwendung des Salzgesetzes von Liu Yan steigerte sich die von der Regierung eingenommene Salzsteuer von jedes Jahr 600000 Kupfermünzenseilen bis auf sechs Millionen Kupfermünzenseile am Ende der „Dali"-Ära (766 – 779) des Tang-Kaisers Daizong. Diese Summe machte ungefähr 50% des damaligen Gesamteinkommens des Staates aus Steuern aus. Die Salzsteuer wurde zur wichtigsten Quelle der Finanzpolitik der damaligen Regierung und wurde zur wichtigsten ökonomischen Stütze zum Erhalt der Herrschaft der Tang-Dynastie unter den Umständen der gewaltsamen Abtrennung einzelner Landesteile mit der Errichtung lokaler Autonomien von militärischen Verteidigungskommandos. Nach der Thronbesteigung des Tang-Kaisers Shunzong 顺宗 wurde erneut großes Gewicht auf das Salzgesetz gelegt. Als Du You 杜佑 zu dieser Zeit als Kommissar für Salz, Eisen und Transport amtierte, schlug er sein Hauptquartier im damals wirtschaftlich florierenden Yangzhou 扬州 auf.[232] Dies spiegelte wider, wo sich der Schwerpunkt der damaligen Finanz- und Steuerpolitik der Zentralregierung befand und zeigte die Tendenz zur Verschiebung des wirtschaftlichen Schwerpunktes nach Süden.

Die Sui- und Tang-Dynastie waren Perioden größerer Anpassungen in der Politik zur staatlichen Kontrolle von Salz und Eisen. In Bezug auf die Eisenwirtschaft lockerte die Regierung ihre Kontrolle im Vergleich zu vorher. Die Kontrolle über Salz jedoch wurde nicht nur nicht gelockert, sondern wies eine sich verstärkende Tendenz auf. Die Gründe für diese Veränderungen waren vielfältig: Dazu gehörte, dass es sich bei Speisesalz um ein einmalverwendbares Alltagsprodukt handelt und die Bevölkerung es außerdem ständig benötigte. Eisenwaren jedoch waren Produktions- und Alltagsgegenstände, die sich lange hielten und lange verwendet werden konnten. Selbst wenn sie kaputt gingen, konnten sie noch umgeschmolzen werden. Dadurch war der Staat immer schlechter in der Lage, ihre Herkunft sowie Zirkulationsrichtung zu kontrollieren. Die Anpassung der Monopolpolitik senkte die Verwaltungskosten der Regierung. Die Richtigkeit der vorgenommenen Anpassungen sollte sich in den finanziellen Einkünften der Regierung bestätigen. Diese politische Neuausrichtung spiegelt die stetige Weiterentwicklung der Regierungen der mittleren und späten Periode des chinesischen Feudalismus im Bereich der Wirtschaftsverwaltung wider.

Laut den Aufzeichnungen aus dem „Neuen Buch der Tang in der „Abhandlung über Nahrung und Handel" „richtete [die Regierung der Tang-Dynastie] Überwachungsämter an lukrativen Orten der Salzproduktion aus Bergbau, Meer oder Brunnen ein. Das reisende Volk, welches der Salzproduktion nachging, wurde

231 Zhongyang Caizheng Jinrong Xueyuan Caizheng Jiaoyanshi 中央财政金融学院财政教研室 (Hrsg.): *Zhongguo Caizheng Jianshi* 中国财政简史 („Abriss der Geschichte der chinesischen Finanzpolitik"), S. 88, Beijing: Zhongguo Caizheng Jingji Chubanshe, 1980.

232 *Jiu Tang Shu* 旧唐书 („Altes Buch der Tang"), Kapitel 49: *Shi Huo Zhi* („Abhandlung über Nahrung und Handel"), zweiter Teil.

Tinghu genannt, ihm wurden die Frondienste erlassen." Die Regierung dieser Periode legte vor allem auf die Kontrolle der Preise zum Einkauf von Speisesalz besonders großen Wert und kontrollierte die *Tinghu* in ihrer Rolle als Aufkäufer. Seit der Einführung der Zwei-Raten-Steuer im ersten Jahr der „Jianzhong"-Ära des Tang-Kaisers Dezong (780) mussten auch die *Tinghu* mit Referenz auf ihren Haushaltsstatus in der Zwei-Raten-Steuer Steuern zahlen. Normalerweise führten die *Tinghu* die Produktion anhand einer vom jeweiligen Überwachungsamt festgelegten Speisesalzmenge durch. Über diese Summe hinaus produziertes Speisesalz wurde, außer in Südchina, wo es als Teil der Zwei-Raten-Steuer abgeführt wurde, vom Überwachungsamt aufgekauft und dann wiederum von Beamten zum offiziellen Preis an Händler weiterverkauft[233], die Händler führten den Verkauf an verschiedenen Orten durch. Da der damalige Salzpreis von der Regierung kontrolliert wurde, stieg der Salzpreis von den ursprünglich zehn Geldstücken pro Dou an auf 110 Geldstücke pro Dou, das Ausmaß der Preissteigerung betrug 1000%. So wurde die Salzsteuer zu einer der entscheidenden Quellen der finanziellen Einnahmen der Regierung in der Tang-Dynastie. In der Geschichtsschreibung wird erwähnt, dass die Profite aus Salz nach der Reformierung des Salzgesetzes durch Liu Yan aus der Tang-Dynastie im Gebiet zwischen dem Jangtse und dem Huai-Fluss jedes Jahr von den ursprünglichen 400000 Kupfermünzenseilen auf sechs Millionen Kupfermünzenseile anstiegen. In der sogenannten „Reichssteuer" machten die Erlöse aus Salz in etwa die Hälfte aus.[234] Han Yu 韩愈 hat dies beispielsweise folgendermaßen kommentiert:

> „Wenn der Staat das Salz monopolisiert, es den Händlern verkauft, die Händler das Monopol zahlen, es der Bevölkerung weiterverkaufen, dann gibt es unter der Bevölkerung des Reiches keine Armen und Reichen, keine Bessergestellten und Schlechtergestellten. Alle geben das Geld an den Staat, sie müssen nicht dem Staat die Hand reichen und Geld bezahlen, doch werden sie es ihm [trotzdem] geben."[235]

Im *Du Tongjian Lun* 读通鉴论 („Historische kritische Abhandlung") gab Wang Fuzhi 王夫之 die folgende Bewertung für Liu Yans Beiträge zur Lenkung der Wirtschaft der Tang-Dynastie ab:

> „Bei einer Untersuchung der guten und schlechten Erntejahre der Provinzen [ist mir Folgendes aufgefallen]: Gab es ein reiches Jahr, so wurden die Grundnahrungsmittel teuer

233 *Jiu Tang Shu* 旧唐书 („Altes Buch der Tang"), Band 123: *Diwu Qi Zhuan* 第五琦传 („Biographie des Diwu Qi").

234 Im *Tongjian* 通鉴 („Umfassender Zeitspiegel zur Hilfe bei der Regierung"), Kapitel 225, im Abschnitt zum fünften Monat des vierzehnten Jahres der „Dali"-Ära des Tang-Kaisers Daizong (779) heißt es: „In einem Jahr wurde ein Einkommen von insgesamt 12 Millionen Kupfermünzenseilen berechnet, und die Profite aus dem Salz machten die Hälfte dieser Einnahmen aus." Diese Situation illustriert, dass der Anteil des Einkommens aus den Verkaufsmonopolen am finanziellen Einkommen der Regierung vergleichsweise hoch war. Außerdem wuchs mit der stetigen Schaffung neuer staatlicher Verkaufsmonopole beständig die Bedeutung, die von ihnen für die weitere Steigerung des Haushaltseinkommens des Staates ausging. Dies ist nach dem Verständnis der Autoren dieses Buches einer der wirklichen Gründe für die zunehmende Abschwächung der Ausbeutung der unmittelbaren Produzenten durch den Staat bei gleichzeitigem Anwachsen der Staatsmacht, das heißt des vom Staat unmittelbar kontrollierten Kapitals.

235 *Quan Tang Wen* 全唐文 („Sämtliche Literatur der Tang-Dynastie"), Kapitel 550, Han Yu 韩愈: *Lun Bian Yanfa Shiyi Zhuang* 论变盐法事宜状 („Über den Zustand der Reformierung des Salzgesetzes").

> abgekauft, gab es schlechte Jahre, so wurden Grundnahrungsmittel günstig verkauft. Hatte man selbst einen Überschuss, wurde er dem Staat zur Verfügung gestellt. Der Staat wiederum leistete der Bevölkerung Katastrophenhilfe bei Hunger und schlechten Ernten. Wer davon profitierte, waren moralisch falsche Händler und Reiche und das Chaos korrupter Beamten. Sich dem Volk gegenüber mitmenschlich verhalten bedeutet nicht, es in die Katastrophe zu stürzen. Wenn die Profite des Salzmonopols an moralisch falsche Händler gehen, wird die Bevölkerung kein Salz zum Essen bekommen. Wenn sich der Überschuss aus dem Transport auf dem Wasser ohne Arbeit angeeignet wird, dann ist es das Volk, das im Transport arbeitet, das ihn nicht bekommt. Das Obere war nicht beim Staat, das Untere nicht beim Volk. Liu Yan stand dazwischen und sorgte dafür, dass Pacht und Fronarbeit nicht erhöht wurden und das Heer ausreichend versorgt war."

Mit dem heutigen Wissen lässt sich sagen, dass dieser Kommentar der historischen Realität entsprach. Bei den von Liu Yan als Premierminister der Tang-Dynastie ergriffenen effektiven Maßnahmen zur Stabilisierung der Güterpreise und zur besonderen Beachtung des Transportes auf dem Wasser handelte es sich um eine Wirtschaftspolitik mit vielen Gewinnern. Sie wurden unter der Vorbedingung, die Lasten der unmittelbaren Produzenten und Verbraucher nicht weiter zu erhöhen, getroffen. So konnten das finanzielle Einkommen des Staates gesteigert und gleichzeitig die ökonomischen Interessen der Händler geschützt werden. Liu Yan war ein historisch herausragender Finanzexperte.

Die Song-Dynastie praktizierte ein Monopolsystem für die drei Alltagsprodukte des Volkes Salz, Tee und Alkohol. Es wurde zu einer der wesentlichen Quellen des Staatseinkommens. In der Song-Dynastie wurden zahlreiche Veränderungen an den Salzgesetzen vorgenommen. Von der Perspektive des Gesamtsystems her wurde zu Beginn der Song-Dynastie in Staatsverkauf und Händlerverkauf unterschieden. Der sogenannte Staatsverkauf bedeutete nichts anderes als der unmittelbare Verkauf durch den Staat. Das vom Staat direkt verkaufte Speisesalz wurde Staatssalz genannt; das von den Händlern transportierte und verkaufte Speisesalz wurde wiederum Händlersalz genannt und wurde vom Staat mit Steuern belegt. Im Rahmen einer Reform des Salzgesetzes der Song-Dynastie wurde in der Spätphase des Kaisers Renzong das „Banknotengesetz" angepasst. Das Staatssalz sollte nun unmittelbar von Händlern verkauft werden. Verfahren wurde im Regelfall wie folgt: Die Händler kauften eine Bescheinigung zum Salzkauf und „Banknoten" vom Staat, danach gingen sie zum festgelegten Salzproduktionsort und nahmen das Salz in Besitz, alles laut den „Vermerkungen" auf der „Banknote" und transportierten und setzten das Salz frei ab. Hierbei handelt es sich um das früheste „Banknoten-Salzgesetz" in der Geschichte Chinas. Diese später im Feudalismus durchgängig angewandte Methode des Feudalismus nimmt eine besonders wichtige Stellung in der Geschichte des chinesischen Salzmonopols ein. Um den Salzpreis im politischen Zentrum, der Hauptstadt, zu stabilisieren, richtete die Song-Dynastie dort ein „Hauptstädtisches Salzamt" ein und legte den Salzpreis der Hauptstadt innerhalb eines Rahmens zwischen 35 - 40 Geldstücken pro Pfund fest. Wenn der Salzpreis unter 35 Geldstücke pro Pfund fiel, kaufte das „Hauptstädtische Salzamt" nur an, verkaufte aber nicht; wenn der Salzpreis über 40 Geldstücke pro Pfund stieg, dann verkaufte das „Hauptstädtische Salzamt" eingelagertes Salz unterhalb des Marktpreises, das heißt zu einem Preis von unter 40 Geldstücken. Dadurch stellte es die relative

Stabilität des Salzpreises sicher und schützte die wirtschaftlichen Interessen der vielen Verbraucher und der Händler.

In den Reformen Wang Anshis in der „Xining“-Ära des Song-Kaisers Shenzong (1068 - 1077) waren ebenfalls Änderungen des Salzgesetzes enthalten. Diese beinhalteten im Wesentlichen: erstens die Erhöhung des Salzpreises und zweitens die Einführung eines Beleges für den Transport und den Verkauf von Salz, eine Salzgenehmigung. Nur Händler mit einer Salzgenehmigung durften im Genehmigungsbezirk Salztransport sowie Salzverkauf durchführen, andere machten sich strafbar, falls sie in diesem Bezirk Salz transportierten oder verkauften. Während der „Chongning“-Ära 崇宁 (1102 – 1106) teilte man die Salzgenehmigungen in langzeitige und kurzzeitige Genehmigungen ein. Langzeitgenehmigungen waren auf ein Jahr begrenzt, Kurzzeitgenehmigungen auf drei Monate.

Das Salzgesetz der südlichen Song-Dynastie wies einige Veränderungen auf. Mit ihm wurden die zuerst in Regionen in Sichuan eingeführten Vertragsmärkte verbreitet. Die Händler benötigten Genehmigungen des Staates zu deren Erwerb Gebühren fällig wurden. Die an Brunnen Salz gewinnenden Salzbauern produzierten Salz gemäß einer vom Staat bestimmten Menge und zahlten an den Staat Grundsteuer. Die Salzsteuer, die der Staat von ihnen erhob, stieg stetig an.[236] Die Regierung der Song-Dynastie verwandte jedes Jahr 45040 Wen (Währungseinheit *Anmerkung des Übersetzers*), um das von den Salzbauern produzierte Speisesalz bis zu einer Menge von 116500 Pfund aufzukaufen. Laut den Berechnungen des bekannten Experten für Wirtschaftsgeschichte Qi Xia 漆侠 in der *Song Dai Jingjishi* 宋代经济史 („Wirtschaftsgeschichte der Song-Dynastie“) erreichte die Ausbeutungsrate der Arbeit der *Tinghu* durch die Behörden der Song-Dynastie etwa 90%. Daraus wird ersichtlich, dass die Erlöse aus Salz zu den entscheidenden Steuer- und Finanzquellen der Regierung gehörten.

Außerdem nahm die Zentralregierung der Song-Dynastie aufgrund der Nachfrage der Gebiete der nationalen Minderheiten noch den Handel mit den umliegenden Minderheitennationalitäten mit Eisen- und anderen Metallwaren in den besonderen Bewirtschaftungsbereich der Regierung herein. Im siebten Jahr der „Qiandao“-Ära des Song-Kaisers Xiaozong (1171) machten die Erlöse aus Salz sowie aus Tee, Räucherwerk und Alaunen etwa 40% des gesamten staatlichen Geldeinkommens aus, einen Anteil, der nicht zu unterschätzen ist.

Mit der Song-Dynastie verglichen, wurden in der Yuan-Dynastie noch mehr Waren zu Gegenständen des staatlichen Verkaufsmonopols, unter ihnen befanden sich beispielsweise Gold, Silber, Kupfer, Eisen, Zinn, Blei, Quecksilber, Alaune, Salz, Tee, Essig und sogar landwirtschaftliche Werkzeuge und Bambusholz. Über 50% des staatlichen Gesamteinkommens an Geld in der Yuan-Dynastie stammten allein aus den Einnahmen aus der Salzsteuer, zum Beispiel erreichten die aus der Salzsteuer eingenommenen Banknoten eines Jahres in der „Tianli“-Ära 天历 des Yuan-Kaisers

236 *Wenxian Tongkao* 文献通考 („Umfassende Untersuchungen auf Grundlage von literarischen und dokumentarischen Quellen“), Kapitel 9: *Qianbi* 钱币 („Geld“), zweiter Teil.

Jayaatu Khan (Kaiser Wen 文 von Yuan, 1328 – 1330) eine Höhe von mehr als 7661000 Ding (Währungseinheit, *Anmerkung des Übersetzers*).[237]

In der Ming- und Qing-Dynastie stellte das Salz- und Eisenmonopol noch immer eine der grundlegenden wirtschaftspolitischen Maßnahmen des Staates dar. Allerdings gab es insgesamt deutlich weniger staatliche Verkaufsmonopole für andere Waren während der Ming- und Qing-Dynastie deutlich. Der Produktionsumfang des staatlich betriebenen Handwerks verkleinerte sich, die Regierung monopolisierte die Profite dort im Wesentlichen durch ihre Kontrolle von Betriebs- und Verkaufsrecht bei Patentprodukten. Die Ming-Dynastie führte ein Gesetz für gleichberechtigten Handel ein, gemäß diesem Gesetz wurden Händler dafür angestellt, vom Heer benötigte materielle Ressourcen wie Grundnahrungsmittel und Heu an einen bestimmten Ort zu liefern. Nach Abschluss dieses Auftrages wurde ihnen von den Behörden eine entsprechende Erlaubnis zum Salzverkauf erteilt, die sich in ihrem Umfang nach der Menge des Gelieferten richtete.[238] Dies steigerte das Einkommen der Regierung und sparte ihr die Kosten für den Transport der Waren zur Heeresversorgung. Die wesentliche Kompetenz der Lokalbeamten der Ming-Dynastie im Bereich der Wirtschaft bestand in der Erledigung „der Aufgaben zur Planung von Salz und Eisen, der Handelssteuer und der militärisch-landwirtschaftlichen Kolonien."[239] Daraus wird ersichtlich, dass die Durchführung des Verkaufsmonopols für Salz und Eisen in der Ming-Dynastie noch immer eine der grundlegendsten wirtschaftlichen Funktionen des Staates darstellte.

Aus dem Salzgesetz der Qing-Dynastie gingen „hohe Profitraten [hervor], da es ein intelligentes System der Aufgabe von Kompetenzen zum Vorteil ausnutzte."[240] Die grundlegende Verfahrensweise des Salzgesetzes in der Qing-Dynastie stellte sich wie folgt dar: Es wurde jedes Jahr je nach Salzproduktionsmenge und Absatzsituation eine Zahl von auszugebenden Genehmigungen für den Salzverkauf bestimmt. Diese Angaben wurden in einem „Planbuch" festgehalten, jedes Jahr gab es einen Plan, für den Händler zur Übernahme gesucht wurden bis zur Erreichung der Obergrenze an Händlern. Das bedeutete, dass die Regierung bereits vollständig Produktion, Transport und Verkauf von Speisesalz in Eigenregie aufgegeben hatte. Sie verkaufte die Genehmigungen für Salzverkauf vollständig an Händler. Dennoch lockerte die Regierung der Qing-Dynastie noch immer nicht die Verwaltung des für die Staatsfinanzen und die Lebenshaltung des Volkes so wichtigen Salzgewerbes.

Die Qing-Dynastie führte auf historischer Grundlage das Salz- und Eisenmonopol fort. In den Aufzeichnungen des *Qing Shi Gao* 清史稿 („Manuskripte zur Geschichte der Qing-Dynastie") in der „Abhandlung über Nahrung und Handel – Salzgesetz" wurden verschiedene Formen des Vorgehens im Salzhandel beschrieben:

---

237 *Yuan Shi* 元史 („Geschichte der Yuan-Dynastie"), Kapitel 94: *Shi Huo Zhi·Yanfa* 食货志·盐法 („Abhandlung über Nahrung und Handel – Salzgesetz").

238 *Ming Shi* 明史 („Geschichte der Ming-Dynastie"), Kapitel 80: *Shi Huo Zhi·Yanfa* 食货志·盐法 („Abhandlung über Nahrung und Handel – Salzgesetz").

239 *Ming Shi* 明史 („Geschichte der Ming-Dynastie"), Kapitel 203: *Ouyang Zhong Zhuan* 欧阳重传 („Biographie des Ouyang Zhong").

240 *Qing Shi Gao* 清史稿 („Manuskripte zur Geschichte der Qing-Dynastie"), Kapitel 123: *Shi Huo Zhi·Yanfa* 食货志·盐法 („Abhandlung über Nahrung und Handel – Salzgesetz").

Überwachung durch den Staat und Verkauf durch Händler, Transport durch den Staat und Verkauf durch Händler, Transport und Verkauf durch Händler, Transport durch Händler und Verkauf durch das Volk, Transport und Verkauf durch das Volk, Überwachung durch den Staat und Verkauf durch das Volk. Von diesen verschiedenen Formen „fand einzig die Überwachung durch den Staat und der Verkauf durch Händler weite und langfristige Verbreitung." In der Praxis wurden die Produktion und der Absatz von Speisesalz streng von der Regierung der Qing-Dynastie kontrolliert.

In der Ming- und Qing-Dynastie praktizierte der Staat ein Verkaufsmonopol für unter anderem Salz und Eisen, um die wirtschaftlichen Lebensadern zu kontrollieren. Die Staaten der beiden Dynastien entwickelten einen historisch einzigartigen Verwaltungsmodus und eine historisch einmalige Bewirtschaftungsform zur Kontrolle über die Produkte des Verkaufsmonopols. Damit einher ging ein Florieren von Gesellschaft und Wirtschaft, insbesondere der Warenwirtschaft. Die an dieser Stelle genannten Aspekte sollten in Betrachtungen zu diesem Themenkomplex nähere Beachtung finden.

2. Das Instrument, mit dem die Regierung unmittelbar die wirtschaftlichen Lebensadern kontrollierte – das Recht zur Münzprägung

Im chinesischen Feudalismus haben die Herrscher unterschiedlicher Perioden immer wieder die Münzprägung als Mittel zur Ergänzung der Finanzpolitik genutzt oder anders gesagt, sie nutzten die Ausgabe von Geld als Dienstleistung für die Finanzpolitik der Regierung. Daher legte die feudale Zentralregierung durchgängig einen besonderen Wert auf das Recht zur Münzprägung und sah es dementsprechend auch immer wieder als wesentliches Instrument an, mit dem sie die Lebensadern von Gesellschaft und Wirtschaft kontrollieren konnte.

Zu Beginn der westlichen Han-Dynastie lassen sich in einigen Bereichen übermäßige Korrekturen von Fehlern aus der Qin-Dynastie finden, dafür sind die Reformen im Bereich der Münzprägung ein prägnantes Beispiel. Es ist allgemein anerkannt, dass die Vereinigung der Währungen sechs verschiedener Reiche durch die Qin-Dynastie der historischen Entwicklungsrichtung entsprach. Die Einführung einer einheitlichen Währung war eine der entscheidenden Funktionen des vereinigten Staates, ihre positive Wirkung auf die Stabilisierung von Gesellschaft und Wirtschaft, den Antrieb der Warenzirkulation und die Stärkung der wirtschaftlichen Kontrollstärke des Staates war gleichermaßen unverzichtbar. Zu Beginn der westlichen Han-Dynastie jedoch „wurde dann dem Volk befohlen, Fruchtkapselmünzen [Münzen so dünn wie die Fruchtkapsel einer Ulme, *Anmerkung des Übersetzers*] zu gießen."[241] Daraufhin nutzten die Händler die Gelegenheit, Münzen zu gießen und erzielten damit große Profite. Der Markt wurde mit minderwertiger Währung überschwemmt und die Güterpreise verteuerten sich. Dies beeinträchtigte zwangsläufig die normale Ordnung des Wirtschaftslebens, die finanziellen Einnahmen des Staates und sogar den normalen Kreislauf von

241 *Han Shu* 汉书 („Buch der Han"), Kapitel 24 (zweiter Teil): *Shi Huo Zhi* 食货志 („Abhandlung über Nahrung und Handel"), zweiter Abschnitt.

Gesellschaft und Wirtschaft insgesamt. Das Entstehen lokaler separatistischer Mächte in der Han-Dynastie stand mit diesem Zustand in einem gewissen Zusammenhang. Im fünften Regierungsjahr des Kaisers Wen von Han (175 v.Chr.) hieß es: „Damit der Nutzen des Geldes groß ist und es leicht ist, sollen fortan Vier-Zhu-Münzen gegossen werden. Die Aufschrift auf ihnen soll aber ‚halbes Liang' lauten." Der Regierung blieb nichts übrig, als die Währungsordnung zu reorganisieren. Darüber hinaus hob die Regierung noch den „Befehl zum illegalen Gießen von Geld" auf und „erlaubte damit dem Volk, [selbst] Münzen herzustellen."[242] Die Verfahrensweise des Kaisers Wen von Han erregte hitzige Diskussionen zu Hofe und im Volk. Auch der politische Kommentator Jia Yi 贾谊 nahm eine kritische Haltung zur Aufhebung des „Befehls zum illegalen Gießen von Geld" ein, er betonte:

> „Die Kupfermünzen sind Sache des Staates. Der Staat stützt sich auf seine Kupfermünzenvorräte, um den Wert der Währung zu regulieren. Ist der Geldwert niedrig, so wird wieder Geld eingesammelt, ist die Währung teuer, so wird Geld vom Staat ausgegeben, auf diese Weise werden die Preise der Güter ausgewogen sein."[243]

Jia Yi stellt hier heraus, dass die Zentralregierung das Instrument zur Kontrolle der wirtschaftlichen Lebensadern, das Recht zur Münzprägung, nicht in die Hände Anderer übergehen lassen sollte, sondern es selbst fest in der Hand behalten sollte, um die Wirtschaft effektiv zu regulieren sowie lokale Mächte effektiv zu kontrollieren und die Autorität der Zentralregierung zu wahren. Er hatte eine tiefe Einsicht in die Zusammenhänge. In der Praxis wurde an dieser Theorie in allen feudalen Perioden nach der Han-Dynastie durchgängig festgehalten. Der Feudalstaat hat das Recht zur Münzprägung nicht in die Hände Anderer übergehen lassen, sondern die Kontrolle über die Münzprägung immer weiter verschärft. Die Verfahrensweise der westlichen Han-Dynastie stellt lediglich ein Sonderbeispiel für eine übermäßige Korrektur der Politik der Qin-Dynastie bis hin in eine falsche Richtung dar.

„Leute, die es wagten, privat Eisenwaren zu gießen und Salz auszukochen" wurden von der Han-Dynastie rigoros bekämpft[244], eben weil die Regierung mit dem Eisenguss und der Salzherstellung Schlüsselbereiche kontrollierte, welche die wirtschaftlichen Lebensadern des Staates betrafen. Und diese Kontrolle gab sie niemals aus der Hand. „Mit Eisenguss sein Gewerbe errichten, um so reich wie die Könige zu werden"[245] war etwas, das der autoritäre Zentralismus seit der Qin- und Han-Dynastie nicht mehr zuließ. Mit der stetigen Verstärkung und Festigung des Zentralismus sowie mit der damit einhergehenden verhältnismäßigen Schwächung der Macht der reichen und einflussreichen Familienclans seit der

---

242 *Han Shu* 汉书 („Buch der Han"), Kapitel 24 (zweiter Teil): *Shi Huo Zhi* 食货志 („Abhandlung über Nahrung und Handel"), zweiter Abschnitt.

243 *Han Shu* 汉书 („Buch der Han"), Kapitel 24 (zweiter Teil): *Shi Huo Zhi* 食货志 („Abhandlung über Nahrung und Handel"), zweiter Abschnitt.

244 *Shiji* 史记 („Aufzeichnungen des Chronisten"), Kapitel 30: *Pingzhun Shu* 平准书 („Abhandlung über den ausgewogenen Durchschnitt").

245 *Shiji* 史记 („Aufzeichnungen des Chronisten"), Kapitel 129: *Huozhi Liezhuan* 货殖列传 („Biographien von Wucherern").

mittleren Periode der Tang-Dynastie konnte die private, illegale Münzprägung nicht komplett verhindert werden. Allerdings konnte sie von ihrem geringen Umfang her bereits nicht mehr mit früheren Epochen verglichen werden. In der Regel wurde nur je nach Lage der Währungszirkulation und der Güterpreise auf dem Markt entweder Geld zu (Eisen-)Waren umgeschmolzen oder umgekehrt (Eisen-)Waren zu Geld umgeschmolzen. Auf diese Weise wurden lediglich Fehlbeträge respektive Überschüsse ausgeglichen. Mit anderen Worten: Wenn die Währung teuer und Waren günstig waren, dann wurde Geld zu (Eisen-)Waren umgeschmolzen; wenn die Währung wenig wert und Waren teuer waren, dann wurden die Eisenwaren in Geld umgeschmolzen. Aber es war ganz wie Ye Mengzhu 叶梦珠 aus der Qing-Dynastie sagte: „Währungsprobleme begannen mit dem privaten Gießen von Münzen, in keiner Dynastie gab es kein privat gegossenes Geld.“ [246] Ein solches Resümee entspricht der historischen Realität. Die Einführung der Fünf-Zhu-Münze in der Han-Dynastie wurde von den Händlern als praktisch empfunden. So konnte die Entwicklung der Wirtschaft zur Sicherung der Ordnung im Alltagsleben ausgenutzt werden. Das illegale Gießen von Münzen kann von Beginn der Tang-Dynastie an bereits nicht mehr mit dem „Aneignen der Berge und Gewässer“ aus der Wei- und Jin-Dynastie und den südlichen und nördlichen Dynastien verglichen werden. Es handelte sich lediglich noch um ein spekulatives Geschäft, das unter den historischen Bedingungen der stetigen Verstärkung des autoritären Zentralismus hervortrat. Unter diesen Umständen kam es, wie bereits oben erwähnt, je nach großer oder geringer Geldmenge in der Gesellschaft zur Umschmelzung von Geld zu (Eisen-)Waren oder von (Eisen-)Waren zu Geld. Dennoch wandte die Regierung nach wie vor rigorose Gesetze und strenge Strafen zur Bekämpfung illegaler Münzgießer an, um so die normale Funktion von Gesellschaft und Wirtschaft zu wahren. Das illegale Gießen von Münzen war ein in der Geschichte des Münzwesens der Tang-Dynastie vergleichsweise weit verbreitetes Phänomen mit schwerwiegenden Folgen, zu manchen Zeiten beeinträchtigten illegal hergestellte Münzen sogar die Zirkulation der legal geprägten Münzen. Es gab zahlreiche Situationen, in denen minderwertige Währung hochwertige Währung vom Markt vertrieb. In der Praxis gibt es notwendig illegale Münzherstellung, sobald es nur Münzherstellung gibt. Dies scheint eine Gesetzmäßigkeit der Geschichte des Münzwesens zu sein, auch die Tang-Dynastie bildet hier keine Ausnahme. Mit anderen Dynastien verglichen, insbesondere mit der Han-, Wei- und Jin-Dynastie und den südlichen und nördlichen Dynastien verglichen, war das illegale Prägen von Münzen zwar nicht sehr gravierend in der Tang-Dynastie, dennoch hatte es einen gewissen negativen Einfluss auf die damalige Gesellschaft und Wirtschaft und das Leben der Bevölkerung.

Die illegale Münzprägung hing unmittelbar mit den damaligen wirtschaftlichen und gesellschaftlichen Umständen, insbesondere mit der Arbeitsqualität der Verwaltungsbeamten zusammen. Die Tang-Dynastie nimmt einen besonders wichtigen Stellenwert in der Geschichte der chinesischen Münzprägung ein. Seit der Qin-Dynastie durchlief das Münzwesen des chinesischen Feudalismus zwei Arten

---

246 Ye Mengzhu 叶梦珠: *Yue Shi Bian* 阅世编 („Eigene Aufzeichnungen zu meiner Epoche“), Kapitel 7: *Qian Fa* 钱法 („Währungsgesetz“).

von Währungssystemen: ein Währungssystem mit Kupfermünzen, auf denen das Gewicht notiert wurde und ein Währungssystem mit Kupfermünzen, auf denen ein Nominalwert vermerkt war. Die zeitliche Trennlinie lässt sich mit der offiziellen Herausgabe des *Kaiyuan Tongbao* 开元通宝 im vierten Jahr der „Wude"-Ära des Tang-Kaisers Gaozu (621) genau bestimmen. Bei Kupfermünzen, auf denen das Gewicht notiert war, wurde bei der Herstellung im Wesentlichen der Modus der Monopolisierung durch den Staat angewandt. Diese Monopolisierung sorgte für eine Stärkung der Eigenschaften dieser Münzen als gesetzliches Zahlungsmittel und Zirkulation von Edelmetall. Illegale hergestellte Münzen in diesem ersten Zeitabschnitt zeichneten sich hauptsächlich durch veränderte Rohmaterialanteile aus, das heißt durch die Senkung des Kupferanteils bei gleichzeitiger Erhöhung des Anteils vergleichsweise weniger wertvollen Zinns. Über dieses Merkmal illegal hergestellter Münzen hinaus stellte in der zweiten Phase noch die Reduktion des Gewichts der Münzen eine Besonderheit illegal hergestellter Münzen dar. Eigentlich ist eine solche Unterteilung der Merkmale illegaler Münzherstellung lediglich von der Perspektive eines theoretischen Allgemeinwissens von Interesse, in der Praxis gestaltete sich die Situation wesentlich komplizierter.

Die Tang-Dynastie ergriff gegen die illegale Münzherstellung eine Reihe von Maßnahmen, um sie zu bekämpfen und zu begrenzen. Allerdings war kein praktischer Effekt dieser Maßnahmen erkennbar. Bereits für die Zeit des Tang-Kaisers Gaozong wurde Folgendes beschrieben: „Das private Prägen von Münzen und Verstöße gegen das Gesetz nehmen tagtäglich zu. Es gibt Leute, die auf Bambusflößen im Fluss Münzen herstellen." In der „Yifeng"-Ära 仪凤 des Tang-Kaisers Gaozong (676 – 679) „hatten viele Leute, die an Flüssen lebten, das private Prägen von Münzen zu ihrem Geschäft gemacht. Als Beamten befohlen wurde, Patrouillen an Flüssen zu machen und Razzien durchzuführen und sie dabei mehr als 100 Pfund Kupfer, Zinn und Blei-Zinn-Legierungen konfiszierten, wurden sie ertränkt." Im ersten Jahr der „Yongchun"-Ära 永淳 (682) wurde festgelegt, dass „gegen private Münzpräger die Todesstrafe verhängt wird. Nachbarn, solche, die die Tat gedeckt haben, in sie verwickelt waren, die Werkstätten und das Dorf sollten alle mitbestraft werden." Diese rigorosen Gesetze und strengen Strafen konnten allerdings keinesfalls das Ausmaß der illegalen Münzprägung beschränken. Für die Regierungszeit der Kaiserin Wu Zetian wurde Folgendes festgehalten: „Das illegale Prägen von Münzen nahm enorm zu. Fahrendes Volk ohne ehrenwerten Beruf zwischen dem Huai-Fluss und dem Jangtse nutzte die hohen Berge und das Meer, um dort Münzen herzustellen. Die Beamten konnten sie nicht festnehmen."

In der illegalen Münzprägung der frühen Phase der Tang-Dynastie wurden Blei, Zinn und andere billige Metalle nur über ihren vorgeschriebenen Anteil hinaus beigemischt. Während der Spätphase der Tang-Dynastie und in der Zeit der Fünf Dynastien jedoch verwendeten die illegalen Münzpräger in der Regel wenig Kupfer, stattdessen kamen Blei und Zinn als hauptsächliche Ausgangsstoffe zum Einsatz. Es handelte sich um minderwertiges Geld und der Geldwert sank dementsprechend ebenfalls beachtlich.[247] In „Ziqing, Taiyuan und Weibo wurden Blei und Eisen gemischt im Handel verwendet."[248] Die Regierungszeit des Kaisers Xuanzong stellte für die Tang-Dynastie und sogar für die gesamte Feudalgesellschaft eine Schlüsselperiode gesellschaftlicher Entwicklungen und Veränderungen dar. Diese spiegelte sich auch im Bereich der Münzprägung klar erkennbar wider. Sie finden ihren Ausdruck ebenfalls in den damals zahlreich geführten Diskussionen über Münzprägung vieler Politiker und Personen, die mit der Wirtschaftsverwaltung beauftragt waren.

Die Zahl der Münzer respektive Münzgesellen kannte in der Tang-Dynastie keine feste Begrenzung. In der Regierungszeit des Kaisers Xuanzong wurden auch Bauern, die über kaum technische Kenntnisse verfügten, zur Prägung von Münzen herangezogen. Auf diese Weise war es nicht nur unmöglich, die Qualität der Münzen zu sicherzustellen, sondern auch den Bauern wurde damit großes Leid zugefügt, da sie „kaum davon leben" konnten. Diese Verfahrensweise erreichte ein Ausmaß, welches das arbeitende Volk finanziell schädigte. Mit Blick darauf „stellte der Verwaltungsbeamte Wei Lun Handwerker zu einem hohen Preis ein. So wurde die Fronarbeit verringert und [die Produktion] von Münzen gesteigert." Mit 30 Arbeitskräften pro Ofen gerechnet, gab es über das ganze Jahr hinweg nicht weniger als 3000 Handwerker, die in der Münzprägung angewandt wurden. In der Regierungszeit des Tang-Kaisers Xuanzong betrug die Produktionsmenge an Kupfergeld circa 327000 Kupfermünzenseile.

Die Münzprägung stellte das entscheidende Instrument dar, mit dem die Staatsmacht die Lebensadern von Gesellschaft und Wirtschaft kontrollierte. Unter normalen Umständen war es Privatpersonen nicht gestattet, in dieses Gewerbe einzugreifen und daraus zu profitieren. Die Bekämpfung des Buddhismus in der Regierungszeit des Tang-Kaisers Wuzong 武宗 stand ursächlich entscheidend mit der Umschmelzung von Geld in Buddhafiguren im Volk in Zusammenhang. Im „Neuen Buch der Tang", in der „Abhandlung über Nahrung und Handel", Teil 4 heißt es: „Kaiser Wuzong schaffte das Buddhagesetz ab. Der Beamte Li Yuyan wies an, alle Kupferfiguren, Glocken verschiedener Art und Öfen an die herumziehenden staatlichen Vermittler abzugeben. Der Nutzen aus diesem Kupfer für die Provinzen und Kreise war groß. Mit der gewöhnlichen Zahl an Arbeitskräften schafften die Kommissare für Salz und Eisen es nicht, das Kupfer zu schmelzen und zu verarbeiten. Den Kommissaren für Überwachung wurde erlaubt, neue Münzwerkstätten einzurichten. Der Militärgouverneur der Provinz Huainan Li Shen wies an, Münzen mit dem Namen der Präfektur zu prägen und die Münzen der Hauptstadt als Hauptstadtmünzen zu bezeichnen. Die Größe des Durchmessers sollte wie bei den Kaiyuan Tongbao einen Cun betragen. Es wurde verboten, das alte Geld für Geschäfte zu verwenden." Dies war das erste Mal in der Tang-Dynastie, dass die Zirkulation von Münzen aus den Präfekturen auf den Märkten zugelassen wurde. Man kann sagen, dass die Zerstörung der Buddhafiguren durch Kaiser Wuzong mit Hinblick auf die

247 Zhang Zexian 张泽咸: *Tang Dai Gongshangye* 唐代工商业 („Handwerk und Handel zur Zeit der Tang-Dynastie"), S. 50, Beijing: Zhongguo Shehui Kexue Chubanshe, 1995.

248 *Tongjian* 通鉴 („Umfassender Zeitspiegel zur Hilfe bei der Regierung"), Kapitel 242.

Gewinnung von Rohmaterialien für die Münzprägung einen deutlich erkennbaren Nutzeffekt erzielte. Die Einschmelzung großer Mengen kupferner Buddhafiguren für die Münzprägung befriedigte den Bedarf der Regierung in diesem Bereich. Aus einer anderen Perspektive betrachtet, kann dieses Vorgehen ebenfalls als ein extremes Verhalten der Zentralregierung der Tang-Dynastie zur Bekämpfung illegaler Münzproduktion in einer Situation finanzieller Schwierigkeiten gesehen werden. Nach der Thronbesteigung Kaiser Xuānzongs 宣宗 jedoch erließ dieser unverzüglich den Befehl, die Buddhafiguren wiederherzustellen und ordnete an: „ Das neue Geld [der „Huichang"-Ära 会昌 des Kaisers Wuzong] lässt sich an den Schriftzeichen erkennen. Es soll wieder in Buddhafiguren umgeschmolzen werden." Mit dieser Anordnung wird eindeutig eine übermäßige Korrektur bis hin in eine falsche Richtung vorgenommen. In der Praxis war sie kaum durchführbar. Dementsprechend existiert noch heute Geld aus der „Huichang"-Ära.

Das Problem illegaler Münzprägung war in der Tang-Dynastie relativ stark ausgeprägt. Bereits im vierten Jahr der „Wude"-Ära, als damit begonnen wurde, die *Kaiyuan Tongbao* herzustellen, wurde vorgeschrieben, die illegale Münzprägung rigoros zu bekämpfen: „Solche, die illegal Münzen herstellen, sind mit dem Tode zu bestrafen, sie verlieren ihre Familie."[249] Ein regelmäßig angewandtes Gesetz zur Bestrafung lautete allerdings wie folgt: „Diejenigen, die illegal Münzen gegossen haben, sollen 3000 Li entfernt verbannt werden. Solche, die bereits die Werkzeuge dafür vorbereitet haben und noch keine Münzen gegossen haben, werden für zwei Jahre inhaftiert [...]." Dabei wurde „ein Jahr Haftstrafe über solche verhängt, die die Münzen falsch gegossen hatten, [also] deren Münzen zu dünn und klein geworden waren, sowie wie für solche, die sich Kupfer aneigneten, um damit Profite zu machen."[250]

Um das Recht zur Münzprägung wirksam zu kontrollieren, „richtete [die Regierung der Tang-Dynastie] eine Überwachungsstelle ein"[251] in Gebieten, in denen die Kupferproduktion vergleichsweise konzentriert war. Unter normalen Umständen „wurde der Sitz des Münzprägungsüberwachungsamtes nach den Präfekturen, Bereichskommandanturen und den Ämtern der regionalen Aufseher bestimmt."[252] Das heißt, die Zentralregierung beauftragte oder entsandte lokale Beamte zur Verwaltung bei gleichzeitiger Überwachung und Kontrolle durch von der Zentralregierung entsandte Kommandeure und Minister.[253] Im Edikt des Tang-

---

249 *Xin Tangshu* 新唐书 („Neues Buch der Tang"), Kapitel 54: *Shi Huo Zhi* 食货志 („Abhandlung über Nahrung und Handel"), vierter Teil.

250 *Tanglü Shuyi* 唐律疏议 („Strafgesetzbuch der Tang-Dynastie"), Kapitel 26: *Za Lü* 杂律 („Vermischte Gesetze").

251 *Yuanhe Junxian Tuzhi* 元和郡县图志 („Illustrierte Abhandlung über alle Bezirke aus der ‚Yuanhe'-Ära"), Kapitel 33: *Jiannan Dao·Zizhou* 剑南道·梓州 („Provinz Jiannan, Zizhou").

252 *Tang Liu Dian* 唐六典 („Die sechs Gesetzesstatuten der Tang-Dynastie"), Kapitel 22: *Zhu Zhuqianjian* 诸铸钱监 („Die Münzprägungsüberwachungsämter").

253 *Quan Tang Wen* 全唐文 („Sämtliche Literatur der Tang-Dynastie"), Kapitel 23, Tang Xuanzong 唐玄宗: *Shenyan Tong Jinzhi* 申严铜禁制 („Die strenge Ausführung des Verbots des Kupferhandels"): „Ich ordne an, dass die Überwachungskommissare der Provinzen folgende offizielle Vorschriften bekanntgeben sollen: Der private Verkauf von Kupfer und Zinn ist absolut verboten und vollständig zu unterbinden. Des Weiteren ist es verboten, Kupferprodukte herzustellen. Wenn das abgebaute

Kaisers Xuanzong scheinen mindestens die folgenden Informationen durch: Damals war das Problem der illegalen Münzprägung vergleichsweise stark ausgeprägt und selbst mit einer rigorosen Gesetzgebung und strengen Strafen als Antwort darauf konnte man diesen Zustand kaum verbessern. Menschen, die in der damaligen Gesellschaft über einen gewissen Wohlstand verfügten, horteten häufig Geld. Erst wenn die Güterpreise um eine Rate von 100% anstiegen, worauf sie hofften, waren sie bereit, die Hortung des Geldes zu beenden. Da damals Viele Geld horteten und es sich in der Regel um Personen mit wirtschaftlicher Macht handelte, verschlimmerte sich die Geldknappheit in der Zirkulationssphäre, die sogenannte Geldnot, weitergehend. Kaiser Xuanzong beabsichtigte Maßnahmen, um dem Volk den Handel mit den grundlegenden Ausgangsmaterialien der Münzprägung Kupfer und Blei zu untersagen. Er bekräftigte dieses Verbot nochmals deutlich durch das Untersagen der Herstellung von Kupferprodukten, um zu verhindern, dass diese mit der Münzprägung der Regierung um Rohstoffe konkurriert. In der Praxis waren diese Vorschriften kaum durchsetzbar. Die Rolle der Regierung als Aufkäufer bei der Förderung von Rohstoffen wie Kupfer und Blei, die von Tang-Kaiser Xuanzong angesprochen wurde, war in einem gewissen Rahmen umsetzbar. Dabei sollte die Regierung die Rohstoffe zum Marktpreis aufkaufen. Die Tang-Dynastie erlaubte auch die private Förderung von Rohstoffen, wobei das unter anderem geförderte Eisenerz allerdings nach Fördermenge an die zuständigen Abteilungen der Regierung verkauft werden musste. Die Regierung spielte in der Praxis dann die Rolle eines Aufkäufers.

Das Geld der chinesischen Feudalgesellschaft durchlief in seiner Entwicklung einen allmählichen Transformationsprozess von einer Metallwährung zu einer Nominalwährung. Weiterhin durchlief es den vollständigen Prozess von durch Edelmetall vollständig gedecktem Geld über nicht vollständig von Edelmetallen gedecktes Geld bis zuletzt zu einer Nominalwährung, die über keinen Eigenwert verfügte.

Die Produktionsmenge des Kupfergeldes in der nördlichen Song-Dynastie überstieg die der Tang-Dynastie. Unter normalen Umständen betrug die jährliche Produktionsmenge eine bis drei Millionen Kupfermünzenseile, die höchste Produktionsmenge erreichte die nördliche Song-Dynastie mit einer Menge von 5,06 Millionen Kupfermünzenseilen. In der Tang-Dynastie kam das „fliegende Geld", eine Art Handelsquittungen, auf, die Song-Dynastie gab seit der Regierungszeit des Kaisers Renzong *Jiaozi* 交子 (Banknoten) aus. Dies war ein besonders wichtiges wirtschaftliches Ereignis in der Geschichte Chinas. Das Aufkommen der *Jiaozi* war ein besonders komplizierter Prozess, der eine Reihe gesellschaftlicher Veränderungen wie die Folgenden widerspiegelte: die Entwicklung der gesellschaftlichen Produktivkraft, das relative Florieren der Beziehung zwischen Waren und Währung, die vergleichsweise Lockerung der persönlichen Unterordnungsverhältnisse der unmittelbaren Produzenten und die Erhöhung der feudalen Ausbeutungsrate. Außerdem wurde in der Song-Dynastie unter anderem

---

Kupfer und der abgebaute Zinn vom Staat für den Markt aufgekauft werden und er dabei nicht die Preise drückt, dann wird dies mit Sicherheit nützlich für die Menschen sein."

ein „Kreditsystem" einführt, in dem die Regierung im Frühjahr Geld verlieh, das im Herbst mit Seidenstoffen oder Reis und anderen Grundnahrungsmitteln zurückgezahlt wurde. Zu Beginn der Einführung wurde die Menge des zwangsweisen staatlichen Ankaufs verhältnismäßig nach der Größe des Landes unterschieden und ermittelt, es wurde nur eine bestimmte Summe bezahlt. Kurz nach der Einführung wurde es schon zunehmend zu einer entschädigungslosen Eintreibung. Später wurden diese Textilien oder Grundnahrungsmittel sogar in Geld eingetauscht und die Bevölkerung genötigt, zu zahlen, ob sie wollte oder nicht. Dieses System wurde zu einer regelmäßigen Belastung für die Bevölkerung.

In den Spätphasen der südlichen Song-Dynastie und der nördlichen Song-Dynastie wurde gleichermaßen übermäßig viel Geld in Umlauf gebracht. Allerdings unterschied sich die südliche Song-Dynastie in ihrer Verfahrensweise. Während der Regierungszeit Kaiser Huizongs 徽宗 in der nördlichen Song-Dynastie wurden hauptsächlich Münzen herausgegeben, die südliche Song-Dynastie allerdings gab eine große Menge an Banknoten heraus. Die Kosten dieser übermäßigen Geldausgabe waren im Vergleich bedeutend niedriger. Die im ersten Jahr der „Qingyuan"-Ära des Kaisers Ningzong 宁宗 (1195) der südlichen Song-Dynastie von der Zentralregierung herausgegebenen Banknoten entsprachen einer Herausgabe von 30 Millionen Kupfermünzenseilen. Außerdem erfolgte zu diesem Zeitpunkt kein Austausch von Gold-, Silber- und Kupfermünzen gegen *Jiaozi* mehr, sondern es wurden nur neue *Jiaozi* gegen alte *Jiaozi* ausgetauscht, wobei die alten *Jiaozi* mit einem Wertverlust von 50% umgetauscht wurden. Wenn der Staat dem Volk Grundnahrungsmittel und Handwerksprodukte abkaufte, nutzte er normalerweise *Jiaozi* zum Kauf. Bei der Zahlung der Beamten- und Heereslöhne nutzte er ebenfalls *Jiaozi*. Durch dieses Vorgehen wurden aufgrund der Umwandlung von Steuern und Frondiensten in Geld ein rasantes Ansteigen der Güterpreise und ein Wertverlust der Währung verursacht, wobei die Lasten der einfachen Bevölkerung um ein Vielfaches zunahmen. Kurz gesagt, konzentrierte der Staat durch die Herausgabe und Verwendung von Papiergeld eine große Menge gesellschaftlichen Reichtums bei sich. Dies führte zu einem enorm hohen Konsumniveau in der gesellschaftlichen Oberschicht der südlichen Song-Dynastie, die zum großen Teil südlich des Jangtse lebte. Die damalige Prosperität war auf gewisse Art und Weise trügerisch, da sie auf der Grundlage einer Umwandlung von Steuern und Frondiensten in Geld erreicht worden war und nicht auf Grundlage der Warenwirtschaft.

In der Ming- und Qing-Dynastie unterschied sich die staatliche Kontrolle über die Münzprägung grundlegend von anderen Dynastien: Das Amt für Metallverarbeitung, welches eine dem Arbeitsministerium untergeordnete Behörde war, verwaltete die Angelegenheiten der Münzprägung in ganz China. Die Regierung kontrollierte das Herausgaberecht für Geld zwar streng und zeigte gegenüber der illegalen Münzprägung eine gnadenlose Haltung, dennoch gab es in der gesamten Ming- und Qing-Dynastie illegal geprägte Münzen.

3. Das Alkoholmonopol

Die Herstellung alkoholischer Getränke war ein verhältnismäßig einträgliches Gewerbe. In der Feudalgesellschaft, in der die landwirtschaftliche Produktivität vergleichsweise niedrig war, unterlag sie in der Regel zahlreichen Beschränkungen seitens des Staates. Außer wirtschaftlichen Interessen spielte bei den Überlegungen der Regierung in diesem Bereich auch die Einsparung von Grundnahrungsmitteln eine Rolle. Eine Beschränkung der privaten Alkoholproduktion funktionierte aufgrund der Profitinteressen und Konsumgewohnheiten der Menschen in der gesellschaftlichen Praxis jedoch kaum.

Das mit der Herstellung alkoholischer Getränke verbundene Gewerbe war in allen Dynastien verhältnismäßig hoch entwickelt. In Aufzeichnungen auf Orakelknochen findet sich ein Beamter, der für die Herstellung alkoholischer Getränke zuständig war, sein Amt stand hauptsächlich im Dienst von Königshaus und Adel. Dort ist die Rede von einer persönlich vorgenommenen Inspektion des Königs der Shang-Dynastie und seiner Minister in einer staatlich betriebenen Werkstatt zur Herstellung alkoholischer Getränke: „Im Jahr des Feuer-Büffels besuchten der König und seine Diener den Alkoholbrenner." Die vom Staat der Shang-Dynastie produzierten alkoholischen Getränke dienten außer dem Konsum durch das Königshaus und den Adel teilweise ebenfalls als Ware, die auf dem Markt verkauft wurde: „Zu den staatlichen Märkten transportierten die Wagen alkoholische Getränke und die Pferde das Grillfleisch."[254] Die Produktion alkoholischer Getränke war eine Branche mit vergleichsweise hoher wirtschaftlicher Rentabilität. Ihre Einordnung auf dem ersten Rang in der Aufzählung der 30 gewinnbringenden Gewerbe im „Shiji" in Kapitel 129: „Biographien von Wucherern" war dementsprechend nicht unbegründet. Auch später änderte sich dies nicht grundlegend. Das Monopol auf alkoholische Getränke wurde *Quègū* 榷酤 genannt. Warum kam es nun zu diesem Monopol? Erstens benötigte man für die Produktion von alkoholischen Getränken eine gewisse Menge an Grundnahrungsmitteln als Ausgangsrohstoffe. Damit handelte es sich im Feudalismus, in dem die Produktivkraft vergleichsweise niedrig war, um den Verbrauch wertvollster Güter und damit um eine Verschwendung von Grundnahrungsmitteln. Zweitens kontrollierte der Staat die Produktion alkoholischer Getränke oder der Materialien zur Gärung, um den Preis alkoholischer Getränke kontrollieren zu können. Mit seiner wirtschaftlichen Macht in diesem Bereich erzielte er vergleichsweise hohe Profite. Ein weiterer Grund für das Monopol hing mit einer in der traditionellen Gesellschaft häufig zu findenden Vorstellung zusammen. Man war der Überzeugung, Alkoholkonsum, insbesondere übermäßiger Alkoholkonsum wirke sich schädlich auf den Erhalt der bescheidenen Sitten und Bräuche des Volkes aus. Dies war wiederum abträglich für die Umsetzung bestimmter politischer Ziele wie der Regierung des Landes, der Ordnung der Familienverhältnisse und der Befriedung des Reiches durch Politiker und Intellektuelle.

Parallel zur Anwendung des Monopols auf Salz und Eisen führte die Han-Dynastie ebenfalls ein Verkaufsmonopol auf alkoholische Getränke ein, um wirksam die Finanzquellen der Regierung zu erweitern und die Entwicklung der privaten Warenwirtschaft zu unterdrücken. Aus den *Wudi Ji* 武帝纪 („Aufzeichnungen über

---

254 *Taiping Yulan* 太平御览 („Kaiserlicher Überblick aus der ‚Taiping'-Ära"), zitiert nach folgendem Abschnitt aus Kapitel 83: *Diwang Shiji* 帝王世纪 („Genealogische Annalen der Kaiser und Könige").

Kaiser Wu") kann geschlossen werden, dass im dritten Jahr der „Tianhan"-Ära (98 v.Chr.) der westlichen Han-Dynastie bereits mit der „Monopolisierung des Handels mit Alkohol"[255] begonnen wurde. Die Regierung kontrollierte den Prozess der Produktion und des Verkaufs von alkoholischen Getränken streng durch die „Monopolbeamten für den Handel mit Alkohol", die sie allerorts aufstellte. Der hohe Profit aus der Herstellung alkoholischer Getränke stellt heute wie damals ein gegebenes Faktum dar. Daher gab die Staatsmacht ihr Möglichstes, um sie zu kontrollieren. Die enormen Erlöse dieses Gewerbes wurden zu einem wichtigen Teil der Staatseinnahmen:

> „Seit der Monopolisierung des Handels mit Alkohol unter Kaiser Xiaowu von Han gab es folgende Verfahrensweisen: Man gab seine Steuern für den Alkoholhandel selbst an, man öffnete einen Laden, um Gewinne zu sammeln, man zahlte monatlich eine Alkoholsteuer oder man zahlte monatlich mit dem Verkauf von Seidenstoffen. Der Staat stellte sogar selbst alkoholische Getränke her und verbat den privaten Handel durch das Volk. Die Beamten leiteten die Produktion alkoholischer Getränke und das Volk musste dafür Steuern zahlen. Bis in die Jahre der ‚Xining'-Ära der Song-Dynastie (1068 – 1077) gab es Alkoholsteuern mit Jahressummen von bis über 400000. Es wurde Feuerholz und ein Arbeitslohn für die zwangsweise Einteilung zur Arbeit gegeben oder es musste nach der Größe des Landes in Mu eine die normalen Steuern übersteigende Steuer für die Alkoholproduktion gezahlt werden, das ist wirklich extrem."[256]

Von der Perspektive des wirtschaftlichen Nutzens her gesehen ist leicht erkennbar, warum die Regierung der Han-Dynastie die Alkoholproduktion unmittelbar kontrollierte respektive betrieb. Faktisch „lag die Ursache für die Lockerung des Verbotes alkoholischer Getränke [seit der Einführung des Alkoholmonopols der Han-Dynastie] darin".[257] Die Regierung lockerte die Aufsicht über die Produktion und den Verkauf von alkoholischen Getränken, die Kontrolle über diese übte sie im Wesentlichen mittels der Steuerpolitik aus.

Zur Kostenkalkulation bei der Herstellung alkoholischer Getränke, wie sie von den staatlichen Handwerksstätten der Xin-Dynastie (9 – 23 n.Chr.) von Wang Mang 王莽 betrieben wurde, geben die historischen Quellen präzise Auskünfte. Zunächst folgt eine grobe Wiedergabe der Rahmenbedingungen in der Produktion alkoholischer Getränke, wie sie der Spezialgeneral und Landwirtschaftsminister Lu Kuang 鲁匡 beschrieb: „Wenn man den alkoholischen Getränken im Reich entsagt, dann gibt es nichts, womit man Zeremonien durchführen könnte. Wenn man sie erlaubt und ihnen keine Grenzen auferlegt, so schädigt dies die Staatsfinanzen und das Volk." Daher forderte er:

> „Heutzutage sollten wir die Zubereitungsweise der Vorväter nachahmen. Es wird angeordnet, dass der Staat alkoholische Getränke produziert. 2500 Dan ergeben ein Jun. Zunächst soll für die kommerzielle Produktion eine mit Lehm abgeschlossene Fermentationsgrube gebaut

255 Zitiert nach den Kommentaren Ying Shaos 应劭 im *Hou Han Shu* 后汉书 („Buch der späteren Han"), Kapitel 6: *Wudi Ji* 武帝纪 („Aufzeichnungen über Kaiser Wu"): „Der Staat selbst betrieb den Handel mit Alkohol, die einfache Bevölkerung handelte ihn nicht nochmals."

256 *Qing Chao Wenxian Tongkao* 清朝文献通考 („Umfassende Untersuchungen aus der Qing-Dynastie auf Grundlage von literarischen und dokumentarischen Quellen"), Kapitel 30: *Zheng Que Quegu* 征榷·榷酤 („Steuererhebung auf Waren – das Alkoholmonopol").

257 *Rizhilu* 日知录 („Aufzeichnungen des täglichen Wissens"), Kapitel 28: *Jiujin* 酒禁 („Alkoholverbot").

> werden, es sollte genau die Menge von 50 Produktionsvorgängen verkauft werden. Für einen Produktionsvorgang sollen zwei Hu geschälter Reis, ein Hu *Qu* [spezielle Art von Starterkulturen, *Anmerkung des Übersetzers*] verwendet werden, um daraus sechs Hu und sechs Dou alkoholisches Getränk zu erhalten. Dafür sollen an jedem Ersten eines Monats drei Hu Reis und *Qu* eingekauft werden, ein Drittel des Preises für ein Hu alkoholisches Getränk setzten sich daraus zusammen. Die Kosten für Reis und *Qu* abgezogen, gehen von den Einnahmen 70% an den Staat, die restlichen 30% gehen als Kosten für die Utensilien und Geräte zur Herstellung, Kohle und Abfallprodukte ab."[258]

Bei der Herstellung alkoholischer Getränke verfügten die staatlich betriebenen Produktionsstätten, begünstigt durch den großen Umfang ihrer Produktion, über eine höhere wirtschaftliche Effizienz. Ein wesentlicher Grund für die Herausbildung dieses Vorteils war, dass sie private Handwerker sowie Sklaven zur Arbeit einzogen. Dementsprechend waren die Produktionskosten sehr niedrig, da die wesentlichen Kosten sich lediglich aus den zur Herstellung alkoholischer Getränke benötigten Ausgangsmaterialien wie Reis und Starterkulturen zusammensetzten. Ungefähr 30% der Einkünfte aus der damaligen staatlichen Produktion mussten für die Produktionskosten aufgewendet werden, die restlichen 70% kamen der Regierung als Einkommen zu. Es wird also deutlich, dass die staatliche Herstellung alkoholischer Getränke eine lukrative Einnahmequelle darstellte. Die wirtschaftliche Bedeutung des Alkoholmonopols der Regierung ist klar erkennbar.

Zur Zeit der Chen-Dynastie (557 – 589), einer südlichen Dynastie der südlichen und nördlichen Dynastien „erließen der Palastkadett des Thronfolgers Yu Li und der Vizepräsident des Zensorats Kong Huan eine Steuer auf aus Meerwasser gewonnenes Salz und ein Alkoholmonopol."[259] Die Salzsteuer und das Alkoholmonopol der Chen-Dynastie gehörten zu den wesentlichen Quellen für die Einkünfte ihres Staates, im Bruttosozialprodukt nahmen sie einen wichtigen Stellenwert ein. Nicht nur die südlichen Dynastien kannten ein Alkoholmonopol, auch in den nördlichen Dynastien gab es staatliche Alkoholmonopole.[260]

Ein Weg der Tang-Dynastie zur Erweiterung ihrer Steuerquellen war die Verstärkung der Intensität des Alkoholmonopols. Es ist bekannt, dass die Tang-Dynastie in ihrer Frühphase eine „laissez-faire"-Haltung in Bezug auf die Herstellung alkoholischer Getränke einnahm und es dem Volk erlaubte, diese selbst zu produzieren. Auch Steuern erhob die Regierung in der Regel nicht. Erst seit dem zweiten Jahr der „Guangde"-Ära 广德 des Kaisers Daizong (764) wurden Produzenten alkoholischer Getränke monatlich besteuert. Parallel zur offiziellen Erhebung einer Teesteuer in der „Jianzhong"-Ära des Kaisers Dezong (780 – 783) verbot die Regierung der Bevölkerung, selbst alkoholische Getränke herzustellen und zu verkaufen. Stattdessen wurden diese nun in von der Regierung betriebenen Produktionsstätten hergestellt und auf jeden Hu 3000 Geldeinheiten Steuern erhoben. Damit einhergehend wurde festgelegt, dass Personen, die privat

258 *Han Shu* 汉书 („Buch der Han"), Kapitel 24: *Shihuo Zhi* 食货志 („Abhandlung über Nahrung und Handel"), zweiter Teil.

259 *Chen Shu* 陈书 („Buch der Chen"), Kapitel 3: *Shizu Ji* 世祖纪 („Aufzeichnungen zu Kaiser Wen von Chen").

260 *Bei Shi* 北史 („Geschichte der nördlichen Dynastien"), Kapitel 7: *Qi Benji* 齐本纪 („Annalen der Qi-Dynastie"), mittlerer Teil.

alkoholische Getränke herstellten, bestraft werden sollten. Die Herstellung alkoholischer Getränke gab der Staat allerdings schon bald wieder auf. Dies hing mit den hohen Kosten für Produktion und Verwaltung zusammen und nicht zuletzt auch mit dem damals niedrigen Alkoholgehalt des hergestellten Huangjiu, der großen Nachfragemenge, schwierigem Transport und dem leichten Verderben bei Transporten über längere Wegstrecken. Im zweiten Jahr der „Zhenyuan"-Ära 贞元 des Kaisers Dezong (786) wurde ein Steuersystem angewendet, in dem 150 in Geld als Steuern auf jedes Dou alkoholisches Getränk erhoben wurde, das von privaten Produzenten hergestellt und verkauft wurde. Für diese Produzenten und Verkäufer von alkoholischen Getränken wurden die Frondienste erlassen. Im sechsten Jahr der „Yuanhe"-Ära des Kaisers Xianzong (811) wurde ein hauptstädtischer Alkoholamt eingerichtet, das die Steuern auf die Produktion und den Verkauf von Alkohol eintrieb. Die politischen Leitlinien der Tang-Dynastie in Bezug auf die Herstellung und den Absatz alkoholischer Getränke veränderten sich häufig, sie wurden aber zunehmend in das System des Alkoholmonopols der Regierung eingegliedert. Die Steuern auf alkoholische Getränke wurden zu einer der festen Steuerarten im Haushalt der Regierung. Genauso wie in anderen Dynastien stand für die Regierung der Tang-Dynastie, insbesondere für die Regierung der mittleren und späten Periode der Tang-Dynastie die Menge der eingetriebenen Steuern im Fokus des Interesses.

Es ist bekannt, dass in der Tang-Dynastie eine verhältnismäßig schnelle Entwicklung der Produktion alkoholischer Getränke stattfand. Außer ihrer Herstellung in kleinem Umfang durch gewöhnliche Bauernhaushalte hauptsächlich für den eigenen Konsum bildete sich auch eine auf die Produktion alkoholischer Getränke spezialisierte Branche mit ansehnlichem Produktionsumfang heraus. Die Tang-Dynastie und die auf sie folgenden Dynastien entwickelten ihre Politik in Bezug auf die dieses Gewerbe. Anfangs beschränkten sie es einfach, während sie es später in das Steuersystem der Regierung hereinnahmen. Die Regierung zur Zeit des Tang-Kaisers Daizong erhob offiziell Steuern für Produzenten alkoholischer Getränke als Bevölkerungsgruppe. In jeder Präfektur wurden die Produzenten und Händler von Alkohol bewertet und in drei Klassen (obere, mittlere, untere Klasse) eingeteilt. Dabei waren hauptsächlich die Höhe ihres Vermögens und der jeweilige Produktionsumfang ausschlaggebend. Der Regionalinspektor von Huzhou 湖州 Li Ying 李应 forderte von der Zentralregierung „die Erlaubnis privaten Handels mit alkoholischen Getränken durch das Volk. Die alte Steuersumme des Alkoholmonopols soll abgeschafft werden, dennoch soll die Alkoholproduktion noch immer in die Zwei-Raten-Steuer einfließen und entsprechende Steuern in Kupfermünzenseilen gezahlt werden."[261] Dies fand die Zustimmung der Regierung. Dies förderte die wirtschaftliche Entwicklung der privaten Produzenten alkoholischer Getränke und steigerte eindeutig das Einkommen der Regierung.

Es gibt Aufzeichnungen aus verschiedenen Perioden der Tang-Dynastie Aufzeichnungen über die Abschaffung des Alkoholmonopols durch die Regierung.[262]

---

261 *Tang Huiyao* 唐会要 („Institutionelle Geschichte der Tang-Dynastie"), Kapitel 88: *Quegu* 榷酤 („Das Alkoholmonopol").

262 *Xin Tangshu* 新唐书 („Neues Buch der Tang"), Kapitel 54: *Shi Huo Zhi* 食货志 („Abhandlung über Nahrung und Handel"), vierter Teil.

Genau sie zeigen, dass das Alkoholmonopol in der Tang-Dynastie durchgängig angewandt wurde, insbesondere in Perioden finanzieller Schwierigkeiten der Regierung spielte es eine wichtige Rolle.

Die Song-Dynastie praktizierte ein System bestehend aus staatlich angebotenen Starterkulturen für alkoholische Getränke, staatlicher Herstellung alkoholischer Getränke und der Monopolisierung des Absatzes Letzterer. Die Zentralregierung richtete in Bianjing 汴京 die größte Behörde des damaligen China für Starterkulturen zur Herstellung alkoholischer Getränke und ein – das *Duquyuan* (都曲院). Es „kontrollierte die Herstellung von groben und feinen Starterkulturen erster Güte zur Bereitstellung für die staatlichen Herstellungsbetriebe und den Verkauf an andere Betriebe." Allein das innerhalb eines Jahres im Auftrag dieser Behörde gemahlene Getreide erreichte bereits eine Menge von 40000 Dan. Sie verfügte über 30 Mühlsteine zum Mahlen des für die Starterkulturen benötigten Getreides, 600 Esel und 428 Soldaten.[263] Das *Duquyuan* griff bei der Produktion auf Soldaten und die preiswerte Arbeit einer geringen Zahl technisch versierter Handwerker zurück. Die hergestellten Starterkulturen wurden Produzenten alkoholischer Getränke der Hauptstadt sowie anderer Städte gegen Entgelt angeboten. Mit dieser Monopolisierung der Starterkulturen erwirtschaftete die Regierung hohe Profite. Außer der Fortsetzung des seit der Tang-Dynastie existierenden Teemonopols gab es in der Song-Dynastie unter anderem auch noch ein Monopol auf Essig, Räucherwerk und Alaune. Die Zahl der von Monopolen betroffenen Produkte nahm stetig zu. Zur Zeit der nördlichen Song-Dynastie wurde „ein Edikt erlassen, dass die beim Monopol auf den Handel mit alkoholischen Getränken relevanten Steuern nicht erhöht werden dürfen."[264] Dies macht deutlich, dass es sich beim Alkoholmonopol nicht nur um eine der grundlegenden Quellen des regelmäßig eingeplanten Einkommens der Regierung handelte, sondern die Einnahmen aus diesem außerdem auch eine stetig steigende Tendenz aufwiesen. „Die Aussetzung der Erhöhung der Steuern aus dem Monopol auf den Handel mit alkoholischen Getränken in der Region des Jangtse, des Huai-Flusses, der Präfektur Jingzhou und in Zhejiang"[265] galt damals als eine volksfreundliche Politik der Zentralregierung. „Mit der Steigerung der das Alkoholmonopol betreffenden Steuern nahm auch das Volumen der aus Essig erlangten Steuern zu." [266] Dies illustriert, dass die Song-Dynastie stetig ihre Steuerquellen vermehrte und die Anteile dieser Bereiche am Steueraufkommen erhöhte. „Die Gesetzgebung zum Alkoholmonopol war besonders streng, bei Verstößen wurde die Familie mitbestraft, als Diener genommen und ihr Vermögen wurde für Andere als Belohnung verwendet."[267] Zwar setzte die Song-Dynastie diese

263 *Song Huiyao Jigao Zhiguan* 宋会要辑稿·职官 („Entwurf zu einer institutionellen Geschichte der Song-Dynastie – Beamte"), Abschnitte 33-34 des Kapitels 26.

264 *Song Shi* 宋史 („Geschichte der Song-Dynastie"), Kapitel 7: *Zhenzong Ji* 真宗纪 („Aufzeichnungen zu Kaiser Zhenzong"), zweiter Teil.

265 *Song Shi* 宋史 („Geschichte der Song-Dynastie"), Kapitel 7: *Zhenzong Ji* 真宗纪 („Aufzeichnungen zu Kaiser Zhenzong"), zweiter Teil.

266 *Song Shi* 宋史 („Geschichte der Song-Dynastie"), Kapitel 179: *Shi Huo Zhi Xia* 食货志下 („Abhandlung über Nahrung und Handel, zweiter Teil"), erster Abschnitt.

267 *Song Shi* 宋史 („Geschichte der Song-Dynastie"), Kapitel 381: Hong Ni Zhuan 洪拟传 („Biographie des Hong Ni").

Vorschriften in der Praxis nicht mit alle mit voller Härte durch, dennoch schenkte die Regierung dem Alkoholmonopol zur Steigerung ihres Einkommens konstant eine hohe Beachtung. Mit ihrem Teegesetz verglichen, war das Alkoholmonopol der Song-Dynastie noch strenger. Um die Produzenten alkoholischer Getränke als Gewerbe von Grund auf zu kontrollieren, wurde zu Beginn der Song-Dynastie vorgeschrieben, dass Städte aller Ebenen einen Außenposten der Steuerbehörde für alkoholische Getränke einrichten sollten. Diese Außenposten sollten den Verkauf der vom Staat hergestellten Starterkulturen für alkoholische Getränke durchführen. In Dörfern und kleineren Gemeinden war es der Bevölkerung zwar erlaubt, eigenständig alkoholische Getränke zu produzieren, allerdings mussten sie dafür Steuern an die Regierung zahlen. Seit dem zweiten Jahr der „Qingli"-Ära des Kaisers Renzong (1042) wurde eine Zusatzsteuer erhoben: „Der Salz- und Alkoholsteuer wurde eine Profitsteuer hinzugefügt", dies stellte den Beginn der „Zusatzsteuer auf Alkohol" dar. Als Zhao Kai 赵开 aus der südlichen Song-Dynastie im dritten Jahr der „Jianyan"-Ära 建炎 des Kaisers Gaozong (1129) das Vermögen und die Steuern Sichuans verwaltete, wurde eine Reform in Bezug auf das Alkoholgesetz durchgeführt. Damals wurde in Sichuan ein spezieller Betrieb für die Produktion alkoholischer Getränke eingerichtet, der von Staatsbeamten geleitet wurde. Wenn die lokale Bevölkerung aus eigenen Grundnahrungsmitteln alkoholische Getränke herstellte, kaufte der Staat sie nur zu den Herstellungskosten der Bevölkerung, das heißt, er zahlte 52 in Geld für jeden Hu. Ob die Bevölkerung die selbst produzierten alkoholischen Getränke selbst verkonsumierte oder sie verkaufte war allerdings nicht weiter von Interesse für die Regierung. Diese „Getrennte Fässer" *gecao* 隔槽 genannte Methode war praktisch und leicht umzusetzen, sie steigerte das Einkommen des Staates und begünstigte ebenfalls die Bedürfniserfüllung der Bevölkerung im Bereich alkoholischer Getränke. Später jedoch erhöhte der Staat willkürlich die Zusatzsteuer auf Alkohol, zusätzliche Steuererhebungen waren an der Tagesordnung. Die Song-Dynastie praktizierte ein strenges System des Alkoholmonopols: Zwischen Städten und dem Land sowie zwischen verschiedenen Städten existierten „verbotene Grenzen", über die hinaus kein Transport erfolgen durfte. Daher gab es faktisch keinen Transport von alkoholischen Getränken oder Handel mit ihnen über lange Wegstrecken. Dazu kommt, dass es sich bei den in der Song-Dynastie hergestellten alkoholischen Getränken hauptsächlich um Huangjiu handelte, der leicht verdirbt und sich damit nicht für den Transport und Handel über lange Strecken eignete. Was die Beziehungen zwischen der Song- und der Jin-Dynastie (1115 – 1234) angeht, so gab es eine bestimmte Menge hochwertiger alkoholischer Getränke, die bei diplomatischen Treffen von Boten und Ministern als Geschenk in das Reich der Jin-Dynastie gebracht wurden. Daraus wird ersichtlich, dass alkoholische Getränke auf beiden Seiten einen besonderen Stellenwert einnahmen. Seit der Regierungszeit des Kaisers Zhenzong der nördlichen Song-Dynastie stieg der Profit aus alkoholischen Getränken in gerader Linie an, in der Regierungszeit Kaiser Renzongs erreichte er seinen Höchststand in der Dynastie mit einer Summe von 17 Millionen Kupfermünzenseilen. Dieser Profit konnte aber unmöglich unbegrenzt anwachsen, da er durch die Konsummenge, den Zustand der Grundnahrungsmittelproduktion und viele weitere Faktoren begrenzt wurde. Daher stagnierte er seit Kaiser Shenzong im Großen und Ganzen bei etwa 13 Millionen Kupfermünzenseilen.

Die Situation der Jin-Dynastie im Bereich des Alkoholmonopols stellte sich grob wie folgt dar: „Das Jin-Reich monopolisierte den Handel mit Alkohol nach dem Vorbild der Liao-Dynastie (916 – 1125) und der Song-Dynastie. Seit dem dritten Jahr der ‚Tianhui'-Ära (1125) wurden volljährige Beamten für das Alkoholmonopol ernannt. Im dritten Jahr der ‚Dading'-Ära des Kaisers Shizong (1163) erging ein Edikt des Herrscherhauses, dass private Produzenten alkoholischer Getränke von der Transportkommission geahndet werden sollten." [268] Das System des Alkoholmonopols der Jin-Dynastie folgte im Wesentlichen dem der Song- und Liao-Dynastie, obgleich es gewisse Veränderungen erfuhr. In der Regierungszeit Kublai Khans wurden größere Anpassungen in Bezug auf das Alkoholmonopol vorgenommen:

> „Ursprünglich durfte die Bevölkerung selbst alkoholische Getränke herstellen, für alkoholische Getränke aus einem Dan Reis erhob die Regierung ein Kupfermünzenseil als Steuer. Lu Shirong erließ ein Alkoholmonopol mit einem Volumen von 50000. Für alkoholische Getränke aus einem Dan Reis wurde [nun] eine Steuer von zehn Kupfermünzenseilen erhoben, sie stieg damit um das zehnfache der alten Steuer. Als das Monopol aufgehoben und der Bevölkerung erlaubt wurde, selbst alkoholische Getränke herzustellen, wurde die Alkoholsteuer von früher einem Kupfermünzenseil auf fünf Kupfermünzenseile angehoben."[269]

Zwar war es in der Yuan-Dynastie der Bevölkerung erlaubt, frei alkoholische Getränke zu produzieren, die auf deren Herstellung erhobenen Steuern wurden allerdings deutlich erhöht, wodurch die Einnahmen der Regierung ebenfalls enorm anstiegen. Hieraus wird ersichtlich, dass die Yuan-Dynastie bei gleichzeitiger Lockerung des Alkoholmonopols mittels der Steuerpolitik seinen wirtschaftlichen Nutzen für die Regierung steigerte. In der Praxis kontrollierte sie durch die Erhebung von Steuern die Produktion alkoholischer Getränke im ganzen Reich. Insbesondere richtete die Yuan-Dynastie „ein hauptstädtisches Aufsichtsamt für Steuern auf alkoholische Getränke ein, das die Angelegenheiten des Monopols auf alkoholische Getränke und Essig kontrollierte."[270] Dies zeigt, dass der Apparat zur Durchführung des Alkoholmonopols vergleichsweise ausgereift war. Das Alkoholmonopol stellte eine der grundlegenden Quellen für die staatlichen Einnahmen dar.

Einhergehend mit der Entwicklung der Warenwirtschaft lockerte der Staat das Alkoholmonopol in der Ming- und Qing-Dynastie zunehmend, die Einnahmen des Staates aus ihm hatten bei Weitem nicht mehr die Bedeutung früherer Zeiten.

Insgesamt gesehen, handelte es sich bei der Produktion alkoholischer Getränke im Feudalismus um ein vergleichsweise lukratives Gewerbe. Zwar wendete die Regierung ein Monopolsystem in diesem Bereich an, allerdings wurde in der

---

268 *Jin Shi* 金史 („Geschichte der Jin-Dynastie"), Kapitel 49: *Shi Huo Zhi* 食货志 („Abhandlung über Nahrung und Handel"), vierter Teil.

269 *Yuan Shi* 元史 („Geschichte der Yuan-Dynastie"), Kapitel 13: *Shizu Ji* 世祖纪 („Aufzeichnungen über Kublai Khan").

270 *Yuan Shi* 元史 („Geschichte der Yuan-Dynastie"), Kapitel 85: *Bai Guan Zhi* 百官志 („Abhandlung über die Beamten"), erster Teil.

Umsetzung bei Weitem nicht so radikal vorgegangen, wie es beim Monopol auf Salz und Eisen der Fall war. Dies hing im Wesentlichen mit den Besonderheiten der monopolisierten Waren zusammen. Es ist bekannt, dass in China erst seit der südlichen Song-Dynastie die Destillation von Alkohol bekannt war, zuvor handelte es sich bei alkoholischen Getränken in der Regel um Reiswein oder Huangjiu. Ihr Alkoholgehalt war niedrig, was Lagerung und Transport dieser Produkte zu einem schwierigen Unterfangen werden ließ. Wenn der Staat alkoholische Getränke produzierte und sie unmittelbar absetzte, entstanden dabei verhältnismäßig hohe Kosten. Außerdem waren die Voraussetzungen zum Einstieg in die Herstellung alkoholischer Getränke damals vergleichsweise gering, auch individuelle Haushalte konnten sie erfüllen, womit eine Monopolisierung durch den Staat schwierig wurde.

Manche Forscher vertreten die Auffassung, dass die regelmäßige Anwendung von Monopolsystemen durch die Regierungen Chinas seit Kaiser Wu von Han den entscheidenden restriktiven Faktor darstellten, der die Entwicklung der chinesischen Marktwirtschaft über einen Zeitraum von 2000 Jahren behinderte.[271] In der Praxis handelte es sich lediglich um einen Teil des Problems, da die Monopole des chinesischen Feudalismus zwar über eine die Warenwirtschaft behindernde Seite verfügten, dies jedoch nicht ihr wesentlicher Charakter war. Verkaufsmonopole und das Alkoholmonopol umfassten ebenfalls unter anderem noch Überlegungen zu Aspekten wie der wirtschaftlichen Sicherheit des Staates und der makroökonomischen Kontrolle und sollten der Monopolisierung der wirtschaftlichen Lebensadern durch reiche und große Händler vorbeugen. Die Kontrolle oder auch der unmittelbare Betrieb der Eisen- und Salzwirtschaft und weiterer entscheidender Gewerbe durch den Staat und die damit einhergehende Konzentration von Arbeitskräften sowie materiellen und finanziellen Ressourcen für eine großangelegte Produktion in der Feudalgesellschaft mit ihrer vergleichsweise geringen Produktivkraft führten in gewissem Maße zu einem unmittelbar aus dem Produktionsumfang entspringenden, großen Nutzeffekt. Außerdem war ein Monopol nicht zwingend mit dem Betrieb dieses Gewerbes durch staatliches Handwerk gleichzusetzen. In einigen Perioden bezogen sich sogenannte Monopole lediglich unter anderem auf den Produktionspreis und die Qualität des regulierten Produktes und die Steuern auf selbiges. Es musste dementsprechend nicht unbedingt vom Staat selbst produziert werden. Die Regierung kontrollierte allerdings in manchen Fällen den Prozess der Produktion, der Zirkulation und sogar des Konsums. Unter diesen Umständen nahm die Regierung häufig die Rolle des Aufkäufers ein.

Kurz gesagt, handelt es sich bei den Monopolen in der traditionellen chinesischen Gesellschaft um enorm komplexe Systeme, die nicht einfach nur oberflächlich betrachtet werden dürfen.

4. Das Monopol auf Tee

---

271 *Cong Zhongguo Lishi Kan Shichang Jingji de Zhouqixing Xingshuai – Wei Sen Jiaoshou Zai Fudan Daxue de Yanjiang* 从中国历史看市场经济的周期性兴衰——韦森教授在复旦大学的讲演 („Das periodische Aufblühen und Niedergehen der Marktwirtschaft von der Perspektive der chinesischen Geschichte her betrachtet – Vortrag von Professor Wei Sen an der Fudan-Universität"), in Wen Hui Bao, Nr. 6, 2007.

Der Kreis der durch die Regierung monopolisierten Produkte erweiterte sich in der Tang-Dynastie. Darunter war auch Tee, der nun ebenfalls zum Gegenstand eines staatlichen Monopols wurde. Aufzeichnungen über Tee finden sich in chinesischen Schriften zwar verhältnismäßig früh, jedoch wurde er erst in der Tang-Dynastie wirklich zu einem in der Bevölkerung verbreiteten Getränk. Tee wurde Gegenstand eines Monopols in der Tang-Dynastie. Die Einführung dieses Monopols stand in direktem Zusammenhang mit der ansteigenden Konsummenge von Tee. Die Geschichtsbücher erwähnen, dass die Menschen der Tang-Dynastie „geradezu süchtig nach ihm [Tee] waren, und das den ganzen Tag und die ganze Nacht. Es wurde beinahe zu einer Sitte [‚Tee zu trinken].“[272] Tee war bereits zu einem für die Menschen unverzichtbaren Alltagsprodukt geworden und durfte wie Feuerholz, Reis, Öl und Salz zu keiner Zeit fehlen:

> „Tee gleicht Nahrung, er unterscheidet sich nicht von Reis und Salz. Daher wird er von den Menschen konsumiert, egal ob nah, ob fern, die Sitten sind die Gleichen. Außerdem beseitigt er Ermattung und Durst. Es ist schwierig, auf ihn zu verzichten und er wird unbedingt benötigt. Auf dem Land liebt man überall heiß und innig den Tee.“[273]

Die Gepflogenheit des Teetrinkens breitete sich zunehmend vom Zentrum des Reiches in die umliegenden Gebiete der Minderheitennationalitäten aus.[274]

Das Monopol auf Tee wurde im neunten Jahr der „Taihe“-Ära des Kaisers Wenzong 文宗 (835) eingeführt. In jenem Jahr ernannte die Zentralregierung mit Wang Ya 王涯 erstmals einen Kommissar für das Teemonopol.[275] Die damalige Verfahrensweise des Teemonopols gestaltete sich folgendermaßen: „In den Präfekturen und Kreisen, die Tee herstellten, und an Bergen und wichtigen Handelswegen wurde mithilfe der Einteilung in drei Güteklassen der Wert des Tees bestimmt und auf ihn zehn Prozent Steuern erhoben.“ Zu Beginn wurde eine Handelssteuer von etwa 10% je nach dem Wert der Teeblätter, der mithilfe ihrer Güteklasse bestimmt wurde, erhoben. Im neunten Jahr der „Taihe“-Ära (835) erreichten die Einkommen aus der Teesteuer bereits ein Volumen von 400000 Kupfermünzenseilen. In den letzten Jahren des Tang-Kaisers Wenzong betrugen die eingenommenen Steuern aus Bergbau und Verhüttung des ganzen Reiches mehr als 70000 Kupfermünzenseile, sie „konnten [jedoch] nicht mit der Teesteuer auch nur

272 *Fengshi Wenjian Ji* 封氏闻见记 („Meister Fengs Aufzeichnungen vom Hörensagen und von eigenen Erfahrungen“), Kapitel 6: *Yin Cha* 饮茶 („Tee trinken“).

273 *Jiu Tang Shu* 旧唐书 („Altes Buch der Tang“), Band 173: *Li Jue Zhuan* 李珏传 („Biographie des Li Jue“).

274 *Fengshi Wenjian Ji* 封氏闻见记 („Meister Fengs Aufzeichnungen vom Hörensagen und von eigenen Erfahrungen“), Kapitel 6: *Yin Cha* 饮茶 („Tee trinken“): Die Gepflogenheit der Tang-Dynastie, Tee zu trinken, „verbreitete sich von der zentralen Ebene in die Gebiete außerhalb der Großen Mauer. In den letzten Jahren kamen Uiguren in das Reich. Sie trieben ihre guten Pferde mit sich, um sie gegen Tee zu handeln und dann [mit Tee in ihre Heimat] zurückzukehren.“

275 *Jiu Tang Shu* 旧唐书 („Altes Buch der Tang“), Kapitel 17, zweiter Teil: Wenzong Ji 文宗纪 („Aufzeichnungen zu Kaiser Wenzong“), zweiter Teil: „Wang Ya bot die Einkünfte aus dem Monopol auf Tee dar, daraufhin wurde er Kommissar für das Teemonopol. Die Monopolsteuer auf Tee gab es seit Wang Ya.“

eines einzelnen Kreises verglichen werden."[276] Der zu Raozhou 饶州 gehörende Kreis Fuliang 浮梁 produzierte Teeblätter im Überfluss, in diesem Kreis wurde „jedes Jahr eine Menge Tee produziert, die von sieben Millionen Lasttieren auf dem Rücken getragen wurde, und auf die Steuern von 150000 Kupfermünzenseilen gezahlt wurden."[277] Daraus wird ersichtlich, dass die Einnahmen aus dem Monopol auf Tee ein besonders wichtiger Teil in den Einnahmen der Zentralregierung ausmachte. Zur Zeit des Tang-Kaisers Wuzong erhöhte die Regierung wiederum die Teesteuer in einem wesentlichen Produktionsgebiet, dem Gebiet zwischen dem Huai-Fluss und dem Jangtse. Um die Eintreibung einer ausreichenden Summe aus der Teesteuer sicherzustellen, richteten die betroffenen Abteilungen der Regierung der Tang-Dynastie allerorts spezielle Behörden ein, *Di* 邸 (Residenzen). Die von ihnen eingetriebenen Gelder wurden *Tadiqian* 塌地钱 genannt.

Unter der Situation besonders hoher Steuerbelastungen durch die Regierung der Tang-Dynastie betrieb das Volk immer häufiger Teeschmuggel. Um den Schmuggel einzudämmen, wandte die Regierung harte Strafen zu seiner Unterdrückung an, auf dem unerlaubten Handel mit Tee standen Strafen bis hin zur Todesstrafe.[278] Allerdings muss man feststellen, dass diese harten Strafen in der Praxis kaum die gewünschte Funktion entfalten konnten, da im Spiel der drei Seiten Regierung, Händler und Teebauern die Regierung, die sich in einer vorteilhaften Stellung befand, stetig die Teesteuer anhob. Damit steigerte sie ihren eigenen Nutzen enorm, indem sie gleichzeitig die Interessen der zahlreichen Teebauern und Konsumenten opferte. Dies bot dem Teeschmuggel einen günstigen Nährboden und musste notwendigerweise die Produktion von Teeblättern und den Handel mit ihnen schädigen. Da die Regierung diese Bereiche unmittelbar kontrollierte, erlitten auch die Einkünfte der Regierung Schaden. Es gab eine spezielle Ursache dafür, dass die Regierung der Tang-Dynastie einen solchen Wert auf die Teesteuer legte und die Last der Teesteuer bis auf einen Grad steigerte, der nicht mehr weiter zu steigern war: Im Haushalt der Regierung unterschritten die Einnahmen immer wieder die Ausgaben und die Regierung steckte in ernsthaften finanziellen Schwierigkeiten nach der gewaltsamen Abtrennung einzelner Landesteile mit der Errichtung lokaler Autonomien von militärischen Verteidigungskommandos in der mittleren und späteren Phase der Tang-Dynastie. Und einer der entscheidenden Wege zur Erhöhung der Steuereinnahmen war die Anhebung der Teesteuer. Anders ausgedrückt, die Potentiale der traditionellen Steuern, welche die Regierung der Tang-Dynastie freizulegen suchte, waren für in Bezug auf die Erhöhung der Steuereinnahmen bereits weitestgehend ausgeschöpft. Die Eröffnung neuer Steuerquellen war eine notwendige Entscheidung der Dynastie unter den Umständen einer sich täglich weiter verschlechternden Finanzsituation. Die Teesteuer war das dafür geeignetste Instrument der damaligen Regierung.

---

276 *Xin Tangshu* 新唐书 („Neues Buch der Tang"), Kapitel 54: *Shi Huo Zhi* 食货志 („Abhandlung über Nahrung und Handel"), vierter Teil.

277 *Yuanhe Junxian Tuzhi* 元和郡县图志 („Illustrierte Abhandlung über alle Verwaltungseinheiten aus der ‚Yuanhe'-Ära"), Kapitel 28: *Raozhou·Fuliang Xian* 饶州·浮梁县 („Raozhou – Kreis Fuliang").

278 *Xin Tangshu* 新唐书 („Neues Buch der Tang"), Kapitel 54: *Shi Huo Zhi* 食货志 („Abhandlung über Nahrung und Handel"), vierter Teil.

Unter den zahlreichen Völkern und Volksstämmen während der Tang-Dynastie waren die Tibeter ein Volk, das einen sehr großen Einfluss in Bezug auf das Teetrinken aus dem Zentrum Chinas erfuhr. Während der „Kaiyuan"-Ära des Kaisers Xuanzong (713 – 741) betrieb die tibetische Yarlung-Dynastie in Chiling 赤岭 und Longzhou 陇州 gegenseitigen Handel mit der Tang-Dynastie. Die Austauschgüter beider Seiten waren im Wesentlichen Pferde und Tee sowie Seidenstoffe, Güter, die im Austausch für beide Seiten gewinnbringend waren.

In der mittleren und späten Phase der Tang-Dynastie war Teetrinken in der tibetischen Oberschicht bereits sehr verbreitet, sie kannte sich bereits sehr umfassend mit Teeblättern aus. Laut Aufzeichnungen sandte die Tang-Dynastie während der „Jianzhong"-Ära des Kaisers Dezong (780 – 783) den wichtigen Minister Chang Yan 常兖 als Boten zur tibetischen Yarlung-Dynastie aus:

> „Chang, Fürst von Lu wurde als Bote zur tibetischen Yarlung-Dynastie ausgesandt. Im Zelt wurde Tee gekocht. Der Tsenpo fragte: ‚Was ist das?' Der Fürst von Lu antwortete: ‚Das ist zum Wegspülen des Verdrusses und Löschen des Durstes, es wird Tee genannt.' Der Tsenpo entgegnete: ‚Ich habe so etwas [Tee] auch.' Daraufhin befahl er, ihn herauszuholen und sagte auf den Tee zeigend: ‚Dies ist Shouzhou-Tee, dies ist Shuzhou-Tee, dies ist Guzhu-Tee, dies ist Qimen-Tee, dies ist Changming-Tee, dies ist Hùhú-Tee.'"[279]

Aus diesem Material wird ersichtlich, dass Tee mindestens zu diesem Zeitpunkt schon recht populär in den Oberschichtenkreisen der tibetischen Yarlung-Dynastie gewesen sein muss. Der Tsenpo kannte sich sehr gut mit Teeblättern aus. Er war bereits in der Lage, die genauen Anbaugebiete der Teeblätter zu benennen und außerdem umfassten die von ihm aufbewahrten Teeblätter nahezu alle wesentlichen Anbaugebiete von Teeblättern in China. Des Weiteren ist diese historische Quelle hinreichend, um zu zeigen, dass die Teeblätter, die vom Inneren Chinas in die tibetische Yarlung-Dynastie strömten, nicht zuerst durch die staatlichen gegenseitigen Märkte oder Tribute nach Tibet gelangten, sondern hauptsächlich über privaten Handel. Hätte der damalige gegenseitige Handel mit Teeblättern des Staates nach Tibet ohne Hindernisse stattgefunden, dann hätte der Tsenpo nicht mit seinen im Zentrum Chinas angebauten Teeblättern, die er selbst eingelagert hatte, vor dem Beamten der Tang-Dynastie geprahlt.

Die Teeblätter der tibetischen Yarlung-Dynastie gelangten zuerst über private Wege und nicht zuerst durch den staatlichen gegenseitigen Handel oder Tribute dorthin, dies entsprach einer normalen Warenzirkulation. Die Popularität von Tee in den Gebieten der tibetischen Yarlung-Dynastie hatte nicht nur damit zu tun, dass Tee hilfreich für die Verdauung ist, Durst löscht und Ermattung beseitigt, sondern auch mit dem sich dort zunehmend verbreitenden Buddhismus, da buddhistische Meditierende Tee trinken mussten, um ihrer Müdigkeit Abhilfe zu schaffen. Mit der Verbreitung des Teetrinkens in der tibetischen Yarlung-Dynastie nahm ebenfalls ihre Nachfrage nach Teeservices zu. Nach den Aufzeichnungen des *Han Zang Shiji* 汉藏史集 („Chroniken von China und Tibet") sandte der Tsenpo Tridu Songtsen speziell einen Boten zur Tang-Dynastie aus, um Utensilien zum Teetrinken wie Teetassen zu

[279] *Tang Guo Shi Bu* 唐国史补 („Ergänzung zur Geschichte der Tang-Dynastie"), 2. Band.

bitten. Es wird erzählt, dass der Kaiser damals keineswegs direkt die konkreten Forderungen des Tsenpo erfüllte, sondern einen geschickten Handwerker in die tibetische Yarlung-Dynastie aussandte. Dieser Handwerker verwendete nach seiner Ankunft in Tibet den vom Tsenpo aus den Lagern geholten Töpferton sowie weitere Rohmaterialien, um selbst im Zentrum Chinas selten so zu findende Teetassen und weitere Utensilien herzustellen. Sie verfügten über eine breite Öffnung, waren aus dünnem Material, mit kurzen Füßen, glatt und fein und waren mit blauer Lüstermalerei verziert. Auf die erste Tasse malte er die Sage der Tibeter zum Ursprung des Tees, auf die anderen Tassen malte er dann verschiedene Tiermuster. Der Tsenpo war sehr zufrieden mit den von jenem Tang-Handwerker hergestellten Teetassen und gab ihnen persönlich Namen.[280] Hierbei handelt es sich um eine beliebte, schöne Geschichte zum Kulturaustausch zwischen der Tang-Dynastie und der tibetischen Yarlung-Dynastie. Sie illustriert, dass die Tang-Dynastie mit großem Herzblut den Kultur- und Wirtschaftsaustausch mit dem Gebiet der Yarlung-Dynastie voranbrachte. Laut Sagen hatte auch Prinzessin Wencheng 文成 einen positiven Einfluss auf die Verbreitung des Teetrinkens in der tibetischen Yarlung-Dynastie. Im *Xizang Zhengjiao Jian Fulu* 西藏政教鉴附录 („Anhang zu den Beobachtungen zu Staat und Religion Tibets") ist festgehalten, dass die ersten Lieferungen von Teeblättern aus dem Zentrum Chinas mit Prinzessin Wencheng in die Gebiete der tibetischen Yarlung-Dynastie kamen. Der Dichter Chen Tao 陈陶 aus der Tang-Dynastie schrieb in seinem Gedicht *Long Xi Xing* 陇西行 („Reise in den Westen vom Berge Long"): „Seitdem die Prinzessin den Tsenpo heiratete, ähnelte eine Hälfte der tibetischen Kultur jener der Han-Chinesen." Diese Aussage scheint sich ebenfalls auf die Sitte des Teetrinkens zu beziehen, die im Gebiet der tibetischen Yarlung-Dynastie verbreitet war.[281] Die gegenseitige Beeinflussung und Durchdringung in Bereichen wie Wirtschaft, Kultur und Lebensgewohnheiten der Tang-Dynastie und der Yarlung-Dynastie kann aus dem oben Beschriebenen zu einem kleinen Teil erkannt werden. Insbesondere die Leistungen im Bereich der Verbreitung von Kunst und Kultur sowie Produktionstechniken aus dem Zentrum Chinas sind bereits auf den ersten Blick erkennbar.

Das Teemonopol erfuhr in der Song- und Yuan-Dynastie eine weitergehende Entwicklung. Laut der Aufzeichnungen in der „Geschichte der Yuan-Dynastie" in den „Aufzeichnungen über Nahrung und Handel" gab es 100000 steuerpflichtige Genehmigungen für die Beteiligung am staatlichen Monopol auf Tee in den Jahren der „Yanyou"-Ära 延祐 (1314 – 1320), wobei jede Genehmigung mit 120 Pfund gerechnet wurde (die jährliche Teeproduktion ganz Chinas lag bei etwa 120 Millionen Pfund). Eine solch enorme Produktionsmenge von Tee stellt selbst bei heutiger Betrachtung keine kleine Zahl dar.

---

280 Cai Rang 才让: *Tufan Shehui de Shougongye* 吐蕃社会的手工业 („Das Handwerk der tibetischen Yarlung-Dynastie"), in Xibei Minzu Xueyuan Xuebao (=heutiger Journal of Northwest Minzu University), Nr. 3 1990.

281 vgl. Wei Mingkong 魏明孔: *Sui Tang Shougongye yu Jumin Shenghuo Shiwu Jiegou de Gaishan* 隋唐手工业与居民生活食物结构的改善 („Die Verbesserung der Struktur des Handwerks und der Lebensmittel der Bevölkerung der Sui- und Tang-Dynastie"), in Journal of Capital Normal University, Nr. 5 1997.

Die Kontrolle der Song-Dynastie über Teeblätter war, verglichen mit der über Salz, strenger. Seit sich Tee als Getränk in der Tang-Dynastie verbreitete, und ebenfalls zu einem populären Getränk in den Gebieten der Minderheitennationalitäten wurde, wurde selbiger zu einem unverzichtbaren Lebensmittel, das in einer Reihe mit Feuerholz, Reis, Öl und Salz stand. Die Ernährung der Nomadenvölker basierte auf Fleisch- und Käseprodukten, und Tee wiederum ist hilfreich für die Verdauung, löscht Durst und beseitigt Ermattung. Daher wurde der Bedarf der Nomadenvölker an Tee immer größer, sie waren in ihrem Alltagsleben auf ihn angewiesen. Die Song-Dynastie war sehr streng mit dem Teegesetz, um die Einnahmen der Regierung zu stabilisieren und zu erhöhen und den wirtschaftlichen Austausch mit den Nomadenvölkern wirksam zu kontrollieren. Zu Beginn der nördlichen Song-Dynastie fand folgende politische Leitlinie zum staatlichen Verkauf von Tee Anwendung: In den Kernproduktionsgebieten richtete die Regierung sechs Kommissionen für Monopolsteuer und 13 Stationen [zu denen der geerntete Tee geliefert wurde] ein. Nach den damaligen Vorschriften zahlten die Teebauern erst für ihre Teeblätter in Teeblättern eine gewisse Teesteuer an den Staat, die restlichen Teeblätter wurden vom Staat zum Staatspreis aufgekauft, dann schlug der Staat noch einmal etwas auf den Preis auf und verkaufte sie im Großhandel weiter an die Händler zum Absatz. Sämtliche Steuern, die die Teebauern zahlten, konnten in Teeblätter umgerechnet werden. Um die Produktionsmenge des Tees zu garantieren, gab die Regierung der Song-Dynastie erst ein bestimmtes „Teegeld" als Startkapital. Dies war hilfreich für die Aufrechterhaltung der Produktion und des Lebens der Teebauern und besaß unzweifelhaft eine gewisse Impulswirkung für die Stabilisierung der Teeproduktion. Bei den Teehändlern der Hauptstadt wurde in der Regel ein System von „Teegenehmigungen" praktiziert. Die Teehändler mussten zuerst bei der Kommission für Monopolsteuer der Hauptstadt in Geld oder Textilien zahlen, um dann eine Genehmigung zum Teeverkauf erteilt zu bekommen, daraufhin erhielten sie an einem bestimmten „Teeort" den Tee, den sie wiederum weiterverkauften. Für sämtlichen Handel mit den umliegenden Minderheitennationalitäten mussten Händler eine von der entsprechenden Regierungsbehörde ausgestellte Genehmigung besitzen. Aus Überlegungen zur Sicherheit und Praktikabilität durften die Teehändler aus dem Südosten Chinas bei den örtlichen Kommissionen für Monopolsteuer in Geld oder Textilien zahlen, um eine Genehmigung zum Teeverkauf zu erwerben.

Da die Song-Dynastie die Teeblätter durch die zuständigen Behörden aufkaufen ließ und der Preis für den Aufkauf als auch den Verkauf an die Händler gleichermaßen von der Regierung bestimmt wurde, ergab sich ein hoher Unterschied zwischen beiden Preisen. Damit wurde Tee zu einer der entscheidenden Quellen für die Regierungseinnahmen.

Während der „Jiayou"-Ära 嘉佑 des Song-Kaisers Renzong (1056 – 1063) wurde eine Reform in Bezug auf das obige System zum Teeverkauf durchgeführt. Es wurde von einem Gesetz zum freien Handel abgelöst. Es bestimmte, dass Teebauern eine Landpacht an den Staat zahlen mussten und die Teehändler eine Teesteuer an die Regierung zahlen mussten. Auf diese Weise konnten Teebauern und Teehändler nun direkt miteinander Handel treiben, damit ergab sich ein vergleichsweise hoher Grad der Ökonomisierung in diesem Bereich. Die Reform des Teesystems durch die Song-Dynastie von einem Monopolverkaufssystem zu einem System der Erhebung von Teesteuer spiegelte das Prosperieren der damaligen Warenwirtschaft und die weitergehende Erleichterung der persönlichen Abhängigkeitsverhältnisse der unmittelbaren Produzenten wider. Gleichzeitig wurden so ebenfalls die Verwaltungskosten der Regierung bei der Eintreibung der Teesteuer gesenkt.

Die Song-Dynastie praktizierte ein Monopolsystem gleichermaßen für Salz, Tee und alkoholische Getränke. Diese Monopolsysteme waren besonders wichtig für die Steigerung der Regierungseinnahmen und die Vorbeugung der Monopolisierung des Marktes durch Händler und die Stärkung der Macht der Zentralregierung.

Die Ming-Dynastie war eine Periode vorher nie dagewesener Prosperität der von der Regierung betriebenen gegenseitigen Märkte für Tee und Pferde. Dies hatte im Wesentlichen folgende zwei Gründe: Die Ming-Dynastie benötigte zur Niederhaltung der Mongolen dringend eine große Menge Kavalleriepferde unter anderem aus dem Nordwesten Chinas. Außerdem florierte der Handel mit den Minderheitennationalitäten auch dank der günstigen Entwicklung der Warenwirtschaft in China. Und die gegenseitigen Märkte für Tee und Pferde waren einer der wesentlichen Gegenstände des Handels mit den Minderheitennationalitäten. Der gegenseitige Handel Tee gegen Pferde dieser Zeit wies, mit zuvor verglichen, verhältnismäßig große Veränderungen auf. Diese drückten sich hauptsächlich darin aus, dass die gegenseitigen Märkte für Tee und Pferde nun mit militärischen Bedürfnissen gekoppelt waren und es sich damit um eine wirtschaftspolitische Leitlinie handelte, die eine politische Strategie in sich beinhaltete. Zu Beginn der Ming-Dynastie errichtete die Zentralregierung östlich von Hami 哈密 (Kumul), westlich des Jiayu-Passes 嘉峪关, am Qinghai-See 青海湖 und entlang dem Qaidam-Becken sieben Verteidigungskommandos westlich der Großen Mauer in Anding 安定, Quxian 曲先 (Kuqa), Aduan 阿端, Handong 罕东 (Dunhuang 敦煌), Shazhou 沙州 (Dunhuang), Chijin 赤斤 (Yumen) und Hami (Kumul) ein. Sie waren nützlich, um wirksame Kontrolle über die dort mit ihren Herden umherziehenden Mongolen und Yuguren und weitere Völker auszuüben. Im Prozess der Ausübung politischer Herrschaft über die verschiedenen Völker des chinesischen Nordwestens legte die Ming-Dynastie besonderen Wert darauf, das notwendige alltägliche Gut Tee der Minderheitennationalitäten als Instrument zu ihrer Kontrolle auszunutzen. Dies hatte die Angewiesenheit der Minderheitennationalitäten des chinesischen Nordwestens auf Tee zur Vorbedingung. Damals „waren die Barbaren dem Käse verfallen. Wenn sie aber keinen Tee hatten, ermatteten sie und wurden davon krank." [282] Insbesondere im Hochland von Tibet wurde hauptsächlich Hochlandgerste als Grundnahrungsmittel angebaut: „Die Hitze der Hochlandgerste kann ohne Tee nicht gelöscht werden." [283] Gleichzeitig hingen die von der

282 *Ming Shi* 明史 („Geschichte der Ming-Dynastie"), Kapitel 80: *Shi Huo Zhi* 食货志 („Abhandlung über Nahrung und Handel"), vierter Teil: *Chafa* 茶法 („Teegesetz").

283 *Ming Jingshi Wenbian* 明经世文编 („Gesammelte Schriften über die Staatskunst aus der Ming-Dynastie"), Kapitel 149, Wang Tingxiang 王廷相: *Wangshi Jia Cang Wen Ji* 王氏家藏文集 („Gesammelte Schriften aus dem Hause Wang"), Kapitel 2: *Yan Cha (Shu Cha)* 严茶（蜀茶）(„Intensiver Tee (Tee aus Sichuan)"], Seite 1489, Beijing: Zhonghua Shuju, 1962.

chinesischen Kaiserdynastie benötigten Pferde wiederum hauptsächlich vom Angebot der Minderheitennationalitäten des chinesischen Nordwestens ab. Die gegenseitige Ergänzung der Wirtschaft der vielen verschiedenen Völker innerhalb des Reiches sorgte dafür, dass die gegenseitigen Märkte für Tee und Pferde der nordwestlichen Regionen in der Ming-Dynastie eine nie gekannte Prosperität erfuhren. Dementsprechend stellte sich das goldene Zeitalter der gegenseitigen Märkte für Tee und Pferde nach Art der Ming-Dynastie genauso wie in den Geschichtsbüchern dar: In der Ming-Dynastie „gab es den staatlichen Tee und den Tee der Händler. Beide Sorten von Tee wurden an der Grenze zum Handel mit Pferden gelagert."[284] Die gegenseitigen Märkte für Tee und Pferde der Ming-Dynastie wurden hauptsächlich von der Zentralregierung unmittelbar kontrolliert und betrieben.

Die Behörde für den gegenseitigen Handel mit Tee und Pferden der Ming-Dynastie war, mit zuvor verglichen, weiter ausgereift. Die Zentralregierung richtete eine spezielle Behörde für die staatlich betriebenen gegenseitigen Märkte für Tee und Pferde ein, das Amt für Tee und Pferde, um den gegenseitigen Handel mit Tee und Pferden zwischen dem Zentrum des Reiches und den Völkern des chinesischen Nordwestens zu verwalten. Bereits in der Periode des Ming-Kaisers Taizu 太祖 (Zhu Yuanzhang) wurden mehrmals Beamte in die nordwestlichen Gebiete sowie tibetischen Gebiete und weitere Orte ausgesandt, die Pferde im Überfluss produzierten, um entweder Pferde zu kaufen oder mit anderen Waren Pferde einzutauschen. Dies geschah unter dem Umstand, dass der Krieg in ganz China nach dem Dynastiewechsel noch nicht vollständig beendet war und der damit verbundenen enormen Menge und Dringlichkeit des Bedarfs der Zentralregierung an Pferden. Im achten Jahr der „Hongwu"-Ära (1375) brachte der Beamte Zhao Cheng 赵成 Seidenprodukte und Tee nach Hezhou 河州 (heutiges Linxia 临夏, Gansu), um damit Handel gegen Pferde zu treiben. Da der Preis, den die Beamten der Ming-Dynastie für Pferde zahlten, deutlich über dem Marktpreis lag, riss die Schlange vom eigenen Interesse angetriebener, handelswilliger Menschen der Minderheitennationalitäten nicht ab. Selbst die Tibeter aus der Region Guide 贵德 (heutiger östlicher Teil der Region Hainan 海南, Qinghai) nahmen den langen und strapaziösen Weg auf sich, um mit Pferden Handel zu treiben. Der Handel mit Pferden der Ming-Dynastie war ein Erfolg beim ersten Anlauf. Wenig später kaufte das Finanzministerium der Ming-Dynastie unter Einsatz einer enormen Summe von 600000 Ding in den wichtigen Hochburgen der gegenseitigen Märkte für Tee und Pferde des chinesischen Nordwestens Xining 西宁, Hezhou, Minzhou 岷州 sowie weiteren Orten 7000 Pferde. Im fünfundzwanzigsten Jahr der „Hongwu"-Ära (1392) tauschte das Finanzministerium wiederum zum Preis von 300000 Pfund Tee mehr als 10300 Pferde ein. Das Ausmaß dieses anfänglichen Pferdehandels der Ming-Dynastie war besonders groß. Dies illustriert, dass die Bereitschaft der Nomadenvölker der Regionen des chinesischen Nordwestens zum Handel Tee gegen Pferde respektive zum Pferdehandel vergleichsweise hoch war. Der Spielraum für

284 *Ming Shi* 明史 („Geschichte der Ming-Dynastie"), Kapitel 80: *Shi Huo Zhi* 食货志 („Abhandlung über Nahrung und Handel"), vierter Teil: *Chafa* 茶法 („Teegesetz").

Handel war auf beiden Seiten verhältnismäßig groß. Mit der Festigung der Herrschaft der Ming-Dynastie über die Orte des chinesischen Nordwestens festigte sie auch zunehmend ihre Kontrolle über die gegenseitigen Märkte für Tee und Pferde. Nacheinander wurden Ämter für Tee und Pferde in Hezhou, Xining und Ganzhou 甘州 eingerichtet, diese Orte dienten der Ming-Dynastie als hauptsächliche Märkte für die Erlangung von Kavalleriepferden in den nordwestlichen Regionen Chinas.[285] Seit den Jahren der „Wanli"-Ära 万历 (1573 – 1620) gab es Ämter für Tee und Pferde unter anderem in Hezhou, Taozhou 洮州, Minzhou, Ganzhou, Xining und Zhuanglang 庄浪, darunter überdauerten die Ämter für Tee und Pferde in Hezhou, Taozhou, Ganzhou und Xining am längsten, sie existierten nahezu unverändert bis zum Ende der Ming-Dynastie.

Das System der gegenseitigen Märkte für Tee und Pferde der Ming-Dynastie war vergleichsweise ausgereift. Dies drückte sich hauptsächlich im in der „Hongwu"-Ära Zhu Yuanzhangs (1368 – 1398) praktizierten „Goldtafelsystem" aus. In Bezug auf das Goldtafelsystem haben die Geschichtsbücher Folgendes festgehalten:

> „Es wurden Goldtafeln hergestellt und der Fürst des Staates Cao, Yang Jinglong wurde befehligt, diese zu den anderen Völkern zu bringen, um mit den verschiedenen Völkern Verträge zu schließen. Auf der Oberseite der Tafel war in Siegelschrift ‚Kaiserliches Edikt' eingekerbt, auf der linken Seite der Tafel war eingekerbt ‚es soll Tee gegen Pferde gehandelt werden', auf der rechten Seite war eingekerbt ‚Unaufrichtige werden geköpft'. Es gab insgesamt 41 Tafeln: Vier Tafeln gingen an die Völker bei Taozhou für eine Menge von 3050 Pferden. An die 29 Völker des Hezhou untergeordneten Verteidigungskommandos Bili im Westen gingen 21 Tafeln für eine Menge von 7750 Pferden und an die Völker bei den vier Verteidigungskommandos Xinings Quxian, Aduan, Handong und Anding gingen 16 Tafeln für eine Menge von 3050 Pferden. Auf der einen Seite waren die Goldtafeln zur Unterwerfung der verschiedenen Fremdvölker, auf der anderen Seite dienten sie als Vertrag mit ihnen. Die Völker mit diesen Goldtafeln zahlten alle drei Jahre an die Ming-Dynastie Pferde. Es gab zwei Wege dafür: einen über Hezhou und einen über Diaomen. Es wurden mehr als 500000 Tonnen Tee an diese Völker geliefert und die Ming-Dynastie erhielt 13800 Pferde."[286]

Die Durchführung des Goldtafelsystems erlaubte der Zentralregierung, die gegenseitigen Märkte für Tee und Pferde der nordwestlichen Regionen Chinas wirksam zu kontrollieren. Sowohl die damalige Wirtschaftsentwicklung der Minderheitennationalitäten als auch die Notwendigkeit zu einer hochgradigen Verstärkung des autoritären Zentralismus führten dazu. Damals besaßen die Goldtafeln eine rechtliche Verbindlichkeit und es war jedweden Einzelpersonen untersagt, sich in den Tee-Pferde-Handel einzumischen. Der Privathandel wurde rigoros verbannt: „Privater Tee, der die Grenze überschreitet, und die Verweigerung

285 *Minguo „Gansu Tongzhi Gao"* 民国《甘肃通志稿》(„Regierungsanzeiger der Provinz Gansu aus der Republik China"), Kapitel 37: *Caifu* 财赋 („Vermögen und Steuerzahlungen"), zweiter Teil: *Shui Juan* 税捐(„Steuergelder").

286 *Ming Shi* 明史 („Geschichte der Ming-Dynastie"), Kapitel 80: *Shi Huo Zhi* 食货志 („Abhandlung über Nahrung und Handel"), vierter Teil: *Chafa* 茶法 („Teegesetz"); *Ming Taizu Hongwu Shilu* 明太祖洪武实录 („Wahrhafte Aufzeichnungen über den Ming-Kaiser Hongwu"), Kapitel 256: Abschnitt zu *Hongwu Sanshiwu Nian (1398 Nian) Er Yue* 洪武三十一年（1398 年）二月 („Zweiter Monat des fünfunddreißigsten Jahres der ‚Hongwu'-Ära (1398)").

der Kontrolle am Grenzpass sind mit dem Tode zu bestrafen." [287] Diese Bestimmungen der frühen Ming-Dynastie erfuhren eine rigorose Anwendung, Betrüger und Schmuggler wurden ohne jegliche Nachsicht hart bestraft, selbst für den Adel gab es keinerlei Ausnahme. Genau wie zum Beispiel der Schwiegersohn des Kaisers Ouyang Lun 欧阳伦, der eben wegen Teeschmuggels von Zhu Yuanzhang in Lanzhou 兰州 zum Tode verurteilt wurde.[288] Dies demonstrierte hinreichend die feste Entschlossenheit und harte Haltung Zhu Yuanzhangs in der Bekämpfung des Teeschmuggels. Bei Fällen von Schmuggel ging er in der Durchsetzung der entsprechenden Gesetze sehr offensiv vor. Sein Handeln übte in der damaligen Zeit einen weitreichenden Einfluss aus. Um die reibungslose Durchführung der gegenseitigen Märkte für Tee und Pferde zu garantieren, ernannte die frühe Ming-Dynastie noch Überwachungsbeamte zur Inspektion und Verwaltung der mit Tee zusammenhängenden Angelegenheiten. Für einen begrenzten Zeitraum wurden Beamte der Hauptstadt zur Überwachung und Steuereintreibung in Gebiete ausgesandt, durch die Tee transportiert wurde, in ihrem Dienst nahmen sie Privatverkäufer rigoros fest. Bei diesem Vorgehen handelt es sich um die damals großflächig angewandte Strategie einer „Teestreife": „Jedes Jahr werden Beamten zur Streife und Kontrolle ausgesandt", hieß es in der Ming-Dynastie. In der Regierungszeit des Ming-Kaisers Taizu (Zhu Yuanzhang) wurden jedes Jahr „vom dritten bis in den neunten Monat jeden Monat jeweils vier Beamte ausgesandt, die Hezhou, Lintao, Diaomen, Li und Ya beaufsichtigten. So wurden innerhalb eines halben Jahres 24 Beamte ausgesandt, die in alle Richtungen ausströmten." Im zehnten Jahr der „Xuande"-Ära 宣德 des Ming-Kaisers Xuanzong 宣宗 (1435) wurde diese Vorgehensweise angepasst auf eine „Aussendung alle drei Monate". Der Ming-Kaiser Xianzong 宪宗 sandte Zensoren aus, um „die Angelegenheiten in Bezug auf Tee inspizieren und verwalten" zu lassen. Im dritten Jahr der „Chenghua"-Ära 成化 (1467) sandte die Regierung der Ming-Dynastie Zensoren aus, „auf Teestreife in Shaanxi zu gehen. Die Fremdvölker sahen die Zensoren nicht gerne. Als die Zensoren ankamen, gab es nur wenige Pferde, daraufhin wurden sie wieder zurückberufen. Es wurden [allerdings] immer noch Personen zur Patrouille ausgesandt und die Überwachungskommission wurde angewiesen, zu inspizieren und zu kontrollieren. Kurz später stellte sich heraus, dass ihre Streife nicht aufmerksam war und das Kriegsministerium sprach den angerichteten Schaden an, woraufhin erneut Zensoren ausgesandt wurden. Sie wurden einmal im Jahr ausgetauscht. Dies wurde als Befehl festgeschrieben."[289] Das Vorgehen in den weiten nordwestlichen Regionen Chinas war entscheidend für die Unterbindung des Teeschmuggels. Seit der

287 *Ming Shi* 明史 („Geschichte der Ming-Dynastie"), Kapitel 80: *Shi Huo Zhi* 食货志 („Abhandlung über Nahrung und Handel"), vierter Teil: *Chafa* 茶法 („Teegesetz").

288 *Ming Taizu Hongwu Shilu* 明太祖洪武实录 („Wahrhafte Aufzeichnungen über den Ming-Kaiser Hongwu"), Kapitel 253: Abschnitt zu *Hongwu Sanshi Nian (1397 Nian) Liu Yue Jiyou* 洪武三十年（1397 年）六月己酉 („Sechster Monat des dreißigsten Jahres der ‚Hongwu'-Ära (1397)"); *Ming Shi* 明史 („Geschichte der Ming-Dynastie"), Kapitel 80: *Shi Huo Zhi* 食货志 („Abhandlung über Nahrung und Handel"), vierter Teil: *Chafa* 茶法 („Teegesetz").

289 *Ming Shi* 明史 („Geschichte der Ming-Dynastie"), Kapitel 80: *Shi Huo Zhi* 食货志 („Abhandlung über Nahrung und Handel"), vierter Teil: *Chafa* 茶法 („Teegesetz").

Abschaffung des Goldtafelsystems für den Teehandel im vierzehnten Jahr der „Zhengtong"-Ära 正统 (1449) „wurde jedes Jahr eine Person ausgesandt, um von westlich des Tong-Passes bis nach Ganzhou und an weiteren Orten Teeschmuggel zu unterbinden." [290] Mithilfe dieses Überwachungssystems konnte objektiv für eine gewisse Begrenzung des Schmuggels von Tee über die Grenzen des Reiches gesorgt werden. Es verringerte die Zahl der Fälle von Betrug im gegenseitigen Handel mit Tee und Pferden und von widerrechtlicher Aneignung von Weidegründen durch die Beamten. Dieses Vorgehen entfaltete eine deutlich erkennbare Wirkung für die Sicherstellung der Erlangung von Pferden durch die Regierung. Jedoch war das Verbot privaten Handels mit den Minderheitennationalitäten kontraproduktiv für die Entwicklung der gegenseitigen Märkte für Tee und Pferde.

In der Praxis hinderten die strengen Gesetze und Strafen das Volk nicht wirklich am privaten Handel, sie konnten es auch gar nicht, da die privaten gegenseitigen Märkte des chinesischen Nordwestens eine gesellschaftliche Grundlage hatten. Seit den ersten Regierungsjahren des Yongle-Kaisers 永乐 (1403 ~ 1424) wurde das „Verbot des privaten Teehandels auch [bereits] leicht gelockert und häufig privat Tee ausgeführt." Gleichzeitig nahm die Ming-Dynastie eine stillschweigend einwilligende Haltung gegenüber den privaten Märkten für Tee und Pferde ein. Seitdem gab es kein festes System für den privaten Teehandel mehr, mal wurden die Regelungen verschärft, mal wurden sie gelockert.[291]

Im dritten Jahr der „Hongzhi"-Ära 弘治 (1490) nahm der Ming-Hof den Vorschlag des Zensoren Li Luan 李鸾 an, den drei Ämtern für Tee und Pferde in Xining, Hezhou und Lintao zu erlauben, Händler zum Transport von Tee anzuwerben. Es wurde lediglich festgelegt, dass der von jedem Händler transportierte Tee nicht 3000 Pfund übersteigen durfte und, dass der Staat 40% der Menge einzog, den restlichen Teil durften die Händler jedoch frei verkaufen. Auf diese Weise konnte der Staat ungefähr 400000 Pfund Tee erlangen, den er gegen etwa 4000 Pferde eintauschte.[292] In der Praxis bedeutete dies, dass die Zentralregierung die Rechtmäßigkeit des privaten Handels mit den Minderheitennationalitäten anerkannte. Die „Volksmärkte" auf den gegenseitigen Märkten für Tee und Pferde hatten nun unter dem richtigen Namen den ihnen zustehenden Platz bekommen, und die Regierung profitierte ebenfalls davon, indem sie Geld einnahm, ohne selbst dafür etwas tun zu müssen.

Man kann sagen, dass die Ming-Dynastie ihre gesamte Kreativität zur Monopolisierung der gegenseitigen Märkte für Tee und Pferde ausschöpfte. Die Strenge der verschiedenen Vorschriften erreichte ein Niveau, das so nicht mehr weiter zu steigern war. Mit dem oben beschriebenen Wandel kam es, insgesamt

---

290 *Minguo „Gansu Tongzhi Gao"* 民国《甘肃通志稿》 („Regierungsanzeiger der Provinz Gansu aus der Republik China"), Kapitel 37: *Caifu* 财赋 („Vermögen und Steuerzahlungen"), zweiter Teil: *Shui Juan* 税捐(„Steuergelder").

291 *Ming Yingzong Zhengtong Shilu* 明英宗正统实录 („Wahrhafte Aufzeichnungen über den Ming-Kaiser Zhengtong"), Kapitel 88: aus dem Abschnitt *Zhengtong Qi Nian (1442 Nian) Chun Zhengyue Gengwu* 正统七年（1442 年）春正月庚午(„Siebter Tag des ersten Monats des siebten Jahres der ‚Zhengtong'-Ära").

292 *Ming Shi* 明史 („Geschichte der Ming-Dynastie"), Kapitel 80: *Shi Huo Zhi* 食货志 („Abhandlung über Nahrung und Handel"), vierter Teil: *Chafa* 茶法 („Teegesetz").

betrachtet, jedoch zu einem Niedergang der von der Regierung geführten gegenseitigen Märkte für Tee und Pferde. Der seit der Mitte der Ming-Dynastie immer mehr florierende private Handel mit Tee und Pferden wurde zur Hauptlinie des Handels zwischen den verschiedenen Völkern. Solch große Veränderungen in der Beziehung zwischen staatlichem und dem privatem Handel spiegelten den Wandel in Gesellschaft und Wirtschaft wider und waren in ihrem Ursprung dementsprechend eng mit dem historischen Kontext verwoben.

Insgesamt gesehen, erbrachten die gegenseitigen Märkte für Tee und Pferde in den nordwestlichen Regionen Chinas zur Zeit der Ming-Dynastie einen großen wirtschaftlichen und gesellschaftlichen Nutzen. In den Geschichtsbüchern ist festgehalten, dass der Umfang des Handels Tee gegen Pferde „jedes Jahr unvorstellbare Ausmaße erreichte. Rechnete man das von den Höfen und Direktoraten Eingenommene dazu, so reichten die Einnahmen für die [Deckung der] Kosten [und weiteren militärischen Bedarfs der Regierung] in den Grenzregionen aus." Dies leistete einen positiven Beitrag zur Abmilderung des militärischen Drucks an der Grenze.[293] In der Periode der „Jiajing"-Ära 嘉靖 (1522 ~ 1566), während der es sagte der Zensor zur Teeinspektion Liu Liangqing 刘良卿, dass in der Region Shaanxi drei Ämter für Tee und Pferde eingerichtet wurden, um Tee gegen Pferde zu handeln. Weiterhin erläuterte er: „Zwar werden sie [die Pferde] zum Zwecke der Kriegsführung für die Grenztruppen beigebracht, in der Praxis [aber] bedeutete er [dieser Handel] die Unterwerfung der Fremdvölker." [294] Mit anderen Worten bedeutete das, dass die gegenseitigen Märkte für Tee und Pferde der nordwestlichen Regionen Chinas zur Zeit der Ming-Dynastie den „sanften Weg" zur „Unterwerfung der Fremdvölker" darstellten. Die Ming-Dynastie nutzte die „Unterstützung der Fremdvölker zur Befriedung der Regionen" als ihre politische Strategie, die Bedeutung des Handels war also nicht nur auf die Wirtschaft beschränkt. Zusammenfassend betrachtet, erbrachten die gegenseitigen Märkte für Tee und Pferde der nordwestlichen Regionen Chinas zur Zeit der Ming-Dynastie nicht nur den erwarteten wirtschaftlichen und gesellschaftlichen Nutzen, sondern schufen ebenfalls eine solide Grundlage für die fortgesetzte Prosperität der gegenseitigen Märkte für Tee und Pferde der nordwestlichen Regionen Chinas in der Qing-Dynastie.

Mit der stetigen Stärkung des autoritären Zentralismus sowie der Errichtung und Weiterentwicklung eines Vielvölkerstaates ist das System der gegenseitigen Märkte für Tee und Pferde in den nordwestlichen Regionen Chinas, das über eine historische Tradition verfügte, in der Qing-Dynastie noch weiter vervollkommnet worden. Der Austausch fand häufiger statt und auch die Austauschmenge vergrößerte sich weiter. Dabei wurde dieser Handel auch von der Herausbildung der Warenwirtschaft der Periode des aufkeimenden Kapitalismus beeinflusst. Damit

293 *Ming Xiaozong Hongzhi Shilu* 明孝宗弘治实录 („Wahrhafte Aufzeichnungen über die ‚Hongzhi'-Ära des Ming-Kaisers Xiaozong"), Kapitel 194: aus dem Abschnitt *Hongzhi Shiwu Nian (1502 Nian) Shier Yue Jihe* 弘治十五年（1502 年）十二月己亥 („Zwölfter Monat des fünfzehnten Jahres der ‚Hongzhi'-Ära (1502)").

294 *Ming Shizong Jiajing Shilu* 明世宗嘉靖实录 („Wahrhafte Aufzeichnungen über die ‚Jiajing'-Ära des Ming-Kaisers Shizong"), Kapitel 188: Aus dem Abschnitt *Jiajing Shiwu Nian (1536 Nian) Liu Yue Yiwei* 嘉靖十五年（1536 年）六月乙未 („Sechster Monat des fünfzehnten Jahres der ‚Jiajing'-Ära (1536)").

ging der Handel mit den Minderheitennationalitäten von einem ursprünglich im Wesentlichen durch den Staat monopolisierten Handel zunehmend in einen privat betriebenen Handel über. In dieser Zeit vergrößerte sich sein Umfang und auch seine Form wurde geschickter, genauso wie sein wirtschaftlicher und gesellschaftlicher Nutzen deutlicher erkennbar wurden. Insbesondere sollten die in der Qing-Dynastie wesentlich dynamischer als zuvor ablaufenden privaten Handelsaktivitäten hervorgehoben werden. Dabei stellte sich die Regierung im Bereich der Märkte für Tee und Pferde als unterlegen heraus. „Die Fremdvölker zahlten Pferde, um Tee zu erhalten.“ [295] Pferde waren für die jeweils regierende Dynastie von besonderer Wichtigkeit, die gegenseitigen Märkte für Tee und Pferde waren für die Ming- und Qing-Dynastie eine Form wirtschaftlichen Austauschs zwischen einem Ackerbau betreibenden Volk und Nomadenvölkern oder anders ausgedrückt zwischen der Zentralregierung und den lokalen Staatsmächten der Minderheitennationalitäten. Er war für beide Seiten nützlich und profitabel.

5. Der Transport auf dem Wasser

Der Transport von Grundnahrungsmitteln durch die Regierung stellte eine grundlegende Funktion der Kanäle des vormodernen China dar. So konnten die regelmäßigen Aufwendungen des Staates und der Konsum des Kaiserhauses in diesem Bereich bedient werden. In der Regel spricht man von dieser Funktion, wenn man in China historisch vom Transport auf dem Wasser spricht. Daher wurden die großen Kanäle im alten China auch „Flüsse zum Transport von Grundnahrungsmitteln“ (*Caohe* 漕河) genannt.[296] Eine in der Sui-Dynastie von der Zentralregierung zusammengezogene gigantische Masse von Menschen sorgte mit der Kraft des ganzen Landes für die Errichtung des den Süden mit dem Norden verbindenden Kaiserkanals. Damit wurden die wirtschaftlichen Verbindungen zwischen Norden und Süden weitergehend gestärkt. Gleichzeitig wurde mit ihm ebenfalls eine hinreichende Vorbereitungsarbeit für die Verlegung des wirtschaftlichen Zentrums nach Süden und den Umzug des politischen Zentrums nach Osten geleistet. Er war die Grundlage für die hohe Entwicklung von Gesellschaft und Wirtschaft in der Tang-Dynastie. Die Sui-Dynastie errichtete ihre Hauptstadt in der Zentral-Shaanxi-Ebene. Diese war zwar als fruchtbares Stück Land bekannt, aber da die Fläche eng bemessen war und dort viele Menschen lebten, reichte das dort Hergestellte bereits nicht mehr für die Versorgung der Bedürfnisse der Hauptstadt aus. Dementsprechend hing man zwangsläufig von den Steuern der verschiedenen Orte des chinesischen Südostens ab. Da die Wassermenge des Wei-Flusses 渭水 begrenzt war, wurde der Transport von Grundnahrungsmitteln über Wasser häufig behindert. Deshalb befahl Sui-Kaiser Wen im vierten Jahr der „Kaihuang“-Ära (584) Yu Wenkai 宇文恺 die Erbauung eines Kanals zu leiten. Das Wasser des Wei-Flusses

---

295 *Ming Shi* 明史 („Geschichte der Ming-Dynastie“), Kapitel 80: *Shi Huo Zhi* 食货志 („Abhandlung über Nahrung und Handel“), vierter Teil: *Chafa* 茶法 („Teegesetz“).

296 Cui Jianli 崔建利, Ma Zhonggeng 马忠庚: *Ming Qing Shiqi de Caoyun Zongdu yu Hedao Zongdu* 明清时期的漕运总督与河道总督 („Der Generalgouverneur für Kanaltransport und der Generalgouverneur für Wasserwege in der Periode der Ming- und Qing-Dynastie“), in Guangming Daily (Shixue), Nr. 12 17.03.2009.

sollte von der Hauptstadt her eingeleitet werden, um von dort grob entlang einer alten Wasserstraße aus der Han-Dynastie nach Osten bis zum Tong-Pass 潼关 zu fließen und dort in den Gelben Fluss zu münden. Dieser mehr als 300 Li lange Kanal wurde Guangtongqu 广通渠 genannt. Nach der Fertigstellung des Guangtongqu verbesserten sich die Transportbedingungen in der Region der Zentral-Shaanxi-Ebene bedeutend, daher wurde der Guangtongqu auch „der das Volk bereichernde Kanal" (*Fuminqu* 富民渠) genannt. Später wurde der Guangtongqu in Yongtongqu 永通渠 umbenannt. Um die Vorbereitungen für die Niederwerfung der Chen-Dynastie abzuschließen, baute die Sui-Dynastie den Shanyangdu-Kanal 山阳渎, der im Norden in Shanyang 山阳 (heutiges Huai'an 淮安, Jiangsu) begann, südöstlich den Sheyang-See 射阳湖 durchlief und mit dem Han-Kanal 邗沟 verbunden war. Auf diese Weise wurde ein Kanal geschaffen, der Shanyang mit Jiangdu 江都 (heutiges Yangzhou 扬州) und damit den Huai-Fluss 淮河 mit dem Jangtse verband.

Die Regierungszeit des Sui-Kaisers Yang war eine entscheidende Periode in der Geschichte des chinesischen Kanalbaus. Im ersten Jahr der „Daye"-Ära 大业 (605) rekrutierte der Sui-Kaiser Yang aus vielen Orten Henans und nördlich des Huai-Flusses mehr als eine Million männliche und weibliche Arbeitskräfte zur Errichtung des Tongjiqu-Kanals 通济渠. Der westliche Abschnitt dieses Kanals leitete vom Xiyuan 西苑 in Luoyang das Wasser des Gu-Flusses 谷水 und des Luo-Flusses 洛水 ein. Er führte entlang der alten Strecke des Yangqu-Kanals 阳渠 aus der östlichen Han-Dynastie nach Osten bis Yanshi 偃师 und mündete südöstlich in den Luo-Fluss, vom Luo-Fluss aus mündete er in den Gelben Fluss. Der östliche Abschnitt des Tongjiqu-Kanals leitete von Banzhu 板渚 (heutige Großgemeinde Sishui 汜水 der Kreisstadt Xingyang 荥阳, Henan) Wasser des Gelben Flusses in Richtung Osten. Er führte entlang der alten Strecke des Bian-Flusses 汴水 in Richtung Osten nach Junyi 浚仪 (heutiges Kaifeng, Henan) und dann wiederum weiter nach Südosten, unter anderem durch Chenliu 陈留. Dann floss er südöstlich entlang der alten Strecke des Ji-Flusses 蕲水, durchfloss den Kreis Ji 蕲县 sowie weitere Orte, bis er nach Xucheng 徐城 (in der Nähe der heutigen Großgemeinde Baoji 鲍集 westlich des Hongze-Sees 洪泽湖, Jiangsu) gelangte. Von dort führte er südöstlich weiter und mündete im heutigen Kreis Xuyi 盱眙 in den Huai-Fluss. Gleichzeitig wurden noch über 100000 Arbeiter aus dem Volk rekrutiert, um den in der Spätphase der Frühlings- und Herbstperiode gebauten Han-Kanal wieder befahrbar zu machen und nötige Anpassungen vorzunehmen. Damit sollte der Shanyangdu-Kanal ersetzt werden. Der Tongjiqu-Kanal und der Han-Kanal waren die zwei wichtigsten unter den Kanälen der Sui-Dynastie, die Kanäle waren mehr als 30 Meter breit. Der Sui-Kaiser Yang verwendete häufig das kaiserliche Boot, um zwischen Luoyang und Yangzhou zu verkehren. Im vierten Jahr der „Daye"-Ära (608) rekrutierte die Regierung abermals mehr als eine Millionen Menschen aus der Region Hebei, um den Yongjiqu-Kanal 永济渠 zu errichten und den Qin-Fluss 沁水 mit dem Gelben Fluss zu verbinden. Am Ostufer des Unterlaufes des Qin-Flusses wurde das Wasser des Qin-Flusses eingeleitet, um den Qing-Fluss 清水 mit dem Qi-Fluss 淇水 zu verbinden. Der Yongjiqu-Kanal reichte direkt bis nach Zhuojun 涿郡 (heutiges Peking) und wies insgesamt eine Länge von mehr als 2000 Li auf. Im siebten Jahr der „Daye"-Ära (611) nahm Sui-Kaiser Yang das

Schiff von Jiangdu, um sich auf den Weg zur Unterwerfung Koreas zu machen. Er passierte den Han-Kanal, den Tongjiqu-Kanal und überquerte den Gelben Fluss, um über den Yongjiqu-Kanal direkt bis nach Zhuojun zu gelangen. Im sechsten Jahr der „Daye"-Ära (610) errichtete Sui-Kaiser Yang den Jiangnan-Kanal 江南, der von Jingkou 京口 (heutiges Zhenjiang 镇江, Jiangsu) bis nach Yuhang 余杭 (heutiges Hangzhou) führte und die Schifffahrt von Jangtse und Qiantang-Fluss 钱塘江 miteinander verband. Der Jiangnan-Kanal wies eine Gesamtlänge von mehr als 800 Li und eine Breite von mehr als 30 Metern auf. Das von der Sui-Dynastie aufgebaute Kanalnetz begann im Westen in der Hauptstadt, erreichte im Norden Zhuojun, im Süden reichte es bis nach Yuhang und wies eine Gesamtlänge von fast 5000 Li auf. Es verband unter anderem die Flusssysteme des Wei-Flusses, des Hai-Flusses 海河, des Gelben Flusses, des Jangtse und des Qiantang-Flusses miteinander. Weiterhin verband es große, florierende Städte wie die Hauptstadt Chang'an, die östliche Hauptstadt Luoyang, Zhuojun, Junyi, Liangjun 梁郡, Shanyang, Jiangdu, Wujun 吴郡 und Yuhang miteinander. Damit stärkte es die gesellschaftlichen und wirtschaftlichen Verbindungen zwischen diesen Regionen. Gleichzeitig wuchs auch die Steuerungskraft der Zentralregierung in Bezug auf die Wirtschaft des ganzen Reiches an. Es ist bekannt, dass die Sui-Dynastie entlang der Strecke der Kanäle eine bedeutende Zahl von Grundnahrungsmittelspeichern einrichtete als Orte für Umschlag oder Lagerung von Grundnahrungsmitteln. Damals gab es folgende wichtige Grundnahrungsmittelspeicher: den Speicher von Liyang 黎阳 (innerhalb des heutigen Kreises Xun 浚县, Henan), den Speicher von Xingluo 兴洛 (später wurde der Name in Speicher von Luokou 洛口 geändert, heutiger Kreis Gong 巩县, Henan), den Speicher von Huiluo 迴洛 (nördlich der Stadtmauern Luoyangs in der Sui- und Tang-Dynastie), den Speicher von Hanjia 含嘉 (nördlich der Stadtmauern Luoyangs in der Sui- und Tang-Dynastie), den Speicher von Heyang 河阳 (im Südteil des heutigen Kreises Meng 孟县, Henan), den Speicher von Guangtong 广通 (später wurde der Name in Speicher von Yongfeng 永丰 geändert, an der heutigen Mündung des Wei-Flusses in den Gelben Fluss) und den Speicher von Shanyang (heutiges Ostufer des nordwestlichen Kanals in Huai'an, Jiangsu). Die Ausmaße dieser Grundnahrungsmittelspeicher waren enorm groß, so gab es im Umkreis von mehr als 20 Li vom Speicher von Xingluo 3000 Getreidekeller, in jedem Keller konnten 8000 Dan Grundnahrungsmittel eingelagert werden. In der Umgebung des Speichers von Huiluo in einem Umkreis von etwa zehn Li gab es etwa 300 Getreidekeller. Die Gesamtfläche des Speichers von Hanjia betrug 430000 m^2 und es gab über 400 Getreidekeller. Im Speicher von Shanyang konnten bis zu über eine Millionen Dan Grundnahrungsmittel eingelagert werden. Unter den Kanälen der Tang-Dynastie fungierten noch immer die Abschnitte, die die politischen Zentren Chang'an und Luoyang mit dem Jangtse und der Region um den Huai-Fluss verbanden, als wichtigste Teilabschnitte. Insbesondere seit dem Ausbruch der An-Lushan-Rebellion wurden sie zur wirtschaftlichen Lebensader, mit der die Tang-Dynastie ihre Herrschaft aufrechterhielt. In der Periode der Tang-Kaiser Gaozu und Taizong betrug die Menge der jährlich aus den Gebieten des Jangtse und des Huai-Flusses nach Chang'an über den Wasserweg transportierten Grundnahrungsmittel in etwa

200000 Dan, diese Zahl nahm später stetig weiter zu. Im ersten Jahr der „Xianxiang"-Ära 咸享 (670) hieß es: „In diesem Jahr gab es Dürren und im Herbst Insekten in mehr als 40 Präfekturen des Reiches. Die Bevölkerung hungerte und in der Zentral-Shaanxi-Ebene war der Hunger besonders groß. Es wurde per kaiserlichem Edikt befohlen, dass Beamte in die Präfekturen gehen sollten, um Nahrung umzuverteilen. Der aus der Pacht eingenommene Reis in der Jiangnan-Region sollte neu verteilt werden und an die hungerleidenden Regionen zur Nothilfe gegeben werden."[297] Während der „Tianbao"-Ära des Tang-Kaisers Xuanzong wurden jährlich bis zu 2,5 Millionen Dan Grundnahrungsmittel auf dem Wasserweg transportiert. Insbesondere seit dem Tang-Kaiser Suzong erlitten die Gebiete der Zentral-Shaanxi-Ebene schwerwiegende Kriegszerstörungen. Damit hingen die Regierungseinnahmen grundlegend von der Jiangnan-Region ab. Der Reichtum der Jiangnan-Region floss über die Kanäle ununterbrochen nach Chang'an. Allerdings waren die Kanäle in der Tang-Dynastie aufgrund von Beeinträchtigungen durch Krieg oder äußere Umweltfaktoren immer wieder zeitweilig unbenutzbar. Um die Versorgung mit Grundnahrungsmitteln in der Region in und um Chang'an sowie die regelmäßigen Aufwendungen des Staates sicherzustellen, legte Pei Yaoqing 裴耀卿 in der Regierungszeit des Tang-Kaisers Xuanzong wichtige Grundsteine für den reibungslosen Transport über Wasser. Zentrale Inhalte seiner Politik waren die Verwandlung des ursprünglich über Land geführten Transportweges zwischen Luoyang und Shanzhou in einen Transportweg über Wasser und die Errichtung einer Bergstraße von mehr als zehn Li Länge am Nordufer des Gelben Flusses am Sanmen-Berg 三门山. Auf dieser Straße wurde über eine kurze Strecke über Land transportiert, um den gefährlichen Wasserweg entlang des Dizhu-Felsens 砥柱 zu umgehen. Außerdem wurde an der Mündung des Bian-Flusses in den Gelben Fluss ein Speicher errichtet. Nachdem der Reis und andere Güter der Jiangnan-Region hier eingelagert wurden, kehrten die Schiffe wieder in die Region des Jangtse und des Huai-Flusses zurück. Von diesem Speicher aus wurden private Schiffe zum Transport auf dem Gelben Fluss und auf dem Luo-Fluss von der Regierung angemietet. Dann wurde wiederum jeweils ein Speicher östlich und westlich des Sanmen-Berges eingerichtet. Die Grundnahrungsmittel und anderen Güter, die über den Wasserweg hierher transportiert wurden, wurden unmittelbar, nachdem sie in den östlichen Speicher eingelagert worden waren, weiter über den Landweg bis in den westlichen Speicher transportiert und dann auf dem Wasserweg zu allen staatlichen Speichern der Zentral-Shaanxi-Ebene transportiert. Die Annahme des Vorschlags Pei Yaoqings durch den Tang-Kaiser Xuanzong sorgte dafür, dass die Schifffahrt der Tang-Dynastie je nach Topographie, Wassermenge, Jahreszeit und weiteren verschiedenen Umständen geschickte Verfahrensweisen zur Bewältigung von Problemen anwenden konnte. Sie erhöhten die Effizienz und senkten die Ausgaben. Gleichzeitig senkten sie auch in gewissem Maße die Arbeitsintensität der Transportarbeiter. In lediglich drei Jahren stieg die Menge der auf dem Wasser transportierten Grundnahrungsmittel auf mehr als sieben Millionen Dan an und die

[297] *Jiu Tang Shu* 旧唐书 („Altes Buch der Tang"), Kapitel 5: *Gaozong Ji* 高宗纪 („Aufzeichnungen über Gaozong").

Ersparnisse an Transportkosten erreichten ungefähr 400000 Kupfermünzenseile. Daher wurde Pei Yaoqing von der Zentralregierung zum leitenden Transportkommissar für die Regionen des Jangtse und Huai-Flusses und Henan ernannt.

Dennoch gab es im damaligen Transport auf dem Wasser noch immer einige vergleichsweise offensichtliche Probleme. Im Wesentlichen beinhalteten diese Probleme, dass nördlich von der Sanmen-Schlucht auf nahezu 20 Li noch immer in Wagen transportiert werden musste und an beiden Enden der Schlucht gleichermaßen auf- und abgeladen werden musste. Damit war nahezu unvermeidlich ein hoher Zeit- und Kraftaufwand verbunden. Vom neunundzwanzigsten Jahr der „Kaiyaun“-Ära (741) bis zum ersten Jahr der „Tianbao“-Ära (742) grub Li Qiwu 李齐物 aus Shanjun 陕郡 erfinderisch in den Felsen östlich der Einfahrt in die Sanmen-Schlucht eine künstliche Wasserstraße. Dieser Sanmen-Kanal oder *Kaiyuan Xin He* 开元新河 („Neuer Kanal der ‚Kaiyuan‘-Ära“) beziehungsweise *Tianbao He* 天宝河 („Kanal der ‚Tianbao‘-Ära“) genannte Kanal senkte die Transportkosten enorm und verringerte auch den Arbeitsaufwand der Transportarbeiter. Gleichzeitig wurde auf der Bergspitze noch ein Treidelpfad gebaut. Wenn der Pegel des Kanals hoch genug anstieg, zogen Treidler die Schiffe problemlos durch die Wasserstraße. Damit war ein ununterbrochener Transport auf dem Wasser über die ganze Strecke aus der Region des Jangtse und des Huai-Flusses direkt bis in die Region der Zentral-Shaanxi-Ebene möglich. Im ersten Jahr der „Tianbao“-Ära (742) erweiterte der Kommissar für Transport zu Wasser und zu Lande Wei Jian 韦坚 nochmals die Transportkanäle der Zentral-Shaanxi-Ebene und sorgte dafür, dass die Transportschiffe aus der Region des Jangtse und des Huai-Flusses direkt das politische Zentrum der Tang-Dynastie Chang'an erreichen konnten. Jährlich konnten so vier Millionen Dan Grundnahrungsmittel und andere Güter angeliefert werden. Damit wurde ein Transportrekord in der Tang-Dynastie gebrochen.

Seit der An-Lushan-Rebellion erlitt das Einzugsgebiet des Gelben Flusses schwerwiegende Kriegszerstörungen und die normale Alltags- und Produktionsordnung war gestört. Die Abhängigkeit der Regierung der Tang-Dynastie von den Steuerzahlungen aus den Gebieten des Jangtse und des Huai-Flusses verstärkte sich weitergehend. Die Wichtigkeit des Transportes zu Wasser wurde noch deutlicher erkennbar. Da die Kanäle unterbrochen worden waren, wurde das „Zu Yong Diao“ der Regionen des Jangtse und des Huai-Flusses so angepasst, dass es vom Jangtse und dem Han-Fluss her kam, Hanzhong 汉中 passierte und dann in Fengxiang 凤翔 ankam. Dies steigerte die Transportkosten und die Schwierigkeit des Transportes zu Wasser enorm. Nachdem die An-Lushan-Rebellion befriedet worden war, war es bereits enorm schwierig geworden, die ursprünglichen Kanäle wiederherzustellen, da der Bianqu-Kanal über viele Jahre hinweg nicht mehr in Stand gehalten worden war. Er war verschlammt und ohne Wasser. So war es kaum möglich, ihn zu durchfahren. Im zweiten Jahr der „Guangde“-Ära des Tang-Kaisers Daizong (764) machte der Transportkommissar für die Regionen des Jangtse und des Huai-Flusses eine Throneingabe, den Bianqu-Kanal wieder befahrbar zu machen und gleichzeitig den Transport zu Wasser zu reformieren. Seine grundlegende Verfahrensweise sah folgendermaßen aus: Bau von 2000 Schiffen, in jedes Schiff sollten 1000 Dan Reis geladen werden. Zehn Boote bildeten eine Gruppe und jede Gruppe zählte 300 Personen, außerdem sollten 50 Personen zum Treideln der Schiffe bereitgestellt werden. Er machte Gebrauch von einem Teil der Erlöse aus Salz im Staatsschatz, um Schiffsleute anzuheuern. Es wurde keine Arbeit des Volkes in Form von Fronarbeit mehr eingefordert. Während des Transportes von Grundnahrungsmitteln und anderen Ressourcen auf den Kanälen entsandte die Zentralregierung Beamte zur Überwachung entlang der Strecke. Gleichzeitig wurden die Transporte von Yangzhou bis Heyin 河阴 durch das Militär eskortiert, nördlich von Heyin wurden Privatpersonen zum Ziehen der Schiffe organisiert. Liu Yan wandte außerdem Methoden zum Teilstreckentransport innovativ gemäß der konkreten Situation der verschiedenen Abschnitte von Jangtse, Bianqu-Kanal und Gelbem Fluss sowie Wei-Fluss an, das bedeutete: „Die Schiffe des Jangtse fuhren nicht in den Bianqu-Kanal ein, die Schiffe des Bianqu-Kanals fuhren nicht in den Gelben Fluss ein und die Schiffe des Gelben Flusses fuhren nicht in den Wei-Fluss ein. Die Transporte aus Jiangnan wurden in Yangzhou gesammelt, die Transporte auf dem Bianqu-Kanal wurden in Heyin gesammelt, die Transporte der Schiffe des Gelben Flusses wurden in Weikou gesammelt, die Transporte der Schiffe des Wei-Flusses wurden im Speicher der Hauptstadt gesammelt." Als Liu Yan den Transport auf dem Wasser anleitete, wurden auf den Kanälen jedes Jahr etwa 1,1 Millionen Dan Güter nach Norden transportiert, davon wurden circa 400000 Dan im Speicher von Heyin eingelagert, 300000 Dan im Lager von Taiyuan 太原 in Shanxi und 400000 Dan wurden bis nach Chang'an transportiert. Zwar kann dies bereits nicht mehr mit der Zeit, als Pei Yaoqing den Transport auf dem Wasser organsierte, verglichen werden, dennoch aber verdient die Leistung Liu Yans Anerkennung. Die Kanäle wurden zur Lebensader, die die zentralistische Politik aufrechterhielt. Im zweiten Jahr der „Baoying"-Ära (763) hielt Liu Yan Folgendes schriftlich fest: „Die Hauptstadtregion erwartete sehnsüchtig allein die Armeerationen. Es wurden Grundnahrungsmittel aus Hunan über den Wasserweg angeliefert, die Schiffe fuhren über tausende Kilometer in einigen Tagen nach Westen bis nach Chang'an. Die Menschen Shaanxis warteten auf sie zu ihrer Sättigung und die großen Massen der Truppen des Kaisers warteten auf sie, um sich zu stärken." [298] Aus diesen Worten Liu Yans kann geschlossen werden, dass die Ausmaße des Transportes von Grundnahrungsmitteln zu Wasser aus der Jiangnan-Region zu jener Zeit durchgehend vergleichsweise groß gewesen sein muss. Weiterhin kann daraus geschlussfolgert werden, dass er die Versorgung mit Grundnahrungsmitteln der Zentral-Shaanxi-Ebene unmittelbar beeinflusste. Bei dem von Pei Yaoqing geleiteten Transport auf dem Wasser handelte es sich im Wesentlichen um Reis aus Gebieten südlich des Unterlaufes des Jangtse, bei dem von Liu Yan angesprochenen Transport auf dem Wasser handelte es sich jedoch hauptsächlich um Reis aus der Region Hunan. Als nach der Niederschlagung des Aufstandes Li Xilies 李希烈 im zweiten Jahr der „Zhenyuan"-Ära (786) der aus der Jiangnan-Region über Wasserwege transportierte Reis wieder bis nach Shanzhou 陕

298 *Jiu Tang Shu* 旧唐书 („Altes Buch der Tang"), Kapitel 123: *Liu Yan Zhuan* 刘晏传 („Biographie des Liu Yan").

州 gelangte, sprach Tang-Kaiser Dezong in freudiger Erwartung zu seinem Sohn und Thronfolger: „Der Reis [aus der Jiangnan-Region] hat bereits Shanzhou erreicht, wir sind gerettet". Daraus wird ersichtlich, dass die gesellschaftliche Funktion der Kanäle in der damaligen Zeit enorm wichtig war, genauso wie ihre wirtschaftliche Bedeutung enorm groß war. Der Tang-Dichter Li Jinfang 李进方 beschreibt in *Bianhe Zhi Jin Chuan* 汴河直进船 („Das direkte Einfahren von Schiffen in den Bianqu-Kanal"): „Wenn der Bianqu-Kanal den Jangtse und den Huai-Fluss miteinander verbindet, bringt dies besonders viele Vorteile. Es bringt den Menschen Annehmlichkeiten, aber es bringt auch Unglück über sie. Die Ausplünderung aller 43 Präfekturen des Südostens und ihres vom Volk geschaffenen Reichtums hängt von diesem Kanal ab."[299]

Zur Zeit der nördlichen Song-Dynastie, als die Bevölkerung des gesamten Reiches in etwa 100 Millionen erreichte, bewegte sich die die Bevölkerung alleine von Kaifeng zu ihrer Hochzeit in etwa zwischen einer und anderthalb Millionen Menschen. In der Epoche des traditionellen Ackerbaus und Handwerks bedeutete eine hohe Bevölkerungszahl auch eine hohe Wirtschaftsleistung. Der wichtigste Versorgungsweg Kaifengs damals war die Verschiffung von Grundnahrungsmitteln und Waren aus dem Südosten Chinas, so wurde Kaifeng selbst zu einem Warenumschlagplatz. Das Prosperieren der Wirtschaft in der nördlichen Song-Dynastie war untrennbar mit dem frei fließenden Schiffsverkehr auf den Kanälen verbunden. Die Transportmenge auf den Kanälen in der nördlichen Song-Dynastie betrug in der Regel sechs Millionen Dan, in Hochzeiten bis zu acht Millionen Dan.[300] Die Menge der Schiffstransporte über die Kanäle überstieg bei Weitem die der Tang-Dynastie.

In der Yuan-, Ming- und Qing-Dynastie legten die jeweiligen Regierungen einen noch größeren Wert auf die Schiffstransporte über die Kanäle und regulierten ihre Durchführung stärker. Sie wurden zu einer entscheidenden wirtschaftlichen Verbindungsader zwischen der Hauptstadt und dem Rest des Landes und spielten eine besonders wichtige Rolle in der gesellschaftlichen und wirtschaftlichen Entwicklung Chinas. Es ist bekannt, dass einer der Beiträge der Yuan-Dynastie zum Kaiserkanal in der Begradigung des Kaiserkanals zwischen Peking und Hangzhou liegt, durch sie wurden die Transportstrecke verkürzt und die Transportkosten gesenkt.

Auf der Grundlage der Yuan-Dynastie sorgte die Ming-Dynastie durch die wasserbauliche Lösung des Problems der Wasserscheide von Nanwang 南旺 in Shandong dafür, dass der Kaiserkanal wirklich seinen Wert als Süd-Nord-Verbindung erhielt. Auf diese Weise wurde der Kaiserkanal zur verkehrstechnischen Lebensader, mit der die wirtschaftliche Zirkulation und die politische Macht der Regierungen der Ming- und Qing-Dynastie gesichert wurden, er garantierte der

299 vgl.: Tang Changru 唐长孺 (Hrsg.): *Zhongguo Da Baike Quanshu • Zhongguo Lishi • Sui Tang Wu Dai Shi* 中国大百科全书•中国历史•隋唐五代史 („Große Enzyklopädie Chinas – Geschichte Chinas – Geschichte der Sui- und Tang-Dynastie sowie der Fünf Dynastien"), S. 345 – 348, Beijing: Zhongguo Da Baike Quanshu Chubanshe, 1988.

300 Wang Cengyu 王曾瑜: *Zhengque Pingjia Song Chao de Lishi Diwei* 正确评价宋朝的历史地位 („Den historischen Stellenwert der Song-Dynastie richtig einschätzen"), in Beijing Daily, 10.12.2007.

jeweiligen Zentralregierung in Aspekten wie Politik, Wirtschaft und Militär nahezu kostenfrei Sicherheit. Die Aufstellung der Verwaltungsbehörden für den Transport zu Wasser wurde in der Ming- und Qing-Dynastie reformiert. Statt der Verwaltung der Kanalangelegenheiten durch das Wasserbauministerium oder durch Kanaltransportbeamte, die gleichzeitig die Verwaltung der Wasserstraßen übernahmen, wurden spezielle Ämter eingeführt: Es handelte sich dabei um das Amt des Generalgouverneurs für Kanaltransporte sowie das des Generalgouverneurs für Wasserwege. Sie bekleideten einen sehr hohen Rang und waren unmittelbar der Zentralregierung unterstellt. Diese beiden Ämter unterschieden und überschnitten sich teilweise in ihren Kompetenzen, ihre Kompetenzen waren nicht durchgängig auf die gleiche Weise geregelt.

Die Verwaltung des Kaiserkanals wurde in der Qing-Dynastie weitergehend gestärkt, die Systeme zur Verwaltung des Transportes über die Kanäle und der Wasserwege selbst wurden in ihren Kompetenzen genauer definiert und wurden einheitlicher. Im ersten Jahr der „Shunzhi"-Ära 顺治 (1644) wurden jeweils ein Generalgouverneur für Kanaltransporte und ein Generalgouverneur für Wasserwege eingesetzt, sie waren Beamten hohen Ranges. Unterhalb des Generalgouverneurs für Kanaltransporte wurden Ämter wie ein Beamter für die Überwachung des Kanaltransportes, spezielle Steuerbeamten und Koordinatoren für den Transport eingerichtet, darüber hinaus gab es noch eine direkt unterstellte Militäreinheit, *Caobiao* 漕标. Die zum Generalgouverneur für Wasserwege zugehörigen Behörden teilten sich seit der Regierung des Qianlong-Kaisers (ab 1735) unter anderem in ein Verwaltungsamt für Finanzen und Verwaltungsämter für die jeweiligen dem Generalgouverneur direkt unterstehenden Verwaltungseinheiten *Hedao* 河道. Weiterhin gab es verschiedene Chefbeamte für die Verwaltung auf lokaler Ebene (*Guanhe Tongzhi* 管河同知 respektive *Tongpan* 通判) und das sogenannte *Hebiao* 河标, die dem Generalgouverneur für Wasserwege unterstellte Militäreinheit. Dem Generalgouverneur für Kanaltransport der Qing-Dynastie war unter anderem die Kanaltransportpolitik von Shandong 山东, Henan 河南, Jiangsu 江苏, Anhui 安徽, Jiangxi 江西, Zhejiang 浙江, Hunan 湖南 und Hubei 湖北 unterstellt. Sein konkreter Verantwortungsbereich umfasste unter anderem den Transport auf den Kanälen, die Auswahl unterstellter Beamten niederen Ranges, die Produktion und Wartung der Schiffe, Frachtkontrolle und die Eintreibung von Verbindlichkeiten aus dem Kanaltransport. Immer wenn es um Eintreibungen von Verbindlichkeiten, Beladung von Schiffen, die Ankunft in Tongzhou 通州 (Peking, Ende des Kaiserkanals, *Anmerkung des Übersetzers*) und Ähnliches ging, musste der Generalgouverneur für Kanaltransport höchstpersönlich Begutachtungen und Überprüfungen durchführen und wichtige Ereignisse im Kanaltransport jederzeit an die Zentralregierung weitergeben. Im einundzwanzigsten Jahr der „Kangxi"-Ära (1682) wurde weitergehend festgelegt, dass der Generalgouverneur für Kanaltransport, nachdem die Kanaltransportschiffe den Huai-Fluss passiert hatten, mit ihnen nach Norden reisen und die untergeordneten Überwachungsbeamten bei ihrer Aufsicht anleiten musste. Er verantwortete dementsprechend die restliche Transportstrecke. Sobald das Schiff Tianjin passiert hatte, machte sich der Generalgouverneur umgehend nach Peking auf, um Bericht zu erstatten. Nach dieser Berichterstattung kehrte er nach

Huai'an 淮安 zurück, um die Eintreibung und Verschiffung von Grundnahrungsmitteln für das kommende Jahr vorzubereiten. Der Kangxi-Kaiser legte besonders großen Wert auf den Wasserbau, er sagte:

> „Ich habe mich schon immer mit den Angelegenheiten des Wasserbaus am Gelben Fluss befasst. Häufig habe ich in meinem Palast eingehend Schriften zum Wasserschutz studiert und mich in vielen aufeinanderfolgenden Jahren mit den Flusskarten sowie mit den Namen der Orte vertraut gemacht, an denen sich Dammbrüche ereigneten und gefährliche Arbeiten zu ihrer Reparatur durchgeführt wurden. Zwar sind mir die Schwierigkeiten dieser gefährlichen Arbeiten und Reparaturen bekannt, da ich aber noch nie selbst den Wasserbau begutachtet habe, kann ich weder das Reißen und das Sediment des Gelben Flusses noch die Entfernung der Uferschutzbauwerke und ihre Höhe nachvollziehen."

Daher inspizierte Kaiser Kangxi 1684 persönlich das Nordufer des Gelben Flusses. Eben genau durch diesen persönlichen Besuch vor Ort, bei dem er sich Erkenntnisse aus erster Hand verschaffte, erkannte er tiefergehend die „Beziehung zwischen Dammbrüchen des Gelben Flusses und dem Wohlergehen des Volkes" und, dass der Wasserbau keinen weiteren Aufschub duldet und mit allen Kräften vereint angegangen werden muss. In historischen Quellen wurde die gewünschte gesellschaftliche Wirkung des Wasserbaus so beschrieben: „Sobald die Wasserbauprojekte erfolgreich durchgeführt worden sind, werden Felder und ihre Sprösslinge weder Dürre noch Überschwemmung fürchten müssen."[301] Die Regierungszeit Kaiser Kangxis war eine der Schlüsselperioden für Wasserbauprojekte in der Geschichte Chinas, in jener Zeit wurde ihnen eine besondere Aufmerksamkeit geschenkt und auch eine Reihe von wasserbaulichen Projekten realisiert. Die Beamten für Wasserwege verwalteten den Kaiserkanal getrennt nach Abschnitten, die Kompetenzen und Aufstellung der Behörde des Generalgouverneurs für Wasserwege gestalteten sich komplex. Im vierzehnten Jahr der „Qianlong"-Ära 乾隆 (1749) wurde die Kompetenz des Generalgouverneurs für den nördlichen Teil des Kaiserkanals beschnitten und dem Generalgouverneur des Abschnittes in der Provinz Zhili 直隶 zur Verwaltung mitübergeben.

Die Eingriffe des Gelben Flusses in den Flusslauf des Huai-Flusses weisen eine mehrere hundert Jahre lange Geschichte auf. In der Qing-Dynastie führte die Aufstauung von Sediment des Gelben Flusses zu häufigen Flutkatastrophen, die die Verwaltung des Kaiserkanals zu einer äußerst anspruchsvollen Aufgabe machten. Dies führte dazu, dass die Zentralregierung der Qing-Dynastie dem Amt des Generalgouverneurs für Wasserbau noch weitergehende Bedeutung zumaß und seine Stellung zunehmend die des Generalgouverneurs für Kanaltransport überflügelte.

Kurz gesagt, unterschieden sich die Kompetenzen des Generalgouverneurs für Kanaltransport und des Generalgouverneurs für Wasserwege in der Ming- und Qing-Dynastie zwar, allerdings waren sie in der Lage eine Arbeitsteilung unter einheitlicher Führung zu verwirklichen, und damit eine gegenseitige Koordination und Unterstützung. 1855, im fünften Jahr der „Xianfeng"-Ära 咸丰, wurde der

301 *Kangxi Chao Shengxun* 康熙朝圣训 („Heilige Anweisungen aus der Zeit des Kaisers Kangxi"), Kapitel 33.

Kaiserkanal mit der Verschiebung des Flusslaufes des Gelben Flusses nach Norden einhergehend, wo er in den Flusslauf des Daqing He 大清河 eingreift, um durch ihn ins Meer zu münden, blockiert. Der Transport auf dem Binnenkanal war von geringer Bedeutung und so wurden die Ämter des Generalgouverneurs für Wasserwege der „Jiangnan"-Region, des Generalgouverneurs für den östlichen Kanalabschnitt sowie des Generalgouverneurs für Kanaltransport in den Jahren 1858 (neuntes Jahr der „Xianfeng"-Ära), 1902 (achtundzwanzigstes Jahr der „Guangxu"-Ära 光绪) und 1905 (einunddreißigstes Jahr der „Guangxu"-Ära) jeweils nacheinander aufgelöst.[302] In der gesamten Qing-Dynastie wurde der Beseitigung von Aufstauungen des Gelben Flusses und dem Kanaltransport besondere Bedeutung beigemessen, davon kann folgende Äußerung Kaiser Kangxis als Beispiel zeugen: „Seitdem ich die Regierung führe, waren die Rebellion der drei Feudalherren sowie Wasserbau und Kanaltransport die drei wichtigsten Angelegenheiten, denen ich vordringlich Tag und Nacht Aufmerksamkeit geschenkt habe, einst haben die Schriften dazu die Säulen meines Palastes geziert."[303]

Betrachtet man die Geschichte der Feudalperiode Chinas als Ganzes, so kann man sagen, dass sie zeitlich mit der des Kaiserkanals und dem Gütertransport über ihn nahezu übereinstimmt.

Bei der Erörterung des Monopolsystems und des Kanaltransportes im chinesischen Feudalismus gibt es noch eine weitere wichtige Fragestellung, die diskutiert werden sollte. Es geht um das Ideal und die konkrete Methode des *Cang Fu Yu Min* 藏富于民 („Speicherung von Reichtum im Volke") unter normalen politischen Umständen. Die zwei Modelle der „Speicherung von Reichtum im Volke" und der unmittelbaren Kontrolle der wirtschaftlichen Lebensadern durch die Zentralregierung durchziehen die gesamte Feudalperiode. Die Haupttendenz zeigte stets in Richtung einer immer weitergehenden Verschärfung der Kontrolle der wirtschaftlichen Lebensadern durch den Staat. Zwar war es dem Volk im Spätfeudalismus in gewissem Maße gestattet, im Bergbau und im Salzabbau tätig zu werden, allerdings war diese Erlaubnis immer an eine Bedingung geknüpft. Diese Bedingung bestand darin, dass der Staat entweder als Aufkäufer die Rohstoffe respektive die Produkte einkaufte oder die Zirkulationssphäre kontrollierte. Ob nun eine Politik der „Herrschaft durch Nichteingreifen", das heißt der , angewendet wurde, oder ob die Regierung große Mengen des Volksvermögens plünderte und insbesondere, ob sie die Intensität ihrer unmittelbaren Kontrolle über das staatlich betriebene Handwerk verstärkte, ergab sich in der Regel aus einer Reihe von komplexen Hintergründen wie dem gesellschaftlichen Kontext im In- und Ausland und der Beziehung mit anderen Völkern. Diese Entscheidungen richteten sich keinesfalls nach der persönlichen Vorliebe des jeweiligen Kaisers. Selbst wenn in ganz China die „Speicherung von Reichtum im Volke" als politische Leitlinie

302 Cui Jianli 崔建利, Ma Zhonggeng 马忠庚: *Ming Qing Shiqi de Caoyun Zongdu yu Hedao Zongdu* 明清时期的漕运总督与河道总督 („Der Generalgouverneur für Kanaltransport und der Generalgouverneur für Wasserwege in der Periode der Ming- und Qing-Dynastie"), in Guangming Daily (Shixue), Nr. 12 17.03.2009.

303 *Donghua Lu* 东华录 („Aufzeichnungen vom Donghua-Tor"), Abschnitt aus dem zweiten Monat des einundzwanzigsten Jahres der „Kangxi"-Ära.

angewandt wurde, so garantierte dies in erster Linie immer das normale Funktionieren des Staatsapparates sowie der gesellschaftlichen und wirtschaftlichen Ordnung, dieser Aspekt betraf insbesondere auch die Aufrechterhaltung der Kontrolle über wirtschaftlich wichtige Güter wie Salz und Eisen durch den Staat. Sie beeinflussten die Staatsfinanzen und den Wohlstand des Volkes, daher wurde diese Kontrolle vom Staat niemals aufgegeben und reichen Händlern oder anderen einflussreichen Persönlichkeiten überlassen. In der Praxis waren es, mit Blick auf die gesamte Feudalzeit Chinas, immer nur kurze Zeitabschnitte, in denen die Politik der „Speicherung von Reichtum im Volke" galt. Es handelte sich in der Regel immer nur um eine zeitlich begrenzte Strategie, um die gesellschaftliche Produktion nach Dynastiewechseln wiederaufzubauen. Es scheint sich hierbei um eine Gesetzmäßigkeit zu handeln. Groß angelegte Bauvorhaben, die Produktion öffentlicher Güter und die Erschließung von Grenzregionen wurden jedoch zu jeder Zeit verfolgt.

Betrachtet man die Feudalperiode insgesamt, erscheint es an der Oberfläche, als ob das staatlich betriebene Handwerk mit der vergleichsweisen Lockerung des persönlichen Abhängigkeitsverhältnisses der unmittelbaren Produzenten und der florierenden Warenwirtschaft zunehmend an Bedeutung verliert und das privat betriebene Handwerk eine dementsprechende Entwicklung erfährt. Tatsächlich handelt es sich hierbei allerdings um einen falschen Eindruck, denn die Regierung hatte eigentlich lediglich die Methoden ihrer Kontrolle über die Wirtschaft beziehungsweise ihre Art und Weise der Durchführung wirtschaftlicher Aktivitäten weiter perfektioniert, indem sie im Spätfeudalismus die Kontrolle von wirtschaftlichen Schlüsselbereichen und das Eintreiben von Steuern in ihren Fokus rückte.

In der Geschichte Chinas spiegelte das Schrumpfen oder Wachsen des staatlich betriebenen Handwerks und des privat betriebenen Handwerks in der Regel Veränderungen in der Entwicklung von Gesellschaft und Wirtschaft wider. Allerdings hat das staatliche Handwerk in wirtschaftlichen Schlüsselbereichen, die die Staatsfinanzen und den Wohlstand des Volkes betrafen, wie dem Monopol auf Salz und Eisen, dem gegenseitigen Handel mit Tee und Pferden und dem Monopol auf Alkohol nie auf seine Macht verzichtet. Selbst wenn es dem Volk gestattet war, sich an der Produktion von Salz und Eisen zu beteiligen, so übte die Regierung dann dennoch eine strenge Kontrolle über die Zirkulationssphäre aus. Diese Kontrolle unterschied sich in ihren Formen, mal trat die Regierung als Aufkäufer auf, mal begrenzte sie den Gewinn der Händler durch Preisfestlegungen innerhalb einer bestimmten Spanne, manchmal erhielten die Händler auch erst nachdem sie ihre von der Regierung auferlegten Pflichten erledigt hatten, ein Monopol, so zum Beispiel in den Systemen für die Genehmigung zum Salz- und Teeverkauf.[304] Darüber hinaus erließ die Regierung besondere politische Richtlinien für verkehrstechnisch schlecht angebundene Gebiete, in denen Salz und Eisen abgebaut wurde, um die Händler zum

304 *Jin Shi* 金史 („Geschichte der Jin-Dynastie"), Kapitel 92: *Mao Shuo Zhuan* 毛硕传 („Biographie des Mao Shuo"); *Ming Shi* 明史 („Geschichte der Ming-Dynastie"), Kapitel 80: *Shi Huo Zhi* 食货志 („Abhandlung über Nahrung und Handel"), vierter Teil.

Abbau zu ermutigen, allerdings standen dabei nicht hauptsächlich Überlegungen zum wirtschaftlichen Nutzen für die Regierung im Fokus.

Daher handelte es sich bei der „Speicherung von Reichtum im Volke" und der eisernen Kontrolle der wirtschaftlichen Lebensadern durch die Regierung, inklusive des Rechts zur Münzprägung und sämtlichen Monopolen, im Kontext der Feudalgesellschaft in der Praxis um zwei Methoden der staatlichen Wirtschaftslenkung, die jeweils zum Ausgleich zwischen verschiedenen Aspekten in ihr eingesetzt werden konnten. Die konkrete Politik richtete sich immer nach dem jeweiligen gesellschaftlichen Kontext.

Abschnitt 3: Aufbau von Wassersystemen durch die Regierung

Aus landwirtschaftlicher Sicht nimmt die Wasserwirtschaft durch Bewässerung und Dränage eine wesentliche Funktion zur Garantie der landwirtschaftlichen Erträge ein. Daher wurde der Wasserwirtschaft in der chinesischen Feudalgesellschaft von der Regierung von jeher eine große Bedeutung beigemessen.

Wasserwirtschaft ist die Lebensader der Landwirtschaft. Das ist früher wie heute ein Konsens in der Gesellschaft. Das Wort „Wasserwirtschaft" (水利) tauchte schon früh zum Ende der Zeit der streitenden Reiche (475 – 221 v. Chr.) im Kapitel „Betrachtungen über die kindliche Ehrfurcht" der „Frühlings- und Herbstanalen des Lü Bu Wei" das erste Mal auf. Doch das dortige Verständnis von „Wasserwirtschaft" unterscheidet sich sehr von dem späteren, da insbesondere auch Fischfang zum Ertrag der Wasserwirtschaft hinzuzählte. Das speziell aufgesetzte „Buch der Kanäle" im „Shiji – Aufzeichnungen der Historiker", der ersten biographischen Historiografie und ersten der 24 offiziellen Dynastiegeschichten Chinas, hebt den Umfang der Wertschätzung der Regierung hinsichtlich der Wasserwirtschaft hervor. Das „Buch der Kanäle" bleibt zweifellos bis heute das erste Werk der Wasserwirtschaft. Es beschreibt eine Serie von Folgen historischer Begebenheiten wie Flussregulierungen, Flutpräventionen, durch Schleusen verbundene Wasserwege und Bewässerungskanäle, von der Flutregulierung durch Yu den Großen (ca. 2200-1800 v. Chr.) bis zur Eingrenzung des Gelben Flusses durch Han Wudi (156 - 87 v.Chr.). Darin heißt es: „Das größte Leid ist die Gefahr des Wassers". Und weiter: „Von Anbeginn an, wird es durch Wasserwirtschaft bekämpft".[305] Von da an erst hatte das Wort „Wasserwirtschaft" eine unheilabwendende und nutzenbringende Bedeutung wie Flutregulierung, Bewässerung oder Schifffahrt und erhielt die heute geltenden Implikationen. Mit der Entwicklung der Feudalgesellschaft und dem kontinuierlichen Fortschritt der Technik wurde die Konnotation der Wasserwirtschaft kontinuierlich erweitert. Die Regierung der chinesischen Feudalgesellschaft schenkte der allumfassenden Nutzung des Wassers besondere Aufmerksamkeit. Einerseits diente es zur Entwicklung der landwirtschaftlichen Produktion durch Bewässerung und Vorbeugung von Überschwemmungen, Dürren und anderen Naturkatastrophen und andererseits wurde die Wasserwirtschaft eingesetzt, um die Ertragseffizienz und

305 *Shiji* 史记 („Shiji – Aufzeichnungen der Historiker"), Band 29, *Hequ Shu* 河渠书 („Buch der Kanäle").

den Einsatz von innovativen Lösungen in der Landwirtschaft zu erhöhen sowie in den eher trockenen, regenlosen Gebieten des Nordens Reisfelder zu entwickeln.

Sogar in Kriegszeiten, wie der Zeit der drei Reiche (ca. 208 – 280), zum Höhepunkt von Maßnahmen zur Selbstverteidigung und finalen Wiedervereinigung, schenkte das Regime dem Ausbau der Wasserwirtschaft wie bisher relativ große Aufmerksamkeit. Beispielsweise in der Wei-Dynastie (220 – 265) wurden nacheinander unter der Herrschaft von Cao Cao (155 – 220) wasserwirtschaftliche Vorhaben wie die Flussbecken der Flüsse Huai, Gu, Taishou und Linjin in Guanzhong und die Liling Schleuse bei Peking konstruiert. Nach der Errichtung der Flussbecken des Gelben und des Huai Flusses, konstruierte das Regime der Wei-Dynastie viele weitere wasserwirtschaftliche Projekte. Das berühmteste ist wohl die Eröffnung des über 150 km langen Nord-Süd-Kanals, der 20.000 Hektar Land bewässern konnte.[306] Wie die Wei-Dynastie haben auch die Wu- und die Shu Han Dynastie in unterschiedlichem Grad aktiv wasserwirtschaftliche Projekte konstruiert und die landwirtschaftliche und handwerkliche Produktion revitalisiert und vorangetrieben.

Das Yangkou-Wasserprojekt der westlichen Jin-Dynastie ist in Bezug auf den Projektumfang mit dem Baiqu-Projekt in der Han-Dynastie vergleichbar. „Die Eröffnung des Yangkous ließ das Wasser im Sommer über tausende Kilometer bis in die Gegend von Baling fließen und ermöglichte so gleichzeitig die Eindämmung der Überschwemmungsgefahr des Jangtse sowie die Schifffahrt in Lingling".[307] Auf der einen Seite wurde ein Binnenfluss ausgehoben und Baugruben gegraben, was die Hochwasserschutz- und Entwässerungskapazitäten des Rekultivierungsgebietes um den Jangtse in Hubei und Hunan verbesserte. Auf der anderen Seite wurde so der Wassertransport von Lingling (heutiges Huling im nördlichen Ling County in Shandong) und Guiyang (heutiges Chen County von Hunan) mit dem Jangtse verbunden. Auf diese Weise wurden auch Wasserstraßen wie Jiang, Han, Yi und Xiang miteinander verbunden und vernetzten große Städte und Gemeinden wie Jiangling, Xiangyang, Xiakou, Baling und Linxiang sowie das innere Jingchu Gebiet miteinander. Zu Beginn der östlichen Jin-Dynastie ließ der Provinzgouverneur von Lingzhou, Wang Dun, einen Kanal graben, indem er im „Norden und Süden von Jianghan (Wuhan) einen Damm errichten ließ."[308] Im Jiangling Artikel des Buches „Grundlagen der historischen Geographie" heißt es dazu: „Der Kanal befindet sich vier Meilen nördlich des Jiangling Countys. Es heißt er wurde von Kaiser Jinyuan Di graben lassen. Er reicht von der Luo Schleuse bis zum Kaiserkanal und von der Höhle des Erdgottes über die Mündung des Mian Flusses bis nach Xianghan."

Das von Wang Dun geleitete Luohe-Projekt war ein weiteres großangelegtes Wasserkraftprojekt mit Schifffahrt, Schleusen und Bewässerung, das in der Nähe von Jiangling nach dem Yangkou-Projekt errichtet wurde. Seit Wang Dun wurde dieses Projekt kontinuierlich ausgebaut. In der Song- und Yuan-Dynastie wurde es mit dem

---

306 *Sanguozhi* 三国志 („Chroniken der drei Reiche"), Band 1, *Weizhi Wudiji* 魏志·武帝纪 („Buch der Wei – Annalen des Kaisers Wudi").

307 *Jinshu* 晋书 („Buch der Jin"), Band 34, *Duyuchuan* 杜预传 („Biographie von Du Yu").

308 *Yudi Jisheng* 舆地纪胜 („Geographische Chroniken"), Band 64, *Jingzhoufu Caohe* 荆州府·漕河 („Flüsse und Kanäle in Jingzhou").

Yangkou-Projekt verbunden und von Kaiser Song Yuanjia (424-453) als „Zugang zum weißen See, Flussbett des Yang und Transportweg" bezeichnet.[309]

In den letzten Jahren der frühen Song-Dynastie war Shen Yuzhi der Provinzgouverneur von Jingzhou und errichtete ein Bewässerungsgebiet im Kreis Zhijiang. Im Kapitel „Jingzhou Zhijiang County" im Band 146 der „Universalen Schriften der Taiping" heißt es: „Shen Yuzhi war Provinzgouverneur als der See gewonnen wurde. Er öffnete die Schleusen, leitete die großen Ströme zusammen und die Felder trugen reiche Ernte. So wurde der See Huo genannt." Auf diese Weise wurde ein Teich urbar gemacht und kultiviert. Durch technische Anlagen wie Staudämme und Schleusen konnten Überschwemmungen und Dürren verhindert und eine Senke in fruchtbares Ackerland verwandelt werden. Weil die Felder so viel Ertrag brachten, wurde der See Huo (Ernte) genannt.[310] Laut den „Universellen Schriften" war die Bewässerungsanlage noch bis in die Tang-Dynastie hinein ertragreich.

Daraus wird ersichtlich, dass damalige wasserwirtschaftliche Vorhaben zu den wichtigsten Aufgaben der Zentralregierung und sogar der Gemeinden zählten. Selbst während des Separatismus des Südens blieb dies so.

In der Tang-Dynastie änderte sich das Bewässerungssystem erheblich. Ursprünglich dienten die beiden Kanäle Zheng und Bai als Hauptkanäle des Bewässerungssystems im Norden und Süden. Nach mehreren Rekonstruktionen verlor der Zheng-Kanal Mitte der Tang-Dynastie jedoch allmählich seinen Nutzen und seine stromabwärtsliegenden Gewässer bildeten ein unabhängiges Bewässerungssystem. In der späten Tang-Dynastie fungierte der Bai Kanal als Hauptteil des Bewässerungssystems. Nach und nach entwickelten sich daraus drei Hauptkanäle, die das Bewässerungssystem verbesserten und einen enormen wirtschaftlichen Nutzen mit sich brachten.[311]

Während der Tang- und Song-Dynastien war die Entwicklung der Wasserwirtschaft in China historisch betrachtet relativ schnell und die Verwaltung der Wasserwirtschaft wurde mitsamt den entsprechenden Vorschriften perfektioniert. In der Tang-Dynastie erließ die Zentralregierung eine Wasserverordnung von nationaler Bedeutung. Die Inhalte der Verordnung waren sehr vielfältig und behandelten fast jeden Bereich der Wasserwirtschaft. Die grundlegenden Inhalte der Wasserverordnung zur landwirtschaftlichen Wasserwirtschaft beinhalteten vor allem Vorschriften für die Organisation und Bewirtschaftung von Bewässerungsgebieten, die Nutzung von Wasserressourcen,

309 *Shuijingzhu* 水经注 („Kommentar zum Klassiker der Flüsse"), Band 28, *Mianshuizhu* 沔水注 („Kommentar zum Fluss Mian"). Siehe auch Fang Gaofeng 方高峰 *Liu Chao Zhengquan yu Changjiang Zhongyou Nongye Jingjifazhan* 六朝政权与长江中游农业经济发展 („Landwirtschaftliche Entwicklung am mittleren Flusslauf des Jangtse unter dem Regime der sechs Dynastien"), Wirtschaftsforschungsinstitut der Chinese Academy of Social Sciences, 2009.

310 Wang Jialun und Zhang Fang 汪家伦、张芳 *Zhongguo Nongtian Shuili Shi* 中国农田水利史 („Geschichte der landwirtschaftlichen Wasserwirtschaft Chinas"), Agricultural Press, 1990, S. 208.

311 Li Lingfu 李令福 *Lun Tangdai yin Jingquanqu de Quxi Bianhua yu Xiaoyi Zengjia* 论唐代引泾灌渠的渠系变化与效益增加 („Über die Veränderung des Kanalsystems des Jing Kanals und die Vorteile der Entwässerungskanäle in der Tang-Dynastie"), Chinesische Agrargeschichte, 2008, Nr. 2.

die Abläufe in der Bewässerung sowie Vorschriften zur landwirtschaftlichen und nicht landwirtschaftlichen Nutzung. Diese Vorschriften sind noch heute aktuell.

In der Song-Dynastie in den Jahren von Xi Ning (1068-1077) während des Reformprozesses von Wang Anshi wurde das „Abkommen zur Nutzung der Landwirtschaft"[312] verkündet, welches das Gesetz zur Förderung der regionalen und privaten landwirtschaftlichen Bewässerung durch die Regierung beinhaltete.

Nach der Tang- und Song-Dynastie verfügte fast jedes große Bewässerungsprojekt über ein spezifisches Bewässerungsverwaltungssystem, das unter anderem Organisation und Verwaltung, Ingenieurwesen, Wassernutzungsregeln, Produktionsmanagement, Rechte und Pflichten sowie Belohnungs- und Bestrafungsvorschriften umfasste.

Nachdem Peking in der Yuan-, Ming- und Qing-Dynastie zur Hauptstadt wurde, richtete die Regierung hier besondere Aufmerksamkeit auf die Wasserwirtschaft. Daher sind die Bewässerungsanlagen in der Region Peking beispielhaft für Wasserbauvorhaben der damaligen Regierung.

Unter Kublai Khan (1260-1264) begann im Jahr 1262 in der Präfektur Yongping in Dongbei der Anbau von Reis. Das Anpflanzen von Reis benötigt ausreichend Bewässerung und ein optimales Entwässerungssystem. Zu dieser Zeit gab es bereits Kanäle und die Bauern konnten sich von der Regierung Vieh und Samen leihen. Das Darlehen war auf zwei Pflugrinder pro Person beschränkt.[313] Diese Maßnahmen der Regierung hatten einen positiven Einfluss auf den Reisanbau in der Region um die Hauptstadt. Die Minister der Yuan-Dynastie, darunter Guo Shoujing, Yu Ji und Tuo Tuo machten den strategisch visionären Vorschlag die nördliche Erweiterung der nordchinesischen Ebene und die Küstengebiete des Bohai-Meeres in Reisanbaugebiete umzuwandeln. In der Regierungsperiode von Tai Ding (1324 - 1327) schlug Yu Ji als Mitglied der Hanlin-Akademie vor, die Wasserwirtschaft in der Hauptstadtregion weiterzuentwickeln und Reisfelder im Osten Pekings anzulegen. Yu Ji sagte: „Östlich der Hauptstadt reicht die Küste einige tausend Meilen weit vom nördlichen Punkt im Südosten von Liaoning bis in den Süden, wo das Schilf hoch wächst. Dort ist der Schlamm auch zu den Gezeiten fruchtbarer Boden. Daher sollte nach der Art der Menschen in Zhejiang das Wasser zu Feldern eingedämmt werden." Die konkrete Methode, die er vorschlug, um das Ödland nutzbar zu machen, war es, die wohlhabende Bevölkerung als Grundlage für die Erhebung in den Adelsstand zu motivieren, das Land zu kultivieren. Die Anzahl der untergebenen Bauern sowie die zugeteilte Fläche an Ödland sollten bei jedem Grundbesitzer unterschiedlich sein. So gäbe es Aufteilungen von 10.000, 1.000 und 100 Bauern pro Grundbesitz. Innerhalb der ersten beiden Jahre würde das neue zu kultivierende Ödland nicht durch die Regierung besteuert. Die Höhe der Steuern im dritten Jahr würde auf Grundlage der Ernte und der Qualität der Erde bemessen. Wenn es nach

312 Gemäß *Nongtian Lihai Tiaoyue* 农田利害条约 („Abkommen zur landwirtschaftlichen Nutzung") auch bekannt als *Nongtian Shuili Yueshu* 农田水利约束 („Beschränkungen der landwirtschaftlichen Wasserwirtschaft").

313 Huang Zongxi 黄宗羲 *Tianxiajun Guoli Bing Shu* 天下郡国利病书 („Buch der staatlichen Leistungen Chinas"), Band 2, S. 42.

fünf Jahren Ernteerträge gäbe, würde das Land offiziell vergeben und nach zehn Jahren wäre es vererbbar.

Yu Ji glaubte, dass diese Methode der Urbarmachung mehrere Vorteile hatte. Zunächst dienten die kultivierenden Bauern dem Schutz der Hauptstadt vor Eindringlingen, das Transportvolumen wurde reduziert, die Beamten wurden durch die Bereicherung der Bürger zufrieden gestellt und wurde das Risiko durch Seeräuber vermindert. Doch Yu Jis Vorschlag brachte auch Gegner hervor, die davon überzeugt waren, dass dieses System nicht ohne Bestechung auskommen würde.[314] Schließlich, auch wenn Yu Jis Ansatz nicht vollständig in die Tat umgesetzt wurde, lässt sich die Urbarmachung der Hauptstadtregion doch darauf zurückführen und so zeigt sich, dass es in der Regierung einige Beamte gab, die ein tiefes Verständnis der Kultivierung und Entwicklung der Hauptstadtregion hatten. Darüber hinaus ist der Vorschlag von Yu Ji, von den fortgeschrittenen Erfahrungen der Wasserressourcen in Zhejiang zu lernen, ebenfalls anerkennenswert.

30 Jahre später, zum Ende der Yuan-Dynastie, wurde Yu Jis Plan nach und nach durch Minister Tuo Tuo umgesetzt und seine Inhalte implementiert. Im Jahr 1353 waren die Bauernaufstände im Süden in vollem Gange. Der Transport über Meer und Kanäle war unterbrochen und die Nahrungsmittel aus dem Süden erreichten die Hauptstadt nur schwer. Um die Nahrungsmittelversorgung der Hauptstadt sicherzustellen, schlug Minister Tuo Tuo vor, die nördlichen Reisfelder zu kultivieren.[315] Daraufhin leitete er persönlich das Landwirtschaftsministerium, stellte Viehausrüstung, landwirtschaftliche Werkzeuge, Samen und Darlehen zur Verfügung und ließ die tausend besten Ingenieure im Anlegen von Reisfeldern aus Jiangsu und Huaidong einberufen. Diese wurden ausreichend entlohnt und durften nach einem Jahr in ihre Heimat zurückkehren. So trieb er die Wasserwirtschaft in Baoding, Wuqing, Jingxian und Jixian voran, es entstanden Gesetze zur Kultivierung des Landes und es gab über Jahre eine gute Ernte.[316] Im Dezember 1355 richtete er in diesen vier Orten eine große militärische Landwirtschaftsabteilung zur Förderung der Verwaltung der Wasserwirtschaft auf den Feldern ein. Diese Maßnahmen wirkten sich positiv auf die Entwicklung der landwirtschaftlichen Produktion in Nordchina aus, sicherten die Getreideversorgung in Peking und reduzierten die Kosten für den Getreidetransport.

Der aus der Unterschicht stammende Begründer der Ming-Dynastie Zhu Yuanzhang verstand die Situation der Menschen und kannte die wichtige Rolle von Wasserwirtschaft in der landwirtschaftlichen Produktion. Bereits als Zhu Yuanzhang noch der Anführer der Armee der roten Turbane war, legte er großen Wert auf die Errichtung von Wasserbauprojekten. 1358 ernannte er Kang Maocai zum Befehlshaber über die Truppen zur Kultivierung von Reisfeldern, er ließ die wasserwirtschaftlichen Vorhaben in der durch die roten Turbane kontrollierten Region warten und neue errichten und stellte somit sein Genie als Politiker unter Beweis. Nach der Gründung der Ming-Dynastie war der Ausbau von

314 *Yuanshi* 元史 („Geschichte der Yuan"), Band 181, *Yu Jichuan* 虞集传 („Gesammelte Werke von Yu").

315 *Yuanshi* 元史 („Geschichte der Yuan"), Band 42, *Shundi Chuan* 顺帝传 („Biographie des Kaisers Shun").

316 *Yuanshi* 元史 („Geschichte der Yuan"), Band 181, *Tuotuo Chuan* 脱脱传 („Biographie von Tuotuo").

Wasserbauprojekten ein wichtiger Bestandteil der Agenda für die nationale Wirtschaft. Spezialisten wurden in die einzelnen Landkreise geschickt und die lokalen Beamten und die Bevölkerung versammelt, um die landwirtschaftlichen Zyklen zu nutzen und Wasserbauprojekte zu reparieren.[317] Laut unvollständigen Statistiken gab es bis zum 28. Regierungsjahr des Kaisers Hongwu (1395) im ganzen Land über 40.000 landwirtschaftliche Wasserbauprojekte vom Ausheben von Flüssen bis hin zur Reparatur von Kanälen.[318] Außerdem wurden in den 4.162 großen und kleinen Bewässerungsanlagen im Einzugsgebiet des Gelben Flusses 5.048 Deiche und Kanäle angelegt.[319] So nutze die Regierung die Bestände der Staatskasse, um das Volk zu mobilisieren und historisch bedeutende Bewässerungsanlagen wieder instand zu setzen.

Zur Mitte der Ming-Dynastie wurden, einhergehend mit den militärischen und wirtschaftlichen Bedürfnissen des Landes, jedes Jahr nicht weniger als vier Millionen Tonnen Getreide aus dem Süden in den Norden transportiert. Die Überschwemmungen im Stromgebiet des Haihe im Norden waren häufiger als zuvor und als unter Kaiser Hongzhi (1488-1505) die bäuerliche Rebellenarmee unter Führung von Liu Liu und Liu Qi in Hebei, Shandong und anderen Orten den Verkehr blockierte, wurde die Lieferung von Getreide und anderen Materialien in die Hauptstadt zu einem schwerwiegenden Problem. Daraufhin begann der kaiserliche Hof erneut die Entwicklung von Bewässerungsanlagen und die militärische Urbarmachung von Feldern in der Hauptstadtregion zu diskutieren. In den Regierungsjahren von Jiajing und Longqing (1522-1572) gab es am Gelben Fluss 15 Mal hintereinander Hochwasser. Der Nord-Süd Verkehr wurde wiederholt unterbrochen und die Finanzkrise wurde noch gravierender. Der Großsekretär Qiu Jun brachte als erster wieder die Pläne aus der Yuan-Dynastie von Yu Ji auf und schlug vor, in den Küstengebieten östlich der Hauptstadt Dämme zu errichten, wasserspeichernde Flüsse auszuheben sowie die Erde in Binhai aufzuwerten und zur landwirtschaftlichen Produktion zu nutzen. Qiu Jun empfahl in der Ebene um Peking Flüsse auszuheben und Bewässerungsanlagen zu errichten.

In der konkreten Umsetzung bedeutete dies, dass die Regierung die großen, die Bauern die kleineren, und die einfache Bevölkerung die schmalen Kanäle ausheben sollte. Jedes Jahr im Februar schickte die Regierung Patrouillen zur Kontrolle, so dass auch bei heftigem Starkregen keine Hochwasserkatastrophe ausbrechen konnte.[320] Ziel war es die Kraft der Regierung und der Bürger zu mobilisieren, um das wasserwirtschaftliche Vorhaben zu vollenden. Für die Gegend entlang der Ostküste vor Peking sah Yu Jis Plan vor, die militärische Kultivierung von Feldern zu fördern und einen Minister zur Erkundung und anschließenden Rekrutierung zu entsenden. Bei der konkreten Projektplanung schlug Qiu Jun vor, zur Bewirtschaftung des

---

317 *Rizhilu* 日知录 („Aufzeichnungen des täglichen Wissens"), Band 12, *Shuili* 水利 („Wasserwirtschaft").

318 *Hongwu Shilu* 洪武实录 („Die wahren Aufzeichnungen des Kaisers Hongwu"), Band 234.

319 *Rizhilu* 日知录 („Aufzeichnungen des täglichen Wissens"), Band 12, *Shuili* 水利 („Wasserwirtschaft").

320 Guang Xu 光绪 *Jifu Tongzhi* 畿辅通志 („Annalen der Hauptstadtregion"), Band 91, Kanalstrategien: Wasserwirtschaft II; Qiu Jun 丘濬 *Daxue Yanyibu*《大学衍义补》 („Bedeutung des Großen Lernens").

salzhaltigen Küstenlandes Dämme zu bauen, um zu verhindern, dass Salzwasser in die Süßwasserkanäle gelangt. Insbesondere betonte Qiu Jun, den Fluss bei Zhigu und in den tiefer gelegenen Gebieten einen langen Deich zu bauen und Schleusen einzurichten, um Wasser hinein und hinaus fließen zu lassen. Auf diese Weise konnte verhindert werden, dass Salzwasser in den Deich drang und dass Frischwasser hinausfloss. Qiu Jun war überzeugt, dass diese Methode den salzhaltigen Boden entlang der Küste in fruchtbares Ackerland verwandeln konnte und „sowohl die Bevölkerung als auch die Beamten davon profitierten, indem das Land und die Gesellschaft Wohlstand genossen." [321] Im vierten Regierungsjahr von Kaiser Longqing (1570) schlug der Minister der Provinz Zhili erneut die Errichtung von Reisfeldern im Osten Pekings, Henan und Shandong vor.[322] Obwohl diese Vorschläge zu diesem Zeitpunkt aus verschiedenen Gründen nicht vollständig umgesetzt wurden, zeigt sich, dass dieser kenntnisreiche Minister den Wasserwirtschaftsprojekten und der Landgewinnung in der Region um Peking große Aufmerksamkeit und Begeisterung widmete.

Unter Kaiser Wanli (1573-1620) schlug auch Xu Zhenming vor, in der Hauptstadtregion Bewässerungsanlagen zu errichten, um Reisfelder anzulegen und erzielte nach der Umsetzung seiner Ideen beträchtliche Resultate. Im September 1585 wurde Xu Zhenming zum Vorsteher des Shangbao Tempels ernannt. Später beaufsichtigte er auch die Zensoren und richtete als Gesandter für die Optimierung von Feldern in der Hauptstadtregion an vielen Orten Bewässerungssysteme ein. Zur Kultivierung der Felder nutzte Xu Zhenming die in Jizhou stationierten Soldaten, die in Landwirtschaft bewandert waren und rekrutierte gleichzeitig Bauern aus dem Süden. Im zweiten Jahr entstanden so auf einem Gebiet von 100 Meilen ostwestlich und 180 Meilen nordsüdlich 39.000 Mu fruchtbare Felder, die einen wesentlichen wirtschaftlichen und gesellschaftlichen Nutzen darstellten.[323]

Im Juli 1725 ließ Kaiser Yongzheng Prinz Yi Yunxiang einberufen, um sorgfältig die Lage der Überschwemmungen zu analysieren, die durch das mangelhafte Entwässerungssystem um die Hauptstadt verursacht wurden. Die Provinz Zhili, zu der auch Peking gehörte, war eine weite Ebene mit meist niedrig gelegenem Land, aber es gab nur wenige Entwässerungskanäle. Daher beschloss Kaiser Yongzheng „das System zu verbessern, um die Reisernte zu erhöhen. Es sollte nicht an Zeit, Kosten oder Konsultationen gespart werden." [324] Im Winter desselben Jahres schickte er Prinz Yi Yunxiang und Großsekretär Zhu Shi in verschiedene Orte um die Hauptstadt, um die Quelle des Flusses, die Besonderheiten der Wasserverhältnisse, das Ausmaß der Hochwasserschäden und die Gründe des Hochwassers zu untersuchen und dann den Fluss zu begradigen und gleichzeitig ein

321 *Ming Jingshi Wenbian* 明经世文编 („Staatskunst und -kultur der Ming"), Band 72, Qiu Jun 丘濬 *Tunying zhi Tian* 屯营之田 („Die Felder der Agrarkolonien").

322 *Ming Muzong Shilu* 明穆宗实录 („Die wahren Aufzeichnungen des Ming Muzong"), Band 43, März 1570.

323 *Ming Shi* 明史(„Geschichte der Ming"), Band 223, *Xu Zhenming Chuan* 徐贞明传 („Biographie von Xu Zhenming").

324 Yongzheng 雍正 *Jifu Tongzhi* 畿辅通志 („Annalen der Region um Hauptstadt"), Band 46 *Shuili Yingtian* 水利营田 („Agrarkolonien zur Wasserwirtschaft"), 1.

Bewässerungssystem für die Felder zu gestalten. Zu dieser Zeit sammelte sich das Wasser in einer Ebene und über hunderte Meilen hinweg gab es nur Sumpfland. Prinz Yi und sein Gefolge zogen umher und zeichneten ein genaues Bild von der Situation. Kaiser Yongzheng verfasste daraufhin ein kaiserliches Edikt:

> „In der Provinz Zhili gibt es keine Vorkehrungen für Überschwemmungen und Dürren. Weil die Auswirkungen der Überschwemmungen nicht beseitigt sind, kann mit der Flussregulierung nicht begonnen werden. Also haben wir nach langem Nachdenken Prinz Yi Yunxiang und Großsekretär Zhu Shi zur Untersuchung ausgesandt. Nach dieser Untersuchung haben wir nun ein klares Bild von der Situation. Innerhalb eines Monats wurde die Lage sehr genau erfasst. Es gab in der Vergangenheit kein Projekt von solcher Effizienz, das so weitreichende Auswirkungen auf die Volkswirtschaft und den Lebensunterhalt der Menschen hatte. Wenn wir diesen Auftrag an die Minister übergeben hätten, bestände die Gefahr, dass sie sich gegenseitig behindern. So wurden Prinz Yi und Zhu Shi ausgewählt, um die Reparaturen der Mauern und Deiche aufzuzeigen und das ganze Bewässerungsprojekt zu leiten."[325]

Kaiser Yongzheng stimmte mit den Ansichten von Prinz Yi und Zhu Shi zu den Wasserschäden überein und unterstütze ihre Maßnahmen zur Flutprävention in vollem Umfang.

Anfang 1726 im vierten Regierungsjahr von Yongzheng riet Zhu Shi dem Kaiser: „Im Osten der Hauptstadt liegt eine dem Meer zugewandte Gebirgskette, aus der viele Quellen entspringen. Die Konditionen für Kanäle sind im Süden von Zhili sehr viel besser. Wenn dort Kanäle zur Kultivierung von Reisfeldern angelegt werden, wird die Bevölkerung davon stark profitieren." Yongzheng kommentierte daraufhin: „Wir stimmen zu."[326] Einige Tage darauf berichtete Zhu Shi: „Als wir an den Dörfern Qianan und Luanzhou vorbeikamen, entdeckten wir sprudelnde Quellen und viele Orte zum Kultivieren von Reisfeldern mit reichhaltiger Erde und ohne Überflutungsschäden." Und der Kaiser sagte: „Wir freuen uns, dass die Untergebenen von Prinz Yi zusammengearbeitet haben, um zufriedenstellende Maßnahmen zu entwickeln. Wir sind glücklich über diesen Erfolg und werden sie mit aller Kraft unterstützen."[327]

Anfang März begab sich Prinz Yi zu den Wasserquellen im Osten der Hauptstadt, legte die Anzahl der auszugrabenden Kanäle fest und gab zwei Tage darauf den Befehl zur zügigen Umsetzung. Mitte April wurden die Reisfelder angelegt und das

---

325 Editiert von Wu Bangqing 吴邦庆 *Shizong Xian Huangdi Shengyu* 世宗宪皇帝圣谕 („Kaiserliches Edikt") zu *Jifu Hedao Shuili Congshu Yixian Qinwang Shuchao* 畿辅河道水利丛书·怡贤亲王疏钞 („Buchreihe zur Kanal- und Wasserwirtschaft um die Hauptstadt – Einreichung des Prinzen Yi Xian"), 23. Dezember des dritten Regierungsjahres von Kaiser Yongzheng (1725).

326 *Yongzheng Chao Hanwen Zhupi Zouzhe* 雍正朝汉文朱批奏折 („Throneingabe an Kaiser Yongzheng"), 28. Tag des ersten Monats des Mondkalenders des vierten Regierungsjahres von Kaiser Yongzheng (1726): *Sui Yi Qinwang Chakan Jingdong Shuiligongcheng Bing Qing Kaijun Gouqu Yinliu Daozhe* 随怡亲王查看京东水利工程并请开浚沟渠引流稻折 („Prinz Yi hat die wasserwirtschaftlichen Vorhaben im Osten der Hauptstadt inspiziert und bittet um die Erlaubnis, den Kanäle zu öffnen, um die Felder zu fluten"). Hinweis: Da einige Schreiben zum Zeitpunkt des Verfassens nicht datiert wurden, bezieht sich das Datum auf den Eingang bei Hofe.

327 *Yongzheng Chao Hanwen Zhupi Zouzhe* 雍正朝汉文朱批奏折 („Throneingabe an Kaiser Yongzheng"), 2. Februar des vierten Regierungsjahres von Kaiser Yongzheng: *Yongpingfu Difang de Xueji Qianan Luanzhou Ge Cun Ke ZhongJjing Daozhe* 永平府地方得雪及迁安滦州各村可种杭稻折 („Wenn es in Yongping schneit, kann jedes Dorf in Luanzhou Reis angebaut werden").

Ministerium für Ernennungen veröffentlichte im Namen von Prinz Yi: „Auf den Reisfeldern in Zhili gibt es viel Arbeit. Jeder vierte im Ministerium der Man- oder Han Chinesen sollte Erfahrungen auf den Reisfeldern sammeln." Der Kaiser beauftragte Prinz Yi damit, alle Reisfelder amtlich eintragen zu lassen und den Bericht über das kaiserliche Saatgut zu sichern. In diesem Jahr schlug Prinz Yi außerdem vor den Bauern die Verwaltung der Reisfelder zu übertragen.[328] Daraufhin stellte er einen konkreten Implementierungsplan vor: „Die Kultivierung von Reisfeldern und die Flussregulierung sollten verbunden werden, sodass Nutzen aus dem Unheil gezogen werden kann. Die Rolle des Menschen soll aktiv miteinbezogen werden und die Qualität der Bewirtschaftung von Reisfeldern als eine wichtige Voraussetzung zur Beurteilung von Beamten dienen. Die Fakten über die Bewässerung der Reisfelder sollen nacheinander erhoben und gemeinsam mit den Erhebungen über die Flüsse dem Inspektor zugesandt werden. So kann die Ernte den Feldern zugeordnet und die Erfüllung der Pflichten analysiert werden."[329]

Um den Fortschritt des Projekts zu beschleunigen, brachte Zhu Shi am 12. Dezember desselben Jahres vier weitere Vorschläge vor. Erstens sollten die Felder nach Größe kategorisiert werden, um die private Kultivierung zu fördern. Zweitens sollten die an den Bewässerungsprojekten beteiligten Personen je nach Umfang ihrer Arbeit in verschiedenen Positionen verbeamtet werden. Drittens sollten entlassene Beamte, die sich bei den Bewässerungsprojekten effektiv einsetzten, nach Beendigung des Projektes wiedereingestellt werden. Viertens sollte flüchtigen Kriminellen, die zum Erfolg der Bewässerungsanlagen beitrugen, die Strafe erlassen werden.[330] Dies war die aktive Politik der Regierung, um die private Urbarmachung von Land zu fördern und die Aktivität des Baus von Bewässerungsanlagen zu steigern.[331]

Die Bewässerung von Feldern und der Versuch von Reisanbau begann erstmalig in den Orten Luanxian, Yutian und Fengrun im Osten der Hauptstadt. Chen Yi schrieb in seinen „Aufzeichnungen der Reisfelder": „Im vierten Regierungsjahr von Yongzheng (1726) wurden in den Dörfern Luan und Yu die Ufer eingedämmt und Schleusen errichtet. Den Beamten wurde die Leitung übertragen und die Kosten der Arbeiter wurden vom Staat übernommen. Im Herbst gab es eine große Ernte und so bemühte man sich von da an um Wasserschutz und Entwässerung, um weitere Bewässerungsprojekte zu errichten."[332]

Am 24. Januar im vierten Regierungsjahr von Yongzheng riet Prinz Yi, die Flüsse in Zhili in vier Bereiche zu teilen. Der nördliche Kanal des Bai Flusses sollte der Regierung von Tongzhou und Yongping zugeordnet werden. Der südliche Kanal und der Ya Fluss sollten bis zur Mündung im Osten der Regierung von Tianjin unterliegen.

328 Pan Xien 潘锡恩 *Jifu Shuili* 畿辅水利 („Wasserwirtschaft um die Hauptstadt"), erste Edition.

329 Pan Xien 潘锡恩 *Jifu Shuili* 畿辅水利 („Wasserwirtschaft um die Hauptstadt"), erste Edition.

330 *Qingshi Liezhaun* 清史列传 („Geschichte der Qing-Dynastie"), Band 14, *Zhu Shi Zhuan* 朱轼传 („Biographie von Zhu Xi").

331 Siehe Li Chengyan 李成燕 *Qingdai Yongzheng Nianjian de Jingdong Shuili Yingtian* 清代雍正年间的京东水利营田 („Wasserwirtschaft und Agrarkolonien im Osten Pekings in der Qing-Dynastie unter Kaiser Yongzheng"), Researches in Chinese Economic History Research, 2009, 2. Ausgabe.

332 Yongzheng 雍正 *Jifu Tongzhi* 畿辅通志 („Annalen der Hauptstadtregion"), Band 46, *Shuili Yingtian* 水利营田 („Wasserwirtschaft und Reisfelder").

Der Yongding Fluss sollte entlang seines Flusslaufs verwaltet und die vielen Flüsse im Süden sowie die Sedimente im Westen der Hauptstadt sollten als Einheit durch die Regierung in Baoding geleitet werden. 1727 wurde das Stromgebiet des Hai Flusses in vier Verwaltungseinheiten den Osten, Westen und Süden der Hauptstadt sowie Tianjin aufgeteilt, die den Bau von Bewässerungsanlagen verantworteten. Jedem Verwaltungsbereich sollte ein verantwortlicher Beamter vorstehen, dem jeweils ein Assistent zur Seite gestellt wurde und der verpflichtet war mit den leitenden Beamten der anderen Verwaltungsbereiche intensiv zusammen zu arbeiten. Zur Lenkung dieser vier Abteilungen wurde darüber hinaus eine Behörde zur Bewässerung von Feldern eingerichtet.

Da die Bevölkerung im Norden nicht viel von der Bewässerung von Feldern verstand, ließ Yongzheng dreißig darin bewanderte Männer aus Jiangsu und Zhejiang einberufen. Er beauftragte sie den Menschen in Zhili die Technik des Reisanbaus und das fertigen der benötigten Werkzeuge zu zeigen. Im Gegenzug erhielten sie Kost und Logis und nachdem die Bevölkerung von Zhili die Fertigkeiten gelernt hatten, durften sie in ihre Heimat zurückkehren.

Die Konstruktionskosten der Reisfelder waren sehr hoch und die normalen Bauern waren nicht fähig den Reis anzubauen. Daher schlug Prinz Yi vor: „Es ist nicht möglich jeden einzelnen zu vergüten. Daher sollen die Löhne im Auftrag der Verwalter ausgezahlt werden. Ein Zehntel der jährlichen Ernte soll eingelagert und der Rest verteilt werden. Die mächtigen Haushalte sollen dabei eine Führungsrolle einnehmen, indem sie die Fleißigen belohnen und schlechte Arbeit bestrafen."[333]

Zwischen 1727 und 1729 wurden über 6000 Felder bewirtschaftet und die Lager und Märkte hatten Getreide und Reis im Überfluss.[334] So entwickelte sich die Produktion von Reis in der Hauptstadt zu einem Vorzeigemodell und stellt einen wichtigen Teil der Geschichte von Landwirtschaft und Bewässerung dar. Dies zeigt, dass die Pläne und Maßnahmen der damaligen Regierung von landwirtschaftlichen Wasserbauprojekten einen bedeutenden Nutzen hatten. In der Qing-Dynastie wurde nicht nur die Entwicklung des Wassertransports gefördert, sondern auch die Entwicklung und der Wohlstand von Städten und Handel vorangetrieben.[335]

Abschnitt 4: Direkte Organisation der Ländereien durch die Regierung

Das Landsystem ist ein ewiges Thema. Es konzentriert sich auf die Beziehungen zwischen Land und Menschen und daraus resultierend auf die zwischenmenschlichen Beziehungen. Das Landsystem lässt sich in klare Perioden einteilen. Vor allem zu Beginn der feudalen Gesellschaft konzentrierte sich das Landsystem auf die Beziehungen und den Austausch zwischen Produzenten und Grundbesitzern, denn „politische Machtpositionen basierten auf dem Arrangement

333 Yongzheng 雍正 *Jifu Tongzhi* 畿辅通志 („Annalen der Hauptstadtregion"), Band 94, Prinz Yixian 怡贤亲王 *Qingshe Yingtian Zhuanguan Shiyi Shu* 请设营田专官事宜疏 („Throneingabe zur Verwaltung der Agrarkolonien").

334 Yongzheng 雍正 *Jifu Tongzhi* 畿辅通志 („Annalen der Hauptstadtregion"), Band 46, *Shuili yingtian* 水利营田 („Wasserwirtschaft und Reisfelder").

335 Guo Yunjing 郭蕴静 *Qingdai Jingjishi Jianbian* 清代经济史简编 („Kompendium der Wirtschaftsgeschichte der Qing-Dynastie"), S.36, Henan Renmin Chubanshe, 1984.

von Grundbesitz".[336] Das Landsystem der chinesischen Feudalgesellschaft passte sich den traditionellen landwirtschaftlichen Produktionstechniken an, die sich auch über die Dynastien kaum veränderten. In der chinesischen Feudalgesellschaft nahm das System der Grundbesitzer ökonomisch eine vorherrschende Rolle ein, doch gleichzeitig gab es in verschiedenen Perioden auch einen großen Anteil an kleinbäuerlicher Wirtschaft.

Trotzdem betrieb die Regierung der feudalen Gesellschaft auch eine bestimmte Größe an Land, die direkt vom Kaiserhof oder der Zentralregierung genutzt wurde. In der sozio-ökonomischen Gesellschaft nahm dies eine nicht zu unterschätzende Rolle ein und hatte besondere Funktionen für die Wirtschaftsregulierung der Regierung. Die der Steuerung der Regierung unterliegenden Felder waren vor allem Agrarkolonien (Tuntian), aufgeteilt in militärische, zivile, kommerzielle Felder und Felder zum Strafvollzug. Sie dienten der Deckung der militärischen Kosten. Darüber hinaus gab es öffentliche Felder, um die Gehälter der Beamten zu decken sowie Lern- und Opferfelder, die Behörden, Schulen und der kaiserlichen Familie zu Gute kamen. Wiesen und Parks wurden zur Zucht von Pferden und anderen Haustieren oder zur Jagd und Unterhaltung des kaiserlichen Hofes genutzt. Außerdem wandelte die Regierung nach und nach Brachlandschaften in Felder zur zivilen und öffentlichen Nutzung, die durchgehend privatisiert wurden.

Zur Zeit der drei Reiche förderte jedes Regime die landwirtschaftliche und handwerkliche Produktion, um bestehen zu können und schließlich bis zu einem gewissen Grad, die Existenz der kommerziellen Zirkulation zuzulassen. Eines der wichtigsten Merkmale dabei war, dass alle Regime Ressourcen innerhalb ihrer Zuständigkeit mobilisierten und gänzlich der landwirtschaftlichen und handwerklichen Produktion sowie der militärischen Versorgung verschrieben.

Im Jahr 196 ließ Kaiser Cao Cao auf den Rat von Zao Zhi und Han Hao hin in weiten Gebieten des Nordens Agrarkolonien anlegen und erhielt noch im selben Jahr eine riesige Ernte, die den wirtschaftlichen Nutzen verdeutlichte. Gleichzeitig stiegen durch die Kultivierung der Felder und die regionale Getreideproduktion die staatlichen Einnahmen der Regierung und die Transportkosten für Getreide sanken, so dass auch die Gesellschaft sichtbar profitierte. Nach Cao Cao führte die Regierung unter Cao Wei die Förderungen dieses höchsteffizienten Agrarkoloniesystems fort. So waren unter der Führung von Deng Ai in Huabei und in Huainan in der Provinz Anhui jeweils 20.000 und 30.000 Menschen in den Agrarkolonien beschäftigt. Zu dieser Zeit war das Agrarkoloniesystem sehr effizient, so dass laut Deng Ai abzüglich der Kosten und Aufwendungen jährlich ein Überschuss von 250 Mrd. Liter Getreide erzielt werden konnte. So konnten über viele Jahre 100.000 Soldaten mit fünf Jahresrationen Getreide ausgestattet werden, was zu dieser Zeit ein großer Erfolg war. Das Regime Cao Weis war zur Zeit der drei Reiche reich und mächtig und schaffte es dadurch das Reich wieder zu vereinen. Neben vieler weiterer komplizierter und tiefgreifender Gründe leistete das System der Agrarkolonien unweigerlich einen großen Beitrag dazu.

---

336 *Maen Xuanji* 马恩选集 („Ausgewählte Werke von Marx"), Band 4, Renmin Chubanshe, S. 169.

Im Sunwu Regime am Unterlauf des Yangtses in Heilongjiang nahm die Entwicklung einer Sozialwirtschaft zur Zeit der drei Reiche trotz Kriegszustands eine wichtige Rolle ein. Das wichtigste war dabei die großflächige Kultivierung von Agrarkolonien, die es hier in großem Umfang schon im Jahr 226 v. Chr. gab. Die Implementierung der Agrarkolonien förderte nicht nur die landwirtschaftliche Produktion im Süden des Yangtses, sondern steigerte auch die Staatseinnahmen des Sunwu Regimes und machte dieses so zu einer wichtigen wirtschaftlichen Basis südlich des Yangtses.

Während der Zeit der drei Reiche wurde das Agrarkoloniesystem von allen Regimen in unterschiedlichem Grad implementiert. Dies zeigt, dass das System zum Erhalt von gesellschaftlichem und wirtschaftlichem Nutzen beitrug, indem die staatlichen Ressourcen im kriegswirtschaftlichen Umfeld rational zur Wiederherstellung und Entwicklung der Sozialwirtschaft eingesetzt wurden. Zu diesen Zeiten des Krieges basierte die Entwicklung der landwirtschaftlichen Produktion auf dem ökonomischen Umfeld und das System der Agrarkolonien war eine offensichtlich effiziente Form der nationalen Wirtschaft. Das Ausmaß und die Effizienz der Agrarkolonien waren eine Voraussetzung für das Prosperieren eines Regimes. Cao Wei Macht und Wohlstand bildeten schließlich die Basis für die Wiedervereinigung und hängen nicht unerheblich mit der wirtschaftlichen Effizienz seiner Agrarkolonien zusammen.

Bei der Erschließung von neuen Verfahrensweisen der Regierung gehörte der Aufbau des Gongxie Kapitalsystems zu den wichtigsten. In diesem vergab die Regierung Kapital- und Landdarlehen und nutze die Zinsen um die Kosten zu decken. Doch in der Periode von Kaiser Sui Wendi durchlief dieses System eine Transformation. Ein hoher Beamter des Arbeitsministeriums Su Xiaoci war überzeugt, dass die Nutzung der Zinsen als Einnahmequelle der Behörden die Bürger benachteiligte und entsprechend keine gute Basis für die Bildung eines Staates darstellte. Daher setze er sich für die Abschaffung des Gongxie Systems ein und schlug stattdessen das Zhitian System vor. Durch dieses sollten Ländereien als Teil des Gehalts auf Basis des Ranges an Beamte vergütet und so privatisiert wurden. Kaiser Sui Yangdi (569-618) nahm diesen Vorschlag an und setzte das Zhitian System um.[337]

Sowohl das Gongxie als auch das Zhitian System erleichterte in gewissem Maße die Staatsausgaben sowie die den Druck auf die Produzenten. Nach dem langen Separatismus der nördlichen und südlichen Dynastien war die Gesellschaft dringend auf die Wiederherstellung und Förderung der Produktion angewiesen, aber dennoch konnte die Regierung die direkten Produzenten nicht übervorteilen. Daher spielten staatliche Grundstücke eine gewisse Rolle bei der Beschränkung des privaten Wucherkapitals.

Nachdem die kleinbäuerliche Wirtschaft zum Hauptteil der gesellschaftlichen Produktion wurde, stellten die Bauernhaushalte nicht nur die Konsumeinheiten, sondern auch die Produktionseinheiten dar. Sie bestimmten die Anleihen in der

[337] *Suishu* 隋书 („Geschichte der Sui-Dynastie"), Band 24, *Shi Huo Zhi* 食货志 („Aufzeichnungen zu Lebensmitteln und Waren").

traditionellen chinesischen Zollgesellschaft, die hauptsächlich auf die Beziehungen zwischen den Bauern ausgelegt waren. So gab es Bauernkredite für Leben, Produktion und Konsum, die im Besonderen zwischen Landwirten untereinander oder zwischen Landwirten und Grundeigentümern und Geschäftsleuten vergeben wurden, so dass die private Kreditvergabe den Großteil darstellte. Der Hauptgrund für den Bedarf an Krediten im bäuerlichen Alltag war der zyklische Charakter der landwirtschaftlichen Produktion. Die Frühjahrsaussaat konnte erst im Herbst geerntet werden und die Ernteerträge schwankten von Jahr zu Jahr. Aus sozialer Perspektive heraus bedeutete das, dass manche Haushalte mit ihrem Einkommen dringende Ausgaben erledigen mussten, während andere sparen und so Reichtum aufbauen konnten. So führte das Privateigentum zu ungleichen Besitzverhältnissen, die eine natürliche und soziale Grundlage für die Entstehung und Existenz ländlicher Kreditbeziehungen boten. Familienbasierte Landwirtschaft musste nicht nur den Lebensunterhalt im Voraus bestreiten, sondern auch Überschüsse produzieren, obwohl die Privatwirtschaft sehr instabil und die Produktion zu klein war, um wirtschaftliche Schwankungen auszugleichen. Dennoch musste auch unter den ungünstigsten Bedingungen die Produktion aufrechterhalten werden. Wenn sie also insolvent waren und die Produktion nicht mehr ausreichte, um den Lebensunterhalt zu finanzieren, mussten sie sich Geld leihen.

Bei einer Kreditvergabe konnte der Kreditnehmer den Zeitpunkt für die Rückzahlung des gesparten Kapitals nur vermuten und hatte das Recht, Kapital und Zinsen so lange zurückzuhalten. Um das Risiko der Kreditvergabe zu verringern, musste der Gläubiger daher verlangen, dass der Schuldner bestimmte Vermögenswerte als Sicherheit bereitstellte. Dies war die Grundvoraussetzung für eine Kreditvergabe. Die direkte Kreditvergabe der Regierung an Produzenten, schützte diese vor nicht-staatlichen Darlehen zu Wucherzinsen und war so besonders für private Kleinbauern von großem Nutzen.

Um die landwirtschaftliche Produktion wiederherzustellen und zu fördern, kaufte die Regierung im Jahr 585 unter Kaiser Sui Wendi 6.000 Kühe und Esel und verteilte sie unter den Armen in der Mandschurei. In den anderen krisengeschüttelten Gebieten wurde die Grundsteuer in diesem Jahr gesenkt.[338] Diese Maßnahmen hatten offensichtliche Auswirkungen auf die Wiederherstellung und Förderung der landwirtschaftlichen Produktion und verdeutlichen die Vorteile der zentralen Finanzierung.

Zur Sui Dynastie gab es in der Sozialwirtschaft viele Innovationen wie zum Beispiel die Errichtung von Gemeinschaftsdepots. Im Jahr 585 schlug Zhang Sunping, ein hoher Beamter des Arbeitsministeriums, die Einrichtung von Gemeinschaftsdepots vor, um die Auswirkungen von Naturkatastrophen zu mindern. Aufgrund der erfolgreichen Resultate wurden diese daraufhin im ganzen Land umgesetzt und die Zentralregierung forderte die Bevölkerung und das Militär der Gemeinden auf, gemeinsam öffentliche Lagerhäuser zu errichten. Die Depots wurden auf der untersten Ebene der Gemeinden errichtet und von Fähigen verwaltet.

338 *Suishu* 隋书 („Geschichte der Sui-Dynastie"), Band 24, *Shi Huo Zhi* 食货志 („Aufzeichnungen zu Lebensmitteln und Waren").

Konkret war es so, dass die Lokalbevölkerung in der Erntezeit je nach Situation einen Teil ihres Getreides an die Gemeinde abgab, die diesen einlagerte. Die Lagerverwaltung kontrollierte und dokumentierte die Einnahmen und Ausgaben des Lagers. Bei Naturkatastrophen oder persönlichen Missständen, wurden die Lagerhäuser geöffnet, um Unterstützung zu bieten. Es gab drei Kategorien zur Abgabe an die Gemeinschaftsdepots. Die wohlhabendsten Haushalte mussten 100 Liter, die mittleren 70 Liter und die ärmsten 40 Liter abgeben. Diese Mengen bedeuteten zu dieser Zeit keine große Bürde für die Bevölkerung, stellten jedoch einen großen Nutzen für die von Katastrophen Betroffenen dar.

Nach der Einführung der Gemeinschaftsdepots ereignete sich in Shandong ein heftiger Starkregen, der eine große Flutkatastrophe mit sich brachte. Die am stärksten Betroffenen erhielten über 500 Millionen Liter Getreide aus den Gemeinschaftslagerhäusern,[339] die so ihren Nutzen unter Beweis stellen konnten und sich in der Sui-Dynastie etablierten.[340]

Während der Tang- und Song-Dynastie veränderte sich die Kontrolle des Staates über Landtransaktionen. Zu Beginn der Tang-Dynastie beschränkte sich die staatliche Kontrolle auf die Überprüfung von Landtransaktionen auf Legalität. Zur Mitte der Tang-Dynastie wurden die Beschränkungen für den Verkauf von Land abgeschafft und die Besteuerung des Landes wurde zum Schwerpunkt. Zur späten Tang- und zur Song-Dynastie wurde die Vergemeinschaftung weiter vorangetrieben. Einhergehend mit Steuersenkungen spiegelt sich so schrittweise die Stärkung der staatlichen Kontrolle über Landtransaktionen in der Tang- und Song-Dynastie wider.[341]

In der frühen Ming-Dynastie gab es viele wirtschaftspolitische Maßnahmen. Eine erste Maßnahme war die Urbarmachung von Land durch Immigration. Zur Förderung der Kultivierung von Ödland verfügte die Regierung, dass jeder, der Brachland wieder urbar machte, die Eigentumsrechte daran erwarb und für immer von der Besteuerung dieses Landes ausgenommen war. Darüber hinaus stellte die Regierung zur Kultivierung von Land Ochsen, Saatgut und Werkzeuge zur Verfügung und machte die Anzahl an kultivierten Ländereien zu einer wichtigen Voraussetzung zum Erlangen des Beamtenstatus. Weiterhin vergab die Regierung abhängig von der Bevölkerungszahl Brachland an die zum Ende der Yuan-Dynastie Geflüchteten, die über kein oder wenig Land verfügten. Weiterhin organisierte die Regierung der Ming-Dynastie zur Stärkung der dünn besiedelten Regionen die größte Umsiedlung in der Geschichte Chinas, indem sie einen nationalen Ausgleich der Arbeitsressourcen verordnete. Dies spiegelt die Mobilisierung und Verteilung von Ressourcen, einschließlich der Arbeitsressourcen, in zentralistischen Staaten wider.

339 Die Aufzeichnungen von über 500 Tonnen gemäß *Suishu* 隋书 („Geschichte der Sui-Dynastie"), Band 24, *Shi Huo Zhi* 食货志 („Aufzeichnungen zu Lebensmitteln und Waren") sind fehlerhaft. Lu Xixiong 陆锡熊 ist überzeugt, dass hier das Schriftzeichen *Wan* 万 „zehntausend" fehlt.

340 *Suishu* 隋书 („Geschichte der Sui-Dynastie"), Band 24, *Shi Huo Zhi* 食货志 („Aufzeichnungen zu Lebensmitteln und Waren").

341 Wang Xueping 王雪萍, Wu Shuguo 吴树国 *Shi Lun Tang Song Zhiji Tudi Jiaoyi Kongzhi de Zhuanbian* 试论唐宋之际土地交易控制的转变 („Über die Transformation von Landtransaktionskontrollen während der Tang- und Song-Dynastie"), Heilongjiang Jiaoyu Xueyuan Xuebao, 2008, 4. Ausgabe.

Mit einer solchen Allokation von Arbeitsressourcen wie der großangelegten Migration in der Ming-Dynastie sind sehr weitreichende soziale Auswirkungen verbunden, deren Auswirkungen auf zukünftige Generationen nicht zu unterschätzen sind.

Zweitens gab es viele verschiedene Arten von Agrarkolonien, die militärisch (Juntun), zivil (Mintun), geschäftlich (Shangtun) oder zur Strafvollzugsarbeit durch verurteilte Kriminelle genutzt wurden (Fantun). Die landwirtschaftliche Produktion der Agrarkolonien wurde durch das staatliche Regime organisiert und umgesetzt und so waren sie unter besonderen historischen Bedingungen von großem Nutzen. Während der Ming-Dynastie waren die Agrarkolonien im historischen Vergleich sehr fruchtbar. Angesichts des Drucks durch die wirtschaftliche Rezession und die mongolische Aristokratie in großen Gebieten des Nordens betrachtete Kaiser Zhu Yuanzhang die Agrarkolonien als Weg zu "langfristigem Frieden und Stabilität" vor allem in den nördlichen Grenzgebieten. Obwohl auf den militärischen Juntun auch Getreide produziert wurde, dienten sie vor allem der militärischen Nutzung.

Die zivilen Mintun waren insbesondere Felder, die von bäuerlichen Haushalten nach der Migration in unerschlossene Gegenden im Auftrag der Regierung bewirtschaftet wurden oder der Rekrutierung von Bauern dienten. Die Mintun wurden von der Regierung an Landwirte verpachtet. Wenn diese selbst Vieh und Saatgut stellten, betrug die Pacht 30% des Gesamteinkommens. Wohingegen die Abgaben bei 50% lagen, wenn die Bauern dazu auf die Bereitstellung der Regierung zurückgriffen.

Die Shangtun hatten eine wirtschaftliche Hebelwirkung. Die Regierung gab Kaufleuten das Recht Getreide zur Salzgewinnung eintauschen zu können. So transportierten die Kaufleute Getreide und rekrutierten Arbeiter für die Bauern auf den von der Regierung zur Verfügung gestellten Feldern. Sie bezahlten ihre Steuern vor Ort und erhielten im Gegenzug von der Regierung das Recht auf Salzgewinnung und -handel.

Die Fantun waren eine besondere Form von Agrarkolonien, denn dort waren die Hauptproduzenten Menschen, die das Feudalrecht verletzt hatten. Die Gesetze der Ming-Dynastie waren sehr streng und es gab eine große Zahl von Verurteilten. So wurden Gefangene zu wichtigen Arbeitskräften der Agrarkolonien, was dazu führte, dass in historischen Aufzeichnungen Mintun und Fantun häufig verwechselt wurden.

In der frühen Ming-Dynastie hatten die Agrarkolonien einen großen sozioökonomischen Nutzen. Der Umfang der Agrarkolonien betrug über 6 Millionen Hektar und machte damit 10% der gesamten Ackerfläche des Landes aus. Im Jahr 21. Regierungsjahr des Kaisers Hongwu (1388) erzielten die Juntun über 500 Millionen Liter Getreide. Doch auch wenn zu Beginn der Ming-Dynastie viele verschiedene Arten von Agrarkolonien errichtet wurden und Kaiser Hongwu 1388 die Agrarkolonien im Gesetz verankerte, verbreiteten sie sich dennoch nicht im ganzen Land.

In späteren Jahren erzielte die Zentralregierung durch großflächige Projekte in vielen Teilen Gansus über fünf Jahre hinweg erfolgreiche Ergebnisse, die das Konzept von Kaiser Zhu Yuanzhang bestärkten, „der Erfolg des Landes, liege in der Ernährung der Soldaten". Einige Jahre darauf setzte Kaiser Ming Taizu den Vorschlag seines Ministers Zhao Hu um, den Betrieb von Agrarkolonien nach dem Gansu Vorbild im ganzen Land zu fördern und das Verhältnis von Arbeitern und Aufsehern auf 7:3 festzulegen. Unter Kaiser Hongwu konnten die Agrarkolonien sich bereits selbstversorgen und so wurde eine nationale Grundsteuer eingeführt. Die Autarkie der Agrarkolonien in Gansu führte zu einem höheren Lebensstandard der Produzenten, so dass diese 20% ihres Jahreseinkommens an den Staat abgeben konnten. Kaiser Zhu Yuanzhang sagte einmal: „Durch die Einführung der Agrarkolonien kostet die Ausbildung der Millionen Soldaten die Bevölkerung kein Korn." Und neben der Produktion einer großen Menge an Lebensmitteln, sparten die Agrarkolonien dem Land auch hohe Transportkosten.

Die dritte Maßnahme war der Wasserbau. In der Ming-Dynastie entstand im ganzen Land ein beispielhaftes Netzwerk von Bewässerungs- und Entwässerungssystemen, was die Entwicklung der landwirtschaftlichen Produktion stark vorantrieb und eine solide Grundlage für die Entwicklung der Industrie- und Handelswirtschaft und sogar des Kapitalismus bildete.

Am Ende der Ming-Dynastie ernannte der kaiserliche Hof fortwährend Eunuchen zu Steuer- und Abgabenbevollmächtigten, die dem Handel jedoch die Grundlage für die erfolgreiche Entwicklung entzogen. Allein im 29. Regierungsjahr von Kaiser Wanli (1601) beinhalteten die nach Peking fließenden Steuern über 4,5 Tonnen Silber, 78 Kilogramm Gold sowie Diamanten, Kristalle, Perlen, edle Stoffe sowie rote und grüne Juwelen. Darüber hinaus gab es unzählige Eunuchen, die sich selbst an den Abgaben bereicherten. Dies führte zu vielen Auseinandersetzungen zwischen der Bevölkerung und den Steuer- und Abgabenbevollmächtigten. Wie der Poet und Historiker Zhao Yi (1727-1814) treffend schrieb: „Die Ming-Dynastie ist nicht mit Chongzhen (1628-1644), sondern mit Wanli (1573-1620) untergegangen."[342]

Obwohl die Qing-Dynastie nachdem sie ihren Gebietsanspruch verkündet hatte, große Teile des Landes erstritt und die Bevölkerung erfolgreich bekämpfte, war der steigende ökonomische Nutzen zu gering, um die Gier der mandschurischen Aristokratie zu befriedigen. Daher erließ Kaiser Shunzhi ein Dekret zur Verhinderung von Korruption und von der Ära des Kaisers Kangxi an, wurde Korruption gänzlich verboten. So kehrte die Landpolitik der Qing-Regierung zum konventionellen Weg der chinesischen Feudalgesellschaft zurück.

In der landwirtschaftlichen Produktion finanzierte und mobilisierte die Qing-Regierung die Bevölkerung zum Bau von Deichen entlang der Küste, die einerseits die Ertragseffizienz in den Küstengebieten stabilisierten und andererseits die Anbaufläche vergrößerten. Im Rahmen der Begünstigung der Produzenten durch die Qing-Regierung, erließ Kaiser Kangxi in seinem 51. Regierungsjahr (1712) den Befehl „die in der Blütezeit wachsende Anzahl von Familienmitgliedern nicht zu besteuern", um die landwirtschaftliche Produktion zu stabilisieren und der verbreiteten Verheimlichung von Familienzuwachs entgegen zu wirken. Daraufhin

342 *Nianer Shi Jizai* 廿二史札记 („Notizen zu den zweiundzwanzig historischen Annalen"), Band 35, *Wanli Zhong Kuangshui Zhi Hai* 万历中矿税之害 („Das Unheil der Erzsteuer unter Wanli").

blieb die Rate der Steuerabgaben gleich, unabhängig vom personenbezogenen Wachstum eines Haushalts. Außerdem führte Kangxi 1716 das Silbersystems, dass die ursprüngliche Kopfsteuer mit der Grundsteuer verbinden sollte. In den ersten Jahren von Kaiser Yongzheng (1723-1735) wurde im ganzen Land die Kopfsteuer durch die Grundsteuer ersetzt. In den 50 Regierungsjahren von Kangxi wurden insgesamt Steuern in Höhe von 167 Tonnen Silber erhoben. Anhand dieser Zahl wurde die Steuer je nach Größe der Grundstücke auf das ganze Land verteilt, wobei aufgrund der unterschiedlichen Silbervorkommen zwei Hundertstel die kleinste Einheit war. Dieses Steuersystem wurde zum Grundsteuersystem und wirkte der Vererbung und der Entwicklung der institutionellen Abschaffung der Privilegien von Grundherren entgegen.

Mit der Einführung des Grundsteuersystems wurden die direkten Produzenten entlastet, die Staatsmacht gestärkt, die Steuereinnahmequellen der Regierung verteilt, dadurch stabilisiert und gleichzeitig die Rohstoffwirtschaft gefördert. Die Aufhebung des Handwerkssystems in der Qing-Dynastie[343] hatte einen positiven und weitreichenden Einfluss auf die Produktionseffektivität und -effizienz sowie auf die Autonomie der Handwerker. Die Abschaffung des Handwerkssystems gab den Handwerkern der chinesischen Feudalgesellschaft den gleichen politischen Status wie den anderen Volksgruppen und war von großer Bedeutung für die weitere Entwicklung der bürgerlichen Handwerkswirtschaft.

Doch aufgrund der nationalen Isolierungspolitik, die Chinas Sozialwirtschaft eine weltweite Führungsposition eingebracht hatte, verfiel das Regime dem Imperialismus, an dem die große dekadente Qing-Dynastie letztlich zugrunde.

343 *Qingchao Wenxian Tongkao* 清朝文献通考 („Beamtenprüfung der Qing-Dynastie"), Band 21, *Zhiyi* 职役 („Zwangsarbeit") Artikel 1: Im zweiten Regierungsjahr von Kaiser Shunzhi (1645) verkündete die Qing Regierung: „Die Registrierung von Handwerkern in den Provinzen und der Hauptstadt wird abgeschafft." Von da an „gab es keinen Unterschied mehr zwischen anderen Volksgruppen" und Handwerkern. Dies wird ebenfalls erwähnt in *Qing Shizu Shilu* 清世祖实录 („Die wahren Aufzeichnungen der Ahnen der Qing"), Band 16, Shunzhi 顺治 *Jianxi Fuyi Jingzhi Quanshu Gengding Fanli* 江西赋役经制全书•更订凡例 („Enzyklopädie des Zwangsarbeitssystems in Jiangxi – Anhang").

Teil 2: Entwicklungsverlauf von Staatsunternehmen im modernen China (1840-1949)

Der 1840 ausbrechende Opiumkrieg veränderte den Verlauf der chinesischen Geschichte. Die ausländischen Imperialisten öffneten mit Bomben das Tor zu China, das sich über Jahrtausende eigenständig und unabhängig entwickelt hatte. Dadurch wurde der Entwicklungsprozess der chinesischen Sozialwirtschaft unterbrochen und das Land sah sich gezwungen in eine völlig andere historische Phase einzutauchen. Von einem selbstständigen souveränen Feudalstaat begann China eine Transformation hin zu einer kolonial-feudalen Wirtschaftsstruktur.

Durch das Eindringen von ausländischem Kapital wurde die feudale sozioökonomische Struktur, die sich in China über Tausende von Jahren gebildet hatte, unvorbereitet zur modernen Industrialisierung gezwungen. Das ausländische Kapital, das Staatskapital[344] und das Privatkapital waren die drei Grundformen der modernen kapitalistischen Produktionsverhältnisse und spielten in der sozio-ökonomischen Struktur unterschiedliche Rollen. Unter dem Einfluss der fortgeschrittenen Produktivkräfte des ausländischen Kapitalismus, war die größte sozio-ökonomische Veränderung die Entstehung und Weiterentwicklung von neuen industriellen Produktionsmethoden. Dieser Prozess wird von Akademikern als Chinas frühe Phase der Modernisierung (1860-1949) bezeichnet.

Tabelle 4-1 zeigt die statistische Zusammensetzung von ausländischem, staatlichem und privatem Kapital in verschiedenen historischen Perioden der Industrialisierungsstruktur während des frühen chinesischen Modernisierungsprozesses.

---

344 Für „Staatskapitalwirtschaft" und „Staatskapitalunternehmen" wurde in akademischen Kreisen allgemein der Begriff „bürokratisches Kapital" verwendet. Im aktuellen Diskurs sind jedoch immer mehr Wissenschaftler überzeugt, dass der Begriff „Staatskapital" präziser ist als „bürokratisches Kapital". Daher werden in diesem Artikel die Begriffe „Staatskapital" und „Staatskapitalwirtschaft" verwendet. In Bezug auf das „aristokratische Kapital" als Teil des „bürokratischen Kapitals" sieht der Autor jedoch einen Unterschied zum „Staatskapital", der im weiteren Verlauf erörtert wird. Die Bedeutung der Ausdrücke „Staatskapitalwirtschaft" und „Staatskapitalunternehmen" im modernen China sind sehr kompliziert. In diesem Artikel wird davon ausgegangen, dass moderne Staatskapitalgesellschaften nicht unbedingt durch staatliche Investitionen in Erscheinung treten müssen. Die entscheidenden Faktoren sind, ob sie von der Staatsmacht kontrolliert werden und ob die Ausrichtung der Unternehmen und ihrer Entwicklungsziele den Zielen der Staatsmacht entsprechen.

Tabelle 4-1: Schätzung und Vergleich des industriellen Kapitals des modernen China

Einheit: 10.000 Yuan

Jahr	Gesamtkapital	Ausländisches Kapital		Nationales Kapitel					
		Kapitalbetrag	Anteil (in %)	Gesamtkapitalbetrag	Anteil (in %)	Staatskapital		Privatkapital	
						Kapitalbetrag	Anteil (in %)	Kapitalbetrag	Anteil (in %)
1894	12 155	5 406	44,5	6 749	55,5	4 757	39,1	1 992	16,4
1914	178 673	102 125	57,2	76 548	42,8	47 807	26,8	28 741	16,1
1920	257 929	133 000	51,6	124 929	48,4	66 952	26,0	57 977	22,5
1936	135 5039	927 841	68,5	427 198	31,5	222 454	16,4	204 744	15,1
1948	693 228	111 650	16,1	581 578	83,9	420 079	60,6	161 499	23,3

Quelle: Nach Xu Dixin 许涤新 und Wu Chengmin 吴承明 *Zhongguo Zibenzhuyi Fazhanshi* 中国资本主义发展史 („Geschichte der Entwicklung des Kapitalismus in China"), Band 2, People's Publishing House, 1990, S. 1055, 1057, 1065; Band 3, Renmin Chubanshe, 1993, S. 746-748, 761 ff. Der Prozentsatz wurde durch den Autor berechnet.

Erläuterungen:

1. Die Angaben für Staatskapital und Privatkapital von 1914 in der Spalte „Nationales Kapital" wurden 1911 bzw. 1913 erhoben.
2. Das „Nationale Kapital" von 1936 beinhaltet die Region Dongbei.
3. Die Angaben in dieser Tabelle beziehen sich nur auf das Industriekapital. Finanz- und Handelskapital wurden nicht berücksichtigt.

Aus Tabelle 4-1 wird deutlich, dass ausländisches Kapital im modernen China einen wichtigen Teil der kapitalistischen Wirtschaft darstellte. Von 1894 bis 1936 lag der Anteil an ausländischem Industriekapital bei über 50%. In den 16 Jahren von 1920 bis 1936 stieg das Gesamtkapital um ein Siebenfaches und der ausländische Anteil daran lag bei über 68%. Es lässt sich folgern, dass dies die semikoloniale und semifeudale Gesellschaft der Wirtschaft des modernen China repräsentiert.

Am chinesischen Kapital kann man deutlich den Machtverlauf im Entwicklungsprozess der Staatsunternehmen beobachten: Die ersten industriellen Unternehmen der chinesischen Moderne waren zum Ende der Qing-Dynastie durch die Regierung gegründete staatliche und staatlich geführte Unternehmen. Im Jahr 1894 belief sich das staatliche Kapital in der Maschinenindustrie auf mehr als das Doppelte des Privatkapitals. In der späteren Republik China gab es unter der Regierung in Peking und Nanjing weiterhin Staatsunternehmen, deren Gesamtkapital das von Privatunternehmen stets überstieg. Infolge der Entwicklung maschineller Produktionsmethoden und deren proportionaler Zunahme in der gesellschaftlichen Wirtschaftsstruktur, zeigte sich 1936 ein Trend zur weiteren Steigerung. Laut Statistiken lag allein der Anteil des Ressourcenkomitee der Nationalregierung in Nanjing an Industrieprodukten der nationalen Produktion im Jahr 1947 bei 36% der Elektrizität, 33% der Kohle, 90% des Stahls, 100% des Wolframs, 70% des Zinns, 45% des Zements und 90% des Zuckers.[345] Zur Mitte des 20. Jahrhunderts entsprach das Staatskapital der chinesischen Regierung fast dem 3,8-fachen des ausländischen Kapitals und dem 2,6-fachen des Privatkapitals.[346] Diese marktbeherrschende Stellung von über 60% Marktanteil vor allem in der Schwerindustrie, die den Grad der wirtschaftlichen Modernisierung verkörpert, stärkte die Regierung und bildete schließlich die Grundlage für die Gründung der Volksrepublik China.

Gesamt betrachtet war diese Periode des starken Staatskapitals kein Zufall, sondern eine Notwendigkeit. Zunächst wurde das moderne China immer wieder mit starken ausländischen Invasionen konfrontiert, die Bevölkerung war von den subversiven nationalen Krisen geschüttelt und der innere Krieg wütete unablässig. Angesichts der Invasion starker ausländischer Feinde und innenpolitischer Krisen konnten die ursprünglichen nationalen Verteidigungskräfte und die sozioökonomischen Strukturen nicht mehr standhalten und so wurden Mobilisierung, Organisation und Abwehr zwangsläufig zur Hauptstütze der Staatsmacht. Mit den Worten der institutionellen Wirtschaftstheorie: „Staatliche

345 *Nian Ziyuan Weiyuanhui Gongye Chanpin Zhan Guomindang Tongzhiqu Gongye Chanpin de Bizhong* 1947 年资源委员会工业产品占国民党统治区工业产品的比重 („Anteil der industriellen Produkte des Ressourcenkomitees im Regierungsgebiet der KPC"), Chen Zhenbian 陈真编 *Zhongguo Jindai Gongyeshi Ziliao* 中国近代工业史资料 („Daten zur modernen Industriegeschichte Chinas"), dritte Edition, S. 1445, Dushu Shenghuo Xinzhi Sanlian Shudian, 1961.

346 Gemäß Tabelle 1.

Interventionen können den anhaltenden Mangel an institutionellem Angebot beheben."[347]

Die Geschichte hat vielfach bewiesen, dass die Staatsmacht angesichts von Krisen das schnellste und effektivste Mittel zur Reform und Mobilisierung von sozialen Ressourcen und zur Entschärfung von Krisen ist. Unter den besonderen historischen Bedingungen des modernen China konnte nur die Staatsmacht die Ressourcenallokation und die Produktionsmethoden so direkt, schnell und effizient transformieren. Das energische Ausschöpfen des Potenzials von Mobilisierung und Strukturierung aller Bereiche des gesellschaftlichen Systems, die Eliminierung von historischen und aktuellen Hindernissen sowie die Durchführung von Reformen und die Festlegung von Zielen waren die wesentlichen Gründe für den Aufstieg und die kontinuierliche Stärke der staatlichen Unternehmen.

Zweitens hängt die starke Ausprägung des Staatskapitals in der modernen chinesischen Geschichte auch mit den historischen Traditionen Chinas zusammen. Im Rahmen der über Jahrtausende herrschenden Tradition einer zentralistischen Staatsmacht war die Bildung und Aufrechterhaltung einer starken Zentralregierung ein herausragendes Merkmal. Diese Eigenschaft zeigt sich neben den politischen auch in den wirtschaftlichen und sozialen Bereichen. Die Regierung war direkt in Handwerk und Handel involviert. Die geschichtliche Tradition des Monopols auf den Handel von wichtigen Gütern wie Salz und Eisen sowie die Kontrolle über Handwerk und Industrie machten die Regierung in der Sozialwirtschaft zur stärksten Kontrollmacht.[348]

Die historische Tradition der staatlichen Wirtschaftskontrolle und die subjektiven Ziele der Regierung des modernen China machten die Entstehung der staatlichen maschinellen Industrieunternehmen zum prägenden Merkmal der frühen Modernisierung Chinas. Wann immer es in späteren Phasen möglich war, baute die Regierung diese Machtposition aus. Nach Ausbruch des sino-japanischen Krieges war die staatskapitalistische Wirtschaftsstruktur der entscheidende Faktor zur Einnahme der Vorherrschaft.

Im Folgenden werden die konkreten Bedingungen der Entwicklung der Staatsunternehmen in jeder Phase des modernen China betrachtet, die Merkmale jeder Periode zusammengefasst, der Verlauf ihrer gesamten Entwicklung skizziert

---

347 Lin Yifu 林毅夫 *Guanyu Zhidu Bianqian de Jingjixue Lilun Youzhixing Banqian yu Qiangzhixing Bianqian* 关于制度变迁的经济学理论：诱致性变迁与强制性变迁 („Wirtschaftstheorie des institutionellen Wandels: Induzierter und obligatorischer Wandel"), in R. Coase, A. Alchian, D. North *Caichan Quanli yu Zhidu Bianqian Canquan Yuepai yu Xin Zhidu Yuepai Yi Wenji* 财产权利与制度变迁—产权学派与新制度学派译文集 („Property rights and institutional changes"), S. 394, Shanghai Renmin Chubanshe, 1994.

348 Die wirtschaftlichen Funktionen des zentralistischen Feudalstaates Chinas zeigen sich hauptsächlich in drei Aspekten: Erstens durch die Konstruktion und Verwaltung öffentlicher Projekte wie Wasserwirtschaft, Verkehr und nationaler Verteidigung, zweitens durch Eingriffe in die Reproduktion der Gesellschaft durch Besteuerung und verschiedene Wirtschaftspolitiken und drittens durch den direkten Betrieb von Handwerk und Handel. Siehe Wu Taichang 吴太昌 *Lüelun Zhongguo Fengjian Shehuijingji Jiegou Dui Zibenzhuyi Fazhan de Yingxiang* 略论中国封建社会经济结构对资本主义发展的影响 („Über den Einfluss Chinas feudaler sozialökonomischer Struktur auf die Entwicklung des Kapitalismus"), Zhongguo Jingjishi Yanjiu, 1990, 1. Auflage.

sowie der Status und die Funktion der Staatskapitalwirtschaft im Wirtschaftssystem des modernen China analysiert.

Kapitel 4: Staatliche sowie privat geführte und staatlich kontrollierte Unternehmen der späten Qing-Dynastie

Der durch maschinelle Industrie gekennzeichnete Prozess der Industrialisierung begann zur Mitte des 19. Jahrhundert mit der Selbststärkungsbewegung der späten Qing-Regierung. Hier spielte der Einfluss westlicher kapitalistischer Mächte eine entscheidende Rolle bei der Initiierung der modernen Industrialisierung in China. Doch die eigentliche treibende Kraft der modernen Industrialisierung Chinas war das innere Streben nach Stärke und Reichtum.

Die Selbststärkungsbewegung begann mit dem Kauf westlicher Maschinen und Ausrüstung, der Errichtung einer modernen Militärindustrie, der Herstellung von Schiffen, maschinellem Bergbau und der Inbetriebnahme von Eisenbahnen. Die Bildung dieser Industriestruktur hing auf der einen Seite mit der politischen Notwendigkeit zur Mobilisierung der nationalen Ressourcen als Reaktion auf die Invasion ausländischer Feinde und die Unterdrückung des Taiping Aufstands zusammen. Andererseits war auch das Staats- und Wirtschaftssystem der späten Qing-Regierung ein Faktor, denn China war zu diesem Zeitpunkt noch ein geschlossenes Agrarland und keine kapitalistische Marktwirtschaft. Daher stellte die Entstehung einer modernen maschinellen Industrie einen Ausbruch aus den feudalwirtschaftlichen Strukturen dar und bedurfte der Genehmigung der Entscheidungsebene der Regierung, um rechtlich in der Gesellschaft Bestand zu haben. Gleichzeitig mussten in diesem Prozess die alten Denkstrukturen durchbrochen werden, die die chinesische Kultur als führend und Ausländer als Barbaren darstellten. Doch Kapital, Technologie und Organisation aus dem Ausland brauchten auch die staatliche Unterstützung. So musste in der frühen Phase der modernen Industrialisierung Chinas, egal ob es sich um militärische oder zivile Industrie und um staatliche oder staatsgeführte Unternehmen handelte, der Staat führend sein und das Staatskapital eine Haupt- und Kontrollposition einnehmen.

Im Folgenden werden in zeitlicher Abfolge die staatliche Militärindustrie und die von der Regierung betriebene zivile Industrie beleuchtet.

Abschnitt 1: Staatliche Unternehmen (Militärindustrie)

Die Entwicklung der chinesischen Maschinenindustrieunternehmen der späten Qing-Zeit begann bei den staatlichen militärischen Industrieunternehmen und wurde schrittweise auf zivile Unternehmen ausgeweitet.

Die Machtdemonstration der ausländischen Marine während des zweiten Opiumkrieges hinterließ einen tiefen Eindruck in der chinesischen Gesellschaft. Schon nach dem ersten Opiumkrieg riet der Gelehrte Wei Yuan, von den ausländischen Fähigkeiten zu lernen. Später haben Generäle wie Zeng Guofan, Li Hongzhang oder Zuo Zongtang bei der Niederschlagung des Taiping Aufstandes die überlegene Leistung der ausländischen Dampfschiffe und Kanonen selbst erfahren und setzten sich für den Kauf und Nachbau dieser ein. In einem Artikel von August

1861 schrieb General Zeng Guofan, dass die Schnelligkeit der englischen und französischen Dampfschiffe und die zurückgelegte Entfernung der Bomben einzigartig und in China bisher ungesehen wären. Wenn China diese nach und nach erwerben würde, würden England und Frankreich an Stärke einbüßen. Er war überzeugt, dass begabte Handwerker die Dampfschiffe nach dem Kauf „innerhalb von ein bis zwei Jahren nachbauen könnten und sich so die chinesisch-ausländischen Beziehungen grundlegend verändern würden."[349] 1863 ergänzte Li Hongzhang, dass auch Russland und Japan früher nichts über Kanonen wussten, sich jedoch das Geheimnis der Feuerwaffen und Dampfschiffe angeeignet hatten, um genauso stark zu werden wie England und Frankreich.[350] Im April desselben Jahres sagte er weiterhin, „China könnte mithilfe von Kanonen und Dampfschiffen die Westler zurückdrängen."[351]

In einem Antwortbrief auf die Prüfung des Außenministeriums im August 1864 stimmte Li Hongzhang dem Vorschlag des Kreisintendanten von Shanghai, Ding Richang, zu, zunächst den kaiserlichen Hof um die Erlaubnis zur Errichtung einer Werft und zum Erwerb von ausländischen Schiffen durch chinesische Händler zu bitten. Außerdem fügte Li Hongzhang der Antwort den geheimen Bericht von Ding Richang bei, der die konkreten Ziele und Umsetzungsmaßnahmen des Vorschlags beinhaltete. Im Geheimen war Ding Richang überzeugt, dass die Stärke der Ausländer in ihren Kanonenschiffen lag und China sich dies zu Nutze machen könnte. Daher schlug er vor, einen geeigneten Hafen zu wählen, um dort eine Werft für Dampfschiffe zu errichten, in der die fähigsten Schiffsbauer Chinas von den Ausländern lernen könnten" und gleichzeitig „den Reichtum der Gentry zu nutzen, um die finanziellen Ressourcen für den Kauf der Schiffe aufbringen zu können."[352]

Im Mai 1866 schrieb Zuo Zongtang über den Konflikt mit den Engländern: „Beim Kampf auf dem Land haben sie die gleichen Stärken wie wir. Und da wir in der Überzahl sind, können sie uns nicht erreichen. Doch auf dem Meer haben sie Dampfschiffe und wir nicht. Wie sollen wir sie da bekämpfen?"[353] Daher ersuchte er den kaiserlichen Hof im Geheimen um die Erlaubnis zur Errichtung einer Werft. Die

349 *Yi Fu Goumai Waiyang Chuanpao Wei Jinri Jiushi Diyi Yaowu* 议复购买外洋船炮为今日救时第一要务 („Die Anschaffung ausländischer Schiffskanonen ist für die Befreiung von höchster Priorität"), Taiwan Zhongyang Yanjiuyuan Jiandaishi Yanjiusuo Bian, *Haifang dang* 海防档 („Aufzeichnungen der Küstenwache"), Nr. 1, *Goumai Chuanpao* 购买船炮 („Anschaffung von Schiffskanonen"), 1957, S. 20 (Im Folgenden abgekürzt als *Haifang dang* 海防档 („Aufzeichnungen der Küstenwache")).

350 Li Hongzhang 李鸿章 *Li Hongzhang Quanji Pengliao Hangao* 李鸿章全集·朋僚函稿 („Vollständige Niederschriften von Li Hongzhang"), Band 3, *Shang Cengxiang* 上曾相, 17. März des zweiten Regierungsjahres von Kaiser Tongzhi, Shanghai Renmin Chubanshe, 1985.

351 Li Hongzhang 李鸿章 *Li Hongzhang Quanji Pengliao Hangao* 李鸿章全集·朋僚函稿 („Vollständige Niederschriften von Li Hongzhang"), Band 3, *Shang Cengxiang* 上曾相, 17. März des zweiten Regierungsjahres von Kaiser Tongzhi, Shanghai Renmin Chubanshe, 1985.

352 *Haifang Dang* 海防档 („Aufzeichnungen der Küstenwache"), 3, *Jiqi Ju* 机器局 („Maschinenabteilung"), S. 4-5 (Nr. 1).

353 Zuo Zongtang 左宗棠 *Zuo Wenxiang Gongquanji* 左文襄公全集 („Die vollständigen Werke von Zuo Wenxiang"), Throneingabe 18, *Fu Chen Chouji Yangwu Shiyi Zhe* 复陈筹议洋务事宜折 („Revision zur Außenpolitik"), S. 10. Zitiert nach: Association of Chinese Historians, *Yangwu Yundong* 洋务运动 („Bewegung zur Verwestlichung"), Shanghai Renmin Chubanshe, Shanghai Shudian Chubanshe, 2000 (Im Folgenden abgekürzt als *Yangwu Yundong* 洋务运动 („Bewegung zur Verwestlichung")).

Sichtweise von Zuo Zongtang überschnitt sich mit der von Ding Richang, denn auch er war überzeugt, dass der große Vorteil im Südosten auf dem Wasser und nicht auf dem Land liege, denn das Land ist von Guangdong über Fujian, Zhejiang, Jiangnan, Shandong und Shenyang bis hin zu Dongbei an drei Seiten vom Meer umgeben. Ganz zu schweigen von der Vielzahl der Flüsse.

Im September 1864 drückte das Außenministerium den Schreiben von Li Hongzhang und Ding Richang sein Wohlwollen aus und bat Li Hongzhang um die Erstellung eines ausführlichen Plans. Auch die Throneingabe von Zuo Zongtang fand Anerkennung. Daher lag der erste Durchbruch der modernen chinesischen Industrie in der Produktion von Kanonenschiffe und ist repräsentativ für die Einführung der westlichen Industrie während Selbststärkungsbewegung. Wie aus den obigen Beispielen jedoch auch hervorgeht, wäre die Entstehung der staatskapitalistischen Industrie zur späten Qing-Dynastie ohne die aktiven Eingaben der hohen Minister des Qing-Hofes unmöglich gewesen.

Aus dem Inhalt der Throneingaben der Hauptvertreter der Selbststärkungsbewegung Zeng Guofan, Li Hongzhang und Zuo Zongtang wird deutlich, dass der Ausgangspunkt und das langfristige Ziel der Gründung der westlich orientierten Unternehmen die nationale Verteidigung und der Wohlstand des Volkes waren. Aufgrund der ausländischen Aggression hatte die Einrichtung von Militärunternehmen höchste Priorität. Daher war die „Selbststärkung“ der Hauptgrund dafür, dass in der staatskapitalistischen Industrie zunächst militärische Unternehmen entstanden.

Tabelle 4-2 zeigt die gibt einen Überblick über die Gründung von staatlichen militärischen Unternehmen zur späten Qing-Dynastie bis 1894.

Tabelle 4-2 Gründung militärisch genutzter Maschinenindustrieunternehmen (1862-1894)

Name der Organisation	Ort	Gründungsjahr	Gründer	Mitarbeiterzahl	Finanzierung		Bemerkung
					Betrag (Tael)	Zeitrahmen	
Inneres Rüstungsinstitut Anqing	Anqing	1862	Zeng Guofan	unbekannt	unbekannt	unbekannt	Nach 1864 abgeschafft
Fabrik für ausländische Schusswaffen Shanghai	Shanghai	1863	Li Hongzhang	150-600	unbekannt	unbekannt	Insgesamt drei Abteilungen: eine wurde 1863 in die Fabrik für ausländische Schusswaffen Suzhou und die anderen beiden 1865 in das Produktionsunternehmen Jiangnan integriert
Fabrik für ausländische Schusswaffen Suzhou	Suzhou	1863	Li Hongzhang Zeng Guofan	60	179.969①	1864-65	1865 mit Produktionsunternehmen Jinling fusioniert
Zentrales Produktionsunternehmen Jiangnan	Shanghai	1865	Li Hongzhang	2.800	16.981.974①	1865-94	Größte Waffenfabrik
Produktionsunternehmen Jinling	Nanjing	1865	Li Hongzhang	700-1.000	2.430.000② 182.895① 520.000②	1865-94 1881-84 1885-94	Vergleichsweise groß, 1881 durch Liu Kunyi als Fabrik für ausländische Schusswaffen erweitert
Politische Schiffsfabrik Fuzhou	Fuzhou	1866	Zuo Zongtang	1.730-2.000	15.422.590①	1866-95	Größte Werft

Maschinenfabrik Tianjin	Tianjin	1866	Chong Hou Li Hongzhang	1.400-2.500	7.252.099① 540.000③	1866-94 1893-94	Vergleichsweise groß
Maschinenfabrik Xian	Xian	1869	Zuo Zongtang	unbekannt	unbekannt	unbekannt	1872 mit der Maschinenfabrik Lanzhou fusioniert
Maschinenfabrik Fujian	Fuzhou	1869	Ying Gui	60	22.655① 120.000③	1885-86 1887-94	Vergleichsweise klein, 1885 geschlossen
Maschinenfabrik Lanzhou	Lanzhou	1872	Zuo Zongtang	unbekannt	unbekannt	unbekannt	Vergleichsweise klein, 1880 geschlossen
Maschinenfabrik Guangzhou	Guang-zhou	1874	Rui Lin	200	527.320① 236.000③	1874-94	Zu Beginn eher klein, 1885 durch Liu Kunyi und Zhang Zhidong erweitert
Maschinenfabrik Shandong	Jinan	1875	Ding Baozhen	250	186.800① 648.000②	1875-76 1877-94	Mittelgroß
Maschinenfabrik Xizhou	Chengdu	1877	Ding Baozhen	250	77.352① 164.518① 804.000③	1877-79 1880-82 1883-94	Mittelgroß, 1879 geschlossen, 1880 wiedereröffnet
Maschinefabrik Jilin	Jilin	1881	Wu Dacheng	300	420.000	1881-94	Mittelgroß
Maschinenfabrik Shenjiying	Beijing	1883	Yi Huan	unbekannt	1.000.000①	1883-90	Relativ groß, 1890 durch Brand zerstört
Maschinenfabrik Jiangsu	Hangzhou	1883	Liu Bingzhang	50	67.299① 73.100① 240.000②	1883-84 1885-86 1887-94	Vergleichsweise klein
Maschinenfabrik Taiwan	Taipei	1885	Liu Mingchuan	100	122.466①	1885-86	Vergleichsweise klein
Maschinenfabrik Yunnan	Kunming	1885	Cen Yuying	60-100	unbekannt	unbekannt	Vergleichsweise klein

Schusswaffenfabrik Hubei	Hanyang	1890	Zhang Zhidong	1.200	2.100.000①	1890-97	Vergleichsweise groß
Gesamt				**9.100-10.810**	**50.319.037**		

Quelle: Zitiert nach Xu Dixin 许涤新 und Wu Chengmin 吴承明 *Zhongguo Zibenzhuyi Fazhanshi* 中国资本主义发展史 („Geschichte der Entwicklung des Kapitalismus in China"), Band 2, Renmin Chubanshe, 1990, S. 341-342.

Erklärung zur Spalte Betrag:
① Berechnet basierend auf der tatsächlichen Anzahl der Rückerstattungen im Laufe der Jahre oder der im Datensatz enthaltenen Anzahl.
② Ergibt sich aus dem festen Betrag der jährlichen Finanzierung, der in den Aufzeichnungen enthalten ist.
③ Basierend auf der tatsächlichen Anzahl der Rückerstattungen (oder dem Durchschnitt eines Jahres oder einiger Jahre).

Tabelle 4-3 zeigt die Statistiken der wichtigsten Finanzierungsquellen zur Gründung der Militärindustrie in der späten Qing-Dynastie.

Tabelle 4-3 Hauptquellen zur Finanzierung der militärischen Industrieunternehmen in der späten Qing-Dynastie (1863-1894)

Name der amtlichen Fabrik	Finanzierungsquelle zur Gründung		Jährliche Finanzierungsquellen	
	Projekteinheiten	Betrag (Tael)	Projekteinheiten	Betrag (Tael)
Fabrik für ausländische Schusswaffen Suzhou (1863-1865)	—— Grenzverwaltungen Shanghai und Guangdong	—— 68.000	Militärausgaben	110.657
Zentrales Produktionsunternehmen Jiangnan (1865-1894)	Geldbußen Zolltarife Shanghai Militärausgaben Kredit durch die HSBC	40.000 20.000 415.000 400.000	20% der Zolltarife am Yangtse (inklusive eines Sonderfonds)	15.027.736
Produktionsunternehmen Jinling (1865-1894)	Zolltarife aus Jianghai (Guangdong), Jianghan (Hubei), Jiujiang (Jiangxi) Verteidigungsabteilung Jiangnan	110.000 182 895	Zolltarife des nord- südlichen Ozeans Verteidigungsabteilung Jinling	187.0000 624.000
Schiffsbaufabrik Fuzhou (1866-1895)	Zolltarife Fujian	400.000	Zolltarife Fujian Binnenzolltarife Fujian	11.870.000 260.000
Maschinenfabrik Tianjin (1866-1894)	Silber der leitenden Steuerverwaltung Zolltarife Tianjin und Ostchinesische See	80.000 100.000 33.333	20% der Zolltarife aus Tianjin und der ostchinesischen See (inklusive eines kleinen Anteils der Dampfschiffsteuer und des	

			Steuerministeriums	
Maschinenfabrik Shandong (1875-1894)	Staatliche Warenlage Lebensmittellager Zoll Linqing (Shandong)	94.000 72.800 20.000	Staatliche Warenlager	684.000
Waffenfabrik Hubei (1890-1897)	Militärische Strafen Spenden aus dem Salzhandel Spenden durch Beamte Ausländische Kredite	700.000 150.000 200.000 600.000	Bodensteuer Salzgewinnung aus dem Huai Fluss	1.100.000 210.000

Quelle: Sun Yutang 孙毓棠编 *Zhongguo Jindai Gongyeshi Ziliao* 中国近代工业史资料 („Moderne Industriegeschichte Chinas"), Band 1, Kexue Chubanshe, 1957, relevante Daten der oben genannten Unternehmen. Zitiert nach Xu Dixin 许涤新 und Wu Chengmin 吴承明 *Zhongguo Zibenzhuyi Fazhansho* 中国资本主义发展史 („Geschichte der Entwicklung des Kapitalismus in China"), Band 2, Renmin Chubanshe, 1990, S. 373.

Zusammenfassend verlief die erste Phase der Entstehung von großen Industrieunternehmen im modernen China von 1860 bis zum Beginn des Sino-Japanischen Krieges 1894. In dieser ersten Phase gründete die späte Qing-Regierung hauptsächlich militärische Unternehmen, deren Grundstruktur aus Tabelle 4-2 ersichtlich wird. Es gab fast 20 Unternehmen, in denen 10.000 Arbeiter beschäftigt waren und die über ein Kapital von 50 Mrd. Tael verfügten. Die Produktionsgüter waren vor allem diverse Feuerwaffen, Kanon, Granaten, Munition, Dampfschiffe und Maschinen. Die Mehrheit der Maschinen und Triebwerke wurden aus England, Frankreich, Deutschland und den USA erworben. In Bezug auf technisch qualifiziertes Personal wurden neben der Schulung und Entsendung von Personen ins Ausland auch ausländische Techniker beschäftigt, die häufig britische, französische, deutsche und amerikanische Arbeiter einsetzen.[354] Die Gründung dieser militärischen Industrieunternehmen unterlag keinem zentralen Plan, sondern wurde viel mehr durch lokale, mächtige Generäle vorangetrieben, die unterschiedliche Motive hatten und verschiedene Organisationsstrukturen einführten.

Wie in Tabelle 4-3 aufgeführt, stammten die Finanzierungsquellen hauptsächlich aus Zolltarifen, aus Mitteln des Steuerministeriums, Zuschüssen und Zuwendungen der lokalen Regierungen, Militärausgaben und Anleihen von ausländischen Geschäftsleuten. Der Hauptzweck dieser militärisch industriellen

354 Siehe Zhang Yufa 张玉法 *Qingmo Minchu de Guangban Gongye* 清末民初的官办工业 („Staatliche Industrie der späten Qing-Dynastie und der frühen Republik Chinas"), Taiwan Zhongyang Yanjiu Jindaishi Yanjiusuo Bian: *Qingji Ziqiang Yundong Yaotaohui Lunwen Ji* 清季自强运动研讨会论文集 („Diskussionspapier zur Selbststärkungsbewegung der Qing"), letzter Band, 1988.

Produktion lag jedoch nicht in Wertschöpfung, Gewinn oder darin Produkte auf den Markt zu bringen. Die Ausweitung des Handels und Handwerks durch die Feudalregierung diente vor allem der Verteidigung und Stärkung im Kampf gegen die inneren und äußeren Krisen durch die ausländischen Feinde und die Taiping Rebellion.

Abschnitt 2: Staatliche und staatlich kontrollierte, aber privat geführte zivile Industrieunternehmen

Nachdem die Regierung der späten Qing-Dynastie anfangs vor allem militärische Industrieunternehmen durch Staatskapital gründete, begann ab 1870 sukzessive die Entstehung von neuen Unternehmen in der Schiffs-, Kohle-, Metall-, Textil-, Eisenbahn- und Telegraphenindustrie. Diese Unternehmen entstanden einerseits, um den Bedarf der militärischen Industrie nach Brenn- und Rohstoffen zu decken und andererseits, um Profite zu erzielen und Wohlstand zu generieren. Im Prozess der Gründung dieser zivil genutzten Unternehmen schuf die Regierung abgesehen von der direkten Leitung von Unternehmen das Modell der „staatlich kontrollierten Privatunternehmen". Obwohl dieses Unternehmensmodell von der direkten staatlichen Finanzierung abwich, kann es als besondere Form im Bereich der Staatsunternehmen betrachtet werden.

Der Grund für die Ausweitung der Militärindustrie auf zivile Unternehmen war hauptsächlich der in den 1860ern zunehmend steigende Bedarf der Rüstungsindustrie nach Roh- und Brennstoffen. Insbesondere die Nachfrage nach Kohle und Eisen weitete sich stetig aus. Gleichzeitig mit der Gründung der Rüstungsindustrie, erkannten die westlich orientierten Beamten am Qing-Hof allmählich, dass das "Streben nach Stärke" eng mit dem "Streben nach Wohlstand" verbunden war und dass sich militärische und zivile Industrie nicht voneinander trennen ließen. Wie Li Hongzhang treffend verdeutlichte: „Erst wenn wir Wohlstand haben, können wir stark sein. Wenn die Bürger wohlhabend sind, profitiert das ganze Land davon."[355]

Nach der Errichtung der Maschinenfabriken in Fujian, Shanghai, Nanjing und Tianjin schrieb Li Zongxi an den kaiserlichen Hof: „In allen Maschinenfabriken in Fujian, Shanghai, Nanjing und Tianjin werden nun Kanonen und Dampfschiffe produziert. China hat große natürliche Vorkommen an Kohle und Eisen. Wenn diese nach und nach ausgeschöpft werden, können nicht nur zahlreiche Schiffe und Kanonen gebaut, sondern auch der Wohlstand gestärkt werden."[356]

In einem Beitrag zur Diskussion zur Auflösung des Schiffsbaus schrieb Li Hongzhang: „Die Kanonenboote haben ohne Kohle und Eisen keinen Nutzen. England ist stärker als die anderen Westler, weil sie sich dies zunutze machen." Er äußerte sich gegen die Abhängigkeit von Importen von Kohle, Eisen und anderen Metallen

355 Li Hongzhang 李鸿章 *Li Hongzhang Quanji Zou Gao* 李鸿章全集·奏稿 (Vollständige Werke von Li Hongzhang – Manuskripte), Band 43, *Shiban Zhibu Ju Zhe* 试办织布局折 („Entwurf der Webabteilung"), 6. März des achten Regierungsjahres von Kaiser Guangxu, Shanghai Renmin Chubanshe, 1985.

356 *Qingshigao* 清史稿 („Geschichte der Qing-Dynastie"), Band 213, *Li Zongxi Chuan* 李宗羲传 („Biographie von Li Zongxi").

der meisten westlich orientierten Rüstungsfabriken. Nach seiner Ansicht wären angesichts der Gefahr von hohen Preisen die Arbeiter der Kohlefabriken und die Funktionsfähigkeit der Schiffe in einem geschlossenen Markt gefährdet. Daher war er nicht nur gegen die Auflösung der Dampfschiffproduktion, sondern schlug den Einsatz von westlichen Methoden zur Förderung von Kohle vor. Er sagte: „Die Quelle für den Profit dieses täglich genutzten Gutes liegt im freien Marktzugang. Die Verteilung des Gewinns und die Förderung der Marine stehen hier in einem besonderen Zusammenhang."[357]

Später erläuterte Li Hongzhang seine Ansichten über die Beziehung zwischen Wohlstand und Stärke und wie der Westen diese erreicht hätte: „Chinas Schwäche liegt in seiner Armut. Die weitentfernten Länder des Westens haben ungezählte Steuereinnahmen durch Bergbau, Eisenbahnen, Telegraphen, Post und Pro-Kopf-Steuer. Wenn wir uns dies abschauen und nach und nach für uns übernehmen, wird Armut zu Reichtum und Schwäche zur Stärke. Nur so können wir sie schließlich besiegen."[358]

1878 schrieb der kaiserliche Zensor Cao Bingzhe an den Kaiser: „Jüngst haben verschiedene Provinzen Maschinenfabriken gegründet, die sehr viel Kohle und Eisen benötigen. Daher ersuche ich Euch westliche Maschinen zur Förderung, Distribution und Verarbeitung von Rohstoffen zu nutzen, um die hohen Preise zu umgehen und damit Kosten zu senken."[359] Im Jahre 1890 schrieb Zhang Zhidong ebenfalls: „Das Militär und der Schiffsbau benötigen sehr viel Eisen und Kohle in der Produktion. Deren Erschließung ist die große und nachhaltige Grundlage für ein starkes Land".[360] Es lässt sich folgern, dass diese Meinungen und Bemerkungen der westlich orientierten Beamten den Grundstein für die Entstehung der zivilen Industrie aus der Rüstungsindustrie heraus gelegt haben.

Ein zweiter wichtiger Grund für die Entstehung der zivilen Industrie in den 1870er Jahren, war die Bekämpfung der Komplikationen durch die mit ausländischem Kapital gegründeten Unternehmen. Nach dem ersten Opiumkrieg wurde das Recht auf Schifffahrt zunächst durch ausländisches Kapital veranschlagt, gefolgt von dem Entstehen der ausländischen Schifffahrtsindustrie in China. Nach der Unterzeichnung des Vertrags von Nanjing durften ausländische Schiffe frei

357 Li Hongzhang 李鸿章 *Li Hongzhang Quanji Zou Gao* 李鸿章全集·奏稿 („Vollständige Werke von Li Hongzhang – Manuskripte), Band 19, *Chouji Zhizao Lunchuan Weike Caiche Zhe* 筹议制造轮船未可裁撤折 („Die Dampfschiffproduktion darf nicht abgeschafft werden"), 15. Mai des elften Regierungsjahres von Kaiser Tongzhi, Shanghai Renmin Chubanshe, 1985.

358 Li Hongzhang 李鸿章 *Li Hongzhang Quanji Pengliao Hangao* 李鸿章全集·朋僚函稿 („Vollständige Werke von Li Hongzhang – Briefe an befreundete Beamte"), Band 16, 26. August des zweiten Regierungsjahres von Kaiser Guangxu, Shanghai Renmin Chubanshe, 1985.

359 Zitiert nach Li Hongzhang 李鸿章 *Li Hongzhang Quanji Zou Gao* 李鸿章全集·奏稿 (Vollständige Werke von Li Hongzhang – Manuskripte), Band 43, *Shiban Zhibu Ju Zhe* 试办织布局折 („Entwurf der Webabteilung"), 6. März des achten Regierungsjahres von Kaiser Guangxu, Shanghai Renmin Chubanshe, 1985.

360 Zhang Zhidong 张之洞 Zhang Wenxiang Gongzouyi 张文襄公奏议 („Öffentliche Kommentare von Zhang Wenxiang"), Band 29, Kanding Liantiechang Ji Chouban Changong Ji Kaicai Meitie Shiyi Zhe Guangxu Shiliu Nian Shiyiyue Liu Ri 勘定炼铁厂基筹办厂工暨开采煤铁事宜折 光绪十六年十一月六日 („Die Grundlage einer Eisenfabrik ist die Förderung von Kohle, 6. Tag des 11. Monats des 16. Regierungsjahres von Kaiser Guangxu").

entlang der chinesischen Küste und Häfen fahren. Dabei dehnten sich ihre Aktivitäten schnell von Guangdong über Fujian bis nach Shanghai aus. Nach dem zweiten Opiumkrieg und der Unterzeichnung des Vertrags von Tianjin erhielt die ausländische Schifffahrt darüber hinaus das Recht zur Befahrung des Jangtses. Nachdem also britische, französische und amerikanische Schifffahrtsunternehmen die chinesischen Schiffsrouten und Häfen anfuhren, wurde 1848 mit der Hong Kong & Canton Steam Packet Co. das erste ausländische finanzierte Schifffahrtsunternehmen in China gegründet. In den folgenden Jahrzehnten wurden sukzessive viele weitere solcher Unternehmen wie beispielsweise die Russell & Company gegründet.[361] Diese ausländischen Reedereien waren kapitalkräftig und hatten Zweigstellen, Häfen, eigenen Docks, Lagerhäuser und Versicherungssysteme, die ein vollständiges Transportsystem für ausländische Schiffe darstellten.

Das Transportvolumen der neuen ausländischen Schiffe war groß, sie waren schnell und pünktlich und hatten nur einen kleinen Einfluss auf die Klima- und Wasserströmungsbedingungen. Aufgrund von Schutzabkommen mussten sie keine Abgaben oder Steuern zahlen, wodurch die Händler und ausländischen Schifffahrtsgesellschaften stark profitierten.[362] Von 1867 bis Juni 1872 erzielte allein das amerikanische Unternehmen Russel & Co. einen Gewinn von über 4,68 Millionen Tael mit einer Gewinnrate von über 64,5% im Jahr 1867.[363]

Einhergehend mit dem Bedarf der Schiffstransportindustrie entstanden in China durch ausländische Finanzierung schon früh Schiffswerften. Drei Jahre nach dem Ende des ersten Opiumkrieges bauten die Briten die erste Werft in Huangpu in Guangzhou. Bis nach dem zweiten Opiumkrieg entstanden dort fünf bis sechs weitere Werften, die jeweils eine bis drei Anlegestellen hatten.

Nach seiner Eröffnung wurde der Shanghaier Hafen zum wichtigsten Handels- und Distributionszentrum für ausländischen Handel in China. Von den 1860er Jahren an, machte die Schiffstonnage des Im- und Exports in Shanghai ein Viertel des gesamtchinesischen Volumens aus. Daher begonnen britische und amerikanische Händler in den 1850er Jahren in Shanghai Werften zu errichten. In den 1860er Jahren wurden von den Briten nacheinander die Nicolson & Boyd Co. und die Shanghai Dockyards Ltd. gegründet, die sich in den darauffolgenden Jahren stetig erweiterten, sodass sie bis in die 1890er Jahre hinein über 2.000 Tonnen schwere Dampfschiffe reparieren konnten und über 4.000 chinesische Arbeiter beschäftigten.

---

361 *Waiguo Zhuyao Lunchuan Gongsi Sheli Qingkuang Biao* 外国主要轮船公司设立情况表 („Liste der Gründungen ausländischer Schifffahrtsgesellschaften"), siehe Nie Baozhang 聂宝璋 *Zhongguo Jindai Hangyunshi Ziliao* 中国近代航运史资料 („Schifffahrtsgeschichte des modernen China"), 1. Edition, Shanghai Renmin Chubanshe, S. 727.

362 Statistiken der allgemeinen Steuerabteilung des Zolls, *Zuijin Bai Nian Zhongguo Dui Mayishi* 最近百年中国对外贸易史 („Geschichte des chinesischen Außenhandels der vergangenen hundert Jahre"), 1931, S. 144-145.

363 Nach Liu Guangjing 刘广京, übersetzt von Qiu Xirong 丘锡镕 und Cao Tieshan 曹铁珊译 *Ying Mei Hangyun Shili Zai Hua de Jingzheng* 英美航运势力在华的竞争 1862–1874 („Konkurrenz britischer und amerikanischer Schifffahrt in China"), Shanghai Shehui Kexueyuan Chubanshe, 1988, S. 119, Tabelle 28, S. 129 Tabelle 32.

Bis zum ersten Sino-Japanischen Krieg erzielten sie durchgehend einen Gewinn von 17% - 21%.[364]

Die schnelle Expansion und der hohe Gewinn der ausländischen Schiffsgesellschaften hatten abgesehen von der Anziehung von Investitionen und Schiffskäufen durch chinesische Geschäftsleute verheerende Auswirkungen auf die traditionelle Transportindustrie durch Holzboote.[365] Die Holzboote wurden nutzlos, die Bootsleute verloren ihre Arbeit, der traditionelle Warenhandel wie der Bohnenhandel in Dongbei wurde stark beeinträchtigt und es gab eine direkte Bedrohung des Getreidetransports.

Gleichzeitig gründeten ausländische Geschäftsleute in China fortlaufend Maschinenfabriken, um die Nachfrage des ausländischen Handels zu stillen und Gewinne in China zu erzielen. Laut unterschiedlichen Statistiken wurden bis 1894 in China 103 ausländische Unternehmen gegründet, die Seide, Tee, Tabak, Zucker, Medizin, Baumwolle und Strom produzierten und ihren Sitz Großteiles in der Region um Shanghai hatten.[366] Die ausländische Produktion in China verletzte nicht nur die chinesische Souveränität und die traditionelle Wirtschaftsstruktur, sondern enthüllte auch die westlichen Geschäftspraktiken.

Die schnellen Veränderungen durch die ausländischen Unternehmen und Handelsrouten zogen die Aufmerksamkeit des Qing Hofes auf sich, die Überlegungen zu Handelskriegen, der Umverteilung von Profiten und Machtwiederherstellung mit sich brachten. Dies war ein weiterer wichtiger Grund für die Ausweitung der Entwicklung der Rüstungsindustrie auf die zivile Industrie.

Die Überwindung des Monopols und der Abhängigkeit von den großen Mächten bezüglich der Kanonenschiffen ließen einen Vergleich der militärischen Stärke mit dem Westen zu und eröffneten die Nachfrage nach Brenn- und Rohstoffen und Transport der militärischen Industrie. Die liberale Profitorientierung der ausländischen Unternehmen, stimulierte die chinesische Gesellschaft und brachte die Idee der „Verteilung der Gewinne ausländischer Händler“ auf. Die moderne chinesische Gesellschaft war nicht bereit hinter den sozialen Gedanken und realen Bedürfnissen zurückzubleiben. Die Kombination dieser Faktoren und insbesondere die Befürwortung des zentralen Qing-Hofes und die Initiierung und Leitung der hohen Beamten Prinz Yi Xin, Zeng Guofan, Li Hongzhang und Zuo Zongtang führte zu der historischen Entstehung einer industriellen staatskapitalistischen Militärindustrie, der die Gründung von staatlichen und staatlich-privaten Unternehmen im Transportwesen sowie der Brenn- und Rohstoffindustrie folgten.

Mit anderen Worten war die Grundlage der durch die späte Qing-Regierung begründeten Rüstungsindustrie die Entwicklung einer Brenn- und Rohstoff- sowie einer Transportindustrie. Dies war der Hauptgrund für die Entstehung der zivilen

---

364 Siehe Sun Yutang 孙毓棠 *Zhongguo Jindai Gongyeshi Ziliao* 中国近代工业史资料 („Moderne Industriegeschichte Chinas“), 1. Edition, Kexue Chubanshe, 1957, *Yuxuan* 序言 („Vorwort“), S. 9.

365 Es handelte sich um chinesische Gewerbe, doch die Unternehmen wurden im Namen von Ausländern gegründet und betrieben.

366 Sun Yutang 孙毓棠 *Zhongguo Jindai Gongyeshi Ziliao* 中国近代工业史资料 („Moderne Industriegeschichte Chinas“), 1. Edition, S. 234, Anhang 1, *Waiguoziben Zai Zhongguo Jingying de Jindai Gongye Jianbiao* 外国资本在中国经营的近代工业简表 („Tabelle des ausländischen Kapitals in Chinesisch betriebenen modernen Industrieunternehmen“).

Industrie in Folge der Rüstungsindustrie. Doch nach den beiden Opiumkriegen und der Unterdrückung des Taiping Bauernaufstandes waren die Staatskassen der Regierung leer und die Finanzen ausgeschöpft. Während der Entwicklung der Rüstungsindustrie waren bereits große finanzielle Schwierigkeiten aufgetreten und selbst die bereits bestehende Rüstungsindustrie war kaum am Laufen zu halten. Dazu sagte der Minister Zou Wenzhong im Jahre 1874: „Die jetzigen Bedürfnisse zu erfüllen bringt durch Gehälter, Schulungskosten, zusätzliche Nahrungsrationen, den Kauf, Bau und die Reparatur von Schiffen und Waffen sowie den täglichen Bedarf an Kohle zahlreiche Kosten mit sich. Ohne eine große Geldsumme kann damit nicht begonnen werden und ohne eine unerschöpfliche Quelle für den Sold an die Truppen wird es nicht nachhaltig sein. Daher schlug ich im 5. Regierungsjahr des Tongzhi Kaisers (1866) vor, dass 40% der ausländischen Steuern vom Steuerministerium eingelagert werden. Doch über die Jahre wurde viel investiert und wenig gespart und so betragen die zur Verfügung stehende Ersparnisse inzwischen weniger als 30% des Benötigten." [367] Die schwere Finanzlage des Qing-Hofes fasste Li Hongzhang im selben Jahr so zusammen: „Seit des Aufstiegs des Militärs wird überall gründlich nach Wegen gesucht Geld zu verdienen. Doch arme Geschäftsleute sind eine Bedrohung für die Macht."[368]

Das Ziel der militärischen Produktion war die Bekämpfung von ausländischen Feinden. Das Geld wurde vom Staat investiert, doch die Produkte kamen nicht auf den Markt. So war es unmöglich durch die Rüstungsindustrie Kapital zu akkumulieren. Stattdessen wurde Kapital investiert, ohne Gewinne zu erzielen. Folglich wurde die Ausweitung der Rüstungsindustrie aus finanzieller Sicht für die Qing-Regierung eine untragbare Bürde.

In dieser Situation stellte die Entstehung neuer Industrien wie der Brennstoff-, Rohstoff- und Transportindustrie für die Regierung eine große und unerschöpfliche Geldquelle und somit eine stabile Machtposition dar. Doch die Staatskassen reichten nicht aus, um die neue zivile Industrie aufzubauen und so kam die Regierung nicht umhin eine neue Methode zur Nutzung des Privatkapitals der Gesellschaft festzulegen.[369] Das war die Grundlage für den Aufstieg dieser besonderen Form der staatlich kontrollierten Privatunternehmen.

Tabelle 4-4 verdeutlicht die Situation der staatlichen und staatlich kontrollierten zivilen Industrieunternehmen und des Transportwesens in der späten Qing-Periode.

---

367 Chefredakteur der Association of Chinese Historians: *Yangwu Yundong* 洋务运动 („Bewegung zur Verwestllichung"), Nr. 1, *Tongzhi Shisan Nian Jiu Yue Ershiqi Ri Zongli Ge Guo Shiwu Yaman Zou* 同治十三年九月二十七日总理各国事务衙门奏 („Throneingaben der Leiter aller Ministerien vom 27. September des dreizehnten Regierungsjahres von Kaiser Tongzhi"), Shanghai Renmin Chubanshe, Shanghai Shudian Chubanshe, 2000, S. 29 (Im Folgenden abgekürzt als *Yangwu Yundong* 洋务运动 („Bewegung zur Verwestlichung")).

368 Li Hongzhang 李鸿章 *Li Hongzhang Quanji Pengliao Hangao* 李鸿章全集·朋僚函稿 („Vollständige Werke von Li Hongzhang – Briefe an befreundete Beamte"), Band 3, *Lun Haifang Chou Xiang* 论海防筹饷 („Über den Sold der Küstenwache"), 11. Mai des ersten Regierungsjahres von Kaiser Guangxu, Shanghai Renmin Chubanshe, 1985.

369 *Haifang Dang* 海防档 („Aufzeichnungen der Küstenwache"), Nr. 1, *Goumai Chuanpao* 购买船炮 („Anschaffung von Schiffskanonen"), S. 866, Brief des Handelsministers von Shanghai Zeng Guofan, 1. Mai des sechsten Regierungsjahres von Kaiser Tongzhi.

Tabelle 4-4 Staatliche und staatlich kontrollierte, privat geführte zivile Industrieunternehmen 1872-1894

Geldeinheit: Silbermünzen

Gründungsjahr	Name der Organisation	Gründer	Wirtschaftsform	Arbeiterzahl	Geldmittel
Kohleindustrie					
1875	Kohlemine Zhili-Cizhou	Li Hongzhang	staatlich	Nicht aufgeführt	278.000
1875	Kohlemine Hubei Guangji Xingguo	Cheng Xuanhuai	staatlich	Nicht aufgeführt	186.480*
1876	Kohlemine Taiwan Keelong	Chen Baozhen	staatlich	1.000	195.804
1878	Kohlemine Zhili Kaiping	Li Hongzhang Tang Tingshu	staatlich kontrolliert, privat geführt	3.500-4.500	2.055.944
1887	Kohlemine Shandong Zichuan	Zhang Yao	staatlich	300-500*	unbekannt
1891	Dritte kaiserliche Steinkohlemine Hubei Daye	Zhang Zhidong	staatlich	Nicht durchgeführt	
1891	Kohlemine Hubei Jiangxia Ma'anshan	Zhang Zhidong	staatlich	1.500-2.000*	
Metall- und Metallverarbeitende Industrie					
1877	Bleimine Zhang Jiakou Erqin Shan	Li Hongzhang	staatlich	unbekannt	6.950
1881	Kupfermine Rehe Chengde Pingquan	Li Hongzhang	staatlich kontrolliert, privat geführt	unbekannt	333.600
1886	Eisenfabrik Guizhou Qingxi	Pan Lou Pan Wei	staatlich kontrolliert, privat geführt	300-500	417.000*
1887	Bleimine Shandong Zichuan	Zhang Yao	staatlich	unbekannt	unbekannt
1887	Bleimine Rehe	Li Hongzhang	staatlich	300*	417.000
1887	Kupfermine Yunnan	Tang Jiong	staatlich kontrolliert, privat geführt	1.500-2.400*	unbekannt
1889	Goldmine Heilongjiang Mohe	Li Hongzhang Rong Tang	staatlich kontrolliert, privat geführt	2.800-3.600*	278.000
1890	Eisenmine Hubei Hanyang	Zhang Zhidong	staatlich	3.000	5.560.000
1890	Eisenmine Hubei Daye	Zhang Zhidong	staatlich	1.500-1.700*	
Textilindustrie					

1878	Mechanische Textilfabrik Lanzhou	Zuo Zongtang	staatlich	unbekannt	1.390.000
1879	Mechanische Textilfabrik Shanghai	Li Hongzhang	staatlich kontrolliert, privat geführt	unbekannt	1.418.203
1890	Weberei Hubei	Zhang Zhidong	staatlich	2.500-3.000	1.342.700
1894	Spinnerei Hubei	Zhang Zhidong	staatlich	unbekannt	834.000
1894	Seidenfabrik Hubei	Zhang Zhidong	staatlich kontrolliert, privat geführt	300	111.200
1894	Textilfabrik Huacheng	Li Hongzhang Cheng Xuanhuai	staatlich kontrolliert, privat geführt	4.000*	1.118.900
Transportwesen					
1872	China Merchants Steam Navigation Company	Li Hongzhang	staatlich kontrolliert, privat geführt	unbekannt	2.780.000
1880	Kaiserliche Telegraphen Verwaltung Shanghai	Li Hongzhang	staatlich kontrolliert, privat geführt	unbekannt	2.247.352 2.009.342*
1885 1887	China Railway	Li Hongzhang	staatlich kontrolliert, privat geführt	3.000*	1.868.855 125.100*
1890	Eisenbahn-organisation Beiyang	Li Hongzhang	staatlich		417.000 2.446.400*
1891 1893	Taiwan Railway	Liu Mingchuan	staatlich		1.800.050
Gesamt				**25.500-29.500**	**29.637.880**

Quelle: Yan Zhongping et al. 严中平 *Zhongguo Jindai Jingjishi Tongji Ziliao Xuanji* 中国近代经济史统计资料选辑 („Auswahl statistischer Daten der modernen Wirtschaftsgeschichte Chinas"), Sun Yutang 孙毓棠 *Zhongguo Jindai Gongyeshi Ziliao* 中国近代工业史资料 („Moderne Industriegeschichte Chinas"), 1. Edition, Mi Rucheng 宓汝成 *Zhongguo Jindai Tielushi Ziliao* 中国近代铁路史资料 (Moderne Eisenbahngeschichte Chinas") Band 1, Mou Anshi 牟安世 Yangwu Yundong 洋务运动 („Bewegung zur Verwestlichung"). Zitiert nach Xu Dixin 许涤新 und Wu Chengmin 吴承明 *Zhongguo Zibenzhuyi Fazhansho* 中国资本主义发展史 („Geschichte der Entwicklung des Kapitalismus in China"), Band 2, Renmin Chubanshe, 1990, S. 380-381.

Erläuterungen der Originaltabelle:

1. Die mit * gekennzeichneten Arbeiterzahlen wurden von Sun Yutang geschätzt. Die Schätzung der 3000 Bahnarbeiter stammt von Mi Rucheng.
2. Die mit * gekennzeichneten unterliegen ebenfalls einer Schätzung.

Wie aus der Tabelle ersichtlich wird, wurden seit der Einrichtung der China Merchants Steam Navigation Company von 1872 bis 1894 insgesamt fast 30 staatliche und privat geführte, staatlich kontrollierte Unternehmen gegründet. Auch wenn die Arbeiterzahlen nicht vollständig statistisch erfasst wurden, beliefen sie sich auf fast 30.000 Personen, während die Aufwendungen knapp 30 Millionen Silbermünzen betrugen. Somit war die Anzahl der Unternehmen und Arbeiter höher als die der Rüstungsindustrie. In der zivilen Industrie waren privat geführte und staatlich kontrollierte Unternehmen sehr verbreitet.

Die organisatorische Besonderheit dieser privat geführten und staatlich kontrollierten Unternehmen lag darin, dass der Staat zunächst, unter Aufsicht der Regierung, Anreizkonditionen schuf und das Gründungskapital stellte. Gleichzeitig wurden regierungsnahe Personen bestimmt, die in der Gesellschaft Kapitalanleger rekrutierten, um Unternehmen gründen zu können. Diese wurden von der Regierung unterstützt und unterlagen ihrer Kontrolle. Diese Art von Unternehmen entstand zum ersten Mal 1872 mit der Gründung der China Merchants Steam Navigation Company. Nachfolgend wurde dies auch bei weiteren wichtigen zivilen Industrieunternehmen wie der Mine Kaiping, der Webmaschinenfabrik und dem Telegraphenamt Shanghai oder der Eisenfabrik Hanyang angewandt und stellte so die wichtigste Organisations- und Verwaltungsform der modernen Zivilindustrie der späten Qing-Dynastie dar. Um die Art und Weise dieser privat geführten und staatlich kontrollierten Unternehmen besser zu verstehen, müssen einige ihrer Prozesse und Merkmale analysiert werden.

Die Verwaltungsmethode der privat geführten und staatlich kontrollierten Unternehmen entstand aus der Schiffsindustrie heraus und wies daher deren Charakteristika auf.

Wie bereits erwähnt, hatten die rapide Expansion ausländischer Dampfschiffe nach den Opiumkriegen, ihre hohen Profiterbeutungen und ihr großer Einfluss auf die chinesische Wirtschaft starke Auswirkungen auf alle chinesischen Gesellschaftsschichten. Die neuen Dampfschiffe waren durch ihre Sicherheit, Schnelligkeit, relativ niedrigen Frachtraten und hohe Rentabilität in Kombination mit der Zerstörung der Holzboottransportindustrie eine direkte Bedrohung des Lebensmitteltransports der Hauptstadt. Darüber hinaus wollte die Elite des späten Qing-Regimes Wohlstand und ausländischen Handel vorantreiben, sodass eine grundlegende Veränderung in der Schifffahrt unausweichlich wurde.

Doch neue Unternehmen erhielten nicht die Zustimmung und Unterstützung der Beamten der Qing-Regierung und so hatte es die chinesische Schifffahrtsindustrie schwer Fuß zu fassen. Dies hatte vor allem zwei Gründe. Erstens waren die feudalen konservativen Mächte noch stark verankert. Diese hielten an den Methoden ihrer Ahnen fest und stellten sich gegen Veränderungen. Die Schwierigkeit bei der Gründung eines neuen Unternehmens lag nicht nur darin, dass ein beträchtlicher Teil der Macht der Zentralregierung in den Händen von Konservativen lag, sondern auch darin, dass die feudalen Vorurteile in der Gesellschaft tief verankert waren. Vor diesem Hintergrund konnten neue Unternehmen unmöglich die Unterstützung der Regierung erhalten und auch nicht die Vorurteile der Gesellschaft durchbrechen. Folglich war die Gründung der China Merchants 1872 und ihr Handelsbeginn im Januar 1873 nur möglich durch das Vorantreiben der hohen Offiziere der Qing-Regierung Yi Xin, Wen Xiang, Zeng Guofan und besonders Li Hongzhang, der die Dampfschifffahrt als unerschöpfliche Ressource für die Versorgung der Truppen und damit als zwingend notwendig ansah.[370]

Zweitens hatten die ausländischen Schifffahrtsunternehmen zu dieser Zeit bereits ein Monopol auf der Jianghai Schiffsroute und profitierten durch die ungleichen Verträge. Ohne die Unterstützung der Qing-Regierung konnte die chinesische Schifffahrt zwar entstehen, würde jedoch große Schwierigkeiten haben, bestehen zu können. In seinem Schreiben von 1927 an den kaiserlichen Hof erfasste Li Hongzhang nicht nur die Invasion der Ausländer auf der Jianghai Route und die damit verbundenen Herausforderungen für die chinesische Schifffahrt, sondern machte der Regierung durch seine Aufforderung zur staatlichen Unterstützung auch konkrete Vorschläge zur Lösung dieser Probleme.[371] Tatsächlich wies dies bereits auf die Notwendigkeit der „staatlichen Kontrolle" hin.

Gleichzeitig wurden zur Entstehung und Entwicklung von neuen Unternehmen abgesehen von der staatlichen Unterstützung auch Geschäftsleute aus der Gesellschaft benötigt, die Erfahrung mit Ausländern hatten, ausländische Geschäftspraktiken kannten und darüber hinaus die Unterstützung durch Kreditgeber hatten. Denn weder die westlich orientierten noch die konservativen Beamten des Kaiserhofes erfüllten die zur Gründung von modernen Unternehmen benötigen technischen und organisatorischen Fähigkeiten, Geschäftsbeziehungen und Netzwerke, die sich nicht kurzfristig erwerben ließen. Dies erforderte Geschäftsleute, die mit ausländischen Sprachen vertraut waren, reichlich Erfahrungen im ausländischen Handel hatten und über ein breites Netzwerk an wohlhabenden Geschäftsleuten verfügten. Dieser zweite Teil des „privat geführten" lässt sich so als historische Notwendigkeit beschreiben. Dies spiegelt sich unter anderem durch den Einfluss der beiden Geschäftsmänner Tang Tingshu und Xu Run auf die Entwicklung der China Merchants wider und prägte auch den Entstehungsprozess vieler anderer westlich orientierter Unternehmen.

Demzufolge wandelte sich das Ziel der Selbststärkungsbewegung in den frühen 1870ern von Stärke zu Wohlstand. Mit der Entstehung von neuartigen zivilen Unternehmen aus der Rüstungsindustrie heraus veränderte sich die Tradition der direkten Unternehmensführung durch die Regierung, um Privatkapital zur Gründung von neuen Unternehmen zu mobilisieren und zu nutzen. Die Regierung bot Hilfe und Unterstützung, während sie sich auf die Ressourcen der Staatsmacht stützte. Die Richtung, das Ausmaß und der Trend der Entwicklung der Unternehmen konnten ebenfalls von der Regierung kontrolliert und beherrscht werden, was die historische Voraussetzung für die die Gesellschaft einbindende Form der „staatlich kontrollierten und privat geführten" Unternehmen war.

---

370 Li Hongzhang 李鸿章 *Li Hongzhang Quanji Pengliao Hangao* 李鸿章全集·朋僚函稿 („Vollständige Werke von Li Hongzhang – Briefe an befreundete Beamte"), Band 12, 11. November des elfen Regierungsjahres von Kaiser Tongzhi, Shanghai Renmin Chubanshe, 1985.

371 Li Hongzhang 李鸿章 *Li Hongzhang Quanji Zou Gao* 李鸿章全集·奏稿 („Vollständige Werke von Li Hongzhang – Manuskripte), Band 19, *Chouji Zhizao Lunchuan Weike Caiche Zhe* 筹议制造轮船未可裁撤折 („Die Dampfschiffproduktion darf nicht abgeschafft werden"), 15. Mai des elften Regierungsjahres von Kaiser Tongzhi, Shanghai Renmin Chubanshe, 1985.

Zur Gründung von neuartigen Unternehmen zu einer Zeit, in der es in der chinesischen Gesellschaft starke konservative Kräfte gab und die ausländischen Händler von den ungleichen Verträgen profitierten, wurden auf der einen Seite einflussreiche Beamte als Initiatoren benötigt, die Unterstützung boten, den konservativen Widerstand brachen und die Gunst der Regierung genossen. Auf der anderen Seite bedurfte es Menschen mit guten ausländischen Kenntnissen, Kompetenzen der modernen Unternehmensführung und Kapitalstärke zum Betreiben eines Unternehmens. Diese Voraussetzungen verbanden den privaten Handel mit dem Staat und so wurde die Methode der staatlichen Kontrolle und privaten Führung zu einer historischen Chance, da sie als einzige von der Regierung, den westlich orientierten und den konservativen Beamten sowie den Kompradoren und Händlern akzeptiert wurde.[372]

Natürlich mussten unter solchen gesellschaftlichen Bedingungen gegründete Unternehmen, die den Zielen der Regierung dienten und von der Regierung kontrolliert wurden, zu einer besonderen Art von Staatsunternehmen werden.

Wie aus Tabelle 4-4 ersichtlich wird, wurde vor diesem Hintergrund zwischen 1872 und dem Beginn des Sino-Japanischen Krieges 1895 durch die Regierung mithilfe der Methode der staatlichen Kontrolle und privaten Führung eine große zivile Industrie aufgebaut. Diese beinhaltete Unternehmen wie die China Merchants, das erste Schifffahrtsunternehmen des modernen China, die erste moderne Kohlemine Kaiping, die erste moderne Textilfabrik „Mechanische Textilfabrik Shanghai", das erste Eisenbahnunternehmen China Railway oder das erste Telegraphenamt in Shanghai, die eine führende und dominierende Rolle in der modernen Zivilindustrie einnahmen. Nach 1895 stieg zwar der Anteil an Unternehmen mit Privatkapital, doch die Funktion der staatlich kontrollierten und privat geführten Unternehmen nahm ab. Schließlich hatte diese Unternehmensform dennoch einen großen Nutzen und Einfluss in der späten Qing-Dynastie.

An dieser Stelle ist es notwendig, auch den Prozess einiger staatlicher Industriebetriebe in der späten Qing-Dynastie zu erklären.

Zunächst zu den staatlich kontrollierten und privat geführten Unternehmen. Das Kapital dieser Unternehmen war hauptsächlich Privatkapital aus Anleiheverkäufen. Warum werden diese also als Staatsunternehmen kategorisiert?

Gemäß der Definition von Lenin heißt es: „Der Staatskapitalismus ist eine Art des Kapitalismus in einem kapitalistischen System, bei dem die Staatsmacht die direkte Kontrolle über einige kapitalistische Unternehmen hat."[373] Daraus lässt sich schließen, dass hinsichtlich der realen Situation im modernen China die „direkte Kontrolle von Unternehmen durch die Staatsmacht" die wichtigste und grundlegendste Charakteristik von Staatsunternehmen ist. Die „staatliche Kontrolle" beinhaltete hier, dass der Staat den Hauptanteil der Aktien des Unternehmens besaß und somit das Recht als größter Aktienanteilseigner innehatte sowie dass die Gründer und Manager eines Unternehmens einen

372 Zheng Guanying 郑观应 *Shengshi Wei Yan Kaikuang* 盛世危言·开矿 („Gefahr des goldenen Zeitalter – Bergwerke"), zitiert nach Xia Dongyuan 夏东元 *Zheng Guanying Ji* 郑观应集 („Biografie von Zheng Guanying"), Band 1, Shanghai Renmin Chubanshe, 1988, S. 704.

373 *Liening Xuanji* 列宁选集 („Lenins Gesamtwerk"), Band 4, Renmin Chubanshe, 1976, S. 627.

Beamtenhintergrund und die direkte Kontrolle über die Richtung des Geschäftsbetriebs und der Entwicklung hatten. Die gemeinsamen Merkmale waren daher, die Unternehmenskontrolle durch die Regierung sicher zu stellen und die Unternehmensentwicklung im Sinne der Regierung auszurichten. Von diesem Standpunkt aus betrachtet, waren die staatlich kontrollierten und privat geführten zivilen Unternehmen abgesehen von dem großen Anteil an Privatkapital durch die kontrollierende und richtunggebende Regierung direkt durch die Staatsmacht kontrolliert.

Der Begriff „staatlich kontrolliert" legt klar die Bedingungen der staatlichen Kontrolle des Unternehmens fest. So lautete es im Verwaltungsentwurf der Qing-Regierung zur Gründung der China Merchants: „Die Beamten erstellen einen Entwurf, in dem alle Vor- und Nachteile erörtert werden und beziehen die Meinungen der Kaufleute darin mit ein, um den Handel prosperieren zu lassen."[374] Darüber hinaus ernannte die Qing-Regierung auch den Geschäftsführer des Unternehmens. Wie es in einem Antwortbrief des Außenministeriums an Liu Kunyi heißt: „Die China Merchants Steam Navigation Company wurde durch Li Hongzhang initiiert. Daher sollte auch Li Hongzhang diese leiten." Und weiter: „Li Hongzhang hat die Einrichtung dieser Organisation in vollem Verständnis der Umstände initiiert. Tang Tingshu und weitere sind Mitglieder des Komitees von Li Hongzhang. Es ist die Pflicht der Minister die Vor- und Nachteile in jeder Situation so anzupassen, dass die Organisation aufrechterhalten wird."[375]

Diese Worte lassen sich als die wesentlichen Merkmale der von der Regierung betriebenen zivilgewerblichen Unternehmen zusammenfassen. Selbstverständlich wird dies aus der Perspektive von Beamten widergespiegelt, doch tatsächlich stimmten die Kaufleute dieser Meinung zu. Wie hätten sonst beispielsweise die China Merchants, die mechanische Textilfabrik Shanghai, die Mine Kaiping oder das Telegraphenamt als öffentliche Einrichtung klassifiziert werden können und nicht als Unternehmen? Der Komprador und Geschäftsmann Zheng Guanying wies darauf hin: „Im Westen werden Organisationen, von Beamten und Unternehmen von privaten Geschäftsleuten gegründet. Im heutigen China jedoch, werden auch große Unternehmen, die von Geschäftsleuten gegründet wurden Organisationen genannt. Daher wird die Mehrheit der Organisationen von Beamten geleitet."[376] Von diesem Blickwinkel betrachtet wird deutlich, warum staatlich kontrollierte, private Unternehmen den Charakter von Staatsunternehmen aufwiesen.

Zweitens hatten die Staatsunternehmen bis zum Ende der Qing-Dynastie eine überwältigende und vorherrschende Stellung inne. Nach dem ersten Sino-Japanischen Krieg mit der Unterzeichnung des Vertrags von Shimonoseki erhielten

374 *Haifang Dang* 海防档 („Aufzeichnungen der Küstenwache"), Nr. 1, *Goumai Chuanpao* 购买船炮 („Anschaffung von Schiffskanonen"), *Beiyang Tongshang Dachen Li Hongzhang Han* 北洋通商大臣李鸿章函 („Brief des Handelsministers von Beiyang Li Hongzhang"), S. 920.

375 *Yangwu Yundong* 洋务运动 („Bewegung zur Verwestlichung"), Band 6, *Guangxu Qi Nian Si Yue Shisiri Zongli Geguo Shiwu Bian Deng Zou* 光绪七年四月十四日总理各国事务奕等奏 („Throneingaben der Leiter aller Ministerien vom 14. April des siebten Regierungsjahres von Kaiser Guangxu"), S. 68.

376 Zhen Guanying 郑官应 *Shangwu* 商务 („HandeL"), Nr. 2. Zitiert nach Xia Dongyuan 夏东元 *Zhang Guanying Ji* 郑官应集 („Biografie von Zhen Guanying"), Band 1, S. 612.

Ausländer das Recht Fabriken in China zu errichten. Daher musste die späte Qing-Regierung auch die Beschränkungen für die Unternehmensgründung von chinesischen Geschäftsleuten liberalisieren. Im letzten Jahrzehnt der Qing-Dynastie verstärkte die Regierung sogar ihre Unterstützung der Privatwirtschaft und es gab einen kleinen Aufschwung bei der Gründung von neuen Unternehmen. Daher wird dieses Jahrzehnt als Phase der neuen Administration bezeichnet. Dennoch konnte dies die Vorherrschaftsrolle der Staatsunternehmen nicht verändern, was sich anhand von Zahlen begründen lässt. Laut Statistiken betrug das Gesamtkapital von Staatsunternehmen im Jahr 1894 47,57 Millionen Yuan, die bis 1911 auf 478,07 Millionen Yuan anstiegen. Das Gesamtkapital von Privatunternehmen belief sich 1894 auf 19,92 Millionen Yuan und wuchs bis 1913 auf 287,41 Millionen Yuan an.[377] Somit entsprach das Privatkapital von 1913 gerade mal 60% des Staatskapitals von 1911.

Aufgrund ihres Monopols und der Exklusivität nahm die Rüstungsindustrie unbestritten die Vorherrschaft ein. Obwohl die Privatkapitalindustrie sich schnell entwickelte, es ein großes quantitatives Wachstum gab und sie quantitativ die staatlichen und staatlich kontrollierten, privat geführten Unternehmen überstieg, war die Rüstungsindustrie bis zum Ende der Qing-Dynastie eindeutig dominierend.

Drittens, gab es trotz der vorherrschenden Rolle der staatlichen Kapitalgesellschaften nach dem ersten Sino-Japanischen Krieg dennoch große Veränderungen in den verschiedenen Branchen, die aus der folgenden statistischen Tabellen deutlich hervorgehen.

377 Statistiken aus Xu Dixin 许涤新 und Wu Chengmin 吴承明 *Zhongguo Zibenzhuyi Fazhanshi* 中国资本主义发展史 („Geschichte der Entwicklung des Kapitalismus in China"), Band 2, Renmin Chubanshe, 1990, S. 1057, 1065.

Tabelle 4-5 Kapitaldifferenzen von Staatsunternehmen in verschiedenen Branchen zur späten Qing-Dynastie

Einheit: 10.000 Yuan

Projekt	1894	1911
Maschinen- und Waffenindustrie	1071	1 394
Produktionsunternehmen Jiangnan	340	231
Werft Jiangnan	——	142
Schiffsunternehmen Fuzhou	96	140
Waffenfabrik Hanyang	314	389
Andere Fabriken (6)	321	492
Textilindustrie	490	200
Zentrale Textilfabrik Huacheng	280	——
Textilfabrik Hubei	210	——
Gerberei Boli	——	140
Wollfabrik Hubei	——	60
Hydroenergie		939
8 Gründungen 1905-1911	——	939
Weitere Produktionsindustrien		690
6 Gründungen 1905-1911	——	690
Kohleindustrie	820	588
Kohlemine Kaiping	800	——
Kohlemine Luanzhou	——	420
Weitere Kohleminen (6)	20	168
Schwerindustrie	682	4606
5 Goldminen von Mohe bis Kumaer	28	56
Unternehmen Hanyeping	598	4000
Zinkmine Shuikoushan	——	84
Zinnmine Gejiu	——	177
Weitere Minen (°14)	56	248
Shaanxi Yanchang Petroleum Group	——	41
Transportwesen	1 694	39 390
Schifffahrt	532	2 000
Eisenbahn	691	36 467
Telekommunikation	471	666
Post	——	257
Gesamtes industrielles Staatskapital	4 757	47 807
Bankkapital	——	4 489
Imperial Bank of China	——	490
Bank of China	——	2 200
Bank of Communication	——	699
Regionale Kreditinstitute	——	1 100
Gesamtes Staatskapital	4 757	52 296

Quelle: Zitiert nach Xu Dixin 许涤新 und Wu Chengmin 吴承明 Zhongguo Zibenzhuyi Fazhanshi 中国资本主义发展史 („Geschichte der Entwicklung des Kapitalismus in China"), Band 2, Renmin Chubanshe, 1990, S. 1057.

Wie sich aus Tabelle 4-5 erkennen lässt, stieg das Gesamtkapital der Staatsunternehmen zwischen 1894 und 1911 um das das 11-fache, wobei sich das Wachstum in den verschiedenen Branchen unterschied. Das Kapital der Maschinen- und Waffenindustrie stieg an, wenn auch nur leicht, während das Wachstum der Textil- und Kohleindustrie sogar zurückging. Die Hydroenergie und weitere Produktionsindustrien entstanden erst in diesem Zeitraum, wobei ihr Gesamtkapital jedoch begrenzt war. Das stärkste Wachstum des Staatskapitals gab es in der Schwerindustrie und dem Transportwesen, die in diesen 15 Jahren insgesamt um das 6,8-fache stiegen. Das Transportwesen nahm innerhalb dieser Zeit um das 23-fache zu. Dabei fiel besonders die Eisenbahnindustrie mit einem 53-fachen Wachstum auf. Dieses Phänomen zeigt, dass die staatlichen Kapitalgesellschaften in der späten Qing-Dynastie ihren Fokus von der verarbeitenden Industrie hin zur Schwerindustrie und Transportinfrastruktur verlagerten. Diesen Eigenschaften und Veränderungen sollte volle Aufmerksamkeit geschenkt werden.

Weiterhin erwähnenswert ist das neue Phänomen der Entstehung und Entwicklung von neuartigen Finanzinstitutionen insbesondere staatlichen Banken. Infolgedessen begann das Staatskapital in den Finanzsektor einzufließen, indem der moderne Bankensektor an die Stelle des alten traditionellen chinesischen Finanzsektors trat und im späteren sozioökonomischen Leben zunehmend eine wichtige Rolle darstellte. Daher ist es notwendig, an dieser Stelle den Einstieg des Staatskapitals in den Bankensektor zu erläutern.

Vor dem ersten sino-japanischen Krieg hatten ausländische Invasoren bereits eine Reihe von Banken und Filialen in Chinas Handelshäfen eröffnet. Trotz vieler Veränderungen gab es bis in die letzten Jahre der Qing-Dynastie hinein noch 15 Banken und eine große Anzahl von Zweigstellen der imperialistischen Länder wie Großbritannien, Deutschland, Japan, Frankreich, Russland und den Niederlanden.[378] Die Gründung ausländischer Banken in China war das Ergebnis des Eindringens kapitalistischer Mächte. Nach den Opiumkriegen begannen ausländische Banken Konten abzuwickeln sowie Währungen zu handeln und erweiterten ihr Gebiet allmählich bis sie eine Monopolstellung im internationalen Währungshandel innehatten und den chinesischen Finanzmarkt kontrollierten. Nach dem ersten sino-japanischen Krieg kontrollierten sie darüber hinaus durch die Vergabe von hohen Krediten inklusive der Finanzen der Qing-Regierung.

Durch die Aktivitäten der ausländischen Banken, wurde den westlich orientierten Beamten bewusst, dass das alte chinesische Finanzsystem die Bedürfnisse der sozio-ökonomischen Entwicklung nicht mehr decken konnte und sie trieben die Entwicklung eigener Banken voran. Sie forderten Konzepte zur Gründung von Banken, um finanzielle und wirtschaftliche Schwierigkeiten zu mildern, Banknoten zu produzieren, Eisenbahnen zu errichten sowie öffentliche Mittel regulieren und handeln zu können. Diese Konzepte spiegeln sich in den Aussagen von Cheng Xuanhuai wider: „Die Westler haben den Reichtum konzentriert und ihn zur Grundlage ihrer Handelsvorteile gemacht. Der Dreh- und Angelpunkt sind die

---

378 Siehe Ye Shichang 叶世昌 und Pan Liangui 潘连贵 *Zhongguo Jindai Jinrongshi* 中国古近代金融史 („Moderne Finanzgeschichte Chinas"), Fudan Daxue Chubanshe, 2001, S. 200-201, Tabelle 6-4.

Banken. Wenn China eigene Banken betreiben würde, würde niemand mehr die ausländischen Banken in Anspruch nehmen, was uns einen großen Vorteil einbringen würde. Durch die Gründung chinesischer Banken würden chinesische Kaufleute großes Vertrauen gewinnen. Sie würden eine schier endlose Geldquelle darstellen, da sie Auslandsschulden durch Staatanleihen abbauen könnten, nicht unter Zinsbeschränkungen leiden würden und nicht dem Defizit des Pfunds ausgesetzt wären, dass das Land zu überfluten droht. Ohne die dringende Gründung von chinesischen Banken kann der Austausch mit der chinesischen Handelsader nicht garantiert und dem ausländischen Handel kein Einhalt geboten werden."[379] Cheng Xuanhuais Antrag wurde schließlich von der Qing-Regierung genehmigt und führte so letztlich zur Gründung von chinesischen Banken.

Imperial Bank of China. Im Mai 1897 wurde die Imperial Bank of China als erste chinesische Bank offiziell gegründet. Das Startkapital der Imperial Bank of China betrug 5 Millionen Tael. Die durch Cheng Xuanhuai verantwortete China Merchants und das Telegraphenamt investierten jeweils 800.000 und 200.000 Tael. Er selbst beteiligte sich privat mit 730.000 Tael. Darüber hinaus überzeugte Cheng Xuanhuai hohe Minister und Magnaten wie Li Hongzhang, Wang Wenshao, Zhang Zhenxun und Yan Xinhou von einer Beteiligung in Höhe von insgesamt über 100.000 Tael. Die Imperial Bank of China wurde als privatgeführt bezeichnet, doch sie erhielt das Privileg 2 Millionen Tael der öffentlichen Mittel des Finanzministeriums einlagern zu können und war somit eine Bank mit den Charakteristika eines Staatsunternehmens.[380]

In den ersten Jahren kam das Kapital Großteils aus den Einlagerungen der Qing-Regierung, zweitrangig aus dem begrenzten Kapital der staatlich kontrollierten und privat geführten Unternehmen, teilweise aus den Geldanlagen von lokalen Beamten und zu einem kleinen Teil aus dem Privatvermögen von Kompradoren und Bürokraten. Die Qing-Regierung übertrug der Bank das Recht zum Banknotendruck und somit die Privilegien einer Nationalbank. Die inneren Strukturen und die Verwaltung der Imperial Bank of China orientierten sich an denen der britischen HSBC. Somit war es ein ausländisches Verwaltungssystem, das jedoch gleichzeitig bürokratische Eigenschaften durch die feudale Regierung aufwies, so dass die Betriebsbedingungen keinesfalls ideal waren.

Bank of China. Nach der Gründung der Imperial Bank of China schaffte das Finanzministerium 1904 deren Funktion als chinesische Nationalbank ab, da "der staatliche Überschuss nicht ausreichte, um die Investitionen zu stützen." Für die geplante Reform des Währungssystems waren Banken als Drehscheibe für die Umsetzung erforderlich und so wurde die Gründung der Hubu Bank, einer Bank des

379 Chen Xulu 陈旭麓 und Gu Tinglong 顾廷龙 *Zhingguo Tongshang Yinghang Cheng Xuan Huai Dangan Ziliao Xuanji Zhi Wu* 中国通商银行——盛宣怀档案资料选辑之五 („Imperial Bank of China – Fünf ausgewählte Dokumente von Chen Xuanhuai"), Shanghai Renmin Chubanshe, 2000, S. 3.

380 Chen Xulu 陈旭麓 und Gu Tinglong 顾廷龙 *Zhingguo Tongshang Yinghang Cheng Xuan Huai Dangan Ziliao Xuanji Zhi Wu* 中国通商银行——盛宣怀档案资料选辑之五 („Imperial Bank of China – Fünf ausgewählte Dokumente von Chen Xuanhuai"), *Zhonnguo Tongshang Yinhang Dagai Zhangcheng Guangxu Ershisan Nian Zhengyue Shijiu Ri* 中国通商银行大概章程 光绪二十三年正月十九日 („Allgemeine Charta der Imperial Bank of China vom 19. Tag des ersten Monats des dreiundzwanzigsten Regierungsjahres von Kaiser Guangxu"), 20.02.1897, S. 57.

Finanzministeriums vorgeschlagen.[381] Diese Bank war das Pilotprojekt einer offiziellen Nationalbank durch die Qing-Regierung. Die Errichtung dieser Bank hatte zwei Ziele: Zum einen sollten damit die Staatskassen gefüllt und zum anderen die Währungsreform ausgeführt werden. Der erste Artikel der Banksatzung legte fest, dass die Kapitaleinlagerungen 4 Millionen Tael betragen mussten, die sich aus 40.000 Aktien á 100 Tael zusammensetzten, von denen 20.000 Aktien durch das Finanzministerium und 20.000 durch Beamte und die Bevölkerung erworben wurden. Artikel 20 der Banksatzung sah vor, dass die Bank zwei Arten von Banknoten aufgeteilt in Münzen und Scheine produzieren würde. Darüber hinaus wurden in der Satzung die Privilegien der Bank auf Münzprägung sowie die Verwaltung der Einlagerung des Finanzministeriums und Staatsanleihen festgehalten. Schließlich wurde festgelegt, dass die Leitung der Bank durch das Finanzministerium bestimmt wurde.

1908 wandelte sich die Bezeichnung des Finanzministeriums und die Hubu Bank wurde in Daqing Bank, Bank der großen Qing, umgetauft. Unabhängig davon wurde im 24. Artikel der Satzung der Daqing Bank erlassen, dass das Aktienkapital auf 10 Millionen erhöht und auf 100.000 Aktien aufgeteilt wurde. Davon hatte die Qing-Regierung 50.000 inne und die andere Hälfte konnte begrenzt durch die chinesische Bevölkerung erworben werden. Bis Juni 1911 hatte die Bank insgesamt 21 Niederlassungen und 35 Filialen.[382] Nach der Xinhai Revolution 1912 wurde die Bank in Bank of China umbenannt.

Bank of Communications. 1908 schlug das Post- und Kommunikationsministerium die Gründung der Bank of Communications vor: „Unser Ministerium verwaltet Schifffahrt, Straßen, Elektrizität und Post. Um die Rechte und Interessen dieser Industrien wahren zu können beispielsweise durch Kredite zum Straßenbau, müssen wir große Summen bei der HSBC, der russisch-chinesischen Bank oder der General Belgian Bank anlegen. Durch diese Einschränkung können Defizite und Überschüsse nicht effizient genutzt werden. Durch den Währungstausch können Überweisungen nicht frei getätigt werden und die Zinsen durch die Banken werden besonders durch das Pfunddefizit zu Verlusten. Für die Verknüpfung von Schifffahrt, Straßen, Elektrizität und Post bilden die Banken einen Knotenpunkt."[383]

Daraus lässt sich ableiten, dass der Zweck der Gründung der Bank of Communications durch die Qing-Regierung darin bestand, die finanzielle Zirkulation von Schiffs-, Straßen-, Strom- und Postdiensten zu erleichtern. Das Grundkapital der Bank of Communication betrug 5 Millionen Tael, die sich in 2 Millionen Anleihen des Post- und Kommunikationsministeriums und 3 Millionen öffentlich gehandelte Aktien aufteilten. Die Bank of Communications war nominell eine Kooperation

381 *Guangxu Chao Donghua Xulu* 光绪朝东华续录 („Donghua Reform unter Kaiser Guangxu"), Band 186. Zitiert nach Zhang Yulan 张郁兰 *Zhongguo Yinhang Fazhanshi* 中国银行业发展史 (Entwicklungsgeschichte der Bank of China"), Shanghai Renmin Chubanshe, 1957, S. 25.

382 Xu Dixin 许涤新 und Wu Chengmin 吴承明 *Zhongguo Zibenzhuyi Fazhanshi* 中国资本主义发展史 („Geschichte der Entwicklung des Kapitalismus in China"), Band 2, Renmin Chubanshe, 1990, S. 625.

383 Zentrale der Bank of Communications und The Second Historical Archives of China: *Jiaotong Yinhang Shiliao* 交通银行史料 („Historische Daten der Bank of Communications"), Band 1, Zhongguo Jinrong Chubanshe, 1995, S. 7-8.

zwischen Staat und Privatwirtschaft, doch Artikel 36 der Banksatzung legte fest: „Das Post- und Kommunikationsministeriums ist mit 2 Millionen Tael der größte Anteilseigner und bestimmt den Verwaltungsvorstand." Und in Artikel 20 hieß es: „Der Veraltungsvorstand unterliegt dem Befehl des Post- und Kommunikationsministeriums"[384], was die tatsächliche Kontrolle des Staates verdeutlicht. Der Hauptsitz der Bank war in Peking mit Niederlassungen in Tianjin, Shanghai, Hankou, Xiamen, Zhenjiang und Guangzhou. Doch von der Gründung bis zur Xinhai Revolution war der Geschäftsbetrieb nicht gut.

Regionale Kreditinstitute. In dieser Periode eröffneten die Regionalregierungen der Provinzen viele Geldbüros und Sparkassen, deren Entwicklung bis 1911 in der folgenden Tabelle dargestellt wird.

Tabelle 4-6 Gründung und geographische Verteilung der offiziellen Kreditinstitute in den Provinzen

Gründung	Provinz	Ort	Filialanzahl	Orte der Filialen
1889	Xinjiang	Dihua (heute Urumqi)	3	Zhendi, Aksu, Kashgar. Darunter 32 Zweigstellen in Hami, Turfan, Shanshan, Wensu, Kreis Wensu, Shaya, Wushi, Kuche, Baicheng, Karashahr, Luntai, Keping, Shule, Shufu, Bachu, Jiashi, Yingjisha, Shache, Yecheng, Pishan, Hotan.
1894	Shanxi	Xian	3	Hanzhong, Xingan, Yanan
1896	Hubei	Wuchang	6	Shashi, Yichang, Fancheng, Laohekou, Wuxue, Anlu
1896	Shandon g	Jinan	4	Zhoucun, Jining, Linqing, Yangjiaogou
1896	Henan	Kaifeng	13	Peking, Tianjin, Shanghai, Hankou, Guoyang, Zhoukou, Luohe, Daokou, Qinghua, Xiuwu, Weihui, Yongcheng, Zhengzhou
1896	Jilin	Jilin	10	Changchun, Harbin, Yingkou, Yushu, Yilan, Ningguta, Yanji, Mishan, Hunchun, Tianjin
1900	Fujian	Fuzhou	Unbekannt	Laut Zhang Jiaxiangs „Geschichte des chinesischen Währungssystems" gab es Filialen in allen Landkreisen der Provinz.
1902	Zhili	Tianjin	8	Shanghai, Hankou, Jingcheng, Baoding, Zhangjiakou, Shunde, Luozhou, Tangshan
1902	Jiangxi	Nanchang	11	Jiujiang, Hankou, Shanghai, Ji'an, Ganzhou, Jingdezhen, Hekou, Wucheng, Yining, Hangzhou, Shanggao
1902	Shanxi	Taiyuan	1	Hedong

384 Zentrale der Bank of Communications und The Second Historical Archives of China: *Jiaotong Yinhang Shiliao* 交通银行史料 („Historische Daten der Bank of Communications"), Band 1, Zhongguo Jinrong Chubanshe, 1995, S. 174, 176.

1903	Jiangsu	Suzhou	4	Shanghai, Jinjiang, Wuxi, Pingwang
1903	Jiangsu (Nanjing)	Jiangning (heute Nanjing)	29	Aufgrund der unvollständigen Daten sind nur 24 Filialen unter anderem in Tongzhou, Taizhou und an diversen Flüssen bekannt
1903	Guangxi	Guilin	8	Bevor sie 1909 zu Banken wurden gab es vier in Wuzhou, Shanghai, Nanning und Longzhou. Nach der Bankentransformation gab es vier weitere in Xiangtan, Changde, Hengzhou und Hongjiang.
1896	Hunan	Changsha	4	Xiangtan, Changde, Hengzhou, Hongjiang
1908	Heilongjiang	Qiqihaer	9	Suihua, Hulan, Bayan, Hailun, Harbin, Kuancheng, Yingkou, Tianjin, Fengtian
1896	Fengtian	Fengtian	6	Yingkou, Jinzhou, Liaoyang, Tieling, Andong, Changchun
1896	Sichuan	Chongqing	8	Shanghai, Beijing, Hankou, Yichang, Shashi, Wanxian, Fuzhou, Chengdu
1904	Guangdong	Panyu (heute Guang-zhou)	1	Shanghai (Gu Shiyi erwähnt in „Finanzgeschichte der Republik China" auf Seite 129 Niederlassungen in Hongkong und Shantou)
1906	Anhui	Anqing	6	Zhengyang, Huaiyuan, Wuhu, Bozhou, Lu'an, Linhuai
1906	Gansu	Lanzhou	1	Chifeng
1906	Rehe	Rehe (heute Chengde)	1	Chifeng
1908	Zhejiang	Hangzhou	Unbekannt	
1906	Guizhou	Guiyang	9	Zunyi, Anshun, Bijie, Zhenyuan, Tongren, Guzhou, Chongqing, Hankou, Changde

Quellen: 1. Akten des kaiserlichen Haushaltsministeriums (Sammlung der Verbotenen Stadt); 2. Finanzbücher der Provinzen; 3. *Zhongguo Jindai Huobishi Ziliao Xuanji* 中国近代货币史资料选辑 („Gesammelte Daten zu Chinas moderner Währungsgeschichte"). Zitiert nach Xie Hangsheng 谢杭生 *Qingmo Gesheng Guan Yinqian Hao Yanjiu* 清末各省官银钱号研究 („Studie der offiziellen Kreditinstitute zum Ende der Qing-Dynastie"), in *Zhongguo Shehui Kexueyuan Jingji Yanjiusuo Jikan* 中国社会科学院经济研究所集刊 („Sammlung des Wirtschaftsforschungsinstituts der Chinese Academy of Social Sciences"), Band 11, Zhongguo Shehui Kexueyuan, 1988.

Das Kapital der gegründeten Kreditinstitute in den verschiedenen Provinzen lag zwischen 10.000 und 100.000 Tael, wovon das meiste durch die Provinzhaushalte und teilweise über Handelsaktien finanziert wurde. Die meisten Kreditinstitute wurden durch einen regionalen Generalgouverneur verantwortet und hatten einen direkt ernannten Direktor, der das allgemeine Geschäft beaufsichtigte. Abgesehen von den Serviceleistungen wie der

Spareinlagenverwaltung, der Ausgabe von Bargeld, der Vergabe von Krediten und Überweisungen, verteilten die Kreditinstitute in finanziellen Notlagen auch regionales Geld. Während der Xinhai Revolution ging die Kreditwürdigkeit dieser Organisationen verloren, so dass einige den Betrieb völlig einstellten, während andere sich in Banken reorganisierten.

Folglich entstand die staatliche Kapitalwirtschaft in der späten Qing-Dynastie aus der Militärindustrie, expandierte weiter in die zivilen Industrien und erstreckte sich dann in die Finanzindustrie. Trotz der der unterschiedlichen Entwicklungsverläufe ist die dominierende Rolle des Staatskapitals in dieser Phase des modernen China unbestritten.

Zusammenfassend waren die durch Staatskapital gegründeten neuartigen Unternehmen wie isolierte Inseln in einem Ozean, in dem kleinbäuerliche Produktionsmethoden vorherrschend und deren feudale Strukturen unübersehbar waren. Darüber hinaus führte die starke Abhängigkeit von ausländischem Kapital, Technologien und Ausrüstung sowie diverse Schwierigkeiten in der Anfangsphase und die Korruption der Beamten zu schlechter Verwaltung und geringer Effektivität, so dass es keine ausreichende Kapitalakkumulation und auch keine effektive Förderung der Entwicklung der kapitalistischen Produktionsverhältnisse in China gab.

Objektiv gesehen hatte jedoch das Phänomen der unvollständigen Entwicklung der primären Form des Staatkapitals und der Staatsunternehmen einerseits den Widerstand gegen das Eindringen von ausländischem Kapital zur Folge und führte andererseits zu der historischen Charakteristik, dass aus historisch materialistischer Sicht die staatlichen Kapitalgesellschaften im wirtschaftlichen Transformationsprozess eine führende Rolle einnahmen. Die Gründe dafür liegen, abgesehen von den bereits genannten, auch im Ursprung der Entwicklung der Industrialisierungsphase. Das Auftreten der Industrialisierung war nicht das Resultat des Durchbruchs von dem Bestreben nach Produktivität, sondern wurde vom Westen erlernt, eingeführt und transplantiert und war somit ein Ergebnis externen Einflusses. Diese Art der Einführung und Transplantation diente zunächst der "Selbststärkung" und konzentrierte sich daher in den Anfängen der staatskapitalistischen Schwerindustrie auf die Rüstungsindustrie, um sich dann allmählich auf die zivile Industrie ausbreiten zu können.

Die führende Rolle der Staatsunternehmen in der späten Qing-Dynastie resultierte unter anderem aus der verhältnismäßig langsamen primären Kapitalakkumulation durch die Opiumkriege. Da die erzielten Überschüsse als Steuern an den Staat abgegeben werden mussten, hatte das Privatkapital nicht die Macht moderne, auf Schwerindustrie ausgelegte Unternehmen zu gründen. Die Anerkennung und Durchführung der Qing-Regierung vor 1895 beschränkten sich jedoch immer noch auf die Einführung von Produktionstechniken wie Maschinen, Schiffen, Straßen und Minen, um die Herrschaft des chinesischen Feudalregimes zu verewigen. Die Regierung war nicht bereit, das Land auf allen Ebenen von Politik, Wirtschaft und Gesellschaft zu verändern und den Weg der Industrialisierung der westlichen kapitalistischen Länder zu beschreiten, weshalb es unmöglich war, die Beschränkungen zur Gründung moderner Privatunternehmen zu liberalisieren.

Daher wurde die Gründung von modernen chinesischen Unternehmen mit Schwerindustrie wie Maschinen, Schiffen, Straßen und Minen nur von der Qing-Regierung durchgeführt. Auch die Veränderungen nach 1895 waren in Ausmaß und zeitlichen Rahmen begrenzt, so dass es nicht verwunderlich ist, dass Unternehmen mit staatskapitalistischen Charakteristika in dieser Zeit die beherrschende Stellung einnahmen.

Kapitel 5: Staatskapital in der Periode der Beiyang-Regierung

Mit der Xinhai Revolution von 1911 endete das Regime der späten Qing-Dynastie. Die Phase bis zur Gründung der Nationalregierung 1927 in Nanjing wird als Ära der Peking- oder Beiyang-Regierung bezeichnet. Die Beiyang-Regierung stürzte nominell die Feudaldynastie und begründete die Republik China. Doch diese Phase der Republik China unterschied sich in der Regierungsführung tatsächlich kaum von der feudalen Qing-Regierung. Die Widerherstellung der Autokratie durch Yuan Shikai und die folgende Warlord Ära machten es zu einem Feudalregime vieler großer und kleiner „Kaiser". Die endlosen Kriege der Warlords und das durchgehende Kriegschaos machten die Beiyang-Regierung aus politischer Sicht zu einer sehr schwachen Regierung. Daher unterschieden sich die staatlichen Kapitalgesellschaften dieser Periode von denen der späten Qing-Regierung und der darauffolgenden nationalen Regierung von Nanjing. Wirtschaftlich war die Staatskapitalwirtschaft in dieser Zeit jedoch nicht so schwach wie das Regime. Zeitlich lassen sich die Phasen vor und nach Yuan Shikais Tod 1916 unterscheiden. Dies zeigte sich in den verschiedenen Branchen ganz unterschiedlich. Weiterhin drückte sich die Staatskapitalwirtschaft in dieser Periode durch eine besondere Art aus. Indem Regierungsbeamte in die Gründung von privaten Unternehmen investierten, wurde das Staatskapital zu bürokratischem Privatkapital.

Abschnitt 1: Staatskapitalgesellschaften in der Periode der schwachen Regierung

Obwohl die Beiyang-Regierung eine Zeit geprägt von zahlreichen politischen Veränderungen und Kämpfen der Warlords war, begann sie nach dem ersten sino-japanischen Krieg die Entwicklung von kapitalistischer Industrie und Handel weiter voranzutreiben. Auch während der Übergangsregierung von Nanjing wies Sun Yat-sen wiederholt in der „Erklärung zur vorläufigen Amtseinführung" darauf hin, dass die Gründung der Republik China schnell vollzogen, die Industrie revitalisiert, die Waren verbessert und der Lebensunterhalt der Menschen erhöht werden müsste.[385] In der Bekanntgabe des Handelsministeriums hieß es auch wiederholt: „Die Industrie ist das Lebenselixier für die Zukunft der Republik China" und „die Revitalisierung der Industrie ist ein Maßstab für Wohlstand und daher von höchster

385 Zhongguo Kexueyuan Jindaishi Yanjiusuo Bian: *Xinhai Geming Ziliao* 辛亥革命资料 („Xinhai Revolution"), Chung Hwa Book Co., 1961, S. 3, 217.

Priorität."[386] Diese Erklärungen und Richtlinien stimmten mit den Erfordernissen der sozioökonomischen Entwicklung überein, erfüllten und förderten den landesweiten, industriellen Aufschwung und legten die grundlegenden Richtlinien der Wirtschaftspolitik der folgenden Regierungsperioden fest.

Nachdem er Präsident wurde, unternahm Yuan Shikai bei der Förderung der sozioökonomischen Entwicklung und der historischen Trends politisch einige rückwärtsgewandte Maßnahmen, um seinem Ziel Kaiser zu werden näher zu kommen. Wirtschaftlich begriff er jedoch, dass die Revitalisierung von Handel und Industrie im Sinne der Öffentlichkeit war und sein Regime stärken konnte, während gleichzeitig die Steuereinnahmen erhöht werden konnten. Daher war die Umsetzung der politischen Förderung der kapitalistischen Wirtschaft eine wichtige Maßnahme der Regierung unter Yuan Shikai. In einer Präsidialrede erklärte er: „Bei der Gründung der Republik China sollte die Industrie erste Priorität haben." In einer nachfolgenden Verordnung erwähnte er noch einmal, dass „die Freiheit des Handels, die in der nationalen Verfassung verankert ist, besonders respektiert werden sollte", und befahl den Provinzen: „Zur Realisierung des Aufschwungs und zum Wohlstand des Landes müssen alle Unternehmen und ihre Manager besonders geschützt werden. Ehemalige, aktuelle und zukünftige Geschäftsleute sollen besonderes gefördert werden, um die Wirtschaft zu erhalten."[387]

Während der Förderung der privaten Industrie zur Wiederbelebung der Wirtschaft, entzog die Regierung unter Yuan Shikai privaten Unternehmen in einigen Branchen jedoch das Gründungsrecht, um die Wirtschaft kontrollieren zu können und brachte das Staatskapital somit in eine Monopolstellung. Die Eisenbahn ist ein Bespiel für eine dieser Branchen.

Die Privatisierung der Eisenbahn war ein Resultat der Bewegung zum Schutz der Eisenbahnrechte der späten Qing-Dynastie. Nachdem Yuan Shikai das Amt des Präsidenten angetreten hatte, übernahm er die „einheitliche Bahnverwaltung" als nationale Politik, erklärte die „Einheit des Volkes in der republikanischen Ära" als „Privateigentum ist Staatseigentum" und zwang die Aktionäre ihre Anteile freiwillig an den Staat abzugeben, indem er einige hochrangige Leiter der Eisenbahnunternehmen abwarb. Zwischen August 1912 und Januar 1915 wurden die Eisenbahnunternehmen in Sichuan, Hunan, Anhui, Hubei, Henan, Jiangsu und Shanxi verstaatlicht. Die Auflösung der privaten Eisenbahnunternehmen realisierte so das Ziel der „einheitlichen Bahnverwaltung". Gemäß einer Vereinbarung zwischen dem Verkehrsministerium der Beiyang Regierung und den Eisenbahnunternehmen der einzelnen Provinzen musste die Regierung innerhalb des Verstaatlichungsprozesses insgesamt über 51 Millionen Yuan für den Erwerb der Aktien und 17 Millionen Yuan Zinsen bezahlen. Tatsächlich wurden diese Verpflichtungen in einer Erklärung von 1924 mit Ausnahme der Barauszahlung in Höhe von 4 Millionen Yuan an Yulu, den Geburtsort von Yuan Shikai, aufgehoben. Der

386 Zitiert nach Huang Yiping 黄逸平 und Yu Baotang 虞宝棠 *Beiyang Zhengfu Shiqi Jingji* 北洋政府时期经济 („Wirtschaft der Beiyang-Regierung"), Shanghai Kexue Chubanshe, 1995, S. 1.

387 *Yuan dazongtong shudu huibian* 袁大总统书牍汇编 („Briefsammlung von Präsident Yuan"), Band 1, S. 3, 53-54. Zitiert nach Huang Yiping 黄逸平 und Yu Baotang 虞宝棠 *Beiyangzhengfu shiqi jingji* 北洋政府时期经济 („Wirtschaft der Beiyang-Regierung"), S. 2.

real zurückgezahlte Betrag entsprach nur der Hälfte der Dividenden und einem Drittel der Zinsen.[388]

Die zeitliche Abfolge der Verstaatlichung der Eisenbahnunternehmen der einzelnen Provinzen ist in Tabelle 5-1 aufgeführt.

Tabelle 5-1 Zeitplan der Verstaatlichung der Eisenbahnunternehmen einzelner Provinzen

Bahn Name	Zeitpunkt
Sichuan Bahn	02.12.1912
Hunan Bahn	03.06.1913
Jiangsu Bahn	12.06.1913
Henan Bahn	15.08.1913
Shanxi Bahn	09.09.1913
Anhui Bahn	03.03.1914
Zhejiang Bahn	11.04.1914
Hubei Bahn	01.01.1915

Quelle: Mi Rucheng 宓汝成 *Diguozhuyi yu Zhongguo Tielu* 帝国主义与中国铁路 („Imperialismus und die chinesische Eisenbahn"), Shanghai Renmin Chubanshe, 1980, S. 225.

In dieser Zeit wies die Yuan Shikai Regierung alle Forderungen der Öffentlichkeit nach Investitionen in den Bau von Eisenbahnen zurück. Sie verurteilte Privatfinanzierung als „rücksichtslose Taktik", um „Einfluss auf die Zukunft der Industrie zu nehmen" und unterstellte der Privatisierung der Bahn starke Vetternwirtschaft in Verkehr, Handel und Kreditwürdigkeit.[389] Schließlich wurde mit dem offiziellen Verbot von privaten Eisenbahngesellschaften das Ziel des staatlichen Eisenbahnmonopols erreicht.

Auch nach Yuan Shikais Rücktritt blieb die Eisenbahn Staatseigentum und prägte die Politik aller folgenden Regierungen der Republik China.

Während der Beiyang-Regierung blieb der Ausbau der Eisenbahn aufgrund politischer Unruhen, häufiger Kriege und finanzieller Erschöpfung weit hinter dem der Qing-Regierung und der späteren Guomindang (KMT) Regierung zurück. In der späten Qing-Dynastie wurde das Eisenbahnnetz jährlich um durchschnittlich 319 km erweitert, während es in der Periode der Beiyang-Regierung nur 212 km waren. Inklusive der durch ausländische Investitionen finanzierten Eisenbahn waren es in der früheren Periode 552 km und 229 km in der Beiyang-Periode. In dieser Zeit wurden jedoch die Eisenbahnlinien Peking-Shenyang, Peking-Wuhan, Tianjin-Shanghai, Jiangsu-Gansu, Peking-Hangzhou und Shanghai-Hangzhou-Ningbo grundsätzlich oder gänzlich fertiggestellt und die Ausrüstung der Eisenbahn stetig erweitert. Gemäß Statistiken stieg die Zahl der Lokomotiven von 600 im Jahr 1912 auf 1131 im Jahr 1925. Die Zahl der Personenwagen stieg von 1067 auf 1803 und die

388 Siehe Mi Rucheng 宓汝成 *Diguozhuyi yu Zhongguo Tielu* 帝国主义与中国铁路 („Imperialismus und die chinesische Eisenbahn"), Shanghai Renmin Chubanshe, 1980, S. 224-225.

389 Mi Rucheng 宓汝成 *Diguozhuyi yu Zhongguo Tielu* 帝国主义与中国铁路 („Imperialismus und die chinesische Eisenbahn"), Shanghai Renmin Chubanshe, 1980, S. 226-227.

der Güterwaggons von 8335 auf 16.718.[390] Die Zunahme der Transportkapazität der Eisenbahn von 1912 bis 1925 ist in Tabelle 5-2 dargestellt.

Tabelle 5-2 Wachstum der Eisenbahntransportkapazität von 1912 bis 1925

Jahr	Schienenlänge (km)	Lokomotivzugkraft (Tonnen)	Personenwagen-kapazität (Sitzplätze)	Güterwagen-kapazität (Tonnen)
1912	9.468	5.619	45.177	183.224
1925	12.302	11.966	101.101	45.272
Wachstum	2.834	6.347	55.924	26.048
Wachstumsrate in %	29,9	113,0	123,8	146,8

Quellen:

1. Zu „Schienenlänge (km)" siehe Mi Rucheng 宓汝成 *Diguozhuyi yu Zhongguo Tielu* 帝国主义与中国铁路 („Imperialismus und die chinesische Eisenbahn"), S. 679, *Linian Tielu Xingjian Licheng Biao* 历年铁路兴建里程表 („Tabelle zur Strecke des Eisenbahnbaus"), Shanghai Renmin Chubanshe, 1980.
2. Zu „Lokomotivzugkraft (Tonnen), Personenwagenkapazität (Sitzplätze) und Güterwagenkapazität (Tonnen) siehe Yan Zhongping et al. 严中平 *Zhongguo Jindai Jingji Tongji Ziliao Xuanji* 中国近代经济史统计资料选辑 („Auswahl statistischer Daten der modernen Wirtschaftsgeschichte Chinas"), S. 196, Kexue Chubanshe, 1955.

Erläuterungen:

1. Für die Zugkraft der Lokomotive fehlen die Daten aus dem Jahr 1912. Die 5.619 Tonnen beziehen sich hier auf die Angaben von 1915.
2. Das Wachstum und die Wachstumsrate wurden durch den Autor berechnet.

Neben der Eisenbahn war die Rüstungsindustrie während der Beiyang-Regierung eine weitere wichtige Branche, die durch Staatskapital kontrolliert wurde. In dieser Phase übernahm die Regierung nicht nur die militärischen Industrieunternehmen der Qing-Dynastie, sondern gründete auch neue Rüstungsunternehmen und durch regionale Regierungen betriebene Militärindustrie.

Die Beiyang-Regierung übernahm von der späten Qing-Regierung über 10 militärische Unternehmen. Die verhältnismäßig große Waffenfabrik Hubei und die Werft Jiangnan wurden in dieser Periode erweitert, während die meisten anderen Militärfabriken sich verkleinerten. Während der Xinhai Revolution entsandte Yuan Shikai Truppen nach Hubei, um Hanyang einzunehmen. Dabei wurde in der Waffenfabrik Hubei Maschinenausrüstung im Wert von über 300.000 Yuan beschädigt. Nach der Gründung der Republik China wurde die Waffenfabrik Hubei in Munitionsfabrik Hanyang umbenannt und erhielt staatliche Förderung in Höhe von einer Million Yuan, um den Geschäftsführer Liu Qingen mit der Wiederaufnahme der

390 Yan Zhongping et al. 严中平 *Zhongguo Jindai Jingji Tongji Ziliao Xuanji* 中国近代经济史统计资料选辑 („Auswahl statistischer Daten der modernen Wirtschaftsgeschichte Chinas"), Kexue Chubanshe, 1955, S. 194, 196.

Produktion zu beauftragen. 1913 erhielt die Fabrik weitere zwei Millionen staatliche Fördergelder zur Expansion der selbstständigen Waffenentwicklung sowie zur Steigerung der Stahlschmelze und Kanonenproduktion. An der südlichen Grenze des Standorts zum Dabie Gebirge wurde der Bau von vier großen Fabriken geplant, deren maschinelle Ausstattung bei dem deutschen Hersteller Krupp in Auftrag gegeben wurde.[391]

Zum Ende der Qing-Dynastie waren in dieser Fabrik über 500 Menschen beschäftigt, die nur knapp 10.000 Kugeln, ein paar hundert Granaten, 72 Gewehre, vier bis fünf kleine Kanonen pro Tag produzierten und für die Herstellung großer Kanone mehrere Tage brauchten. Der Erweiterung im Jahr 1913 folgte ein großes Produktionswachstum. Täglich waren nur knapp 300 Personen beschäftigt, die jedoch über 200.000 Kugeln, mehr als 2.000 Granaten, über 10 kleine und drei bis vier große Kanonen produzierten, so dass mit geringerer Arbeitskraft mehr Produktionsvolumen erreicht wurde als zuvor.[392]

Abgesehen von der Steigerung der Produktion, gab es in der Fabrik kontinuierlich Neuerscheinungen: 1913 Reproduktion der 7,5-cm-Feldkanone nach dem Vorbild des deutschen Unternehmens Krupp; 1915 Reproduktion des Maxim-Maschinengewehrs; 1918 Reproduktion der 15-cm-Versuchs-Haubitze von Krupp; 1921 Reproduktion der japanischen Taisho 7,5-cm-Bergkanone, Produktion von 30 Maschinengewehren und Pistolen; 1922 Produktion des Sprengstoffs Trinitrotoluol; 1924 Produktion des 75mm Mörsers; 1925 Produktion der 7,5-cm-Bergkanone von Krupp und der Bergmann MP18; 1926 Produktion von 20-120 Fliegerbomben; 1927 Produktion von Handgranaten. [393] Das Kapital der Fabrik betrug 1894 schätzungsweise 3,14 Millionen Yuan, 1911 etwa 3,89 Millionen Yuan und stieg 1920 auf 6,39 Millionen Yuan.[394]

Die Werft Jiangnan entstand 1912 aus dem ehemaligen Dock Jiangnan und wurde durch die Marine verwaltet. Zwischen 1912 und 1926 baute die Werft 369 Schiffe mit einer Gesamtverdrängung von 144.093 Tonnen. Dies waren durchschnittlich 9.606 Tonnen Verdrängung pro Jahr, wobei sich die Gesamtverdrängung der 50 großen Schiffe mit über 500 Tonnen auf 99.987 Tonnen belief. Während des ersten Weltkriegs herrschte in der Werft reger Betrieb. Besonders im Jahr 1918, als die Werft einen Auftrag der USA zum Bau von vier großen Transportschiffen mit einer Verdrängung von je 14.000 Tonnen erhielt, erreichte die Entwicklung der Werft eine neue Ebene. Um diese vier Kriegsschiffe zu bauen, wurde die Werft um vier große Schiffsplattformen, eine neue Turbinenfabrik

---

391 03. Mai 1913 *Shibao* 时报 („Eastern Times"). Zitiert nach Chen Zhenbian 陈真编 *Zhongguo Jindai Gongyeshi Ziliao* 中国近代工业史资料 („Daten zur modernen Industriegeschichte Chinas"), dritte Edition, Dushu Shenghuo Xinzhi Sanlian Shudian, 1961, S. 258.

392 13. August 1917, Tianjin, *Dagongbao* 大公报 („Takung Pao"). Zitiert nach Chen Zhenbian 陈真编 *Zhongguo Jindai Gongyeshi Ziliao* 中国近代工业史资料 („Daten zur modernen Industriegeschichte Chinas"), dritte Edition, Dushu Shenghuo Xinzhi Sanlian Shudian, 1961, S. 259.

393 *Jinling yu Hanyang Binggongchang Gaikuo* 金陵与汉阳兵工厂概括 („Zusammenfassung der Waffenfabriken von Nanjing und Hanyang" aus Chen Zhenbiao, S. 234-236.

394 Xu Dixin 许涤新 und Wu Chengmin 吴承明 *Zhongguo Zibenzhuyi Fazhanshi* 中国资本主义发展史 („Geschichte der Entwicklung des Kapitalismus in China"), Band 2, Renmin Chubanshe, 1990, S. 1057.

und 76 Maschinen erweitert und Docks sowie Lagerhallen ausgebaut. Die Gesamtinvestitionen entsprachen dem Gesamtkapital des Dock Jiangnan, das sich 1905, als das Dock unabhängig vom Produktionsunternehmen Jiangnan wurde, auf 773.000 Tael belief. Darüber hinaus stieg die Anzahl der Arbeiter von 3.000 auf 7.000 – 8.000 Personen an. Zu dieser Zeit überstieg die Schiffsbaukapazität der Werft Jiangnan die der britischen Shanghai Shipyard Company und wurde so zur größten Werft im fernen Osten außerhalb Japans.

In dieser Zeit war auch das Schiffsreparaturgeschäft der Werft Jiangnan sehr rege. Zwischen 1912 und 1926 wurden in der Werft insgesamt 2.198 Schiffe repariert, was durchschnittlich 146 Schiffen pro Jahr entsprach. Der Umsatz stieg dadurch enorm an, so dass die durchschnittlichen Profite 700.000 Yuan pro Jahr betrugen und in guten Zeiten sogar 2 Millionen Yuan erreichten.[395]

Abgesehen von der Entwicklung kleiner Industrien und Unternehmen wie der Eisenbahn und der Werft Jiangnan, befand sich die Staatskapitalwirtschaft in der Beiyang-Regierung jedoch im allgemeinen Niedergang. Trotz politischer Unruhen und kriegerischer Auseinandersetzungen maßen Warlords der Rüstungsproduktion große Bedeutung bei und investierten im Falle finanzieller Schwierigkeiten auch in die Rüstungsproduktion, was zur Entwicklung und Ausbreitung einiger Munitionsfabriken führte. Doch durch die politische Instabilität wurden die Munitionsfabriken zum Ziel von Zerstörungen im Krieg der Warlords, was zur Instabilität der Rüstungsunternehmen führte und Aufstieg oder Fall einer Fabrik abhängig von Gewinn oder Niederlage der Warlord-Kriege machte. Durch die relativ konstante Führung der Warlords Yan Xishan in Shanxi und Zhang Zuolin in der Mandschurei entwickelten sich die Munitionsfabrik Shanxi und die der drei nördlichen Provinzen gut, während die Maschinenfabriken Sichuan und Guangzhou durch den Krieg schwere Verluste erlitten. Der Großteil der staatlich geführten Militärunternehmen gründete sich nicht auf Basis der gängigen Industrie, sondern war auf die Herrschaft und die damit einhergehenden Privilegien der Warlords angewiesen. Die Munitionsfabrik Hanyang erhielt mithilfe der Unterstützung von Li Yuanhong Fördergelder durch die Regierung. Die Munitionsfabrik Henan-Gongxian wurde gegründet, da dies die Heimat von Yuan Shikai war und der Landkreis ihm zur Macht verholfen hatte. Nachdem die Werft Jiangnan der Verwaltung der Marine unterstellt wurde, konnte sie sich auf Basis von Militärausgaben der Marine erweitern. Dies hatte die Anziehung ausländischer Geschäfte, die Kommerzialisierung des Betriebs und gleichzeitig die Unterstützung durch die Verwaltung von Ausländern sowie Auftragsmöglichkeiten während des ersten Weltkriegs zur Folge. Andere Rüstungsunternehmen ohne diese unterstützenden Faktoren, befanden sich oft in einer schwierigen Situation.

Abgesehen von Rüstungsunternehmen wurden in dieser Phase auch viele staatlich geführte Bergbauunternehmen gegründet, die jedoch kaum effektive

[395] *Jiangnan Zaochuanchang Changshi* 江南造船厂厂史 („Fabrikgeschichte der Werft Jiangnan"), S. 107, 111, 1983. Zitiert nach Xu Dixin 许涤新 und Wu Chengmin 吴承明 *Zhongguo Zibenzhuyi Fazhanshi* 中国资本主义发展史 („Geschichte der Entwicklung des Kapitalismus in China"), Band 2, S. 795-796, 798.

Ergebnisse erzielten.[396] Im staatlichen Finanzsektor war es ähnlich. Während der staatliche Anteil am gesamten Aktienkapital der Bank of China zwischen 1912 und 1914 noch 100% betrug, nahm er in Folgejahren durchgehend ab und sank 1917 auf 40,71%, 1922 auf 11,13% und bis 1923 auf nur noch 2,53%.[397] Bei der Gründung der Bank of Communications war das Post- und Kommunikationsministerium mit 2 Millionen Yuan der 5 Millionen Yuan der größte Anteilseigner. Auch dies nahm kontinuierlich ab. Als die Regierung von Nanjing 1928 Bankregulierungen veröffentlichte, waren nur 10% der Aktien der 7,71 Millionen Yuan Gesamtkapital der Bank of Communications staatlich.[398]

Der Hauptgrund für den schleppenden Betrieb des Aktienkapitals der staatlichen Kapitalgesellschaften war das politische Chaos durch die Kriege der Warlords. Die Anhui-Clique beherrschte die Provinzen Anhui, Shandong, Zhejiang und Fujian. Die Zhili-Clique kontrollierte die Provinzen Jiangsu, Jiangxi, Hubei und Zhili, während die Fengtian-Clique die nördlichen drei Provinzen besetze. Der Warlord Yan Xishan ließ Shanxi zu einem unabhängigen Königreich ausrufen, während General Zhang Xun in Xuzhou eine unabhängige Regierung aufstellte. Die Dianxi-Clique unter Tang Jiyao besetzte Yunnan und Guizhou. Die Guangxi-Clique geführt von Lu Rongting machten Guangdong und Guangxi zu ihrem Gebiet. Die Sichuan-Clique teilte sogar die ganze Provinz in verschiedene Verteidigungszonen bestehend aus mehreren Landkreisen. Diese großen und kleinen Warlord-Cliquen bekämpften sich gegenseitig ununterbrochen. Symbolisch dafür wechselte auch der Führer der Staatsregierung in Peking durchgehend. Nach Yuan Shikai kamen Duan Qirui, Li Yuanhong, Zhang Xun, Ping Guozhang, Cao Kun und Zhang Zuolin. Innerhalb der 16 Jahre zwischen 1912 und 1928 ersetzte die Pekinger Regierung 47 Mal das Regierungskabinett, wobei das kürzeste nur sechs Tage überdauerte.[399]

Abschnitt 2: Unter Beteiligung privater Investoren an Staatskapital gebundene Unternehmen

In der Staatskapitalwirtschaft der Beiyang-Regierung gab es abgesehen von den oben genannten durch die Investitionen der Regierung gegründeten und durch diese kontrollierten Unternehmen eine weitere Art von Unternehmen, die durch die Regierung verwaltet und durch Investitionen von Warlord-Führern gegründet

---

396 Von 1911 bis 1926 gab es 16 staatlich und in öffentlich-privater Kooperation geführte Bergbauunternehmen. Siehe Huang Yiping 黄逸平 und Yu Baotang 虞宝棠 *Beiyang Zhengfu Shiqi Jingji* 北洋政府时期经济 („Wirtschaft der Beiyang-Regierung"), Shanghai Shehui Kexue Chubanshe, 1995, S. 232-233.

397 Deng Xianhong 邓先宏 *Zhongguo Yinhang yu Beiyang Zhengfu de Guanxi* 中国银行与北洋政府的关系 („Beziehungen zwischen der Bank of China und der Beiyang-Regierung"), in *Zhongguo Shehui Kexueyuan Jingji Yanjiusuo Jikan* 中国社会科学院经济研究所集刊 („Sammlung des Wirtschaftsforschungsinstituts der Chinese Acedemy of Social Sciences"), Band 11, Zhongguo Shehui Kexue Chubanshe, 1988.

398 Wenig Xianding 翁先定 *Jiaotong Yinhang Guanchang Huodong Yanjiu* 交通银行官场活动研究 („Studie der offiziellen Aktivitäten der Bank of Communications"), in *Zhongguo Shehui Kexueyuan Jingji Yanjiusuo Jikan* 中国社会科学院经济研究所集刊 („Sammlung des Wirtschaftsforschungsinstituts der Chinese Acedemy of Social Sciences"), Band 11, Zhongguo Shehui Kexue Chubanshe, 1988.

399 Siehe Sun Jian 孙健 *Zhongguo Jingjishi Jindai Bufen* 中国经济史——近代部分 („Wirtschaftsgeschichte Chinas – Moderne"), China Renmin Daxue Chubanshe, 1989, S. 263.

wurden. Diese Aufteilung in Verwaltung und Kommerzialisierung war während der Beiyang-Regierung sehr prominent.

Diese Art von Unternehmen, die der Verwaltung der Regierung unterlagen, aber deren tatsächliche Kontrolle bei den gründenden Warlord-Führern lag, konnte wie private Kapitalgesellschaften nicht durch Macht missbraucht werden und stellte dennoch durch ihre Funktionen eine Alternative zu diesen dar. Nach Lenins Definition der staatlichen Kapitalgesellschaften [400] müssen diese eine enge Verbindung zum Staatskapital aufweisen. Wenn Verwaltung und Handel nicht getrennt sind, kommt es zu Korruption, bei der das bürokratische Kapital beginnt.

Nach der Xinhai-Revolution nahm der Massenenthusiasmus der Gesellschaft zur Rettung der Industrie angetrieben durch die Initiierung und patriotische Begeisterung der Regierung zu. Die mit dem Ausbruch des ersten Weltkriegs einhergehenden Geschäftsmöglichkeiten und hohen Profite förderten den Trend solcher Investitionsunternehmen. Zu dieser Zeit waren hohe Investitionen zur Gründung von Unternehmen unter den bürokratischen Warlords sehr verbreitet. Der Warlord Wang Zhanxuan investierte insgesamt 2,9 Millionen Yuan in 32 Unternehmen [401] und auch der Leiter der alten Transportabteilung Liang Shiyi investierte mehr als 20 Millionen Yuan in eine Reihe von Unternehmen.[402] Neben Investitionen in Kohle- und Eisenminen, Banken und andere Unternehmen in Anhui, Jiangsu, Shanxi und Peking investierte der Kriegsherr Ni Sichong auch in verschiedene Unternehmen in Tianjin. Mit einer Investitionssumme von 8 Millionen Yuan in die Gründung von Fabriken war er der Hauptinvestor der modernen industriellen Warlords in Tianjin.[403] Während des ersten Weltkrieges beteiligten sich der Provinzgouverneur Zhang Huaizhi, der stellvertretende Leiter des Transportministeriums Lao Zhichang, der militärische Provinzgouverneur Tian Zhongyu, der Leiter des Finanzministeriums Zhou Xiaoru, der Militärgouverneur von Hubei Wang Zhanyuan sowie der Leiter des Ministeriums für zivile Angelegenheiten Cheng Yianan an den Investitionen in die Getreidemühlen Fengnian, Huifeng, Huaqing, Minqing und Chengfen in Jinan (Shandong).[404]

400 Siehe vorherige Definition nach Lenin: „Der Staatskapitalismus ist eine Art des Kapitalismus in einem kapitalistischen System, bei dem die Staatsmacht die direkte Kontrolle über einige kapitalistische Unternehmen hat". Siehe *Liening Xuanji* 列宁选集 („Lenins Gesamtwerk"), Band 4, Renmin Chubanshe, 1976, S. 627.

401 *Tianjin Wenshi Ziliao Xuanji* 天津文史资料选辑 („Literatur und Geschichte Tianjins"), Band 4. Zitiert nach Huang Yiping 黄逸平 und Yu Baotang 虞宝棠 *Beiyang Zhengfu Shiqi Jingji* 北洋政府时期经济 („Wirtschaft der Beiyang-Regierung"), Shanghai Shehui Kexue Chubanshe, 1995, S. 339.

402 Nach den Statistiken des Archivs des Ministeriums für Landwirtschaft und Handel der Beiyang-Regierung und den amtlichen Verlautbarungen der Regierung. Zitiert nach Huang Yiping 黄逸平 und Yu Baotang 虞宝棠 *Beiyang Zhengfu Shiqi Jingji* 北洋政府时期经济 („Wirtschaft der Beiyang-Regierung"), 1995, S. 340.

403 *Tianjin Wenshi Ziliao Xuanji* 天津文史资料选辑 („Literatur und Geschichte Tianjins"), Band 4. Zitiert nach Huang Yiping 黄逸平 und Yu Baotang 虞宝棠 *Beiyang Zhengfu Shiqi Jingji* 北洋政府时期经济 („Wirtschaft der Beiyang-Regierung"), S. 340.

404 Yang Zhuan 杨竹庵 *Jinanshi Mianfenye Lishi Gaikuang yu Huaqing Mianfen Chang* 济南市面粉业历史概况与华庆面粉厂 („Geschichte der Mehlindustrie in Jinan und der Mühle Huaqing"), *Shandong Wenshi Ziliao Xuanji* 山东文史资料选辑 („Literatur und Geschichte Shandongs"), S. 8.

Noch wichtiger und repräsentativer für Staatskapitalgesellschaften als diese vereinzelten durch bürokratische Warlords finanzierten Unternehmen, waren die aus der Kooperation von Verwaltung und Handel entstandenen Industrieverbände. Ein modellhaftes Beispiel dafür sind die durch den Finanzminister der Beiyang-Regierung Zhou Xuexi gegründeten Industrieverbände.

Als Yuan Shikai noch Gouverneur von Zhili war, übernahm Zhou Xuexi unter dessen Führung die Leitung der staatlichen Industrie und gründete nacheinander das Münzbüro, die staatliche Bankstelle, das branchenübergreifende Eisenwerk, die Kunsthandwerksfabrik Zhili, das Zementwerk Qixin sowie das Kohlebergwerk Luanzhou. Er verwaltete nicht nur direkt einige wichtige Unternehmen, sondern leitet auch die Entwicklung der industriellen Angelegenheiten in der Provinz Zhili. Nach der Gründung der Republik China übernahm Zhou Xuexi die Reform der in der späten Qing-Dynastie entstandenen wichtigen Unternehmen wie der Kohlemine Kailuan und dem Zementwerk Qixin. Weiterhin gründete er das Textilwerk Huaxin, das Stromunternehmen Tangshan, das Glasunternehmen Yaohua sowie das Baumwollunternehmen Xinghua und investierte darüber hinaus in das Bankwesen, indem er die Industrial Bank of China und die Huaxin Bank gründete und eine große Kapitalgruppe mit einer Gesamtinvestition von über 40 Millionen Yuan bildete, die Industrie- und Finanzunternehmen verband.[405] Das Gründungskapital der Zhoushi Gruppe setzte sich aus Regierungskapital, Eigenkapital der bürokratischen Warlords sowie privaten Anlegern zusammen, wobei die Anteile des reinen Privatkapitals sehr gering waren. Auch wenn das Regierungskapital nicht den Hauptanteil ausmachte und später wieder zurückgezahlt werden musste, stellte es doch eine große Unterstützung dar.

Ein Beispiel dafür ist die Gründung des Zementwerks Qixin. Aufgrund von Komplikationen bei der Akkumulierung von ausreichenden Aktien zur Gründung, vergab unter Yuan Shikais Zustimmung zunächst das Münzbüro der Huai Armee ein Grundkapital in Höhe von 500.000 Yuan, woraufhin auch die staatliche Bankstelle in Tianjin einen Kredit in Höhe von 400.000 Tael als Produktionsliquiditäten beisteuerte. Als die neuen Aktien 1909 auf 1,5 Millionen Yuan erweitert wurden, wurde die eine Hälfte unter Aktionären aufgeteilt, während die andere Hälfte an das Verkehrsministerium und das Post- und Kommunikationsministerium ging. 1914 wurden die Aktien erneut auf 3 Millionen Yuan erhöht, von denen zwei Drittel an Aktionäre und ein Drittel an das Verkehrsministerium ging.[406] Bei anderen Unternehmen war es ähnlich. Die grundlegenden Unternehmen der Zhoushi Gruppe wurden alle mit Unterstützung von öffentlichen Geldern gegründet.

Auch bei der Aufstockung der kommerziellen Bestände, zeigte sich die Unterstützung der Regierung. Am repräsentativsten war hierbei die offizielle Zwangsverordnung zum Bezug von Aktien an Privatpersonen. Bei der Finanzierung des Bergwerks Luankuang wurden beispielsweise die Aktien auf verschiedene Landkreise verteilt, deren Last durch die arme Bevölkerung getragen werden

405 Sighe Cheng Bin 盛斌 *Zhou Xuexi Ziben Jituan de Longduan Qingxiang* 周学熙资本集团的垄断倾向 („Die Monopoltendenz der Zhou Xuexi Kapitalgesellschaft"), Lishi Yanjiu, 1986, Band 4.

406 Nankai Institute of Economics: *Qixin Yanghuigongsi Shiliao* 启新洋灰公司史料 („Historische Daten des Zementswerks Qixin"), Dushu Shenghuo Xinzhi Sanlian Shudian, 1963, S. 38-39, 88-89.

musste.[407] Bei der zweifachen Kapitalaufstockung des Unternehmens Qixin 1909 und 1914 forderte die Beiyang-Regierung durch das Verkehrsministerium und das Post- und Kommunikationsministerium die Eisenbahnunternehmen in jeder Provinz dazu auf, dies zu finanzieren.[408] Bei der Gründung der National Industrial Bank of China zwang die Beiyang-Regierung die drei großen Salzhändler Chang Lu, Dong Gang und Liang Huai zu investieren. Als die Vorbereitungen der Bank stockten und die Salzhändler einen Aktienrückzug forderten, verordnete die Regierung, dass die sie ihre Investitionen nicht frei zurückziehen konnten und so wurden die Aktien wie vereinbart bezahlt.[409]

Beim Industrieverband Zhou Xuexi lagen die Verwaltungsrechte der Unternehmen in den Händen der Integration von Regierung und Handel. Dies zeigt sich anhand der hohen Posten wie Vorstandsmitgliedern, Direktoren und Stellvertreter der vier Unternehmen Qixin, Luankuang, Huaxin und der National Industrial Bank of China. Es gab 18 Hauptverantwortliche dieser vier Unternehmen. Davon waren Zhou Xuexi und Sun Duosen neun Personen untergeordnet, die die Integration von Regierung und Wirtschaft darstellten. Diese Personen hatten alle einen offiziellen Posten innegehabt oder bekleideten diesen nach wie vor. Sie hatten Unternehmen gegründet bevor sie einen offiziellen Posten übernahmen oder waren erst nach Beendigung ihres Beamtendienstes unternehmerisch aktiv geworden. Sie übernahmen die Posten als Leiter, Stellvertreter, Manager, Direktoren oder Vorstände und hatten die tatsächliche Verwaltungsmacht inne. Die anderen neun Personen waren im Grunde die derzeitigen bürokratischen Warlords und dienten nur als Vorstand in den Unternehmen. Die Kernzusammensetzung dieser Verwaltungsschichten der Zhou-Gruppe machte es möglich, die Regierung zu nutzen, um Eigeninteressen zu erlangen.

Die von den bürokratischen Warlords betriebenen Unternehmen genossen im Vergleich zu gewöhnlichen privaten Unternehmen viele Vorteile. Zum Beispiel betrieb das Unternehmen Qixin eine Zementfabrik in der Provinz Zhili und hatte das Privileg, im Yangtse-Becken im Nordosten von China eine Zweigstelle eröffnen zu dürfen. Bei seiner Gründung erhielt das Textilunternehmen Huaxin für 30 Jahre das Privileg zum Sonderbetrieb in den Provinzen Zhili, Shandong und Henan. Darüber hinaus gab es Steuererleichterungen. Die Produkte des Unternehmens Qixin wurden unabhängig vom Distributionsort mit 5% besteuert, so dass es kaum eine Umlagesteuer gab. Die Bergbauunternehmen Luan genoss ebenfalls besondere Privilegien bei Transportgebühren und Steuern in Kaiping und bei der Kohle aus ihrer neuen Mine Jialing wurden nur zwei Fünftel pro Tonne besteuert. Beim Bau des Wasserwerks Peking war der Kauf und Transport aller Materialien steuerfrei. Einmal durch Yuan Shikai genehmigt, konnte das Textilunternehmen Huaxin alle Rohstoffe steuerfrei kaufen und transportieren und auch die Endprodukte unterlagen einer

---

407 Wang Jingyu 汪敬虞 *Zhongguo Jindai Gongyeshi Ziliao* 中国近代工业史资料 („Moderne Industriegeschichte Chinas"), Band 2, Kexue Chubanshe, 1957, S. 922.

408 Nankai Institute of Economics: *Qixin Yanghuigongsi Hhiliao* 启新洋灰公司史料 („Historische Daten des Zementswerks Qixin"), 1963, S. 88-89.

409 Zitiert nach Yu Heping 虞和平 und Xia Liangcai 夏良才 (Hrsg.) *Zhou Xuexi ji* 周学熙集 („Biographie von Zhou Xuexi"), Huazhong Shifadaxue Chubanshe, 1999, S. 9-10.

sehr niedrigen Steuer. Drittens gab es Transportvorteile. Beispielsweise erhielten die Produkte des Unternehmens Qixin durch das Eisenbahnbüro und die China Merchants Transportpriorität und mussten nur 60% bis 70% der Transportgebühren bezahlen. Viertens unterstütze die Regierung die Unternehmen beim Vertrieb ihrer Produkte. Yuan Shikai selbst befahl den Eisenbahnbetrieben Peking-Shenyang, Peking-Zhangjiakou, Peking-Hankou, Shijiazhuang-Taiyuan, Bianliang-Luoyang, Daoqing und Shanghai-Nanjing den Zement des Unternehmens Qixin zu kaufen. Das Wasser des Wasserwerks Peking wurde durch das Ministerium für Landwirtschaft, Industrie und Handel vertrieben. Die National Industrial Bank of China wurde von der Transport-, Post- und Steuerbehörde der Pekinger Regierung als Norm genutzt. Durch diese von der Regierung zur Verfügung gestellten Privilegien hatten die Unternehmen der Zhoushi Gruppe Vorteile gegenüber anderen Unternehmen.[410]

Aufgrund der vielen Privilegien durch die Regierung können die Unternehmen der Zhoushi Gruppe nicht wirklich als Privatunternehmen angesehen werden. Es gab bereits früh Personen, die darauf aufmerksam machten. Beispielsweise nach der Eröffnung der Kohlemine Luanzhou waren einige überzeugt, dass die Mine zwar nominell privat geführt war, sich jedoch nach genauerer Betrachtung der Kapitalstruktur und des Gründungsprozesses herausstellte, dass sie die gleiche staatliche Form wie die Mine Kaiping aufwies. Sie glaubten, dass die Anwerbung des Grundkapitals der Kohlemine Luanzhou von der staatlichen Bankstelle Tianjin durchgeführt worden war und dass die Handelsaktien neben den staatlichen Anteilen unter Gouverneuren und Beamten verteilt wurden. Unter den im 32. Regierungsjahr des Kaisers Guangxu zusammengekommenen 2 Millionen Tael waren 500.000 Tael staatliche Anteile, 500.000 Tael von den Salzvorkommen in Zhili und 300.000 aus dem Ausbildungsfond. Somit lag der Anteil der gehandelten Aktien nur bei 700.000 Tael, deren Herkunft fragwürdig war.

Yuan Shikai verfolgte mit der Beauftragung Zhou Xuexis zum Bau der Kohlemine Luanzhou zwei Ziele: Erstens konnte sie die von ihm befehligte nördliche Marine materiell unterstützen und so seine militärische Stärke erweitern. Das zweite Ziel war die Profitabilität. Yuan Shikai hatte in die Kohlemine Luanzhou investiert und es gelang ihm vor der Fusion der Minen Kaiping und Luanzhou seinen Sohn als Direktor des Bergbaubüros einzusetzen.[411]

Offensichtlich hatten solche Unternehmen eine Vielzahl von Privilegien durch die Regierung und waren daher nicht mit Privatunternehmen vergleichbar. Bei dieser Art von Unternehmen wurden Bürokraten Staatskapital und Privilegien verliehen, damit sie dann als Privatpersonen Unternehmen gründen konnten, so dass sie wie private Unternehmen erschienen. Tatsächlich hatten sie jedoch immer noch die Natur von staatlichen Kapitalunternehmen. Daher mussten solche Unternehmen

410 Siehe Yu Heping 虞和平 und Xia Liangcai 夏良才 (Hrsg.) *Zhou Xuexi Ji* 周学熙集 („Biographie von Zhou Xuexi"), Huazhong Shifadaxue Chubanshe, 1999, S. 10-11.

411 Siehe *Kailuan Meikuang de Diaocha* 开滦煤矿的调查 („Untersuchung der Kohlemine Kailuan"). Zitiert nach Chen Zhenbian 陈真编 *Zhongguo Jindai Gongyeshi Ziliao* 中国近代工业史资料 („Daten zur modernen Industriegeschichte Chinas"), dritte Edition, Dushu Shenghuo Xinzhi Sanlian Shudian, 1961, S. 538.

durch schlechte Verwaltung entstandene Defizite meist nicht selbst tragen. Die 1919 in Harbin gegründete China Wu-Tung Navigation Co. Ltd. ist ein Beispiel dafür.

Die China Wu-Tung Navigation Co. Ltd. wurde im März 1919 offiziell in Harbin gegründet. Mit ihrem Nennkapital von 2 Millionen Silberdollar wurden 29 russische Dampfschiffe und 20 Schlepper mit über 29.300 Tonnen erworben.[412] Die Schiffsanzahl und die Gesamttonnage überstieg bei weitem die der drei Flüsse Heilong, Songhua und Ussuri. Kurz nach der Gründung der Wu-Tung Company wurde in der 12th Street außerhalb von Harbin ein vierstöckiges Hauptbürogebäude, eine Maschinenfabrik, eine Werft, ein Lagerterminal, ein Fahrkartenschalter und Arbeiterwohnhäuser gebaut. Entlang des Songhua- und Heilong-Flusses wurde eine Reihe von Niederlassungen, Büros und Agenturen eingerichtet. Bis 1920 war die Schiffsroute der Wu-Tung Company vom Ober- zum Unterlauf aller drei Flüsse ausgebaut und reichte bis zum russischen Chabarowsk. Dies ist beispiellos in der Schifffahrtsgeschichte von Nordost-China. Eine Zeit lang war sie die größte chinesische Reederei in Nordost-China und nach der China Merchants entlang der Yangtse Schiffsroute die zweitgrößte im ganzen Land.

Der Hauptgrund für den schnellen Aufstieg der Wu-Tung Company war der Ausbruch der russischen Revolution 1917. Die russischen Schiffsbauer, die ursprünglich in diesen Gewässern ein Monopol innehatte, mussten alle ihre Schiffe verkaufen, um vor der Revolution zu fliehen. Gemäß dem Vertrag von Aigun[413] durften sie ihre Schiffe jedoch nur an chinesische Geschäftsleute verkaufen und so entstanden durch die Monopolposition für die Wu-Tung Company exzellente Geschäftsmöglichkeiten. Ein weiterer wichtiger Grund für den rapiden Aufschwung war, dass die Initiatoren und Hauptanteilseigner Liang Shiyi, Cao Rulin, Ye Gongchuo und Meng Zhaochang alle wichtige Posten beim Verkehrsministerium der Beiyang-Regierung, der Bank of Communications und der Verwaltung der nord-östlichen Provinzen innehatten. Dies brachte dem Unternehmen in finanziellen und anderen Bereichen unvergleichbare Vorteile gegenüber einfachen Handelsunternehmen ein.

Durch die Identität des Gründers und größten Anteilseigners hatte die Wu-Tung Company eine besondere Beziehung zum Verkehrsministerium der Beiyang-Regierung und der Bank of Communications, die ihr zahlreiche Vorteile einbrachte. Zunächst wurde sie bei der Finanzierung durch die Bank of Communication stark unterstützt. Das Nennkapital bei der Gründung betrug 2 Millionen Yuan. Das Realeinkommen belief sich jedoch auf nur 500.000 Yuan. Daher lieh die Bank of Communications die noch fehlenden Mittel zum Kauf der russischen Schiffe, der

412 *Fu Wutong Gongsi Cheng Jiaotongbu Wen* 附戊通公司呈交通部文 („Anhang des Verkehrsministeriums zur Wu-Tung Company"), Komitee des Transport- und des Eisenbahnministeriums: *Jiaotongshi Hangzheng Bian* 交通史航政编 („Historische Verkehrs- und Schifffahrtsverwaltung"), 1935, S. 403.

413 1858 wurde im chinesisch-russischen Vertrag von Aigun festgelegt, dass nur chinesische und russische Schiffe die Flüsse Heilong, Songhua und Ussuri befahren durften. Allen anderen ausländischen Schiffen war dies verboten. Siehe Wang Tieya 王铁崖编 *Zhongwai Jiuyue Zhang Huibian* 中外旧约章汇编 („Ehemalige chinesisch-ausländische Abkommen"), Band 1, Dushu Shenghuo Xinzhi Sanlian Shudian, 1957, Seite 85.

Restaurierung von Gebäuden, Docks, Werften und Maschinenfabriken.[414] In den anderthalb Jahren von der Gründung bis zur Schließung am 24. November 1920 war das Unternehmen bei der Bank of Communications mit 3,74 Millionen Yuan verschuldet, hatte bei anderen Banken Kredite in Höhe von 40.000 Yuan aufgenommen und weitere über 100.000 Yuan Verpflichtungen durch kurzfristige Kredite, Bareinlagen, Spareinlagen und unbezahlte Gebühren, so dass sich die Gesamtschulden auf über 4,38 Millionen Yuan beliefen.[415]

Unter diesen Umständen reichten die finanziellen Ressourcen der Wu-Tung Company Ende 1920 nicht mehr aus und das Verkehrsministerium wurden gebeten sie zu verstaatlichen und die entsprechenden Kosten zu tragen. Schließlich machte das Verkehrsministerium aus der Wu-Tung Company 1921 ein Joint-Venture aus Wirtschaft und Regierung. Die vorherigen Aktionäre blieben bestehen, doch das Verkehrsministerium wurde mit 1,5 Millionen Yuan ein staatlicher Anteilseigner. Bezüglich der Schulden prüfte das Ministerium, ob diese erlassen oder aufgeteilt werden sollten.[416] Schließlich wurde für die übrigen 2,5 Millionen Yuan ein Darlehensvertrag zwischen der Wu-Tung Company und der Bank of Communications geschlossen, der es dem Unternehmen erlaubte die Schulden in Raten zu begleichen. Das Verkehrsministerium diente dabei als Bürge. In Artikel 10 des Darlehensvertrags heißt es: „Wenn das Unternehmen seinen Verpflichtungen bis zum Auslaufen des Vertrags nicht nachkommen kann, muss der Bürge für die Tilgung aufkommen."[417] Das bedeutet, dass das Verkehrsministerium vollständig für die Schulden des Unternehmens aufkam. Dies gab der stellvertretende Geschäftsführer und damalige Verkehrsminister Ye Gongchuo zu: „Da das Unternehmen wiederholt unter Finanzschwierigkeiten litt, die es nicht stemmen konnte, wurde es verstaatlicht und die Schulden durch die Regierung übernommen."[418] Die erste Rückzahlungsrate der Wu-Tung Company an die Bank of Communications in Höhe von 174.315 Yuan wurde durch das Verkehrsministerium beglichen.[419] Für die erhaltenen kommerziellen Aktien in Höhe von 500.000 Yuan garantierte das

414 Xie Lin 谢霖 *Haerbin Tonghangye Gufenyouxiang Gongsi Hangwu Baogao* 哈尔滨戊通航业股份有限公司航务报告 („Erster Schifffahrtsbericht zur Wu-Tung Navigation Co., Ltd."), Band 1, 1919, Seite 1).

415 *Fu Qian Shi Zhangxin Zheng Ji Zheng Zhang Zhu Cheng Jiaotongbu Wen* 附佥事张心征，技正张铸呈交通部文 („Schreiben des Transportministeriums"), Komitee des Transport- und des Eisenbahnministeriums: *Jiaotongshi Hangzheng Bian* 交通史航政编 („Historische Verkehrs- und Schifffahrtsverwaltung"), 1935, Band 1, S. 407.

416 *Fu Jiaotongbu Nongshangbu Tichu Guowu Huiyi Yian* 附交通部农商部提出国务会议议案 („Vorschlag der Ministerien für Verkehr und Landwirtschaft und Handel zum Gesetzesentwurf des Staatsrats"), *Jiaotongshi Hangzheng Bian* 交通史航政编 („Historische Verkehrs- und Schifffahrtsverwaltung"), 1935, Band 1, S. 413.

417 *Fu Wutong Gongsi yu Jiaotong Yinhang Dingli Jiekuan Hetong* 附戊通公司与交通银行订立借款合同 („Anlage zum Kreditvertrag zwischen der Wu-Tung Company und der Bank of Communications"), *Jiaotongshi Hangzheng Bian* 交通史航政编 („Historische Verkehrs- und Schifffahrtsverwaltung"), 1935, Band 1, S. 464.

418 Ye Gongchuo 叶恭绰 *Xia An Hui Gao* 遐庵汇稿 („Manuskripte von Xia An"), mittlerer Band, *Shiwen Youren Ji Wutong Gongsi Jingguo Shilüe Ti Qihou* 诗文·友人寄戊通公司经过事略题其后 („Literatur und biographische Skizzen zum Werdegang der Wu-Tung Company"), 1946.

419 Komitee des Transport- und des Eisenbahnministeriums: *Jiaotongshi Hangzheng Bian* 交通史航政编 („Historische Verkehrs- und Schifffahrtsverwaltung"), Band 1, S. 464-465.

Verkehrsministerium einen jährlichen Zinssatz von über 6%.[420] Weil darüber hinaus viele der auszuzahlenden Anteilseigner wichtige Mitarbeiter der Bank of Communications waren[421], zahlte das Verkehrsministerium der Bank eine Bürgschaftshypothek in Höhe von 2 Millionen Yuan. Der Grund für diese bedachte Sorge lag darin, dass die Aktionäre der Wu-Tung Company wichtige Personen des Verkehrsministeriums und der Bank of Communications waren. Unabhängig von der betrieblichen Lage des Unternehmens, konnte das Ministerium davon profitieren.[422]

Darüber hinaus nutzten sie ihre eigene Macht, um der Wu-Tung Company weitere Vorteile wie das Monopol auf den staatlichen Salztransport zu verschaffen.[423] In der Vergangenheit wurde staatliches Salz durch russische Schiffe transportiert, doch von nun an wurde vertraglich festgelegt, dass nur die Wu-Tung Company ein Recht darauf hatte. So konnte das Unternehmen ein jährliches Nettoeinkommen von über 200.000 Yuan erzielen. Weiterhin handelte die Wu-Tung Company mit dem Kerosinunternehmen Mobil einen Vertrag über den Transport von Kerosin aus, der weitere Einnahmen von ca. 100.000 Yuan jährlich generierte.[424] Zusätzlich nutzte das Unternehmen seine Position, um einen Transportvertrag mit Eastern-China Railway abzuschließen.[425] All dies war nicht mit anderen Reedereien vergleichbar. Des Weiteren genoss die Wu-Tung Company eine steuerfreie Vorzugsbehandlung für ihren eigenen Kraftstoff, was es ihr ermöglichte, zehntausende Yuan pro Jahr einzusparen.[426]

Es lässt sich sagen, dass die Wu-Tung Company zu einer sehr günstigen Zeit und Umgebung für die Schifffahrtsindustrie gegründet wurde und die Gründer und Aktionäre ihre Macht nutzten, um dem Unternehmen viele Vorteile gegenüber anderen Reedereien einzubringen Dennoch musste das Unternehmen im Frühjahr 1925 aufgrund von Korruption und weiteren Faktoren nach sieben Jahren Konkurs anmelden. Als größter Anleihengläubiger ging der gesamte Besitz der Company an

---

420 *Fu Jiaotongbu Zongzhang Gao Enhong Tichu Guowu Huiyi Yian* 附交通部总长高恩洪提出国务会议议案 („Vorschlag des Verkehrsministers Gao Enhong zum Gesetzesentwurf des Staatsrats"), *Jiaotongshi Hangzheng Bian* 交通史航政编 („Historische Verkehrs- und Schifffahrtsverwaltung"), Band 1, S. 465.

421 *Fu Jiaotongbu Zongzhang Gao Enhong Tichu Guowu Huiyi Yian* 附交通部总长高恩洪提出国务会议议案 („Vorschlag des Verkehrsministers Gao Enhong zum Gesetzesentwurf des Staatsrats"), *Jiaotongshi Hangzheng Bian* 交通史航政编 („Historische Verkehrs- und Schifffahrtsverwaltung"), Band 1, S. 466.

422 *Wutong Gongsi Shou Wie Guoyou Zhi Neimu* 戊通公司收为国有之内幕 („Hintergrund zur Verstaatlichung der Wu-Tung Company"), Shibao, 6. Dezember 1920.

423 *Fu Qian Dayong Zhengdun Wutong Gongsi Jihua Shu* 附钱大镛整顿戊通公司计划书 („Qian Dayongs Plan zur Reorganisation der Wu-Tung Company"), *Jiaotongshi Hangzheng Bian* 交通史航政编 („Historische Verkehrs- und Schifffahrtsverwaltung"), 1935, Band 1, S. 419.

424 *Fu Zhailu Wutong Gongsi Ge Xiang Shuomingshu* 附摘录戊通公司各项说明书 („Anlage zum Auszug der ausführlichen Beschreibung der Wu-Tung Company"), *Jiaotongshi Hangzheng Bian* 交通史航政编 („Historische Verkehrs- und Schifffahrtsverwaltung"), 1935, Band 1, S. 412.

425 *Dongsheng Tielu Gongsi Wutong Hang Ye Gongsi Shuiliu Lianluo Yunshu Gaobai* 东省铁路公司，戊通航业公司水陆联络运输告白 („Öffentliche Mitteilung zum Transport zu Wasser und zu Lande der Dongsheng Eisenbahngesellschaft und der Wu-Tung Transportgesellschaft"), *Dongyuan Bao* 远东报 („Far East News"), 5. November 1920.

426 *Fu Zhailu Wutong Gongsi Ge Xiang Shuomingshu* 附摘录戊通公司各项说明书 („Anlage zum Auszug der ausführlichen Beschreibung der Wu-Tung Company"), *Jiaotongshi Hangzheng Bian* 交通史航政编 („Historische Verkehrs- und Schifffahrtsverwaltung"), 1935, Band 1, S. 416.

die Bank of Communications über. Im August desselben Jahres bewertete die Bank das Gesamtvermögen des Unternehmens mit 1,6 Millionen Yuan und verkaufte es an die Regierung der drei nordöstlichen Provinzen, die es als staatlich geführte Schifffahrtsgesellschaft Dongbei reorganisierten.[427]

Aus Sicht der politischen Ökonomie kann der Staat durch Kapital in zweierlei Formen in die nationale Produktion eingreifen. Die erste Form ist geprägt von Wirtschaftsregulierungen wie Krediten, Substitutionen, Steuersenkungen, Auftragsvergaben und dem Kauf von Produkten. Die zweite Form ist die direkte Teilnahme am wirtschaftlichen Geschehen durch staatliche Direktinvestitionen oder Joint-Ventures mit privatbetriebenen Unternehmen.[428] Bei der staatskapitalistischen Rüstungsindustrie der späten Qing-Dynastie wurde vor allem die zweite Form namentlich die staatlichen Direktinvestitionen genutzt, während besonders die privat geführten und staatlich kontrollierten Unternehmen der zivilen Industrie eher die erste Form annahmen. Durch die oben genannten historischen Fakten wird ersichtlich, dass in der Periode der Beiyang-Regierung jedoch tendenziell die zweite Form zur Anwendung kam.

Während der Beiyang-Regierung entstanden durch die Kooperation von Regierung und Wirtschaft und durch die staatliche Unterstützung des Handels Industrieverbände wie die durch den zweimaligen Finanzminister Zhou Xuexi gegründete Zhoushi Gruppe oder die Wu-Tung Company. Angesichts der vielen Präferenzbedingungen und der Betriebsausrichtung waren dies keine gewöhnlichen Privatunternehmen, sondern durch die Kontrolle der Staatsmacht eine spezielle Art der Staatskapitalgesellschaften. Es lässt sich schließen, dass dies eine besondere Form der Staatskapitalgesellschaften unter der schwachen Staatsform zur Zeit der Beiyang-Regierung war.

Kapitel 6: Staatskapitalwirtschaft unter der Kuomintang

Verglichen mit der Beiyang-Regierung war die Kuomintang-Regierung in Nanjing eine starke Regierung. Die Regierung der KMT erlebte verschiedene Kriegsphasen. Insgesamt erstarkte die Staatskapitalwirtschaft in dieser Periode. Dieser Trend zur Stärkung und Entwicklung hat viele verschiedene Gründe und hängt mit den in- und ausländischen Entwicklungen zusammen.

Vor allem der Einfluss des Wegbereiters für die demokratische Revolution Chinas Sun Yat-sen ist hier von besonderer Bedeutung. Im Verlauf der Entstehung seiner ideologischen Theorien spiegeln sich die genauen Beobachtungen und Gedanken über die Vor- und Nachteile der wirtschaftlichen Entwicklung fortgeschrittener kapitalistischer Länder wider. Die Prävention der diversen Mängel des Kapitalismus ist eine der Charakteristiken des Prinzips der Volkswohlfahrt von Sun Yat-sen. Durch seine Erfahrungen im Westen, erlebte er die durch die Unterdrückung des Kapitals

427 Jin Ruixin 金锐新 *Dongbei Hangye Yange Shulüe* 东北航业沿革述略 („Übersicht über die Entwicklung der Schifffahrt in Dongbei"), Jahr und Organisation der Veröffentlichung unbekannt, S. 6.

428 Siehe Xu Dixin 许涤新 und Wu Chengmin 吴承明 *Zhongguo Zibenzhuyi Fazhanshi* 中国资本主义发展史 („Geschichte der Entwicklung des Kapitalismus in China"), Band 2, Renmin Chubanshe, 1990, S. 19.

ausgelösten sozialen Konflikte und Klassenkämpfe. Um China in der Zukunft vor solchen sozialen Konflikten zu bewahren, brachte er den Gedanken auf „Vorbeugung ist besser als Heilung“.[429] Er glaubte, dass das Privatkapital kontrolliert und das Staatskapital entwickelt werden müsste, indem der Betrieb von Eisenbahnen, Elektrizität, Bergbau und weitere dominante Industrien verstaatlicht würden. Auf diese Weise könne der Staat auf der einen Seite schnell die Produktivität erhöhen, die Menschen bereichern und das Land stärken und auf der anderen Seite das System der staatlichen Produktionsmittel dazu nutzen, "den Missbrauch des kapitalistischen Monopols zu verhindern".[430] Er war überzeugt, dass dem Privatunternehmertum freie Hand gelassen und dies von der Regierung belohnt und geschützt werden sollte, doch dass Reformmaßnahmen wie progressive Einkommens- und Erbschaftssteuer einhergehend mit Sozialhilfen und Fabrikgesetzen nötig waren, um das Privatkapital zu kontrollieren.

Durch den Status und Einfluss des Revolutionärs Sun Yat-sen sowie durch das ihm entgegengebrachte Vertrauen der Regierung, setzen sich seine Ideen fort. Seine Ansichten wurden damals nicht nur von vielen Gelehrten und Mitgliedern der Gesellschaft wertgeschätzt, sondern hatten auch direkten Einfluss auf viele Arbeiter und wurden von ihnen anerkannt. So war beispielsweise der Leiter des Ressourcenausschusses des größten staatskapitalistischen Industrieverbands der 1930er Jahre Weng Wenhao überzeugt, dass die Industrialisierung in China die erste war, in der die Verstaatlichung von Unternehmen geschätzt wurde. Er glaubte, dass es zum Erfolg der chinesischen Industrialisierung notwendig war, die Schwerindustrie zum Kern des Planungsprozesses zu machen. Die Revitalisierung der chinesischen Schwerindustrie dürfe sich nicht auf das schwache und auf Profit ausgerichtete Privatkapital stützen, sondern müsse die Verstaatlichung durch die Regierung als Grundlage nehmen. Insbesondere in den wirtschaftlichen Lebensadern wie Elektrizität, Verkehr, Kommunikation und Energie müsste das Monopol dem Staat übergeben werden, um eine private Monopolstellung und so den Missbrauch des Kapitalismus zu verhindern.[431]

Diese Ansicht wurde in den 1930er Jahren aufgrund der Entwicklung der politischen und wirtschaftlichen Situation im In- und Ausland verstärkt.

Zunächst führte die 1929 ausbrechende Weltwirtschaftskrise zur Einführung des New Deals durch den amerikanischen Präsidenten Roosevelt, der verstärkte staatliche Kontrolle der Wirtschaftsaktivitäten durch die Regierung zur Folge hatte. Zweitens diente der schnelle wirtschaftliche Aufschwung durch staatliche Kontrolle gleichgültig ob in der sozialistischen Sowjetunion oder im faschistischen Deutschland als Vorbild für andere Staaten. Auch die reale Bedrohung nach der Okkupation

---

429 *Minshengzhuyi He Shehui Geming* 民生主义和社会革命 („Das Prinzip der Volkswohlfahrt und die soziale Revolution"), *Sun Zhong Shan Xuanji* 孙中山选集 („Ausgewählte Werke von Sun Yat-sen"), Band 1, 1956, Renmin Chubanshe, S. 85.

430 *Minshengzhuyi He Shehui Geming 民生主义和社会革命 („Das Prinzip der Volkswohlfahrt und die soziale Revolution"), Sun Zhong Shan Xuanji* 孙中山选集 („Ausgewählte Werke von Sun Yat-sen"), Band 1, 1956, Renmin Chubanshe, S. 88.

431 Zitiert nach Li Xuetong 李学通 *Huanmie De Meng Weng Wenhao yu Zhongguo Zaoqi Gongyehua* 幻灭的梦——翁文灏与中国早期工业化 („Der Traum der Desillusionierung - Weng Wenhao und Chinas frühe Industrialisierung“), Tianjin Guji Chubanshe, 2005, S. 182-183.

der drei nordöstlichen Provinzen durch Japan im Jahr 1931 trug unmittelbar zum Wachstum der Staatskapitalgesellschaften bei. Ein klassisches Beispiel dafür ist die Umwandlung des in den 1930er zur Bekämpfung der japanischen Invasion eingesetzten nationalen Verteidigungsplanungskomitees in einen Ressourcenausschuss wirtschaftlicher Einheiten. Dieses Unternehmen entwickelte sich nach und nach zu einer Gruppe von Hunderten von Unternehmen mit zahlreichen Einheiten, wurde zum größten staatskapitalistischen Industrieverband des modernen China sowie größten Industrieverband für Schwerindustrie, Energie und Transport und expandierte während des Widerstandskrieges durchgehend. Der Krieg fordert mehr staatliche Wirtschaftskontrolle und der Staat konzentriert sich durch die Kriegsbedrohung stärker auf die wirtschaftliche Entwicklung. Daher stieg die Zahl der Staatskapitalgesellschaften sowohl in den Regierungsgebieten der KMT, als auch in denen der Kommunistischen Partei Chinas (KPC) erheblich an.

Der Sieg im Widerstandskrieg gegen die Japaner und die Übernahme des feindlichen Besitzes stärkten die Position der Staatskapitalgesellschaften im modernen China und führten zu deren explosionsartigen Anstieg. Die Privatwirtschaft kämpfte gegen diese Situation an und es kamen erfolglose Reformen wie die Debatte um die „Konkurrenz zwischen Staatskapitalgesellschaften und dem Volk", die „Reform des Systems der Staatsunternehmen" oder die Begrenzung der Aktienverkäufe an den Privatsektor auf. Dennoch war der Ausbau der Führungsposition der Staatskapitalgesellschaften im Wirtschaftsbereich eine logische Schlussfolgerung der traditionellen chinesischen Geschichte und der in- und ausländischen wirtschaftlichen und politischen Umstände dieser Zeit.

Von 1927 an begann die KMT zunächst die Eisenbahn-, Straßen-, Post-, Kommunikations-, Bank- und Industriebetriebe der Beiyang-Regierung zu übernehmen, um eine erste Basis für die eigene staatskapitalistische Wirtschaft zu bilden. Vor dem Widerstandskrieg gegen Japan nutzte die KMT verschiedene Methoden, um Privatunternehmen beginnend mit dem Finanzsektor nach und nach zu verstaatlichen. Gleichzeitig gründete sie neue direkt durch den Staat kontrollierte Unternehmen. Während des anti-japanischen Krieges breitete sich die staatskapitalistische Wirtschaft weiter aus, so dass sich nach Beendigung des Krieges ein Monopol staatskapitalistischer Industrieverbände herausbildete, das die Volkswirtschaft kontrollierte.

Insgesamt nutze die KMT abgesehen von der Übernahme der staatlichen Wirtschaft der Beiyang-Regierung drei Maßnahmen zur Bildung der Staatskapitalwirtschaft: Zwangsübernahmen von und Zwangsbeteiligungen an Privatunternehmen, direkte Investitionen und nach Kriegsende die Übernahme feindlicher Vermögenswerte. Im Folgenden werden diese drei Methoden kurz vorgestellt.

Abschnitt 1: Bildung der Staatskapitalwirtschaft durch Zwangsübernahmen von und Zwangsbeteiligung an Privatunternehmen

Die zwangsweise Verstaatlichung privat geführter Aktiengesellschaften war ein Weg der Errichtung staatlicher Kapitalgesellschaften nach Gründung der KMT. Der exemplarischste Fall dafür ist die Verstaatlichung der China Merchants Steam Navigation Company durch die Regierung.

Vor 1927 hatte die China Merchants unter der späten Qing- und der Beiyang-Regierung zwei Phasen als staatlich kontrolliertes und privat geführtes sowie als privates, einem Ministerium angehöriges Unternehmen erlebt. Doch da sie die größte Reederei Chinas war, hatte der Kampf zwischen Regierung und Wirtschaft um Macht und Profit nie aufgehört. Insbesondere war es mehrfach versucht worden das Unternehmen staatlich zu führen und du verstaatlichen[432], so dass die Auseinandersetzungen zwischen Staat und Wirtschaft zum prominentesten Problem wurden.

Die Nanjing-Regierung war dabei keine Ausnahme. Nachdem die Regierung den Betrieb der Eisenbahnen, Straßen und Post- und Kommunikationsindustrie übernommen hatte, war auch die Übernahme der Schifffahrtsindustrie zwingend notwendig. Dabei war die Kontrolle der China Merchants von zentraler Bedeutung. In der Phase von 1927 bis 1937 versuchte die KMT Regierung mit allen Mitteln das Unternehmen zu verstaatlichen und es ins staatskapitalistische Wirtschaftssystem zu überführen, um die Kontrolle über es zu gewinnen. Dieser Prozess verdeutlicht die Methoden und Intentionen der Ausweitung des Staatskapitals durch die Nanjing-Regierung. Er lässt sich grob in zwei Phase gliedern: Die erste Phase der formalen Verstaatlichung der China Merchants von 1927 bis November 1932 und die zweite Phase der verstärkten Kontrollverwaltung danach.

Die Verstaatlichung Chinas größter Reederei, die eine jahrzehntelange Geschichte aufwies, in der wiederholt die staatliche Verwaltung und Verstaatlichung gefordert worden war, war jedoch keineswegs einfach. Vor und nach der Verstaatlichung der China Merchants veränderten sich der Vorstand und die Strukturen des Unternehmens mehrfach unter der Kontrolle der Nanjing-Regierung und es ist nicht verwunderlich, dass sich diese Veränderungen oft bemerkbar machten.

Um die personellen und institutionellen Veränderungen im Rahmen der Verstaatlichung der China Merchants besser zu verstehen sowie das Betriebsumfeld und den Prozess der Verstaatlichung klar zu begreifen, folgt eine Auflistung der wichtigsten Ereignisse.[433]

Im Januar 1927 als Shanghai noch nicht wiedergewonnen und die Regierung der KMT noch nicht etabliert war, beauftragte Chiang Kai-shek Yan Quan die Angelegenheiten der China Merchants zu regeln. Dieser sagte später, dass der Inhalt dessen völlig unklar, die Zuständigkeiten nicht geregelt und die Übernahme dieses Postens somit unmöglich war.

Am 15. März bestimmte das zentrale Exekutivkomitee in seiner vierten Sitzung Jiang Zungui und Qian Yongming als Berater für die China Merchants.

---

432 Siehe Li Zhigang 黎志刚 *Lunchuan Zhaoshang Ju Guoyou Wenti* 轮船招商局国有问题 1878 – 1881 („Die Probleme der Verstaatlichung der China Merchants Company von 1878 bis 1881"), *Zhongyang Yanjiuyuan Jindaishi Yanjiusuo Jikan* 中央研究院近代史研究所集刊 („Sammlung des Institute of Modern History – Academia Sinica), Band 17, 1988. Siehe auch Zhu Yingui 朱荫贵 *Guojia Ganyu Jingji Yu Zhongri Jindaihua Lunchuan Zhaoshangju Yu Sanling Riben Youchuan Huishe De Bijiao Yanjiu* 国家干预经济与中日近代化——轮船招商局与三菱•日本邮船会社的比较研究 („Staatliche Wirtschaftsinterventionen und die Modernisierung Chinas und Japans – Vergleichende Studie der China Merchants und Mitsubishi Japan"), Kapitel 3, Dongfang Chubanshe, 1994.

433 Gemäß China Merchants: *Guoying Zhaoshangju Qishiwu Zhounian Jinian Kan* 国营招商局七十五周年纪念刊 („75. Jubiläum der staatseignen China Merchants"), 1947, S. 74-84.

Am 30. März wurde bei der 85. Konferenz des Zentralkomitees der KMT die Bildung eines Komitees zur Untersuchung der China Merchants bestehend aus Zhang Renjie, Jiang Zungui, Yu Hede, Guo Taiqi, Chen Huide, Song Hanzhang, Qian Yongming, Yang Quan, Tang Quan, Pan Yizhi, Yang Duanliu und Li Gufan beschlossen. Bei der 110. Konferenz des Zentralkomitees wurde zusätzlich He Huansan als Mitglied des Komitees bestimmt.

Am 20. Mai begannen die Mitglieder des Komitees mit der Inspektion. Nach und nach wurden aus den verschiedenen Berichten 16 Handbücher und 26 statistische Tabellen erstellt. Ende September wurde die Inspektion beendet und das Inspektionskomitee aufgelöst. Der Verkehr der China Merchants sollte von da an vom Verkehrsministerium übernommen werden.

Im November veröffentlichte die KMT Regierung sieben Verordnungen zur Kontrolle der China Merchants und richtete eine Aufsichtsbehörde für diese ein, die dem Verkehrsministerium unterstand. Als Aufsichtsperson ernannte die KMT den Verkehrsminister Wang Boqun und als Direktor den Vorstand des Ausschusses zur Verstaatlichung der China Merchants Zhao Tieqiao.

Im Januar 1928 löste Wang Boqun den Aufsichtsrat auf und erließ gegen alle Aufsichtsratsmitglieder einen Untersuchungsbefehl. Gleichzeitig veränderte sich die Verwaltungsstruktur der China Merchants. Zhao Tieqiao und Li Guojie übernahmen gemeinsam die Organisation. Zhao Tieqiao wurde als Leiter eingesetzt und Li Guoxie führte das Recht im Namen des Vorstands aus.

Am 22. Februar wurde die Hauptgeschäftsstelle gegründet und nahm offiziell ihren Betrieb auf. Die Verordnungen wurden umstrukturiert und die Verwaltung der China Merchants sowie weiterer Unternehmen reorganisiert.

Am 10. August veranstaltete das Verkehrsministerium eine nationale Verkehrskonferenz, an der Generaldirektor Zhao Tieqiao und Vorstandsvorsitzender Li Guoxie teilnahmen. Auf dieser Konferenz wurde die Verstaatlichung der China Merchants beschlossen und eine Kooperation von Wirtschaft und Regierung als Übergang festgelegt.

Im Februar 1929 wurde aus einem geheimen Bericht bekannt, dass Zhao Tieqiao für die Reorganisation unfähig sei und illegal Mitarbeiter entlassen hätte. Daraufhin bildeten das Verkehrsministerium, das Handelsministerium und die Aufsichtsbehörde ein Inspektionskomitee. Die nach Shanghai entsandten Mitglieder des Komitees konnten diese Vorwürfe nach der einmonatigen Untersuchung jedoch widerlegen.

Bei der zweiten Generalversammlung des Zentralkomitees der KMT am 17. Juni wurde beschlossen die China Merchants vom Verkehrsministerium zu trennen und sie der direkten Administration der KMT zu unterstellen. Die Nationalregierung ordnete an, dass Wang Boxun fortwährend als Mitglied des Komitees und Zhao Tieqiao als stellvertretender Direktor fungieren sollte. Obwohl das Unternehmen zu dieser Zeit nominell privatbetrieben war, wurde es in der Realität durch die Regierung verwaltet.

Im Februar 1930 leitete Zhao Tieqiao ein Gerichtsverfahren ein, um die Hauptverwaltung des Industrieunternehmens wiederzuerhalten. Im April erhielt er den Posten offiziell zurück. Am 24. Juli wurde Generaldirektor Zhao Tieqiao aufgrund der

Reorganisation bei einem Attentat erstochen. Der Leiter der Schifffahrtsverwaltung des Verkehrsministeriums Cai Peizan übernahm den Posten als Direktor.

Im September wurde der stellvertretende Direktor des Verkehrsministeriums Li Zhonggong vorläufig als Generaldirektor der Hauptverwaltungsstelle der China Merchants eingesetzt. Daraufhin wurde ein siebenköpfiges Komitee des Unternehmens mit Zhang Qun als Vorsitzendem und Li Zhonggong als Stellvertreter vorgeschlagen. Doch nachdem Zhang diese Nominierung nicht annahm, wurde das Komitee nicht gebildet.

Im Mai 1931 trat Li Zhonggong als stellvertretender Direktor zurück und Guo Waifeng folgte an seiner Stelle.

Im Frühjahr 1932 beschloss die zentrale Politikversammlung die Verwaltung der China Merchants wieder dem Verkehrsministerium zu übertragen.

Im Mai trat Guo Waifeng zurück. Das Verkehrsministerium setzte Chen Fumu als stellvertretenden Direktor der Aufsichtsabteilung und Li Guoxie als General Manager der China Merchants ein.

Im Oktober wurde bei der 331. Konferenz des Zentralkomitees der KMT der staatliche Betrieb der China Merchants beschlossen. Für jeden Satz Aktien der China Merchants (bestehend aus zwei Schifffahrtsaktien und einer Industrieaktie) bezahlte die Regierung 50 Tael. Folglich übernahm sie auch alle Rechte und Pflichten. Die Aufsichtsbehörde wurde aufgelöst und ein Verwaltungsrat, ein Aufsichtsrat und ein Geschäftsführer eingesetzt sowie neue Satzungen veröffentlicht. Ye Zuotang, Li Hongsheng sowie sieben weitere Personen wurden als ständige Mitglieder des Verwaltungsrates gewählt. Qian Yongming und acht weitere bildeten die weiteren Mitglieder des Verwaltungsrates. Der Aufsichtsrat setzte sich aus Liu Xuepu und neun weiteren Personen zusammen und Li Hongsheng wurde Geschäftsführer der China Merchants.

Am 11. November übernahmen die oben Genannten ihre Posten und die China Merchants Steamship Navigation Company wurde in State-owned China Merchants umbenannt.

Nachdem der Aufsichtsrat nicht mit dem Geschäftsführer Liu auskam, beantragte er im Februar 1936 seinen Rücktritt.

Am 4. Februar setzte der Exekutiv-Yuan Cai Zengji als Geschäftsführer und Tan Boying sowie Lao Mian als stellvertretende Geschäftsführer ein.

Am 8. Februar veröffentlichte das Verkehrsministerium die Überarbeitung der Satzung der State-owned China Merchants. Der Aufsichtsrat wurde abgeschafft und dem Geschäftsführer zwei stellvertretende Geschäftsführer an die Seite gestellt.

Im Januar 1937 trat Tan Boying zurück und Chen Zhongyi folgte an seiner Stelle.

Die oben genannten Ereignisse markieren die wichtigsten Geschehnisse rund um die Verstaatlichung der China Merchants von 1927 bis 1937. Aufgrund des beschränkten Umfangs dient dieses Protokoll nur dazu einige der damaligen Ereignisse festzuhalten. Das Ziel ist es die verschiedenen Methoden der Nanjing-Regierung zur Kontrolle der China Merchants und die damit einhergehenden zahlreichen Veränderungen und chaotischen Zustände zu verdeutlichen.

Doch die Beziehungen zwischen diesen Ereignissen, insbesondere die Unzufriedenheit und Rebellion der Eigentümer der China Merchants gegenüber der Verstaatlichung sind hier nur schwer darzustellen. Als beispielsweise Anfang 1927 die nördliche Expeditionsarmee gerade Wuhan erobert hatte, Shanghai noch nicht wiedergewonnen war und die Nanjing-Regierung noch nicht gegründet war, erteilte Chiang Kai-shek, der an der China Merchants sehr interessiert war, Yang Quan den Befehl die China Merchants zur größten Schifffahrtsorganisation Chinas zu machen und sie zu reorganisieren.[434] Wie bereits erwähnt war für Yang Quan der Inhalt dessen völlig unklar, die Zuständigkeiten nicht geregelt und die Übernahme dieses Postens somit unmöglich war. Tatsächlich war es in der Realität nicht ganz so einfach. In der Sondersitzung des Aufsichtsrates der China Merchants am 12. April wurde notiert: „Der Präsident des Aufsichtsrates berichtete, dass Yang Xingfu am gestrigen Tag den Befehl des Oberbefehlshaber Jiang Kai-shek und des Verkehrsministeriums erhielt. Als das Komitee erfuhr, dass er noch am selben Tag die Posten übernehmen sollten, leisteten sie Widerstand."[435] Es scheint, dass Yang Xingfus Mangel an Autorität und der Widerstand der China Merchants ihm nicht erlaubten den Posten zu übernehmen. Als das zentrale Exekutivkomitee in seiner vierten Sitzung Jiang Zungui und Qian Yongming als Berater des Aufsichtsrates der China Merchants aufstellte, um die Prozesse zu verbessern, war die Antwort des Aufsichtsrates wiederum: „Das System des zu untersuchenden Unternehmens ist vollständig privatwirtschaftlich. Um interne Verbesserungen umzusetzen, bedarf es der Souveränität der Aktionäre. So muss dieser Rat die genaue Planung vornehmen und der Hauptversammlung der Aktionäre berichten, die über die Entscheidungsmacht verfügt." [436]

Der Aufsichtsrat der China Merchants konnte jedoch die Bestrebungen der Nanjing-Regierung zur Verstaatlichung des Unternehmens nicht stoppen. Als im April bei der 85. Konferenz des Zentralkomitees der KMT die Bildung eines Investigationskomitees der China Merchants durch die Regierung offiziell beschlossen wurde, musste das Unternehmen dies annehmen.[437] Danach statuierte die Nanjing-Regierung ein Exempel. Fu Zongyao, Aufsichtsratsmitglied der China Merchants, Bereichsleiter des Hauptschiffes und Manager des industriellen Bereichs des Unternehmens wurde der „Unterstützung des Feindes" und der „Behinderung der Gerechtigkeit" angeklagt und verhaftet. Sein Anteil von 200 Aktien an der China Merchants ging an das Finanzministerium über.[438] Obwohl die Oppositionskräfte Vergeltung übten bis hin zum Attentat an Zhao Tieqiao, war die Verstaatlichung der China Merchants nicht mehr aufzuhalten.

---

434 China Merchants: *Guoying Zhaoshangju Qishiwu Zhounian Jinian Kan* 国营招商局七十五周年纪念刊 („75. Jubiläum der staatseignen China Merchants"), 1947, S. 74.

435 China Merchants Akte 468 (2)/ 308 Protokoll der Vorstandsitzung, Sondersitzung vom 12. April 1928 (16. Jahr der Republik China).

436 China Merchants Akte 468 (2)/ 308 Protokoll der Vorstandsitzung, Sondersitzung vom 18. April 1928 (16. Jahr der Republik China).

437 Investigationskomitees zur China Merchants: *Guominzhengfu Qingcha Zhengli Zhaoshangju Weiyuanhui Baogaoshu* 国民政府清查整理招商局委员会报告书 („Bericht zur Einsetzung eines Investigationskomitee zur China Merchants durch die Regierung"), letzter Teil, Zeitpunkt der Veröffentlichung unbekannt, S. 109.

438 China Merchants Akte 468 (2)/ 308 Protokoll der Vorstandsitzung, Sondersitzung vom 5. Dezember 1928 (16. Jahr der Republik China).

Es ist auch wichtig zu betonen, dass die Regierung der KMT die China Merchants zu einem sehr geringen Preis verstaatlichte. Als die Nanjing-Regierung im Oktober 1932 den Kauf der China Merchants anordnete, wurden jeweils Sätze mit zwei Schifffahrtsanteilen und einem industriellen Anteil gebildet, die zu einem Preis von 50 Tael gekauft wurden. Bis zum Ende der Übernahme 1934 lag der Anteil bei 2.126.340,45 Tael.[439] Zu diesem Zeitpunkt betrug das Kapital der China Merchants 8,4 Millionen Tael, gemäß dem Realwert des 55. Kontos der China Merchants 1928, dessen Gesamtbilanz 25.288.062 Tael entsprach.[440] Laut der Bewertungen der Immobilien und Docks durch ausländische Firmen, lag der Immobilienwert der China Merchants Ende 1928 bei 26.752.005 Tael und der Wert der Schiffe bei über 4.264.900 Tael, was einem Gesamtwert von über 31 Millionen Tael entspricht.[441] Darüber hinaus stieg der Grundstückspreis stetig an. Doch selbst ohne diesen Wertanstieg sollte der Gesamtwert der Immobilien und Schiffe der China Merchants 1934 bei nicht weniger als 26 Millionen Tael liegen. Mit dem Kauf der Aktien zu einem Preis von 50 Tael pro Satz durch die Regierung im Verlauf der Verstaatlichung der größten Reederei Chinas, war der weitere Betrieb des Unternehmens ohne die Nutzung staatlicher Macht unmöglich.

Eine weitere Methode zum Aufbau des staatskapitalistischen Wirtschaftssystems der Nationalregierung war es, private Aktiengesellschaft durch die Zwangsbeteiligung amtlicher Aktien zu kontrollieren und damit staatliche Aktiengesellschaften zu verwirklichen.

1935 hielten staatliche Aktien bei der Bank of China Einzug. Der fundamentale Wandel der Unternehmen durch diese Methode der Reorganisation von einer Mehrheit an privaten Aktien hin zur Dominanz der staatlichen Aktien war beispielhaft für den Wandel eines Privatunternehmens hin zu einem Unternehmen mit staatlichen Charakteristika.

Wie bereits erwähnt, kann die Geschichte der Bank of China auf die in der Qing-Dynastie im Jahr 1905 unter Kaiser Guangxu gegründete Hubu Bank zurückdatiert werden, die nach der Imperial Bank of China die zweite selbständige Bank in China war. Im Jahr 1908 wurde sie in Daqing Bank umbenannt und erhielt 1912 den Namen Bank of China. Nachdem sich die Nanjing-Regierung etabliert hatte, erhielt die Bank of China 1928 staatliche Anteile in Höhe von 5 Millionen Yuan und wurde als International Exchange Bank lizensiert. Zu diesem Zeitpunkt lag die Staatsbeteiligung bei einem Fünftel des Gesamtkapitals der Bank of China in Höhe 25 Millionen Yuan. Obwohl die Bank of China lange als chinesische Zentralbank fungierte war sie aus Sicht der Kapitalorganisation zwischen 1917 mit Zhang Jiaao als Vorstandsvorsitzendem

439 Siehe Zhang Houquan (Hrsg.) 张后铨 *Zhaoshangjushi Jindai Bufen* 招商局史 近代部分 („Geschichte der China Merchants – Moderne"), Renmin Jiaotong Chubanshe, 1988, S. 407.

440 Hauptverwaltung der China Merchants: *Zhoashangju Zongguanlichu Huibao* 招商局总管理处汇报 („Bericht der Hauptverwaltung der China Merchants"), 1929, S. 312.

441 Hauptverwaltung der China Merchants: Zhoashangju Zongguanlichu Huibao 招商局总管理处汇报 („Bericht der Hauptverwaltung der China Merchants"), Immobilienwerte siehe S. 313-314, Schiffswerte siehe S. 311.

und Vizepräsident bis zur zwanghaften Steigerung der staatlichen Anteile durch die KMT-Regierung 1935 eine durch Privatkapital dominierte Aktiengesellschaft.[442]

Im Bankensektor des modernen China spielte die Bank of China eine entscheidende Rolle. Dies lag nicht nur an ihrer langen Geschichte, ihrer Größe, ihrer Kapitalstärke oder ihrem Widerstand gegenüber dem Befehl zum Einstellen des Kapitalaustausches von Yuan Shikai 1916, durch die sie eine Vertrauensbasis in der Gesellschaft bildete und eine marktdominierende Position in China erhielt. Wichtiger noch war, dass die unter Zhang Jiaao agierenden Manager selbstständig an dem Dienst an der Gesellschaft festhielten und eine Reihe von materiellen und immateriellen Konzepten und Betriebsmethoden etablierten, die der Bank of China die Führung im Bankwesen einbrachten und sie zur erfolgreichsten privaten Aktiengesellschaftsbank Chinas machten. Wie Zhang Jiaao sagte: „In den 16 Jahren zwischen dem Widerstand gegen Yuan Shikais Befehl zur Einstellung des Devisenwechsels bis zur Reorganisation als lizensierte International Exchange Bank schützte sich die Bank of China selbstständig durch ihr Streben nach einer Erweiterung des Services, den Widerstand gegen Kooperationen mit dem Ausland, Vorsicht und Verantwortungsbewusstsein sowie der Vermeidung von Schwankungen. Die breite Masse ist überzeugt, dass die Bank of China mit der Zoll- und Postbehörde gleich auf ist und so wurde sie zu einem der drei größten Mechanismen der chinesischen Organisationen. Tatsächlich ist sie die kapitalstärkste und erfolgreichste privatgeführte Aktiengesellschaft."

Zhang Jiaao war besonders auf den letzten Punkt sehr stolz, der ein Resultat vieler verschiedener gesellschaftlicher Gründe zu dieser Zeit war. Doch nachdem die Kuomintang 1935 ihre Macht konsolidierte, war die Lage völlig anders.

Die 1930er waren eine Zeit schwerer innerer und äußerer Krisen. Durch die Weltwirtschaftskrise und die durch den Silberaufkauf der USA ausgelöste Finanzkrise zusätzlich zu der Überflutung des Yangtses, dem Mukden-Zwischenfall am 18. September 1931 und der Insolvenz der Dörfer wurde die Lage immer ernster. 1935 hatte die finanzielle und wirtschaftliche Situation bereits eine gefährliche Grenze erreicht. Diese Lage bot der KMT die Chance zur langersehnten Kontrolle des chinesischen Bankensektors und bereitete den Weg für die Bildung staatskapitalistischer Aktiengesellschaften im modernen China.

Mitte März 1935 berieten sich die Finanzminister Kong Xiangxi und Song Ziwen mit Jiang Kai-shek in Hankou: „Wir einigen uns auf die Freisetzung von staatlich gebundenen 100 Millionen Yuan. Davon gehen 30 Millionen an die Zentralbank, 20 Millionen an die Bank of China und 10 Millionen an die Bank of Communications zur Erhöhung der staatlichen Anteile. Darüber hinaus wird der Geschäftsführer der Bank

442 Gemäß Deng Xianhongs Forschungen lag der Anteil der Handelsaktien der Bank of China unter der Beiyang-Regierung 1917 bei 59,29%, 1921 bei 72,64%, 1922 bei 88,87% und von 1923 bis 1926 kontinuierlich bei 97,47%. Siehe Deng Xianhong *Zhongguo Yinhang yu Beiyang Zhengfu de Guanxi* 中国银行与北洋政府的关系 („Beziehungen zwischen der Bank of China und der Beiyang-Regierung"), in *Zhongguo Shehui Kexueyuan Jingji Yanjiusuo Jikan* 中国社会科学院经济研究所集刊 („Sammlung des Wirtschaftsforschungsinstituts der Chinese Acedemy of Social Sciences"), Band 11, Zhongguo Shehui Kexue Chubanshe, 1988, S.355-356. Nachdem 1928 die Regierung von Nanjing ins Amt kam, lagen die öffentlichen Anteile nur bei einem Fünftel. Aus Unternehmenssicht handelte es sich nach wie vor um Privatunternehmen, dass durch Handelsaktien dominiert wurde.

of China Zhang Jiaao zum Vizepräsidenten der Zentralbank ernannt und Song Ziwen übernimmt den Vorsitz der Bank of China."[443]

Am 28. März 1935 erließ die KMT-Regierung auf die Empfehlung des Finanzministeriums hin zwei Instruktionen an die Bank of China. In der ersten hieß es: „Herr Zhang Jiaao wird als Vizepräsident der Zentralbank nominiert." Yao Songling schreibt in seinem „Ersten Entwurf der Chroniken des Herrn Zhang Gongquan" dazu: „Nachdem Kong Xiangxi und Song Ziwen im November des 22. Jahres der Republik China (1934) die Posten als Finanzminister antraten, reichten die monatlichen Spenden nicht aus, um das finanzielle Defizit auszugleichen und sie mussten sich von der Zentralbank, der Bank of China und der Bank of Communications kurzfristige Darlehen leihen. Die Zentralbank unterlag der Kontrolle des Finanzministeriums, doch ihre Macht war moderat. Die Bank of China hingegen war sehr mächtig, doch konnte sie nicht befehligt werden. Als der Silberpreis in die Höhe ging und die Finanzen erschöpften wurde eine Währungsreform geplant. Um die Aktienausgabe zu vereinheitlichen mussten die Zentralbank, die Bank of China und die Bank of Communications direkt durch das Finanzministerium verwaltet werden. Zur vereinfachten Ausführung wurde beschlossen, den Kapitalanstieg bei allen drei Banken gleich zu organisieren. So wurde der Herr (Zhang Jiaao) zunächst Vizepräsident der Zentralbank und dann Song Ziwen zum Aufsichtsratsvorsitzenden der Bank of China."[444] Dieser Abschnitt zeigt deutlich, dass die Nanjing-Regierung durch die Kontrolle des Finanzsystems der Bank of China und die gesteuerte Währungsreform versuchte das Finanzwesen zu kontrollieren.

Die zweite Anweisung lautete: „Das Finanzministerium befiehlt der Bank of China die staatlichen Anteile von 5 Millionen Yuan auf 25 Millionen Yuan zu erhöhen und das Gesamtkapital von 25 Millionen Yuan auf 45 Millionen Yuan zu steigern."[445]

Bemerkenswert ist, dass nicht nur die Bank of China allein, sondern auch die Zentralbank und die Bank of Communications dazu angehalten wurden, ihr Kapital zu erhöhen. Von der Gründung an war die Zentralbank eine durch die Regierung kontrollierte Staatsbank. Durch die Erhöhung des Kapitals wurde die Bank of Communications zu einer vollständig durch die Regierung kontrollierten Aktiengesellschaft, doch personell wurden keine Änderungen vorgenommen. Warum also wurde nur bei der Bank of China das Personal ausgewechselt?

Anhand des Telegramms von Jiang Kai-shek an Kong Xiangxi lässt sich einiges erklären. Keine Woche vor der Veröffentlichung der oben genannten Instruktionen des Finanzministeriums ließ Jiang Kai-shek Kong Xiangxi am 22. März 1935 ein Eiltelegramm zukommen: „Die nationale Gesellschaft ist bankrott. Der Grund dafür ist,

443 Yao Songling 姚崧龄 *Zhongguo Yinhang Ershisi Nian Fazhanshi* 中国银行二十四年发展史 („Vierundzwanzig Jahre Entwicklungsgeschichte der Bank of China"), Taiwan Zhuanji Wenxue Chubanshe, 1976, S. 194.

444 Siehe Yao Songling (Hrsg.) 姚崧龄 *Zhang Gongquan Xiansheng Nianpu Chugao* 张公权先生年谱初稿 („Chroniken von Herrn Zhang Gongquan"), Band 1, Taiwan Zhuanji Wenxue Chubanshe, 1982, S. 140.

445 Zentrale der Bank of China und The Second Historical Archives of China: *Zhongguo Yinhang Hangshi Ziliao Huibian* 中国银行行史资料汇编 („Historische Daten der Bank of China"), Band 1, Dangan Chubanshe, 1991, S. 383 (im Folgenden abgekürzt als *Zhongguo Yinhang Hangshi Ziliao Huibian* 中国银行行史资料汇编 („Historische Daten der Bank of China")).

dass das Währungssystem und die Ausgabe von Geldmitteln nicht vereinheitlicht sind. Die Kernursache liegt in der sturen traditionellen Praxis der Bank of China und der Bank of Communications, die die Venen des Landes ohne Rücksicht auf die Gesellschaft aussaugen. In Anbetracht der heutigen nationalen Gefahr für die Regierung und für die Gesellschaft, kann die Nation nur überleben, wenn die drei Banken der Zentrale unterstellt sind und eng zusammenarbeiten." Er war überzeugt, dass Zhang Jiaao die Bank of China verlassen musste, um dieses Ziel zu erreichen. „Um seine Beziehungen zur Bank of China vollständig zu lösen, wird er von der Regierung zum Vizedirektor der Zentralbank ernannt."[446]

Abgesehen von dem scharfen Ton des Telegramms und der unmissverständlichen Entlassung Zhang Jiaaos aus der Bank of China, enthüllte die Nachricht insbesondere, dass Zhang Jiaao mit Jiang Kai-shek und seinen Anhängern uneinig über die Betriebsrichtlinien der Bank of China war. Das bedeutet, dass die sogenannte „traditionelle Politik", die Zhang Jiaao vertrat und das Ziel Jiang Kai-sheks, der zentralen Kontrolle der Banken in unverkennbarem Widerspruch zueinanderstanden. In der Tat war die Bank of China vor dieser erzwungenen staatlichen Beteiligung als „kapitalstärkste, geschichtsträchtigste, vertrauensvollste und geschäftstüchtigste Bank" anerkannt. Bis Ende 1934 erreichte das Gesamtkapital der Bank of China 975.700.000 Yuan. Zuzüglich der 425 Millionen Yuan der Bank of Communications hatten die beiden Banken nicht nur ein Drittel des gesamten Handelskapitals Chinas inne, sondern waren auch dreimal so groß wie die Zentralbank.[447]

Die Betriebsleitlinien unter Zhang Jiaao, die im Zentrum der finanzkapitalistischen Führung Shanghais lagen und die Finanzpolitik der KMT-Regierung, die auf Staatsanleihen und Bankkredite angewiesen war, um Haushaltsdefizite auszugleichen, unterschieden sich grundlegend.

Zhang Jiaao glaubte, dass die finanziellen Ressourcen der Bank darauf ausgerichtet sein sollten, der chinesischen Wirtschaft in Krisen zu helfen und nicht dazu verwendet werden sollten, Staatsanleihen zu stützen. Er war überzeugt, dass „Staatsanleihen einen Produktionskredit darstellen. Wenn dieses Kapital nicht zur Produktion eingesetzt wird, führt es unweigerlich zu einer Steigerung des Konsums und folglich zu einer Preissteigerung." Man sollte "die Ausweitung aller unproduktiven Kredite eindämmen und unnötigen Konsum reduzieren."[448] Sein Verständnis gründete sich darauf, dass die Stimulierung des Finanzmarktes durch den Verkauf von Staatsanleihen nicht der richtige Weg zu einer florierenden Wirtschaft war und die Banken nicht in Staatsanleihen investieren konnten. Er hoffte auf die Reformen der Regierung und eine stabile Politik zur Förderung der Produktion und „allmählichen Kultivierung der Macht des Volkes." Er argumentierte: „Die Regierung muss klare

446 *Zhongguo Yinhang Hangshi Ziliao Huibian* 中国银行行史资料汇编 („Historische Daten der Bank of China"), S. 385.

447 Bank of China Economic Research Department (Hrsg.) *Minguo Ershiliu Nian Quanguo Yinhang Nianjian* 民国二十六年全国银行年鉴 („Jahresbericht der Nationalbank, 26. Jahr der Republik China, 1937), 1937, S. 818-823.

448 *Zhongguo Yinhang Minguo Ershiyi Niandu Yingye Baogao* 中国银行民国二十一年度营业报告 („Arbeitsbericht der Bank of China, 21. Jahr der Republik China, 1931"). Zitiert nach *Zhongguo Yinhang Xingshi Ziliao Huibian* 中国银行行史资料汇编 („Historische Daten der Bank of China"), Band 3, S. 2055-2056.

Einsichten haben und Prioritäten setzen, um den nicht dringlichen Konsum einzudämmen." Er war sehr besorgt über die Rezession in den ländlichen Gegenden und glaubte: „Das bemerkenswerteste Resultat des ländlichen Abschwungs ist der Abfluss des Bargelds im Landesinneren. Das einzige Kapital der Bauern sind verwilderte Felder oder im Preis fallende Agrarprodukte. Die bereits erschöpften Mittel in der Sozialwirtschaft werden zu einem ernsthaften Problem." Daher „muss die Regierung einen Plan zur Verbesserung der Wirtschaftslage im Landesinneren entwickeln." Zu den Aktionären sagte er: „Shanghai kann nicht für den Abschwung des Landesinneren aufkommen, sondern nur seinen eigenen Wohlstand schützen. Es ist unmöglich, die Bank mit dem Kapital des Landesinneren zu belasten, aber sie kann den Wohlstand Shanghais erhöhen." „Wir wissen bereits heute, dass ohne ein gesundes Landesinnere der Wohlstand der nationalen Wirtschaft nicht erhöht werden kann. Daher sollten wir einen sicheren Weg finden, die Finanzen zu bündeln und sie auf das Binnenland zu fokussieren."[449] Er war sehr unzufrieden mit den Zinsen aus dem Verkauf der Staatsanleihen, die zu einem Großteil in militärische Ausgaben flossen, und wies darauf hin, dass „das einzige gesellschaftliche Kapital durch die Zinsen der Staatsanleihen absorbiert wird und der Mangel an produktionsbildendem Kapital von allen verabscheut wird." Er appellierte öffentlich an die Regierung „die Politik zu berichtigen. Nur die Regierung kann die Militärausgaben effektiv reduzieren und so entbehrliche Ausgaben beseitigen. Durch die Reduktion des Verkaufs von Staatsanleihen kann produktionsförderndes Kapital gesteigert werden."[450]

Doch es war der Nanjing-Regierung unmöglich, auf Zhang Jiaaos Vorschlag einzugehen, und sie setzte die Entwicklung in die gegenteilige Richtung fort. Die Ausgaben der Regierung wurden nicht in die Landwirtschaft, sondern in den Kampf gegen die Kommunisten investiert. Die Investitionen der Banken wurden nicht für die wirtschaftliche Erholung des Landesinneren genutzt, sondern zur Absorption der Staatsschulden und Kredite der Regierung.

Als die Differenzen zwischen der Nanjing-Regierung und der Bank of China immer offensichtlicher wurden, ergriff die Bank unter der Führung von Zhang Jiaao eine deutliche Maßnahme, indem sie sich von der Staatsanleihen-Politik der Regierung entfernte. Diese Distanzierung kann anhand der Daten der Tabelle 6-1 belegt werden, die die Veränderungen in der Anzahl der Wertpapiere der wichtigsten Shanghaier Banken zwischen 1931 und 1924 darstellt.

449 Siehe *Zhongguo Yinhang Minguo Ershiyi Niandu Yingye Baogao* 中国银行民国二十一年度营业报告 („Arbeitsbericht der Bank of China, 21. Jahr der Republik China, 1931"). Zitiert nach *Zhongguo Yinhang Xingshi Ziliao Huibian* 中国银行行史资料汇编 („Historische Daten der Bank of China"), Band 3, S. 2094, 2076-2077.

450 *Zhongguo Yinhang Minguo Ershier Niandu Yingye Baogao* 中国银行民国二十二年度营业报告 („Arbeitsbericht der Bank of China, 22. Jahr der Republik China, 1932"), s.o., S. 2129-2130.

Tabelle 6-1 Veränderungen der Wertpapieranlagen verschiedener Großbanken in Shanghai

Einheit: Millionen Yuan

Bank	1931	1932	1933	1934
Bank of China	72.0	64.5	32.0	25.4
Bank of Communications	21.4	26.0	29.9	29.3
Weitere Mitglieder der Shanghai Banking Association	145.8	148.4	212.9	265.5
Zentralbank		0.3	0.2	155.4
Gesamt	239.2	239.2	275.0	475.6

Quelle: Liu Dajun 刘大钧 *Shanghai Gongyehua Yanjiu* 上海工业化研究 („Studie der Industrialisierung Shanghais"), Changsha Commercial Press, 1940, S. 300. Xu Nong 徐农 *Zhongguo Guomin Jingji De Quanmao Xin Zhonghua* 中国国民经济的全貌 – 新中华 („Panorama der Wirtschaft der Republik China – Das neue China"), Vol. 4, Mai 1936, S. 2. Zitiert nach Parks M. Coble Jr., aus dem Amerikanischen übersetzt von Yang Ximeng 杨希孟 *Shanghai Zibenjia Yu Guomin Zhengfu* 上海资本家与国民政府 („The Shanghai Capitalists and the Nationalist Government"), Zhongguo Shehui Kexue Chubanshe, 1988, S. 210.

In Tabelle 6-1 zeigt sich: Während der Kauf von Staatsanleihen der verschiedenen Banken anstieg, nahmen die Bestände an Staatsanleihen bei der Bank of China von Jahr zu Jahr ab. Das heißt, derweil die Nanjing-Regierung den Verkauf neuer Staatsanleihen effektiv vorantrieb, erhöhte die Bank of China in den vier Jahren von 1931 bis 1934 ihre Käufe nicht nur nicht, sondern reduzierte sogar ihre Bestände an Staatsanleihen um mehr als 46 Millionen Yuan.

Vor der Umstrukturierung und der staatlichen Zwangsbeteiligung der Bank of China 1935 durch die Regierung, waren die Anforderungen zwischen der Einhaltung der Betriebsleitlinien der "kommerziellen und unabhängigen Prinzipien und des Status" der Bank of China von Zhang Jiaao und dem Wunsch der Regierung nach einer zentral gesteuerten Kooperation sehr unterschiedlich. Diese Kluft verbreiterte sich stetig, so dass nur eine bedingte Kooperation zwischen beiden möglich war.[451] Doch nach der Konsolidierung der Nanjing-Regierung wurde die Unabhängigkeit der Bank of China im chinesischen Bankwesen immer untragbarer. Mit anderen Worten führte die Unvereinbarkeit mit Jiang Kai-shek und die Abweichung der wirtschaftspolitischen Richtung zur Nanjing-Regierung zu Zhang Jiaaos Verdrängung aus der Bank of China. Der fundamentale Grund für die erzwungene staatliche Beteiligung der Bank of China waren jedoch nicht „persönliche Konflikte", wie Zhang Jiaao glaubte.[452]

451 Mao Zhili 毛知砺 *Zhang Jiaao Yu Zhongguo Yinhang De Jingying Yu Fazhan* 张嘉璈与中国银行的经营与发展 („Betrieb und Entwicklung der Bank of China unter Zhang Jiaao"), Taibei Guoshiguan, 1996, S. 462, 435.

452 Zhang Jiaao sagte selbst: „In 23 Jahren voller täglicher Herausforderungen ist das Auftreten von persönlichen Konflikten nicht zu verhindern" und weiter "Finanzminister Kong hat Song Ziwen als Vorstandsvorsitzenden dieser Bank aufgestellt, sich selbst zum Vizepräsidenten der Zentralbank bestimmt und auch das Personal der Bank of Communications wird ausgetauscht. Dennoch sind die persönlichen Beziehungen unverkennbar". Siehe Yao Songling (Hrsg.) 姚崧龄 *Zhang Gongquan Xiansheng Nianpu Chugao* 张公权先生年谱初稿 („Chroniken von Herrn Zhang Gongquan"), Band 1, Taiwan Zhuanji, 1982, S. 141-142.

Ein weiterer Punkt, den es beachten zu gilt, ist, dass der Kauf staatlicher Anteile bei diesem Mal im Vorfeld überhaupt nicht mit den privaten Aktionären verhandelt wurde und auch Zhang Jiaao anders informiert wurde. Zu diesem Punkt sagte Zhang Jiaao: „Ich habe erst von der Erhöhung der Staatsanteile und dem personellen Wechsel erfahren, als Jiang Kai-shek und Song Ziwen Mitte März von ihren Verhandlungen in Hankou zurückkehrten."[453] So wurde der Zwangsbefehl vollständig ohne Konsultationen durchgeführt und die Staatsmacht zur Umsetzung der Autorität genutzt.

Bei diesem starken Druck von oben war die Bank of China gezwungen, die Erhöhung ihrer Staatsanteile und den Wandel hin zu einer staatlich geführten Bank zu akzeptieren. „Auf der Hauptversammlung der Aktionäre wurde die Anordnung des Ministeriums angenommen und die Entlassung des Aufsichtsratsvorsitzenden Li Ming und des Geschäftsführers Zhang Jiaao veröffentlicht. Das Ministerium bestimmte Song Ziwen als Aufsichtsratsvorsitzenden und Song Hanzhang als Geschäftsführer. Um den Widerstand der Aktionäre zu mildern, senkte das Finanzministerium die Steigerung der Staatsanteile von 20 Millionen auf 15 Millionen, so dass die gesamten staatlichen Anteile inklusive der vorherigen 5 Millionen 20 Millionen betrugen."[454]

Zu diesem Zeitpunkt war die Bank of China bereits ein Staatsbetrieb. Obwohl es in der revidierten Satzung nach wie vor hieß: „Die Bank of China ist eine Aktiengesellschaft, für die die Aktionäre Verantwortung tragen und deren Ausgabe des Grundkapitals begrenzt ist."[455] Und die staatlichen und kommerziellen Anteile jeweils 50% ausmachten, waren die kommerziellen Anteile auf sehr viele Aktionäre verteilt. Die charakterlichen Veränderungen zwischen der Führung des durch das Finanzministerium eingesetzten Song Ziwen und Zhang Jiaao waren unverkennbar.

Im Juni und November 1935 nutzte die Nanjing-Regierung die betrieblichen Schwierigkeiten des Bankwesens in der Finanzkrise, indem sie durch Staatsbeteiligung und Reorganisation des Aufsichtsrates mächtige inländische Banken wie die Imperial Bank of China, die Ningpo Commercial & Savings Bank, die National Industrial Bank of China und die Kwangtung Provincial Bank in ihr Kontrollsystem brachte und so den Weg für die Einrichtung eines nationalen Finanzsystems ebnete, geführt von der Bank of China, der Bank of Communications, der Farmers Bank of China, der Postal Remittances and Saving Bank und des Central Trust of China.

Diese Aktivitäten erklären die damalige Stabilisierung der Herrschaftsstellung der nationalistischen Regierung und den eingeschlagenen Weg über das Finanzmonopol hin zum Industriemonopol.[456]

---

453 Yao Songling 姚崧龄 *Zhongguo Yinhang Ershisi Nian Fazhanshi* 中国银行二十四年发展史 („Vierundzwanzig Jahre Entwicklungsgeschichte der Bank of China"), Taiwan Zhuanji, 1976, S. 195.

454 Yao Songling 姚崧龄 *Zhongguo Yinhang Ershisi Nian Fazhanshi* 中国银行二十四年发展史 („Vierundzwanzig Jahre Entwicklungsgeschichte der Bank of China"), Taiwan Zhuanji, 1976, S. 195.

455 *Zhongguo Yinhang Zanxing Zhangcheng* 中国银行暂行章程 („Übergangsbestimmungen der Bank of China"), am 2. Mai 1935 durch das Finanzministerium autorisiert, Artikel 2. Siehe *Zhongguo Yinhang Xingshi Ziliao Huibian* 中国银行行史资料汇编 („Historische Daten der Bank of China"), Band 1, S. 170.

456 Xu Dixin 许涤新 und Wu Chengmin 吴承明 *Zhongguo Zibenzhuyi Fazhanshi* 中国资本主义发展史 („Geschichte der Entwicklung des Kapitalismus in China"), Band 3, Renmin Chubanshe, 1990, S. 12.

Die staatliche Beteiligung an der Bank of China wurde gewaltsam erreicht und mit der Revision der Satzung der Bank unter Song Ziwen als Vorstandsvorsitzendem wurde das Ziel eines starken Monopols realisiert.[457] Das direkte Resultat der staatlichen Zwangsbeteiligung an der Bank of China und der Bank of Communications markiert die Bildung der staatskapitalistischen Gesellschaft in der Periode der Kuomintang-Regierung.

Abschnitt 2: Durch Regierungsinvestition gegründete Staatskapitalgesellschaften

Die unter der KMT-Regierung durch Direktinvestitionen gegründeten staatlichen Kapitalgesellschaften können in zwei Arten unterschieden werden. Die einen dienten der Anziehung von ausländischem Kapital sowie der Erleichterung der internationalen Geschäfte, hatten einen Status als private Aktiengesellschaften und wurden nominell gegründet. Ein Beispiel dafür ist die China Construction Bank. Die andere Art von Unternehmen erfüllte den Bedarf an Energie und Rohstoffen und wurde direkt als Staatskapitalgesellschaft für Stahl, chemische Industrie oder Strom gegründet.

Die direkt durch die Staatsmacht oder Personen der Staatsgewalt als Aktiengesellschaft gegründeten Unternehmen bildeten eine Form der Staatskapitalgesellschaften im modernen China. Diese Form trat besonders häufig in der Periode nach der Gründung der Nationalen Regierung auf. Ein typisches Beispiel dafür ist die China Construction Bank.

Dr. Zheng Huixin von der Chinese University of Hongkong hat über die China Construction Bank basierend auf vielen fachspezifischen Abhandlungen die Monografie „Von einer Investmentgesellschaft zum Staatsunternehmen – Gründung und Betrieb der China Construction Bank“ verfasst. Zheng Huixins Monographie, in der eine große Anzahl von Originaltexten und anderen öffentlichen Publikationen genutzt wurde, ist eine umfassende Studie über die China Construction Bank mit dem Schwerpunkt auf die Beschreibung und Darstellung der Entwicklung von einer Investmentgesellschaft hin zu einem staatlich geführten Handelsunternehmen. Gleichzeitig wies er darauf hin, dass „die Bildung der neuen Integration von Wirtschaft und Regierung während der Nationalregierung von Nanjing mit den Bedürfnissen der damaligen Gesellschaft nach den positiven Funktionen dieser Organisationsform zusammenhängt.“[458] In der Tat war dieses scheinbar private Unternehmen von der

---

457 *Zhongguo Yinhang Zanxing Zhangcheng* 中国银行暂行章程 („Übergangsbestimmungen der Bank of China“), am 2. Mai 1935 durch das Finanzministerium autorisiert, Artikel 27, hier heißt es eindeutig: "Der Vorstandsvorsitzende der Bank of China fungiert als Vorsitzender des Vorstandsrates, des Ausschusses für allgemeine Angelegenheiten und der Generalversammlung der Anteilseigner. Der Vorstandsvorsitzende der Bank of China Chang Chuan ist für alle Angelegenheiten der Bank zuständig“. Siehe *Zhongguo Yinhang Xingshi Ziliao Huibian* 中国银行行史资料汇编 („Historische Daten der Bank of China“), Band 1, S. 173.

458 Siehe Zheng Huixin 郑会欣 *Cong Touzi Dao Guanban Shanghang Zhongguo Jianshe Yin Gongsi De Chuangli Jiqi Jingying Huodong* 从投资公司到“官办商行”——中国建设银公司的创立及其经营活动 („Von einer Investmentgesellschaft zum Staatsunternehmen – Gründung und Betrieb der China Construction Bank“), Xianggang Zhongwen Daxue Chubanshe, S. 5 (im Folgenden *Cong Touzi Dao Guanban Shanghang Zhongguo Jianshe Yin Gongsi De Chuangli Jiqi Jingying Huodong* 从投资公

Gründung an in Bezug auf Zweck, Organisation und Geschäftsbetrieb eine typische Staatskapitalgesellschaft.

Zunächst lag der Zweck der Gründung des Unternehmens im Dienst der Staatspolitik und deren Zielen. Die China Construction Bank wurde von Song Ziwen gegründet. Obwohl er bei der Gründung 1934 gerade von seinem Posten als Vizepräsident des Exekutiv Yuan und als Finanzminister zurückgetreten war, hatte er sich nicht aus den politischen Kreisen zurückgezogen. Wie Zheng Huixin schreibt, hatte Song Ziwen nicht die Politik, sondern nur vorübergehend das politische Zentrum verlassen. In der Tat waren seine politischen Ressourcen und Beziehungen auf höchster Ebene nicht mit denen durchschnittlicher Personen zu vergleichen.

Die Ursache für die Gründung der China Construction Bank durch Song Ziwen lässt sich anhand der „Initiierung der China Construction Bank" erklären. Aus Sicht von Song Ziwen und seinen Initiatoren, lag einer der wichtigen Gründe für die Herausforderungen bei der Umsetzung und den Erfolgsfaktoren der Situation und Planung des wirtschaftlichen Aufbaus in China darin, dass „die Banken und Finanzinstitutionen in ihrer aktuellen Organisationsstruktur nicht selbstständig agieren konnten." Der Grund dafür war entweder, dass der Planungsumfang zu breit war und einzelne Organisationen nicht über die Kompetenzen verfügten, mit anderen Organisationen Kooperationen einzugehen, oder dass Investoren von der gesellschaftlichen Öffentlichkeit abhängig waren. Es gab jedoch „keine geeignete Organisation, die spezialisierte und technische Untersuchungen durchführen und die Entwicklung und Verwaltung von Investitionen beaufsichtigen konnte." Daher sollte die China Construction Bank eine Plattform darstellen, die „verschiedene Finanzinstitutionen miteinander verknüpft." Ihr Hauptgeschäft bestand darin „Kooperationen und gegenseitige Investitionen zwischen den chinesischen Banken und anderen Unternehmen zu erleichtern, Aktien in Umlauf zu bringen und Recherchen und Untersuchungen zu neuen Großprojekten durchzuführen." Ihr Ziel war es „nicht nur Investitionen zwischen China und dem Ausland zu fördern, sondern auch Ausländern dazu zu veranlassen direkt in chinesische Unternehmen zu investieren." Der Hauptgrund war, dass „Geschäftsleute und Investoren der ausländischen Banken" die China Construction Bank als „einzige Entwicklungsorganisation" des Landes ansahen.[459]

In der Organisationssatzung der China Construction Bank war ihr Geschäftsumfang definiert als: „Das Unternehmen unterstützt parallel zu Regierungsorganisationen, in- und ausländischen Banken sowie weiteren Organisationen öffentliche und private Unternehmen und fördert landwirtschaftliche Geschäfte. Zu den Geschäftsbereichen zählen Investitions- und Verwaltungsunternehmen sowie Treuhandgesellschaften."[460]

司到“官办商行”——中国建设银公司的创立及其经营活动 („Von einer Investmentgesellschaft zum Staatsunternehmen – Gründung und Betrieb der China Construction Bank")).

459 Siehe *Zujian Zhongguo Jianshe Yin Gongsi Shiliao Xuan* 组建中国建设银公司史料选 („Auswahl historischer Daten der Gründung der China Construction Bank"), *Dangan yu Shixue* 档案与史学 („Akten und Historiographien"), 1998, Vol. 6.

460 *Shenbao* 申报 („Erklärung") vom 3. Juni 1934, zitiert nach Chen Zhenbian 陈真编 *Zhongguo Jindai Gongyeshi Ziliao* 中国近代工业史资料 („Daten zur modernen Industriegeschichte Chinas"), dritte Edition, Dushu Shenghuo Xinzhi Sanlian Shudian, 1961, S. 1023.

Offensichtlich wurde sie als Unternehmen, das zwischen Regierungsinstitutionen sowie in- und ausländischen Banken kooperieren, öffentliche und private Unternehmen unterstützen und sogar die Agrarwirtschaft fördern konnte, zu einer einzigartigen Organisation, die von Unternehmern und Investoren chinesischer wie ausländischer Banken geschätzt wurde und alle Finanzinstitutionen kombinierte. Dies wäre ohne besondere Protektion und Ressourcen sowie ohne die Macht der Regierung unmöglich gewesen. Folglich war sie mit einem solchem Auftrag kein durchschnittliches Unternehmen und ein gewöhnlicher Unternehmer hätte nie die Chance gehabt, ein solches Unternehmen zu gründen. Zur Realisierung des Ziels der wirtschaftlichen Kontrolle plante die KMT-Regierung zu dieser Zeit die Bildung branchenspezifischer Unternehmen in Form von Wirtschafts- und Regierungskooperationen, staatlicher Beteiligung und Joint-Ventures, um die Warenproduktion und den Warenverkehr aller Branchen in China kontrollieren zu können. Es ist kein Zufall, dass die China Construction Bank zu dieser Zeit gegründet wurde. Dass Song Ziwen das Unternehmen als ausgeschiedener Regierungsbeamter gründete, hatte verschiedenste Vorteile.[461]

Darüber hinaus unterschieden sich der Status und die Organisationsform der initiierenden Anteilseigner der China Construction Bank auch erheblich von denen allgemeiner nichtstaatlicher Aktiengesellschaften. Sehen wir uns zunächst die Liste der ersten Aufsichtsratsmitglieder der China Construction Bank und deren Hintergründe an.

Tabelle 6-2 Liste der ersten Aufsichtsorgane der China Construction Bank und deren Hintergrund (Juni 1934)

Name	Alter	Aktienanteile	Position	Gesellschaftlicher Hintergrund (wichtigste Posten)
Kong Xiangxi	54	20.000	Vorstandsvorsitzender	Vizepräsident des Exekutiv Yuan, Finanzminister, Direktor der chinesischen Zentralbank
Song Ziwen	40	25.000	Geschäftsführender Vorstand	Mitglied der Nationalregierung, ständiges Mitglied des nationalen Wirtschaftsrates, späterer Vorstandsvorsitzender der Bank of China
Bei Zuyi	41	30.000	Geschäftsführender Vorstand	Filialleiter der Bank of China Shanghai, Direktor der Devisenabteilung
Ye Xun	55	5.000	Vorstandsmitglied	Vorstandsmitglied und Manager der Continental Bank
Chen Xing	44	10.000	Ständiges Vorstandsmitglied	Ständiges Vorstandsmitglied

461 Ein Hauptzweck zur Gründung der China Construction Bank war, dass sie als Privatunternehmen leichter Auslandsdirektinvestitionen nach China anziehen konnte. Neben der Anziehung von Investitionen aus Europa und Amerika konnte sie so auch bis zu einem gewissen Grad Misstrauen und Behinderung durch Japan vorbeugen. Siehe Zheng Huixin 郑会欣.

				und Vizepräsident der chinesischen Zentralbank
Tang Shoumin	43	30.000	Ständiges Vorstandsmitglied	Geschäftsführer der Bank of Communications, ständiges Vorstandsmitglied der chinesischen Zentralbank
Hu Bijiang	53	35.000	Ständiges Vorstandsmitglied	Geschäftsführer der China & South Sea Bank, Vorstandsmitglied der Bank of Communications
Zhou Zuomin	50	15.000	Ständiges Vorstandsmitglied	Geschäftsführer der Kincheng Bank
Xu Xinliu	44	10.000	Ständiges Vorstandsmitglied	Geschäftsführer der National Commercial Bank
Song Ziliang	35	15.000	Ständiges Vorstandsmitglied, Geschäftsführer	Vorstandsmitglied und Geschäftsführer der China Domestic Goods Bank, trat 1936 von seinem Posten als Geschäftsführer der China Construction Bank zurück
Zhang Jiaao	45	30.000	Ständiges Vorstandsmitglied	Geschäftsführer der Bank of China, ständiges Mitglied des Baukomitees
Xu Kan	46	10.000	Vorstandsmitglied	Direktor der Münzabteilung des Finanzministeriums, Vorstandsmitglied der China Domestic Goods Bank, 1935 befördert zum stellvertretenden Finanzminister
Li Ming	47	10.000	Ständiges Vorstandsmitglied	Geschäftsführer der Zhejiang Industrial Bank, Verwaltungsratsvorsitzender der Bank of China
Ye Zhuotang	59	10.000	Ständiges Vorstandsmitglied	Ständiges Ratsmitglied der Central Bank of China, späterer Geschäftsführer der Ningpo Commercial and Savings Bank, Direktor des Central Trust of China
Yang Dunfu		5.000	Vorstandsmitglied	Ständiges Ratsmitglied und stellvertretender Geschäftsführer der Shanghai Commercial and Savings Bank
Li Yuying	53	25.000	Ständiges Vorstandsmitglied	Vorstandsvorsitzender der China Agricultural Bank, Mitglied des Zentralkomitees,

				ständiges Mitglied des Baukomitees
Liu Tizhi	56	5.000	Vorstandsmitglied	Geschäftsführer der National Industrial Bank of China
Chen Guangfu	53	10.000	Ständiges Vorstandsmitglied	Geschäftsführer der Shanghai Commercial and Savings Bank, ständiges Vorstandsmitglied der chinesischen Zentralbank
Xi Demao	42	50.000	Vorstandsmitglied	Geschäftsführer der Serviceabteilung der chinesischen Zentralbank
Xie Qi	48	25.000	Ständiges Vorstandsmitglied	Ehemaliger Direktor des Steuerbüros des Finanzministeriums
Qian Yongmin	49	10.000	Vorstandsmitglied	Geschäftsführer der Sparkassenvereinigung der vier Banken, späterer Vorstandsvorsitzender der Bank of Communications
Zhang Hancheng		70.000	Vorstandsmitglied	Aufsichtsratsmitglied der National Industrial Bank of China, Geschäftsführer der Yuhua Bank
Song Hanzhang	62	20.000	Vorstandsmitglied	Vorstandsvorsitzender der chinesischen Versicherungsgesellschaft, Ständiges Vorstandsmitglied und späterer Geschäftsführer der Bank of China
Zhang Shouyong	58	10.000	Vorstandsmitglied	Managing Director der China Women's Commercial Savings Bank, Berater des Finanzministeriums, ehemaliger stellvertretender Finanzminister
Qi Zhi	41	10.000	Vorstandsmitglied	Geschäftsführer der Agricultural Bank of China
Zhang Jingjiang	57	25.000	Vorgesetzter	Mitglied der Nationalregierung, Vorsitzender des Bauausschusses
Song Zian		15.000	Vorgesetzter	Vorgesetzter der China Domestic Goods Bank, Prüfer und späterer Geschäftsführer der Wirtschaftsprüfung in Salzangelegenheiten in Songjiang

Zhang Weiru	46	5.000	Vorgesetzter	Verwaltungsratsvorsitzender des Shanghai Stock Exchange
Ju Zuhui		5.000	Vorgesetzter	Ständiges Vorstandsmitglied der China State Bank
Xu Busun		10.000	Vorgesetzter	Verwaltungsratsvorsitzender des Shanghai Gold Exchange, Vorstandsvorsitzender der Bank of China und der Imperial Bank of China
Wang Huaizhong	41	15.000	Vorgesetzter	Geschäftsführer der Land Bank of China
Sun Hengfu	59	6.000	Vorgesetzter	Vorstandsvorsitzender und Geschäftsführer der Ningpo Commercial and Savings Bank
Fu Zongyao	62	15.000	Vorgesetzter	Geschäftsführer der Imperial Bank of China
Wang Baolun			Vorgesetzter	Ständiges Vorstandsmitglied der chinesischen Zentralbank

Quelle: Zitiert nach Zheng Huixin 郑会欣 *Cong Touzi Dao Guanban Shanghang Zhongguo Jianshe Yin Gongsi De Chuangli Jiqi Jingying Huodong* 从投资公司到“官办商行”——中国建设银公司的创立及其经营活动 („Von einer Investmentgesellschaft zum Staatsunternehmen – Gründung und Betrieb der China Construction Bank"), S.69-70.

Diese Vorstandsliste zeigt, dass das registrierte Kapital der Aktiengesellschaft in Höhe von 10 Millionen Yuan fast alle damaligen bekannten Banken und Finanzinstitutionen abdeckte. Darüber hinaus war die persönliche Beaufsichtigung durch den ehemaligen Vizepräsidenten des Exekutiv Yuan und Finanzminister zusammen mit seinem Einfluss und der außergewöhnlichen Aufstellung zu dieser Zeit unvergleichbar.

Das Gesamtkapital der China Construction Bank in Höhe von 10 Millionen Yuan verteilte sich auf 1 Millionen Aktien à 10 Yuan. 591.000 Aktien, also 59,1% der gesamten Aktien waren auf die oben genannten Führungspersonen verteilt. Darüber hinaus war die überwiegende Mehrheit der Aktien der oben Genannten nicht privat finanziert, sondern repräsentierte die Beteiligung von Banken.[462] Dies steigerte den ungewöhnlichen Charakter des Unternehmens.

Die Geschwindigkeit der Entwicklung dieses Unternehmens von der Vorbereitung bis zur Gründung war ebenso ungewöhnlich. Im März 1934 gab eine Zeitung bekannt, dass sich Shanghai auf die Gründung einer neuen Bank vorbereitete. Am 18. April wurde der Antrag zur Finanzierungssatzung des Unternehmens eingereicht. Sechs Tage später am 24. April genehmigte das Büro für soziale Angelegenheiten

462 Gemäß Zheng Huixin: „Tatsächlich Privatinvestitionen wurden nur von Song Ziwen, Li Yuying, Zhang Jingjiang und Xie Zuokai getätigt. Doch selbst sie hatten große Bedenken bei der Investition." Und weiter: „Das Prinzip der Aktienverteilung hing mehr oder weniger von der größe der jeweiligen Bank und den Beziehungen der Gründer ab." Siehe Zheng Huixin 郑会欣, S. 326-327.

Shanghai den Antrag. Am 28. Mai gab das Finanzministerium seine Autorisierung. Am 31. Mai wurde eine Gründerkonferenz abgehalten. Zwei Tage später am 2. Juni wurde die China Construction Bank auf der Hauptversammlung offiziell gegründet.[463] Die Gründung der China Construction Bank Corporation war vermutlich die schnellste Gründung einer großen Aktiengesellschaft in der Geschichte der modernen chinesischen Wirtschaftsentwicklung.

Das Hauptgeschäft nach der Gründung der China Construction Bank lässt sich folgendermaßen unterteilen. Der erste Strang war die Kooperation mit ausländischem Kapital. Wie Song Ziwen sagte: „Im 25. Jahr der Republik China (1937) ging die China Construction Bank mit der British & Chinese Corporation und der HSBC eine Kooperation ein, indem sie einen britischen Kredit zur Fertigstellung der Nanjing-Hangzhou Highspeed Railway aufnahm. Im 26. Jahr (1938) vor dem sino-japanischen Widerstandskrieg wurden zwei weitere Kredite zum Bau der Eisenbahnen von Nanjing nach Xiangfan und von Guangzhou nach Meixian aufgenommen.“ Und weiter: „Die China Construction Bank lieh im Namen der Provinzregierung von Jiangxi einen Kredit bei den Briten, um ein Wasserkraftwerk in Nanchang zu errichten.“ Die Zusammenarbeit mit der französischen Finanzgroup war noch fruchtbarer. Die vier Unternehmen Banque de Paris et des Pay-Bas, Crédit Agricole Corporate and Investment Bank, Compagnie du chemin de fer de Paris à Orléans und die Chinesisch-französische Bank bildeten die französische Finanzgruppe und kooperierten mit der China Construction Bank beim Ausbau der chinesischen Eisenbahn und der Förderung von Mineralien.“ Im Dezember 1936 schlossen die China Construction Bank, die französische Finanzgruppe und das Verkehrsministerium der Nanjing-Regierung „einen Kreditvertrag zur Bereitstellung der benötigten Materialien für den Bau der Chengdu–Chongqing Railway ab. Das inländische Kapital sollte von der Nanjng-Regierung übernommen werden.“ Bis zum Ausbruch des Widerstandskrieges war das „gesamte benötigte Land erworben, alle Tunnel gebaut und die Brücken fertiggestellt worden.“ Nachdem Shanghai und Nanjing besetzt wurden, kooperierte die China Construction Bank erneut mit den Franzosen, um eine „Eisenbahnstrecke zwischen Nanning und Zhennanguan durch Vietnam zu bauen.“ Im Jahr 1939 wurde ein „noch größeres Vorhaben“ unterzeichnet. „Es wurde eine Linie von Kunming nach Sichuan entlang des Jangtse geplant, die gleichzeitig die Förderung von Mineralien entlang der Strecke beinhalten sollte.“ Was die Kooperationen mit den USA betraf, so waren die „USA für die chinesische Wirtschaftsentwicklung weniger in der Eisenbahn, sondern viel mehr in der Industrie von Bedeutung.“ Daher konzentrierten sich die Verhandlungen der China Construction Bank mit der amerikanischen Wirtschaftsgesellschaft hauptsächlich auf industrielle Aspekte, einschließlich „Kunstseide, Papier, Düngermittel, LKWs und der Herstellung von Gummi.“ [464]

Die zweite Geschäftsaktivität bestand in dem Eintritt in den inländischen Finanzmarkt, der Bearbeitung der Stempelsteuer der Regierung und der Übernahme

463 Siehe Zheng Huixin 郑会欣, S. 64-67.

464 Song Ziwen über Spenden des Vermögens der China Construction Bank, 19. September 1947, North China Daily, zitiert nach Chen Zhenbian 陈真编 *Zhongguo Jindai Gongyeshi Ziliao* 中国近代工业史资料 („Daten zur modernen Industriegeschichte Chinas“), dritte Edition, Dushu Shenghuo Xinzhi Sanlian Shudian, 1961, S. 1024 – 1025.

von Schuldverschreibungen (Investitionen in die Energiewirtschaft und den Bergbau). Im Dezember 1943 veröffentlichte die China Construction Bank einen Geschäftsbericht, der eine allgemeine Beschreibung der Vorkriegsaktivitäten des Unternehmens enthielt. Laut diesem Bericht war das Unternehmen nur in den Bereichen Energie, Bergbau und Verkehr tätig und förderte insbesondere den Betrieb des Hauptstadtelektrizitätswerks und zweier Elektrizitätswerke in Changzhou der Elektrizitätsgesellschaft Yangzi, Eisenbahn- und Bergbaugesellschaft Huainan, die Wasserkraftgesellschaft Hankou, die Eisenbahn Jiangnan, die Chengdu–Chongqing Railway des Unternehmens Chuanqian, die Eisenbahn Guangmei, die chinesische Baumwollgesellschaft, die chinesische Holzgesellschaft, die chinesische Bergbaugesellschaft, das Elektrizitätswerk Xijing, die Wasserkraftgesellschaft Nanchang, die Aufzugsgesellschaft Lushan und die Alkoholfabrik Xianyang."[465]

Die in diesem Bericht beschriebenen Projekte vor und während des Krieges benötigten entweder riesige Geldsummen, die Gewährleistung der Regierung[466] oder zählten zu den großen Verkehrsprojekten der Eisenbahn oder den Energieprojekten wie Bergbau und Elektrizität. Die große Mehrheit hat sich in den drei Jahren von der Gründung der China Construction Bank im Juni 1934 bis zum Ausbruch des sino-japanischen Krieges im Juli 1937 entwickelt. Für ein gewöhnliches Privatunternehmen wären diese Unternehmungen unmöglich gewesen. Der Manager der nach außen hin „reinen Privatgesellschaft" Song Ziwen sagte nach der Kontrollübernahme der Elektrizitätsgesellschaft Yangzi und der Bergbaugesellschaft Huainan: „Mit dem günstigen Strom aus der existierenden Yangzi Gesellschaft und der Kohle aus Huainan und Fanlei kann ein Stromnetz in Shanghai, Nanjing und Hankou aufgebaut und so die Industrie in Zentralchina ausgebaut werden."[467] Durch diese Aussage wird deutlich, dass das Unternehmen keineswegs ein „reines Privatunternehmen" war.

Gerade vor diesem Hintergrund ist die Expansionsgeschwindigkeit der China Construction Bank außerordentlich. Zweieinhalb Jahre nach der Gründung hatte sich das ursprüngliche Gesamtvermögen von 10 Millionen Yuan in der Bilanz vom 31. Dezember 1936 auf über 32,8 Millionen Yuan mehr als verdoppelt und der Bilanzgewinn allein im Jahr 1936 betrug 1,91 Millionen Yuan.[468]

Es kann in Frage gestellt werden wie die China Construction Bank zu einer Staatskapitalgesellschaft wurde, denn sie schien ja keine staatlichen Anteile zu enthalten. Wie konnte sie also eine Staatskapitalgesellschaft sein? Genau das ist die Kernfrage. Doch wie bereits erwähnt war im modernen China und besonders in der Phase der Regierung der Nationalisten der wesentliche und entscheidende Faktor

---

465 Für Einzelheiten zu diesen Aktivitäten der China Construction Bank siehe Kapitel 3-5 von Zheng Huixin 郑会欣, Zitate siehe S. 101.

466 Beispielsweise war der Darlehensvertrag für die Eisenbahnlinie Chengdu-Chongqing eine Gewährleistung der Nanjing-Regierung. Siehe Zheng Huixin, S. 112.

467 Economic Information Service: *Song Haomen Ziben Neimu* T.V.宋豪门资本内幕 („Hinter den Kulissen des Aristokratenkapitals von Song T.V."), zitiert nach Chen Zhenbian 陈真编 *Zhongguo Jindai Gongyeshi Ziliao* 中国近代工业史资料 („Daten zur modernen Industriegeschichte Chinas"), dritte Edition, Dushu Shenghuo Xinzhi Sanlian Shudian, 1961, S. 1034.

468 Siehe Chen Zhenbian 陈真编 *Zhongguo Jindai Gongyeshi Ziliao* 中国近代工业史资料 („Daten zur modernen Industriegeschichte Chinas"), dritte Edition, Dushu Shenghuo Xinzhi Sanlian Shudian, 1961, S. 1034.

zur Bestimmung einer Unternehmensform, ob die Regierung die Kontrolle über ein Unternehmen besaß. Hier gab es viele mögliche Methoden der Regierung. Solange ein Unternehmen bei der Gründung, Organisation und den Geschäftsaktivitäten die grundlegendsten Charakteristiken einer Staatskapitalgesellschaft besaß und das Personal einen starken staatlichen Hintergrund aufwies, konnte es als Staatskapitalgesellschaft betrachtet werden, unabhängig davon ob es eine staatliche Beteiligung gab oder nicht.

In der Bibliothek der japanischen Hokkaido Universität gibt es einen Bericht über die im Juli 1934 durch die Bank of Chosen veröffentlichte Studie zur China Construction Bank. Diese kann uns helfen den charakterlichen Verlauf der China Construction Bank zu verstehen.

In diesem Bericht wird die China Construction Bank zunächst als wirtschaftliche Organisation verstanden, die als internationale Allianz der Großmächte die Kooperationen zwischen China und dem Westen fördern sollte. „Die entstandene Investitionsorganisation kann für Japan zu diesem Zeitpunkt unbeachtet bleiben." In dem Bericht heißt es, dass das Ziel der Bildung der China Construction Bank nach der durch Japan unterstützten Gründung des Marionettenstaates Manchukuo war, „China vor den Großmächten zu schützen und das Land im Angesicht der internationalen Wirtschaftskrise zu isolieren." Gleichzeitig diene sie als Kanal „heimlicher Unterstützung" der „chinesischen Entwicklungsinstitutionen" durch die Großmächte und sollte daher „genauestens beobachtet" werden. Nach der weiteren Analyse der Beziehungen zwischen der China Construction Bank und den Großmächten England, USA und Frankreich schließt der Bericht mit der Annahme, dass die China Construction Bank eindeutig eine „Regierungsorganisation" ist. Und verdeutlicht darüber hinaus, dass die Führungsrolle bei den Großmächten lag, obwohl es ein chinesisches Unternehmen war. Der Bericht zeigt darüber hinaus eine weitere damit übereinstimmende Politik der japanischen Regierung: „Wenn China nicht anerkennen kann, dass Japan die Verantwortung für die Aufrechterhaltung der Friedensordnung des Ostens trägt und weiterhin die politische und wirtschaftliche Macht von Drittländern veranlasst, um die Aufrechterhaltung von Wohlstand und Ordnung des Ostens durchzusetzen, wird Japan die wirksamsten und angemessensten Verteidigungsmittel einsetzen und nicht zögern zurückzuschlagen." „Dessen sollte sich China bewusst sein."[469] Dieser Teil des Berichts verdeutlicht die hohe Bedeutung, die Japan der Gründung der China Construction Bank und ihren Beziehungen zu England, Amerika und Frankreich beimaß und betrachtet die Gründung der Bank als Barriere des japanischen Monopols in China. Gleichzeitig zeigt sich, dass die japanische Seite nach der Untersuchung die China Construction Bank ohne Zögern als staatliche Organisation betrachtete. Dies bestätigt die staatskapitalistischen Charakteristiken der China Construction Bank auch aus einer anderen Perspektive.

---

469 *Zhongguo Jianshe Yin Gongsi Yuqi Guojixing* 中国建设银公司与其国际性 („Die China Construction Bank und Internationalität"), Untersuchung der (japanischen) Bank of Chosen, veröffentlicht im Juni des 9. Regierungsjahres von Kaiser Hirohito (1934), S. 2-3, 16-17.

Wir wollen zur China Construction Bank zurückkehren. Die Motivation der Gründung des Unternehmens als Privatunternehmen, wie oben beschrieben, lag darin Restriktionen durch die vielen internationalen Gesetze und Verträge umgehen und Dinge erledigen zu können, die für die Regierung schwer umsetzbar oder unpassend waren sowie zur Vermeidung japanischer Interferenzen. Die Geschäftsaktivitäten wiederum wären, wie bereits erwähnt, für ein nicht-staatliches Unternehmen unvorstellbar gewesen.

Gerade daher wurde die China Construction Bank in Vorbereitung ihrer Gründung gesellschaftlich als „halb staatliches Unternehmen oder externes Komitee des Wirtschaftskomitees" wahrgenommen.[470] Bis in die 1940er Jahre hinein wurde sie gemeinsam mit anderen von der Gesellschaft als „staatliches Handelsunternehmen" bezeichnet und war immer wieder das Ziel von Attacken auch aus den oberen Schichten der Kuomintang. Aber diese Sichtweise als „staatliches Handelsunternehmen" weist jedoch in gewissem Maße auf die Eigenschaften von Staatskapitalgesellschaften hin.

Die nach Bildung der Nationalistenregierung unter dem Ressourcenkomitee durch direkte Investitionen gegründeten Unternehmen waren in den grundlegenden Bereichen der Schwerindustrie, Energie, Kraftstoff oder Verkehr tätig. Die Entwicklung des Ressourcenkomitees in der modernen chinesischen Wirtschaft war besonders auffällig. Als sich das Komitee im November 1932 aus dem vorangegangenen „Nationalen Verteidigungskomitee" heraus gründete, hatte es nur 31 Mitglieder. Doch bereits nach dem Antijapanischen Krieg war es zu einer Organisation mit hunderten führenden, großen und mittelständischen Unternehmen aus ganz China (einschließlich Taiwan) geworden, die über 300.000 Mitarbeiter beschäftigte und direkt dem Exekutiv Yuan der Kuomintang-Regierung unterstellt war. Die große Mehrheit der modernen chinesischen Unternehmen in den Industrien Erdöl, Metallförderung und -schmelze, Stahl, Elektrizität, Kohle, Chemie und Maschinerie unterlagen der Kontrolle dieses Komitees. Folglich dienen die dem Ressourcenkomitee untergeordneten Unternehmen vor 1949 als repräsentative Beispiele für chinesischen Staatskapitalgesellschaften.

Aus dem im November 1932 gegründeten „Nationalen Verteidigungskomitee" heraus entstanden, gehörte das Ressourcenkomitee zum Kern der Regierung und war eine direkte Regierungsagentur, deren Hauptgeschäft in der Untersuchung von Wirtschaft und Ressourcen lagen. Jiang Kai-shek war der Vorsitzende, während Weng Wenhao und Qian Changzhao als Generalsekretäre agierten. Die Mitglieder des Ressourcenkomitees setzten sich hauptsächlich aus bekannten Gelehrten, Personen aus der Finanz- und Industriewelt sowie Technologie- und Verwaltungsleitern von Regierungsunternehmen zusammen. In der Geschichte der Entwicklung der Ressourcenkommission gab es mehrere auffallend schnelle Entwicklungsphasen.

Im April 1935 wurde das „Nationale Verteidigungskomitee" in „Ressourcenkomitee" umbenannt. Von der offiziellen Gründung des Ressourcenkomitees bis nach

---

470 *Zhongguo Jianshe Yin Gongsi De Qiantu* 中国建设银公司的前途 („Die Zukunft der China Construction Bank"), Shehui Xinxian, Vol. 7, Nr. 2, 6. Juni 1934. Zitiert nach Zheng Huixin 郑会欣, S. 94.

dem Antijapanischen Krieg im März 1938 wurde es vom Personalstab der Nationalistenregierung in das Wirtschaftsministerium reorganisiert. Die Hautaktivitäten des Ressourcenkomitees bestanden abgesehen von der Fortsetzung der Untersuchung, Forschung und Erstellung von Statistiken zu Wirtschaft und Ressourcen aus zwei großen Bereichen. Der erste war die Einführung von Mineralkontrollen sowie die Monopolisierung des Außenhandels von Wolfram und Antimon. Der zweite war der Aufbau der Schwerindustrie. Im Jahr 1935 erstellte das Komitee einen Fünf-Jahres-Plan zum Aufbau der Schwerindustrie, aufgeteilt in die fünf Abteilungen Hüttenindustrie, Brennstoffindustrie, chemische Industrie, Maschinenindustrie und Elektroindustrie. Im Sommer des gleichen Jahres, nachdem die Nanjing-Regierung 10 Millionen Yuan für die Schwerindustrie bereitgestellt hatte, begann das Ressourcenkomitee mit der Planung der Gründung folgender Unternehmen: In der Hüttenindustrie das zentrale Stahlwerk, die Eisenminen Chaling und Lingxiang, die Wolframfabrik Jiangxi sowie die Kupferminen Pengxian und Yangxin-Daye; in der Brennstoffindustrie die Kohleminen Gaokeng, Tianhe und Wanxian, die Erdölmine Sichuan, eine Raffinerie und ein Erdgasförderungsunternehmen; Maschinenfabriken in der Maschinenindustrie; in der Elektroindustrie Fabriken zur Herstellung elektronischer Geräte und Radios, elektrische Porzellanfabriken und das Wasserkraftwerk Sichuan. Als die Nanjing-Regierung die Mittel 1937 um 20 Millionen Yuan erhöhte, wurden die Baupläne aus dem vergangenen Jahr fortgesetzt. Im Jahr 1936 wurden bereits 12 Unternehmen wie die Verwaltungsabteilungen der Antimonindustrie und der Wolframindustrie, die zentralen Eisen- und Stahlwerke sowie die Eisenmine Chaling gegründet. 1937 waren unter den weiteren 11 gegründeten Unternehmen die Kohleminen Xiangtan, Tianhe und Lingxiang, die Erdölmine Sichuan, die Blei- und Zink Mine Shuikoushan, die zentrale Kupferschmelze und das temporäre Stahlwerk Chongqing. Darüber hinaus wurde „eine Außenhandelsstelle gegründet, die den Export von Wolfram und Antimon übernahm." Die oben genannten Projekte wurden „Großteils durch öffentliche Gelder und ein kleiner Anteil durch den Profit von Wolfram und Antimon finanziert".[471] Aufgrund unzureichender Mittel und des Ausbruchs des Antijapanischen Krieges war der Durchführung dieser Projekte jedoch nur begrenzt erfolgreich und die meisten von ihnen erzielten nicht die erwarteten Ergebnisse.

Nach Ausbruch des Antijapanischen Krieges, bildeten die wirtschaftlichen und politischen Bedürfnisse an der Front eine zweite Entwicklungschance für das Ressourcenkomitee. Laut der „Historie des Ressourcenkomitees" wurde das Komitee durch die Angliederung an das Wirtschaftsministerium im März 1938 von einer Organisation für die Planung wirtschaftlicher Mobilisierung und den Industrieaufbau zu einer rein staatlich geführten Industrieförderungsagentur reorganisiert. Gemäß

471 Ressourcenkomitee der Guomindang: *Ziyuanweiyuanhui Yange* 资源委员会沿革 („Historie des Ressourcenkomitees"), zitiert nach Chen Zhenbian 陈真编 *Zhongguo Jindai Gongyeshi Ziliao* 中国近代工业史资料 („Daten zur modernen Industriegeschichte Chinas"), dritte Edition, Dushu Shenghuo Xinzhi Sanlian Shudian, 1961, S. 839. Siehe Wu Taichang 吴太昌: *Guomindang Zhengfu Ziyuan Weiyuanhui Longduan Huodong Shuping* 国民党政府资源委员会垄断活动述评 („Untersuchung der Monopolaktivitäten des Ressourcenkomitees der Guomindang Regierung"), Zhongguo Jingjishi Yanjiu, 1986, Vol. 3.

den veröffentlichten Organisationsbestimmungen der Nationalistenregierung, waren die Zuständigkeiten des Ressourcenkomitees klar in die folgenden vier Bereiche eingeteilt:

„1. Aufbau und Verwaltung grundlegender Industrien, 2. Förderung und Verwaltung des Bergbaus, 3. Gründung und Verwaltung von Energieinstitutionen, 4. Verwaltung weiterer von der Regierung bestimmter Institutionen." Auf diese Weise wurde das Ressourcenkomitee offiziell von der Kuomintang-Regierung als staatskapitalistische Monopolorganisation für Industrie und Bergbau legalisiert und wurde zur repräsentativen Organisation der staatlichen Kapitalwirtschaft während der Nanjing-Regierung.

Nach dem Wechsel des Ressourcenkomitees in das Wirtschaftsministerium übernahm es sukzessive Unternehmen aus dem ehemaligen Industrieministerium und dem ehemaligen Baukomitee. Bis Ende 1938 betrieb das Ressourcenkomitee 63 Unternehmen.[472] Während der acht Jahre des Antijapanischen Krieges war die Hauptarbeit des Ressourcenkomitees in zwei Teile gegliedert: Erstens der Export von Wolfram, Antimon, Zinn, Quecksilber und anderen Mineralien in die Sowjetunion und die USA zum Tauschhandel und zweitens der Aufbau von Industrie, Bergbau und Elektrizität. Zum Ende des Antijapanischen Krieges unterstanden dem Ressourcenkomitee bereits 130 Unternehmen, von denen 115 produzierende Unternehmen und die übrigen Service- und Verwaltungsagenturen wie Telekommunikationsämter und Wolframverwaltungsstellen waren. Unter den 115 produzierenden Unternehmen waren 57 im vollständigen Besitz des Ressourcenkomitees, bei 41 hielt es einen Anteil von 50,9% in Kooperation mit Privatpersonen oder anderen Organisationen und bei den restlichen 17 hatte das Komitee eine Beteiligung von 34,7%.[473]

Die Hauptinvestitionen und Förderungen des Ressourcenkomitees während des Antijapanischen Krieges gingen an die Schwerindustrie, die hohe Kapitalanforderungen, langsame Renditen und hohe technische Anforderungen mit sich brachte. Laut Statistiken betrug 1941 das eingezahlte Kapital der Staatsunternehmen 800 Millionen Yuan, wovon 600 Millionen durch die Beiträge des Ressourcenkomitees eingezahlt wurden.[474] Unter den Gesamtinvestitionen des Ressourcenkomitees entfielen mehr als 95% auf Investitionen in Schwerindustriebereiche wie Elektrizität, Öl, Stahl, Maschinen, Metallförderung und Kohlebergbau.[475] Infolgedessen hatte das

---

472 Ressourcenkomitee der Guomindang: *Ziyuanweiyuanhui Yange* 资源委员会沿革 („Historie des Ressourcenkomitees"), zitiert nach Chen Zhenbian 陈真编 *Zhongguo Jindai Gongyeshi Ziliao* 中国近代工业史资料 („Daten zur modernen Industriegeschichte Chinas"), dritte Edition, Dushu Shenghuo Xinzhi Sanlian Shudian, 1961, S. 840, 842-844.

473 Zheng Youkui 郑友揆 und Cheng Linsun 程麟荪 et al. *Jiu Zhongguo De Ziyuan Weiyuanhui Shishi Yu Pingjia* 旧中国的资源委员会——史实与评价 („Das Ressourcenkomitee des ehemaligen China – Historische Fakten und Evaluation"), Shanghai Shehui Kexue Chubanshe 1991, S 107.

474 Chen Mingyuan 陈明远 *Fanlun Jianquan Gongying Shiye* 泛论健全公营事业 („Allgemeine Diskussion über gesunde Staatsunternehmen"), Caizheng Pinglun, Vol. 11, Nr. 4, April 1944. Zitiert nach Chen Zhenbian 陈真编 *Zhongguo Jindai Gongyeshi Ziliao* 中国近代工业史资料 („Daten zur modernen Industriegeschichte Chinas"), dritte Edition, Dushu Shenghuo Xinzhi Sanlian Shudian, 1961, S. 1419-1420.

475 Ressourcenkomitee (Hrsg.) *Fuyuan Yilai Ziyuan Weiyuanhui Gongzuo Shuyao* 复员以来资源委员会工作述要 („Untersuchung der Arbeit des Ressourcenkomitees seit der Demobilisierung"), zitiert

Komitee während des Antijapanischen Krieges die volle Kontrolle über die Produktion von Benzin, Kerosin, Diesel, Erdgas, Wolfram, Antimon, Zinn und Quecksilber im Gebiet der KMT, kontrollierte 1943 68,3% der Stahlproduktion an der Front und 1945 jeweils 46,5% und 35,9% der Roheisenproduktion und des Stroms.[476]

Während des Antijapanischen Krieges nutzte das Ressourcenkomitee die günstigen Bedingungen durch die Entwicklungen an der Front und erlangte durch die Stärke der Staatsmacht rasche Fortschritte. „Im Jahr 1942 erreichte das Vermögen des Ressourcenkomitees insgesamt 800 Millionen Yuan, was 40% des damaligen Frontkapitals der modernen Industrie (ohne Militärindustrie) und 55% der staatlich geführten Frontbetriebe ausmachte."[477] Insbesondere konzentrierte sich die Produktionstätigkeit des Ressourcenkomitees auf Industriezweige wie Energie und grundlegende Produktionsmittel, so dass es die Lebensadern der Frontwirtschaft kontrollierte, zur wichtigsten wirtschaftsdominierenden Institution der KMT Regierung wurde und in Bergbau und Industrie eine staatskapitalistische Monopolstellung einnahm.

Abschnitt 3: Provinz geführte Unternehmen an der Front des Antijapanischen Krieges

Nach dem Ausbruch des Antijapanischen Krieges erlebten die Staatskapitalgesellschaften an der Front eine bedeutende Entwicklung. Abgesehen von Unternehmen, die durch Militär-, Verkehrs-, Wirtschafts- und Staatsbankensystemen gegründet und finanziert wurde, war die auffallende Stärke der Staatskapitalgesellschaften die von einzelnen Provinzen betriebenen Unternehmen. Noch vor dem Ausbruch des Krieges gab es in den Provinzen und besonders im Landesinneren bereits provinzbetriebene Wirtschaftsunternehmen. Durch die anhaltende Fragmentierung während der Warlord Ära waren die Lokalregierungen und regionalen Militärcliquen finanziell unabhängig. Um die eigene Wirtschaft und die militärische Macht zur Konsolidierung ihrer Herrschaft zu stärken, investierten sie sukzessive in moderne Industrien. Die provinzbetriebenen Unternehmen in Guangdong, Guangxi, Shanxi und Yunnan sind dafür repräsentative Beispiele. Diese Unternehmen waren entweder reine Provinzbetriebe, Privatkapital Joint-Ventures, handelten im Auftrag einer Bankengruppe oder gehörten zu einer von vielen anderen Arten.

Die im August 1933 in Shanxi gegründete Northwest Industrial and Commercial Company war ein provinzinternes, durch die Provinzregierung organisiertes umfas-

nach Xue Yi 薛毅 *Guomin Zhengfu Ziyuan Weiyuanhui Yanjiu* 国民政府资源委员会研究 („Studie des Ressourcenkomitees der nationalistischen Regierung"), Shehui Kexue Wenquan Chubanshe, 2005, S. 297.

476 *Kangzhan Ba Nianlai Gongkuang Jianshe Zhuan Hao* 抗战八年来工矿建设专号 („Das besondere Ausmaß des Aufbaus von Industrie und Bergbau in den acht Jahren des Widerstandskrieges"), zitiert nach Xue Yi 薛毅 *Guomin Zhengfu Ziyuan Weiyuanhui Yanjiu* 国民政府资源委员会研究 („Studie des Ressourcenkomitees der nationalistischen Regierung"), S. 295.

477 Wu Taichang 吴太昌 *Guomindang Guojia Longduan Ziben De Xingcheng* 国民党国家垄断资本的形成 („Bildung des Monopolkapitals der Guomindang"), noch nicht veröffentlicht. Zitiert nach Jian Rui 简锐 *Guomindang Guanliao Ziben Fazhan De Gaishu* 国民党官僚资本发展的概述 („Überblick über die Entwicklung des bürokratischen Kapitals der Guomindang"), 1986, Vol. 3.

sendes Unternehmen, das für die Durchführung verschiedener wirtschaftlicher Angelegenheiten in der Provinz zuständig war. „Das Unternehmen ist unter dem Geschäftsführer und seinem Assistenten in die vier Gruppen Textilien, Spezialitäten, Bergbau und chemische Industrie sowie die Maschinenverwaltungsabteilung unterteilt. Alle wichtigen Provinzfabriken und -minen werden von ihnen betrieben."[478] Es lässt sich sagen, dass der Prozess der kapitalistischen Entwicklung der Provinzen im Landesinnern von der Warlord-Ära bis zum Antijapanischen Krieg die beherrschende Stellung des Staatskapitalismus auf unterster Ebene darstellt.[479]

Nach dem Ausbruch des Antijapanischen Krieges konzentrierten sich die Wirtschaftsaktivitäten nach innen und der Staatskapitalismus entwickelte sich beispiellos in Form einer Kombination aus Zentralregierung und Lokalregierungen. Im Juni 1939 initiierte die Provinzregierung von Guizhou die Gründung der ersten provinzbetriebenen Gesellschaft "Guizhou Enterprise". Durch die Gründung der Guizhou Enterprise gab es bis Anfang 1942 eine Welle von Gründungen Provinz geführter Unternehmen in 16 Provinzen darunter Guizhou, Yunnan Sichuan, Xikang, Guangxi, Guangdong, Fujian, Jiangxi, Hunan, Hubei, Shaanxi, Gansu, Ningxia, Shanxi, Shandong und Anhui. Dies waren mehr als die Hälfte aller Provinzen Chinas und so wurden sie nach und nach zum geschäftlichen Zentrum und nahmen eine besonders wichtige Position in der wirtschaftlichen Entwicklung des Landes ein.[480]

Bis 1943 war die Entwicklung der Provinzgesellschaften etwa wie in der folgenden Tabelle dargestellt.

478 Yang Jixuan 杨及玄 *Shengying Gongsi Fazhan Sheng Zhong De Chuankang Xingye Gongsi* 省营公司发展声中的川康兴业公司 („Entwicklung der Chuankang Company als provinzgeführtes Unternehmen"), Sichuan Economic Monthly, Vol. 1, Nr. 4. Zitiert nach Chen Zhenbian 陈真编 *Zhongguo Jindai Gongyeshi Ziliao* 中国近代工业史资料 („Daten zur modernen Industriegeschichte Chinas"), dritte Edition, Dushu Shenghuo Xinzhi Sanlian Shudian, 1961, S. 1151.

479 Wu Taichang 吴太昌 *Kangzhan Shiqi Guomindang Guojia Ziben Yai Gongkuangye De Longduan Diwei Jiqi Yu Minying Ziben Bijiao* 抗战时期国民党国家资本在工矿业的垄断地位及其与民营资本比较 („Vergleich der Monopolstellung von Staatskapitalgesellschaften der Guomindang und Privatunternehmen in Industrie und Bergbau während des Widerstandskrieges"), Zhongguo Jingjishi Yanjiu, 1987, Vol. 3.

480 *Ziyuan Weiyuanhui Gongbao* 资源委员会公报 („Bulletin des Ressourcenkomitees"), Vol. 2, Nr. 2, zitiert nach Chen Zhenbian 陈真编 *Zhongguo Jindai Gongyeshi Ziliao* 中国近代工业史资料 („Daten zur modernen Industriegeschichte Chinas"), dritte Edition, Dushu Shenghuo Xinzhi Sanlian Shudian, 1961, S. 1155.

Tabelle 6-3 Lage der provinzgeführten Unternehmen an der Front während des Antijapanischen Krieges

Einheit: Tausend Yuan

Provinzbetriebene Unternehmen	Gründung	Kapital	Lokale Anteile	Zentrale Anteile	Private Anteile	Kapitalaudit	Bemerkung
Guangdong Enterprise	1941.9	40.000	20.000		20.000	1941.9	
Weitere		11.000	8.500	2.500		1942	Kooperation mit dem Ressourcenkomitee
Shanxi Northwest Industrial Company	1932.1	10.000	10.000				
Guangxi Enterprise	1941.9	100.000	69.000		31.000	1942.7	Gründungskapital: 50 Mio.
Unternehmensbüro des Wirtschaftskomitees Yunnan		275.000	11.000	16.500		1942.6	Ressourcenkomitee investierte 350 Mio., Unternehmensabteilung investierte 220 Mio. Yuan, der Anteil der Regionalregierung wurde auf 40% geschätzt.
Yunnan Enterprise	1939.9	20.000	20.000			1939	Gründungskapital: 50 Mio., davon 30 Mio. Investitionen der Unternehmensabteilung
Guizhou Enterprise	1939.3	20.000	3.500	16.500		1942.5	Gründungskapital: 6 Mio.
Chuankang Company	1942.3	70.000	15.000	50.000	5.000	1942.3	
Sichuan Industrial Company	1939.7	60.000	6.000	48.000	6.000	1942.3	Gründungskapital: 12 Mio.
Weitere		200.000	50.000	150.000		1942	Laut Statistiken des Wirtschaftsministeriums
Fujian Enterprise	1940.7	15.000	15.000			1940.7	1943 Fusion mit Pharma- und Handelsunternehmen, Kapital stieg auf 50 Mio.
Anhui Enterprise	1941.10	10.000	6.000	2.000	2.000	1941.10	

33 öffentliche Unternehmen in Zhejiang		80.000	50.000	30.000		1942	Laut Statistiken des Wirtschaftsministeriums
Jiangxi Company	1940.12	30.000	13.000	17.000		1942.12	
Verwaltungsrat der Schwerindustrie	1942	20.000	10.000	10.000		1942	Joint-Venture mit dem Ressourcenkomitee
Hunan Enterprise	1943.11	60.000	30.000	30.000		1942	Nennkapital 600 Mio., tatsächliches Gründungskapital 360 Mio., entsprach 1942 etwa 60 Mio.
Hubei Enterprise	1941.1	50.000	30.000	20.000		1941.1	Schätzung der Aktienverteilung
Gansu Development Company	1941.5	10.000	3.000	7.000		1941.12	Joint-Venture mit dem Ressourcenkomitee und dem Verteidigungsministerium
Weitere		43.000	23.000	20.000		1942	
Shaanxi Enterprise	1940.12	20.000	20.000			1940.12	Gründungskapital 30 Mio., davon 10 Mio. Handelskapital
Inner Mongolian Enterprise	1941	5.000	5.000			1941	
Xikang Enterprise	1942	12.000	6.000	6.000		1942	
Gesamt		**1.161.000**	**523.000**	**574.000**	**64.000**		

Quelle: Gemäß Chen Zhenbian 陈真编 Zhongguo Jindai Gongyeshi Ziliao 中国近代工业史资料 („Daten zur modernen Industriegeschichte Chinas"). Zitiert nach Wu Taichang 吴太昌 Kangzhan Shiqi Guomindang Guojia Ziben Yai Gongkuangye De Longduan Diwei Jiqi Yu Minying Ziben Bijiao 抗战时期国民党国家资本在工矿业的垄断地位及其与民营资本比较 („Vergleich der Monopolstellung von Staatskapitalgesellschaften der Guomindang und Privatunternehmen in Industrie und Bergbau während des Widerstandskrieges"), Zhongguo Jingjishi Yanjiu, 1987, Vol. 3.

Bemerkungen: Die lokalen Anteile enthalten die Anteile der Lokalregierungen und Lokalbanken. Die Zentralanteile enthalten die Anteile des Ressourcenkomitees, des Wirtschaftsministeriums und die Investitionen staatlicher Banken.

Den Statistiken in der obigen Tabelle zufolge gab es bis 1943 dutzende von Unternehmen in den hinteren Provinzen, die von Provinzregierungen betrieben und durch die Beteiligung der Zentralregierung finanziert wurden. Das Gesamtkapital erreichte 11,61 Milliarden Yuan. Der Anteil der Lokalregierungen daran betrug 5,23 Milliarden Yuan also 45%, während sich die zentralstaatlichen Anteile mit 5,74 Milliarden auf 49,4% und die privaten Aktien mit 640 Millionen auf 5,5% beliefen. Im Entwicklungsprozess bildete das Kapital der Zentralregierung den Kern, doch mit der schnellen Expansion wurde das Kapital der Regionalregierungen als integraler Bestandteil beträchtlich gestärkt und wurde zu einem wichtigen Part des Staatskapitals der Guomindang-Regierung. Es lässt sich sagen, dass bei den damaligen Staatskapitalgesellschaften der Guomindang-Regierung, neben den staatskapitalistischen Einrichtungen wie den zentralen Ministerien und dem Ressourcenkomitee, die provinzbetriebenen Unternehmen von größter Bedeutung waren und eine weitere relativ vollständige und vergleichsweise große Ebene des staatskapitalistischen Unternehmenssystems darstellten.

Diese provinzbetriebenen Unternehmen unterlagen Großteiles der Verwaltung und Wirtschaftsmacht der Lokalregierungen und übernahmen die Form von Aktiengesellschaften. Der Betreib von verschiedenen Wirtschaftsgesellschaften innerhalb der Provinzen, war während des Krieges nicht nur ein bedeutender Bestandteil der Staatsunternehmen und des Staatskapitals, sondern bildete auch eine wichtige Wirtschaftssäule an der Front. Ihre Bedeutung wurden von einem damaligen Gelehrten so zusammengefasst: „Im Vergleich der Provinzen, erscheinen die Provinzunternehmen als Kern neuer Unternehmen. Beispielsweise in Guizhou liegt das Gesamtindustriekapital der ganzen Provinz zwischen 10.000 und 15.000 Yuan. Die Provinzunternehmen nehmen 20 Millionen Yuan ein und haben ein Vermögen von 67 Millionen Yuan. Die Guangxi Enterprise investierte in 17 Industrieunternehmen mit einem Kapital von über 18 Millionen Yuan. Diese Industrieinvestitionen waren ungefähr elf Mal so hoch wie die 1.733.995 Yuan aller 36 in der Provinz registrierten Privatunternehmen zusammen. Die Guangdong Industrial Enterprise investierte mit einem Gesamtkapital von 16 Millionen Yuan in acht industrielle Unternehmen, was dem Fünffachen des Gesamtkapitals der 42 privaten Industrieunternehmen in Höhe von 3,29 Millionen Yuan entspricht. Das Industriekapital der Unternehmen der übrigen Provinzen war ähnlich. Obwohl wir keine vollständigen Informationen haben, um das Kapital festzulegen, ist das von auszugehen, dass das Kapital der Provinzunternehmen in allen Provinzen eine ähnlich wichtige Rolle spielte. Dies verdeutlicht, warum die Provinzunternehmen beim Aufbau der Wirtschaft einen so großen Effekt hatten."[481]

481 Wu Lianyan 伍连炎 *Lun Sheng Qiye Gongsi De Fazhan Yu Jingji Jianshe De Shixian* 论省企业公司的发展与经济建设的实现 („Über die Entwicklung provinzieller Unternehmen und die Realisiserung des wirtschaftlichen Aufbaus"), Guangxi Qiye Likan, Vol. 2, Nr. 1, Januar 1944. Zitirt nach Zhang Zhongmin 张忠民 *Nanjing Guominzhengfu Shiqi De Guoyou Qiye* 南京国民政府时期的国有企业 („Staatsunternehmen unter der Nationalistischen Regierung"), Shanghai Caijing Daxue Chubanshe, 2007, S. 199-200.

Diese Unternehmen in den verschiedenen Provinzen hatten in der Regel mehrere, mehr als zehn oder sogar Dutzende von eigenen Unternehmen, Holdinggesellschaften und Investmentgesellschaften. Laut dem Bericht des Aufsichtskomitees des Wirtschaftsministeriums der Nanjing-Regierung war die Lage der Fabriken der einzelnen Provinzen Anfang 1942 wie folgt: 1. Schmelzanlagen wurden bereits in Jiangxi, Hunan, Guangxi, Yunnan und Shanxi eingerichtet. In Shaanxi und Ningxia sind diese geplant. Insgesamt sind es 81 Fabriken. 2. Maschinenfabriken gab es bereits in Jiangxi, Fujian, Guizhou, Shanxi und Shaanxi. Geplant sind diese auch in Anhui und Ningxia. In Henan und Hunan waren insgesamt 10 Fabriken in Bau. 3. In Zhejiang und Guizhou wurden bereits zwei Elektrizitätswerke errichtet. 4. Chemiefabriken gab es inzwischen in Anhui, Hubei, Guangdong, Yunnan, Guizhou, Shandong und Shanxi. In Gansu, Shaanxi, Henan, Fujian, Xikang und Hunan waren weitere in Bau. In Jiangxi waren insgesamt 31 Fabriken geplant. 5. Textilfabriken gab es bereits in Jiangxi, Hubei, Fujian, Guangxi, Yunnan, Guizhou, Shandong und Shanxi gegründet. Geplant waren vier und weiter sechs in Bau, sodass es in Summe 24 Fabriken waren. 6. Die Zahl weiterer Fabriken belief sich auf 66. „Insgesamt gab es 141 provinzbetriebene Unternehmen. Nach Provinzen: Es gab 25 Fabriken in Shaanxi (davon waren noch viele in Planung oder im Bau), 20 in Jiangxi, 14 in Guizhou und 9 in Hubei. Die wenigstens waren in Qinghai."[482]

Diese provinzbetriebenen Unternehmen hatten ein breites Spektrum an Geschäftsaktivitäten, aber sie lassen sich grob in zwei Kategorien einteilen: Die mit staatlichen Organisationen wie dem Ressourcenkomitee kooperierenden Unternehmen waren meistens in Bergbau, Elektroindustrie und weiteren Grundindustrien tätig. Während des Antijapanischen Krieges gab es über 40 Joint-Ventures zwischen Provinzen und dem Ressourcenkomitee, die in der Regel von staatlichen Institutionen wie dem Ressourcenkomitee betrieben und organisiert wurden. Die selbstverwalteten oder durch nationale Banken und andere staatliche Institutionen finanzierten, aber von lokalen Regierungen verwalteten Unternehmen waren in der Lebensmittel-, Textil-, Gerber-, chemischen, Bau-, Kleinmaschinen- und anderen zivilen Industrien involviert, öffentliche Versorgungsunternehmen oder klein- und mittelständische Hüttenunternehmen. In diesen Sektoren hatten die von lokalen Regierungen geführten Unternehmen in eine sehr wichtige Position. Sie ergänzten das Monopol des Ressourcenkomitees in den Grundindustrien, erweiterten die Machtentwicklung des Staatskapitals der Guomindang und stärkten darüber hinaus die Machtposition des Staatskapitals in der Frontwirtschaft. Sie bilden einen Mikrokosmos der Machtentwicklung des Staatskapitals während des Antijapanischen Krieges ab.

482 *Ziyuanweiyuanhui Gongbao* 资源委员会公报 („Bericht des Ressourcenkomitees"), Vol. 2, Nr. 2, zitiert nach Chen Zhenbian 陈真编 *Zhongguo Jindai Gongyeshi Ziliao* 中国近代工业史资料 („Daten zur modernen Industriegeschichte Chinas"), dritte Edition, Dushu Shenghuo Xinzhi Sanlian Shudian, 1961, S. 1156.

Abschnitt 4: Staatskapitalistische Unternehmensgruppen nach dem Sieg im Antijapanischen Krieg

Nach dem Sieg des Antijapanischen Krieges 1945, richtete der Exekutiv-Yuan der Kuomintang-Regierung ein Komitee zur Unternehmungsübernahme ein, das die Übernahme und Handhabung feindlicher Industrie einheitlich regeln sollte. Die Übernahme feindlicher Industrie brachte die Entwicklung der Staatskapitalwirtschaft des modernen China unmittelbar zu einem beispiellosen Höhepunkt.

Um die Übernahme der Industrie in den feindlich kontrollierten Gebieten zu organisieren, richtete die KMT-Regierung die Bearbeitungsbüros und Untersuchungskomitees zur Übernahme von feindlicher Industrie Jiangsu-Zhejiang-Anhui, Guangdong-Guangxi-Fujian, Hebei-Peking-Tianjin und Shandong-Qingdao ein. In Henan und Wuhan gab es ein Sonderkorrespondenzbüro für die Übernahme feindlicher Industrie, während es in Dongbei und Taiwan ein Aufklärungskomitee gab. Da es Hunan und Jiangxi kaum feindliche Industrie gab, wurden dort keine Sonderorganisationen eingerichtet und die Regionalregierung übernahm die Handhabung. Jedes Ministerium richtete eine entsprechende Organisation ein, der das Vertrauen der einzelnen Abteilungen übertragen wurde, um die Übernahme, Garantie, Nutzung und Geschäftsbeziehungen der feindlichen Industrie zum jeweiligen Ministerium zu verantworten. Das Wirtschaftsministerium war für Fabriken, Bergwerke und Ausrüstung sowie Rohstoffe und fertige Produkte verantwortlich, während das Verkehrsministerium Eisenbahn, Straßen, Wasser- und Lufttransport sowie Post und Telekommunikation beaufsichtigte. Das Finanzministerium verantwortete Banken sowie Geldhäuser und der Central Trust of China verwaltete Immobilien. Ende 1946 war die Übernahme der feindlichen Industrie, mit Ausnahme der in Dongbei, grundlegend abgeschlossen. Abgesehen von den verschiedenen Transporteinrichtungen wurde das von der Guomindang übernommene Vermögen in Form von Fabriken, Bergwerken, Handelsgesellschaften, Immobilien samt Möbeln, Lagerhäusern und Docks, Gold- und Silberdevisen, Fahrzeugen, Schiffen und alle Arten von Gütern (abgesehen von Verteidigungs- und anderen militärischen Gütern) auf über 2,3 Milliarden Yuan des Preisindexes vor dem Krieg geschätzt.[483]

Zu dieser Zeit bildete die KMT Regierung auf der Grundlage der Kriegswirtschaft eine Reihe nationaler und lokaler staatseigener Unternehmensgruppen, indem sie eine große Anzahl feindlicher Vermögenswerte und Industrie- und Bergbauunternehmen in den feindlich besetzten Gebieten übernahm. Dadurch expandierte die Staatskapitalwirtschaft rapide und das Kontrollmonopol in der nationalen Wirtschaft und vielen weiteren Bereichen wurde gestärkt. Von 1944 bis 1946 erweiterte sich der Gesamtkapitalanteil der Staatskapitalwirtschaft an neuartigen Industrie- und Bergbauunternehmen mit großer Geschwindigkeit von 50,5% auf 80%. Wenn die Entwicklung der Produktion von Industrie und Bergbau 1945 bei einem Index von 100 lag, lag dieser 1946 bereits bei 1054 und hatte sich 1947 mit 2137 innerhalb

483 Siehe Jian Rui 简锐 *Guomindang Guanliao Ziben Fazhan De Gaishu* 国民党官僚资本发展的概述 („Überblick über die Entwicklung des bürokratischen Kapitals der Guomindang"), 1986, Vol. 3.

von drei Jahren verzwanzigfacht.[484] Darunter vergrößerten sich das Ressourcenkomitee und die China Merchants durch die Übernahme des feindlichen Vermögens in besonderem Maße und die China Textile wurde als Staatkapitalunternehmensgruppe neu gegründet. Diese drei großen Unternehmensgruppen sind repräsentativ für die Bildung und den Betrieb des staatskapitalen Wirtschaftssystems der KMT Regierung.

Im Weiteren folgt eine kurze Einführung in den Prozess der Expansion und Bildung dieser drei großen Staatskapitalunternehmensgruppen.

Nach dem Sieg im Antijapanischen Krieg hatte das Ressourcenkomitee im Gebiet der KMT bereits eine Monopolstellung bei Industrie- und Bergbauunternehmen gebildet. Durch die Übernahme der feindlichen Vermögen und Unternehmen erfuhr seine Stärke erneut ein sprunghaftes Wachstum. Durch diese Entwicklungsmöglichkeiten wurde es zur größten staatsmonopolistischen Unternehmensgruppe von Industrie- und Bergbauunternehmen in ganz China.

Vor dem Sieg des Krieges schickte das Ressourcenkomitee häufig Menschen in die feindlich besetzten Gebiete, um Informationen über die feindliche Industrie zu sammeln und Sonderberichte als „Referenz für den Revitalisierungsplan" zu erstellen. Im März 1945 entwarf das Ressourcenkomitee den "Organisationsplan für Industrie- und Bergbauunternehmen in den besetzten Gebieten" und übermittelte es dem Exekutiv-Yuan. Dieser Plan sah vor, die beschlagnahmten japanischen Industrie- und Bergbauunternehmen der Verwaltung des Ressourcenkomitees als „Basis für die Gründung von Staatsunternehmen" zu übergeben. Zu diesem Zweck richtete das Ressourcenkomitee einen speziellen „Vorbereitungsausschuss für die Demobilisierung von Industrie und Bergbau" ein, um sich auf die Übernahme der feindlichen Industrie nach dem Krieg vorzubereiten.

Im Oktober 1945 unterzeichnete der Premierminister des Exekutiv-Yuan der KMT Regierung Song Ziwen die Genehmigung von Jiang Kai-shek zur Einrichtung eines nationalen Komitees zur Übernahme von Unternehmen in den durch die Regierung wiedererlangten Gebieten unter dem Vorsitz von Weng Wenhao, Vizepremierminister des Exekutiv-Yuan und Vorsitzender des Ressourcenkomitees. Im selben Monat wurden die "Ordnungsmaßnahmen der Übernahme feindlicher Industrie" erlassen, wonach das Verteidigungsministerium für die Verwaltung militärischer Waren, das Verkehrsministerium für die Übernahme von Landtransportfahrzeugen, die China Merchants für die Übernahme von Schiffen, der Central Trust of China für die Übernahme von Immobilien und das Ressourcenkomitee für die Übernahme von Industrie- und Bergbaubetrieben zuständig war. Aus diesem Grund wurde das Ressourcenkomitee sukzessive mit der Organisation von über 2000 Verwaltungsangestellten und über 800 mittel- und hochrangigen technischen Mitarbeitern beauftragt,

484 Zheng Youkui 郑友揆 *Zhongguo Guojimaoyi Yu Gongye* 中国国际贸易与工业 („Chinese International Trade and Industry") (englisch), S. 167. Zitiert nach Huang Yifeng 黄逸峰 und Jian Duo 姜铎 et al. *Jiu Zhongguo De Maiban Jieji* 旧中国的买办阶级 („Die Klasse der Kompradoren im alten China"), Shanghai Renmin Chubanshe, 1982, S. 203.

um die feindlichen Industrie- und Bergbauunternehmen im ganzen Land zu übernehmen.[485]

Bis Juni 1946 hatte das Ressourcenkomitee bereits 2401 Industrie- und Bergbauunternehmen in den feindlich besetzten Gebieten übernommen. Die Gebiete und Industrien sind in Tabelle 6-4 dargestellt.

485 Siehe Xue Yi 薛毅 *Guomin Zhengfu Ziyuan Weiyuanhui Yanjiu* 国民政府资源委员会研究 („Studie des Ressourcenkomitees der nationalistischen Regierung"), S. 347, 352-353.

Tabelle 6-4 Zusammenfassung der feindlichen, nach dem Krieg durch das Ressourcenkomitee übernommenen Industrie- und Bergbauunternehmen

	Jiangsu Zhejiang Anhui	Hunan Hubei Jiangxi	Guangdong Guangxi Fujian	Shandong Henan Shanxi	Hebei Chahar Rehe Liaoning	Dongbei	Taiwan	Gesamt
Hüttenindustrie	28	4	4	1	20	15	8	86
Maschinenindustrie	82	18	12	25	54	32	45	269
Schwermetallindustrie	23	1		3	49	18	6	100
Elektroindustrie	29				21	5	11	66
Chemie	173	39	50	55	110	51	111	598
Textilien	149	27	8	26	27	7	17	261
Bekleidungsindustrie	26	2		2	8		2	40
Lebensmittelindustrie	81	63	17	22	40	1	29	259
Druckindustrie	1	1		1	12		16	31
Weitere Industrien	37	10	4	17	25	3	31	127
Bergwerke	2	15	4	23	6	11	16	71
Elektrogewerbe	19	6	10	2	5	2	1	45
Registrierte Unternehmen	43	32		37	285		38	435
Administrative und Forschungseinrichtungen	7					3	2	13
Gesamt	700	218	109	214	677	148	335	2.401

Quelle: *Diwei Jingji Shiye Zhi Jieshou Chuli* 敌伪经济事业之接收处理 („Übernahmeprozess der feindlichen Wirtschaftsunternehmen"), Archiv des Wirtschaftsministeriums der Nationalregierung, November 1946. Zitiert nach Yu Baotang 虞宝棠 *Guominzhengfu Yu Minguo Jingjia* 国民政府与民国经济 („Die Nationalregierung und die Wirtschaft der Republik China"), Donghua Shifan Daxue Chubanshe, 1998, S. 403-404.

Bis September 1946 stieg die Zahl der übernommenen Unternehmen des Ressourcenkomitees auf 3255.[486] Auf der Grundlage des Monopols von Industrie- und Bergbauunternehmen an der chinesischen Front, erweiterte das Ressourcenkomitee nach Kriegsende seine Monopolstärke auf das gesamte von der KMT kontrollierte Gebiet. So entfielen 1946 auf das Ressourcenkomitee 100% des Öls, mehr als 70% von Stahl, Eisen, Antimon, Zinn, Lokomotiven und Motoren, über 40% der Elektrizität, Transformatoren und Glühbirnen, über 30% von Essig und Kohle sowie über 20% des Wolfram-Schlamm, Kraftmaschinen, Alkohol, Zucker, Zement und Papier. „Es ist offensichtlich, dass diese Produktionsmengen das gesamte Land beeinflusst haben." Bis 1947 stieg der Anteil innerhalb nur eines Jahres auf 63% der Elektrizität, 33% der Kohle, 90% des Stahls, 100% von Wolfram und Antimon, 70% des Zinns, 45% des Zements und 90% des Zuckers.[487]

Wie das Monopol des Ressourcenkomitees in der Schwerindustrie und der chemischen Industrie, war nach Kriegssieg unter der KMT Regierung in der größten Industriebranche des modernen China die Monopolunternehmensgruppe in der Baumwoll- und Textilindustrie die China Textile Construction Company.[488] Dieses Unternehmen wurde nach Kriegsende im Dezember 1945 in Chongqing gegründet und im Januar des folgenden Jahres nach Shanghai umgesiedelt. Zu Beginn gehörte das Unternehmen zum Wirtschaftsministerium und wurde später beim Industrie- und Handelsministerium angesiedelt. Wirtschaftsminister Weng Wenhao war der Vorstandsvorsitzende. Neben dem Hauptsitz in Shanghai gab es Zweigniederlassungen in Tianjin, Qingdao und Shenyang sowie Geschäftsstellen in Xian, Shashi, Hankou, Guangzhou, Nantong, Hangzhou, Shantou und Zhengzhou. Die China Textile übernahm von den acht großen in China ansässigen japanischen Textilunternehmen insgesamt 85 Baumwoll-, Woll-, Flachs- und Seidenfabriken sowie Färbereien und einige weitere Produktionseinrichtungen.

Zum Zweck der Gründung der China Textile, sagte Wirtschaftsminister Weng Wenhao: „Es gibt zahlreiche durch die Regierung übernommene feindliche Textilfabriken. Um den Betrieb dieser Fabriken schnell wieder aufzunehmen und die Produktion zur Versorgung des Marktes zu erhöhen, hat die Regierung die China Textile Construction Company gegründet."[489] In einem geheimen Dokument des Verwaltungskomitees der Textilindustrie an das Wirtschaftsministerium wurde das Ziel der Gründung der China Textile wie folgt beschrieben: „Die Regierung ist überzeugt, dass

---

486 *Diwei Jingji Shiye Zhi Jieshou Chuli* 敌伪经济事业之接收处理 („Übernahmeprozess der feindlichen Wirtschaftsunternehmen"), Archiv des Wirtschaftsministeriums der Nationalregierung, November 1946. Zitiert nach Yu Baotang 虞宝棠 *Guominzhengfu Yu Minguo Jingjia* 国民政府与民国经济 („Die Nationalregierung und die Wirtschaft der Republik China"), Donghua Shifan Daxue Chubanshe, 1998, S. 403.

487 Zitiert nach Chen Zhenbian 陈真编 *Zhongguo Jindai Gongyeshi Ziliao* 中国近代工业史资料 („Daten zur modernen Industriegeschichte Chinas"), dritte Edition, Dushu Shenghuo Xinzhi Sanlian Shudian, 1961, S. 1445.

488 1933 machten Unternehmen aus der Textilundustrie mit 821 von 2435 Fabriken in ganz China einen Anteil von 41% aus. Dies entsprach 61,7% der Arbeiter und 43,4% des Produktabsatzes. Siehe Jin Zhihuan 金志焕 *Zhongguofangzhi Jianshe Gongsi Yanjiu* 中国纺织建设公司研究 („Studie zur China Textile Construction Company"), Fudan Daxue Chubanshe, 2006, Einleitung.

489 *Zhongyang Ribao* 中央日报 („Central Daily News"), 8. Dezember 1945.

die Textilindustrie zeitnah entwickelt werden sollte... Die Regierung sollte die Massenproduktion von Gaze kontrollieren, um im Fall einer Knappheit, einen Preisanstieg und die damit verbundenen negativen Auswirkungen auf die Volkwirtschaft und den Lebensunterhalt der Menschen verhindern zu können. Das Ziel der China Textile ist es den Marktpreis allmählich zu stabilisieren."[490] Und so brachte die chinesische Textilindustrie mit der China Textile die erste große Staatskapitalfirmengruppe hervor.

Der Hauptfokus der China Textile lag auf der Baumwollproduktion, deren Produktionsanlagen und -kapazitäten im nationalen Vergleich weit überlegen waren. Bis 1947 hatte das Unternehmen bereits 1,77 Millionen Spindeln, 330.000 Drahtspindeln und 40.000 Webstühle, was einen Anteil von 39,26%, 70,7% und 60,9% des nationalen Bestandes ausmachte. Während 1946 426.000 Baumwollgarne produziert wurden, stiegen diese 1947 auf 745.000 Stück. Dies entsprach 32% und 39% des nationalen Volumens. Die Produktion von Baumwollstoffen lag 1946 bei 9,55 Millionen und 1947 bei 16,12 Millionen Ballen, was 29% und 40% des nationalen Volumens entsprach. Darüber hinaus gab es in der nationalen Wollindustrie 60.000 Spindeln und 10.000 Seidenspindeln, von denen jeweils die Hälfte der China Textile gehörte. Das Unternehmen hatte über die Zeit 60.000 bis 85.000 Mitarbeiter. Es war ein Konzern von großem Ausmaß, der die Produktion von Baumwolle und Seide sowie Spinnerei, Weberei und Färberei beinhaltete und somit eine unverkennbare Stellung in den Staatskapitalunternehmensgruppen der KMT einnahm.[491]

Die China Textile genoss einige vom Staat gewährte Begünstigungen und Vorteile. Das erste war die Versorgung mit preisgünstigen Rohstoffen. Nach dem Krieg hatte die China Textile ein Monopol auf die großen Rohstoffvorräte der feindlichen Textilfabriken. Gleichzeitig erhielt sie die nationalen Importe amerikanischer und indischer Baumwolle zu günstigen Konditionen und verkaufte die entsprechenden Endprodukte mit hohen Profiten. Das zweite war das Marktmonopol. Das Unternehmen nutzte seine Stärke, um den gesamten Seiden- und Baumwollmarkt des Landes zu kontrollieren, indem es die Baumwollproduktion für die nationale Armee übernahm. Während die Lieferung an das Militär 1946 bei 320.000 Ballen Baumwolle lag, stieg diese im folgenden Jahr auf 3,5 Mio. Ballen. Darüber hinaus verfügte das Unternehmen über das Monopol der Stoffe für die Beamtenbekleidung, die jährlich bei etwa 360.000 Ballen lagen.[492] Schließlich kontrollierte die China Textile auch die Terminkontrakte für Baumwolle und Seide. Diese Privilegien machten die China Textile zu einem Industrie und Handel dominierenden Konzern mit Monopolcharakter

---

490 *Zhong Fang Gongsi Fangguanhui Niandu Gongzuobaogao* 中纺公司纺管会 1946 年度工作报告 („Arbeitsbericht deS Textilkomitees der China Textile Company"), The Second Historical Archives of China, Archivnr. 76 – 279. Zitiert nach Siehe Jin Zhihuan 金志焕 *Zhongguofangzhi Jianshe Gongsi Yanjiu* 中国纺织建设公司研究 („Studie zur China Textile Construction Company"), Fudan Daxue Chubanshe, 2006, S. 35.

491 Siehe Jian Rui 简锐 *Guomindang Guanliao Ziben Fazhan De Gaishu* 国民党官僚资本发展的概述 („Überblick über die Entwicklung des bürokratischen Kapitals der Guomindang"), 1986, Vol. 3.

492 *Gongshang Jingji Shiliao* 工商经济史料 („Industrie- und Wirtschaftsgeschichte"), Kapitel 4, S. 153, Wenshi Ziliao Chubanshe, 1984. Zitiert nach Yu Baotang 虞宝棠 *Guominzhengfu yu Minguo Jingjia* 国民政府与民国经济 („Die Nationalregierung und die Wirtschaft der Republik China"), Donghua Shifan Daxue Chubanshe, 1998, S. 422.

und führten zu hohen Profiten. Außerdem pflegte das Unternehmen enge Beziehungen zur Nationalbank. Der Geschäftsführer Shu Yunzhang war lange bei der Bank of China beschäftigt gewesen und hatte ein gutes Verhältnis zu Song Ziwen. Wann immer es nötig war, erhielt die China Textile Unterstützung für Produktion und Marketing von der Zentralbank. Dies alles wäre für ein Privatunternehmen undenkbar gewesen.[493]

Betrachten wir noch einmal die China Merchants. Während des Antijapanischen Krieges verzeichnete die staatlich geführte China Merchants schwere Verluste, so dass nach dem Sieg nur noch 18 Schiffe von über 20.000 Tonnen übrigblieben.[494] Durch die Übernahme der feindlichen Schiffsvermögen nach dem Krieg stieg die Anzahl der Schiffe und Tonnagen rapide an, wodurch das Unternehmen an Stärke gewann.

Die Hauptziele der Übernahme der China Merchants waren japanische Schiffstransportunternehmen und eine kleine Anzahl von Unternehmen der pro-japanischen Marionettenregierung unter Wang Jingwei. 1945 wurden 1.335 Schiffe von 129.510 Tonnen übernommen. Bis zum Ende der Übernahme im Juli 1946 akkumulierte sich dies auf 2.158 Schiffe von 239.141 Tonnen. Die konkreten Details der Übernahmen durch die China Merchants zeigen sich in der folgenden Tabelle.

Tabelle 6-5 Zusammenfassung der Übernahme von feindlichen Schiffe durch die China Merchants

Schiffskategorie	September – 12. Dezember 1945		September 1945 – Juli 1946	
	Anzahl	Tonnage	Anzahl	Tonnage
Ozeandampfer	3	1.095	10	18.685
Flussdampfer	32	32.759	31	42.251
Schlepper	260	9.167	431	22.135
Motorsegler	135	9.229	235	19.039
Frachtkähne (Stahl)	307	60.867	368	101.947
Frachtkähne (Holz)	317	13.602	698	26.971
Sonstige Spezialschiffe	281	2.792	385	8.113
Gesamt	1.335	129.510	2.158	239.141

Quellen:

1. China Merchants Archiv: *Guoying Zhaoshangju Jieshou Diwei Chuanbo Baogao* 国营招商局接收敌伪船舶报告 („Bericht zur Übernahme feindlicher Schiffe durch die staatseigene China Merchants"), 21. Dezember 1945.

493 Siehe Wang Ju 王菊 *Jindai Shanghai Mianfangzhiye de Zuihou Huihuang* 近代上海棉纺织业的最后辉煌 („Der letzte Glanz der Baumwoll- und Textilindustrie in Shanghai"), Shanghai Shehui Kexueyuan Chubanshe, 2004, S. 52.

494 China Merchants Archiv, Geschäftsführer der China Merchants Yu Xueyu 徐学禹 *Zhaoshangju Zi Yu Huifu Bangong Dao 1947 Nian Yingyegaikuang* 招商局自渝恢复办公到 1947 年营业概况 („Handelsübersicht der China Merchants von der Geschäftsaufnahme bis 1947"). Zitiert nach Jian Rui 简锐 *Guomindang Guanliao Ziben Fazhan de Gaishu* 国民党官僚资本发展的概述 („Überblick über die Entwicklung des bürokratischen Kapitals der Guomindang"), 1986, Vol. 3.

2. China Merchants Archiv: *Guoying Zhaoshangjujingshou Diwei Chuanbo Tongji* 国营招商局经手接收敌伪船舶统计 („Statistiken zur Übernahme feindlicher Schiffe durch die staatseigene China Merchants"), 28. August 1946.

Zitiert nach Zhang Houquan (Hrsg.) 张后铨 *Zhaoshangjushi Jindai Bumen* 招商局史 近代部分 („Geschichte der China Merchants – Moderne"), Zhongguo Jiaotong Chubanshe, 1988, 512.

Die Übernahme der feindlichen Schiffe durch die China Merchants wurde einheitlich geregelt. Abgesehen von dem Teil, der bei der China Merchants verblieb, wurden die Schiffe entweder an ihre ehemaligen Besitzer zurückgesandt, verkauft, an andere Organisationen übergeben oder an andere Schifffahrtsgesellschaften vermietet. Bis 1947 wurden insgesamt 314 Schiffe von 81.297 Tonnen durch die China Merchants direkt genutzt sowie weitere 39 Schiffe von 1.550 Tonnen verwaltet. Darüber hinaus erwarb die China Merchants eine große Menge ausländischer Schiffe, so dass sie bis Juni 1948 490 große und kleine Schiffe mit insgesamt 409.200 Tonnen besaß. Darunter gab es 108 Ozean- und Flussdampfer mit 315.184 Tonnen, die quantitativ die größten Schiffe seit der Gründung der Gesellschaft waren. Die Gesamttonnage der Schiffe vergrößerte sich im Vergleich zum ersten Halbjahr 1937 vor Kriegsbeginn um das 4,74-fache und im Vergleich zum ersten Halbjahr 1945 nach Kriegsende sogar um das 17,2-fache, während sich die Tonnage der Ozean- und Flussdampfer um das 5,76-fach bzw. 13,8-fache erweiterte.[495] Zusätzlich zu der Übernahme und weiteren Nutzung der großen Anzahl japanischer Schiffe, gewann die China Merchants auch weitere Eigentümer wie Docks, Lagerhäuser, Grundstücke und Schiffswerften zurück. Dazu zählten 34 Docks, 162 Lagerhäuser und 4.390 Mu an Grundstücken.[496]

Durch die Privilegien der KMT Regierung expandierten die Vermögenswerte der China Merchants rasch. Während sich die Vermögenswerte der China Merchants am Vorabend des Antijapanischen Krieges noch auf 2,97 Millionen Yuan beliefen, stiegen diese danach sprunghaft an und betrugen im Jahr 1945 166,5 Milliarden Yuan, was einer Steigerung um das 561-fache entspricht. Im Jahr 1948 lag das Anlagevermögen der China Merchants bei 600 Millionen Yuan.[497]

Die rapide Machtausweitung der staatlich geführten China Merchants ist ein typisches Beispiel für die rasche Machtzunahme der Staatskapitalunternehmensgruppen in der Transportindustrie. Die steigenden Zahlen der Staatskapitalgesellschaften in der Schifffahrt aus Tabelle 6-6 sind ein Beweis dafür.

---

495 Zhang Houquan (Hrsg.) 张后铨 *Zhaoshangjushi Jindai Bufen* 招商局史 近代部分 („Geschichte der China Merchants – Moderne"), Zhongguo Jiaotong Chubanshe, 1988, S. 523.

496 *Zhaoshangju Zi Yu Huifu Bangong Dao 1947 Nian Yingyegaikuang* 招商局自渝恢复办公到 1947 年营业概况 („Handelsübersicht der China Merchants von der Geschäftsaufnahme bis 1947"). Zitiert nach Zhang Houquan (Hrsg.) 张后铨 *Zhaoshangjushi Jindai Bufen* 招商局史 近代部分 („Geschichte der China Merchants – Moderne"), S.512-513.

497 Siehe Zhang Houquan (Hrsg.) 张后铨 *Zhaoshangjushi Jindai Bufen* 招商局史 近代部分 („Geschichte der China Merchants – Moderne"), S.526.

Tabelle 6-6 Vergleich der Staatskapitalgesellschaften und Privatunternehmen in der Schifffahrt von 1935-1948

Index: 1935, Tonnage = 100

Jahr	Nationalkapital: Schiffe	Nationalkapital: Schiffstonnage: Tonnen	Nationalkapital: Schiffstonnage: Index	Staatskapital: Schiffe	Staatskapital: Schiffstonnage: Tonnen	Staatskapital: Schiffstonnage: Index	Privatkapital: Schiffe	Privatkapital: Schiffstonnage: Tonnen	Privatkapital: Schiffstonnage: Index	Anteil des Staatskapitals am Nationalkapital: Schiffe	Anteil des Staatskapitals am Nationalkapital: Schiffstonnage
1935	3895	675173	100	28	71117	100	3867	604056	100	0.7	11
1946	2351	669474	99	533	302418	425	1818	367056	61	23	45
1947	3615	1032305	153	612	450670	634	3003	581635	97	17	44
1948	4032	1092217	162	464	477086	671	3568	615131	102	12	44

Quelle: Yan Zhongping et al. 严中平 *Zhongguo Jindai Jingji Tongji Ziliao Xuanji* 中国近代经济史统计资料选辑 („Auswahl statistischer Daten der modernen Wirtschaftsgeschichte Chinas"), Kexue Chubanshe, 1955, S. 233.

Aus der Tabelle wird ersichtlich, dass sich die nationale Gesamttonnage von 1935 bis 1948 nur etwa verdoppelt hat, während sich die Gesamttonnage der Staatskapitalschifffahrt im gleichen Zeitraum versechsfachte. Damit erhöhte sich der Anteil der Tonnage der Staatskapitalgesellschaften von 11% auf 44%. Angesichts der Tatsache, dass die großen Reedereien und großen Schiffe fast vollständig durch Staatskapital monopolisiert waren, ist die Überlegenheit der Staatskapitalgesellschaften in der Schifffahrt zu dieser Periode selbsterklärend.

Das oben Genannte stellt nur die Situation einiger beispielhafter Gruppen von Staatskapitalgesellschaften nach dem Sieg im Antijapanischen Krieg dar. Die Lage dieser repräsentativen Firmengruppen verdeutlicht die schnelle Entwicklung der Wirtschaftsmacht der KMT Regierung nach dem Antijapanischen Krieg. In der Tat zeigt die vergleichende Statistik des Anteils an Waren von Staatskapitalgesellschaften in der durch die KMT kontrollierten Region, dass sich die Macht der Staatskapitalgesellschaften zu dieser Zeit nicht nur auf einige Bereiche oder Unternehmensgruppen beschränkte, sondern eine umfassende Entwicklung war.

Tabelle 6-7 Anteil an Waren von Staatskapitalgesellschaften im Regierungsgebiet der KMT 1947

Warenbezeichnung	Anteil im KMT-Gebiet in %	Warenbezeichnung	Anteil im KMT-Gebiet in %
Stahl	98	Natron	65
Maschinen (Zahlen von 1942)	72	Sulfat	80
Strom	78	Spindeln	60
Kohle	80	Maschineller Zucker	90
Wolfram, Antimon, Zinn, Quecksilber, Elektrokupfer, Erdöl	100	Bleichpulver	41
Zement	67	Dünger	67
Maschinelles Papier	50	Salzsäure	45
Export Pflanzenöl	70		

Quelle: Chen Zhenbian 陈真编 *Zhongguo Jindai Gongyeshi Ziliao* 中国近代工业史资料 („Daten zur modernen Industriegeschichte Chinas"), dritte Edition, Dushu Shenghuo Xinzhi Sanlian Shudian, 1961, S. 1446.

Erläuterung: Die Originaltabelle verwendet den Begriff „bürokratisches Kapital", doch im aktuellen akademischen Diskurs sind immer mehr Gelehrte davon überzeugt, dass der Begriff „Staatskapital" präziser ist. Daher wurde der Begriff an dieser Stelle angepasst.

Die Originaltabelle gibt noch folgende Erklärung: „Provinz betriebene und dem Militär zugehörige, durch die Zentralregierung geführte sowie „privat geführte" und durch bürokratisches Kapital betriebene Fabriken und deren Produkte wurden hier nicht berücksichtigt." Dies bedeutet, zuzüglich der Waren dieser der Regierung zugehörigen Unternehmen wäre der Anteil der Produkte von Staatskapitalgesellschaften noch höher. Diese Daten verdeutlichen, dass sich die Wirtschaftsmacht der Nanjing-Regierung durch die Übernahme der feindlichen Industrie rapide erweiterte, so dass diese die nationale Wirtschaftskontrolle umsetzen konnte.

An dieser Stelle muss darauf hingewiesen werden, dass das ursprüngliche Konzept des „bürokratischen Kapitals" neben dem Staatskapital auch das Aristokratenkapital der vier großen Familienclans beinhaltete. Nach der Reform und Öffnungspolitik und besonders nach der Hervorhebung „die Wahrheit in den Tatsachen" zu suchen und der Welle der Emanzipation der Gedanken, kamen in den akademischen Kreisen allmählich verschiedene Meinungen zu dem ursprünglichen Konzept des „bürokratischen Kapitals" auf. Beispielsweise wiesen einige Gelehrte darauf hin, dass der Begriff des „bürokratischen Kapitals" zwar sehr gängig, seine tatsächliche Bedeutung jedoch völlig unklar war. „In wirtschaftspolitischer Terminologie" handelte es sich um „Staatskapitalismus unter verschiedenen Regimen."[498] „Vom ökonomischen Standpunkt aus, war die Bedeutung und Erweiterung des „bürokratischen" Kapitals vollständig uneindeutig und stark politisch behaftet."[499] Da das Konzept des „‚bürokratischen Kapitals' unklar war und bei seiner Nutzung einige Probleme auftraten, wurde beschlossen, es durch Staatskapital oder Staatsmonopolkapitalismus zu ersetzen."[500] „Da die Bedeutung des „bürokratischen Kapitals" verwirrend und die zeitliche Einschränkung unklar war, war sein Umfang sehr vage und seine Grenzen tatsächlich nicht mehr festzulegen. Dies verursachte Schwierigkeiten bei der Forschung zur Wirtschaftsgeschichte des modernen China."[501] In diesem Zusammenhang akzeptierten immer mehr Gelehrte die Nutzung der Konzepte des „Staatskapitals" und „Staatsmonopolkapitalismus" als Ersatz für das ehemalige „bürokratische Kapital".

In der Tat gibt es hier ein zu klärendes Problem, nämlich die Untersuchung der Entstehung des Konzepts des „bürokratischen Kapitals" und den Grund für die starke politische Konnotation sowie die Angriffe und den Hass des Volkes. Der Hauptgrund dafür lag darin, dass moderne einflussreiche Beamte ihre Macht, Informationen und ihr Monopol ausnutzten, um öffentliche Ressourcen zu privatisieren und sich selbst zu bereichern. Wu Chengming verdeutlichte: „Der Begriff des „bürokratischen Kapitals" wurde erst 1940 wirklich populär als hohe Bürokraten der KMT während des Widerstandskrieges Privateigentum und -unternehmen beschlagnahmten und dies durch Zeitungsberichte bekannt wurde."[502] Nach dem Sieg gegen die Japaner, während der Übernahme des feindlichen Vermögens, kam es zu regelrechten „Plünderungen" als Bürokraten und Finanzmagnaten ihre Macht ausnutzen, um durch Privatkapital gegründete monopolistische Unternehmen zu übernehmen und sich so selbst zu bereichern. Diese Art von Unternehmen war nach dem Krieg weit verbreitet. Es handelte sich meist um privat geführte Unternehmen mit starken Beziehungen in die Politik, die sehr mächtig waren. Aufgrund ihres besonderen Hintergrunds und dem Profit durch ihre Machtvorteile, wurden diese Unternehmen von der damaligen Gesellschaft als „staatliche Handelsgesellschaften" bezeichnet. Die repräsentativsten dieser Unternehmen waren die Fuzhong Company, Yangzi Company und die China Construction Bank, die durch die Familien Kong und Song betrieben wurden.[503] Die

---

498 Xu Dixin 许涤新 und Wu Chengmin 吴承明 *Zhongguo Zibenzhuyi Fazhanshi* 中国资本主义发展史 („Geschichte der Entwicklung des Kapitalismus in China"), Band 1, Zusammenfassung, Renmin Chubanshe, 1990, S. 18.

499 Wu Li 武力 *Guanliao Ziben Gainian Ji Moshou Guocheng Zhong de Jieding Wenti* "官僚资本"概念及没收过程中的界定问题 („Das Konzept des „bürokratischen Kapitals" und die Definition während des Konfiszierungsprozesses"), Zhonggongdangshi Yanjiu, 1991, Vol. 2.

500 Ding Richu 丁日初 *Guanyu Guanliao Ziben yu Guanliao Zichanjieji Wenti* 关于官僚资本与官僚资产阶级问题 („Über das bürokratische Kapital und die bürokratische Bourgeoisie"), in *Jindai Zhongguo De Xiandaihua Yu Zibenjia Jieyi* 近代中国的现代化与资本家阶级 („Modernisierung und Bourgoisie des modernen China"), Yunnan Daxue Chubanshe, 1994, S. 137.

501 Du Xuncheng 杜恂诚 *Minzu Zibenzhuyi Yu Jiu Zhongguo Zhengfu* 民族资本主义与旧中国政府 1840-1937 („Nationalkapitalismus und die Regierung des alten China 1840-1937), Shanghai Shehui Kexueyuan Chubanshe, 1991, 4.

502 Wu Chengming 吴承明 *Zhongguo Zibenzhuyi Yu Guonei Shichang* 中国资本主义与国内市场 („Chinas Kapitalismus und der inländische Markt"), Zhongguo Shehui Kexue Chubanshe, 1985, S. 116.

503 In der späten Phase des Widerstandskrieges ereignete sich, einhergehend mit dem Verkauf staatlicher Anteile der China Construction Bank an Privatpersonen (hauptsächlich an Regierungsbeamte

Besonderheit im Betrieb dieser Unternehmen waren die Macht- und Informationsvorteile. Das Aufkommen und Handeln dieser aristokratischen Unternehmen machte das „bürokratische Kapital" in einem weiteren Schritt zum berüchtigten Angriffsziel.

Die auffälligsten Änderungen in der Umsetzung einer Reihe von Fiskalpolitiken nach dem Antijapanischen Krieg, waren die Öffnung des Gold- und Devisenhandels, die Aufgabe des Staatsmonopols auf Import- und Exporthandel, die Auflösung der Handelskommission und ihrer zugehörigen staatlich geführten Handelsunternehmen sowie gleichzeitig eine Öffnung gegenüber Importwaren. Vor dem Hintergrund der steigenden inländischen Inflation und stetigen Währungsabwertung legte die Nanjing-Regierung einen niedrigen Wechselkurs fest. Diese Politik führte unweigerlich zu einem extrem günstigen Importhandel. „Die damaligen hohen inländischen Preise und der niedrige Wechselkurs führten zu großen Unterschieden zwischen in- und ausländischen Preisen. Folglich erhielten Importeure Importwaren zu günstigen Devisen und erzielten durch den inländischen Verkauf zu hohen Preisen dreifache Profite." Beispielsweise importierte Schwefelfarbstoffe: Nach Angaben von Brancheninsidern lagen die Produktionskosten der aus den USA nach Shanghai exportierten Schwefelfarbstoffe im Frühjahr 1946 bei knapp 40 US Dollar und wurden in Shanghai umgerechnet zu 500 US Dollar verkauft. So konnten im Ausland bis zu 12 Pecul importiert werden, mit denen nach einer Transportdauer von vier bis fünf Monaten unabhängig von Zöllen und weiteren Gebühren mehr als das Zehnfache an Profiten erzielt werden konnte."[504]

Die von Mitgliedern der wohlhabenden Familie Kong und Song geführten Unternehmen nutzen ihren besonderen politischen Hintergrund und ihre außergewöhnlichen Beziehungen zur Regierung und waren zu dieser Zeit sehr aktiv. Einerseits hatten sie als exklusive Vertreter großer US-amerikanischer Hersteller die Distributionsmacht in China inne und hielten das Monopol auf den Import von nicht produktiven Waren wie Autos, Elektrogeräten, Medikamenten und Luxusgütern. Andererseits hatten sie auch das Privileg, Devisen zu kaufen und große Importquoten zu beantragen. So nutzten sie die Differenz der in- und ausländischen Devisenpreise, um exorbitante Profite zu erzielen.

Diese Unternehmen hatten Privilegien, Monopolstellungen und strebten nach Profiten für sich und ihre Clique. Nach den Enthüllungen ihrer Aktivitäten wurden sie zum Mittelpunkt der öffentlichen Debatte und Kritik. Beispielsweise veröffentlichte Fu Sinian, der sowohl in intellektuellen als auch in politischen Kreisen beträchtliches Ansehen genoss, wiederholt Artikel, die Kong Xiangxis und Song Ziwens

---

und Finanztycoone der Familien Kong und Song) zu sehr niedrigen Preisen, ein großer Wandel in der Natur und Betriebsausrichtung des Unternehmens. Dieser ist beispielhaft für die Vereinigung von Bürokraten und Finanzmagnaten. Siehe Zheng Huixin 郑会欣 *Cong Touzi Dao Guanban Shanghang Zhongguo Jianshe Yin Gongsi De Chuangli Jiqi Jingying Huodong* 从投资公司到"官办商行"——中国建设银公司的创立及其经营活动 („Von einer Investmentgesellschaft zum Staatsunternehmen – Gründung und Betrieb der China Construction Bank"), Xianggang Zhongwen Daxue Chubanshe, 2001.

504 Institut für Wirtschaftswissenschaften der Shanghai Academy of Social Sciences und der akademische Ausschuss des Shanghai Institute of International Trade (Hrsg.) *Shanghai dui maoyi* 上海对外贸易 („Shanghai Außenhandel"), letzter Band, Shanghai Shehui Kexueyuan Chubanshe, 1989, S. 171.

Wirtschaftspolitik und ihre Praxis der aristokratischen Kapitalgesellschaft beschuldigte „die chinesische Wirtschaft vollständig zu zerstören, die chinesische Industrie auszulöschen, die Menschen arbeitslos zu machen und den Wohlstand der gesamten Nation in private Hände und ins Ausland zu verlagern." In seinem „Artikel über die Notwendigkeit der Abschaffung des Aristokratenkapitals" kritisierte er, dass Song Ziwen mit seinem „grenzenlosen, barbarischen Kontrollwunsch" durch den Betrieb der China Construction Bank und den Kauf von Industrie- und Bergbauunternehmen wie den Elektrizitätswerken in der Hauptstadt und Qishuyan, dem Wasserelektrizitätswerk Jiji sowie den Kohleminen Huainan und Pole diese staatlich geführten Unternehmen in „Song geführte" Unternehmen umgewandelt hat.[505]

In Ermangelung eines Kontrollsystems dieser hohen Beamten litten das Ansehen und der Einfluss dieser Privilegien, Informationen und Ressourcen zur Profitmaximierung nutzenden Einzelpersonen und Aristokratenunternehmen in der Gesellschaft. Das besondere Merkmal des Aristokratenkapitals war die Kombination aus Macht und Vorteilen zur Erzielung von Profiten für Einzelpersonen, Familien und Cliquen. Da es jedoch keine Restriktionen durch Gesetzte oder Systeme gab, lässt sich das Aristokratenkapital als schlechtestes Kapital in der chinesischen Gesellschaft bezeichnen. Die Entwicklung von Aristokratenkapital war das Verhängnis der Gesellschaft. Diese Charakteristik beschrieb Mao Zedong 1947 in seiner Diskussion der drei großen Wirtschaftsprinzipien in der neuen demokratischen Revolution als er das Monopolkapital der vier großen Familien Jiang, Song, Kong und Chen konfiszierte: „Dieser Monopolkapitalismus ist eng mit den ausländischen Imperialisten, den chinesischen Großgrundbesitzern und den alteingesessenen reichen Bauern verbunden und wird zum Komprador des feudalistischen Staatsmonopolkapitalismus." Und weiter: „Dieses Kapital wird in China allgemein als bürokratisches Kapital bezeichnet."[506]

Der Autor ist überzeugt, dass das Konzept des „bürokratischen Kapitals" drei Kernfaktoren hat: Erstens die Machtausnutzung, zweitens das Streben nach persönlichen Vorteilen und drittens den Mangel einer Gesetzgebung oder eines beschränkenden Systems. Diese drei Punkte waren Kern und Essenz des vormaligen Konzepts des „bürokratischen Kapitals". Daher wurde nach der Reform- und Öffnungspolitik das Konzept des Staatskapitals und Staatskapitalismus als Ersatz für das damalige Konzept diskutiert. Folglich sollte das „bürokratische Kapital" in zwei Teile aufgeteilt werden: Der erste Teil waren Staatskapitalgesellschaften, also große Staatskapitalunternehmensgruppen wie das Ressourcenkomitee und die ihm unterliegenden Unternehmen oder die China Merchants Steam Navigation Company sowie von Lokalregierungen geführte Unternehmen. Der zweite Teil waren Aristokratenkapitalgesellschaften. Dies war das wahre bürokratische Kapital. Beispielhaft dafür waren die Fuzhong Company, die Yangzi Company sowie die spätere China Construction Bank und dies umfasste auch lokales despotisches Kapital. Mit anderen Worten wiesen das

505 Zitiert nach Wu Jingping 吴景平 *Song Ziwen Ping Chuan* 宋子文评传 („Biographie von Song Ziwen"), Fujian Renmin Chubanshe, 1998, S. 505.

506 Mao Zedong 毛泽东 *Muqian Xingshi He Women Renwu* 目前形势和我们的任务 („Die aktuellen Umstände und unsere Mission"), *Mao Zedong Xuanji* 毛泽东选集 („Ausgewählte Werke von Mao Zedong"), Band 4, Renmin Chubanshe, 1960, S. 1253.

nach Machtaufbau und persönlichen Vorteilen strebende Aristokratenkapital und Staatskapitalgesellschaften wie das Ressourcenkomitee in Bezug auf Geschäftsziele und gesellschaftlichen Nutzen deutliche Unterschiede auf und sollten folglich nicht undifferenziert vermischt werden. Bei der Untersuchung des Konzepts des Staatskapitals sollte das aristokratische Kapital folglich eliminiert werden, so dass die Erforschung der modernen Wirtschaftsgeschichte Chinas zielgerichtet ist und die Ziele klar definiert werden.

Teil 3: Entwicklung von Staatskapital und Unternehmen (1949-1978)

Kapitel 7: Schaffung und Entwicklung der staatlich geführten Wirtschaft in der Volksrepublik

Nachdem die Volksrepublik China gegründet wurde, wurde durch das Beschlagnahmen von bürokratischem Kapital und feindlichen Produktionen, durch die Übernahme der öffentlichen Wirtschaft in den befreiten Gebieten sowie durch die Veräußerung der über Auslandskapital finanzierten Unternehmen eine staatseigene Ökonomie errichtet, die den Lebensstandard und die Volkswirtschaft der Bevölkerung zu kontrollieren vermochte. Diese wurde damals von der Zentralregierung und den lokalen Regierungen direkt geführt und offiziell als „Staatswirtschaft" bezeichnet[507]. Die Staatswirtschaft nahm unter den verschiedenen Wirtschaftssektoren der neu errichteten Demokratie eine führende Position ein. Diese schnell und mit höchster Priorität zu entwickeln, wurde zur unerschütterlichen ökonomischen Leitlinie der Regierung der Volksrepublik China. So wurde im „gemeinsamen Programm" angeführt: „Die Staatswirtschaft fungiert als sozialistische Wirtschaft. Sämtliche Unternehmen, welche die Lebensader der nationalen Wirtschaft bilden oder groß genug sind, um Einfluss auf den Lebensunterhalt der Menschen zu nehmen, sollten ohne Ausnahme vom Staat einheitlich geführt werden. Sämtliche staatseigenen Ressourcen und Unternehmen dienen ohne Ausnahme der gesamten Bevölkerung als Gemeingüter. Sie dienen der Volksrepublik als wichtige materielle Basis für die Entwicklung der Produktion und die Förderung einer florierenden Wirtschaft, sowie als Führungskraft für die gesamte Sozialwirtschaft."[508]

Abschnitt 1: Einrichtung der staatlich geführten Wirtschaft

Die Gründung der Volksrepublik China am 1. Oktober 1949 galt als Signal dafür, dass die Entwicklung des chinesischen Staatskapitals in ein neues Zeitalter eingetreten war. Das Staatskapital war auch als Folge der Umgestaltung des staatlichen Systems entsprechenden Veränderungen ausgesetzt. Vom durch Großgrundbesitzer und die breite Bourgeoisie kontrollierten Staatskapital des alten China hin zur Staatswirt-

[507] Damals wurde unterschieden zwischen staatlichen Unternehmen, die von der Zentralregierung geführt und verwaltet wurden und staatlichen Unternehmen, die von der Lokalregierung geführt und verwaltet wurden. Dabei wurden die von der Zentralregierung geführten und verwalteten Staatsunternehmen unter dem Begriff „Staatswirtschaft" zusammengefasst, die von den Lokalregierungen geführten Staatsunternehmen unter dem Begriff „lokale Staatswirtschaft".

[508] Chinesische Akademie der Sozialwissenschaften, Zentralarchiv 中国社会科学院、中央档案馆编: *1949-1952 Zhonghua Renmin Gongheguo Jingji Dangan Ziliao Xuanbian (Zonghe Juan)* 1949-1952 中华人民共和国经济档案资料选编（综合卷）(„Ausgewähltes Archivmaterial über die Wirtschaft der Volksrepublik China von 1949-1952", Zhongguo Chengshi Jingji Chubanshe, Ausgabe 1990, S.198)

schaft sozialistischer Natur des neuen China, die im Besitz der gesamten Bevölkerung war, aber im Auftrag von der Regierung gesteuert wurde. Eben die Errichtung einer solchen Wirtschaft konnte mittels der neu demokratischen Revolution realisiert werden.

1. Etablierung sozialistischer Staatsunternehmen durch die Konfiszierung von „bürokratischem Kapital"

Das bürokratische Kapital beschlagnahmen, es in den Besitz der neu demokratischen Nation zurückzuführen und es von deren Regierung verwalten zu lassen war zur Zeit der Gründung der Volksrepublik China die Hauptaufgabe der Staatswirtschaft. Das hier erwähnte bürokratische Kapital bestand hauptsächlich aus dem von der GMD Regierung zurückgelassenem Staatskapital. Vereinzelt aber auch aus dem aus feindlichem Vermögen konfisziertem Besitztum von Verrätern, Kriegsverbrechern und Konterrevolutionären.

„Das bürokratische Kapital beschlagnahmen und es in den Besitz der neu demokratischen Nation zurückzuführen" war einer der drei großen ökonomischen Programmpunkte der neu demokratischen Revolution. Bis 1949, also vor der Gründung der Volksrepublik China, hatte die GMD Regierung in Nanjing mit ihren ranghohen Beamten in über 20 Jahren Regierungszeit mittels unterschiedlicher Methoden Staatskapital, aber auch enorme Mengen an bürokratischem Privatkapital für die Lebensader der Volkswirtschaft gebildet und unter ihre Kontrolle gebracht. Statistiken zufolge, die von der GMD Regierung 1947 veröffentlicht wurden, nahm alleine der Ertrag der vom Komitee für natürliche Ressourcen der GMD Regierung kontrollierten Industriebetriebe (einschließlich ihrer gesteuerten Erträge) folgende Anteile am Gesamtertrag des ganzen Landes (des jeweiligen Industriezweigs) ein: Elektroenergie 66%, Kohle 33%, Eisen und Stahl 90%, Wolfram und Antimon 100%, Zinn 70%, Zement 45%, Zucker 90%. 1947 betrugen die Kredite, die von privaten Banken im gesamten Land vergeben wurden, insgesamt ca. 1 Billionen Yuan, während alleine die von der Zentralregierung kontrollierte Behörde für Banken Kredite im Wert von 17 Billionen Yuan vergab. Und dabei sind noch nicht einmal die Banken der Provinz- und Stadtregierungen mit einbezogen. Moderne Kommunikation und Transport sowie Außenhandel standen im Großen und Ganzen unter vollständiger Kontrolle des bürokratischen Kapitals. Diese hohe Konzentration an bürokratischem Kapital in enormen Mengen hat somit die Voraussetzung für die Errichtung der staatseigenen Wirtschaft der Volksrepublik China geschaffen.

Das bürokratische Kapital beinhaltete das Staatskapital im Besitz der GMD Regierung und die zwei Arten des Privatkapitals der hochrangigen Regierungsbeamten (in der Regel Beamte über der Landkreis- und Regimentsebene): Zum einen jenes in den Eigenkapitalbetrieben, zum anderen das in den Gemeinschaftsunternehmen, wobei auch die Anlageformen stark variierten. Während der Beschlagnahmung des bürokratischen Kapitals war es sehr wichtig zu definieren, welche Form von Privatkapital als bürokratisches Kapital identifiziert werden kann und welches nicht. Diese Frage gewann vor allem an immenser Bedeutung, nachdem die Volksbefreiungsarmee im Jahre 1947 in eine strategische Konteroffensive übergegangen war und damit begann, Städte zu erobern. Im April 1948 nahm das Zentralkomitee der kommunistischen Partei die Probleme, die durch die Beschlagnahmung von bürokratischem Kapital nach der Befreiung von Luoyang entstanden waren in Angriff und verordnete konkrete Maßnahmen und Lösungen. Die Beschlagnahmung des bürokratischen Kapitals konnte dabei in mehr oder weniger vier verschiedene Fälle kategorisiert werden. Somit kamen deshalb später auch vier verschiedene Arten von Lösungsmaßnahmen zur Anwendung. Der erste Fall war, dass das bürokratische Kapital sowohl zum Staatskapital der GMD Regierung als auch zum öffentlichen Eigentum der GMD oder anderen unterschiedlichen reaktionären Organisationen gehörte. Diese Form von Kapital wurde sofort beschlagnahmt und an die Regierung übergeben. Der zweite Fall war, dass das bürokratische Kapital zwar zum Privatkapital von hochrangigen Beamten der GMD im Bereich Partei- und Regierungsverwaltung und Militär gehörte, sich jedoch noch im Rahmen der Beschlagnahmungen befand. War in diesem Falle die politische Linie klar definiert, wurde es sofort beschlagnahmt. Musste man hingegen erst auf Untersuchungen oder Überprüfungen warten, so wurde es zunächst überwacht, damit das Kapital nicht verloren ging. Der dritte Fall war, dass das bürokratische Kapital aus Investitionen bestand, die von Partei-, Regierungs-, und Militärorganisationen der GMD und ihren Beamten in der nationalen Industrie und im nationalen Handel getätigt worden waren. Dort wurde vorerst nichts getan. Nach einer Weile wurde das bürokratische Kapital dann aussortiert und ebenfalls konfisziert. Der vierte Fall war, dass das bürokratische Kapital aus Investitionen bestand, die von der nationalen Bourgeoisie in den oben erwähnten bürokratischen Kapitalunternehmen getätigt worden waren. In diesem Fall wurden deren Rechte daran auch weiterhin anerkannt, sofern es nicht illegal durch Verschwörungen, an denen Beamten beteiligt waren, angeeignet oder zu niedrigen Preisen erworben worden war. Am 25. April 1949 gab das Zentralkomitee der kommunistischen Partei sowie die Militärkommission des Zentralkomitees diese Prinzipien mit der Veröffentlichung der „Proklamation der Volksbefreiungsarmee Chinas" in ganz China bekannt. In der Proklamation hieß es: „Beschlagnahmung von bürokratischem Kapital. Alle von der reaktionären GMD Regierung und von bedeutenden Bürokraten geführten Fabriken, Geschäfte, Banken, Schiffe und Boote, Anlegeplätze, Schienenwege, Postverwaltungen, Telegraphen, elektrische Leuchten, Telefone, Leitungswasser und Farmen, Weiden etc. werden von der Volksregierung unter Kontrolle gebracht. Wenn durch Untersuchungen bestätigt wird, dass die privaten Anlagen tatsächlich zu den nationalen Industriellen, Geschäftsleuten, Landwirten oder Viehwirten gehören, werden die Eigentumsrechte selbstverständlich anerkannt."

Das bedeutet, dass das Ziel der Konfiszierung zum einen jene Unternehmen waren, die von der Zentralregierung, der Provinzregierung, der Kreisregierung der GMD oder von bekannten Großbürokraten der GMD geführt worden waren. In Industrie und Handel, die von Kleinbürokraten und Grundbesitzern geführt wurden, und in Bezug auf private Aktien der nationalen Kapitalisten innerhalb bürokratischen Unternehmen wurden keine Beschlagnahmungen durchgeführt.

Im Hinblick auf die vier oben genannten Fälle und Maßnahmen lässt sich der Prozess der Konfiszierung des bürokratischen Kapitals ungefähr in folgende drei Phasen unterteilen:

Die erste Phase umfasste die Zeitspanne während des Befreiungskrieges, in der vor allem Staatskapital der GMD Regierung und das Kapital von verschiedenen öffentlichen Betrieben konfisziert und unter Kontrolle gebracht wurde. Diese Phase begann mit der Befreiung der Stadt Harbin im Jahre 1946 und wurde im November 1948 nach der Eroberung von Shenyang und der Befreiung des gesamten nordöstlichen Territoriums voll in Gang gesetzt. Um ein zügiges Voranschreiten der aufgenommenen Arbeit zu gewährleisten, entwarf das Zentralkomitee der KPCh eine Reihe von politischen Strategien, die den korrekten Umgang mit den übernommenen Institutionen und dem Personal regelten. Als im November 1948 Shenyang befreit wurde, war es Chen Yun, der das Amt des Direktors der städtischen Kommission für Kriegsrecht bekleidete. Er war es auch, der für die Übernahme der Wirtschaftsorganisationen die Strategie „sämtliche kontrollierte Systeme, von oben bis unten, bleiben intakt, werden erst übernommen und erst später umgestaltet" herausgab. „Die Fakten belegen, dass diese Herangehensweise nicht nur Chaos verhindern, sondern auch Schnelligkeit garantieren kann (Abschluss der Verbindung schon nach nur zwei Tagen). Hat man das System nicht unter seiner Kontrolle, unterscheidet man nicht zwischen oben und unten und verbindet man beides eine Weile ohne Plan, wird der Schaden dabei sicherlich sehr groß sein, der Effekt äußerst negativ." Später folgte die aufgenommene Arbeit in Großstädten wie Beijing, Tianjin, Nanjing und Shanghai alle den Erfahrungen aus Shenyang. Am 15. Januar 1949 veröffentlichte das Zentralkomitee der kommunistischen Partei die „Anordnungen bezüglich der übernommenen Unternehmen mit bürokratischem Kapital", mit der sie die Strategie der „drei Ursprünglichen" vorantrieb (ursprüngliche Stellen, ursprüngliche Entlohnung, ursprüngliches System). Ursprüngliche Stellen bedeuteten, dass man Fabrikleiter, Bergwerkleiter etc. der übernommenen Unternehmen „anweisen sollte, insofern sie keine Saboteure waren, ihre Arbeit wie gewohnt fortzusetzen". Ursprüngliche Entlohnung bedeutete, dass „der Standard und die Klasse des vorherigen Reallohns, sowie das seit Jahren gültige System der Auszeichnungen und das System der Arbeiter- und Angestelltenversicherung, erhalten bleiben sollte". Ursprüngliches System bedeutete, dass auch „die verschiedenen betriebsinternen Organisationen und Systeme beibehalten und nicht beliebig reformiert oder abgeschafft werden sollten". Des Weiteren wurde basierend auf den Erfahrungen aus Shenyang, Beijing, Tianjin und weiteren Städten verordnet, dass diese Vorgehensweise sowohl eine formelle Übergabe, eine Inventur und die drei Übernahmebestrebungen miteinschließt. D.h. dass man kein Chaos verursachen, nicht die Arbeit beeinflussen und die Geschäfte regulär abwickeln sollte.

Die zweite Phase umfasste die Periode um die Gründung des neuen China, in der die Städte unter Kontrolle gebracht und die konterrevolutionäre Bewegung überwunden wurde. In dieser Phase wurde das Privatkapital von Verrätern, Kriegsverbrechern und Konterrevolutionären mittels Enteignung der feindlichen Produktionen konfisziert. Die Menge der Besitztümer in diesem Bereich war jedoch eher gering. Das meiste davon wurde später an erstklassige lokale staatsgeführte Unternehmen und an den öffentlichen Besitz auf Städte- und Gemeindeebene übertragen.

Die dritte Phase umfasste die Untersuchung der Regierungsanteile und die Bewegung des öffentlichen Eigentums Anfang 1951. Hierbei wurde das bürokratische

Kapital beschlagnahmt, das zuvor in privat geführten Unternehmen investiert oder versteckt worden war. In dieser Periode wurde auf verschiedenen Wegen (wie beispielsweise Selbstanzeige, Ermittlungen und die Untersuchung von Registrierungen) die Anteile der nationalen Bourgeoisie an staatlich geführten Unternehmen sowie das bürokratische Kapital bzw. das feindliche Vermögen innerhalb privater Unternehmen aussortiert und die bislang nicht überwundenen Probleme der vorherigen beiden Phasen gelöst. Obwohl nur eine geringe Menge des bürokratischen Kapitals in den privaten Unternehmen konfisziert wurde, traten einige komplizierte Probleme auf, deren Folgen verheerend waren. Um eine Disparität der eingeschlagenen Strategien und Lösungsmethoden an verschiedenen Orten oder eine Abweichung in der Produktion zu verhindern, entschied sich die Zentralregierung, die Rechte an den finalen Ermittlungen und Genehmigungen an die Wirtschafts- und Finanzkommission des Staatsverwaltungsrates abzutreten. Somit musste eine Untersuchung bei der Volksregierung der großen Verwaltungsgebiete angemeldet werden, wenn es in manchen Städten bürokratisches Privatkapital oder feindliches Vermögen gab, das beschlagnahmt werden sollten. Die Volksregierung musste den Fall dann an die Wirtschaft- und Finanzkommission des Staatsverwaltungsrates weitergegeben. Erst nach deren Genehmigung durften Maßnahmen ergriffen werden. Durch umsichtige Gesinnung, gewissenhafte Politik und zuverlässige Methoden konnten diese Tätigkeiten relativ zügig vollzogen werden.

Vom Beginn der großflächigen Konfiszierungen von bürokratischem Kapital nach der Periode des Befreiungskrieges bis hin zur grundlegenden Vollendung der Ausmusterung von Anteilen und öffentlichem Eigentum in der Anfangsperiode der Volksrepublik China, lagen ungefähr 4 Jahre, in denen bürokratisches Kapital beschlagnahmt wurde. Unvollkommenen Statistiken zufolge gehörten die übernommenen Unternehmen, in denen bürokratisches Kapital beschlagnahmt wurde, hauptsächlich folgenden 4 Bereichen an:

Im Bereich des Finanzsektors: Dem nationalen „Vier Banken, Zwei Behörden, eine Kasse"-System der GMD Regierung (bestehend aus: Zentralbank, Bank of China, Bank of Communications, Landwirtschaftsbank; Zentrale Behörde für Treuhandschulden, Behörde für Postreserven; kooperative Staatskasse) und den insgesamt über 2400 Banken der regionalen Bankensysteme auf Provinzebene. Banken wie die „Imperial Bank of China", die „National Industrial Bank of China", die „Si Ming Bank", die „Sin Hua Bank" etc., die früher in Kooperation von Geschäftsleuten und Beamten geführt wurden, wurden an Regierungsmitglieder übergeben, die die Geschäfte beaufsichtigten und fortführten. Die Eigentumsrechte der darunter befindlichen Beamtenanleihen wurden im Zuge dessen in den Staatsbesitz zurückgeführt; An bürokratisches Privatkapital gebundene Banken wie die „Shanxi Yu Hua Bank", die „East Asian Commercial Bank" etc.; Mitarbeiter der Niederlassungen in Übersee begannen ebenfalls nach und nach zu revoltieren und sich der Führung der Volksregierung zu fügen.

Im Bereich des Industriesektors: Jene Unternehmen, die unter Verwaltung des Komitees für natürliche Ressourcen der GMD Regierung standen, das auch die landesweiten natürlichen Ressourcen und die Produktionen in der Schwerindustrie kontrollierte; die „China Textil Construction Company", welche in der landesweiten

Textilindustrie eine Monopolstellung innehielt; jener Industriesektor, der dem System der militärischen Logistik und Militärindustrie der GMD unterstellt war; jene Unternehmen, die dem Verkehrsministerium, dem Lebensmittelministerium oder anderen Ministerien unterstellt waren. Unternehmen, die vom Kong Clan, vom Song Clan oder anderen Bürokraten „privat geführt" oder vom „Central Club" „parteigeführt" wurden; Unternehmen in bürokratischen Kapitalsystemen verschiedener Provinzen. Zusammengezählt insgesamt 2858 Industrieunternehmen mit 1,29 Mio. Angestellten und Arbeitern. Zu den Unternehmen zählten insgesamt auch 138 Kraftwerke, 120 Kohle- oder Ölunternehmen, 15 Minen für Eisen- und Manganerz, 83 Minen für Nichteisenmetalle, 19 Stahlwerke, 505 Anlagen für Metallverarbeitung, 107 Chemieanlagen, 48 Papierfabriken, 241 Textilfabriken und 844 Lebensmittelunternehmen.

Im Bereich Transport und Kommunikation: sämtliche Unternehmen der Transport und Kommunikationsbranche, die dem Verkehrsministerium der GMD Regierung, der „China Merchants Steam Navigation Company" etc. unterstellt waren. Dazu gehörten schätzungsweise über 20.000 Kilometer Eisenbahnstrecke, über 4000 Lokomotiven, in etwa 4000 Omnibusse, ca. 47.000 Lastkraftwagen, ungefähr 30 Reparatur- und Produktionsfabriken für Schiffe und Eisenbahnwagen, sowie über 20.000 Tonnen an Wasserfahrzeugen. Außerdem hat die Volksregierung nacheinander die an bürokratisches Kapital gebundenen Anlagen der "Zheng Ji Steamship Company", "Mainland Shipping Company" und der „San Bei Company" konfisziert. 12 Flugzeuge der „China National Aviation Corporation" und der „Central Aviation Transport Corporation", die von der GMD Regierung nach Hong Kong entführt wurden, sind am 9. November 1949 nach einem Aufstand der Angestellten zurück in ihr Heimatland gekehrt. Eine in Hong Kong ansässige Zweigstelle der „China Merchants Steam Navigation Company", sowie Arbeiter auf 13 im Hafen befindlichen Schiffen revoltierten ebenfalls und erkannten die Volksregierung als Führung an.

Im Bereich Handel: Durch die KMT-Regierung geführte Unternehmen wie Fuxing, Fuhua, China Tea, China Oil, China Salt, China Silk, China Vegetable Oil Company, von hohen Bürokraten geführte Unternehmen wie Fuzhong, China Im- und Export, Jinshan, Litai, Yangzi Jianye, Yangtse Industrial Company und weitere Handelsunternehmen mit Monopolstellung.

Durch die Beschlagnahmung des bürokratischen Kapitals, nahm die Staatswirtschaft sozialistischer Natur bereits zur Zeit der Gründung der Volksrepublik China im Jahr 1949 in Bereichen wie Finanzen, moderner Industrie, Transport und Kommunikation, Außenhandel etc. eine führende Position ein. Im Industriesektor belief sich der Anteil der staatlich geführten Unternehmen am landesweiten Gesamtertrag auf: Generatorenleistung 73%, Kohle 70%, Eisen 60%, Stahl 90%, Zement 60%, Maschinenwerkzeuge ca. 50%, Spindeln 43%; Zusammenfassend nahm die Staatswirtschaft in der modernen Hauptindustrie einen ungefähren Anteil von 50% ein. In Branchen der Finanzen, Eisenbahn, Seehäfen, Luftfahrt dominierte sie jedoch noch mehr.

In der lokalen staatseigenen Industrie, in der die Anzahl der Unternehmen zwar hoch, ihr Wirkungsbereich jedoch gering war, wurde die Staatswirtschaft hauptsächlich durch die Konfiszierung von bürokratischem Kapital und Enteignung von Konterrevolutionären aufgebaut.

Statistiken von Ende 1952 zufolge gab es landesweit insgesamt über 7000 Dienststellen von Unternehmen in der lokalen staatseigenen Industrie. Darunter waren 80-90% kleinere bis mittlere Unternehmen, die nach der Befreiung der Region übernommen worden waren. Neu gegründete Unternehmen machten innerhalb der ersten 3 Jahre keine 10% aus. Den Rest bildeten Produktionsfirmen und Organisationen, die während der Periode zwischen der „Zentralisierung von Finanzwesen und Wirtschaft“ 1950 und den „Drei Anti- und Fünf Anti-Kampagnen“ übernommen und in das System integriert worden waren.

2. Staatsunternehmen, die auf der Grundlage der öffentlichen Wirtschaft in den befreiten Gebieten, errichtet wurden

Obwohl der Großteil der staatlichen Unternehmen zum Zeitpunkt der Gründung der Volksrepublik (vor allem Industrie- und Verkehrsunternehmen) aus dem konfiszierten bürokratischen Kapital gebildet wurde, bestanden die Finanzunternehmen, welche die Lebensader der Volkswirtschaft darstellten, zum Hauptteil aus Banken der ursprünglichen Befreiungsgebiete. Diese wurden durch die Übernahme und Umgestaltung der Banken mit bürokratischem Kapital errichtet. Große staatliche Handelsunternehmen wurden ebenfalls auf der Basis der Handelsgesellschaften in den jeweiligen Befreiungsgebieten erweitert und entwickelt.

1. Die Etablierung des staatlichen Finanzsystems

Die Chinesische Volksbank war aus mehreren Banken in den Befreiungsgebieten hervorgegangen.

Während der Zeit des Widerstandskrieges und des Befreiungskrieges gründeten die jeweiligen Befreiungsgebiete nacheinander ihre eigenen Banken. Durch ständige Inkorporationen, Auflösungen und Neugründungen existierten dort zur Zeit des vollständigen Sieges im Befreiungskrieg landesweit 30 öffentliche Banken. In der späten Phase des Befreiungskrieges hat die Chinesische Volksbank mit dem schnellen Voranschreiten des Krieges und den fortlaufenden Städtebefreiungen in Übereinstimmung mit der „gleichzeitig übernehmen und neu gründen“-Strategie, zum Einen Banken mit bürokratischem Kapital übernommen und zum Anderen auch gleichzeitig in raschem Tempo Außenstellen der Volksbank an verschiedenen Orten errichtet.

Basierend auf ihrer Verwaltungsgliederung etablierte die Chinesische Volksbank nacheinander die Institutionen in den 4 Ebenen: Zentrale, Bezirksstellen, Tochterbanken und Zweigstellen. In den großen Regierungsbezirken wurden Bezirksstellen errichtet. Auf Provinzebene, in den autonomen Gebieten und den regierungsunmittelbaren Städten wurden Tochterbanken und auf Kreisebene Zweigstellen etabliert. Innerhalb der Städte wurden in Übereinstimmung mit der Größenordnung der Stadt und den betrieblichen Bedürfnissen Tochterbanken und Zweigstellen gegründet, darunter Büros und kleinere Zweigniederlassungen. In den ländlichen Gemeinden wurden Geschäftsstellen errichtet, um verschiedene konkretere Dienstleistungen anbieten zu können.

Indem das System der Hauptverwaltung, Tochterbanken und Zweigstellen nach der Umorganisation durch die „Bank of China" und die „Bank of Communications" eingerichtet wurde, konnten die der Hauptverwaltung untergeordneten Büros der doppelten Leitung durch Hauptverwaltung der jeweiligen Bank und lokale chinesische Volksbank unterstellt werden. Im Dezember 1949 wurde der Hauptverwaltungssitz der „Bank of China" von Shanghai nach Beijing verlegt. Im Januar 1950 wurde der Hauptverwaltungssitz der „Bank of Communications" ebenfalls von Shanghai nach Beijing verlegt.

Am 20. Oktober 1949 wurde offiziell die „People's Insurance Company of China" gegründet, die dann nach und nach Tochterorganisationen im ganzen Land etablierte. Der Vizepräsident der chinesischen Volksbank, „Hu Jing Yun", bekleidete dabei auch das Amt des CEO.

Bis Dezember 1949 gründete die chinesische Volksbank Bezirksstellen in den 4 Bezirken „Hua Dong", „Zhong Nan", „Xi Bei" und „Xi Nan", 40 Tochterbanken in Provinzen und Städten, sowie über 1200 Zweigstellen und Büros auf Kreis- und Stadtebene. Zusätzlich zur „Bank of China", „Bank of Communications" und der „People's Insurance Company of China" wurden landesweit insgesamt 1308 Finanzinstitutionen gegründet, die 80.000 Mitarbeiter beschäftigten. Am 1. April 1951 wurde die Nordost Bank zur nordöstlichen Bezirksstelle der chinesischen Volksbank umgestaltet, während die Volksbank der inneren Mongolei zur Bezirksstelle der chinesischen Volksbank in der autonomen Region der inneren Mongolei umgestaltet wurde. Im November desselben Jahres wurde die Provinzbank von Xin Jiang zur Tochterbank der chinesischen Volksbank in der autonomen Region Xin Jiang umgestaltet.

Bis dato hatten bis auf die autonome Region Tibet, Hong Kong, Macau und Taiwan landesweit sämtliche Provinzen und Städte bereits Außenstellen der chinesischen Volksbank gegründet. Im August 1951 genehmigte der Regierungsrat der zentralen Volksregierung die Gründung der „Agricultural Cooperative Bank" durch die Zentralregierung, die jedoch keine Außenstellen bildete.

2 Die Gründung des staatsgeführten Handels- und Geschäftssystem

Vor der Ausrufung der Volksrepublik China entwickelte sich der staatliche Handel in den Befreiungsgebieten rapide. Dies geschah in erster Linie aus dem Bedürfnis heraus, die Versorgung im Revolutionskrieg zu gewährleisten und die Märkte zu regulieren. Beispielsweise wurde die North China Trading Company, die von der nördlichen Volksregierung gegründet worden war, am 17. September 1949 in 11 regional spezialisierte Handelsunternehmen für Kohle, Lokalprodukte, Lebensmittel, Konsumgüter und Gaze aufgelöst. Die Stärke dieser Firmen hatte sich im April 1949 während der Unterdrückung der ersten Preisunruhen offenbart: Abhängig von der Unterstützung der Regierung konnten sie bereits den Markt und die essentiellen Güter im Norden von China regulieren.

Nach der Ausrufung der Volksrepublik China wurden die von der Regierung geleiteten Handels- und Geschäftsunternehmen zu staatlichen Unternehmen und expandierten in der Folge mit hoher Geschwindigkeit. Sämtliche staatlich geführte Handelsunternehmen wurden im Wesentlichen in dem halben Jahr vom vierten Quartal 1949 bis zum ersten Quartal 1950 sukzessiv aufgebaut.

Die staatlich geführten Außenhandelsfirmen stammten ursprünglich von den Außenhandelsfirmen in den befreiten Gebieten in Nord- und Nordostchina. Diese Unternehmen wandelten sich nach der Ausrufung der Volksrepublik in Folge der Befreiung des Nordens und des Nordostens und der kontinuierlichen Ausbreitung des Unternehmenssektors dann in die staatlich geführten Handelsunternehmen um. Anfang 1950 gingen auf Grundlage der Verordnung zur „Zentralisierung von Finanzwesen und Wirtschaft" auch Geschäfte, die bei Behörden, Truppen oder in Schulen errichtet wurden, in den Besitz von staatlichen Handelsorganisationen über.

Bis Anfang 1951 hatte die Zentralregierung insgesamt Firmen in 17 Fachbereichen etabliert: Salze, allgemeine Waren, Baumwollwaren, einheimische Waren, Lebensmittel, Kohle, Schweinsborsten, Eierprodukte, Teeblätter, Pelze, Schmierfett, natürliche Seide, Erdöl, natürliche Bodenschätze, Import und Export. Dazu kamen noch Paketunternehmen, Einzelhandelsfirmen, Kredit- und Treuhandunternehmen mit insgesamt 5519 Einrichtungen und 195.027 Angestellten.

Wichtige Handelsgüter, die direkten Einfluss auf den Staatshaushalt und den Lebensunterhalt des Volkes nahmen, wie beispielsweise Lebensmittel, Baumwolle, Garn, Stoff, Tafelöl, Kohle, Salz, Stahl, Zement, Erdöl, sowie Im- und Exporthandel blieben grundsätzlich in der Hand der staatsgeführten Handelsunternehmen. Diese Struktur war der Grund für die bedeutende Stärke, welche die Volksrepublik China in ihrer Anfangsperiode in Sachen Marktregulierung durch den Staat behauptete.

3. Die Staatswirtschaft, die aus sowjetischen Übergaben, ausländischen Überlassungen und anderen Quellen entstand

Auf der Basis des Geheimabkommens, das die Staatsoberhäupter der U.S.A, der Sowjetunion und des Vereinigten Königreichs im Februar 1945 in Jalta auf der Krim'schen Halbinsel unterzeichneten, wurde verordnet, dass China nach dem Krieg die Hoheitsrechte über den Hafen in Dalian, die chinesische Osteisenbahn sowie die südmandschurische Eisenbahn an die Sowjetunion abtritt. Ebenso sollte gewährleistet werden, dass die Sowjetunion den Hafen von Lüshun als Marinebasis pachten dürfe. Am 14. August 1945 unterzeichnete die GMD Regierung mit der Sowjetunion das „Sino-sowjetische Freundschafts- und Bündnisabkommen", indem China das Abkommen von Jalta formal akzeptierte. Vertragsbestimmungen waren u.a.: Die komplette Übergabe der materiellen Unterstützung für China aus der Sowjetunion an die GMD Regierung. Zudem muss die Sowjetunion die vollkommene Staatshoheit und territoriale Integrität Chinas über die drei nordöstlichen Provinzen anerkennen. Die äußere Mongolei bleibt unabhängig. Die transmandschurische und die südmandschurische Eisenbahn gehen in den gemeinsamen Besitz von China und der Sowjetunion und werden von beiden Ländern gemeinsam betrieben. Der Hafen von Dalian wird ein Freihafen; die Sowjetunion hat das Recht, Luftstreitkräfte oder Marinekräfte in Lüshun zu stationieren. Im Dezember 1949, nach der Ausrufung der Volksrepublik China, stattete Mao Zedong der Sowjetunion einen Staatsbesuch ab.

Am 14. Februar 1950 wurde zeitgleich mit dem „Sino-sowjetischen Abkommen für Freundschaft, Bündnis und gegenseitige Hilfe" auch das „Abkommen über die transmandschurische Eisenbahn, Lüshunkou und Dalian" ratifiziert. Diesem Abkommen zufolge willigt die Sowjetunion ein, nun auf ihre Sonderrechte in China zu verzichten und noch vor dem Jahre 1952 ihre gesamten Rechtsansprüche und Vermögen an der transmandschurischen Eisenbahn unentgeltlich an die chinesische Regierung zu übergeben. Die sowjetischen Truppen ziehen sich aus Lüshunkou zurück und die chinesische Regierung erstattet die Baukosten, die für die Sowjetunion in dem Gebiet nach 1945 entstanden waren. China übernimmt im Zuge dessen wieder die Verwaltung von Dalian. Von der Sowjetunion temporär hinterlegtes oder gepachtetes Eigentum in Dalian wird noch innerhalb des Jahres 1950 von der chinesischen Regierung übernommen. Dabei verlief die Übergabe der Beschäftigungen relativ reibungslos. Auf Basis des „Abkommen über die transmandschurische Eisenbahn, Lüshunkou und Dalian" und dem simultanen Notenwechsel zwischen den Regierungen beider Länder, übergab die sowjetische Regierung das auf sowjetischer Seite temporär hinterlegte oder gepachtete Eigentum in Dalian, die von sowjetischen Wirtschaftsinstitutionen aus den Händen japanischer Besitzer erlangten Besitztümer im Nordosten, sowie das vollständige Eigentum aus einstigen Armeequartieren in Beijing unentgeltlich an die Zentralregierung der Volksrepublik China. Dabei zählte dieses Mal zum Eigentum, welches von der sowjetischen Regierung an China übergeben wurde, insgesamt 302 Einrichtungen, darunter 47 Fabriken, 11 Lichtspieltheater, 188 Immobilien, 33 Warenlager und 23 Grundstücke. Dazu gehörten 260 Einrichtungen des oben genannten Eigentums zu Eignern von Wirtschaftsorganen in der gesamten Sowjetunion, sowie 24 Einrichtungen zu Eignern der „Qiu Lin Aktiengesellschaft" und ihren überall verteilten Handelsorganisationen. 1952 übergab die Sowjetunion die Vermögenswerte an der transmandschurischen Eisenbahn unentgeltlich an die chinesische Regierung. Diese Vermögenswerte beinhalteten: Den ursprünglichen Hauptverkehrsweg der Eisenbahn von Manzhouli bis Suifenhe, sowie von Harbin bis Dalian und Lüshunkou, zusammen mit den Grundstücken, Gebäuden und Gerätschaften dieser Streckenabschnitte. Außerdem Fahrzeuge, Lokomotiven, Güter- und Passagierwaggons, Reparaturwerke für Verbrennungsmotoren der Eisenbahn, für Lokomotiven und Waggons;

Kraftwerke, Telefon- und Telegraphenstellen, Leitungen und Geräte für den Fernmeldeverkehr; Hilfsnebenlinien für die Eisenbahn, dienstliche Technik- und Wohneinrichtungen. Wirtschaftsorgane und ihre dazugehörigen Firmen, weitere Unternehmen und Organisationen, sowie während der Dauer des Sino-sowjetischen Kondominats erworbenes, zurückgewonnenes oder neu geschaffenes Eigentum. All dieses Vermögen, wurde zum Bestandteil der Staatswirtschaft der Volksrepublik China.

Nach der Ausrufung der Volksrepublik China kam es bei vielen ausländischen Geschäftsleuten wegen Zweifeln an der neuen Regierung immer mehr zur Kapitalflucht. Besonders nach dem Ausbruch des Koreakriegs, als die westlichen Nationen, allen voran die USA., Wirtschaftssanktionen und -embargos gegen China verhängten, resultierten daraus Schwierigkeiten für die in China angesiedelten Investmentunternehmen dieser Länder. Viele Firmen, die mit ausländischem Kapital operierten, wurden entweder von der chinesischen Regierung beschlagnahmt oder traten freiwillig ihren Besitz an den chinesischen Staat ab. Beispielsweise wurden Firmen wie „Exxon Mobil" oder die „Shanghai Power Company, durch Enteignung zu staatlichen Unternehmen, während unter anderem die „Kai Luan coal company" oder die „Etsong Tobacco (Group) Limited Company" sich durch freiwillige Übergabe in staatliche Unternehmen umwandelten.

4. Realisierung von Vermögensausmusterungen, Kapitalprüfungen und demokratischen Reformen

Nach der Gründung der staatlichen Unternehmen der Volksrepublik hatten sich diverse Veränderungen im Aufbau und Charakter der Unternehmen vollzogen. Sowohl beschlagnahmte Unternehmen als auch übergetretene und öffentliche Unternehmen aus den Befreiungsgebieten standen vor allgemeinen Kontrolluntersuchungen der Unternehmensvermögen und weiteren Systemveränderungen. Als Beispiel: In jenen Teilen von Firmen, die mit beschlagnahmtem und übernommenem bürokratischem Kapital operierten, sowie in den Unternehmen und Unternehmensanteilen von Verrätern, Kriegsverbrechern und Konterrevolutionären herrschte in Bezug auf Eigentumsverhältnisse und Vermögensbestände ein komplettes Chaos, das es zu bereinigen galt. Grund hierfür waren einerseits die unterschiedlichen Ursprünge der Firmen sowie die Komplexität des Systems, dem sie untergeordnet waren. Dazu kam noch das Chaos zur Zeit der Übernahme und Beschlagnahmung (davongelaufene Angestellte, unvollständige Rechnungsbücher, Verlust von Eigentum etc.), die Differenz des Übernahmezeitpunkts, sowie die Tatsache, dass nach der Übernahme keine weitreichenden Reformen durchgeführt worden waren, um die Stabilität zu gewährleisten und die Produktion fortzusetzen. Gleichzeitig wurden die öffentlichen Unternehmen, die aus den Befreiungsgebieten stammten, neugegründet und ausgebaut, um dem Bedarf im Revolutionskrieg nachzukommen. Dabei war jedoch der Wirkungsbereich dieser Unternehmen in der Regel nicht allzu groß, und sie wiesen hinsichtlich der Betriebsführung eine bestimmte militärische Natur, sowie Merkmale eines Versorgungsnetzes auf. Es wurde generell wenig Gewicht auf ökonomische Rechnungsführung gelegt, oder um es in der Redensart von damals auszudrücken: „Das Fleisch verrottete im Kochtopf", „Egal wie hoch die Profite sind, alle wandern sie in die Staatskasse. Ob man kalkuliert oder nicht spielt keine Rolle." Ökonomische Rechnungsführung musste also stärker betont werden. Daher wurden zum Ende des Revolutionskrieges, nachdem der Frieden im Land gesichert war und sich die Wirtschaft erholte, auch Kontrolluntersuchungen der Unternehmensvermögen und demokratische Reformen innerhalb der staatlichen Unternehmen auf die Agenda gesetzt.

5. Staatsanteile und öffentliches Eigentum ausmustern, Grenzen zwischen öffentlichen und privaten Eigentumsrechten ziehen.

Die Entstehung der Staatsunternehmen basierte vor allem auf revolutionsähnlichen Methoden, um eine Konfiszierung und Übernahme zu ermöglichen. Aufgrund der

Verschiedenheit in der genaueren Herkunft der Unternehmen, dem Zeitpunkt ihrer Beschlagnahmung, der Einheiten, die übernommen wurden und der Fähigkeiten der übernommenen Angestellten usw. existierten bereits während dem Konfiskations- und Übernahmeprozess Unternehmen und Vermögenswerte, die beschlagnahmt hätten werden sollen, jedoch einfach übersehen oder sogar versteckt wurden. Andererseits kam es auch zu Situationen, in denen Unternehmen und Vermögen beschlagnahmt wurden, die eigentlich gar nicht beschlagnahmt hätten werden sollen. Darunter fielen vor allem Beamtenanteile und -vermögen aus privaten Unternehmen, in denen oft komplizierte Strukturen vorherrschten und in denen es somit die meisten Probleme gab. Um diesen Problemen entgegenzukommen, verabschiedete der Regierungsrat am 4. Februar 1951 die „Strategie zum Ausmustern von Staatsanteilen und öffentlichem Eigentum innerhalb der Betriebe". Dieser begann das Ausmustern von Staatsanteilen und öffentlichem Eigentum in öffentlich-privaten Gemeinschaftsunternehmen und in privaten Unternehmen, die mit Staatsanteilen und öffentlichem Eigentum operierten.

Gemäß der Proklamation des Regierungsrats, beinhalteten Staatsanteile und öffentliches Eigentum:

1. Eigentümer und Anteile der GMD Regierung, nationalen Wirtschafts- und Finanzunternehmen etc. in Unternehmen (dies schloss auch Kredite und Auslagen mit ein, im Folgenden ebenso)
2. Anteile und Eigentümer von Regierungen der ehemaligen Feindesländer (Japan, Deutschland, Italien) und deren Auswanderern in Unternehmen.
3. Anteile und Eigentümer von Kriegsverbrechern, Landesverrätern, bürokratischen Kapitalisten usw. in Unternehmen, welche bereits beschlagnahmt wurden oder gemäß den Gesetzen in Gemeineigentum überführt werden sollten.
4. Investitionen, die nach der Befreiung Chinas von der Volksregierung, nationalen Wirtschaftsorganisationen und staatseigenen Unternehmen in die oben genannten Unternehmen getätigt worden sind.

Die Bank of China und die Bank of Communications hielten beide Staatsanteile, und ihnen gehörte der größte Teil der Aktien im Land. Die Strategie besagte außerdem noch, dass Unternehmensinvestitionen der Bank of China und der Bank of Communications beim Kalkulieren der Anteilsrechte als staatliche Unternehmensanteile berechnet werden. Die Eigentumsrechte bleiben jedoch nach wie vor bei der jeweiligen Bank. Um Diskrepanzen entgegenzutreten, die in Bezug auf Punkt (3) leicht auftreten können, veröffentlichte der Regierungsrat speziell die „Anweisung bezüglich Beschlagnahmung des Eigentums von Kriegsverbrechern, Landesverrätern, bürokratischen Kapitalisten und Konterrevolutionären".

Die Anweisung legte fest:

1. Für sämtliche Anteile und für sämtliches Eigentum von Kriegsverbrechern, Landesverrätern und bürokratischen Kapitalisten innerhalb öffentlich-privater Gemeinschaftsunternehmen, als auch privat geführter Unternehmen

muss vor der Beschlagnahmung eine Untersuchung bei der Volksregierung der großen Verwaltungsgebiete angemeldet werden. Diese wird dann an den Regierungsrat weitergegeben wird. Erst nach dessen Genehmigung dürfen konkrete Maßnahmen ergriffen werden.

2. Wenn bei Anteilen und Eigentum von Räuberbanden, Spionen, lokalen Despoten und Konterrevolutionären in Unternehmen das Volkstribunal oder der Volksgerichtshof auf Kreisebene eine Enteignung beschließt, darf nur mit Genehmigung der Volksregierung auf Provinzebene (oder von speziellen Büros, die von ihr geleitet werden) gehandelt werden. Wird das Urteil vom Volkstribunal oder vom Volksgerichtshof auf Provinzebene (oder den regierungsunmittelbaren Städten) gesprochen, darf sofort gehandelt werden.
3. Wenn bei beiden oben genannten Kategorien von Eigentum, welche in der Vergangenheit durch ein Volkstribunal auf Kreisebene oder Gerichtshöfe auf verschiedensten Verwaltungsebenen zur Konfiszierung verurteilt oder von Volksregierungen auf verschiedensten Ebenen zur Enteignung festgelegt wurden und die Urteile bereits ohne Widerspruch vollstreckt wurden, so belässt man es auch dabei.

Laut den Daten aus der damaligen Zeit, war der Anteil von derartigem Vermögen am gesamten Staatsvermögen zwar gering, nahm jedoch an den auszumusternden Staatsanteilen und öffentlichen Eigentümern einen sehr großen Teil ein. Besonders bei Eigentum aus der zweiten Kategorie stellte sich die Lage sehr unübersichtlich und äußerst kompliziert heraus. Glücklicherweise entwarf der Regierungsrat während der „Kampagne zur Unterdrückung von Konterrevolutionären" speziell detaillierte Vorschriften zur Konfiskation des Eigentums von Konterrevolutionären.

Die konkrete Strategie und der Prozess zur Ausmusterung von Staatsanteilen und öffentlichem Eigentum war wie folgt: Die Wirtschafts- und Finanzkommission der zentralen Volksregierung ernannte für die Durchführung der Ausmusterung gemäß den Eigenschaften der Unternehmen und ihrer Größenordnung getrennt voneinander zuständige Behörden oder betraute regionale Wirtschafts- und Finanzkommissionen damit, zuständige Behörden zu ernennen. Die ernannten zuständigen Behörden in Kooperation mit Behörden anderer Zuständigkeiten (wie z.B.: die für den Unternehmenssektor zuständigen Behörden, für Investitionen zuständige Behörden) verhandelten gemeinsam mit Stellvertretern der privaten Aktienanteile über organisatorische Grundsätze wie die Ausmusterung von Anteils- oder Eigentumsrechten, die Umstrukturierung des Vorstands und des Aufsichtspersonals etc. Bei der Erstellung von konkreten Plänen zur Ausmusterung wurde dann die Wirtschafts- und Finanzkommission der zentralen Volksregierung oder die lokale Wirtschafts- und Finanzkommission informiert, die dann eine Genehmigung erteilte und den Fall archivierte.

Zu den Grundsätzen der Ausmusterung: In Bezug auf privat-öffentliche Gemeinschaftsunternehmen, bei denen bereits eine Ausmusterung durchgeführt wurde, hatte man durch Prüfung der Anteilsrechte und des Vermögens vor allem die Vorstandsversammlungen umstrukturiert. Bezüglich Privatunternehmen, in denen sich Staatsanteile und öffentliches Eigentum befanden, wurde nach deren Ausmusterung, auf drei Bearbeitungsmaßnahmen zurückgegriffen:

1. Reorganisation in öffentlich-private Gesellschaften mit beschränkter Haftung oder Aktiengesellschaften
2. Staatsanteile zurückführen und von Privatpersonen verwalten lassen.
3. Vorübergehend den Status Quo beibehalten. Die Bank of Communications hat die Anteilsrechte an Staatsanteilen inne oder betraut eine lokale Regierung diese zu verwalten.

Drei Monate nach der Promulgation der „Strategie zum Ausmustern von Staatsanteilen und öffentlichem Eigentum innerhalb der Betriebe" am 9. Februar 1951 gab es einer Statistik der Hauptverwaltung zufolge innerhalb der über 2.000 öffentlich-privaten Gemeinschaftsunternehmen nicht mehr als 1.252 Betriebe in unterschiedlichen Regionen, in denen Kontrolluntersuchungen erfolgten. Darunter wiederum waren nur 98 Betriebe, in denen die Ausmusterung bereits abgeschlossen war, ein Aufsichtsrat gegründet und die offiziell in privat-öffentlich gemeinschaftlicher Kooperation geführt wurden oder deren Anteile von einer Seite zurückgezogen und öffentlich oder privat verwaltet wurden. Im Rest der Betriebe war die Ausmusterung entweder im Gange oder hatte noch überhaupt nicht begonnen. Um die Umsetzung der Ausmusterungen zu garantieren, verlängerte die Wirtschafts- und Finanzkommission der zentralen Volksregierung die Frist für die Ausmusterung und erstellte ergänzende Maßnahmen. Dazu zählte zum Beispiel die „Maßnahme zum Umgang der Probleme hinsichtlich der Zueignung von Anteilsrechten öffentlich-privater Gemeinschaftsunternehmen", die „Instruktion zur Bestimmung einer zuständigen Behörde für die Ausmusterung von Staatsanteilen und öffentlichem Eigentum", die „Ergänzende Instruktion zur Führung öffentliche-privater Gemeinschaftsunternehmen und die Aufteilung der Gewinne an den Anteilsrechten der Staatsanteile", sowie die „Ergänzende Instruktion zur Einteilung des Verhältnisses zwischen der Ausmusterung von Staatsanteilen und öffentlichem Eigentum und der Führung" usw..

Bei der Ausmusterung von Staatsanteilen und öffentlichem Eigentum versuchte man mit allen Mitteln auf Basis von Fairness, Vernunft und gegenseitiger Nicht-Okkupation die öffentlichen und privaten Eigentumsrechte strikt und klar aufzuteilen. So wurde zum Beispiel ursprünglich von der Regierung beschlossen, sämtliche Schuldforderungen und Verbindlichkeiten zwischen bürokratischen Kapitalunternehmen und zwischen Militär- und Verwaltungsorganen der GMD nicht zu begleichen. Nachdem jedoch die Ausmusterungen begonnen hatten, wurde beschlossen, dass dadurch, dass die Bank of China und die Bank of Communications immer noch im Besitz von Privatanteilen waren und auch Unterschiede in den Eigenschaften der jeweiligen Staatsunternehmen herrschten, trotzdem weitere Ausmusterungen von Schuldforderungen und Verbindlichkeiten vorzunehmen, die zu den beiden Banken oder bürokratischen Kapitalunternehmen und Regierungs- und Militärorganisationen der GMD Regierung gehörten, welche bereits übernommen und beschlagnahmt worden waren.

6. Vermögensausmusterungen und Kapitalprüfungen

In der Zeit unmittelbar nach der Gründung der Volksrepublik China nahmen Partei und Regierung zunächst das in der Sowjetunion konstituierte Planungsverwaltungs- und Buchhaltungssystem als Lernmodell. Damit sollte die fehlende Erfahrung von staatlich geführten Unternehmen in China kompensiert werden. Für die Etablierung solcher Systeme musste man sich jedoch als Allererstes über grundlegende Umstände wie die Summe der benötigten Kapitalzirkulation und Kapitalreserven innerhalb der Unternehmen im Klaren sein. Im April 1951 fand sich der Wirtschaftsbetrieb der Unternehmen infolge der Stabilisierung der Regierung und dem Stillstand der Inflation in einer vergleichsweise ruhigen Außenumgebung wieder. Die Wirtschafts- und Finanzkommission des Regierungsrates beschloss deshalb die Durchführung von Vermögensausmusterungen und Kapitalprüfungen innerhalb der Staatsunternehmen. Von Mai bis Juli 1951 proklamierte die Wirtschafts- und Finanzkommission der zentralen Volksregierung kontinuierlich entsprechende Anordnungen wie den „Beschluss bezüglich Ausmusterung von Vermögen und Überprüfung von bürokratischem Kapital innerhalb staatlich geführter Unternehmen", das „provisorische Verfahren bezüglich Ausmusterung und Bewertung von Vermögen staatsgeführter Unternehmen" und das „provisorische Verfahren bezüglich Überprüfung von Kapital der staatlich geführten Unternehmen". In diesen Anordnungen wurde gefordert, „dass die tatsächlichen festen Anlagen und das tatsächliche Umlaufkapital sämtlicher Unternehmen, die zentral oder auf Ebene der großen Verwaltungsbezirke betrieben werden, erneut ausgemustert, registriert und bewertet werden sollen und die finanziellen Mittel der Unternehmen überprüft werden müssen."

Um die Ausmusterung des Vermögens und die Prüfung des Kapitals durchzusetzen, gründete die Zentralregierung das „nationale Komitee zur Ausmusterung von Vermögen und Prüfung von Kapital" und errichtete dementsprechende, dem Komitee untergeordnete Zweigstellen und lokale Ämter. Die Ausmusterung des Vermögens, die Prüfung des Kapitals und die Organisationsplanung durch das nationale Komitee zur Ausmusterung von Vermögen und Prüfung von Kapital stellte von September bis Dezember 1951 die zentrale Aufgabe für die staatlich geführten Unternehmen und deren Führungsabteilungen dar.

Dieses Mal ging es darum, eine Ausmusterung des Ende Juni 1951 gesamten, tatsächlichen Vermögens in den landesweiten staatlich geführten Unternehmen durchzusetzen (einschließlich notierter und nicht notierter Vermögenswerte). Zudem sollte ihr Wert mit dem Renminbi als Kalkulationsmaß erneut ermittelt werden. Konkret wurden im Ausmusterungsverfahren die tatsächlichen Vermögenswerte in zwei Kategorien eingeordnet: Festanlagen und Umlaufkapital. Zu Umlaufkapital zählte: Rohmaterial, Hauptmaterial, eingekaufte halbfertige Produkte, subsidiäres Material, Brennstoffe, Ersatzteile für allgemeine Reparaturen an Erzeugnissen und Endprodukten, Verpackungsausrüstung, Verbrauchsmaterialien, Vorauszahlungen, Forderungen aus Lieferungen und Leistungen, Geldbestände etc.. Außerdem wurden auch Sachgegenstände, deren Nutzungsdauer unter einem Jahr lag, Sachgegenstände deren Nutzungsdauer zwar über einem Jahr betrug, dafür ihr Wert jedoch unter 100 Renminbi betrug, und zerbrechliche Gegenstände (wie Glas, Haushaltsgegenstände etc.), unabhängig von ihrem Wert, ebenfalls zu Umlaufkapital gezählt.

Bei der Bewertung der Festanlagen nahm man die volle Neuwertdeckung von Juni 1951 als Maßstab. Die volle Neuwertdeckung bezeichnet unter den Bedingungen von Ende Juni 1951 die Wiederbeschaffungskosten des jeweiligen Vermögensgegenstandes in neuwertigem Zustand, einschließlich der Wertigkeit von Rechnungsbelegen, Abgaben, Provisionen sowie Transportkosten. Auf dieser Grundlage wurden dann noch Abschreibungen und Schäden abgezogen, woraus dann schließlich der Nettowert der jeweiligen Festanlage resultierte.

Bei der Bewertung von Umlaufkapital nahm man ebenfalls die Wiederbeschaffungskosten von Ende 1951 als Maßstab, einschließlich der Preise bei Sofortzahlungen, Abgaben, Provisionen sowie Transport- bzw. Versandkosten bei Sachbeschaffungen. Bei der Bewertung von Grund und Boden wurde entweder der tatsächliche Investitionsbetrag oder der ursprüngliche Buchbetrag als Grundstückswert genommen. Darunter fiel Grundeigentum wie Minen, Wälder, Teiche, Ölfelder, Salzfelder, Anbauflächen, Weideland, Eisenbahn, Landstraßen etc., das den staatlich geführten Unternehmen gehörte. Ausgenommen war Grundeigentum, das anderen Regeln untergeordnet war, die durch speziell geführte Unternehmen etabliert worden waren. Darunter fiel beispielsweise solches Eigentum, dass nach der Übernahme des vorherigen Systems durch die Volksregierung gekauft, in das investiert worden war oder bei dem die finanziellen Formalitäten bereits geklärt worden waren und das nun als Anlage verwendet wurde. Alles Weitere wurde vorübergehend nicht bewertet (Bodenkonstruktionsprojekte fielen unter Bauvermögen). Der Preis von Hausgrundstücken und dem dazugehörigen Land wurde anhand des ursprünglichen Buchwertes beim Erwerb durch die Volksregierung oder dem geschätzten Buchwert ermittelt. Als Bewertungsgrundlage wurde hier der von den lokalen Regierungsinstitutionen festgelegte Bodenpreis verwendet. Bei Staatsanleihen, Effekten etc., bewertete der Schätzer in manchen Fällen entsprechend dem Effektivpreis. War kein Effektivpreis vorhanden, wurde gemäß der aktuellen Lage geschätzt.

Um Abweichungen in den Bewertungen der Preise zu verhindern, setzte die Wirtschafts- und Finanzkommission der zentralen Volksregierung folgendes fest: Mit Hinblick auf den Preisstandard Ende Juni 1951 von Festanlagen und Umlaufkapital sollten die jeweiligen zuständigen Behörden einzeln auf Basis der Gegebenheiten eine Vielfalt von Rechnungsmethoden durchführen, Know-how, Finanzen und Experten organisieren, sich mit der Lage der Angestellten vertraut machen und gleichzeitig sorgfältig evaluieren. Von den zentralen vorgesetzten Behörden wurden der Preisstandard und die Lebensdauer von primärer maschineller Ausstattung der jeweiligen Behörde einheitlich festgesetzt. Was die Bewertung sonstiger Festanlagen und Umlaufkapital betraf, musste die Kommission die Preisstandards der Unternehmen verschiedener Gebiete landesweit überprüfen und validieren, um zu verhindern, dass deren Höhe unausgeglichen war. Grundsätzlich wurden die von den zentralen Behörden festgelegten Standards verwendet. Diese konnten jedoch in den verschiedenen Regionen der aktuellen Lage angepasst werden.

Bezüglich der Kapitalüberprüfung legte die Wirtschafts- und Finanzkommission der zentralen Volksregierung fest: Zu Kapital, das in den staatlich geführten Unternehmen kalkuliert und überprüft wird, gehören sowohl Festkapital als auch Umlaufkapital. Da die Zahlen für Festkapital bereits während der Neubewertung schon an die übergeordneten Stellen übermittelt worden waren, lag der Schwerpunkt bei der Kapitalbewertung auf dem Umlaufkapital der Unternehmen. Die Wirtschafts- und Finanzkommission der zentralen Volksregierung forderte dabei Quoten für folgende Kategorien von Umlaufkapital:

1. Rohstoffe, Werkstoffe, Brennstoffe und Hilfsstoffe.
2. Reserveteile
3. Verbrauchsmaterialien oder Materialien mit geringem Wert.
4. Erzeugnisse
5. Produktware
6. Vorauszahlungen
7. Bargeld

Darüber hinaus wurden die Unternehmen aufgefordert gemäß ihrer Eigenproduktion, ihres Finanzplans sowie der realen Verbindlichkeiten Ende Juni 1951 jeden Schritt strikt zu kalkulieren und die grundlegend erforderlichen staatlichen Investitionen zu ermitteln. Für die saisonale Produktion und den Betrieb, sowie die irreguläre Zirkulation von Umlaufvermögen aufgrund weiterer spezieller Bedürfnisse, stellten die staatlichen Banken kurzfristige Kredite zur Verfügung. Nach der Bilanzprüfung führten alle Unternehmen ein eigenständiges Buchhaltungs- und Kassensystem ein, so dass sie direkt mit den Banken abrechnen konnten. Weiterhin verlangte der zentrale Finanzausschuss von den Unternehmen die überschüssigen Umlaufvermögen nach der Bilanzprüfung gemäß eines eigens erstellten Plans in Etappen an den Staat abzugeben.

Die Vermögensliquidierung und Bilanzprüfung der staatlichen Unternehmen war innerhalb von ca. 20 Monaten von April 1951 bis Ende 1952 grundsätzlich abgeschlossen. Der Abschluss eines einzelnen Unternehmens dauerte in der Regel vier Monate. Bis Dezember 1951, vor dem Beginn der „Drei-Anti-Kampagne“[509] war die Vermögensliquidierung und -schätzung der zentralen Abteilungen und zugehörigen Unternehmen für Schwerindustrie, Brennstoffe, Textilien, Leichtindustrie und Eisenbahn sowie der Staatsunternehmen im Nordwesten und Südwesten zu 70-80% grundlegend vollendet. Nach dem Beginn der „Drei-Anti-Kampagne“ wurden die Vermögensliquidierung und Bilanzprüfung im Wesentlichen bis Juni oder Juli 1952 unterbrochen. Nach der Kampagne wurden die bereits geprüften Abteilungen und großen Gebiete erneut geprüft. Zudem wurden bei Militärlogistikunternehmen und in der Verwaltungszone Dongbei ebenfalls eine Vermögensliquidierung und Bilanzprüfung durchgeführt. Die Genehmigung des Kapitals wurde zum Zeitpunkt des jährlichen Wirtschaftsplans 1953 abgeschlossen. Vor der Liquidierung und Bewertung lagen der Buchwert der Staatsunternehmen bei 4,53 Milliarden Yuan, der Abschreibungswert bei 372 Millionen Yuan und der Überschuss somit bei 4,16 Milliarden Yuan. Nach der Liquidierung und Bewertung betrug der neue Wert 19,16 Milliarden

509 1951 führte das Zentralkomitee der KPC in staatlichen Organen und Unternehmen eine Kampagne "gegen Korruption, Verschwendung und Bürokratismus" durch.

Yuan, die grundlegende Abschreibungswert 6,17 Milliarden Yuan und der Überschuss 12,99 Milliarden Yuan. Im Vergleich stieg der Überschuss also um 8,83 Milliarden Yuan.

Bei dieser Vermögensliquidierung und Bilanzprüfung wurden grundsätzlich das Vermögen und die Betriebssituation (der Überschuss des Anlagevermögens stieg während der Prüfung um 112,08%) überprüft und es wurde damit begonnen, das Chaos und den Mangel an Disziplin in der Betriebs- und Finanzverwaltung der Unternehmen zu bewältigen. Dies führte zu einer Förderung der Betriebsverwaltung der Staatsunternehmen zu Beginn der Volksrepublik China. Doch die Vermögensliquidierung und Bilanzprüfung warf auch schwer lösbare Probleme bei der Vermögensprüfung von Staatsunternehmen auf: Wie konnten die unterschiedlichen Interessen des Staates als Eigentümer von Vermögenswerten und Unternehmen als Vermögensnutzer bei der Verrechnung von Vermögenswerten gelöst werden? Widersprüche zwischen einheitlichen Standards und sachlicher Untersuchung, die komplexe Bestimmung von Abschreibungen des Anlagevermögens, großen Reparaturfonds und dem Umlaufvermögen, sowie die wissenschaftliche Bestimmung der Umlaufvermögensrate während der Vermögensliquidierung und Bilanzprüfung waren eine konkrete Manifestation dieser häufig auftretenden Probleme. Insgesamt waren diese Widersprüchlichkeiten nach der Gründung der Volksrepublik China jedoch vergleichsweise eher gering. Die Vermögensausmusterungen und Kapitalprüfungen verliefen zum großen Teil akkurat und rational.

7. Die demokratische Reform der staatlichen Betriebe

Um die Unternehmen, in denen bürokratisches Kapital beschlagnahmt wurde, und andere Unternehmen von ganz unterschiedlicher Art zu staatlichen Unternehmen im Geiste des Sozialismus umzugestalten, führte die Volksregierung ab Anfang 1951 in diesen Betrieben demokratische Reformen durch und etablierte dementsprechend ein neues Verwaltungssystem.

1.) Beseitigung von Überresten des feudalen Systems und Konterrevolutionären und der Abbau von überflüssigem Personal. Ab 1950 führte die Regierung in jenen staatlichen Unternehmen, die von der Konfiszierung und Übernahme von bürokratischem Kapital unberührt geblieben waren, demokratische Reformen durch. Hauptelemente der Reform waren: Abschaffung des Vorarbeiter- und Leibesvisitations-Systems in Textilbetrieben, Abschaffung des „Gangmaster-Systems" in Kohleunternehmen, Durchführung von Personalanpassungen in sämtlichen Unternehmen und der Abbau von überflüssigem Personal. Im Oktober 1950, nach Beginn der Kampagne zur Unterdrückung von Konterrevolutionären, prüften und beseitigten sämtliche Unternehmen im Zuge dieser Bewegung betriebsinterne konterrevolutionäre Bandenorganisationen sowie frühere und damalige Konterrevolutionäre. Um inmitten der Kampagne die demokratischen Reformen zu gewährleisten, verabschiedete die Parteizentrale am 5. November 1951 die „Anordnung bezüglich der Ausmusterung von Konterrevolutionären in Fabriken, Minen, im Verkehr und anderen Betrieben und der Implementierung von demokratischen Reformen innerhalb dieser Betriebe". Dort wurde gefordert, dass noch vor Ende 1952 die restlichen konterrevolutionären Kräfte innerhalb staatlich geführter Unternehmen durch eine Systemausmusterung beseitigt werden und, dass in den hinterbliebenen Altsystemen geeignete und unverzichtbare demokratische Reformen implementiert werden. Des Weiteren verlangte die Anordnung auch schon konkrete Strategien und Direktiven. Nach dem Beginn der „Drei Anti-Kampagne“ und der „Fünf Anti-Kampagne“[510] 1952 kooperierten auch die staatlich geführten Unternehmen, in dem sie unter den Betriebsangestellten eine Kampagne zur Anzeige und Selbstkontrolle initiierten, in der gründlich auf illegales, wirtschaftliches Fehlverhalten geprüft wurde (vor allem nach Veruntreuung, Inbesitznahme oder Diebstahl von öffentlichem Eigentum).

2.) Schaffung eines demokratischen Verwaltungssystems. Ein weiterer Aspekt der demokratischen Reform innerhalb der Unternehmen war die Errichtung einer neuen Art von demokratischem Verwaltungssystem. Eine Parole um die Zeit der Gründung der Volksrepublik China lautete „Verstaatlichung in der Wirtschaft, Demokratisierung in der Verwaltung“. Doch wie ist eine Demokratisierung der Verwaltung zu realisieren? Eine der gängigen Methoden damals war die Gründung von Verwaltungsräten und die Einberufung von Personalratssitzungen in den Industriebetrieben.

Am 7. Februar 1950 veröffentlichte die „People's Daily“ einen Leitartikel zur „Erlernung der Verwaltung von Betrieben“. In dem Artikel wurde gefordert, dass in sämtlichen staatlichen und öffentlichen Industriebetrieben die überholten bürokratischen Verwaltungssysteme entschlossen umgestaltet werden und eine Demokratisierung der Verwaltung realisiert wird. Außerdem wurde gefordert, dass ein Verwaltungsrat in den Industriebetrieben etabliert wird und Arbeiter in die Verwaltung aufgenommen werden, um das Bewusstsein der Arbeiter als herrschende Klasse zu stimulieren und um die Leidenschaft der Arbeiter für ihre Tätigkeit zu stärken. Dies galt als das grundlegende Bindeglied zwischen dem Umgestalten der veralteten Unternehmen und dem korrekten Verwalten der Volksbetriebe. Im Anschluss veröffentlichte die Wirtschafts- und Finanzkommission der zentralen Volksregierung eine Anordnung, in der gefordert wurde, dass an sämtlichen Standorten unverzüglich die Einberufung von Verwaltungsräten und Personalratssitzungen in Angriff genommen werden soll. Zusätzlich wurden die „Vorschriften bezüglich einer Implementierung der Gründung von Personalratssitzungen und Verwaltungsräten in staatlichen und öffentlichen Unternehmen“, welche von der Volksregierung in Nordchina im August 1949 proklamiert wurden, erneut veröffentlicht.

Gemäß diesen Vorschriften ist der Verwaltungsrat eine betriebliche Verwaltungsorganisation unter der Leitung der höchsten betrieblichen Verwaltungsinstitutionen, die von dem Betriebsleiter, Vize-Betriebsleiter, dem Chefingenieur, dem Gewerkschaftsvorsitzenden, sowie weiteren Produktionsleitern und einer äquivalenten Anzahl an Repräsentanten von Arbeitern und Angestellten gebildet werden. Der Betriebsleiter, der stellvertretende Betriebsleiter, der Chefingenieur und der Gewerkschaftsvorsitzende waren von Amts wegen Mitglieder des Verwaltungsrates. In

510 Damit ist die Kampagne gemeint, die das Zentralkomitee der KPCh im Jahre 1952 in den großen und mittelgroßen Städten landesweit gegen die „fünf Übel“ der Bourgeoisie initiierte (Bestechung, Steuerhinterziehung, Veruntreuung von Staatseigentum, Betrug und Verrat von Staatsgeheimnissen).

ihrer Verantwortung lag es, gemäß den Anordnungen und Plänen der vorgesetzten Führungsinstitutionen wichtige Fragen zur Verwaltung und Produktion des Betriebs zu erörtern und zu lösen, regelmäßige Inspektionen durchzuführen und Arbeitsbilanzen zu erstellen. Im Verwaltungsrat nahm der Betriebsleiter (bzw. Manager) die Position des Vorsitzenden ein. Die Entscheidungen des Rates wurden durch Verordnungen des Betriebsleiters implementiert. Im Falle, dass die Mehrheit des Verwaltungsrates und der Betriebsleiter (bzw. Manager) nicht einer Meinung waren, sollten die Beschlüsse des Betriebsleiters zwar umgesetzt, aber gleichzeitig die Vorgesetzten über die Beschlussfassung in Kenntnis gesetzt werden.

Die Repräsentanten der Angestellten wurden durch den Personalrat bei dessen Sitzungen gewählt. Gewählt wurde entweder im Halbjahres- oder im Jahresrhythmus, wobei galt, dass selbst gewählte Amtsträger jederzeit wieder abgesetzt werden konnten, wenn sie sich als inkompetent erwiesen.

Die Anzahl der Mitglieder im Verwaltungsrat lag abhängig von der Größe des jeweiligen Betriebs für gewöhnlich bei 5 bis 17 Personen. In den Personalratssitzungen wurden die Berichte des Verwaltungsrats angehört und erörtert, wobei der Arbeitsstil des Verwaltungsrats in den Bereichen Wirtschaft, Verwaltung und Führung des Betriebs gründlich überprüft und Kritik und Vorschläge eingebracht wurden. Dennoch mussten sämtliche Beschlüsse der Personalratssitzungen zu Fragen der Betriebsverwaltung zunächst vom Verwaltungsrat beurteilt werden und waren erst nach der Verordnung des Betriebsleiters gültig. Die Personalratssitzungen galten außerdem gleichzeitig als die Vertreterversammlungen der betrieblichen Gewerkschaftsorganisationen. Die betriebliche Gewerkschaft stand in der Pflicht, die Beschlussfassungen der Personalratssitzungen vollständig umzusetzen. Ohne den Entschluss der vorgesetzten Gewerkschaft durfte die Gewerkschaft den Beschluss der Personalratssitzung nicht verändern.

Durch die vorher genannten Serien von Konfiszierungen, Übereignungen, Vermögensausmusterungen, Kapitalprüfungen und demokratischen Reformen gelang es, die staatlich geführten Unternehmen im Wesen des Sozialismus der Volksrepublik rasch zu etablieren und zu führenden Kräften in der Nationalökonomie auszubauen.

Abschnitt 2: Sozialistische Erneuerung von kapitalistischem Gewerbe

Nach der Ausrufung der Volksrepublik China war es das Ziel, ein neu-demokratisches Wirtschaftssystem, in dem viele verschiedene Wirtschaftssektoren Seite an Seite existieren. Die grundlegende Wirtschaftspolitik, die im Land vorangetrieben wurde, bestand darin, dass unter der Führung der Staatswirtschaft sämtliche Arten von Arbeitsabteilungen in der Wirtschaft miteinander kooperieren, aber dennoch jeder das erhält, was ihm oder ihr zusteht. Gegenüber den zahlreichen ländlichen und städtischen privaten Kapitalwirtschaften wurde eine Politik der „Nutzung, Beschränkung und Umstrukturierung" umgesetzt.[511] Nach 1953 stellte die KPCh die „Generallinie der Partei in der Übergangsperiode" vor, in der eine direkte Transition hin zu einem Sozialismus mit einheitlichem öffentlichem Eigentum proklamiert wurde. Der Staat begann allmählich durch öffentlich-private Partnerschaften, alle privatgeführten kapitalistischen Unternehmen in staatlich geführte Unternehmen zu umzuwandeln. Dieser Reformprozess wurde im Wesentlichen bis Ende 1956 abgeschlossen. Chinas wirtschaftliche Zusammensetzung hatte sich durch die neu-demokratische Wirtschaft, in der unterschiedliche Wirtschaftssektoren koexistieren konnten, in eine sozialistische Volkswirtschaft im öffentlichen Besitz verwandelt, die im Wesentlichen aus staatlich geführten und in öffentlich-privater Partnerschaft geführten Unternehmen zusammengesetzt war. Innerhalb dieses Prozesses bleibt erwähnenswert, dass die sozialistische Planwirtschaft und das sozialistische öffentliche Eigentum ein Erfolgsmodell des friedlichen Übergangs zum Sozialismus darstellten, dass von der KPCh aus einer Kombination zwischen Lenins Ideen des „Rückkaufs" und des „Staatskapitalismus" und den individuellen Gegebenheiten Chinas geschaffen wurde.

Zugleich muss jedoch angeführt werden: Da die Industrialisierung Chinas zu dem Zeitpunkt gerade erst begonnen hatte, stellte die traditionelle Landwirtschaft, das Handwerk und der Handel noch immer einen großen Teil der Volkswirtschaft dar. So befand sich die Volkswirtschaft nicht nur im Allgemeinen auf einem geringen Niveau, sondern war von der Sozialisierung der Produktion noch weit entfernt. Zudem war die Entwicklung zwischen den Regionen, zwischen Land und Stadt und zwischen den einzelnen Wirtschaftszweigen, sehr uneinheitlich. All dies führte dazu, dass die Planwirtschaft und das einheitliche öffentliche Eigentum, die auf der Basis der Industrialisierung und der Sozialisierung von Produktion errichtet wurden, in keiner Weise die erwarteten Vorteile hervorbrachten. Dies war vor allem in kleinen und mittelständischen Unternehmen mit rückständiger Technologie und dezentralisierter Produktionsverwaltung der Fall. Dazu gehörte auch ein großer Teil der Unternehmen, die öffentlich-private Partnerschaften eingegangen waren.

Außerdem strömten nach der vollendeten sozialistischen Umgestaltung 1956 nicht nur eine große Anzahl der oben erwähnten kleinen und dezentralisierten Privatunternehmen in Reihen zu staatlich geführten Unternehmen, was zu Schwierigkeiten bei der Verwaltung der staatlich geführten Unternehmen führte. Darüber hinaus entstanden durch fehlende Marktmechanismen bei der Allokation von Ressourcen im Zuge der „drei großen Transformationen" zahlreiche Schwierigkeiten bei Planung und Verwaltung und häufige Fehler bei politischen Entscheidungen auf Makroebene. Dies wiederum verschärfte die Schwierigkeiten der staatlich geführten Unternehmen in den Jahren von 1956 bis 1978 weiter. Dadurch dass keine Marktmechanismen herangezogen wurden, konnte sich die Reform der staatlich geführten Un-

511 Unter „Umstrukturierungen" verstand man vor 1953 Umgestaltungen, Fusionierungen, Strukturanpassungen, die innerhalb privater Unternehmen vorgenommen wurden, sowie der Zusammenschluss einzelner Betriebe in öffentlich-private Partnerschaften. Dies unterschied sich deutlich von der Bedeutung des Begriffes nach 1953, mit dem die tatsächliche generelle „Ausrottung" der Privatwirtschaft gemeint war.

ternehmen von Anfang an nicht aus dem Teufelskreis befreien, in dem die Dezentralisierung von Entscheidungsbefugnis zu Chaos und Regulierungen andererseits zu Stagnation führten.

1. Öffentlich-private Partnerschaften wechseln vom Geschäftsmodus in den Transformationsmodus

Gemeinsame Investitionen in Zusammenarbeit und Unternehmensführung und gemeinsame Unternehmensführung durch den Staat und Privatpersonen brachte schon bereits die späte Qing-Dynastie während der Kampagne zur Selbststärkung hervor, damals als „Kooperation zwischen Beamten und Geschäftsleuten" bezeichnet. In der späten Qing-Dynastie und unter der Herrschaft der GMD entwickelte sich die „Kooperation zwischen Beamten und Geschäftsleuten" zu einer der Hauptstrategien, durch die das bürokratische Kapital die Kontrolle über das nationale Kapital gewann und die Bürokraten sich Staatsvermögen und Staatseinnahmen aneignen konnten.

Nach der Gründung der Volksrepublik China wurden im Zuge der Konfiszierung des bürokratischen Kapitals und des feindlichen Eigentums viele staatlichen Unternehmen zu öffentlich-privaten Gemeinschaftsunternehmen umstrukturiert. Dabei traf es vor allem jene Unternehmen mit relativ hohem Anteil an privaten Aktien und private Unternehmen mit relativ hohem Anteil an Staatsanleihen, die Schwierigkeiten mit Ausmusterung und Rückzahlung hatten. Da auch einige große private Unternehmen in finanzielle Schwierigkeiten gerieten oder Entwicklungsbedarf aufwiesen, hofften diese durch die Kooperationen gleichzeitig auf staatliche Investitionen (oder der Umwandlung von Krediten in Investitionen). Als Reaktion auf diese Lage schlug Zhou Enlai in der Zeit der nationalen wirtschaftlichen Erholung vor:

„Öffentliche-private Partnerschaften basieren auf der vom Staat geführten kapitalistischen Staatswirtschaft und können Voraussetzungen für den Sozialismus schaffen. Kapitalisten hoffen ebenso auf gemeinsame Betriebsführungen, denn durch diese wird die Rohstoffversorgung garantiert und Probleme anderer Art gelöst. Außerdem werden Kredite bereitgestellt. Allerdings haben wir keine andere Wahl, als bis zu einem gewissen Grad selektiv vorzugehen. Jene Unternehmen, die für die Volkswirtschaft und den Lebensunterhalt der Menschen von essentieller Bedeutung sind und die für die staatliche als auch die private Seite profitabel sind, können zuerst gemeinsam betrieben werden. Kurz gesagt, wir müssen Prioritäten setzen und schrittweise entwickeln."[512]

Zu diesem Zweck gab die Wirtschafts- und Finanzkommission der zentralen Volksregierung die fachliche Anweisung heraus, dass der Staat nur dann für die Bildung einer Partnerschaft in private Unternehmen investieren dürfe, wenn drei Voraussetzungen erfüllt sind:

1. Die Bildung der Partnerschaft muss im Einklang mit dem nationalen ökonomischen Entwicklungsplan sein.
2. Die Inhaber der privaten Unternehmen handeln vollkommen freiwillig.

512 *Zhou Enlai Tongyi Zhanxian Wenxuan* 周恩来统一战线文选 („Ausgewählte Schriften von Zhou Enlai über die Einheitsfront", Renmin Chubanshe, Ausgabe 1984, S.170-171).

3. Das Unternehmen weist Entwicklungsfähigkeit auf, und der Nutzen der Investition ist hoch.

Daher verfolgte der Staat in der Erholungsphase der Volkswirtschaft eine vorsichtige Entwicklungspolitik gegenüber öffentlich-privaten Partnerschaften im Industrie- und Handelssektor sowie im Transportsektor. Die Hauptaufgabe bestand darin, in bestehenden öffentlich-privaten Partnerschaften Ausmusterungen durchzuführen und die Verwaltung zu stärken. Die Regierung hatte auch vielerorts die Gründung von Investmentgesellschaften mit Eigenschaften von öffentlich-privaten Gemeinschaftsunternehmen initiiert. Dies geschah, um gesellschaftliches Umlaufkapital und chinesisches Kapital aus Übersee abzuschöpfen und in Wirtschaftssektoren zu investieren, die Vorteile für die Volkswirtschaft und den Lebensunterhalt der Menschen boten. Bei diesen Investmentgesellschaften lagen die Anteile des Staates jedoch in der Regel nicht über 25%.

Von 1949 bis 1952 stieg die Zahl der öffentlich-privaten Industrieunternehmen um das 4,2-fache von 193 auf 997 Betriebe, der Produktionswert stieg um das 5,2-fache. Die staatlichen Unternehmensanteile in diesen Betrieben betrugen 1949 70,7% und 1952 60,7%. Einer Untersuchung innerhalb 695 öffentlich-privater Gemeinschaftsunternehmen zufolge lag die Quote der staatlichen Unternehmensanteile, die aus den Konfiszierungen von bürokratischem Kapital und der Übernahme feindlichen Eigentums hervorgingen, bei 62,18%. Die nach der Befreiung durch den Staat getätigten Neuinvestitionen lagen bei 31,14%.

Da öffentlich-private Gemeinschaftsunternehmen grundsätzlich nichts anderes als Aktiengesellschaften waren, waren deren Verwaltungsinstitutionen für den Betriebsleiter (oder Manager), der dem Aufsichtsrat unterstellt war, verantwortlich. Somit zeichnete sich die Verwaltung der staatlichen Unternehmensanteile an öffentlichen-privaten Gemeinschaftsunternehmen dadurch aus, dass die Regierung die Aufsichts- und Verwaltungsrechte der staatlichen Unternehmensanteile an die Verwaltungsinstitutionen der Regierung in der jeweiligen Branche übertrug, während die Finanz- und Einnahmenverwaltung der Bank of Communications anvertraut wurde. Die Bank of Communications nahm die Ungleichheit der staatlichen und öffentlichen Anteilsrechte in Kooperationsbetrieben zwischen Beamten und Geschäftsleuten des alten Chinas, die Monopolisierung von Unternehmen durch Bürokraten und Manipulation der Unternehmen durch private Aktienanteile ins Visier. Sie schlug vor, dass die Regierung der Volksrepublik China die Verwaltung der öffentlich-privaten Gemeinschaftsunternehmen nicht ausschließlich in die eigene Hand nehmen sollte. Stattdessen müssen diese durch ein Aufsichtsorgan, bestehend aus Vertretern öffentlicher und privater Unternehmensbeteiligungen, verwaltet werden.

In Bezug auf die Verwaltungsführung der öffentlich-privaten Gemeinschaftsunternehmen, Probleme nicht durch Vollzugsanordnungen lösen. Vielmehr waren es die Vertreter der öffentlichen Anteilseigner in den Aufsichtsratssitzungen, die in Verhandlungen mit den Vertretern der privaten Anteilseigner gemeinsam Geschäfts- und Finanzpläne, sowie Personalregelungen festlegten, um die Intentionen und Strategien der Regierung auf den Weg zu bringen. Die Anzahl der Vertreter öffentlicher

Anteilseigner hing dabei von der Anzahl der emittierten Aktien ab. Diese wurden jeweils von der Bank of Communications, der Abteilung der Industrie- und Handelsverwaltung und der Geschäftsführungsabteilung separat nominiert. Die Vertreter der öffentlichen Anteilseigner aus der Bankendelegation waren verantwortlich für die vernunftgemäße Nutzung finanzieller Mittel. Die Vertreter öffentlicher Anteilseigner aus der Delegation der jeweiligen Institutionen der Industrie- und Handelsverwaltung waren unter anderem zuständig für die Überwachung und Leitung des rechtsgemäßen Betriebs und des Abtretens von Steuern. Die Vertreter aus der Delegation der Geschäftsabteilung schließlich halfen den Unternehmen bei der Durchführung einer dem Programm entsprechenden Produktion. Damit die Vertreter öffentlicher Anteilseigner in ihren Ansichten auf eine Linie kamen, saßen für die öffentlichen Anteilseigner im Aufsichtsrat nur Hauptvertreter. Vor einer Sitzung des Aufsichtsrates kamen die Vertreter der öffentlichen Anteilseigner in der Regel zunächst auf gemeinsame Standpunkte, die dann von den Hauptvertretern bei der Sitzung vertreten wurden. Falls die öffentlichen Anteilseigner im Aufsichtsrat jedoch nur einen einzigen Sitz innehielten, wurde dieser alleinige Vertreter der öffentlichen Anteilseigner durch die Bank of Communications ernannt. Das Hauptverwaltungsbüro der Bank of Communications war darüber hinaus dafür zuständig, die provisorischen Regeln für die Wahl des Verwaltungsrats für öffentliche Anteile und deren Arbeitsaufgaben zu formulieren und detaillierte Bestimmungen zu den Einnahmen und Ausgabenberichten für Bedienstete zu erlassen, die gleichzeitig als Mitglieder des Verwaltungsrats und als Beamte tätig waren.

In Bezug auf die Verteilung von Güter und Material zwischen Staat und öffentlich-privaten Gemeinschaftsunternehmen legte die Wirtschafts- und Finanzkommission der zentralen Volksregierung fest: „Will sich der Staat Güter und Material von öffentlich-privaten Gemeinschaftsunternehmen zur Verwendung zuführen, so muss er zunächst die Zustimmung des Unternehmens einholen. Erst dann kann er diese zu einem gesetzten Preis kaufen. Möchte hingegen das Unternehmen einen Güter- und Materialtransfer vom Staat hin zum Unternehmen beantragen, so kann es Güter und Material ebenfalls erst nach der Zustimmung des Staates zu einem Preis kaufen. Und was die Gewinne des Unternehmens anbetrifft: Nach Abzug staatlicher Rücklagen und des öffentlichen Wohlstandsfonds werden auf Aktienbasis Dividenden ausgeschüttet. Die Dividenden der staatlichen Unternehmensanteile werden von der Bank of Communications gesammelt und dem Finanzministerium vorgelegt. Ob Investitionen in staatliche Unternehmensanteile erhöht werden oder ob die Dividenden, Gewinne und andere Erträge der staatlichen Unternehmensanteile in Investitionen umgewandelt werden sollen, entscheidet die verantwortliche Regierungsbehörde. Die Entscheidung wird dann in der Regel über die lokale Finanzkommission an die Wirtschaft- und Finanzkommission der zentralen Volksregierung weitergeleitet."

Vor Juni 1953, als das Zentralkomitee der Kommunistischen Partei Chinas öffentlich-private Partnerschaften noch nicht als wichtigste Methode zur friedlichen Umwandlung von privatkapitalistischen Unternehmen ansah, verhielt sich die Regierung gegenüber öffentlich-privaten Unternehmen sehr zurückhaltend. So wurde der Fokus auf das strikte Verfolgen des dringlichen Entwicklungsbedarfs gesetzt und das

Zusammenführen der drei Prinzipien des staatlichen Investitionsplanes, der Aufrichtigkeit und der Freiwilligkeit der Kapitalisten. Wie Mao Zedong im Jahre 1953 kommentierte: „Der Grund, warum die Wirtschafts- und Finanzkommission der zentralen Volksregierung damals so handelte war einerseits, dass die Staatsgelder knapp waren. So kam man nicht umher, die Wirksamkeit des Staatsmitteleinsatzes genau abzuwägen und der Entwicklung der Staatswirtschaft Priorität einzuräumen. Der zweite Grund war, dass die GMD einst diese Methode (Bildung öffentlich-privaten Partnerschaften) dafür benutzte, die nationale Industrie unter ihre Kontrolle zu bringen bzw. zu annektieren und mit aller Kraft Unruhen und Missverständnisse der nationalen Bourgeoisie zu unterbinden."

Im Juni 1953 schlug Li Weihan, Leiter der Zentralabteilung Vereinigte Arbeitsfront, nach vorangegangenen Untersuchungen vor, dass öffentlich-private Partnerschaften eine optimale Methode darstellen, um kapitalistische Unternehmen zu transformieren und einen Übergang zum Sozialismus zu erreichen. Dieser Vorschlag wurde vom Zentralkomitee der KPCh angenommen. Da die Frage nach dem Übergang der privaten Landwirtschaft und des privaten Handwerks zum Sozialismus im Voraus bereits durch Vergenossenschaftlichung gelöst worden war, wurde dies zu einem essentiellen Faktor in Mao Zedongs offizieller und deutlicher Formulierung zur allgemeinen Leitlinie der Partei in der Übergangszeit. Der Grund, warum Mao Zedong eine fortschrittliche Form des Staatskapitalismus adaptierte – durch öffentlich-private Partnerschaften die privatkapitalistische Wirtschaft zu beseitigen, bestand in erster Linie aus drei Faktoren:

1. Mao Zedong und das Zentralkomitee der KPCh hatten gerade erst die allgemeine Leitlinie für die Übergangszeit angekündigt. Es galt als dringend notwendig einen Ansatz des „friedlichen Kaufes" zu finden, der den Gegebenheiten Chinas angemessen war (vor allem im Kontext der Einheitsfront), und sich von den Konfiszierungsmethoden in der Sowjetunion und in Osteuropa unterschied. Öffentlich-private Partnerschaften erfüllten genau diese Anforderungen (besonders im Hinblick auf Veränderung und Nutzen für die Menschen. Wie Zhou Enlai sagte: „Alle fahren hinüber auf dem Boot des Erbarmens, um auf der anderen Seite zu segeln")
2. Innerhalb der Unternehmen wagten sich Kapitalisten nach der „Fünf Anti-Kampagne" nun nicht mehr in die Betriebsverwaltung, während die Arbeiter eine Verwaltung unter ihrer Leitung nicht mehr akzeptierten (die Kapitalisten konnten Arbeiter auch nicht entlassen). Dies schuf die Voraussetzung dafür, dass der Staat Unternehmen durch Aktienbeteiligung übernehmen konnte (jedoch nicht zwingend wie in der Vergangenheit, in der Aktienanteile über die verfügten Kontrollrechte entschieden).
3. Aus externer Sicht war das Land bereits in einen extensiven ökonomischen Aufbau, Rohstoff- und Geldknappheit geraten. Besonders nachdem sich der Staat das Monopol beim Kauf und Verkauf der wichtigsten Agrarprodukte aneignete, standen privat geführte Unternehmen vor großen Schwierigkeiten. Es erwies sich als unumgänglich, dass der Staat die Gesamtplanung an der Produktion, der Lieferung und dem Verkauf innerhalb öffentlicher und

privater Unternehmen übernahm. Öffentlich-private Partnerschaft bedeutete außerdem, dass der Staat die Unternehmen intern kontrollierte, was weitaus effektiver war als externe Kontrolle, wie z.B. durch die Bearbeitung von Aufträgen oder durch den einheitlichen Kauf und Verkauf von Produkten durch Staatsorgane. Zudem war es somit leichter, die Produktion in den nationalen Plan zu integrieren, eine ausgewogene Produktion und ein Gleichgewicht von Angebot und Nachfrage zu erreichen.

Am 7. September 1953 lud Mao Zedong die Parteien der Einheitsfront und Vertreter der Geschäftswelt ein, um das Thema zu diskutieren. Bei dem Treffen legte Mao Zedong seine Visionen zur kapitalistischen Transformation dar:

1. Die Transformation vom Kapitalismus hin zum Sozialismus muss durch den Staatskapitalismus vollendet werden.
2. Stetiger Fortschritt, ohne etwas zu überstürzen. Es wird mindestens drei bis fünf Jahre dauern, bis die nationale private Industrie und der private Handel im Großen und Ganzen dem Weg des Staatskapitalismus folgen. Daher sollten keine Erschütterungen oder Unruhen ausbrechen. „Der Abschluss der gesamten Übergangsperiode ist jedoch innerhalb von drei oder fünf Jahren nicht möglich. Die Übergangsperiode beinhaltet die grundsätzliche und vollendete Industrialisierung des Landes und eine abgeschlossene sozialistische Umwandlung im Handwerk, der Landwirtschaft, der kapitalistischen Industrie und im kapitalistischen Handel. Dies wird mehrere Fünfjahrespläne in Anspruch nehmen. In Bezug auf diese Frage müssen wir uns dem Gedanken einer ungewissen Zukunft widersetzen und gleichzeitig aber auch den Gedanken eines hitzköpfigen Voreilens ablehnen.
3. Da der Staatskapitalismus ein kooperatives Unterfangen ist, darf dessen Umsetzung nicht ausschließlich auf Bedarf und Möglichkeit basieren, sondern auch auf der Bereitschaft der Kapitalisten. Kooperation kann nicht erzwungen werden. Das ist anders als bei Grundbesitzern.[513]

Am 27. Oktober initiierte Li Weihan auf der Nationalversammlung des Industrie- und Handelsverbandes im Namen des Zentralkomitees der KPCh einen relativ detaillierten Diskurs über die oben angebrachten Gedanken von Mao Zedong.

2. Öffentlich-private Partnerschaften mit einzelnen Unternehmen

Da öffentlich-private Gemeinschaftsunternehmen damals unter die direkte Planung und Verwaltung des Staates gestellt wurden, konnten Kredite, Rohstoffe und Verkaufswege garantiert werden, Fachkräfte und Kapital aus der Bourgeoisie konnte voll ausgenutzt werden. Zudem zeichneten sich Unternehmen, die sich für öffentlich-private Partnerschaften entscheiden, durch vielversprechende Entwicklungsper-

513 *Mao Zedong Wenxuan* 毛泽东选集 („Ausgewählte Schriften von Mao Zedong", Kapitel 5, Renmin Chubanshe, S.98-100)

spektiven aus. Daher hatte sich der ökonomische Nutzen der Gemeinschaftsunternehmen erkennbar erhöht und sowohl die öffentliche als auch die private Seite wurden zufriedengestellt. Dies war auch der entscheidende Faktor für die damalige Einführung dieser Umwandlungsmethode durch die KPCh. Im Folgenden werden nun die Lage der Wirtschaftsleistung öffentlich-privater Gemeinschaftsunternehmen und deren Ursprünge im Jahr 1955 analysiert, zu der Zeit, als öffentlich-private Partnerschaften auf die gesamte Industrie ausgedehnt wurden.

Anfang 1953 übertrug die Bank of Communications die Anteilsrechte an öffentlich-privaten Gemeinschaftsunternehmen an die lokalen Dienstherren. Mitte des Jahres beschloss die Zentralregierung die Gründungen offiziell, begann damit tatsächlich jedoch erst 1954. 1953 begann ebenfalls der großangelegte ökonomische Aufbau, ein Mangel an Rohstoffen und finanziellen Mitteln war die Folge. Der Untersuchung Li Weihans in Shanghai im Frühjahr 1953 zufolge wären damals viele Kapitalisten in Schwierigkeiten geraten, wenn die Staatsbanken Kredite strenger geregelt hätten. Shanghai mit samt seiner Produktionsindustrie wäre zum größten Teil zusammengebrochen, der Staat hätte Bearbeitungen und Aufträge gestoppt. Die Lebensader für 37 private Gewerbe in Shanghai wäre gekappt worden, wenn der Staat kein Kupfer mehr verkauft hätte.[514]

Privatunternehmen waren 1952 vor allem durch die „Fünf Anti-Kampagne" beeinflusst worden, das Verhältnis zwischen Arbeitern und Kapitalisten war angespannt. Nach 1953 kamen dann interne und externe Schwierigkeiten hinzu. Extern wurde der Markt vom Staat kontrolliert, Rohstoffe waren knapp und die Vertriebskanäle teilweise blockiert. Intern war das Verhältnis zwischen Arbeitern und Kapitalisten angespannt, Firmenchefs mangelte es an Betriebsautonomie, finanzielle Mittel waren knapp (Gründe dafür waren die „Fünf Anti-Rückkehrer", die Kündigung der Aktien von Angestellten, eine fehlende Strategie zur Eigenmittelbeschaffung und die Reduzierung von Bankenkrediten). Öffentliche-private Partnerschaften stellten dabei unter diesen Umständen eine Befreiung der privaten Unternehmen aus den folgenden drei Schwierigkeiten dar:

1. Der unternehmensinterne Zwiespalt zwischen Arbeiter und Kapitalisten wurde durch die Partnerschaft grundsätzlich beseitigt.
2. Da Lieferung und Absatz in die staatliche Planung integriert und wie in staatlich geführten Unternehmen gehandhabt wurden, bestanden in diesem Bereich keine Schwierigkeiten mehr.
3. Das Problem der unzureichenden finanziellen Mittel wurde durch die Zuführung von Staatsgeldern behoben.

Im Folgenden sind Verhältnisse und Merkmale der öffentlich-privaten Partnerschaften im Jahre 1955 geschildert, bevor öffentlich-private Partnerschaften über die gesamte Industrie ausgeweitet wurden:

---

[514] Generalbüro des Zentralkomitees der KPCh 中共中央办公厅编: „Zhongyang Wenjian Huiji (1953)" 中央文件汇集(1953) [Sammlung von Dokumenten des Zentralkomitees (1953)], Band 4, S.221

1. Staatliche Unternehmensanteile stellten einen vergleichsweise großen Anteil innerhalb der Gemeinschaftsunternehmen dar. Der Staat legte Wert auf Finanzmittelzufuhr und die ökonomische Strategie der Kontrolle der Anteilsrechte, um die Unternehmen zu transformieren und ihre Stärke auszubauen.

Tabelle 7.1 Kapitalzusammensetzung öffentlich-privater Partnerschaften

Einheit: Mio. Yuan[515]

Jahr	1949	1952	1953	1954	1955
Kapitalausstattung	130	537	693	1400	1875
Davon staatliche Unternehmensanteile	87	282	402	634	761
Private Unternehmensanteile	36	182	210	640	930

2. Privat geführte Unternehmen, die öffentlich-private Partnerschaften eingingen, waren im Wesentlichen große Unternehmen mit vielversprechenden Entwicklungsperspektiven.
Gemessen an der Größenordnung waren Gemeinschaftsunternehmen in der Regel relativ großangelegte Unternehmen mit vergleichsweise guten Voraussetzungen und vielversprechenden Zukunftsperspektiven (Produkte, für die beim Staat und in der Gesellschaft Bedarf bestand und bei denen Knappheit herrschte).
Im Folgenden sind Verhältnisse innerhalb der Branche und Größenordnung der öffentlich-privaten Partnerschaften im Jahre 1955 geschildert, bevor öffentlich-private Partnerschaften in der gesamten Industrie etabliert wurden:

515 Staatliches Amt für Statistik 国家统计局: „Shehui Zhuyi Jianshe Tongji Ziliao Huibian" 社会主义建设统计资料汇编 [Sammlung von Statistikdaten bei der Errichtung des Sozialismus], Oktober 1956, S. 59.

Tabelle 7.2 Angestellte und Kapital der öffentlich-privaten Gemeinschaftsunternehmen im Durchschnitt von 1950 bis 1954.

	1949	1950	1951	1952	1953	1954
Anzahl der Unternehmen	193	294	706	997	1036	1746
Anzahl der Angestellten (in Tausend)	105.37	130.89	166.33	247.76	270.11	533.27
Durchschnittlich pro Unternehmen	545.9	445.2	235.6	248.5	260.7	305.4
Gesamtwert der Produktion (in 100 Mio. Yuan)	2.2.	4.14	8.06	13.67	20.13	51.10
Durchschnittlich pro Unternehmen	113	140	114	137	194	292
Nettovermögenswerte (in 100 Mio. Yuan)	2.01	3.07	4.75	8.27	10.92	20.78
Durchschnittlich pro Unternehmen (in Zehntausend Yuan)	104	104	67	83	105	119
Feste Anlagen (in 100 Mio. Yuan)	1.37	2.37	3.44	4.53	6.81	12.84
Durchschnittlich pro Unternehmen (in Zehntausend Yuan)	71	80.6	48.7	45.4	65.7	73.5

Tabelle 7.3 Entwicklungslage der öffentlich-privaten Gemeinschaftsunternehmen in der jeweiligen Branche von 1949 bis 1954.

	1949	1952	1954
Kohleförderung	18	32	45
Stahlschmelze	1	15	45
Maschinenbau	9	42	141
Chemische Industrie	7	41	99
Gummiindustrie	1	4	21
Holzverarbeitung	6	13	28
Zündholzindustrie	6	22	32
Papierindustrie	5	26	49
Textilindustrie	15	103	334
Nähindustrie	-	-	3
Lederindustrie	-	2	4
Lebensmittelindustrie	30	164	286
Salzindustrie	4	2	5
Summe	**193**	**997**	**1746**

Aus den obigen Tabellen ist ersichtlich, dass hinsichtlich der Anzahl der Angestellten jener Unternehmen, die an Partnerschaften teilnahmen, die Gemeinschaftsunternehmen allesamt großangelegte privat geführte Unternehmen waren. 1953 gab es innerhalb der Privatwirtschaft nur 2048 Unternehmen mit 100 Beschäftigten, was einen Gesamtanteil von 1,36% ausmachte. 1954 lag die Zahl der Unternehmen mit über 100 Beschäftigten bei gerade einmal 1646 Stück, was einem Gesamtanteil von 1,23% entsprach.

Außerdem wiesen öffentlich-private Gemeinschaftsunternehmen bei Weitem höhere Nettovermögenswerte auf als vergleichbare großangelegte Privatunternehmen mit über 100 Beschäftigten (770.000 Yuan im Jahre 1953, 460.000 Yuan im Jahre 1954). Gleichzeitig lässt sich feststellen, in welchen Sektoren die Entwicklung der öffentlich-privaten Partnerschaften vergleichsweise zügig voranschritt:

a. Branchen mit vielversprechenden Zukunftsperspektiven und einer bedeutenden Funktion in der Beschleunigung der Industrialisierung, wie z.B.: Stahlschmelze, Maschinenbau, chemische Industrie;
b. Branchen, die vom Ressourcenmangel betroffen waren und die Bevölkerung mit überlebenswichtigen Ressourcen versorgten, wie z.B.: Textilien, Lebensmittel (vor allem die Verarbeitung von Öl und Getreide).[516]

3. Die Wirtschaftsleistung der öffentlich-privaten Gemeinschaftsunternehmen war höher als die der Unternehmen aus anderen wirtschaftlichen Zusammensetzungen. Bei öffentlich-privaten Partnerschaften handelte es sich im Wesentlichen um große Unternehmen mit vielversprechenden Zukunftsperspektiven, deren ursprüngliche Unternehmen zudem auch über eine Gruppe erfahrener Führungskräfte verfügten. Daher war die Wirtschaftsleistung, unmittelbar nachdem die Partnerschaft beschlossen wurde, der Staat dem Unternehmen finanzielle Mittel zuführte und Lieferung und Absatz in die staatliche Planung integriert wurde (Lieferung und Absatz waren somit garantiert) um einiges höher und überstieg nicht nur die Effizienz des Unternehmens vor der Partnerschaft und jener vergleichbaren privat geführten Unternehmen, sondern sogar die der staatlichen Unternehmen.

516 *Zhongguo Ziben Zhuyi Gongshangye de Shehui Zhuyi Gaizao* 中国资本主义工商业的社会主义改造 („Sozialistische Transformation des kapitalistischen Gewerbe Chinas", Kapitel des Zentralkomitees (unterer Teil), Zhonggong Dangshi Chubanshe, Ausgabe 1992, S. 754).

Tabelle 7.4 Produktivität der Arbeiter in nationalen Industrieunternehmen von 1949 bis 1954[517]

	1949	1950	1951	1952	1953	1954
Gesamtsumme	4839	6037	7087	8049	9016	10372
Staatlich geführt	4933	6218	7118	7919	8894	10218
Genossenschaftlich geführt	6436	7003	7671	8415	8557	9165
Öffentlich-private Partnerschaft	3515	4257	6553	9297	10880	13401
Privat geführt	-	4357	5928	6801	7848	7222

Aus der obigen Tabelle ist ersichtlich, dass die Arbeitsproduktivität innerhalb öffentlich-privater Gemeinschaftsunternehmen vor 1951 niedriger war als die der staatlich und genossenschaftlich geführten Unternehmen. Dies lag in erster Linie daran, dass die Gemeinschaftsunternehmen zu dieser Zeit aus Unternehmen, in denen bürokratisches Kapital konfisziert worden war und aus Unternehmen von Landesverrätern und Konterrevolutionären herausgebildet wurden. Die ursprüngliche Grundlage, auf der das Unternehmen errichtet wurde, war mangelhaft, die Aufgabe der Transformation war schwierig. Doch nachdem der Staat 1952 die öffentlich-privaten Partnerschaften restrukturierte und ihr Verwaltungssystem perfektionierte, stieg die Arbeitsproduktivität stark an und übertraf schließlich die der staatlichen und genossenschaftlichen Unternehmen. In Gemeinschaftsunternehmen, die nach 1952 gegründet wurden, waren die zuvor geschilderten Probleme auch nicht mehr vorhanden. Sobald ein öffentlich-privates Gemeinschaftsunternehmen den internen Konflikt zwischen Arbeitern und Kapitalisten beseitigen konnte und im Hinblick auf Rohstoffe, Kredite und Märkte die gleiche Behandlung erfuhr wie staatliche und genossenschaftliche Unternehmen, konnten diese eine Überlegenheit entwickeln, die staatliche und genossenschaftliche Unternehmen nicht erreichen konnten. Dies galt insbesondere, da die Merkmale der staatlichen Finanzmittelzufuhr, der klar definierten Eigentumsrechte, der reichlichen Erfahrung der Führungskräfte und die Verbindung von Vergütung und Leistungsprämien miteinwirkten. Tatsächlich gab es einige Ähnlichkeiten zwischen den Verhältnissen der öffentlich-privaten Gemeinschaftsunternehmen vor 1955 und den Joint Ventures zwischen chinesischen und ausländischen Unternehmen seit der Reform- und Öffnung. In beiden Fällen wurden vorzugsweise Unternehmen mit vielversprechenden Zukunftsperspektiven gewählt, und die Leistungskraft der Unternehmen wurde durch Finanzmittelzufuhr und der Perfektionierung der Unternehmensorganisation erhöht. Der einzige Unterschied bestand

517 *Zhongguo Ziben Zhuyi Gongshangye de Shehui Zhuyi Gaizao* 中国资本主义工商业的社会主义改造 („Sozialistische Transformation des kapitalistischen Gewerbe Chinas", Kapitel des Zentralkomitees (unterer Teil), Zhonggong Dangshi Chubanshe, Ausgabe 1992, S.1332, S.1335); Staatliches Amt für Statistik 国家统计局: *Zhonghua Renmin Gongheguo qi nian lai Gong Si Heying Gongye ji Siyong Gongye Shengchan Qingkuang Jiben Tongji Ziliao* 中华人民共和国七年来公私合营工业及私营工业生产情况基本统计资料 („Grundlegendes statistisches Material zur Produktionslage der öffentlich-privaten Industrie und der privaten Industrie in den ersten sieben Jahren der Volksrepublik China", August 1956).

darin, dass der Partner im ersten Fall der Staat und im zweiten Fall ausländische Kapitalisten waren. Außerdem lässt sich den obigen Tabellen entnehmen, dass die Arbeitsproduktivität der Gemeinschaftsunternehmen zwar in der Anfangszeit nach der Gründung der Volksrepublik China aufgrund ernsthafter Beschädigungen und aufgrund der Tatsache, dass ihr Verwaltungssystem noch nicht auf den rechten Weg gelangt war, niedriger war als die der genossenschaftlichen Unternehmen. Jedoch wurden die Skalenerträge, nachdem bis 1953 die Restaurierungsarbeiten im Wesentlichen abgeschlossen waren und Planung und Verwaltung gestärkt wurde, schnell sichtbar.

Dem von der Zentralverwaltung für Industrie und Handel im November 1954 veröffentlichten „Bericht über die Verteilung der Überschüsse von privaten Unternehmen im Jahre 1953" zufolge lag der Anteil der Firmen unter den 220.000 Unternehmen aus Beijing, Tianjin, Shanghai, Wuhan, Guangzhou, Chongqing und Shenyang, die in ihrem Etat einen Überschuss erzielten, bei 96,9%. Der Überschuss machte 12,33% des Umsatzes aus (1951 waren es 15,4% und 1952 waren es 10,51%). Laut einer Untersuchung der Zentralverwaltung für Industrie und Handeln vom Juni 1954 innerhalb 904 öffentlich-privaten Gemeinschaftsunternehmen erzielten 716 Firmen in ihrem Etat einen Überschuss. In über 50% dieser Unternehmen wurde eine Gewinnrate von über 30% erzielt[518].

3. Schnelle Realisierung von öffentlich-privaten Partnerschaften in der gesamten Industrie

1954 konnte die Landwirtschaft Chinas den im Voraus festgelegten Plan aufgrund schwerer Naturkatastrophen nicht vollenden. Infolgedessen konnte auch die Industrie in der ersten Hälfte des Jahres 1955 aufgrund von Rohstoffmangel ihre Planung nicht umsetzen. In Situationen, in denen es zu einer Knappheit an Agrarprodukten kam und deren Bereitstellung dadurch wieder in die Hand des Staates geriet, stellte der Staat zunächst die Kapital- und Rohstoffversorgung der Staatsunternehmen und öffentlich-privaten Partnerschaften sicher. Daher geriet vor allem die private Industrie, allen voran kleinere Unternehmen mit rückständiger Technologie, unter solchen Bedingungen in Schwierigkeiten.

Nach Ende 1954 zeigten sich die Schwierigkeiten, mit denen sich private Unternehmen konfrontiert sahen, vor allem in folgenden vier Ausprägungen:

1. Mangel an Rohstoffen. Neben der Ressourcenknappheit an Agrarprodukten 1955 konnte die private Industrie außerdem aufgrund der angespannten Wirtschaftslage und der Verschärfung der Lieferpläne durch die Regierung auch nicht ausreichend mit Rohstoffen für Industrieprodukte versorgt werden. Laut einer Untersuchung des staatlichen Amtes für Statistik in privat geführten Betrieben mit über 10 Arbeitern von Mai bis August 1954 stellte sich die Nutzungsrate der Ausrüstung in der privaten Industrie

518 *Zhongguo Ziben Zhuyi Gongshangye de Shehui Zhuyi Gaizao* 中国资本主义工商业的社会主义改造 („Sozialistische Transformation des kapitalistischen Gewerbe Chinas", Kapitel des Zentralkomitees (unterer Teil), Zhonggong Dangshi Chubanshe, Ausgabe 1992, S. 1331).

aufgrund von Rohstoffmangel wie folgt dar: Der Anteil der täglich gebrauchten Ausrüstung an der zur Verfügung stehenden Ausrüstung lag in der Gummiindustrie bei 60% (in Chongqing), bei 60% in der Baumwollindustrie (in Shandong), bei 70% in der Strickindustrie, bei nicht ganz 50% in der Schneiderindustrie, bei 40% in der Holzverarbeitungsindustrie, bei 25% in der Mehlindustrie, bei 80% in der Reisindustrie, bei 80% in der Ölindustrie, bei 25% in der Tabakindustrie und bei 15% in der Zündholzindustrie. Zudem kam die überwältigende Mehrheit der privaten Industrie aus der Leichtindustrie.[519] Laut einer Untersuchung aus der ersten Hälfte des Jahres 1955 innerhalb bestimmter Schlüsselindustrien erhielt man im Abgleich mit dem Zeitraum und der Produktion, die unter normalen Betriebsbedingungen erreicht werden könnten, eine Nutzungsrate der Ausrüstung bei den Drehbänken in der Maschinenbauindustrie von 66%, bei den Fräsmaschinen in den Bohrwerken von mehr als 30%, bei den Druck- und Färbemaschinen in der Druck- und Färbeindustrie von 49%, bei handbetriebenen Strumpfwirkmaschinen in der Strickindustrie von 26% und bei Kreissägen in der Holzverarbeitungsindustrie von 35%. Im Hinblick auf die Produktionsauslastung ergab die Untersuchung 57% in der Produktion von Baumwolle, 51% in der Produktion von Pflanzenöl für Lebensmittel, 37% bei der Herstellung von Zigaretten, etwa 20% bei der Herstellung von Gummischuhen, Reismühlen, 6% bei der Produktion von blankem Kupferdraht. Wenn man die gleiche Berechnung auf Basis des Drei-Schichten-Systems anstellen würde, war die Nutzungsrate der Ausrüstung sogar noch geringer.[520]

2. Mangel an finanziellen Mitteln. Nachdem der Staat Ende 1952 die sozialistische Transformation des privaten Finanzsektors vollendet hatte, fiel der Kapitalmarkt innerhalb kürzester Zeit vollständig unter die Kontrolle des Staates. Dieser initiierte daraufhin eine Politik der „Einlagenkredite“ für private Industrie- und Handelskredite. Das bedeutete, die Kreditsumme durfte die Einlagen des jeweiligen Unternehmens nicht übersteigen. Aufgrund des gravierenden Mangels an finanziellen Mitteln durch den wirtschaftlichen Aufbau des Landes konnte man sich in der Praxis nur schwer um private Unternehmen kümmern. 1953 waren die Einlagen bei der People's Bank of China um 800 Mio. Yuan höher als noch im Vorjahr (mit dem Wert des Yuan vor der Währungsreform 1955, siehe unten), während die Summe der Kredite um 1,9 Mrd. Yuan sank, was eine Verringerung um knapp zwei Drittel ausmacht. Der Anteil der Kreditausstattung in der People's Bank of China ging von 2,6% im Jahre 1952 zurück auf 0,7%.[521] Laut

519 Staatliches Amt für Statistik 国家统计局: *Shi ge Zhigong yishang de Siying Gongye Diaocha Baogao* 十个职工以上的私营工业调查报告 („Untersuchungsbericht über Privatunternehmen mit mehr als zehn Angestellten“, 22.02.1955).

520 Ebd. S.131.

521 Parteiorganisation der chinesischen Volksbank 中国人民银行党组: *Guanyu Renmin Yinhang Gongzuo Jiancha de Zongjie Baogao* 关于人民银行工作检查的总结报告 („Bilanzbericht bezüglich der Aufsicht über die Arbeit der chinesischen Volksbank“, 7.4.1954)

einer Untersuchung des staatlichen Amts für Statistik in privat geführten Betrieben mit über zehn Arbeitern von Mai bis August 1954 mangelte es in der Privatindustrie an Kapital, wovon besonders kleine und mittelgroße Unternehmen ernsthaft betroffen waren. So hatte Chongqing zu diesem Zeitpunkt insgesamt 559 Betriebe mit über zehn Arbeitern. In nur 13,5% der Betriebe waren finanzielle Mittel ausreichend vorhanden. 28,2% konnten mit den ihnen zur Verfügung stehenden Mittel gerade noch die Produktion aufrechterhalten. Die Mehrheit der Betriebe von 54,6% sah sich mit großen Schwierigkeiten konfrontiert und war für die Aufrechterhaltung der Produktion von Bankenkrediten, Vorauszahlungen von Beiträgen durch den Staat und Einlagen abhängig.

3. Die ursprünglichen Liefer- und Absatzkanäle waren unterbrochen. Da der Umfang der Produktion in den meisten privaten Industriebetrieben klein war, konnten sich diese nicht auf die Bearbeitung von Aufträgen durch den Staat stützen. Die Rohstoffe wurden in der Vergangenheit in der Regel auf dem Markt erworben, und der Vertrieb der Produkte verlief über private Handelskanäle. Nachdem der Staat 1952 die Umwandlung des privaten Handelsverkehrs intensivierte, und viele der privaten Großhandelsabnehmer reformiert wurden, veränderten sich die Handelskanäle stark und private Industrieunternehmen verloren mit einem Mal ihre vorherigen Liefer- und Absatzkanäle. Gleichzeitig waren viele staatliche Handels- und Vertriebsgenossenschaften aufgrund des niedrigen Standardisierungsgrades, des geringen Volumens und der hohen Transaktionskosten der Produkte dieser kleinen Unternehmen nicht bereit, deren Produkte anzukaufen oder zu vermarkten. Somit waren 1954 die Liefer- und Absatzkanäle von Produkten einer Vielzahl von privaten Industriebetrieben miserabel.
4. Nach zwei Jahren des „Apfel essen" (d.h. die Umsetzung von öffentlich-privaten Partnerschaften für einzelne Unternehmen) waren die übrig gebliebenen privaten Betriebe meistens kleine Industrieunternehmen mit rückständiger Technologie, geringer Wirtschaftsleistung und schlechten Zukunftsaussichten. Laut einer Analyse, gab es 1954 landesweit insgesamt 133.962 private Industrieunternehmen mit durchschnittlich 13,40 Arbeitern pro Unternehmen und einem durchschnittlichen Produktionswert von 77.200 Yuan. Unter den privaten Industriebetrieben betrug allerdings der Anteil der Unternehmen mit über zehn Angestellten nur 31,3% an der Gesamtsumme, der Anteil der Unternehmen mit über 50 Angestellten nur 3,74%. Und selbst in den Betrieben mit über zehn Angestellten wurde noch immer in 60% der Unternehmen mit Handwerkzeugen gearbeitet. Von den kleinen Betrieben mit unter zehn Angestellten war die überwältigende Mehrheit nicht im Besitz von Werkstätten mit modernen Kraftanlagen. Dies mache eine standardisierte Herstellung der Produkte in großen Stückzahlen nahezu unmöglich. Staatliche und öffentlich-private Industrieunternehmen übertrafen die Privatindustrie nicht nur hinsichtlich Technologie und Produktionsumfang, sondern auch in Bezug auf Kapitalausstattung,

Ressourcenversorgung und Produktvertrieb. Somit war es für die Privatindustrie schwierig ihre Flexibilität zur Geltung zu bringen, was sie im Wettbewerb in eine noch ungünstigere Lage brachte.

Laut Untersuchungen und Analysen in der ersten Hälfte des Jahres 1955 bezüglich der Schwierigkeiten, mit denen sich die Privatindustrie in Shanghai konfrontiert sah, waren 28% der Probleme auf Produkte zurückzuführen, die nicht den Qualitätsanforderungen entsprachen, 22% auf den Mangel an Ressourcen, 20% auf Produktüberschuss durch eine fehlgerichtete Entwicklung, 18% auf generelle Schwierigkeiten im jeweiligen Industriezweig, und 12% der Probleme entstanden durch schlechte Vertriebskanäle. [522]

Die Zentralregierung forderte in der ersten Hälfte des Jahres 1955 landesweit eine allumfassende Planung und eine angemessene Pflege bezüglich des privaten Gewerbes. Doch waren jene Unternehmen, die noch keine öffentlich-private Partnerschaft gebildet hatten, oft sehr klein, mit rückständigen Technologien ausgestattet, mit einem geringen Grad an Produktstandardisierung und Stückzahl. Zudem herrschte ein Mangel an Rohstoffen und Finanzmitteln. Das bedeutete, dass ganz gleich, ob es Lokalregierungen oder staatliche Handelsinstitutionen waren, es für diese aus ökonomischer Sicht keinen Sinn machte, jene Unternehmen mit rückständiger Technologie, einem niedrigen Grad an Standardisierung und hohen Überwachungskosten, mit Ressourcen und Kapital auszustatten. Mit Blick auf die Tatsache, dass sich die privaten Unternehmen nicht selbst aus ihrer Misere befreien konnten und aufgrund der Perspektiven, die öffentlich-private Partnerschaften im Hinblick auf staatliche Unterstützung für Ressourcen, Kapital und Vertriebswege boten, stimmten viele Betriebseigner, von den Arbeitern ganz zu schweigen, einer Partnerschaft zu.

Um die oben geschilderten Probleme zu lösen, billigte das Zentralkomitee der KPCh im April 1955 auch den „Bericht über die Konferenz zur Ausweitung der öffentlich-privaten Partnerschaften in der industriellen Planung und über die Einberufung einer Diskussion zu den Problemen des privaten Handels und der privaten Industrie". Der Bericht schlug vor, hinsichtlich der Transformation eine Linie der „Gesamtgestaltung und allumfassenden Planung" durchzusetzen. Dies bedeutete, bei der Bildung der Partnerschaften die gesamte Branche im Blickfeld zu haben, die mittleren und kleinen Betriebe von den großen Unternehmen führen zu lassen und rückständige Technologien von den fortschrittlichen Technologien leiten zu lassen. Außerdem bedeutete es auch, gemäß den Umständen Reorganisationen und Fusionierung in den Unternehmen durchzuführen und dann öffentlich-private Partnerschaften einzugehen.

Die Vorstellung, allumfassend zu planen und eine der Branche entsprechende Gesamtumwandlung der privaten Unternehmen durchzuführen, war in der Praxis

[522] Staatliches Amt für Statistik 国家统计局: *yi jiu wu wu nian shangban nian Siying Gongye Shengchan Qingkuang Baogao* 一九五五年上半年私营工业生产情况报告 („Lagebericht der Produktion in der Privatindustrie im ersten Halbjahr 1955", 27. August 1955)

der Beginn der Gründung von öffentlich-privaten Partnerschaften im Bereich der gesamten Industrie.

In der zweiten Hälfte des Jahres 1955 erreichte China durch die von Mao Zedong gegebenen Impulse den Höhepunkt der sozialistischen Umwandlung in den ländlichen Gegenden. Der Gipfel der sozialistischen Transformation in den ländlichen Gebieten war erreicht und beseitigte zum einen die ausgedehnte ländliche Privatwirtschaft, rückte privatkapitalistische Gewerbe weiter in die Isolation und ließ diese den Sozialismus als unumkehrbaren Trend verspüren. Andererseits war es damit jetzt für die Partei und die Regierung ein sehr eiliges Anliegen, die sozialistische Transformation so schnell wie möglich vollenden zu wollen. Im Oktober desselben Jahres lud Mao Zedong den landesweiten Verband für Industrie und Handel zu einem Symposium ein. Dies tat er in der Hoffnung, die privaten Industriellen und Geschäftsleute würden die Regeln der sozialen Entwicklung anerkennen, die sozialistische Transformation akzeptieren und ihr eigenes Schicksal mit der Zukunft des Landes zu verknüpfen. Wenig später gab der stellvertretende Ministerpräsident Chen Yun auf einer Versammlung des landesweiten Verbandes für Industrie und Handel weitere Erläuterungen zu Themen wie der Etablierung von öffentlich-privaten Partnerschaften über die gesamte Industrie und festen Zinssätzen. Kurz darauf wurde das „Dokument zum Appell an die landesweiten Geschäftskreise“ veröffentlicht, in dem gefordert wird, dass Geschäftsleute in allen Teilen des Landes dem Aufruf des Zentralkomitees der KPCh folgen und die sozialistische Transformation aktiv annehmen sollten. Im November 1955 veranstaltete das Zentralkomitee der KPCh zudem das Forum zur Frage der Transformation der kapitalistischen Geschäftswelt, sowie die siebte Plenarsitzung des siebten Zentralkomitees der KPCh. Auf den Konferenzen wurden die Leitlinien, Strategien und Pläne für die Etablierung der öffentlich-privaten Partnerschaften festgelegt. Nach den Anordnungen der Treffen wurde ab Januar 1956 im ganzen Land ein weiterer Höhepunkt in der sozialistischen Transformation der kapitalistischen Geschäftswelt eingeleitet. Am 1. Januar 1956 reichten private Geschäftsleute in Beijing erstmals einen Antrag auf eine Etablierung öffentlich-privater Partnerschaften in der gesamten Industrie ein und forderten die Genehmigung durch die Regierung. Am 10. Januar, nur zehn Tage danach, realisierte die Stadt Beijing die Gründung von öffentlich-privaten Partnerschaften in der privaten Industrie und dem privaten Handel der ganzen Stadt. Direkt danach verbreitete sich dieser Ansatz in rapidem Tempo über das gesamte Land. Bis Ende Januar 1956 hatten große Städte wie Shanghai, Tianjin, Guangzhou, Wuhan, Xi'an, Chongqing, Shenyang und 50 weitere mittelgroße Städte, in denen private Industrie und privater Handel konzentriert war, der Reihe nach Gründungen der öffentlich-privaten Partnerschaften über die gesamte Industrie realisiert. Bis Ende März 1956 war im ganzen Land, bis auf Tibet und andere Regionen mit ethnischen Minderheiten, die Etablierung der öffentlich-privaten Partnerschaften in der gesamten Industrie im Wesentlichen umgesetzt. Bis Ende 1956 waren landesweit 99% der privaten Industriebetriebe und 82,2% der privaten Handelsbetriebe gesondert in öffentlich-private Partnerschaften oder Genossenschaften eingetreten.

Überlegungen seitens privater Unternehmen, frühzeitig Partnerschaften einzugehen um möglichst schnell eine profitable Position zu erlangen, waren gerade vor dem Hintergrund der oben genannten Betriebsschwierigkeiten und auf dem Gipfel der sozialistischen Transformation in der zweiten Hälfte des Jahres 1955 entstanden. Dies führte zu aktiven Forderungen der Gründung öffentlich-privater Partnerschaften in der gesamten Industrie, wozu sich die Regierung trotz mangelnder Vorbereitung rasch bereit erklärte. Der Verwandlung in öffentlich-private Partnerschaften innerhalb der gesamten Industrie wurde zugestimmt (ursprünglich war vorgesehen, die Gründung öffentlich-privater Partnerschaften über die gesamte Industrie über einen Zeitraum von zwei Jahren schrittweise durchzuführen). Gerade wie Chen Yun damals sagte: „Die Nachfrage ist sehr stark. Täglich müssen wir mit Paukenschlägen die öffentlich-privaten Partnerschaften willkommen heißen. Wir müssen ihnen unsere volle Aufmerksamkeit schenken und zunächst die Partnerschaft implementieren, danach das Vermögen ausmustern und Kapital überprüfen, Produktion organisieren, die Unternehmen strukturieren und Personal planen."[523]

Diese Situation stand im starken Kontrast mit der damaligen Gestaltung der kooperativen Transformation der Landwirtschaft. Bei den Genossenschaftsbildungen war es der Staat, der die Bauern dazu ermutigte, diese durchzuführen. Dies tat er, um den Bedarf an Agrarprodukten für die Industrialisierung zu sichern, und nicht, weil die Wirtschaftskraft der einzelnen Haushalte zu niedrig war oder diese existentiell bedroht waren (dies war vor allem bei reichen und mittelständischen Bauern der Fall). Insbesondere der Höhepunkt der Genossenschaftsbildungen im Jahr 1955 war für Teile der Bauernschaft mit starkem Zwang von außen verbunden. Während des Gipfels der branchenweiten öffentlich-privaten Partnerschaftsbildungen 1955 wurden große Privatunternehmen von der Regierung beeinflusst oder standen unter dem Druck der Gesellschaft. Es entstand die Mentalität, „dass man früher oder später ohnehin eine Partnerschaft eingehen müsse, und früher besser als später wäre. Der Eindruck sei gewesen, je früher man handelte, umso mehr Eigeninitiative zeige man", oder anders gesagt: „Je früher man an Bord des Schiffes geht, desto eher bekommt man einen Sitzplatz". Für die kleinen Unternehmer und Kapitalisten, die sich in einer mühseligen Lage befanden (dieser Teil hatte zwar wenig Vermögen und einen geringen Produktionswert, nahm aber einen vergleichsweise großen Anteil ein), waren die vom Staat vorgenommenen Partnerschaftsbildungen nicht nur eine ökonomische und politische Befreiung, sondern auch eine psychische. Zu Beginn der sozialistischen Transformation der Privatindustrie Ende 1955 geriet ein Großteil der Privatunternehmer in eine wirtschaftliche Bredouille, bevor sie die Reform durch Partnerschaftsbildung akzeptierten.

Die branchenweite Etablierung öffentlich-privater Partnerschaften war nicht nur vorteilhaft für die Umorganisation und Strukturanpassungen in den privaten Unternehmen, sondern verringerte auch die Zahl der Vertreter staatlicher Unternehmensanteile und die Kapitalanlagen, die der Staat den Unternehmen zuführen musste. Dies reduzierte generell die Kosten der sozialistischen Transformation, die

[523] Staatliches Amt für Statistik 国家统计局: *yi jiu wu wu nian shangban nian Siying Gongye Shengchan Qingkuang Baogao* 一九五五年上半年私营工业生产情况报告 („Lagebericht der Produktion in der Privatindustrie im ersten Halbjahr 1955", 27. August 1955).

vom Staat gedeckt werden mussten, erheblich. Einer damaligen Statistik zufolge kamen in der Periode der vereinzelten Partnerschaftsbildungen von 10.000 Yuan Kapitalbestand einer durchschnittlichen öffentlich-privaten Partnerschaft 1.273 Yuan aus Staatsinvestitionen. Im Schnitt kam auf 63 Angestellte ein Vertreter des Staates. Während der Periode der branchenweiten öffentlich-privaten Partnerschaftsbildungen waren von einem Kapitalbestand von 10.000 Yuan gerade einmal 86 Yuan aus Staatsinvestitionen bezogen, während auf 160 Angestellte nur ein Funktionär des Staates kam.[524]

Hierbei gilt jedoch zu betonen, dass trotz der Tatsache, dass der Staat die privaten Unternehmen damals durch Kaufmethoden wie Festzinsen auf Kapital (5% pro Jahr auf 10 Jahre) und öffentlich-privaten Partnerschaftsbildungen de facto in staatliche Unternehmen verwandelt hat, die Vermögenswerte gemessen an der Menge und an dem Anteil an den gesamten staatlichen Unternehmen immer noch sehr gering war. Der größte Teil der Vermögenswerte staatlicher Unternehmen stammte aus staatlichen Investitionen. So belief sich die Summe der privaten Anteile während dem gesamten Prozess der öffentlich-privaten Partnerschaftsbildungen auf 2,4 Mrd. Renminbi, während die Investitionen aus dem Staatshaushalt in der Periode des ersten Fünfjahresplans 53,12 Mrd. Yuan betrugen. Addiert man zudem noch die außerplanmäßigen Investitionen und die staatlichen Infrastrukturinvestitionen, kommt man auf 58,85 Mrd. Yuan. Das ist insgesamt 24,5 Mal höher als der Wert der privaten Anteile innerhalb öffentlich-privater Partnerschaften. Es ist also ersichtlich, dass diese große, einflussreiche Reform, die den kapitalistischen Produktionsweisen und dem Privateigentum ein Ende setzte, bei Weitem nicht die Haupteinnahmequelle der staatlichen Unternehmen und ihrer Vermögenswerte war, jedoch als institutionelle Grundlage fungierte, die spätere Akkumulation an Überschüssen und Allokation von Ressourcen durch den Staat möglich machte. Oder, um es anders zu formulieren: Sie schuf die institutionellen Voraussetzungen für den Ausbau der staatlichen Unternehmen.

Abschnitt 3: Staatliche Investitionen und neu akkumuliertes Kapital von 1949-1978.

Vor der Reform und Öffnung zwischen 1949 und 1978 war das Gesamtziel der ökonomischen Entwicklung Chinas die Industrialisierung und der Sozialismus. Daher wurde auf der zweiten Plenarsitzung des siebten Zentralkomitees der KPCh und auf der ersten Sitzung der nationalen politischen Konsultativkonferenz desselben Jahres die grundlegende Politik gegenüber dem Primat der Entwicklung staatseigener Unternehmen festgelegt. Als die sozialistische Transformation 1956 im Wesentlichen abgeschlossen war, bestand die Eigentumsstruktur des Landes grundsätzlich aus den zwei Teilen der Staatswirtschaft und der Kollektivwirtschaft. Dabei wurden wichtige Wirtschaftszweige wie Banken- und Finanzwesen, Außenhandel, Schwerindustrie und moderner Verkehr im Wesentlichen von den staatlichen Unternehmen

524 Staatliche Wirtschafts- und Handelskommission *Zhongguo gongye wushi nian* 中国工业五十年 („Fünfzig Jahre der Chinesischen Industrie", Band 2, Zhongguo Jingji Chubanshe, Ausgabe 2000, S. 1804)

geregelt. Die Anreicherung verschiedenster Ressourcen für die Industrialisierung des Landes sollte ebenfalls vorrangig durch Investitionen in staatliche Unternehmen realisiert werden.

1. Die Herausbildung des staatlichen Investitionssystems

Nach der Gründung der Volksrepublik China kam eine wichtige Frage auf: Wie man angesichts des Widerspruchs zwischen Finanzmittelknappheit und den zahlreichen Dingen, die zu tun waren, und unter der Grundsatzpolitik vom Primat der Entwicklung staatlicher Unternehmen systematisch sicherstellen sollte, dass staatliche Investitionen sinnvoll genutzt werden? Dies wurde allmählich zum wichtigsten Punkt beim Aufbau der ökonomischen Struktur der Volksrepublik China. Vor der Gründung der Volksrepublik erfolgte der ökonomische Aufbau dezentral und separiert in verschiedenen Stützpunktgebieten, ohne dass eine einheitliche Verwaltung existierte. In der Anfangszeit nach der Gründung waren die Infrastrukturinvestitionen ebenfalls noch von den jeweiligen Behörden durchgeführt worden und wurden von den einzelnen Regionen separat verwaltet.

Nach der Zentralisierung von Finanzwesen und Wirtschaft im März 1950 wurde der Großteil der fiskalischen Macht der Lokalregierung und die Abschreibungen und Gewinne staatlicher Unternehmen an die Zentralregierung übertragen. Damit die Infrastrukturinvestitionen der Regierung effektiv organisiert werden konnten, war es notwendig, ein System für die Zuweisung und Verwaltung der Investitionen zu schaffen. Im März 1951 und im Januar 1952 veröffentlichte die Wirtschafts- und Finanzkommission der zentralen Volksregierung nacheinander die „provisorische Maßnahme bezüglich Arbeitsverfahren im Infrastrukturbereich" und die „provisorische Maßnahme bezüglich Tätigkeiten im Infrastrukturbereich". Damit sollte ein vorläufiges Verwaltungssystem für die Allokation von Investitionen und der Verwaltung von Bauprojekten eingerichtet werden.

1. Allokationssystem der Investitionen

Nach der Gründung der Volksrepublik China bildete sich allmählich in Bezug auf die Allokation von Regierungsinvestitionen folgendes System heraus:

1. Die Investitionssummen der Zentralregierung wurden gemäß dem jährlichen staatlichen Finanzhaushalt durch die Finanz- und Wirtschaftskommission der zentralen Volksregierung im Top-Down-Verfahren an die jeweiligen Ministerien der Zentralregierung verteilt. Die Kommission bestimmte zudem auch das Plansoll für die Infrastrukturinvestitionen der jeweiligen zentralen Ministerien. Über die Höhe des Plansolls für die einzelnen Baueinheiten, die für die Infrastrukturprojekte zuständig waren, endschieden dann die zuständigen Behörden selbst.
2. Die jeweiligen Baubehörden entwarfen dann Aktionspläne für jährliche Infrastrukturprojekte und vermittelten diese gemäß dem Bottom-Up-Verfahren an die ihnen vorgesetzten Ministerien.
3. Daraufhin begann die Wirtschafts- und Finanzkommission der zentralen Volksregierung die Aktionspläne für die Infrastrukturprojekte gegenüber

den Ministerien zu ratifizieren, woraufhin die Ministerien die Aktionspläne wiederum gegenüber den zuständigen Baubehörden ratifizierten.

Die Investitionen der lokalen Regierungen (aus den finanziellen Einnahmen der lokalen Regierungsorganisationen) wurden von diesen im Wesentlichen selbst organisiert und verwaltet, wobei die größeren Projekte den zuständigen Ministerien der Zentralregierung gemeldet werden mussten.

Diese Art von Investitionsverwaltungssystem der zwei Ebenen, indem die Gelder für Regierungsinvestitionen im Top-Down Verfahren verteilt wurden, war in der Anfangsperiode der Volksrepublik China, trotz des extremen Mangel an Finanzmitteln der Regierungen und dem hohen Investitionsbedarf, dem Anspruch eines konzentrierten effektiven Kapitaleinsatzes gerecht geworden. Gleichzeitig gelang es der Zentralregierung auch aufgrund der damals geringen Investitionssummen und den relativ konzentrierten Investitionen, mit der Verwaltung hinterherzukommen. An dieser Stelle muss jedoch hervorgehoben werden, dass durch dieses Top-Down-System, in dem Investitionen mittels administrativer Methoden zugewiesen wurden, ein Gebilde entstanden ist, in denen die Unternehmen vom „großen Reistopf" für das Land und die Baufirmen vom „großen Reistopf" für Bauprojekte zehrten. Die Verteilung der Gelder aus den staatlichen Finanzmitteln und die kostenlosen Finanzierungen verstärkten dieses Phänomen. Innerhalb dieses Systems traf die für die Zuweisung der Investitionen zuständige Regierungsabteilung zwar die Investitionsentscheidungen, übernahm jedoch in keinster Weise das Investitionsrisiko. Andersherum wurde in den Bauprojekten (d.h. für die zukünftigen Unternehmen) zwar Geld ausgegeben, die Initiatoren mussten aber nicht die Verantwortung für Entscheidungsfehler bezüglich der Investition tragen. Dies führte dazu, dass Ministerien, Regionen und Unternehmen um Investitionen konkurrierten, Projekte willkürlich ausweiteten, Produktionskapazitäten erhöhten und eine Strategie des „Das, was andere haben, wollen wir auch haben, und das, was andere nicht haben, wollen wir trotzdem haben" verfolgten. Nur selten wurde den Opportunitätskosten und dem Investitionsnutzen Beachtung geschenkt. Es entstand ein „Hunger und Durst nach Investitionen" und „Fischereiprojekte" kamen auf. Aufgrund der Konkurrenz um Investitionen auf den unteren Ebenen waren die Informationen, die als Feedback nach oben gesendet wurden, oftmals verzerrt. Dies ließ nicht nur die Kosten der zentralen vorgesetzten Abteilung für die Beschaffung valider Informationen enorm in die Höhe steigen, sondern führte auch dazu, dass bei Investitionsentscheidungen leicht Fehler auftraten. Als die Banken bzw. die Finanzabteilungen schließlich die Probleme der getätigten Investition erkannten bzw. erkannten, dass der Nutzen aus einer Produktionsinvestition zu niedrig oder gar überhaupt nicht vorhanden war, war der „rohe Reis bereits gekocht", und für ein Bedauern war es zu spät.

Um den Investitionshunger und das Konkurrieren um Investitionen zwischen einzelnen Ministerien bzw. den verschiedenen Regionen in den Griff zu bekommen, nahm die Zentralregierung nach 1953 allmählich den Großteil der Entscheidungsbefugnisse bezüglich Investitionen und Mittelzuweisung für Infrastrukturprojekte in die eigene Hand. Dabei wurden vor allem administrative Maßnahmen durch ein Top-Down-Verfahren in Übereinstimmung mit dem Verwaltungssystem (Zentralisierung der Ministerien) für die Verteilung von Investitionen ergriffen. Ministerien und Regionen durften die finanziellen Mittel für die ihnen unterstellten Baubehörden nur gemäß dem von der Zentralregierung übermitteltem Subventionsindex an diese weiterreichen. Sie hatten nicht das Recht, die finanziellen Mittel eigenständig anzupassen. Die Unternehmen und Baubehörden waren dementsprechend lediglich die Einheiten auf unterster Ebene, welche die Investitionen des Staates durchzuführen hatten. Da nun die Zentralregierung für Investitionsentscheidungen und einen konsolidierten Ausgleich verantwortlich war, und Befugnisse und Obligationen vereinheitlicht wurden, war es in der Regel möglich, bis auf wenige Ausnahmefälle (z.B. wenn Störungen durch politische Faktoren auftraten), bei Investitionsentscheidungen Investitionshunger und gewissensloses Benehmen zu unterdrücken.

2. Das Verwaltungssystem für Infrastrukturprojekte

Für die Verwaltung von Infrastrukturprojekten wurde ein kategorisches System eingerichtet. Dabei wurden die Bauprojekte entsprechend der Größenordnung der Investition in Projekte oberhalb eines bestimmten Grenzbetrags und Projekte unterhalb eines bestimmten Grenzbetrags unterteilt und dann diesen Kategorien zugeordnet. Sollte die Investitionssumme einer Baubehörde, ganz gleich ob es sich um Neubau, Ausbau oder um Sanierungen handelte, den Grenzbetrag überschreiten, wurde sie den Baubehörden oberhalb des Grenzbetrags zugeordnet. Andersherum wurde sie den Baubehörden unterhalb der Investitionssumme zugeordnet, sollte die Investitionssumme den Grenzbetrag unterschreiten. Durch die Regelung der Grenzbeträge konnten für unterschiedliche Sektoren und Abteilungen unterschiedliche Standards festgelegt werden. Als Beispiel lässt sich hierbei der Industriesektor anführen: Der Grenzbetrag für Investitionen in der Stahlindustrie, der Automobilindustrie, der Traktorindustrie, der Schiffbauindustrie und der Fertigungsindustrie für Rollmaterial lag bei 10 Mio. Yuan. Der Grenzbetrag der Buntmetallindustrie, der chemischen Industrie und der Zementindustrie lag bei 6 Mio. Yuan. Der Grenzbetrag für Kraftwerke, Übertragungsleitungen und Umspannwerke, Kohleförderung, Erdölförderung und -verarbeitung, für die Maschinenbauindustrie (Transportmaschinen ausgenommen), den Automobil- und Schiffsreparatursektor und die Textilindustrie (einschließlich der Druck- und Farbindustrie) lag bei 5 Mio. Yuan. Der Grenzbetrag für Investitionen in der Gummiindustrie, der Papierindustrie, der Zuckerindustrie, der Tabakindustrie und der Pharmaindustrie lag bei 4 Mio. Yuan. Der Grenzbetrag in der Keramikindustrie, der Lebensmittelindustrie (Zucker ausgenommen) und anderen Leichtindustriesektoren lag bei 3 Mio. Yuan. Gleichzeitig, wurden die Infrastrukturprojekte zudem in die vier Kategorien „A, B, C und D" unterteilt. Dabei fielen Projekte mit einer Investitionssumme von über 10 Mio. Yuan in die Kategorie A. Die Planungszuweisung in dieser Kategorie musste dabei vom Staatsrat ratifiziert werden. Projekte mit einer Investitionssumme von unter 10 Mio. Yuan, die aber dennoch über dem Grenzbetrag des zugehörigen Industriesektors lagen, fielen in die Kategorie B. Hierbei wurde zur Planungszuweisung eine Stellungnahme zur Überprüfung des Projekts durch die zuständige zentrale Abteilung eingereicht. Danach wurde das Projekt entweder von der Wirtschafts- und Finanzkommission der zentralen Volksregierung oder dem Staatsrat genehmigt. Projekte, die unter dem entsprechenden Grenzbetrag, aber über einer Investitionssumme von 200.000 Yuan lagen, fielen in die Kategorie C. In Kategorie C wurde die Planungszuweisung dabei von Institutionen ratifiziert, die zuvor von den zuständigen zentralen Abteilungen oder den großen Verwaltungsgebieten bestimmt worden waren. Projekte mit einer Investitionssumme unter 200.000 Yuan fielen in die Kategorie D. Die Planungszuweisung musste hierbei von der Provinzregierung ratifiziert, und danach den relevanten zentralen Abteilungen gemeldet werden.

Vor 1952 gestalteten sich Städtebau und geologische Arbeit oft sehr mühselig, da die Wirtschafts- und Finanzkommission der zentralen Volksregierung nur eine Dienststelle für Infrastruktur unterhalb des Planbüros etabliert hatte, die für die landesweite Infrastruktur zuständig war. Deshalb beschränkte sich die Kommission auch auf die Vergabe des jährlichen Plansolls für die Infrastruktur, verwaltete nur 156 Bauprojekte und traf Entscheidungen nur hinsichtlich einiger für die Lebensader der Volkswirtschaft essentiellen Projekte. Zudem wurden zahlreiche Projekte, die über dem Grenzbetrag lagen und vorschriftsmäßig der Entscheidungsbefugnis der Zentralregierung unterlagen, dann vom Politbüro und den Volksregierungen der Großregionen stellvertretend verwaltet. Nachdem die Regierungen der Großregionen Ende 1952 in Verwaltungskomitees umgewandelt wurden, drängten viele Funktionäre die Zentralregierung dazu, die zuständigen Abteilungen zu ergänzen und ein nationales Planungskomitee zu gründen. Erst dadurch wurde die Entscheidungsbefugnis nach und nach zentralisiert. Bis Juni 1954 waren die Großregionen verschwunden und die Zentralregierung gründete ein nationales Baukomitee. Damit war erst zu diesem Zeitpunkt die gesamte Entscheidungs- und Genehmigungsbefugnis für Projekte oberhalb des Grenzbetrags vollständig in der Hand der Zentralregierung konzentriert.

Durch diese Strategie, in der die Verwaltung von Investitionen gemäß der Größenordnung der Investition aufgeteilt wurde, wurde in Zeiten, in denen der damaligen Regierung wenig finanzielle Mittel zur Verfügung standen und das Budget für Investitionen somit gering war, der Großteil der Investitionen in die Hand der Zentralregierung gelegt. Somit wurden übermäßige Investitionen vermieden und der konzentrierte Einsatz von finanziellen und materiellen Ressourcen gewährleistet. Zum Beispiel setzte der erste Fünfjahresplan eine Anzahl von national 1600 Baubehörden für die Infrastruktur oberhalb des Grenzbetrags fest (694 in der Industrie, 252 in der Land-, Forst- und Wasserwirtschaft, 220 im Transport, Post und Telekommunikation, 156 in Kultur, Bildung und im Gesundheitswesen, 118 in städtischen Versorgungsbetrieben und 160 in sonstigen Bereichen). Für Baubehörden unterhalb des Grenzbetrags war eine Zahl von über 6000 vorgesehen (davon ca. 2300 in der Industrie). Mit Blick auf den Industriesektor lässt sich feststellen, dass von den 694 Baubehörden oberhalb des Grenzbetrags insgesamt 612 direkt den zentralen Abteilungen unterstellt waren. Bei den ca. 2300 Baubehörden unterhalb des Grenzbetrags belief sich Anzahl der direkt den zentralen Abteilungen unterstellten Baubehörden auf ungefähr 900.

3. Entwicklung von Verfahren im Infrastrukturausbau

Das Arbeitsverfahren für Infrastrukturprojekte war in der Regel in fünf Phasen aufgeteilt: Durchführung einer Machbarkeitsstudie, Erkundung des Baugebiets, Entwurf des Bauplans, Bau und Überprüfung und Verifizierung des Gebäudes. In der Anfangsphase nach der Gründung der Volksrepublik China mangelte es vielen Funktionären jedoch an Erfahrung, und viele waren erpicht auf schnelle Erfolge, sodass einige Bauprojekte nicht dem oben geschilderten Verfahren folgten. Dies mündete oft in Verschwendung und Nacharbeit. Um diesem Phänomen entgegenzuwirken und um die Arbeiten an der Infrastruktur schnellst möglich auf den rechten Weg zu bringen, konzentrierte sich die Zentralregierung ab Ende 1950 auf institutionelle Verbesserungen. Im Dezember 1950 verfügte der Regierungsrat im „Beschluss bezüglich Bilanzierungssystem, Budgetrevision, Konstruktionsplanung und Finanzverwaltung der Investitionen", dass sämtliche Investition einem durchdachten Plan einer Musterkonstruktion folgen sollte, der von der Regierung bestätigt worden war. Im März 1951 veröffentlichte die Wirtschafts- und Finanzkommission der zentralen Volksregierung die „provisorischen Maßnahmen bezüglich Arbeit im Infrastrukturausbau", die das gesamte Arbeitsverfahren für den Infrastrukturausbau in die folgenden fünf Phasen untergliedert: Entwurf und Approbation der Projekte, Arbeitsplanung, Mittelzuweisung und Durchführung der Bauarbeiten, Untersuchung und Berichterstattung sowie Bilanzierung und Kommissionierung des Bauprojekts. Erstmalig wurden auch Arbeitsverfahren im Infrastrukturausbau in Bezug auf Vorprüfungen, Vor- und Nachplanung und Nacharbeiten vorgestellt. Am 16. Juni 1951 veröffentlichte die People's Daily zudem noch aus aktuellem Anlass den Leitartikel „Ohne Projektplanung ist die Durchführung der Bauarbeiten unmöglich". Am 9. Januar 1952, erließ die Wirtschafts- und Finanzkommission der zentralen Volksregierung nach nachträglichen Änderungen offiziell die „provisorischen Maßnahmen bezüglich Arbeit im Infrastrukturausbau", sodass Arbeitsverfahren im Infrastrukturausbau nun institutionellen Restriktionen unterlagen.

4. Beaufsichtigung und Verwaltung von Kapital für den Infrastrukturausbau

Für die Beaufsichtigung von Kapital für den Infrastrukturausbau wurde eigens eine Bank gegründet, die speziell für die Verwaltung der Regierungsinvestition zuständig war (die Bank of Communications). Vor 1950 wurde die Mittelzuweisung der Regierungsinvestitionen im Infrastrukturausbau noch durch das Finanzministerium vollzogen, welches die Gelder den anderen Ministerien überließ, die diese dann selbstständig den ihnen unterstellten Infrastruktureinheiten zur Verfügung stellten. Oft führte dies zu Veruntreuung, Verlust oder Verschwendung. Auf Basis der Erfahrungen aus der Sowjetunion hatte die People's Bank of China im Februar 1951 die Bank of Communications zusätzlich damit beauftragt, die Mittelzuweisung für Investitionen in die Infrastruktur aus dem Staatshaushalt zu übernehmen. Seitdem ist das System festgelegt, in dem die Mittelzuweisung von staatlichen Investitionen von einer darauf spezialisierten Bank verwaltet wird. Da jedoch viele Ministerien und Regionen befürchteten, dass es nun ein weiteres „Großmütterchen" geben würde, das Einfluss auf die Höhe der Baugelder nehmen könnte, gab es bei der Umsetzung erheblichen Widerstand. So fing man zunächst an, die Mittelzuweisung nur für zehn Ministerien, zwei Großregionen und 20 Städte und Provinzen anzunehmen und zu bearbeiten. Von 1952 an leistete die Bank of Communications Massenarbeit. Sie übernahm die Mittelzuweisung für ein Ministerium nach dem anderen und für eine Großregion nach der anderen. Erst nachdem auch die Mittelzuweisung für Infrastrukturinvestitionen des zentralen Ministeriums für Außenhandel 1953 an die Bank of Communications überging, war diese allgemein für die Mittelzuweisung für Investitionen sämtlicher zentraler Ministerien verantwortlich. 1954 wurde sie auch vollständig für Subventionen auf lokaler Ebene zuständig, und 1956 für die Subventionen in Militärindustrie und den Spitzenindustrien. Somit wurde letzten Endes die Zentralisierung der Beaufsichtigungs- und Verwaltungsbefugnisse von Investitionen realisiert.

2. Regierungsinvestitionen in der Erholungsphase der Volkswirtschaft

Nach der Gründung der Volksrepublik China räumten sowohl die Zentralregierung als auch die lokalen Regierungen der aktiven Entwicklung der Staatswirtschaft eine essentielle Position ein. Dies geschah auf Basis der Verordnung über das Primat der Entwicklung der Staatswirtschaft aus dem „gemeinsamen Programm", den Erfahrungen der Sowjetunion, welche die KPCh zum Vorbild nehmen sollte und aus der Notwendigkeit der Kontrolle über Wirtschaftsaktivitäten. Da sich die Volkswirtschaft in dieser Phase in einem Regenerationsprozess befand, waren die finanziellen Möglichkeiten des Staates noch sehr begrenzt. Daher konzentrierten sich nach der Vereinheitlichung von Wirtschaft und Finanzwesen im März 1950 die wenigen Investitionen im Wesentlichen in der Hand des Staates.

Mit Betrachtung auf die Investitionsobjekte lassen sich Regierungsinvestitionen grob in zwei Teile gliedern:

1. Investitionen im Finanzwesen und in Handelsunternehmen. Diese zielten darauf ab, das Grundkapital der staatlichen Banken und Handelsunternehmen zu erweitern, um ihr Ausmaß und ihre Steuerungsfähigkeit zu vergrößern. In der Periode der Erholungsphase, während der Staat den Umfang und die Institutionen der People's Bank of China ausbaute, wurde zeitgleich durch die sozialistische Transformation des Finanzsektors, eine branchenweite Etablierung von öffentlich-privaten Partnerschaften im Finanzsektor realisiert.
   Im Handel wurden für die rasche Entwicklung der staatlichen Handelsunternehmen zu dieser Zeit eine Gruppe an Außenhandelsfirmen gegründet. Zum einen wurde eine Reihe von Außenhandelsunternehmen gegründet, die das Import- und Exportgeschäft kontrollierten. Auf der anderen Seite wurden staatlich geführte Handelsunternehmen für den Binnenmarkt gegründet und im großen Stil ausgebaut. Somit konnten die Märkte sowie die Lieferung und der Vertrieb von wichtigen Gütern unter Kontrolle gebracht werden.
2. Investitionen in Industrie und Wasserwirtschaft als wichtigste Infrastrukturbereiche. Die Mittelzuweisung durch Investitionen in der Infrastruktur

lag 1950 bei 1,04 Mrd. Yuan, 1951 bei 1,88 Mrd. Yuan und 1952 bei 3,71 Mrd. Yuan. Somit betrug der Gesamtbetrag der Infrastrukturinvestitionen über diese 3 Jahre hinweg insgesamt 6,63 Mrd. Yuan. Dies entsprach einem Anteil von durchschnittlich 17,7% der Staatseinnahmen in derselben Periode. Addiert man noch die Eigenfinanzierungen der Lokalregierungen, erhält man einen Gesamtwert der in den drei Jahren durchgeführten Investitionen von 7,84 Mrd. Yuan. Gemäß dem damaligen Preisverhältnis entsprachen die Mittelzuweisungen für den Infrastrukturausbau aus dem Haushalt lediglich einem Äquivalent von 46,93 Mio. Talern oder 3,31 Mrd. Silberdollar. Dies überstieg die gesamten Infrastrukturinvestitionen der GMD Regierung in den zehn Jahren vor dem Widerstandskrieg. Die Investitionen flossen hauptsächlich in die folgenden drei Richtungen:

a. Ausbau der Wasserwirtschaft. Die Jingjiang-Ableitungsschleuse wurde gebaut.
b. Wiederherstellung des Verkehrswesens. 1952 lag der Anteil der Investitionen an den gesamten Infrastrukturinvestitionen in die Eisenbahn bei 11,6%. In den drei Jahren der Erholungsphase investierte der Staat auf der Grundlage der Sanierungen von früheren Eisenbahnstrecken in den Neubau der Strecke Laibin-Munanguan, Chengdu-Chongqing und Tianshui-Lanzhou. Somit erreichte das nationale Eisenbahnnetzwerk eine Gesamtlänge von 24.518 Kilometern, was dem Spitzenniveau vor der Befreiung sehr nahekommt. Autobahnen, Schifffahrt und zivile Luftfahrt wurden ebenfalls restauriert. Die Gesamtlänge der Autobahnen erreichte 126.675 km, was den Höchststand vor der Befreiung sogar noch übertraf, die Gesamtstrecke der Binnenschifffahrt erreichte 95.025 km. Das Liniennetzwerk der zivilen Luftfahrt erreichte 13.123 km. Zudem wurde eine internationale Flugroute nach Moskau in der Sowjetunion über Ulan Bator, Mongolei, eröffnet und eine sino-sowjetische Joint Venture-Fluggesellschaft gegründet.
c. Wiederaufbau der Industrie. Die Investitionen für die Industrie gingen an Neubauprojekte mit dem Hauptgewicht in der Schwerindustrie, wenn man die Investitionen, die für den Wiederaufbau gedacht waren, nicht berücksichtigt. So flossen 1952 beispielsweise 38,8% aller Infrastrukturinvestitionen in den Industriesektor, 29,5% in die Schwerindustrie und 9,3% in die Leichtindustrie. Da die Schwerindustrie damals regelrecht als Flaschenhals für die wirtschaftliche Entwicklung fungierte, stand diese in direktem Zusammenhang mit dem Aufbau der Fähigkeiten in der Landesverteidigung. Aufgrund der Tatsache, dass die Schwerindustrieinvestitionen einen deutlichen Wiederaufbaucharakter mit sich brachten, konzentrierten sich die Investitionen mehr auf Anlagen und Ausrüstung, die bereits vorher in Benutzung waren. Auch die Bauprojekte zielten hauptsächlich auf Restaurierung und Umbaumaßnahmen ab. Neubau war lediglich als Ergänzung gedacht, wobei im

> Fokus stand, dass die alten Industriestützpunkte ihre Rolle auch weiterhin zur Geltung bringen konnten. So gingen 1952 insgesamt 24,8% der nationalen Infrastrukturinvestitionen in die nordöstlichen Regionen. Aufgrund von Überschüssen der Produktionskapazitäten in zahlreichen Branchen der Leichtindustrie bestand hier die Aufgabe des Staates in erster Linie darin, die regionale Verteilung zu verbessern. So wurde der Hin- und Rücktransport zwischen Unternehmen, Rohstoffen und den Absatzstandorten verringert. In den drei Jahren der Erholungsphase investierte der Staat insgesamt 350 Mio. Yuan in die Textilindustrie. Im Vordergrund stand dabei vor allem der Bau von drei neuen Textilfabriken in Xianyang, Handan und Wuhan. Somit wurde die Textilbranche, die aus dem alten China zurückgeblieben war, und sich übermäßig stark in den Küstenregionen Shanghai, Qingdao und Tianjin konzentrierte, einem Wandel unterzogen. Gleichzeitig wurden Fabriken für Textilmaschinen in Shenyang und Zhengzhou und eine Leinenfabrik in Harbin errichtet. Außerdem wurden in Provinzen und autonomen Regionen wie Xinjiang, Hunan und Zhejiang eine Reihe von Projekten im Bereich Leinen- und Baumwollspinnerei ins Leben gerufen.

Was die Effizienz der Regierungsinvestitionen anbetraf, so war diese in diesen drei Jahren in der Infrastruktur nichts desto trotz sehr gut: Innerhalb der drei Jahre betrug die Mittelzuweisung aus Staatsgeldern für Infrastrukturinvestitionen 8,621 Mrd. Yuan, neu akkumulierte Festanlagen beliefen sich auf 5,9 Mrd. Yuan und die Auslastung der Festanlagen lag bei 75,3%. Der Koeffizient der Investitionsrendite lag im Schnitt bei 2,9. D.h. pro 1 Yuan an Investitionen in Festanlagen konnte das Volkseinkommen um 2,9 Yuan gesteigert werden.[525]

3. Regierungsinvestitionen in der Periode des ersten Fünfjahresplans

Bis Ende 1952 war die Wiederherstellung der Volkswirtschaft Chinas praktisch abgeschlossen. Deshalb schwenkte das Land ab 1953 zum großangelegten Wirtschaftsaufbau und begann den ersten Fünfjahresplan für die Entwicklung der Volkswirtschaft in die Tat umzusetzen. Dabei konzentrierten sich die Regierungsinvestitionen in diesem Zeitraum hauptsächlich in der Hand der Zentralregierung. Mit Blick auf die Bilanz der Implementierung des ersten Fünfjahresplans, haben die Infrastrukturinvestitionen der Regierung einen Wert von 58,85 Mrd. Yuan erreicht, wobei die durchschnittlich jährlich getätigten Investitionen die Gesamtsumme der Investitionen überschritten, die während der Erholungsphase getätigt wurden. Aus dem Staatshaushalt wurden während der Erholungsphase 3,12 Mrd. Yuan für Investitionen zur Verfügung gestellt, was 90,3% sämtlicher Infrastrukturinvestitionen entsprach. Da-

---

525 Zitiert nach Wang Haibo 汪海波 *Zhongguo Jingji Xiaoyi Wenti Yanjiu* 中国经济效益问题研究 („Problemforschung zur Leistungskraft der chinesischen Wirtschaft", Jingji Guanli Chubanshe, Ausgabe 1991, S. 427).

von wiederum lag der Anteil der Investitionsprojekte, welche direkt durch die Zentralregierung verwaltet wurden, bei 82%. Die durch die Lokalregierung verwalteten Investitionsprojekte zählten zu den restlichen 18%. Während des ersten Fünfjahresplans beliefen sich die Staatseinnahmen auf insgesamt 135,49 Mrd. Yuan. Der Anteil der Infrastrukturinvestitionen am Staatsbudget betrug also 39,2%, was unter den Bedingungen eines niedrigen Industrialisierungsgrades und geringen Überschüssen schon relativ hoch war.

Bei Regierungsinvestitionen im Industriesektor ging es zu dieser Zeit in erster Linie darum, der Entwicklung der Schwerindustrie oberste Priorität einzuräumen. Innerhalb der Schwerindustrie war es vor allem der Maschinenbau, insbesondere für die Verteidigungsindustrie, welcher die Entwicklung der gesamten Industrie vorantreiben sollte. Dies bedeutete, sich die mit Unterstützung der Sowjetunion geplanten 156 Schlüsselprojekte als wichtigste Ziele zu setzen.

Diese „156" Industriebauprojekte waren eine Reihe von Industrieprojekten von 1950 bis 1955, für deren Durchführung die Sowjetunion Unterstützung zugesichert hatte. Der erste Fünfjahresplan legte dabei deutlich die Entfaltung des gesamten Industrialisierungsaufbaus mit den 156 Projekten als Kernpunkte fest. Obwohl die meisten Menschen diese rückblickend als Projekte im Rahmen des ersten Fünfjahresplans betrachteten, standen sie in der Praxis als Symbol für den Industrialisierungsprozess des chinesischen Festlandes durch die gesamten 50er Jahre hindurch. Sie kamen in der Erholungsphase der Volkswirtschaft auf und zogen sich durch den ersten und den zweiten Fünfjahresplan.

Die Bauprojekte mit der Unterstützung der Sowjetunion wurden aufeinander folgend nach mehreren Untersuchungen und Verhandlungen festgelegt. Während der Zeit der Erholungsphase der Volkswirtschaft im Jahre 1950 wurden 50 Projekte festgelegt, 1953 wurden 91 Projekte vereinbart und 1954 kamen 15 weitere hinzu. Die Gesamtsumme von 156 Projekten wurde schließlich in den ersten Fünfjahresplan eingeordnet. 1955 wurden dann jedoch erneut 16 zusätzliche Projekte vereinbart, danach wurden noch zwei weitere Projekte festgelegt, diese jedoch nur mündlich. So wurden in den fünf Verhandlungen insgesamt 174 Projekte bestimmt. Nach wiederholten Untersuchungen und Anpassungen wurden jedoch einige Projekte wieder verworfen, die Bauarbeiten von einigen Projekten wurden verschoben, andere Projekte wurden zusammengelegt, wiederum andere wurden in mehrere Projekte aufgeteilt und wiederum andere wurden nicht den Projekten oberhalb des Grenzbetrags zugordnet. Somit blieben am Ende 154 Projekte übrig. Da im ersten Fünfjahresplan anfänglich 156 Projekte angekündigt waren, wurden diese auch die „156 Bauprojekte" genannt, wobei die Bauarbeiten von nur 150 dieser Projekte durchgeführt wurden. Davon wurden die Bauarbeiten von 146 Projekten in der Periode des ersten Fünfjahresplans begonnen.

Ein Kennzeichen der „156 Industriebauprojekte" war die Einführung von fortschrittlichen Technologien in Sektoren wie der Verteidigungsindustrie, im Maschinenbau, der Elektroindustrie, der chemischen Industrie, der Energiewirtschaft etc. Viele der Projekte füllten Lücken in der chinesischen Industrie oder erhöhten das technologische Niveau. Deshalb sah man die Industriebauprojekte der 50er Jahre, deren Kern die „156" darstellten, auch als Teil einer bahnbrechenden Kampagne der

Industrialisierung. Industriebauprojekte mit den „156" im Zentrum füllten nicht nur eine Unmenge an Lücken in der Industrie, sondern legten auch den Grundstein für die Entwicklung der Basisindustrie. Darüber hinaus verbesserten sie das regionale Gleichgewicht und beschleunigten die Industrialisierung in den westlichen und zentralen Regionen Chinas.

Bei der industriellen Struktur der „156" (tatsächlich 150 Projekte) kamen vor allem drei Überlegungen auf:

1. Die internationale Lage nach dem Ausbruch des Koreakriegs und die extrem schwache Verteidigungsindustrie Chinas sollten ins Visier genommen werden. D.h. der nationalen Sicherheit sollte eine kritische Position eingeräumt werden und es mussten Überlegungen dazu anstellt werden.
2. Das schwache Fundament der Schwerindustrie des alten Chinas hatte sich bereits zum Flaschenhals für die Industrialisierung entwickelt.
3. Erwägungen sollten in Betracht gezogen, diese industrielle Basis zu nutzen, um Kriegsvorbereitungen zu treffen und die Ungleichheit zwischen den verschiedenen Regionen zu überwinden.

Dadurch lassen sich die 156 Projekte im Wesentlichen in fünf Teile gliedern:

1. 44 Projekte in der Verteidigungsindustrie.
2. 20 Projekte in der Hüttenindustrie.
3. 52 Projekte in der Energiewirtschaft.
4. 24 Projekte in der Maschinenbauindustrie.
5. 10 Projekte in der chemischen Industrie und der Leichtindustrie.[526]

Die regionale Verteilung der „156" war vor allem in der Energiewirtschaft und der Maschinenbauindustrie relativ ausgeglichen, für die Entwicklung des Landesinneren wurde in dieser Hinsicht gesorgt. Etwa 70% der wenigen aus dem alten China verbliebenen Industrieanlagen konzentrierten sich in den Küstengebieten. Die wenigen Industrien im Hinterland sammelten sich hauptsächlich in einigen Großstädten an, die Verteilung der Industrie war enorm ungleich. Die „156" sollten diese unvernünftige Distribution der Industrie vor allem in den nordöstlichen, westlichen und zentralen Regionen nach Möglichkeit korrigieren. Von den 150 tatsächlich durchgeführten Bauvorhaben fanden sich 44 Projekte im Bereich Verteidigungsindustrie im Landesinneren wieder. Davon waren 35 in den westlichen und zentralen Regionen angeordnet, und von diesen 35 wurden 21 in den beiden Provinzen Sichuan und Shaanxi geplant. Von den 106 Projekten in der Zivilindustrie waren 50 in den nordöstlichen Regionen und 32 in den zentralen Regionen verteilt. Mit Ausnahme der sieben Projekte, die in den nordöstlichen Regionen verteilt waren, war die Elektroindustrie über Beijing, Hebei, Shanxi, Shaanxi, der inneren Mongolei, Gansu, Henan, Hubei, Hunan, Sichuan, Yunnan und Xinjiang verbreitet. All dies waren Regionen, in

526 Staatliches Amt für Statistik 国家统计局 *1950-1985 Zhongguo Guding Zichan Touzi Tongji Ziliao* 1950－1985 中国固定资产投资统计资料 („Statistisches Material zu Investitionen in Festanlagen in China von 1950-1985", Zhongguo Tongji Chubanshe, Ausgabe 1987, S. 196-205)

denen die Elektroindustrie in der Vergangenheit eher rückständig gewesen war. Laut Bo Yibo, dem damaligen stellvertretenden Direktor der Wirtschafts- und Finanzkommission der zentralen Volksregierung, stellte eine derartige Verteilung der neugeplanten Industrien nach Regionen einen planerischen Aufwand dar: „Zu dieser Zeit wurden insbesondere die folgenden Faktoren berücksichtigt:

1. Verteilung gemäß Ressourcen. Eisen- und Stahlwerke, Schmelzhütten für Buntmetalle und Unternehmen in der Chemietechnik sollten im Wesentlichen in Regionen angesiedelt werden, die reich an Mineralstoffen oder in denen Energieressourcen ausreichend vorhanden sind. Zerspanungsunternehmen sollten nahe den Stützpunkten der Rohstoffproduktion angesiedelt sein. [...]
2. Verteilung nach Vorteilhaftigkeit für die Veränderung des Antlitzes ökonomisch rückständiger Regionen. [...]
3. Verteilung nach militärischem Bedarf.“[527]

Mit Blick auf die Verteilung nach Branchen gingen 4,661 Mrd. Yuan an Investitionsgeldern in die Hüttenindustrie, davon 3,81 Mrd. Yuan in die neu hinzugefügten Festanlagen. 1,36 Mrd. Yuan flossen in die chemische Industrie, davon 0,88 Mrd. Yuan in die neu hinzugefügten Festanlagen. 3,85 Mrd. Yuan flossen in den Maschinenbausektor, davon 3,03 Mrd. Yuan in die neu hinzugefügten Festanlagen. 3,56 Mrd. Yuan an Investitionen flossen in die Kohleindustrie, wobei insgesamt 194 neue Minen gebaut und in Betrieb genommen wurden, was eine Produktionskapazität von 75,37 Mio. Tonnen hervorbrachte. Was die Baustoffindustrie betraf, wurden zunächst insgesamt sechs Zementwerke jeweils in Datong (Shanxi), Yongdeng (Gansu), Urumqi (Xinjiang), Kunming (Yunnan), Jiangyou (Sichuan) und in Luoyang (Henan) gebaut. Zusätzlich wurde jeweils ein Flachglaswerk in Luoyang (Henan) und eines in Zhuzhou (Hunan) errichtet. Staatsinvestitionen in der Textilindustrie waren ursprünglich mit 1,56 Mrd. Yuan geplant, beliefen sich dann letzten Endes aber auf 1,71 Mrd. Yuan. Dabei wurden insgesamt 68 Baumwolltextilfabriken (über 500 Mio. Yuan wurden in die Infrastruktur investiert), sechs Druck- Färbeanlagen, drei Wolltextilfabriken, sieben Hanftextilfabriken, vier Seidenfabriken, vier Chemiefaserfabriken und eine Fabrik für textile Maschinen neu gebaut oder erweitert.

Im Verkehrsbereich wurden 33 Eisenbahnlinien neu gebaut und drei weitere restauriert. Insgesamt wurden 10.000 km an Haupteisenbahnlinien, mehrgleisige Linien, Seitenlinien und von Unternehmen speziell genutzte Linien neu gebaut oder restauriert. Die Baocheng und Yingxia Eisenbahnen wurden eröffnet. Mit der Fertigstellung der Yangtse-Brücke bei Wuhan im Jahr 1957 wurde die gesamte Eisenbahnlinie zwischen Beijing und Guangzhou miteinander verknüpft. Die zivile Luftfahrt entwickelte sich in dieser Zeit ebenfalls mit rascher Geschwindigkeit. Bis Ende 1957 erreichten die Lufttransportrouten eine Länge von 26400 km, was einen Zuwachs von 101,5% im Vergleich zu 1952 entsprach. Die Zahl der Flugmaschinen hatte sich

[527] Bo Yibo 薄一波 *Ruogan zhongda Juece yu Shijian de Huigui* 若干重大决策与事件的回顾 („Rückblick auf einige schwerwiegende Entscheidungen und Angelegenheiten“, vorderer Teil, Zhongguo Zhongyang Dangxiao Chubanshe, Ausgabe 1991, S.298)

ebenfalls von 29 Stück in der Anfangsphase der Gründung der Volksrepublik China auf 118 Stück erhöht.

Man kann durchaus behaupten, dass während der Periode des ersten Fünfjahresplans die Staatswirtschaft durch staatliche Investitionen und die Transformation des kapitalistischen Industrie- und Handelssektors bereits zum Hauptelement der Industrialisierung des Landes geworden war.

Hinsichtlich der Investitionseffizienz war der erste Fünfjahresplan ebenfalls von Erfolg geprägt. Dabei zeigen sich drei Merkmale:

1. Hohe Aufwandmenge von Festanlagen. In dieser Zeit wurden insgesamt 58,85 Mrd. Yuan in die Infrastruktur von Einheiten unter Volkseigentum investiert. Der Wert der durch Infrastrukturinvestitionen neu hinzugekommenen Festanlagen innerhalb der fünf Jahre lag bei 49,22 Mrd. Yuan, was einen Anteil der Auftragsmenge von Festanlagen von 83,6% an den insgesamt getätigten Investitionen entspricht.
2. Geringe Bauzeiten, hohe Raten der Betriebsaufnahme. Die Anzahl der Industriebauprojekte während des ersten Fünfjahresplans lag bei über 10.000 Stück. Davon waren 921 Stück große oder mittelgroße Projekte, die über dem Grenzbetrag lagen. Innerhalb der fünf Jahre wurden davon 595 Projekte fertiggestellt und in Betrieb genommen, wobei die jährliche Rate der Betriebsaufnahme mittelgroßer und großer Projekte im Schnitt bei 15,5% lag. Diesen Berechnungen zufolge lag die durchschnittliche Bauzeit bei 6,44 Jahren.
3. Gute Investitionseffizienz der Schlüsselbauprojekte. Der Schwerpunkt der Regierungsinvestitionen während der Periode des ersten Fünfjahresplans war auf die 156 Projekte gerichtet, die mit Unterstützung der Sowjetunion durchgeführt werden sollten. Die geplante Investitionssumme der 156 Projekte lag bei 20,27 Mrd. Yuan (realisiert wurden davon nach den Anpassungen 150 Projekte, was 18,78 Mrd. Yuan entsprochen hätte). In der Praxis beliefen sich die Investitionen dann auf einen Wert von 19,63 Mrd. Yuan. Bis 1957 hatten die Bauarbeiten an 146 der Projekte begonnen, davon waren 68 Projekte bereits abgeschlossen. In einem Teil der Projekte wurde auch schon der Betrieb aufgenommen. Den Berechnungen des Arbeitszeitraums zufolge lag die durchschnittliche Arbeitszeit der 156 jeweils bei 3,6 Jahren.
4. Hoher Koeffizient der Investitionsrendite. Während des ersten Fünfjahresplans beliefen sich die Investitionen in Festanlagen der Einheiten in Volkseigentum auf 51,16 Mrd. Yuan. Neu akkumuliertes Volkseinkommen betrug 3,19 Mrd. Yuan, was einen Koeffizienten der Investitionsrendite von 0,52 ergibt. Dies war durchaus vergleichbar mit den Industrieländern zu

dieser Zeit: In den Jahren von 1956 bis 1978 lag der Koeffizient der Investitionsrendite in den USA bei 0,41, in Japan bei 0,45, in Westdeutschland bei 0,49, in England bei 0,44 und in der Sowjetunion bei 0,25.[528]

4. Regierungsinvestitionen in der Periode des „Großen Sprungs nach vorne" und während der Reorganisation der Volkswirtschaft

Nach 1956, während des „Großen Sprungs nach vorn", beliefen sich die vom Staat getätigten Infrastrukturinvestitionen auf insgesamt 100,7 Mrd. Yuan, was die Summe der in den 5 Jahren des ersten Fünfjahresplans getätigten Infrastrukturinvestitionen noch um 80% überstieg. In der Euphorie des „Großen Sprungs nach vorn" wurde in Windeseile eine Vielzahl von Projekten in Angriff genommen. Die Zahl der großen und mittelgroßen Projekte betrug 1958 insgesamt 1.587, 595 mehr als im Vorjahr. 1959 waren es 1.361 und 1960 stieg die Zahl erneut auf 1.815 an. Von den kleinen Projekten, die oberhalb der Kreiseben durchgeführt wurden, waren 1959 schon 50.000 abgeschlossen, 1960 waren 70.000 im Bau. Kleine Projekte unterhalb der Kreisebene wurden noch unkontrollierter durchgeführt. Außerplanmäßige Projekte hatten ebenfalls massenhaft zugenommen. 1960 beliefen sich die außerplanmäßigen großen und mittelgroßen Projekte, die landesweit durchgeführt wurden, auf 380 Stück, was einem Anteil an der Gesamtsumme der durchgeführten Projekte von 20% entspricht. Außerplanmäßige kleine Projekte waren noch zahlreicher, ihr Anteil an der Gesamtsumme noch größer.[529]

Unter dem Druck hoher Produktionsquoten in der Stahlproduktion hatten die „kleinen, einheimischen, gemeinschaftlichen" (*xiao, tu, qun*) und die „kleinen, ausländischen, gemeinschaftlichen" (*xiao, yang, qun*) Hochöfen und Walzwerke, in deren Bau investiert worden war, keine wirkliche Produktivkraft entfalten können. So baute beispielsweise die Ansteel Group Corporation im Kirschgarten im Gongchangling-Revier der Stadt Liaoyang einen kleinen Hochofen mit 100 Kubikmeter Volumen und ein kleines Stahlwerk mit Konverter in Lingshan. Die „kleinen, ausländischen, gemeinschaftlichen" Hochöfen, die von großen Firmen wie TISCO, MISCO oder Baotou errichtet worden waren, verbrauchten Massen an finanziellen Mitteln, Ausrüstung und Material und verschwendeten die Tatkraft des Führungspersonals. Zwar konnte von Zeit zu Zeit tatsächlich etwas an Stahl produziert werden, doch war die Qualität oft so mangelhaft, dass dieser dann entweder entfernt oder für andere Zwecke genutzt wurde. Über die Produktionsverhältnisse in den kleinen einheimischen Hochöfen, die von der großen und breiten Masse in glühendem Enthusiasmus errichtet worden waren, konnte man jedoch nur wenig optimistisch sein. Während manche Hochöfen imstande waren flüssiges Eisen abfließen zu lassen, war bei anderen nicht einmal das möglich. Aus manchen floss Eisen mit einem hohen Schwefelgehalt ab, welches nicht weiter zu qualitativ ausreichend gutem Stahl verarbeitet werden

528 Zitat von Wang Haibo 汪海波 (Hrsg.) *Zhongguo Jingji Xiaoyi Wenti Yanjiu* 中国经济效益问题研究 („Problemforschung zur Leistungskraft der chinesischen Wirtschaft", Jingji Guanli Chubanshe, Ausgabe 1991, S. 430).

529 Aus der Redaktionsabteilung der Buchreihe *Dangdai Zhongguo* 当代中国 („China Contemporary"): *Dangdai Zhongguo Jiben Jianshe* 当代中国基本建设 („Infrastruktur im zeitgenössischen China", Zhongguo Shehui Kexue Chubanshe, Ausgabe 1989, S.125)

konnte. Für das aus vielen kleinen Hochöfen gewonnene Eisen waren die Herstellungskosten einfach zu hoch. Diese betrugen bis zu 600 Yuan pro Tonne, was die Herstellungskosten von aus großen Hochöfen gewonnenem Eisen um das Vier oder Fünffache überstieg.[530]

Die drei Jahre während des „Großen Sprung nach vorn" hatten nicht nur zu keinem nachhaltigen gesunden Wirtschaftswachstum geführt, sondern hingegen für die Volkswirtschaft kritische Schwierigkeiten verursacht. Ab 1961 war die Regierung dazu gezwungen, die Volkswirtschaft neu anzupassen. Konkret verankerte sich dies im Acht-Zeichen-Grundsatz der „Anpassung (*tiaozheng*), Konsolidierung (*gonggu*), Bereicherung (*chongshi*) und Verbesserung (*tigao*)". In dieser Periode wurden dann zum einen die Investitionsrechte wieder von der Zentralregierung übernommen, zum anderen wurden die Infrastrukturinvestitionen stark reduziert. Nach vier aufeinanderfolgenden substanziellen Anpassungen gingen 1961 die Investitionen in Festanlagen im Vergleich zum Vorjahr um 62,54% zurück. 1962 gingen sie im Vergleich zu 1961 um weitere 44,07% zurück, die konkret getätigte Investitionssumme belief sich auf 8,728 Mrd. Yuan. Aufgrund der breit gespannten Investitionsminderungen von 1961 bis 1963 betrug der durchschnittliche Investitionsumfang pro Jahr ca. 12 Mrd. Yuan, was gerade einmal 28,8% der 41,66 Mrd. Yuan Investitionen entsprach, die 1960 getätigt wurden. Bis Ende 1963 hatte sich die Lage der Volkswirtschaft grundlegend zum Besseren gewandt. Aus diesem Grund stiegen die Regierungsinvestitionen in Festanlagen in den Jahren 1964 und 1965 auch wieder an, jeweils auf 16,59 Mrd. Yuan und 21,69 Mrd. Yuan bzw. um 42,2% und 30,7% zum Vorjahr.

Während des „Großen Sprungs nach vorn" hatte sich die Zahl der staatlichen Unternehmen in rasantem Tempo vergrößert. Nachdem die Phase der Neuanpassungen 1961 eingeleitet worden war, hatte die Regierung einerseits eine Gruppe von Unternehmen „geschlossen, gestoppt, zusammengelegt oder transformiert", welche einen hohen Materialverbrauch, hohe Produktionskosten oder mangelhafte Produktqualität aufwiesen oder auch nach der Neuausrichtung noch Verluste erzielten. Ebenso wurde mit den im Bau befindlichen Projekten verfahren, bei denen man außerstande war, die Investitionen fortzusetzen. Andererseits wurde der ursprüngliche kollektive Charakter von einem Teil der staatlichen Unternehmen erneuert, die vorher kollektive Unternehmen waren und dann später „aufgewertet und umstrukturiert" wurden. Infolgedessen sank die Zahl der staatlichen Unternehmen erheblich. So gab es 1959 beispielsweise landesweit 318.000 staatliche Industriebetriebe. Bis Ende 1961 hatte sich deren Zahl auf 197.000 verringert, und bis Ende 1965 ging die Zahl erneut auf 158.000 zurück. Dabei nahm jedoch der Ursprungswert des Vermögens von staatlichen Industriebetrieben enorm zu. Bis Ende 1965 hatte der Ursprungswert von Festanlagen aus Industriebetrieben in Volkseigentum 104 Mrd. Yuan erreicht, doppelt so hoch wie 1957. Die industrielle Leistungsfähigkeit war bis 1965 im Vergleich zu 1957 ebenfalls in hohem Maße gestiegen. In der Erdölförde-

530 Aus der Redaktionsabteilung der Buchreihe *Dangdai Zhongguo* 当代中国 („China Contemporary"): *Dangdai Zhongguo Gangtie Gongye* 当代中国钢铁工业 („Die Stahlindustrie im zeitgenössischen China", Zhongguo Shehui Kexue Chubanshe, Ausgabe 1989).

rung stieg sie um das 6,5-fache an, in der Rohkohleförderung um 74%, in der Eisenerzeugung um 69%, in der Stahlerzeugung hatte sie sich verdoppelt, in Bezug auf Installationskapazitäten der Ausrüstung für Stromerzeugung hatte sie sich um das 2,25-fache erhöht, in der Herstellung von Zement um das 1,38-fache, in der Herstellung von Schwefelsäure um fast das 3-fache, bei Baumwollspindeln um 29%, bei maschinell hergestelltem Papier und Karton um 57,9%, bei raffiniertem Zucker um 84%, bei der Herstellung von Nähmaschinen um das 3,2-fache und bei der Herstellung von Fahrrädern um das Doppelte. Mit Blick auf das Ausrüstungsniveau mit Industriemaschinen stieg die Anzahl der Werkzeugmaschinen im Besitz der Industrieunternehmen landesweit um das 1,4-fache, die Ausrüstung für Schmieden und Stanzen stieg um das 1,1-fache.[531]

Die erfassten Investitionserträge waren aufgrund der hohen wirtschaftlichen Fluktuation und den akuten Schwankungen dementsprechend von einem allgemeinen Trend des Absinkens und Wiederaufsteigens geprägt. Während des zweiten Fünfjahresplans betrug die Aufwandmenge von Infrastrukturfestanlagen der Einheiten in Volkseigentum 71,5%, was ein Absinken um fast acht Prozentpunkte im Vergleich zum ersten Fünfjahresplan bedeutet. Die jährliche Rate der Betriebsaufnahme großer und mittelgroßer Infrastrukturprojekte belief sich im Durchschnitt auf 8,1%, was einen kritischen Rückgang im Vergleich zu den 15,5% während des ersten Fünfjahresplans markiert. Den Berechnungen zufolge betrug die durchschnittliche Bauzeit von großen und mittelgroßen Infrastrukturprojekten 12,4 Jahre, ein Anstieg von 6,5 Jahren, d.h. um fast das Doppelte, im Vergleich zum ersten Fünfjahresplan. Mit Blick auf den Koeffizienten der Investitionsrendite ist ebenfalls ein deutlicher Rückgang zu verzeichnen. Während der Periode des zweiten Fünfjahresplans betrug die Summe aller Investitionen in Festanlagen von Arbeitseinheiten in Volkseigentum 130,7 Mrd. Yuan, was 1,14-fach so hoch ist wie im ersten Fünfjahresplan. Doch die Summe des Volkseinkommens in den fünf Jahren lag hingegen nur bei 1,6 Mrd. Yuan, was einen Koeffizienten der Investitionsrendite von gerade einmal 0,01 ergibt. Das heißt, für jede 100 Yuan an Investitionen in Festanlagen stieg das Volkseinkommen gerade einmal um 1,23 Yuan. Während der Zeit der anhaltenden Anpassungen von 1963 bis 1965 begann die Investitionseffizienz wieder zu steigen. Die Aufwandmenge von Festanlagen stieg von 1963 bis 1965 wieder auf 87,2%, ausgehend von den 71,5% im zweiten Fünfjahresplan (1965 erreichte sie 93,6%, was den höchsten dokumentierten Wert in den Jahren vor 1978 bezeichnet). Dabei stieg auch der Koeffizient der Investitionsrendite wieder deutlich an. Von 1963 bis 1965 betrug die Summe aller Investitionen in Festanlagen von Arbeitseinheiten in Volkseigentum 49,945 Mrd. Yuan, das Volkseinkommen stieg um 46,3 Mrd. Yuan, was einem Koeffizienten der Investitionsrendite von 0,93 entsprach. Dies ist vergleichbar mit dem hohen Koeffizienten der Investitionsrendite in der Erholungsphase der Volkswirtschaft, womit auch die Zeit von 1963 bis 1965 den Charakter einer ökonomischen Erholung erhält.

531 Zeng Peiyan 曾培炎 u.a. *Zhongguo Touzi Jianshe 50 nian* 中国投资建设 50 年 („Chinesische Investitionen in Infrastruktur in 50 Jahren", Zhongguo Jihua Chubanshe, S.78)

5. Regierungsinvestitionen während der „Kulturrevolution" und der „Dritten Front-Bewegung"

Nachdem die Volkswirtschaft von 1963 bis 1965 noch fortlaufende Anpassungen durchlaufen hatte, wurde von 1966 an die Implementierung des dritten Fünfjahresplans eingeleitet. Im gleichen Jahr brachen auch die zehn Jahre andauernden Unruhen der „Kulturrevolution" aus. Zu dieser Zeit ließ sich im Hinblick auf Regierungsinvestitionen und die Entwicklung der staatlichen Unternehmen eine beschleunigte Entwicklung der Schwerindustrie und der Industrie im Landesinnern feststellen. In diesen Bereichen der Industrie standen die Kriegsvorbereitungen im Zentrum. Aufgrund der Tatsache, dass die Möglichkeit des Ausbruchs eines Krieges als übermäßig hoch eingeschätzt wurde, führte man zu dieser Zeit nicht nur den vorrangigen und beschleunigten Aufbau der Schwer- und Verteidigungsindustrie fort, vielmehr wurden auch die Regierungsinvestitionen zunehmend auf das Landesinnere, vor allem in die südwestlichen Regionen konzentriert. Daraus bildete sich ein Massenenthusiasmus für die „Dritte-Front Bewegung". Als Mao Zedong von August bis September 1963 den ersten Entwurf von „Zu der Entwicklung der Industrie" überarbeitete, fügte er diesem hinzu: „China ist in den insgesamt 105 Jahren von Anfang der 1840er Jahre bis Mitte der 1940er Jahre von nahezu allen großen, mittelgroßen und kleinen imperialistischen Ländern der ganzen Welt mit Krieg überzogen worden. Alle haben sie uns geschlagen. Bis auf das letzte eine Mal, im anti-japanischen Widerstandskrieg, als der japanische Imperialismus aufgrund von verschiedenen Faktoren im In- und Ausland und der Atombombe zur Kapitulation gezwungen und beendet worden war, gab es das nicht ein einziges Mal, dass China den Krieg nicht verloren hatte, und der Krieg nicht durch die Unterzeichnung eines ungleichen, unser Land beschämenden Vertrags beendet wurde.

Die Gründe dabei waren einerseits Korruption in der Gesellschaftsordnung und andererseits der Rückstand in Wirtschaft und Technologie. Nun, da sich unsere Gesellschaftsordnung gewandelt hat, ist das erste Problem im Wesentlichen gelöst. Allerdings noch nicht vollständig, denn der Klassenkampf existiert noch in unserer Gesellschaft. Hinsichtlich des zweiten Punktes zeichnet sich schon Veränderung ab. Doch die Veränderung muss vollständig sein, und das wird noch mindestens einige Jahrzehnte lang andauern. Sollten wir innerhalb der kommenden Jahrzehnte nicht aktiv danach streben, den immensen Rückstand von Chinas Wirtschaft und Technologie gegenüber den imperialistischen Ländern zu verringern, so sind Schläge gegen uns unvermeidlich. Sicherlich befindet sich der Imperialismus in einer Zeit des Niedergangs, während sich Sozialismus und Revolutionskampf der Völker und Nationen, die unterdrückt wurden, weltweit im Aufschwung befinden. Ein Krieg mit globalem Charakter kann vermieden werden. Somit bestehen also zwei Möglichkeiten: Entweder ist ein Krieg vermeidbar, oder er ist es nicht. Wir sollten jedoch die Möglichkeit eines Angriffs in Betracht ziehen, darauf unsere Arbeit gründen und mit aller Kraft danach streben, mittelfristig die Rückständigkeit der chinesischen Gesellschaft, Technologie und Wirtschaft zu verringern. Andernfalls werden wir Fehler machen."

Als die nationale Planungskommission im April 1964 die Investitionen in Landwirtschaft, Leicht- und Schwerindustrie auf Basis des dritten Fünfjahresplans vorbereitete, in dem die vorrangig zu lösenden Probleme Nahrung, Kleidung und Nutzung betrafen[532], schlug Mao Zedong auf Basis seiner eigenen Einschätzung der internationalen Lage seine Vorstellung eines „ein Gesäß, zwei Fäuste"-Konzepts als Investitions- und Bauschwerpunkt im dritten Fünfjahresplan vor: „Zwei Fäuste – Landwirtschaft und Verteidigungsindustrie. Ein Gesäß – die Basisindustrie, sie muss fest verankert sein."[533] Zudem brachte er an, dass die Landwirtschaft sich nach wie vor auf den Geist von Dazhai, auf Eigenständigkeit und auf einen harten Kampf stützt. Im Mai desselben Jahres, bei Konsultationen zur Ausrichtung des dritten Fünfjahresplans, schlug Mao Zedong vor: „In Zeiten der Atombombe ist es unhaltbar, kein Hinterland zu haben. Wenn wir unser Land in drei Frontlinien aufteilen, muss in jedem Fall die dritte Frontlinie gut ausgebaut sein." Außerdem führte er an: „Die Eisen- und Stahlwerke von Jiuquan und Pangzhihua müssen sich damit befassen. Tun sie es nicht, werde ich niemals Erleichterung verspüren. Wie kann uns dann geholfen werden, wenn ein Krieg ausbricht?"[534] Am 27. Mai betonte Mao Zedong weiter, dass die Frage nach der ungleichen Anordnung der nationalen Industrie im dritten Fünfjahresplan gelöst werden müsse. [535]

Die Einteilung des Landes in drei große Frontlinien bedeutete, dass das gesamte Land, ähnlich wie bei Kriegsvorbereitungen, entsprechend der strategischen Lage einer jeden Region, in drei große Frontlinien gegliedert wurde. Die erste Frontlinie befand sich im strategischen Grenzgebiet des Landes, die dritte Frontlinie im Hinterland. Zu der zweiten Frontlinie zählten die Gebiete zwischen der ersten und der dritten Frontlinie. Sämtliche Provinzen und Regionen wurden gemäß den regionalen Verhältnissen in Gebiete der ersten, zweiten oder dritten Frontlinie eingeteilt. Üblicherweise wurde das strategische Hinterland der Nation als „große, dritte Frontlinie" bezeichnet, das Gebiet der dritten Frontlinie innerhalb der Provinzen und Regionen als „kleine, dritte Frontlinie". Der Umfang der „großen, dritten Frontlinie" beinhaltete, nach Regelungen aus dem „vierten Fünfjahresplan für die nationale Wirtschaft" die Provinzen Sichuan, Guizhou, Yunnan, Shaanxi, Gansu, Qinghai, sowie den westlichen Teil der Provinzen Henan, Hubei und Hunan, den nördlichen Teil von Guangdong, den nordwestlichen Teil von Guangxi und den westlichen Teil der beiden Provinzen Shanxi und Hebei.

Der Staat neigte zu Investitionen und zur Organisation von Projekten in diesen Regionen. Außerdem wurden im Rahmen der „Dritten Front" in den 60er und 70er Jahren einige der staatlichen Unternehmen aus den Küstenregionen vollständig oder

---

532 Siehe Bo Yibo 薄一波 *Bianzhi changqi Guihua zhong de yixie Zhengce Sixiang Wenti* 编制长期规划中的一些政策思想问题 („Zusammenstellung einiger politischer und ideologischer Problemstellungen in der langfristigen Planung", 14.2.1964, aus *Bo Yibo Wenjian* 薄一波文选 „Ausgewählte Schriften von Bo Yibo", Renmin Chubanshe, Ausgabe 1992)

533 *Mao Zedong zai Guojia Jiwei Lingdao Xiaozu Huibao di san ge wu nian Jihua shexiang shi de Chahua* 毛泽东在国家计委领导小组汇报第三个五年计划设想时的插话 („Zwischenbemerkung von Mao Zedong zum Bericht der Führungsgruppe der staatlichen Planungskommission über das Konzept des 3. Fünfjahresplans", *Dang de wenxian* 党的文献 „Parteiarchiv", 3. Quartal 1996)

534 Ebd.

535 *1964 nian 5 yua 27 ri Mao Zedong zai zhongyang gongzuo huiyi shang de jianghua* jilu 1964 年 5 月 27 日毛泽东在中央工作会议上的讲话记录 („Aufzeichnung von Mao Zedongs Ansprache auf der zentralen Arbeitssitzung vom 27.5.1964", aus Jin Chonghe 金冲及 *Zhou Enlai chuan* 周恩来传 „Biographie des Zhou Enlai", S.1768-1769)

teilweise in diese Regionen verlegt. Im April 1964 stützte der „Bericht über den Aufbau der Volkswirtschaft zur Vorsorge gegen einen feindlichen Überraschungsangriff" der Generalstabsabteilung für Kriegsführung Mao Zedong in diesem Punkt, als er vorschlug: „Wir haben fachliche Studien und Untersuchungen darüber durchgeführt, wie der ökonomische Aufbau des Landes als Vorsorge gegen einen feindlichen Überraschungsangriff dienen kann. In einigen Punkten, mit denen wir in Kontakt gekommen sind, waren die Probleme zahlreich, in manchen Situationen sind die Verhältnisse sehr ernst." „(1) Die übermäßige Konzentration der Industrie. In nur 14 Großstädten mit mehr als einer Millionen Menschen ist ca. 60% der Industrie für Maschinen für den zivilen Bedarf konzentriert, 50% der chemischen Industrie und 52% der Verteidigungsindustrie (einschließlich 72,7% der Flugzeugbauindustrie, 77,8% der Schiffbauindustrie, 59% der Radioindustrie und 44% der Waffenindustrie)." Am 12. August wies Mao Zedong an: „Das ist eine sehr gute Sache, die wir sorgfältig untersuchen und schrittweise umsetzen müssen. Der Staatsrat hat bereits eine Sonderkommission dafür eingerichtet. Hat diese ihre Arbeit bereits begonnen?"[536]

Im „Bericht von Li Fuchun et.al. über die Umsetzung der Anweisungen Mao Zedongs bezüglich des Aufbaus der Volkswirtschaft zur Vorsorge gegen einen feindlichen Überraschungsangriff" vom 19. August hieß es: „Gemäß den Anweisungen des Vorsitzenden zum von der Generalstabsabteilung für Kriegsführung vorgelegten Bericht über den Aufbau der Volkswirtschaft zur Vorsorge gegen einen feindlichen Überraschungsangriff haben wir die verantwortlichen Genossen aus den beteiligten Parteien zu einer Sitzung versammelt. Alle Teilnehmenden waren sich einig, dass die Anweisungen des Vorsitzenden und der Bericht der Abteilung für Kriegsführung enorm wichtig sind und eine bedeutende Maßnahme für die Verteidigungsstrategie Chinas darstellen. Wir müssen uns ernsthaft damit auseinandersetzen und uns anstrengen, unsere Arbeit gut zu machen." Die Versammlung beschloss: „Vorsichtsmaßnahmen in allen Aspekten müssen neben den vier von der Abteilung für Kriegsführung vorangebrachten Maßnahmen auch Hochschulen, wissenschaftliche Forschung, Planungsinstitutionen, Lagerhäuser, Behörden und öffentliche Institutionen, sowie zivile Luftschutzmaßnahmen für Städte und Bergwerke beinhalten. Alle beteiligten Parteien müssen gemäß den vom Vorsitzenden angewiesenen Prinzipien des „sorgfältigen Untersuchens und der schrittweisen Umsetzung", so bald wie möglich Untersuchungen durchführen, und dabei die folgenden Punkte beachten:

1. Alle neuen Bauprojekte müssen außerhalb der ersten Frontlinie liegen, vor allem für Bauten innerhalb der 50 Großstädte mit über einer Million Einwohner.
2. Alle restlichen aktuell durchgeführten Bauprojekte innerhalb der ersten Frontlinie, vor allem jene in den 50 Großstädten, müssen, mit Ausnahme

536 Mao Zedong 毛泽东 *Dui guojia jingji jianshe ruhe fangbei diren turan xiji de baogao de* piyu 对国家经济建设如何防备敌人突然袭击的报告的批语 („Kommentar zum Bericht darüber, wie der Aufbau der Staatswirtschaft uns vor plötzlichen Angriffen des Feindes schützen kann", *Zhonghua renmin gongheguo chengli yilai Mao Zedong wengao* 中华人民共和国成立以来毛泽东文稿 „Niederschriften von Mao Zedong seit der Gründung der Volksrepublik China" Band 11, Zhongyang wenxian Chubanshe, Ausgabe 1993, S.126).

der Bauprojekte, die nächstes Jahr oder über nächstes Jahr fertiggestellt und erfolgreich in Betrieb genommen werden, verkleinert werden, dürfen nicht mehr erweitert und müssen schnellst möglich fertig gestellt werden.

3. Von den älteren Unternehmen, die sich innerhalb der ersten Frontlinie befinden, vor allem jene in den Städten mit hoher industrieller Konzentration, müssen die Betriebe und Werkhallen, die umgesiedelt werden können, in zwei Teile aufgespalten werden, wobei ein Teil in das Gebiet der zweiten und dritten Frontlinie verlegt wird. Dies gilt vor allem für Betriebe und Werkhallen in der Militär- oder Maschinenbauindustrie. Die Umsiedlungen sollten dabei vorausplanend und schrittweise durchgeführt werden.
4. Ab dem nächsten Jahr dürfen keine neuen, großen oder mittelgroßen Wasserreservoirs mehr gebaut werden.
5. Alle nationalen Elitehochschulen, wissenschaftliche Forschungseinrichtungen und Planungsinstitutionen innerhalb der ersten Frontlinie, die umgesiedelt werden können, sollen vorausplanend und schrittweise in das Gebiet der zweiten und dritten Frontlinie verlegt werden. Jene, die dazu nicht in der Lage sind, werden in zwei Teile aufgeteilt.
6. Zukünftig werden sämtliche neuen Bauprojekte, ganz gleich in welchem Frontabschnitt, nur stark verteilt, in Bergnähe und versteckt durchgeführt. Sie dürfen nicht an einem bestimmten Ort oder in einer bestimmten Stadt konzentriert sein."

Damit begann die großangelegte Dritte Front-Bewegung durch den Staat, in welcher dieser als Hauptinvestor fungierte. Während der Periode der Dritten Front beliefen sich die kumulierten Investitionen des Staates auf ungefähr 130 Mrd. Yuan, die etablierten großen und mittelgroßen Kernunternehmen und wissenschaftliche Forschungseinheiten waren knapp 2.000 (davon waren über 600 große Kernunternehmen). Bezüglich der Branchenstruktur der Investitionen während der Dritten Front-Bewegung gingen von den 130 Mrd. Yuan an kumulierten Investitionen 28 Mrd. Yuan in die Verteidigungsindustrie, was einem Anteil von 21,5% an der Gesamtsumme der Infrastrukturinvestitionen während der Dritten Front-Bewegung entsprach. Der Ursprungswert der entstandenen Festanlagen belief sich auf 27 Mrd. Yuan, was einem Anteil von 19,3% am Ursprungswert der während der Dritten Front-Bewegung kumulierten Festanlangen entspricht (dies macht einen Anteil von 61,2% des Ursprungswerts der Festanlagen der nationalen Militärindustrie aus). Mit dem im Einklang stehend beliefen sich die Investitionen in die Maschinenbauindustrie auf 13 Mrd. Yuan, was einem Anteil von 10% an der Gesamtsumme der während der Dritten Front-Bewegung getätigten Investitionen entsprach. Die Investitionen in die Energiewirtschaft betrugen 22,4 Mrd. Yuan, was einem Anteil von 17,2% entsprach. Die Investitionen in die Hüttenindustrie betrugen 14 Mrd. Yuan, ein Anteil von 10,8%. Investitionen in die chemische Industrie beliefen sich auf 8 Mrd. Yuan, was einem Anteil von 6,2% ausmachte. Investitionen in die Elektroindustrie betrugen 2,6 Mrd. Yuan, ein Anteil von 2%. Die Investitionen in den Verkehrssektor beliefen sich auf 10 Mrd. Yuan, einem Anteil von 7,7%. [537]

Bezüglich der regionalen Verteilung der Investitionen erreichten die in den südwestlichen drei Provinzen (Yunnan, Guizhou, Sichuan) entstandenen Festanlagen einen Ursprungswert von 56 Mrd. Yuan, was einem Anteil von 40% der Gesamtsumme der Ursprungswerte von Festanlagen in den Gebieten der dritten Frontlinie entsprach. In Sichuan beliefen sich die Investitionen auf 26,25 Mrd. Yuan, was einen Anteil von 27,9% an der Gesamtsumme der in den Gebieten der dritten Frontlinie getätigten Investitionen entsprach. Dabei belief sich der Ursprungswert der dort entstandenen Festanlagen auf ca. 26 Mrd. Yuan, was einem Anteil von 18,6% an den Gebieten der dritten Frontlinie ausmachte. In Shaanxi beliefen sich die Investitionen auf 18,2 Mrd. Yuan, in Guizhou auf 11,11 Mrd. Yuan. Die drei Provinzen Sichuan, Shaanxi und Guizhou wurden aufgrund ihrer strategischen Lagen, der natürlichen Ressourcen in den Gebieten und des Entwicklungsniveaus der Industrie und Landwirtschaft die Schwerpunktregionen für Investitionen während der dritten Front-Bewegung. Insbesondere Sichuan entwickelte sich zu der Provinz, in der während der Dritten Front-Bewegung die Investitionen am konzentriertesten waren, ihr Umfang am größten und die Investitionskategorien am lückenlosesten. Während der Periode der dritten Front-Bewegungen erreichten die Infrastrukturinvestitionen in Sichuan einen Wert von 39.3 Mrd. Yuan, was einem Anteil an den Gesamtinvestitionen in den Gebieten der dritten Frontlinie von 33,5% und einem Anteil von 16% an der Gesamtsumme der staatlichen Infrastrukturinvestitionen entsprach. Dabei beliefen sich neu geplante, erweiterte oder in die Provinz umgesiedelte Projekte mit Schwerindustriefokus auf über 250. 1975 erreichte der Ursprungswert der Festanlagen in der gesamten Provinz Sichuan einen Wert von 18,23 Mrd. Yuan, übertraf dabei Shanghai und Heilongjiang, und stand im landesweiten Vergleich an zweiter Stelle hinter Liaoning. Im industriellen Sektor betrug die Anzahl der zur Verfügung stehenden Werkzeugmaschinen verschiedenster Art 124.000 Stück, was einem Anteil von 6,5% an der Gesamtsumme der landesweiten zur Verfügung stehenden Werkzeugmaschinen in diesem Jahr entsprach. Die Menge der Ausrüstung für Schmieden und Stanzen entsprach im landesweiten Vergleich einem Anteil von 5,5%, Produktionskapazität bei Stahlschmelzen entsprach landesweiten 7,1%, Kapazitäten in der Kohleförderung entsprachen landesweiten 6,8%, Kapazitäten in der Stromerzeugung entsprachen landesweiten 6,4%.[538]

Die Investitionseffizienz ging nach dem Anstieg zwischen 1963 und 1965 während der Kulturrevolution erneut zurück. In den zehn Jahren während dem dritten und vierten Fünfjahresplan belief sich die Aufwandmenge von Festanlagen der Arbeitseinheiten in Volkseigentum auf nur durchschnittliche 60,7%. Die Rate der Betriebsaufnahme großer und mittelgroßer Bauprojekte hielt sich bei ungefähr 10%,

537 Zeng Peiyan 曾培炎 u.a. *Zhongguo Touzi Jianshe 50 nian* 中国投资建设 50 年 („Chinesische Investitionen in Infrastruktur in 50 Jahren", Zhongguo Jihua Chubanshe, Ausgabe 1999, S.83)

538 Wang Haibo 汪海波 Zhonghua renmina gongheguo gongye jingji shi 中华人民共和国工业经济史 („Wirtschaftsgeschichte der Industrie der Volksrepublik China", S.452)

was den niedrigsten Wert und die am längsten anhaltende Zeitspanne seit der Gründung der Volksrepublik Chinas markierte.

Durch den Einfluss der übermäßig kritischen Einschätzung der Kriegslage und der Beeinträchtigungen durch eine fehlerhafte politische Linie während der „Kulturrevolution", stieß die Dritte-Front-Bewegung noch auf zahlreiche Probleme. Erstens wurde unter der einseitigen Betonung auf den Bedarf an Kriegsvorbereitungen der Umfang der Bauprojekte zu groß ausgelegt, und die Frontlinien wurden zu langgezogen. Dies überstieg die Belastbarkeit des Staates. Vor allem in den Jahren zwischen 1969 und 1971 beliefen sich die neu durchgeführten oder ins Landesinnere verlegten großen und mittelgroßen Bauprojekte auf über 1.000 Stück, wobei Kapital, Ausrüstung und natürliche Ressourcen oftmals schwer in die beabsichtigten Regionen zu bekommen waren. Einige Projekte mussten inmitten der Durchführung eingestellt werden, einige wiederum konnten lange Zeit nicht in Betrieb genommen werden, was ökonomische Einbußen mit sich brachten. Zweitens verlief der gesamte Prozess zu schnell und zu hastig. Die Arbeit an einigen Projekten wurde übereilt begonnen, ohne dass im Voraus die nötigen Untersuchungen und Beweisführungen zu Ressourcen und Umwelt durchgeführt wurden. Dies zog folgenschwere Konsequenzen mit sich. So hatte beispielsweise eine Fabrik für Flugzeugteile in Shaanxi bei Investitionen und Bauarbeiten im Voraus nicht die geologischen Bedingungen evaluiert. Das Ergebnis war ein gewaltiger Erdrutsch, der einen Schaden von über 100 Mio. Yuan verursachte und ein langfristiges Risiko zurückließ. Drittens wurde die Notwendigkeit der Gefechtsbereitschaft überbetont, und ökonomische Effizienz und Anforderungen für eine langfristige Produktion wurden ignoriert. Einige modernisierte Industriebetriebe waren weit von den Städten entfernt und etablierten sich in Bergregionen auf Basis der Prinzipien „Bergnähe, Verteilung, und Höhlenbewohnung" wieder, was zu großen Unannehmlichkeiten in der Produktionsverwaltung und Zusammenarbeit führte. Zum Beispiel waren der Basis 012 in der Stadt Hanzhong in Shaanxi 28 Arbeitseinheiten unterstellt, die in zwei Regierungsbezirken mit zusammen sieben Kreisen auf über 3000 Quadratkilometern verteilt waren. Dabei war der Aktivitätsbereich von nur einem Unternehmen auf sechs Dörfer verstreut. Zudem wurden einige Betriebe in dunklen und feuchten Höhlen errichtet, was die Gesundheit der Arbeiter und die Produktqualität ernsthaft beeinträchtigte, zumal die Versorgung mit Verbrauchsgütern sich äußerst schwierig gestaltete. So musste jeder Betrieb, um den Lebensbedarf zu decken, Kapital heranziehen, um „kleine, aber gut ausgestattete" abgeschottete, soziale Einrichtungen wie Geschäfte, Krankenhäuser und Schulen zu bauen. Auch dies führte zu wiederholten Verschwendungen. Viertens brachte das einseitige Verfolgen politischer Ziele um jeden Preis während den Unruhen der Kulturrevolution das Wirtschaftsverwaltungssystem durcheinander, was zu unbeabsichtigtem Schaden führte. So war damals die Eisenbahnstrecke zwischen Yangpingguan und Ankang in der Provinz Shaanxi die zweite elektrisierte Eisenbahnstrecke Chinas mit einer Gesamtlänge von insgesamt 358 km. Beim Bau jedoch wurden 1.512 Menschen verletzt und 384 Menschen kamen ums Leben, was im

Durchschnitt mehr als einem Toten pro Kilometer entspricht. Der Preis war gewaltig.[539]

6. Regierungsinvestitionen während des „Neuen Sprungs nach vorn" von 1977 bis 1978

Nachdem die zehn Jahre langen Unruhen der Kulturrevolution im Oktober 1976 mit der Zerschlagung der konterrevolutionären „Viererbande" durch das Zentralkomitee der KPCh beendet wurden, kamen schnell die unterdrückten Forderungen von Partei und Volk nach wirtschaftlicher Entwicklung und Verbesserung des Lebensstandards auf. Wie man die rückständige Erscheinung der Volkswirtschaft wandeln und die zehn Jahre der durch die Kulturrevolution verursachten Schäden und Versäumnisse aufholen konnte, entwickelte sich zu einem zentralen Thema der ökonomischen Arbeit von 1977 bis 1978.[540]

Im März 1977 berief die nationale Planungskommission die Versammlung für nationale Planung ein, um die jährliche ökonomische Planung für 1977 zu thematisieren. Die Sitzung kam zu dem Ergebnis, dass es 1977 drei herausragende Probleme zu lösen galt:

1. Die Landwirtschaft und die Leichtindustrie erfüllen nicht die Voraussetzungen für den Produktionsaufbau und die Verbesserung des Lebensstandards des Volkes.
2. Die Entwicklung der Brennstoff- und Energiewirtschaft sowie der Rohstoffindustrie erfüllte nicht die Anforderungen für ein Schritthalten mit der Entwicklung der gesamten Volkswirtschaft.
3. Der Umfang der bereits ausgebauten Infrastruktur überstieg die gegenwärtigen finanziellen und materiellen Möglichkeiten.

Die Sitzung gab bezüglich der wichtigsten Vorgaben für die Planung von 1977 folgende Anordnungen: Der Gesamtwert der Produktion in der Landwirtschaft sollte um 4,6% gegenüber dem Vorjahr steigen und in der Industrie um 8%. Die vom Staat direkt verordneten Infrastrukturinvestitionen sollten um 23% gegenüber dem Plan des Vorjahres sinken und sich auf 25 Mrd. Yuan belaufen. Durch große Anstrengung über ein Jahr hinweg zeigte die Volkswirtschaft 1977 tatsächliche Entwicklung. Der Gesamtwert der industriellen Produktion stieg um 14,4% auf 372,8 Mrd. Yuan. Die Infrastrukturinvestitionen betrugen 33 Mrd. Yuan. Die Landwirtschaft erreichte einen Gesamtwert der Produktion von 505,5 Mrd. Yuan und überstieg damit den geplanten Anstieg sogar noch um 4,4%.

---

539 Er Jinming u.a. 何金铭 *Dangdai shanxi jianshi* 当代陕西简史 („Eine kurze Geschichte des zeitgenössischen Shanxi", Dangdai Zhongguo Chubanshe, Ausgabe 1996, S.187, 203)

540 Siehe Leitartikel vom 11.4.1977 aus Renmin Ribao 人民日报 *Quanmian Luoshi Zhua Gang Zhi Guo de Zhanlüe Juece* 全面落实抓纲治国的战略决策 („Strategische Entschluss zur vollständigen Umsetzung des Regierens auf Basis von Leitprinzipien"); Leitartikel vom 19.4.1977 aus Renmin Ribao 人民日报 *Zhua Gang Zhi Guo Tuidong Guomin Jingji xin Yuejin* 抓纲治国推动国民经济新跃进 („Regieren auf Basis von Leitprinzipien hat den Impuls für einen neuen Sprung nach Vorn für die Volkswirtschaft gegeben")

Am 24. November 1977 kam die Versammlung für nationale Planung in Beijing erneut zusammen. Auf der Sitzung wurden die „Kernpunkte aus dem Sammelbericht über ökonomische Planung" zusammengestellt. Das Dokument schlug vor, dass in den letzten 23 Jahren des 20. Jahrhunderts die ökonomische Entwicklung in drei Phasen aufgeteilt und in mehreren großen Schlachten durchgekämpft werden sollte. Die letzten drei Jahre des fünften Fünfjahresplans bildeten dabei die erste Phase. Schwerpunkt war dabei das Schlagen der zwei Schlachten um die Landwirtschaft und um die Brennstoff- und Energiewirtschaft und Rohstoffindustrie, wobei die Landwirtschaft mit 4-5% und die Industrie mit über 10% weiterhin ihr rasantes Voranschreiten halten sollten. Zudem sollten in dieser Phase Vorbereitungen für den sechsten Fünfjahresplan getroffen werden. Dieser stellte dann die zweite Phase der ökonomischen Entwicklung dar. Dabei sollten sämtliche Bau- und Produktionsunterfangen auf ein neues Niveau angehoben werden. Bis 1985 sollte die Getreideproduktion ein Niveau von 800 Mrd. Pfund erreichen, die Stahlproduktion sollte auf 60 Mio. Tonnen steigen, die Rohölförderung auf 250 Mio. Tonnen. Um diese hohen Produktionsziele zu realisieren, wurde entsprechend ein massiver Plan für die Infrastruktur entworfen: Dieser beinhaltete 20 Großprojekte für Neubau oder Ausbau in der Industrie. Darunter fielen vor allem 30 große Kraftwerke, acht große Kohlestützpunkte, zehn große Öl- und Gasfelder, zehn große Stahlstützpunkte, neun große Buntmetallstützpunkte, zehn große Chemiefaseranlagen, zehn große petrochemische Anlagen, zehn große Anlagen für chemische Düngemittel. Zudem beinhaltete der Plan den Bau und Ausbau von sechs Haupteisenbahnlinien, die Erneuerung von neun alten Hauptlinien und legte ebenso Fokus auf den Bau von fünf neuen Häfen (Qinhuangdao, Lianyun, Shanghai, Tianjin, Huangpu)

Im Februar 1978 billigte das Politbüro des Zentralkomitees der KPCh die „Kernpunkte aus dem Sammelbericht". Die Kernpunkte wurden dann zusammen mit Anordnungen zur Planung der Volkswirtschaft von 1978 an die nachgeordneten Stellen übermittelt, und zwar mit der Forderung, diese auszuführen und umzusetzen und in den Arbeitsbericht der Regierung für die fünfte Plenarsitzung des nationalen Volkskongresses hineinzuschreiben.

Für diese Vorstellung, die Wirtschaft schnellst möglich nach oben zu bringen, reichte es offenkundig nicht aus, sich auf inländisches Kapital und inländische Technologie zu verlassen. Daher wandte sich man sich ab 1977 einem großangelegten Technologieimport zu. Dies geschah auf der Grundlage der Erfahrungen, die China mit Technologieimport zuvor gemacht hatte, was vor allem die Erfahrungen des „43-Falls" und die Unannehmlichkeiten in Zusammenhang mit der „Viererbande" am Ende der Kulturrevolution miteinschließt.

Mit dem Leitgedanken des „Neuen Sprungs nach vorn" beschleunigte sich der Import ausländischer Technologien und Ausrüstung. Der 1977 von der nationalen Planungskommission dem Staatsrat vorgelegte Plan zum Import neuer Technologien und Ausrüstungssets war ursprünglich als Aufgabe für die kommenden acht Jahre gedacht, die benötigten Devisen beliefen sich auf 6,5 Mrd. US-Dollar, wobei 40 Mrd. US-Dollar für Infrastrukturinvestitionen in inländische Hilfsprojekte benötigt wurden. Jedoch wurde 1978 in einer Grundsatzdiskussion vom Staatsrat neuerlich betont, dass die vier Modernisierungen mit einer höheren Geschwindigkeit vollendet werden sollten wie ursprünglich geplant. So wurde im selben Jahr beschlossen, dass 22 große und mittelgroße Projekte im Bereich Stahl, petrochemische Industrie, Chemiefasern und Kunstdünger unter anderem aus Japan, den USA und der Bundesrepublik Deutschland importiert werden sollten. Das brachte eine Gesamtsumme an Devisen von 7,8 Mrd. US-Dollar ein, wobei für dieses Jahr nur 1,17 Mrd. Yuan benötigt wurden. Chinas Exporte beliefen sich 1977 auf eine Summe von 7,95 Mrd. US-Dollar, die Importe auf 7,21 Mrd. US-Dollar. Der Außenhandel war relativ gering, der Handelsüberschuss noch geringer. Damals stand China noch unter dem Einfluss der sich über lange Zeit gebildeten ideologischen Maxime, kein Geld an die kapitalistischen Länder zu verleihen (ganz zu schweigen von ausländischen Direktinvestitionen). Um die Lieferung für die Ausrüstung bezahlen zu können, griff die Bank of China auf eine Strategie zurück, in der sie Gelder aus Konten in Übersee abrief und aus den europäischen Finanzmärkten Kredite beschaffte. Somit war es möglich 5,1 Mrd. US-Dollar zu akkumulieren, wobei der Jahreszins der Kredite aus den europäischen Finanzmärkten 15-16% betrug. Da man für 1 US-Dollar mindestens 4-5 Yuan investieren musste, damit es sich lohnt, belief sich die Investitionssumme, die für den Bau dieser Projekte benötigt wurden, letztendlich auf über 50 Mrd. Yuan. Dies wiederum führte zu einer übermäßigen Belastung des Staatshaushaltes.

Als im März 1978 der Plan zum Import neuer Technologien und Ausrüstungssets an die nachgeordneten Stellen übermittelt wurde, genehmigte die Zentralregierung den einzelnen Ministerien eine Gesamtsumme von 8,56 Mrd. Yuan. Die tatsächlich übermittelte Summe betrug allerdings nur 5,92 Mrd. Yuan und die von den Ministerien verwendete Summe gerade mal 1,17 Mrd. Yuan.

Am 30. Juni sagte Hua Guofeng beim Hören eines Berichts über ein Interview mit einer europäischen Delegation: Ich hatte ursprünglich gedacht, dass die letzten 22 Jahre bis zum Ende des Jahrhunderts schnell verstreichen werden. Überlegt man einmal, so hat Japan für seine Modernisierung nur 13 Jahre benötigt, und auch Deutschland und Spanien haben dafür nur über mehr als 10 Jahre gebraucht. Wir starten die Modernisierung in diesem Jahr mit 30 Mio. Tonnen Stahl. Als Japan sich zu modernisieren begann, war das Land im Besitz von nur 22 Mio. Tonnen Stahl. Wir können aufholen. Bereits jetzt stellt uns Frankreich über 2 Mrd. US-Dollar zur Verfügung. Tatsächlich geht aber noch mehr, etwa 5 Mrd. US-Dollar. Westdeutschland stellt uns 20 Mrd. US-Dollar zur Verfügung, Japan ist noch tatkräftiger. Wir sollten positiv denken. Unsere Verhandlungsgespräche müssen kurz verlaufen. Wir sollten uns so früh wie möglich auf Projekte festlegen, und dann dafür sofort die Listen herausgeben. Danach können die Projekte Schritt für Schritt durchgeführt werden.[541] Im Juli schlug der Ausschuss des Staatsrates für theoretische Angelegenheiten zudem vor: „Der „Neue Große Sprung nach vorn“ für die Volkswirtschaft muss ausgearbeitet werden. Die vier Modernisierungen müssen mit höherer Geschwindigkeit als ursprünglich geplant realisiert werden, und bis zum Ende dieses Jahrhunderts muss

541 Archiv der staatlichen Plankommission 国家计委档案 *Fensui „Sirenbang“ yihou Jingji Zhidao Gongzuo zhong de Wenti* 粉碎“四人帮”以后经济指导工作中的问题 („Probleme in der Arbeit der Wirtschaftsführung nach der Zerschlagung der „Viererbande“, 15.11.1980)

ein noch höherer Modernisierungsgrad erreicht werden. Ausländisches Kapital müssen wir uns zu Nutze machen und in großem Maße fortschrittliche Technologien und Ausrüstung aus dem Ausland importieren. Über das gesamte Jahr 1978 wurden Verträge für den Import an Projekten im Wert von insgesamt 7,8 Mrd. US-Dollar unterzeichnet, die allesamt mit Kassadevisen bezahlt wurden. Der Umfang der festgelegten Importe zwischen 1978 und 1985 stieg von den ursprünglichen 6,5 Mrd. Yuan auf 180 Mrd. Yuan. All dies überstieg jedoch bei Weitem die Toleranzgrenze und den Bereich der möglichen Verantwortung Chinas. Zudem kamen die Importe im Eilverfahren zustande, manche Übereinkommen wurden sogar während Banketts im Ausland unterzeichnet. Allein in den letzten zehn Tagen im Dezember 1978 wurde ein Abkommen von 3,1 Mrd. US-Dollar mit Schwerpunkt in der chemischen Industrie unterzeichnet. Dabei wurden jedoch weder Studien zur Durchführbarkeit noch umfassende Bilanzen durchgeführt, was die im nachfolgenden thematisierten Probleme verursachte.

Kapitel 8: Herausbildung und Transformation des Wirtschaftsverwaltungssystems in staatlichen Unternehmen

Seit der Gründung der Volksrepublik China hatte die KPCh stets gehofft, dass die staatlichen Unternehmen mit sozialistischem Charakter in der Lage wären, eine höhere Effizienz als die Unternehmen der Privatwirtschaft zu erreichen, zudem mehr Wert auf die soziale Gerechtigkeit zu legen und sich zur treibenden Kraft für das Vorantreiben der Industrialisierung Chinas zu entwickeln. Doch bestand aus makroökonomischer Perspektive in den staatlichen Unternehmen von Anfang das Problem, dass Staat und Unternehmen nicht voneinander getrennt waren und dass „Regulierungen zu Stagnation, Dezentralisierung zu Chaos" führte. In der mikroökonomischen Verwaltung ließ sich ein Trend zu „weichen Budgetbeschränkungen" und Egalitarismus feststellen. Das bedeutet, dass es dem System, in dem „die Arbeiter aus dem großen Reistopf der Unternehmen aßen, und die Unternehmen aus dem großen Reistopf des Staates aßen" an wirkungsvollen Restriktionen, Beaufsichtigung und Motivationsmechanismen mangelte. Somit entfernte sich das System immer weiter von dem, was Partei und Regierung erwartete. So hatte China in den Jahren zwischen der Gründung der Volksrepublik und der Reform und Öffnung ab 1978 stets hart daran gearbeitet ein ökonomisches Verwaltungssystem der staatlichen Betriebe zu etablieren, dass den Gegebenheiten des Landes gerecht wird und die Überlegenheit des Sozialismus hervorhebt.

Abschnitt 1: Herausbildung und Evolution des inneren Verwaltungssystems der staatlichen Unternehmen

Wie im vorherigen Abschnitt bereits erwähnt, stellte eines der drei großen ökonomischen Grundsätze der demokratischen Revolution durch die KPCh die Konfiskation von bürokratischem Kapital und dessen Überführung in die Hand des Staates dar. Während der zweiten Plenarsitzung des siebten Zentralkomitees der KPCh und im „gemeinsamen Programm" wurde eindeutig festgelegt, dass der Staatswirtschaft in sämtlichen Wirtschaftssektoren eine führende Position zukommt, und dass ihrer Entwicklung die oberste Priorität eingeräumt werden sollte. Aber wie sollte die erwartete Überlegenheit der Staatswirtschaft zur Geltung gebracht werden? Wie sollte bezüglich Investitionen und Führung der staatlichen Unternehmen eine demokratische, wirkungsvolle Verwaltung auf nationaler und regionaler Ebene implementiert werden? Eine Verwaltung, die nicht nur den nationalen Plan vollständig umzusetzen konnte, sondern auch die Motivation der Unternehmen und Arbeiter ausreichend zu entfalten vermochte. Sowohl institutionell als auch hinsichtlich der Fähigkeiten und Erfahrungen der Regierung stellte dies eine gewaltige Herausforderung dar. Vor allem aber für die KPCh, die ursprünglich in langanhaltenden Kriegen und in der landwirtschaftlichen Umgebung groß geworden war. Darüber hinaus war die Entwicklung der ökonomischen Rückständigkeit Chinas enorm unausgeglichen, die staatlichen Unternehmen stammten in erster Linie aus dem konfiszierten bürokratischen Kapital und den Vermögenswerten von Landesverrätern, Kriegsverbrechern und Konterrevolutionären und ihre Größe variierte stark. Zudem waren die Wirtschaftszweige mannigfaltig. Daher war die Volksrepublik China von Anfang an mit der Frage konfrontiert, wie ein Wirtschaftsverwaltungssystem der staatlichen Unternehmen sozialistischer Prägung zu etablieren sei.

1. Die Koexistenz einer Vielzahl von Führungssystemen in der Anfangsperiode der Volksrepublik China

Vor der Gründung der Volksrepublik China hatte die KPCh bereits langjährige Erfahrung im Betrieb und in der Verwaltung öffentlicher Unternehmen in den Stützpunktgebieten gesammelt. Schon während der Zeit der Bodenreform veröffentlichte die zentrale Sowjetrepublik im April 1934 die „Regulationen bezüglich Verwaltung sowjetischer, staatseigener Industriebetriebe", in denen festgelegt wurde, dass der Verantwortliche des jeweiligen Betriebs auch als Betriebsleiter fungiert. Offiziell wurde dieser dann von den jeweiligen dazugehörigen, übergeordneten Sowjetinstitutionen ernannt. Er hatte die endgültige Entscheidungsbefugnis für sämtliche betriebsinterne Angelegenheiten und stand in absoluter Verantwortung gegenüber der Sowjetregierung. Dem Betriebsleiter untergeordnet wurde ein Komitee zur Betriebsverwaltung gegründet, dass sich aus dem Betriebsleiter, einem Parteivertreter, einem Gewerkschaftsvertreter und einem Vertreter der kommunistischen Jungedliga, sowie weiteren Verantwortlichen des Betriebs und fünf bis sieben Vertretern der Arbeiter zusammensetzte. Während der Versammlung bekleidete der Betriebsleiter automatisch die Rolle des Vorsitzenden, und arbeitete gemeinsam mit den Mitgliedern der Versammlung Lösungen für die wichtigsten, betriebsinternen Probleme aus. Das Verwaltungskomitee bildete außerdem eine „Drei Personen-Gruppe", die aus Betriebsleiter, Parteivertreter und Gewerkschaftsvertreter zusammengesetzt war und die betriebsinternen, alltäglichen Angelegenheiten behandelte und koordinierte. Tatsächlich wurde diese Art von Führungssystem unter dem Einfluss des „Ein Mann-Verwaltungssystems" der damaligen Sowjetunion etabliert. In der Endphase des antijapanischen Widerstandskrieges vergrößerten sich die Stützpunktgebiete, und die Anzahl der Betriebe erhöhte sich. Die Reichweite der Betriebe wurde ausgebaut, womit sich auch die Führung und Verwaltung komplizierter als zuvor gestaltete. So zeigte sich, dass das ursprüngliche Führungssystem durch die „Drei Personen-Gruppe" leicht in eine Situation kommen konnte, in der die drei Parteien in Konfrontation zueinanderstanden, was für eine einheitliche Führung kaum förderlich war. Unter diesen Umständen begannen die öffentlichen Unternehmen in den Stützpunktgebieten ein Führungssystem der „zentralisierten Führung" mit dem Betriebsleiter als Kern zu implementieren und die „Drei Personen-Gruppe" durch eine „Konferenz für betriebsinterne Angelegenheiten" zu ersetzen. Dabei vertrat der Betriebsleiter die Regierung als Zuständiger für die Führung und Verwaltung des Betriebs, unternehmensintern stützte sich dieser bei der Verwaltung aber auf die Parteizelle, die Gewerkschaft und die gesamte Arbeiterschaft. Diese Art von System hat die Macht des Betriebsleiters ausgedehnt und in der Praxis Charakteristiken des „Ein Mann-Verwaltungssystems" mit sich gebracht.

Nach der Etablierung der „Konferenzen für betriebsinterne Angelegenheiten" tendierten einige Industriebetriebe dazu, die Funktion der Parteizelle zu schwächen und die unabhängige Arbeit der Gewerkschaften zu behindern und zu untergraben. Dies führte dazu, dass die breite Arbeiterschaft zur Beteiligung an der Verwaltung nicht ausreichend motiviert werden konnte. Um dieser Situation entgegenzuwirken, veröffentlichte das Zentralkomitee der KPCh im Mai 1946 die „Anordnungen bezüglich der Politik gegenüber Industrie- und Bergbauunternehmen", in denen betont wurde, dass die Unternehmen eine demokratische Verwaltung etablieren und die Arbeiter an der Betriebsverwaltung teilhaben sollten. Im Januar 1948 forderte das Zentralkomitee der KPCh, dass sämtliche öffentliche Unternehmen in den befreiten Gebieten auf Grundlage der Erfolgserfahrungen, welche die jeweiligen befreiten Gebiete mit dem versuchsweisen Etablieren von „Betriebsverwaltungskomitees" gesammelt hatten, ein System der „Betriebsverwaltungskomitees" und Vollversammlungen der Arbeitnehmervertreter implementieren. Dabei war das Betriebsverwaltungskomitee aus dem Betriebsleiter, den Ingenieuren, dem Gewerkschaftsvorsitzenden und Vertretern des Arbeitnehmerverbands zusammengesetzt. Das Verwaltungskomitee verwaltete einheitlich die Produktion des Betriebs, den Vorsitz hatte aber nach wie vor der Betriebsleiter inne. Die Vollversammlung der Arbeitnehmervertreter hatte das Recht die Verwaltungsarbeit im Betrieb zu inspizieren, zu kritisieren und Vorschläge einzubringen. Am akkuratesten und am vorbildlichsten wird dieses System in den „Ausführungsverordnungen bezüglich der Einrichtung von Betriebsverwaltungskomitees und Arbeitnehmervollversammlungen in staatlich geführten und öffentlichen Fabriken und Betrieben" beschrieben, die im August 1949 von der Volksregierung von Huabei veröffentlicht wurden.

Die oben genannte Satzung besagte:

(1) Das Betriebsverwaltungskomitee setzt sich aus dem Betriebsleiter, dem stellvertretenden Betriebsleiter, dem Chefingenieur, dem Gewerkschaftsvorsitzenden (dieser wird automatisch Mitglied im Komitee), anderen Produktionsleitern (diese werden vom Betriebsleiter nominiert, und von den ihnen Vorgesetzten ernannt), sowie einer zur Anzahl der bisher genannten Vertreter äquivalenten Zahl an Arbeitnehmervertretern zusammen. Die Arbeitnehmervertreter werden von der Vollversammlung der Arbeitnehmer oder Vollversammlung der Arbeitnehmervertreter in Wahlen hervorgebracht.

(2) Der Betriebsleiter wird von den ihm übergeordneten Ämtern ernannt.

(3) Der Betriebsleiter hat automatisch den Vorsitz im Betriebsverwaltungskomitee inne. Ist der Betriebsleiter der Ansicht, dass ein Beschluss, der von der Mehrheit der Mitglieder des Verwaltungskomitees gefasst wurde, im Konflikt mit den Interessen des jeweiligen Betriebs steht oder unvereinbar mit den Anordnungen der vorgesetzten Stellen ist, so hat dieser das Recht, den Beschluss auszusetzen. Jedoch muss er dies unverzüglich den vorgesetzten Stellen melden und Anweisungen von diesen anfordern. Ist die Mehrzahl der Mitglieder des Verwaltungskomitees der Ansicht, dass die oben genannten Maßnahmen des Betriebsleiters nicht angemessen sind oder von seinen Angaben abweichen, können diese ihre eigenen Ansichten gleichzeitig den vorgesetzten Stellen vortragen und gemeinsam Anweisungen anfordern. Solange die vorgesetzten Stellen jedoch noch keine Anweisungen bekannt gegeben haben, müssen weiter die Entscheidungen des Betriebsleiters ausgeführt werden.

Es lässt sich erkennen, dass das System der Betriebsverwaltungskomitees ein Produkt der Kombination aus dem „Ein Mann-Verwaltungssystem" der Sowjetunion und der, über lange Jahre geförderten demokratischen Unternehmensverwaltung Chinas war. Im Wesentlichen stellte es ein Führungssystem dar, in dem das „Ein Mann-Verwaltungssystem" als Kern und die Vollversammlung der Arbeitnehmervertreter als Stütze fungierte. Dabei wurde hier die Rolle und Funktion der Parteiorgane in den Betrieben nicht eingebracht, was schätzungsweise daran lag, dass die unternehmensinternen Parteiorgane zu dieser Zeit noch nicht konsolidiert genug waren, und sich gleichzeitig das „Ein Mann-Verwaltungssystem" durch die Sowjetunion und die Kriegsumstände als vergleichsweise gutes System erwiesen hatte.

Nach der Gründung der Volksrepublik China, also zu Beginn der Reform und Konsolidierung der staatlichen Unternehmen, schlug das Zentralkomitee der KPCh in der renommierten Kolumne „Erlernen von Unternehmensverwaltung" vor, dass die staatlichen Unternehmen allgemein ein System der Betriebsverwaltungskomitees etablieren sollten. Anschließend veröffentlichte das Wirtschafts- und Finanzkomitee des Regierungsrates die „Anordnungen bezüglich der Etablierung von Betriebsverwaltungskomitees in den staatlichen und öffentlichen Industriebetrieben", in denen gefordert wurde, dass staatliche Unternehmen im Allgemeinen diese Form von Führungssystem etablieren sollten. Zusätzlich veröffentlichte das Komitee die im August 1949 von der Volksregierung Nordchinas promulgierten „Regelungen bezüglich der Durchführung der Etablierung von Versammlungen der Arbeitnehmervertreter und Betriebsverwaltungskomitees innerhalb staatlicher Industriebetriebe und Unternehmen (Entwurf)", die als Referenz für die einzelnen Regionen zur Verfügung gestellt wurden.

Jedoch war die Etablierung eines derartigen Führungssystems mit der Prägung eines „Ein Mann-Verwaltungssystems", das durch Betriebsverwaltungskomitees gebildet wurde, vergleichsweise schwierig. Zunächst war der überwältigende Großteil der staatlichen Unternehmen durch die Konfiskationen von bürokratischem Kapital entstanden. Dabei kam den Parteiorganen im Übernahme- und Transformationsprozess dieser Unternehmen eine essentielle Funktion zuteil. Vor der Etablierung des neuen Führungssystems (durch Betriebsverwaltungskomitees) wurden für gewöhnlich Verwaltungen aus Militärvertretungen eingesetzt. Da die Angestellten der Betriebsverwaltung oftmals frühere Mitarbeiter waren, die mit den unterschiedlichen politischen Strategien der Partei nicht vertraut waren, waren diese meistens außerstande, die demokratische Transformation des Unternehmens anzuführen. Die Institutionen der übergeordneten Stellen konnten sich somit auch unter keinen Umständen vollständig auf sie verlassen. Somit waren es die Parteiorgane, die sich zunehmend zu Partnern entwickelten, auf die sich die übergeordneten Institutionen und die Militärvertretungen stützen konnten und die die Führungsposition bei der Umgestaltung der Unternehmen ausfüllten. Da die Parteiorganisationen ohnehin in vielen Angelegenheiten schon der erste Zugangspunkt der Unternehmen waren, schadete dies jedoch der Durchsetzung des Führungssystems durch Betriebsverwaltungskomitees. Da außerdem die Verwaltungskomitees eine Prägung des „Ein Mann-Verwaltungssystems“ aufwiesen, mussten die Betriebsleiter sowohl mit vergleichsweise hohen politischen Qualitäten als auch mit beruflichen Fähigkeiten ausgestattet sein. In der Anfangszeit nach der Gründung der Volksrepublik China waren für viele Angestellte in der Verwaltung der meisten staatlichen Unternehmen diese Anforderungen oftmals nicht in Einklang zu bringen. Normalerweise waren die ehemaligen Verwaltungsangestellten mit einer bestimmten Art von fachlicher Expertise und beruflichen Fähigkeiten ausgestattet. Da diese aber gerade aus der alten Gesellschaft kamen, waren politische Qualitäten und politisches Bewusstsein vergleichsweise niedrig. Den neuen Verwaltungsangestellten, die von Partei und Regierung entsandt wurden oder vom Militär ins Zivilleben wechselten, mangelte es wiederum im Allgemeinen an fachlicher Expertise und beruflichen Fähigkeiten, da diese gerade erst eine neue Arbeit aufgenommen hatten. Den staatlichen Unternehmen fehlte es also an erstklassigen Verwaltungsangestellten, die sowohl revolutionär eingestellt als auch fachlich kompetent waren. Dies war auch ein Hauptgrund dafür, warum sich das schnelle Vorantreiben des Führungssystems durch Betriebsverwaltungskomitees zunehmend als mühselig herausstellte.

Durch die beiden oben genannten Gründe hatte sich das Führungssystem durch Betriebsverwaltungskomitees in der Anfangszeit nach der Gründung der Volksrepublik China in den staatlichen Unternehmen noch keineswegs etabliert. In einem Großteil der Regionen war die demokratische Umwandlung immer noch nicht vollendet. Dadurch war ein Führungssystem mit Parteikomitees an der Spitze installiert worden, von dem viele Menschen glaubten, dass es den damaligen Gegebenheiten Chinas und dem Verwaltungsniveau der staatlichen Unternehmen entsprach.

Nach dem Beginn der demokratischen Umwandlung der Unternehmen und der erstarkten organisatorischen Funktion der Partei innerhalb der Unternehmen wurde die Rolle und Funktion von Parteiorganen immer größer. Dies geschah durch die Führung der Partei in politischen Bewegungen wie der demokratischen Transformation und der Kampagne zur Unterdrückung von Konterrevolutionären. Gleichzeitig mangelte es dadurch, dass die Anforderungen an die politische Erscheinung der Funktionäre nach dem Koreakrieg und der Kampagne zur Unterdrückung von Konterrevolutionären immer höher wurden, in der Partei an revolutionär eingestellten und fachlich erfahrenen Funktionären, die das Amt des Betriebsleiters bekleiden und eine einheitliche Verwaltung anführen konnten. Daher befanden sich die Parteiorgane in vielen staatlichen Unternehmen praktisch in einer Führungsposition. Infolgedessen kam auch automatisch die Frage auf die Tagesordnung von Partei und Verwaltung, wie man die betriebsinterne Beziehung zwischen Verwaltung und Partei aufeinander abstimmt. Diese Frage entwickelte sich zu einem der Probleme, die schnellstmöglich gelöst werden mussten. Wie man die Beziehung zwischen Verwaltung und Partei innerhalb der Betriebe harmonisieren und sortieren konnte, wurde 1951 zunehmend zu einem der Hauptdiskussionsthemen in den staatlichen Betriebsverwaltungen, in der Zentralregierung und den großen Verwaltungsgebieten. Im Juli 1951 entwarf das Nordostbüro des Zentralkomitees der KPCh die „Resolution über die Führung der Partei innerhalb der Unternehmen". Tatsächlich ging es in der Resolution jedoch um die Realisierung eines „Ein Mann-Verwaltungssystems". Darin wurde vorangebracht:

(1) Bei der Produktionsverwaltungsarbeit in Fabriken und Minen wird ein System umgesetzt, indem der Betriebsleiter die volle Verantwortung übernimmt. Der Betriebsleiter wird von staatlichen Wirtschaftsinstitutionen ernannt und erhält vom Staat die nötigen Produktionsmaterialien und finanziellen Mittel, um die Verwaltungsverantwortung für die administrative Arbeit im Unternehmen durchzusetzen. Das dem Betriebsleiter unterstellte Betriebsverwaltungskomitee implementiert das demokratische System, in dem die Arbeitnehmer an der Verwaltung teilhaben können.

(2) Die Partei ist ein unabhängiges politisches Organ. Sie übernimmt die volle Verantwortung für die politische und ideologische Führung innerhalb der Unternehmen und gewährleistet und beaufsichtigt die Administration und Produktion innerhalb der Unternehmen.

Die Parteikomitees in den Unternehmen sollten gemäß den Gesetzen und Vorschriften des Landes, den Plänen übergeordneter Institutionen und den Anordnungen übergeordneter Parteikomitees durch ideologische Arbeit die Auffassungen vereinheitlichen, um zu gewährleisten, dass Partei, Verwaltung, Arbeiter und Jugendliga innerhalb der Unternehmen einstimmig denken und auch handeln.

Außerdem äußerte sich die Resolution auch kritisch gegenüber dem Führungssystem durch Parteikomitees. Es wurde die Ansicht vertreten, dass ein solches System leicht dazu führen kann, dass die Trennung von Partei und Verwaltung durchlässig wird, und damit die ideologische Funktion der Partei sowie die Verantwortungsübernahme und Kontrollfunktion der Partei innerhalb der Unternehmen beeinträchtigt werden könnte. Nachdem der Entwurf der Resolution an die Zentralregierung übermittelt wurde, kam diesem eine hohe Beachtung der zuständigen Führungspersonen des Zentralkomitees der KPCh zuteil. Genossen wie u.a. Li Fuchun, Chen Yun und Liu Shaoqi vertraten dazu ihrerseits die folgende Sichtweise: Das System, in dem der Betriebsleiter die volle Verantwortung übernimmt, sei zweifelsohne das ideale Verwaltungssystem für staatliche Unternehmen. China müsse sich aber nach den aktuellen Umständen im Land richten. So wurde genehmigt, dass das System, indem der Betriebsleiter die volle Verantwortung übernimmt, in Nordostchina getestet und der Entwurf der oben aufgeführten Resolution nach vereinzelten Veränderungen (wie dem Herausstreichen der Kritik am Führungssystem durch Parteikomitees) veröffentlicht und umgesetzt wurde.

Zur gleichen Zeit, als im Nordosten Chinas die Realisierung eines Systems mit dem Betriebsleiter als Verantwortlichen vorgeschlagen wurde, brachten die städtischen Gewerkschaften in den östlichen und nördlichen Regionen Chinas die Implementierung eines Führungssystems durch Parteikomitees zur Sprache. In den städtischen Gewerkschaften Nordchinas war man zwar immer noch vom System mit dem Betriebsleiter als Verantwortlichen überzeugt, aber auch diese stimmten nach hitzigen Debatten der Einrichtung eines Führungssystems durch Parteikomitees zu. Die Begründung lautete wie folgt: Mit Blick auf die aktuelle Lage in den Fabriken und Bergwerken Nordchinas ließe sich erkennen, dass die Betriebsleiter von vielen großen Fabriken und Bergwerken noch aus der alten Belegschaft stammen würden, und es praktisch unmöglich sei, das Problem der Vereinheitlichung von Partei, Verwaltung, Arbeitern und Liga zu lösen. Gleichzeitig hätten zwar viele kleine Unternehmen nun ein Mitglied der Kommunistischen Partei als Betriebsleiter, aber viele unter ihnen würden nichts von Produktionsverwaltung verstehen. Um Denken und Marschtakt in den Unternehmen in Einklang zu bringen, seien die jetzigen Betriebsleiter daher im Durchschnitt nicht qualifiziert genug. Das derzeitige Problem sei, dass es an gebildeten und kampftüchtigen Funktionären mangeln würde, die sowohl technische als auch politische Fähigkeiten mit sich bringen. Darüber hinaus habe die Partei langjährige Erfahrungen mit zentralisierter Führung gemacht. Sowohl im antijapanischen Widerstandskrieg als auch im Befreiungskrieg, sowie in der Landreform wurden unter der zentralisierten Führung der Partei Siege errungen. Und auch das Militär habe sich der zentralisierten Führung der Partei unterstellt, und das mit sehr guten Ergebnissen. Daher sollten, in Anbetracht der Tatsache, dass es an Funktionären mit sowohl politischen Qualitäten als auch beruflichen Fähigkeiten mangelt, ein Führungssystem durch Parteikomitees implementiert werden.

Infolgedessen beschlossen also auch die nördlichen und östlichen Regionen Chinas eine Führung durch Parteikomitees umzusetzen. D.h.: Sämtliche Anordnungen von übergeordneten Behörden an Partei, Verwaltung, Arbeiterschaft und Liga und deren konkreten Pläne und Maßnahmen zur Durchführung wurden vom Parteikomitee des Unternehmens erörtert. Das Komitee fasste dann einen Beschluss dazu und führte diesen arbeitsteilig aus. Dem Parteikomitee stand außerdem die endgültige Entscheidungsbefugnis für alle wichtigen Tagesordnungspunkte im Unternehmen zu, dem Betriebsleiter oblag die Verantwortung für Parteikomitees auf gleicher Ebene. In der Praxis entwickelten sich die Parteikomitees zu den höchsten Entscheidungs- und Führungsorganen in den Unternehmen.

Zur gleichen Zeit befanden sich die staatlichen Unternehmen im zentralen Süden und im Südwesten in einer Phase umfassender demokratischer Reformen und hielten aufgrund der vielen politischen Aufgaben eine Führung durch Parteikomitees für notwendig und förderlich. Daher befürworteten auch sie ein solches System.

Was die nordwestlichen Gebiete anbetraf: Da die Qualifikationen der Parteifunktionäre in den Unternehmen nach wie vor niedrig (viele kamen aus den ländlichen Gebieten von Shanbei) und ihre Anzahl gering war, bestand daher die einzige

Arbeit, der man nachgehen konnte aus der Entwicklung und Ausbildung von Parteimitgliedern. Nur in den seltensten Fällen konnte man sich um die Produktion kümmern. Somit blieb die Frage nach einer einheitlichen Führung durch die Partei in diesen Gebieten noch vorübergehend unbeachtet.

Die Ansichten der Zentralregierungen stimmten im Wesentlichen mit den Auffassungen Ost- und Nordchinas überein. Am 16. Mai 1951 schrieb Liu Shaoqi bezüglich dieser Frage (nach einer Durchsicht von Mao Zedong) einen Brief an den Sekretär des Nordostbüros der KPCh Gao Gang. In dem Brief hieß es: „Wir haben vorübergehend noch keine bzw. wenige Parteikader für die Verwaltung der Industriebetriebe, die sowohl etwas von wirtschaftlicher Arbeit und Technik als auch etwas von der Arbeit der Partei und der Massen verstehen. Daher gestaltet sich eine gute Verwaltung der Industriebetriebe durch die Einführung einer „Ein Mann-Verwaltung" sehr schwierig. Zudem kann die Umsetzung einer kollektiven Führung durch Parteikomitees nicht nur die Mängel des Betriebsleiters wettmachen, sondern die Führung auch in allen anderen Aspekten vereinen, genau wie dies beim Militär der Fall war. Dementsprechend ist die Führung durch Parteikomitees aktuell eine vergleichsweise gute Methode zur Verwaltung der Industriebetriebe. Für die allgemeine Umsetzung einer „Ein Mann-Verwaltung" muss gewartet werden, bis die Bedingungen reif sind"[542].

Im Dezember 1951 berief das Büro für Politikforschung des Zentralkomitees der KPCh ein Treffen mit Vertretern der großen Verwaltungsgebiete und deren direkt unterstellten Organe ein. Sämtliche zentrale Industrieministerien, der nationale Gewerkschaftsbund und die Industriegewerkschaften diskutierten mit den Vertretern der Verwaltungsgebiete über den „Beschluss des Zentralkomitees zur Verwaltung in staatlichen Industriebetrieben (Entwurf)". Dieses Treffen vereinheitlichte im Wesentlichen das Verständnis über die Beziehungen zwischen Partei und Verwaltung innerhalb der Unternehmen. Während der Sitzung kam man zu folgender Ansicht: Das im Nordosten eingeführte System, in dem der Betriebsleiter die volle Verantwortung trägt, sei gut. Zukünftig müsse die Verwaltung der Industriebetriebe nach diesem System ausgerichtet werden. Dadurch, dass jedoch die Umstände in den einzelnen Gebieten noch nicht ausgereift seien, müsse man nun eine Übergangszeit durchlaufen. Das bedeute, dass das System, indem der Betriebsleiter die volle Verantwortung übernehme, erst dann umgesetzt werden könne, wenn die demokratischen Reformen abgeschlossen seien und die Produktionsreformen eine solide Basis aufwiesen. In diesem Zeitraum sei eine Führung durch Parteikomitees angemessener. Bezüglich der Bedingungen, die für einen Übergang hin zu einem System mit dem Betriebsleiter als Vollverantwortlichen notwendig seien, lasse sich aus den Erfahrungen Nordostchinas folgendes ableiten:

(1) Die demokratischen Reformen müssen im Wesentlichen abgeschlossen sein.

(2) Die Industriebetriebe müssen bereits in der Lage sein, eine Planungsverwaltung und ein System des betrieblichen Rechnungswesens zu implementieren.

---

542 *1949-1952 Zhongua Renmin Gongheguo Jingji Dangan Ziliao Xuanbian – Gongshang Tizhi Juan* 1949 – 1952 中华人民共和国经济档案资料选编·工商体制卷 („Ausgewähltes Material aus dem Wirtschaftsakten der Volksrepublik China 1949-1952 – Industrie- und Handelssystem", Zhongguo Shehui Kexue Chubanshe, Ausgabe 1993, S.195-196)

(3) Es müssen spezielle Verwaltungsorgane etabliert sein, die klaren technischen Verwaltungsvorschriften unterliegen.

(4) Die Arbeit der Parteigruppen stützt sich auf eine solide Grundlage, die Funktionäre haben bereits Erfahrung in der Verwaltung.

Außerdem wurde von Ostchina noch eine weitere Bedingung hinzugefügt: Der Marschtakt der Unternehmensführung müsse nach außen hin einheitlich sein und das Phänomen der mehrköpfigen Führung muss überwunden sein.

2. Der Widerstand gegen das Vorantreiben der „Ein Mann-Verwaltung" nach 1953

Im Jahre 1953 trat China in die Phase des großangelegten ökonomischen Aufbaus ein und begann mit der Umsetzung des ersten Fünfjahresplans. Um den Anforderungen des ersten Fünfjahresplans gerecht zu werden, verstärkten sowohl Partei als auch Regierung Schritt für Schritt die Machtkonzentration der Zentralregierung und die zentralistische Verwaltung der Wirtschaftssektoren. Gleichzeitig wurde zunehmend die Vereinheitlichung und das System der Verantwortlichkeiten betont. Vor diesem Hintergrund begann die Zentralregierung in Übereinstimmung mit den ursprünglichen Konzepten und den objektiven Bedürfnissen zu dieser Zeit mit dem landesweiten Vorantreiben des „Ein Mann-Verwaltungssystems".

1953 wurden auf Basis eines Pilotprojekts mit Genehmigung des Zentralkomitees der KPCh und im Namen des nationalen Gewerkschaftsverbands die Erfahrungen, die man bei der Implementierung des „Ein Mann-Verwaltungssystems" mit der angemessenen Handhabung der Beziehung zwischen Partei und Verwaltung in Betrieb Nummer 53 in Nordostchina gemacht hatte, allgemein verbreitet. Im April 1954 veröffentlichte das Nordostbüro den „Beschluss bezüglich der Umsetzung des Systems mit dem Betriebsleiter als Vollverantwortlichen in den staatlichen Industrie- und Bergbaubetrieben". Der Beschluss schlug vor, dass in den Industrie- und Bergbauunternehmen eine reguläre Arbeitsordnung geschaffen werden sollte, um das Chaos zu beseitigen, dass durch unklare Zuständigkeiten oder das Fehlen eines möglichen Verantwortlichen in den Unternehmen entstanden war. Danach wird die Verantwortlichkeit durch den Betriebsleiter unter der Führung des Parteikomitees aufgelöst und zu einer alleinigen Verantwortlichkeit durch den Betriebsleiter umgewandelt. Nachdem die Verantwortung auf den Betriebsleiter übergegangen war, bestand die Aufgabe der Parteiorganisationen innerhalb der Unternehmen in Folgendem: „Die Parteiorganisationen haben die komplette Verantwortung für die ideologische Führung. In Bezug auf die Arbeit in der Produktion und in der Verwaltung tragen sie die Verantwortlichkeit für deren Gewährleistung und Beaufsichtigung. Gegenüber Gruppen und Organisationen wie der Gewerkschaft und der Jugendliga tragen sie die Verantwortung für deren Führung."

Im Mai 1954 billigte das Zentralkomitee der KPCh den „Beschluss bezüglich der Implementierung eines Verantwortlichkeitssystems durch den Betriebsleiter in staatlichen Industrie- und Bergbauunternehmen" des Büros in Nordchina. Darin wurde die Auffassung vertreten, dass es „mit dem Eintreten der Nation in einen systematischen ökonomischen Aufbau und der schrittweisen Stärkung der Führung der nationalen Fabriken und Bergwerke durch die zentralen Ministerien und Bezirksregierungen notwendig und möglich werde, das Verantwortlichkeitssystem durch den Betriebsleiter in den staatlichen Fabriken und Minen (einschließlich der lokalen staatlichen Fabriken und Minen) landesweit umzusetzen. Somit würde erneut das Führungsniveau der Industrieunternehmen angehoben und die nationale Planung noch besser vervollständigt."[543] Zudem wurde erwartet, dass sämtliche Ministerien und Bezirke Probleme und Erfahrungen, die bei der Implementierung des Verantwortlichkeitssystems durch den Betriebsleiter auftreten, umgehend an das Zentralkomitee weitergegeben, damit dieses die Erfahrungen aus dem gesamten Land sammeln kann.

Was die Frage des Führungssystems in staatlichen Unternehmen anbelangt, so gab es auch innerhalb der Partei keinen allgemeinen Konsens. Vor allem die Kritik am Individualismus nach dem „Gao, Rao"-Vorfall und der vierten Plenarsitzung des siebten Zentralkomitees der KPCh verschärfte erneut die Differenzen im Verständnis.

Am 21. Januar 1955 billigte das Zentralkomitee die „Stellungnahme bezüglich der ideologischen Lage der Parteifunktionäre und Parteiorganisationen innerhalb der Fabriken und Bergwerke in den nordöstlichen Regionen, der bestehenden Probleme und wie sie zu lösen sind" des Genossen Qian Ying aus der Kommission für die Überwachung der Disziplin des Zentralkomitees (vom 26. Oktober 1954). Dort hieß es, dass der Nordosten unter dem Einfluss von Gao Gangs Individualismus und dem falschen Gedanken, der die Funktion des Einzelnen in den Vordergrund stellte, Gao Gangs falsche Parole der „vereinten Verwaltung von Partei, Verwaltung, Gewerkschaft und Liga" übernommen hätte. Tatsächlich lasse sich in vielen Unternehmen mehr oder weniger ein Trend der Ignoranz gegenüber der ideologischen Führung der Partei feststellen. Dies manifestiere sich vor allem in folgenden Punkten:

(1) Bei der Umsetzung des „Ein Mann-Verwaltungssystems" wird sich von der ideologischen Führung der Partei distanziert. In manchen Fällen wird das Parteikomitee sogar in eine administrativ untergeordnete Position versetzt.

(2) Die Personalausstattung des Betriebsleiters ist um zwei, drei, manchmal sogar noch um mehrere Klassen höher als die des Sekretärs des Parteikomitees. Viele Parteikomitee-Sekretäre werden vom Betriebsleiter gefördert und protegiert oder sind alte Untergebene. Im Allgemeinen ist der Parteikomitee-Sekretär im Vergleich zum Betriebsleiter schwächer.

(3) Da die Arbeitsfunktionäre der Partei zu schwächlich sind, ist das Ansehen der Partei innerhalb der Massen auch sehr gering. Viele Funktionäre aus Parteigruppen können lange Zeit nicht unbesorgt arbeiten.

Außerdem zeigte sich diese Tendenz auch in einigen Parteikomitees oder bei Parteikomitee-Sekretären, die darauf bedacht sind, die Verwaltung unter ihre Kontrolle zu bringen und die Arbeit der Partei zu ignorieren. Der Bericht argumentierte, dass das Problem der Beziehung zwischen der Ein Mann-Verwaltung und dem Par-

543 Büro für Politikforschung des gesamtchinesischen Gewerkschaftsbunds 全国总工会政策研究室 *Zhongguo Qiye Lingdao Zhidu de Lishi Wenxian* 中国企业领导制度的历史文献 („Historische Dokumente über Führungssysteme in chinesischen Unternehmen", Jingji Guanli Chubanshe, Ausgabe 1986, S. 198)

teikomitee korrekt gelöst werden müsse, und dass in den Industrie- und Bergbaubetrieben starke Parteikomitees und solide ausgerüstete Parteikomitee-Sekretäre etabliert werden müssen. Gegenwärtig seien die Parteikomitee-Sekretäre in den nordöstlichen Industrie- und Bergbaubetrieben im Durchschnitt zu schwach. Dies müsse systematisch angepasst werden. Die Mitglieder des Parteikomitees und dessen Sekretär dürften in ihren politischen Fähigkeiten, in ihren Qualifikationen und durch den Grad ihrer Berufserfahrung allgemein nicht schwächer gestellt sein als der Betriebsleiter oder der Vizebetriebsleiter.

Am 11. Februar veröffentlichte das Zentralkomitee die „Bekanntmachung bezüglich der Anpassungen von Funktionären der Verwaltung und Parteikomitees in staatlichen Industrie- und Bergbaubetrieben" und billigte zur gleichen Zeit den „Bericht über die Forderung nach Anweisungen des Nordostbüros bezüglich des Problems der Anpassung und Stärkung der Funktionäre für Parteiangelegenheiten in staatlichen Industrie- und Bergbaubetrieben". In der Bekanntmachung hieß es, dass der Trend zur Ignoranz der ideologischen Führung der Partei und zur Aufhebung der Kontrolle der administrativen Arbeit in den Unternehmen durch die Partei in der Realität nur ein Abbild bourgeoiser Denkweisen innerhalb der Partei sei. Sollte man dies nicht schnellst möglich und effektiv bekämpfen können, so werde dies großen Schaden am Aufbau des Sozialismus anrichten. In der Bekanntmachung werden die Provinzkomitees angewiesen, eine Untersuchung zur Ausrüstung von Parteikomitee-Sekretär und Betriebsleiter in staatlichen Industrie- und Bergbaubetrieben in den jeweiligen Regionen durchzuführen. Gemäß dem Grundsatz, dass die Bedingungen der beiden Seiten im Großen und Ganzen gleich sein sollten, werden Anpassungen bei den Parteikomitee-Sekretären vorgenommen, die benachteiligt sind.

Dabei stellten die genannten Maßnahmen das Ein Mann-Verwaltungssystem zwar nicht in Abrede, aber die politische Führungsfunktion des Parteikomitees und die gutausgerüsteten Parteikomitee-Sekretäre wurden deutlich betont. Dies spiegelte bereits die Unzufriedenheit und die Sorgen des Zentralkomitees über das Schwinden der Funktion von Parteiorganisationen in Unternehmen durch die Ein-Mann-Verwaltungen wider. Dabei hatte die Stärkung der Kompetenz des Parteikomitees jedoch bei weitem nicht geklärt, wer das letzte Wort hat. Dies war jedoch wiederum eine sehr praktische Frage, da „politische Führung" sich auch in konkreten Entscheidungen verkörpern muss.

Im April 1955 lud das dritte Büro des Sekretariats des Zentralkomitees der KPCh 24 Delegierte, die einen Sitz im Parteitag der KPCh innehatten zum „Symposium bezüglich Führungsproblemen innerhalb Industrie- und Bergbaubetrieben" ein. Zweck des Symposiums bestand darin, die Erfahrungen des letzten Jahres aus der Verwirklichung des Verantwortlichkeitssystems durch den Betriebsleiter zu evaluieren, und das Führungssystem in den Unternehmen zu vervollkommnen. Das Symposium brachte drei verschiedene Ansichten hinsichtlich der Beziehung zwischen Verwaltung und Partei in den Unternehmen hervor. In der ersten Ansicht wird die Umsetzung des Ein-Mann-Verwaltungssystem unter der Führung des Parteikomitees befürwortet. Diese Ansicht wurde vor allem vom Genossen des Provinzkomitees von Hubei vertreten. Demnach werde der Führungskern in den Industriebetrieben durch Parteiorganisationen mitgebildet und nicht alleinig durch den Betriebsleiter.

Die kollektive Führung durch die Parteikomitees sei eines der Grundprinzipien der Partei, und die Parteiorganisationen in den Fabriken und Bergwerken sollten diesem Prinzip in keinem Fall den Rücken zukehren. Diese Auffassung stützte sich außerdem auf die Erfahrungen aus der Umsetzung eines Systems der geteilten Verantwortlichkeiten unter der Führung des Parteikomitees im Militär, die belegen, dass das Ein Mann-Verwaltungssystem unter der Führung von Parteikomitees ebenso in Fabriken und Bergwerken umgesetzt werden konnte. In der zweiten Ansicht wird das Ein Mann-Verwaltungssystems unter der Führung von Parteikomitees abgelehnt und eine direkte Umsetzung des Ein-Mann-Verwaltungssystems befürwortet. Das heißt, dass der Betriebsleiter für die Verwaltung und die Produktion des Unternehmens die volle Verantwortung gegenüber dem Staat trägt, während sich die Parteiorganisationen auf ihre Bürgschafts- und Kontrollfunktion beschränken. Diese Auffassung wurde vor allem von den Genossen aus Hebei, Shanxi, Beijing und dem Nordosten vertreten. Danach bestände das Führungssystem durch Parteikomitees aus einer mehrköpfigen Führung. Wenn es niemanden gäbe, der die allgemeine Verantwortung innehat, würde es zu Unzulänglichkeiten wie Chaos in der Produktionsordnung oder zu einer schwachen politischen Arbeit kommen. Die Genossen waren der Ansicht, dass das besondere Merkmal der Planwirtschaft und Industrieproduktion in der Zentralisierung und Vereinheitlichung läge. Somit kamen sie zu dem Beschluss, dass die Verwaltungsorganisation in der Industrie ein System der individuellen Verantwortlichkeiten in einem Top-Down-Prozess umsetzen müsste und kein kollektives Verantwortlichkeitssystem. Die dritte Ansicht bestand darin, weder die Umsetzung eines Ein Mann-Verwaltungssystems unter der Führung von Parteikomitees zu befürworten noch der zweiten Ansicht vollkommen zuzustimmen. Diese Auffassung wurde vor allem von den Delegierten aus Shenyang, Anshan und einigen weiteren Orten vertreten. Dabei waren sie der Ansicht, dass das Ein Mann-Verwaltungssystem und die Parteikomitees zwei Arten von Systemen mit unterschiedlichen Organisationen seien. In der Produktion und Verwaltung sollte das Ein-Mann-Verwaltungssystem umgesetzt werden. Innerhalb der Partei sollte eine demokratische Zentralisierung durchgeführt werden, die Parteiorganisationen in den Unternehmen sollten die Kontrolle der Verwaltungs- und Produktionsarbeit übernehmen, nicht aber eine vereinte Führung. Dabei wäre die Kontrolle der Parteiorganisationen allumfassend. Ihre Arbeit bei der Beaufsichtigung der Verwaltungs- und Produktionsarbeit würde sich weder auf das Recht Vorschläge einzubringen, noch auf Entscheidungen, die die Parteiorganisation treffen dürfte, beschränken. Würde ein Beschluss bezüglich eines Sachverhaltes durch die Parteiorganisationen gefasst, müsste der Betriebsleiter, wenn er selbst Parteimitglied ist, diesen befolgen und umsetzen. Falls der Betriebsleiter eine abweichende Auffassung vertreten würde, müsste er den Beschluss der Parteiorganisationen dennoch umsetzen, kann aber den eigenen Standpunkt in einer Stellungnahme an die übergeordneten Behörden zur Lösung übermitteln.

Nach den Debatten lehnte der Großteil der Genossen die Einführung des Ein-Mann-Verwaltungssystem unter der Führung der Parteikomitees in den Industrie- und Bergbaubetrieben ab. Zur Frage nach dem Umfang der Kontrolle durch die Parteiorganisation und zur Frage, ob die Betriebsleiter den Entscheidungen der Parteiorganisationen bezüglich Produktion und Verwaltung Folge leisten müssen, konnten die Genossen auch auf diesem Treffen noch keine Einigung erzielen. Bei der Frage nach den unterschiedlichen Systemen in den verschiedenen Regionen waren sich die Genossen auf dem Treffen stets einig. Diese sollte man nicht einfach leichtfertig verändern. Dennoch sollten in den Industrie- und Bergbaubetrieben die Verantwortlichkeitssysteme durch Betriebsleiter und andere Verantwortlichkeitssysteme in den Regionen, in denen diese Systeme mangelhaft etabliert worden waren, ausgebaut und gestärkt werden. Außerdem sollte die ideologische Arbeit der Partei in den Gebieten, in denen sie schwächlich sei, umgehend verbessert werden.

Im Mai 1955 besuchten unter anderem Bi Yibo und Huang Jing die Sowjetunion (sie nahmen an der Industriearbeiterversammlung der gesamten Sowjetunion teil), um sich von den sowjetischen Führungspersonen, die für die ökonomische Arbeit verantwortlich waren, fachliche Ratschläge bezüglich der Frage nach dem Ein Mann-Verwaltungssystem einzuholen. Die sowjetische Seite legte dabei die Geschichte der Implementierung des Ein-Mann-Verwaltungssystems der Sowjetunion offen und betonte, dass das Ein-Mann-Verwaltungssystem hohe qualitative Anforderungen an die Funktionäre stellt.

Am 4., 6. und am 13. Juni desselben Jahres lud das dritte Büro des Zentralkomitees der KPCh Parteikomitee-Sekretäre und Betriebsleiter aus 50 Betrieben für insgesamt drei Symposien ein. Auf dem Treffen reflektierten die Funktionäre allgemein wieder: Erstens sei die derzeitige Lage der Führungssysteme in den Industriebetrieben ziemlich chaotisch. Zweitens: Seitdem die verschiedenen Regionen im letzten Halbjahr 1953 das Ein Mann-Verwaltungssystem vorangebracht hatten (im Nordosten begann dies bereits 1951), sind zwar schon zwei Jahre vergangen, aber die wenigsten Industriebetriebe hätten das Ein Mann-Verwaltungssystem als Verwaltungsprinzip auch tatsächlich umgesetzt. Viele Betriebsleiter seien ihren Aufgaben nicht gewachsen, würden sich nicht trauen, Verantwortung zu übernehmen und würden bei Komplikationen das Parteikomitee zur Beratung aufsuchen. Drittens: Die schwache ideologische Arbeit der Partei ließe die Kontrolle und Garantie der ökonomischen Tätigkeiten schlaff und kraftlos wirken. Am 24. Oktober 1955 billigte das Zentralkomitee den „Bericht des dritten Büros des Zentralkomitees der KPCh über das Symposium zur Führungsfrage in den Fabriken und Bergwerken", in dem gefordert wurde: „Die Parteiorganisationen in den Unternehmen müssen ernsthaft Unterstützung für die Etablierung und Konsolidierung eines ausgereiften und sicheren Ein Mann-Verwaltungssystems in der Unternehmensverwaltung leisten. Darüber hinaus müssen sie sämtliche Arbeiter dazu erziehen, sich an die bestehenden Vorschriften und Ordnungen der Unternehmensverwaltung zu halten. Die Parteiorganisationen müssen die Etablierung des Ein-Mann-Verwaltungssystems als eine ihrer eigenen grundlegenden politischen Aufgaben betrachten. Denn nur mit der Einrichtung eines strengen Ein Mann-Verwaltungssystems kann eine effektive Wirtschafts- und Arbeitsordnung etabliert werden. Derartige Ordnungen sind notwendig, um ein Unternehmen gut zu führen. Niemanden als Verantwortlichen zu haben ist das übelste und entsetzlichste Phänomen."[544]

Der vom zweiten Büro des Sekretariats des Zentralkomitees am 26. Dezember 1955 vorgelegte „Bericht über Lage, Probleme und Stellungnahmen bezüglich der Verwirklichung des Ein Mann-Verwaltungssystems in Industriebetrieben von Jinan und Qingdao" reflektierte die Situation hinsichtlich der Realisierung des Ein-Mann-Verwaltungssystems in Shandong. Der Bericht listete die Vorteile und Probleme auf, die nach dem Einsatz eines Verantwortlichkeitssystems durch den Betriebsleiter bestanden. Die Vorteile bestanden darin, dass die Verantwortlichkeiten der Fachabteilungen und des Personals auf allen Ebenen klar verteilt waren und sich das Auftreten von Erscheinungen wie verspätete Entscheidungen, Fehlen eines Verantwortlichen und mehrköpfigen Führungen reduzierten. Das Verantwortungsbewusstsein der Kader und Funktionäre hatte sich verstärkt, die Motivation bei Bildung, Forschung und im Beruf war angestiegen. Die Produktion war ausgewogen (das Phänomen, bei dem die Produktion am Monats- und Jahresanfang gelockert und gegen Monats- und Jahresende angezogen wurde, konnte umgekehrt werden). Die Parteiorganisationen konnten sich auf die eigenen Aufgaben konzentrieren. Bestehende Probleme hingegen waren: Kommandismus hatte sich entwickelt, und die Beziehung von Partei und Verwaltung waren unkoordiniert (das Problem bestand bereits in der Vergangenheit, wurde nun aber noch deutlicher). Außerdem war unklar, wie sich die ideologische Arbeit entfalten sollte, und das Qualifikationsniveau des Betriebsleiters in den Bereichen Technik und Verwaltung war niedrig.

Trotz der Tatsache, dass das Ein Mann-Verwaltungssystem besser als das Führungssystem durch Parteikomitees verkörpern konnte, dass jeder Mitarbeiter seinen Verantwortungsbereich hat, und sich das Auftreten von mehrköpfigen Führungen, Verantwortungsentzug und Streitereien reduziert hatte, traten dennoch folgende Unzulänglichkeiten auf, die dazu führten, dass die erwarteten Ergebnisse schwer zu erzielen waren. Erstens: Das Ein-Mann-Verwaltungssystem vermochte nicht die betriebsinternen Beziehungen zwischen Partei, Verwaltung, Gewerkschaft, Jugendliga und anderen Organisationen und deren Arbeit in Einklang zu bringen. Zweitens war das Ein Mann-Verwaltungssystem, das in den staatlichen Unternehmen umgesetzt worden war, nur schwer kombinierbar mit einem Führungssystem durch Parteikomitees, die auf nationaler Ebene und in Führungsinstitutionen auf übergeordneter Ebene realisiert worden waren. Drittens herrschte ein Konflikt zwischen dem Ein Mann-Verwaltungssystem und dem von der Partei langfristig angestrebten Ziel der Demokratisierung der Unternehmensverwaltung. Dieser Konflikt wiederum war nicht förderlich für die Motivation der breiten Masse der Angestellten, sich an der Verwaltung zu beteiligen und sich aktiv einzubringen. Außerdem ging die Entwicklung der staatlichen Unternehmen dadurch, dass die KPCh aus dem Krieg und den

544 Büro für Politikforschung des gesamtchinesischen Gewerkschaftsbunds 全国总工会政策研究室 *Zhongguo Qiye Lingdao Zhidu de Lishi Wenxian* 中国企业领导制度的历史文献 („Historische Dokumente über Führungssysteme in chinesischen Unternehmen", Jingji Guanli Chubanshe, Ausgabe 1986, S. 198)

ländlichen Gebieten nun an die Regierung gelangt war, sehr schnell voran. Somit fehlten dem Staat nicht nur revolutionär eingestellte und fachlich qualifizierte Funktionäre für die Unternehmensverwaltung. Auch das Wirtschaftsverwaltungssystem der staatlichen Unternehmen war keineswegs ausgereift. Daher kam es rückblickend in vielen Regionen nach dem Umbau zum Ein Mann-Verwaltungssystems zu Fehlern bei der Arbeit, da die Betriebsleiter schlicht und ergreifend unqualifiziert oder in ihrer beruflichen Tätigkeit unerfahren und daher nicht mutig genug waren, Verantwortung zu übernehmen.

3. Ablösung des Ein Mann-Verwaltungssystems durch die Führung von Parteikomitees

Wenn man sagt, dass das Zentralkomitee der KPCh das „Ein Mann-Verwaltungssystem" auf der Grundlage von Untersuchungen vor 1955 und den Erfahrungen der Sowjetunion gewählt hatte, so kam automatisch die Frage in die Tagesordnung der Partei, ob dieses Modell als Führungssystem in den staatlichen Unternehmen überhaupt geeignet sei. Dies geschah, als sich das Zentralkomitee Anfang 1956 vom sowjetischen Irrglauben wegbewegte und einen eigenen Weg des Aufbaus suchte.

Anfang 1956 begann Mao Zedong damit, sich Sammelberichte der relevanten Ministerien und Kommissionen des Staatsrates anzuhören, um gewissenhaft die Lektionen der letzten zehn Jahre Arbeit in der Wirtschaft zu ermitteln und zusammenzufassen. Daraus bildeten sich dann die Forschungsergebnisse der KPCh bezüglich Chinas Weg zum Aufbau des Sozialismus, die auf Basis von „Die zehn großen Beziehungen" entstanden sind. In diesen gesammelten Untersuchungen und Forschungen deckte Mao Zedong einige Missstände im Wirtschaftssystem der Sowjetunion auf. So war es ungefähr zu dieser Zeit, dass auch das Zentralkomitee viele Missstände im Ein-Mann-Verwaltungssystem feststellte. Es erwies sich gemäß den Gegebenheiten Chinas als untauglich und weniger gut als das Verantwortlichkeitssystem durch den Betriebsleiter unter der Führung von Parteikomitees. Diese Einsicht kann auch an Mao Zedongs Rede auf der zweiten Vorversammlung des achten Parteitags der KPCh festgemacht werden. Dort sagte er: „Beim Ein Mann-Verwaltungssystem zum Beispiel hat die Zentralregierung bereits die Erfahrungen bestimmter Regionen gebilligt, die geglaubt haben, dass man so etwas hier ausprobieren könnte. Zu dieser Zeit hatten wir in dieser Angelegenheit noch keine Erfahrung gesammelt, sodass wir nicht das Urteil fällen konnten, dass das Ein-Mann-Verwaltungssystem unpassend sei. Erst vor kurzer Zeit kamen wir zu dem Schluss, dass das Ein Mann-Verwaltungssystem nicht gut ist, und dass ein System einer Kombination aus kollektiver Führung und Führung durch Einzelne das bessere ist."[545]

Im September 1956 wurde in dem politischen Bericht von Liu Shaoqi auf dem achten Parteitag der KPCh offiziell der Vorschlag für die Etablierung eines Verantwortlichkeitssystems durch Betriebsleiter unter der Führung von Parteikomitees in staatlichen Unternehmen eingebracht: „In den Unternehmen müssen wir ein Führungssystem einer Kombination aus kollektiver Führung und Führung durch Einzelne mit der Partei als Kern einrichten. Sämtliche wichtigen Fragen sollten dabei

545 *Dang de Wenxian* 党的文献 („Parteiarchiv", 3. Ausgabe 1991)

durch kollektive Diskussionen und gemeinsame Entscheidungen geklärt werden, die alltägliche Arbeit würde allerdings von spezialisiertem Personal arbeitsteilig übernommen."[546] Als Deng Xiaoping in seinem „Bericht über die Verfassungsreform der Partei" den demokratischen Zentralismus der Partei hervorhob, führte er speziell die Entscheidung des Zentralkomitees vom September 1948 bezüglich des robusten Führungssystems durch Parteikomitees an. Dort wurde die Ansicht vertreten, dass das Parteikomitee-System das wesentliche System für die Gewährleistung einer kollektiven Führung und für die Vorbeugung gegen die Übernahme von Alleinverantwortung durch Einzelne darstellt. Außerdem betonte er: „Die Erfahrungen der chinesischen Volksbefreiungsarmee in langjährigen Kriegen haben gezeigt, dass dieses System der Arbeit der Streitkräfte dienlich ist und in keiner Weise die militärische Führung der Truppe behindert. Gemäß den Erfahrungen der letzten paar Jahre hat die Zentralregierung nun beschlossen, dass ein ähnliches System der kollektiven Führung durch Parteikomitees in sämtlichen Unternehmen umgesetzt wird. Also ein Verantwortlichkeitssystem durch den Betriebsleiter oder den Manager etc. unter der Führung von Parteikomitees."[547]

Während der Versammlung hielt Li Xuefeng, Minister für industrielle Kommunikationsarbeit des Zentralkomitees, eine fachliche Rede über die Umsetzung eines Führungssystems durch Parteikomitees in den Unternehmen. Der Sekretär des Provinzkomitees von Hubei Ji Wangren und der Sekretär des Provinzkomitees von Heilongjiang Ouyang Qin brachten ebenfalls ihre Erfahrungen und Lehren in diesem Bereich zur Geltung.

Li Xuefeng sagte: „Die Arbeit der staatlichen Industrieunternehmen Chinas erzielte in den letzten Jahren unter der einwandfreien Führung der Partei große Erfolge. Dadurch jedoch, dass Industrieunternehmen mit großflächigen Verwaltungsmodernisierungen erst nach dem Sieg der Revolution mit ihrer neuen Arbeit begannen, bildeten sich in der Vergangenheit zahlreiche Schwachstellen heraus, und es wurden Fehler gemacht. Wichtig ist dabei, dass in den staatlichen Unternehmen die Tendenz heranwuchs, die Führung der Partei zu ignorieren und dass es zu subjektivistischen und bürokratischen Verhaltensweisen kam, in der sich von der Realität und von den Massen losgelöst wurde. Daher sind die Stärkung der Parteiführung in den Unternehmen und die Umsetzung der Massenlinie in der Unternehmensarbeit zu einer derzeit sehr wichtigen Aufgabe bei der Arbeit in den Industrieunternehmen geworden. „Das Verantwortlichkeitssystem durch den Betriebsleiter unter der Führung eines Parteikomitees wurde erst durch das Zusammenfassen von Erfahrungen und Lektionen der Partei seit einigen Jahren in mehreren Aspekten der Unternehmensarbeit festgelegt." Zudem sagte er noch zur Verwirklichung des Ein Mann-Verwaltungssystems: „Jene Unternehmen, welche dieses Ein Mann-Verwaltungssystem

546 *Zhongguo Gongchandang di ba Quanguo Daibiao Dahui Wenxian* 中国共产党第八次全国代表大会文献 („Dokumente des 8. Parteitags der Kommunistischen Partei Chinas", Remin Chubanshe, Ausgabe 1957, S. 36)

547 *Zhongguo Gongchandang di ba Quanguo Daibiao Dahui Wenxian* 中国共产党第八次全国代表大会文献 („Dokumente des 8. Parteitags der Kommunistischen Partei Chinas", Remin Chubanshe, Ausgabe 1957, S. 87-89)

realisiert haben, haben je nach Unternehmen in unterschiedlichem Maße das Bewusstsein der Parteimitglieder und der Massen gegenüber der Führungsfunktion der Partei geschwächt. Sie haben die Parteigesinnung der Funktionäre, die vor allem in der Verwaltungsführung tätig sind, untergraben und Bürokratismus und Subjektivismus in großem Umfang Fuß fassen lassen. In der Folge bildeten sich kapitalistische Geschäftsdenkweisen heraus. Arroganz, Einbildung und eigenmächtige Verhaltensweisen entwickelten sich in zunehmendem Maße. Streitigkeiten, Entfremdung und Uneinigkeit zwischen den Führungsfunktionären, zwischen Funktionären und der Masse und zwischen den Unternehmen selbst haben dadurch ebenfalls zugenommen."[548]

Wang Renzhong meinte dazu: „Das Ein Mann-Verwaltungssystem zu befürworten ist falsch. Es widerspricht dem über viele Jahre effektiv praktiziertem Grundprinzip unserer Partei, dem Prinzip einer Kombination aus kollektiver Führung und Verantwortlichkeit durch Einzelne. Es widerspricht den exzellenten Arbeitsweisen, die sich die Partei über langjährige Revolutionen und Konflikten erarbeitet hat, nämlich der Arbeitsweise einer Linie der Massen." Außerdem nutzte er die erfolglose Umsetzung des Ein Mann-Verwaltungssystem in einer staatlichen Schienenfahrzeugfabrik von Jingan und die effektive Umsetzung des Führungssystems durch Parteikomitees in der ersten staatlichen Textilfabrik von Wuhan, der ersten Baufirma der Zhongnan Construction und der öffentlich-privaten Textilfabrik von Yuhua in Wuhan als Beispiel, um die Überlegenheit des Führungssystem durch Parteikomitees gegenüber dem Ein Mann-Verwaltungssystem zu belegen.[549]

Warum das Zentralkomitee der KPCh 1956 das Ein Mann-Verwaltungssystem aufgab und auf das Führungssystem durch Parteikomitees umsattelte, lag vor allem an den folgenden zwei Gründen.

Erstens übernahm man aus politischer Sicht die Lektionen, die man aus den Fehlern der Sowjetunion in den späten Jahren Stalins gezogen hatte, und hob die kollektive Führung und den parteiinternen demokratischen Zentralismus hervor. In den „historischen Erfahrungen bezüglich der Diktatur des Proletariats" des Zentralkomitees wird verdeutlicht: „Nach dem Sieg der Revolution, als sich die Arbeiterklasse zur führenden Klasse und die Kommunistische Partei zur führenden Partei des nationalen Regimes entwickelten, sahen sich die führenden Mitarbeiter der Partei und des Staates mit der reellen Gefahr einer möglichen Ausnutzung von willkürlicher Trennung und willkürlichem Handeln der Staatsorgane, einer Loslösung von den Massen und der kollektiven Führung, einer Durchsetzung von Subjektivismus und einem Untergraben des demokratischen Systems der Partei und des Landes konfrontiert."[550] Der „Gao, Rao"-Vorfall schien dies zu belegen. Daher war eines der Themen auf dem

548 *Zhongguo Gongchandang di ba Quanguo Daibiao Dahui Wenxian* 中国共产党第八次全国代表大会文献 („Dokumente des 8. Parteitags der Kommunistischen Partei Chinas", Remin Chubanshe, Ausgabe 1957, S.457-458)

549 *Zhongguo Gongchandang di ba Quanguo Daibiao Dahui Wenxian* 中国共产党第八次全国代表大会文献 („Dokumente des 8. Parteitags der Kommunistischen Partei Chinas", Remin Chubanshe, Ausgabe 1957, S. 172-177)

550 Renmin Ribao 人民日报, 5.4.1956

achten Parteitag die Betonung der kollektiven Führung und die Stärkung des Aufbaus eines demokratischen Systems in der Partei. Die Unternehmen würden nicht nur als Schlüsselorganisationseinheiten des Staates agieren, sondern auch als wichtiger Aufstellungsort für die Basisorganisationen der Partei. Politisch müsse deren Führungssystem mit dem zentralisierten Führungssystem der Partei, deren kollektiver Führung und den Anforderungen der Massenlinie im Einklang sein.

Zweitens, aus der Perspektive sinkender Verwaltungskosten und steigender Verwaltungseffizienz: Die sozialistische Transformation hat das ökonomische Leben der gesamten Gesellschaft dahin gelenkt, dass die Verwaltung durch administrative Planung geregelt wird. So war es unabdingbar, dass sich Bürokratie, die Loslösung von den Massen, niedrige Leistung, Täuschung von Vorgesetzten und Schikanen von Untergebenen zu schwer zu bewältigenden Problemen im Betrieb der Regierungsinstitutionen entwickelten. Aus Sicht der KPCh waren Stabilität und Funktionalität der Regierungsinstitutionen bei weitem nicht so ausgereift und effektiv wie in Parteiorganisationen. Im Management und in der Verwaltung staatlicher Unternehmen ließen sich die Verwaltungssysteme der staatlichen Unternehmen betriebsintern aufgrund von unklaren Verantwortlichkeiten, Befugnissen und Profiten, mangelnder Motivation und Ausmusterungsmechanismen nur schwer aufeinander abstimmen. Dies folgte daraus, dass es den staatlichen Unternehmen unter dem Planwirtschaftssystem und dem traditionellen, einheitlichen Gemeineigentumssystem an einer effektiven Überwachung durch externe Eigentumsrechtsträger und effektiven Marktrestriktionen mangelte. Unter dem Aspekt der Beziehung zwischen Unternehmen und Staat kam es generell aufgrund von unzureichenden und verzerrten Informationen und der begrenzten Verwaltungskompetenzen der relevanten Regierungsbehörden noch weit verbreitet zu „Konkursmechanismen“ und Verhandlungen zwischen den Betriebsleitern und dem Staat. Auch wenn der Staat sich Verwaltungsmaßnahmen zu nutzen machte, so schaffte er es dennoch kaum effektiv, eine höhere Effizienz der Unternehmen voranzutreiben. Innerhalb der Unternehmen waren nicht nur Organisationssysteme wie Partei, Verwaltung, Gewerkschaft und Liga miteinander verflochten, die Angestellten waren darüber hinaus dem Namen nach Eigentümer des Unternehmens. Somit konnte das Unternehmen zwischenmenschliche Konflikte und menschengemachte Hindernisse nicht einfach durch eine Ausgrenzung der Arbeiter abhandeln. Daher begünstigte das Führungssystem durch Parteikomitees im traditionellen Wirtschaftsplanungssystem, aufgrund Chinas Mangel an revolutionär eingestellten und qualifizierten Fachkräften, eine bessere Kontrolle und Entschärfung von Konflikten zwischen Arbeitern und Verwaltungsangestellten im Unternehmen als das Ein Mann-Verwaltungssystem. Somit trug es auch zur Demokratisierung der Unternehmensverwaltung bei.

Nach dem Kampf gegen Rechtsabweichler 1957 wurde die Ablehnung des Ein-Mann-Verwaltungssystems auf das Niveau eines Konflikts zwischen zwei verschiedenen Leitlinien gehoben. Als Mao Zedong 1959 die Mitschrift „Politische Ökonomie“ (Lehrbuch) las, schrieb er: Alle Unternehmen aus kapitalistischen Ländern haben das Ein Mann-Verwaltungssystem umgesetzt. Verwaltungsmaxime sozialistischer Unternehmen sollen sich grundsätzlich von denen der kapitalistischen Länder unterscheiden. Das von uns umgesetzte Verantwortlichkeitssystem durch den Betriebsleiter unter der Führung eines Parteikomitees grenzt uns strikt von den Verwaltungssystemen in kapitalistischen Unternehmen ab."

Nachdem auf dem achten Parteitag 1956 die Umsetzung der Führung durch Parteikomitees festgelegt wurde, kamen die Missstände dieses Systems, die bei dessen vergangener Umsetzung schon aufgetreten waren, wieder ans Licht. Darunter fielen das Fehlen einer verantwortlichen Person, ein übergroßer Verwaltungsapparat und eine schlaffe Disziplin. Zwar hatte die Partei durch die Einrichtung einer Vollversammlung von Angestelltenvertretern die demokratische Beaufsichtigung und Verwaltung gestärkt. Doch es wurden keine Erfolge bei der Frage erzielt, wie die Verantwortung des Unternehmens gegenüber dem Staat unter der Führung des Parteikomitees gestärkt werden könnte. Im Gegenteil, in dieser Hinsicht gab es tatsächlich eine rückläufige Entwicklung. Innerhalb der Unternehmen waren die Parteikomitees letzten Endes nur Organisationsmechanismen auf einer der vielen Ebenen. Sie waren keine vom Staat ernannten und autorisierten Unternehmensverwalter und mussten einzig und allein den übergeordneten Parteikomitees und den Parteimitgliedern im Unternehmen Rechenschaft ablegen. Dadurch entwickelten sich die Anordnungen der übergeordneten Stellen der Partei als die treibende Kraft, nach deren Grundlage sie ihre erste Entscheidung ausrichteten. Gleichzeitig standen sie unter dem Einfluss der Anforderungen der Parteimitglieder und der Masse. Tatsächlich wurde diese Art von System später die Systemgrundlage für den „Großen Sprung nach vorn" auf Mikroebene.

Die Fortsetzung des „Großen Sprungs nach vorn" nach der Lushan-Konferenz 1959 brachte die Volkswirtschaft in ernsthafte Schwierigkeiten und zwang Mao Zedong dazu, sich weiter mit der Frage nach der Verwaltung in sozialistischen Unternehmen zu befassen. Als er von Dezember 1959 bis Februar 1960 „Politische Ökonomie (Lehrbuch)" aus der Sowjetunion las, erörterte er tiefgehend die Verwaltungsfrage nach der Gründung des sozialistischen Gemeineigentumssystems. Er war folgender Meinung: „Nachdem die Frage nach dem Privateigentum im Wesentlichen geklärt wurde, ist die wichtigste Frage nun die Frage der Verwaltung." „In der Unternehmensverwaltung wird eine Kombination aus zentralisierter Führung und Massenbewegung übernommen. Funktionäre beteiligen sich an der Arbeit und Arbeiter beteiligen sich an der Verwaltung, sodass unbegründete Regeln und Vorschriften ständig reformiert werden und die Massen an Arbeitern, Führungsfunktionären und Technikern inkorporieren."[551] Somit formte er vergleichsweise eindeutig den Gedanken der „zwei Beteiligungen, eine Reform, drei Inkorporationen" in der Unternehmensverwaltung.

Genau zu diesem Zeitpunkt, am 11. März 1960, übermittelte das städtische Parteikomitee von Anshan über das Provinzkomitee von Liaoning den „Bericht des städtischen Parteikomitees von Anshan bezüglich der Lage der Entfaltung der technologischen Innovation und technologischen Revolutionsbewegung an der industriellen

551 *Mao Zedong du Sulian < Zhengzhi Jingji Xue (Jiaoke Shu) > Tanhua Jilu Xuanzhang* 毛泽东读苏联 < 政治经济学（教科书） > 谈话记录选载 („Mao Zedong liest „Politische Ökonomie (Sachbuch)" aus der Sowjetunion – Gesprächsaufzeichnungen" (Fünf), aus Parteiarchiv 党的文献, 3. Ausgabe 1994

Front" an die Parteizentrale weiter. Dieser Bericht, der nicht mehr als 10.000 Zeichen zählte, gliederte sich insgesamt in vier Teile.

Der erste Teil berichtete hauptsächlich über die grundlegende Situation der technologischen Innovation und Revolutionsbewegung im Gebiet von Anshan und hob dabei drei besondere Kennzeichen hervor:

„Zum einen ist der Eifer der Angestellten sehr hoch. Die Leute, die an der technologischen Innovation und Revolution teilhaben, sind zahlreich. Die Bewegung schreitet schnell voran."

„Zweitens hat sich die Initiative der breiten Masse an Mitarbeitern in hohem Maße entfaltet. In kürzester Zeit sind viele neue Technologien und Spitzentechnologien entstanden."

„Drittens wurde die Produktion angekurbelt, der Sprung nach vorn wird fortgeführt."

Der zweite Teil fasste die fünf Erfahrungen zusammen, die mit technologischer Innovation und Revolution gemacht wurden.

„Erstens muss die ideologische Revolution kontinuierlich durchgeführt werden, an der politischen Führungsrolle muss festgehalten werden, der Aberglaube muss beseitigt und die Gedanken müssen befreit werden."

„Zweitens müssen die Massen entfesselt werden, alles auf Basis von Experimenten."

„Drittens wird allumfassende Planung benötigt, die Schlüsselproduktionen müssen rücksichtslos unter Kontrolle gebracht werden."

„Viertens muss eine Kombination aus Eigenverantwortung und Kooperation umgesetzt werden."

„Fünftens brauchen wir eine Verbindung zwischen der Entfaltung der technologischen Revolution und technologischen Demonstrationen."

Der dritte Teil berichtete in erster Linie über die Pläne, den Sprung nach vorn fortzusetzen und die Methoden, die zur Bewältigung der Aufgaben benötigt wurden, bezogen auf das Gebiet von Anshan 1960.

Der vierte Teil betonte die Stärkung der Führung durch die Partei. Mao Zedong soll sich immer mehr über den Bericht gefreut haben, je öfter er ihn las.

Am 22. desselben Monats noch griff er zum Stift und übermittelte einen fast 700 Zeichen langen Kommentar zu dem Bericht an die Zentralregierung. Der gesamte Bericht lautete wie folgt:

„An das Shanghai-Büro, an sämtliche Koordinationskomitees, an alle Provinzkomitees, Parteikomitees in den autonomen Regionen, an die Posten auf allen Ebenen der Zentralregierung und an sämtliche Parteiorganisationen:

Dieser Bericht des Parteikomitees von Anshan ist großartig. Je öfter man ihn liest, desto mehr erfreut man sich über ihn. Er ist nicht sehr lang, und tatsächlich wäre man bereit, ihn zu lesen, selbst wenn er länger wäre. Dies liegt daran, dass die in dem Bericht aufgeworfenen Probleme sachlich, wohlüberlegt und sehr fesselnd sind. Mit mehr als 100.000 Beschäftigten und Mitarbeitern ist die Anshan Iron and Steel Company das größte Unternehmen des Landes. Früher dachten die Leute dort, dass ihr Unternehmen modernisiert sei und keine technologische Revolution nötig wäre. Sie waren gegen den Impetus lebhafter Massenbewegungen, lehnten das Prinzip der doppelten Beteiligung ab, stellten sich gegen eine Reform willkürlicher und überholter Regeln und Vorschriften. Sie verließen sich auf nur wenige Menschen, die in Abgeschiedenheit arbeiteten. Viele befürworteten das System, in dem ausschließlich der Betriebsleiter die Verantwortung trägt, und waren gegen das System, in dem der Betriebsleiter unter der Führung des Parteikomitees zur Verantwortlichkeit designiert wird. Sie vertraten die Ansicht, dass die "Charta der Magnitogorsker Eisen- und Stahlvereinigung" (eine Reihe von maßgeblichen Regeln, die in einem großen Stahlwerk in der Sowjetunion praktiziert werden) heilig sei. So war die Situation bis zum Großen Sprung nach vorn im Jahr 1958, der die erste Etappe markierte. Das Jahr 1959 markierte die zweite Phase, in der die Menschen begannen, über die Massenbewegung nachzudenken und das System, in dem ausschließlich der Betriebsleiter die Verantwortung trägt, und die Charta des Magnitogorsker Eisen- und Stahlvereinigung in Frage zu stellen. Während des Treffens von Lushan im Juli 1959 erhielt das Zentralkomitee von ihnen, die sich für den Großen Sprung nach vorn aussprachen, einen positiven Bericht, um sich Rechtsabweichlern entgegenzustellen und äußerste Anstrengungen zu unternehmen. Es wurde zudem ein hohes, aber umsetzbares Ziel vorgeschlagen. Das Zentralkomitee war sehr zufrieden mit dem Bericht und ließ ihn den Genossen zukommen. Diese übermittelten ihn unmittelbar telefonisch an ihre jeweiligen Provinzen, Gemeinden und autonomen Regionen und halfen damit den damaligen Kampf am rechten Opportunismus voranzutreiben. Der vorliegende Bericht (März 1960) geht noch einen Schritt weiter. Er ist der Charta des Magnitogorsker Eisen- und Stahlvereinigung in keiner Weise nachempfunden, sondern eine neuartige „Charta der Anshan Iron and Steel Company“ ins Leben gerufen. Hier entsteht sie, die Charta der Anshan Iron and Steel Company. Hier in China, im Fernen Osten. Dies markiert die dritte Stufe. Jetzt wird dieser Bericht an Sie weitergegeben und Sie werden gebeten, ihn an die großen und mittleren Unternehmen unter ihrer Verwaltung und an die Parteikomitees aller großen und mittelgroßen Städte zu übermitteln. Sie können ihn selbstverständlich auch an andere Präfekturen, Parteikomitees und Städte weiterreichen. Der Bericht sollte zum Studium durch Funktionäre verwendet werden, um ihre Gedanken zu stimulieren und sie über die Angelegenheiten in ihren eigenen Einheiten nachzudenken lassen, so dass unter gebührender Führung eine große marxistisch-leninistische Bewegung der wirtschaftlichen und technischen Revolution durchgeführt wird, durch Verbindung und Welle um Welle in den Städten und auf der Landseite während des ganzen Jahres 1960.“

1962 formulierte das Zentralkomitee der KPCh die „Industrie 40“ und stellte das System, in dem der Betriebsleiter unter der Führung des Parteikomitees zur Verantwortlichkeit designiert wird, erneut wieder her. In der Phase der volkswirtschaftlichen Anpassungen von 1961-1965, in deren Fokus die Wirtschaftlichkeitsrechnungen und Verantwortlichkeitssysteme der staatlichen Unternehmen standen, wurde ununterbrochen untersucht, wie man deren Verwaltung stärken und die Effizienz der staatlichen Unternehmen verbessern kann.[552] Sun Yefang, Vertreter der akademischen Kreise, schlug Wirtschaftlichkeitsrechnungen vor. Die Zentralregierung ließ die staatliche Wirtschaftskommission die Führung übernehmen und Testprojekte für Treuhandgesellschaften in Unternehmen durchführen.

4. Umstürze und Fehlschätzung von Führungsautoritäten in staatlichen Unternehmen während der „Kulturrevolution"

Zum Thema staatliche Unternehmen veröffentlichte das Zentralkomitee der KPCh am 22. März 1964 die „Anordnung bezüglich Fortsetzung und Festhalten an der Fünf-Anti-Kampagne". Dort wurde vorangebracht, dass im Jahr 1964 „diese Bewegung mit allen Kräften vollendet bzw. zumindest im Grundsatz vollendet werden sollte."[553] Gemäß Bo Yibos Worten hatten 1964 die nationalen industriellen Kommunikationssysteme 130.000 Menschen in Arbeitsgruppen organisiert. In 1800 staatlichen Unternehmen wurde die Fünf-Anti-Kampagne entfacht. 45 Ministern und stellvertretenden Ministern aus 18 Ministerien und Kommissionen waren 22.000 Funktionäre auf lokaler Ebene unterstellt. Zudem wurde die Fünf-Anti-Kampagne in insgesamt 730 Unternehmen in Kollektivbesitz aus sämtlichen Provinzen, Städten, autonomen Regionen und der zweiten Leichtindustrie entfesselt.[554]

Am 5. Dezember 1964 stimmte Mao Zedong, nachdem er den von Xie Fuzhi, dem Minister für öffentliche Sicherheit, vorgelegten Kurzbericht über „die mannigfaltigen kapitalistischen Management- und Verwaltungsmethoden des Shenyang-Hüttenwerks" gelesen hatte, zu: „Wieviel von unserer Industrie letztendlich in Management und Verwaltung bereits auf eine kapitalistische Bahn geraten ist, ob ein Drittel, die Hälfte oder sogar noch mehr können wir nur wissen, wenn wir jedes Unternehmen, eines nach dem anderen, gründlich prüfen und transformieren." Es gibt acht Arten von Manifestation der „kapitalistische(n) Management- und Verwaltungsmethoden", die im obengenannten Bericht von Xie Fuzhi aufgezählt werden:

1. Betrug und Verrat an der Nation.
2. Schaden an gewinnbringenden staatlichen Betrieben, ohne Blick auf das Gesamte.
3. Kapital aus den Verlusten anderer schlagen, Ausbeutung von Freund und Nachbar.
4. Günstig kaufen, teuer verkaufen. Einzig und allein auf Gewinn aus sein.
5. Spiel mit den Märkten. Selbstbereicherung durch betrügerische Spekulationen.
6. Dominanz der Belohnungen, Anregung durch materielle Dinge.

---

552 Ma Wengui 马文桂 *Shehui Zhuyi Guoying Gongye Qieye Guanli de Jineng Wenti* 社会主义国营工业企业管理的机能问题 („Funktionelle Fragen zur Betriebsverwaltung in der staatlich geführten, sozialistischen Industrie", Renmin Ribao 人民日报, 28.3.1964)

553 Dies war eine sozialistische Erziehungsbewegung, die 1964 nach dem Start der Kampagne der „Vier Säuberungen" auf dem Land initiiert worden war, und sich gegen Korruption, Spekulation, Dekadenz, Dezentralismus und Bürokratie richtete.

554 Bo Yibo 薄一波 *Ruogan zhongda Juece yu Shijian de Huigui* 若干重大决策与事件的回顾 („Rückblick auf einige schwerwiegende Entscheidungen und Angelegenheiten", hinterer Teil, Zhongguo Zhongyang Dangxiao Chubanshe, Ausgabe 1993, S.1127)

7. Wissenschaftliche Experimente werden für Profite genutzt.
8. Extravagantes und rücksichtsloses Ausgeben von Geld, enorme Verschwendungen.

Deren Wurzel liegt in:

1. Einfluss der Rahmenbedingungen alter sowjetischer Unternehmen und Revisionismus
2. Einfluss der alten Macht des Kapitalismus (einschließlich Feudalismus)
3. Auch der Einfluss von oben hat damit zu tun.[555]

Mao Zedong kommentierte dabei den letzten Teil der letzten Zeile: „Der Einfluss von oben hat nicht nur etwas damit zu tun, sondern ist der wesentliche Ursprung." Daraus ist ersichtlich, dass Mao Zedong die Missstände in den staatlichen Unternehmen im damaligen Planwirtschaftssystem und sogar deren reguläres Management und reguläre Verwaltung als „kapitalistisch" betrachtete und zugleich die Obrigkeiten für den wesentlichen Ursprung des Problems hielt. Am 7. Dezember verbreitete das Zentralkomitee der KPCh Xie Fuzhis Bericht und Mao Zedongs Kommentare.

Am 12. Dezember brachte Mao Zedong in den Anweisungen zum Erfahrungsbericht von Chen Zhengren aus einer Traktorfabrik in Luoyang seine Auffassung zum Ausdruck, nach derer sich bereits eine „Klasse des Bürokratismus" gebildet hatte. Die Klasse „hat sich bereits oder ist dabei, sich in eine Bourgeoisie zu verwandeln, die das Blut der Arbeiter aussaugt", sie ist das „Ziel des Kampfes und der Revolution".[556]

Da Mao Zedong die Ernsthaftigkeit des Problems überschätzte, hatten Mao Zedong und Liu Shaoqi bei der Erörterung des sozialistischen Erziehungsprogramms auf der Arbeitskonferenz des Zentralkomitees der KPCh im Dezember desselben Jahres ernsthafte Meinungsverschiedenheiten zum Charakter des Programms. Liu Shaoqi war der Ansicht, dass der Hauptwiderspruch darin bestehe ob die „vier Bereiche" gesäubert oder nicht gesäubert werden. Interne Konflikte im Volk und zwischen uns und unseren Feinden seien eng miteinander verwoben. Mao Zedong war der Meinung, dass im Herzen der Bewegung der Konflikt zwischen Sozialismus und Kapitalismus stand. „Dessen Fokus stellten die kapitalistischen Wegbereiter in der gesamten Partei dar". Dabei zitierte Mao ein Gedicht des Du Fu, einem Dichter aus der Tang-Dynastie: „Der Bogen, den du trägst, muss stark sein, die Pfeile, die du benutzt, müssen lang sein, vor dem Reiter erschieß das Pferd, ergreife den Kommandanten, um seine Streitkraft zu schlagen."[557] Das Dokument der „17 Punkte", dass auf dem

---

555 *Zhonghua renmin gongheguo chengli yilai Mao Zedong wengao* 中华人民共和国成立以来毛泽东文稿 („Niederschriften von Mao Zedong seit der Gründung der Volksrepublik China", 11. Buch, Zhongyang Wenxian Chubanshe, Ausgabe 1996, S. 256-257)

556 Zitiert nach Bo Yibo 薄一波 *Ruogan zhongda Juece yu Shijian de Huigui* 若干重大决策与事件的回顾 („Rückblick auf einige schwerwiegende Entscheidungen und Angelegenheiten", hinterer Teil, Zhongguo Zhongyang Dangxiao Chubanshe, Ausgabe 1993, S.1128-1129)

557 Zitiert nach Jin Chonghe 金冲及 *Zhou Enlai chuan (1949-1976)* 周恩来传 (1949-1976) („Biographie des Zhou Enlai (1949-1976)", Zhongyang Wenxian Chubanshe, Ausgabe 1998, S.834)

Treffen entstand (später zu „23 Punkten" überarbeitet und am 14. Januar 1965 herausgegeben) griff Mao Zedongs Ansichten auf und behauptete fälschlicherweise, dass im Fokus des Programms „die kapitalistischen Wegbereiter in der gesamten Partei" standen.

Bis zur ersten Hälfte des Jahres 1966 hatten 694 Kreise und Städte (einschließlich der Regionen…) die „vier Säuberungen" abgeschlossen, was einen Gesamtanteil von 32% ausmachte. In Hebei und Liaoning waren sie zu über 40% abgeschlossen, in Shanghai und in Beijing im Grunde vollständig abgeschlossen. Fügt man die Einheiten, in denen das Programm in der Folgezeit durchgeführt wurde, hinzu, so beliefen sich die Schwerpunktgebiete, in denen die Kampagne der „vier Säuberungen" entfacht wurde, landesweit auf über ein Drittel. In den anderen Gebieten wurde im Allgemeinen eine generelle Bewegung durchgeführt, die „kleinen vier Säuberungen". Dies war auch zum Großteil in den landesweiten Industrie- und Bergbaubetrieben der Fall.[558]

Zusammenfassend lässt sich sagen, dass das Zentralkomitee der KPCh unter Mao Zedong damit begann, aufgrund der Beschränkungen durch die Reform des sozialistischen Wirtschaftssystem und der bestehenden Probleme Methoden des „Klassenkampfes" heranzuziehen, um die Probleme in der Wirtschaftsverwaltung zu lösen. Dies geschah, nachdem die Volkswirtschaft 1961 in die Anpassungsphase eingetreten war. Dadurch wurde nicht nur die Ergründung der Nutzung von Marktmechanismen, Management- und Verwaltungsformen, die in der Anfangsphase der Anpassungen bereits aufkamen oder gar der Diversifizierung von Eigentumsrechtsstrukturen blockiert, auch die Gefahr des sogenannten „Kapitalismus" und des „Revisionismus" wurden als immer ernstzunehmender eingeschätzt. Die Methoden zur Bekämpfung der beiden sind in der Folge auch immer „linker" geworden. Die „Große Proletarische Kulturrevolution" war lediglich ein unvermeidliches Ergebnis ihrer logischen Entwicklung. Diese musste in der ein oder anderen Weise selbstverständlich auch die umfassenden Anpassungen und Entwicklungen der Volkswirtschaft beeinflussen.

Nach dem Beginn der „Kulturrevolution" im Mai 1966 wurden ausgehend von den oben genannten Fehleinschätzungen in staatlichen Unternehmen sowie in Regierungsinstitutionen und Arbeitsgruppen „Umsturzbewegungen" zur Niederschlagung der „kapitalistischen Wegbereiter" initiiert. Die in der Folge gegründeten „Revolutionskomitees" ersetzten das System, in dem der Betriebsleiter unter der Führung des Parteikomitees zur Verantwortlichkeit designiert wird. Diese Art von System endete erst mit der landesweiten Abschaffung der „Revolutionskomitees" im Jahre 1977.

---

558 Zitiert nach Bo Yibo 薄一波 *Ruogan zhongda Juece yu Shijian de Huigui* 若干重大决策与事件的回顾 („Rückblick auf einige schwerwiegende Entscheidungen und Angelegenheiten", hinterer Teil, Zhongguo Zhongyang Dangxiao Chubanshe, Ausgabe 1993, S.1134)

Abschnitt 2: Die Beziehung zwischen den staatlichen Unternehmen und der Regierung in der Anfangsphase nach der Gründung der Volksrepublik China.

In den 29 Jahren zwischen der Gründung der Volksrepublik China 1949 bis zum Beginn der Reform und Öffnung auf der dritten Plenarsitzung des elften Zentralkomitees der KPCh waren Chinas staatliche Unternehmen tatsächlich ihrem Namen getreu von der Regierung geführte Unternehmen in Staatsbesitz. Selbstverständlich ließen sich die Unternehmen dabei in staatliche Unternehmen und lokale staatliche Unternehmen gliedern. Erstere waren Unternehmen, die direkt der Zentralregierung unterstellt waren und von den zentralen Ministerien und Muttergesellschaften unmittelbar verwaltet wurden. Die lokalen staatlichen Unternehmen wurden von den Lokalregierungen auf Provinz-, Stadt- oder Kreisebene geführt. Die Praktik, in der die Unternehmen direkt von der Regierung verwaltet werden, zeigt sich im Wesentlichen in den folgenden Aspekten.

1. Direkte Verwaltung der Unternehmen durch die Regierung

Im Hinblick auf die Zugehörigkeit von Vermögenswerten: Sämtliche Vermögenswerte staatlicher Unternehmen sind im Besitz der Regierung (Zentral- oder Lokalregierung). Nicht nur waren die Investitionssubjekte vereinheitlicht, auch existierten keine unternehmenseigenen Vermögenswerte. Neben dem Teil aus konfisziertem und übernommenem, bürokratischem Kapital hatte sich ein neuer Teil an Vermögenswerten der staatlichen Unternehmen alleine durch Regierungsinvestitionen gebildet. Mittel aus Abschreibungen von Festanlagen wurden ausnahmslos der Regierung übergeben.

In Management und Verwaltung trug die Regierung, da sie der Eigentümer der staatlichen Unternehmen war, die uneingeschränkte Verantwortung. Um Verlust von staatlichen Vermögenswerten und Einkommen zu vermeiden und gleichzeitig die Verwendung von begrenzten finanziellen Mitteln zu konzentrieren, war es für die Regierung der einfachste und am wenigsten kostspielige Weg die Administration als charakteristische Planungsverwaltung zu realisieren. Die Etablierung von Verwaltungsabteilungen durch die Regierung stellte sämtliche Produktions- und Managementaktivitäten in den Unternehmen unter die direkte Verwaltung der Regierung. Das „nachfolgende Schaubild 8.1", stellt das Verwaltungssystem der staatlichen Industrie- und Bergbauunternehmen während der Anfangsphase nach der Gründung der Volksrepublik China dar.

Schaubild 8.1.:

Zentralregierung: Wirtschafts- und Finanzkommission des Regierungsrates, nationale Planungskommission

⇓

Verwaltungsbüros der jeweiligen zentralen relevanten Ministerien und Kommissionen

⇓	⇓	⇓
Der Zentralregierung direkt unterstellte Unternehmen	Von der Zentralregierung vorübergehend mit der Verwaltung der Unternehmen beauftragte Lokalregierungen	Finanzkommissionen der großen Verwaltungsgebiete, jeweilige vorgesetzten Behörden
⇓		⇓
Zweigstellen		vorgesetzte Behörden der Provinz-, Städte- und Kreisregierungen
		⇓
		Lokale staatliche Unternehmen

Die direkte Verwaltung der Unternehmen durch die Regierung äußerte sich vor allem in folgenden Punkten:

1. Die Regierung hatte das Recht, die Unternehmensführung zu ernennen oder zu entlassen. Zudem kontrollierte sie die Produktionsverwaltung der Unternehmen (Produktionsplanung, Verwaltungsaktivitäten) und entschied über die Verteilung der Löhne.
2. Gewinne wurden mit Ausnahme der festgelegten Bonuszahlungen komplett an die Regierung übergeben.
3. Die Regierung überwachte die Besitztümer der staatlichen Unternehmen sowie ihre Einnahmen- und Ausgabenpläne und inspizierte und beaufsichtigte deren Durchführung.
4. Die Regierung bestimmte den grundsätzlichen Aufbau und die Entwicklung der Unternehmen. Abschreibungen und größere Reparaturen wurden von der Regierung verwaltet. Unternehmen hatten keinerlei Berechtigungen zu Investitionstätigkeiten.

Dabei hatte die Regierung 12 verpflichtende Planvorgaben an die nachgeordneten Stellen übermittelt[559], um sicherzustellen, dass die Unternehmen die Wirtschaftspläne der Regierung auch ausführten.

Die Bonuszahlungen in staatlichen Industrieunternehmen gliederten sich in Prämien für die Plandurchführung und Prämien für das Übertreffen des Plansolls. 1952 wurde beschlossen, dass die staatlichen Unternehmen sämtlicher Wirtschaftssektoren 2,5%-5% des Planertrags und 12%-25% der Planüberschüsse als Bonuszahlungen in den Unternehmen entnehmen dürfen[560].

Die Verlustminderung eines vom Staat zugelassenen verlustbringenden Unternehmens wurde ebenso als Profitüberschuss betrachtet. In unterschiedlichen Branchen galten für die Entnahme von Bonuszahlungen auch unterschiedliche Standards. Dabei durfte die Gesamtsumme der Bonuszahlungen jedoch nicht über 15% des jährlichen Grundhalts des Unternehmens liegen. Sämtliche Finanz- oder Außenhandelsunternehmen, sowie Forst-, Landwirtschafts- und Wasserwirtschaftsbetriebe durften überhaupt keine Gelder für Bonuszahlungen entnehmen. 1952 beschloss das zentrale Handelsministerium, dass 80% der Gewinne aus staatlichen Treuhandgesellschaften an das Ministerium übergeben werden müssen. Die restlichen 20% werden der Gesellschaft für den Ausbau ihrer Geschäfte überlassen. Die Handelsunternehmen stellten zu dieser Zeit einen Sonderfall dar.

2. Das Verwaltungssystem einer Integration der zentralen Ministerien und der Lokalregierungen mit den zentralen Ministerien als Hauptakteur

In den staatlichen Industrie- und Bergbauunternehmen (ausgenommen Eisenbahn und Finanzsysteme, welche direkt von den übergeordneten Behörden der Zentralregierung verwaltet wurden) etablierte der Staat eine Methode der „Integration der zentralen Ministerien und der Lokalregierungen, eine Verwaltung auf verschiedenen Ebenen". In der Industrie ließen sich die staatlichen Unternehmen in drei Kategorien gliedern: der Zentralregierung unterstellte Unternehmen, der Zentralregierung unterstellte, aber im Auftrag dieser von den Lokalregierungen verwaltete Unternehmen und den Lokalregierungen unterstellte Unternehmen. Die ersten beiden Unternehmenstypen wurden dabei als „staatliche Unternehmen" bezeichnet, die letzten beiden als „lokale staatliche Unternehmen", um zu zeigen, dass sich diese von den ersten bei Typen unterscheiden. Für gewöhnlich wurden die großen oder besonders wichtigen Unternehmen von den relevanten zentralen Behörden verwaltet, die kleinen Unternehmen wurden den Lokalregierungen für die Verwaltung unterstellt. Im Mai 1951 legte der Regierungsrat auf Basis der Erfahrungen und Probleme, die man im vergangenen Jahr mit der „Vereinheitlichung von Finanzwesen und Wirtschaft" gemacht hatte, den „Beschluss bezüglich der amtlichen Verwaltungsbefug-

559 Einschließlich Gesamtproduktionswert, Produktionsmenge der wichtigen Produkte, Probeanfertigung neuer Produkttypen, Wirtschaftsauflagen für wichtige Technologien, Rate der Kostensenkung, Summe der Kostensenkung, Anzahl der Angestellten, Anzahl der bis zum Jahresende neu eingestellten Arbeiter, Summe der Löhne, Durchschnittslohn, Arbeitsproduktivität und Gewinn

560 Staatliche Wirtschafts- und Handelskommission der Volksrepublik China 中华人民共和国国家经济贸易委员会 *Zhongguo Gongye wu shi Nian"* 中国工业五十年 („Chinesische Industrie in 50 Jahren", Teil 2, Zhongguo Jingji Chubanshe, Ausgabe 2000, S. 89)

nisse der Zentralregierung und den Lokalregierungen in der Finanz- und Wirtschaftsarbeit" vor. Dort wurde gefordert, dass die Lokalregierungen die Verantwortung für die Beaufsichtigung, Unterweisung und Unterstützung der von der Zentralregierung direkt verwalteten Unternehmen innerhalb ihres administrativen Zuständigkeitsbereiches übernehmen. Die gesamte politische Arbeit in den Betrieben würde dabei unter die Führung der Lokalregierungen gestellt. In den Unternehmen, die der Zentralregierung unterstellt, aber von den Lokalregierungen verwaltet wurden, und einigen wichtigen Unternehmen, die Lokalregierungen unterstellt waren, sollten die Lokalregierungen regelmäßig einen Bericht über ihre Arbeit und Tätigkeit an die relevanten zentralen Behörden übermitteln. Zudem wären sie in Tätigkeitsgrundsätzen und technologischen Aspekten der Führung der Zentralregierung untergeordnet. Für die wichtigen Baupläne für Infrastrukturprojekte und Produktionspläne, die von den Lokalregierungen in den Unternehmen durchgeführt wurden, müsste eine Genehmigung der Wirtschafts- und Finanzkommission oder der relevanten zuständigen Behörden eingeholt werden.

In der Industrie bestimmte der Regierungsrat aufgrund der Tatsache, dass es den Lokalregierungen an Enthusiasmus mangelte oder ihre Befugnisse zu klein waren (dadurch, dass der Umfang der lokalen Industrie nicht festgelegt war, brachte die Zentralregierung große Unternehmen unter ihre Kontrolle. Kleine Unternehmen trauten sich daraufhin nicht groß zu werden, aus Angst von der Zentralregierung übernommen zu werden), die Entwicklungsrichtung der lokalen staatlichen Industrie und den Umfang der Durchführung. Davon waren vor allem die Leichtindustrie in Gebieten, die reich an nutzbaren Ressourcen waren, Unternehmen mit geringfügigen Produktionsmitteln und lokale öffentliche Unternehmen betroffen. Außerdem regelte der Regierungsrat noch die Entwicklung der lokalen staatlichen Industrie, wobei die Regierungen selbst die finanziellen Mittel für deren Durchführung akkumulieren sollten. Die Zentralregierung stellte der lokalen Industrie im Rahmen ihrer Möglichkeiten folgende Unterstützung zur Verfügung:

1. Überschüssige Produktionsausrüstung der Zentralregierung konnte gemäß den Infrastrukturplänen der Lokalregierungen für die Nutzung in der lokalen Bauindustrie verwendet werden und entweder als der von den Lokalregierungen an die Zentralregierung jährlich gezahlte Abschreibungsbetrag oder als Investition der Zentralregierung auf lokaler Ebene gewertet werden.
2. Die jeweiligen zentralen zuständigen Industriebehörden dienten der lokalen Industrie als Führung und Stütze im Technologiebereich.
3. Handelsbehörden und Banken stellten im Rahmen ihrer Möglichkeiten Förderung für die lokale Industrie bereit.
4. Die Übertragung der Gewinne der lokalen staatlichen Industrie in die Staatskasse konnte für einen bestimmten Zeitraum ausgesetzt werden, um der lokalen Industrie für den Ausbau weiterer Produktion bereit zu stehen.
5. Etablierung eines Führungssystems in der lokalen Industrie, wobei die Führung und die Unterstützung für die lokale Industrie betont wird.

Im Handel erlaubte die Zentralregierung den Lokalregierungen, in örtliche Einzelhandelsunternehmen zu investieren, wobei die Investitionssumme nicht über 50% des Gesamtkapitals des Unternehmens liegen durfte. Gewinne und Verluste wurden dabei entsprechend der Investitionssumme unter den beiden Parteien aufgeteilt. Was die Verwaltung dieser Firmen anbetraf, so übernahm die Zentralregierung lediglich die Geschäftsgrundsätze, den Geschäftsumfang, Preisstandards und die Erstellung von statistischen Tabellen und Berichten. Gegenstände der konkreten Wirtschaftsführung und Verwaltung wurden in der Regel von der Lokalregierung übernommen. Im Mai 1952 legte das zentrale Handelsministerium fest, dass die staatlichen Treuhandgesellschaften den Lokalregierungen erlauben können zu investieren, und dass die Gewinne aus den Investitionen vollständig in den Besitz und zur Nutzung der Lokalregierung gehen. Dabei legte das zentrale Handelsministerium nur die Geschäftsgrundsätze und den Geschäftsbereich der Treuhandgesellschaft fest, konkrete alltägliche Tätigkeiten im Bereich Wirtschaftsführung und Verwaltung waren der Leitung der städtischen Handelsbüros untergeordnet.

3. Die Zentralisierung der Verwaltungsrechte in den Unternehmen in die Hand der Zentralregierung

Nach der Gründung der Volksrepublik China und nach drei Jahren der volkswirtschaftlichen Erholung trat China ab 1953 in die Phase des großangelegten Wirtschaftsaufbaus ein und begann mit der Realisierung des ersten Fünfjahresplans. Da die Wirtschaft damals rückständig und ihr Fundament schwach war, hatten die Lokalregierungen ein starkes Bedürfnis und einen starken Impuls, die Entwicklung der lokalen Wirtschaft zu beschleunigen. Um die begrenzten finanziellen Mittel zu konzentrieren und diese den Bedürfnissen der „Schlüsselbauprojekte, dem stetigen Voranschreiten" und dem Primat der Entwicklung von Schwerindustrie und Verteidigungsindustrie anzupassen, fing die Zentralregierung ab Ende 1952 an, gemäß den Anforderungen des ersten Fünfjahresplans, schrittweise die Zentralisierung der Staatsmacht zu verstärken.

Im Dezember 1952 gründete die zentrale Volksregierung die staatliche Plankommission, um damit die Stärke der Zentralregierung bei der Ausarbeitung und Umsetzung von Planmanagement zu festigen und die Autorität der zentralen Planmanagementinstitutionen zu stärken. 1953 annullierte die Zentralregierung die Wirtschaftsverwaltungsfunktion der Regierungen der großen Verwaltungsgebiete (militärische und politische Kommissionen), wobei vor allem deren Funktionäre in eine zentrale Behörde versetzt wurden und ihre ursprünglichen Wirtschaftsverwaltungsrechte zum Großteil wieder an die Zentralregierung zurückgingen. 1954 wurden die großen Verwaltungsgebiete schließlich ganz abgeschafft. Somit entwickelte sich die Beziehung der Zentralregierung zu den Lokalregierungen von einer Beziehung zwischen der Zentralregierung und den großen Verwaltungsgebieten hin zu einer Beziehung zwischen der Zentralregierung und den einzelnen Provinzen, wobei das Kontrollvermögen der Zentralregierung über die Volkswirtschaft gefestigt wurde. Zur gleichen Zeit wurde der Regierungsrat um neun weitere Arbeitsministerien erweitert, davon waren sechs Ministerien im Bereich Wirtschaftsverwaltung angesiedelt. Diese waren das erste Ministerium für Maschinenbau, das zweite Ministerium für Maschinenbau, das Ministerium für geologische Beschaffenheit, das Ministerium für Bauprojekte, das Ministerium für Getreide. Das zentrale Handelsministerium wurde aufgeteilt in ein Handelsministerium und ein Außenhandelsministerium.

1954 wurde gemäß dem Beschluss des ersten nationalen Volkskongresses der Staatsrat gegründet. Der Staatsrat kam mit den 42 Arbeitsministerien des Regierungsrates inbegriffen auf 64 Arbeitsministerien. Davon waren 12 der neuen Ministerien im Bereich der Wirtschaftsverwaltung angesiedelt. Diese waren: Das dritte Büro des Staatsrates (Schwerindustrie), das vierte Büro (Leichtindustrie), das fünfte Büro (Finanzen und Handel), das sechste Büro (Verkehr), das siebte Büro (Land-, Forst- und Wasserwirtschaft), das achte Büro (Transformation des Privatsektors), die staatliche Plankommission, die staatliche Baukommission, das Ministerium für lokale Industrie, das Statistikamt, das zentrale Handwerksverwaltungsbüro und das zentrale Verwaltungsbüro für Industrie und Handel. Bis Ende 1956 hatte der Staatsrat nacheinander in den zwei Jahren seit seiner Gründung noch 17 weitere Arbeitsministerien ins Leben gerufen, wobei auch der überwältigende Großteil dieser Ministerien zur Wirtschaftsverwaltung gehörte. Dazu gehörten beispielsweise die staatliche Wirtschaftskommission, die staatliche Technologiekommission, das dritte Ministerium für Maschinenbau, das Ministerium für die Herstellung von Elektromaschinen, das Forstindustrieministerium, das Ministerium für den Ankauf von Produkten, das Ministerium für die Erschließung von Neuland, das Fischereiministerium, die Direktion für die Versorgung von Gütern und Materialien oder die Direktion für Städtebau. Das Ministerium für Schwerindustrie wurde aufgeteilt in ein Ministerium für Hüttenwesen, ein Ministerium für chemische Industrie und ein Ministerium für die Baumaterialindustrie. Das Ministerium für Brennstoffindustrie wurde aufgeteilt in ein Ministerium für Kohleindustrie, ein Ministerium für Erdölindustrie und ein Ministerium für Energiewirtschaft. Zur gleichen Zeit gründeten die Regierungen auf Provinzebene nach dem Vorbild der Arbeitsministerien des Staatsrates ebenfalls entsprechende Institutionen. Die Lokalregierungen unter der Provinzebene gestalteten ihre Verwaltung ebenfalls nach diesem Vorbild. Bis dato bildete sich also, was die Wirtschaftsverwaltungsorgane anbetraf, bereits eine hochgradige Zentralisierung der Staatsmacht heraus, wobei der Abteilungsverwaltung Priorität eingeräumt („Verwaltung durch Regeln und Beschränkungen") und ein administratives System der Verwaltungsorgane nach Branchen und Produkten etabliert wurde.

Auf Seiten des Banken- und Finanzwesens wurden im ersten Fünfjahresplan basierend auf dem hochgradig zentralisierten Finanzverwaltungssystem aus der Anfangsphase der Volksrepublik China einige Anpassungen vorgenommen, um Schlüsselbauprojekte zu sichern und den Enthusiasmus auf lokaler Ebene zur Geltung zu bringen. Mit der Abschaffung der Organe auf Ebene der großen Verwaltungsgebiete sank der Grad der Zentralisierung, und im Zuge dessen rückte die Vereinheitlichung der Zentralisierung in den Fokus. Gleichzeitig wurden in vielen Regionen Maßnahmen zur Mobilität und Dezentralisierung angewendet. Konkrete Vorgehensweisen lauteten wie folgt:

1. Implementierung einer Verwaltung auf drei Ebenen. Die staatliche Finanzverwaltung wurde in eine zentrale Verwaltung, eine Verwaltung auf Provinzebene (bzw. auf Ebene der regierungsunmittelbaren Städte) und eine Verwaltung auf Kreisebene gegliedert.
2. Die Ausgaben der Finanzverwaltung wurden auf Basis der hierarchischen, administrativen Beziehungen zwischen Unternehmen, Institution und Verwaltungseinheiten und deren Tätigkeitsbereich in zentrale oder lokale Finanzverwaltungsausgaben gegliedert.
3. Bei den Einnahmen der Finanzverwaltung wurden Methoden zur Aufteilung durch eine Klassifizierung in „zentral" oder „lokal" realisiert.
4. Das Budget der Lokalregierung wurde jedes Jahr von der Zentralregierung überprüft und ratifiziert. Gemäß dem Verhältnis von Ausgaben und Einnahmen und den Ausgaben der Lokalregierungen sollte zunächst das feste Einkommen der Lokalregierungen und das feste Verhältnis verwendet werden, um fehlende Einnahmen zu kompensieren. Reichten diese nicht aus um die Fehlbeträge zu decken, wurden von der Zentralregierung Einnahmen als Ausgleich bereitgestellt, wobei das Einteilungsverhältnis der Ausgleichseinnahmen für jeweils ein Jahr festgelegt wurde.

Nach der Implementierung des oben beschriebenen Systems lag der Anteil der von der Zentralregierung kontrollierten finanziellen Mittel während des ersten Fünfjahresplans bei durchschnittlich 75%, der Anteil der von den Lokalregierungen kontrollierten finanziellen Mittel bei 25%. Zwar hatten die Lokalregierungen eine feste Einnahmequelle und flexible finanzielle Mittel. Dadurch, dass ihr Budget jedoch von der Zentralregierung festgelegt wurde, wiesen die lokalen Finanzverwaltungen nach der Implementierung allesamt einen verhältnismäßigen Überschuss auf. Zwischen 1953 und 1957 stiegen die Einnahmen der staatlichen Finanzverwaltung um durchschnittlich 12,3% pro Jahr.

Im Handelswesen führte die Regierung ab 1953 staatliche Einheitsan- und -verkäufe von wichtigen landwirtschaftlichen Produkten und Erzeugnissen des bäuerlichen Nebengewerbes, wie z.B. Lebensmittel, Baumwolle und Öl durch, um Schlüsselbauprojekte und das Gleichgewicht zwischen Angebot und Nachfrage (Marktstabilität) unter der Geldmittelknappheit zu sichern. Zudem unterteilte sie die Produktionsmittel von Industrieprodukten in drei Kategorien ein: Güter und Materialien, die vom Staat einheitlich bereitgestellt wurden; Güter und Materialien, die von den jeweiligen Arbeitsministerien des Staatsrates bereitgestellt wurden; Güter und Materialien, die von den Lokalverwaltungen bereitgestellt wurden (auch als drei Arten von Gütern und Materialien bezeichnet). Von den ersten beiden Arten (also die von der Zentralregierung verteilten Güter und Materialien) zählte man 1953 227 verschiedene Typen (112 vom Staat einheitlich bereitgestellte, 115 von den jeweiligen Arbeitsministerien des Staatsrates bereitgestellte). Bis 1957 war diese Zahl bereits auf 532 verschiedene Typen angewachsen (231 vom Staat einheitlich bereitgestellte, 301 von den jeweiligen Arbeitsministerien des Staatsrates bereitgestellte). Ein Beispiel aus der Stahlproduktion: Die durch den Markt bereitgestellten Stahlprodukte nahmen 1953 einen Anteil von 25,9% an der nationalen Gesamtmenge ein, 1956 war dieser Anteil bereits auf 8,2% gesunken. [561]

In der Eingliederung der Zugehörigkeit staatlicher Unternehmen zeigte sich in dieser Periode ein deutlicher Zentralisierungstrend. Während der Erholungsphase der Volkswirtschaft war die Zahl der staatlichen Unternehmen nicht sehr hoch, und diese waren darüber hinaus hauptsächlich in den wichtigsten Ministerien, die entscheidend für die Volkswirtschaft und die Lebenshaltung der Nation waren, konzentriert. Daher brachte die Zentralregierung große und mittelgroße Unternehmen und die Betriebsführungsrechte in einigen wichtigen Branchen unter ihre Kontrolle, um ihr Regulierungs- und Kontrollvermögen über die Volkswirtschaft zu sichern. Laut einer Analyse gab es 1952 insgesamt 9.517 staatliche Industriebetriebe. Davon gingen in diesem Jahr 2.254 in den Besitz der Zentralregierung zurück, was einen Anteil an der Gesamtsumme der Betriebe von 23,59% ausmachte. Dabei lag jedoch der Produktionswert dieser Unternehmen bei 71,61% am gesamten Produktionswert sämtlicher staatlicher Industriebetriebe, die Anzahl der Angestellten lag bei 67,31% an der Gesamtzahl der Angestellten in sämtlichen staatlichen Industriebetrieben. Im Innen- und Außenhandel nahmen laut einer Statistik vom Mai 1951 die einzelnen dem Handelsministerium unterstellten fachlichen Innen- und Außenhandelsmuttergesellschaften und die ihnen unterstellten Zweigstellen und Belegschaften jeweils einen Anteil an der Gesamtmenge der landesweiten staatlichen Innen- und Außenhandelsunternehmen und ihren Zweigstellen bzw. an der Gesamtmenge der Belegschaft von 56,84% bzw. von 66,49% ein.[562] Bis 1957 erreichten die den einzelnen Ministerien der Zentralregierung unterstellten Betriebs- und Institutionseinheiten eine Summe von über 9.300.

Abschnitt 3: Die erste Anpassung der Beziehung zwischen der Regierung und den staatlichen Unternehmen

Nachdem 1956 die sozialistische Transformation im Wesentlichen abgeschlossen war, kam mit der rapiden Expansion staatlicher Unternehmen (einschließlich der großen Anzahl an neugegründeten öffentlich-privaten Gemeinschaftsunternehmen) die Frage auf, wie die Regierung einerseits eine so große Quantität an Unternehmen effektiv verwalten und andererseits die Flexibilität und den Enthusiasmus der Betriebsführung erhalten konnte. Dieses Problem galt es dringlichst zu lösen.

1. Das 1957 entworfene Reformkonzept

Mit der übermäßigen Zentralisierung wurden der Flexibilität und der Eigeninitiative der Lokalregierungen beim Wirtschaftsaufbau Schranken gesetzt. Auf dieses Problem wurde das Zentralkomitee der KPCh schon Anfang 1956 aufmerksam.

---

561 *Dangdai Zhongguo de Jingji Tizhi Gaige* 当代中国的经济体制改革 ("Wirtschaftssystem des zeitgenößischen China", Zhongguo Shehui Kexue Chubanshe, Ausgabe 1984, S.503)

562 *1949-1952 Zhongua Renmin Gongheguo Jingji Dangan Ziliao Xuanbian – Gongshang Tizhi Juan* 1949 – 1952 中华人民共和国经济档案资料选编·工商体制卷 („Ausgewähltes Material aus dem Wirtschaftsakten der Volksrepublik China 1949-1952 – Industrie- und Handelssystem", Zhongguo Shehui Kexue Chubanshe, Ausgabe 1992, S.280-285)

Im April 1956 erläuterte Genosse Mao Zedong nach gründlichen Untersuchungen und Erkundigungen in „Die zehn großen Beziehungen“ speziell die Beziehung zwischen der Zentralregierung und den Lokalregierungen. Er verdeutlichte: „Das, worauf wir uns gegenwärtig fokussieren müssen, ist, die Rechte der Lokalregierungen unter der Prämisse einer gefestigten, zentralen, einheitlichen Führung ein wenig zu erweitern. Dabei sollten wir ihnen noch mehr Unabhängigkeit einräumen, und die Lokalregierungen noch mehr Angelegenheiten selbst regeln lassen.“ „Wir können nicht so wie in der Sowjetunion komplett alles zentralisieren, und die Lokalregierungen bis auf den Tod blockieren, sodass bei diesen am Ende nicht das geringste bisschen an Anpassungsrechten übrigbleibt.“ „Sowohl die Zentralregierung, als auch die Lokalregierungen müssen an der Entwicklung der Industrie beteiligt sein. Die Industrie, welche direkt der Zentralregierung unterstellt ist, muss sich ebenfalls auf die Hilfe der Lokalregierungen stützen. Landwirtschaft und Handel sind in noch höherem Maße von den Lokalregierungen abhängig. Kurzum muss man bei der Entwicklung des sozialistischen Aufbaus den Enthusiasmus der Lokalregierungen entfalten. Will man die Zentralregierung festigen, muss man ebenfalls die Interessen der Lokalregierungen ins Auge fassen.“ Zur Frage, wie man den Missstand der übermäßigen Zentralisierung ausbessern könnte, stellte Mao Zedong folgendes Konzept vor: „Man könnte die Ministerien der Zentralregierungen in zwei Kategorien unterteilen. In der ersten Kategorie reicht die Führung der Ministerien direkt bis in die Verwaltung der Unternehmen. Deren auf lokaler Ebene gegründeten Verwaltungsorgane und Unternehmen werden von den Lokalregierungen beaufsichtigt. In der zweiten Kategorie besteht die Aufgabe der Ministerien darin, die Leitprinzipien vorzubringen und Arbeitsplanungen festzulegen. Konkrete Angelegenheiten werden jedoch von den Lokalregierungen geregelt und gehandhabt.“[563]

Im September 1956 hielt Genosse Zhou Enlai auf dem achten Parteitag der KPCh eine wichtige Rede über Grenzen der Beziehungen zwischen Zentralregierung und den Lokalregierungen. Dabei brachte er die folgenden sieben Prinzipien an:

1. Klare Festlegung eines bestimmten Umfangs an Verwaltungsrechten der einzelnen Provinzen, autonomen Regionen und regierungsunmittelbaren Städten im Bereich Planung, Finanzverwaltung, Unternehmen, Institutionen, Güter und Materialien und Personal.
2. Sämtliche Unternehmen und Institutionen, welche in Beziehung mit der gesamten Volkswirtschaft stehen und einen umfassenden, kritischen und konzentrierten Charakter haben, werden von der Zentralregierung verwaltet. Alle weiteren Unternehmen und Institutionen werden weitestgehend an die Lokalregierungen zur Verwaltung übertragen. Bei der Übertragung der Unternehmen und Institutionen werden ihre betroffenen Planungen, Finanzverwaltungen und Personalverwaltungen für gewöhnlich ebenfalls übertragen.

[563] *Mao Zedong xuanji* 毛泽东选集 („Ausgewählte Werke von Mao Zedong“, Band 5, Renmin Chubanshe, Ausgabe 1977, S. 98-100)

3. Die Verwaltungen der Unternehmen und Institutionen sollten gewissenhaft die Verwaltungsmethode der doppelten Führung verbessern und umsetzen, in der entweder die Zentralregierung den Ton angibt, und die Lokalregierung als Unterstützung fungiert, oder die Lokalregierung den Ton angibt, und die Zentralregierung als Stütze fungiert, um somit in praktischer Weise die Führung der Unternehmen und Institutionen zu stärken.
4. Die wesentlichen Planziffern und Quoten in der Finanzverwaltung der Zentralverwaltung werden vom Staatsrat einheitlich an die nachgeordneten Stellen übermittelt, anstatt, dass viele der wesentlichen Planziffern wie in der Vergangenheit von den jeweiligen Ministerien einzeln zugewiesen werden.
5. Bei gewissen wesentlichen Planziffern, Zulassungsquoten in Stellenplänen etc. sollte man den Lokalregierungen ein bestimmtes Maß an Anpassung und Eigeninitiativrechte überlassen.
6. Für die einzelnen Selbstverwaltungsrechte in den autonomen Verwaltungseinheiten ethnischer Minderheiten sollten konkrete Ausführungsbestimmungen vorgebracht werden, wobei besonders die Hilfe bei der politischen, wirtschaftlichen und kulturellen Entwicklung der Regionen ethnischer Minderheiten ins Auge gefasst werden sollte.
7. Verbesserungen am System sollten schrittweise realisiert werden. Für bestimmte wichtige Veränderungen sollten in diesem Jahr erste Vorkehrungen getroffen und im nächsten Jahr ein Pilotprojekt gestartet werden. Bis zur Periode des zweiten Fünfjahresplans sollten diese Veränderungen dann vollständig und sicher durchführbar sein.[564]

Die oben genannten von Zhou Enlai vorangebrachten Prinzipien verkörperten eine Zentralisierung der Hauptbefugnisse und eine Dezentralisierung der Kleinstbefugnisse. Notwendig war es dabei, die Führung zu vereinheitlichen, sowie dem Geist zu folgen, sich nach den lokalen Gegebenheiten zu richten. Um die „Verteilung von Verantwortlichkeiten" zu reformieren, wurden die wichtigsten Planziffern und Quoten in der Finanzverwaltung der Zentralregierungsverwaltung vom Staatsrat einheitlich an die nachgeordneten Stellen übermittelt. Die Reformmaßnahmen wurden durch das Leitprinzip des Durchführens von Pilotprojekten und einem schrittweisen Voranschreiten realisiert.

Um das Wirtschaftssystem zu reformieren, berief der Staatsrat von Mai bis August 1956 eine nationale Systemkonferenz ein. Nach der Konferenz, nach mehr als einem Jahr der Vorbereitungen, nach Debatten mit und nach Einwilligung von Zentralkomitee, Staatsrat und dem ständigen Ausschuss des nationalen Volkskongresses legte der Staatsrat bis Ende 1957 drei Dokumente vor: „Bestimmungen zu Verbesserungen des Verwaltungssystems in der Industrie (Entwurf)", „Bestimmungen zu Verbesserungen des Verwaltungssystems im Handelswesen (Entwurf)" und die „Bestimmungen zu Verbesserungen des Verwaltungssystems in der Finanzverwaltung

564 *Zhou Enlai Jingji Wenxuan* 周恩来经济文选 („Ausgewählte Schriften von Zhou Enlai zur Wirtschaft", Zhongyang Wenxian Chubanshe, Ausgabe 1993, S.314)

(Entwurf)". Zudem wurde beschlossen, dass diese von 1957 an umgesetzt werden. Der Grundgedanke der drei oben genannten Dokumente handelte von Anpassungen in den Beziehungen zwischen Zentralregierung und den Lokalregierungen, sowie zwischen Staat und Unternehmen. Zudem sollten die Verwaltungsrechte eines Teils der Industrie, dem Handel und dem Finanzwesen an die lokalen Ebenen und Unternehmen und deren Unternehmen übertragen werden, um deren Eigeninitiative und Motivation vollends zur Geltung zu bringen und den Einheitsplan der Zentralregierung den lokalen Gegebenheiten entsprechend auszuführen. Die Beziehung zwischen Zentralregierung und Lokalregierung äußerte sich in den Dokumenten hauptsächlichen wie in den folgenden Punkten:

a. Anpassung der aktuellen Zugehörigkeit der Unternehmen. Ein Teil der von den verschiedenen Ministerien der Zentralregierung direkt verwalteten Unternehmen wird an die lokale Ebene übertragen. Dabei legte das Dokument fest: Bis auf die Unternehmen aus sämtlichen Branchen der Schwerindustrie, sämtliche große Bergwerke, große Hüttenbetriebe, große Chemieunternehmen, große Kohlebasen, große Stromnetze und Kraftwerke, Erdölförderungsunternehmen, große Fabriken für Präzisionsmaschinen, Rüstungsindustrieunternehmen und sonstige Industrieunternehmen mit komplizierter Technologie, die nach wie vor von den zentralen Ministerien verwaltet werden, können alle Unternehmen an die lokalen Ebenen übertragen werden. Dies sollte schrittweise und den jeweiligen Gegebenheiten entsprechend erfolgen. Bis auf einige große Unternehmen, bei denen die Lokalregierungen der Meinung sind, Schwierigkeiten mit der Betriebsführung zu haben, können auch Unternehmen aus der Leichtindustrie, der Lebensmittelindustrie und dem Handelsministerium unterstellte Unternehmen von den Lokalregierungen verwaltet werden. Der Teil des Baugewerbes, der im Bauingenieurwesen angesiedelt ist, sollte in vielen Gebieten schrittweise an die lokalen Ebenen zur einheitlichen Verwaltung übertragen werden.
b. Ausweitung der finanziellen Verfügungsberechtigungen der Lokalregierungen. Übersteigen die Einnahmen im Haushalt der Lokalregierung im Implementierungsprozess des nationalen Plans die Kosten, können diese selbstständig über die Nutzung der Mehreinnahmen bestimmen. Der Saldo der Jahresabschlussrechnung wird den Lokalregierungen vollständig für Tätigkeiten im nächsten Jahr überlassen. Um die Lokalregierungen zu ermutigen, aktiv dem nationalen Exportplan zu folgen, überträgt die Zentralregierung einen bestimmten Anteil der Devisen an die Lokalregierungen.
c. Ausweitung der Befugnisse der Lokalregierungen bei der Allokation von Gütern und Material. In Bezug auf Güter und Material,

dass lokalen, zentral verwalteten Unternehmen, lokalen Unternehmen und lokalen Handelsinstitutionen zugeteilt wird, haben die Lokalregierungen, unter der Bedingung, dass jedes Unternehmen dem nationalen Plan folgt, das Recht deren Menge, Sorte und Lebensdauer aufeinander abzugleichen.

d. Ausweitung der Befugnisse der Lokalregierungen bei der Planungsverwaltung. Hinsichtlich Planvorgaben im Handelsbereich vergibt der Staatsrat jährlich nur Ankaufspläne, Verkaufspläne, Zahl der Angestellten und Gewinnquoten. Gleichzeitig wird den Lokalregierungen bei der Durchführung der Pläne, ein Handlungsspielraum in Bezug auf Gesamtsumme des An- und Verkaufsplans von 5% gewährt.

e. Einrichtung einer Stufenverwaltung bei Handelspreisen. Der An- und Verkaufspreis der drei Arten von Erzeugnissen der Landwirtschaft und des bäuerlichen Nebengewerbes, sowie der Verkaufspreis von Produkten der Sekundärindustrie und des Sekundärmarktes, werden von den Lokalregierungen auf Basis der von den zentralen Handelsministerien verordneten Leitlinien zu Preissetzung eigenständig festgelegt.

f. Ausweitung der Befugnisse der Lokalregierungen bei der Personalverwaltung. Sämtliche Unternehmen, deren Verwaltung von den zentralen Ministerien an die Lokalregierungen übermittelt werden, wickeln ihre Angelegenheiten in der Personalverwaltung nach dem Vorbild der lokalen Unternehmen ab. Lokalregierungen können für sämtliche Funktionäre von Unternehmen, die nach wie vor den zentralen Ministerien unterstellt sind geeignete Anpassungen vornehmen, solange sie dem Hauptunternehmen nicht schaden.

Die obigen Dokumente setzten den Befugnissen der Lokalregierungen bei gleichzeitiger Ausweitung auch entsprechende Grenzen. So wurde beispielsweise im Bereich Finanzen festgelegt, „dass Lokalregierungen bei durch ein verbessertes Finanzsystem erhöhten Einnahmen, auch einer klaren Restriktion untergeordnet sind. Grundprinzip ist hierbei, dass den Lokalregierungen eine angemessene Summe an Rückstellungen zur Verfügung gestellt wird. Die Lokalregierungen müssen aber gleichzeitig die Erfordernisse für staatliche Schlüsselbauprojekte garantieren." Die durch ein verbessertes Finanzsystem geschaffenen Mehreinnahmen im Haushalt der Lokalregierungen, sollten über drei Jahre akkumuliert 2 Mrd. Yuan nicht übersteigen. Bei der Verwaltung von Gütern und Material und Handelszirkulation wurde festgelegt, dass Lokalregierungen, von der Regierung zugeteilte Güter und Materialen und von den zentralen Ministerien verwaltete Güter und Materialien, die von Provinzen, Städten und autonomen Gebieten verwalteten Unternehmen produziert worden waren, entsprechend eines bestimmten Prozentsatzes, Anteile des Überschusses einbehalten dürfen, wenn die Produktionsmenge die im nationalen Plan festgelegte Produktion übersteigt. Über die Nutzung des Überschusses konnten die Lokalregierungen frei verfügen, durften aber keine Änderungen im ursprünglich festgesetzten Plan für Produkttypen vornehmen. Um einen unkontrollierten Anstieg der Produktion zu verhindern, mussten die Lokalregierungen, die Zustimmung der zentralen zuständigen Behörden einholen, wenn sie Produktionsüberschüsse von zentral verwalteten Maschinenbauunternehmen anforderten, und die überschüssigen Produkttypen unter Güter und Material fielen, welche entweder von der Regierung zugeteilt oder von zentralen Unternehmen verwaltet wurden. In der Personalverwaltung sollten Lokalregierungen zunächst die Genehmigung des Staatsrates einholen, wenn sie Funktionäre versetzen wollten, die unter der Autorität des Staatsrates standen. Bei Funktionären, die unter der Autorität von zentralen zuständigen Behörden standen, mussten Lokalregierungen sich zunächst mit diesen absprechen.

Das obige Konzept mag auf den ersten Blick zwar gut aussehen. Da jedoch die diesmalige Reform des Wirtschaftssystem nicht die Einrichtung eines Planungsverwaltungssystem beinhaltete, das ein einheitliches Gemeineigentum und die Trennung von Regierung und Unternehmen berücksichtigte, konnte die Dezentralisierung der Macht der Zentralverwaltung in keinerlei Weise das erwartete Ziel erreichen.

2. Die Dezentralisierung der Macht der Zentralregierung im Jahr 1958

Im Jahr 1958 wurde im Rahmen der außergewöhnlichen Umstände des Großen Sprungs nach Vorn der oben dargestellte Plan hastig und unbesonnen in die Tat umgesetzt. Die Zentralregierung gab innerhalb sehr kurzer Zeit die folgenden wirtschaftlichen Verwaltungsrechte an die Lokalregierungen ab:

1. Ein Großteil der Unternehmen, welche der Zentralregierung unterstellt waren, wurden an die Lokalregierungen übergeben. Dadurch wurde die Zahl der öffentlichen Institutionen für Unternehmen, die den verschiedenen Abteilungen der Zentralregierung zugeordnet waren, von mehr als 9.300 im Jahre 1957 um mehr als 88 Prozent auf gerade mal 1.200 reduziert. Der Anteil der Produktionsleistung der Unternehmen, die direkt der Zentralregierung unterstellt war, an der gesamten industriellen Produktionsleistung fiel ebenfalls von 39,7% im Jahr 1957 auf 13,8%.
2. Bei der Dezentralisierung von Verwaltungs- und Planungsbefugnissen wurde ein Planungsverwaltungssystem implementiert, dass "ein flächendeckendes Gleichgewicht als Basis hatte, sowie spezialisierte Ministerien und Lokalregierungen miteinander verband." Damit die Lokalregierungen zu eigenständigen Systemen werden konnten, wurden ihre Administrations- und Verwaltungsbefugnisse weitreichend ausgedehnt.
3. Bei der Dezentralisierung von Prüf- und Genehmigungsrechten für grundlegende Infrastrukturprojekte mussten die Lokalregierungen für Infrastrukturprojekte, welche eine bestimmte Grenzsumme überschritten, nur noch einfache Planungs- und Aufgabenunterlagen zur Prüfung an die Zentralregierung weiterleiten. Alle weiteren Planungs- und Budgetunterlagen

wurden von der Lokalregierung eigenständig geprüft und genehmigt. Einige Projekte oberhalb der Grenzsumme, für die keine Kooperationsbeziehung mit zentral verwalteten Unternehmen notwendig war und die keine Produkte, die auf nationaler Ebene verteilt werden mussten, beinhalteten, konnten ebenfalls von den Lokalregierungen verwaltet werden und mussten nur für die Akten an die Zentralregierung übermittelt werden. Über Projekte unterhalb der Grenzsumme konnten die Lokalregierungen vollkommen frei entscheiden. Im Juli 1958 wurde von der Zentralregierung erneut das System der umfassenden Verantwortlichkeiten für die Investition in und Umsetzung von lokalen Infrastrukturprojekten vorgeschlagen. Demnach sollten die Lokalregierungen im Rahmen ihrer Zuständigkeiten selbstständig über Infrastrukturinvestitionen entscheiden und eigenständig Wachstum erzeugen.

4. Im Bereich der Dezentralisierung von Besitz- und Steuererhebungsrechten wurde der im ersten Fünfjahresplan auf durchschnittlich 75% festgelegte Anteil der für die Zentralregierung vorgesehenen Finanzmittel auf ungefähr 50% gesenkt. Die außerbudgetären Mittel von Lokalregierungen und Unternehmen stiegen von 8,5% der budgetären Mittel im Jahr 1957 auf 20,6% im Jahr 1960.
5. In der Dezentralisierung von Arbeitsverwaltungsrechten beschloss die Zentralregierung, dass die Einstellungspläne sämtlicher Lokalregierungen nach der Ratifizierung durch die Provinz (bzw. Stadt) umgehend in Kraft treten sollten und keine Zustimmung durch die Zentralregierung mehr nötig sei.
6. Verwaltungsrechte im Handels- und Bankenbereich wurden ebenfalls dezentralisiert. Im Handelsbereich wurden professionelle Gesellschaften mit nationalem Charakter aufgelöst, und auf Basis der lokalen Gebietseinteilungen professionelle Handelsbüros (bzw. Stellen) gegründet. Hierdurch sollte die Einheit von Regierung und Unternehmen vorangetrieben und gleichzeitig das Handelsnetzwerk unterschiedlicher Wirtschaftszweige zusammengelegt werden. Der Finanzbereich wurde hin zu einer „dezentralen Einlagen- und Kreditverwaltung, Übernahme an Planungsverantwortung, Bilanzverwaltung und einer einheitlichen Abfertigung" transformiert. Aufgrund der Dezentralisierung der Kreditrechte wurde bis 1960 Bankkredite in Höhe von 95,44 Milliarden Yuan ausgegeben, ein Anstieg um das 2,35-fache gegenüber 1957.
7. Bei der Dezentralisierung von Bildungsverwaltungsrechten wurden die 60 Hochschulen sowie 143 Berufsschulen, welche ursprünglich dem Bildungsministerium unterstellt waren, unter die Kontrolle der Lokalregierungen gestellt. Gleichzeitig wurde den Provinzen, Städten und Sonderverwaltungszonen das Genehmigungsrecht zur Gründung neuer Hochschulen gewährt und gefordert, dass allerorts in großem Maße Bildungsinitiativen unternommen würden.

Diese Neuverteilung der Machtverhältnisse zwischen Zentral- und Lokalregierung wurde unter der Prämisse der Unantastbarkeit des Systems des alleinigen öffentlichen Besitzes und der administrativen Planwirtschaft durchgeführt. Hinter dieser Prämisse steckte die Motivation für die Erreichung zweier Ziele: Durch die umfassende Kenntnis der Lokalregierungen über die jeweiligen lokalen, ökonomischen Gegebenheiten hoffte man, rationale strategische Entscheidungen könnten nun besser getroffen und die Schwächen der Entscheidungen der Zentralregierungen verringert werden. Das Ergebnis jedoch war das genaue Gegenteil. Die Lokalregierungen übernahmen keine Verantwortung für das komplexe Gleichgewicht auf nationaler Ebene und die Führungskräfte der Lokalregierungen waren stets bestrebt, ein umfassendes industrielles System und rasantes Wirtschaftswachstum zu schaffen, um das eigene Ansehen zu verbessern.[565] Die exzessive und vorschnelle Dezentralisierung von Befugnissen und Rechten - verbunden mit fehlenden notwendigen Restriktionen und der durch die "Kampagne gegen Rechtsabweichler" und „Kampagne gegen hastigen Fortschritt" hervorgerufenen, angespannten Situation - veranlasste die Lokalregierungen dazu, blind das Wachstum ihrer lokalen Wirtschaft zu verfolgen und hierdurch das komplexe Gleichgewicht der nationalen Wirtschaft zu zerstören. Die Produktqualität wurde dadurch stark in Mitleidenschaft gezogen und die gesamte Wirtschaft in ein beispielloses Chaos gestürzt.

Außerdem bedeutete eine Dezentralisierung der Macht weg von der Zentralregierung und hin zu den Lokalregierungen gleichermaßen, dass die Macht von spezialisierten Organisationen und Experten (im Ausland als "Technokraten" bezeichnet) an nicht-spezialisierte Organisationen und nicht-spezialisierte Beamte weitergegeben wurde. Die seit 1953 stattfindende Konzentration der wirtschaftlichen und administrativen Macht in der Zentralregierung zog auf natürlichem Wege auch eine Konzentration von exzellenten und spezialisierten Talenten in der Zentralregierung mit sich und führte zur Bildung der zuvor beschriebenen gigantischen spezialisierten Verwaltungsstruktur. Die Interventionen der lokalen Regierungen (insbesondere der Parteikomitees auf sämtlichen Stufen) in das wirtschaftliche Geschehen waren daher eher gering. Nach der Dezentralisierung der wirtschaftlichen Entscheidungsrechte im Jahr 1958 durch die Zentralregierung, fiel dieser Teil der Macht jedoch in die Hände eben dieser Lokalregierungen. Sie verstanden die Wirtschaft nicht oder wussten nur sehr wenig darüber. Dies und die hohen Ansprüche und Quoten, die an die Lokalregierungen gestellt wurden, waren ein wichtiger Grund für das blinde Führungsverhalten, welches zu dieser Zeit allgegenwärtig war. Man kann sogar sagen, dass die Dezentralisierung der Macht ein essentieller Faktor für die schwerwiegenden Konsequenzen war, die der "Großen Sprung nach Vorn" auslöste.

565 Eine Analyse über den Investitionshunger der klassischen sozialistischen Länder findet man in Kornais *Shehui Zhuyi Tizhi* 社会主义体制 („Sozialistische Systeme", Zhongyang Bianyi Chubanshe, Ausgabe 2007, S.153-156)

Abschnitt 4: Die Neuausrichtung der Beziehung von Regierung und Staatsunternehmen

Das durch den "Großen Sprung nach Vorn" ausgelöste Chaos und das Versagen der Volkswirtschaft zwang China ab 1961 in eine Phase der wirtschaftlichen Neuregulierungen und, damit zusammenhängend, ebenfalls in eine Phase der Neuregulierung der Beziehung zwischen Regierung und Staatsunternehmen. Die von 1961 bis 1965 etablierte Zentralisierung der Administrations- und Verwaltungsrechte schwang im Jahr 1966, nach dem Ausbruch der Kulturrevolution erneut in eine Phase der Dezentralisierung um. Die Beziehungen zwischen Unternehmen und Staat sahen sich einer fluktuativen Phase, in der strenge Regulierungen zu Stillstand und übermäßige Dezentralisierung zu Chaos führten (auf Chinesisch "一管就死、一放就乱").

1. Die erneute Konzentration von Kontroll- und Verwaltungsbefugnissen über Industrie, Finanzwesen, Handel und Wirtschaft

Um Maßnahmen zur Revision, Konsolidierung, Ergänzung und Verbesserung durchzusetzen und die Volkswirtschaft, im speziellen die Industrie, wiederzubeleben und weiterzuentwickeln, war es aus objektiver Sicht notwendig das industrielle Verwaltungssystem zu verändern. Der Grundgedanke hinter dieser Veränderung war die gezielte Koordination aller nationalen Aktivitäten und die Umsetzung eines hohen Grades an Konzentration und Einheit, um die übermäßige Verteilung und Unordnung in den Produktionsprozessen der Industrie zu beseitigen. Im Januar 1961 erließ das Zentralbüro der Kommunistischen Partei Chinas offiziell eine "Übergangsregelung bezüglich des Ausmaßes der Revision des administrativen Systems", welche Konzentration und Vereinheitlichung in den Vordergrund stellte, um die wirtschaftlichen Schwierigkeiten zu überwinden. Die Regelung, dass die Autorität über die Wirtschaftsführung sich auf die drei Ebenen der Zentralregierung, des Zentralbüros und der Parteikomitees von Provinzen (bzw. Städten und autonomen Regionen) konzentrieren sollte, und in den kommenden zwei Jahren noch weiter auf die Zentralregierung und das Zentralbüro übergeben werden sollte. Die seit 1958 unangemessenerweise von den Provinzen, Städten, autonomen Regionen und den verschiedenen Ministerien der Zentralregierung an Kreise, Kommunen und Unternehmen abgetretene personelle, finanzielle, kaufmännische und industrielle Kontrolle wurde ausnahmslos widerrufen. Die Kontrolle über die Verwaltung, die Produktionsentscheidungen, die Materialverteilung und Kaderplanung von den Ministerien der Zentralregierung direkt unterstellten Unternehmen wurde ebenfalls wieder an die zuständigen Ministerien der Zentralregierung übergeben. Die Unternehmen der Verteidigungsindustrie wurden ohne Ausnahme der Führung des Arbeitskomitees für Landesverteidigung unterstellt; ehemals dezentralisierte Unternehmen der Verteidigungsindustrie wurden rezentralisiert. Sämtliche Eisenbahnstrecken des Landes wurden wieder zentral durch das Eisenbahnministerium verwaltet. Der Schienenverkehr wurde ebenfalls zentral vom Eisenbahnministerium geregelt. Sämtliche Schlüsselgüter, für die auf nationaler Ebene ein Gleichgewicht organisiert werden musste, wurden gleichermaßen von der Zentralregierung verwaltet und verteilt. Der Staat ordnete die Materialien branchenübergreifend jedem "Mund" zu, und die das jeweils zuständige zentrale Ministerium war für deren Zuweisung verantwortlich. Das Zentralbüro und die Provinzen (bzw. Städte und autonome Regionen) mussten bei der Anpassung der Güterverteilung für Unternehmen, die direkt der Zentralregierung unterstellt waren, die Zustimmung des zuständigen Ministeriums einholen, damit nationale Planvorgaben eingehalten werden konnten. Die Finanzverwaltung wurde zentralisiert werden und der Regierung war es auf keiner Ebene gestattet rote Zahlen zu schreiben. Das Recht zur Ausgabe neuer Banknoten wurde zurück unter die Kontrolle der Zentralregierung gestellt. Gegen den auf nationaler Ebene festgelegten Arbeitsplan durfte von keiner Abteilung und keiner Regionalregierung verstoßen werden. Sämtliche Arbeitsmaßnahmen in den Bereichen Produktion, Konstruktion, Einkauf, Finanzen, Kultur, Bildung und Berufstätigkeit mussten unten der Prämisse der Erhaltung des nationalen Gleichgewichts durchgeführt werden. Diesem Leitgedanken folgend, übernahm die Zentralregierung die konzentrierte und vereinheitlichte Führung über die industriellen Verwaltungsrechte. Dies drückte sich vor allem in folgenden Bereich aus:

Erstens wurden unangemessenerweise dezentralisierte Unternehmen wieder zentralisiert. Während des großen Sprungs nach Vorn wurden einige große, national ausgerichtete Unternehmen mit eigener Produktion, eigener Verteilung und eigenem Vertrieb unter die Verwaltung von Lokalregierungen gestellt. Da aber die Lokalregierungen nur sehr schwer die Bedingungen für eine geordnete Produktion in diesen Unternehmen sicherstellen konnten und die vorher entstandenen Kooperationsbeziehungen zwischen den Unternehmen zerschlagen wurden, kam es zur Veruntreuung von großen Summen an Gütern und Finanzmitteln. Die Unternehmen konnten somit die nationalen Planziele nicht einhalten und die Einkommen der Zentralregierung nahmen in der Folge nicht unerheblich ab.

Um die oben beschriebenen Probleme zu adressieren, passten einige Industrieministerien die Zugehörigkeit ihrer Unternehmensarbeitsgruppen an: Das dritte Ministerium für Maschinenbau holte 26 Unternehmen der Verteidigungsindustrie zurück unter seine direkte Kontrolle. Alle Eisenbahnstrecken wurden vom Eisenbahnministerium einheitlich verwaltet und der gesamte Schienenverkehr vom Eisenbahnministerium gesammelt kontrolliert. Das Verkehrsministerium holte ebenfalls einige wichtige Küstenhäfen und Häfen entlang der Hauptroute über den Yangtze zurück unter seine Kontrolle. Das Ministerium für Hüttenwesen stellte das Erzaufbereitungswerk Shenyang, das Eisenlegierungswerk Jinzhou, die Aluminium- und Zinkminen in Guangzhou unter seine direkte Kontrolle. Das Ministerium für Petroleum übernahm die drei Erdölraffinerien von Fushun und das Ministerium für Geologie das Druckwerk in Tianjin, die Shanghai Geological Mining Machinery Factory, die Shanghai Geological Instrument Factory, die Wuxi Diesel Engine Parts Factory und die beiden geologischen Schulen in Nanjing und Kunming. Die Geologieabteilungen (und -büros) in Provinzen, Städten und autonomen Regionen gestalteten ihre Verwaltungsstruktur in eine Doppelführung unter der Leitung des Ministeriums für Geologie um. Auch in den Führungsbeziehungen zwischen dem Stromnetz und der Elektrizitätsbehörde wurden wesentliche Anpassungen unternommen. Nach 1962 wurden weiterhin einige Unternehmen zentralisiert. Im Jahr 1963 waren somit 110 der 120 Schlüsselunternehmen des Maschinenbaus im Land dem Ministerium für Maschinenbau unterstellt. Insgesamt standen 24 große Eisen- und Stahlunternehmen wie die Anshan Iron and Steel Company, die Wuhan Iron and Steel Company, die Baotou Iron and Steel Company, die Benxi Iron and Steel Company, die Shijingshan Iron and Steel Company und die Taiyuan Iron and Steel Company unter der direkten Kontrolle des Ministeriums für Metallurgie. Im Jahr 1966 lag der Anteil dieser Unternehmen an der gesamten Stahlproduktion bei 65,6%. Beim Roheisen lag der Anteil sogar bei 86,8%. Insgesamt wurden von 1961 bis 1965 308 Unternehmen zentralisiert. In der Tabakindustrie waren es 61 Unternehmen, in der Salzindustrie 39. Ihre Produktion belief sich auf mehr als 70% der gesamten nationalen Produktion. Zur gleichen Zeit wurden 24 An- und Verkaufsunternehmen der Provinzen, Städte und Regionen zentralisiert. Ihr Umsatz betrug mehr als 90% des nationalen Gesamtumsatzes. Im Jahre 1963 stellte das Ministerium für Textilindustrie zehn Textilmaschinenfabriken und -niederlassungen, die 1958 dezentralisiert wurden, wieder vollständig unter zentrale Kontrolle und ließ sie direkt vom Büro für die Herstellung von Textilmaschinen verwalten. Seit der Dezentralisierungskampagne von 1958 war die Zahl der zentral gesteuerten Unternehmen auf 1.200 gefallen. Bis 1965 stieg diese Zahl, inklusive der während des "Großen Sprungs nach Vorn" neu gegründeten Unternehmen, auf 10.533 an. Der industrielle Gesamtproduktionswert der direkt unter der Zentralregierung stehenden Unternehmen machte 42,2% des gesamten industriellen Produktionswerts des Landes aus, wovon 55,1% der Produktionsmittel waren.[566]

Zweitens wurde die konzentrierte und einheitliche Planungsverwaltung gestärkt. In dieser Zeit wurden im Bereich der konzentrierten und einheitlichen Planungsverwaltung für Industrie vor allem folgende Arbeitsmaßnahmen realisiert: (1) Die Hervorhebung der Gleichheit auf nationaler Ebene und die Stärkung der umfassend gewichteten Arbeit. In Übereinstimmung mit der Politik der nationalen Gleichheit und der Gleichheit sämtlicher Verwaltungsebenen, wurde die Methode der Ungleichheit der verschiedenen Ebenen aus der Zeit des großen Sprungs nach Vorn angepasst, und das Phänomen der willkürlichen Handhabung, des Ausuferns der Bürokratie und des Außer-Kontrolle-Geraten des nationalen Plans überwunden. (2) Die Neuregulierung der Bottom Up-Prozesse bei der Zusammenstellung der Planung und die Wiedereinführung der "Zwei unten, einer oben"-Prozedur. Das hieß, der Staatsrat gab zunächst Kontrollzahlen in einem Top Down-Prozess nach unten. Danach wurde in einem Bottom Up-Prozess ein Planungsentwurf zusammengestellt. Dieser wurde dann wiederum vom Staatsrat in einem Top Down-Prozess ratifiziert. (3) Erhöhung der Plankennzahlen. Während des Anpassungszeitraums wurden durch den nationalen Plan nicht nur eine Reihe von Planindikatoren aus dem Zeitraum des ersten Fünfjahresplans wiedereingeführt, sondern einige waren sogar noch detaillierter als im ersten Fünfjahresplan. (4) Erweiterung des Geltungsbereiches der nationalen Planung. Zentrale Indikatoren für die direkte Verwaltung machten in diesem Zeitraum

566 Aus der Redaktionsabteilung der Buchreihe Dangdai Zhongguo 当代中国 („China Contemporary"): *Dangdai Zhongguo de Jingji Tiazhi Gaige* 当代中国的经济体制改革 („Die Reform des Wirtschaftssystem im zeitgenössischen China", Zhongguo Shehui Kexue Chubanshe, Ausgabe 1984, S.99, 100, 295, 341, 380, 417,418)

einen wesentlichen Teil sämtlicher wirtschaftlicher Aktivitäten aus. Als die von der staatlichen Planungskommission verwalteten Industrieprodukte wieder von 215 auf etwa 400 erhöht wurden, machte der Produktionswert dieser Produkte etwa 60% des gesamten industriellen Produktionswerts aus. Darüber hinaus gab es etwa 30 Arten von Hauptprodukten der Land- und Forstwirtschaft, Tierhaltung und Fischerei, die von der Zentralregierung verwaltet wurden, und deren Produktionswert etwa 70% des gesamten landwirtschaftlichen Produktionswerts ausmachte. So gab es auch etwa 90 Arten von Hauptindikatoren für den Einzelhandel, die von der Zentralregierung verwaltet wurden und diese machten rund 70% des gesamten Einzelhandels aus. Etwa 50 Typen von Importprodukten wurden zentral verwaltet, was etwa 90% des gesamten Importhandels entsprach. Die zentral verwalteten Exportgüter wurden in ca. 80 Typen eingeteilt, wobei ihre Exporte etwa 85% des gesamten Exporthandels betrugen. Bei den Hauptproduktionsmaterialien wurden etwa 200 und bei den Hauptlebensmaterialien etwa 10 Typen zentral verwaltet.

Drittens wurde die fokussierte und einheitliche Verwaltung für grundlegende Bauvorhaben gestärkt. Nach der "vorläufigen Regelung zur Anpassung des Verwaltungssystems", die das Zentralkomitee der KPCh im Januar 1961 erlassen hatte, erließ dieses nach und nach eine Reihe detaillierter Bestimmungen, um ein zentralisiertes und einheitliches Bauverwaltungssystem zu reetablieren. Am 31. Mai 1962 stimmte das Zentralkomitee der KPCh dem "Bericht bezüglich Stärkung grundlegender Bauprojekte" der Staatsplanungskommission und den vom Staatsrat offiziell erlassenen "Bestimmungen bezüglich Stärkung der Verwaltung für grundlegende Bauprojekte und Vorbereitung und Genehmigung des grundlegenden Baus", "Bestimmungen des Planungsaufgabenbuchs" und "Verschiedenen Bestimmungen bezüglich der Methoden für die Erstellung und Genehmigung von Konstruktionsdokumenten für den Bau" zu. Die Hauptinhalte waren dabei: (1) Die Rückforderung der Genehmigungsrechte für Bauvorhaben und Bauinvestitionen, (2) die Rückforderung von Verwaltungsrechten für Investitionspläne, (3) strenge Verfahren für den Bau von grundlegender Infrastruktur und (4) die Verstärkung der Überwachung von Bauzulagen.

Die Wirksamkeit der oben genannten Maßnahmen lag auf der Hand und das Ausmaß von grundlegenden Bauprojekten wurde effektiv verringert, so dass die Größenordnung des Infrastrukturbaus grundsätzlich mit den finanziellen und materiellen Ressourcen des Landes zu dieser Zeit vereinbar war.

Viertens wurde die zentrale und einheitliche Verwaltung von Finanzen und Krediten gestärkt. Dabei wurden zunächst die Eigentumsrechte zentralisiert und die Finanzverwaltung verbessert. Am 15. Januar 1961 billigte das Zentralkomitee der KPCh den vom Finanzministerium herausgegebenen "Bericht über die Verbesserung des Finanzsystems und die Stärkung der Finanzverwaltung". Die am 20. desselben Monats erlassenen "Vorschriften bezüglich der Anpassung des Verwaltungssystems" betonten die Zentralisierung der Eigentumsrechte und die Verbesserung des Finanzverwaltungssystems. Außerdem wurde das Finanzverwaltungssystem der Unternehmen verbessert, das Verwaltungssystem für Kosten und Finanzmittel von Unternehmen wiederhergestellt und optimiert, sowie der wirtschaftliche Wandel gestärkt.

Auch im Steuersystem werde Zentralisierung und Vereinheitlichung betont: Auf Produkte, die neu in der industriellen und gewerblichen Gewerbesteuer getestet wurden, Produkte, die durch Verwendung von Ersatzstoffen als Rohstoffe hergestellt wurden oder Katastrophen wurde weniger Rücksicht genommen und es wurde eine Genehmigung durch die Provinzen, autonomen Regionen und die direkt der Zentralregierung unterstehenden Gemeinden vorausgesetzt.

Zu dieser Zeit war das zentrale und vereinheitlichte Verwaltungssystem keine einfache Rekonstruktion des zentralisierten Systems aus den Anfangszeiten der Volksrepublik China und der Zeit des "ersten Fünfjahresplans". Es betonte und hielt zwar an dem ursprünglichen rationalen System fest, setzte je nach Bedarf jedoch weitere Zentralisierungs- und Vereinheitlichungsmaßnahmen durch und nahm weitere Veränderungen und Ergänzungen vor, so dass die der Zentralregierung zugänglichen Steuereinnahmen von ursprünglich 50% auf etwa 60% erhöht werden konnten. Es konnte effektiv garantiert werden, dass die begrenzten Mittel des Staates zur Entwicklung und Bekämpfung von Schwachstellen genutzt wurden und die Anpassung der Volkswirtschaft gefördert wurde.

Im Hinblick auf die Zentralisierung und Vereinheitlichung der Kreditarbeit der Banken sollten vor allem die "Sechs Artikel" der Bankenarbeit kompatibel umgesetzt und die "Sechs Artikel" der Finanzarbeit entschlossen implementiert werden. Im März und April 1962 erließen das Zentralkomitee der Kommunistischen Partei Chinas und der Staatsrat den "Beschluss bezüglich Stärkung der Zentralisierung und Vereinheitlichung der Bankenarbeit und die strikte Kontrolle der Geldausgabe" (als "Sechs Artikel" der Bankenarbeit bezeichnet). Während der Zeit des "Großen Sprungs nach Vorn" und selbst in der Anfangsphase der Anpassung verstießen viele Stellen gegen die Finanzdisziplin und forderten von den Banken Krediterhöhungen. Die Unternehmen verloren viel Geld, verließen sich zum Ausgleich der Verluste auf Bankendarlehen und nutzen das von der Bank geliehene Geld für zweckentfremdete Finanztransaktionen, was zu fiskalischen Defiziten und Überziehungen führte. Es kam zu ernsthaften Produktengpässen, die Preise stiegen und die wirtschaftliche Lage des Landes war äußerst brisant. Aus diesem Grund stellten die Verstärkung der Zentralisierung und Vereinheitlichung der Banken und Finanzarbeit, die strenge Kontrolle der staatlichen Finanzmittel und der Emission von Geld, sowie die strenge Finanzdisziplin zweifellos sehr wirksame Maßnahmen dar.

Die Bekanntmachung und Umsetzung der "Sechs Artikel" der Finanz- und Bankarbeit führte für das zwingend erforderliche System an Vorschriften zu einer Stärkung der Verwaltung und Überwachung, zur effektiven Stärkung der Zentralisierung und Vereinheitlichung, zur Unterbindung zu hoher Planvorgaben der Industrieproduktion, zur Überwindung der Anarchie bei der Mittelzuweisung, zur Umsetzung von Anpassungen bei Unternehmen (Schließungen, Stopps, Zusammenführungen und Übertragungen), zur Konsolidierung der Unternehmen sowie zur Umwandlung von Verlusten in Gewinne.

Fünftens wurde eine zentrale und einheitliche Verwaltung von Handel und Gütern (industriellen Produktionsmaterialien) implementiert. Während der Zeit der nationalen wirtschaftlichen Anpassung bestand das wichtigste Merkmal der Anpassung der Handelsbeziehungen darin, die übermäßige "Dezentralisierung" während der Zeit des "Großen Sprunges nach vorne" zu korrigieren und die Zentralisierung zu stärken, insbesondere für staatliche Wirtschaftsunternehmen. Dies hatte im Endeffekt entscheidend dazu beigetragen, wirtschaftliche Schwierigkeiten zu überwinden und den Markt zu stabilisieren.

1. Wiederherstellung und Schaffung von professionellen Handelsgesellschaften
Während der Zeit des "Großen Sprungs nach Vorn" wurde die Führungsbeziehungen zwischen oben und unten, die sogenannten „tiao tiao" in professionellen Handelsgesellschaften aufgelöst. Obwohl dies für die Führung lokaler Partei- und Regierungsorgane bei der gewerblichen Arbeit förderlich war und die Aktivität der lokalen Regierung mobilisiert wurde, führte es auch zu einer Reihe von Problemen wie Blockaden zwischen den verschiedenen Verwaltungsebenen, Beschränkungen auf bestimmte Bereiche, Unterbrechungen der normalen wirtschaftlichen Beziehungen, etc. Um den Warenumlauf im ganzen Land besser zu organisieren und das Prinzip der "einheitlichen Führung und hierarchischen Verwaltung" wiederherzustellen, erließ der Staatsrat am 5. Mai 1962 den "Beschluss über die Wiedereinführung der Gründung professioneller Handelsgesellschaften auf allen Ebenen des Handelsministeriums". Das Dokument schrieb vor, dass die Wiedereinführungsarbeiten in drei Kategorien unterteilt wurden: Die erste Art von professionellen Handelsgesellschaften waren dabei Unternehmen aus den Bereichen Metallmaschinen, Energieversorgungsgeräte, chemische Rohstoffe und die Führung ihrer Geschäftsaufgaben wurde von der Zentrale übernommen. Die zweite Art von professionellen Handelsgesellschaften waren Unternehmen aus den Bereichen Textilien, Kaufhäuser, Zucker, Tabak, Lebensmittel, Medizin, Erdöl, Kohle, Baugeräte und die Geschäfte dieser Unternehmen wurden von den regionalen und kommunalen Wirtschaftsabteilungen, bzw. von den Wirtschaftsabteilungen (bzw. -büros) der autonomen Regionen geleitet. Ihre Organisation war mit den Handelsgesellschaften der ersten Kategorie identisch. Die dritte Kategorie von professionellen Handelsgesellschaften umschloss Gewerbe von ethnischen Minderheiten, Gemüse, Catering, Dienstleistungen, Arbeitsversicherungen, Lager- und Transportunternehmen. Für diese Unternehmen hatte das Handelsministerium keine Hauptverwaltungsbefugnis, sondern konzentrierte sich auf die Einrichtung von entsprechenden spezialisierten Verwaltungsbüros. Auf Provinzebene wurde von der regionalen Volksregierung entschieden, ob eine Hauptverwaltung oder ein professionelles Verwaltungsbüro gegründet werden sollte. Die dritte Art von Unternehmen wurde vollständig von den lokalen Behörden verwaltet. Das Handelsministerium traf hierbei nur die erforderlichen vereinheitlichten Vereinbarungen für Geschäftsrichtlinien und -pläne und überwachte, inspizierte und leitete diese im Geschäftsbetrieb. Bis 1965 hatte das Handelsministerium 10 spezialisierte Hauptbüros für Kaufhäuser, Textilien, Eisenwaren und Elektrizität, chemische Materialien, Erdöl, Kohle, Nahrungsmitteln, Zucker, Tabak und Alkohol, Medizin und chinesischen Kräutermedizin eingerichtet und spezialisierte Verwaltungsbüros für Catering-Dienst, Gemüse und Minderheitengewerbe installiert. Lokale Handelsabteilungen auf sämtlichen Ebenen hatten ebenfalls entsprechende Institutionen eingerichtet.

2. Anpassung der Verwaltungsrechte und Stärkung der Zentralisierung

Wie oben bereits erwähnt, führte die Zentralregierung im Rahmen der Mobilisierung von lokalem Enthusiasmus im Jahr 1958 eine Dezentralisierung der Macht durch. Viele Unternehmen wurden an die Lokalregierungen übergeben und Rechte wie das Recht zur Errichtung von lokalen, gewerblichen Organisationen und deren Besetzung, das Recht landwirtschaftliche Produkte einzukaufen, Preisbestimmungsrechte, Produktionsmittelverteilungsrechte, etc. wurden an die Provinzen, Städte und autonomen Regionen delegiert. Die Lokalregierungen beteiligten sich ebenfalls an dieser Maßnahme und dezentralisierten ihrerseits die Rechte Ebene für Ebene weiterführend, wodurch Betrieb und Verwaltung staatseigener Unternehmen sehr fragmentiert wurde. Dies führte zu Lokalismus und die Regierung übernahm keine Verantwortung mehr für die Geschäftsabläufe in Unternehmen.

Mit dem Ziel der Rezentralisierung nahm das Handelsministerium nach dem „Großen Sprung nach vorn" entsprechende Anpassungen am gesamten Unternehmensverwaltungssystem vor. Die Genehmigung des Finanzplans der Wirtschaftsunternehmen und die Hauptfinanzmacht der Unternehmen wurden seit 1961 zentral vom Handelsministerium und den kaufmännischen Abteilungen (Büros) der Provinzen, Gemeinden und autonomen Regionen verwaltet. Seit 1962 wurden die Finanzmittel von Unternehmen aller Verwaltungsebenen, die dem Handelsministeriums untergeordnet waren, wieder unter dessen einheitliche Kontrolle gestellt. Was die Gewinne des Handelsministeriums anbetraf, so wurde abgesehen von den regulatorisch festgesetzten Beträgen ein finanzpolitisches Verteilungssystem geschaffen, bei dem 70% an die Zentralregierung und 30% an die Lokalregierungen ging. Andere Pläne, Statistiken, Buchhaltung, Preise, Arbeitslöhne und Infrastrukturinvestitionen wurden ebenfalls vom Handelsministerium festgelegt. Die regionalen und kommunalen und Handelsabteilungen (und -büros) und die Handelsabteilungen (und -büros) der autonomen Regionen konnten in bestimmten Situationen Umsetzungsmaßnahmen formulieren, durften diese jedoch nicht beliebig abändern. Seit 1962 wurde durch eine Entscheidung der Zentralregierung auch die Verantwortung für Nahrungsmittelklassifizierung und Quotenallokation in Einkauf, Verkauf und Verteilung geändert und unter die einheitliche Kontrolle der Zentralregierung gebracht, welche eine Überwachung dieser Klassifizierung vornahm.

3. Zentrale und einheitliche Verwaltung des Güter- und Materialumlaufs

Um die Probleme beim Güter- und Materialumlauf aus der Zeit des "Großen Sprungs nach Vorn", willkürliche Entscheidungen, ineffiziente Versendung und Verstreuung der Materialien sowie die chaotische Verwaltung in den Griff zu kriegen, welche zu enormen Gegensätzen bei Angebot und Nachfrage von Gütern und Materialien geführt und das normale Wirtschaftssystem in eine katastrophale Situation gestürzt hatten, beschloss das Zentralkomitee der KPCh im Bereich des Güter- und Materialumlaufs eine Politik der Zentralisierung, Vereinheitlichung und umfassenden Verwaltung durchzusetzen. Gemäß dieser Leitlinie hat das Materialverwaltungssystem die folgenden Änderungen durchlaufen: Erstens, die Einrichtung eines einheitlichen nationalen vertikal kontrollierten Materialverwaltungssystems. Zweitens, die Vereinheitlichung der Verwaltung des Materialvertriebs. Drittens, die einheitliche Festlegung und Verwaltung von Versandlagern. Viertens, die Erweiterung des Umfangs der Materialverwaltung.

Während des Anpassungszeitraums wurden auch einige Pionierreformen im Bereich der Organisation des Materialumlaufs durchgeführt. So wurden beispielsweise die Grenzen zwischen Verwaltungsabteilungen aufgebrochen und es wurde versucht eine nach Wirtschaftsregionen einheitlich aufgeteilte Materialversorgung zu organisieren, feste Punkte zur Bereitstellung von Materialien und zur Versorgung einzurichten, die Versorgung von Industrieunternehmen (sog. Treuhandgesellschaften) zentral zu steuern und Versorgungsstationen und -abteilungen einzurichten. Diese sollten die Verantwortung für die Organisation von Kleinvorräten vor Ort, die Gründung von Dienstleistungsunternehmen für Produktionsmaterialien, die einheitliche Erhebung von Gebühren und die Stärkung der Verwaltung von Wirtschaftsverträgen übernehmen.

Die Umsetzung dieser Maßnahmen hatte die zentrale und einheitliche Materialverwaltung gestärkt und effektiv das Phänomen der außerplanmäßigen Verwendung von Gütern und Materialien unterbunden, wodurch die Umsetzung des Verteilungsplans und die Nachfrage nach Materialien für die industrielle Produktion und den Bau sichergestellt werden konnte.

Sechstens, die Stärkung der zentralen und einheitlichen Verwaltung der Arbeitslöhne.

Im Jahr 1961 beschloss das Zentralkomitee der KPCh, die Anzahl der Angestellten und der städtischen Bevölkerung zu reduzieren, und die Anerkennung von Einstellung und Beschäftigung in Industrieunternehmen wurde strenger gestaltet. Am 7. Februar 1962 sagte Zhou Enlai auf der erweiterten zentralen Arbeitskonferenz: "Nachdem das Personal, die Angestellten und die von einem Ort einbehaltene Reserve bestimmt wurden, können keine weiteren Personen mehr eingestellt werden. Falls später noch Personen eingestellt werden sollen, muss auf jeden Fall die Genehmigung der Zentralregierung eingeholt werden. So kann der Staat entsprechend der Personalstruktur und der Angestelltenzahl Nahrungsmittel und Gehälter auszahlen."[567] Im März 1963 betonten das Zentralkomitee der KPCh und der Staatsrat, dass es bei der Erhöhung der Zahl der Beschäftigten erforderlich sei, die zentrale Verwaltung, das System und die Disziplin zu betonen. Es wurde ferner festgelegt, dass die im nationalen Plan festgelegten Indikatoren für die Anzahl der Beschäftigten strikt eingehalten werden müssen und kein Ort, keine Abteilung und keine Einheit diese überschreiten darf. Sämtliche Ortschaften und Abteilungen, die die Zahl der Beschäftigten außerhalb des nationalen Plans erhöhen wollten, müssten dies gesondert anfordern. Nach Genehmigung durch die zuständige Zentralbehörde müssen sie der Zentralregierung zur Verifizierung Bericht erstatten. Plan- und Systemverstöße, sowie private Rekrutierungen und Aufstockung des Personals wurden durch Disziplinarverfahren abgestraft.

---

567 *Dang de Wenxian* 党的文献 („Parteiarchiv"), 3. Ausgabe 1993

Zu dieser Zeit wurde neben der Stärkung der zentralisierten und einheitlichen Verwaltung der industriellen Produktion und des Bauwesens auch die politische Arbeit des Ministeriums für Industrietransporte unter zentralisierte und vereinheitlichte Führung gestellt. Im Geiste der Anweisungen Mao Zedongs wurde auf der Nationalen Konferenz für Industrietransporte Anfang 1964 die Einrichtung entsprechender politischer Arbeitsinstitutionen als Teil des Ministeriums für Industrietransporte im Top Down-Verfahren beschlossen. Dies geschah vorrangig um die ideologische und politische Arbeit zu stärken und die absolute Führung der Partei über den Industrietransport und andere Abteilungen sicherzustellen. Dieser Beschluss wurde dann auch vom Zentralkomitee der KPCh relativ schnell umgesetzt. Bald darauf fanden sich solche Institutionen in sämtlichen der 15 Ministerien und zwei Büros wieder, die mit Industrietransporten in Verbindung standen.

2. Die Probleme staatseigener Unternehmen und der Versuch der Einführung von "Treuhandgesellschaften"

Mit dem Zurückfordern der ursprünglich dezentralisierten Verwaltungsrechte von Unternehmen kamen die Missstände der "Verwaltung durch viele verschiedene Köpfe" bei Staatsunternehmen und das Phänomen, dass diese Unternehmen "untergingen, sobald sie richtig verwaltet wurden" erneut zum Vorschein. Auf Basis des Symposiums der staatlichen Wirtschaftskommission von 1965 "ist das langfristige Management und die dezentrale Verwaltung ein vorrangiges Problem in der gegenwärtigen Industrieverwaltung. Die Fabriken und Minen aus einer Branche sind unterteilt in auf Zentral-, Provinz-, Kommunal-, Sonder- und Kreisebene verwaltete Einheiten, die von mehreren Ministerien, Abteilungen, Büros geführt werden. Diese Fabriken und Minen sind jeweils dezentral organisiert." So gab es im gesamten Land beispielweise 222 Fabriken der Automobilindustrie. Diese Fabriken wurden von 10 verschiedenen Ministerien (Erstes Ministerium für Maschinenbau, Drittes Ministerium für Maschinenbau, Fünftes Ministerium für Maschinenbau, Achtes Ministerium für Maschinenbau, Ministerium für Transport, Ministerium für Metallurgie, Ministerium für Bauwesen, Gesundheitsministerium, Ministerium für öffentliche Sicherheit und Ministerium für allgemeine Logistik), sowie 25 verschiedenen Provinzen und Städten verwaltet. Ein anderes Beispiel war die Kautschukindustrie in Shenyang. Von den elf Unternehmen unterstanden zwei der Verwaltung der Zentralregierung, zwei der Provinz und sieben wurden von der Stadt selbst verwaltet. Das Symposium erklärte einstimmig: "Diese Art der verstreuten Führung und des dezentralisierten Betriebs gestaltet es schwierig, Arbeitsteilung und Kooperation in der Produktion und im Bauwesen ein und derselben Industriesparte rational durchzusetzen, so dass viele Fabriken das gleiche Produkt unnötig wiederholt herstellen und viele Maschinen und technische Kräfte zerstreut sind. Dies ist nicht förderlich für den Einsatz neuer Technologien, die Verbesserung der Qualität, die Erhöhung der Produktvielfalt, das Senken der Kosten, die Steigerung der Arbeitsproduktivität und die Entwicklung der Produktion.“[568]

Liu Shaoqi hatte ein tieferes Verständnis für dieses Thema. Bereits am 26. Dezember 1963, als er dem Staatsrat Bericht über die Arbeit der Nationalen Arbeitskonferenz des Staatsrates erstattete, sagte er: "Wir müssen bedenken, dass wir ein großes Land sind. In Zukunft werden wir immer mehr Fabriken verwalten müssen.“ "Kurz gesagt, wir müssen dieses Problem lösen. Nun hat die Sowjetunion das Problem nicht gelöst. Alle sozialistischen Länder haben es nicht gelöst. Wir haben es nicht gelöst. Wir werden es aber in Zukunft lösen müssen. Momentan wird nur über Regularien und Jurisdiktionen diskutiert.“ Liu Shaoqi sagte weiterhin: "Ist es nicht gut, dass das Parteikomitee und die Regierung voneinander getrennt sind? Ist es nicht gut, dass wir über den Unternehmen und über den Widersprüchen stehen, so dass wir, wenn gibt es Probleme gibt als Unbeteiligte entscheiden können? Einige Abteilungsleiter und die Sekretäre für Industrie, Handel und Kohle haben sich involvieren lassen und den Überblick über die Gesamtsituation verloren. Ist es da nicht die klügere Methode, sich nicht involvieren zu lassen? Wer etwas mehr Abstand bewahrt, der hat einen besseren Überblick über die Gesamtsituation. Die Frage ist nicht, ob die Regierung sich einmischen sollte oder nicht, sondern viel mehr auf welche Art und Weise sie dies tun sollte: Ihre Aufgaben sind das Festlegen eines Plans, das Wahren des nationale Gleichgewichts, das Durchsetzen der Schiedsgerichtsbarkeit, die Überwachung und die ideologische und politische Arbeit. Die Produktion wird von den Unternehmen und Fabriken gesteuert."[569]

1. Ideen zum Versuch der Einführung von Treuhandgesellschaften

Als im Frühjahr 1960 die Leiter des Zentralkomitees der KPCh über die nächsten drei Jahre nach dem zweiten Fünfjahresplan diskutierten, hatte Liu Shaoqi das Gefühl, dass er einige Anpassungen am Überbau und den Produktionsverhältnissen vornehmen sollte. Bei der Durchsetzung von Reformen im Bereich Organisation und Verwaltung kam damals auch die Frage nach Treuhandgesellschaften auf.

Vom 24. bis 25. März 1960 hielt das Zentralkomitee der KPCh in Tianjin eine Sitzung ab. Deng Xiaoping brachte auf der Tagung voran: „Jeder stimmt der Meinung zu, dass es eine Reform der Produktionsverhältnisse geben muss. Aber in Wirklichkeit muss es auch eine Reform des Überbaus geben. Wir haben viele Überlegungen angestellt und ich fürchte, dass wir den Weg der Treuhandgesellschaften gehen müssen. Vor kurzem haben wir die Frage der Treuhandgesellschaften in Peking diskutiert, um die Entwicklung der Industrie zu beschleunigen und deren Vorteile zu nutzen. Um Treuhandgesellschaften zu organisieren, muss man zunächst die Frage nach

---

568 Bo Yibo 薄一波 *Guanyu Tuolasi Shiban Gongzuo zhong de yixie Wenti* 关于托拉斯试办工作中的一些问题 („Diverse Fragen bezüglich der probeweisen Einführung von Treuhandgesellschaften“, 21.6.1965; *Bo Yibo Wenxuan* 薄一波文选 („Ausgewählte Schriften von Liu Shaoqi“, Renmin Chubanshe, Ausgabe 1992, S.238-239)

569 *Liu Shaoqi Lun Zhonghua Renmin Gongheguo Jingji Jianshe* 刘少奇论中华人民共和国经济建设 („Liu Shaoqi über den Wirtschaftsaufbau der Volksrepublik China“, Zhongyang Wenxian Chubanshe, Ausgabe 1993, S.530-531)

den Produktionsverhältnissen und des Überbaus klären. Das, was wir als Aufbauen von Treuhandgesellschaften bezeichnen, bedeutet, mit einer Branche als Fokus, alle anderen Branchen einheitlich zu kontrollieren. In Zhunnan zum Beispiel gibt es Kohle, Stahl und Chemie. Hier kann man eine Treuhandgesellschaft aufbauen, alles unter die Kontrolle des Kohleministeriums stellen oder unter die Kontrolle des Ministeriums für Metallurgie stellen. In Shijingshan gibt es Stahlwerke. Die Kohlenminen von Jingxi liegen direkt vor ihren Türen. Auch die Eisenminen von Qianan und Longyan liegen in der Nähe. Man könnte an diesen Orten Stahl- und Chemiecamps aufbauen und eine Treuhandgesellschaft etablieren, welche diese verwaltet."

Obwohl das Problem der Organisation von Treuhandgesellschaften bereits klar definiert wurde, gab es keine konkreten Umsetzungen der Ideen, da sich die Volkswirtschaft zu dieser Zeit im Wandel befand. 1963 begann sich die ökonomische Lage dann zu verbessern: Die Zentralregierung beschloss, das industrielle Verwaltungssystem zu reformieren, die Verwaltungsmaßnahmen schrittweise zu reduzieren, die Wirtschaftsverwaltungsmethoden zu verbessern und im Bereich der Industrie- und Handelsunternehmen Treuhandgesellschaften zu organisieren.

Im Sommer 1963 ernannte der nationale Wirtschaftsrat eine Arbeitsgruppe, die in Shenyang zu dem Thema forschte. Zu dieser Zeit befanden sich unter den 463 staatlichen Industrieunternehmen in Shenyang 102 direkt der Zentralregierung unterstellt, 54 waren Provinzunternehmen und der Rest waren kommunale Unternehmen. Sie waren außerdem an 38 Büros der 17 Zentralministerien, 18 Büros der Provinz und 20 Büros oder Unternehmen der Stadt angeschlossen. Darüber hinaus waren die Institutionen anderer Wirtschaftsabteilungen und Verwaltungsbetriebe durchaus verworren und kompliziert. Und die Behörden auf allen Ebenen hatten ihre eigenen Interessen. In einem solchen Umfeld konnten die Unternehmen nur die Wege "groß und daher alles" oder aber "klein und deshalb alles" gehen, was zu ernsthafter Verschwendung von Ressourcen und Ausrüstung führte. Führende Kader in vielen Unternehmen verlangten vehement nach einer Änderung an diesem Verwaltungssystem und der Adaption der professionellen Unternehmen des Modells der Treuhandgesellschaften.

Im September desselben Jahres verfasste das Zentralkomitee der KPCh ein Dokument zu Fragen der industriellen Entwicklung, indem das Argument vorangebracht wurde, die Organisation von Treuhandgesellschaften sei eine wichtige Maßnahme zur Verwaltung der Industrie. So stand dort geschrieben: „Das Führen von Industrieunternehmen erfolgt hauptsächlich nach ökonomischen Methoden und setzt nicht nur auf administrative Mittel." „Man kann erwägen, eine umfassende Organisation von Produktion, Austausch und wissenschaftlicher Forschung in Form von Treuhandgesellschaften zu etablieren, um dem Sozialismus zu dienen. Dies stellt eine organisatorische Form der wirtschaftlichen Verwaltung von Industrieunternehmen dar."[570] Dieses Dokument wurde aus verschiedenen Gründen nicht offiziell angenommen. In einigen Industriezweigen wurde jedoch der Aufbau von Treuhandgesellschaften in die Pilotphase gebracht.

Am 21., 23. und 24. Oktober desselben Jahres betonte Liu Shaoqi, nachdem er sich Bo Yibos Bericht über die Situation in der Industrie angehört hatte, dass der gegenwärtige Ansatz, einer Wirtschaftsverwaltung mit bloßen administrativen Mitteln gleichkommt. Dies hatte zu Dezentralismus und Bürokratie in der wirtschaftlichen Arbeit geführt. Er führte weiter aus: "Unser aktueller Ansatz ist, dass die Zentralministerien sowie die Ämter und Büros der Provinzen und Gemeinden in die Wirtschaft eingreifen. Dies ist ein überökonomischer Ansatz, kein kapitalistischer oder feudaler Ansatz."[571] Er schlug erneut vor, Unternehmen nach Branchen zu organisieren, um somit administrative Eingriffe reduzieren zu können. Er betonte dabei: "Um einen einheitlichen Markt in China zu organisieren, ist es notwendig, eine einheitliche Produktion zu etablieren."[572] Diese einheitliche Produktion "von Verwaltungsorganen regeln zu lassen, ist nicht so gut, wie sie von Unternehmen verwalten zu lassen". Das heißt, dass er die Verwaltungsorganisationen durch Wirtschaftsorganisation wie beispielsweise Treuhandgesellschaften zu ersetzen gedachte, um die Wirtschaft zu führen. Die Verwaltungsorgane, die den Abteilungen und Büros der Ministerien und Provinzen unterstellt waren, sollten im Zuge dessen in Unternehmensorganisationen umgestaltet werden. Somit sollten sie "die Distanz zur Produktion überbrücken und Nähe zu Unternehmen schaffen können".[573]

Im Dezember desselben Jahres veranstaltete die staatliche Wirtschaftskommission eine nationale Arbeitskonferenz für Industrie und Transport, bei der Diskussionen und Konsultationen zu Treuhandgesellschaften stattfanden. Am 26. Dezember hörte Liu Shaoqi einen Bericht von Bo Yibo und Yu Qiuli über den Verlauf des Treffens und gab erneut Anweisungen zur Organisation von Treuhandgesellschaften. Am 7. Januar 1964, als Bo Yibo, Mao Zedong und Liu Shaoqi über die nationale Arbeitskonferenz zum Thema Industrietransport berichteten, wiederholte Liu Shaoqi erneut systematisch seine Ansichten über die Einrichtung von Treuhandgesellschaften und die Verbesserung der industriellen Führung Chinas. Mao Zedong wies auch darauf hin: "Derzeit ist die Wirtschaftsverwaltung nach administrativen Methoden nicht gut. Sie muss modifiziert werden. Zum Beispiel gibt es so viele Menschen im Unternehmen, was tun all diese Menschen? ... So viele Menschen zu beschäftigen heißt, sie handeln nicht nach den Gesetzen der Wirtschaft."[574]

570 Zitiert nach Bo Yibo 薄一波 *Ruogan zhongda Juece yu Shijian de Huigui* 若干重大决策与事件的回顾 („Rückblick auf einige schwerwiegende Entscheidungen und Angelegenheiten“, hinterer Teil, Zhongguo Zhongyang Dangxiao Chubanshe, Ausgabe 1993, S.1174)

571 *Liu Shaoqi Lun Zhonghua Renmin Gongheguo Jingji Jianshe* 刘少奇论中华人民共和国经济建设 („Liu Shaoqi über den Wirtschaftsaufbau der Volksrepublik China“, Zhongyang Wenxian Chubanshe, Ausgabe 1993, S.528)

572 *Dang de Wenxian* 党的文献 („Parteiarchiv“), 2. Ausgabe 1993

573 *Dang de Wenxian* 党的文献 („Parteiarchiv“), 2. Ausgabe 1993

574 Zitiert nach: *Ruogan zhongda Juece yu Shijian de Huigui* 若干重大决策与事件的回顾 („Rückblick auf einige schwerwiegende Entscheidungen und Angelegenheiten“, hinterer Teil, Zhongguo Zhongyang Dangxiao Chubanshe, Ausgabe 1993, S.1175)

Am 26. Februar reichte die Parteigruppe des Ministeriums für Kohleindustrie einen Bericht über die organisatorische Führungsbeziehung der East China Coal Industry Corporation an die staatliche Wirtschaftskommission und das Zentralsekretariat ein. In dem Bericht hieß es: "Gemäß den Anweisungen des Genossen Shaoqi zur Organisation von Treuhandgesellschaften und zur Industrieverwaltung mit wirtschaftlichen Methoden bereiten wir uns in diesem Jahr darauf vor, ein Pilotprojekt für die ostchinesische Kohleindustrie in Xuzhou zu errichten. Der Staatsrat hat dies offiziell genehmigt.". Auf diese Weise wurde formell das erste Pilotunternehmen für die Einführung von Treuhandgesellschaften in China gegründet.

Gemäß der Entscheidung des Zentralkomitees der KPCh und des Staatsrates begann die staatliche Wirtschaftskommission unverzüglich gemeinsam mit den verschiedenen Ministerien aus den Bereichen Industrie und Verkehr die konkreten Pläne für die Pilotierung von Treuhandgesellschaften zu prüfen.

Im Juni 1964 erstellte die staatliche Wirtschaftskommission auf der Grundlage wiederholter Untersuchungen und Studien den "Bericht über die Prüfung Treuhandgesellschaften in der Industrie und im Transportwesen (Entwurf)". Am 17. Juli wurde der Bericht offiziell dem Zentralkomitee der KPCh vorgelegt. Zhou Enlai widmete dem Treffen große Aufmerksamkeit und leitete es persönlich, um dieses Dokument zu diskutieren und die grundsätzlichen Meinungen vorzubringen: „Erstens müssen wir uns mit den Beziehungen zwischen der Zentralregierung und den lokalen Regierungen bei der Organisation von Treuhandgesellschaften befassen. Zweitens müssen wir nach der Gründung der Treuhandgesellschaften auf die Zusammenarbeit mit der Außenwelt an derselben Stelle achten. In der Zusammenarbeit und in anderen Beziehungen, einschließlich Zusammenarbeit in der Produktion und im Vertrieb, muss vermieden werden, dass die Treuhandgesellschaften alles im Alleingang regeln. Drittens, muss alles unternommen werden, um die Zukunft der Entwicklung von Treuhandgesellschaften zu verstehen. Viertens, sollten Treuhandgesellschaften auf Basis ökonomischer Methoden, jedoch im Rahmen der Wirtschaftsgesetze handeln.“ Am 17. August billigten das Zentralkomitee der KPCh und der Staatsrat den Bericht des Parteikomitees der Wirtschafts- und Handelskommission und leiteten es als Referenz und zur Implementierung an das Zentralbüro, die Parteikomitees der Provinzen, Gemeinden und autonomen Regionen, die Zentralministerien, Kommissionen sowie die Parteikomitees und Parteigruppen der verschiedenen Ministerien und Parteikomitees der verschiedenen Ministerien und Parteikomitees der verschiedenen Ministerien und Parteikomitees weiter.

2. Der Stand der Pilotprojekte für Treuhandgesellschaften

Nach der Einführung des Programms der staatlichen Wirtschaftskommission wurden offizielle Treuhandgesellschaften gegründet. Aufgrund der unterschiedlichen Ausgangssituationen waren diese alle individuell gestaltet. Unter den ersten zwölf für Testzwecke zugelassenen Treuhandgesellschaften waren Tabakunternehmen und pharmazeutische Unternehmen, die branchenweit tätig waren und landesweit alle Tabakfabriken und pharmazeutischen Fabriken verwalteten. Geologische Maschinen- und Ausrüstungsunternehmen beschränkten sich auf die Verwaltung der ursprünglich zentral gesteuerten Unternehmen. Die übrigen sechs nationalen Treuhandgesellschaften hatten neben der Verwaltung ursprünglich direkt der Zentralregierung unterstellter Unternehmen auch noch die Kontrolle über eine beachtliche Anzahl lokaler Unternehmen. So kontrollierte beispielsweise die Treuhandgesellschaft der Salzindustrie sämtliche großen Salzfelder und Salzverkaufsstellen des Landes. Die Treuhandgesellschaft der Automobilindustrie hatte die Kontrolle über 42 der 169 lokalen Fabriken für Automobilteile und verwaltete somit einen Anteil von 39% an der landesweiten Produktion von Autoteilen. Die Treuhandgesellschaft der Kautschukindustrie hat nach ihrer Einrichtung die Kontrolle über 103 der insgesamt 205 lokalen Kautschukunternehmen übernommen. Der Treuhandgesellschaft für Traktoren und Verbrennungsmotoren kontrollierte 23 der insgesamt 122 lokalen Fabriken für Teile von Traktoren und Verbrennungsmotoren. Die Treuhandgesellschaft der Textilindustrie kontrollierte drei der insgesamt 36 lokalen Unternehmen. Die Treuhandgesellschaft der Aluminiumindustrie kontrollierte zwei große lokale Aluminium-Fabriken. Insgesamt waren mehr als 300 lokale Unternehmen unter der Kontrolle von Treuhandgesellschaften. Gleichzeitig wurden in einigen Provinzen und Gemeinden auch lokale Treuhandgesellschaften erprobt. Beispiele sind die Heilongjiang Sugar Company, die Liaoning Silkworm Silk Company, die Beijing Glass General Factory und Plastics General Factory, die Tianjin Machine Tool Industry Company, die Paper and Dye Chemical Company, die Shanghai Light Industry Machinery Company, die Standard Parts Company und die Silk Company, die Zhejiang Sugar Company, die Chongqing Leather Industry Company usw. Im Jahre 1965 führte der Staatsrat auch Pilotprojekte für drei Unternehmen der Erdölindustrie, für Unternehmen der Messtechnikindustrie und für Unternehmen der Holzverarbeitungsindustrie durch. Im Oktober desselben Jahres beschloss die nationale Arbeitskonferenz für Infrastruktur spezialisierte Montage- und hochspezialisierte Tiefbaueinheiten sämtlicher Ministerien im Bereich Industrie und Transportwesen gemäß ihrer jeweiligen Branche zu mehreren Treuhandgesellschaften des Bauwesens mit nationalem Charakter zusammenzuschließen. Im Juli 1966 genehmigte die staatliche Wirtschaftskommission erneut mehrere lokale Treuhandgesellschaften. Diese waren unter anderen: Die von Tianjin erprobten Treuhandgesellschaften im Bereich Stricken und Plastik, die vom ersten Ministerium für Maschinenindustrie gegründete East China Electric Power Machinery Company, die vom Ministerium für Erdöl gegründete Fushun Oil Company, die von der Provinz Heilongjiang gegründete Joint Industrial Company und die von der Provinz Hunan gegründete Provincial Instrument Company. Wie nach den ersten Pilotprojekten zu Treuhandgesellschaften ersichtlich wurde, begannen diese nach ihrer Gründung sofort damit die Produktionsorganisation und das Verwaltungssystem zu reformieren. So schufen sie ein Verwaltungsmodell, das im Einklang mit der umfassenden sozialistischen Produktion und professionalisierter Arbeitsteilung stand. Zudem förderten sie die effiziente Nutzung von Ausrüstung und die Steigerung des technologischen Niveaus. Obwohl die Pilotphase nicht lange andauerte, wurden in dieser Periode relativ gute Ergebnisse erzielt.

Die im Juli 1963 gegründete China Tobacco Industry Corporation wurde im August 1964 offiziell als Treuhandgesellschaft anerkannt. Durch sie wurde eine zentrale und einheitliche Verwaltung aller Unternehmen in der Zigarettenindustrie eingeführt. Zudem wurden der Einkauf, die erneute Röstung, die Zuweisung und der Transfer von Tabakblättern ebenfalls einheitlich gestaltet. Danach wurden Anpassungen in den Fabriken der gesamten Branche auf Basis einer geeigneten Planung und professioneller Zusammenarbeit durchgeführt, wodurch die Entwicklung der Produktion wirksam gefördert wurde. Die Anzahl der Zigarettenfabriken wurde von 104 auf 62 reduziert, die Anzahl der Beschäftigten von über 59.000 auf ein wenig mehr als 41.000, die Kapazität der Zigarettenproduktion von 3,3 Millionen auf 4,8 Millionen gesteigert und die Anzahl der Zigarettenmarken von 900 auf 274 gesenkt. 1964 stieg die Arbeitsproduktivität im Vergleich zu 1963 um 42,4% und die Verarbeitungskosten für Zigaretten konnten um 21% gesenkt werden. Darüber hinaus kooperierten die Unternehmen der Tabakindustrie auch mit dem Agrarsektor, um die Herstellung von Tabakblättern zu erfassen, wissenschaftliche Forschungsarbeiten durchzuführen, die Basis fortgeschrittener Tabakrohstoffe zu erweitern und Techniker mit technischen Anleitungen zu beauftragen, die den Tabakanbau der Landwirte, die Tabakproduktion im Allgemeinen und die Qualität des Tabaks steigern sollten. Im Jahr 1966 wurden 12 Mio. Tonnen rauchgehärteten Tabaks gewonnen, was 1,7-mal mehr war als im Jahr 1963. Die Tabakblätter im mittleren und oberen Qualitätsbereich stiegen von 23% auf über 30% an. Durch den Anstieg des Anteils an feinen Tabakblättern hatte sich die Qualität der Zigarettenprodukte deutlich verbessert, und die Produktion von Zigaretten der Güteklasse A hatte sich mehr als verdoppelt. Von der Gründung der Tabakfirma im Jahr 1963 bis Ende 1965 wurden insgesamt Gewinne in Höhe von 5,6 Milliarden Yuan erzielt.

Die im Oktober 1964 gegründete China Automotive Industry Corporation reorganisierte zunächst die nationale Automobilindustrie. Die neu erworbenen 38 lokalen Fabriken wurden mit den ursprünglich direkt kontrollierten Fabriken zu insgesamt 75 miteinander verbundenen Fabriken zusammengefasst, Dies entsprach 42% der insgesamt 180 Fabriken der Automobilherstellungs- und Automobilteile-Industrie im ganzen Land. Das Unternehmen hatte vier Niederlassungen in Changchun, Beijing, Nanjing und Chongqing, sowie zwei Montageanlagen für Automobile in Jinan und Wuhan. Die drei Niederlassungen in Changchun, Beijing und Nanjing bildeten die Zentrale. Durch die Vernetzung lokaler Fabriken entstand ein professionalisiertes Kooperationsnetzwerk. Die Treuhandgesellschaft führte eine einheitliche Führung und eine einheitliche Planung durch und transformierte die Unternehmen nach dem Prinzip der professionellen Kooperation, sodass die Automobilproduktion erheblich zunahm. Im Jahr 1965 erreichte die nationale Automobilproduktion eine Stückzahl von mehr als 40.000 Fahrzeugen, eine Steigerung von mehr als 40% gegenüber 1964. Gleichzeitig wurden 15 neue Automodelle erfolgreich in Produktion genommen. Nachdem das Autoteilegeschäft ebenfalls von der China Automotive Industry Corporation übernommen wurde, wurde auch die Teileversorgung deutlich verbessert.

Die Treuhandgesellschaft der Pharmaindustrie passte die Zahl der pharmazeutischen Fabriken landesweit von 297 auf 167 an und reduzierte die Mitarbeiterzahl um 4.700. Die Produktion der sechs wichtigsten Wirkstoffarten erhöhte sich im ersten Quartal 1965 im Vergleich zum Vorjahreszeitraum um 29%. Gleichzeitig wurde die Qualität der Produkte verbessert und die Produktvielfalt erhöht.

Durch die Einführung einer Verwaltung durch Treuhandgesellschaften gelang es auch in der Salzindustrie, trotz schwerer Naturkatastrophen im Jahr 1964, welche die Produktion um 50% einbrechen ließen, die Inlandsversorgung sicherzustellen und das Exportniveau auf ein historisches Rekordhoch zu steigern.

Durch die Reorganisation des Transportwesens auf Basis der ökonomischen Gesetze konnten mehr als 100.000.000 Tonnenkilometer Transportkapazität und 3.000.000 Leinensäcke eingespart und der Gewinn gegenüber dem ursprünglichen Plan nahezu verdoppelt werden.

Nach der Gründung der Aluminium Industry Corporation wurden die Finanzmittel gebündelt, um das Aluminiumwerk Shandong und das Aluminiumwerk Lanzhou zu erweitern. Die Materialien wurden einheitlich geliefert und einheitlich angepasst. Diese Maßnahmen wurden Anfang 1965 für zwei Monate im Shandong-Aluminiumwerk mit über 50 Tonnen Anpassungsausrüstung, 140 Tonnen Stahl, 140 Tonnen Kupfer und 17.000 Tonnen Aluminium und anderen Materialien durchgeführt.

Nach der Durchsetzung der vereinheitlichten Verwaltung der Huadong Coal Industry Company wurden sowohl Betriebsführung, als auch Verwaltung des Unternehmens verbessert: Im ersten Quartal 1965 wurde die Situation von vier aufeinander folgenden Verlustjahren mit einem Gewinn von 5 Millionen Yuan umgekehrt.

Bei der Umsetzung von Pilotprojekten zu Treuhandgesellschaften stieß man auch auf einige Probleme, die sich hauptsächlich in den folgenden drei Bereichen äußerten:

Erstens, Differenzen zwischen nationalen oder überregionalen Treuhandgesellschaften und den lokalen Interessen. Diese spiegelten sich deutlich in folgenden Punkten wieder: (1) Die Eingliederung von lokalen Unternehmen. Während der Pilotphase der ersten zwölf Treuhandgesellschaften übernahmen einige Treuhandgesellschaften alle Unternehmen eines Industriezweiges, während andere wiederum nur die wichtigsten Unternehmen mit einbezogen. Dabei kam es mit einigen Lokalregierungen zu Meinungsverschiedenheiten, die dazu führten, dass manche Unternehmen, die ursprünglich übernommen werden sollten nicht mit einbezogen werden konnten. In einigen Orten wurden sogar Anpassungen an der Ausrüstung und am Personal oder Umbauten von Fabriken vorgenommen. (2) Die Umstellung der Produktion und Anpassung der Unternehmen. In dieser Hinsicht wurden, da die Standorte unterschiedliche Sichtweisen hatten, einige Anpassungspläne nicht umgesetzt oder es gab, obwohl die Pläne umgesetzt wurden, viele Probleme. So hatte Shanghai zum Beispiel eine robuste Industrie und wollte selbst die volle Verantwortung für die professionelle Produktion und Kooperation von Unternehmen übernehmen. Als die Treuhandgesellschaften in der Pharma- und in der Kautschukindustrie gegründet wurden, erkannte die Stadt Shanghai diese nicht an. Jiangsu, Shandong und Beijing hatten ebenfalls die Befürchtung, dass die einheitliche Verwaltung durch Treuhandgesellschaften ihre Profite schmälern würde. Ein anderes Beispiel war, dass durch die Ablehnung der einheitlichen Planung in der Pharmaindustrie einige

Medikamenten-Sorten abgesetzt wurden und es zu Einschränkungen bei der Versorgung mit eben diesen Medikamenten kam. (3) Externe Zusammenarbeit. Die Treuhandgesellschaften setzten auf eine stärkere Zusammenarbeit innerhalb der Branchen, schenkten der lokalen Zusammenarbeit jedoch nicht genügend Aufmerksamkeit.

Zweitens, der Widerspruch zwischen der einheitlichen internen Verwaltung der Treuhandgesellschaften und der hierarchischen Verwaltung der eingegliederten Unternehmen. In den Anfängen der Pilotphase gab es einige Treuhandgesellschaften, denen noch wenige Unternehmen unterstellt waren, die nur zwischen Unternehmen und Fabriken bzw. Minen unterschieden. Andere Treuhandgesellschaften, denen mehrere Unternehmen unterstellt waren, waren in Zentrale, Zweigstelle und Fabriken bzw. Minen unterteilt. Um die wirtschaftliche Verwaltung zu vereinheitlichen, begannen manche Treuhandgesellschaften Rechte ehemals dezentral verteilter Aufgaben zu zentralisieren, also an die Zentrale zu übertragen. So wurde die Einheit von Produktion, Vertrieb und Marketing sowie von Personal, Finanzen und Gütern sichergestellt. Dadurch kam es bei zuvor eigenständig organisierten Fabriken und Minen zu vielen Konflikten und es war auch für das Erkennen und frühzeitige Beheben von Problemen im Produktionsprozess wenig förderlich.

Drittens, der Widerspruch zwischen den Treuhandgesellschaften und dem ursprünglichen Wirtschaftsverwaltungssystem. Treuhandgesellschaften waren in China eine neue Idee und stellten einen neuen Reformversuch der industriellen Wirtschaftsverwaltung dar. Dadurch mussten sich im Umsetzungsprozess zwangsläufig einige Widersprüche zum ursprünglichen System auftun. Diese lagen hauptsächlich in drei Bereichen: (1) Das Finanzverwaltungssystem. Zum damaligen Zeitpunkt waren die lokalen Steuereinnahmen hauptsächlich von industriellen Gewinnen und Steuern abhängig. Bei den meisten Unternehmen, die in Treuhandgesellschaften eingegliedert werden sollten, handelte es sich um Unternehmen mit hohen Gewinnen, so dass ihre Eingliederung zwangsläufig mit verringerten Einnahmen der lokalen Finanzen verbunden war. Dies ist einer der wichtigsten Gründe, warum viele Orte sich gegen die Treuhandgesellschaften stellten. (2) Der Bereich der Materialverwaltung. Materialien wurden zu dieser Zeit nach Unternehmenszugehörigkeit verteilt. Die Treuhandgesellschaften kümmerten sich bei der Verwaltung der Unternehmen aber nur um die Planvorgaben und nicht um die Materialzuteilung. Wenn es also bei der Materialzuteilung zu Problemen kam, war es sehr schwer für die betroffenen Unternehmen ihre Planziele zu erfüllen. (3) Der Bereich der Preisbestimmung. Nachdem einige Unternehmen unter die Führung von Treuhandgesellschaften gestellt wurden, wurde der Preis für ihre Produkte immer noch von der lokalen Preisabteilung festgelegt, was für die einheitliche Geschäftstätigkeit der Treuhandgesellschaften sehr ungünstig war.

Nach einem Jahr der Erprobungen hatten die Treuhandgesellschaften durch die wirtschaftlichere Herangehensweisen an die Industrieproduktion bedeutende Ergebnisse erzielt, während sie auf der anderen Seite auf Probleme gestoßen sind. Daher war es notwendig, die Erfahrungen zusammenzufassen und geeignete Gegenmaßnahmen für die auftretenden Probleme zu finden. Vom 10. Mai bis 7. Juni 1965 hielt das Parteikomitee der staatlichen Wirtschaftskommission ein Forum für die Arbeit von Treuhandgesellschaften in Pilotprojekten ab. An der Sitzung nahmen die Treuhandgesellschaften und die jeweiligen Abteilungen der zuständigen Ministerien der Zentralregierung, die Leiter der Wirtschaftsabteilungen sowie die zuständigen Verantwortlichen der neun Provinz- und Kommunalparteiausschüsse sowie der Wirtschaftskommissionen teil. Liu Shaoqi und Deng Xiaoping hörten dem Bericht zu und gaben Anweisungen. Liu Shaoqi wies darauf hin: „Treuhandgesellschaften bedeuten Organisation. Organisation von Spezialisierung und Standardisierung, um die Produktion zu steigern, die Qualität zu verbessern und neue Produkttypen zu entwickeln. Wenn man von Treuhandgesellschaften spricht, darf man nicht nur einige wenige etablieren. Man muss einen Blick auf das große Ganze wagen und das Problem in seiner Gesamtheit betrachten." Deng Xiaoping sprach auch die Frage nach der Regulierung von Treuhandgesellschaften an.

Als jedoch die Zentralregierung beschloss, das System der Treuhandgesellschaften zu erproben und diese Gelegenheit zu nutzen, um das Wirtschaftssystem, in dem die zentrale Wirtschaftsmacht übermäßig konzentriert war und die Entwicklung der Produktivkräfte behinderte, allmählich zu verändern, begann die "Kulturrevolution" und beendete dieses weitreichende Experiment abrupt.

3. Erneuter Ausbau der Rechte der Lokalregierungen in der Zeit nach den Anpassungen

Um die durch den "Großen Sprung nach vorn" verursachte problematische Situation in der industriewirtschaftlichen Verwaltung zu korrigieren, die erhitze Stimmung abzukühlen, die stark beschädigte Industriestruktur vernunftgemäß umzubauen und die gesamte Industrieproduktion auf eine normalisierte Entwicklungsspur zurück zu setzen, entschied das Zentralkomitee der KPCh, die Notfallmaßnahme einer stark zentralisierten und einheitlichen Verwaltung zu verabschieden. Dies war zu dieser Zeit absolut notwendig. Im Anschluss an die Wiederherstellung und Entwicklung der gesamten industriellen Produktion und des Bauwesens wurde nach der Zeit der Anpassungen damit begonnen die Verwaltungsbefugnisse der Lokalregierungen und Unternehmen schrittweise zu erweitern, um in allen Bereichen zu Aktivität zu motivieren.

Am 27. August 1964 sagte Mao Zedong in einem der hiermit verbundenen Dokumente: "Die Planungsmethode muss innerhalb der nächsten zwei Jahre implementiert werden. Wenn sie sich nicht ändert, muss sie das bestehende Planungskomitee aufheben und eine andere Einrichtung etablieren.[575] Vom 21. September bis zum 19. Oktober fand die nationale Planungskonferenz statt, die sich im Einklang mit den Anweisungen von Mao Zedong auf die Verbesserung der Planungsarbeit konzentrierte.

---

575 Chinesische Akademie der Sozialwissenschaften, Zentralarchiv 中国社会科学院，中央档案馆编 *1958-1965 Zhonghua Renmin Gongheguo Jingji Dangan Ziliao Xuanbian (Zonghe Juan)* 1958-1965 中华人民共和国经济档案资料选编（综合卷）(„Ausgewähltes Archivmaterial über die Wirtschaft der Volksrepublik China von 1958-1965 (Gesamtteil)", Zhongguo Chengshi Jingji Chubanshe, Ausgabe 2011, S.564)

Bei dem Treffen wurde der Grundsatz der Vereinheitlichung der Macht, der Dezentralisierung der Befugnisse, der einheitlichen Führung, der hierarchischen Verwaltung und konkrete Verbesserungsvorschläge vorgetragen.[576]

Am 30. November 1965 erließ der Staatsrat die von der staatlichen Planungskommission, der staatlichen Baukommission, dem Finanzministerium und dem Materialministerium formulierten "Vorschriften bezüglich der Verbesserung der Verwaltung von Infrastrukturprojekten (Entwurf)", "Diverse Bestimmungen bezüglich die Verteilung von Materialien für den Staat, Regierungen und Unternehmen auf allen Ebenen (Entwurf)" und "Diverse Bestimmungen bezüglich der Finanzverwaltung in staatlichen Industrie- und Transportunternehmen (Entwurf)". Die Verkündung dieser Regelungen war eigentlich die konkrete Umsetzung des 1964 vorgeschlagenen Prinzips der "zentralisierten Führung und hierarchischen Verwaltung".

In Übereinstimmung mit den oben genannten Grundsätzen und Vorschriften hat die Zentralregierung die Verwaltungsbefugnisse von Kommunen und Unternehmen in der Folgezeit wieder ausgebaut.

Die Ausweitung der lokalen Autonomie spiegelte sich hauptsächlich in folgenden Aspekten wider:

Erstens, die Erweiterung der lokalen Planungsverwaltungsrechte. Die verschiedenen Planungsindikatoren von Unternehmen und Institutionen, die direkt der Zentralregierung unterstellt waren, wurden nach wie vor von dem zentralen zuständigen Ministerium festgelegt. Die Planungsindikatoren für lokal verwaltete Unternehmen und Institutionen wurden von den Provinzen, Gemeinden und autonomen Regionen zentral und den örtlichen Gegebenheiten entsprechend festgelegt. Die lokalen Regionen verfügten über eine gewisse Flexibilität bei der Erstellung von Planungsindikatoren, und die Lokalregierungen konnten zunächst Vorkehrungen treffen und diese dann in den nationalen Plan einbeziehen. Für Produkte, deren Quantität die Planvorgaben überstieg, konnte jede Region einen Teil entsprechend dem vorgeschriebenen Verhältnis einbehalten, um die Bedürfnisse der Region zu befriedigen. Die von der Nationalen Planungskommission verwalteten Produkte und Bilanzen wurden ebenfalls erheblich reduziert. Im Plan von 1964 wurde mehr als die Hälfte der Vorgaben des Plans von 1963 gestrichen. Die von der Nationalen Planungskommission verwalteten Industrieprodukte wurden im selben Zeitraum von 340 auf 63 reduziert.

Zweitens, die Erweiterung der lokalen Infrastrukturverwaltungsrechte. Die Koordination von Investitionen in 18 Sektoren, darunter örtliche Landwirtschaft und Tierhaltung, landwirtschaftliche Maschinenstationen und Reparaturnetzwerke, landwirtschaftliche Flächen, Forstwirtschaft, Wasserschutz, Meteorologie, Wasserprodukte, Transport, Handel, Banken, Hochschulbildung, Gesundheit, Kultur, Rund-

576 Vergleiche *Bo Yibo Tongzhi gei Mao Zedong de Xin* 薄一波同志给毛主席的信 („Brief des Genossen Bo Yibo an Mao Zedong", 28.9.1964); Chinesische Akademie der Sozialwissenschaften, Zentralarchiv 中国社会科学院, 中央档案馆编 *1958-1965 Zhonghua Renmin Gongheguo Jingji Dangan Ziliao Xuanbian (Zonghe Juan)* 1958-1965 中华人民共和国经济档案资料选编（综合卷）(„Ausgewähltes Archivmaterial über die Wirtschaft der Volksrepublik China von 1958-1965 (Gesamtteil)", Zhongguo Chengshi Jingji Chubanshe, Ausgabe 2011, S.564)

funk, Sport, Wissenschaft und Städtebau unterlag weiterhin der Kontrolle der Lokalregierungen. Die zentralen Ministerien vermittelten keine Bauprojekte und keine Investitionsquoten mehr. Die Betriebskosten Bewässerungsinfrastruktur von landwirtschaftlichen Nutzflächen und lokale Infrastrukturinvestitionen in die Bewässerungsinfrastruktur konnten zusammengeführt werden. In der lokalen industriellen Infrastruktur wurden große und mittlere Projekte von der Zentralregierung organisiert, kleine Projekte wurden von den zuständigen zentralen Ministerien und den Lokalregierungen gemeinsam organisiert. Die durch solche Projekte eingesparten Investitionen gingen an die Lokalregierungen. Infrastrukturprojekte, die von den Lokalregierungen eigenfinanziert wurden, wurden durch die Provinzen, regierungsunmittelbaren Städte und autonomen Regionen organisiert. Darunter mussten Großprojekte jedoch der staatlichen Planungskommission zur Genehmigung vorgelegt werden.

Drittens, die Erweiterung der lokalen Güter- und Materialverteilungsrechte.

Kam es bei kleineren Stahlunternehmen zu Produktionsüberschüssen, so wurden diese entsprechend dem Ursprung der wichtigsten Materialien und Brennstoffe aufgeteilt. Waren die Materialien und Brennstoffe zu gleichen Teilen von der Zentralregierung und der lokalen Regierung gestellt, so wurden die überschüssigen Produkte unter lokaler und zentraler Regierung zu jeweils gleichen Teilen aufgeteilt. Stellte die Zentralregierung die Materialien und Brennstoffe vollständig, so durfte die Lokalregierung 20% der überschüssigen Produkte einbehalten. Überschüsse im von lokalen Unternehmen produzierten Eisenerz und Roheisen wurde nach Erreichen der nationalen Planvorgaben zu 50% der Stahlproduktion zugeführt. Abfallprodukte und Schrott wurden von der Lokalregierung verteilt. Der von der lokalen Regierung recycelte Stahlabfall, mit Ausnahme der im nationalen Plan für die lokalen Stahlerzeugungs- und Gussaufträge erforderlichen Schmelzmaterialien, wurde zu 70% der Zentralregierung übergeben. Die restlichen 30% wurden von der lokalen Regierung einbehalten. Die Kohle aus den lokalen Kohleminen, die den nationalen Plan überstieg, wurde der Zentralregierung und der Lokalregierung zu gleichen Teilen zugeteilt. Kleinmaterialien und andere Materialien, die von forstindustriellen Unternehmen produziert wurden, wurden lokal verwendet. Produkte, die von lokalen Unternehmen mithilfe von lokalen Devisenimporten hergestellt wurden, sowie eingeteilte Rohstoffe und Materialien wurden von Provinzen, regierungsunmittelbaren Städten und autonomen Regionen verteilt. Darüber hinaus wurden die grundlegenden Abschreibungsaufwendungen aus den Haushaltseinnahmen abgerufen und vollständig den Lokalregierungen und Unternehmen überlassen. Die Anzahl der Leiharbeiter konnte von jeweiligen Ministerien und Lokalregierung selbst geregelt werden, solange der Lohnsumme nicht überschritten wurde.

Während die lokale Autonomie ausgebaut wurde, hat auch die Zentralregierung ihre Geschäftsautonomie ausgebaut. Da das Zentralkomitee der KPCh im September 1961 offiziell die "70 Artikel zur Industrie" erlassen hatte, wurde das Chaos, das während der Zeit des "Großen Sprung nach Vorn" durch fehlende Berücksichtigung von Gewinnen und Verlusten und das Fehlen ökonomischer Kalkulation in der Unternehmensverwaltung ausgelöst wurde, schnell geregelt. Durch die landesweite

Freigabe von Geldern für die Beseitigung von Zahlungsrückständen, die Umwandlung von Verlusten in Gewinne, die Steigerung der Produktion und Sparprogrammen wurden später die Verwaltung und die wirtschaftliche Leistungskraft der Unternehmen erheblich verbessert. Mit dem schrittweisen Abschluss der Anpassungstätigkeiten wurde es immer wichtiger, die operative Autonomie der Unternehmen auszubauen. Daher wurde dieses Feld auch entsprechend neu definiert.

Erstens, wurde ein Teil der Gebühren für technischen Organisationsmaßnahmen, vereinzelte Gebühren für den Erwerb von Festanlagen und Gebühren für Maßnahmen zum Schutz der Arbeitssicherheit den Unternehmen zugewiesen und von diesen dann eigenständig verwendet. Diese drei Gebühren und die Mittel zur Erneuerung der Festanlagen konnten zusammengelegt werden.

Zweitens, konnten die erforderlichen Ausgaben für jede kleine technische Maßnahme in mittelgroßen und großen Unternehmen bei unter 1.000 Yuan pro Maßnahme und in kleinen Unternehmen bei unter 500 Yuan pro Maßnahmen den Gesamtkosten zugerechnet werden. Allerdings nur unter der Voraussetzung, dass die nationalen Finanzaufträge und Kostenpläne erfüllt werden und keine zusätzlichen Materialien benötigt werden.

Drittens konnten Unternehmen zusätzlich zum Kauf großer Produktionsanlagen für die Regelung von Festanlagen, weitere Produktionswerkzeuge und andere Verbrauchsmaterialien mit niedrigem Wert erwerben. Die jeweilige Kaufgebühr musste bei kleinen Unternehmen innerhalb von 200 Yuan, bei mittleren Unternehmen innerhalb von 500 Yuan und bei großen Unternehmen innerhalb von 8.000 Yuan liegen. Wurde der oben angegebene Betrag überschritten, konnte er mit Zustimmung des zuständigen Ministeriums als Verbrauchsartikel mit niedrigem Wert behandelt werden.

Viertens, konnten Unternehmen kleine und einfache Produktionsgebäude errichten, wenn die Fertigstellung den Kosten- und Finanzplan nicht beeinträchtigte und die Baufläche nicht die Größe von 20 Quadratmetern überschritt, so dass sich die Kosten amortisieren konnten.

Fünftens, wurden die Finanzmittel für große Reparaturen und die Mittel für kleine und mittlere Reparaturen zusammengelegt (Reparaturkosten genannt). Für diese Kostenstelle konnten die Unternehmen vorübergehend auch das Betriebskapital verwenden, um notwendige technische Umgestaltungen durchzuführen. Die Gelder durften aber nicht für andere Zwecke entfremdet werden.

Sechstens, war es Unternehmen nun nicht mehr möglich vor dem Erreichen der staatlichen Planvorgaben Gelder abzuziehen. Der Anteil an den Gewinnen, die Unternehmen nach dem Erreichen der nationalen Planziele einbehalten konnten, wurde von ursprünglich 3,5% der Gesamtsumme der Gehälter im Unternehmen auf 5% erhöht.

Alle oben genannten Maßnahmen haben die Verwaltungsbefugnisse von lokalen Unternehmen in gewissem Umfang erweitert, was für den lokalen und unternehmerischen Enthusiasmus durchaus förderlich war.

4. Der zweite Versuch der Dezentralisierung durch die Zentralregierung

Von 1969 bis 1972 war Chinas Wirtschaftsverwaltungssystem einem grundlegende Wandel unterzogen worden, der sich vor allem in der Straffung staatlicher Institutionen, der Dezentralisierung von Unternehmen und deren Verwaltungsrechten, der Dezentralisierung von Rechten für Finanz-, Material- und Infrastrukturinvestitionen sowie der Vereinfachung von Steuer-, Kredit- und Arbeitslohnsystemen niedergeschlagen hat. Die Gründe für diese weitreichende Veränderung haben sowohl komplexe historische Wurzeln, liegen aber auch in realen politischen Bedürfnissen.

In den späten fünfziger Jahren hatte Chinas Wirtschaftsverwaltungssystem grundlegende Änderungen erfahren, wobei die Dezentralisierung der Wirtschaftsverwaltung den Hauptpunkt darstellte. Aufgrund des Scheiterns des "großen Sprunges nach vorn" und der gravierenden Schwierigkeiten, die durch Naturkatastrophen verursacht worden waren, musste bei den nachfolgenden Anpassungen der Fokus auf Zentralisierung und Vereinheitlichung gelegt und die zuvor dezentralisierten Rechte wieder unter die Kontrolle der Zentralregierung gestellt werden. Das Phänomen der zu hohen Zentralisierung im ursprünglichen System hat dadurch jedoch noch weiter zugenommen. Die verschiedenen Ministerien und Unternehmen des Staatsrates beliefen sich 1957 auf mehr als 9.300, ihr industrieller Produktionswert betrug 39,7% des gesamten industriellen Produktionswerts. Nach der Dezentralisierung im Jahr 1958 wurde die Zahl auf weniger als 1.200 reduziert und der Anteil des industriellen Produktionswertes sank auf 13,8%. Im Jahr 1965 erreichte die Zahl der Unternehmen und Institutionen, die direkt dem Staatsrat unterstanden, 10.533 und übertraf damit sogar die Zahl von 1957.

Mao Zedong hatte sich immer dafür ausgesprochen, eine zu unflexible Kontrolle der Zentralregierung zu verhindern. Am 12. März 1966 sagte er in seinem Brief an Liu Shaoqi: "Dass alles in der Zentralregierung vereint ist, und das System festgefahren und unflexibel ist, ist keine gute Methode."[577] Am 20. März hielt er eine erweiterte Sitzung des Politbüros des Zentralkomitees in Hangzhou ab. Dort brachte er vor: „Die Zentralregierung sollte am besten wie eine Republik mit einem unsichtbaren Herrscher sein. Die Zentralregierung verwaltet nur die Ideologie und die Richtlinien. Sie kümmert sich nicht oder zumindest weniger um konkrete Details." Er kritisierte die Zentralregierung dafür, dass sie so viele Unternehmen unter zentrale Kontrolle gestellt hat. Diese sollten alle an die lokalen Regierungen zurückgegeben werden. Aufgrund des Ausbruchs der "Kulturrevolution" kam es aber nie zur Umsetzung dieses Vorhabens.

Im Jahr 1969 trat das Land in die Phase des "Kämpfen, Kritisieren und Reformieren" ein. Unter dem Motto "unangemessene Regeln und Vorschriften reformieren" wurden große Veränderungen im Wirtschaftssystem in den Vordergrund gerückt. Neben den ursprünglichen Zielen, eine zu hohe Zentralisierung und ökonomische Unflexibilität zu überwinden, wurden auch Kriegsvorbereitungen ein neuer Faktor. Aufgrund der Tatsache, dass jederzeit ein neuer Weltkrieg ausbrechen konnte, war es notwendig, so schnell wie möglich ein unabhängiges und vollständiges lokales System für die Verteidigungsindustrie zu schaffen. Im Februar 1970

[577] Renmin Ribao 人民日报, 26.12.1977

schlug die Nationale Planungskonferenz vor, das Land in 10 große Kooperationszonen aufzuteilen, die jeweils ein Industriesystem aufbauen und sich selbst bewaffnen sollten. Die Lin Biao-Gruppe versuchte, den Krieg auszunutzen und weitere Institutionen im Militärsystem zu übernehmen, um ihre in der frühen Phase der "Kulturrevolution" erworbene Macht zu festigen.

Im Februar 1969 wurde auf der nationalen Planungskonferenz vorgeschlagen, dass sich die Unternehmen auf die lokale Verwaltung konzentrieren sollten. Unternehmen in zentralem Besitz konnten in drei Formen unterteilt werden: Lokale, zentrale und duale Verwaltung. Mao Zedong entschied persönlich dazu, dass die Verwaltung über das größte Unternehmen des Landes, die Anshan Iron and Steel Company, am 1. Mai 1969 in der Stadt Anshan (Provinz Lianing) dezentralisiert werden sollte.[578] Dies löste eine Welle der Dezentralisierung in den Unternehmen des ganzen Landes aus. Am 5. März 1970 formulierte der Staatsrat die "Mitteilung bezüglich der Dezentralisierung lokaler Unternehmen unter dem Ministerium für Industrie und Verkehr des Staatsrates (Entwurf)", in der alle Ministerien aufgefordert wurden, den Großteil der direkt unterstellten Unternehmen und Institutionen mit nur einer kleinen Anzahl an zentralen Stellen vollständig an die lokale Verwaltung zu delegieren, und nur wenige Unternehmen mit dualer Führung zu behalten, bei denen der Fokus jedoch auch auf lokaler Führung liegen sollte. Eine sehr geringe Anzahl an großen Schlüsselunternehmen sollte mit einer doppelten Führung und der Zentralregierung als Fokus erhalten bleiben. Die derzeit im Bau befindlichen direkt der Zentralregierung unterstellten Infrastrukturprojekte sollten ebenfalls an die lokalen Regierungen abgegeben werden. Die Bekanntmachung sah auch vor, dass die Dezentralisierung im laufenden Jahr abgeschlossen werden sollte. Am selben Tag entschied das Zentralkomitee der KPCh, das mehr als 2.600 Unternehmen und Institutionen der Zentralregierung, darunter auch die Ölfelder von Daqing und die Changchun Automobile Manufacturing Plant dezentralisiert werden sollten. Die Dezentralisierung lief wie folgt ab: Im April 1970 wurden das erste Maschinenbauministerium und das achte Maschinenbauministerium zusammengelegt und 277 der 310 unterstellten Unternehmen dezentralisiert. Dazu gehörten die First und die Second Automobile Manufacturing Plant, die First und die Second Heavy Machine Tool Plant, die Luoyang Tractor Plant und andere wichtige große Unternehmen, die Einfluss auf die gesamte Volkswirtschaft hatten. Die ursprünglichen 70 großen Gemeinschaftsunternehmen und Schlüsselfabriken, die dem Ministerium für Metallurgie unterstellt waren (ausgenommen die Panzhihua Iron and Steel Company und die Great Wall Steel Plant), darunter 24 große Unternehmen aus unter anderem Anshan, Wuhan, Baotou, Taiyuan und andere Stahlunternehmen, wurden dezentralisiert und unter die Kontrolle der lokalen Regierungen gestellt. Die 72 Unternehmen, die ursprünglich dem Kohleministerium unterstellt waren, wurden ebenfalls allesamt dezentralisiert.

Nach der großen Welle der Dezentralisierung im Jahre 1970 gab es, einschließlich der 22 bereits 1968 dezentralisierten Bergbaubehörden, insgesamt nur 500 Institutionen und Unternehmen, die zentral verwaltet wurden, was 86,5% unter dem

578 Zur genauen Zeit gibt es verschiedene Versionen, diese stammt aus einem wissenschaftlichen Vortrag von Yuan Boahua des Forschungsinstituts für das zeitgenößische China vom 14. April 1995.

Wert von 1965 lag. Der industrielle Produktionswert machte nur 8% des gesamten, landesweiten industriellen Produktionswerts aus. Einige Unternehmen, die innerhalb der Provinzen, regierungsunmittelbaren Städten und autonomen Regionen dezentralisiert wurden, wurden von Lokalregierungen und sogar Landkreisen und Bezirken verwaltet.

Dabei wurden diese Dezentralisierungen innerhalb des damaligen politischen Umfelds oftmals überstürzt durchgeführt und führten zu Chaos in der Unternehmensverwaltung. Nach der Dezentralisierung einiger Großunternehmen kamen bei den Lokalregierungen Probleme in der Produktionsplanung, sowie der Rohstoff- und Ausrüstungsversorgung auf. Offiziell lag dies an der „Führung durch mehrere Köpfe". In der Praxis war oben niemand, der Befehle erteilte und unten niemand, der Befehle empfing. So wurden Chemiefaserverbundprodukte in Beijing von neun Ministerien kontrolliert, darunter das Erste Maschinenbauministerium, das Ministerium für Wasserkraft, das Ministerium für Chemie. Dieses System wurde als "Neun Drachen kontrollieren das Wasser" bezeichnet. Letztendlich wurde dieses System dann vom Unterbau mit den folgenden Worten kritisiert: "Oben gibt es die Regierung, aber keine Doktrin. Unten gibt es eine Doktrin, aber keine Regierung."[579] Die Dezentralisierung zentraler Unternehmen wurde zu schnell und zu umfassend durchgeführt und störte die bestehenden Kooperationsbeziehungen zwischen Unternehmen, wodurch der wirtschaftliche Nutzen weiter eingeschränkt wurde.

Zeitgleich mit der Dezentralisierung haben die Ministerien und Kommissionen, die dem Staatsrat direkt unterstellt waren, auch Vereinfachungen, Zusammenlegung und Auflösungen von Unternehmen durchgeführt. Am 22. Juni 1970 stimmte das Zentralkomitee der KPCh dem Bericht des Staatsrates zu, der die Zahl der Ministerien von mehr als 80 auf 27 reduzierte. Die personelle Besetzung betrug nur 18% der vorherigen Besetzung. Die an der Wirtschaftsverwaltung beteiligten Institutionen änderten sich wie folgt: Die staatliche Planungskommission, die Wirtschaftskommission, das Arbeitsamt des Staatsrates, die staatliche Materialkommission, das Materialministerium, das Geologieministerium, das Arbeitsministerium, das Statistikamt und das Zentrale Amt für Neuansiedlungen bildeten die staatliche Planungskommission. Das staatliche Baukomitee, das Bauministerium, das Baumaterialministerium und die politische Abteilung für die zentrale Infrastruktur wurden zum Nationalen Bauausschuss zusammengefasst. Das Erste Ministerium für Maschinenbau und das achte Ministerium für Maschinenbau wurden zusammen zum Ersten Ministerium für Maschinenbau zusammengefasst. Aus dem Ministerium für Erdöl, dem Ministerium für chemische Industrie und dem Ministerium für Kohle ging das Ministerium für synthetische Brennstoffchemikalien hervor. Das Eisenbahnministerium, das Ministerium für Kommunikation und das Ministerium für Post und Telekommunikation bildeten zusammen das Ministerium für Kommunikation. Das Ministerium für Textilien, das Erste Ministerium für Leichtindustrie und das Zweite Ministerium für Leichtindustrie wurden zum Ministerium für Leichtindustrie zusammengefasst. Das

579 Archiv der staatlichen Plankommission 国家计委档案 *Guanyu Tizhi Wenti Zuotanhui Qingkuang* Jianbao 关于体制问题座谈会情况简报(„Kurzbericht bezüglich der Lage des Symposiums zu Fragen des Systems", 24.01.1972)

Finanzministerium und die Volksbank wurden zum Finanzministerium zusammenfasst. Das Ministerium für Nahrungsmittel, die Liefer- und Verteilungskooperativen und das Zentralbüro für Industrie und Handel wurden ins Handelsministerium eingegliedert. Das Ministerium für Außenhandel und die Internationale Handelsförderung wurden zusammengeschlossen. Die Ministerien für Landwirtschaft, Forstwirtschaft und Fischerei bildeten zusammen mit dem Land- und Forstwirtschaftsausschuss des Staatsrates und der politischen Abteilung des Ministeriums für Land- und Forstwirtschaft das Ministerium für Land- und Forstwirtschaft. Um den Erfordernissen der Kriegsvorbereitung gerecht zu werden, wurden zunächst der Telekommunikationsbereich des Ministeriums für Post und Telekommunikation, das staatliche Vermessungsamt, das Wetteramt und die Zivilluftfahrtbehörde dem Generalstab und der Luftwaffe des Militärs zugewiesen. Unter dem Einfluss des "linken" Denkens wurden auch nichtwirtschaftliche Regierungsbehörden wie die Oberste Volksstaatsanwaltschaft, das Kulturministerium, das Bildungsministerium, die Ethnische Kommission des Staates und die Kommission für Überseechinesen aufgelöst.

Teil 4:
Die Transformation und Entwicklung des Staatskapitals seit der Reform und Öffnung (1978-2015)

Beim Einsatz des Staatskapitals spielten vorwiegend Staatsunternehmen eine wichtige Rolle. Während der Periode der Planwirtschaft in den über zwanzig Jahren von 1952 bis 1977 hat die Ausbreitung von Staatskapital ein fast unübertreffbares Ausmaß erreicht. Dadurch, dass Staatsunternehmen lediglich der Regierung zugehörige Komponenten waren und für diese Instrumente bzw. Methoden zur direkten Ressourcenzuweisung für das Vorantreiben des Wirtschaftswachstums darstellten, unterschieden sich deren Betriebsmechanismen kaum von denen der Regierung. Als Resultat wurde das Staatskapital nicht nur in der Gesamtmenge immer gewaltiger, sondern auch hinsichtlich dessen Verwendung immer mehr politisiert. Die dritte Plenarsitzung des elften Zentralkomitees der KPCh gab den Startschuss für die chinesische Reform und Öffnungspolitik. Rückblickend auf den Geschichtsverlauf der Transformation des Systems der Staatsunternehmen und des Staatskapitals seit 1978 lässt sich dieser grob unterteilen in den Abschnitt des frühen Stadiums, charakterisiert durch die Autonomisierung der Verwaltungsrechte, den Abschnitt des mittleren Stadiums, charakterisiert durch die Transformation des Eigentumsrechtssystem und einer klaren Definition der Eigentumsrechtsverhältnisse, sowie den Abschnitt des späten Stadiums, charakterisiert durch die strategische Reorganisation und der verstärkten Überwachung des Staatseigentums. Was die mit jedem Abschnitt einhergehenden Veränderungen des außenstehenden Gesellschaftsumfeldes anbetrifft, ob etwa politischer oder wirtschaftlicher Art, so wurden die durchgeführte Reformpolitik und die Reformrichtlinien, auch stetig angepasst. Dass sich das Staatskapital Schritt für Schritt immer hochwertiger wurde, sich Staatsunternehmen immer mehr in den Markt eingliederten, die Funktionen des Staatskapitals allmählich ihren angedachten Platz fand und Staatsunternehmen Überlegenheit demonstrierten, sind jedoch unbestreitbare Fakten. Wie wir die Reform des Verwaltungssystems des Staatseigentums in Zukunft vertiefen und Staatsunternehmen stark, exzellent und großartig machen, ist weiterhin eine neue Aufgabe bzw. Herausforderung, welcher China aktuell gegenübersteht.

Kapitel 9: "Machtdezentralisierung und Gewinnabführung" und die Vermarktwirtschaftlichung der Führung von Staatsunternehmen

Alles in allem ereignete sich die Reform der Staatsunternehmen mit ihrem Ursprung in den 80er Jahren des 20. Jahrhunderts vor dem Hintergrund, das die Volkswirtschaft nach den katastrophalen 10 Jahre der "Großen Kulturrevolution" bereits schwer zu führen und die Leistungskraft der Unternehmen drastisch gesunken war.

Im Anfangsstadium der Reform bestand der Grundgedanke darin, mittels "Machtdezentralisierung und Gewinnabführung" und einem "Vertragssystem der Verwaltung" das Verteilungsverhältnis zwischen Regierung und Unternehmen hinsichtlich der Zuweisung von Kontrollrechten bei Geschäftsentscheidungen und das Verteilungsverhältnis der ökonomischen Interessen anzupassen. Dadurch, dass diese Reform bereits von Beginn an die Existenz von Unternehmensprofiten und individuellen Profiten anerkannte (was eine grundsätzliche Ablehnung des Konzeptes der Planwirtschaft darstellte, in dem lediglich gesamtheitliche Profite thematisiert wurden), entwickelte sie eine tiefgreifende Bedeutung und den Charakter einer Systemerneuerung. Sie wurde somit zu einer wichtigen Grundlage für den späteren Eintritt der Staatsunternehmen und des Staatskapitals in den Markt. Jedoch bezeugte die Praxis, dass die schlichte "Machtdezentralisierung und Gewinnabführung" sowie das "Vertragssystem der Verwaltung" die Staatsunternehmen nicht wirklich zu unabhängigen Marktwettbewerbssubjekten machen konnten. Die Geschichte hat auch bereits deutlich dargestellt, dass eine Steigerung der operativen Effizienz der Unternehmen nur dann garantiert werden kann, wenn eine grundsätzliche Reform des Eigentumsrechtssystem in Unternehmen erfolgt; das Staatskapital hat sich ebenfalls nur allmählich aus der grundlegenden Systemtransformation der Staatsunternehmen herausgelöst und ist in die Rolle, die es spielen soll, zurückgekehrt.

Abschnitt 1: Rückblick auf die Hintergründe der Reform der Staatsunternehmen

Währen der Periode der "Großen Kulturrevolution" und der "linksradikalen" Linie der Partei, konzentrierte die Regierung das Staatskapital unbekümmert auf die Schwerindustrie. Dadurch wurde in der Tat die Produktionsmenge einiger Produkte der Schwerindustrie erhöht. Allerdings führte dies auch gleichzeitig zu einem ernsten Ungleichgewicht in der Verteilung des Staatskapitals innerhalb der Industrie. Zudem sank die allgemeine Mikroeffizienz des Staatskapitals stark ab. Zum Ende der "Großen Kulturrevolution" hatten drastisches Absinken des wirtschaftlichen Gesamtvolumens Chinas und die Widersprüche in den Strukturen der verschiedenen Industrien bereits ein unerträgliches, nicht auszugleichendes Niveau erreicht. Die meisten Menschen spürten bereits heimlich, dass ein solches ineffizientes System und eine derartig ineffiziente Entwicklungsstrategie der Durchführung bestimmter Reformen und Anpassungen bedurften.

1. Die hochgradige Konzentration des Staatskapitals und ihre Erfolge

Die zehn Jahre am Stück verlaufende "Große Kulturrevolution" war einer der Zeitabschnitte in der Periode der chinesischen Planwirtschaft, in welchen das Staatskapital zu hohem Grad konzentriert war. Wir sollten anerkennen, dass dank dem starken Vorantreiben einiger Branchen durch das Staatskapital das Produktionsvolumen diverser Industrieprodukte Chinas tatsächlich einen gewissen Anstieg erreichte, außerdem einige große und mittelgroße Staatsunternehmen auf vergleichsweise hohem technischen Niveau gegründet wurden und der Umfang der Staatswirtschaft weiter vergrößert wurde.

Zunächst war das Produktionsvolumen einiger Hauptindustrieprodukte gewachsen. Aus der unten aufgeführten Tabelle wird erkenntlich, dass die jährliche Wachstumsrate des Produktionsvolumens von Chemiefasern von 1966 bis 1976 bei 6,8% lag; die Wertzuwachsrate von Garn lag bei 2,3%; bei Stoff waren es 1,9%; bei Nähmaschinen waren es 9,8%; bei Zucker als Produkt der Leichtindustrie waren es nur 0,4%; die höchste Wertzuwachsrate lag bei Radios mit 27,8%; bei Rohkohle waren es 6,7%; die Wachstumsrate von Rohöl erreichte ebenso eine Höhe von 19,6%; bei Stahl waren es nur 2,9%; bei Dünger waren es 18,1%.

Tabelle 9-1 Lage des Produktionsvolumenwachstums der Hauptindustrieprodukte Chinas während dem Zeitraum der "Großen Kulturrevolution"

	Chemiefasern (in 10 Tsd. Tonnen)	Garn (in 10 Tsd. Tonnen)	Stoff (in 100 Mio. Metern)	Nähmaschinen (in 10 Tsd. Stück)	Zucker (in 10 Tsd. Tonnen)	Radios (in 10 Tsd. Stück)	Rohkohle (in 100 Mio. Tonnen)	Rohöl (in 10 Tsd. Tonnen)	Stahl (in 10 Tsd. Tonnen)	Dünger (in 10 Tsd. Tonnen)
1966	7,58	156,5	73,1	142,4	159	83,7	2,52	1455	1532	240,9
1970	10,09	205,2	91,5	235,2	135	257,0	3,54	3065	1779	243,5
1973	14,88	196,7	87,1	293,6	191	502,8	4,17	5361	2522	459,2
1976	14,61	196,0	88,4	363,8	165	969,1	4,83	8716	2046	524,4
Wachstumsrate (%)	6,8	2,3	1,9	9,8	0,4	27,8	6,7	19,6	2,9	18,1

Quelle: Zusammengetragen und bezogen aus Daten der Seiten 26-33 des von der Abteilung für Statistik für Industrieverkehrsgüter der Nationalen Statistikbehörde verfassten Werkes *Statistisches Material zur Entwicklung der Industrie Chinas 1949-1984* (Chinesischer Verlag für Statistik, Ausgabe 1985).

Außerdem wurde eine Reihe großer und mittelgroßer Staatsunternehmen gegründet. Unter dem mit aller Kraft verfolgten Vorantreiben des Staatskapitals wurden während der Zeit der "Großen Kulturrevolution" eine Reihe staatlich geführter großer und mittlerer Unternehmen mit vergleichsweise fortschrittlicher Technologie etabliert. In der Ölindustrie wurden Sinopec und Dagang Oilfield gegründet. Diese entwickelten sich zu Großunternehmen mit einer Jahresproduktion von 50 Mio. Tonnen Rohöl. In der Stahlindustrie gründeten sich wichtige Unternehmen neu, so etwa die Panzhihua Stahl- und Eisenfabrik, die Jiuquan Iron and Steel Corporation (JISCO), die Wuhan Iron and Steel Corporation (WISCO) und die Guizhou Aluminiumfabrik. In der Maschinenbauindustrie wurde ebenfalls eine Reihe von Unternehmen aufgebaut, darunter die Second Automobile Works Co. (SAW) in Hubei, die Second Heavy Machine Co. (CNEG) in Deyang in Sichuan und die Dazu Automobile Works Co. in Sichuan. In der Kohleindustrie wurden vielerorts große Kohleminen errichtet. Darunter beispielsweise in Liupanshui, in Guizhou, in Baodingshan, in Sichuan oder in Yanzhou in Shandong.[580]

Weiterhin hat sich eine Zusammensetzung der staatlichen Wirtschaft gebildet, die als „Große Vereinigung" bezeichnet werden kann. Am Ende des Jahres 1978 vor der Reform und Öffnung gab es in China insgesamt 348.400 Industrieunternehmen. Darunter waren 83.700 Unternehmen im Kollektivbesitz, insgesamt 24%. Diese hatten einen industriellen Gesamtproduktionswert von 328,9 Mrd. Yuan und machten 77,6% des gesamten industriellen Produktionswertes aus. 1978 nahm das chinesische Finanzministerium 113,23 Mrd. Yuan ein, wobei 96,24 Mrd. Yuan durch Staatsunternehmen übertragene Profite und Steuern waren (57,20 Mrd. Yuan übertragene Profite, 39,04 Mrd. Yuan Steuereinnahmen), was wiederum insgesamt 85% der Einkünfte des Finanzministeriums ausmachte.[581] Unabhängig davon wie viel das Produktionsvolumen von Industrieprodukten in diesem Zeitabschnitt zugenommen hat, wie viele neue Unternehmen gegründet wurden und wie stark sich die Wirkungsbereich der nationalen Wirtschaft ausgedehnt hat, müssen wir untersuchen, wie hoch der Preis war, der für die Errungenschaften, die während der Zeit der "Großen Kulturrevolution" erzielt wurden, bezahlt wurde. Das Bedauerliche war, dass dieser gewaltig war, und Wirtschaft Chinas fast in einen Zustand befördert hatte, in dem sie nicht mehr aufrechtzuhalten war.

2. Der Preis für die hochgradige Konzentration des Staatskapitals

Während der 10 Jahre der "Großen Kulturrevolution" versuchten wir, durch „großes Anhäufen" den Grad der Industrialisierung weiterhin zu erhöhen. Da wir jedoch die objektiven Gesetzmäßigkeiten der Wirtschaft sowie die Gesetzmäßigkeiten der Natur und Technik ignorierten, ließ diese extreme Vorgehensweise die Makro- und Mikroeffizienz nicht nur nicht ansteigen, sondern sie im Gegenteil drastisch sinken.

Zunächst sank die wirtschaftliche Leistungskraft der Unternehmen in Kollektivbesitz, welche den staatlichen Willen repräsentierten, in sämtlichen Bereichen in hohem Maße. Aus der unten angeführten Tabelle lässt sich erkennen, dass der Profit, den Unternehmen mit unabhängiger Buchführung in Kollektivbesitz pro Hundert Yuan Festanlagen erzielten, im Jahre 1976 im Vergleich zum Jahre 1965 um 42,1% gesunken war; die pro Hundert Yuan Kapital erzielten Profitsteuern sanken 1976 im Vergleich zu 1965 um 35,2%; die pro Hundert Yuan Nettowert von Festanlagen erzielten Profitsteuern sanken 1976 im Vergleich zu 1965 um 27,1%; der pro Hundert Yuan Industrieproduktionswert erzielte Produktionswert sank 1976 im Vergleich zu 1965 um 40,8%; hingegen stieg das Umlaufkapital pro Hundert Yuan Produktionswert 1976 im Vergleich zu 1965 um 44,7%; die Kosten pro Hundert Yuan Verkaufs-

580 Zhao Dexin 赵德馨 *Zhonghua Renmin Gongheguo Jingji Shi 1967-1984* 中华人民共和国经济史 1967--1984 („Wirtschaftsgeschichte der Volksrepublik China 1967-1984", Henan Remin Chubanshe, Ausgabe 1991, S. 364)

581 Yang Huixin, Qu Yuan 杨蕙馨、曲媛 *Zhonghua Guoyou Qiye Gaige ji qi Zhili* 中国国有企业改革及其治理 („Reform der chinesischen Staatsunternehmen und ihre Verwaltung"); *Journal of the Capital University of Economics and Business* 首都经济贸易大学学报, 1. Ausgabe 2008

erlös stiegen 1976 im Vergleich zu 1965 um 8,4%. Die Verluste der Industrieunternehmen des gesamten Landes erreichten 1976 31,5% und die dadurch entstandenen Einbußen beliefen sich auf insgesamt 7,69 Mrd. Yuan.[582]

Tabelle 9-2 Hauptfinanzindex der unabhängigen Buchhaltungsunternehmen in Kollektivbesitz

	1965	1970	1973	1976	1976 im Vergleich zu 1965 (%)
Pro Hundert Yuan Festanlagen erzielter Gewinn	20,9	21,3	15,9	12,1	-42,1
Pro Hundert Yuan Kapital erzielte Profitsteuern	29,8	30,6	22,7	19,3	-35,2
Pro Hundert Yuan Nettowert von Festanlagen erzielte Profitsteuern	39,8	45,7	34,0	29,0	-27,1
Pro Hundert Yuan Industrieproduktionswert erzielter Produktionswert	21,3	18,2	14,2	12,6	-40,8
Pro Hundert Yuan Ursprungswert von Festanlagen erzielter Produktionswert	98	117	105	96	-2
Umlaufkapital pro Hundert Yuan Produktionswert	25,5	29,9	33,4	36,9	+44,7
Kosten pro Hundert Yuan Verkaufserlös	69,0	69,0	73,6	74,8	+8,4

Quelle: Abteilung für Statistik für Industrieverkehrsgüter der Nationalen Statistikbehörde 1985: *Statistisches Material zur Entwicklung der Industrie Chinas 1949*-1984, Chinesischer Verlag für Statistik, S. 90.

Weiterhin sank die Energienutzungseffizienz. Das pro Tonne Energie erzeugte Volkseinkommen betrug (gemäß dem Preis des jeweiligen Jahres berechnet) 1965 734 Yuan und sank bis 1976 auf 507 Yuan. Die pro zehntausend Yuan Volkseinkommen verbrauchte Energie lag 1965 bei 13,4 Tonnen. 1976 stieg sie auf 17,9 Tonnen.[583]

Zudem sank die Auslastung von Anlagen. So lag das Produktionsvolumen von Stahl im Jahre 1966 bei 15,32 Mio. Tonnen und die während der Periode der "Großen Kulturrevolution" neuakkumulierte Kapazität im Stahlschmelzen bei 14,23 Mio. Tonnen. Chinas Kapazität im Stahlschmelzen sollte 1976 bei etwa 30 Mio. Tonnen liegen,

582 Abteilung für Statistik von Industrieverkehrsgütern des staatlichen Amts für Statistik *1949-1984 Zhongguo Gongye de Fazhan Tongji Ziliao* 1949—1984 中国工业的发展统计资料 („ Statistisches Material zur Entwicklung der Industrie Chinas 1949-1984", Zhongguo Tongji Chubanshe, S. 88)

583 Abteilung für Statistik von Industrieverkehrsgütern des staatlichen Amts für Statistik *1949-1984 Zhongguo Gongye de Fazhan Tongji Ziliao* 1949—1984 中国工业的发展统计资料 („ Statistisches Material zur Entwicklung der Industrie Chinas 1949-1984", Zhongguo Tongji Chubanshe, S. 78)

jedoch betrug das Produktionsvolumen von Stahl 1976 lediglich 20,46 Mio. Tonnen. Dies bedeutet, dass mindestens ein Drittel der Kapazitäten im Stahlschmelzen nicht genutzt wurde.[584]

Außerdem erhöhten sich die Konstruktionskosten von Bauprojekten enorm. Die für die zusammengefasste Produktionsleistung der Herstellung jeder Tonne Stahl benötigte Investitionssumme lag während der Phase des "Ersten Fünfjahresplanes" bei 1.342 Yuan. Während der Zeit des "Vierten Fünfjahresplanes" stieg sie auf 2.452 Yuan, also insgesamt um 80%; die für die Abbauleistung der Herstellung jeder Tonne Kohle benötigte Investitionssumme lag während der Phase des "Ersten Fünfjahresplans" bei 56 Yuan. Während der Zeit des "Vierten Fünfjahresplans" stieg sie auf 119 Yuan, also um 112%.

Daneben verlängerte sich auch die Gründungsdauer von Staatsunternehmen immer weiter. Während der Phase der "Großen Kulturrevolution" betrug die Gründungsdauer von Schlüsselunternehmen in der Maschinenbauindustrie mehr als acht Jahre. Im Gegensatz dazu waren zur Zeit des "Ersten Fünfjahresplanes" nur etwa drei Jahre nötig, um vergleichbare Unternehmen zu etablieren. In Folge dessen sank die Rate der Neubildung von Staatskapital deutlich. Laut Statistik lag diese bei Anlagevermögen zur Zeit des "Ersten Fünfjahresplanes" bei 83,7%, sank während der Periode des "Dritten Fünfjahresplanes" und des "Vierten Fünfjahresplanes" hingegen auf 59,5% beziehungsweise 61,4%.[585]

Schließlich verschlechterte sich zunehmend die Verteilung des Staatskapitals über die Produktionssektoren. Während der Phase der "Großen Kulturrevolution" war die Verteilung des Staatskapitals aufgrund dem einseitigen Streben nach Hochgeschwindigkeit, großer Anhäufung sowie der unausgewogenen Hervorhebung der Entwicklung der Schwerindustrie ernsthaft aus dem Gleichgewicht geraten. Es gibt Untersuchungen, die zeigen, dass die Anhäufungsrate von Staatskapital in China im Zeitraum der Jahre 1970 bis 1976 der "Großen Kulturrevolution" in jährlich über 30% lag. 1970 lag die Anhäufungsrate bei 32,9%, 1971 stieg sie auf 34,1% an. Innerhalb dieser zehn Jahre lag die jährliche durchschnittliche Wachstumsrate des Produktionswertes in der Leichtindustrie bei 6,9%, die Wachstumsrate des Produktionswertes in der Schwerindustrie hingegen bei 9,7%. Bis 1976 betrug das Verhältnis von Leicht- zu Schwerindustrie 43,7:56,3[586], die industrieinternen Verhältnisse wurden auf künstliche Art und Weise durcheinandergebracht. Auch aus diesen Gründen sank die Gesamteffizienz des Industriekapitals insgesamt ab.

---

584 Li Debin 李德彬 *Zhonghua Renmin Gongheguo Jingji Jianshi 1949-1985* 中华人民共和国经济简史 1949—1985 („Historischer Überblick der Wirtschaft der Volksrepublik China 1949-1985", Hunan Volksverlag, S. 480)

585 Li Debin 李德彬 *Zhonghua Renmin Gongheguo Jingji Jianshi 1949-1985* 中华人民共和国经济简史 1949—1985 („Historischer Überblick der Wirtschaft der Volksrepublik China 1949-1985", Hunan Volksverlag, S. 481)

586 Abteilung für Statistik von Industrieverkehrsgütern des staatlichen Amts für Statistik *1949-1984 Zhongguo Gongye de Fazhan Tongji Ziliao* 1949—1984 中国工业的发展统计资料 („ Statistisches Material zur Entwicklung der Industrie Chinas 1949-1984", Zhongguo Tongji Chubanshe, S. 61)

Abschnitt 2: Die Ausweitung der Selbstbestimmungsrechte von Staatsunternehmen (1978-1992)

Das über eine Länge von zehn Jahren andauernde Durcheinander der "Großen Kulturrevolution" und die Tendenz des Staatskapitals zur hochgradigen Konzentration stehen faktisch als Beweis dafür, dass keineswegs gute Ergebnisse erzielt wurden. Im Gegenteil resultierte direkt ein allgemeines Absinken der Wachstumsgeschwindigkeit und der Wirtschaftsleistung. Wie mittels Erhöhung der Effizienz der Unternehmen das Angebot erweitert, sowie die durch wirtschaftliche Engpässe entstandene Wirtschaftskrise abgemildert werden könnte wurden in der Folgezeit zu Angelegenheiten höchster Priorität. Die Ausweitung der Selbstbestimmungsrechte von Unternehmen war der logische und historische Ausgangspunkt für die Erhöhung der Betriebseffizienz von Staatsunternehmen sowie für die Umsetzung der Marktwirtschaftsreform. Obwohl die Regierung damals nicht ahnte, dass die Reform zu den heutigen Auswirkungen führen könnte, war es die zu jener Zeit ihr dringendstes und realstes Anliegen, mit Hilfe der "Machtdezentralisierung und Gewinnabführung" die Aktivität der Unternehmen zu stimulieren und die wirtschaftliche Leistungskraft zu erhöhen.

1. Die Pilotprojekte der Ausweitung der Selbstbestimmungsrechte der Unternehmen

Im Oktober 1978 übernahm die Provinz Sichuan die Initiative und gewährte einigen staatlich geführten industriellen und kommerziellen Unternehmen innerhalb der Provinz diverse Selbstbestimmungsrechte. Deren Inhalt umfasste: Den Unternehmen zunächst Produktions- und Einnahmenwachstumsziele vorgeben, ihnen nach Erreichen der Ziele erlauben, eine kleine Menge an den Gewinnen einzuziehen und den Angestellten eine Belohnung zu überlassen. Drei Monate nach der Implementierung dieser Vorgehensweise wurden bereits ansehnliche Resultate erzielt. Dies zeigte sich deutlich in der Mobilisierung der Eigeninitiative von Unternehmen und dessen Angestellten. Auf der dritten Plenarsitzung des elften Zentralkomitees der KPCh wurden Reihen von Leitprinzipien bei der Reform des Wirtschaftsverwaltungssystems vorangebracht. So sollten den Regionen und Industrieunternehmen mehr Selbstbestimmungsrechte in Bezug auf die Betriebsverwaltung gewährleistet werden. Zudem sollte ernsthaft die fehlende Trennung von Partei, Regierung und Unternehmen überwunden werden. Auch häufig auftretende Phänomene, bei denen es dazu kam, dass die Partei die Regierung und die Regierung die Unternehmen ersetzte, sollten bekämpft werden.[587] Diese bedeutsamen Gedanken lieferten die theoretische und politische Grundlage, als die Provinz Sichuan die Selbstbestimmungsrechte von Unternehmen ausweitete.

---

587 Archivlaboratoriums des Zentralkomitees der KPCh 中共中央文献研究室 *Shiyi Jie san zhong Quanhui yi lai de Lici Quanguo Daibiao Dahui Zhongyang Quanhui Zhongyao Wenjian Xuanbian* 十一届三中全会以来党的历次全国代表大会中央全会重要文件选编 („Ausgewählte, wichtige Dokumente der Kommunistischen Partei aller aufeinander folgenden Plenarsitzungen des Zentralkommitees des Nationalkongresses seit der dritten Plenarsitzung des 11. Zentralkommitees der KPCh", vorderer Teil, Zhongyang Wenxian Chubanshe, Ausgabe 1997, S. 23)

Im Februar 1979 fasste die Provinz Sichuan weitergehend die Erfahrungen von sechs Pilotunternehmen zusammen und formulierte nach Untersuchungen die "Pilotvorschläge bezüglich der Ausweitung der Unternehmensrechte und der Beschleunigung des Voranschreitens im Produktionsaufbau". Deren Kern war "Machtdezentralisierung und Gewinnabführung", also beispielsweise: Unternehmen konnten einen Teil der geplanten Profite einbehalten und diese als Kapital innerhalb des Unternehmens verwenden. Voraussetzung war jedoch, dass sie sämtliche durch den Staat vorgegebenen jährlichen Planungsziele im Bereich Technologie und Wirtschaft, sowie Verträge zur Versorgung mit Gütern in vollem Maße erfüllten. Unternehmen konnten solange sie garantierten, die Planvorgaben des Staates zu erfüllen, entsprechend den Anforderungen der nationalen und internationalen Märkte autonom handeln, ihr Potential eigenständig zur Geltung bringen, Produktions- und Einkommenswachstum organisieren und die Verarbeitung von gelieferten Materialien übernehmen. Zahlreiche Unternehmen beantragten, eigene Produkte zu exportieren und Anteile an den Devisen einzubehalten, damit neue Technologien eingeführt und dringend benötigtes Equipment sowie Rohmaterialien importiert werden konnten. Damit sollte die Wettbewerbsstärke der eigenen Produkte in ausländischen Märkten erhöht werden. Sämtliche Unternehmen, welche die technologischen und wirtschaftlichen Ziele, sowie die vom Staat vorgegebenen Verträge zur Versorgung mit Gütern erfüllten, konnten einen an der Gesamtsumme des Standardgehaltes der Angestellten gemessenen Bonus von 10-20% an die Angestellten ausbezahlen. Unternehmen konnten unter anderem selbstständig Angestellte aus der Gesellschaft akquirieren und Arbeitsvertragssysteme etablieren.

Nachdem diese Vorschläge in 100 Industrieunternehmen und 40 Handelsunternehmen in der Provinz Sichuan umgesetzt wurden, zeigte sich im selben Jahr deutlich, dass die Eigeninitiative der Unternehmen und ihrer Angestellten in der Produktion langsam angeregt wurde. Wachstum der Produktionswerte und Wachstum in der Realisierung und dem Abführen von Gewinnen an Staat waren in diesem Jahr im Allgemeinen in Pilotunternehmen höher als in solchen Unternehmen, die nicht für Pilotprojekte ausgewählt wurden.

2. Vorantreiben der landesweiten Exporte durch die Reform der Ausweitung der Selbstbestimmungsrechte von Unternehmen

Im April 1979 berief die Wirtschaftskommission im Geiste der dritten Plenarsitzung des 11. Zentralkomitees der KPCh unmittelbar eine Konferenz zu Pilotprojekten für die Ausweitung der Selbstbestimmungsrechte von Unternehmen ein. Die Kommission wies deutlich darauf hin, dass die Befugnisse von Staatsunternehmen hinsichtlich Produktionsverwaltungsrechten, finanzieller Kontrolle, Verfügungsrechten über Güter, Außenhandelsbefugnisse, Rechten zur Akquirierung von Angestellten, Bestimmungsrechten über Belohnung und Bestrafung, der Aufstellung von Strukturen oder dem Ernennen und Entlassen von Amtsträgerinnen und Amtsträgern, ausgeweitet werden müssen. Im Mai desselben Jahres wählten sechs Institutionen, darunter die Wirtschaftskommission und das Finanzministerium, vereinigt in den drei Städten Beijing, Tianjin und Shanghai acht Einheiten aus, in denen Pilotprojekte zur Ausweitung der Selbstbestimmungsrechte von Unternehmen durchgeführt werden sollten. Darunter befanden sich unter anderem die Shougang Group, die Tianjin Bicycle Factory und die Shanghai Diesel Engine Works. Die Pilotprojekte stießen in den Unternehmen und bei einer breiten Masse an Angestellten auf enormen Zuspruch. Zur gleichen Zeit entwickeln zahlreiche Regionen und deren Dienststellen auf Basis der acht Pilotunternehmen selbst Strategien, um Pilotprojekte durchzuführen.[588] Am 13. Juli 1979 gab der Staatsrat fünf Dokumente bezüglich der Ausweitung der Selbstbestimmungsrechte von staatlich geführten Unternehmen heraus: "Diverse Regularien bezüglich der Ausweitung der Selbstbestimmungsrechte in der Betriebsverwaltung von staatlich geführten Industrieunternehmen", "Regularien bezüglich der Durchführung der Einziehung von Gewinnen aus staatlich geführten Unternehmen", "Provisorische Regularien bezüglich der Einziehung einer Anlagevermögenssteuer in staatlich geführten Industrieunternehmen", "Regularien bezüglich der Erhöhung der festgesetzten Abschreibungsquote sowie Verbesserungen bei den Verwendungsmöglichkeiten der Abschreibungskosten in staatlich geführten Industrieunternehmen", "Provisorische Regularien bezüglich der durch staatlich geführte Industrieunternehmen umgesetzten Gesamtumlaufmittel an Krediten".[589] Sie forderten die Dienststellen sämtlicher Regionen, welche direkt der Zentralregierung unterstellt waren, dazu auf, in der Industrie und in den Verkehrssystemen eine kleine Zahl an Unternehmen auszuwählen, die Pilotprojekte zur Ausweitung der Selbstbestimmungsrechte von Unternehmen durchführen sollten. Am 20. Januar 1980 ratifizierte der Staatsrat die von der nationalen Wirtschaftskommission und dem Finanzministerium formulierten "Versuchsmethoden der Einbehaltung von Gewinnen in staatlich geführten Industrieunternehmen" und verfeinerte die Methode der "Profitzulassung" weitergehend.

3. Die Effekte der Pilotprojekte in der Reform zur Ausweitung der Selbstbestimmungsrechte von Unternehmen

Nicht lange nachdem der Staatsrat die fünf Dokumente zur Ausweitung der Selbstbestimmungsrechte von Unternehmen herausgab, wurden in 1.590 Industrieunternehmen aus landesweit 26 Provinzen, Städten und Autonomen Gebieten weitreichende Pilotprojekte durchgeführt. Zählt man jene Unternehmen hinzu, welche in manchen Provinzen, Städten und Gebieten, nach selbst festgelegten Methoden Pilotprojekte verfolgten, kommt man auf insgesamt 2.100 Industrieunternehmen. Bis zum Juni 1980 erreichte die Zahl der Unternehmen, die Pilotprojekte zur Ausweitung der Selbstbestimmungsrechte von Unternehmen durchführten, mehr als 6.600, was

---

588 Ma Jiaju 马家驹 *Zhongguo Jingji Gaige de Lishi Kaocan* 中国经济改革的历史考察 („Historische Untersuchung der chinesischen Wirtschaftsreform", Zhejiang Renmin Chubanshe, Ausgabe 1994, S.195)

589 Abteilung für Unternehmenssysteme der Staatlichen Kommission wirtschaftlichen Restrukturierung, Büro des Kommitees zur Weisung von Unternehmensverwaltung des Staatsrates 国家经济体制改革委员会企业体制司、国务院企业管理指导委员会办公室 *Zhongguo Qiye Gaige Shi Nian* 中国企业改革十年 („10 Jahre Unternehmensreform in China", Gaige Chubanshe, Ausgabe 1990, S.634)

etwa 16% der Industrieunternehmen des gesamten Landes, 60% des Produktionswertes und 70% der Gewinne entsprach.[590] Die wirtschaftlichen Resultate, welche die Pilotunternehmen erzielten, waren durchaus beachtlich. Verglichen mit 1978 wuchs 1979 der Gesamtproduktionswert der Industrie um 11,6%; die erzielten Gewinne stiegen um 15,9%; die an die Zentralregierung übermittelten Gewinne stiegen um 12,6%. Somit überstieg das Wachstum des Produktionsvolumens, des Produktionswerts sowie der übermittelten Gewinne von Pilotunternehmen grundsätzlich das Niveau vor der Durchführung der Pilotprojekte und war zudem höher als das Niveau der Unternehmen, die keine Pilotprojekte verfolgten. Laut Statistiken aus mehr als 4.200 Unternehmen machte das Niveau der in Pilotunternehmen einbehaltenen Gewinne 8,5% der gesamten im Unternehmen erzielten Gewinne aus. In der finanziellen Dimension machten die Einkünfte der Unternehmen nach Abzug der Sozialleistungen und den Bonuszahlungen für Angestellte, welche ihnen bereits vor Durchführung der Pilotprojekte zukam, 40,8% der Zunahme an Gewinnen aus.[591] Auch in der ersten Hälfte des Jahres 1980 ließ sich in Bezug auf den Produktionswert sowie die Gewinne der Unternehmen erneut ein umfangreiches Wachstum feststellen.

Bei der Reform zur Ausweitung von Selbstbestimmungsrechten in Staatsunternehmen, welche zum Beginn der Reform und Öffnung durchgeführt wurde, ging es darum, die Eigeninitiative der Unternehmen in der Produktion anzuregen. Die Resultate der Pilotprojekte zeigten dabei deutlich, dass bei den Unternehmen im Vergleich zu vorher in der Tat einige wichtige Veränderungen zustande gekommen waren. Das auffälligste war, dass die Unternehmen nun eine gewisse Kontrolle bei der Betriebsverwaltung innehatten und sich begannen zu einer Wirtschaftseinheit mit intrinsischer Antriebskraft zu entwickeln. Die Funktion von Marktregulierungen rückte nun in den Fokus und die Betriebsführung innerhalb der Unternehmen gewann an Stärke hinzu. Jedoch kam es in den Unternehmen, welche Pilotprojekte verfolgten, während deren Durchführung auch zu einer Reihe an Problemen, dessen Ursprung zum Teil noch im alten System verankert war. Die auffälligsten Probleme darunter waren:

1. Die Planvorgaben der Unternehmen bezüglich Produktionsvolumen, Produktionswert, Gewinn, Arbeit und Gütern wurden nach wie vor separat voneinander übermittelt und nicht aneinander angeglichen. Somit wusste die Führungsebene oftmals nicht, wem es zu folgen galt. Die Widerstandskraft der Unternehmen bei der Entwicklung von Marktregulierungen war aus diesem Grunde noch sehr stark

2. Die Rechte, welche die Unternehmen erhielten, waren noch äußerst begrenzt. Es gab noch keine voll umfassenden Rechte in Bezug auf das Bestimmen über die Einbehaltung von Gewinnen und das Verteilen von finanziellen Belohnungen. Zudem waren auch die Rechte für das Einstellen von Personal noch nicht wirklich in die Praxis umgesetzt.

590 Zhao Dexin 赵德馨 *Zhonghua Renmin Gongheguo Jingji Shi 1967-1984* 中华人民共和国经济史 1967--1984 („Wirtschaftsgeschichte der Volksrepublik China 1967-1984", Henan Remin Chubanshe, Ausgabe 1991, S.580)

591 Hu Jinglin 赵德馨 *Guoyou Qiye Gaige Lilun yu Qiantu* 国有企业改革理论与途径 („Theorie und Wege der Reform von Staatsunternehmen", Jingji Kexue Chubanshe, Ausgabe 1989, S.580)

Hinsichtlich dessen äußerte die Staatliche Wirtschaftskommission im August 1980 spezifische Vorschläge zur Bewältigung der Probleme, um nun die vollständige Ausweitung von Selbstbestimmungsrechten in Unternehmen voranzutreiben.

4. Die weitergehende Vertiefung der Reform der Ausweitung der Selbstbestimmungsrechte in Unternehmen

Im Zuge der Vertiefung der Reform der Ausweitung der Selbstbestimmungsrechte in Unternehmen vergrößerte die Regierung die Anstrengungen, diese aktiv voranzutreiben, noch einen Schritt weiter. Im Mai 1984 veröffentlichte der Staatsrat die "Provisorischen Regularien bezüglich der weitergehenden Ausweitung der Selbstbestimmungsrechte in staatlich geführten Industrieunternehmen"[592] und gewährte Unternehmen in insgesamt zehn Bereichen mehr Befugnisse. So auch beispielsweise hinsichtlich Produktionsplanung, Produktvertrieb, Produktpreise, Auswahl und Einkauf von Gütern, Verwendung von Kapital, Vermögensverwaltung, Organisation von Institutionen, Personalverwaltung, Gehaltsboni oder gemeinschaftliche Betriebsführung. Sie lockerten weiterhin die Restriktionen der Regierung gegenüber den Unternehmen.

Im Oktober 1984 wurde auf der dritten Plenarsitzung des 12. Zentralkomitees der KPCh die "Bestimmungen des Zentralkomitees der Kommunistischen Partei bezüglich der Reform des Wirtschaftssystems" verabschiedet. Dies brachten zum Ausdruck, dass "dafür gesorgt werden muss, dass Unternehmen tatsächlich zu einer relativ unabhängigen Wirtschaftseinheit und zu Produzenten von sozialistischen Produkten unter selbstbestimmter Betriebsführung und Eigenverantwortung in Bezug auf Gewinne und Verluste werden. Sie müssen die Fähigkeit zur Selbstveränderung sowie Selbstentwicklung haben und zu juristischen Personen mit gewissen Rechten und Pflichten werden." In den paar Jahren nach der dritten Plenarsitzung des zwölften Zentralkomitees der KPCh veröffentlichte die Regierung erneut nacheinander zahlreiche spezifische Maßnahmen, welche auf die Reform zugeschnitten waren und darauf abzielten, die Rechte von Staatsunternehmen zu optimieren. 1986 veröffentlichte sie die "Diversen Regularien des Staatsrates bezüglich der vertieften Bestärkung der Vitalität von Unternehmen durch die Unternehmensreform" und gab im selben Jahr das "(Provisorische) Bankrott-Gesetz der Volksrepublik China" heraus. Im April 1988 rief der Staatsrat das "Gesetz bezüglich Industrieunternehmen in Kollektivbesitz" aus.[593] Im Juli 1992 legte der Staatsrat zudem gemäß dem "Gesetz bezüglich Industrieunternehmen in Kollektivbesitz" die "Provisorischen Regeln bezüglich Umwandlungen der Betriebsstrukturen von Industrieunternehmen in Kollektivbesitz" ein. Mittels der Form von Gesetzen und Verordnungen gaben diese den

---

592 Abteilung für Unternehmenssysteme der Staatlichen Kommission wirtschaftlichen Restrukturierung, Büro des Kommitees zur Weisung von Unternehmensverwaltung des Staatsrates 国家经济体制改革委员会企业体制司、国务院企业管理指导委员会办公室 *Zhongguo Qiye Gaige Shi Nian* 中国企业改革十年 („10 Jahre Unternehmensreform in China", Gaige Chubanshe, Ausgabe 1990, S.129)

593 Abteilung für Unternehmenssysteme der Staatlichen Kommission wirtschaftlichen Restrukturierung, Büro des Kommitees zur Weisung von Unternehmensverwaltung des Staatsrates 国家经济体制改革委员会企业体制司、国务院企业管理指导委员会办公室 *Zhongguo Qiye Gaige Shi Nian* 中国企业改革十年 („10 Jahre Unternehmensreform in China", Gaige Chubanshe, Ausgabe 1990, S.219-223)

Staatsunternehmen Entscheidungsrechte bezüglich Produktionsverwaltung, Rechte zur Preisbestimmung bezüglich Produkten und Arbeit, Rechte zum Vertrieb von Produkten, Rechte zum Einkauf von Gütern, Rechte für Im- und Export, Entscheidungsrechte bezüglich Investitionen, Kontrollrechte über die Verwendung von einbehaltenem Kapital, Vermögensverwaltungsrechte, Rechte bezüglich Joint-Venture und Fusionierung, Rechte zur Einstellung von Angestellten, Rechte zur Personalverwaltung, Rechte zur Verteilung von Kapital und Gehalt, Rechte zur Organisation der internen Institutionen, Rechte zur Ablehnung der Aufteilung von Kosten, und so weiter. Diese vierzehn Rechte bedeuteten eine weitergehende Verfeinerung der dreizehn Bereiche, die im „Gesetzes bezüglich Unternehmen in Kollektivbesitz" verankert waren, und sorgten folglich dafür, dass die Rechte in der Betriebsführung von Staatsunternehmen auf einer gesetzlichen Basis ruhten. Zusammengefasst erhielten Staatsunternehmen auch nach den achtziger Jahren des zwanzigsten Jahrhunderts auf der vorherigen Basis schrittweise weitergehende Rechte. Jedoch beschränkte sich die Reform der Machtdezentralisierung und Gewinnabführung hauptsächlich auf die Anfangsphase der achtziger Jahre.

5. Kommentar zur Reform der "Machtdezentralisierung und Gewinnabführung"

Durch die kontinuierliche Reform zur Ausweitung der Selbstbestimmungsrechte von Unternehmen in Bezug auf die Betriebsführung wurde quasi stillschweigend die Position von Unternehmen als profitausgerichtete Körper und die Betriebsleiter und -verwalter als Hauptkörper der Unternehmenskontrolle anerkannt (Mao Tianqi und Zhu Ling 1997). Daher stand sie im Einklang mit dem Grundgedanken der Reform des schrittweisen Ausbaus von Staatsunternehmen zu marktfähigen Körpern und entsprach auch der inneren Forderung, dass Unternehmen den Hauptentscheidungskörper in der Verwaltung darstellen sollten. In diesem Sinne wurden auch die gewünschten Ergebnisse erzielt. Weil die Reform zur Machtdezentralisierung und Gewinnabführung in ihrer frühen Phase jedoch lediglich darauf abzielte, die finanziellen Probleme der Regierung zu lösen, kamen diese Maßnahmen der Reform in keinster Weise mit dem Grundsystem der Unternehmen und dem System der Eigentumsrechte in Kontakt. Daher konnte die Reform unmöglich grundsätzliche Probleme wie etwa die Anbindung von Unternehmen an die Regierung und übermäßige Interventionen der Regierung in den Unternehmen beseitigen.

Zunächst war die Regierung nach wie vor die hauptsächliche, treibende Kraft der Unternehmen und die Rechte, welche die Unternehmen bekommen hatten, waren begrenzt. Obgleich die Regierung während der Reform die Vorreiterrolle einnahm, hielt sie entsprechend der "Machtdezentralisierung und Gewinnabführung" nach wie vor die finalen Entscheidungsrechte bei der Ressourcenkonfiguration für die Produktion. Darunter fielen grundlegende Angelegenheiten, wie beispielsweise was produziert wurde, wie viel produziert wurde und für wen produziert wurde. Unternehmen mussten die Produktion immer noch gemäß der Planvorgaben von höherer Ebene durchführen, die Regierung wiederum erteilte gemessen an der Situation der Erfüllung der Planvorgaben durch die Unternehmen Belohnungen und Strafen.

Selbstverständlich begann die Regierung bereits, es Unternehmen zu gestatten, unter der Voraussetzung der Erfüllung der Planvorgaben gemäß den Gegebenheiten der Märkte einen gewissen Profit einzubehalten. Verglichen mit der Zeit der Planwirtschaft erhielten Unternehmen in der Tat Rechte zum Einfordern von Überschüssen sowie gewisse Kontrollrechte in Bezug auf die Betriebsführung. Somit begann der Selbstbestimmungscharakter der Unternehmen aufzukeimen. Laut der Zusammenfassung einer empirischen Studie, die von der Forschungsgruppe des Instituts für Wirtschaftsforschung der Akademie für Sozialwissenschaften herausgegeben wurde (1995), erfuhren Staatsunternehmen zur Zeit der „Machtdezentralisierung und Gewinnabführung" in den 80er Jahren des 20. Jahrhunderts in Bezug auf Selbstbestimmungsrechte hinsichtlich Aktivitäten der alltäglichen Produktion (auch Rechte der ersten Sorte genannt) und in Bezug auf Selbstbestimmungsrechte hinsichtlich Investitionsoutput und -verteilung (auch Rechte der zweiten Sorte genannt) grundsätzlich eine Ausweitung. Jedoch war die Geschwindigkeit der Ausweitung der Selbstbestimmungsrechte der ersten Sorte höher als die der zweiten Sorte.[594] Außerdem hatte die Regierung nach wie vor die grundlegenden Rechte in der Betriebsführung der Unternehmen inne. Da die Unternehmen allerdings gleichzeitig begannen gewisse Kontrollrechte hinsichtlich Betriebsführung in die eigene Hand zu nehmen entstand in der Folge somit zwischen den Zielfunktionen der beiden Seiten ein großer Unterschied. Diese Art der Widersprüche und die fehlende Übereinstimmung zeigten somit, dass die Reform nur begrenzt Wirksamkeit entfalten konnte.

Weiterhin war die „Machtdezentralisierung und Gewinnabführung" in Bezug auf die Anreize der Unternehmensführung und den Angestellten begrenzt. Gemäß den Regulierungen der Reform hing die Belohnung, welche die Unternehmensführung und die Angestellten erhielten, direkt mit der Erfüllung Pläne zusammen, die an die übergeordneten Ebenen übermittelt worden waren. Zudem wurden die Planvorgaben unter der Voraussetzung, dass die Unternehmen die Informationshoheit innehatten, von den zuständigen Ministerien der Regierung sowie internen Personen der Unternehmen in einer Art gegenseitigem Schachspiel gebildet (auch wenn die internen Personen zur damaligen Zeit noch nicht zu wirtschaftlichen Personen gezählt werden konnten). Für die Verantwortlichen der übergeordneten Ebene war es offensichtlich sehr schwer, genaue Informationen bezüglich der tatsächlichen Produktionskraft des jeweiligen Unternehmens zu erhalten. Dies wussten auch die oberen Ebenen der Regierung. Um von Unternehmen nicht betrogen zu werden und zu vermeiden, dass die Regierung Verluste erleidet, griff die Regierung bei der Gewährung von Belohnung oft auf einheitliche Methoden zurück. Auf diese Weise lagen die tatsächlichen Anreize häufig in Asymmetrie zu den Ergebnissen der Unternehmen und dies bewirkte folglich, dass ein großer Teil der Anreizeffekte ausfiel.

Außerdem wurde die "Mittlere Regierung" zum "Darmverschluss" der Machtdezentralisierung. Die Machtdezentralisierung von Staatsunternehmen wurde von der Zentralregierung geleitet. Allerdings bedeutete die „Machtdezentralisierung und

594 Dong Furen 董辅礽, Tang Zongkun 唐宗焜, Du Haiyan 杜海燕 *Zhongguo Guoyou Qiye Zhidu Biange Yanjiu* 中国国有企业制度变革研究 („Untersuchung der Systemtransformation von Staatsunternehmen", Remin Chubanshe, Ausgabe 1995, S. 127)

Gewinnabführung" in Bezug auf die Unternehmen für die Abteilung der "Mittleren Regierung", dass sie einen Teil der Rechte aus eigener Hand an die Unternehmen abtreten musste. Manche Abteilungen und Funktionäre erlegten aus Eigeninteresses (darunter war die Rentenökonomie ein wichtiger Grund) verschiedenste Hindernisse auf (Ju Jinwen 1998). Unter dem starken Druck der Zentralregierung kamen sie jedoch auch nicht umhin, einige Rechte abzugeben. Die entscheidenden Befugnisse legten sie jedoch nur sehr langsam ab und nutzten in allen erdenklichen Wegen die Rechte, welche die Zentralregierung noch nicht zur Abgabe freigegeben hatte, um die Ausübung der Rechte, welche die Unternehmen bereits erhalten hatten, indirekt zu beeinflussen und gegen die Unternehmen zu intervenieren. So war dies beispielsweise bei der langfristigen Kontrolle über das Recht zur personellen Ernennung und Entlassung in der höchsten Führungsebene der Unternehmen der Fall.

Schließlich entstand durch fehlende Standards in der Trennung zwischen Regierung und Unternehmen ein Profitwettbewerb zwischen den beiden Seiten. Nachdem die Unternehmen einige Rechte erhalten hatten, wurden sie mehr oder weniger zum Hauptkörper einer selbstbestimmten Betriebsverwaltung. Aufgrund der Tatsache, dass es bezüglich der Trennung zwischen Regierung und Unternehmen noch keine Normen gab, entstand zwischen Unternehmen und Regierung bezüglich der Gewinnaufteilung ein regelrechter Wettbewerb. Unternehmen verwendeten oft eine Strategie, die dem Motto "Wenn der Profit groß ist, dann tun wir viel. Wenn der Profit klein ist, dann tun wir wenig. Wenn es keinen Profit gibt, dann tun wir nichts." folgte. So kümmerten sie sich lediglich um die ihnen zugestanden Anteile, hatten ihre materiellen Vorteile vor Augen und sorgten sich in keinster Weise um die zukünftige Gewinnfähigkeit der Unternehmen und das Wachstum des staatlichen Vermögens. Aufgrund der vorherrschenden Informationsasymmetrie hatte die Regierung keine Möglichkeit exakt zu beurteilen, bei welcher Größe an Gewinnen die Unternehmen garantiert handeln und ob die Unternehmensführung gemeinsam mit den Angestellten womöglich einen Komplott durchführte, um den Gewinn, welchen sie an den Staat übermitteln sollten, auszuhöhlen. Daraufhin nahm die Regierung bei der nächsten Anpassung der Verträge in vielen Fällen zu unterschiedlichen Graden einige erteilte Rechte zurück, was dafür sorgte, dass ein großer Teil der Effektivität der "Machtdezentralisierung" ausblieb (Yin Zhixiong 1997). Dies wurde dann auch zum direkten Grund, dass in Staatsunternehmen später die Maßnahme "Steuern anstatt Gewinnabtretung" eingeführt wurde.

Zusammengefasst zerschmetterte die "Machtdezentralisierung und Gewinnabführung" der frühen Phase der Reform das pauschal angesetzte Unternehmensverwaltungssystem der vergangenen Regierung. Unternehmen erhielten erweiterte Kontrollrechte über die Produktionsverwaltung und im Zuge dessen wurde ein wichtiger Schritt für die noch tiefergehende Reform der Staatsunternehmen unternommen. Da die übertragenen Befugnisse jedoch lediglich ein Teil der Rechte in der Produktionsverwaltung abdeckten und in keinster Weise das tiefer liegende System der Eigentumsrechte in Staatsunternehmen berührten, sah man sich noch weit entfernt von dem Ziel, ein Unternehmenssystem zu etablieren, dass den Marktanforderungen gewachsen war und in effektiver Weise funktionierte. Die weitergehende Vertiefung der Unternehmensreform entwickelte sich somit zu einem gemeinsamen Anliegen der Unternehmen und der Regierung.

Abschnitt 3: Vollständiges Vorantreiben des Systems der ökonomischen Verantwortung und „Steuern anstatt Gewinnabtretung"

Im Reformprozess der Machtdezentralisierung und Gewinnabführung, kam es bereits einst zu einer kurzzeitigen Phase, in der staatliche Unternehmen ein ökonomisches Verantwortungssystem und „Steuern anstatt Gewinnabtretung" realisiert haben. Obwohl diese Zeit nur vergleichsweise kurz war, wurde sie von zahlreichen Gelehrten aufgrund ihrer Besonderheit und der Überleitungsfunktion, die sie während der Reform der staatlichen Unternehmen einnahm, gesondert als eigenständige Etappe der Reformperiode betrachtet.

1. Das Aufkommen des ökonomischen Verantwortungssystems

Bereits im April 1981 hatte die Zentralregierung auf der Konferenz für Industrie und Kommunikation bereits offiziell vorangebracht, dass man in einigen Pilotunternehmen ein ökonomisches Verantwortungssystem in der Industrieproduktion implementieren werde. Das bedeutete, dass Unternehmen zukünftig Verantwortung für ihre eigenen Gewinne erhalten sollten. Das Aufkommen und das rapide Vorantreiben des ökonomischen Verantwortungssystems in Unternehmen standen in der Realität in direkter Verbindung mit der Verschlechterung der Haushaltlage der damaligen Regierung. Von 1979 bis 1980 sah sich China in zwei aufeinanderfolgenden Jahren mit einem gewaltigen Haushaltsdefizit konfrontiert. Die Zentralregierung machte sich daher eine Steigerung der Haushaltseinnahmen und eine Reduzierung des Haushaltsdefizits zur Aufgabe. Um die Haushaltsziele der Regierung in die Tat umzusetzen, griffen Lokalregierungen überall auf eine Methode des „Eigenständigen Handelns bei Steigerung der Belohnung" für die ihnen untergeordneten Unternehmen zurück. Gemeint war damit die Implementierung eines sogenannten „Verantwortungssystems des eigenständigen Handelns".

Im Oktober 1981 genehmigte der Staatsrat die Verbreitung der von der staatlichen Wirtschaftskommission und dem Büro zur wirtschaftlichen Restrukturierung des Staatsrates vorangebrachten „Stellungnahme bezüglich der Implementierung eines ökonomischen Verantwortungssystems in der Industrieproduktion". In dieser hieß es: „Das sogenannte ökonomische Verantwortungssystem, betont in erster Linie die ökonomische Verantwortung, welche die Unternehmen gegenüber dem Staat tragen. Erst wenn diese erfüllt ist, wird ein ökonomisches Verantwortungssystem unternehmensintern etabliert. Das heißt, erstens, dass Unternehmen zu allererst sämtliche Planvorgaben, die vom Staat gesetzt worden sind, vollständig erfüllen müssen. Zweitens, muss die Produktqualität garantiert werden. Drittens, müssen bei gleichbleibendem Einsatz die Produktionskosten gesenkt werden. Viertens, muss ein jährlicher Anstieg der staatlichen Haushaltseinnahmen gewährleistet werden. Fünftens, muss das allgemeine Einkommensniveau der Angestellten gesteigert werden. Sechstens, muss es Belohnungen und Bestrafungen geben und die Kriterien dafür müssen klar definiert sein. Die Form des ökonomischen Verantwortungssystems kann dabei ganz den konkreten Umständen der Unternehmen gestaltet werden. Darunter fallen grundlegende Gewinneinbehaltung plus die Einbehaltung wachsender Gewinne, also die Einbehaltung der gesamten Gewinnsumme, sowie die Einbehaltung der Gewinne durch Planüberschüsse. Zudem zählt auch noch das eigenständige Umgehen mit Gewinnen als auch mit Verlusten, die Ersetzung von Gewinnabtretungen durch Steuern und das selbstständige Stemmen von Verschuldung.

Am 11. Oktober 1981 haben sechs Ministerien, zuzüglich des Büros für wirtschaftliche Restrukturierung und der staatlichen Wirtschaftskommission, gemeinsam mit dem gesamtchinesischen Gewerkschaftsbund in Beijing, Liaoning und fünf weiteren Städten und Provinzen eine Debatte zu ökomischen Verantwortungssystemen eröffnet. Im Zuge dessen wurden die „provisorischen Richtlinien bezüglich einiger Fragen zur Implementierung eines ökonomischen Verantwortungssystems in der Industrieproduktion" (nachfolgend: „Richtlinien") vorangebracht.[595] Diese „Richtlinien" brachten eine Reihe von Fragestellungen an, auf die man bei der weitergehenden Implementierung und Optimierung der ökonomischen Verantwortungen, zu achten hatte. Nicht lange nach der Veröffentlichung der „Richtlinien" hatten landesweit sämtliche Städte in den ihnen untergeordneten Staatsunternehmen bereits im Allgemeinen ein ökonomisches Verantwortungssystem implementiert. Bis Ende 1982, belief sich der Anteil der Unternehmen, in denen die ein oder andere Art von ökonomischem Verantwortungssystem etabliert worden war, landesweit auf über 80%. Durch die Einführung der ökonomischen Verantwortungssysteme haben sich auf die Ein- und Ausgabenkonflikte der Regierung sichtlich gelockert. Als Beispiel hier lassen sich die staatlichen Haushaltseinnahmen von 1982 und 1983 anführen. Diese beliefen sich 1982 auf 112,40 Mrd. Yuan, ein Anstieg um 3,2% zum Vorjahr. 1983 waren diese weiter auf 124,90 Mrd. Yuan gestiegen, ein Plus von 11,1% zum Vorjahr.[596] Gleichzeitig hat dies dazu geführt, dass sich die Zustände in den Verwaltungssystemen, die über lange Zeit in einem Zustand der übermäßigen Zentralisierung und der rigiden und exzessiven Kontrolle verharrt waren, verbessert hatten. Unternehmen erlangten nun erneut ein gewisses Maß an Selbstbestimmungsrechten in der Führung und Verwaltung. Lag die Anfangsphase des ökonomischen Verantwortungssystems im Lösen von Problem bezüglich der Zuteilungsverhältnissen zwischen Staat und Unternehmen, stellte dies ab 1983 hauptsächlich eine Vertiefung der Umgestaltung der unternehmensinternen Gewinnverteilungsverhältnissen dar.

595 Abteilung für Unternehmenssysteme der Staatlichen Kommission wirtschaftlichen Restrukturierung, Büro des Kommitees zur Weisung von Unternehmensverwaltung des Staatsrates 国家经济体制改革委员会企业体制司、国务院企业管理指导委员会办公室 *Zhongguo Qiye Gaige Shi Nian* 中国企业改革十年 („10 Jahre Unternehmensreform in China", Gaige Chubanshe, Ausgabe 1990, S.65-67)

596 Abteilung für Generalplanung des Finanzministeriums 财政部综合计划司 *Zhongguo Caizheng Tongji 1950-1988* 中国财政统计 1950—1988 („Finanzstatistiken zu China 1950-1988", Zhongguo Caizheng Jinji Chubanshe, Ausgabe 1989, S.12, 14)

2. Das ökonomische Verantwortungssystem während der Phase von „Steuern statt Gewinnabtretung"

Von 1983 bis 1984, wurden in China nacheinander schrittweise Reformen des Verteilungssystems der Unternehmen mit „Steuern statt Gewinnabtretung" als Kernelement durchgeführt. Gemäß den Richtlinien der vom Staatsrat im April 1983 veröffentlichten „Pilotmaßnahmen bezüglich Substitution von Gewinnabtretungen durch Steuern in staatlich geführten Unternehmen", war mit „Steuern statt Gewinnabtretung" gemeint, dass staatliche Unternehmen anstatt einen Teil ihrer Gewinne an den Staat abzuführen, nun Steuern bezahlen, die auf Basis von staatlich festgesetzten Steuerkategorien und Steuersätzen berechnet werden. Über die Gewinne nach Abzug der Steuern durften die Unternehmen vollkommen frei und eigenständig verfügen. Somit wurde die Verteilungsbeziehung zwischen dem Staat und staatlichen Unternehmen durch ein Modell der Steuereinnahmen nun endgültig verankert. Vor „Steuern anstatt Gewinnabtretung" waren Grundzahl und Anteil der Gewinne, über die ein Unternehmen verfügen konnte oft schwer zu bestimmen. Da die internen und externen Umstände verschiedener Unternehmen in manchen Fällen völlig voneinander abweichen konnten, und es während der Reformperiode oft zu Änderungen der externen Bedingungen kam, mussten Grundzahl und Anteil oft für jeden Haushalt nacheinander einzeln ermittelt werden und das auch noch vernunftgemäß. In der Praxis stellte sich dies oft als überaus problematisch heraus und es konnten leicht Ungleichheiten in der Arbeitsbelastung verschiedener Unternehmen entstehen. So glaubte man damals, man könnte schwierige Probleme durch die Implementierung von „Steuern anstatt Gewinnabtretung" gut in den Griff bekommen.

1. Kerninhalt von "Steuern statt Gewinnabtretung"

Am 12. April 1983 veröffentlichte der Staatsrat die vom Finanzministerium erstellten „Pilotmaßnahmen bezüglich der Implementierung von Steuern statt Gewinnabtretung in staatlich geführten Unternehmen",[597] womit der erste Schritt der besagten Steuerreform begann. Der Kerninhalt bestand in folgenden Punkten:

1. Sämtliche gewinnbringenden, großen und mittelgroßen Staatsunternehmen (einschließlich Finanzversicherungsorganisationen), treten Steuern entsprechend den von ihnen realisierten Gewinne mit einem Steuersatz von 55% an den Staat ab. Vom Gewinn, der übrigbleibt nachdem die Unternehmen ihre Steuern gezahlt haben, wird ein Teil an den Staat abgeführt, der Rest wird den Unternehmen auf Basis eines staatlich festgelegten Gewinnrückstellniveaus.
2. Sämtliche gewinnbringenden, kleinen Unternehmen, werden mit einem progressiven Steuersatz achten Grades besteuert. Nachdem die Steuern ab-

[597] Abteilung für Unternehmenssysteme der Staatlichen Kommission wirtschaftlichen Restrukturierung, Büro des Kommitees zur Weisung von Unternehmensverwaltung des Staatsrates 国家经济体制改革委员会企业体制司、国务院企业管理指导委员会办公室 *Zhongguo Qiye Gaige Shi Nian* 中国企业改革十年 („10 Jahre Unternehmensreform in China", Gaige Chubanshe, Ausgabe 1990, S.107-109)

geführt wurden, werden Gewinne und Verluste vom Unternehmen komplett selbst getragen. Der Staat stellt keine weiteren Mittel mehr zur Verfügung. Unternehmen, denen nach Steuern noch relativ hohe Gewinne bleiben, können vom Staat mit einer festgesetzten Leistungsgebühr belegt werden oder müssen entsprechend einer fixen Summe einen Teil der Gewinne an den Staat abtreten.

3. Bei der Vergabe von Verlustzulagen für Unternehmen in den roten Zahlen, werden auf die folgenden Maßnahmen zurückgegriffen: (1) Unternehmen die Verluste einbringen, welche die von der nationalen Politik zugelassene Grenze nicht überschreiten, werden weiterhin mit festgesetzten oder planmäßigen Zulagen unterstützt. Bei übermäßigen Verlusten wird die Zahlung der Zulagen eingestellt, geringe Verluste werden zum Teil vom Staat mitgetragen, der jeweilige Zustand bleibt jedoch für drei Jahre unverändert. (2) Für sämtliche Verluste, die durch schlechte Führung oder Verwaltung zustande gekommen sind, wird den jeweiligen Unternehmen von den zuständigen Behörden eine Frist auferlegt, bis zu dieser sie Neuausrichtungen durchführen können. Innerhalb dieser festgesetzten Frist, werden nach der Genehmigung durch die Behörden für Wirtschafts- und Finanzverwaltung, angemessene Zulagen gewährt. Nach Ablauf der Frist, wird die Zahlung der Zulagen eingestellt.
4. Die nach Steuern übrigbleibenden Gewinne müssen rational und vernunftgemäß verteilt und eingesetzt werden. So muss ein Fonds für die Probeanfertigung von neuen Produkten, ein Fonds für Produktionsentwicklung, ein Fonds für Ersatzausrüstung, ein Fonds für die Wohlfahrt der Angestellten und ein Fonds für die Belohnung der Angestellten eingerichtet werden.
5. Nach der Implementierung von „Steuern statt Gewinnen" können die zuständigen Behörden aus den Gewinnrückstellungen der ihnen untergeordneten Unternehmen einen Teil als Kapital ansammeln und beispielsweise für grundlegende technologische Umwälzungen, für die Ausweitung der gewerblichen Zweigstellen oder für den Bau einfach eingerichteter Gebäude verwenden. Der Anteil oder die Summe, der angesammelt wird, wird den zuständigen Behörden der Unternehmen festgelegt und müssen den Behörden Wirtschafts- und Finanzverwaltung für die Archivierung gemeldet werden.
6. Die von den Unternehmen gezahlte Einkommenssteuer wird je nach Zugehörigkeit der Unternehmen entweder in den zentralen Finanzhaushalt oder den lokalen Finanzhaushalt geführt. Die Zentralregierung nimmt keine Anpassungen der vom Staatshaushalt der Provinzen, Städten und autonomen Regionen festgelegten Anteilseinteilungen der Grundzahlen vor.

Am 18. September 1984 wurden die vom Finanzministerium vorangebrachten „Pilotmaßnahmen zum zweiten Schritt der Implementierung von Steuern statt Gewinnabtretung in staatlich geführten Unternehmen“ mit der Billigung des Staatsrates weitergeleitet.[598] Damit begann der zweite Schritt, womit nun Steuern endgültig Gewinnabtretungen ersetzen sollten. Der Kerninhalt spiegelte sich in folgenden Punkten wider:

1. Die Gewerbesteuer wurde abhängig vom Steuerobjekt in eine Produktsteuer, eine Mehrwertsteuer, eine Salzsteuer und eine Umsatzsteuer aufgeteilt. Entsprechend den individuellen Umständen in der Produktion oder den Geschäftstätigkeiten wurde die Höhe des Steuersatzes unterschiedlich festgelegt. Unternehmen wurden dabei angewiesen ihre Produktions- und Geschäftstätigkeiten nach den staatlichen Makroplänen und politischen Richtlinien auszurichten.
2. Bei der Festlegung des Ausgleichssteuersatzes wurden die von den Unternehmen im Jahre 1983 erzielten Gewinne als Grundlage verwendet. Nachdem von den Gewinnen der festgelegten Bezugsperiode 55% als Einkommenssteuer abgeführt wurden, unterlagen die großen und mittelgroßen Unternehmen, aus dessen Gewinnen 1983 keine angemessenen Rückstellungen zu holen waren, nicht der Ausgleichssteuer. Zudem wurde in diesem Fall für einen bestimmten Zeitraum, nach Genehmigung die Einkommenssteuer um einen gewissen Betrag gesenkt.
3. Kleine, gewinnbringende Staatsunternehmen trugen für gewöhnlich, nachdem sie eine Einkommenssteuer zu einem progressiven Steuersatz achten Grades gezahlt haben, ihre Gewinne und Verluste selbst. Der Staat stellte keine weiteren Mittel zur Verfügung. Konnten auch hier nach Steuern im Jahre 1983 keine angemessenen Gewinnrückstellungen erzielt werden, konnten diese Unternehmen in der Einkommenssteuer auch in diesem Fall nach Genehmigung für einen bestimmten Zeitraum um einen bestimmten Betrag entlastet werden.
4. Verlustbringenden Unternehmen und Unternehmen mit niedrigen Gewinnen wurden Zulagen, Steuersenkungen oder Steuerbefreiungen gewährt.
5. Verteilung und Einsatz der einbehaltenen Gewinne der Unternehmen musste vernunftgemäß erfolgen. So musste ein Fonds für die Probeanfertigung von neuen Produkten, ein Fonds für Produktionsentwicklung, ein Fonds für Ersatzausrüstung, ein Fonds für die Wohlfahrt der Angestellten und einer für die Belohnung der Angestellten eingerichtet werden.

2. Vorantreiben des ökonomischen Verantwortungssystems in Unternehmen im Implementierungsprozess von „Steuern anstatt Gewinnabtretung“

In staatlichen Unternehmen kam es während dem zweiten Schritt der Implementierung von „Steuern anstatt Gewinnabtretung“ auch zu einer Ausweitung und einer

[598] Abteilung für Unternehmenssysteme der Staatlichen Kommission wirtschaftlichen Restrukturierung, Büro des Kommitees zur Weisung von Unternehmensverwaltung des Staatsrates 国家经济体制改革委员会企业体制司、国务院企业管理指导委员会办公室 *Zhongguo Qiye Gaige Shi Nian* 中国企业改革十年 („10 Jahre Unternehmensreform in China“, Gaige Chubanshe, Ausgabe 1990, S.137-140)

Stärkung des im früheren Stadium vorangebrachten, ökonomischen Verantwortungssystems. Zum einen wurde dabei zunächst ein Kontrollmechanismus für Investitionstätigkeiten installiert. Ein wichtiger Aspekt der Steuerreform war der Wechsel von Kreditrückzahlung vor Steuern, hinzu Kreditrückzahlungen nach Steuern. Dies führte dazu, dass das Rückzahlungssubjekt des Investitionskredits nun mehr die Unternehmen und nicht mehr die Finanzverwaltung der Regierung war. Somit waren auch die Verantwortlichkeiten in Bezug auf Investitionen klar definiert, was unter bestimmten Umständen dazu führen konnte, dass Missstände beseitigt wurden, die zuvor dazu geführt hatten, dass Unternehmen blind um Kredite und Investitionen stritten. Zum anderen kam es auch zu einem Wandel der Betriebsmechanismen in Unternehmen. Verpflichtungen und Verantwortlichkeiten, die Unternehmen gegenüber dem Staat zu tragen hatten waren auf zwei Kanäle definiert: Steuern und Gewinne. Dies sorgte dafür, dass sich die Verteilungsbeziehung zwischen Staat und Unternehmen vergleichsweise geregelt und stabil gestaltete. Somit wurde auch effektiv der Enthusiasmus der Unternehmen angefacht, kontinuierlich ihre Leistungsfähigkeit zu steigern.

3. Folgen von "Steuern statt Gewinnabtretung"

Zu Beginn der Steuerreform hatten die Menschen im Allgemeinen große Hoffnungen. Man nahm damals an, dass „Steuern statt Gewinnabtretung" das Verteilungsverhältnis zwischen Staat und Unternehmen vereinheitlichen könne und somit auch das Problem mit dem Feilschen lösen. Man nahm an, dass sich mit 55% Einkommenssteuer zuzüglich Ausgleichssteuer, der Staat als „Big Player" etablieren würde, und dass Haushalteinnahmen der Regierung stetig wachsen würden. Man nahm an, dass Unternehmen nun versuchen würden, ihre Gewinne zu steigern, um ihre Rückstellungen nach Steuern zu erhöhen, man somit einen Motivationseffekt für die Unternehmen kreiert habe und sich dies sicherlich zum neuen Kurs der Reform staatlicher Unternehmen entwickeln wird. Mit den Ergebnissen, welche die Reform tatsächlich hervorbrachte, hatte man jedoch nicht gerechnet. Mit dem Beginn der zweiten Phase der Steuerreform trat sofort zu einer enormen Ausdehnung von Krediten, Investitionen und Konsumausgaben, was eine direkte Verschlechterung der Haushaltsbilanz der Regierung zu Folge hatte. So war 1984 beispielsweise die Gesamtsumme der durch Banken vergebenen Kredite um 28,9% zum Vorjahr gestiegen. Der Wertsteigerungsbetrag nach den ersten drei Monaten der zweiten Phase der Steuerreform, also im Dezember 1984, machte bereits 48,4% der Weitsteigerung des gesamten Jahres aus. 1984 stiegen außerdem die Löhne der gesamten Angestellten landesweit um 19%. Darunter lag allein im dritten Quartal die Wachstumsrate bei 38%.[599] Unternehmen hatten ihre Lohnausgaben erhöht, indem sie fließend mehr und mehr von Leistungszulagen Gebrauch machten. Dabei wurden für diese Leistungsprämien die Überschüsse zum Jahresende verwendet. Selbst verlustbringende Unternehmen versuchten mit allerlei Täuschungsmethoden Bonuszahlungen auszuschütten. Die In-

599 Chen Guoheng 陈国恒 *Guoyou Chanquan Zhidu Gaige Yanjiu* 国有产权制度改革研究 („Untersuchungen zur Reform des staatlichen Eigentumsrechtssystems", Zhongguo Shehui Kexue Chubanshe, Ausgabe 2004, S.203)

vestitionen in Festanlagen stiegen im Jahre 1985 landesweit in sämtlichen Arbeitseinheiten im Kollektivbesitz um 44,6% zum Vorjahr und außerplanmäßige Kredite und Investitionen von Unternehmen stiegen noch rapider um ganze 54,7%. Kredite, Investitionen und Konsumausgaben waren in einen unkontrollierten Zustand geraten und hatten dazu geführt, dass die Güterpreise 1985 um 8,8% anstiegen. Als Folge fielen die Haushaltseinnahmen der Regierung ab der zweiten Hälfte 1985 insgesamt 22 Monate lang. Ab 1987 trat ein Haushaltsdefizit auf, die Menschen kamen nicht darüber hinweg, die Reformmaßnahmen erneut zu überdenken und alternative Reformpfade zu ergründen.

3. Kommentar bezüglich des ökonomischen Verantwortungssystems und „Steuern statt Gewinnabtretung"

Trotzdem die Phase der Implementierung von ökonomischen Verantwortungssystemen in Staatsunternehmen nur sehr kurzweilig war, konnten einige der Reformmaßnahmen, dadurch dass sie auch als eine Art Versuch bzw. Probe angesehen werden konnten, für die weitergehende Vertiefung der Reformbestrebungen staatlicher Unternehmen eine förderliche Wirkung erzielen.

1. Die Beziehung zwischen Unternehmen und Regierung wurde klar definiert. Vergleicht man das ökonomische Verantwortungssystem mit der „Dezentralisierung der Befugnisse und Übertragung der Gewinne" der vorherigen Periode, waren einige Änderungen im Verhältnis zwischen Staat und Unternehmen sichtbar geworden. Dies äußerte sich vor allem dadurch, dass die Regierung nun anfing, ihre Kontrolle über die Unternehmen nicht wie zuvor über Sachquoten, sondern über Geldquoten zu realisieren. Somit begann sich die „Dezentralisierung der Befugnisse und Übertragung der Gewinne" von einer willkürlichen, politischen Anordnung hin zur systematischen Planung zu wandeln.

2. Das ökonomische Verantwortungssystem und die Steuerreform haben gleichermaßen das grundlegende System der Staatsunternehmen unberührt gelassen. Das ökonomische Verantwortungssystem hat in keinster Weise die Kontrolle der Regierung über die Unternehmen mit verbindlichen Weisungen abgeschafft. Die Regierung hielt nach wie vor die wesentlichen Kontrollrechte über die Unternehmen und auch in der Eigentumsstruktur der Unternehmen hat es im Wesentlichen keinen Wandel gegeben. Daher gestaltete sich eine Organisation der Produktion und der Geschäftstätigkeiten auf Basis von Markterfordernissen immer noch als schwierig. Die Probleme der Vitalität und der Motivation der Unternehmen wurden immer noch nicht grundlegend gelöst. Wie auch immer konnte durch das Vorantreiben des ökonomischen Verantwortungssystems die Systemgrundlage für das spätere in staatlichen Unternehmen universell implementierte System der Vertragsverantwortung gelegt werden. Daher handelte es sich also im Wesentlichen um eine Art überbrückende Ausrichtung des Unternehmenssystems.

Auf der anderen Seite konnte die Steuerreform nicht weiterverfolgt werden. Grund dafür war, dass die Eigentumsrechte für Staatsvermögen in keinster Weise definiert waren. Unternehmen hatten auch in den Gesetzen keine Eigentumsrechte zugesprochen bekommen.

3. Die Reform der Unternehmen begann nun mehr und mehr in Verbindung mit dem Finanzhaushalt der Regierung zu stehen. Ein Gelehrter hob hervor, dass die Haushaltsprobleme der Regierung zur direkten Antriebskraft für die Reform der Unternehmen wurden. Mit Blick auf die ursprüngliche Absicht, welche die Regierung mit dem Vorantreiben des ökonomischen Verantwortungssystems und der Steuerreform verfolgte, lässt sich erkennen, dass eine Stärkung der ökonomischen Verantwortung von Unternehmen gemeinsam mit einer Garantie der Haushaltseinnahmen der Regierung einhergehen musste. Ansonsten ließe sich die Reform nicht weiterverfolgen. Die Mechanismen, die mit dieser Reform vorangebracht wurden, entwickelten sich tatsächlich später zu den Hauptmechanismen in den weitergehenden Reformen staatlicher Unternehmen.

Abschnitt 4: Umfassendes Vorantreiben des Vertragsverantwortungssystems des Managements

Bereits 1984 wurde in dem auf der dritten Plenarsitzung des 12. Parteitags der KPCh durchgebrachten „Beschluss des Zentralkomitees der KPCh bezüglich der Reform des Wirtschaftssystems" bekräftigt, dass Eigentumsrechte und Geschäftsrechte in Unternehmen voneinander getrennt werden können. Dieser Gedanke entwickelte sich zunehmend zur Kerntheorie für die Reform staatlicher Unternehmen. Im Dezember 1986 veröffentlichte der Staatsrat „diverse Richtlinien bezüglich der Vertiefung der Unternehmensreformen und Stärkung der Vitalität der Unternehmen". Laut diesen Richtlinien sei es notwendig, „ein Vertragsverantwortungssystem des Managements in unterschiedlicher Form zu fördern, wodurch Geschäftsführern zulängliche Selbstbestimmungsrechte bei operativen Tätigkeiten gewährt werden". Mit der Ausweitung der „Machtdezentralisierung und Gewinnübertragung" in staatlichen Unternehmen wurde das Vertragsverantwortungssystem des Managements bereits in einigen Unternehmen vorangebracht und zu dieser Zeit schnell zu einer Art Modell für die Reform von staatlichen Unternehmen mit eindeutiger chinesischer Prägung. Dabei ging es um die Definition der Verantwortlichkeits-, Rechts- und Profitverhältnisse zwischen Staat und Unternehmen durch ein Modell der Geschäftsverträge auf Basis der Trennung von Eigentums- und Geschäftsrechten. Es war ein Führungs- und Verwaltungssystem, in dem Unternehmen, ausgehend von festgesetzten Eigentumsverhältnissen, in der Lage sind, eigenständig zu operieren und Gewinne und Verluste selbst zu tragen. Verglichen mit der reinen „Machtdezentralisierung und Gewinnabführung" setzt sich das Vertragsverantwortungssystem des Managements mit einer Reihe von tiefgreifenden Fragen zu staatlichen Unternehmen auseinander, wie z.B. der Trennung von Regierung und Unternehmen sowie der Legalisierung der Selbstbestimmungsrechte von Unternehmen.

1. Historischer Ablauf des Vertragsverantwortungssystems des Managements in staatlichen Unternehmen

Bereits im Jahre 1982 begann die Shougang Group, ein System zu implementieren, indem die an den Staat zu übertragenen Gewinne progressiv anstiegen. Gemäß den damals festgelegten vertraglichen Vereinbarungen betrug der Zuwachs des jährlich an übergeordnete Stellen zu übertragenen Gewinns insgesamt 7,2%. Der nach der Vollendung der stetig wachsenden, eingegangenen Verpflichtungen übrigbleibende Gewinn wurde dabei vollständig dem Unternehmen zur Verfügung gestellt. Das Unternehmen speiste diesen Gewinn dann mit einem Verhältnis von 6:2:2 in den Entwicklungsfonds, den Wohlfahrtsfonds und den Belohnungsfonds ein. Auch der Abschreibungsfonds wurde komplett den Unternehmen zur Verfügung gestellt, der Staat stellte hierbei keine zusätzlichen Mittel. Die Gesamtlöhne der Mitarbeiter waren dabei ebenfalls an die Gewinnrealisierung geknüpft. Stieg der Gewinn um 1%, so stiegen die Löhne um 0,8%.[600] Das Vorantreiben des Vertragsverantwortungssystems des Managements in einem landesweiten Rahmen begann erst Anfang 1987. Auch in diesem Jahr sah sich der chinesische Staatshaushalt erneut mit Schwierigkeiten konfrontiert. Einige Provinzen und Städte begangen erhöhte Produktion bei gleichzeitiger Sparsamkeit, erhöhte Einkommen bei gleichzeitiger Reduzierung von Ausgaben, um die Vertiefung der Reform staatlicher Unternehmen miteinander zu kombinieren und eine Vielzahl unterschiedlicher Formen von Vertragsverantwortungssystemen zu etablieren. Im März desselben Jahres wurde die fünfte Sitzung des 6. Nationalen Volkskongresses eröffnet. Der auf der Sitzung durchgebrachte Arbeitsbericht der Regierung hob dabei hervor: Der Schwerpunkt der Reformen muss auf die Verbesserung der unternehmensinternen Betriebsmechanismen gelegt werden. Die ernsthafte Einrichtung verschiedener Formen von Vertragsverantwortungssystem, entsprechend der Trennung von Eigentums- und Geschäftsrechten, lässt die Unternehmen erst zu wirklich relativ unabhängigen Wirtschaftsentitäten werden, die eigenständig operieren und Gewinne und Verluste selbst tragen.

Im April 1987 veranstaltete die staatliche Wirtschaftskommission auf Bitten des Staatsrats ein landesweites Symposium zum Vertragsverantwortungssystem des Managements in Unternehmen. Im Zuge dessen wurden allumfassend die verschiedenen Aktivitäten dargelegt, die für das Vorantreiben des Vertragssystems notwendig waren. Seitdem ist die landesweite Etablierung dieses Systems in den staatlichen Unternehmen angestoßen worden. Während im Jahre 1987 die Umsetzung des Systems in den Industrieunternehmen nur bei 6% lag, wurde es in der ersten Hälfte 1988 weitverbreitet, sodass bis Ende 1988 bereits landesweit über 80% der staatlichen Industrieunternehmen mit unabhängiger Buchhaltung in die Umsetzung involviert waren. In den Industrieunternehmen, die im Staatshaushalt verrechnet wurden, lag der Anteil sogar bei über 90%, wobei 95% davon große und mittelgroße Unternehmen waren.[601]

Um die reibungslose Implementierung des Vertragssystems zu gewährleisten setzten die zuständigen Regierungsbehörden und Rechtsabteilungen ab 1987 nacheinander eine Reihe von Richtlinien fest. Am 31. August 1987 veröffentliche die staatliche Wirtschaftskommission gemeinsam mit der staatlichen Kommission zur wirtschaftlichen Restrukturierung die „Stellungnahme bezüglich der Verbesserung

600 Zentrum für Forschung und Entwicklung der Shougang Group 首都钢铁公司研究与开发中心 *Shou Gang Chengbaozhi* 首钢承包制 („Das Vertragssystem der Shougang Group“, Jingji Guanli Chubanshe, Ausgabe 1987, S.114)

601 Hu Jinglin 赵德馨 *Guoyou Qiye Gaige Lilun yu Qiantu* 国有企业改革理论与途径 („Theorie und Wege der Reform von Staatsunternehmen“, Jingji Kexue Chubanshe, Ausgabe 1989, S.580)

des Vertragsverantwortungssystems des Managements zur Vertiefung der Unternehmensreformen". Auf dieser Basis brachte der Staatsrat am 27. Februar 1988 die „Übergangsbestimmungen zur Einrichtung eines Vertragsverantwortungssystems des Managements der Industrieunternehmen in Volkseigentum".[602] Am 13. April 1988 wurden auf der ersten Plenarsitzung des 7. Nationalen Volkskongresses die „Gesetze der Volksrepublik China zu den Industrieunternehmen in Volkseigentum" erlassen. Im Februar 1990 veröffentlichte der Staatsrat eine neue Version der „Übergangsbestimmungen zur Einrichtung eines Vertragsverantwortungssystems des Managements der Industrieunternehmen in Volkseigentum", nachdem der 21. Punkt davon nachbearbeitet worden war. Mit in Kraft treten dieser politischen Richtlinien und Rechtssätze wurde das Vertragssystem in staatlichen Unternehmen auf einen Pfad hin zur Legalisierung und Standardisierung gebracht.

2. Kerninhalt des Vertragsverantwortungssystems des Managements

Die vom Staatsrat am 27. Februar 1988 veröffentlichten „Übergangsbestimmungen zur Einrichtung eines Vertragsverantwortungssystems des Managements in Industrieunternehmen in Volkseigentum" hoben hervor, dass das Vertragsverantwortungssystem des Managements in staatlichen Unternehmen auf der Basis des Festhaltens am sozialistischen Volkseigentum der Unternehmen, aus einer organischen Zusammensetzung aus Verantwortung, Recht und Profit bestehen sollte, wobei Verantwortlichkeit als Kernelement gewertet wurde. Mit dem Interessenmechanismus als Bedingung wurde das Interessenverhältnis von Staat, Unternehmen und Angestellten aufeinander abgeglichen. Zudem wurde eine Trennung zwischen Eigentumsrechten und Geschäftsrechten realisiert und Unternehmen erhalten den Status einer unabhängigen juristischen Person. Das Vertragssystem fußt dabei hauptsächlich auf folgender Vorgehensweise: Unternehmen sind verantwortlich für die Übertragung von Gewinnen an den Staat, die Durchführung von technologischen Transformationen und die Verknüpfung von Löhnen der Angestellten mit der Wirtschaftskraft des Unternehmens. In der Praxis kam bei der Verbreitung des Vertragssystems in unterschiedlichen Regionen eine Reihe von Neuerungen auf, womit sich diverse Modelle mit einzigartigem Charakter gebildet haben. Darunter fallen:

1. „Zwei Verantwortlichkeiten, eine Verknüpfung": Unternehmen hatten die Verantwortung für die Übertragung von Gewinnen an den Staat, die Umsetzung von Projekten zur technologischen Transformation. Zugleich oblag es ihnen die Löhne der Angestellten mit den Profiten und Steuern der Unternehmen zu verknüpfen.

2. Pauschalvertrag mit progressivem Anstieg der zu übertragenen Gewinne.

3. Pauschalvertrag mit einem zu übertragenden Grundbetrag, wobei exzessive Gewinne proportional aufgeteilt wurden.

4. Pauschalvertrag mit einem zu übertragenden Grundbetrag, für Unternehmen mit niedrigen Gewinnen.

---

602 Abteilung für Unternehmenssysteme der Staatlichen Kommission wirtschaftlichen Restrukturierung, Büro des Kommitees zur Weisung von Unternehmensverwaltung des Staatsrates 国家经济体制改革委员会企业体制司、国务院企业管理指导委员会办公室 *Zhongguo Qiye Gaige Shi Nian* 中国企业改革十年 („10 Jahre Unternehmensreform in China", Gaige Chubanshe, Ausgabe 1990, S.215-217)

5. Pauschalvertrag mit Verlustaufteilung (oder Zulagen) bei verlustbringenden Unternehmen

6. Gewinnabführung entsprechend der Input-Output-Summe in speziellen Branchen

Bei der Grundzahl der zu übertragenden Gewinnsumme wurde normalerweise die übertragene Gewinnsumme des Vorjahres als Grundlage verwendet (Unternehmen, die sich bereits im zweiten Schritt der Reform der „Steuern statt Gewinnabtretung" befanden, zahlten hierbei die gesetzlich geregelte Einkommens- bzw. Ausgleichssteuer). Unternehmen, deren Profit durch externe Einflussfaktoren enormen Schwankungen ausgesetzt war, konnten die durchschnittliche Summe des abgeführten Gewinns der letzten zwei oder drei Jahre vor Vertragsabschluss als Grundzahl nehmen. Gleichzeitig wurde hervorgehoben, dass bei der Festsetzung der Grundzahl der zu übertragenden Gewinne angemessene Anpassungen, entsprechend der durchschnittlichen Gewinnrate in der jeweiligen Region und in der jeweiligen Branche, durchgeführt werden konnten. Der progressive Anstieg der zu übertragenden Gewinne oder das Verteilungsverhältnis bei exzessiven Gewinnen werden mit Blick auf das Wachstumspotential der Produktion des Unternehmens bestimmt, wobei ebenso gebührende Rücksicht auf die Aktivitäten im Bereich der technologischen Transformation des Unternehmens gelegt werden sollte. Die Laufzeit der vertraglichen Verpflichtung sollte im Regelfall nicht weniger als drei Jahre betragen. Für die Implementierung des Vertragsverantwortungssystems des Managements werden für gewöhnlich öffentliche Ausschreibungen erstellt, um in einem Wettbewerb die Führungskräfte oder Führungsgruppen und die Auftragsübernahme von Risikokrediten zu bestimmen. Unternehmen, die ein Vertragsverantwortungssystem des Managements implementieren, sollten probeweise ein System der Kapitaleinteilung etablieren, indem zwischen Staatskapital und Unternehmenskapital unterschieden wird. Dabei werden beide Kategorien getrennt abgerechnet usw.

Grundprinzipien des Vertragssystems waren „Vertragsabschluss nur mit angegebener Grundzahl, Gewährleistung der Gewinnübertragung, proportionale Aufteilung von überschüssigen Einnahmen, sowie die selbstständige Ausbesserung von Fehlbestand durch Unternehmen". Hieraus wird ersichtlich, dass das Vertragssystem unter bestimmten Bedingungen durchaus in der Lage war das Verhältnis von Verantwortlichkeiten, Rechtsansprüchen und Profit zwischen Staat und Unternehmen in Einklang zu bringen. Zudem konnte somit der Enthusiasmus der staatlichen Unternehmen bei der Steigerung der Produktion und der Einnahmen angefacht werden. Dabei schränkte es bis zu einem gewissen Grad die unmittelbare, administrative Interventionsfähigkeit der Regierung ein, wodurch Unternehmen ein vergleichsweise hohes Mas an Selbstbestimmungsrechten in den Geschäftstätigkeiten erlangt hatten. Daher kann das Vertragssystem im Wesentlichen als Fortsetzung bzw. Vertiefung der Reform der „Machtdezentralisierung und Gewinnabführung" in staatlichen Unternehmen gesehen werden.

3. Ergebnis der Implementierung des Vertragssystems

Die Implementierung des Vertragssystems in staatlichen Unternehmen hat die Unternehmen und dessen Wirtschaftskraft eng mit den Beiträgen der Führungskräfte und der einzelnen Mitarbeiter in Verbindung gebracht. Gleichzeitig wurde dabei die administrative Interventionsfähigkeit der Regierung reduziert. Verglichen mit dem vorherigen System basiert das Vertragssystem weitaus mehr auf Anreizen. Daher wurden bereits früh nach der Implementierung vergleichsweise positive Ergebnisse erzielt.

Zunächst garantierte das Vertragssystem einen stabilen Anstieg in den Haushaltseinnahmen der Regierung und eine Steigerung der operativen Effizienz der Unternehmen. Einer Statistik zufolge, stiegen die Gewinne und Steuern der Industrieunternehmen, die mit staatlichen Mitteln finanziert wurden, in den ersten vier Jahren nach Einführung der vertraglichen Verpflichtungen (1987-1990) um 27,8% verglichen mit den vier Jahren vor Einführung der vertraglichen Verpflichtungen an. Die an den Staat übertragenen Gewinne und Steuern stiegen um 26,3% an (beinhaltet die „zwei Summen"), die Gewinne der Unternehmen um 27,6%. Die durchschnittlichen Einkommen der Angestellten stiegen um 79%. Dennoch gab es auch Daten bzw. Studien die aufzeigten, dass nach der Phase der Implementierung des Vertragssystems der Wandel in der Leistungskraft der Unternehmen zunächst hoch, später aber eher niedrig war. 1987 stieg die gesamte Gewinnsumme der Industrieunternehmen in Volkseigentum, die eigenständig buchführten um 14,5% im Vergleich zum Jahr 1986, die Gesamtsumme der Gewinne und Steuern um 12.9%. Die Arbeitsproduktivität des gesamten Personals war um 7,8% gestiegen. Ab 1988 jedoch kam es zu einem Abfall. 1989 fiel der Gesamtgewinn um 16,6% zum Vorjahr, die Gesamtverluste von verlustbringenden Unternehmen stiegen um das 1,2-fache an und die Arbeitsproduktivität stieg um gerade einmal 0,5%.[603] 1990 war die Gewinnsumme erneut um 47,7% zum Vorjahr gesunken, die Gesamtsumme der übertragenen Gewinne und Steuern sank um 15,2% und die Arbeitsproduktivität stieg erneut um nur 0,5%. 1991 waren ein Drittel der staatlichen Unternehmen verlustbringend und es wird geschätzt, dass ein Drittel dieser Unternehmen in besonders starken Verlusten verharrten oder falsche Gewinne verrechneten.[604]

Zweitens, konnte durch das Vertragsmodel das Bindungsverhältnis von Rechtsansprüchen, Verantwortlichkeiten und Profiten zwischen Staat, Unternehmen und Angestellten relativ gut aufeinander abgestimmt werden. Zudem wurden die Unternehmen dadurch schrittweise in Richtung Markt gedrängt, wodurch sich Wettbewerbsbewusstsein und Wettbewerbsfähigkeit der Unternehmen gesteigert hatte. Mit der Reform der „Machtdezentralisierung und Gewinnabführung" der vorherigen Periode, bildete das Vertragssystem schlussendlich eine Art Vertragsverhältnis zwischen der Regierung und den Führungskräften der Unternehmen, auch wenn es noch in keinster Weise standardisiert war. Da nun Rechtsansprüche und Verantwortlichkeiten der Regierung, der Unternehmen und der Führungskräfte vertraglich geregelt wurden, konnten Führungskräfte in Unternehmen ihren Entscheidungsspielraum

603 Staatliches Amt für Statistik 国家统计局 *Zhongguo Tongji Nianjian (1991)* 中国统计年鉴 (1991) („Statistisches Jahrbuch Chinas (1991)", Zhongguo Tongji Chubanshe, Ausgabe 1992, S.410-411)

604 Chen Guoheng 陈国恒 *Guoyou Chanquan Zhidu Gaige Yanjiu* 国有产权制度改革研究 („Untersuchungen zur Reform des staatlichen Eigentumsrechtssystems", Zhongguo Shehui Kexue Chubanshe, Ausgabe 2004, S.209)

gemäß dem Wandel der Märkte enorm ausbauen. Dies führte auch zu einem Anstieg der Leistungskraft der Unternehmen.

Drittens kam es mit dem Wandel der Geschäftsmechanismen in Unternehmen auch zu Veränderungen in der Zusammensetzung der Investitionsquellen der Unternehmen. Einigen Daten zufolge setzten 98% der großen und mittelgroßen, staatlichen Industrieunternehmen zwischen 1987 und 1992 in unterschiedlichem Umfang ein Vertragssystem des Managements um. Während der Periode der Planwirtschaft, war die Regierung der alleinige Investor für staatliche Unternehmen. Mit dem Vertragssystem änderte sich nun auch das. Statistiken zufolge, stieg der Ursprungswert von Festanlagen, die landesweit von staatlich finanziert Industrieunternehmen während dem siebten Fünfjahresplan neu akkumuliert wurden um 168% im Vergleich zum Ursprungswert der Festanlagen, die während dem sechsten Fünfjahresplan hinzukamen. Ein Drittel der neu akkumulierten Festanlagen wurden mit eigenständig angehäuftem Kapital finanziert, dass die Unternehmen aus den überbleibenden Gewinnen und Abschreibungen schlagen konnten. Die restlichen zwei Drittel wurden mit der Verlängerung von Bankenkrediten finanziert. Somit waren staatliche Unternehmen bei der Anschaffung von Investitionen nicht mehr vollständig vom Staat abhängig.

4. Kommentar zum Vertragssystem des Managements

Das Vertragssystem des Managements in staatlichen Unternehmen war tatsächlich für die damalige Zeit eine Art Innovation im Unternehmenssystem. Bis zu einem gewissen Grad wurde damit die Trennung von Eigentumsrechten und Geschäftsrechten in staatlichen Unternehmen gefördert und der Enthusiasmus des Unternehmens und des Einzelnen angeregt. Aufgrund der Tatsache, dass das Vertragssystem jedoch nicht auch gleichzeitig das grundlegende System der Eigentumsrechte in Unternehmen berührte, existierten an sich noch einige schwer überwindbare Mängel. Dadurch war es unmöglich für staatliche Unternehmen, sich den Erfordernissen des Marktwettbewerbs anzupassen. Eben durch das Vorhandensein dieser grundlegenden Unzulänglichkeiten konnte das Vertragssystem kaum fortgesetzt werden.

Zunächst war das Vertragssystem in der Praxis auf Gewinnteilungsverträge ausgerichtet, in der es um die Aufteilung der Rechte an überschüssigen Gewinnen von Unternehmen ging. Regierung und Unternehmen regelten auf diese Weise die Verteilung der überschüssigen Einnahmen, womit infolgedessen das Ziel der Belohnung der Führungskräfte und der Arbeiter erreicht wurde. Jedoch führte dies dazu, dass die zuständige Regierung in ihrer Rolle als Auftraggeber, nun nicht mehr als ein unvollständiger Anteilseigner war, und nun einen Vertragsabschluss mit dem Auftragsnehmer, der selbst nur nach Profit strebte, durchführen musste. So kam es oft dazu, dass dieser seinen Informationsvorteil beim Vertragsabschluss ausnutzte, um sich nach besten Möglichkeiten die Gewinne des Auftraggebers selbst anzueignen. Beispielsweise, konnten durch niedrige Angaben bei den Abschreibungen oder hohe Angaben bei den Arbeitsausgaben staatliche Vermögenswerte auf direktem Weg unterschlagen werden. Insbesondere Führungskräfte waren oftmals in kurzfristige, räuberische Geschäftshandlungen verwickelt. Außerdem stellte sich die Ermittlung der im Vertrag festzulegenden Grundzahl durch die Regierung, aufgrund der Informationsasymmetrie im Allgemeinen als schwierig heraus. Die Regierung erhöhte in der Folge die im Vertrag festgesetzten Transaktionskosten. In der Praxis konnte sie mit dem Vertragssystem jedoch bei weitem nicht die erwarteten Einkünfte erzielen.

Zweitens wurde durch das Subunternehmen immer noch die Top-Down-Beziehung im Verwaltungsbereich zwischen Regierung und Unternehmen aufrechterhalten. Bei schwerwiegenden betrieblichen Entscheidungen wie Investitionen, Veräußerung von Vermögenswerten, Verteilung von Gewinnen oder Einstellung und Entlassung von Personal mussten Unternehmen nach wie vor dem Willen und den Anordnungen der Regierung Folge leisten. Eigentumsrechte von Unternehmen als juristische Person waren nach wie vor nicht definiert. Somit waren Unternehmen auch in der Praxis in keinster Weise zu wirklich unabhängigen Marktsubjekten geworden. Die Regierung als Auftragsgeber und das Subunternehmen als Auftragsnehmer waren daher schon zu Beginn der Vertragsverhandlungen in ungleichen Positionen. Während der Auftragsnehmer regelrecht um Almosen betteln musste, konnte die Regierung frei nach ihren Wünschen den Vertragsinhalt bestimmen und den Vertrag nach Abschluss grundlos wieder kündigen, wenn sie wollte. Deswegen war es für den Leistungsvertrag schwierig eine glaubwürdige Rechtswirkung zu entfalten. Dies wurde auch zu einer wichtigen, systembegründeten Grundlage der kurzfristigen Handlungen der Subunternehmen. Außerdem konnten die im Vertragssystem gängigen Einzelverhandlungen leicht dazu führen, dass sich der Auftragsnehmer unrechtsmäßigen Methoden bediente und mit dem Vertreter des Auftragsgebers konspirierte, um seinen Gewinnanteil zu steigern. In der Praxis kam es zusätzlich noch dazu, dass Subunternehmen oftmals die Gewinne einfuhren, aber keine Schulden trugen. Das Vertragssystem belohnte Unternehmen mit hervorragenden Leistungen, bestrafte aber umgekehrt nicht Unternehmen mit mangelhafter Leistung. Es existiert eine Vielzahl von Beispielen, die zeigen, dass in der ersten Vertragsrunde nur wenige Führungskräfte über Wettbewerbsausschreibungen oder Peer-Reviews ausgewählt wurden. Die Mehrheit wurde in Einzelgesprächen zwischen Regierung und Auftragsnehmer selektiert.

Vertragsabschlüssen fehlten somit die nötige Fairness, Transparenz und Verbindlichkeit.

Des Weiteren wies auch der Anspornmechanismus erhebliche Mängel auf. Dadurch, dass Verträge für gewöhnlich auf kurze Zeit limitiert waren, und sämtliche Anforderungen an den jährlichen Gewinn gekoppelt waren, waren Unternehmen meistens auf die Maximierung des Profits innerhalb der Vertragslaufzeit aus und schenkten wichtigen Tätigkeiten zur Förderung der langfristigen Entwicklung des Unternehmens oft keine Beachtung. Führungskräfte machten ihr Unternehmen oft von überbeanspruchter Ausrüstung und niedrigen, kurzfristigen Investition abhängig, und legten keinen Wert auf technologische Verbesserung oder langfristige Investitionen. Trotz dieser unüberwindlichen Mängel innerhalb des Vertragssystems erreichte die Umsetzungsrate von Leistungsverträgen in den drei Jahren von 1987-1990 zwar 88%, fiel aber 1990, auch durch die schwierige Wirtschaftslage, wieder auf 69%. Im selben Jahr stieg die Anzahl der verlustbringenden Unternehmen um 92%, in der ersten Hälfte 1991 folgte erneut ein Anstieg von 36,7%. Unter diesen

Umständen wurde das Vertragssystem zu nichts weiter als einer bloßen Formalität. Überall wurden die Bestimmungen zur im Vertrag festgesetzten Grundzahl in vielerlei Hinsicht zunehmend flexibel gestaltet. So wurden eine Reihe der im Vertrag zum Einsatz kommenden Wettbewerbsmechanismen wie z.B. Ausschreibungen annulliert. In einigen Städten und Provinzen erreichten Kollektivverträge zwischen Führungspersonen der KPCh, der Regierung, der Gewerkschaften und der kommunistischen Jugendliga eine Durchdringung von 100%. Dabei wurde die Vertragslaufzeit deutlich verkürzt, die Quote der jährlich im Vertrag festgelegten Planziffern stieg gewaltig an. Verträge mit den Unternehmen wiesen zu weiche Restriktionen, ein zu geringes Maß an Verantwortlichkeit und zu hohe Risikoaversion auf. Es hatte den Anschein, als ob sich das Unternehmenssystem zurück in Richtung des alten Systems wandelte. Eben die Tatsache, dass die marginale Effizienz des Vertragssystems zurückgegangen war, hat maßgeblich zum Wandel in der Einstellung der Regierung dem gegenüber beigetragen. Anfang 1991, gelangten über 90% der Unternehmen mit ablaufenden Verträgen in die zweite Vertragsrunde. Die politische Linie der Zentralregierung war zum einen darauf ausgerichtet, am Vertragsverantwortungssystem des Managements festzuhalten und dies zu optimieren. Gleichzeitig begann sie jedoch auch aktiv die Bedingung für die Erprobung eines Beteiligungssystems zu schaffen. Dies impliziert, dass das Vertragssystem bereits seine historische Bestimmung bei der Reform der staatlichen Unternehmen erfüllt hatte.

Kapitel 10: Reform der Eigentumsrechte und Umstrukturierung von staatlichen Unternehmen

Im Allgemeinen umfassten die Reformen von staatlichen Unternehmen in den 80er Jahren des 20. Jahrhunderts den Ausgleich der ökonomischen Interessen und der wirtschaftlichen Entscheidungs- und Kontrollkraft zwischen Staat und Unternehmen durch eine Ausweitung der Unternehmensrechte und einen Transfer der Profite in Richtung der Unternehmen. Doch einzig und allein dies konnte aus den staatlichen Unternehmen noch keine wirklichen unabhängigen Marktwettbewerber machen. Selbst nachdem wir ein neues Verantwortlichkeitssystem der Vertragsbindung geschaffen hatten, war es dennoch schwierig, die Missstände in staatlichen Unternehmen aus dem gesamten System zu korrigieren. Die Praxis hatte gezeigt, dass staatliche Unternehmen ihre langfristige ökonomische Effizienz und Wettbewerbsfähigkeit nicht aufrechterhalten können, wenn diese keine grundlegenden Reformen im unternehmensinternen Eigentumsrechtssystem durchführen.

Anfang 1992 löste Deng Xiaopings Reise in den Süden Chinas erneut eine Welle der Reformen in China aus. Für staatliche Unternehmen wurde dabei ein hervorragendes politisches und ökonomisches Umfeld geschaffen, indem diese selbst ihre Reformbestrebungen vertiefen konnten. Am 12. Oktober 1992 wurde auf dem 14. Parteitag der Kommunistischen Partei Chinas deutlich hervorgehoben, dass das Ziel der Reformen des Wirtschaftssystems Chinas sei, eine sozialistische Marktwirtschaft zu errichten. Dabei stellen Unternehmen die fundamentalen Wirtschaftseinheiten und Wettbewerbssubjekte dar. Diese beiden Aspekte, die Stellung der Unternehmen als Markthauptelemente und die Errichtung einer sozialistischen Marktwirtschaft, galt es somit zu verbinden. Im Juni 1993 stellte die staatliche Wirtschaft- und Handelskommission nach Anordnung und Auftrag der zentralen Führungsgruppe für Finanzen und Wirtschaft gemeinsam mit insgesamt 13 weiteren Ministerien und Kommissionen eine spezialisierte Forschungsgruppe zusammen. Diese reiste nacheinander in die Provinzen Shanghai, Guangdong, Fujian, Shandong und Heilongjiang und führte mit über 100 Unternehmen und über 200 Personen Diskussionen, um sich aus sämtlichen Kreisen der Gesellschaft Meinungen einzuholen. Nach vier Monaten, im Juli desselben Jahres, veröffentlichte sie einen Forschungsbericht über die „Schaffung eines modernen, mit der sozialistischen Marktwirtschaft kompatiblen Unternehmenssystems". Dieser Bericht erlangte eine überaus wichtige Funktion bei der späteren Vertiefung der Reformen der Eigentumsrechte von staatlichen Unternehmen und im Verwirklichungsprozess einen modernen Unternehmenssystems.

Abschnitt 1: Reform des Eigentumsrechtssystems von staatlichen Unternehmen

Nach der Ausweitung der Unternehmensrechte und einem Transfer der Profite in Richtung der Unternehmen, sowie nach der Einführung eines vertragsgebundenen Verantwortlichkeitssystems begann man sich seit Mitte der 80er Jahre mit Fragen der Eigentumsstruktur innerhalb der Unternehmen zu beschäftigen. Unter dem starken Rückhalt der Regierung setzten sich einige Unternehmen die Schaffung einer modernen Unternehmensstruktur zum Hauptziel und begannen mit Versuchen über eine mögliche Diversifizierung der Eigentumsrechte in Unternehmen. Eine der gängigsten Formen dabei war das Beteiligungssystem.

1. Frühe Versuche zur Implementierung eines Beteiligungssystems in staatlichen Unternehmen

Bereits während den Reformen Anfang der 80er Jahre führten einige städtische und ländliche Kollektivunternehmen Versuche zu Beteiligungssystemen durch.[605] Vor dem sozialen Hintergrund solcher Innovationen, begannen auch einige kleine staatliche Unternehmen mit derartigen Experimenten. Zwischen 1984 und 1986 begannen u.a. Beijing, Guangzhou und Shanghai mit der Auswahl von ein paar großen und mittelgroßen Staatsunternehmen, die Pilotprojekte in Bezug auf Beteiligungssysteme durchführen sollten. Im Juli 1984 brachte die Beijing Tian Qiao Department Lt. Corporation als erstes Staatsunternehmen öffentlich Aktien in Umlauf (hauptsächlich innerhalb ihres Beziehungsnetzwerks) und schuf ein diversifiziertes Anteilsrechtsgefüge, indem die Staatsanteile 50,97% (zusammengesetzt aus Marktvermögenswerten von Tian Qiao), Bankenanteile 25,89%, Unternehmensbeteiligungen 19,69% und persönlichen Anteile der Angestellten 3,46% ausmachten.[606] Im Dezember 1986 veröffentlichte der Staatsrat „diverse Bestimmungen bezüglich Vertiefung

605 China Securities Regulatory Commission (CSRC) 中国证券监督管理委员会 *Zhongguo Ziben Shichang Fazhan Baogao* 中国资本市场发展报告 („Bericht über die Entwicklung der Kapitalmärkte in China", Zhongguo Jingrong Chubanshe, Ausgabe 2008, S.4)

606 Zheng Zhenlong u.a. 郑振龙 *Zhongguo Zhengquan Fazhan Jianshi* 中国证券发展简史 („Kurzüberblick über die Entwicklung von Wertpapieren in China", Jingji Kexue Chubanshe, Ausgabe 2000, S.173-174)

der Unternehmensreformen und Stärkung der Unternehmensvitalität" (kurz: „diverse Bestimmungen"), in denen proklamiert wurde: „Sämtliche Regionen dürfen vorbehaltlich eine geringe Zahl von großen und mittelgroßen Unternehmen in Kollektivbesitz auswählen, die Pilotprojekte in Bezug auf die Errichtung eines Beteiligungssystems durchführen." Nach der Veröffentlichung der „diversen Bestimmungen" begannen einige Provinzen und Städte damit, über das Land verteilt diese Vorgehensweise umzusetzen. So hat die Stadt Shanghai 1986 acht große und mittelgroße Staatsunternehmen ausgewählt, wobei letztlich offiziell die Shanghai Vacuum Electronic Devices Lt. Co. als Pilotunternehmen für die Implementierung eines Beteiligungssystems bewilligt wurde. Im Januar 1987 wurden das erste Mal Aktien öffentlich in Umlauf gebracht. Somit wurde ebenfalls ein diversifiziertes Anteilsrechtsgefüge geschaffen, indem sich die Staatsanteile auf einen Anteil von 74,5%, Einzelanteile auf 1% (bezieht sich auf Aktien, die von juristischen Personen außerhalb der „Firma" als solche gezeichnet worden sind) und die persönlichen Anteile, die nacheinander in drei Wellen emittiert wurden auf 24,5% beliefen. [607] Nach Angaben der staatlichen Kommission zur wirtschaftlichen Restrukturierung gab es Ende 1988 bereits landesweit 3.800 Unternehmen mit Beteiligungssystem, wobei davon 800 aus Umstrukturierungen staatlicher Unternehmen hervorgegangen sind. 60 der Unternehmen hatten auch schon Aktien in Umlauf gebracht.

Die restlichen 3.000 waren ursprünglich Kollektivunternehmen. Geografisch gesehen konzentrierten sich die Unternehmen, in denen ein Beteiligungssystem umgesetzt worden war, hauptsächlich auf die weiterentwickelten östlichen Regionen Chinas. Davon lagen 1.255 in Shanghai, 707 in Shenyang, 290 in der Provinz Guangdong und 133 in Wuhan.[608]

Von 1989 bis 1991 haben sich die Reformbestrebungen der Beteiligungssysteme in Unternehmen aufgrund politischer und ökonomischer Sparmaßnahmen etwas abgemildert, der grundlegende Entwicklungstrend blieb jedoch unverändert. Auf Basis von unvollständigen Statistiken, die von der staatlichen Kommission zur wirtschaftlichen Restrukturierung in 34 Provinzen, autonomen Regionen, regierungsunmittelbaren Städten und Städten, deren Wirtschaftsplanung direkt dem Staatsrat unterstellt war, erhoben wurden, gab es Ende 1991 in diesen Regionen insgesamt 3.320 Beteiligungsgesellschaften (nicht enthalten waren Beteiligungspartnerschaften in Unternehmen auf Großgemeinde- oder Gemeindeebene sowie chinesisch-ausländische Gemeinschaftsunternehmen und inländische Gemeinschaftsunternehmen). Davon waren 63% der Beteiligungsgesellschaften aus ehemaligen Kollektivunterneh-

---

607 Staatliche Kommission zur wirtschaftlichen Restrukturierung 国家体改委 *Zhongguo Jingji Tizhi Gaige Nianjian* 中国经济体制改革年鉴 („Jahrbuch zur Reform des Wirtschaftssystems Chinas", 1989, Gaige Chubanshe, Ausgabe 1989, S.126)

608 Abteilung für Unternehmenssysteme der Staatlichen Kommission wirtschaftlichen Restrukturierung, Büro des Kommitees zur Weisung von Unternehmensverwaltung des Staatsrates 国家经济体制改革委员会企业体制司、国务院企业管理指导委员会办公室 *Zhongguo Qiye Gaige Shi Nian* 中国企业改革十年 („10 Jahre Unternehmensreform in China", Gaige Chubanshe, Ausgabe 1990, S.318)

men, 22% aus staatlichen Unternehmen und 15% aus anderen Unternehmenskategorien hervorgegangen.[609] Die Zahl der bereits standardisierten Beteiligungsgesellschaften in Shanghai und Shenzhen ist ebenfalls jeweils auf 11 Stück bzw. 108 Stück angestiegen. Nachforschungen zufolge, die 1991 in der Stadt Shanghai getätigt worden sind, belief sich die Eigenkapitalsumme in den 20 Unternehmen, in den Beteiligungssysteme als Pilotprojekte genehmigt worden sind, auf insgesamt 2,01 Mrd. Yuan. Davon stellten 50% Staatsanteile, 29,5% Anteile von juristischen Personen, 15,4% persönliche Beteiligungen und 5,1% ausländische Anteile dar. Mit einem Gesamtanteil der Staatsanteile und Anteile juristischer Personen, über die öffentliche Unternehmen verfügten, von 79,5%[610], nahmen die staatseigenen Beteiligungen hierbei die absolute Aktienmehrheit ein.

2. Vorantreiben der Schaffung von modernen Unternehmenssystemen durch staatliche Unternehmen

Im November 1993 wurde auf der dritten Plenarsitzung des 14. Zentralkomitees der KPCh der „Beschluss bezüglich diverser Fragen zum Aufbau eines sozialistischen Marktwirtschaftssystems“ verabschiedet. In dem Beschluss wurde deutlich hervorgehoben, dass das Ziel der Reformbestrebungen chinesischer Staatsunternehmen die Schaffung eines modernen Unternehmenssystems sei, dass den Anforderungen einer Marktwirtschaft gerecht wird, in dem die Eigentumsrechte klar definiert, Verantwortlichkeiten und Befugnisse klar geregelt sind, in dem Staat und Unternehmen voneinander getrennt sind und die Unternehmensverwaltung auf wissenschaftlicher Basis erfolgt. Zudem wurde betont, dass die Umwandlung staatlicher Unternehmen in Aktiengesellschaften bei der Schaffung eines modernen Unternehmenssystems ein aussichtsreiches Unterfangen darstellen würde. Große und mittelgroße Staatsunternehmen, welche die entsprechenden Anforderungen erfüllen, sollten sich auf Basis ihrer eigenen individuellen Umstände separat in staatliche Einpersonengesellschaften, Gesellschaften mit beschränkter Haftung oder Aktiengesellschaften umstrukturieren. Von den gewöhnlichen, kleinen Staatsbetrieben könnten manche ihre Geschäftstätigkeiten als Subunternehmen oder im Rahmen eines Pachtvertrags fortsetzen. Andere könnten sich ebenfalls in Aktiengesellschaft umstrukturieren oder das Unternehmen an Kollektive oder Privatpersonen verkaufen. Im Dezember 1993 wurde auf der fünften Sitzung des ständigen Ausschusses des nationalen Volkskongress das „Gesellschaftsrecht der Volksrepublik China“ verabschiedet. Dort wurde hervorgehoben, dass Gesellschaften mit dem gesamten Eigentum der involvierten juristischen Personen, gemäß den Gesetzen unabhängig operieren und Gewinne und Verluste selbst tragen. Staatliche Unternehmen, die sich in Aktiengesellschaften umwandeln, müssen gemäß den Gesetzen unter anderem ihre Betriebsmechanismen

609 Staatliche Kommission zur wirtschaftlichen Restrukturierung 国家体改委 *Zhongguo Jingji Tizhi Gaige Nianjian* 中国经济体制改革年鉴 („Jahrbuch zur Reform des Wirtschaftssystems Chinas“, 1992, Gaige Chubanshe, Ausgabe 1992, S.322)

610 Zheng Zhenlong u.a. 郑振龙 *Zhongguo Zhengquan Fazhan Jianshi* 中国证券发展简史 („Kurzüberblick über die Entwicklung von Wertpapieren in China“, Jingji Kexue Chubanshe, Ausgabe 2000, S.183)

anpassen, schrittweise Vermögensausmusterungen und Kapitalprüfungen durchführen, Eigentumsrechte klar definieren, Schuldforderungen und Verbindlichkeiten bereinigen, ihre Vermögenswerte schätzen und eine standardisierte Verwaltungsorganisation errichten. Das symbolisiert, dass die Reformbestrebungen der Staatsunternehmen in China seit 1994 in ein neues Kapitel eingetreten sind, in denen die gesetzestreue Schaffung eines modernen Unternehmenssystems, sowie die Realisierung allumfassender Reformen des Eigentumsrechtssystem innerhalb der Unternehmen im Zentrum standen.

1. Pilotprojekte zur Schaffung eines modernen Unternehmenssystems

Nachdem auf der dritten Plenarsitzung des 14. Zentralkomitees der KPCh die Umsetzungsstrategie der geplanten Demutualisierung staatlicher Betriebe präzisiert worden war, wurde Anfang November 1994 unter der Führung des Staatsrates gemeinsam mit der staatlichen Kommission zur wirtschaftlichen Restrukturierung und der staatlichen Wirtschafts- und Handelskommission eine Arbeitssitzung zu Pilotprojekten bei der Erprobung moderner Unternehmenssysteme einberufen. Im Zuge der Diskussionen wurden einige Dokumente verabschiedet. Darunter die „allgemeinen Ansichten bezüglich der Vertiefung der Reformbestrebungen von staatlichen Unternehmen und der Optimierung der großen und mittelgroßen Staatsunternehmen" und der „Plan zur Selektion einer Reihe von großen und mittelgroßen Staatsunternehmen für die Durchführung von Pilotprojekten zur Erprobung eines modernen Unternehmenssystems (Entwurf)" (kurz: „(Entwurf)"). Diese stehen als Symbol dafür, dass die Arbeit an Pilotprojekten zur Erprobung eines modernen Unternehmenssystems tatsächlich begonnen hatte. Anschließend wurden von der staatlichen Wirtschafts- und Handelskommission und der staatlichen Kommission für wirtschaftliche Restrukturierung zunächst 100 große und mittelgroße Staatsunternehmen sowie drei Holdinggesellschaften für die Durchführung von Pilotprojekten zur Erprobung eines modernen Unternehmenssystems selektiert. Dabei war die staatliche Kommission für wirtschaftliche Restrukturierung für die Verwaltung von Projekten in 30 der Staatsunternehmen und einer der Holdinggesellschaften verantwortlich, die staatliche Wirtschafts- und Handelskommission für die Pilotprojekte in den restlichen 70 Staatsunternehmen und zwei Holdinggesellschaften. Außerdem wurden 2.000 Lokalunternehmen durch die verschiedenen Provinzen, Gemeinden und autonomen Regionen für Pilotprojekte ausgewählt[611], wodurch diese Unternehmen eine Führungsrolle bei den Reformen hin zu einem modernen Unternehmenssystem einnehmen konnten.

Der „Entwurf" des Staatsrates[612] fungierte dabei als konkreter Plan in Bezug auf Zielvorstellungen, Grundsätze, Inhalt, Maßnahmen, Durchführung und Vorgehensweise der Pilotprojekte.

611 Zhou Dongtao 邹东涛 *Zhongguo Jingji Tizhi Chuangxin – Gaige Nianhua de Tansuo (Xia)* 中国经济体制创新----改革年华的探索 (下) („Die Erneuerung des chinesischen Wirtschaftssystems – Versuche während der Reformperiode", (Renmin Chubanshe), Ausgabe 2003, S.499)

612 Chefredakteur Wu Jie 乌杰主编 *Xiandai Qiye Zhidu Caozuo Zhinan* 现代企业制度操作指南 („Richtlinien zur Handhabung moderner Unternehmenssysteme", (Gaige Chubanshe), Ausgabe 1995, S.202)

1. Zielvorstellung und Grundsätze der Pilotprojekte

Bei der Wahl von Unternehmen zur Durchführung der Pilotprojekte kam man auf folgende Zielsetzungen:

1. Suche nach einer effektiven Methode zur Verknüpfung von öffentlichem Eigentum und Marktwirtschaft, Anpassung der operationellen Unternehmensmechanismen, Steigerung der Wirtschaftsleistung, weitergehende Freisetzung und Entwicklung der Produktivkräfte.
2. Transformation der Rolle der Regierung, Erprobung von Möglichkeiten zur Trennung von Staat und Unternehmen. Die Regierung greift nicht direkt in die Geschäfts- und Produktionstätigkeiten der Unternehmen ein, sodass Unternehmen sich vom Status als Untergebene von Verwaltungsorganisationen befreien können. Sie stellen nun die Hauptsubjekte des Marktes dar und operieren gemäß den Grundsätzen der Marktwirtschaft unabhängig.
3. Ausgleich des Eigentumsrechtsverhältnis, schrittweiser Aufbau eines Systems zur Verwaltung und Führung von staatlichen Vermögenswerten, Festsetzung der Eigentumsrechte von Gesellschaften (juristische Personen), sodass Unternehmen tatsächlich zu unabhängigen juristischen Personen werden, die ziviles Recht genießen, aber ebenso zivile Verpflichtung zu tragen haben, Verwirklichung der Einheit von Zivilrecht und Geschäftsfähigkeit, sodass Unternehmen ihre Gewinne und Verluste selbst tragen und sich eigenständig entwickeln.
4. Optimierung des unternehmensinternen Führungs- und Organisationsverwaltungssystems, Vorantreiben von Standardisierung und Verwissenschaftlichung, Bildung einer korrespektiven, hocheffizienten Betriebsstruktur, in der Befugnisse und Verantwortlichkeiten klar voneinander abgegrenzt sind.

Grundsätze der Pilotarbeit sei es, die Führungsrolle der Staatswirtschaft hervorzuheben und Werterhalt und Wertsteigerung der staatlichen Vermögenswerte zu sichern. Außerdem die Trennung von Eigentumsrechten der Investoren von den Vermögensrechten der juristischen Personen, sowie Fokussierung auf institutionelle Innovationen und Standardprozesse. Ausgehend von unseren nationalen Gegebenheiten Chinas sollte aus nützlichen Erfahrungen des Auslands Lehren gezogen und Sukzession und Innovation miteinander kombiniert werden. Außerdem Vorantreiben entsprechender Stützreformen, Klassifizierung von Unterweisungen, konstanter Fortschritt und die Motivationsanregung sämtlicher Beteiligten.

2. Hauptinhalt der Pilotprojekte

1. Optimierung des Systems der juristischen Personen in Unternehmen, sodass Unternehmen die Vermögensrechte von juristischen Personen genießen. Auf Basis der entsprechenden staatlichen Richtlinien müssen Vermögensausmusterungen und Kapitalprüfungen erfolgen, Eigentumsrechte

klar definiert, Schuldforderungen und Verbindlichkeiten bereinigt, Vermögenswerte geschätzt, die Summe der in Verwendung befindlichen Vermögenswerte des Unternehmen als juristische Person verifiziert, Eigenkapital überprüft und ratifiziert und eine Registrierung der Eigentumsrechts staatlicher Vermögenswerte durchgeführt werden. Staatliche Institutionen, die zu Investitionstätigkeiten berechtigt sind, sowie zugelassene staatliche Ministerien und andere Investoren genießen ihrem Beteiligungsanteil entsprechend gemäß den Gesetzen Aktionärsrechte, die auch ein Recht auf Profit, Durchsetzung von schwerwiegenden politischen Entscheidungen, sowie ein Recht auf Wahl der Unternehmensmanager miteinschließen. Zudem nehmen sie auch eine beschränkte Haftungspflicht für das Unternehmen auf, die sich nach der Summe des investierten Kapitals richtet. Die Investoren sind jedoch nicht dazu berechtigt, sich direkt an den operativen Tätigkeiten der Unternehmen zu beteiligen oder eine direkte Kontrolle auf die Vermögenswerte von juristischen Personen auszuüben. Die Investoren dürfen ihr Kapital nicht zurückziehen, und die Unternehmen dürfen ihre Aktien nicht zurücktreten, jedoch kann eine Übertragung der Eigentumsrechte am Unternehmen gemäß den Gesetzen durchgeführt werden. Unternehmen genießen unabhängig der Vermögenswerte sämtlicher juristischer Personen ziviles Recht, tragen eine zivile Verantwortung, operieren eigenständig und tragen Gewinne und Verluste selbst. Gegenüber den Aktionären sind sie in der Pflicht, für den Werterhalt und die Wertsteigerung der Vermögenswerte (des Kapitals) zu sorgen. Unternehmen als unabhängige juristische Entitäten und als Hauptsubjekte des Marktwettbewerbs sind losgelöst von der Abhängigkeit der Regierungsinstitutionen und können nicht mehr willkürlich auf die Regierungsebene zurückgreifen.

2. Festlegung der Stellung des Investitionssubjekts für staatliches Vermögen in Pilotunternehmen. Ausgehend vom Trennungsprinzip zwischen der Funktion der Regierung als sozialer Wirtschaftsverwalter und Inhaber von Staatsvermögen dürfen die staatlichen Institutionen, die zu Investitionstätigkeiten berechtigt sind, als Investitionssubjekte und Verwaltungsorgane für Staatsvermögen fungieren. Sie sind dazu berechtigt dem Gesetz entsprechend im Unternehmen Aktienanteile zu verwalten. Zu diesen, zu Investitionstätigkeiten berechtigten Staatsorganen zählen staatliche Holdinggesellschaften, mit einem speziellen Status als juristische Person, sowie spezielle Verwaltungsministerien, die vom Staat für solche Zwecke zugelassen worden sind. Staatliche Holdinggesellschaften nehmen dabei hauptsächlich die Form von staatlichen Investmentgesellschaften, staatlichen Vermögensverwaltern und Kollektivgesellschaften großer Unternehmensgruppen an.
3. Festlegung der Organisationsform der Aktiengesellschaft, in die sich die Unternehmen umstrukturieren. Die kleine Zahl der Unternehmen, die bestimmte Spezialprodukte herstellen oder einem speziellen Industriezweig angehören, können sich in staatliche Einpersonengesellschaft umformen.

Der Großteil der staatlichen Unternehmen sollte sich jedoch in Gesellschaften mit beschränkter Haftung umwandeln. Jene Unternehmen, mit entsprechenden Voraussetzungen können sich in Aktiengesellschaften mit beschränkter Haftung umwandeln, wobei unter ihnen nur eine geringe Anzahl börsennotiert sein darf. Die derzeitigen Muttergesellschaften, die in landeswichtigen Industrien angesiedelt sind und die entsprechenden Anforderungen erfüllen, können sich schrittweise in staatliche Holdinggesellschaften umstrukturieren, dürfen aber nicht zu einem Branchenmonopol einer einzigen Firma werden. Konzerne führen Restrukturierungen nach Vorbild des Organisationssystems der Muttergesellschaft durch.

4. Schaffung einer wissenschaftsbasierten, standardisierten, internen Organisationsstruktur der Gesellschaften. In Ein-Personengesellschaften sollte ein Direktorium etabliert werden, dessen Mitglieder von staatlichen Vermögensverwaltungsorganisationen nominiert werden. Andere Unternehmen mit einer Vielzahl verschiedener Kapitalquellen sollten gemäß den Bestimmungen des „Gesellschaftsrecht" eine Aktionärshauptversammlung, ein Direktorium und einen Aufsichtsrat einrichten. Mitglieder des Direktoriums und des Aufsichtsrats werden jeweils von der Aktionärsversammlung bestimmt, wobei Teilzeitdirektoren und Aufsichtsratsmitglieder für die Vergabe von Unterhaltszuschüssen verantwortlich sind.
5. Reform der Personalentlohnung im Unternehmen. Auflösung des Status der Unternehmensverwaltungsangestellten als staatliche Kader und Zerschlagung der Identitätsgrenzen zwischen Mitarbeitern mit unterschiedlich hohem Eigentum. Schaffung eines Personalsystems, indem bidirektionale Wahlen zwischen Unternehmen und Angestellten stattfinden. Dabei übt die Regierung eine direkte Kontrolle über die Lohnsumme des Unternehmens aus, legt Standards für Mindestlöhne fest und übt eine Führungs-, Aufsichts- und Kontrollfunktion bei der Wahl des Lohnniveaus aus.
6. Verbesserung des Finanzbuchhaltungssystems. Vollständige Umsetzung der „Allgemeinen betrieblichen Finanzgrundsätze", der „Normen für betriebliches Rechnungswesen" sowie der entsprechenden staatlichen Richtlinien.
7. Optimierung der Gewerkschaftsarbeit und Stärkung der demokratischen Verwaltung durch die Arbeitnehmer. Ein-Personengesellschaften und Gesellschaften mit beschränkter Haftung, die sich aus staatlichen Mehrpersonenunternehmen oder staatlichen Mehrpersoneninvestitionssubjekten gebildet haben, etablieren durch die Gründung von Arbeitnehmerversammlungen und anderen Gebilden eine demokratische Verwaltung in den Unternehmen. Andere Aktiengesellschaft oder Gesellschaften mit beschränkter Haftung können durch die Gründung von Arbeitnehmerversammlungen und die Repräsentation der Angestellten durch Gewerkschaften ebenfalls demokratische Verwaltungen realisieren. Die Gewerkschaften führen dabei im Namen der Angestellten mit den Unternehmen ausgeglichene Verhandlungen über Löhne, Arbeitszeiten und andere Arbeitsumstände, unterzeichnen Tarifverträge und etablieren einen wirksamen Mechanismus

zur Stabilisierung der Beziehungen zwischen Unternehmen und Arbeitnehmern. Wenn die Firma sich mit großen Problemen in der Produktion oder den Geschäftstätigkeiten befasst oder wichtige Verordnungen festlegt, sollten auch Meinungen und Vorschläge der Gewerkschaften und Arbeitnehmer mitangehört werden. Wenn die aus den Untersuchungen hervorgegangenen Beschlüsse auch Einfluss auf die ureigenen Interessen der Angestellten nehmen, sollten zu allererst die Meinungen der Gewerkschaften und der Angestellten zu Rate gezogen werden, und Repräsentanten beider sollten eingeladen werden, um an den relevanten Sitzungen teilzunehmen.

2. Erlassung von entsprechenden Stützrichtlinien und Stützvorschriften durch die Regierung

Um die Reformen des Eigentumsrechtssystems in staatlichen Unternehmen zum Ende zu bringen, haben die zuständigen Staatsbehörden unverzüglich eine Reihe von Gesetzen, Statuten und relevante Richtlinien erlassen, die sich hauptsächlich auf drei Aspekte konzentrieren:

Zu allererst geht es um die Verbesserung des Organisationssystems in Kleinstunternehmen. Bereits im Juni 1992 haben die staatliche Kommission für wirtschaftliche Restrukturierung, die staatliche Kommission für Entwicklungsplanung, das Finanzministerium, die chinesische Volksbank und das Büro für Industrieproduktion des Staatsrates in Zusammenarbeit die „Pilotmaßnahmen für die Etablierung von Beteiligungssystemen in Unternehmen" veröffentlicht. Darin wird ausgeführt, dass Ziele derartiger Pilotprojekte die Transformation von Geschäftstätigkeitsmechanismen in den Unternehmen, die Eröffnung neuer Finanzierungskanäle für Unternehmen, die Förderung eines vernünftigen Flusses von Produktionsfaktoren und die Steigerung der Nutzungseffizienz von Staatsvermögen darstellen. Grundsätze der Pilotprojekte sind unter anderem der Schutz von Staatsvermögen vor Missbrauch, Wahrung der Gleichheit von Anteilsrechten und die Verteilung von Risiken und Gewinnen. Gleichzeitig wurden detaillierte Regelungen in Bezug auf Organisationsform, Aktienemission, Umfang von Pilotprojekten, Aktienhaltung durch Angestellte, Genehmigung von Pilotprojekten und Verwaltung der Aktiengesellschaften durch die Regierung festgelegt. Im Dezember 1993 entwarf die staatliche Kommission für wirtschaftliche Restrukturierung die „Stellungnahme zu Pilotprojekten zur Etablierung von staatlichen Ein-Personengesellschaften mit beschränkter Haftung", indem staatliche Ein-Personengesellschaften als ein Bestandteil eines modernen Unternehmenssystems dargestellt werden. Einpersonengesellschaften müssen Staatskapital überprüfen, auswerten und Institutionen für die Sanierung von Vermögen der Gesellschaften als juristische Person etablieren. Im Juni 1994 veröffentlichte der Staatsrat „Verordnungen bezüglich Registrierungsverwaltung von Gesellschaften der Volksrepublik China", in denen erneut die rechtlichen Normen für den Betrieb von Gesellschaftsunternehmen hervorgehoben werden.

Ein weiterer Aspekt bezieht sich auf die Verwaltung von Staatsvermögen. Im August 1992 veröffentlichten die staatliche Kommission zur Verwaltung von Staatsvermögen in Kooperation mit der staatlichen Kommission für wirtschaftliche Restrukturierung die „provisorischen Richtlinien bezüglich der Verwaltung von Staatsvermögen in Aktiengesellschaften", in der zunächst die Idee der Differenzierung zwischen Staatsanteile und staatlichen Anteilen von juristischen Personen vorangebracht wurde. Darin wird hervorgehoben, dass sich sowohl Staatsanteile als auch staatliche Anteile von juristischen Personen im Staatsbesitz befinden. Bei der Durchführung von Pilotprojekten zur Gründung von Aktiengesellschaft ist es nicht erlaubt, staatliche Anteile in irgendeiner Art und Weise aufzuteilen und somit die nationalen Interessen zu verletzen. Bei der Verwaltung der Pilotunternehmen ging es in erster Linie darum, eine Trennung von Regierung und Unternehmen und das Prinzip einer zweckmäßigen Trennung von Eigentumsrecht und Geschäftsrecht zu realisieren. Im Juli 1994 gab der Staatsrat die „Bestimmungen zur Verwaltung von Vermögen innerhalb staatlicher Unternehmen" heraus. Dort wird hervorgehoben, dass bei der Etablierung klar definierter Eigentumsverhältnisse das Ziel sei, die Dienstpflichten der zuständigen Regierungsbehörden und anderen Aufsichtsorgane innerhalb der Unternehmen sowie die Verantwortlichkeiten und Rechtsansprüche der Unternehmen klar zu definieren. Zudem sei es die Absicht, die Beziehungen zwischen Staatsvermögen, Hierarchieverwaltung, Arbeitsaufsicht und Geschäftsbetrieb in Einklang zu bringen. Unternehmen operieren entsprechend den Gesetzen unabhängig mit Vermögenswerten, die unter der Führung und Verwaltung des Staates stehen, und verfügen über das Recht, diese zu nutzen und gemäß den Gesetzen auf diese zurückzugreifen. Der Staatsrat ermächtigte die zuständigen Behörden oder die relevanten Organe dazu, die Aufsicht für die Führung und Verwaltung von festen oder jenen Behörden und Organen zugehörigen Firmenvermögen. Sinn und Schwerpunkt der Aufsicht war es, die Sicherheit des Staatskapitals und den Schutz des Einkommens des Eigentümers zu gewährleisten. Im November 1994 veröffentlichten die zuständigen Regierungsbehörden die „provisorischen Maßnahmen zur Verwaltung der Beteiligungsrechte in Aktiengesellschaften". Dort wurde hervorgehoben, dass sich staatliche Unternehmen bei der Umwandlung in Aktiengesellschaften entweder vollständig umwandeln oder gemäß den reellen Umständen entsprechend, ihre Transformation nur auf das Firmenkapital beschränken. Die Restrukturierung des jeweiligen Unternehmens muss dabei förderlich sein für die eigenständige Entwicklung des Unternehmens, für die Steigerung des Profitvermögens der Firma, sowie für die Entwicklung einer spezialisierten Arbeitsteilung und sozialen Dienstleistungen. Bei der Umstrukturierung von Staatsunternehmen in Aktiengesellschaften müssen Eigentumsrechte in Übereinstimmung mit den entsprechenden staatlichen Richtlinien definiert werden.[613] Im Januar 1996 erließ der Staatsrat die „Maßnahmen bezüglich der Registrierungsverwaltung von Eigentumsrechten an Vermögenswerten staatlicher Unternehmen". Dabei war das Ziel, die Registrierungsverwaltung von Eigentumsrechten an Vermögenswerten staatlicher Unternehmen zu stärken und ein grundlegendes Verwaltungssystem für staatliche Vermögenswerte zu etablieren, dass den Verlust von Staatsvermögen zu verhindern vermag. Im August 1997 veröffentlichte die

613 Chefredakteur Wu Jie 乌杰主编 *Xiandai Qiye Zhidu Caozuo Zhinan* 现代企业制度操作指南 („Richtlinien zur Handhabung moderner Unternehmenssysteme", (Gaige Chubanshe), Ausgabe 1995, S.298)

staatliche Kommission zur Verwaltung von Staatsvermögen in Kooperation mit der staatlichen Kommission für wirtschaftliche Restrukturierung die „Stellungnahme bezüglich Verhaltensregeln für staatliche Anteilseigner von Aktiengesellschaften bei der Ausübung ihrer Beteiligungsrechte". Der Zweck bestand darin, das Verhalten von staatlichen Aktionären in Aktiengesellschaften bei der Ausübung ihrer Beteiligungsrechte zu standardisieren, um den Nutzen staatlicher Beteiligungsrechte zu wahren und eine gesunde Entwicklung der Aktiengesellschaften voranzutreiben.

Der dritte Aspekt bezog sich auf die Interessen der Beschäftigten eines Unternehmens. Im Oktober 1994 veröffentlichte der Staatsrat die „Bekanntmachung bezüglich relevanter Fragen, die mit der versuchsweisen Insolvenz von staatlichen Unternehmen in einigen Städten aufgekommen sind". Darin wurde hervorgehoben, dass Unternehmen, die einen Konkurs durchführen, als erstes für die Unterbringung der Belegschaft nach der Insolvenz sorgen müssen. Im März 1993 veröffentlichte der Staatsrat die „Bekanntmachung bezüglich Reformvertiefung des Rentensystems für Firmenangehörige". Der Zweck bestand darin, durch einen systematischen Ansatz die Lebensgrundlage für Mitarbeiter, die in den Ruhestand gehen, zu sichern. Ein vierter Aspekt behandelte die Managementmethoden von Führungspersonen und Führungsgremien der Unternehmen. Im Mai 1995 veröffentlichte die zentrale Disziplinarkommission der KPCh die „Stellungnahme bezüglich Durchführung und Bearbeitung der „vier Richtlinien" für eine ehrliche und aufrichtige Selbstdisziplin von Führungskadern in staatlichen Unternehmen", und im September desselben Jahres veröffentlichten die Organisationsabteilung des ZK der KPCh, die staatliche Wirtschafts- und Handelskommission und das Ministerium für Personalangelegenheiten in Kooperation die „Stellungnahme bezüglich Stärkung des Aufbaus von Führungsgremien in staatlichen Unternehmen". In dieser wurde betont, dass beim verstärkten Aufbau von Führungsgremien in staatlichen Unternehmen Schwerpunkte gesetzt werden müssen und Führung kategorisiert werden muss. Große und mittelgroße Staatsunternehmen stünden dabei im Fokus. [614] Im März 1997 gaben die Organisationsabteilung des Zentralkomitees der KPCh, die staatliche Wirtschafts- und Handelskommission, das Ministerium für Personalangelegenheiten und der nationale Gewerkschaftsverband eine Bekanntmachung heraus, in der eine allgemeine und seriöse Bewertung von Führungskadern staatlicher Unternehmen für 1997 gefordert wird, mit dem Ziel die Führung in staatlichen Unternehmen zu stärken.

Abschnitt 2: Verbreitung und Erfolg des modernen Unternehmenssystems

Ab 1993 hat die Zentralregierung offiziell moderne Unternehmenssysteme in staatlichen Unternehmen vorangebracht. Durch die aktive Zusammenarbeit zwischen den Lokalregierungen und Unternehmen auf sämtlichen Ebenen konnten relativ schnell Fortschritte auf diesem Gebiet erzielt werden. Dies war bereits zu einer wichtigen

614 Die oben genannten Daten und Dokumente entstammen aus der von der Redaktionsabteilung Nummer vier des Archivlaboratoriums des Zentralkomitees der KPCh veröffentlichen „Generalnotiz bezüglich der Entwicklung und Reform staatlicher Unternehmen seit dem 14. Parteitag der KPCh", (Zhongyang Wenxian Chubanshe), 1999

Etappe für staatliche Unternehmen auf dem Weg zu einem modernen, marktwirtschaftsorientierten Unternehmenssystem geworden.

1. Pilotprojekte zur Etablierung eines modernen Unternehmenssystems und deren Ergebnisse

Nach über 3 Jahren der sorgfältigen Organisation haben die ersten Pilotprojekte zur Schaffung eines modernen Unternehmenssystems, die zentral sowie landesweit durchgeführt wurden, beträchtliche Ergebnisse erzielt (siehe untere Tabelle). Seit dem Beginn der Pilotprojekte bis Ende 1996 haben die staatliche Wirtschafts- und Handelskommission und die staatliche Kommission zur wirtschaftlichen Restrukturierung insgesamt 100 Haushalte mit einbezogen. Bis auf ein Unternehmen, das zerbrach, und eines, das mit einem anderen zusammengelegt wurde, konnten alle Unternehmen umstrukturiert werden. Dabei haben sich hauptsächlich die folgenden vier Formen herausgebildet:

1. Direkte Umwandlung in eine Aktiengesellschaft mit diversifiziertem Spektrum an Investitionssubjekten. Dies wurde von 17 Haushalten umgesetzt, darunter wurden 11 Haushalte in eine Aktiengesellschaft und 6 Haushalte in eine Gesellschaft mit beschränkter Haftung umstrukturiert.
2. Umwandlung in eine staatliche Ein-Personengesellschaft, davon waren insgesamt 69 Haushalte betroffen. 29 der Haushalte wurden dabei jedoch nur vorübergehend in staatliche Ein-Personengesellschaften umgewandelt. Später wurden diese von staatlichen Ein-Personengesellschaften in Investitionssubjekte umstrukturiert, wobei der Produktionsteil der Gesellschaft entweder in eine Gesellschaft mit beschränkter Haftung und diversifiziertem Spektrum an Investitionssubjekten oder in eine Aktiengesellschaft umgewandelt wurde.
3. Von ursprünglichen zuständigen Industriebehörden in reine staatliche Ein-Personen-Holdinggesellschaften umgewandelt wurden insgesamt 10 Haushalte.
4. Strukturanpassungen und Kapitalrestrukturierung nach dem Prinzip der vorersten Reorganisation und der späteren Umformung wurden in zwei Haushalten durchgesetzt.

Durch die Pilotprojekte hatten diese Unternehmen bis Ende 1996 ein Gesamtvermögen von 360,08 Mrd. Yuan erreicht, eine Steigerung von 99,45 Mrd. Yuan im Vergleich zu vor den Pilotprojekten und ein Plus von 27,6%. Das Anrecht der Eigentümer belief sich auf 123,18 Mrd. Yuan, eine Steigerung von 38,3 Mrd. Yuan und ein Plus von 31,1%. Dabei fiel die Quote der Vermögensverschuldung innerhalb dieser Unternehmen von 67,59% vor den Pilotprojekten auf 62,28%, ein Minus von 5,31 Prozentpunkten. An überschüssigem Personal wurden insgesamt 117.000 Menschen eingespart, was 65% der Gesamtsumme an überschüssigem Personal entsprach. Davon wurden 8.566 Menschen in die Gesellschaft transferiert, 10.544 Menschen haben ihre Arbeit für eine Umschulung beendet. 45.392 Menschen gingen in die Unternehmensentwicklung und über 50.000 Menschen wurden in den Ruhestand geschickt.

Gleichzeitig haben einige Unternehmen einen Teil ihrer Geschäfte, die eigentlich von der Zentralregierung verwalteten werden sollten, an die Lokalregierung übertragen, um somit die soziale Belastung durch die Unternehmen zu reduzieren. Außerdem haben die staatliche Kommission zur wirtschaftlichen Restrukturierung und die staatliche Wirtschafts- und Handelskommission Pilotprojekte in drei Holdinggesellschaften durchgeführt, die an die regulatorischen Anforderungen für Holdinggesellschaften angepasst wurden. Neben den 100 Pilotunternehmen, für die die Zentralregierung verantwortlich war, wurden landesweit insgesamt 2343 weitere Haushalte für Pilotprojekte ausgewählt. Deren Mitarbeiterzahl belief sich zusammengerechnet auf 10.04 Mio. Angestellte, das Gesamtvermögen lag bei 1.940 Mrd. Yuan. Dabei wurden in den Pilotprojekten auch beachtliche Fortschritte erzielt. Bis zur ersten Hälfte 1997 hatten sich davon bereits 540 Haushalte in Aktiengesellschaften umgewandelt, ein Anteil von 23% an der Gesamtsumme. Weitere 540 Haushalte hatten sich in Gesellschaften mit beschränkter Haftung umstrukturiert, erneut 23%. 909 Haushalte wurden in staatliche Einpersonengesellschaften umgewandelt, ein Anteil von 38,8%. 307 Haushalte hatten noch keine Umstrukturierung vollzogen, diese stellten einen Anteil von 13,2% dar. Die Quote der Vermögensverschuldung lag 1996 bei der Gesamtzahl der Pilotunternehmen bei 65,8%, eine Reduzierung von 2,4 Prozentpunkten im Vergleich zum Vorjahr. Die Rate des Vermögenszuwachses lag bei 26,5%, der Liquiditätsgrad lag bei 1,056, ein Anstieg von 1% zum Vorjahr. Die Liquidität 2. Grades belief sich auf 0,722, ein Plus von 2% zum Vorjahr. Die Pilotunternehmen trennten dabei 2265 soziale Dienstleistungseinrichtungen ab und trennten sich von 117.000 Mitarbeitern. Die Gesamtzahl des überschüssigen Personals in den Unternehmen belief sich auf 611.000 Angestellte, was einem Anteil von 6% der Gesamtsumme der Mitarbeiter in den Pilotunternehmen entsprach. 131.000 Menschen wurden dabei anderen Einheiten zugeteilt, 115.000 haben ihre Arbeit für Umschulungen niedergelegt, 154.000 wurden vorzeitig in den Ruhestand geschickt, und 211.000 Mitarbeiter wurden arbeitslos.[615]

Tabelle 10-1 Gesamtlage der Unternehmen, die Pilotprojekte zur Etablierung eines modernen Unternehmenssystems durchführten

	Zentral	**Landesweit**
Anzahl Pilotunternehmen	100	2 343
Anzahl der Angestellten (in 10.000)		1 004
Gesamtvermögenssumme (in 100.000 Yuan)	3600.8	13 783

615 Institut für Industrieökonomie der chinesischen Akademie der Sozialwissenschaften 中国社会科学院工业经济研究所 *Zhongguo Gongye Fazhan Baogao – Zhidu Chuangxin, Zuzhi Bianqian yu Zhengce Tiaozheng* 中国工业发展报告——制度创新、组织变迁与政策调整 („China Industrial Development Report – Systeminnovation, Organisationswandel und politische Regulierung", Jingji Guanli Chubanshe, Ausgabe 1998, S.20)

Umstrukturierungen (in Zahlen): • Aktiengesellschaften • Gesellschaften mit beschränkter Haftung • Staatliche Einpersonengesellschaften • Sonstige	 11 6 69 10	 540 540 909 47
Noch ohne Umstrukturierung, fusioniert oder bankrott	4	307
Vermögen und Schuldenänderung: • Steigerung der Gesamtvermögenssumme (in 100.000 Yuan) • Anstieg in Rechtsgütern der Eigentümer (in 100.000 Yuan) • Verringerung der Schuldenrate (in%)	 994.5 383 2.31 (62.28)	 2.4(65.8)
Einsparung von überflüssigem Persona (in 10.000): • In die Gesellschaft transferiert • Umschulungen • Aufnahme in die Unternehmensentwicklung • Vorzeitig im Ruhestand • Arbeitslos	 11.7 0.8566 1.0544 4.5392 5.0000	 61.1000 13.1000 11.5000 15.4000 21.1000
Abspaltung von Nicht-Produktionsorganen		2.265

资料来源：金碚　主编：《中英国有企业改革比较》，第 143 页，经济管理出版社 1999 年版。。

2. Die landesweite Etablierung moderner Unternehmenssysteme durch staatliche Unternehmen

Trotz diverser Schwierigkeiten, auf die man bei der Durchführung von Pilotprojekten zu modernen Unternehmenssystemen stieß (z.B. übermäßige Schuldenlast der Unternehmen, große Zahl an überflüssigem Personal, hohe soziale Belastung durch die Unternehmen oder Schwierigkeiten bei Konkurs oder bei der Definition von Eigentumsrechten (Zuo Dongtao, 2003)), kam deren Etablierung mit der Reform des Eigentumsrechtssystems als Kernelement und fortschreitender Arbeit landesweit sehr schnell voran. Statistiken zufolge hatte die Zahl der Staatsunternehmen, die sich in eine Aktiengesellschaft umgewandelt hatten, bis Ende 1997 bereits die 10.000er Marke überschritten. Darunter gab es alleine in Shanghai und Shenzhen 745 Unternehmen, die frisch an die Börse gekommen waren. Von den landesweit 512 Schlüsselunternehmen waren bereits 36% börsennotiert. Der Anteil der Kernunternehmen der landesweit 120 Pilotkonzerne, die bereits an der Börse waren, lag bei 42%. Von den 100 Pilotunternehmen, in denen ein modernes Unternehmenssystem etabliert werden sollte, waren bereits 48% börsennotiert.

Vor allem kleinere Unternehmen, die nicht Teil der Pilotprojekte waren, haben durch verschiedene Reformmaßnahmen wie Konkurs, Versteigerung, Verpachtung, Vertragsbindung oder Beteiligungssysteme das traditionelle Modell eines staatlichen Unternehmenssystems durchbrochen. Bis zur ersten Hälfte des Jahres 1997 lag der Anteil privatisierter, ehemals staatlicher Kleinstunternehmen bereits bei über 50% der Gesamtsumme staatliche Kleinstunternehmen. Der Anteil der Provinzen, in denen der Fortschritt vergleichsweise rapide vonstattenging, lag bei über 75%. Eine Reihe staatlicher Kleinstunternehmen in Städten wie Shunde in Guangdong, Zhucheng in Shandong, Yibin in Sichuan, Luohe in Henan, Xinle in Hebei, Binxian in Heilongjiang oder Lanxi in Zhejiang haben bereits eine komplette Privatisierung vollzogen.

Mit dem Eintritt in das 21. Jahrhundert wurden im gesamten Land beträchtliche Fortschritte bei der Reform des staatlichen Unternehmenssystems erzielt. Nach Angaben der staatlichen Kommission zur Kontrolle und Verwaltung von Staatsvermögen des Staatsrates waren bis Ende 2003 von den 4.223 staatseigenen großen und mittelgroßen Schlüsselunternehmen im Land 2.514 Unternehmen in Aktiengesellschaften mit diversifiziertem Beteiligungsspektrum umgewandelt worden. Dies machte fast einen Anteil von 60% aus.[616] Von den 2524 der Staatsunternehmen und staatseigenen Holdinggesellschaften der staatlichen Schlüsselunternehmen waren bereits 1331 in Aktiengesellschaften mit diversifiziertem Spektrum an Anteilseignern umgewandelt worden, d.h. insgesamt bereits 52,7%. Von den staatlichen Kleinstunternehmen waren bereits über 80% umstrukturiert worden, wobei der Anteil auf Kreisebene am höchsten war. In manchen Gebieten belief sich dieser auf über 90%. Einige der zentral verwalteten Unternehmen haben deshalb aktiv die Etablierung einer Führungsstruktur im Unternehmen vorangetrieben. In 19 Unternehmen wurde versuchsweise ein Direktorium gegründet, wobei insgesamt 66 externe Direktoren entsandt wurden. In 14 dieser Pilotunternehmen stellten externe Direktoren bereits die Hälfte oder sogar mehr als die Hälfte aller Mitglieder des Direktoriums. Der Anteil der zentral verwalteten Aktiengesellschaften und deren untergeordneten Aktiengesellschaften an der Gesamtsumme der zentral verwalteten Staatsunternehmen (inclusive deren Tochterunternehmen) stieg von 30,4% Ende 2002 auf 64,2% im Jahre 2006.[617]

---

616 *Jianchi Guo Qi Gaige Fangxiang guifan tuijin Guo Qi Gaizhi* 坚持国企改革方向规范推进国企改制 („Am Reformkurs festhalten und die Umformung staatlicher Unternehmen vorantreiben", Renmin Bao, 29.9.2004)

617 Zhang Zhuoyuan 张卓元 *Zhang Zhuoyuan Gaige Lunji* 张卓元改革论集 („Zhang Zhuayuans Reformtheorie", Zhongguo Fazhan Chubanshe, Ausgabe 2008, S.125)

3. Die anfängliche Realisierung einer diversifizierten Finanzierung in den Unternehmen und der weitergehende Ausbau ihrer Investitionsautonomie

Zunächst verfügten staatliche Unternehmen mit fortschreitender Reform und Entwicklung im Allgemeinen über eine bestimmte Summe an Geldern zur Einbehaltung. Diese machten in der Regel etwa 14% des realisierten Gewinns aus, Unternehmen hatten das Recht zur freien Verfügung über diese Mittel. Des Weiteren konnten Unternehmen auch Kredite, die sie für die Produktion oder Geschäftstätigkeiten benötigten, von einer Bank aufnehmen. Außerdem konnten Unternehmen mit Genehmigung der zuständigen Behörden die benötigten Mittel durch Zusammenschlüsse, Gelder aus dem Ausland oder Emission von Anleihepapieren oder Aktien aufbringen. Somit wurde das traditionelle Muster aufgebrochen, in dem Unternehmen für die Bereitstellung von finanziellen Mitteln auf die Regierung angewiesen waren. Die Kanäle bzw. Maßnahmen, mit denen sich Unternehmen Mittel beschafften, begannen sich zu diversifizieren. Statistiken zufolge belief sich im Jahre 1996 die Gesamtsumme der Investitionen in Festanlagen in der gesamten Staatswirtschaft auf 1205,62 Mrd. Yuan. Dabei beliefen sich die staatlichen Mittel auf 55,70 Mrd. Yuan (4,5%), die durch Kredite bereitgestellten Gelder auf 285,12 Mrd. Yuan (23,6%), Auslandskapital auf 81,11 Mrd. Yuan (6,7%), Mittel aus Eigenfinanzierung auf 614,23 Mrd. Yuan (50,8%) und sonstige Investitionen auf 173,15 Mrd. Yuan (14,4%). Unternehmen besaßen auch eine höhere Autonomie bei der Durchführung von Projekten im Bereich der technologischen Transformation, bei Wiederaufbau- und Ausbauprojekten und sonstigen Projekten, die Investitionen erforderten. Bei der Realisierung dieser Reformmaßnahmen gelang es einigen hervorragend geführten Unternehmen, sich über verschiedene Kanäle finanzielle Mittel zu beschaffen, um die eigenen Geschäfte entsprechend den Marktanforderungen eigenständig auszubauen.

4. Allgemeine Etablierung eines neuen Finanzbuchhaltungssystems mit der Stärkung der Finanzdisziplin in den Unternehmen

Wie bereits erwähnt, haben chinesische Staatsunternehmen zum 1. Juli 1993 ein neues Finanzbuchhaltungssystem implementiert. Dieses hat sich für alle Arten von Unternehmen als brauchbar erwiesen und ist zudem mit internationalen Konventionen kompatibel. Somit konnten nicht nur zusätzliche Informationen über die Finanzrechnung für die Regierung geliefert, sondern ebenfalls die nötigen Haushaltsinformationen für die Eigentümer, Bürger und Unternehmensorganisationen mit Investitionsanliegen bereitgestellt werden. Das neue System kann die langfristige Geschäftslage des Unternehmens, insbesondere den Status der Bilanzen, vollständig reflektieren. Es ist zudem weitaus wissenschaftsbasierter in Bezug auf Schreiben von Rechnungspositionen, Methodik bei der Kostenrechnung und dem Abrechnungssystem. Dadurch konnte nicht nur die Führung und Verwaltung des Unternehmens, sondern auch die Arbeit des Buchführungspersonals optimiert werden. Durch die Einführung des neuen Finanzbuchhaltungssystems in staatlichen Unternehmen wurde deren Transformation in Unternehmen mit modernen Unternehmenssystemen weiter vorangetrieben.

5. Wandel im Personal- und Distributionssystem der Unternehmen

Zunächst waren Unternehmen bei der Einstellung von Arbeitnehmern mit einem hohen Grad an Autonomie ausgestattet. Eine Vielzahl an Unternehmen hatte bereits Reformen im Einstellungsverfahren durchgeführt. Bis Ende 1996 wurde in über 200.000 staatlichen Unternehmen ein Arbeitsvertragssystem für die gesamte Belegschaft etabliert, wobei die Summe der Beschäftigten in einem laufenden Arbeitsvertragsverhältnis 55,49 Mio. Menschen erreichte. Dies machte einen Anteil von etwa 507% an der landesweiten Gesamtsumme der Beschäftigten in staatlichen Unternehmen aus. In einigen Unternehmen wurden zudem interne Umschichtungen durchgeführt, mit dem Ziel, die Personalorganisation zu verbessern. Zweitens verknüpften staatliche Unternehmen im Allgemeinen die Vergütung der Arbeitnehmer mit der Wirtschaftsleistung des Unternehmens. Der Staat übte einzig und allein Kontrolle über die Wachstumsspanne der Löhne im Unternehmen aus, wodurch die Kluft zwischen dem Arbeitseinkommen in unterschiedlichen Unternehmen aufgegangen ist. Die betriebsinterne Einkommensverteilung wurde von den Unternehmen selbst festgelegt, der Staat bedient sich verschiedenster Mittel wie z.B. eine Einkommenssteuer zur Regulierung des individuellen Einkommens. Auch dadurch hat sich die Kluft zwischen dem Arbeitseinkommen in unterschiedlichen Unternehmen weiter geöffnet. Tatsächlich haben diese Maßnahmen aber ihre Funktion erfüllt, die Leistungsbereitschaft der Unternehmen und dessen Belegschaft zu mobilisieren. Drittens wurde damit begonnen ein betriebliches Rentensystem einzurichten. Statistiken zufolge haben die insgesamt 28 Provinzen, autonomen Regionen und regierungsunmittelbare Städte sowie 5 Ministerien für Systemplanung ein Reformprogramm für die Schaffung eines Rentensystems auf Basis einer Kombination aus zusammengelegten sozialen Mitteln und Einzelkonten umgesetzt. Mehr als 200.000 Mitarbeiter haben ihre Renten entsprechend diesem neuen System erhalten. Grundlegende Rentenversicherungen werden bereits von sämtlichen Industrieunternehmen abgedeckt. Bis Ende 1996 betrug die Zahl der an Rentenversicherungsbeiträgen beteiligten Angestellten bereits 88 Mio. Menschen, bereits 23 Mio. Menschen waren schon im Ruhestand. Nicht wenige Städte haben außerdem bereits mit Pilotprojekten zur Reform der Arbeitslosenversicherung und der Krankenversicherung begonnen.

6. Fortschritte bei der Verringerung der Arbeitsbelastung in Unternehmen

Erstens hat die Regierung durch unterschiedliche Verfahren das Kapital der Unternehmen erhöht. Regierungen auf sämtlichen Ebenen haben durch erhöhte Allokation von Staatskapital, „Investitionen statt Krediten", Rückgabe von Gewinnen sowie durch Genehmigung von Anleihen- und Aktienemissionen die Schuldenquote staatlicher Unternehmen erheblich reduziert. Dadurch konnten die Kosten für die Unternehmensfinanzierung in Folge ebenfalls reduziert werden. Bis Ende 1996 hatte der Staat bereits 24,2 Mrd. Yuan aus dem Kapital und den Rückflüssen der Investitionen, die man an Stelle von Krediten getätigt hatte, in Staatskapital umgewandelt. Somit konnte die Quote der Vermögensverschuldung in den 131 betroffenen Unternehmen um 2,5 Prozentpunkte gesenkt werden. In den staatlichen Unternehmen, die in den drei Verlustbranchen Kohle, Verteidigung und Wasser und Elektrizität angesiedelt waren, konnte mit dem Restbetrag aus dem Kapital und den Rückflüssen dieser Investitionen eine Einwegbehandlung durchgeführt werden, wobei diese vollständig in Staatskapital umgewandelt wurden. Durch erhöhte Abschreibungen, Rückzahlung der Einkommenssteuer und Herausgabe von Anleihen und Aktien konnte eine Reihe von Staatsunternehmen ihr Kapital weiter erhöhen. 1996 belief sich die Quote der Vermögensverschuldung jener Industrieunternehmen, die unabhängig Rechnung führten, landesweit auf 65,25%, was einer durchschnittlichen Reduzierung zu den vorherigen zwei Jahren entsprach. Zweitens wurden die sozialen Komponenten der Unternehmen ausgelagert. Staatliche Unternehmen setzten im Allgemeinen Maßnahmen zur „Auslagerung von Unterstützung, Lehnen in Richtung Kerngeschäft" um. Nicht wenige Unternehmen trennten interne Abteilungen für Produktionshilfe, für Verwaltungs- und Lebensunterhaltsdienstleistungen, Schulen und Krankenhäuser aus dem Unternehmen heraus. Damit wurde nicht nur die soziale Bürde der Unternehmen gesenkt, sondern weitergehend auch überflüssiges Personal eingespart. Statistiken zufolge konnten sich Städte, in denen Pilotprojekte zur Optimierung der Kapitalstruktur realisiert wurden, von 5.908 Organen trennen, die nicht mit der Produktion in Verbindung standen, und sich von 123.000 überflüssigen Angestellten befreien.

7. Voranbringen von Fusionen nach Konkurs zwischen Unternehmen und �ptimierung ihrer Kapitalstruktur

Von 1994 führten landesweit 18 Städte Pilotprojekte zur „Optimierung der Kapitalstruktur" durch. Im Jahre 1996 weiteten sich Pilotprojekte dieser Art auf ganze 50 Städte aus, und acht neue Städte kamen dazu. 1997 stieg die Zahl der Städte erneut von 58 auf 110. Die Wertberichtigungen auf zweifelhafte Forderungen und faule Kredite, mit den Konkurse und Fusionen in den Pilotstädten finanziert wurden, stiegen von 20 Mrd. Yuan auf 30 Mrd. Yuan an. In diesen Städten wurde die Intensität, mit denen Insolvenz und Fusionen vorangetrieben wurden, erhöht. Bis Ende 1996 belief sich die Zahl der Unternehmen, die in den Pilotstädten Fusionen durchgeführt hatten, auf 1.192 Haushalte, ihr Gesamtvermögen auf 29,2 Mrd. Yuan, die Gesamtverschuldung auf 27,8 Mrd. Yuan. Davon fielen 19,7 Mrd. Yuan auf den Restbetrag aus dem Kapital und den Zinsen der Bankenkredite, 13,3 Mrd. Yuan auf zinsenfreie Kredite. Insgesamt waren 1,13 Mio. Angestellte betroffen. Die Zahl der Unternehmen, die insolvent gingen, belief sich auf 1.099 Haushalte, ihr Gesamtvermögen auf 24,98 Mrd. Yuan. Die Schuldensumme betrug 42,99 Mrd. Yuan, und insgesamt waren 680.000 Angestellte betroffen.

Abschnitt 3: Weitergehende Vertiefung der Reformen staatlicher Unternehmen[618]

Im Oktober 2014 wurde auf der dritten Plenarsitzung des 18. Zentralkomitees der KPCh der „Beschluss bezüglich einiger wichtiger Fragen zur allumfassenden Vertiefung der Reformbestrebungen" erlassen. Das Dokument enthielt wichtige strategische Anordnungen für Staatskapital und Reformvertiefungen in den Unternehmen und brachte eine Reihe neuer Ideen, neuer Pflichten und neuer Initiativen auf den

618 Die in diesem Kapitel zitierte Literatur stammt von der Webseite der chinesischen Regierung.

Weg. Entsprechend dem Beschluss veröffentliche das Zentralkomitee der KPCh in Kooperation mit dem Staatsrat im August 2015 die „Leitlinien bezüglich Vertiefung der Reformen in staatlichen Unternehmen". Dort wurde vorangebracht, dass der Leitgedanke bei der Reform staatlicher Unternehmen die „Freisetzung und Entwicklung der gesellschaftlichen Produktivkraft als Maßstab, mit der Steigerung der Leistungskraft des Staatskapitals und der Vitalität der Staatsunternehmen im Zentrum sei. Hinzu kommen eine klare Definition von Eigentumsrechten, eindeutige Rechtsansprüche und Verantwortlichkeiten, Trennung von Regierung und Unternehmen, ein modernes Unternehmenssystem, dessen Verwaltung auf wissenschaftlichen Erkenntnissen basiert, Verbesserung des Aufsichts- und Verwaltungssystems von Staatsvermögen, Verhinderung von Staatskapitalabfluss, allumfassendes Vorantreiben von gesetzesgebundener Unternehmensverwaltung, Stärkung und Verbesserung der Parteiführung in staatlichen Unternehmen, Stärkung, Optimierung und Vergrößerung von Staatsunternehmen, konstante Steigerung der Vitalität, der Kontrollkraft, Einflusskraft und Standhaftigkeit der Staatswirtschaft, aktive Adaption von und Hinführung zu einer neuen Einstellung in der Wirtschaftsentwicklung, Leistung eines aktiven Beitrags zur Förderung einer nachhaltigen und gesunden wirtschaftlichen, sowie sozialen Entwicklung und zur Verwirklichung des großen chinesischen Traums."

Das Dokument legt auch fünf Grundprinzipien vor, auf die sich die Reformen staatlicher Unternehmen stützen sollten:

1. Festhalten am und Perfektionierung des grundlegenden Wirtschaftssystems
2. Festhalten an Reformen hin zu einer sozialistischen Marktwirtschaft
3. Festhalten an der Steigerung der ökonomischen Vitalität bei gleichzeitiger Stärkung des Aufsichts- und Verwaltungssystems.
4. Festhalten an der Führung von staatlichen Unternehmen durch die Partei.
5. Festhalten an einer aktiven und stetigen Gesamtplanung.

Das Dokument setzt außerdem als Ziel der Reform staatlicher Unternehmen fest: „Bis 2020 sollen bei der Reform der staatlichen Unternehmen entscheidende Errungenschaften in allen wichtigen Bereichen und kritischen Aspekten erzielt werden. Ein Verwaltungssystem für Staatsvermögen, ein modernes Unternehmenssystem und marktorientierte Betriebsmechanismen müssen geschaffen werden, die noch besser mit dem grundlegenden Wirtschaftssystem Chinas harmonieren und die Voraussetzungen für die Entwicklung einer sozialistischen Marktwirtschaft erfüllen. Die Strukturen für die Allokation von Staatskapital muss vernunftgemäßer gestaltet werden. Eine neue Generation von moralisch korrekten und fachlich qualifizierten Eliteunternehmern muss entstehen, die überzeugend führen können und voller Tatendrang sind. Eine Vielzahl von Staatsunternehmen wird sich heranbilden, ausgestattet mit Innovationskapazitäten und fähig im internationalen Wettbewerb zu bestehen. Vitalität, Kontrollkraft, Einflusskraft und Standhaftigkeit der Staatswirtschaft müssen deutlich gesteigert werden."

Konkret gesagt bedeutete dies:

1. Reformen des internen Systems staatlicher Unternehmen müssen grundsätzlich abgeschlossen werden, bei der Gestaltung einer Wirtschaft mit gemischtem Eigentum müssen aktiv Fortschritte erzielt werden und die Grundsatzstruktur der Unternehmensführung muss perfektioniert werden. Marktorientierte Mechanismen mit der natürlichen Selektion als Grundlage, durch die Unternehmen eigenständig und flexibel geführt werden können, ihr internes Managementpersonal auf- und absteigen kann, die Mitarbeiter mal vermehrt eingestellt und mal vermehrt entlassen werden können, und das Einkommen mal zu- und mal abnimmt, müssen optimiert werden."

2. Das Aufsichts- und Verwaltungssystem für Staatsvermögen muss weiter ausgereift werden, die entsprechenden Regeln und Gesetze müssen in Kraft treten, Aufsichts- und Verwaltungsmaßnahmen und -methoden müssen kontinuierlich optimiert werden. Wissenschaftsbasierte, zielgerichtete und effektive Aufsicht und Verwaltung muss weiter ausgebaut werden. Staatsvermögen, welches für Geschäftstätigkeiten eingesetzt wird, muss gezielt und einheitlich beaufsichtigt und verwaltet werden. Der Pflicht, für den Werterhalt und die Wertsteigerung der staatlichen Vermögenswerte zu sorgen, muss allumfassend nachgegangen werden.

3. Die Allokationseffektivität für Staatskapital muss sichtbar gesteigert, die Verteilungsstruktur in der Staatswirtschaft muss konstant optimiert und deren Führungsfunktion muss effektiv hervorgehoben werden. Zudem muss die Vorreiterrolle und die Vorbildfunktion von staatlichen Unternehmen bei eigenständiger Innovationsfähigkeit, beim Schutz der Umwelt und deren natürlichen Ressourcen, bei der Beschleunigung der Transformationsgeschwindigkeit und bei der Wahrnehmung sozialer Verantwortung hinreichend zum Ausdruck gebracht werden.

4. Die Aufstellung der Partei in staatlichen Unternehmen muss gestärkt werden, das Anti-Korruptions- und das Arbeitssystem müssen weiter verbessert werden, die gesetzliche Stellung von Parteiorganisationen in der Unternehmensverwaltung staatlicher Betriebe muss weiter gefestigt werden. Die zentrale Funktion des Staates muss vollständig zur Geltung gebracht werden."

Auf Basis der oben genannten Vereinbarungen hat der Staatsrat gemeinsam mit den relevanten Ministerien und Kommissionen nacheinander eine Reihe von Reformmaßnahmen und Reformstrategien auf den Weg gebracht, welche die Reform der staatlichen auf eine neue Ebene gebracht haben.

1. Transformation des Staatskapitals von „Verwaltungsvermögen" hin zu „Verwaltungskapital"

Der auf der dritten Plenarsitzung des 18. Zentralkomitees der KPCh ratifizierte „Beschluss bezüglich diverser wichtiger Fragen zur allumfassenden Vertiefung der Reformbestrebungen" hob hervor: „Das Verwaltungssystem für staatliche Vermögenswerte wird verbessert, die Aufsicht und Verwaltung von Staatsvermögen, mit Staatskapital im Zentrum, wird gestärkt, das Verwaltungssystem für die Genehmigung von Staatskapital optimiert. Zudem wird man sich für die Gründung einiger Verwaltungsgesellschaften für Staatskapital einsetzen und staatliche Unternehmen, welche die Anforderungen erfüllen, werden bei der Umgestaltung in mit Staatskapital ausgestattete Investmentgesellschaften unterstützt." In diesem Sinne veröffentlichte das

Zentralkomitee der KPCh in Kooperation mit dem Staatsrat im August 2015 die „Leitlinie bezüglich der Vertiefung der Reformbestrebungen von staatlichen Unternehmen". Dort wurde vorangebracht, dass die Aufsichts- und Verwaltungsorgane für Staatskapital in Zukunft nicht mehr die Unternehmensverwaltung, sondern die Verwaltung von Staatskapital als ihre Kernfunktion sehen sollten. Im Oktober 2015 veröffentlichte der Staatsrat „diverse Stellungnahmen des Staatsrates bezüglich der Reform und der Optimierung des Verwaltungssystems für staatliche Vermögenswerte", in denen vorgelegt wurde, dass der Leitgedanke bei der Reform und Optimierung des Verwaltungssystems für Staatsvermögen der Folgende sei: „Festhalten am und Perfektionierung des grundlegenden sozialistischen Wirtschaftssystems. Festhalten am Reformkurs der sozialistischen Marktwirtschaft, Achtung der marktwirtschaftlichen Gesetze und der Gesetze der Unternehmensentwicklung, korrekte Ausarbeitung der Beziehung zwischen Regierung und Markt, Stärkung des Aufsichts- und Verwaltungssystems für Staatsvermögen mit Kapitalverwaltung im Zentrum, Reform des Verwaltungssystems für die Genehmigung von Staatskapital, die beherrschende Rolle der Staatsunternehmen im Markt festigen, die Umgestaltung der Funktion der Aufsichts- und Verwaltungsorgane für Staatskapital, Anpassung an eine neue Normalität der marktorientierten, modernen und internationalen Wirtschaftsentwicklung, kontinuierliche Stärkung der Vitalität, Kontrollkraft, Einflusskraft und Standhaftigkeit der Staatswirtschaft." Das Dokument führte außerdem vier Grundprinzipien zur Reform und Verbesserung des Verwaltungssystems für Staatsvermögen an:

a. Festhalten an klar definierten Rechtsansprüchen und Verpflichtungen. Realisierung der Trennung zwischen Regierung und Unternehmen, Trennung zwischen Regierung und Vermögen, Trennung zwischen Eigentumsrecht und Verwaltungsrecht und gesetzmäßiger Ausgleich der Beziehung zwischen Regierung und Staatsunternehmen bei der Bereitstellung von Kapital. Verwirklichung einer Transformation der Funktion der Regierung, den Gesetzen entsprechend, die beherrschende Rolle der Staatsunternehmen im Markt festigten und eine Schaffung eines standhaften modernen Unternehmenssystems.
b. Den Fokus weiterhin auf die wichtigsten Angelegenheiten legen. Entsprechend den Gesetzen der Marktwirtschaft und den Anforderungen an ein modernes Unternehmenssystems, Fokus auf Kapitalverwaltung legen, Kapital als Anknüpfung und Vermögensrechte als Grundlage werten. Außerdem Fokus auf eine sinnvolle Verteilung von Staatskapital, Standardisierung von Kapitaleinsatz, Steigerung der Kapitalgegenleistungen und Schutz auf die Kapitalsicherheit legen. Zudem wird über die Geschäftsführungsstruktur, Wert auf die gesetzmäßige Ausübung der Rechtsansprüche von staatlichen Anteilseignern gelegt.
c. Festhalten an der Übertragung von Befugnissen bei gleichzeitiger Stärkung von Regulierungen. Entsprechend den Anforderungen

klar definierter Rechte und Verpflichtungen, einer hohen Aufsichts- und Verwaltungseffizienz sowie Standardisierung und Transparenz, eine Transformation des Aufsicht- und Verwaltungsstils und der Funktion von Aufsichts- und Verwaltungsorganisationen für Staatsvermögen vorantreiben. Dort wo es sinnvoll ist, auf Basis der Gesetze Befugnisse übertragen, um die Vitalität der Unternehmen zu fördern und die Einsatzeffizienz des Staatskapitals zu steigern. Dort, wo es sinnvoll ist, wissenschaftsbasiert Regulierungen verstärken, um den Missbrauch von Staatsvermögen strikt zu verhindern und dessen Werterhalt und die Wertsteigerung zu gewährleisten.

d. Festhalten an Stabilität und Ordnung. Die Beziehung zwischen Reform, Entwicklung und Stabilität ausbalancieren, den systematischen und harmonischen Charakter der Reform und Optimierung des Verwaltungssystems für Staatsvermögen zum Ausdruck bringen. Kerngebiete als Bresche nehmen, Pilotprojekte als Wegweiser, schrittweise Implementierung, einheitliche und umfassende Planung und gemeinsames Vorantreiben von relevanten Stützreformen.

In Zukunft wird sich die Aufsicht und Verwaltung von Staatskapital von einer „Vermögensverwaltung“ hinzu einer reinen „Kapitalverwaltung“ entwickeln. In der Vergangenheit war lange Zeit die „Vermögensverwaltung“ im Zentrum der Funktion des Verwaltungssystems für Staatsvermögen. Die Regierung war für „Verwaltungspersonal“ und bei „Verwaltungsangelegenheiten“ in Staatsunternehmen eine Unvermeidbarkeit. Dies führte zu Problemen wie der Verschmelzung von Regierung und Unternehmen, der Verschmelzung von Regierung und Vermögen, mehrköpfiger Verwaltung und eine Verstreuung der Rechtsansprüche von Kapitalgebern. Zukünftig will die Kommission zur Kontrolle und Verwaltung von Staatsvermögen mit dem Model der „Kapitalverwaltung“, basierend auf der Rationalisierung von Verwaltung und der Übertragung von Befugnissen auf die unteren Ebenen, zurück zu einem System der Anteilseigner kehren. Das heißt, dass Verwaltungsorganisationen für Staatsvermögen auf Basis des „Gesellschaftsrechts“ und den jeweiligen Gesellschaftssatzungen und auf Basis der Summe und des relativen Anteils des investierten Kapitals, entsprechende Rechtsansprüche erhält und bestimmte Verpflichtungen auf sich zu nehmen hat. Gleichzeitig werden hochrangige Manager in Staatsunternehmen nicht mehr von der Regierung ernannt, sondern aus dem Markt rekrutiert. Professionelle Manager werden zum Hauptkörper der Unternehmensführung und der Unternehmensverwaltung.[619] Die State Development and Investment Corporation und die COFCO Group lancierten hierfür ein Pilotprojekt zur Umstrukturierung in Investmentgesellschaften für Staatskapital.

619 Li Zhang An 李长安: *Guoqi Gaige yao cong „Guan Zichan“ zhuan wei „Guan Ziben“* 国企改革要从“管资产”转为“管资本”(„Bei der Reform von Staatsunternehmen müssen eine Transformation von Vermögensverwaltung hinzu Kapitalverwaltung erfolgen“, (Jingji Cankao Bao), 19.8.2015)

2. Reformen für gemischtes Eigentum in Staatsunternehmen

Der auf der dritten Plenarsitzung des 18. Zentralkomitees der KPCh verabschiedete „Beschluss bezüglich einer Reihe wichtiger Fragen zur allumfassenden Vertiefung der Reformbestrebungen" hob hervor, dass „eine gelenkte Volkswirtschaft mit wechselseitigen Kapitalbeteiligungen durch und gemeinsamer Verschmelzung von Staatskapital, Kollektivkapital und Privatkapital, ein wichtiger Schritt hin zur Verwirklichung des grundlegenden Wirtschaftssystems Chinas sei". Die Schaffung einer gelenkten Volkswirtschaft wird weitergehend die Anteilsrechtsstruktur in staatlichen Unternehmen optimieren. Zudem werden verschiedene Formen von Beteiligungen entstehen, z.B. Unternehmen, in denen der Staat als einziger Kapitalgeber fungiert, indem er die absolute Kontrolle oder die relative Kontrolle hat oder nur Teilhaber ist. Auf der dritten Plenarsitzung wurde erstmals das gemischte Eigentumsrecht als Hauptrichtung der Reform von Staatsunternehmen in Form eines zentralen Dokuments festgelegt. Im September 2015, veröffentlichte der Staatsrat die „Stellungnahme zur Etablierung einer gelenkten Volkswirtschaft durch staatliche Unternehmen", in der vier Hauptprinzipien für die Etablierung einer gelenkten Volkswirtschaft durch staatliche Unternehmen vorangebracht werden:

1. Die Regierung lenkt, der Markt betreibt.
2. Das System muss perfektioniert werden, Eigentumsrechte müssen geschützt werden.
3. Strikte Verfahren, standardisierte Vorgänge
4. Wo es Sinn macht verbessern, stetiges Vorwärtsbringen.

In dem Dokument wurde außerdem erläutert, dass es nötig sei, die Reform für gemischtes Eigentum in Staatsunternehmen sortiert und in Stufen voranzutreiben. Zunächst sollten alle Arten von Kapital dazu ermutigt werden, an der Reform teilzuhaben. Danach sollten starke, unternehmensinterne Verwaltungsmechanismen für gemischtes Eigentum und gesetzeskonforme Handhabungsregeln festgelegt werden. Schließlich muss insgesamt ein gutes Umfeld für die Reformbestrebungen angelegt werden. Im Oktober desselben Jahres veröffentlichten die staatliche Kommission für Entwicklung und Reform, das Finanzministerium, das Ministerium für Personalressourcen und soziale Absicherung und die Kommission zur Kontrolle und Verwaltung von Staatsvermögen in Kooperation eine Bekanntmachung, in dem die „Leitlinien für die Förderung und Regulierung von Investitionsprojekten staatlicher Unternehmen zur Einführung von nicht-staatlichem Kapital". In diesem Dokument wurden die Gesamtanforderungen an eine solche Arbeit wie folgt gesetzt: "Die Einführung von nicht-staatlichem Kapital in Investitionsprojekte staatlicher Unternehmen begünstigt die Verbesserung der Eigentumsstruktur in den Investitionsprojekten staatlicher Unternehmen, der Projektverwaltung und der Effizienz der Mittelverwendung. Zudem begünstigt sie die Vergrößerung der Funktion des Staatskapital, dessen Werterhalt und Wertsteigerung und die Steigerung dessen Wettbewerbskraft. Außerdem ist sie für die Ausräumung der Defizite des Kapitals sämtlicher Eigentumsarten von Vorteil, sowie für deren gegenseitige Förderung und deren gemeinsames Wachstum. Wenn nicht-staatliches Kapital Anteile in einem Investitionsprojekt eines staatlichen

Unternehmens hält oder kontrolliert, muss dieses den Anforderungen der Negativliste für Auslandsinvestitionen und den Anforderungen der Negativliste für Marktzugang unterworfen werden."
Wichtige Grundsätze sind dabei:

1. Die Regierung lenkt, der Markt betreibt.
2. Rechtliche Gleichstellung, gemeinsame Entwicklung.
3. Den Gesetzen und Regeln entsprechende offene Transparenz.
4. Das System perfektionieren, die Umgebung optimieren.

Weitere Grundsätze waren die Beschleunigung der Verbesserung relevanter Systeme und deren Stützpolitik, die Lösung von offenen Widersprüchen, Sicherstellung der standardisierten, ordnungsgemäßen Durchführung der Investitionsanwerbungsarbeit, Schaffung eines vollkommenen, wissenschaftsbasierten und effektiven Systems.

Unvollständigen Statistiken zufolge, hat die staatliche Kommission zur Kontrolle und Verwaltung von Staatsvermögen des Staatsrates im Juli 2014 erste Pilotprojekte für gemischtes Eigentum in der China National Pharmaceutical Group und der China National Building Material Group (CNBM) vorangetrieben. Beijing, Tianjin, Shanghai und Chongqing haben aufeinanderfolgend ebenfalls Durchführungspläne für die Reform des gemischten Eigentums in staatlichen Unternehmen vorgestellt.[620]

Die im wettbewerbsintensiven Baustoffsektor angesiedelte China National Building Material Group, hat seit dem Eintritt ins 21. Jahrhundert als eines der Pilotunternehmen tausende private Unternehmen in den Wettbewerb integriert und eine Industrieplattform für gemischtes Eigentum geschaffen, die auch ausländische Börsenunternehmen miteinschließt. Im Zuge der Kapitalrestrukturierung hat die China National Building Material Group mittels Eigenkapitalfinanzierung ein Beteiligungssystem geschaffen, dass einen Beteiligungsanteil von 30% für Unternehmen aus der Privatwirtschaft übrig lässt. Zusätzlich hat die Integration von verschiedenen Faktoren wie Talenten, finanzielle Mittel und Technologie vortreffliche Ergebnisse hervorgebracht. Am Beispiel der Zementindustrie hat die China National Building Material Group über 900 Zement- und Betonunternehmen umorganisiert und eine Produktionskapazität für Zement von 400 Mio. Tonnen erreicht. Damit steht sie weltweit an der Spitze.[621]

Um die Reform staatlicher Unternehmen weitergehend zu vertiefen, hat China in der Xinxing Cathay International Group, der China Energy Conservation and Environmental Protection Group, der China National Pharmaceutical Group und der China National Building Material Group Pilotprojekte gestartet, in denen dem Direktorium die offizielle Befugnis über die Auswahl von hochrangigen Managern, deren

620 Jin Jinwen 剧锦文 *Guoyou Qiye tuijin hunhe Suoyouzhi Gaige de Diyu Fenxi* 国有企业推进混合所有制改革的缔约分析 („Analyse zu Vertragsschlüssen staatlicher Unternehmen beim Vorantreiben der Reformen zu gemischtem Eigentum", (Tianjin Shehui Kexue), 1. Ausgabe 2016)

621 Song Zhiping 宋志平 *Guomin Gongying: Da li fazhan hunhe Suoyouzhi Qiye* 国民共赢：大力发展混合所有制企业 („Nationale Win-Win-Situation: Die tatkräftige Entwicklung von Unternehmen mit gemischtem Eigentum", (Zhongguo Qiye Bao), 24.12.2013)

Leistungsbewertung und Vergütungsverwaltung übertragen werden. Um Korruption bei der Reform staatseigener Unternehmen zu vermeiden, wurden zwei bis drei zentral verwaltete Unternehmen ausgewählt, bei denen die wichtigsten Verantwortlichen direkt der Kommission zur Kontrolle und Verwaltung von Staatsvermögen unterstellt waren. In diesen wurden dann Pilotprojekte gestartet, in denen Einheiten für Disziplinarinspektionen entsandt wurden.

Kapitel 11: Strategische Reorganisation der staatlichen Unternehmen und die Steigerung der Steuerkraft des Staatskapitals

Basierend auf der grundlegenden Intention des Gedankens der Anfangsphase des Sozialismus sollten wir in der gegenwärtigen Etappe nicht nur die zentrale Stellung des Kollektiveigentums bewahren, sondern auch gleichzeitig den Raum für die nicht öffentliche Wirtschaft erweitern. Für die Reform staatseigener Unternehmen hat das Zentralkomitee der KPCh nach Debatten in mehreren bedeutenden Konferenzen nach und nach einen neuen strategischen Kurs entwickelt: „Die Großen kräftigen, die Kleinen entbinden" und "Vorstoß in manchen Bereichen und gleichzeitiges Zurückziehen in anderen Bereichen", sowie die Verbesserung der staatlichen Wirtschaft als Ganzes. Große staatliche Unternehmen und Konzerne mussten durch „drei Reformen und eine Stärkung" verbessert und mittlere und kleine staatliche Unternehmen in unterschiedlicher Form liberalisiert werden. In wichtigen Sektoren und Schlüsselbereichen musste die Kontrolle und der Einfluss der staatlichen Wirtschaft verstärkt werden. In allen anderen Bereichen konnte es je nach Bedarf Vorstöße und Rückzüge geben, solange die Gesamtqualität der staatlichen Wirtschaft insgesamt verbessert werde.

Abschnitt 1: Historischer Hintergrund zur strategischen Reorganisation der staatlichen Wirtschaft

Obwohl die staatlichen Unternehmen große Fortschritte bei der Errichtung einer modernen Unternehmensarchitektur zu verzeichnen hatten, ergab sich durch die passive Lage in der Gesamtheit der staatlichen Wirtschaft noch kein grundlegender Wandel. Staatliche Industrieunternehmen, die unabhängig buchführten, verzeichneten große Verluste, die Defizite stiegen. Gleichzeitig erfolgte in der nicht-staatlichen Wirtschaft ein Zustand der rasanten Entwicklung. Vor dem Hintergrund der Entscheidung des Zentralkomitees der KPCh vom November 1993, offiziell eine sozialistische Marktwirtschaft zu etablieren, brachte die Zentralregierung nach umfassender Ankündigung einen Entschluss zur strategischen Reorganisation der staatlichen Wirtschaft vor.

1. Steigende Verluste der staatlichen Unternehmen und keine Reduzierung

Seit der Einführung marktorientierter Reformen in der staatlichen Wirtschaft war die Leistungskraft staatlicher Unternehmen bis Mitte der 90er Jahre stetig zurückgegangen. Vor allem die Verlustsummen der Unternehmen hatten sich vermehrt, wobei die Verlustraten von 7,6% im Jahre 1978 auf 44,8% im Jahre 1995 (siehe Tabelle 11.1.) gestiegen waren. Die Nettogewinnsumme staatlicher Unternehmen war von 50,88 Mrd. Yuan im Jahre 1978 auf 66,56 Mrd. Yuan im Jahre 1995 gestiegen, was einem Zuwachs von nur 13,7% entspricht. Wird der Faktor der Inflation miteinberechnet, so hatten die staatlichen Unternehmen in den über zehn Jahren nicht nur keine Steigerung der Nettogewinne erzielen können, sondern einen drastischen Rückgang erfahren. Zudem kam es in der staatlichen Industrie von Januar bis April 1996 und von Januar bis März 1997 sogar zu Nettoverlusten[622]. Gleichzeitig hatte sich der Ursprungswert der Festanlagen staatlicher unabhängig buchführender Unternehmen von 373 Mrd. Yuan im Jahre 1980 auf 3.093,6 Mrd. Yuan vermehrt, insgesamt um das 7,3-fache. Der Nettowert der Festanlagen war von 252,8 Mrd. Yuan im Jahre 1980 auf 1.747,4 Mrd. Yuan im Jahre 1995 gestiegen, also um das 5,9-fache.

Der Zuwachs der Verlustsummen staatlicher Unternehmen sowie der drastische Rückgang der Leistungskraft der staatlichen Wirtschaft veranlasste die zentralen Entscheidungsträger dazu, aus strategischer Sicht einen Reformkurs der staatlichen Wirtschaft in Erwägung zu ziehen.

Tabelle 11-1 Gewinne und Verluste staatlicher Industrieunternehmen mit unabhängiger Buchführung

Jahr	Verlustsumme von Verlustunternehmen (1) (in 100.000 Yuan)	Gewinnsumme von profitablen Unternehmen (2) (100.000 Yuan)	Nettogewinn (2)-(1) (100.000 Yuan)	Verlustrate (1)/(2) (%)
1978	42.06	550.86	508.8	7.64
1980	34.30	619.70	585.4	5.53
1985	32.44	770.64	738.2	4.21
1990	348.76	736.87	388.1	47.33
1991	367.00	769.17	402.2	47.71
1992	369.27	904.37	535.1	40.83
1993	452.64	1269.90	817.3	35.64
1994	482.59	1311.60	829.0	36.79
1995	540.41	1206.01	665.6	44.81

2 Vorbringen der strategischen Reorganisation der staatlichen Wirtschaft

Unter dem Impuls von Deng Xiaopings „Südreise" Anfang 1992 wurde auf dem 14. Parteitag der KPCh am 12. Oktober 1992 deutlich zum Ausdruck gebracht, dass das Ziel der Reform des chinesischen Wirtschaftssystems die Errichtung eines sozialistischen Marktwirtschaftssystems sei. Als im September 1995 die fünfte Plenarsitzung des 14. Zentralkomitees der KPCh tagte, wurde zum ersten Mal der Auftrag einer makroökonomischen Reform der staatlichen Wirtschaft vorangebracht. Außerdem wurde während der Verhandlungen über die Festlegung der volkswirtschaftlichen

622 Wu Jinglian u.a. 吴敬琏 *Guoyou Jingji de Zhanlüe xing Gaizu* 国有经济的战略性改组 („Strategische Umstrukturierung der Staatswirtschaft", Zhongguo Fazhan Chubanshe, Ausgabe 1998, S.25)

und sozialen Entwicklungsziele im neunten Fünfjahresplan und der langfristigen Ziele bis 2010 verlangt: „Wir müssen uns darauf fokussieren, die gesamte Staatswirtschaft zu verbessern und durch den Fluss und die Umstrukturierung von Aktienkapital eine strategische Reorganisation der staatseigenen Unternehmen zu realisieren."[623] So wurde auch im Bericht des 15. Parteitags der KPCh vom September 1997 neben der weiteren Betonung von „Fokussieren auf die Verbesserung der staatlichen Wirtschaft, die Großen greifen, die Kleinen freisetzen und der Realisierung der strategische Umstrukturierung staatseigener Unternehmen" zum ersten Mal vorangebracht, dass „die Anordnung der staatlichen Wirtschaft strategischen Anpassungen unterzogen werden müsse. Die Staatswirtschaft müsse in den wichtigen Industriesektoren und Schlüsselbereichen, welche die Lebensader der Volkswirtschaft bilden, eine dominante Position einnehmen. In den anderen Bereichen könne man durch die Neuordnung von Kapital und strukturellen Anpassungen und durch die Stärkung der Prioritäten die Gesamtqualität des Staatskapitals steigern."[624]

Im September 1999 wurde auf der 4. Plenarsitzung des 15. Parteitags der KPCh mit dem „Beschluss des Zentralkomitees der KPCh zu einer Reihe wichtiger Fragen zur Reform und Entwicklung staatlicher Unternehmen" erneut deutlich darauf hingewiesen, dass es notwendig sei, die Kontrolle der Staatswirtschaft innerhalb der Volkswirtschaft zu stärken und eine strategische Anpassung der staatlichen Wirtschaftsstruktur und die Reorganisation staatseigener Unternehmen vorzunehmen. Auf dem Treffen wurden außerdem die „wichtigen Industriesektoren und Schlüsselbereiche" definiert, die der staatlichen Wirtschaft reserviert waren: „ Sektoren, die mit der nationalen Sicherheit verknüpft sind, Sektoren, in denen auf natürliche Weise Monopole herrschen, Industrien, die wichtige öffentliche Güter und Dienstleistungen bereitstellen sowie Schlüsselunternehmen aus Säulen- und High-Tech-Industrien." Gleichzeitig wurde gefordert: „Für strategische Anpassungen der staatlichen Wirtschaftsstruktur ist es notwendig, eine Optimierung der Kapitalstruktur mit der Perfektionierung der Eigentumsstruktur zu kombinieren. Dabei muss an einer rationalen Verteilung des Staatskapitals durch Investitionsvorstoß in profitablen Bereichen bei gleichzeitigem Zurückziehen aus unprofitablen Bereichen festgehalten werden. Man sollte wissen, welche Dinge getan werden müssen und welche nicht."

Der Bericht vom 16. Parteitag der KPCh vom November 2002 hob hervor, dass die Anpassungen von Zusammensetzung und Struktur der staatlichen Wirtschaft beschleunigt werden müssen. Der Beschluss des Zentralkomitees der KPCh zu einer

---

623 Archivlaboratoriums des Zentralkomitees der KPCh 中共中央文献研究室 *Shiyi Jie san zhong Quanhui yi lai de Lici Quanguo Daibiao Dahui Zhongyang Quanhui Zhongyao Wenjian Xuanbian* 十一届三中全会以来党的历次全国代表大会中央全会重要文件选编 („Ausgewählte, wichtige Dokumente der Kommunistischen Partei aller aufeinander folgenden Plenarsitzungen des Zentralkommitees des Nationalkongresses seit der dritten Plenarsitzung des 11. Zentralkommitees der KPCh", vorderer Teil, Zhongyang Wenxian Chubanshe, Ausgabe 1997, S. 350)

624 Archivlaboratoriums des Zentralkomitees der KPCh 中共中央文献研究室 *Shiyi Jie san zhong Quanhui yi lai de Lici Quanguo Daibiao Dahui Zhongyang Quanhui Zhongyao Wenjian Xuanbian* 十一届三中全会以来党的历次全国代表大会中央全会重要文件选编 („Ausgewählte, wichtige Dokumente der Kommunistischen Partei aller aufeinander folgenden Plenarsitzungen des Zentralkommitees des Nationalkongresses seit der dritten Plenarsitzung des 11. Zentralkommitees der KPCh", vorderer Teil, Zhongyang Wenxian Chubanshe, Ausgabe 1997, S. 426)

„Reihe von Fragen über die Perfektionierung des sozialistischen Marktwirtschaftssystems", der auf der 3. Plenarsitzung des 16. Zentralkomitees der KPCh angenommen wurde, weist weiter darauf hin: „Wir werden die rationale Verteilung von Staatskapital sowie den Mechanismus für vernunftgemäßen Kapitalumlauf perfektionieren. Außerdem werden wir den Transfer von staatlichem Kapital in wichtige Industriesektoren und Schlüsselbereiche, welche die Lebensader der Volkswirtschaft bilden oder mit der nationalen Sicherheit verknüpft sind, weiter fördern und die Kontrollkraft der Staatswirtschaft verbessern. Staatliche Unternehmen aus anderen Sektoren und Bereichen werden mittels Neuanordnung von Kapital und strukturellen Anpassungen in einem fairen Marktwettbewerb der natürlichen Selektion ausgesetzt." Am 18. Dezember 2006 übermittelte das Generalsekretariat des Staatsrats die von der Kommission zur Kontrolle und Verwaltung von Staatsvermögen vorgelegten „Leitlinien zur Förderung staatlicher Kapitalanpassungen und Reorganisation staatseigener Unternehmen" („Leitgedanken"), indem deutlich hervorgehoben wurde: Zentrale Unternehmen in der Rüstungsindustrie für die Erschließung von Ressourcen wie Erdöl und Erdgas und im Infrastrukturbereich wie Stromnetz und Telekommunikation werden vollständig mit Staatskapital betrieben, oder das Staatskapital nimmt zumindest eine absolute Mehrheit in den Holdings ein. In Tochtergesellschaften aus den genannten Bereichen sowie in zentralen Unternehmen aus Bereichen wie der zivilen Luft- und Schifffahrt nimmt das Staatskapital ebenfalls eine absolute Mehrheit in den Holdings ein. Für zentrale Unternehmen, die zuständig für das Management von petrochemisch nachgelagerten Produkten oder Mehrwertdienstleistungen für Telekommunikation sind, ist es notwendig, Reformen und Umstrukturierungen zu intensivieren, die nicht-staatliche Wirtschaft und ausländisches Kapital anzuziehen und die Diversifizierung von Investitionen und Eigentumsrechten zu fördern. Gleichzeitig behält die Staatswirtschaft eine starke Kontrolle über Schlüsselunternehmen aus Basis- und Säulenindustriesektoren. Diese beinhalten unter anderem Anlagenproduktion, Automobilindustrie, Elektronikindustrie, Bau- und Stahlindustrie, Buntmetallindustrie, Chemieindustrie, Zukunftsgestaltung und die Technologieindustrie. In diesen Bereichen ist der Anteil des staatlichen Kapitals deutlich niedriger, Einfluss- und Antriebskraft der Staatswirtschaft müssen hierbei verstärkt werden. Bei zentralen Unternehmen in mechanischer Ausrüstung, Automobil-, Elektronik, Bau-, Stahl- und Buntmetallindustrie, Unternehmen, die sich zu Schlüsselunternehmen entwickeln, sowie Unternehmen, die als Branchenführer gelten, behält das Staatskapital seine absolute Mehrheit oder zumindest die bedingte relative Mehrheit in den Holdings ein. Zentrale forschungs- und gestaltungsorientierte Unternehmen, die wichtige Aufgaben in der Transformation gemeinsamer Technologien und wissenschaftlicher Forschungsleistungen in der Industrie wahrnehmen, behalten ihre Holdings an Staatskapital bei. Ohne Frage stehen diese „Leitgedanken" im kohärenten Geiste der Zentralregierung und machen die vorangegangene Politik funktionsfähiger.

Ziel der Reform staatseigener Unternehmen war deren wachsende Wettbewerbsfähigkeit auf dem Markt, die zentrale Stellung des öffentlichen Eigentums zu bewahren und die Kontrollkraft des Staatskapitals und der Staatswirtschaft, sowie die Leitfunktion der Unternehmen zur Geltung zu bringen. Die Etablierung eines modernen Unternehmenssystems sollte es staatlichen Unternehmen ermöglichen, ihre Betriebsstruktur zu transformieren, zu juristischen Entitäten zu werden und als Hauptakteur auf dem Markt zu agieren. Sie sollten dazu befähigt werden, eigenständig zu wirtschaften, Gewinne und Verluste selbst zu tragen, sich selbst zu entwickeln und zu regulieren. Nur durch die Transformation der Betriebsstruktur staatlicher Unternehmen und die Stärkung der Wettbewerbsfähigkeit von Staats- und Kollektivunternehmen könne die zentrale Stellung der öffentlichen Wirtschaft innerhalb der Volkswirtschaft erhalten bleiben. Ausschließlich so könne die Leitrolle der Staatswirtschaft zur Geltung gebracht werden. Die zentrale Stellung des öffentlichen Eigentums sowie die Leitrolle der Staatswirtschaft spiegelten sich dabei vor allem in dem enormen Anteil der staatlichen und kollektiven Vermögenswerte am Bruttosozialvermögen wieder und zusätzlich auch darin, dass die Staatswirtschaft die ökonomische Lebensader des Landes bildete und eine Leitfunktion der staatlichen Wirtschaft in der Entwicklung der Volkswirtschaft einnehme. Die Reform der staatlichen Unternehmen müsse sich auf eine starke Belebung der Volkswirtschaft fokussieren. So sei es essentiell, einzelne Unternehmen in die Gesamtheit der Volkswirtschaft oder lokalen Wirtschaft einzubinden. Bei der strukturellen Optimierung der Verteilung von Staatskapital müssten die Entwicklungsziele und -richtungen eines jeden Unternehmens festgelegt werden. Mit anderen Worten, die strategische Umstrukturierung der Staatsunternehmen könne gestützt auf dem Entwicklungstrend der gesamten Volkswirtschaft und der Etablierung eines Marktmechanismus der natürlichen Selektion durch den Fluss und die Neuanordnung von Bestandskapital realisiert werden. Somit ist es möglich, die Staatsunternehmen auf einer neuen Grundlage zu revitalisieren und die gesamte Betriebseffizienz des Staatskapitals zu steigern.

Abschnitt 2: „Die Großen kräftigen, die Kleinen entbinden" und die Vergesellschaftung großer und mittelgroßer Unternehmen

Von den Staatsunternehmen Chinas besteht der überwältigende Großteil aus Kleinunternehmen. Doch obwohl die Zahl der großen und mittelgroßen Unternehmen gering ist, nehmen sie eine überaus wichtige Position in der Volkswirtschaft ein. Statistiken zufolge nahmen bei den landesweit 500 größten Industrieunternehmen die Aktiva 37% des gesamten Vermögens staatlicher Industriebetriebe ein, Umsatz 46% und Realgewinne 63%. Gelingt es also, diese kritische Minderheit zu festigen und zu stärken, durch die Etablierung eines modernen Unternehmenssystems, die Optimierung der Kapitalstruktur, die Beschleunigung der technologischen Neuausrichtung und der Stärkung der inneren Verwaltung die Unternehmensqualität und die erzielten Skaleneffekte zu erhöhen, sowie ihre Schlüsselrolle zur Geltung zu bringen, so ist es möglich, die zentrale Stellung des öffentlichen Eigentums zu festigen, die führende Rolle der Staatswirtschaft zu bewahren und die gemeinsame Entwicklung einer großen Anzahl mittelgroßer und kleiner Unternehmen wirksam zu beeinflussen und zu steuern. Zudem wird der Anpassungsspielraum für Unternehmen in einem kritischen Zustand vergrößert. Außerdem ist es notwendig, für die zahlreichen mittelgroßen und kleinen Unternehmen, die über eine Vielzahl von Industriezweigen und geografischen Regionen verteilt sind, etwas liberale und flexiblere Reformmaßnahmen zu ergreifen. So können einige akquiriert, fusioniert oder verpachtet werden. Andere können in Aktien-Kooperationen umorganisiert oder direkt verkauft werden. Diese Position war es, die später im Volksmund als „Die Großen stärken, die Kleinen entbinden" bezeichnet wurde.

1. „Die Großen stärken" und die Konzentration des Staatskapitals auf der Ebene der großen und mittelgroßen Unternehmen

1993 wurde auf der dritten Plenarsitzung des 14. Zentralkomitees der KPCh vorangebracht, dass das Ziel der Reform von Staatsunternehmen Chinas sei, ein modernes Unternehmenssystem zu etablieren. Daraufhin beschloss der Staatsrat einige große und mittelgroße Staatsunternehmen auszuwählen, um ein Pilotprojekt für die Etablierung eines modernen Unternehmenssystems zu starten. 1995 beschloss der Staatsrat die Stärkung von insgesamt 1.000 Unternehmen, wobei den davon führenden 300 Unternehmen (später auf 512 erweitert) über geeigneten, politischen Maßnahmen Unterstützung gewährt wurde. Dies bedeutete „die Großen stärken".

1. Den Pilotunternehmen erweiterte Betriebsautonomie gewähren

Von diesen Unternehmen waren jene staatlichen Einzelunternehmen und Konzerne, welche die entsprechenden Anforderungen erfüllten, neben ihrer Rolle bei der Etablierung eines modernen Unternehmenssystems, als Investitionsgeber von Staatskapital zugelassen und durften zudem auch Finanzgesellschaften gründen. Einigen wurde das Recht auf selbstständigen Im- und Export gewährt, einige waren sogar berechtigt, international zu operieren.

2. Primat des Zugangs zum Kapitalmarkt und der Aufbau stabiler Beziehungen zwischen Banken und Unternehmen

So zog die Regierung bei der Neuemission von inländischen Anleihen und Aktien auch bevorzugt diese Unternehmen in Betracht. Sie ermutigte und führte diese, mehr Sozialkapital durch die Verwendung von begrenztem Staatskapital zu kontrollieren und zu mobilisieren, um eine eigenständige Entwicklung und Expansion zu beschleunigen. Die Regierung nahm selektiv 300 große Unternehmen ins Visier, die separat mit den Banken Beziehungen aufbauten. Gleichzeitig wurde ein Konsortialführersystem implementiert. Dabei unterzeichneten die Unternehmen mit den Konsortialführern Vereinbarungen, wobei die Banken Kredite in ihrem Prüfungs- und Entscheidungsbereich nach Bonitätslevel vergeben. Vorrangig wurden dabei Projekte gewählt, die in der technologischen Transformation und der wissenschaftlichen und technischen Entwicklung angesiedelt waren. Dort wurden die Investitionen massiv erhöht und die Unternehmen wurden von Zinsen freigestellt. Um die Kapazitäten für eine selbstständige Entwicklung zu steigern, wurden in Unternehmen, welche die entsprechenden Voraussetzungen dafür mitbrachten, Technologiezentren errichtet.

Außerdem half die Regierung den Unternehmen überflüssiges Personal unterzubringen. [625]

3. Errichtung eines neuen Verwaltungssystems in den staatlichen Großunternehmen

Im Dezember 2003 wurde die Kommission zur Kontrolle und Verwaltung von Staatsvermögen gegründet, die dann die Verwaltung der Eigentumsrechte in 187 besonders großen Unternehmen fortsetzte, welche direkt der Zentralregierung unterstellt waren. Seitdem haben mehrere Provinzen, Gemeinden und autonome Regionen sukzessiv ihre eigenen Kommissionen zur Kontrolle und Verwaltung von Staatsvermögen gegründet, um große staatseigene Unternehmen in ihrem jeweiligen Regierungsbereich zentral verwalten zu können. Somit wurde ein Bindeglied zwischen den oberen und unteren Ebenen, sowie ein intaktes Verwaltungssystem zur Aufsicht und für den Betrieb staatlicher Großunternehmen geschaffen.

Nach mehreren Jahren der Anstrengung waren nicht wenige Großunternehmen und Konzerne vielerorts dabei, an Wohlstand und Stärke zu gewinnen. Unprofitable Vermögenswerte wurden ersetzt, die „Krisenabwehrfunktion" der Unternehmen wurde verbessert, Führungs- und Organisationssysteme wurden standardisiert, sorgfältige interne Reorganisationen wurden durchgeführt und Dynamik in der technologischen Entwicklung und Transformation wurde verstärkt. Somit konnten sich die Unternehmen im Marktwettbewerb hervorheben. So verfügen staatliche Großkonzerne wie Changhong, Baosteel, Yanshan Petro-Chemical und FAW bereits heute, sowohl im In- als auch im Ausland, über einen relativ starken Einfluss auf den Wettbewerb. Einige haben sich die Politik des Staates in vollem Umfang zu Nutze gemacht, auf sämtlichen Ebenen hart an der Funktion des Konzerns gearbeitet und sich zu einem Konglomerat im Bereich Industrie, Handel, Wissenschaft und Technik und Finanzen entwickelt.

2. „Die Großen stärken" zeigt beachtliche Erfolge

Die großen Staatsunternehmen zu ergreifen ist wie einen Wasserhahn zu packen. Die Regierung wird ihren Hauptfokus auf die Umstrukturierung dieser besonders großen Staatsunternehmen konzentrieren. Im Hinblick auf den Betrieb steht dies zweifellos im Einklang mit den Notwendigkeiten, die durch eine zunehmende Wettbewerbsintensität entstehen. Das Bedürfnis staatlicher Unternehmen zu überleben und zu wachsen, richtet sich auch nach Erfordernissen des Ziels für die Errichtung einer sozialistischen Marktwirtschaft. Somit wurden insgesamt relativ gut Ergebnisse erzielt.

1. Gründung einer Gruppe von großen staatlichen Konzerngesellschaften

Die Umsetzung der „die Großen stärken"-Strategie markierte die Geburtsstunde einer Gruppe von staatlichen Konzerngesellschaften. Die meisten der mehr als 10.000 Holdinggesellschaften, die sich gebildet haben, lösten sich durch einen Bottom Up-Ansatz von der Muttergesellschaft des Konzerns ab. Zu diesen Muttergesellschaften

---

625 Yang Shujin 杨叔进 *Zhongguo: Gaige, Fazhan yu Wending* 中国：改革·发展与稳定 („China: Reform, Entwicklung und Stabilisierung", Zhongguo Fazhan Chubanshe, Ausgabe 2000, S.89)

gehörte die Dongfeng Motor Corporation, die China National Heavy Duty Truck Group, die First Automobile Group, die Tianjin Bohai Chemical Industry Group, Guizhou Aviation Industry Corporation und China Textile Machinery Group. Diese Muttergesellschaften wurden im Allgemeinen in Aktiengesellschaften oder Gesellschaften mit beschränkter Haftung umgewandelt, einige nahmen das Modell einer Einpersonengesellschaft an. Im Umwandlungsprozess ermächtigte der Staat zunächst die Konzerngesellschaft dazu, die von allen Konzernmitgliedern genutzten und im Besitz befindlichen staatlichen Vermögenswerte einheitlich zu führen und zu verwalten. Gleichzeitig übernahm die Konzerngesellschaft gegenüber dem Staat die Verantwortung für den Erhalt und die Vermehrung dieser Vermögenswerte.

Die ersten Pilotprojekte zu gewerblichen Holdinggesellschaften in China begannen im Jahre 1994. China hatte bereits in der Vergangenheit eine Reihe von Holdinggesellschaften auf nationaler Ebene gegründet. Allerdings entstand damals zwischen ihnen und den Unternehmen, zu denen sie gehörten, noch keine Mutter-Kind-Beziehung mit Eigentumsrechten als Bindeglied. Tatsächlich handelte es sich ausschließlich um „Fanpai-Unternehmen" (staatliche Verwaltungsorgane, die lediglich vordergründig in Unternehmen umorganisiert wurden). Um den Reformbedürfnissen des Verwaltungssystems von Staatsvermögen gerecht zu werden, ließ der Staatsrat im November 1996 drei nationale gewerbliche Muttergesellschaften, namentlich die Sinopec Group, die China Nonferrous Metal Mining Group und die Aviation Industry Corporation of China als Piloteinheiten für staatliche Holdinggesellschaften zu. Nach mehr als einem Jahr der Pilotphase wurden diese drei nationalen Industriegesellschaften in staatliche Einpersonengesellschaften umorganisiert und begannen mit der Vermögensverwaltung der ihnen unterstellten Unternehmen. Die drei Holdinggesellschaften haben nacheinander intern ein Betriebs- und Verwaltungssystem etabliert, in denen zwischen ihnen und den ihnen unterstellten Unternehmen eine Mutter-Kind-Beziehung mit Vermögen als Bindeglied herrschte und das Betriebs-, Verwaltungs- und Aufsichtsgefüge für staatliche Vermögenswerte perfektioniert wurde. Als staatlich genehmigte Investmentgesellschaften führten die Muttergesellschaften im Organisationsaufbau, dem Produktmix und der Produktionsstruktur Anpassungen durch, um ihre Verpflichtung gegenüber der Erhaltung und der Vermehrung von staatlichen Vermögenswerten zu erhöhen.

Zeitgleich mit den Pilotprojekten für die staatlichen Holdinggesellschaften führten auch einige andere Ministerien oder gewisse Organisationen innerhalb der Ministerien, wie die China National Petroleum Corporation oder die China North Industries Corporation Versuche durch, sich in Holdinggesellschaften umzuorganisieren. Gleichzeitig sind auch die regionalen Pilotprojekte schneller vorangekommen. Die Stadt Shenzhen hat bereits im Jahr 1987 die Shenzhen Investment Management Corporation gegründet. 1995 wurde zudem noch die Shenzhen Construction Investment Holding Corporation und die Shenzhen Commercial Investment Holding Corporation gegründet, deren Aufgabe sowohl die Verwaltung von Eigentumsrechten als auch Investitionstätigkeit war. Von Dezember 1993 bis Ende April 1996 genehmigte die Stadt Shanghai über 30 Großkonzernen die Verwaltung von staatlichen Vermögenswerten. Die Gesamtsumme der verwalteten Vermögenswerte belief sich auf über 270 Mrd. Yuan, was ungefähr einem Anteil von 60% an der Gesamtsumme des auf dem Markt verwalteten Staatsvermögen entsprach. Auf die Gesamtheit betrachtet, lassen sich regionale staatliche Holdingsgesellschaften vor allem in zwei Kategorien gliedern. Zum einen gründete die Lokalregierung eine branchenübergreifende Firma zur Verwaltung von Staatsvermögen. Auf der anderen Seite gibt es branchenspezifische Unternehmen zur Verwaltung von Staatsvermögen, die von den für Unternehmen zuständigen Behörden der Lokalregierungen umgebaut wurden. Die Bildung von staatlichen Holdinggesellschaften auf regionaler und nationaler Ebene brachte die Funktionalität der staatlichen Vermögensverwaltung und die Segregation der Bewirtschaftung derselben voran. So wurde durch schrittweise Übertragung von Rechten ein Verantwortlichkeitssystem für staatliche Vermögenswerte geschaffen.

Mit dem Eintritt ins 21. Jahrhundert kam es vor allem in der Periode des 15. Fünfjahresplans zu weiteren Entwicklungen der staatlichen Holdingkonzerne und Konzerne. Bis 2005 machten diese einen Anteil von 50,8% an der Summe der gesamten Konzerne aus, was einem Rückgang von 14,6 Prozentpunkten entsprach. Bei Betrachtung der Größenordnung der Vermögenswerte ergab sich Folgendes: 2005 belief sich die Gesamtsumme der Vermögenswerte staatlicher Konzerne und Holdingkonzerne zum Jahresende auf einen Anteil von 85,8% an der Vermögenssumme sämtlicher Konzerne, was ebenfalls einem Rückgang von 8 Prozentpunkten entsprach. Die Betriebserträge der staatlichen Konzerne und Holdingkonzerne beliefen sich im Jahr 2005 auf 79,6% der Betriebserträge sämtlicher Konzerne, ein Rückgang um diesmal 9,6% Prozentpunkten. Aber trotz der Tatsache, dass der relative Anteil zurückgegangen war, haben sich Staatskonzerne in absoluten Zahlen gemessen dennoch enorm entwickelt. In der Phase des zehnten Fünfjahresplans betrug die Wachstumsrate der Gesamtsumme von Vermögenswerten staatlicher Konzerne und Holdingkonzerne bei Jahresende durchschnittlich 14,6% jährlich. In Bezug auf die Konzentration des Vermögens ergab sich: Das durchschnittliche Vermögen staatlicher Konzerne und Holdingkonzerne belief sich Ende 2005 auf 13,7 Milliarden Yuan, eine Steigerung von 22,9% gegenüber 2004. In Bezug auf die Reichweite der Unternehmen erreichten staatliche Konzerne und Holdingkonzerne einen Zuwachs der Betriebserträge während der Zeit des 10. Fünfjahresplans von jährlich 21,1%. 84,4% der staatlichen Konzerne waren gewinnbringend.[626] 2006 wurden insgesamt 42 Staatskonzerne gezählt, deren Vermögen einen Wert von 100 Mrd. Yuan übertraf. Die 398 Unternehmen, deren Vermögen 10 Mrd. Yuan überstieg, kamen insgesamt auf ein Vermögen von 217 37,45 Mrd. Yuan., was einem Anteil von 74,9% am Vermögen sämtlicher Staatsunternehmen entsprach. [627] Den von der „Shanghai Security News“ veröffentlichten Daten zufolge waren von 2002 bis 2007 insgesamt 95 (sekundäre) Zentralunternehmen an insgesamt 47 Umstrukturierungen beteiligt. Bis Ende 2007 gab es insgesamt 151 Unternehmen, die direkt dem Zentralstaat unter-

---

626 Vergleich: Staatliches Amt für Statistik 国家统计局 *2005 nian Qiye Jituan Tongji Nianbao* 2005 年企业集团统计年报 („Jahresbericht zu Konzernstatistiken 2005“)

627 *Zhongguo Guoyou Zichan Jiandu Guanli Nianjian* 中国国有资产监督管理年鉴 („Jahrbuch zur Aufsicht und Verwaltung von Staatsvermögen in China“ (2007), Zhongguo Jingji Chubanshe, Ausgabe 2007, S.49)

stellt waren. Darunter waren 26 Unternehmen mit einem Einkommen aus dem jeweiligen Kerngeschäft von über 100 Mrd. Yuan und 19 Unternehmen, deren Gewinne einen Wert von 10 Mrd. Yuan übertrafen.[628]

2. Große und mittelgroße Unternehmen haben die Effizienz von operativen Tätigkeiten im Vermögensbereich erhöht

Während sich staatliche Unternehmen kontinuierlich in Gesellschaften umwandelten, stieg das ökonomische Niveau der Unternehmensreichweite kontinuierlich an. Bis Ende 2005 erzielten die der Zentralregierung unterstellten Unternehmen einen Verkaufserlös von 6.731,29 Mrd. Yuan, ein Anstieg von 19,8%. Dabei wurden Gewinne von 627,65 Mrd. Yuan erzielt, was einem Anstieg von 27,9% entsprach. Dies entsprach auch einem Nettogewinn von 336,16 Mrd. Yuan, ein Anstieg von wiederum 34,5%. Zudem belief sich die Nettokapitalrendite auf 9,7%, ein Anstieg von 1,2 Prozentpunkten. Die Wertschöpfung erreichte insgesamt 1.975,5 Mrd. Yuan, ein Plus von 20,8% und ein historisches Rekordniveau. Ende 2005 erreichte das Gesamtkapital der Unternehmen unter direkter Kontrolle der Zentralregierung 10,63 Billionen Yuan, ein Anstieg von 15% im Vergleich zum Ende des Vorjahres. Das Nettovermögen stieg ebenfalls um 18,1% auf 4,65 Billionen Yuan.

Auf Basis der enormen Entwicklungen von 2005 erzielten die 159 von der Zentralregierung geführten Unternehmen Chinas im Jahre 2006 Gewinne von insgesamt 754,69 Mrd. Yuan, eine Steigerung von 18,2% zum Vorjahr. Die 1.031 staatlichen Betriebe auf Provinz- und Bezirksebene realisierten Gewinne von 109,72 Mrd. Yuan, ein Anstieg von 38% im Vergleich zum Vorjahr. 2006 realisierten die 159 der Zentralregierung unterstellten Unternehmen Verkaufserlöse von 8.136,88 Mrd. Yuan, eine Steigerung von 20,1% zum Vorjahr. Die Gewinne beliefen sich dabei auf 754,69 Mrd. Yuan, ein Anstieg von 18,2% zum Vorjahr. Die an die Zentralregierung abgeführten Steuerabgaben bezifferten sich auf 661,1 Mrd. Yuan, ein Anstieg von 20% zum Vorjahr. Darunter konnten Militär-, Elektrizitäts-, Maschinenbau-, Bau- und Handelsunternehmen einen Gewinnzuwachs von durchschnittlich über 20% erzielen und auch in der Metallurgie, der Telekommunikations-, der Bergbau- und der Erdölbranche verzeichneten die Unternehmen ein stabiles Wachstum. Bis Ende 2006 betrug das Gesamtkapital der zentral verwalteten Unternehmen 12.266,34 Mrd. Yuan, eine Steigerung von 16,2% zum Vorjahr. Das Nettovermögen belief sich dabei auf 5.348,9 Mrd. Yuan, ein Anstieg von 15,2% zum Vorjahr. Mit Blick auf das gesamte Land hielt die Staatswirtschaft auch im Jahre 2006 eine rasche und gesunde Entwicklung bei. Dabei ist ebenfalls ein rapider Zuwachs an Produktion und Geschäftstätigkeiten in den staatlichen Unternehmen zu verzeichnen sowie eine deutliche Steigerung der Wachstumsqualität. Die landesweiten 1.031 Staatsunternehmen und staatliche Holdinggesellschaften haben über das gesamte Jahr Gewinne von 209,72 Mrd. Yuan erzielt, ein Anstieg von 38% zum Vorjahr. Die an den Staat abgeführten Steuern beliefen sich auf 237,53 Mrd. Yuan, eine Steigerung von 20,4% zum Vorjahr. Bis Ende 2006 stiegen das Gesamtkapital und das Nettokapital jeweils um 18,5% und 13,1% zum Vorjahr. Den von der „Shanghai Security News" veröffentlichten Daten zufolge

628 Shanghai Zhengquan Bao 上海证券报, 22.5.2008

haben sämtliche Staatsunternehmen landesweit einen Gesamtumsatz von 18 Billionen Yuan erwirtschaftet, ein Plus von 20,1%. Dabei wurden Gewinne von 1,62 Billionen Yuan erzielt, ein Zuwachs von 31,6% zum Vorjahr.[629]

3. Der Produktmix großer staatlicher Unternehmen wird rationalisiert

Die zentral verwalteten Unternehmen zum Beispiel haben 2005 Investitionen in Festanlagen in der Höhe von 1.045,38 Mrd. Yuan getätigt, ein Zuwachs von 21,1%. Dabei wurde nacheinander eine Reihe von Schlüsselprojekten in Angriff genommen, denen für die Optimierung der strukturellen Anpassungen eine große Bedeutung zukam. So nahm die integrierte Erdölbasis der Sinopec Yangzi Group und des BASF-Konzerns offiziell den kommerziellen Betrieb auf und erhöhte die Kapazität an Ethylen um 600.000 Tonnen. Die Shanghai SECCO Petrochemical Co. Ltd. nahm ebenfalls ein 900.000 tonnenschweres Ethylenprojekt offiziell in Angriff. Aus diesem entstand die Anlage mit den gegenwärtig größten Einlinien-Kapazitäten für Ethylen-Produktion Chinas. Die 500 tonnenschweren Raffinerieprojekte der China National Petroleum Corporation in Changqing, Dagang, Huabei und Karamay wurden ebenfalls offiziell ausgerollt, und weitere Projekte zur Verarbeitung von Ethylen in Jilin, Lanzhou und Daqing wurden in allen Bereichen gestartet. Die China National Offshore Oil Corporation nahm in Guangdong, Fujian, Zhejiang und Shanghai verschiedene LNG-Projekte in Angriff. Zudem wurden neue Fortschritte bei der Offshore-Förderung von Rohöl erzielt. Bei den kürzlich entdeckten Vorkommen in der Bohai-Bucht wird ein geologisches Reservat an Erdöl von 200 Mio. Kubikmeter und 1,5 Mrd. Kubikmeter an Erdgas vermutet. Ebenso wurde im Ölfeld Lufeng 13-2 im östlichen Teil des südchinesischen Meeres der Betrieb aufgenommen, wobei die Testkapazitäten bereits eine Höhe von 30.000 Barrel pro Tag erreichten. Das Musterprojekt der State Grid Corporation für die Übertragung und Umwandlung von 750-kV-Strom ist ebenso in live gegangen, wodurch die Lücke von über 500 kV Spannungsniveau in den chinesischen Übertragungs- und Transformationsleitungen geschlossen wurde.

Der Produktmix der zentral verwalteten Unternehmen hat sich noch weiter an die Veränderung der Marktnachfrage angepasst. Die Automobilunternehmen haben angesichts rapider Marktveränderungen, stagnierendem Nachfragewachstum und hohen Ölpreisen die Einführung neuer Modelle in den Markt beschleunigt, den Verkauf und die Produktion marktfähiger Modelle ausgeweitet und somit ihren relativ hohen Marktanteil halten können. Hersteller von elektromechanischen Anlagen haben die Entwicklung einer Reihe von High-Tech-Produkten vorangetrieben, welche um einiges höhere Fertigungskapazitäten aufwiesen. Der Anteil von überkritischen und ultra-überkritischen 600.000kW-Anlagen am Gesamtproduktmix der Harbin Power Equipment Company Limited hat sich deutlich erhöht; dabei waren die ultraüberkritischen Anlagen mit einer Leistung von einer Million Kilowatt bereits in die Produktionsphase übergingen. Die überkritischen 600.000kW-Anlagen der Dongfeng Electric Corporation wurden erfolgreich in Betrieb genommen und haben bereits damit begonnen Großaufträge anzunehmen. Die große luftgekühlte 600.000kW-Anlage, die sich zur Zeit in der Entwicklung befindet, sowie die ultra-

[629] Shanghai Zhengquan Bao 上海证券报, 22.5.2008

überkritische sich in der Produktion befindliche Anlage mit einer Leistung von einer Million Kilowatt werden den Produktmix des Unternehmens im Bereich Wärmeenergie von einem 600.000kW-Niveau auf eine neue Million Kilowatt-Stufe anheben. China First Heavy Industries hat die technologische Transformation von einmaligen Co-Casting-Kapazitäten von 700 Tonnen flüssigem Stahl abgeschlossen und für eine Kapazität 15.000 Tonnen hydraulische Freiformschmiedepressen gebaut. Zudem hat das Unternehmen das Sortiment und den Umfang großer Schmiedestücke umfassend ausgeweitet und die Produktqualität verbessert. Somit wurde eine jährliche Produktionskapazität von 220.000 Tonnen Flüssigstahl, 100.000 Tonnen an Schmiedestücken, 30.000 Tonnen an Gussteilen und 150.000 Tonnen an diversen Schwermaschinenprodukten erreicht.

Im Jahre 2006 setzten die zentral verwalteten Unternehmen ihre strukturellen Anpassungen weiter fort und erzielten erneute Fortschritte. So weiteten Erdöl- und Petroleumunternehmen ihre Öl- und Gasexplorationen aus. Die China National Petroleum Corporation wies über das gesamte Jahr im Inland geologische Erdölreservate von 570 Millionen Tonnen und Erdgasreservate von 357,6 Mrd. Kubikmeter nach. Die Substitutionsrate der Erdölreservate lag über 1, und der Erdgasertrag war äquivalent zu 62% des nationalen Gesamtertrags. Auch Stahlunternehmen optimierten ihren Produktmix weiter. Die vier größten Stahlunternehmen produzierten insgesamt 5.607,6 Tonnen Stahl, ein Plus von 11% im Vergleich zum Vorjahr. Die Produktionsmengen von Kalt- und Warmwalzplatten sowie von Zinkplatten stiegen um jeweils 40,7% und 18,5%. Die Produktionsmengen von Walzdraht und Stahlgewindestangen sanken dagegen jeweils um 8,1% und 14,1%. Der Anteil an Sonderwerkstoffen der Angang Group erreichte 77%. Im Produktmix der Wuhan Iron and Steel Corporation (kurz: WISCO) erreichten High-Tech-Produkte und Produkte mit hoher Wertschöpfung einen Anteil von 77,3%, somit ein Anstieg von 20,5 Prozentpunkten im Vergleich zum Vorjahr. Auch Handelsunternehmen passten ihre Betriebsstrukturen proaktiv an und bauten ihre inländischen Geschäftstätigkeiten aus. So stellten inländische Geschäftsaktivitäten von China Minmetals bereits einen Anteil von 60% an den operativen Einnahmen dar. Stromunternehmen verstärkten ebenfalls entsprechend den Anforderungen der nationalen Energieentwicklungsstrategie und den strukturellen Anpassungen in der Industrie die Konsolidierung von Ressourcenbeständen und die Optimierung von Mengenzunahmen. So stellte die China Power Investment Corporation kleinere Wärmekraftwerke mit insgesamt einem Ausstoß von 486.000kW still. Große Wärmekraftwerke der China Huaneng Group mit einer Leistung von über 300.000kW machten insgesamt 75,3% der installierten Gesamtleistung des Unternehmens aus. Anlagen mit einem Leistungsniveau von 600.000kW kamen auf einen Anteil von 21,9%.

4. Große staatliche Unternehmen erhöhten ihr technologisches Innovationsvermögen

Die zentral verwalteten Unternehmen als Beispiel haben bis Ende 2005 weitverbreitet Forschungs- und Entwicklungseinrichtungen auf nationaler Ebene gegründet. Insgesamt verfügen sie über 476 unterschiedliche Institutionen im Bereich technologischer Innovation mit 276.000 Aktivisten, die sich mit verschiedenen Thematiken in dem Bereich auseinandersetzen. Unvollständigen Statistiken zufolge wurden 17 der zentral verwalteten Technologieunternehmen 8 nationale Preise für wissenschaftlichen und technologischen Fortschritt zweiter Klasse und 137 Preise für Wissenschaft und Technik auf Provinz- und Ministerialebene verliehen. Insgesamt wurden 745 Patente angemeldet, 361 davon wurden genehmigt. Davon fielen 569 bzw. 231 Patente unter Erfinderschutz. Außerdem wurden 14 Software-Urheberrechte genehmigt. 33 internationale Standards wurden festgelegt, 215 nationale und 230 Industriestandards. Die Harbin Power Equipment Company Limited und die Dongfang Electric Group konnten beim Bau des Dreischluchtendamms durch den Import von Technologie, deren Aufnahme und Absorption und anschließende Weiterentwicklung, in der Design- und Fertigungstechnik von Chinas extra großer Hydro-Generatorengruppe einen Durchbruch erzielen. So konnte im Rahmen eines Ausschreibungswettbewerbs mit erstklassigen ausländischen Herstellern von Anlagen zur Stromerzeugung erfolgreich ein Vertrag über die Planung und den Bau der Hydro-Generatoren am rechten Uferrand des Dreischluchtendamms abgeschlossen werden. Dabei hat die Anshan Iron and Steel Group erfolgreich, den Anforderungen der Hydro-Generatoren entsprechend, die Stahlplatten für deren Diffusoren entwickelt. Auch die Wuhan Iron and Steel Group erzielte ebenso einen Durchbruch bei der Entwicklung von kryogenischen kornorientierten Elektroblechen, und die Qualität erreichte ein internationales Fortschrittsniveau. Der kryogene hochfeste Druckbehälterstahl durchlief staatliche Begutachtungen und wurde der einzige Stahl, der als Reserve für die staatliche Erdölstrategie gespeichert wurde. Die China Aerospace Science and Technology Corporation legte besonders viel Wert auf selbstständige Innovationen sowie Innovation in der Systemintegration von Kettengliedern. In der bemannten Luft- und Raumfahrtindustrie konnten somit zahlreiche technische, in der internationalen Raumfahrt bekannte Schwierigkeiten überwunden werden.

Im Jahre 2006 erhöhten die zentral verwalteten Unternehmen ihr Innovationsvermögen in Wissenschaft und Technik weiter. Hersteller von mechanischer Ausrüstung weiteten Forschung und Entwicklung im Bereich fortschrittlicher Produktionsanlagen aus und erzielten eine Reihe bedeutender Erfolge. Die „heiße" Inbetriebnahme der von China First Heavy Industries selbstständig entwickelten 15.000 Tonnen schweren Hydraulikpresse beispielsweise verlief erfolgreich. Aus der Produktion von unterkritischen 600.000kW-Anlagen, Spitzenprodukte der Hersteller für Elektrizitätswerksausrüstung, ging bereits unabhängiges geistiges Eigentum hervor, und auch mit Produktionskapazitäten von überkritischen 100.000kW-Anlagen war man ausreichend ausgestattet. Die Produktionstechnik und -kapazität für Elektrizitätswerksausrüstung von Dongfeng Electric haben sogar Weltklasseniveau erreicht, und die Firma war mit Blick auf den Output drei Jahre in Folge im globalen Vergleich auf Platz 1. Rüstungsunternehmen hielten daran fest, militärische Bemühungen mit ziviler Anstrengung zu kombinieren und eine militärisch-zivile Integration. Somit konnten in einigen Bereichen wie Raum-, Luft- und Schifffahrt eigenständige Produkte und Technologien entwickelt werden. In der Autoindustrie stieg die Anzahl unabhängiger Markenprodukte von Autoherstellern kontinuierlich an. Der von China Automotive Works selbstständig entwickelte HQ3, Besturn und Weizhi und weitere Markenautos, sowie die schweren Lastkraftwagen der Denway-Serie wurden auf den Markt gebracht. Nutzfahrzeuge wie der EQ1141-Truck oder der Tianlong-LKW, beide von der Dongfeng Motor Corporation, wurden mit sechs Preisen für eigenständige Innovationsleistung im Automobilsektor gekürt. Zentral verwaltete Wissenschaft- und Technologiebetriebe entwickelten bereits basierend auf Industrieentwicklungen und Marktnachfrage eine Reihe von neuen Technologien und Produkten, die im internationalen und inländischen Vergleich auf Spitzenniveau lagen. Diese gewannen sieben zweite staatliche Preise für wissenschaftlichen und technischen Fortschritt und einen zweiten staatlichen Preis für technologische Erfindungen. Insgesamt wurden 406 Patente vergeben, ein Anstieg von 36,2% im Vergleich zu 2005. Das vom Forschungsinstitut für Telekommunikationstechnologie der Datang Telecom Group geführte „TD-SCDMA 3G Standard- und Produktentwicklungsprojekt" durchlief erfolgreich die Abnahme durch das Ministerium für Industrie- und Informationstechnologie, erreichte bereits eine jährliche Produktionskapazität von zehntausend Systemgeräten und stellte ebenso Lösungskonzepte für Mobiltelefone bereit. Somit war auch der Grundstein für die kommerzielle Nutzung in großem Maßstab gelegt.

Bis Ende 2012 waren staatliche Unternehmen landesweit im Besitz von 292.000 Patentrechten für unabhängiges geistiges Eigentum, darunter fielen 187.000 auf zentral verwaltete Unternehmen. Vor allem die großen Unternehmen entwickelten sich zu einer treibenden Kraft bei der technologischen Innovation. Dabei kamen die zentral verwalteten Unternehmen auf einen Headcount von 219.000 Mitglieder beider Akademien (Wissenschaft und Ingenieurswesen). Insgesamt erreichten sie eine Anzahl der Mitarbeiter in Wissenschaft und Technik und in Forschung und Entwicklung von jeweils 133.300 und 304.000, was einen Anteil an der Gesamtzahl der Mitarbeiter in zentral verwalteten Unternehmen von 12,5% bzw. 2,85% stellt. Die zentral verwalteten Unternehmen hielten an der Strategie der High-Tech-Innovationen als Leitprinzip fest. So wurde das Innovationssystem im Hochtechnologiebereich verbessert und perfektioniert, Investitionen in Wissenschaft und Technik wurden ausgeweitet, Kapazitätssteigerungen in unabhängiger Innovation wurden beschleunigt, und es wurden Durchbrüche in einer Reihe von Schlüssel- und Kerntechnologien erzielt. Mit „Shenzhou 9" gelang die erste bemannte Koppelung mit der Raumstation „Tiangong 1". Das Forschungs-U-Boot „Jiaolong" absolvierte für Forschungszwecke einen Tauchgang in eine Tiefe von 7.000 Metern. Chinas erster Flugzeugträger wurde in Betrieb genommen und führte erfolgreich Start- und Landetests mit Flugzeugen aus inländischer Produktion durch. Das regionale Satellitennavigationssystem „Beidou" wurde vollständig ausgebaut.[630]

5. Die Position großer und mittelgroßer Staatsbetriebe innerhalb der Volkswirtschaft rückte zunehmend in den Vordergrund

Die Erneuerung der Firmenstrukturen großer Staatsunternehmen hob deren Position innerhalb des volkswirtschaftlichen Systems auf eine höhere Stufe. Am Beispiel

630 *Zhongguo Guoyou Zichan Jiandu Guanli Nianjian* 中国国有资产监督管理年鉴 („Jahrbuch zur Aufsicht und Verwaltung von Staatsvermögen in China" (2013), Zhongguo Jingji Chubanshe, Ausgabe 2013, S.28)

der zentral verwalteten Unternehmen, die unter der Zuständigkeit der staatlichen Kommission zur Kontrolle und Verwaltung von Staatsvermögen lagen: Im Jahre 2005 erreichte der Output der von diesen Unternehmen produzierten Hauptgüter einen Rekordwert. Den Statistiken des von der Kommission veröffentlichten Produktionsbericht zufolge produzierten zwei Kohleunternehmen, namentlich die Shenhua Group und die China National Coal Group, insgesamt 225,828 Mio. Tonnen Förderkohle, ein Anstieg von 25,4% zum Vorjahr und ein Anteil an der gesamten Kohleproduktion von 10,5%. Dabei betrug die Absatzmenge insgesamt 270,35 Mio. Tonnen, ein Plus von 16%. Sieben Stromunternehmen (die China Three Gorges Corporation, die China Huaneng Group, die China Dateng Corporation, die China General Nuclear Power Group, die China Guodian Corporation, die State Power Investment Corporation und die China Huadian Corporation) erzeugten insgesamt 1.056,49 Mrd. kWh Strom, ein Plus von 20,5% und ein Anteil an der landesweiten Stromerzeugung von 42,7%. Zwei große Stromnetzunternehmen (die State Grid Corporation of China und die China Southern Power Grid) erzielten mit insgesamt 1.814,1 Mrd. kWh Strom einen Umsatz, ein Plus von 13,4%. Drei große Erdöl- und Petrochemie-Unternehmen (die China National Petroleum Corporation, Sinopec und China National Offshore Oil) kamen auf eine Gesamtförderung im In- und Ausland von 197,11 Mio. Tonnen Rohöl, ein Plus von 4,1% (die inländische Rohölförderung betrug 2005 insgesamt 180,84 Mio. Tonnen)[631]; die Erdgasproduktion belief sich auf 52,88 Mrd. Kubikmeter, ein Plus von 20,5%. Die Menge an verarbeitetem Rohöl belief sich auf 264,21 Mio. Tonnen, ein Anstieg von 6,5%. Die Gesamtproduktion von raffiniertem Erdöl belief sich auf 164,31 Tonnen, ein Plus von 6,7%. Der Absatz an raffiniertem Erdöl belief sich auf 183,89 Mio. Tonnen, ein Anstieg von 10,1%. Die Produktion der fünf wichtigsten chemischen Produkte belief sich auf 27,33 Mio. Tonnen, ein Plus von 7,7%. Drei große Luftverkehrsunternehmen (China National Aviation Holding, China Eastern Airlines und China Southern Airlines) erreichten insgesamt eine zurückgelegte Transportstrecke von 21,03 Mrd. Kilometern, ein Plus von 10,8%. Darunter waren 14,19 Mrd. Kilometer Personentransporte, ein Anstieg von 12,1%. Die drei Wassertransportunternehmen China Ocean Shipping Company, China Shipping Group und China Changjiang National Shipping Corporation erreichten insgesamt eine zurückgelegte Transportstrecke von 2.170,23 Mrd. Tonnen-Seemeilen, ein Anstieg von 15,2%. Die vier Automobilkonzerne First Automotive Works, Dongfeng Motor, China Aviation Industry Corporation II und China South Industry Group kamen zusammengerechnet auf eine Produktion von ca. 2,71 Mio. Fahrzeugen, ein Plus von 10,5% und ein Anteil an der landesweiten Gesamtproduktion von 47,5%. Darunter belief sich die Zahl der produzierten Personenkraftwagen auf etwa 1,35 Mio. Stück, ein Anstieg von 30,1% und ein Anteil an der landesweiten Gesamtproduktion von 48,6%. Insgesamt wurden 1,34 Mio. Personenkraftwagen abgesetzt, eine Steigerung von 28,7%. Die vier Stahlhersteller Baosteel Group, Ansteel Group, Wuhan Iron and Steel und Panzhihua Iron and Steel erreichten eine Gesamtproduktion an Stahl von 51,40 Mio. Tonnen, ein Plus von 7% und ein Anteil der landesweiten Gesamtproduktion von

631 *Zhongguo Tongji Zhaiyao (2006)* 中国统计摘要 (2006) („Statistischer Auszug China", Zhongguo Tongji Chubanshe, Ausgabe 2006, S.136)

14,6%. Die Produktion an Stahlerzeugnissen belief sich auf 48,15 Tonnen, ein Anstieg von 4,9% und ein Anteil an der landesweiten Produktion von 12,1%.

Entsprechenden Berichten zufolge leisteten zentral verwaltete Unternehmen in ihren jeweiligen Kernbereichen weiterhin einen herausragenden Beitrag. So erweiterte sich der Umfang der Kohleproduktion und des Kohleabsatzes deutlich. Die Shenhua Group und die China National Coal Energy Group produzierten insgesamt 293 Millionen Tonnen an Rohkohle, ein Plus von 18,1%. Das Produktions- und Verkaufsvolumen der Shenhua Group lag dabei bei über 200 Millionen Tonnen und das Verkaufsvolumen der China Coal Energy Group bei über 100 Millionen Tonnen. Zudem wurde auch die Stromversorgungskapazität erheblich verbessert. Die installierte Gesamtkapazität der fünf größten, zentral verwalteten Stromversorgungsunternehmen erreichte gegen Ende des Jahres 2,43 Bio. kWh, also das Doppelte im Vergleich zu Ende 2002. Die Stromerzeugung des gesamten Jahres belief sich auf 1,13 Bio. kWh, ein Plus von 17,1% gegenüber 2005.

In Bezug auf die Produktion und Zufuhr von Erdöl: Die in- und ausländische Produktion der drei größten Ölkonzerne übertraf eine Menge von insgesamt 200 Mio. Tonnen, ein Anstieg von 4,3%. Die Produktion von Erdgas belief sich auf 64,8 Mrd. Kubikmeter, ein Plus von 21,1%, die Produktion an raffiniertem Öl lag bei 172 Mio. Tonnen, eine Steigerung von 4,8%. Das im Inland verarbeitete Rohöl belief sich auf 272 Mio. Tonnen, ein Anstieg von 5%.

Auch die Kapazitäten der Transportunternehmen stiegen. Die zurückgelegte Strecke von Wassertransportunternehmen erreichte 2,32 Bio. Tonnen-Seemeilen, ein Anstieg von 9%. Die zurückgelegte Strecke von Lufttransportunternehmen erreichte 23,63 Mrd. Kilometer, ein Plus von 12,4%. Ebenso nahmen die Produktion und der Absatz von Kraftfahrzeugen deutlich zu. China First Automotive Works, Dongfeng Motor, Norinco (China North Industry Corporation) und die China Aviation Industry Corporation II kamen auf eine Gesamtproduktion von ca. 3,23 Millionen Fahrzeugen, ein Plus von 19,2%. Die Absatzmenge betrug in etwa 3,21 Mio. Fahrzeuge, ein Anstieg von 17,9%. Im Schiffbau wurde ebenfalls ein neuer historischer Rekord erreicht. Die China State Shipbuilding Corporation und die China Shipbuilding Industry Corporation bauten Schiffe mit einer Tragfähigkeit von zusammengerechnet 8,71 Mio. Tonnen, ein Plus von 4,2%. Die China Shipbuilding Industry Corporation kam dabei auf 6,02 Mio. Tonnen Tragfähigkeit, ein Anteil an der landesweiten Gesamtproduktion von 43% und wurde somit der weltweit drittgrößte Schiffbaukonzern.[632] Einige Staatsunternehmen schafften es zudem in die Reihen der Global 500 und gelangen im Ranking seither immer weiter nach vorne (s. Tabelle 11-3). So erreichte Sinopec im Jahre 2003 den 54. Platz, 2012 bereits Platz 5.

632 *Yang Qi Jingji Zhibiao gao Zengzheng shi Ruhe Shixian de* 央企经济指标高增长是如何实现的 („Wie können zentral verwaltete Unternehmen ein hohes Wachstum ihrer wirtschaftlichen Kennziffern realisieren?“, Jingji Ribao 经济日报, 13.2.2007)

Tabelle 11-3 Eintritt chinesischer Staatsunternehmen in die Global 500

	2003	2005	2009	2012	2015
Gesamtzahl der chinesischen Unternehmen als Teil der Global 500 (einschließlich privater Unternehmen)	14	15	35	73	94
Davon zentral verwaltete Unternehmen	7	10	24	42	47
Gesamtzahl der chinesische	14	15	34	68	88
Sinopec	54	31	9	5	2
China National Petroleum Corporation	52	46	13	6	4
State Grid Corporation of China	46	40	15	7	7
Industrial and Commercial Bank of China	243		92	54	18

Quelle: Fortune (Zeitschrift)

Die „Großen stärken"-Strategie trieb zwar die Entwicklung staatlicher Unternehmen effektiv voran, löste jedoch keineswegs einige der tiefgehenden Probleme innerhalb der staatlichen Unternehmen. So war zum Beispiel die Anzahl staatlicher Einpersonengesellschaften zu groß. Besonders viele der großen und übergroßen Staatsunternehmen haben im Wesentlichen das System der Einpersonengesellschaft implementiert. Auf der anderen Seite gehörte der Großteil dieser Staatsunternehmen, die von der Regierung gestärkt worden waren, zu einem natürlichen Monopol bzw. einem Verwaltungsmonopol. Diese Unternehmen hatten in den letzten Jahren einen rapiden Anstieg an Gewinnen zu verzeichnen. Dabei lag der eigentliche Grund für das Wachstum jedoch keinesfalls ausschließlich an der verwendeten Technologie oder der organisatorischen Effizienz des Unternehmens, sondern stützte sich vielmehr auf das natürliche und administrative Monopol der Branche, in dem diese Firmen operierten.

Tatsächlich regte dies auch nicht den Enthusiasmus der Unternehmen an, ihre Betriebseffizienz zu steigern. Die Diversifizierung der Anteilsrechte staatlicher Unternehmen und Wettbewerbseinschränkungen durch Monopole sind bis heute Kernprobleme, die wir mit großen Anstrengungen zu lösen haben.

3. „Die Kleinen entbinden" und der Rückzug mittelgroßer und kleiner Staatsunternehmen aus wettbewerbsorientierten Bereichen

Nach dem strategischen Beschluss durch die Zentralregierung, die „Großen zu stärken und die Kleinen zu entbinden", brachte die Stärkung der großen Unternehmen bereits beträchtliche Erfolge. Statistiken zufolge beliefen sich die Einheiten chinesischer Konzerne auf 2.472 Stück, mit einem Gesamtkapital von 6.699,4 Mrd. Yuan. Das hat die Gesamtreichweite chinesischer Konzerne insgesamt auf eine neue Ebene gestellt.[633]

Die „Kleinen entbinden" war, genau wie „die Großen stärken", ein wichtiges Vorhaben Chinas zur Reform staatlicher Unternehmenssysteme in den 90er Jahren des 20. Jahrhunderts. Tatsächlich waren die Fortschritte bei der Reform kleiner Staatsunternehmen, genau genommen die „Entbindung der Kleinen", in dieser Periode noch größer. Regionale Regierungen auf allen Ebenen führten aktiv Experimente durch und brachten den Aufbau diversifizierter Strukturen und die Umwandlung von Betriebsmechanismen ins Zentrum ihrer Tätigkeiten. Daraus resultierte ein weites Spektrum von Reformansätzen: In Unternehmen, deren betrieblicher Zustand vergleichsweise gut war, deren Produkte auf dem Markt waren, aber denen es an finanziellen Mitteln mangelte, konnte durch eine genaue Definition von Eigentumsrechten eine Form von „Anteile an Vermögenswerten und Verbindlichkeiten" geschaffen werden. Zudem konnten Mitarbeiter, natürliche Personen, juristische Personen und weitere Anteilseigner angezogen werden, um das Unternehmen in eine Aktiengesellschaft umzuwandeln. Unternehmen, die sich in betrieblichen und produktionstechnischen Schwierigkeiten befanden, trennten einen Teil ihres Nettovermögens ab, um Mitarbeiterränge auszutauschen und sich in Aktiengesellschaften umzugestalten. Außerdem wurden diese Unternehmen dann durch Fusionierungen, Übertragungen, Aktienbeteiligungen und -aneignungen und Transfers in größere Konglomerate umorganisiert. Dabei nahmen die Betreiber der Unternehmen Wertpapiere und Immobilien als Risikoabsicherung. Und unter der Grundvoraussetzung der Umsiedlung und Assimilierung von Mitarbeitern übermittelten sie dann jährlich eine bestimmte Summe von staatlichem Kapital an die übergeordneten Behörden für Staatsfinanzen, damit diese eine Vielzahl von Leasing-Angeboten bereitstellen würden. Auch wurden eine überlegene geographische Lage, Technologie und Produkte der Unternehmen genutzt, um in- und ausländisches Kapital, Technologien und Management anzuziehen und diese in die Unternehmen „einzupflanzen". Mit dem Ziel der Revitalisierung des Staatskapitals und der Beseitigung von Schulden und übermäßiger „Belastung" des Personals wurden auch Übertragungen von Eigentumsrechten an den Vermögenswerten des gesamten Unternehmens oder von Teilen des Unternehmens durchgeführt (d.h. Zwangsversteigerung, Verkauf und Insolvenz). Durch diese oben genannten, kühnen und entschlossenen Reformansätze war es für eine Reihe von kleineren Staatsunternehmen möglich, ihre Lebenskraft neu zu entfalten. Bei der Reform staatlicher Kleinunternehmen stach die Stadt Zhucheng in der Provinz Shandong besonders hervor.

Im Oktober 1992, genehmigte die Stadtregierung von Zhucheng der örtlichen Elektromotorenfabrik, ein Pilotprojekt für ein System der Aktienbeteiligungen

633 Parteischule des Zentralkomitees der KPCh 中共中央党校 *Lingdao Juece Cankao* 领导决策参考 („Referenzen zu Führungsentscheidungen", 26. Ausgabe 2000, S.29)

durchzuführen. Dies eröffnete den Auftakt zur Reform staatseigener Kleinunternehmen. Die konkrete Vorgehensweise war wie folgt: Die komplette Belegschaft übernahm durch Aktienbeteiligungen die Kosten von Produktions- und Betriebsmitteln im Wert von 2,7 Mio. Yuan. In diesem Zuge wurde die Zhucheng City Kaiyuan Electric Motor Co., Ldt. gegründet. Das ursprüngliche Staatsunternehmen wurde in eine Aktiengesellschaft umgewandelt, dass sich im gemeinsamen Besitz von 277 Anteilseignern befand. Am 1. Januar 1993 wurde in der Zhucheng City Kaiyuan Electric Motor Co. Ltd. offiziell der Betrieb aufgenommen. In den ersten 4 Monaten manifestierte sich eine starke Vitalität im Unternehmen, sämtliche ökonomische und technologische Indikatoren sprangen mit rasantem Tempo in die Höhe. Die erfolgreiche Umstrukturierung der Kaiyuan Electric Motor Co., Ltd. trieb weitere Pilotprojekte im Bereich des unternehmensinternen Aktiensystems innerhalb der Stadt voran. Anfang 1993 beschloss die Stadtregierung die Reichweite der Pilotprojekte auszubauen. Infolgedessen wuchsen der Fortschritt und die Geschwindigkeit des Wandels sogar noch über die der Kaiyuan Electric Motor Co. hinaus. Im Mai 1993 konnte Zhucheng in der Kampagne zur Umstrukturierung der Unternehmen, mit Unternehmen mit beschränkter Haftung und Aktiengesellschaften als Hauptform, Anfangserfolge an sämtlichen Fronten erzielen. Ein Jahr und drei Monate später, im Juli 1994, hatten die 274 Unternehmen der Stadt oberhalb der Gemeindeebene (davon waren 37 Staatsunternehmen), ausgerichtet an der individuellen Lage der jeweiligen Firma, eine von sieben verschiedenen Organisationsformen angenommen. Davon hatten sich 210 in Aktiengesellschaften umgewandelt.

Das Resultat der Reform mittelgroßer und kleiner Unternehmen in Zhucheng war eindeutig. Vor der Reform betrug die Verlustrate der Unternehmen in Zhucheng 68,7%, die Summe der Defizite insgesamt 147 Mio. Yuan. Nach den Umformungen im Jahre 1994 realisierten die Unternehmen Gewinne und Steuern von 400 Mio. Yuan, ein Anstieg von 114% im Vergleich zu 1993. Die Einnahmen der Regierung für den Staatshaushalt beliefen sich auf 210 Mio. Yuan, ein Plus von 50%. Die Zinseinnahmen staatlicher Vermögenswerte betrugen 8 Mio. Yuan, womit nicht nur eine Wertsicherung sondern sogar eine Wertsteigerung realisiert wurde. Das Pro-Kopfeinkommen der Mitarbeiter in den 10 Unternehmen, die sich am frühzeitigsten umformten, belief sich durchschnittlich auf 3.223 Yuan, ein Anstieg von 36,6% zu 1993, und eine Pro-Kopf-Gewinnbeteiligung von 522 Yuan. Bis 1997 brachte die Industrie der Stadt Zhucheng auf Gemeindeebene und oberhalb der Gemeindeebene 720 Mio. Yuan an Gewinnen und Steuern ein, ein Plus von 26,1% im Vergleich zu 1996. Die Einnahmen für den Staatshaushalt beliefen sich auf insgesamt 430 Mio. Yuan, das Doppelte zu 1994.[634]

Von Ende der 90er Jahre bis 2006 nahm die Anzahl staatlicher Unternehmen weiter ab. 1998 belief sich die Summe staatlicher Unternehmen landesweit auf 238.000 Haushalte. Bis 2006 war sie auf 119.000 Haushalte gesunken, was einem Rückgang von ungefähr 50% entsprach, wobei die jährliche Rückgangsrate bei etwas

634 Büro der Führungsgruppe der Provinz Shandong zur Vertiefung der Reform von unter Provinzverwaltung stehenden Staatsunternehmen 山东省深化省属国有企业改革领导小组办公室 *Qiye Gaige Fagui Zhengce Ziliao Huibian* 企业改革法规政策资料汇编 („Datensammlung zu Satzungen und politischen Richtlinien bezüglich Unternehmensreform" (internes Material), September 2003, S.711)

mehr als 8% lag. [635] Von diesem Rückgang waren vor allem mittelgroße und kleine Staatsunternehmen betroffen. Informationsmaterial zeigt auf, dass im Jahre 2005 die Anzahl lokaler Staatsunternehmen um 11.489 Haushalte im Vergleich zum Vorjahr sank. Davon fielen 8.211 der Unternehmen auf Kreisebene, was einem Anteil von 76,8% an der Gesamtsumme des Unternehmensrückgangs in diesem Jahr entspricht. Mittelgroße und kleine Unternehmen machten dabei wiederum einen Anteil von 96,3%, davon wiesen 79,4% der Unternehmen Bilanzdefizite auf. Insbesondere die Zahl der Unternehmen in den Bereichen Lagerhaltung, Groß- und Einzelhandel sowie Catering sank im Vergleich zum Vorjahr um 7.918, was einem Anteil am gesamten Rückgang aller staatlichen Unternehmen von 74,1% entsprach. [636] Auch 2006 setzte sich der Trend des Vorjahres fort. Die Zahl regionaler Staatsunternehmen sank um weitere 8.156 Haushalte, ein Minus von 8,4%. Die Anzahl kleiner Unternehmen sank im Vergleich zu 2005 um 7.581 Haushalte, ein Rückgang von 12,8%. Die Zahl konkurrierender Staatsunternehmen sank um 7.797 Haushalte im Vergleich zum Vorjahr, ein Rückgang von 8,3%.[637]

Im Prozess der Entbindung kleiner Staatsunternehmen kam jedoch auch eine Reihe von Problemen auf. Am auffallendsten war dabei wohl der Abfluss von Staatskapital während der Reformen, sowie Beeinträchtigungen der Arbeitnehmerinteressen. Statistiken des Amtes für Kriminalprävention der obersten Volksstaatsanwaltschaft zufolge belief sich die Zahl der Korruptions- und Bestechungsfälle in staatlichen Unternehmen von 1997 bis Oktober 2000 in Beijing auf 63% der gesamten eingereichten Fälle. Seit 1998 nahm die Zahl der eingereichten Fälle insgesamt in der Tendenz zu und lag außerdem über dem nationalen Gesamtdurchschnitt. Von Januar bis November 2000 ermittelten die Organe der Staatsanwaltschaft der Provinz Liaoning in insgesamt 754 Straftaten im Zusammenhang mit Bestechung, Korruption und Veruntreuung öffentlicher Gelder in staatseigenen Unternehmen. Dies entsprach 51% der Gesamtzahl der eingereichten Fälle. Von 1997 bis August 2000 ermittelte die Staatsanwaltschaft von Guizhou zu 2.243 mutmaßlichen Verdächtigen, die in Korruption, Bestechung, Veruntreuung öffentlicher Gelder und andere Wirtschaftskriminaldelikte verwickelt waren. Davon fielen 670 Personen auf das Jahr 1997, ein Anteil von 50,83% an der Gesamtwahl der eingereichten Fälle. 1998 belief sich die Zahl auf 584 Personen, ein Anteil von 57,76%, 1999 auf 556, ein Anteil von

635 Redaktion der Kommission zur Kontrolle und Verwaltung von Staatsvermögen des Staatsrates 国务院国有资产监督管理委员会研究室 *Tansuo yu Yanjiu – Guoyou Zichan he Guoyou Qiye Gaige Yanjiu Baogao (2007)* 探索与研究——国有资产和国有企业改革研究报告（2007）(„Erprobung und Erforschung – Forschungsbericht zur Reform des Staatsvermögens und der Staatsunternehmen (2007)", Zhongguo Jingji Chubanshe, Ausgabe 2008, S.165)

636 *Zhongguo Guoyou Zichan Jiandu Guanli Nianjian* 中国国有资产监督管理年鉴 („Jahrbuch zur Aufsicht und Verwaltung von Staatsvermögen in China" (2006), Zhongguo Jingji Chubanshe, Ausgabe 2006, S.48)

637 *Zhongguo Guoyou Zichan Jiandu Guanli Nianjian* 中国国有资产监督管理年鉴 („Jahrbuch zur Aufsicht und Verwaltung von Staatsvermögen in China" (2006), Zhongguo Jingji Chubanshe, Ausgabe 2006, S.48)

58,04% und von Januar bis August 2000 belief sich die Zahl auf 433 Personen, ein Anteil an der Gesamtsumme der eingereichten Fälle von 55,71%.[638]

Das enorme Verlustrisiko von Staatsvermögen und Staatskapital zeigt auch, dass das derzeitige System der Verwaltung staatlicher Eigentumsrechte immer noch erhebliche Mängel aufweist. Wir glauben, dass die mehrstufige Verkettung von Prinzipal und Agent in Bezug auf staatliche Eigentumsrechte und die Lücken in den Inhabern staatlicher Eigentumsrechte hier die Hauptursache darstellen. Denn um das enorme Risiko des Verlusts staatlicher Vermögenswerte zu beseitigen, müssen die Eigentumsrechte an staatlichem Kapital auch wirklich durchgesetzt werden.

4. Die strategische industrielle Restrukturierung der Staatswirtschaft

Mit dem Schwenk des Reformgedanken staatlicher Unternehmen von der Übertragung von Macht und Gewinnen hin zur Neuschaffung des Unternehmenssystems, von der Verbesserung jedes einzelnen Unternehmens hin zur Vitalisierung der gesamten Staatswirtschaft wurde die strategische Umgestaltung der Staatswirtschaft in der Industrie zu einer zwangsläufigen Entscheidung. Vor diesem Hintergrund entwickelte sich die Stärkung der staatlichen Wirtschaft (d.h. die Kontrollkraft, die das Staatskapital auf die gesamte Volkswirtschaft ausübt), die Umsetzung der industriellen Restrukturierung von Staatskapital und dessen Konzentration in Schlüsselindustrien zu neuen Reformschwerpunkten.

5. Die Realisierung der industriellen Restrukturierung der Staatswirtschaft

Vor dem Hintergrund der freiwillig eingeleiteten industriellen Restrukturierung staatlicher Unternehmen, schlug die Zentralregierung Anfang 2001 offiziell vor, industrielle Restrukturierungen der Staatswirtschaft in insgesamt 196 Sektoren durchzuführen.

So müsse der Staat in 15 dieser Industriesektoren eine Monopolstellung innehaben.

Dies betrifft gegenwärtig drei Kategorien:

1. Branchen, die in Verbindung mit der nationalen Sicherheit stehen, z.B. Rüstungsindustrie, Münzwesen, Luft- und Raumfahrt etc..
2. Wichtige Sektoren für die Gewinnung von natürlich Ressourcen, z.B. Öl- und Gasexplorationssektor, Waldrodung etc..
3. Gemeinnützige Versorgungsunternehmen oder Versorgungsunternehmen mit einer natürlichen Monopolstellung, z.B. in Bereichen wie Leitungswasser, Gas und Strom etc..

[638] Präventionsabteilung der obersten Volksstaatsanwaltschaft für Offizialdelikte 最高人民检察院职务犯罪预防厅 Jianli you Zhongguo Tese Jiancha Jiguan Yufang Zhiwu Fanzui Gongzuo Jizhi – Jiancha Jiguan Yufang Zhiwu Fanzui de Tansuo yu Shixian 建立有中国特色检察机关预防职务犯罪工作机制——检察机关预防职务犯罪的探索与实践 („Schaffung von Arbeitsmechanismen mit chinesischer Prägung zur Prävention von Offizialdelikten durch staatsanwaltschaftliche Organ – Erforschung und Praxis der Prävention von Offizialdelikten durch staatsanwaltschaftliche Organe", Fagui Chubanshe, Ausgabe 2001)

Zweitens: 35 Sektoren, in denen die staatliche Industrie zwar keine Monopolstellung innehaben muss, aber dennoch ein gewisses Maß an Kontrolle beibehalten sollte.

Auch hier wurden hauptsächlich drei Kategorien berücksichtigt:

1. Exploration von weiteren vergleichsweise wichtigen natürlichen Ressourcen, z.B. von Bodenschätzen wie Kohle, Erdöl und Eisenerz (abgesehen von den oben genannten Sektoren für die Gewinnung von natürlichen Ressourcen, in denen der Staat ein Monopol haben sollte). Große Unternehmen sollten sich in diesem Bereich unter der Kontrolle von Staatsunternehmen befinden, mittelgroße und kleine Unternehmen dürfen auch ohne die Führung staatlicher Unternehmen agieren.
2. High-Tech-Industrien, die mit der umfassenden Stärke des Landes und dessen internationaler Wettbewerbsfähigkeit in Verbindung stehen, z.B. Luft und Raumfahrt, neue Materialien, Computer-Technologie, Medizintechnik etc.
3. Säulenindustrien, die im Begriff sind, zu einem neuen Wachstumsmotor heranzuwachsen, z.B. Elektronik, Petrochemie, Automobilbranche. Branchen, welche zu keinem gewöhnlichen, wettbewerbsorientierten Sektor zählen, sondern die wettbewerbsorientierte Schlüsselindustrien in sich sind und dessen Entwicklung der Staat fördern sollte. Sie zeichnen sich nicht nur durch einen hohen volkswirtschaftlichen Mehrwert, eine starke industrielle Relevanz oder ein rasantes Produktivitätswachstum aus, sondern ebenso durch die Besonderheit von Skaleneffekten und Kapitalkonzentration.

Drittens, 146 allgemeine, wettbewerbsorientierte Sektoren, aus denen sich die staatliche Industrie schrittweise zurückziehen sollte.
Diese Branchen beinhalten:

- Die Bekleidungs- und Textilindustrie, in denen derzeit ernstzunehmende Überkapazitäten vorherrschen.
- Lebensmittel-, Getränke- und Gebrauchsartikelindustrie, die essentiell für die Befriedigung des grundlegenden Konsumbedarfs sind.
- Industrien, die durch die Funktion von Marktmechanismen aus eigener Kraft ihre Zentralisierung vervollständigen und ihre Wettbewerbsfähigkeit steigern können. z.B. Teile der Fertigungsindustrie für Haushaltsgeräte und andere Fertigungsindustrien, in denen die technischen Anforderungen nicht sehr hoch sind.

Berechnungen zufolge werden innerhalb der 146 Industriesektoren, aus denen sich die Staatswirtschaft zurückzieht, 39.231 staatliche Industriebetriebe von Reorganisationen und Umstrukturierungen, 13.765.000 Angestellte von Entlassungen,

Transfers oder Arbeitslosigkeit betroffen sein. Außerdem werden 750,99 Mrd. Yuan an Nettokapital veräußert oder übertragen.[639]

2004 nahm die Kommission zur Kontrolle und Verwaltung von Staatsvermögen den Status Quo und die Anpassungsrichtung zentral verwalteter Unternehmen ins Visier. Dabei gliederte sie diese weiter in drei große Kategorien und sieben Bereiche:

In der ersten Kategorie fanden sich wichtige Branchen und Schlüsselbereiche wieder, die direkt in Verbindung mit der nationalen Sicherheit stehen und die Lebensader der Volkswirtschaft bilden. Diese beinhalten:

1. Industrien, die mit der nationalen Sicherheit in Verbindung stehen, wie beispielsweise die Rüstungsindustrie, bedeutende Materialreserven, der Handel mit Militärgütern etc.
2. Monopolindustrien, wie z.B. die Telekommunikation oder Stromnetz, die beide nicht nur ein Monopol zur Regulierung, sondern auch ein natürliches Monopol darstellen.
3. Industrien, die für das Angebot wichtiger öffentlicher Güter und Dienstleistungen verantwortlich sind, wie beispielsweise Stromerzeugung oder zivile Luftfahrt.
4. Branchen in der Erschließung wichtiger natürlicher Ressourcen. Darunter fallen Erdöl, Petrifikation, Erdgas, Kohle, Gold, Salz usw.

In der zweiten Kategorie fanden sich Industrien wieder, die nur indirekt mit der nationalen Sicherheit und dem Lebensunterhalt des Volkes in Verbindung stehen. Diese beinhalteten:

1. Wichtige Schlüsselunternehmen in Säulenindustrien, wie der Metallurgie, der Automobilindustrie, der technischen Ausrüstungsindustrie, dem Bauwesen, dem Immobilienwesen, der Baustoffindustrie, der chemischen Industrie usw.
2. Die Technologieindustrie, unter die unter anderem Telekommunikation, Biomedizin und Wissenschaft und Forschung fallen.

Zur dritten Kategorie gehörten alle anderen Industriezweige. Im Vordergrund standen dabei Innen- und Außenhandel, Investment, Design, Beratung, Transportwesen, Landwirtschaft, Dienstleistungen etc.[640]

Am 18. Dezember 2006 übermittelte das Generalbüro des Staatsrates die „Leitlinie bezüglich Regulierung von Staatskapital und Reorganisation staatlicher Unternehmen“ an die Kommission zur Kontrolle und Verwaltung von Staatsvermögen.

---

639 Li Zhang An 李长安 *Guoqi Gaige yao cong „Guan Zichan“ zhuan wei „Guan Ziben“* 国企改革要从“管资产”转为“管资本”(„Bei der Reform von Staatsunternehmen müssen eine Transformation von Vermögensverwaltung hinzu Kapitalverwaltung erfolgen“, (Jingji Cankao Bao), 19.8.2015)

640 Jin Jinwen 剧锦文 *Guoyou Qiye tuijin hunhe Suoyouzhi Gaige de Diyu Fenxi* 国有企业推进混合所有制改革的缔约分析 („Analyse zu Vertragsschlüssen staatlicher Unternehmen beim Vorantreiben der Reformen zu gemischtem Eigentum“, (Tianjin Shehui Kexue), 1. Ausgabe 2016)

Dadurch wurde noch stärker verdeutlicht, dass die sieben größten Industriezweige von der Staatswirtschaft kontrolliert werden sollten. In zentral verwalteten Unternehmen, die in der Erschließung von wichtigen natürlichen Ressourcen wie Erdöl oder Erdgas oder in Infrastrukturbereichen wie Stromnetzwerk und Telekommunikation tätig sind, sollte das Staatskapital die einzige Kapitalquelle sein, und der Staat den alleinigen Eigentümer darstellen. In zentral verwalteten Unternehmen, die in Bereichen wie nachgelagerte petrochemische Produkte operieren oder Anbieter von Telekommunikationsdienstleistungen sind, müssen Reform- und Umstrukturierungsbestrebungen mit Nachdruck vorangetrieben werden. Zusätzlich muss die Einbindung der nicht-öffentlichen Wirtschaft erfolgen und ausländisches Kapital muss angezogen werden. Zusätzlich muss die Diversifizierung von Investitionsquellen und Eigentumsrechten gefördert werden. Gleichzeitig sollte die Staatswirtschaft in wichtigen Schlüsselunternehmen aus Bereichen der Grundlagen- und Säulenindustrie eine recht starke Kontrollkraft beibehalten. Davon betroffen sind die Ausrüstungsproduktion, die Automobilindustrie, Telekommunikation, Bauwesen, die Stahlindustrie, die Buntmetallindustrie, die Chemieindustrie, die prospektive Gestaltung und die Technologieindustrie. In diesen Bereichen war die Staatskapitalquote zunächst gesunken. Hier muss die Staatswirtschaft ihre Führungs- und Einflusskraft wieder verstärken. Darunter müssen zentral verwaltete Unternehmen in der Ausrüstungsproduktion, der Automobilindustrie, Telekommunikation, Bauwesen, der Stahlindustrie und der Buntmetallindustrie zu wichtigen Schlüsselunternehmen und Schrittmachern in ihrer jeweiligen Branche werden. Das Staatskapital sollte hier die absoluten oder zumindest den Gegebenheiten entsprechenden relativen Anteilsrechte beibehalten. In zentral verwalteten Unternehmen, die sich mit Industriedesign auseinandersetzen oder wichtige Aufgaben im Bereich Wissenschaft und Forschung übernehmen (wie z.B. die Umsetzung gängiger Technologien oder von Forschungsergebnissen in der jeweiligen Branche), sollte das Staatskapital weiterhin die dominierende Kapitalquelle bleiben.

Nach dem 18. Parteitag der KPCh 2012 hat China das Tempo der Reform staatseigener Unternehmen weiter beschleunigt. Im Geiste des „Beschluss bezüglich einiger wichtiger Streitpunkte im Hinblick auf eine umfassende Vertiefung der Reformen", der auf der 3. Plenarsitzung des 18. Zentralkomitees bewilligt worden war, veröffentlichte die Kommission zur Kontrolle und Verwaltung von Staatsvermögen gemeinsam mit dem Finanzministerium und der staatlichen Kommission für Entwicklung und Reform die „Leitlinien bezüglich Klassifizierung und Definition der Funktionen staatlicher Unternehmen". Darin wurden Staatsunternehmen in zwei Hauptkategorien unterteilt: Handelsgewerbe und Gemeinnützigkeit. Das Dokument hob hervor: „Staatliche Handelsunternehmen und gemeinnützige Staatsunternehmen stellen jeweils unabhängige Marktsubjekte dar. Funktionsabläufe müssen dabei den Anforderungen der Marktwirtschaft gerecht werden. Staatliche Unternehmen müssen sich als Teil einer sozialistischen Marktwirtschaft bewusst in den Dienst der nationalen Strategie stellen und ihre soziale Verantwortung in der Gesellschaft aktiv wahrnehmen." Bezüglich Staatsunternehmen im Handelsgewerbe sind die Anforderungen wie folgt: „Mit dem Hauptziel, die Vitalität der Staatswirtschaft zu stärken, den Nutzen des Staatskapitals zu erweitern und einen Werterhalt und Wertsteigerung von Staatsvermögen zu realisieren, sollen staatliche Unternehmen den Markterfordernissen entsprechend in kommerzielle Geschäftstätigkeiten involviert werden. Operative Abläufe und Produktionsaktivitäten müssen gesetzeskonform und unabhängig ausgeführt werden. Somit wird eine natürliche Selektion ermöglicht sowie ein geordneter Markteintritt und -austritt. Besonders jene staatlichen Unternehmen im Handelsgewerbe, deren Kerngeschäft in wichtigen Industrien und Schlüsselbereichen angesiedelt ist, die mit der nationalen Sicherheit verknüpft sind und die Lebensader der Volkswirtschaft bilden oder die hauptsächlich für wichtige zweckgebundene Projektarbeit verantwortlich sind, sollten sich, mit dem Ziel der Gewährleistung von nationaler Sicherheit und nationalen ökonomischen Aktivitäten auf die Entwicklung zukunftsorientierter, strategischer Industrien fokussieren. Somit soll eine organische Einheit von ökonomischem, sozialem und sicherheitstechnischem Nutzen erzielt werden." In Bezug auf die Anforderungen gemeinnütziger Staatsunternehmen galt: „Mit dem Ziel, den Lebensunterhalt des Volkes zu schützen, der Gesellschaft im Allgemeinen zu dienen und öffentliche Güter und Dienstleistungen bereitzustellen, sollten diese [gemeinnützige Staatsunternehmen] aktiv Marktmechanismen einführen und Kapazitäten und Effizienz ihrer öffentlichen Dienstleistungen konstant erhöhen."

Beide Kategorien staatlicher Unternehmen unterlagen dementsprechend auch unterschiedlichen entwicklungspolitischen Linien. Staatsunternehmen im Handelsgewerbe „sollten die Allokation von Ressourcen optimieren, Bestrebungen in integrativen Reorganisationen und Forschungs- und Entwicklungsinvestitionen mit Nachdruck vorantreiben und den Fortschritt in technologischen und verwaltungstechnischen Innovationen beschleunigen. Zudem sollten sie die Umsetzung von Modernisierungen sowie die Aufzucht einer Reihe von staatlichen Schlüsselunternehmen mit internationaler Wettbewerbsfähigkeit und mit Kapazitäten zur Innovation ankurbeln. Speziell staatliche Unternehmen im Handelsgewerbe, dessen Kerngeschäft in Industrien und Bereich mit angemessenem Wettbewerb angesiedelt ist, sollten die Entwicklung von Industrien mit Wettbewerbsvorteilen unterstützen und befeuern. So müssen Staatskapitalinvestitionen gezielt optimiert, die Zirkulation von Eigentumsrechten, sowie die rechtzeitige Veräußerung von unprofitablen und verlustbringenden Vermögenswerten gefördert werden, um die Wettbewerbsfähigkeit der Unternehmen auf dem Markt zu erhöhen. Für staatliche Unternehmen im Handelsgewerbe, deren Kerngeschäft in wichtigen Industrien und Schlüsselbereichen angesiedelt ist, die mit der nationalen Sicherheit verknüpft sind und die Lebensader der Volkswirtschaft bilden oder die hauptsächlich für wichtige zweckgebundene Projektarbeit verantwortlich sind, ist es notwendig, dass diese die Reichweite ihres Kerngeschäfts angemessen festlegen und Staatskapitalinvestitionen, den spezifischen Charakteristiken der verschiedenen Branchen, entsprechend ausweiten. Dies spielt vor allem eine große Rolle bei der Unterstützung der makroökomischen Führung des Landes, der Gewährleistung der nationalen Sicherheit und einer funktionsfähigen Volkswirtschaft und dem Erfüllen von besonderen Obliegenheiten." „Gemeinnützige Staatsunternehmen hingegen sollten, den Erfordernissen der von ihnen verantworteten Aufgaben und der sozialen Entwicklung entsprechend, die Staatskapitalinvestitionen ausweiten und die Qualität und Effizienz ihrer öffentlichen Dienstleistungen erhöhen. Zudem sollte der Umfang ihres Kerngeschäfts strikt begrenzt und das Management im Kerngeschäft gestärkt werden. Die Unternehmen sollten sich darauf konzentrieren, einen größeren Beitrag bei der Bereitstellung von öffentlichen Gütern und Dienstleistungen zu leisten."

6. Die industrielle Restrukturierung der Staatswirtschaft und ihre Auswirkung

Die strategische Restrukturierung der Staatswirtschaft in der Industrie stellt eine objektive Bedingung beim Aufbau der sozialistischen Marktwirtschaft Chinas dar. Durch Jahre der Anstrengung konnten große Veränderungen in der industriellen Zusammensetzung der Staatswirtschaft realisiert werden, und die Einfluss- und Kontrollkraft der Staatswirtschaft konnte ausgebaut werden.

1. Die Staatswirtschaft setze rudimentär die rationale Verteilung von Staatskapital durch Investitionsvorstoß in profitable Bereiche bei gleichzeitigem Zurückziehen aus unergiebigen Bereichen durch.

Unter dem Leitgedanken der „rationalen Verteilung von Staatskapital durch Investitionsvorstoß in profitablen Bereichen bei gleichzeitigem Zurückziehen aus unergiebigen Bereichen" und dem „Wissen um Dinge, die getan werden müssen und die nicht getan werden müssen", begannen die Staatsunternehmen sich in wettbewerbsorientierten Industrien und Bereichen schrittweise hervorzuheben und ihre Position innerhalb der Grundstoffindustrien und wichtigen Industrien mit Einfluss auf die Wohlfahrt des Volkes zu stärken. In sämtlichen Industriezweigen, die mit der nationalen Sicherheit verknüpft sind oder die eine natürliche Monopolstellung innehaben sowie wichtige öffentliche Güter und Dienstleistungen bereitstellen, außerdem auch in den bedeutenden Schlüsselunternehmen der Säulenindustrien und High-Tech-Industrien musste die Staatswirtschaft gestärkt werden. Aufgrund der Umsetzung dieser strategischen Maßnahmen veränderte sich die Verteilung des für Geschäftstätigkeiten eingesetzten Staatskapitals über die Industrien essentiell.

Erstens machte sich in der Gesamtzahl staatlicher Unternehmen in China zwar zunächst ein Abwärtstrend bemerkbar, jedoch stieg die Zahl seit 2009 wieder an und gerade zentral verwaltete Unternehmen haben sich rasch entwickelt (Tabelle 11.4). Im Jahre 1997 betrug die Gesamtzahl staatlicher Unternehmen 262.000 Stück, von denen 23.000 zentral verwaltet wurden. Lokale Staatsunternehmen beliefen sich auf 236.000. 2008 war die Zahl der Staatsunternehmen auf 110.000 gesunken, wovon 22.000 zentral verwaltet und 88.000 lokal verwaltet wurden. Bis 2014 war die Gesamtzahl staatlicher Unternehmen bereits wieder auf 161.000 gestiegen. Davon waren 54.000 zentral verwaltet und 107.000 lokal verwaltet.

Tabelle 11-4 Gesamtzahl der Staatsunternehmen in China Einheit: 10.000

Jahr	landesweit	zentral	lokal

1997	26.2	2.6	23.6
1998	23.8	2.3	21.5
1999	21.7	2.2	19.5
2000	19.1	1.5	17.6
2003	14.6	1.9	12.7
2005	12.6	2.0	10.6
2006	11.6	2.1	9.6
2007	11.2	2.2	9.0
2008	11.0	2.2	8.8
2009	11.1	2.5	8.6
2010	11.4	2.7	8.7
2011	13.6	4.2	9.4
2012	14.7	4.8	9.9
2013	15.5	5.1	10.4
2014	16.1	5.4	10.7

Quelle: Der Autor hat die Daten auf Basis des „Haushaltjahrbuch Chinas" der letzten Jahre berechnet.

Zweitens dehnte sich die Reichweite der Vermögenswerte staatlicher Unternehmen konstant weiter aus und konzentrierte sich in erster Linie auf Grundstoff- und Säulenindustrien. 1998 betrug die Gesamtsumme der Vermögenswerte staatlicher Unternehmen 13,5 Billionen Yuan. Bis Ende 2003 war diese auf 20,1 Billionen Yuan gestiegen, ein Plus von 6,6 Billionen Yuan im Vergleich zu 1998 und ein durchschnittlicher Anstieg von 26,4% pro Jahr. 2005 war der Gesamtwert der Vermögenswerte staatlicher Unternehmen weiter auf 26,7 Billionen Yuan gewachsen, ein Anstieg von 97,8% im Vergleich zu 1998. Das Nettovermögen erhöhte sich von 5.037,07 Mrd. Yuan im Jahre 1998 auf 7.676,32 Mrd. Yuan im Jahre 2005, ein Plus von 52,4%. 2005 lag der Bruttoproduktionswert der Industrieunternehmen, die in Staatsbesitz waren oder in denen der Staat Anteilseigner war, bei 8.374,99 Mrd. Yuan, was dem 25,5fachen des Wertes von 1978 entsprach. 2006 belief sich der Wert des nationalen Staatsvermögens auf 30.440,5 Mrd. Yuan, davon stellten 16.196,9 Mrd. Yuan die Einnahmen aus dem Kerngeschäft der Unternehmen dar, wobei der Gesamtgewinn bei 1.242,2 Mrd. Yuan lag und sich die Gesamtsumme des Staatskapitals auf 4.645,5 Mrd.

Yuan belief.[641] 2014 lag der Bruttoproduktionswert der Industrieunternehmen, die in Staatsbesitz waren oder in denen der Staat Anteilseigner war, bei einer Bilanzsumme von 37130,88 Mrd. Yuan (2003: 9451,98 Mrd. Yuan). Der Gesamtgewinn belief sich dabei auf 1450,80 Mrd. Yuan (2003: 383,63 Mrd. Yuan).

Durch die Ausweitung der Reichweite des Gesamtvermögens staatlicher Unternehmen wurde die Kapitalstärke in den Grundstoff- und Säulenindustrien der Volkswirtschaft gestärkt. Die Bereiche Strom, Wärmeerzeugung und -versorgung, Kohleabbau und Erzwäsche, Eisenverhüttung und Eisenwalzen, Herstellung von chemischen Grundstoffen und Produkten, Förderung von Erdöl und Erdgas, Verhüttung und Walzen von Buntmetallen, Erdölverarbeitung, Verkokung und Kernbrennstoffverarbeitung, Eisenbahn, Schiff-, Luft- und Raumfahrt und die Herstellung von sonstigen Transportmitteln stellten 2003 einen Anteil von 64,94% am Gesamtvermögen der landesweiten Industrie dar. Dieser Anteil stieg bis 2010 auf 76,06% und fiel bis 2014 wieder auf 67,17% (Tabelle 11-5)

641 Song Zhiping 宋志平: „Guomin Gongying: Da li fazhan hunhe Suoyouzhi Qiye" 国民共赢：大力发展混合所有制企业 [Nationale Win-Win-Situation: Die tatkräftige Entwicklung von Unternehmen mit gemischtem Eigentum], (Zhongguo Qiye Bao), 24.12.2013

Tabelle 11-5 Vermögenssumme und Wirtschaftslage der staatlichen Industrieunternehmen und staatliche Industrieholdinggesellschaften

Einheit: 100.000 Yuan

	2003			2005			2008		
Branche	Gesamtsumme der Vermögenswerte	Gesamtsumme der Vermögenswerte	Gewinnsumme	Gesamtsumme der Vermögenswerte	Gesamtsumme der Vermögenswerte	Gewinnsumme	Gesamtsumme der Vermögenswerte	Gesamtsumme der Vermögenswerte	Gewinnsumme
Erzeugung von und Versorgung mit Strom und Wärmekraft	22828.34	10038.06	531.64	34362.42	16670.86	985.68	55742.58	27780.23	424.63
Kohleförderung und Erzwäsche	4929.5	1930.92	88.31	7244.15	4101.55	335.36	14696.76	9279.06	1351.96
Selektion und Veredelung von Schwarzmetallen	8827.52	6227.6	420.22	11651.49	10537.21	677.69	21011.33	20054.03	329.58
Chemische Grundstoffe und chemische Produkte und Erzeugnisse	5936.3	3628.39	113.66	6551.8	5108.08	264.61	9686	8017.02	156.02
Erdöl- und Erdgas-förderung	4802.28	3225.37	1150.07	6434.96	5780.3	2743.75	12351.86	10731.37	4491.73
Selektion Veredelung von Buntmetallen	2491.13	1502.64	85.09	3278.5	2791.74	226.27	6293.1	6507.38	211.21
Erdölraffination, Verkokung und Kern-brennstoff-verarbeitung	3174.45	5436.5	76.78	4515.04	9654.34	-197.17	7609.64	16452.71	-1341.86

Eisenbahn, Schifffahrt, Luft- und Raumfahrt und weitere herstellende Industrien im Bereich Transport-ausrüstung	8391.05	6987.84	513.11	9741.07	8071.35	302.36	16450.96	15070.67	968.36
Gesamtbetrag der acht größten Industrien	61380.57	38977.32	2978.88	83779.43	62715.43	5338.55	143842.23	113892.47	6591.63
Landesweite Gesamtsumme sämtlicher Industrien	94519.79	58027.15	3836.2	117629.61	85574.18	6519.75	188811.37	147507.9	9063.59
Anteil der acht größten Industrien an der landesweiten Gesamtsumme in Prozent	64.94	67.17	77.65	71.22	73.29	81.88	76.18	77.21	72.73

Weiterführung der obigen Tabelle

	2010			2012			2014		
Branche	Gesamtsumme der Vermögenswerte	Gesamtsumme der Vermögenswerte	Gewinnsumme	Gesamtsumme der Vermögenswerte	Gesamtsumme der Vermögenswerte	Gewinnsumme	Gesamtsumme der Vermögenswerte	Gesamtsumme der Vermögenswerte	Gewinnsumme
Erzeugung von und Versorgung mit Strom und Wärmekraft	68024.78	37419.85	1717.32	83147.25	49302.72	2457	100872.16	53219.08	3717.81
Kohleförderung und Erzwäsche	21907.33	13960.1	1969.39	31443.48	20157.53	2026.81	37113.43	17734.6	418.66
Selektion und Veredelung von Schwarzmetallen	26143.83	22837.64	501.49	29769.62	24132.48	-213.33	33717.75	23260.33	40.81
Chemische Grundstoffe und chemische Produkte und Erzeugnisse	12194.97	9526.72	449.68	15867.47	12455.94	267.33	19341.59	13285.58	85.31
Erdöl- und Erdgasförderung	16125.41	10131.47	2896.11	16625.04	10432.25	3699.48	19064.81	9973.94	2779.06
Selektion Veredelung von Buntmetallen	8762.48	9267.35	407.32	12068.18	13962.55	247.92	14101.86	16670.29	32.59
Erdölraffination, Verkokung und Kernbrennstoffverarbeitung	9336.42	20930.5	733.98	11945.8	27452.74	-147.44	13395.91	27226.9	-283.69

Eisenbahn, Schifffahrt, Luft- und Raumfahrt und weitere herstellende Industrien im Bereich Transportausrüstung	25950.35	26134.64	2261.09	10621.02	6188.19	267.7	11815.55	7216.1	329.58
Gesamtbetrag der acht größten Industrien	188445.57	150208.27	10936.38	211487.86	164084.4	8605.47	249423.06	168586.82	7120.13
Landesweite Gesamtsumme sämtlicher Industrien	247759.86	194339.68	14737.65	312094.37	245075.97	15175.99	371308.84	262692.28	14508.02
Anteil der acht größten Industrien an der landesweiten Gesamtsumme in Prozent	76.06	77.29	74.21	67.76	66.95	56.70	67.17	64.18	49.08

Quelle: Der Autor hat die Daten nach dem statistischen Jahrbuch Chinas der letzten Jahre berechnet.

Die Konzentration des Staatskapitals auf Grundstoffmonopolindustrien wurde durch intensivierte Investitionen in diesem Bereich realisiert. 2003 bis 2006 konzentrierten sich beispielsweise die Investitionen der zentral verwalteten Unternehmen hauptsächlich auf Erdöl und Petrochemie, Elektrizität und Telekommunikation, wobei diese Industriezweige 2003 und 2004 jeweils einen Anteil von 74,5% bzw. 75,8% an der gesamten Investitionssumme zentral verwalteter Unternehmen ausmachten. In Zahlen beliefen sich diese auf 559,8 Mrd. Yuan bzw. auf 613,8 Mrd. Yuan. 2005 stieg der Konzentrationsgrad der Investitionen weiter an und erreichte in 26 wichtigen Unternehmen im Bereich Erdöl und Petrochemie, der Telekommunikation und der Elektrizitätsbranche eine Gesamtsumme von 868,9 Mrd. Yuan, ein Anteil von 83,6% an der Investitionssumme sämtlicher zentral verwalteter Unternehmen.[642] 2006 war dieser Anteil auf 86,3% gewachsen.[643] Daten zufolge, die 2013 von der Kommission zur Kontrolle und Verwaltung von Staatsvermögen veröffentlicht wurden, sank der Anteil der Vermögenswerte staatlicher Unternehmen in allgemeinen Produktions- und Verarbeitungsindustrien wie der Lebensmittelproduktion, der Textilindustrie und der Holzverarbeitung gegenwärtig auf 11,9%. In Grundstoff- und Säulenindustrien stieg er dabei auf 50,6%. Das Vermögen zentral verwalteter Unternehmen, das über die Rüstungsindustrie, die Energiebranche, die Kommunikationsbranche und dem Transportwesen verteilt waren, machte insgesamt einen Anteil von annähernd 70% am Gesamtvermögen zentral verwalteter Unternehmen aus. Somit konzentriert sich das Staatskapital heute viel mehr auf Industrien und Bereiche, die mit der nationalen Sicherheit verknüpft sind und die die Lebensader der Volkswirtschaft bilden.[644]

Drittens wurde die Verteilung des Staatskapitals über die Industriezweige optimiert. Landesweit sank der Anteil der staatlichen Vermögenswerte, von 55.99% im Jahre 2003 auf 38,81% im Jahre 2014. Mit Blick auf die konkrete Verteilung über die Industriezweige lässt sich jedoch feststellen, dass die Staatswirtschaft in 12 der 41 Industriesektoren, die in staatlichen Statistiken erwähnt werden, eine Führungsposition (Anteile von über 50%) innehat (Tabelle 11.6).

642 Parteischule des Zentralkomitees der KPCh 中共中央党校主办 *Lingdao Juece Cankao* 领导决策参考 („Referenz zu Führungsentscheidungen", 1. Ausgabe 2001, S.15

643 *Zhongguo Guoyou Zichan Jiandu Guanli Nianjian* 中国国有资产监督管理年鉴 („Jahrbuch der Aufsicht und Verwaltung Chinas für Staatsvermögen", (2004), Zhongguo Jingji Chubanshe, Ausgabe 2004, S.42)

644 *Guanyu Guoyou Qiye Gongneng Jieding yu Fenlei de Zhidao Yijian* 关于国有企业功能界定与分类的指导意见 („Leitlinien bezüglich Definition und Kategorisierung der Funktionen staatlicher Unternehmen", http://www.mof.gov.cn/zhengwuxinxi/zhengcefabu/201512/t20151230_1638704.htm)

Tabelle 11-6 Staatsunternehmen und deren Anteil in Teilbranchen Einheit: 100 Mio. Yuan

Industrie	2003		2008		2012		2014	
	Staatsvermögen	Anteil%	Staatsvermögen	Anteil %	Staatsvermögen	Anteil %	Staatsvermögen	Anteil %
Landesweite Gesamtsumme	94519.79	55.99	188811.37	43.78	312094.37	40.62	371308.84	38.81
Tabakwarenindustrie	2764.07	98.73	4389.77	99.13	7027.99	99.20	8385.85	98.84
Erdöl- und Erdgasförderung	4802.28	97.11	12351.86	96.45	16625.04	94.50	19064.81	94.07
Erzeugung von und Versor-gung mit Strom und Wärme-kraft	22828.34	89.00	55742.58	89.56	83147.25	90.31	100872.16	90.02
Weitere Förderungsindust-rien	43.59	97.39	0.14	3.44	2237.17	87.97	2272.35	85.35
Wassererzeugungs- und Wasserversorgung	1894.53	88.16	3514.05	79.97	5238.29	80.78	7080.39	81.22
Kohleförderung und Erzwä-sche	4929.50	90.73	14696.76	75.53	31443.48	70.18	37113.43	70.94
Instand-setzung von Metall-produkten, Metall-maschi-nen und Metall-ausrüstung	-	-	-	-	645.48	55.13	615.09	56.11
Herstellungsindustrie für Transportausrüstung	8391.05	70.42	16450.96	52.82	10621.02	56.81	11815.55	55.96
Erdölraffination, Verkokung und Kernbrennstoffverar-beitung	3174.45	79.78	7609.64	65.05	11945.80	57.05	13395.91	54.31
Erzeugung und Versorgung von Dampfkraft	720.39	87.99	1261.39	57.29	2543.51	56.88	3403.74	53.12

Verhüttung und Walzverarbeitung von Schwarzmetallen	8827.52	73.43	21011.33	59.70	29769.62	51.17	33717.75	51.68
Automobilindustrie	-	-	-	-	19292.64	47.75	24825.99	47.07
Selektion und Veredelung von Schwarzmetallen	279.03	59.04	1195.24	37.59	3963.42	48.49	4721.41	46.21
Selektion Veredelung von Buntmetallen	388.89	63.32	942.23	41.14	1818.16	43.72	2378.15	44.76

Quelle: Der Autor hat die Daten nach dem statistischen Jahrbuch Chinas der letzten Jahre berechnet.

2. Die Einfluss- und Kontrollkraft des Staatskapitals erhöhte sich

Den Daten der ersten landesweiten Wirtschaftszählung zufolge belief sich die Gesamtsumme des eingezahlten Kapitals Ende 2004 in den 3.250.000 Wirtschaftseinheiten im Sekundär- und im Tertiärsektor auf 18,2 Billionen Yuan. Das Staatskapital machte dabei 8,7 Billionen Yuan aus, also einen Anteil von 48,1%. Kollektive Kapitalanlagen belief sich auf 1,4 Billionen Yuan, also 7,9%, persönliches Kapital auf 5,1 Billionen Yuan, ein Anteil von 28%. Hong Kong, Macao und Taiwan waren insgesamt mit 1,3 Billionen Yuan beteiligt, also 7,3%, und ausländisches Kapital belief sich auf 1,6 Billionen Yuan, also 8,7%. So nahm das Staatskapital nach wie vor die weitaus dominanteste Stellung ein. Aus der Analyse der Daten geht nicht nur hervor, dass sich das Staatskapital nicht mehr nur komplett auf Staatsunternehmen beschränkt, sondern eben über sämtliche Wirtschaftskategorien verteilt ist. Somit manifestierten sich auch die Kontrollkraft, die Einflusskraft und die umfangreiche Beteiligung des Staatskapitals innerhalb anderer Wirtschaftsorganisationen (siehe Tabelle 11.8).

Tabelle 11-8 Herkunftsstruktur des eingezahlten Kapitals in Unternehmen

Einheit: %

	Eingezahltes Kapital (100)				
	Staatskapital	Kollektivkapital	Privatkapital	Kapital aus Hong Kong, Macao und Taiwan	Ausländisches Kapital
Staatsunternehmen	98.9	0.7	0.3	0	8.7
Kollektivunternehmen	3.3	88.2	7.8	0.5	0.2
Genossenschaftsunternehmen	12.1	24.9	62.1	0.6	0.3
Staatliche Konsortien	93.9	3.6	2.9	0.1	0.1
Kollektivkonsortien	5.5	74.2	19.8	0.3	0.2
Staatliche und kollektive Konsortien	45.6	50.2	4.2	0	0
Weitere Konsortien	19.8	26.9	48.4	1.2	3.7
Staatliche Ein-Personengesellschaften	98.5	0.7	0.3	0.3	0.2
Weitere Gesellschaften mit beschränkter Haftung	36.2	15.1	47.2	0.5	1.0
Aktien-gesellschaften mit beschränkter Haftung	52.0	8.4	32.5	2.6	4.5
Weitere inländische Unternehmen	10.7	27.1	57.6	2.7	1.9

Öffentlich-private Partnerschaftsunternehmen	0.4	1.8	97.3	0.3	0.2
Investment-gesellschaften aus Hong Kong, Macao oder Taiwan	10.3	3.8	3.7	73.9	8.3
Ausländische Investmentgesellschaften	7.6	4.3	3.2	14.5	70.4
Gesamtsumme	48.1	7.9	28.0	7.3	8.7

Quelle: Wichtiges Datenbulletin der ersten landesweiten Wirtschaftszählung

Ende 2008 lag die Gesamtsumme des eingezahlten Kapitals in den jeweiligen Wirtschaftseinheiten (Verwaltungsinstitutionen und private Haushalte ausgenommen) des Sekundär- und im Tertiärsektors bei 34 Billionen Yuan. Davon belief sich das Staatskapital auf 11,4 Billionen Yuan, was einem Anteil von 33,5% an der Gesamtsumme des landesweit eingezahlten Kapitals entsprach.[645]

3. Die Wirtschaftsleistung staatlicher Unternehmen ist gestiegen

In der Gesamtheit wuchs die Leistungsfähigkeit staatlicher Unternehmen konstant an. Der Gesamtgewinn staatlicher Unternehmen belief sich 1998 auf 52,51 Mrd. Yuan, 2003 bereits auf 383,62 Mrd. Yuan. Bis 2014 waren die Gewinne auf insgesamt 1450,80 Mrd. Yuan angestiegen. 1998 machten die Gewinne dabei einen Anteil von 36,02% an den in der gesamten Wirtschaft realisierten Gewinnen aus. Dieser Anteil war bis 2003 auf 46,01% gestiegen und war 2014 wieder auf 21,29% gefallen (siehe Tabelle 11.9).

645 Forschungsanstalt der Kommission zur Kontrolle und Verwaltung von Staatsvermögen des Staatsrates 国务院国有资产监督管理委员会研究室编 *Tansuo yu Yanjiu – Guoyou Zichan he Guoyou Qiye Gaige Yanjiu Baogao (2007)* 探索与研究——国有资产和国有企业改革研究报告 (2007) („Forschen und Untersuchen – Forschungsbericht über die Reform von Staatsvermögen und Staatsunternehmen", Zhongguo Jingji Chubanshe, Ausgabe 2008, S.162)

Tabelle 11-9 Gewinne und Wertzuwachssteuer staatlicher Unternehmen

Einheit: 100 Mio. Yuan

Jahr	Gesamtgewinn sämtlicher Großunternehmen	Gesamtgewinn staatlicher Unternehmen	Anteil der staatlichen Unternehmen am Gesamtgewinn der Großunternehmen
1998	1458.11	525.14	36.02
2000	4393.48	2408.33	54.82
2002	5784.48	2632.94	45.52
2004	11929.30	5453.10	45.71
2006	19504.44	8485.46	43.51
2008	30562.37	9063.59	29.66
2010	53049.66	14737.65	27.78
2012	61910.06	15175.99	24.51
2014	68154.89	14508.02	21.29

Quelle: Der Autor hat die Daten aus den Informationen der statistischen Jahrbücher der letzten Jahre berechnet.

Auch im Anteil des gesamten Vermögensbeitrags konnten Staatsunternehmen ein rasches Wachstum erzielen. Dieser stieg von 6,51% im Jahre 1998 auf 11,32% im Jahre 2014. Gleichzeitig stiegen die Summe des in Zirkulation befindlichen Umlaufkapitals und das Nutzen-Kosten-Verhältnis beträchtlich, während das Aktiva-Passiva-Verhältnis konstant sank. Das Pro-Kopf-Einkommen aus dem Kerngeschäft der Staatsunternehmen lag 2014 bei 1,43 Mio. Yuan, im gesamten Land lag dieser Wert bei 1,11 Mio. Yuan. Dabei sollte man jedoch auch beachten, dass zwischen der Wirtschaftsleistung von Staatsunternehmen und dem landesweiten Gesamtniveau immer noch eine beträchtliche Diskrepanz bestand. So lag beispielsweise der Anteil des gesamten Vermögensbeitrags von staatlichen Unternehmen im Jahre 2014 insgesamt 2,37% unter dem nationalen Gesamtniveau und die Summe des in Zirkulation befindlichen Umlaufkapitals lag um das 0,46fache pro Jahr zurück (siehe Tabelle 11.10).

Der Autor ist der Ansicht, dass die institutionelle Effizienz, die sich mit den Reformen der staatlichen Unternehmenssysteme gebildet hat, durchaus vorhanden ist. Jedoch sind Staatsunternehmen gegenwärtig hauptsächlich in Monopolindustrien angesiedelt. Das übermäßige Einkommen durch die Monopolstellung dürfte somit der Hauptgrund für die hohen Gewinnsummen sein. Die betriebliche Effizienz der Unternehmen muss daher weitergehend verbessert werden.

Tabelle 11-10 Betriebseffizienz der Unternehmen

	Anteil des gesamten Vermögensbeitrag (in %)	Aktiva-Passiva-Verhältnis (in %)	Summe des in Zirkulation befindlichen Umlaufkapitals (次/年)	Nutzen-Kosten-Verhältnis (%)	Pro-Kopf-Einkommen aus dem Kerngeschäft (万元/人)
Landesweite Gesamtsumme					
1998	7.12	63.74	1.41	2.35	
2000	9.00	60.81	1.62	5.56	
2002	9.45	58.72	1.80	5.62	
2004	12.26	59.17	2.16	6.52	
2006	12.74	57.46	2.5	6.74	
2009	13.44	57.88	2.43	6.91	
2012	15.11	57.96	2.57	7.11	
2014	13.69	57.17	2.53	6.52	110.96
Staatsunternehmen und staatliche Holdinggesellschaften					
1998	6.51	64.26	0.93	1.61	
2000	8.43	60.99	1.34	6.15	
2002	8.71	59.30	1.47	5.93	
2004	12.13	59.35	1.86	8.23	
2006	12.92	56.24	2.28	9.35	
2009	11.29	60.3	2.05	6.73	
2012	12.77	61.31	2.21	6.52	
2014	11.32	61.98	2.07	5.82	142.56

Quelle: Der Autor hat die Daten nach dem statistischen Jahrbuch Chinas der letzten Jahre sortiert.

Auf der dritten Plenarsitzung des 18. Zentralkomitees der KPCh wurde hervorgehoben: „Wir müssen die öffentliche Wirtschaft mit voller Entschlossenheit festigen und ausbauen, an der beherrschenden Stellung des öffentlichen Eigentums festhalten, die Führungsrolle der Staatswirtschaft herausheben und ununterbrochen die Vitalität, Kontrollkraft und Einflusskraft der Staatswirtschaft steigern." Wie das Staatskapital in der neuen wirtschaftlichen Normalität den strategischen Zielen des Landes noch besser dienen kann, und wie damit Stärke, Exzellenz und Größe realisiert werden können, bleibt somit Gegenstand zukünftiger theoretischer und praktischer Untersuchungen.

FSC
www.fsc.org
MIX
Papier | Fördert gute Waldnutzung
FSC® C083411

Kolibri 360 GmbH
Ferdinand-Jühlke-Straße 7
99095 Erfurt, Deutschland
produktsicherheit@kolibri360.de